Da Cessação do Contrato

Da Cessação do Contrato

2015 · 3ª Edição

Pedro Romano Martinez
Professor da Faculdade de Direito da Universidade de Lisboa

DA CESSAÇÃO DO CONTRATO
AUTOR
Pedro Romano Martinez
1ª Edição: Março, 2005
EDITOR
EDIÇÕES ALMEDINA, S.A.
Rua Fernandes Tomás, nºs 76-80
3000-167 Coimbra
Tel.: 239 851 904 · Fax: 239 851 901
www.almedina.net · editora@almedina.net
DESIGN DE CAPA
FBA.
PRÉ-IMPRESSÃO
EDIÇÕES ALMEDINA, S.A.
IMPRESSÃO E ACABAMENTO

Outubro, 2015
DEPÓSITO LEGAL

Apesar do cuidado e rigor colocados na elaboração da presente obra, devem os diplomas legais dela constantes ser sempre objeto de confirmação com as publicações oficiais.
Toda a reprodução desta obra, por fotocópia ou outro qualquer processo, sem prévia autorização escrita do Editor, é ilícita e passível de procedimento judicial contra o infrator.

 | GRUPOALMEDINA

BIBLIOTECA NACIONAL DE PORTUGAL – CATALOGAÇÃO NA PUBLICAÇÃO

MARTINEZ, Pedro Romano

Da cessação do contrato. – 3ª ed. – (Manuais universitários)
ISBN 978-972-40-6261-7

CDU   347

À memória de minha mãe
Ao meu pai, pelo exemplo

À Paula, minha mulher, por tudo,
e aos nossos filhos – Pedro, Tiago e Paulo –, pelas inúmeras vezes
que a porta do meu escritório esteve fechada
Apesar de à data da preparação deste estudo, na primeira edição,
a Rita ainda não ter nascido,
também lhe é dedicado

TRABALHOS DO AUTOR

I. LIVROS

a) Direito Civil e Comercial

1. *O Subcontrato*, Almedina, Coimbra, 1989 (211 págs.);
2. *Cumprimento Defeituoso em especial na Compra e Venda e na Empreitada*, Lisboa, 1992 (=) Almedina, Coimbra, 1994 (643 págs.);
   – *Cumprimento Defeituoso em especial na Compra e Venda e na Empreitada*, reedição, Almedina, Coimbra, 2001 (602 págs.);
3. *Contrato de Empreitada*, Almedina, Coimbra, 1994 (251 págs.);
4. *Garantias de Cumprimento* (em co-autoria), 1ª edição, Almedina, Coimbra, 1994 (121 págs.);
   – *Garantias de Cumprimento* (em co-autoria), 2ª edição, Almedina, Coimbra, 1997 (183 págs.);
   – *Garantias de Cumprimento* (em co-autoria), 3ª edição, Almedina, Coimbra, 2002 (250 págs.);
   – *Garantias de Cumprimento* (em co-autoria), 4ª edição, Almedina, Coimbra, 2003 (283 págs.);
   – *Garantias de Cumprimento* (em co-autoria), 5ª edição, Almedina, Coimbra, 2006 (306 págs.);
5. *Empreitada de Obras Públicas. Comentário ao Decreto-Lei nº 405/93, de 10 de Dezembro* (em co-autoria), Almedina, Coimbra, 1995 (373 págs.);
6. *Contratos em Especial*, 1ª edição, Universidade Católica Editora, Lisboa, 1995 (164 págs.);
   – *Contratos em Especial*, 2ª edição, Universidade Católica Editora, Lisboa, 1996 (359 págs.);
7. *Direito das Obrigações (Parte Especial). Contratos. Compra e Venda. Locação. Empreitada*, 1ª edição, Almedina, Coimbra, 2000 (478 págs.);
   – *Direito das Obrigações (Parte Especial). Contratos. Compra e Venda. Locação. Empreitada*, 2ª edição, Almedina, Coimbra, 2001, 1ª reimpressão, 2003, 2ª reimpressão, 2005, 3ª reimpressão, 2008 (523 págs.), 4 ª reimpressão, 2010 (523 págs.);
8. *Contratos Comerciais. Apontamentos*, Principia, Cascais, 2001, reimpressão, 2003 (127 págs.);
9. *Direito das Obrigações. Apontamentos*, 1ª edição, AAFDL, Lisboa, 2003 (285 págs.);
   – *Direito das Obrigações. Apontamentos*, 2ª edição, AAFDL, Lisboa, 2004 (327 págs.);
   – *Direito das Obrigações. Apontamentos*, 3ª edição, AAFDL, Lisboa, 2011 (400 págs.);
   – *Direito das Obrigações. Apontamentos*, 4ª edição, AAFDL, Lisboa, 2014 (407 págs.);
10. *Da Cessação do Contrato*, Almedina, Coimbra, 2005 (687 págs.);
    – *Da Cessação do Contrato*, 2ª edição, Almedina, Coimbra, 2006 (689 págs.);

DA CESSAÇÃO DO CONTRATO

11. *Direito dos Seguros. Relatório*, Separata da Revista da Faculdade de Direito da Universidade de Lisboa, Lisboa, 2006 (153 págs.);
12. *Direito dos Seguros. Apontamentos*, Principia, Cascais, 2006 (160 págs.);
13. *Lei do Contrato de Seguro Anotada* (em co-autoria), Almedina, Coimbra, 2009 (532 págs.);
 – *Lei do Contrato de Seguro Anotada* (em co-autoria), Almedina, 2ª edição, Coimbra, 2011 (625 págs.);

b) Direito do Trabalho

1. *Direito do Trabalho*, Volume I, 1ª edição, Lisboa, 1994/95 (567 págs.);
 – *Direito do Trabalho*, Volume II, 1ª edição, Lisboa, 1994/95 (272 págs.);
 – *Direito do Trabalho*, Volume I, *Parte Geral*, 2ª edição, Lisboa, 1997 (342 págs.);
 – *Direito do Trabalho*, Volume I, *Parte Geral*, 3ª edição, Lisboa, 1998 (359 págs.);
 – *Direito do Trabalho*, Volume II, *Contrato de Trabalho*, 2ª edição, Lisboa, 1998 (413 págs.);
 – *Direito do Trabalho*, Volume II, *Contrato de Trabalho*, Tomo 1º, 3ª edição, Lisboa, 1999 (429 págs.);
 – *Direito do Trabalho*, Volume II, *Contrato de Trabalho*, Tomo 2º, 3ª edição, Lisboa, 1999 (383 págs.);
2. *Acidentes de Trabalho*, Lisboa, 1996 (111 págs.);
3. *Direito do Trabalho. Relatório*, Lisboa, 1998 (=) Separata da *Revista da Faculdade de Direito da Universidade de Lisboa*, Lisboa, 1999 (78 págs.);
4. *Direito do Trabalho*, Almedina, Coimbra, 2002, reimpressão, 2004 (1175 págs.);
 – *Direito do Trabalho*, 2ª edição, Almedina, Coimbra, 2005 (1267 págs.);
 – *Direito do Trabalho*, 3ª edição, Almedina, Coimbra, 2006 (1290 págs.);
 – *Direito do Trabalho*, 4ª edição, Almedina, Coimbra, 2007 (1330 págs.);
 – *Direito do Trabalho*, 5ª edição, Almedina, Coimbra, 2010 (1424 págs.);
 – *Direito do Trabalho*, 6ª edição, Almedina, Coimbra, 2013 (1239 págs.);
 – *Direito do Trabalho*, 7ª edição, Almedina, Coimbra, 2015 (1330 págs.);
5. *Código do Trabalho Anotado* (em co-autoria), 1ª edição, Almedina, Coimbra, 2003 (932 págs.);
 – *Código do Trabalho Anotado* (em co-autoria), 2ª edição, Almedina, Coimbra, 2004, reimpressão, 2004 (938 págs.);
 – *Código do Trabalho Anotado* (em co-autoria), 3ª edição, Almedina, Coimbra, 2004 (1206 págs.);
 – *Código do Trabalho Anotado* (em co-autoria), 4ª edição, Almedina, Coimbra, 2005, reimpressão, 2006 (1226 págs.);
 – *Código do Trabalho Anotado* (em co-autoria), 5ª edição, Almedina, Coimbra, 2007 (1282 págs.);
 – *Código do Trabalho Anotado* (em co-autoria), 6ª edição, Almedina, Coimbra, 2008 (1336 págs.);
 – *Código do Trabalho Anotado* (em co-autoria), 7ª edição, Almedina, Coimbra, 2009 (1160 págs.);
 – *Código do Trabalho Anotado* (em co-autoria), 8ª edição, Almedina, Coimbra, 2009 (1336 págs.);

TRABALHOS DO AUTOR

- *Código do Trabalho Anotado* (em co-autoria), 9ª edição, Almedina, Coimbra, 2012 (1220 págs.);
6. *Apontamentos sobre o Regime da Cessação do Contrato de Trabalho à luz do Código do Trabalho*, AAFDL, Lisboa, 2004, reimpressão, 2005 (169 págs.).

c) Direito Internacional Público

Textos de Direito Internacional Público, 1ª edição, Almedina, Coimbra, 1991;
- *Textos de Direito Internacional Público*, 2ª edição, Almedina, Coimbra, 1993;
- *Textos de Direito Internacional Público*, 3ª edição, I Volume, Almedina, Coimbra, 1995;
- *Textos de Direito Internacional Público*, 4ª edição, I Volume (em co-autoria), Almedina, Coimbra, 1997;
- *Textos de Direito Internacional Público*, 5ª edição, (em co-autoria), Almedina, Coimbra, 1999;
- *Textos de Direito Internacional Público*, 6ª edição, (em co-autoria), Almedina, Coimbra, 2000;
- *Textos de Direito Internacional Público*, 6ª edição, reimpressão, (em co-autoria), Almedina, Coimbra, 2003.

II. ARTIGOS

a) Direito Civil e Comercial

1. «Products Liability. Portugal» (em co-autoria), *Products Liability. An International Manual of Practice*, organizado por Warren Freedman, Oceana Publications, Londres, Roma e Nova Iorque, 1988, p. 1 a 35;
2. «Contrato de Empreitada», *Direito das Obrigações*, 3º Volume, *Contratos em Especial*, coordenação de Menezes Cordeiro, 1ª edição, AAFDL, Lisboa, 1990, pp. 157 a 252;
- «Contrato de Empreitada», *Direito das Obrigações*, 3º Volume, *Contratos em Especial*, coordenação de Menezes Cordeiro, 2ª edição, AAFDL, Lisboa, 1991, pp. 409 a 561;
3. «A Garantia contra os Vícios da Coisa na Compra e Venda e na Empreitada. Comentário ao Acórdão do Supremo Tribunal de Justiça de 23 de Fevereiro de 1988», *Tribuna da Justiça*, nºs 4/5 (1990), pp. 173 a 192;
4. «Aspectos Legais na Construção. Responsabilidade durante e após a Construção», *2º Encontro sobre Qualidade na Construção, Conferências*, LNEC (Laboratório Nacional de Engenharia Civil), Lisboa, 1990, pp. II.1 a II.67;
5. «O Contrato de Empreitada no Direito Romano e no Antigo Direito Português. Contributo para o Estudo do Conceito de Obra na Empreitada», *Direito e Justiça*, VII (1993), pp. 17 a 33;
6. «Os Grandes Tipos de Contratos de Direito de Autor», *Num Novo Mundo do Direito de Autor*, II Congresso Ibero-Americano de Direito de Autor e Direitos Conexos, DGESP (Direcção-Geral de Espectáculos), Cosmos e Livraria Arco Íris, Lisboa, 1994, Tomo I, pp. 395 a 404;
7. Entradas na *Enciclopédia Luso-Brasileira de Cultura* (Verbo), 2ª edição:
- «Crédito» (Volume 8),

9

DA CESSAÇÃO DO CONTRATO

– «Credor» (Volume 8),
– «Empreitada (Contrato de)» (Volume 10),
– «Hospedagem» (Volume 15),
– «Locação» (Volume 18);
– «Mediação» (Volume 19);

8. «Contrato de Seguro. Âmbito do Dever de Indemnizar», *I Congresso Nacional de Direito dos Seguros. Memórias*, Almedina, Coimbra, 2000, pp. 153 a 168;

9. «Responsabilidade Civil do Empreiteiro por Danos Causados a Terceiros na Execução da Obra», *Estudos em Homenagem ao Professor Doutor Pedro Soares Martínez*, Volume I, *Vária, História, Literatura, Filosofia, Política*, Almedina, Coimbra, 2000, pp. 785 a 801;

10. «Contrato de Empreitada: Prazos de Garantia. Decisão Arbitral», *Estudos em Homenagem ao Professor Doutor Manuel Gomes da Silva*, Faculdade de Direito da Universidade de Lisboa, Lisboa, 2001, pp. 697 a 706;

11. «Empreitada» *Dicionário Jurídico da Administração Pública*, 2º Suplemento, Lisboa, 2001, pp. 287 a 301;

12. «Conteúdo do Contrato de Seguro e Interpretação das Respectivas Cláusulas», *II Congresso Nacional de Direito dos Seguros. Memórias*, Almedina, Coimbra, 2001, pp. 57 a 71;

13. «Empreitada de Consumo», *Revista Themis*, Ano II (2001), nº 4, pp. 153 a 169;

14. «Garantias Bancárias», *Estudos em Homenagem ao Professor Doutor Inocêncio Galvão Telles*, Volume II, *Direito Bancário*, Almedina, Coimbra, 2002, pp. 265 a 288;

15. «Regime da Locação Civil e Contrato de Arrendamento Urbano», *Estudos em Homenagem ao Professor Doutor Inocêncio Galvão Telles*, Volume III, *Direito do Arrendamento Urbano*, Almedina, Coimbra, 2002, pp. 7 a 32;

16. «Subarrendamento», *Estudos em Homenagem ao Professor Doutor Inocêncio Galvão Telles*, Volume III, *Direito do Arrendamento Urbano*, Almedina, Coimbra, 2002, pp. 237 a 247;

17. «Contrato de Seguro e Informática», *III Congresso Nacional de Direito dos Seguros. Memórias*, Almedina, Coimbra, 2003, pp. 29 a 39;

18. «Vício na Formação do Contrato, Interpretação do Negócio Jurídico, Condição Resolutiva e Incumprimento Contratual» (em co-autoria), *Revista de Direito e de Estudos Sociais*, Ano XLIV (2003), nºs 1 e 2, pp. 159 a 273;

19. «Empreitada de Bens de Consumo. A Transposição da Directiva nº 1999/44/CE pelo Decreto-Lei nº 67/2003», *Estudos do Instituto de Direito do Consumo*, Volume II, Almedina, Coimbra, 2004, pp. 11 a 35;

20. «Celebração e Execução do Contrato de Arrendamento segundo o Regime dos Novos Arrendamentos Urbanos», *O Direito*, Ano 136 (2004), nºs II/III, *O Novo Regime do Arrendamento Urbano*, pp. 273 a 288;

21. «O Novo Regime Legal do Comércio Electrónico», *Lei do Comércio Electrónico Anotada*, Publicação do Ministério da Justiça, Coimbra Editora, 2005, pp. 267 a 274;

22. «Celebração e Execução do Contrato de Arrendamento segundo o Novo Regime do Arrendamento Urbano (NRAU)», *O Direito*, Ano 137 (2005), nº II, *O Novo Regime do Arrendamento Urbano*, pp. 337 a 357;

23. «Cláusulas Contratuais Gerais e Cláusulas de Limitação ou Exclusão da Responsabilidade no Contrato de seguro», *Scientia Iuridica*, Tomo LV, nº 306, 2006, pp. 241 a 261;

TRABALHOS DO AUTOR

24. «Compra e Venda e Empreitada», *Comemorações dos 35 Anos do Código Civil Português*, Volume III (*Direito das Obrigações*), Coimbra, 2007, pp. 235 a 263;
25. «Da constitucionalidade da alienação forçada de imóveis arrendados por incumprimento, por parte do senhorio, do dever de realização de obras» (em co-autoria), *O Direito* n.º 139 (2007), I, pp. 35 a 87;
26. «Autonomia privada no contrato de empreitada», *Nos 20 Anos do Código das Sociedades Comerciais. Homenagem aos Professores Doutores A. Ferrer Correia, Orlando de Carvalho e Vasco Lobo Xavier*, Volume III, Coimbra, 2007, pp. 979 a 992;
27. «Novo regime do contrato de seguro», *O Direito*, n.º 140 (2008), I, pp. 23 a 117;
28. «Distribuição do risco no contrato de locação. Interpretação do artigo 1044.º do Código Civil. Anotação ao Acórdão do Supremo Tribunal de Justiça de 6 de Julho de 2004»; *Estudos em Honra do Prof. Doutor José de Oliveira Ascensão*, Volume I, Coimbra, 2008, pp. 873 a 904;
29. «Celebração de contratos à distância e o novo regime do contrato de seguro», *Estudos Dedicados ao Prof. Doutor Luís Carvalho Fernandes*, Volume III, Lisboa, 2011, pp. 235 a 259 (=) *Revista de Direito e de Estudos Sociais*, 2009, n.º 3/4, pp. 85 a 116;
30. «Seguro Marítimo. O transporte marítimo de mercadorias e o contrato de seguro», *I Jornadas de Lisboa de Direito Marítimo. O Contrato de Transporte Marítimo de Mercadorias*, Coimbra, 2008, pp. 143 a 162;
31. «Privilégios Creditórios», *Estudos em Homenagem ao Prof. Doutor Manuel Henrique Mesquita*, Volume II, Coimbra, 2009, pp. 111 a 130;
32. «Contratos de encomenda de criação intelectual», *Contratos de Direito de Autor e de Direito Industrial*, Org. Ferreira de Almeida, Couto Gonçalves, Cláudia Trabuco, Coimbra, 2011, pp. 55 a 77;
33. «Impedimento da Caducidade em caso de venda, pelo construtor, de imóvel com defeitos. Acórdão do Supremo Tribunal de Justiça de 24.9.2009», *Cadernos de Direito Privado*, 33 (2011), pp. 40 a 49;
34. «Responsabilidade civil por acto ou omissão do médico. Responsabilidade civil médica e seguro de responsabilidade civil profissional», *Estudos em Homenagem ao Prof. Doutor Carlos Ferreira de Almeida*, Volume II, Coimbra, 2011, pp. 459 a 486;
35. «Alterações de regime jurídico e tutela de direitos adquiridos», *Estudos em Homenagem ao Prof. Doutor Jorge Miranda*, Volume III, Lisboa, 2012, pp. 353 a 398 (=) *Revista de Direito e de Estudos Sociais*, 2011, n.º 3/4, pp. 87 a 148;
36. «O Direito Privado e a Responsabilidade Civil das Autarquias Locais», *Direito e Interioridade. Actas dos I, II e III Cursos de 2008, 2009 e 2010*, coordenação de Eduardo Vera-Cruz Pinto, Coimbra, 2011, pp. 225 a 235;
37. «A Construção do Navio», *II Jornadas de Lisboa de Direito Marítimo. O Navio*, Coimbra, 2012, pp. 85 a 96;
38. «O Seguro de responsabilidade Civil dos Advogados; algumas considerações», *Estudos em Homenagem a Miguel Galvão Teles*, Volume II, Coimbra, 2012, pp. 611 a 618;
39. «Representação aparente no âmbito da mediação de seguros. Anotação ao acórdão do Supremo Tribunal de Justiça de 1 de Abril de 2014», *Jurismat*, n.º 5 (2014), pp. 27 a 61;
40. «Breves Notas sobre o Seguro de Vida na modalidade de seguro *unit linked* ou Instrumento de Captação de Aforro Estruturados, (no prelo).

DA CESSAÇÃO DO CONTRATO

b) Processo Civil

1. «Conversão do Processo de Execução em Processo de Falência» (em co-autoria), *Revista da Ordem dos Advogados*, 50 (1990), II, pp. 415 a 422;
2. «Venda Executiva – Alguns Aspectos das Alterações Legislativas Introduzidas na Nova Versão do Código de Processo Civil», *Aspectos do Novo Processo Civil*, Lex, Lisboa, 1997, pp. 325 a 337;
3. «Intimação para um Comportamento. Providência Cautelar. Anotação ao Acórdão do Supremo Tribunal Administrativo de 5/11/1996», *Cadernos de Justiça Administrativa*, nº 2, Março / Abril de 1997, pp. 58 a 61;
4. «Meios Alternativos de Resolução de Litígios», *Conferência: Meios Alternativos de Resolução de Litígios*, Ministério da Justiça, Lisboa, 2001, pp. 57 a 61;
5. «Análise do Vínculo Jurídico do Árbitro em Arbitragem Voluntária *Ad Hoc*», *Estudos em Homenagem ao Prof. Doutor António Marques dos Santos*, Volume I, Almedina, Coimbra, 2005, pp. 827 a 841;
6. «Soluções alternativas de resolução de conflitos, em especial a arbitragem», *Estudos em Memória do Prof. Doutor J. L. Saldanha Sanches*, Volume II, Coimbra, 2011, pp. 859 a 897.

c) Direito do Trabalho

1. «Repercussões da Falência nas Relações Laborais», *Revista da Faculdade de Direito da Universidade de Lisboa*, Volume XXXVI (1995), pp. 417 a 424;
2. «A Igualdade de Tratamento no Direito Laboral. A Aplicação da Directiva 76/207/ CEE em Portugal», *Direito e Justiça* XI (1997) pp. 83 a 94;
3. «A Justa Causa de Despedimento», *I Congresso Nacional de Direito do Trabalho. Memórias*, Almedina, Coimbra, 1998, pp. 171 a 180;
4. «Relações Empregado Empregador», *Direito da Sociedade da Informação*, Volume I, Coimbra Editora, Coimbra, 1999, pp. 185 a 200;
5. «A Razão de Ser do Direito do Trabalho», *II Congresso Nacional de Direito do Trabalho. Memórias*, Almedina, Coimbra, 2000, pp. 129 a 144 (=) *Revista LTR* (Brasil), ano 63, Outubro de 1999, pp. 1348 a 1354;
6. «O Regime Laboral dos Docentes: Alguns Problemas», *Educação e Direito*, nº 2, 2º, 1999, pp. 41 a 50;
7. «Cedência Ocasional de Trabalhadores. Quadro Jurídico», *Revista da Ordem dos Advogados*, 1999, pp. 859 a 870;
8. «Obrigação de Informar», *in Fundamentos do Direito do Trabalho. Estudos em Homenagem ao Ministro Milton de Moura França*, LTR, S. Paulo, 2000, pp. 34 a 43;
9. «Tutela da Actividade Criativa do Trabalhador», *Revista de Direito e de Estudos Sociais*, XLI (2000), nºs 3/4, pp. 225 a 243;
10. «Poder de Direcção: Âmbito. Poder Disciplinar: Desrespeito de Ordens. Comentário ao Acórdão do STJ de 20 de Outubro de 1999, *Revista de Direito e de Estudos Sociais*, XLI (2000), nºs3/4, pp. 399 a 408;

TRABALHOS DO AUTOR

11. «Os Novos Horizontes do Direito do Trabalho», *III Congresso Nacional de Direito do Trabalho. Memórias*, Almedina, Coimbra, 2001, pp. 325 a 351;
12. «Trabalho Subordinado e Trabalho Autónomo», *Estudos do Instituto de Direito do Trabalho*, Volume I, Almedina, Coimbra, 2001, pp. 271 a 294;
13. «Incumprimento Contratual e Justa Causa de Despedimento», *Estudos do Instituto de Direito do Trabalho*, Volume II, *Justa Causa de Despedimento*, Almedina, Coimbra, 2001, pp. 93 a 118;
14. «Os Princípios e o Direito do Trabalho em Portugal», *in Os Novos Paradigmas do Direito do Trabalho (Homenagem a Valentin Carrion)*, Coordenação de Rita Maria Silvestre e Amauri Mascaro Nascimento, Saraiva, S. Paulo, 2001, pp. 27 a 52;
15. «A Constituição de 1976 e o Direito do Trabalho», *in Nos 25 Anos da Constituição da República Portuguesa de 1976 — Evolução Constitucional e Perspectivas Futuras*, AAFDL, Lisboa, 2002, pp. 149 a 187;
16. «Parecer sobre o Relatório da Comissão de Análise e Sistematização da Legislação Laboral», *Revisão da Legislação Laboral*, Ministério do Trabalho e da Solidariedade, Lisboa, 2002, pp. 125 a 128 (=) «Apreciação da Proposta de Novo Articulado de uma Lei Geral do Trabalho (Relações Individuais) Apresentada pela Comissão de Análise e Sistematização da Legislação Laboral», *Revista da Faculdade de Direito da Universidade de Lisboa*, Ano XLII (2001), nº 2, pp. 1563 a 1567;
17. «Cessação do Contrato de Trabalho; Aspectos Gerais», *Estudos do Instituto de Direito do Trabalho*, Volume III, Almedina, Coimbra, 2002, pp. 179 a 206;
18. «Considerações Gerais sobre o Código do Trabalho», *Revista de Direito e de Estudos Sociais*, Ano XLIV (2003), nºs 1 e 2, pp. 5 a 28 (=) *VI Congresso Nacional de Direito do Trabalho. Memórias*, Almedina, Coimbra, 2004, pp. 41 a 60;
19. «Caducidade do Contrato de Trabalho», *Estudos em Homenagem ao Prof. Doutor Raúl Ventura*, Volume II, *Direito Comercial, Direito do Trabalho, Vária*, Faculdade de Direito da Universidade de Lisboa, 2003, pp. 695 a 715;
20. «Exigências de um Novo Direito do Trabalho», *O Direito Contemporâneo em Portugal e no Brasil*, Almedina, Coimbra, 2004, pp. 349 a 375;
21. «O Código do Trabalho (Directrizes de Reforma; Sistematização; Algumas Questões)», *O Direito*, Anos 134 e 135 (2002-2003), pp. 45 a 67;
22. «A Reforma do Código do Trabalho: Perspectiva Geral», *A Reforma do Código do Trabalho*, Centro de Estudos Judiciários e Inspecção-Geral do Trabalho, Coimbra Editora, Coimbra, 2004, pp. 31 a 43;
23. «Garantia dos créditos laborais. A responsabilidade solidária instituída pelo Código do Trabalho, nos artigos 378º e 379º», *Revista de Direito e de Estudos Sociais*, 2005, nº 2/3/4, pp. 195 a 281;
24. «Incumprimento do contrato de trabalho», *Jornadas sobre a Regulamentação do Código do Trabalho*, organizadas pela Inspecção-Geral do Trabalho e pelo Centro de Estudos Judiciários, *Revista do CEJ*, 2005, nº 2, pp. 7 a 30;
25. «Responsabilidade Civil em Direito do Trabalho», *Estudos de Honra de Ruy de Albuquerque*, Volume II, Coimbra, 2006, pp. 599 a 652;
26. «Nulidade de Cláusulas de Convenções Colectivas de Trabalho. O Período Experimental no Contrato de Trabalho Desportivo», *Estudos Jurídicos e Económicos em Home-*

nagem ao Prof. Doutor António de Sousa Franco, Volume III, Lisboa, 2006, pp. 735 a 751 (=) *Revista de Direito e de Estudos Sociais*, 2007, nº 1/2, pp. 79 a 101;

27. «Do Direito de o empregador se opor à reintegração de um trabalhador ilicitamente despedido», *Estudos em Homenagem ao Prof. Doutor Motta Veiga*, Coimbra, 2007, pp. 267 a 289 (=) *Revista de Direito e de Estudos Sociais*, 2007, nº 1/2, pp. 103 a 131;

28. «Caducidade de convenção colectiva de trabalho» (em co-autoria), *Revista de Direito e de Estudos Sociais*, 2007, nº 3/4, pp. 107 a 148;

29. «Garantia dos créditos laborais (em Portugal). A responsabilidade solidária instituída pelo Código do Trabalho, nos artigos 378º e 379º», *O Direito material e Processual do Trabalho dos Novos Tempos. Estudos em Homenagem ao Professor Estêvão Mallet*, São Paulo, 2009, pp. 508 a 541;

30. «O Código do Trabalho revisto», *O Direito*, nº 141 (2009), II, pp. 245 a 267;

31. «Trabalho e Direitos Fundamentais. Compatibilização entre a segurança no emprego e a liberdade empresarial», *Estudos em Homenagem ao Prof. Doutor Sérvulo Correia*, Volume III, Coimbra, 2010, pp. 241 a 285;

32. «Seguro de Acidentes de Trabalho. A responsabilidade subsidiária do segurador em caso de actuação culposa do empregador», *Estudos em Homenagem ao Prof. Doutor Paulo de Pitta e Cunha*, Volume III, Coimbra, 2010, pp. 361 a 378;

33. «Resolução de conflitos laborais por arbitragem», Estudos em Homenagem a Albino Mendes Baptista, *Prontuário de Direito do Trabalho*, nº 87, 2010, pp. 279 a 308;

34. «Causas objectivas de despedimento e despedimento negociado», *Análise Contemporânea do Direito em Face da Globalização e da Crise Económica. 2º CID – Congresso Internacional de Direito Brasil Europa*, organização IDT, Coimbra, 2010, pp. 159 a 182;

35. «Modificações na Legislação sobre Contrato de Seguro. Repercussões no Regime de Acidentes de Trabalho», *Centenário do Nascimento do Prof. Doutor Paulo Cunha. Estudos em Homenagem*, Coimbra, 2012, pp. 1035 a 1066;

36. «O novo Código de Processo do Trabalho. Uma reforma necessária», *Estudos do Instituto de Direito do Trabalho*, Volume VI, Coimbra, 2012, pp. 11 a 20;

37. «O Código do Trabalho e a reforma de 2012. Apreciação geral», *Revista de Direito e de Estudos Sociais*, 2012, nº 1/2, pp. 9 a 19;

38. Anotação ao artigo 9º do Tratado sobre o Funcionamento da União Europeia, *Tratado de Lisboa Anotado e Comentado*, organizado por Manuel Porto e João Anastácio, Lisboa, 2012, pp. 226 e 227;

39. «Avaliação e reparação do dano em acidentes de trabalho: A responsabilidade civil (Macau)», *Formação Jurídica e Judiciária – Colectânea*, Tomo IX, Macau, 2013, pp. 51 a 99;

40. «Previdência Complementar: Impactos de Decisões Judiciais v. Mutualismo», *Revista do Instituto de Direito Brasileiro*, ano 2 (2013), nº 3, pp. 2067 a

41. «Interpretação e aplicação de normas laborais (Revisitação do *favor laboratoris*: ativismo jurídico versus segurança jurídica)», *Estudos Dedicados ao Prof. Doutor Bernardo da Gama Lobo Xavier*, Volume III, Lisboa, 2015, pp. 227 a 254;

42. «As cláusulas de rescisão nos contratos de trabalho desportivos», Estudos em Homenagem ao Prof. Doutor Fausto de Quadros (no prelo).

d) Direito Internacional Público

«Relações entre o Direito Internacional e o Direito Interno», *Direito e Justiça*, IV (1989/90), pp. 163 a 179.

III. COORDENAÇÃO

1. *Manual Prático do Processamento Laboral*, Dashöfer, Lisboa, 1999;
2. *Estudos do Instituto de Direito do Trabalho*, Volume I, Almedina, Coimbra, 2001 (778 págs.);
   – *Estudos do Instituto de Direito do Trabalho*, Volume II, *Justa Causa de Despedimento*, Almedina, Coimbra, 2001 (283 págs.);
   – *Estudos do Instituto de Direito do Trabalho*, Volume III, Almedina, Coimbra, 2002 (536 págs.);
   – *Estudos do Instituto de Direito do Trabalho*, Volume IV, Almedina, Coimbra, 2003 (269 págs.);
   – *Estudos do Instituto de Direito do Trabalho*, Volume V, Almedina, Coimbra, 2007 (145 págs.);
   – *Estudos do Instituto de Direito do Trabalho*, Volume VI, Almedina, Coimbra, 2012 (244 págs.);
3. *Revista de Direito e de Estudos Sociais*, direcção conjunta com o Senhor Prof. Doutor Bernardo da Gama Lobo Xavier, desde o Ano 2000;
4. *Estudos em Homenagem ao Prof. Doutor Raúl Ventura*, Volume II, *Direito Comercial, Direito do Trabalho, Vária*, coordenação com os Senhores Professores Doutores Oliveira Ascensão, Ruy de Albuquerque e Martim de Albuquerque, Faculdade de Direito da Universidade de Lisboa, 2003 (1030 págs.);
5. *Portuguese Labour Code. Dual Language, Portuguese / English. Código do Trabalho. Edição Bilingue, Português / Inglês*, edição do Instituto de Direito do Trabalho da Faculdade de Direito de Lisboa, Almedina, Coimbra, 2005 (661 págs.);
6. *Código do Trabalho – CD-ROM 2008*, organizado pelo IDT, Almedina, Coimbra, 2008 (com indicação de acórdãos por artigos do Código do Trabalho).

NOTA PRELIMINAR

A cessação do vínculo negocial é a consequência normal num contrato que se celebra, sabendo-se que, a breve trecho ou depois de um período longo, se extinguirá. Sendo usualmente dada maior ênfase à formação do contrato e, até, à execução das suas prestações, pretende-se neste estudo analisar os aspectos relacionados com a cessação do vínculo, tendo particularmente em conta os contratos validamente celebrados e que cessam por causas não relacionadas com o cumprimento pontual das suas prestações.

Depois da Introdução, onde se delimita o âmbito, a monografia encontra-se dividida em duas Partes. Na I Parte analisa-se o regime geral da cessação dos contratos, extensível a vínculos não contratuais, identificando, primeiro, as formas de cessação e estudando, seguidamente, o respectivo regime.

Na II Parte deste estudo faz-se referência a regimes singulares de cessação do vínculo nos diferentes contratos em especial, regulados no Título II do Livro II, Direito das Obrigações, do Código Civil, apesar de, em relação a alguns deles, o legislador não ter estabelecido regras particulares. Tendo em conta a sequência do Código Civil, indicam-se as especificidades da extinção nos diferentes contratos, remetendo para regras gerais ou para outros regimes especiais em caso de omissão legislativa sobre a matéria; assim, por exemplo, não tendo o legislador estabelecido um regime próprio em sede de contrato de prestação de serviço, importa atender às regras gerais da cessação e a regimes especiais de outros contratos, como o de mandato.

Ainda nesta II Parte, não obstante o estudo incidir essencialmente sobre a cessação dos contratos civis, também se analisam contratos comerciais, como a compra e venda e a empreitada de âmbito comercial. Além disso, a propósito de alguns contratos civis onde as especificidades da extinção do vínculo não são relevantes, faz-se menção a determinados contratos comerciais, como o

DA CESSAÇÃO DO CONTRATO

contrato de agência no âmbito da prestação de serviços, atendendo à conexão existente entre eles. Por outro lado, as regras gerais da cessação, válidas para os contratos civis, encontram igualmente aplicação no âmbito comercial e até no seio de contratos administrativos, como o contrato de empreitada de obras públicas, a cujo estudo se dedicam algumas páginas.

Na 2ª edição, além de ligeiras correcções formais, aproveitou-se o ensejo para introduzir algumas informações retiradas de bibliografia entretanto adquirida e adaptar o texto à recente alteração legislativa no âmbito do contrato de locação, em especial do arrendamento, resultante da Lei nº 6/2006, de 27 de Fevereiro. O novo regime do arrendamento urbano determinou o retorno da matéria ao Código Civil e a revogação do Regime do Arrendamento Urbano (RAU) de 1990, pelo que se impunha ajustar o texto às alterações legislativas. Foram tidas em conta as alterações legislativas publicadas até ao final de Fevereiro de 2006.

Por fim, decorridos mais de nove anos, estando a obra esgotada há alguns anos, impunha-se uma revisão, que ocorre com esta 3ª edição, principalmente tendo em conta as alterações legislativas, mormente em sede laboral, de arrendamento e de seguros, com significativas implicações na cessação do contrato.

INDICAÇÕES PRÉVIAS

Nas notas de rodapé, as obras são citadas indicando-se o nome do autor, título (por vezes, abreviado, se é extenso), local, data de publicação e página; em cada capítulo, nas referências subsequentes, as indicações seguintes ao nome do autor são substituídas pelo título abreviado, acompanhado de *cit.* e da página.

As indicações completas das obras citadas, nomeadamente a respectiva editora ou a indicação do organizador em algumas obras colectivas, encontram-se na bibliografia.

Em cada nota de pé-de-página, se for citado mais do que um autor, seguir-se-á, por via de regra, a ordem alfabética.

Para não sobrecarregar as notas e, por vezes, o texto, são usadas as abreviaturas constantes da lista que se segue.

LISTA DE ABREVIATURAS

AAFDL – Associação Académica da Faculdade de Direito de Lisboa
AAVV – Autores vários
ABGB – *Allgemeines Bürgerliches Gesetzbuch* (Código Civil Austríaco)
Ac. – Acórdão
ADSTA – *Acórdãos Doutrinários do Supremo Tribunal Administrativo*
art.(s) – artigo(s)
BGB – *Bürgerliches Gesetzbuch* (Código Civil Alemão)
BMJ – *Boletim do Ministério da Justiça*
CC – Código Civil
CCBr. – Código Civil Brasileiro
CCEsp. – Código Civil Espanhol
CCFr. – Código Civil Francês
CCHol. – Código Civil Holandês
CCIt. – Código Civil Italiano
CCom. – Código Comercial
CCP – Código dos Contratos Públicos
CDP – *Cadernos de Direito Privado*
CIRE – Código da Insolvência e da Recuperação de Empresas (Decreto-
-Lei nº 53/2004, de 18 de Março)
cit. – citada
CJ – *Colectânea de Jurisprudência*
CJ (STJ) – *Colectânea de Jurisprudência. Acórdãos do Supremo Tribunal de Justiça*
CLT – Consolidação das Leis do Trabalho (Brasil)
CO – Código das Obrigações (Suíça)
CPC – Código de Processo Civil
CPT – Código de Processo do Trabalho
CRP – Constituição da República Portuguesa

CSC	–	Código das Sociedades Comerciais
CT	–	Código do Trabalho
D.	–	Digesto
Dir.	–	*O Direito*
DJ	–	*Direito e Justiça*
DR	–	*Diário da República*
ESC	–	*Estudos Sociais e Corporativos*
LAT	–	Lei dos Acidentes de Trabalho (Lei nº 98/2009, de 4 de Setembro)
LCCG	–	Lei das Cláusulas Contratuais Gerais (Decreto-Lei nº 446/85, de 25 de Outubro, alterado pelo Decreto-Lei nº 220/95, de 31 de Agosto (que o republicou), pelo Decreto-Lei nº 249/99, de 7 de Julho, e pelo Decreto-Lei nº323/2001, de 17 de Dezembro)
LCCT	–	Lei da Cessação do Contrato de Trabalho (Decreto-Lei nº 69-A/89, de 27 de Fevereiro), revogada pelo Código do Trabalho
LCS	–	Lei do Contrato de Seguro ou Regime Jurídico do Contrato de Seguro, aprovada pelo Decreto-Lei nº 72/2008, de 16 de Abril
LCT	–	Lei do Contrato Individual de Trabalho (Decreto-Lei nº 49 408, de 24 de Novembro de 1969), revogada pelo Código do Trabalho
LECT	–	Legislação Especial do Código do Trabalho (Lei nº 35/2004, de 29 de Julho), revogada pelo Código do Trabalho em 2009
LSA	–	Lei dos Salários em Atraso (Lei nº 17/86, de 14 de Junho), revogada pelo Código do Trabalho
nº(s)	–	número(s)
NRAU	–	Novo Regime do Arrendamento Urbano (Lei nº 6/2006, de 27 de Fevereiro, alterada pelas Leis nº 31/2012, de 14 de Agosto, e nº 79/2014, de 19 de Dezembro, que, além de alterações no âmbito da locação em geral, determinou o retorno da matéria do arrendamento ao Código Civil)
NJW	–	*Neue Juristische Wochenschrift*
ob.	–	obra
OIT	–	Organização Internacional do Trabalho
org.	–	organizador (es)
p. (pp.)	–	página(s)
Pront.	–	*Prontuário da Legislação do Trabalho (Centro de Estudos Judiciários)*
QL	–	*Questões Laborais*
RAR	–	Regime do Arrendamento de prédios Rústicos (Decreto-Lei nº 294/2009, de 13 de Outubro)
RAU	–	Regime do Arrendamento Urbano (Decreto-Lei nº 321-B/90, de 15 de Outubro), revogado pela Lei nº 6/2006, de 27 de Fevereiro

LISTA DE ABREVIATURAS

RDE – *Revista de Direito e Economia*
RDES – *Revista de Direito e de Estudos Sociais*
Rel. Cb. – Tribunal da Relação de Coimbra
Rel. Év. – Tribunal da Relação de Évora
Rel. Gui. – Tribunal da Relação de Guimarães
Rel. Lx. – Tribunal da Relação de Lisboa
Rel. Pt. – Tribunal da Relação do Porto
REOP – Regime (Jurídico) das Empreitadas de Obras Públicas (Decreto-Lei nº 59/99, de 2 de Março), revogado pelo Código dos Contratos Públicos
RFDUL – *Revista da Faculdade de Direito da Universidade de Lisboa*
RLJ – *Revista de Legislação e de Jurisprudência*
ROA – *Revista da Ordem dos Advogados*
s. (ss.) – seguinte(s)
SI – *Scientia Iuridica. Revista de Direito Comparado Português e Brasileiro*
STA – Supremo Tribunal Administrativo
STJ – Supremo Tribunal de Justiça
T. – Tomo
TC – Tribunal Constitucional
TJ – *Tribuna da Justiça*
UCC – *Uniform Commercial Code* (Código Uniforme de Comércio dos Estados Unidos da América)

INTRODUÇÃO

§ 1. Considerações prévias

A formação do negócio jurídico, normalmente tendo por base o disposto nos arts. 217º e ss. do CC, tem sido amplamente desenvolvida pela doutrina[1]. O mesmo não sucede com a cessação do vínculo, que por via de regra só é alvo de reduzida explicação nos manuais de direito das obrigações, não sendo frequente encontrar monografias sobre a matéria[2].

De facto, como refere ORLANDO GOMES[3], «a matéria da extinção dos contratos não se acha ordenada numa teoria geral que ponha termo à confusão proveniente inicialmente da terminologia usada na legislação e na dou-

---

[1] Veja-se, nomeadamente, FERREIRA DE ALMEIDA, *Contratos, I, Conceito, Fontes, Formação*, 5ª edição, Coimbra, 2013, pp. 81 e ss. MENEZES CORDEIRO, *Tratado de Direito Civil Português, II, Parte Geral – Negócio Jurídico*, 4ª edição, Coimbra, 2014, pp. 123 e ss.

[2] Em obras mais antigas, a matéria só é pontualmente analisada a propósito de alguns contratos, em que se alude aos respectivos modos de extinção; por exemplo, COELHO DA ROCHA, *Instituições de Direito Civil Portuguez*, Tomos I e II, 8ª edição, Lisboa, 1917, pp. 505 e ss., sobre os contratos em geral, trata da formação e execução, mas não da extinção. E, actualmente, a matéria relativa à extinção do contrato não se encontra desenvolvida nos manuais de direito das obrigações; veja-se MENEZES CORDEIRO, *Tratado de Direito Civil*, Volume IX, Coimbra, 2014, pp. 337 e ss.; ALMEIDA COSTA, *Direito das Obrigações*, 12ª edição, Coimbra, 2009, pp. 316 e ss.; PESSOA JORGE, *Direito das Obrigações*, Volume I, Lisboa, 1975/76, pp. 195 e ss.; MENEZES LEITÃO, *Direito das Obrigações*, Volume II, *Transmissão e Extinção de Obrigações. Não Cumprimento e Garantias do Crédito*, 9ª edição, Coimbra, 2014, pp. 95 e ss.; GALVÃO TELLES, *Manual dos Contratos em Geral*, 4ª edição, Coimbra, 2002, pp. 355 e ss., em especial pp. 378 a 383 / *Direito das Obrigações*, 7ª edição, Coimbra, 1997, pp. 454 e ss.; ANTUNES VARELA, *Das Obrigações em Geral*, Volume II, 7ª edição, Coimbra, 1999, pp. 274 e ss. E são poucas as monografias sobre este tema, cfr. BRANDÃO PROENÇA, *A Resolução do Contrato no Direito Civil. Do Enquadramento e do Regime*, Coimbra, 1996.

[3] ORLANDO GOMES, *Contratos* (actualizado por Humberto Theodoro Júnior), 24ª edição, Rio de Janeiro, 2001, p. 170.

trina, e, em seguida, das divergências e vacilações nos conceitos, classificações e distinções necessárias».

Importa, pois, analisar as diferentes modalidades, sistematizando-as, de molde a esboçar uma teoria geral do regime da cessação do vínculo, que tem de assentar predominantemente na referência às distintas modalidades de cessação dos contratos e, ao mesmo tempo, procurar compreender cada uma destas modalidades.

Estão em causa os modos de cessação do contrato; contudo, como o vínculo obrigacional, embora excepcionalmente, pode não resultar de um acordo, mas, por exemplo, de uma decisão judicial, apesar de se atender, quase exclusivamente, à cessação dos contratos, ambiciona-se generalizar, de modo a abranger a cessação de vínculos obrigacionais não qualificáveis como contratos. De facto, a relação jurídica obrigacional pode ter sido constituída por decisão judicial, nomeadamente ao abrigo de sentença de execução específica de contrato-promessa não cumprido (art. 830º, nº 1, do CC)[4] ou em consequência de divórcio (art. 1105º, nº 2, do CC). Em qualquer dos casos, a relação jurídica assim estabelecida, com efeitos similares aos de um contrato, não assenta na contraposição de declarações de vontade. Por outro lado, determinadas situações jurídicas podem não ter necessariamente por base um contrato e extinguirem-se segundo as regras comuns dos contratos; assim, a situação jurídica de administração societária, admitindo que não se funda num contrato, está sujeita à cessação nos termos gerais.

Como se tem em vista proceder ao estudo generalizado da matéria, não raras vezes aludir-se-á à cessação do contrato em sentido amplo, abrangendo a extinção de qualquer vínculo obrigacional; ou seja, não obstante a usual referência a *contrato*, na maioria das hipóteses, as considerações valerão também para vínculos não contratuais.

---

[4] Sobre a execução específica do contrato-promessa incumprido, consulte-se, por exemplo, ALMEIDA COSTA, *Contrato-Promessa. Uma Síntese do Regime Vigente*, 9ª edição, Coimbra, 2007, pp. 56 e ss.; JANUÁRIO DA COSTA GOMES, *Em Tema de Contrato-Promessa*, Lisboa, 1990, pp. 68 e ss.; ROMANO MARTINEZ, *Direito das Obrigações. Apontamentos*, 4ª edição, Lisboa, 2014, pp. 224 e ss.; CALVÃO DA SILVA, *Sinal e Contrato-Promessa*, 13ª edição, Coimbra, 2010, pp. 161 e ss. A este propósito importa referir que a execução específica prevista no art. 830º do CC permite também constituir um vínculo sem prévio contrato-promessa; é esse o sentido, por exemplo, no que respeita à relação jurídica que se pode estabelecer em caso de direito a novo arrendamento (arts. 90º e ss. do RAU e hoje, art. 1091º, nº 1, alínea *b*), do CC). Sobre a questão, veja-se PAULA COSTA E SILVA, «Irrelevância da Ilegitimidade Superveniente de um dos Comproprietários na Constituição de Arrendamento por Decisão Judicial Proferida em Acção de Execução Específica. Anotação ao Acórdão do Supremo Tribunal de Justiça de 15 de Abril de 1993», *ROA*, Ano 54 II (1994), pp. 665 e ss.

INTRODUÇÃO

§ 2. Modos de extinção do vínculo obrigacional
1. Enunciação

I. Tendencialmente, o vínculo obrigacional tem uma duração limitada e, por via de regra, a obrigação extingue-se com o seu cumprimento. Daí que, não raras vezes, o contrato se extinga mediante a realização das prestações a que as partes se vincularam; por isso, normalmente, os efeitos de um contrato de compra e venda cessam quando o vendedor entrega a coisa e o comprador paga o preço[5].

Pode, assim, dizer-se que a causa natural de cessação de um contrato advém do cumprimento das respectivas obrigações[6], ou seja, por via da extinção das prestações das partes, que se encontram realizadas (art. 762º, nº 1, do CC), ou em razão de uma causa de extinção das obrigações além do cumprimento, como a dação em cumprimento (art. 837º do CC), a consignação em depósito (art. 841º do CC) ou a compensação (art. 847º do CC). Por exemplo, a confusão (arts. 868º e ss. do CC) constitui um meio frequente de cessação do contrato de arrendamento, quando o arrendatário, nomeadamente ao abrigo do direito de preferência (art. 1091º, nº 1, do CC), adquire o bem arrendado[7].

Esta indicação corresponde ao entendimento tradicional dos modos de extinção das obrigações alargado (e adaptado) à cessação do vínculo contratual com pluralidade de prestações, normalmente uma relação sinalagmática, como se depreende do título em que se incluem os arts. 837º e ss. do CC: «Causas de extinção das obrigações além do cumprimento»[8]. E já nas Instituições de Justiniano, no Livro III, Título 29, dedicado ao modo de extinção da obrigação, indica-se que *a obrigação se extingue pelo pagamento da dívida* (Instituições 3,29,pr.); a este modo, nos pontos seguintes, acrescenta-se a remissão (Instituições 3,29,1 e 2) e a novação (Instituições 3,29,3)[9].

---

[5] Distinguindo o cumprimento das prestações, que pressupõe a normal execução do contrato, e a sua extinção por resolução, *vd.* BIANCA, *Diritto Civile,* Volume 3, *Il Contratto,* Milão, 1998, pp. 695 e s. Veja-se igualmente DI MAJO, *Obbligazioni e Contratti. L'Adempimento dell'Obbligazione,* Bolonha, 1998, pp. 4 e s.

[6] Como refere CRISCUOLI, *Il Contratto. Itinerari Normativi e Riscontri Giurisprudenziali,* Pádua, 1992, p. 455, o fim natural do contrato coincide com a actuação das partes em respeito do programa por elas predisposto.

[7] Cfr. DUTILLEUL/DELEBECQUE, *Contrats Civils et Commerciaux,* 6ª edição, Paris, 2002, p. 395.

[8] Sobre a extinção das obrigações por cumprimento ou outras causas, veja-se os manuais de direito das obrigações citados em ROMANO MARTINEZ, *Direito das Obrigações. Apontamentos,* cit., pp. 255 e ss., assim como CUNHA DE SÁ, «Modos de Extinção das Obrigações», *Estudos em Homenagem ao Prof. Doutor Inocêncio Galvão Telles,* I Volume, *Direito Privado e Vária,* Coimbra, 2002, pp. 171 e ss.

[9] Para maiores desenvolvimentos, no direito romano, com referências também à dação, à compensação e à confusão, veja-se KASER, *Direito Privado Romano,* 2ª edição, Lisboa, 2011, pp. 293 e ss. Em sentido similar, SANTOS JUSTO, *Direito Privado Romano II, (Direito das Obrigações),* 4ª edição,

DA CESSAÇÃO DO CONTRATO

A extinção do contrato por via da realização das respectivas prestações está sujeita ao regime comum do cumprimento (arts. 762º e ss. do CC), ou, dependendo das circunstâncias, ao regime das causas de extinção das obrigações além do cumprimento.

II. A renúncia, por parte do titular do direito, pode implicar a extinção da correspondente situação jurídica e a consequente cessação de um vínculo contratual[10]. Na realidade, na medida em que uma das partes abdique do seu direito e da correspondente posição jurídica, pode não se justificar a subsistência do contrato, que, assim, se extingue.

A remissão, a que se aludiu anteriormente, constitui uma modalidade de renúncia, em que o credor, por acordo, perdoa a dívida do devedor; mas a renúncia não pressupõe necessariamente a celebração de um contrato, sendo muitas vezes unilateral[11], nem implica, sempre, uma vantagem para a contra-

---

Coimbra, 2011, pp. 183 e ss., como modos de extinção das obrigações, distingue as causas de extinção *ipso iure* das causas de extinção *ope exceptionis*; nas causas de extinção *ipso iure*, depois de um particular desenvolvimento dado ao pagamento (*solutio*) – ainda que na perspectiva de *imaginaria solutio* (*acceptilatio*) –, faz referência, nomeadamente à *novatio* e à confusão, e relativamente às causas de extinção *ope exceptionis* indica a *compensatio* e a *praescriptio* (fazendo ainda alusão ao *pactum de non petendo*). Quanto à *solutio*, «como o mais importante dos modos de extinção da obrigação, quer *ipso iure* quer *ope exceptionis*», vd. SEBASTIÃO CRUZ, *Da "Solutio". Terminologia, Conceito e Características, e Análise de vários Institutos Afins*, I, *Época Arcaica e Clássica*, Coimbra, 1962, pp. 3 e ss. O termo *solutio*, etimologicamente não significa pagamento, mas desvinculação, liberação (SOLAZZI, *L'Estinzione dell'Obbligazione nel Diritto Romano*, Nápoles, 1935, pp. 9 e ss., citando, nesse sentido, alguns textos romanos, p. ex., D. 46,3,54 e D. 50,16,47).

Como esclarece WIEACKER, *História do Direito Privado Moderno*, Lisboa, 1980, p. 351, deve-se a PUFENDORF «(...) a construção unitária das causas extintivas das obrigações: cumprimento simples, cumprimento por equivalente, compensação, remissão, novação e delegação, bem como a rescisão em virtude de acordo nesse sentido, o incumprimento contratual ou a sua modificação das circunstâncias».

[10] Sobre a renúncia veja-se MENEZES CORDEIRO, *Da Boa Fé no Direito Civil*, Coimbra, 1985, nota 444, pp. 762 e ss. A matéria foi analisada por BRITO PEREIRA COELHO, *A Renúncia Abdicativa no Direito Civil (Algumas Notas Tendentes à Definição do seu Regime)*, Coimbra, 1995, pp. 13 e ss. e *passim*. Veja-se ainda, AMARAL, *Direito Civil. Introdução*, 3ª edição, Rio de Janeiro, 2000, pp. 174 e s., assim como CAVALCANTI, *Da Renúncia no Direito Civil*, Rio de Janeiro, 1958, pp. 12 e ss., assentando no pressuposto de a renúncia implicar a cessação de um direito em determinada esfera jurídica, assim como MACIOCE, *Il Negozio di Rinunzia nel Diritto Privato*, I *Parte General*, Nápoles, 1992, pp. 77 e ss. Quanto à «renúncia», num sentido muito preciso, veja-se PAULO OTERO, *A Renúncia do Presidente da República na Constituição Portuguesa*, Coimbra, 2004, p. 56, entendendo como acto de vontade em que alguém (no caso o Presidente da República) declara não querer continuar a exercer um cargo, antecipando o termo do seu mandato.

[11] Sobre o carácter unilateral da manifestação de vontade abdicativa, podendo, excepcionalmente, revestir a natureza contratual, *vd.* BRITO PEREIRA COELHO, *A Renúncia Abdicativa*, cit., pp. 103 e ss.

INTRODUÇÃO

parte. Se o proprietário de um bem locado renunciar ao seu direito de propriedade, o contrato extingue-se por caducidade (art. 1051º, nº 1, alínea c), do CC)[12] e se o dono da obra renunciar ao direito de propriedade sobre esta, verifica-se a impossibilidade de continuar a executar o contrato de empreitada. Em suma, a renúncia, indirectamente, pode determinar a dissolução de um vínculo contratual, devendo, então, atender-se a uma das causas de extinção dos negócios jurídicos; tratando-se, em princípio, de uma situação de caducidade.

Num outro plano, a renúncia pode ter como efeito inviabilizar o recurso à dissolução do vínculo. Se uma das partes renuncia ao direito de fazer cessar o contrato, o vínculo subsiste; é o que ocorre no caso de renúncia ao direito de revogação da doação por ingratidão do donatário (art. 977º do CC) ou, mais genericamente, a renúncia de uma das partes ao direito de resolver o contrato em caso de incumprimento da contraparte (art. 801º, nº 2, do CC). Em qualquer caso, a renúncia não pode ser antecipada, como resulta claramente do citado art. 977º do CC e, de modo mais abrangente, do disposto no art. 809º do CC[13].

III. Independentemente do cumprimento das respectivas prestações ou de outras causas com idêntico efeito, as relações obrigacionais extinguem-se por via da resolução, da revogação e da denúncia[14]. A resolução e a denúncia conduzem à cessação do vínculo por declaração unilateral de uma das partes dirigida à contraparte. A revogação pressupõe a existência de um consenso

---

[12] Contudo, se o usufrutuário de um bem locado renunciar ao seu direito de usufruto o contrato não se extingue por caducidade atenta a excepção constante do art. 1052º, alínea b), do CC.

[13] Vd. BRITO PEREIRA COELHO, A Renúncia Abdicativa, cit., pp. 20 e s.

[14] É doutrina pacífica, apesar de, por vezes, se utilizar o termo rescisão. Relativamente à rescisão, veja-se infra, I Parte, Capítulo I, § 5.

Quanto à tríade de formas de cessação do vínculo obrigacional, vd. MENEZES CORDEIRO, Tratado de Direito Civil, IX, cit., pp. 338 e ss.; ALMEIDA COSTA, Direito das Obrigações, cit., pp. 316 e ss.; ANTUNES VARELA, Das Obrigações em Geral, Volume II, 7ª edição, Coimbra, 1999, pp. 274 e ss. GALVÃO TELLES, Direito das Obrigações, 6ª edição, Coimbra, 1989, pp. 462 e ss. e PESSOA JORGE, Direito das Obrigações, Volume I, Lisboa, 1975/76, pp. 629 e ss., na sequência do disposto no Código Civil anterior, continuam a aludir ao termo rescisão, como sinónimo de resolução. Refira-se, porém, que GALVÃO TELLES, na 7ª edição do Direito das Obrigações, 1997, pp. 460 e ss., altera a terminologia para resolução. A anterior posição de GALVÃO TELLES justifica-se atendendo à classificação constante de «Contratos Civis», RFDUL, Volume IX (1953), pp. 184 e s., segundo o autor, a resolução distingue-se em: revogação, rescisão e caducidade; por isso, no Projecto relativo aos contratos utiliza-se o termo rescisão como sinónimo de resolução na actual terminologia (p. ex. art. 406º do Projecto, cfr. «Contratos Civis», RFDUL, Volume X (1954), p. 198).

das partes com vista à cessação do vínculo. A esta tríade importa acrescentar a caducidade que determina a extinção do vínculo em virtude de facto superveniente.

A extinção do contrato pode, assim, relacionar-se com dois aspectos: cumprimento das respectivas prestações e cessação por uma das causas indicadas[15].

Não se pode, contudo, afirmar que os modos de cessação do contrato correspondam necessariamente à patologia negocial, em que o programa contratual previamente delineado aquando da celebração – ou em alterações subsequentes – vem a ser desrespeitado, apesar de vulgarmente a extinção do vínculo se encontrar associada ao incumprimento de prestações[16]. Em particular, em determinadas situações de caducidade, o vínculo extingue-se tal como fora programado (p. ex., contrato a termo certo).

2. Cessação por causas originárias e supervenientes

I. Para além das quatro situações enunciadas no número anterior, os efeitos do contrato também não se produzem, isto é, não têm de se cumprir as respectivas prestações, se o mesmo, em razão da invalidade, for nulo ou anulado[17]. Porém, como à invalidade do contrato se aplicam as regras gerais dos arts. 285º e ss. do CC, neste estudo não se justifica fazer referência à invalidade; a isto acresce que, em sentido técnico, a extinção dos efeitos de um contrato pressupõe a sua validade, pelo que a declaração de invalidade não se inclui entre os meios de cessação do contrato. Tal como a invalidade, a inexistência e a ineficácia, pondo em causa o próprio negócio jurídico *ab initio*, não conduzem à cessação do vínculo[18]. Em suma, a cessação do contrato relaciona-se

---

[15] Quanto à extinção do contrato, WILLMOTT/CHRISTENSEN/BUTLER, *Contract Law*, reimpressão, Oxford, 2002, pp. 585 e ss., identificam quatro modalidades: cumprimento; cessação unilateral; acordo; frustração.

[16] CRISCUOLI, *Il Contratto*, cit., p. 462, associa a extinção do contrato ao «bloqueamento» do programa contratual.

[17] Eventualmente, ainda se poderia atender à discutível categoria dos contratos inexistentes (veja--se, com uma explicação histórica desde o direito romano, a distinção entre nulidade e inexistência em VENOSTA, *Le Nullità Contrattuali nell'Evoluzione del Sistema*, Volume I, *Nullità e Inesistenza del Contratto*, Milão, 2004, pp. 18 e ss.), mas, ainda que se justifique distinguir a inexistência da nulidade, no que respeita às causas de cessação do contrato a questão deve ser analisada nos mesmos moldes.

[18] DI MARZIO, *La Nulità del Contratto*, Pádua, 1999, começa por explicar que a invalidade, onde se inclui a nulidade e a anulabilidade, pressupõe a falta de requisitos de validade (p. 4) e que a validade é um predicado do contrato entendido como acto (p. 7). Como refere o autor (ob. cit., pp. 8 e ss.), ainda que a causa da invalidade seja superveniente – p. ex., superveniente alteração legislativa –, a invalidade afecta a validade do contrato no que respeita ao acto constitutivo.

INTRODUÇÃO

com situações supervenientes surgidas após a celebração de um negócio jurídico válido e eficaz[19].

Esta distinção é, por vezes, justificada com base num texto de CELSO (D. 50,17,185), onde se lê que *impossibilium nulla obligatio est*, podendo concluir-se que a impossibilidade inicial determinaria a nulidade da obrigação e, consequentemente, do contrato. Mas além de se poder duvidar de que tal máxima constituísse uma *regula* no direito romano, não é seguro que se circunscrevesse à impossibilidade originária[20]. De igual modo, da passagem de ULPIANO (D. 50,17,31), onde se prescreve que, por acordo, não se pode tornar útil o que é impossível, parece inviável concluir pela distinção entre os dois tipos de impossibilidade, porque, tal como em D. 21,2,31, o autor tem em conta o *id quod interest* na venda de escravos que, depois, se verificava não serem sãos, tendo o vendedor garantido o que julgava possível (inexistência de vícios)[21].

II. Daqui resulta a usual contraposição, no domínio contratual, entre a impossibilidade originária e a superveniente. No primeiro caso, a impossibilidade de cumprimento da prestação seria anterior (ou eventualmente concomitante) à celebração do negócio jurídico, enquanto a impossibilidade superveniente surgiria depois de se ter constituído o vínculo. Em qualquer caso, a impossibilidade tem de ser efectiva, absoluta e definitiva[22], e pode ser total ou parcial. A impossibilidade absoluta ou efectiva contrapõe-se ao agravamento da prestação, *difficultas praestandi*, não se podendo, neste último caso, recorrer ao regime da impossibilidade; contudo, a designada impossibilidade prática ou factual – distinta da impossibilidade económica – pode integrar-se no âmbito da impossibilidade absoluta[23].

---

[19] BORGHI, *La Risoluzione per Inadempimento dell'Affitto di Fonti Rustici*, Pádua, 1996, p. 27, depois de reafirmar que a resolução é para contratos válidos, pois, diversamente da invalidade, não se funda num vício do acto, na nota 72 admite que se pode resolver um contrato anulável se o interessado não quiser recorrer à invalidade. Para tal será necessário que, cumulativamente, se verifiquem os pressupostos da anulabilidade e da resolução não sendo, em princípio, esta segunda via mais vantajosa do que a primeira.

[20] *Vd.* CUENA BOY, *Estúdios sobre la Imposibilidad de la Prestación. La Imposibilidad Jurídica*, Valladolid, 1992, pp. 9 e 11.

[21] *Vd.* ROMANO MARTINEZ, *Cumprimento Defeituoso em especial na Compra e Venda e na Empreitada*, reimpressão, Coimbra, 2001, p. 82. Veja-se CUENA BOY, *Estúdios sobre la Imposibilidad de la Prestación*, cit., pp. 12 e s., que a pp. 19 e ss., explica a recepção latina do termo impossibilidade, de origem grego, e o seu sentido.

[22] *Vd.* MENEZES CORDEIRO, *Tratado de Direito Civil*, IX, cit., pp. 180 e ss.

[23] *Vd.* MENEZES CORDEIRO, *Da Modernização do Direito Civil*, I Volume *(Aspectos Gerais)*, Coimbra, 2004, pp. 109 e s. O autor alude à alteração introduzida no § 275(2) do BGB, onde se admite a

DA CESSAÇÃO DO CONTRATO

Na tradicional delimitação de matérias entre Teoria Geral do Direito Civil e Direito das Obrigações, de base pandectística e constante da sistematização do Código Civil, distingue-se a impossibilidade originária (arts. 280º, 286º e 289º e ss. do CC) da impossibilidade superveniente, tanto não imputável como imputável ao devedor (arts. 790º e ss. e 801º e ss. do CC)[24/25]. Não obs-

---

impossibilidade por grave desproporção tendo em conta o conteúdo da relação jurídica, a boa fé e o interesse do credor. Sobre o mencionado preceito, veja-se também *Palandt Bürgerliches Gesetzbuch*, 63ª edição, Munique, 2004, anotações ao § 275, pp. 340 e ss.

Quanto ao designado «limite do sacrifício», que transformaria a dificuldade em impossibilidade, *vd.* DELFINI, *Dell'Impossibilità Sopravvenuta*, Milão, 2003, pp. 28 e ss.

[24] Idêntica distinção encontra-se nomeadamente no confronto entre o erro sobre os motivos (art. 252º do CC) e o designado *error in futurum*, previsto no art. 437º do CC, assim como nas diferentes acepções de erro na formação do vínculo e incumprimento. Sobre esta distinção, veja-se ROMANO MARTINEZ, *Cumprimento Defeituoso*, cit., pp. 35 e ss.

Com base na mesma diversidade, contrapõe-se a invalidade do negócio, por vício na formação, à resolução por causas futuras (p. ex., incumprimento), cfr. Ac. Rel. Pt. de 9/2/1993, *CJ* XVIII, T. I, p. 223 (p. 227) e comentário de PINTO MONTEIRO, *Erro e Vinculação Negocial*, Coimbra, 2002, p. 22.

[25] Quanto à distinção clássica entre impossibilidade originária e superveniente, sendo no primeiro caso o contrato nulo e podendo cessar por resolução na segunda hipótese, na doutrina nacional, cfr. CASTRO MENDES, *Direito Civil. Teoria Geral*, Volume II, Lisboa, 1979, pp. 265 e ss.; GOMES DA SILVA, *O Dever de Prestar e o Dever de Indemnizar*, Volume I, Lisboa, 1944, pp. 171 e ss.

A contraposição encontra-se noutras ordens jurídicas, como a italiana, cfr. CABELLA PISU, *Dell'Impossibilità Sopravvenuta. Artt. 1463–1466*, Bolonha, 2002, pp. 1 e ss. e pp. 39 e ss. Em relação ao direito italiano, tendo em conta a distinção legal entre invalidade [nulidade (arts. 1418 e ss. do CCIt.) e anulabilidade (arts. 1425 e ss. do CCIt.)], rescisão (arts. 1447 e ss. do CCIt.) e resolução (arts. 1453 e ss. do CCit.), poder-se-ia pensar que a mencionada dicotomia estaria ultrapassada, mas tal entendimento só é válido na *rescissione*, que corresponde às situações qualificadas na ordem jurídica portuguesa como anulabilidade por o negócio ser usurário e, eventualmente, em caso de erro sobre os motivos, bem como por alteração das circunstâncias. Sobre a rescisão prevista no direito italiano (arts. 1447 a 1452 do CCIt., cfr. MERZ/SGUOTTI, *Manuale Pratico delle Invalidità, Nullità, Inesistenza, Annulabilità, Rescindibilità*, Pádua, 2002, pp. 21 e ss. e 427 e ss.; ORRÙ, *La Rescissione del Contratto*, Pádua, 1997, pp. 6 e ss. e 23 e ss.; TERRUGGIA, *La Rescissione del Contratto nella Giurisprudenza*, Milão, 1994, pp. 13 e ss. e 59 e ss.

No direito suíço, tendo em conta nomeadamente o art. 97 do CO, estabelece-se idêntica contraposição, cfr. GAUCH/SCHLUEP/SCHMID/REY, *Schweizerisches Obligationenrecht. Allgemeiner Teil ohne Ausservertragliches Haftpflicht*, Volume II, 8ª edição, Zurique, 2003, pp. 89 e ss.

A delimitação surge também noutros espaços jurídicos onde não se sente a influência germânica, como em França – contrapondo-se a invalidade que põe em causa a formação válida do contrato, à invalidade num contrato regularmente celebrado, dando a primeira origem à invalidade e a segunda à caducidade (cfr. BÉNABENT, *Droit Civil. Les Obligations*, 9ª edição, Paris, 2003, pp. 143 e s.) – e em Espanha – acentuando-se a distinção em causas que afectam *ab initio* o vínculo e as que inviabilizam o cumprimento (cfr. CRISTÓBAL MONTES, *El Incumplimiento de las Obligaciones*, Madrid, 1989, p. 23). Veja-se idêntica delimitação em autores anglo-saxónicos, CALAMARI/PERILLO, *The Law of Contracts*, 4ª edição, St. Paul, 1998, pp. 495 e ss., que distinguem o regime da impossibilidade em função da data da celebração do contrato.

INTRODUÇÃO

tante a referência à impossibilidade originária em sede de direito das obrigações (art. 401º do CC), pode entender-se que neste ramo do direito só há que atender à impossibilidade superveniente; esta ideia pode até ser confirmada pela mencionada excepção. No art. 401º do CC, além da referência à nulidade como consequência da impossibilidade originária (nº 1), que nada acrescenta ao art. 280º, nº 1, do CC, delimita-se o campo de aplicação da impossibilidade originária em duas vertentes: por via de regra, não é impossível a prestação que apenas diga respeito à pessoa do devedor, circunscrevendo-se a impossibilidade ao objecto da prestação (nº 3); por outro lado, tendo por base a liberdade contratual, a prestação impossível pode ter sido condicionalmente admitida como possível (nº 2). Neste caso, as partes, conhecendo a impossibilidade, crêem que o obstáculo pode vir a ser ultrapassado e celebram o contrato nesse pressuposto. Daqui resulta que a natureza originária ou superveniente da impossibilidade pode ser definida por acordo das partes.

A distinção entre impossibilidade originária e superveniente nem sempre é hoje seguida.

Na Convenção de Viena sobre Compra e Venda Internacional, de 1981 (arts. 45 e ss.) não se distingue o incumprimento da impossibilidade[26]. De igual modo, nos Princípios do UNIDROIT (princípios – não vinculativos – relativos aos Contratos Comerciais Internacionais, publicados pelo Instituto UNIDROIT – Instituto Internacional para a Unificação do Direito Privado –, em 1994[27]), como resulta do art. 3.3, a impossibilidade originária não afecta a validade do contrato, pelo que importa tão-só averiguar se o devedor teve culpa para efeito de responsabilidade contratual. Por seu turno, nos Princípios do Direito Europeu dos Contratos (também não vinculativos), da cha-

---

[26] Quanto ao regime da Convenção neste âmbito, *vd.* os comentários de DI PRISCO *in Convenzione di Vienna sui Contratti di Vendita Internazionale di Beni Mobile*, org. BIANCA, Pádua, 1992, pp. 203 e ss., assim como as anotações de LÓPEZ in *La Compraventa Internacional de Mercaderias. Comentario de la Convención de Viena*, org. DÍEZ-PICAZO, Madrid, 1997, pp. 408 e ss. Mas no que respeita à resolução pelo comprador, prevista no art. 49, e pelo vendedor, constante do art. 64, veja-se, respectivamente, os comentários de NICTOLIS e de BONFANTE, na mesma obra colectiva, pp. 222 e ss. e 271 e ss., assim como HONNOLD, *Uniform Law for International Sales under the 1980 United Nations Convention*, 3ª edição, Boston, 1999, pp. 327 e ss. e 386 e ss.

[27] Os referidos Princípios, em versão provisória em língua portuguesa, encontram-se publicados em *Princípios Relativos aos Contratos Comerciais Internacionais*, Ministério da Justiça, Lisboa, 2000, com breves informações preliminares. Sobre os Princípios UNIDROIT, consulte-se BONELL, «I Principi Unidroit. Un Approccio Moderno al Diritto dei Contratti», *Materiali e Commenti sul Nuovo Diritto dei Contratti*, org. VETTORI, Pádua, 1999, pp. 935 e ss.

DA CESSAÇÃO DO CONTRATO

mada «Comissão Lando»[28/29], tendo em conta a regra constante do art. 4.102, a impossibilidade originária não determina a invalidade do contrato[30], não se devendo, em princípio, distinguir a impossibilidade inicial da superveniente.

Recentemente, a mesma ideia surge no BGB (§§ 275, 280, 283, 311a e 326), tendo em conta a *Modernisierung* (2002); em determinadas circunstâncias, o contrato com objecto originariamente impossível pode ser válido, recorrendo--se a um regime idêntico ao da impossibilidade superveniente[31]. Como refere CANARIS[32], no processo de reforma do BGB chegou a prevalecer a opinião de eliminar por completo a impossibilidade de execução, mas predominou a ideia de manter o conceito, até para harmonizar com os Princípios de Direito Europeu dos Contratos: daí o § 275(1) do BGB. Assim, independentemente de a impossibilidade ser originária ou superveniente, o devedor não tem de realizar a prestação (§ 275(1) do BGB), pelo que importa tão-só verificar se

---

[28] A «Comissão Lando», presidida pelo professor Ole LANDO, desde 1992, tem trabalhado numa tentativa de uniformização do direito europeu dos contratos e publicou os Princípios, que, como consta do art. 1101, 1), têm por objecto aplicar-se com carácter geral como direito dos contratos da União Europeia; cfr. LANDO/BEALE, *Principles of European Contract Law,* Partes I e II, Haia, 2000, pp. 95 e ss. Quanto à história da referida Comissão, *vd.* DÍEZ-PICAZO/ROCA I TRIAS/MORALES MORENO, *Los Princípios de Derecho Europeo de los Contratos,* Madrid, 2002, pp. 75 e ss.

[29] Sobre a tendencial uniformização das situações de invalidade e resolução, prevista nos Princípios do Direito Europeu dos Contratos, veja-se ALPA, «I "Principles of European Contract Law" Predisposti dalle Commissione Lando», *Um Código Civil para a Europa, Boletim da Faculdade de Direito de Coimbra,* Coimbra, 2002, pp. 342 e ss., assim como BIANCA, «Il Processo di Unificazione dei Principi di Diritto Contrattuale nell'ambito dell'Unione Europea», e LANDO, «L'Unificazione dei Diritto Privato Europeo in Materia di Contratto: Sviluppo Graduale o Codificazione», *Materiali e Commenti sul Nuovo Diritto dei Contratti,* org. VETTORI, Pádua, 1999, respectivamente, pp. 849 e ss. e pp. 873 e ss.

Não obstante a indicada tendência de uniformização, por imposição de diversas directrizes comunitárias, têm surgido «novas» hipóteses típicas de invalidade negocial, relacionadas em particular com a tutela do consumidor, cfr. PUTTI, «L'Invalidità nei Contratti del Consumatore», *in Trattato di Diritto Privato Europeo,* Volume 3, *L'Attività e il Contratto,* org. Nicolò LIPARI, 2ª edição, Pádua, 2003, pp. 452 e ss.

[30] Como referem DÍEZ-PICAZO/ROCA I TRIAS/MORALES MORENO, *Los Princípios de Derecho Europeo de los Contratos,* cit., p. 220, o facto de a impossibilidade originária não determinar a invalidade do contrato constitui uma modificação substancial em relação à maior parte dos sistemas jurídicos de países europeus. Para uma justificação sucinta, relacionada com a aproximação legislativa, *vd.* LANDO/BEALE, *Principles of European Contract Law,* cit., p. 228.

[31] *Vd.* BROX/WALKER, *Allgemeines Schuldrecht,* 29ª edição, Munique, 2003, pp. 207 e s.; MENEZES CORDEIRO, *Da Modernização do Direito Civil,* cit., pp. 105 e ss.

Sobre a reforma do Código Civil Alemão, veja-se CANARIS, «O Novo Direito das Obrigações na Alemanha», *Revista Brasileira de Direito Comparado,* nº 25 (2004), p. 3, indicando que se reestruturaram três áreas: prescrição, incumprimento e contratos de compra e venda e de prestação de serviços.

[32] CANARIS, «O Novo Direito das Obrigações na Alemanha», cit., pp. 10 e s.

INTRODUÇÃO

houve ou não culpa; no primeiro caso, o devedor deverá indemnizar os prejuízos causados (§ 280(1) do BGB). No § 311a(1) do BGB, sob a epígrafe «*Leistungshindernis bei Vetragsschluss*», prescreve-se que a eficácia do contrato não é posta em causa ainda que a prestação já fosse impossível à data da celebração do contrato, mas havendo culpa será o devedor responsável nos termos dos §§ 280 e ss. do BGB[33].

Mesmo no direito nacional encontram-se algumas soluções uniformizadoras: a compra e venda de bens alheios é nula, mas pode ser válida (arts. 892º e ss. do CC e art. 467º, 2, do CCom.); a alienação de bens de existência ou titularidade incerta também será válida ou inválida em razão do acordo sobre a natureza aleatória conferida ao contrato (art. 881º do CC); e na venda de coisa em viagem o contrato pode ser válido, e a contraprestação consequentemente devida, apesar da impossibilidade originária do objecto (art. 938º do CC)[34]. Além disso, na compra e venda de coisa defeituosa (arts. 913º e ss. do CC) e no regime da venda a consumidores (Decreto-Lei nº 67/2003, de 8 de Abril, alterado e republicado pelo Decreto-Lei nº 84/2008, de 21 de Maio), por via de regra, não se distingue o defeito originário do superveniente. No primeiro caso – venda de coisas defeituosas –, o Código Civil parece apontar para uma hipótese de erro por o defeito ser originário (*vd.* art. 913º e remissão para art. 905º), mas o regime é de incumprimento, como se o vício fosse superveniente[35]. Apesar de os pressupostos serem idênticos na segunda hipótese – defeito anterior à celebração do contrato –, o legislador, no regime instituído para a venda de bens de consumo, não estabelece qualquer identificação com o erro, limitando-se a aplicar o regime de incumprimento[36]. Refira-se, ainda, que o contrato de trabalho inválido, «declarado nulo ou anulado produz efeitos como se fosse válido em relação ao tempo durante o qual esteve em execução» (art. 122º, nº 1, do CT)[37].

---

[33] Veja-se MENEZES CORDEIRO, *Da Modernização do Direito Civil*, cit., pp. 107 e ss., assim como *Palandt* Bürgerliches Gesetzbuch, cit., anotações preliminares aos §§ 275 e ss., pp. 337 e ss. e anotações ao § 275, pp. 340 e ss., aos §§ 280 e ss., pp. 357 e ss. e ao § 311a, pp. 479 e ss.

[34] Sobre estes regimes veja-se ROMANO MARTINEZ, *Direito das Obrigações (Parte Especial). Contratos. Compra e Venda. Locação. Empreitada*, 2ª edição, Coimbra, 2001, pp. 110 e ss., 65 e s. e 97 e ss. e, além da bibliografia citada nas notas, pode consultar-se MENEZES LEITÃO, *Direito das Obrigações*, Volume III, *Contratos em Especial*, 9ª edição, Coimbra, 2014, pp. 48 e s., 84 e ss. e 89 e ss.

[35] Sobre a questão, veja-se ROMANO MARTINEZ, *Cumprimento Defeituoso*, cit., pp. 51 e ss. e 201 e ss.

[36] *Vd.* MENEZES LEITÃO, *Direito das Obrigações*, Volume III, cit., pp. 130 e ss.

[37] A questão do contrato nulo, nomeadamente de trabalho, que produz efeitos é analisada por VENOSTA, *Le Nullità Contrattuali nell'Evoluzione del Sistema*, cit., pp. 138 e ss. e 186 e ss.

DA CESSAÇÃO DO CONTRATO

III. A fronteira entre a impossibilidade originária e a superveniente é formalmente fixada pela data da celebração do contrato. A delimitação entre o âmbito de aplicação das duas figuras consta claramente do nº 2 do art. 790º do CC, onde se menciona a «data da conclusão do contrato». Todavia, nos termos do nº 2 do art. 401º do CC, por acordo, podem as partes ter estabelecido uma data diversa para se aferir a possibilidade, caso em que se atenderá à cláusula (condição ou termo) acordada.

Nos termos da regra geral, se no dia 1 de Março é vendido um cavalo que morreu no dia 28 de Fevereiro, o contrato é nulo por impossibilidade originária, mas se o cavalo vendido no dia 1 de Março morrer no dia 2 do mesmo mês a impossibilidade de entrega do animal será superveniente. Do regime geral resulta uma distinção formal e fortuita que não atende a aspectos de identidade substancial das questões suscitadas, defendendo-se, *de iure condendo*, outras delimitações. Mas qualquer fronteira será naturalmente formal e fortuita: é o que ocorre por exemplo com o momento da transferência do risco (art. 796º do CC).

As dificuldades de delimitação entre o originário e o superveniente não se circunscrevem às hipóteses em que a impossibilidade respeita ao *quid*; há igualmente que atender a situações de impossibilidade legal, por vezes relacionadas com a matéria de aplicação da lei no tempo. Assim, se em determinada data é lícito ajustar uma cláusula com certo teor, mas, posteriormente, em razão de uma alteração legislativa, passa a ser vedado tal acordo, estar-se-á perante o designado *ius superveniens*[38]. Em casos, como estes, de impossibilidade jurídica superveniente, poder-se-á questionar a justeza da aplicação da regra da nulidade, vocacionada para falhas genéticas[39].

IV. O regime da impossibilidade originária e superveniente é diverso, como resulta, em particular, do confronto entre o disposto nos arts. 289º e 790º e

---

[38] Imagine-se que se prescreve a impossibilidade de exclusividade em dado sector – impossibilidade legal superveniente – e as partes, anteriormente, tinham ajustado uma cláusula de exclusividade. Quanto a este exemplo, veja-se PINTO MONTEIRO, *Denúncia de um Contrato de Concessão Comercial*, Coimbra, 1998, p. 60. Sobre o *ius superveniens*, fundando-se em alterações legislativas verificadas em Itália relativamente a juros nos contratos de crédito, vd. LAMICELA, *Lo "ius superveniens" e la Nullità Sopravvenuta di Clausole Negoziali. Il Contratto tra Controllo Genetico e Controllo Funzionale*, Pádua, 2003, explicando a posição do Tribunal Constitucional Italiano (pp. 1 e ss.) e do Supremo Tribunal (pp. 12 e ss.).

[39] Cfr. LAMICELA, *Lo "ius superveniens"*, cit., p. 22; a autora (ob. cit., pp. 53 e ss.), para superar a dificuldade, entende a invalidade, não como causa de um acto, mas como fenómeno progressivo, razão pela qual a nulidade pode resultar de situações supervenientes.

INTRODUÇÃO

ss. do CC. Apesar de haver um pressuposto comum: *ad impossibilia nemo tenetur* (D. 50,17,185), as regras diferem[40].

Em caso de impossibilidade originária, o negócio jurídico é nulo (arts. 280º, nº 1, e 401º, nº 1, do CC), sendo a nulidade invocável a todo o tempo e de conhecimento oficioso (art. 286º do CC), devendo ser restituído tudo o que tiver sido prestado ou o seu valor (art. 289º, nº 1, do CC). No caso de impossibilidade parcial, recorre-se ao regime da redução dos negócios constante do art. 292º do CC. A retroactividade, no caso de nulidade, é oponível a terceiros, excepto nas hipóteses indicadas no art. 291º do CC, concretizadas com ligeiras diferenças no art. 17º do Código do Registo Predial. A impossibilidade originária, independentemente de ser culposa, não é fonte de responsabilidade civil, sendo necessário que se preencham os requisitos da culpa *in contrahendo* (art. 227º do CC), ou seja, torna-se necessário que tenha havido culpa nas negociações ou na celebração do contrato, sendo, nesse caso, em princípio, a indemnização pelo interesse contratual negativo[41]. Da contraposição feita, resulta igualmente uma distinção entre a responsabilidade pré--contratual e a responsabilidade contratual.

Em caso de impossibilidade superveniente importa distinguir se houve ou não uma conduta culposa do devedor. Não sendo a impossibilidade imputável ao devedor, a prestação extingue-se (art. 790º, nº 1, do CC) e se a contraprestação tiver sido efectuada será restituída nos termos prescritos para o enriquecimento sem causa (art. 795º, nº 1, do CC)[42], excepto se a impossibilidade da prestação resultar de culpa do credor, caso em que não é devolvida (art. 795º, nº 2, do CC). Sendo a impossibilidade temporária ou parcial, a prestação subsiste, reduz-se ou extingue-se na medida do interesse do credor – contraparte – (arts. 792º e 793º do CC). De modo diverso, no caso de impossibilidade imputável ao devedor, que se presume (art. 799º, nº 1, do CC), o credor pode resolver o contrato e tem direito a ser indemnizado pelos danos

---

[40] Quanto à distinção entre nulidade e resolução, apesar de alguns aspectos de regime serem específicos do direito italiano, *vd.* BIANCHI, *Nullità e Annullabilità del Contratto*, Pádua, 2002, pp. 508 e ss.

[41] Quanto à indemnização pelo interesse contratual negativo em caso de resolução, veja-se *infra*, I Parte, Capítulo II, Secção II, § 4, nº 8, alínea *e*), subalínea *β*. Mas no caso de responsabilidade pré--contratual, a admissibilidade da indemnização pelo interesse contratual positivo é muito remota e os argumentos invocados adiante relativamente à resolução não valem nesta sede.

[42] A restituição prevista neste preceito resulta de uma manifestação do sinalagma, sendo a devolução incluída numa das hipóteses de enriquecimento sem causa (*ob causam finitam*). MENEZES LEITÃO, *O Enriquecimento sem Causa no Direito Civil*, Lisboa, 1996, p. 471.
O regime é idêntico no sistema italiano, como resulta do art. 1463 do CCIt., cfr. DELFINI, *Dell'Impossibilità Sopravvenuta*, Milão, 2003, pp. 45 e ss.

DA CESSAÇÃO DO CONTRATO

sofridos (art. 801º do CC); neste caso, a resolução é igualmente consequência do sinalagma, mas, diferentemente da hipótese constante do nº 1 do art. 795º do CC, de onde resulta a caducidade do contrato, o credor pode optar pela manutenção do vínculo ou pela sua extinção[43].

Não obstante as múltiplas diferenças mencionadas, nota-se uma certa uniformidade no que respeita às consequências, como ocorre na identificação (até por remissão) entre a invalidade e a resolução[44]. De facto, apesar de diferença de pressupostos, o regime de cessação é basicamente similar, pois em caso de resolução remete-se para as soluções estabelecidas em sede de invalidade (art. 433º do CC).

V. A impossibilidade superveniente de uma prestação contratual pode dar origem à caducidade do vínculo ou justificar a resolução do contrato, pelo que se lhe fará referência a propósito destas formas de cessação do contrato.

§ 3. Cessação do vínculo obrigacional em especial

I. Tendo em conta a delimitação feita no parágrafo anterior, e apesar das críticas e dificuldades de distinção entre situações originárias e supervenientes, far-se-á tão-só a análise da cessação do contrato validamente constituído. Em suma, atender-se-á à cessação do vínculo contratual em sentido estrito, excluindo, pois, as causas de invalidade.

Em sentido estrito, a cessação do vínculo obrigacional, em particular do contrato, relaciona-se com quatro figuras: resolução, revogação, denúncia e caducidade, cada uma delas com as suas particularidades, que se analisarão nos números seguintes. Esta distinção em quatro modos de cessação do contrato suscita algumas dúvidas, até pela interconexão entre as diferentes modalidades, e não encontra total correspondência em ordenamentos estrangeiros, onde se nota uma grande diversidade terminológica, frequentemente determinada pelo peso da evolução histórica[45].

---

[43] O credor pode por exemplo ter interesse na manutenção do vínculo numa hipótese de escambo, em que a sua contraprestação foi contratualmente muito valorizada e ele prefere realizá-la, recebendo a indemnização correspondente à falta da prestação.
Como se esclarecerá adiante (I Parte, Capítulo II, Secção II, § 1, nº 2), a caducidade não obsta à subsistência do contrato sempre que for essa a vontade das partes (ou excepcionalmente de uma delas).
[44] *Vd. infra*, I Parte, Capítulo II, Secção II, § 4, nº 8, alínea *a)*.
[45] Por exemplo, relativamente ao ordenamento jurídico espanhol, ALBALADEJO, *Derecho Civil*, II, *Derecho de Obligaciones*, Volume 1º, *La Obligación y el Contrato en General*, 9ª edição, Barcelona, 1994, pp. 444 e ss., depois de uma enunciação dos meios de extinção do contrato, onde explica que a rescisão é usada no Código Civil no sentido de resolução, sente a necessidade de explicar

INTRODUÇÃO

Em qualquer caso, o estudo da cessação do vínculo implica a análise da relação existente entre o princípio da força vinculativa dos contratos e a possibilidade conferida a uma ou a ambas as partes de se desvincularem. Apesar da regra *pacta sunt servanda*, o vínculo obrigacional pode extinguir-se sem o cumprimento das respectivas prestações, por motivos vários: porque houve incumprimento, porque foi afectado o equilíbrio contratual ou, simplesmente, porque deixou de haver interesse na execução futura das prestações.

Não obstante a delimitação de figuras indicada, sempre que exista conexão entre as causas de cessação relacionadas com factos supervenientes e motivos originários não deixará de se aludir, de novo, a esta questão.

II. A identificação de quatro modalidades de cessação do contrato não é pacífica, até porque a extinção dos vínculos tem-se desenvolvido a propósito de cada contrato. Desde o direito romano que se encontra um tratamento diferenciado, por exemplo, da resolução por incumprimento na compra e venda e na locação, da revogação por ingratidão do donatário[46], que nem sempre facilita o enquadramento conceptual e a construção de uma teoria geral da cessação do contrato[47]. E a distinção de regimes subsiste, sendo fre-

---

as particularidades da rescisão nos direitos catalão e navarro (pp. 451 e ss.); refira-se que, na 12ª edição da obra, Barcelona, 2004, o autor mantém as referências aos meios de extinção (pp. 471 e ss.), mas omite as particularidades dos direitos catalão e navarro.

[46] Quanto ao diferente tratamento da resolução por incumprimento em diversos contratos desde o direito romano, consulte-se ÁLVAREZ VIGARAY, *La Resolución de los Contratos Bilaterales por Incumplimiento*, 3ª edição, Granada, 2003, pp. 2 e ss.; BORGHI, *La Risoluzione per Inadempimento dell'Affitto di Fonti Rustici*, Pádua, 1996, pp. 4 e ss.

[47] Sem atender à doutrina portuguesa que, normalmente, alude às quatro modalidades de cessação do contrato, numa amostragem de alguma doutrina estrangeira, verifica-se que as concepções são variadas. BEATSON, *Anson's Law of Contract*, 27ª edição, Oxford, 1998, depois de aludir ao cumprimento (pp. 475 e ss.), distingue quatro tipos de dissolução (*dicharge*): por acordo (pp. 490 e ss.); por quebra de equilíbrio – *frustration* (pp. 503 e ss.); por incumprimento (pp. 535 e ss.); e em consequência da lei (pp. 552 e ss.), onde se inclui *v. g.* a insolvência. Recorrendo a um método de enumeração, CALAMARI/PERILLO, *The Law of Contracts*, cit., pp. 795 e s., excluindo as causas originárias, indicam: verificação da condição; incumprimento, impossibilidade, acordo, insolvência e cumprimento da prestação. Escrevendo depois da reforma do BGB sobre a cesssação da relação obrigacional, MEDICUS, *Schuldrecht*, Tomo I *Allgemeiner Teil*, 15ª edição, Munique, 2004, pp. 252 e ss., refere duas modalidades de extinção: a resolução (pp. 254 e ss.) e a denúncia (pp. 260 e ss.), acrescentando, a propósito da protecção do consumidor, a revogação unilateral (pp. 266 e ss.). A denúncia é o meio específico de cessação de relações duradouras, podendo ser *ad nutum* (*ordentliche Kündigung*) ou fundamentada (*aus wichtigen Grund – außerordentliche Kündigung*), como prevê o § 314 do BGB, cfr. SCHLECHTRIEM, *Schuldrecht. Allgemeiner Teil*, 5ª edição, Tubinga, 2003, p. 210 e pp. 219 e s. Refira-se ainda, em relação ao direito suíço, GAUCH/SCHLUEP/SCHMID/REY, *Schweizerisches Obligationenrecht. Allgemeiner Teil ohne Ausservertragliches Haftpflicht*, Volume II, 8ª edição,

DA CESSAÇÃO DO CONTRATO

quente o estabelecimento de soluções particulares de extinção para determinados contratos[48].

§ 4. Plano de exposição

Tal como foi indicado na Nota Preliminar, depois da Introdução, onde se procurou delimitar o âmbito deste estudo, o trabalho encontra-se dividido em duas Partes. Esta contraposição explica-se pela necessidade de, em primeiro lugar, analisar o regime geral de cessação dos vínculos contratuais (I Parte), seguindo-se o exame de regimes especiais estabelecidos em alguns contratos.

Na I Parte começa por se identificar as várias formas de cessação do vínculo (Capítulo I), investigando-se, depois, o respectivo regime (Capítulo II). Relativamente ao regime, subdivide-se a matéria em duas secções, com regras comuns às várias modalidades (Secção I) e regras específicas de cada um dos modos de cessação (Secção II). No Capítulo III têm-se em conta algumas particularidades da cessação de contratos de execução continuada. A Parte I termina com o Capítulo IV, onde se enunciam certas especificidades em caso de cessação de vínculos coligados.

Feito o estudo do regime comum de cessação do contrato (tanto de execução instantânea como duradoura), na Parte II analisam-se as situações especiais de cessação estabelecidas em vários contratos, tendo-se optado por seguir o elenco dos contratos constante do Código Civil (Dos Contratos em Especial), arts. 874º e ss. Ao rol do Título II do Código Civil acrescentaram-se alguns contratos, em especial comerciais, por dois motivos: em determinadas situações, não se justificando diferenciar o regime nas relações civis e comerciais, como na compra e venda ou na empreitada, o estudo da cessação do vínculo abrange as duas vertentes; noutros casos, a previsão de certos contratos civis melhor se explica relacionando com algumas modalidades de contratos comerciais; por isso, na prestação de serviço alude-se ao contrato de agência, tendo em conta as respectivas previsões especiais de cessação do vínculo contratual. A cada contrato (em especial) dedica-se um Capítulo da II Parte.

Como se deduz do exposto no parágrafo precedente, apesar de se ter optado por atender aos contratos previstos no Código Civil (arts. 874º e ss.),

---

Zurique, 2003, p. 262, que mencionam quatro causas de extinção da relação contratual: o acordo de dissolução (revogação); a denúncia, com efeito *ex nunc*, que pode ser ordinária ou extraordinária (esta, com um fundamento relevante); a resolução, normalmente com efeito *ex tunc*; e outros casos de dissolução legal, como a morte ou a insolvência de uma das partes.

[48] BORGHI, *La Risoluzione per Inadempimento*, cit., p. 51, sublinha que se verifica em Itália uma notável elaboração jurisprudencial no que respeita à resolução em diferentes contratos, com soluções próprias.

INTRODUÇÃO

o estudo não se circunscreve às regras deste diploma, pois, não raras vezes, o mesmo tipo contratual, dependendo das circunstâncias, tanto pode ser qualificado como contrato civil ou comercial (p. ex. compra e venda civil ou comercial e sociedade civil ou comercial), ou administrativo (empreitada de obras privadas e públicas) ou encontra-se regulado noutros diplomas (*v. g.*, contrato de trabalho).

I Parte
Regime comum de extinção dos vínculos contratuais

Capítulo I
Formas de cessação do contrato

§ 1. Caducidade
1. Noção

I. A caducidade de um contrato determina a extinção do vínculo *ipso iure*, por exemplo no termo do prazo ajustado[49]. Apesar de não se poder confundir a caducidade, modo de extinção do vínculo contratual, com a caducidade do direito (arts. 298º e 328º e ss. do CC)[50], há alguma similitude relacionada com o decurso do tempo que pode justificar a aplicação criteriosa destes preceitos à caducidade do contrato; assim, por via de regra, deve entender-se que os prazos de vigência de um contrato são de caducidade (art. 298º, nº 2, do CC) e o prazo de vigência de um contrato não se suspende nem se interrompe (art. 328º do CC). Mas certas soluções constantes do regime da caducidade de exercício do direito podem suscitar dúvidas relativamente à sua aplicação em caso de caducidade do contrato; deste modo, poderá suscitar alguma perplexidade o facto de a caducidade do contrato ser apreciada oficiosamente pelo tribunal (art. 333º, nº 1, do CC).

---

[49] Cfr. GALVÃO TELLES, *Manual dos Contratos em Geral*, 4ª edição, Coimbra, 2002, p. 381.

[50] Cfr. GALVÃO TELLES, *Manual dos Contratos em Geral*, cit., p. 381, nota 355. Como esclarece ANÍBAL DE CASTRO, *A Caducidade na Doutrina, na Lei e na Jurisprudência*, 2ª edição, Lisboa, 1980, pp. 196 e s., não se pode confundir o termo, prazo final de vigência de um contrato, com o prazo para exercício de um direito, p. ex., para resolver o contrato de arrendamento; em ambos os casos há caducidade, mas só o primeiro gera caducidade do contrato. Quanto à caducidade no sentido de prazo para exercício de um direito, *vd.* DIAS MARQUES, *Teoria Geral da Caducidade*, Lisboa, 1953, p. 45.

DA CESSAÇÃO DO CONTRATO

Porém, por vezes, associa-se também a caducidade do contrato à superveniência de outro facto jurídico *stricto sensu* a que se atribui efeito extintivo[51]; todavia, estas situações podem corresponder, antes, a uma impossibilidade superveniente. Num sentido mais amplo, não relacionado com a cessação de efeitos do contrato, o termo *caducidade*, derivado de *caduco*, é usado para justificar a extinção de um direito, por exemplo o direito de propriedade em caso de usucapião ou de expropriação, ou o direito de autor por decurso do prazo legal (art. 38º do Código de Direito de Autor e de Direitos Conexos), ou inviabilizando o exercício judicial de um direito, a designada caducidade da acção (p. ex., art. 1282º do CC). No fundo, entende-se que o decurso do tempo determina a decrepitude e consequente extinção da situação jurídica.

II. A caducidade, a que alude o Código Civil num capítulo relativo ao tempo e as suas repercussões nas relações jurídicas (arts. 296º e ss. do CC), é um instituto que determina a extinção de direitos que não sejam exercidos durante certo prazo[52]; está em causa a cessação derivada do decurso do tempo. Num sentido amplo, a caducidade verifica-se igualmente na hipótese de extinção do objecto[53] (*v. g.*, ruína da casa arrendada) ou pela verificação de qualquer facto ou evento superveniente a que se atribua efeito extintivo da relação contratual[54] (p. ex., a morte de uma das partes ou a extinção da pessoa colectiva parte no contrato, como prescreve o art. 1051º, alínea *d*), do CC para a locação, bem como a insolvência relativamente aos contratos de mandato e de gestão, art. 110º, nº 1, do CIRE).

Assim, no domínio contratual, a caducidade implica a extinção do negócio jurídico sempre que as prestações devam ser realizadas num determinado

---

[51] DIAS MARQUES, *Teoria Geral do Direito Civil*, Volume II, Coimbra, 1959, p. 274, esclarece que apesar de se ter «vulgarizado o uso do termo "caducidade" para designar a extinção de qualquer direito cuja duração se encontra sujeita a determinado prazo (...) não impede que o termo seja igualmente usado numa teoria do negócio jurídico». Sobre a caducidade como meio de cessação do vínculo contratual, veja-se também CUNHA DE SÁ, *Caducidade do Contrato de Arrendamento*, Volume I, Lisboa, 1968, pp. 53 e ss. A associação entre a caducidade e a impossibilidade de cumprimento, apesar de não corresponderem integralmente, encontra-se na ideia de *frustration* no direito inglês, cfr. WILLMOTT/CHRISTENSEN/BUTLER, *Contract Law*, reimpressão, Oxford, 2002, pp. 667 e ss.

[52] *Vd.* CARVALHO FERNANDES, *Teoria Geral do Direito Civil*, Volume II, 5ª edição, Lisboa, 2010, p. 705.

[53] Cfr. OLIVEIRA ASCENSÃO, *Direito Civil. Teoria Geral*, Volume III, *Relações e Situações Jurídicas*, Coimbra, 2002, p. 333.

[54] Cfr. MOTA PINTO, *Teoria Geral do Direito Civil*, 4ª edição (actualizada por António Pinto Monteiro e Paulo Mota Pinto), Coimbra, 2005, p. 630. Veja-se igualmente CASTRO MENDES, *Direito Civil. Teoria Geral*, Volume II, Lisboa, 1979, p. 264, onde indica que a caducidade tanto se refere à cessação de direitos como de negócios jurídicos.

FORMAS DE CESSAÇÃO DO CONTRATO

prazo, fixado por lei ou convenção das partes. Como exemplo típico desta situação cabe indicar o contrato ao qual foi aposto um termo resolutivo. Por outro lado, também se estará perante uma hipótese de caducidade quando se esgota o objecto do contrato – *v. g.*, termina a obra para a qual o trabalhador foi contratado – ou ocorre um evento a que se atribui efeito extintivo; por exemplo, morte de uma das partes. Em suma, o vínculo cessa *ipso iure* em consequência de um evento a que se atribui o efeito extintivo[55].

2. Modalidades

I. Como se referiu, a caducidade pode ser entendida em sentidos estrito e amplo. No sentido estrito, há caducidade se decorreu o prazo pelo qual o contrato foi celebrado. Em sentido amplo (por vezes dito impróprio), alude-se igualmente à caducidade como forma de extinção dos contratos em caso de impossibilidade não imputável a uma das partes de efectuar a sua prestação; de facto, num contrato sinalagmático, se uma das partes não pode realizar a sua prestação, a contraparte fica desobrigada da contraprestação (art. 795º, nº 1, do CC). Esta extinção recíproca das prestações contratuais designa-se, igualmente, por caducidade; é este o sentido do art. 343º, alínea *b)*, do CT, que inclui entre as causas de caducidade do contrato de trabalho a impossibilidade superveniente de prestar ou de receber o trabalho.

Não obstante se reconhecer a distinção entre as duas situações[56], tendo em conta algumas referências legais, incluir-se-á o estudo da impossibilidade a propósito da caducidade. Deste modo, aludir-se-á à caducidade em sentido amplo, como forma de cessação do contrato que decorre de um facto a que a lei atribui o efeito extintivo. Até porque, em ambas as situações, a cessação do contrato advém de um facto jurídico não dependente de uma declaração de vontade; ou seja, o vínculo contratual não cessa por força de declaração de vontade emitida com essa finalidade, mas *ipso facto*.

II. Em princípio, se o contrato for celebrado por um determinado prazo, decorrido esse período de tempo, o negócio jurídico caduca (cfr. *v. g.*, o art. 1051º, alínea *a)*, do CC, para a locação, e o art. 26º, alínea *a)*, do Decreto-Lei nº 178/86, relativo ao contrato de agência). Mesmo sem previsão legal nesse sentido, a caducidade por decurso do prazo advém, frequentemente, de cláu-

---

[55] *Vd.* GALVÃO TELLES, «Contratos Civis», *RFDUL*, Volume IX (1953), p. 185.
[56] Para uma contraposição entre a impossibilidade e a caducidade, *vd.* MENEZES CORDEIRO, *Manual de Direito do Trabalho*, Coimbra, 1991, p. 779, autor que também inclui, na caducidade em sentido amplo, a impossibilidade (ob. cit., pp. 789 e s.).

DA CESSAÇÃO DO CONTRATO

sula contratual (termo certo ou, eventualmente, incerto, art. 278º do CC), que determina extinção automática do vínculo aquando da verificação do termo[57]. ·

Todavia, no domínio laboral e no regime do arrendamento, a regra aponta no sentido de, não obstante o contrato ser celebrado por um determinado prazo, se decorrer esse lapso, haverá uma renovação automática, e o contrato não caduca (art. 149º, nº 2, do CT e art. 1054º, nº 1, do CC). Apesar de o legislador aludir à «renovação», poder-se-á entender que se trata, antes, de uma prorrogação do contrato, pois este mantém-se em vigor por um novo período; ainda assim, na medida em que a lei usa em regra a expressão «renovação do contrato», opta-se por esta terminologia.

Apesar de a renovação automática poder resultar da lei, nada obsta a que se celebre um contrato por um prazo determinado não prorrogável; nesse caso, decorrido o prazo, o contrato (de trabalho ou de locação) caducará; ou seja, a caducidade opera, então, automaticamente, não carecendo de uma prévia denúncia, porque o negócio jurídico deixou de estar sujeito a renovação automática. Deste modo, mesmo quando a renovação automática é imposta legalmente, não se trata de norma imperativa, podendo ser afastada por vontade das partes[58/59].

Ainda que a lei não imponha, podem as partes acordar no sentido de o contrato ser ajustado por tempo determinado sujeito a renovação automática; esta hipótese ocorre frequentemente no âmbito dos contratos de seguro, que costumam celebrar-se pelo período de um ano renovável automaticamente[60]. Nesse caso, a renovação automática resulta de cláusula contratual.

---

[57] Com explicação diversa, GALGANO, *Diritto Civile e Commerciale*, Volume 2º, *Le Obbligazioni e i Contratti*, Tomo 1º, *Obbligazioni in Generale, Contratti in Generale*, 3ª edição, Pádua, 1999, p. 243, indica que a verificação do termo determina a ineficácia do contrato; porém, a não produção de efeitos é consequência da cessação decorrente da caducidade. Não raras vezes, a ineficácia é indicada como um tipo de extinção do vínculo (cfr. GARCIA AMIGO, *Teoria General de las Obligaciones y Contratos*, Madrid, 1995, pp. 412 e s.), apesar de, verdadeiramente, da cessação decorrer a não produção de efeitos, em regra, para o futuro.

[58] De modo diverso, PIRES DE LIMA/ANTUNES VARELA, *Código Civil Anotado*, Volume II, 4ª edição, Coimbra, 1987, anotação 5 ao art. 1054º, p. 398, consideram inválida a «cláusula pela qual as partes convencionem a improrrogabilidade da locação, logo no momento da sua celebração». Não se vislumbra qual o motivo deste limite à autonomia privada: se qualquer das partes pode denunciar o contrato no dia seguinte ao da sua celebração, porque razão não poderá, no momento do ajuste, estabelecer que o contrato não se renova; esta última até corresponde a uma actuação mais consentânea com a boa fé.

[59] Em relação ao contrato de trabalho, para maiores desenvolvimentos, ROMANO MARTINEZ, *Direito do Trabalho*, 7ª edição, Coimbra, 2015, pp. 675 e s. Veja-se também *infra*, II Parte, Capítulo VIII, § 4, nº 2, alínea *c*).

[60] Acerca da renovação tácita do contrato de seguro, veja-se MOITINHO DE ALMEIDA, *O Contrato de Seguro no Direito Português e Comparado*, Lisboa, 1971, pp. 96 e ss. Mas atendendo ao novo regime

FORMAS DE CESSAÇÃO DO CONTRATO

A renovação automática assenta no pressuposto de o contrato ter sido ajustado por um prazo determinado, pelo que não vale em caso de termo final incerto ou de condição apostos no contrato. Na hipótese de ter sido celebrado um negócio jurídico admitindo-se a eventualidade de, decorrido certo prazo fixo ou atingida determinada data, o contrato se extinguir, a caducidade opera *ipso iure*, de modo automático. É isso que ocorre no caso previsto no art. 278º do CC, na parte que respeita à cessação dos efeitos do negócio jurídico.

Sendo o contrato celebrado a termo certo renovável automaticamente, extinguir-se-á por caducidade no termo de qualquer período se tiver havido uma prévia denúncia[61]; neste caso, a denúncia – na modalidade de oposição à renovação – é uma declaração imprescindível para se verificar a caducidade no termo de um período de vigência do contrato.

III. Do mesmo modo, estando um contrato sujeito a termo final incerto, a caducidade e a consequente extinção do vínculo verificam-se no momento em que ocorre o facto, apesar de ser incerta a data. Assim, no caso de contrato a que foi aposta uma cláusula acessória, termo incerto (p. ex., contrato de trabalho a termo incerto, art. 140º, nº 3, do CT), a caducidade não se encontra na dependência de declaração que uma das partes tenha de fazer à outra (no caso, de comunicação do empregador ao trabalhador, a que alude o art. 345º, nº 1, do CT), pois o contrato caduca independentemente desta comunicação[62].

Dir-se-á, então, que o contrato sujeito a termo, seja certo ou incerto, não obstante se encontrar por vezes adjectivado de resolutivo, extingue-se por caducidade e não por resolução[63]. De facto, o legislador alude à resolução a propósito da condição resolutiva (art. 270º do CC), mas não segue idêntico trilho no que respeita ao termo (art. 278º do CC)[64].

---

constante do art. 41º da LCS, cfr. anotação de PEREIRA MORGADO, *in* ROMANO MARTINEZ/ CUNHA TORRES, ARNALDO OLIVEIRA/ EDUARDA RIBEIRO/PEREIRA MORGADO/JOSÉ VASQUES/ALVES DE BRITO, *Lei do Contrato de Seguro Anotada*, 2ª edição, Coimbra, 2011, pp. 238 e s.

[61] Sobre a denúncia, como oposição à renovação automática do contrato, *vd. infra*, neste Capítulo, § 3, nº 2, alínea *c*).

[62] A caducidade do contrato de trabalho a termo incerto é, porém, atípica. Veja-se *infra*, II Parte, Capítulo VIII, § 4, nº 2, alínea *c*).

[63] É isso que se pode concluir do regime do termo resolutivo (*dies ad quem*), veja-se MANUEL DE ANDRADE, *Teoria Geral da Relação Jurídica. Facto Jurídico, em Especial, Negócio Jurídico*, Volume 2º, reimpressão, Coimbra, 1983, pp. 386 e ss.

[64] De modo diverso, MENEZES CORDEIRO, *Tratado de Direito Civil Português*, Volume I, *Parte Geral*, Tomo I, 2ª edição, Coimbra, 2000, p. 524, entende que «todo o regime da condição é aplicável ao termo», mas, como contesta CARVALHO FERNANDES, *Teoria Geral do Direito Civil*, Volume II, cit., p. 433, «Não se vê, porém, que um regime da retroactividade seja adequado à certeza do termo».

DA CESSAÇÃO DO CONTRATO

IV. A questão é complexa no caso de condição resolutiva[65]. Se as partes subordinaram o contrato a uma condição resolutiva, nos termos dos arts. 270º e ss. do CC, o vínculo extinguir-se-á automaticamente pela superveniência desse facto futuro e incerto ou pela certeza da sua não verificação[66]. A condição é uma cláusula contratual típica mediante a qual as partes subordinam a eficácia da declaração negocial a um evento futuro e incerto[67]. Por vezes, também se designa «condição» o acontecimento ou facto futuro e incerto a que as partes subordinam a produção de efeitos do negócio jurídico[68].

Como resulta da noção legal, é necessário que o facto condicionante do negócio seja futuro, no sentido de se produzir depois de as partes terem celebrado o contrato, e incerto, pois, em termos objectivos, não há certeza quanto à sua verificação. Por último, a condição *proprio sensu* é de origem convencional, distinguindo-se da condição legal (*condicio iuris*)[69].

A aposição de uma condição num negócio jurídico tem alcance prático e justificação incontestáveis, em especial no âmbito de contratos de execução continuada[69a]; muitas vezes, as partes, desconhecendo a evolução futura dos factos em que assentaram na negociação de um contrato, querem precaver-se quanto à verificação ou não verificação de determinados eventos, fazendo depender a eficácia do negócio jurídico desses factos futuros e incertos[70].

Nada obsta a que as partes, ao abrigo da autonomia privada, estabeleçam diversas cláusulas acessórias, diferentes do termo, pretendendo atribuir eficácia retroactiva ao efeito extintivo, mas, se ajustaram um termo, o contrato extingue-se com eficácia *ex nunc*.

[65] Sobre a condição resolutiva, além das obras a que se faz referência nas notas seguintes, com a explicação da sua evolução e dificuldade de admissibilidade desde o direito romano, *vd.* FLUME, *El Negocio Jurídico. Parte General de Derecho Civil*, Tomo II, Madrid, 1998, pp. 791 e ss.

[66] Por exemplo, o contrato de arrendamento feito a um trabalhador do senhorio pode estar sujeito a uma condição resolutiva, caducando com a cessação do contrato de trabalho (Ac. Rel. Pt. de 8/4/1997, *CJ* XXII, T. II, p. 207). Sobre a questão, *vd.* ROMANO MARTINEZ, *Direito do Trabalho*, cit., p. 665 e RAÚL VENTURA, «Extinção das Relações Jurídicas de Trabalho», cit., pp. 355 e ss.

[67] Cfr. MENEZES CORDEIRO, *Tratado de Direito Civil Português*, Volume I-1, cit., p. 509; CARVALHO FERNANDES, *Teoria Geral do Direito Civil*, Volume II, cit., p. 409.

[68] *Vd.* OLIVEIRA ASCENSÃO, *Direito Civil. Teoria Geral*, Volume II, *Acções e Factos Jurídicos*, 2ª edição, Coimbra, 2003, p. 345; CARVALHO FERNANDES, *Teoria Geral do Direito Civil*, Volume II, cit., p. 409.

[69] Cfr. CARVALHO FERNANDES, *Teoria Geral do Direito Civil*, Volume II, cit., p. 414. A designada «condição resolutiva tácita» seria uma condição legal (imprópria), prevista nomeadamente no art. 801º do CC, mas como se verá adiante (Capítulo II, Secção II, § 4, nº 10), contesta-se que a resolução por incumprimento se funde numa condição resolutiva.

[69a] *Vd.* FLUME, *El Negocio Jurídico*, cit., p. 796.

[70] *Vd.* MENEZES CORDEIRO, *Tratado de Direito Civil Português*, Volume I-1, cit., p. 509; CARVALHO FERNANDES, *Teoria Geral do Direito Civil*, Volume II, cit., p. 415. Mesmo no direito anglo-saxónico, a condição *subsequent* pode determinar a extinção (dicharge) do vínculo, cfr. CALAMARI/PERILLO, *The Law of Contracts*, 4ª edição, St. Paul, 1998, pp. 399 e ss.

FORMAS DE CESSAÇÃO DO CONTRATO

Na eventualidade de se ter ajustado que, verificado certo acontecimento futuro e incerto, cessam os efeitos do contrato, o vínculo extingue-se automaticamente na data de tal ocorrência. Dir-se-á, então, que também se trata de uma caducidade que opera de modo automático.

De facto, se as partes subordinaram o contrato a uma condição resolutiva, nos termos dos arts. 270º e ss. do CC (p. ex., se o preço do petróleo aumentar acima de determinado valor), o contrato extingue-se automaticamente pela ocorrência desse facto futuro e incerto ou pela certeza da sua não verificação. Mas atenta a autonomia privada, as partes podem ajustar variadas condições, nomeadamente relacionadas com o cumprimento (ou incumprimento) de prestações contratuais, caso em que a cláusula pode corresponder a uma resolução convencional[71].

Como o contrato cessa pela verificação de um facto jurídico *stricto sensu* estar-se-á perante uma hipótese de caducidade[72]; contudo, no que respeita à condição resolutiva, diferentemente do termo final ou resolutivo, o legislador remete para o regime da resolução (arts. 274º, nº 2, 276º e 277º, nº 1, do CC). Assim sendo, a condição resolutiva aponta para uma solução híbrida, em que estruturalmente a cessação do vínculo corresponde à caducidade, não obstante o regime ser da resolução.

V. Fala-se igualmente em caducidade num sentido amplo se, tendo o contrato sido celebrado com base em determinados pressupostos, estes desaparecem. No rigor dos princípios, estas hipóteses em que deixam de existir os pressupostos nos quais as partes se basearam para a celebração do contrato melhor se enquadram na impossibilidade superveniente ou, eventualmente, na alteração das circunstâncias. É o que ocorre, por exemplo, quando alguém arrenda uma casa julgando que ia ser transferido para aquela localidade, ou se o trabalhador teve necessidade de cumprir obrigações legais incompatíveis com a continuação ao serviço ou se se verifica uma legítima alteração substancial e duradoura das condições de trabalho (art. 394º, nº 3, alíneas *a)* e *b)*, do CT)[73].

---

[71] Sobre esta questão, relacionando esta condição com as regras de interpretação, *vd.* AMADIO, *La Condizione di Inadempimento. Contributo alla Teoria del Negozio Condizionato*, Pádua, 1996, pp. 70 e ss.

[72] Considerando que o preenchimento da condição resolutiva integra a figura da caducidade, *vd.* ANÍBAL DE CASTRO, *A Caducidade na Doutrina, na Lei e na Jurisprudência*, cit., p. 208.

[73] ANÍBAL DE CASTRO, *A Caducidade na Doutrina, na Lei e na Jurisprudência*, cit., pp. 227 e ss., além do decurso do prazo, indica como causas de caducidade as seguintes situações, algumas relacionadas com o direito sucessório: falecimento, incapacidade superveniente, falência ou insolvência, repúdio e aceitação da herança, perda do objecto, ausência de causa. O elenco não pode ser taxativo e, no

DA CESSAÇÃO DO CONTRATO

Apesar de poder encontrar fundamento na impossibilidade superveniente – cujo regime consta dos arts. 790º e ss. do CC – ou na alteração das circunstâncias – prevista nos arts. 437º e ss. do CC –, pode aludir-se à caducidade resultante da extinção do vínculo, nomeadamente prevista no art. 795º do CC[74]. Como já resultava das fontes clássicas, a *impossibilitas* libera o devedor da prestação (ou da contraprestação), não assim a *difficultas* que não desobriga o devedor[75]. A impossibilidade não se identifica com a excessiva onerosidade, mas há casos de fronteira, que se podem apelidar de improbabilidade extrema (p. ex., entregar um anel que caiu no mar), identificáveis com a impossibilidade. De modo diverso, o § 275(2) e (3) do BGB, depois da *Modernisierung* de 2002, estabelece uma certa equiparação entre a impossibilidade absoluta e a onerosidade excessiva, o que é criticável, pois a onerosidade tem de ser apreciada de acordo com a cláusula geral da boa fé, enquanto a impossibilidade opera por si, verificados os respectivos pressupostos, e não tem de ser avaliada[76].

3. Fundamento

A caducidade é uma forma de cessação do vínculo obrigacional de base legal. O contrato cessa *ope legis*, pela verificação de determinado facto nos termos prescritos na lei. As situações que geram a caducidade do vínculo não se encontram na disponibilidade das partes, pois este modo de cessação de contratos não tem por base o acordo dos contraentes.

---

plano obrigacional, tem particular relevância, apesar de nem sempre determinar a caducidade do contrato, o falecimento ou incapacidade de uma parte, a perda do objecto e a frustração do fim.

[74] Este preceito tem a sua fonte no art. 1463 do CCIt., podendo consultar-se CABELLA PISU, *Dell'Impossibilità Sopravvenuta. Artt. 1463 – 1466*, Bolonha, 2002, pp. 33 e ss. e DELFINI, *Dell'Impossibilità Sopravvenuta*, cit., pp. 26 e ss. Também tem uma redacção muito similar o art. 119, nº 2, do CO, cfr. WESSNER, «Les Sanctions de L'Inexécution des Contrats: Questions Choisies», *Les Sanctions de l'Inexécution des Obligations*. Études de Droit Comparé, org. Marcel FONTAINE e Geneviève VINEY, Bruxelas, 2001, p. 937.

Para análise do art. 795º do CC, consulte-se LURDES PEREIRA, *Conceito de Prestação e Destino da Contraprestação*, Coimbra, 2001, pp. 87 e ss.

[75] *Vd.* COING, *Derecho Privado Europeo*, Tomo I, *Derecho Común más Antiguo (1500-1800)*, Madrid, 1996, p. 550.

[76] Cfr. LURDES PEREIRA, *Conceito de Prestação e Destino da Contraprestação*, cit., pp. 72 e ss. Relativamente à delimitação entre a impossibilidade e a frustração do programa contratual, *vd.* autora e ob. cit., pp. 35 e ss.

Justificando a solução constante do 275(2) do BGB, que assenta num critério de razoabilidade, *vd.* CANARIS, «O Novo Direito das Obrigações na Alemanha», *Revista Brasileira de Direito Comparado*, nº 25 (2004), pp. 11 e ss. O autor explica que, nestes casos, a impossibilidade resulta da frustração do fundamento negocial (*Störung der Geschäftsgrundlage*).

FORMAS DE CESSAÇÃO DO CONTRATO

Não obstante o seu fundamento legal, a autonomia das partes tem frequentemente um papel relevante na fixação de pressupostos necessários para a caducidade; a vontade dos contraentes assume especial proeminência no que respeita ao ajuste de um prazo de vigência do contrato, em cujo termo o vínculo cessa por caducidade. Em suma, a liberdade contratual pode moldar e permitir o recurso à caducidade, mas esta causa de cessação do vínculo não resulta da autonomia das partes, mas sim na lei.

§ 2. Revogação
1. Noção
I. O termo «revogação», de *revocare / revocatione*, é usado na linguagem jurídica em diferentes contextos – por exemplo, revogação da lei, da sentença judicial ou do acto administrativo -, relacionando-se a figura com a cessação de efeitos; neste estudo interessa atender à revogação como modo de cessação de efeitos do vínculo obrigacional[77].

A revogação do contrato corresponde a um acto bilateral, carecendo do assentimento das partes, mediante o qual estas decidem fazer cessar a relação contratual. Em qualquer contrato, o vínculo pode dissolver-se por efeito da vontade das partes. De facto, como se prescreve no nº 1 do art. 406º do CC, «O contrato (...) pode (...) extinguir-se por mútuo consentimento dos contraentes (...)»[78]. Corresponde à solução tradicional, estando a revogação integrada entre os modos de extinção da obrigação nas Instituições de Justiniano (3,29,4) no que respeita às obrigações que se contraem por mero consentimento – compra e venda, arrendamento, sociedade e mandato (Instituições 3,22,pr.) –, caso em que se dissolvem por uma manifestação de vontade contrária. Trata-se, pois, do *contrarius consensus*; apesar de POMPÓNIO ter escrito que os contratos que se celebram por mero consenso se dissolvem do mesmo modo, *ita et solvi debet* (D. 46,3,80), na compilação de Justiniano acrescentou-se o *contrarius consensus*, como modo consensual de extinguir qualquer contrato cujas prestações ainda não tivessem sido executadas[79]. Hoje, aceita-se que todo o contrato pode ser dissolvido por acordo, sem as limitações constantes do direito romano; ou seja, por acordo as partes podem livre-

---

[77] Sobre vários sentidos de revogação, *vd.* PAULO OTERO, *Lições de Introdução ao Estudo do Direito*, I Volume, 2º Tomo, Lisboa, 1999, pp. 215 e ss.

[78] Sobre a revogação referenciada no art. 406º, nº 1, do CC, veja-se MENEZES LEITÃO, *Direito das Obrigações*, Volume I, *Introdução. Da Constituição das Obrigações*, 11ª edição, Coimbra, 2014, p. 22 e Ac. STJ de 25/11/1997, *CJ (STJ)* 1997, T. III, p. 140.

[79] *Vd.* FLUME, *El Negocio Jurídico*, cit., pp. 711 e s.

DA CESSAÇÃO DO CONTRATO

mente determinar a cessação do vínculo obrigacional, por vezes designada «distrate»[80].

Com base na liberdade contratual, aqueles que constituíram o vínculo contratual podem, depois, a todo o tempo, extinguir esse mesmo vínculo; no fundo, o *mutuus dissensus* corresponde a uma manifestação de vontade idêntica à que ocorre na celebração do acordo, só que com sinal diverso (*consensus contrarius*). O mesmo direito de revogação é atribuído àqueles a quem a posição contratual tenha sido transmitida, nomeadamente em caso de cessão da posição contratual.

2. Modalidades
a) Enunciação
Importa distinguir a revogação de negócios bilaterais, que pressupõe acordo, da revogação de negócios unilaterais (art. 460º do CC). Relativamente à revogação de negócios bilaterais, apesar de a regra apontar para a necessidade de acordo, cabe atender às previsões específicas de revogação unilateral.

b) Mútuo consenso
Nos negócios jurídicos bilaterais a revogação assenta no ajuste, sendo, por isso, necessário que as partes acordem quanto à cessação do vínculo. Corresponde à situação usual de revogação, que normalmente é indicada como a situação típica de distrate, em que o consenso mútuo determina a extinção do vínculo. Apesar de usualmente o acordo de revogação ser explícito, manifestando as partes a sua intenção de fazer cessar o contrato, pode resultar de declarações de vontade que possam ser interpretadas no sentido de o vínculo ser distratado[81].

---

[80] No Código Civil, o legislador usa o termo distrate (art. 1410º, nº 2, do CC) e distratar (art. 596º, nº 1, do CC). Sobre o elenco dos termos usados no Código Civil, pode consultar-se DIAS MARQUES, «Índice dos Vocábulos no Código Civil Português», *RFDUL*, Volume XXVII (1986), pp. 327 e ss. e Volume XXVIII (1987), pp. 203 e ss. Na vigência do Código Civil de 1867, AVELINO DE FARIA, «Do Distrate, Revogação e Rescisão dos Contratos e Quitação», *Revista de Notariado e Registo Predial*, Ano 22º (1949), p. 17, considerava que as expressões distrate e revogação tinham o mesmo significado jurídico. No que respeita à terminologia, BEVILAQUIA, *Direito das Obrigações*, 3ª edição, Rio de Janeiro, 1931, p. 144, entende que a expressão correcta é «distracto», porque *mútuo dissenso* implica desacordo e não vontade comum das partes; e foi esse o termo que prevaleceu no art. 472 do CCBr. (Distrato). Refira-se que a expressão «mútuo dissenso» é frequentemente usada por autores italianos (cfr. BIANCA, *Diritto Civile*, Volume 3, *Il Contratto*, Milão, 1998, pp. 699 e ss.).

[81] No direito inglês, entre as situações de revogação, alude-se ao «acordo de satisfação», em que, independentemente de ter havido um cumprimento satisfatório das prestações contratuais, as partes afirmam que o cumprimento das prestações se executou correctamente, cfr. CRISCUOLI, *Il Contratto nel Diritto Inglese*, Pádua, 2001, pp. 448 e ss.

FORMAS DE CESSAÇÃO DO CONTRATO

Nada impede que as partes recorram à revogação para fazer cessar um contrato que, não fora esta atitude das partes, poderia cessar por resolução ou denúncia[82]. Frequentemente, verificados os pressupostos de outra forma de cessação do contrato, em vez de este ser denunciado ou resolvido, as partes chegam a acordo quanto à extinção, revogando o contrato.

c) Revogação unilateral de negócios bilaterais

I. Excepcionalmente, alude-se à revogação unilateral, quando, com base legal ou convencional, se admita uma desvinculação sem acordo. A revogação unilateral de negócios bilaterais só se admite nos casos especialmente previstos na lei ou acordados pelas partes.

Em relação às situações que surgem qualificadas na lei como revogação unilateral pode questionar-se se não deverão, antes, identificar-se com outras modalidades de cessação do vínculo, em particular a denúncia e a resolução. Como não é possível dar uma solução conjunta, a propósito de cada hipótese, sendo a dúvida de qualificação pertinente, far-se-á referência a esta questão.

Assim, tendo o negócio sido celebrado por representante sem poderes, enquanto não tiver sido ratificado pelo representado tem a outra parte a faculdade de revogar o contrato (art. 268º, nº 4, do CC). Se o gestor celebrar um contrato em gestão representativa (art. 471º do CC), enquanto o *dominus negotii* não ratificar o negócio, pode a contraparte revogá-lo.

No contrato a favor de terceiro (art. 448º do CC), confere-se ao promissário o direito de revogar o contrato até à adesão do terceiro ou durante a vida do promissário, tratando-se de promessa que haja de ser cumprida depois da morte deste; contudo, a revogação carece do mútuo consentimento, nos termos gerais, se a promessa também foi feita no interesse do promitente[83].

Do mesmo modo, no mandato prevê-se que o contrato seja «livremente revogável por qualquer das partes» (art. 1170º, nº 1, do CC)[84].

---

[82] Sobre a possibilidade de revogação de contratos inválidos, *vd.* FRANZONI, *Degli Effetti del Contratto*, Volume I, *Efficacia del Contratto e Recesso Unilateral*, Milão, 1998, pp. 61 e ss.; GABRIELLI, *Vincolo Contrattuale e Recesso Unilaterale*, Milão, 1985, pp. 50 e ss.

[83] Sobre a revogação no contrato a favor de terceiro, veja-se LEITE DE CAMPOS, *Contrato a Favor de Terceiro*, 2ª edição, Coimbra, 1991, pp. 125 e ss. Como esclarece o autor citado (p. 126) «A "ratio" do direito de revogar atribuído ao promissário encontra-se na consideração de que a prestação ao terceiro representa para o promissário um acto unilateral de disposição. Por conseguinte, antes que surja a exigência de tutelar a confiança do terceiro, a ordem jurídica dá prevalência à protecção da esfera jurídica do promissário».

[84] No direito alemão, onde se distinguem duas modalidades de cessação: resolução e denúncia, acrescentando-se a revogação unilateral para os contratos com consumidores, no mandato diferencia-se a denúncia a todo o tempo pelo mandatário, da revogação (unilateral), a todo o

DA CESSAÇÃO DO CONTRATO

Por seu turno, no arrendamento de duração limitada estabelecia-se que «o arrendatário pode (...) revogar o contrato, a todo o tempo» (art. 100º, nº 4, do RAU); de modo correcto após o NRAU – art. 1098º, nº 3, do CC – passa a qualificar-se a situação como denúncia[85].

Além disso, por acordo, os contraentes podem conferir a uma das partes o direito de revogar unilateralmente o contrato.

Refira-se ainda que, em determinadas circunstâncias, para protecção do contraente débil, admite-se que este se possa desvincular, revogando o compromisso assumido.

II. Em caso de revogação unilateral do contrato, que não carece de fundamento sendo *ad nutum*, parte-se do princípio de que, naquelas circunstâncias, em razão da especial tutela conferida a uma das partes, pode ser posto em causa o princípio da estabilidade contratual (art. 406º, nº 1, do CC). Apesar de a revogação unilateral ser *ad libitum*, não carecendo de nenhuma justificação, nalguns casos impõe-se o preenchimento de certos requisitos.

As hipóteses indicadas no ponto anterior, em que a revogação unilateral é admitida, poder-se-iam qualificar como especiais manifestações do direito de denúncia, mas esta constitui um modo específico de cessação de relações contratuais duradouras, e aquele meio de cessação ocorre normalmente no âmbito de contratos com prestações instantâneas[86]. Ainda que, nalguns casos, a relação contratual possa ser de execução continuada, justifica-se um tratamento comum, não fazendo sentido recorrer à denúncia; assim, não se justificaria diferenciar a desvinculação unilateral num mandato de execução instantânea e de execução continuada, pelo que, em qualquer caso, estar-se-á perante uma revogação unilateral.

---

tempo, pelo mandante (§ 671 do BGB), cfr. SCHLECHTRIEM, *Schuldrecht. Besonderer Teil*, 6ª edição, Tubinga, 2003, p. 209.

[85] Como se verá adiante (I Parte, Capítulo I, § 3, nº 2, alínea *b*), II. e II Parte, Capítulo IV, § 3), não obstante a anterior qualificação legal, a figura tem pontos de semelhança com a denúncia, e dificilmente se enquadra na revogação.

[86] Considerando como denúncia (*recesso*) a desvinculação especial conferida nestes contratos, cfr. CIMMINO, *Il Recesso Unilaterale dal Contratto*, Pádua, 2000, pp. 25 e s.; GABRIELLI, *Vincolo Contrattuale e Recesso Unilaterale*, cit., pp. 56 e ss.; DE NOVA, «Recesso e Risoluzione nei Contratti. Appunti da una Ricerca», *in Recesso e Risoluzione nei Contratti*, Milão, 1994, p. 10; RAVERA, *Il Recesso*, Milão, 2004, pp. 8 e s. É necessário esclarecer que, no direito italiano, por vezes, também se alude ao *recesso* com justa causa ou *recesso straordinario* (similar ao *außerordentliche Kündigung*) no sentido de resolução, cfr. RAVERA, *Il Recesso*, cit., pp. 71 e ss., 83 e ss., 120 e ss. e *passim*.

Sobre o «recesso» no novo Código do Consumo italiano, consulte-se os arts. 64, 65 e 73.

FORMAS DE CESSAÇÃO DO CONTRATO

Concluir-se-á, então, no sentido de a revogação unilateral, nos casos indicados, constituir uma espécie de denúncia para determinadas situações concretas previstas na lei; mas o regime não é o da denúncia, pois estabelecem-se regras próprias apesar de não estar vedado o recurso à analogia.

III. A revogação unilateral pode ter por fundamento a necessidade de um dos contraentes ponderar os termos do acordo ajustado. A possibilidade de uma das partes *revogar* o contrato num período breve após a sua celebração, porque se arrepende, é conferida para protecção de quem se considera mais fraco numa relação contratual, nomeadamente o consumidor. De modo diverso, poder-se-ia entender que o contrato em causa não produz efeitos durante o período em que o consumidor se pode arrepender; não parece ter sido esse o sentido expresso no regime português para os casos em que se confere tal direito, pois durante o mencionado período (de reflexão) podem ser devidas as prestações acordadas[87]; nada impediria que se tivesse, antes, optado pelo designado *cooling off period*, em que se prolongava a fase formativa do contrato, mas, nos casos que se indicarão de seguida, o legislador nacional enveredou pela via da conclusão imediata do contrato sujeito a livre desvinculação[88].

As hipóteses de desvinculação sem fundamento num curto período após a celebração do contrato (entre sete e trinta dias) encontram-se previstas no âmbito da alienação do direito real de habitação periódica, da venda financiada ou da venda celebrada fora do estabelecimento comercial e em determinadas modalidades de seguros. A terminologia usada pelo legislador é dissonante, encontrando-se por vezes referência à resolução, mas também à retractação, à rescisão, à revogação e à renúncia; poder-se-á dizer que nestes casos está em causa o designado «direito de arrependimento»[89/90].

---

[87] Sobre a questão, indicando que há dois regimes possíveis que têm sido adoptados nos diferentes Estados em transposição de directrizes comunitárias, *vd.* BÜBER, *Das Widerrufsrecht des Verbrauchers. Das Verbraucherschützende Vertragslösungsrecht im Europäischen Vertragsrecht*, Frankfurt am Main, 2001, pp. 196 e ss.

[88] Veja-se JANUÁRIO DA COSTA GOMES, «Sobre o "Direito de Arrependimento" do Adquirente do Direito Real de Habitação Periódica (*Time-Sharing*) e a sua Articulação com Direitos Similares noutros Contratos de Consumo», *Revista Portuguesa de Direito do Consumo*, 3, 1995, p. 79.

[89] Sobre o «direito de arrependimento», *vd.* JANUÁRIO DA COSTA GOMES, «Sobre o "Direito de Arrependimento", cit., pp. 70 e ss.

[90] O designado «direito de arrependimento» também surge qualificado como revogação (unilateral) do contrato na reforma do BGB de 2002, onde se alude ao *Widerrufsrecht* (§ 355 do BGB, como regra geral, e previsões específicas, p. ex., § 312d do BGB). *Vd.* BROX/WALKER, *Allgemeines Schuldrecht*, 29ª edição, Munique, 2003, pp. 172 e ss.; MEDICUS, *Schuldrecht*, Tomo I *Allgemeiner Teil*,

DA CESSAÇÃO DO CONTRATO

De facto, para afastamento de regras gerais, identifica-se um pressuposto comum a vários diplomas, de proteger a parte mais fraca, que se pode arrepender do contrato celebrado. Assim, no direito real de habitação periódica (art. 16º do Decreto-Lei nº 275/93, de 5 de Agosto, com a redacção dos Decretos-Leis nº 180/99, de 22 de Maio, nº 22/2002, de 31 de Janeiro, e nº 37/2011, de 10 de Março) estabelece-se um prazo de catorze dias para o comprador resolver o contrato de compra e venda. É igualmente esse o sentido do art. 8º, nº 4, da Lei nº 24/96, de 31 de Julho (Lei de Defesa do Consumidor), ao consagrar o direito de revogar o contrato no prazo de sete dias, apesar de incaracteristicamente lhe chamar «direito de retractação do contrato», sempre que a informação acerca do bem ou serviço se mostre deficiente, e do art. 10º do Decreto-Lei nº 24/2014, de 14 de Fevereiro (venda celebrada fora do estabelecimento), quando confere ao comprador o direito de resolver o contrato nos catorze dias subsequentes à entrega da mercadoria. Veja-se também o art. 17º do Decreto-Lei nº 133/2009, de 2 de Junho, que sob a epígrafe «Direito de livre revogação», atribui ao consumidor a possibilidade de revogar a sua declaração no prazo de catorze dias a contar da assinatura do contrato. Consulte-se ainda o disposto no art. 26º do Decreto-Lei nº 61/2011), onde se permite que o cliente da agência de viagens «rescinda» o contrato sem invocar motivo justificativo. Por último, cabe aludir à «Livre resolução»[91] por parte do tomador do seguro de vida, de acidentes pessoais, de saúde, de instrumentos de captação de aforro e de seguros celebrados a distância, onde se prescreve que o tomador do seguro, sendo pessoa singular, pode resolver o contrato sem invocar justa causa, desde que no prazo de trinta ou catorze dias após a recepção da apólice (arts. 118º, nº 1, da LCS).

Neste designado «direito de arrependimento», a cessação do vínculo não carece de justificação, assentando num critério subjectivo; aquele a quem é

15ª edição, Munique, 2004, pp. 266 e ss.; *Palandt Bürgerliches Gesetzbuch*, 63ª edição, Munique, 2004, anotações 2 e 3 ao § 355, pp. 557 e s. Consulte-se ainda MENEZES CORDEIRO, *Da Modernização do Direito Civil*, I Volume *(Aspectos Gerais)*, Coimbra, 2004, pp. 122 e ss.

As várias hipóteses de *Widerruf*, relacionadas com a protecção do consumidor, tanto previstas na nova versão do BGB, como em outros diplomas e directrizes comunitárias, vêm desenvolvidamente analisadas em BÜBER, *Das Widerrufsrecht des Verbrauchers*, cit., pp. 37 e ss. e 118 e ss., assim como em MANKOWSKI, *Beseitigungrechte. Anfechtung, Widerruf und Verwandte Institute*, Tubinga, 2003, pp. 33 e ss.

[91] A diversidade terminológica também se encontra na legislação alemã dispersa, como indica MANKOWSKI, *Beseitigungrechte*, cit., pp. 62 e s.; e o autor (ob. cit., p. 78 e pp. 103 e ss.) refere-se igualmente ao direito de arrependimento, embora, no contexto, de origem convencional. A questão terminológica é analisada por BÜBER, *Das Widerrufsrecht des Verbrauchers*, cit., pp. 122 e ss., optando pelo termo «revogação» (pp. 228 e ss.).

FORMAS DE CESSAÇÃO DO CONTRATO

conferido o direito pode revogar o contrato nos termos prescritos (nomeadamente dentro do prazo curto estabelecido) sem invocar qualquer motivo. Não obstante se poder qualificar este modo de dissolução do vínculo como revogação unilateral, na falta de regras próprias, é-lhe aplicável o regime da resolução, como se esclarecerá adiante[92].

d) Revogação de negócios unilaterais

Nos negócios unilaterais, por natureza, a revogação não pode assentar no acordo, sendo, portanto, quando admitida, unilateral: o autor do acto retracta-se, revogando-o. Assim, na promessa pública (arts. 459º e ss. do CC) prevê-se que o promitente possa (unilateralmente) revogá-la a todo o tempo se não tiver prazo de validade (arts. 460º e 461º, nº 1, do CC)[93]/[94].

Nas situações não previstas, admite-se que a revogação de negócio jurídico unilateral possa ser efectuada a todo o tempo pelo declarante desde que não se tenham constituído direitos incompatíveis com a extinção na esfera jurídica de terceiro[95]. Esta ideia encontra-se expressa no nº 2 do art. 461º do CC, afirmando-se que a revogação será ineficaz «se a situação prevista já se tiver verificado ou o facto já tiver sido praticado», mas corresponde a um princípio geral válido nesta sede. Assim, num concurso público (art. 463º do CC), antes de os potenciais concorrentes terem iniciado as tarefas para a admissão pode o promitente revogá-lo.

3. Liberdade negocial

I. Tendo em conta o princípio de autonomia privada (art. 405º do CC), as partes têm liberdade de celebrar contratos e, também, de fazer extinguir relações contratuais. A revogação funda-se, pois, na liberdade de as partes, em regra por acordo, se desvincularem de contratos. Como se depreende do disposto

---

[92] Entendendo igualmente que o «arrependimento» previsto em sede de direito real de habitação periódica segue o regime da resolução, *vd.* JANUÁRIO DA COSTA GOMES, «Sobre o "Direito de Arrependimento", cit., pp. 74 e 79. Quanto à análise do arrependimento no âmbito da resolução, veja-se *infra*, I Parte, Capítulo II, Secção II, § 4, nº 4, alínea *b)*.

[93] No art. 461º, nº 1, do CC, o legislador alude a uma hipótese de revogação atípica; prevendo que, se a promessa pública tiver prazo de validade, o promitente a pode revogar «ocorrendo justa causa». A situação melhor se enquadraria na resolução, onde frequentemente se recorre ao conceito de justa causa (*vd. infra*, I Parte, Capítulo II, Secção II, § 4. nº 2, alíneas *b)* e *e)*). Sobre a revogação de negócios unilaterais, veja-se PAIS DE VASCONCELOS, *Teoria Geral do Direito Civil*, 7ª edição, Coimbra, 2012, pp. 655 e s.

[94] Relativamente à revogação do testamento, *vd.* JOÃO MENEZES LEITÃO, *Da Revogação do Testamento e de Disposições Testamentárias*, Dissertação de Mestrado, Lisboa, 1992, pp. 114 e ss.

[95] Cfr. BIANCA, *Diritto Civile*, Volume 3, *Il Contratto*, Milão, 1998, pp. 700 e ss.

DA CESSAÇÃO DO CONTRATO

no nº 1 do art. 406º do CC, onde se prescreve que «o contrato (...) pode (...) extinguir-se por mútuo consentimento», relacionando com o princípio da liberdade contratual, constante do art. 405º do CC, as partes, com base na autonomia privada, podem fazer cessar o contrato, quando entenderem, sem para tal invocarem qualquer motivo.

II. O acordo de revogação é um negócio jurídico que tem por objecto a desvinculação das partes, pelo que está sujeito às regras gerais de formação dos negócios jurídicos (arts. 217º e ss. do CC), ao princípio da liberdade contratual constante do art. 405º do CC, e ao regime de eficácia negocial do art. 406º, nº 1, do CC.

Sendo a revogação unilateral, trata-se de uma declaração negocial, nos termos prescritos nos arts. 217º e ss. do CC, justificada com base na previsão legal ou no acordo das partes. A previsão legal assenta numa especial tutela conferida a uma das partes que se pode fundar num princípio de protecção do contraente débil[96] ou no interesse subjectivo prosseguido pelo contrato (p. ex., mandato).

§ 3. Denúncia
1. Noção

I. O termo «denúncia», de *denuntiare*, associa-se normalmente à acusação ou divulgação de factos. E, mesmo no direito civil, utiliza-se «denúncia» no sentido de informação que uma das partes tem de prestar à outra, por exemplo, para identificar (denunciar) os defeitos de um bem (arts. 916º e 1220º do CC)[97]. Contudo, neste estudo, atender-se-á a um outro sentido de denúncia, relacionado com a comunicação (ou participação) da vontade de uma das partes, feita à contraparte, manifestando a intenção de fazer cessar o vínculo obrigacional. Por vezes, alguma doutrina recorre a um conceito amplo de denúncia em que, além da cessação do vínculo, implicaria também a interpelação, como modo de determinar o vencimento de uma dívida[98]; porém, como no direito civil, tendo em conta nomeadamente o disposto no art. 805º do CC, se adop-

---

[96] Sobre a tutela do contraente débil, veja-se GUILHERME DRAY, «Breves Notas Sobre o Ideal de Justiça Contratual e a Tutela do Contraente Mais Débil», *Estudos em Homenagem ao Prof. Doutor Inocêncio Galvão Telles*, I Volume, *Direito Privado e Vária*, Coimbra, 2002, pp. 75 e ss.

[97] Sobre a denúncia dos defeitos, veja-se ROMANO MARTINEZ, *Cumprimento Defeituoso, em especial na Compra e Venda e na Empreitada*, reimpressão, Coimbra, 2001, pp. 329 e ss.

[98] Cfr. VAZ SERRA, «Tempo da Prestação, Denúncia», *BMJ*, 50 (1955), pp. 64 e 184 e ss., apesar de o autor, no sentido de interpelação, também recorrer aos vocábulos «reclamar», «exigir» e «interpelar».

FORMAS DE CESSAÇÃO DO CONTRATO

tou o termo «interpelar» no sentido de acarretar o vencimento da prestação, evitar-se-á a expressão «denúncia» com este significado.

A denúncia é, assim, um modo de cessação de vínculos obrigacionais de duração indeterminada; dir-se-á que é exclusiva dos contratos com prestações cuja execução se protela no tempo, tanto para impedir a prossecução da vigência de um negócio jurídico continuado, como obstando à não renovação do acordo por outro período. Não obstante a admissibilidade generalizada da figura, é pouco frequente encontrar previsão da denúncia na parte geral das obrigações – diferentemente do que ocorre com a resolução (p. ex., arts. 432º e ss. do CC) –, mas tão-só a propósito de alguns contratos em especial, nomeadamente na locação; como excepção é de notar a inclusão de uma regra geral de denúncia no § 1449 do ABGB, a propósito da extinção de direitos e de obrigações (§§ 1411 e ss. do ABGB)[99].

Por via de regra, a denúncia é de exercício discricionário, não sendo necessário invocar qualquer motivo. Salvo raras excepções, não se admite que as partes fiquem vinculadas por um longo período contra a sua vontade, razão pela qual se, de um contrato que se protela no tempo, não constar o seu limite temporal, qualquer das partes poderá fazê-lo cessar, denunciando-o.

Há excepções, como no contrato de arrendamento e no contrato de trabalho, em que a denúncia está condicionada, só sendo possível ser invocada, respectivamente pelo senhorio e pelo empregador, nos casos previstos na lei. Todavia, nos contratos de arrendamento e de trabalho subsistem situações de liberdade de denúncia, invocáveis por qualquer das partes; concretamente, admite-se a denúncia imotivada (*ad libitum*) no contrato de arrendamento com prazo certo (arts. 1095º e ss. do CC) ou de duração indeterminada (arts. 1100º e 1101º alínea *c*), do CC) e no contrato de trabalho durante o período experimental (art. 114º do CT), bem como no regime da comissão de serviço (art. 163º do CT).

2. Modalidades
a) Enunciação
Apesar de haver alguma divergência na doutrina quanto a esta divisão, pode aludir-se a três tipos de denúncia[100].

---

[99] Como esclarecem KOZIOL/WELSER. *Grundriß des bürgerlichen Rechts*, I, *Allgemeiner Teil und Schuldrecht*, 10ª edição, Viena, 1995, pp. 283 e s., para as relações duradouras sem termo determinado vale a regra geral da denúncia (*ordentlich Kündigund*) por simples declaração com aviso prévio.

[100] Atendendo às várias modalidades de denúncia DE NOVA, «Recesso e Risoluzione nei Contratti. Appunti da una Ricerca», *in Recesso e Risoluzione nei Contratti*, Milão, 1994, p. 9, afirma que a análise da figura não pode ser unitária.

DA CESSAÇÃO DO CONTRATO

Num primeiro sentido, que se designará por técnico, a denúncia é uma forma de cessação de relações contratuais estabelecidas por tempo indeterminado. Neste caso, não estando definido o prazo de vigência do contrato, o vínculo poderá perdurar até que uma das partes lhe pretenda pôr termo, denunciando-o.

Noutro sentido, a denúncia corresponde a uma declaração negocial por via da qual se obsta à renovação automática do contrato. Tendo o vínculo um prazo de duração limitado, renovável automaticamente, qualquer das partes pode inviabilizar a renovação por um novo período, recorrendo à denúncia.

Nestes dois tipos, a ideia base é a mesma: pretende-se impedir a subsistência de um vínculo contratual que se protela por um período indefinido[101].

Num terceiro sentido, alude-se ainda à denúncia como meio de desvinculação, porque uma das partes, apesar de se encontrar vinculada, desiste da execução do contrato. Trata-se de situações excepcionais em que se confere a uma das partes a possibilidade de desistir de cumprir o acordo firmado atendendo a uma previsão legal específica; por isso, estes casos são indicados adiante (alínea *d*)) como hipóteses atípicas de denúncia, englobadas no conceito vago de «desistência».

Tal como no direito italiano, pode admitir-se uma denúncia em sentido amplo, que abrangeria os diversos meios de desvinculação unilateral *ad libitum*[102], por contraposição à extinção unilateral motivada (resolução); nesse sentido incluir-se-iam na denúncia as hipóteses de revogação unilateral a que se fez alusão no anterior parágrafo (nº 2, alínea *c*)). Há, todavia, um obstáculo a esta qualificação; admitindo que a denúncia é um modo de fazer cessar contratos de duração ilimitada (ou pelo menos com prestações de execução prolongada), ela não abrange a desvinculação de relações jurídicas de execução instantânea, como as hipóteses designadas por «direito de arrependimento»[103].

---

[101] Sobre a noção de relação contratual duradoura (*Dauerschuldverhältnis*), consulte-se OETKER, *Das Dauerschuldverhältnis und seine Beendigung. Bestandsaufnahme und Kritische Würdigung einer Tradierten Figur der Schuldrechtsdogmatik*, Tubinga, 1994, pp. 66 e ss.

[102] Sobre o *recesso unilateral*, previsto no art. 1373 do CCIt., que abrange situações designadas de modo diverso, como a *revoca* por parte do mandante, *vd.* CIMMINO, *Il Recesso Unilaterale dal Contratto*, cit., pp. 4 e ss.; FRANZONI, *Degli Effetti del Contratto*, Volume I, *Efficacia del Contratto e Recesso Unilateral*, cit., pp. 308 e ss.

[103] PAULO OTERO, *Lições de Introdução ao Estudo do Direito*, I Volume, 2º Tomo, Lisboa, 1999, pp. 234 e ss., admite que a denúncia é a forma geral de desvinculação, num sentido restrito, que designa por *recesso*, em que o sujeito declara não querer continuar vinculado, mas o contrato, sendo plurilateral, subsiste com as restantes partes.

FORMAS DE CESSAÇÃO DO CONTRATO

b) Cessação de relações estabelecidas por tempo indeterminado

I. Em sentido técnico a denúncia corresponde ao meio de livre desvinculação em relações contratuais constituídas por tempo indeterminado. Para evitar que as partes fiquem vinculadas ao cumprimento de um contrato por um período indefinido, permite-se que uma parte o faça cessar; não estando o vínculo sujeito a um prazo de vigência, faculta-se a qualquer das partes a possibilidade de se desvincular, denunciando o contrato.

Neste caso, a denúncia constitui o meio específico de fazer cessar um contrato de duração indeterminada.

II. Em princípio, como se afirmou, a denúncia serve para pôr termo a contratos com um período de vigência indeterminado ou para evitar a renovação em negócios jurídicos de duração limitada. Daqui decorre que não se podem fazer cessar por denúncia contratos que tenham um prazo de vigência limitado, antes do seu decurso.

Contudo, em determinados casos, será necessário verificar se o prazo ajustado foi estabelecido a favor de um só dos contraentes ou de ambos. Num contrato sinalagmático, da regra do art. 779º do CC, quanto ao beneficiário do prazo, conclui-se que o prazo se tem por estabelecido a favor de ambas as partes; mas sendo o contrato não sinalagmático a presunção aponta no sentido de o prazo ter sido «estabelecido a favor do devedor». Independentemente do critério legal, por força do acordo das partes, em qualquer tipo de contrato, pode resultar que o prazo se encontre estabelecido em favor de um dos contraentes.

Estando o prazo de vigência do vínculo estabelecido a favor de uma das partes, a esta é conferida a faculdade de, antes do termo ajustado, denunciar o contrato. Assim, num comodato com um prazo certo de um ano estabelecido a favor do comodatário, este pode restituir a coisa fazendo cessar o contrato antes do decurso do período ajustado; neste caso, a restituição da coisa antes de decorrido o prazo vale como denúncia do vínculo. No domínio da legislação anterior, suscitava algumas dúvidas de qualificação, a faculdade conferida ao arrendatário em contrato de duração limitada, em princípio por um período de cinco anos, de «*revogar* o contrato, a todo o tempo, mediante comunicação escrita a enviar ao senhorio, com antecedência mínima de noventa dias» (art. 100º, nº 4, do RAU); já então se entendia que se tratava de uma denúncia (atípica), atendendo ao facto de o período de vigência do arrendamento se ter estabelecido a favor do arrendatário, mas hoje, no art. 1098º, nº 3, do CC, qualifica-se esta faculdade como denúncia[104].

---

[104] As dúvidas terminológicas nesta sede não são exclusivas da nossa ordem jurídica; como refere MANKOWSKI, *Beseitigungrechte*, cit., pp. 171 e ss., não raras vezes o legislador (alemão) utiliza o termo *Widerruf* (revogação unilateral) no sentido de denúncia (*Kündigung*) ou de resolução (*Rücktrit*).

DA CESSAÇÃO DO CONTRATO

c) Oposição à renovação

I. No segundo sentido anteriormente referido, a denúncia corresponde a uma declaração negocial por via da qual uma das partes, por meio de uma declaração negocial, obsta à prorrogação automática do contrato. O contrato, apesar de ter sido celebrado por determinado prazo, não caduca no termo deste, porque, em princípio, por efeito da lei, prorroga-se por novo período[105].

A denúncia justifica-se, por exemplo no contrato de arrendamento, art. 1055º, nº 2, do CC, e no contrato de trabalho, art. 344º, nº 1, do CT, tendo em conta a previsão legal de renovação automática do contrato depois de decorrido o termo de vigência ajustado; mas tem igual justificação no caso de renovação automática acordada, como ocorre em várias modalidades de contrato de seguro. Em qualquer caso, é usual que o contrato, com um termo final estabelecido, se prorrogue automaticamente, em regra por igual período, tendo em conta cláusula contratual ou preceito legal que assim disponha.

II. Há quem, diferentemente, considere ser a denúncia tão-só uma forma de cessação de relações contratuais duradouras, estabelecidas por tempo indeterminado, no fundo, circunscrevendo a denúncia à situação identificada como sentido técnico[106]; mas, sendo a denúncia um meio para evitar que a vinculação dos contraentes se protele indefinidamente, vale nos mesmos moldes, tanto para relações duradouras sem limite temporal estabelecido, como para aquelas em que exista uma renovação automática. A diferença reside no facto de, por um lado, nas primeiras, a denúncia não estar sujeita a prazos, enquanto, nas segundas, é para se exercer no fim da vigência ou da renovação do contrato, e, por outro lado, porque nos contratos celebrados por tempo indeterminado a denúncia é o meio autónomo (directo) de cessação do negócio jurídico, ao passo que, nos contratos de renovação automática, a

---

[105] Quanto à fixação num contrato de cessão de exploração com um prazo de vigência não renovável e a validade da cláusula de não renovação automática, veja-se jurisprudência uniformizada do STJ (Tribunal Pleno), Assento de 13 de Fevereiro de 1996, *BMJ* 454, p. 195.

[106] Cfr. MENEZES CORDEIRO, *Direito das Obrigações*, Volume II, cit., p. 166; JANUÁRIO DA COSTA GOMES, *Em Tema de Revogação do Mandato Civil*, Coimbra, 1989, pp. 74 e ss.; MENEZES LEITÃO, *Direito das Obrigações*, Volume II, cit., p. 99; PINTO MONTEIRO, *Contrato de Agência. Anotação*, 7ª edição, Coimbra, 2010, p. 129. Segundo os autores citados, a denúncia não abrange a oposição à renovação do contrato. No sentido preconizado no texto, de a denúncia abranger também a oposição à renovação, *vd.* ALMEIDA COSTA, *Direito das Obrigações*, cit., p. 322; GALVÃO TELLES, «Contrato Duradouro com Termo Final: Denúncia», *CJ*, XI (1986), Tomo II, pp. 20 e s. É este também o sentido da jurisprudência, que alude à denúncia no sentido de oposição à renovação, cfr. Ac. STJ de 5/6/1997, *BMJ* 468, p. 428 e Ac. Rel. Lx. de 4/5/1984, *CJ* IX, T. III, p. 125.

FORMAS DE CESSAÇÃO DO CONTRATO

denúncia conduz à cessação do vínculo conjugada com a caducidade, ou seja, é um meio indirecto de extinção do contrato.

d) Desistência

I. Em determinadas circunstâncias, admite-se que uma das partes se possa desvincular, simplesmente porque quer desistir do compromisso assumido. Nestes casos, a extinção não se relaciona com o princípio da não vinculação por tempo indefinido, mas com a liberdade de desvinculação, para tutela de interesses de um dos contraentes (ou, excepcionalmente, de ambos), que pode não ter previsto todas as implicações resultantes da execução do negócio ajustado.

A liberdade de desvinculação de contratos de execução duradoura só se admite nos casos especialmente previstos na lei ou acordados pelas partes[107] e corresponde a uma hipótese atípica de denúncia.

A desistência distingue-se da revogação unilateral (arrependimento) porque é característica de alguns contratos cuja execução se protela no tempo, por um lado, e pelo facto de não ter efeito retroactivo, por outro.

Em caso de desvinculação incondicional do contrato, que também se poderá designar imotivada ou *ad nutum*, parte-se do pressuposto de que, naquelas circunstâncias, em razão da especial tutela conferida a uma das partes, pode ser posto em causa o princípio da estabilidade contratual (art. 406º, nº 1, do CC). Por via de regra, a denúncia é *ad libitum* e não carece de nenhuma justificação; contudo, nalguns casos, não obstante os critérios serem fundamentalmente subjectivos, impõe-se o preenchimento de determinados requisitos.

II. No sentido indicado, cabe atender à denúncia do contrato durante o período experimental. No contrato de trabalho, como resulta do disposto no art. 114º, nº 1, do CT, qualquer das partes pode denunciar o contrato sem aviso prévio nem necessidade de invocar justa causa durante o período experimental[108]. Neste caso, tendo em conta a estabilidade contratual, confere-se a cada um dos contraentes a possibilidade de averiguar se as qualidades da

---

[107] MEDICUS, *Schuldrecht*, Tomo I, *Allgemeiner Teil*, 15ª edição, Munique, 2004, pp. 260 e s., depois de esclarecer que a denúncia (*Kündigung*) é o meio específico de fazer cessar relações contratuais duradouras (*Dauerschuldverhältnissen*), indica que também vale noutras relações, como na empreitada (§ 649 do BGB), em que há uma execução prolongada de prestações. Quanto à denúncia (*Kündigung*) como instrumento próprio de extinção de relações contratuais duradouras, veja-se OETKER, *Das Dauerschuldverhältniss und seine Beendigung*, cit., pp. 248 e ss.

[108] *Vd. infra*, II Parte, Capítulo VIII, § 4, nº 4, alínea *b*).

DA CESSAÇÃO DO CONTRATO

contraparte lhe atribuem confiança para a prossecução do contrato. O estabelecimento de um período de experiência pode resultar de previsão contratual, caso em que, do acordo advém um direito de denúncia durante o prazo de prova ajustado[109].

A faculdade de desistência pode ainda resultar de tutela conferida a uma das partes para a eventualidade de não ter previsto todas as implicações de execução do negócio ajustado, nomeadamente relacionadas com aspectos que extravasam a relação sinalagmática. Assim, o depositante pode exigir a restituição da coisa antes do decurso do prazo ajustado (art. 1194º do CC) e, no caso de empreitada, admite-se que o dono da obra desista do contrato (art. 1229º do CC), por motivos vários, por exemplo relacionados com uma mudança de interesses[110].

3. Fundamento

I. Em princípio, a denúncia é livre (*ad nutum*, imotivada), podendo qualquer das partes denunciar o contrato, obstando a que se protele indefinidamente ou que se renove por um outro período. Como, regra geral, não se admite que, por via contratual, as partes fiquem vinculadas indefinidamente contra a sua vontade, pode qualquer dos contraentes desvincular-se, denunciando o contrato a todo o tempo. Deste modo, se um negócio jurídico se protela sem limite temporal, qualquer das partes pode fazê-lo cessar, recorrendo à denúncia[111]. O mesmo ocorre no caso de o contrato, por se renovar automaticamente, não ter um termo final definido.

Princípio geral este que se encontra consagrado, por exemplo, no art. 1054º do CC para a locação, no art. 1122º, nº 1, do CC, em relação à parceria pecuária, e no regime do contrato de agência (arts. 24º e 28º do Decreto-Lei nº 178/86, de 3 de Julho); ainda que falte a previsão legal, vale o princípio da liberdade de desvinculação em contratos celebrados por tempo indefinido[112].

Excepcionalmente, em certos casos, por motivos relacionados com a protecção que o legislador decidiu conferir a uma das partes no contrato, a denúncia pode estar condicionada; assim, tanto no contrato de trabalho como no con-

---

[109] Sobre a eventualidade de estabelecer uma cláusula no contrato com um período de prova, *vd.* BALDASSARI, *Il Contratto di Agenzia*, Milão, 1992, pp. 434 e ss.

[110] *Vd. infra*, II Parte, respectivamente, Capítulo XI, § 2. III., Capítulo XII, § 3, nº 2 e § 5, nº 5, alínea *a*).

[111] *Vd.* MENEZES CORDEIRO, *Direito Comercial*, 3ª edição, Coimbra, 2012, p. 758; MOTA PINTO, *Teoria Geral do Direito Civil*, cit., pp. 631 e 632.

[112] Cfr. CHULIÁ VICENT/BELTRÁN ALANDETE, *Aspectos Jurídicos de los Contratos Atípicos*, II, *Los Incoterms, Contrato de Concessión Comercial, Contrato de Agencia, Contratos Publicitarios*, Barcelona, 1995, p. 333, a propósito de contratos atípicos como a concessão de venda.

FORMAS DE CESSAÇÃO DO CONTRATO

trato de arrendamento, condicionou-se o exercício do direito de denúncia por parte, respectivamente, do empregador e do senhorio, de forma a não se encontrar totalmente na liberdade das partes, só podendo ser usado dentro de determinados parâmetros (*vd. infra*, respectivamente, Capítulos IV e V da II Parte).

II. No que respeita à desistência, que, tal como no caso de oposição à renovação, corresponde a uma denúncia atípica, permite-se que uma das partes se desvincule atendendo a uma especial tutela que lhe é conferida, baseada no facto de se conferir a uma ou a ambas as partes a faculdade de verificar a viabilidade da manutenção do vínculo contratual, nomeadamente em razão de factores pessoais.

Estas hipóteses, ainda que possam ser enquadradas como denúncia (atípica), seguem um regime próprio (*v. g.*, art. 1229º do CC) ou estão sujeitas às consequências da resolução; tal como o arrependimento (revogação unilateral), na falta de regras próprias, a desistência segue o regime da resolução[113].

§ 4. Resolução
1. Noção

I. Na linguagem jurídica, o termo «resolução», que deriva de *resolvere / resolutio – resolutionis*, é usado, essencialmente, em três sentidos: tomada de posição de um órgão (p. ex., resolução da Assembleia da República); modo de solucionar um conflito (*v. g.,* resolução de conflitos colectivos[114] e resolução judicial ou extrajudicial de litígios[115]); acto de dissolução de um vínculo obrigacional. É neste terceiro sentido que importa atender à *resolução*.

Diferentemente dos outros modos de cessação anteriormente referidos, a resolução é um instituto que tem consagração legislativa autónoma, encontrando-se estabelecido no Código Civil o regime comum, nos arts. 432º a 436º do CC. O mesmo ocorre noutros ordenamentos jurídicos onde a resolução do contrato foi regulada como instituto autónomo (p. ex., arts. 1183 e 1184 do CCFr., §§ 346 a 354 do BGB e arts. 1453 a 1459 do CCIt.)[116].

---

[113] *Vd. infra*, I Parte, Capítulo II, Secção II, § 4, nº 4, alínea *b*).

[114] O Capítulo I dos Conflitos Colectivos (Subtítulo III) do Código do Trabalho, que se inicia no art. 522º, tem exactamente por título «Resolução de conflitos colectivos de trabalho».

[115] Veja-se, sobre a resolução judicial de litígios, o art. 1º do CPC e, quanto à resolução extrajudicial de conflitos, além da transacção (*infra*, II Parte, Capítulo XVI), pode-se fazer referência à arbitragem (63/2011, de 14 de Dezembro).

[116] Sobre a autonomização do regime da resolução e as soluções consagradas no ordenamento alemão, veja-se HELLWEGE, *Die Rückabwicklung gegenseitiger Verträge als einheitliches Problem*, Tubinga, 2004, pp. 49 e ss.

DA CESSAÇÃO DO CONTRATO

II. A resolução do contrato é um meio de extinção do vínculo contratual por declaração unilateral e encontra-se condicionada por um motivo previsto na lei ou depende de convenção das partes (art. 432º, nº 1, do CC)[117]. Há, pois, duas modalidades de resolução: a legal e a convencional, devendo, na primeira, distinguir-se a resolução fundamentada (regra geral) da imotivada (admitida excepcionalmente)[118] e autonomizar-se a resolução baseada em alteração das circunstâncias.

A resolução convencional funda-se na liberdade contratual, podendo apresentar múltiplas facetas e depender de diferentes requisitos; seguindo os termos acordados pelas partes.

Relativamente à resolução legal, cabe aludir a três situações: resolução por incumprimento; resolução por quebra do equilíbrio contratual e outros casos de resolução, nomeadamente em que, independentemente da qualificação, se aplica o regime deste meio de extinção do vínculo.

III. A resolução legal relaciona-se, por via de regra, com o incumprimento de prestações contratuais, mas prevêem-se hipóteses legais de resolução por quebra do equilíbrio contratual ou em caso da designada «resolução *ad nutum*», normalmente associada à necessidade de protecção de uma das partes.

A *resolutio contracti* terá surgido no direito canónico, onde se admitiu que o credor pudesse resolver (*resolutio, rescissio*) o contrato se o devedor, num contrato sinalagmático, não cumprisse a sua prestação[119]; entendia-se que nos contratos sinalagmáticos existia uma condição tácita *si fides servatur*. Mas discutia-se se a resolução estava circunscrita aos contratos inominados ou se era também invocável em caso de incumprimento de contratos nominados, como a compra e venda; segundo COING prevaleceu a opinião restritiva, que continuou dominante ainda no *Usus modernus*, só se alterando no séc. XIX[120]. A partir de então, vingou a ideia de que a resolução por incumprimento era invocável na generalidade dos contratos, tanto nominados (p. ex., *emptio venditio, locatio conductio, societas* e *mandatum*), como inominados (*v. g., permutatio*

---

[117] Por isso, MENEZES CORDEIRO, *Direito das Obrigações*, Volume II, cit., p. 164, refere que a resolução é condicionada e vinculada: tem de ter um fundamento legal ou convencional e ser invocado um motivo.

[118] Importa reiterar que a resolução é motivada, mas excepcionalmente prescreve-se a possibilidade de uma das partes se desvincular sem fundamento, que, sendo qualificável como uma revogação unilateral (p. ex., arrependimento) ou denúncia atípica (*v. g.*, desistência), segue o regime regra da resolução com as especificidades constantes dessas formas de cessação.

[119] *Vd.* COING, *Derecho Privado Europeo*, Tomo I, cit., p. 559.

[120] COING, *Derecho Privado Europeo*, Tomo I, cit., pp. 559 e s.

FORMAS DE CESSAÇÃO DO CONTRATO

e contratos mistos)[121]. Mesmo sem atender à resolução, no direito justinianeu admitia-se que um dos contraentes, na falta da contraprestação, pudesse obter a restituição da sua prestação já efectuada com base na *condictio causa data causa non secuta*[122].

A resolução geral por incumprimento tem a sua fonte remota na *restitutio in integrum*[123], prevista nomeadamente a propósito de vícios da vontade – não se distinguindo a invalidade da resolução[124] –, mas a figura apresentava-se contrária à concepção do direito romano, só sendo admitida se tivesse sido pactuada[125]. Entendimento este rejeitado por alguns romanistas, ao considerarem que a resolução se basearia num critério geral, dependendo da falta de cumprimento das obrigações[126]. Há quem afirme que a *restitutio in integrum* era um meio jurídico extraordinário, estabelecido no *ius civile* para restabelecer o *status quo* numa variedade de relações contratuais, sendo um instituto

---

[121] Sobre os contratos nominados e inominados no direito romano – onde não se contrapunha os contratos nominados aos típicos e os inominados aos atípicos –, veja-se KASER, *Direito Privado Romano*, cit., pp. 226 e ss. De modo diverso, SANTOS JUSTO, *Direito Privado Romano* II *(Direito das Obrigações)*, cit., pp. 33 e ss., apresenta a seguinte classificação: contratos reais (p. ex., mútuo, depósito, comodato e penhor), contratos consensuais (compra e venda, locação, sociedade e mandato), contratos formais (verbais – *v.g.*, *stipulatio, promissio, nexum* – e literais – p. ex., *transcriptio*) e contratos inominados (*v.g.*, permuta e transacção).

[122] Cfr. ZANORONE, *La Risoluzione del Contratto nel Fallimento*, Milão, 1970, p. 17. Veja-se, contudo, a propósito da restituição fundada em enriquecimento sem causa, *infra*, I Parte, Capítulo II, Secção II, § 4, nº 8, alínea *c*).

[123] Cfr. ÁLVAREZ VIGARAY/AYMERICH DE RENTERIA, *La Rescisión por Lesión en el Derecho Civil Español Común y Foral*, Granada, 1989, p. 4; GORLA, «Azione Redibitoria», *Enciclopedia del Diritto*, Volume IV, p. 879.

Sobre a *restitutio in integrum*, como um dos mecanismos jurídicos relacionados com a invalidade negocial, veja-se COING, *Derecho Privado Europeo*, Tomo II, *El Siglo XIX*, Madrid, 1996, pp. 524 e s. Como resulta de citações do autor, a resolução e a nulidade eram tratadas em paralelo.

[124] Cfr. CASTAN TOBEÑAS, *Derecho Civil Español, Comum y Foral*, Tomo III, *Derecho de Obligaciones, La Obligación y el Contrato en General*, 16ª edição, Madrid, 1992, p. 781.

[125] Cfr. ÁLVAREZ VIGARAY, *La Resolución de los Contratos Bilaterales por Incumplimiento*, 3ª edição, Granada, 2003, pp. 8 e ss.; CRISTÓBAL MONTES, *La Mora del Deudor en los Contratos Bilaterales*, Madrid, 1984, pp. 37 e 114; DÍEZ-PICAZO, *Fundamentos de Derecho Civil Patrimonial*, Volume I, *Introducción. Teoria del Contrato. Las Relaciones Obligatorias*, 2ª edição, reimpressão, Madrid, 1979, Cap. XL, § 4.9, p. 857; SILVA PEREIRA, *Instituições de Direito Civil*, Volume III, 10ª edição, Rio de Janeiro, 1998, p. 93.

[126] *Vd.* SANTOS JUSTO, *Direito Privado Romano* II, *(Direito das Obrigações)*, cit., p. 69 (assim como BETTI, citado na nota 43 dessa página), onde, a propósito da cessação da *locatio-conductio*, se lê: «Quanto à resolução do contrato, além do critério geral segundo o qual se uma das partes não cumpre (responsabilidade) ou não pode cumprir (risco) as suas obrigações, à outra é permitido resolver o contrato (...)».

DA CESSAÇÃO DO CONTRATO

que tinha por fundamento uma *iusta causa restitutionis*[127]. Refira-se também que a *restitutio in integrum* não tinha o seu campo de aplicação circunscrito à cessação da relação contratual, pois valia igualmente em caso de destruição de efeitos de decisões judiciais, distinguindo-se a restituição pretoriana da restituição judicial[128].

A resolução do contrato fundada em incumprimento, depois de reconhecida no direito canónico, foi aceite como figura geral no direito consuetudinário francês, onde evoluiu de uma condição expressa para uma condição implícita[129]. Também na Alemanha, após o reconhecimento limitado do instituto pelos cultores do *Usus modernus* com base na máxima «*cessante causa cessat effectum*», nas primeiras codificações foi admitido tão-só em hipóteses tipificadas[130]. Com a pandectística passou a ser entendida como um acordo tácito[131], sem, contudo, se reconhecer um direito geral de resolução, pois este pressupunha que estivesse inviabilizada a finalidade do contrato. A abertura ao direito geral de resolução, verificada no final do séc. XIX com o BGB (1896), resulta da influência do direito comercial[132].

Tendo a resolução por incumprimento sido regulada no Código Civil Francês (arts. 1183 e s.) e no BGB (§§ 346 e ss.), a influência destes diplomas noutros ordenamentos jurídicos levou a uma aceitação generalizada da figura[133].

---

[127] Cfr. HELLWEGE, *Die Rückabwicklung gegenseitiger Verträge*, cit., p. 408, quanto ao direito romano, explicando na p. 441 a adaptação operada no direito alemão, que a circunscreveu às situações de invalidade.

[128] cfr. HELLWEGE, *Die Rückabwicklung gegenseitiger Verträge*, cit., pp. 408 e s.

[129] Cfr. BART, *Histoire du Droit Privé de la Chute de L'Empire Romain au XIXᵉ Siècle*, Paris, 1998, p. 143, acrescentando que a resolução se generalizou com base na ideia de falta de causa por quebra do sinalagma. No direito francês, a resolução por incumprimento como condição tácita ainda é hoje tida em conta, *vd.* CAPITANT/TERRÉ/LEQUETTE, *Les Grands Arrêts de la Jurisprudence Civile*, Tomo 2, *Obligations, Contrats Spéciaux, Sûretés*, 11ª edição, Paris, 2000, pp. 180 e ss., que, para explicarem a resolução por incumprimento, citam um aresto de 14 de Abril de 1891, onde se discute se a intenção das partes seria a de permitir a resolução perante aquele desrespeito (parcial) de obrigações assumidas; em comentário, os autores referem (p. 184) que a jurisprudência faz um controlo equitativo da resolução, apelando para a boa fé.
A situação é idêntica em Espanha, onde o art. 1124 do CCEsp., sem aludir à condição implícita, trata da resolução a propósito das condições. Cfr. CRISTÓBAL MONTES, *La Mora del Deudor*, cit., p. 97; DÍEZ-PICAZO, *Fundamentos de Derecho Civil*, cit., pp. 857 e 858; CLEMENTE MEORO, *La Facultad de Resolver los Contratos por Incumplimiento*, Valência, 1998, pp. 40 e s.

[130] Vd. COING, *Derecho Privado Europeo*, Tomo II, cit., pp. 577 e s.

[131] *Vd.* SCHERNER, *Rücktrittsrecht wegen Nichterfüllung. Untersuchungen zur Deutschen Privatrechtslehre der Neuzeit*, Wiesbaden, 1965, pp. 45, 49 e 220.

[132] *Vd.* COING, *Derecho Privado Europeo*, Tomo II, cit., pp. 578.

[133] Ainda assim, nalgumas ordens jurídicas, como a espanhola, apesar de se ter autonomizado da invalidade, a designada «rescisão» continua a abranger hipóteses de invalidade (p. ex. *rescisión por lesión* ou *por fraude*), cfr. CASTAN TOBEÑAS, *Derecho Civil Español*, Tomo III, cit., pp. 785 e ss.

FORMAS DE CESSAÇÃO DO CONTRATO

Diferentemente, em sede de compra e venda, a resolução era admitida desde os éditos dos edís curúis, mediante o recurso à *actio redhibitoria*[134]. De facto, o termo «redibição» provém de *re-habere* e era entendido no sentido de as prestações terem de ser restituídas.

IV. Em segundo lugar, a resolução legal pode encontrar a sua justificação na quebra do equilíbrio contratual, prevista, em particular, no instituto da alteração das circunstâncias (arts. 437º e ss. do CC). Diferentemente da resolução por incumprimento, de base subjectiva, o fundamento objectivo que justifica a cessação do vínculo relaciona-se com a alteração das circunstâncias, não pressupondo, portanto, o incumprimento de prestações contratuais.

V. Não correspondendo a uma hipótese de resolução, mas antes de revogação unilateral, importa atender à desvinculação *ad nutum* do vínculo negocial, em que uma das partes põe termo ao contrato sem necessidade de invocar um motivo justificativo; trata-se de uma hipótese de revogação (arrependimento) que segue o regime da resolução. O mesmo ocorre em certas hipóteses atípicas de denúncia (*v. g.*, desistência).

O direito de uma das partes se desvincular do contrato sem necessidade de invocar um motivo é excepcional e assenta no pressuposto de tutela de determinadas situações jurídicas, frequentemente associado à protecção de uma designada parte mais fraca. É isso que ocorre, por exemplo, na Lei de Defesa do Consumidor (Lei nº 24/96, de 31 de Julho, art. 8º, nº 4) ao permitir que o consumidor se desvincule do contrato no prazo de sete dias.

2. Modalidades

I. Podem indicar-se diferentes modalidades de resolução atendendo a distintos aspectos, mormente às causas e modos de efectivação deste instituto.

Nesta análise, importa contrapor a resolução directa à resolução indirecta. No primeiro caso, a dissolução do vínculo é consequência imediata de uma declaração de vontade. Trata-se da situação usual de resolução em que um dos contraentes pretende pôr termo ao contrato em que é parte, sendo a hipótese típica da extinção do vínculo em consequência do incumprimento. De modo diverso, a resolução indirecta implica a dissolução de outro vínculo como consequência do facto extintivo. Assim, havendo coligação negocial, a resolução de um contrato pode ter como efeito indirecto a extinção de outro

---

[134] *Vd.* ROMANO MARTINEZ, *Cumprimento Defeituoso*, cit., pp. 87 e ss. Em particular sobre a acção redibitória no direito romano, consulte-se GAROFALO, *Studi sull'Azione Redibitoria*, Pádua, 2000, pp. 5 e ss. e 39 e ss., assim como HELLWEGE, *Die Rückabwicklung gegenseitiger Verträge*, cit., pp. 413 e s.

DA CESSAÇÃO DO CONTRATO

vínculo. É isso que ocorre, por exemplo no art. 18º, n.ºs 3 e 4, do Decreto-Lei nº 133/2009, relativo à venda financiada[135]; a situação é semelhante, apesar de ocorrer de modo inverso, no caso de o senhorio estabelecer uma relação directa com o subarrendatário, «considerando-se resolvido o primitivo arrendamento» (art. 1090º, nº 1, do CC).

II. No que se refere à qualificação, contrapõe-se a resolução típica, fundada nos pressupostos comuns desta figura, às situações de desvinculação negocial que, não constituindo verdadeira resolução, seguem o regime jurídico deste meio de extinção do contrato. Neste último caso, pode indicar-se a revogação unilateral justificada pelo designado «direito de arrependimento».

III. Quanto aos motivos, distingue-se a resolução fundada em causa subjectiva (p. ex., incumprimento culposo) da que se baseia numa causa objectiva (*v. g.*, alteração das circunstâncias). Neste plano, apesar de a questão ser controversa quanto à qualificação, ainda se poderá diferenciar a resolução justificada (p. ex., fundada em incumprimento culposo) da «resolução imotivada» (*v. g.*, nas hipóteses legais designadas por «arrependimento»). Neste último caso, como se afirmou[136], apesar de a hipótese de extinção, atendendo à respectiva fundamentação, poder ser qualificada como uma revogação, segue o regime jurídico da resolução.

IV. No que respeita ao modo de efectivação, pode contrapor-se a resolução em consequência de declaração de vontade (art. 436º do CC) da resolução decretada judicialmente (art. 1047º do CC)[137] ou por efeito da lei (art. 61º da LCS, relativo ao contrato de seguro). A resolução efectivada por declaração negocial de uma das partes corresponde à situação usual; excepcionalmente,

---

[135] Quanto a esta situação, veja-se o estudo de GRAVATO MORAIS, *União de Contratos de Crédito e de Venda para o Consumo*, Coimbra, 2004, pp. 179 e ss. Como o regime resulta da transposição de uma directriz da União Europeia, a solução encontra-se noutros espaços jurídicos, consulte-se DOBSON, *Sale of Goods and Consumer Credit*, 5ª edição, Londres, 1995, pp. 327 e ss.; FALCO, «Il Credito al Consumo», *Materiali e Commenti sul Nuovo Diritto dei Contratti*, org. VETTORI, Pádua, 1999, pp. 635 e s., MAFFEIS, «La Risoluzione e il Recesso nei Contratti di Finanziamento al Consumo», *in Recesso e Risoluzione nei Contratti*, org. Giorgio DE NOVA, Milão, 1994, pp 801 e ss.; MARÍN LÓPEZ, *La Compraventa Financiada de Bienes de Consumo*, Navarra, 2000, pp. 136 e ss.

[136] *Vd. supra*, Capítulo I, § 2, nº 2, alínea *c*), III. Veja-se também as considerações tecidas no Capítulo II, Secção II, § 4, nº 4, alínea *b*).

[137] A resolução judicial do contrato de locação deixa de ser sempre imposta na nova redacção do preceito (art. 1047º do CC), onde se alude à resolução judicial ou extrajudicial, solução reiterada no art. 1084º do CC.

FORMAS DE CESSAÇÃO DO CONTRATO

exige-se a intervenção de um órgão judicial. Neste caso, importa distinguir a resolução judicial, estabelecida em sede de locação (art. 1047º do CC), das situações em que a resolução, baseando-se na declaração de vontade de uma das partes, carece de prévia apreciação judicial (p. ex., art. 63º, nº 6, do CT, relativo ao despedimento de trabalhadora grávida, puérpera ou lactante). Por último, nos termos do art. 61º da LCS, a resolução do contrato de seguro resulta, automaticamente, da verificação de certos pressupostos, concretamente da mora quanto ao pagamento do prémio, seja do prémio inicial, fracções destes ou de anuidades subsequentes[138].

Noutro plano, pode distinguir-se a resolução expressa e a tácita. Nos termos gerais (arts. 217º e s. do CC), a declaração negocial da qual resulta a resolução do contrato pode ser expressa, afirmando a parte interessada categoricamente que pretende a dissolução do vínculo, ou implícita[139]. Neste segundo caso, a resolução resulta de uma declaração na qual a parte que a emite não afirma claramente que tenha intenção de extinguir o contrato, mas deduz-se que seria essa a sua intenção; p. ex., no contrato-promessa, se o promitente fiel pede a devolução do sinal em dobro (art. 442º, nº 2, do CC) entende-se que pretende resolver o contrato[140]; do mesmo modo, a «reivindicação» da coisa vendida por parte do vendedor pode consubstanciar a resolução do contrato[141]. Apesar de ser pouco frequente, tendo em conta o disposto no art. 218º do CC, o silêncio também poderá valer como declaração de resolução de um contrato.

---

[138] Veja-se *infra*, no Capítulo II, Secção II, § 4, nº 7, sobre o regime da resolução, concretamente quanto à forma.
A mencionada resolução automática constante do art. 61º da LCS, poderia ser entendida como uma hipótese de caducidade – ou até de ineficácia como decorre do art. 59º da LCS –, todavia, dever-se-á qualificar como resolução porque assenta no incumprimento de uma obrigação: falta de pagamento do prémio. Sobre este regime, veja-se as anotações aos mencionados preceitos *in* ROMANO MARTINEZ/ CUNHA TORRES, ARNALDO OLIVEIRA/ EDUARDA RIBEIRO/PEREIRA MORGADO/JOSÉ VASQUES/ALVES DE BRITO, *Lei do Contrato de Seguro Anotada*, 2ª edição, Coimbra, 2011, pp. 279 e ss.

[139] Sobre a distinção entre declaração expressa e tácita, *vd.* PAULO MOTA PINTO, *Declaração Tácita e Comportamento Concludente no Negócio Jurídico*, Coimbra, 1995, pp. 438 e ss. e 733 e ss.

[140] Em sentido diverso, MENEZES CORDEIRO, «O Novíssimo Regime do Contrato-Promessa», *Estudos de Direito Civil*, Volume I, Coimbra, 1987, p. 85, esclarece que «A exigência do sinal – ou do dobro do valor da coisa – não resolve o contrato; apenas substitui os deveres de prestar pelo mecanismo do sinal – ou, agora, pelos de entrega do valor da coisa, com as deduções apontadas na lei». Em nota (56), o autor esclarece que não se trata de uma resolução em sentido técnico, mas é necessário referir que esta explicação surge num contexto concreto: justificação da excepção de cumprimento do contrato-promessa.

[141] Cfr. ZANORONE, *La Risoluzione del Contratto nel Fallimento*, cit., pp. 10 e ss.

V. Quanto ao âmbito, a resolução pode ser total ou parcial, implicando a destruição completa do vínculo ou a subsistência de parte do negócio jurídico. Por via de regra, a resolução do contrato é total, mas, por exemplo, tendo sido entregue uma pluralidade de bens, pode justificar-se que o lesado requeira a resolução parcial do negócio. O problema da admissibilidade da resolução parcial prende-se com a divisibilidade do negócio e, consequentemente, com a classificação de prestações divisíveis e indivisíveis, principais e acessórias, etc., por um lado, assim como com a vontade hipotética das partes no que respeita à prossecução de um contrato amputado de uma parte, por outro. A designada resolução parcial, vista sob outro prisma, não determina a cessação do contrato, pois corresponde à manutenção (parcial) do vínculo contratual, por via da redução das prestações acordadas, como prevêem os arts. 793º e 802º do CC[142/143]. Razão pela qual, a resolução parcial tem de ser analisada à luz do art. 292.º do CC, sobre redução do negócio jurídico.

VI. Por último, relativamente às consequências, distingue-se a resolução lícita da ilícita. A resolução lícita foi exercida segundo a forma exigida e em respeito dos respectivos pressupostos, não violando um direito de outrem; de modo diverso, a resolução ilícita terá sido exercida em desrespeito de exigências formais, de pressupostos ou de direitos da contraparte ou de terceiros.

3. Fonte legal e convencional
a) Distinção
Tendo a resolução fonte legal, o motivo que justifica a dissolução do contrato encontra-se previsto na lei, podendo distinguir-se dois tipos de resolução: por

---

[142] Quanto à resolução parcial em caso de cumprimento defeituoso na compra e venda e na empreitada, *vd.* ROMANO MARTINEZ, *Cumprimento Defeituoso*, cit., pp. 308 e s. Sobre a matéria, discutindo a questão da possibilidade de cindir o contrato, veja-se GENTILI, *La Risoluzione Parziale*, Jovene, Nápoles, 1990, pp. 67 e ss. e 173 e ss. Não admitindo a possibilidade de haver resolução parcial, cfr. GHESTIN/JAMIN/BILLIAU, *Les Effets du Contrat. Interprétation. Qualification. Durée. Inexécution. Effet Relatif. Opposabilité, in Traité de Droit Civil*, sob a coordenação de Jacques Ghestin, 3ª edição, Paris, 2001, pp. 541 e ss.

Apesar de os motivos que justificam a nulidade parcial do contrato – por exemplo *utile per inutile non vitiatur* – nem sempre valerem em caso de resolução, o princípio geral de conservação dos negócios jurídicos, o elemento volitivo e as consequências da destruição parcial têm pontos de contacto. Para uma apreciação das consequências da nulidade parcial, normalmente válidas em caso de resolução retroactiva, veja-se DIANA, *La Nullità Parziale del Contratto*, Milão, 2004, pp. 165 e ss.

[143] A resolução parcial do contrato encontra-se prevista no Livro 6, art. 270 do CCHol., onde se lê que a resolução parcial determina a redução proporcional das prestações em quantidade e qualidade.

FORMAS DE CESSAÇÃO DO CONTRATO

incumprimento de prestações contratuais; e por perda do equilíbrio contratual. Além disso, ainda se prevêem outras hipóteses de dissolução que seguem o regime da resolução, nomeadamente no caso de desvinculação *ad nutum*, por se conferir a uma das partes o designado «direito de arrependimento».

Diferentemente, a resolução convencional tem por fonte o acordo das partes; como se baseia na liberdade contratual, a resolução convencional pode apresentar diferentes contornos.

b) Resolução legal
α. Causas subjectivas e objectivas
I. A resolução tem normalmente um fundamento subjectivo (p. ex., incumprimento culposo da contraparte), mas, em casos previstos na lei, pode basear-se em causas objectivas, alheias ao comportamento de qualquer das partes (*v. g.*, resolução com base em alteração das circunstâncias).

Dir-se-á, então, que se encontram dois tipos de fundamentos legais para que uma das partes possa resolver o contrato: incumprimento culposo da contraparte ou situação intolerável, em que não se justifica a subsistência do vínculo para uma das partes; estes dois fundamentos podem, assim, distinguir-se em causas subjectivas e objectivas. Em qualquer caso, estar-se-á perante uma quebra no sinalagma contratual que justifica o direito de uma das partes se desvincular.

De modo diverso, a dissolução *ad nutum*, que tem por fundamento a tutela especial conferida a uma das partes, como é o caso do direito de arrependimento, ainda que siga o regime da resolução, não tem por base a quebra do sinalagma contratual, pelo que se afasta, conceptualmente, desta figura.

II. Apesar da similitude, também não se pode entender que a extinção do vínculo contratual, prevista no art. 795º, nº 1, do CC, para os casos em que não há culpa, se inclua entre as hipóteses de resolução com causa objectiva[144]. Em primeiro lugar, a extinção prevista no nº 1 do art. 795º do CC não se identifica com a resolução estabelecida no art. 801º, nº 2, do CC, porque o credor tem direito a ser indemnizado pelo prejuízo sofrido. Mas, sem atender à responsabilidade civil justificada pelo comportamento culposo do devedor, a extinção prevista no art. 795º do CC não se qualifica como resolução[145]. Em caso de

---

[144] De modo diverso, TRIMARCHI, *Istituzioni di Diritto Privato*, 13ª edição, Milão, 2000, pp. 340 e s., qualifica como resolução, tanto a extinção por impossibilidade culposa como não culposa.

[145] *Vd.* DELFINI, *Dell'Impossibilità Sopravvenuta*, cit., pp. 5 e s. e pp. 31 e ss. De modo diverso, GALGANO, *Diritto Civile e Commerciale*, Volume 2º, *Le Obbligazioni e i Contratti*, Tomo 1º, *Obbligazioni in*

DA CESSAÇÃO DO CONTRATO

resolução, o credor que já tenha realizado a sua prestação tem direito a que a mesma lhe seja restituída por inteiro; de modo diverso, não havendo culpa do devedor, o credor que tiver realizado a contraprestação, tem direito a exigir a sua restituição, nos termos prescritos para o enriquecimento sem causa (art. 795º, nº 1, do CC). Por outro lado, o argumento no sentido de que, com base no art. 793º, nº 2, do CC, a culpa não é pressuposto da resolução, porque basta o inadimplemento, sendo verdadeiro[146], não serve, porque, neste caso, a «resolução» não é automática, sendo necessário aferir a perda objectiva de interesse do credor; verificado este pressuposto, o credor, se quiser, resolve o contrato. Por último, a resolução, ainda que com causa objectiva, corresponde a uma dissolução voluntária do vínculo, em que uma das partes, querendo, faz cessar o contrato; diferentemente, a extinção prevista no nº 1 do art. 795º do CC é automática, resulta da situação concreta, sendo irrelevante a vontade de qualquer dos contraentes. Este último, dir-se-á, é o argumento decisivo: a resolução pressupõe sempre uma declaração de vontade no sentido de fazer extinguir o vínculo, pois não funciona *ipso facto*.

β. Incumprimento

Como resulta do art. 801º do CC, nos contratos sinalagmáticos, o incumprimento definitivo ou o cumprimento defeituoso da prestação de uma das partes, em determinadas circunstâncias, permite que a contraparte, querendo, resolva o contrato. Neste caso, de modo diverso do que resulta do art. 793º do CC, a falta de cumprimento por parte do devedor é culposa, ainda que a culpa se presuma.

Trata-se da figura, por vezes, com alguma imprecisão denominada «condição resolutiva tácita»[147], porque se pressupõe que os contraentes, tacitamente,

---

Generale, Contratti in Generale, 3ª edição, Pádua, 1999, pp. 511 e ss., qualifica como resolução a extinção do contrato em caso de impossibilidade superveniente não culposa, mas explica que se trata de uma «resolução de direito», que não carece de ser invocada (em juízo) pela parte interessada.

[146] *Vd. infra*, Capítulo II, Secção II, § 4, nº 2, alínea *e*).

[147] Sobre a designada condição resolutiva tácita, veja-se ALMEIDA COSTA, *Direito das Obrigações*, cit., p. 320; GALVÃO TELLES, *Direito das Obrigações*, cit., pp. 457 e ss. Este último autor (ob. cit., pp. 458 e ss.) critica de modo contundente a figura da «condição resolutiva tácita».
Além da previsão no art. 1184 do CCFr., a condição resolutiva tácita, por influência de alguma doutrina, vem consagrada no recente art. 474 do CCBr.; cfr. ORLANDO GOMES, *Contratos* (actualizado por Humberto Theodoro Júnior), 24ª edição, Rio de Janeiro, 2001, pp. 173 e ss.; SILVA PEREIRA, *Instituições de Direito Civil*, Volume III, 10ª edição, Rio de Janeiro, 1998, p. 93 e s., que escrevem antes da entrada em vigor do actual Código. Mesmo em ordenamentos que seguem a solução francesa, como o espanhol (art. 1124 do CCEsp.), surgem vozes contestando a «condição

FORMAS DE CESSAÇÃO DO CONTRATO

condicionam os negócios que ajustam ao seu pontual cumprimento: se uma das partes não cumpre a contraparte pode resolver o contrato.

γ. Falta de equilíbrio

I. Em situações tipificadas, admite-se que, quebrado o equilíbrio contratual, a parte lesada possa resolver o contrato[148]. A dissolução do vínculo por quebra do equilíbrio contraria o princípio da estabilidade contratual (art. 406º, nº 1, do CC), mas encontra-se prevista em sede de alteração das circunstâncias (art. 437º do CC), desde que preenchidos os respectivos pressupostos.

De modo diverso, caso a prestação se extinga por impossibilidade, não havendo culpa das partes, o contrato não pode subsistir, pelo que caduca (art. 795º, nº 1, do CC). Todavia, se a prestação se torna excessivamente onerosa, a eventual dissolução do vínculo tem em vista tutelar o devedor[149]. E a extinção do contrato não é, então, automática, como na caducidade, pois a ocasional desvinculação do devedor advém de uma ponderação relacionada com a onerosidade excessiva. Dito de outro modo, a extinção do vínculo (por caducidade) no caso previsto no nº 1 do art. 795º do CC tem tão-só como pressuposto a impossibilidade (superveniente, absoluta e definitiva) da prestação; enquanto a resolução estabelecida no art. 437º do CC carece do preenchimento de vários pressupostos que, numa ponderação global, justificam a pretensão de desvinculação.

II. A situação típica de perda do equilíbrio contratual vem prevista no instituto da alteração das circunstâncias, onde se estabelece que, verificados os respectivos pressupostos, a parte lesada poderá resolver o contrato (art. 437º, nº 1, do CC)[150].

---

resolutiva tácita», consulte-se SAN MIGUEL PRADERA, *Resolución del Contrato por Incumplimiento y Modalidades de su Ejercicio*, Madrid, 2004, pp. 59 e ss.

[148] Na ordem jurídica italiana contrapõe-se a *rescissione del contratto* (resolução por alteração das circunstâncias), arts. 1447 e ss. do CCIt., à *risoluzione del contratto* (resolução por incumprimento), arts. 1453 e ss. do CCIt., cfr. CARPINO, *La Rescissione del Contratto. Il Codice Civile Commentario. Artt. 1447-1452*, org. Piero SCHLESINGER, Milão, 2000, pp. 33 e ss.

[149] *Vd.* LURDES PEREIRA, *Conceito de Prestação e Destino da Contraprestação*, Coimbra, 2001, pp. 72 e ss.

Analisando um caso de aumento de preço, nesta perspectiva de tutela do devedor, veja-se CABELLA PISU, «Risoluzione per Eccessiva Onerosità Sopravvenuta», *Raccolta di Pareri Forensi in Diritto Privato*, org. Giovanna VISINTINI, Milão, 2001, pp. 120 e ss.

[150] Acerca da alteração das circunstâncias, veja-se MENEZES CORDEIRO, «Da Alteração das Circunstâncias», *Estudos em Memória do Professor Doutor Paulo Cunha*, Lisboa, 1989, pp. 293 ss. e *Tratado de Direito Civil Português*, IX, *Direito das Obrigações*, IV, *Cumprimento e Não Cumprimento. Transmissão.*

DA CESSAÇÃO DO CONTRATO

Além desta previsão genérica, pode aludir-se, de forma exemplificativa, a algumas concretizações do princípio ínsito no regime da alteração das circunstâncias: o art. 1215º do CC, relativo às alterações necessárias no contrato de empreitada; o art. 312º do CCP, aplicável aos contratos de empreitada de obras públicas; a possibilidade de desvinculação caso haja agravamento do risco no contrato de seguro (art. 446º do CCom.); a resolução motivada pela ocorrência de circunstâncias que tornem impossível ou prejudiquem gravemente a realização do fim do contrato de agência (art. 30º, alínea *b*), do Decreto-Lei nº 178/86); e a resolução com causas objectivas do contrato de trabalho por superveniente alteração de perfis de mercado ou de aspectos relacionados com a estrutura ou a tecnologia empresarial (art. 359º do CT).

δ. *Casos especiais*
I. Excepcionalmente, admite-se a dissolução incondicional do contrato, em que se confere a uma das partes a possibilidade de se desvincular *ad nutum*. Ainda que estas hipóteses correspondam a manifestações do direito de revogação unilateral, *ad libitum*, ou de denúncia atípica (p. ex., desistência), que não carecem de nenhuma justificação, podem seguir o regime da resolução.

Como se indicou a propósito da revogação unilateral (§ 2, nº 2, alínea *c*)), a mencionada dissolução imotivada pode ter por fundamento a necessidade de um dos contraentes ponderar a vinculação ajustada. Para protecção do contraente débil numa relação contratual, em particular o consumidor, prevê-se a possibilidade de «resolução» sem fundamento num curto período após a celebração do contrato (entre sete e trinta dias), concretamente no caso da alienação do direito real de habitação periódica, da venda financiada ou da venda celebrada fora do estabelecimento comercial.

Modificação e Extinção. Garantias, Coimbra, 2014, pp. 259 e ss.; ALMEIDA COSTA, *Direito das Obrigações*, cit., pp. 323 e ss.; CARVALHO FERNANDES, *A Teoria da Imprevisão no Direito Civil Português*, reimpressão, Lisboa, 2001; MENEZES LEITÃO, *Direito das Obrigações*, Volume II, cit., pp. 125 e ss.; PAULO MOTA PINTO, «Contrato de *swap* de taxas de juro, jogo e aposta e alteração das circunstâncias que fundaram a decisão de contratar», *RLJ* 143 (2014), pp. 391 e ss., e 144 (2014), pp. 14 e ss.; VAZ SERRA, «Resolução ou Modificação do Contrato por Alteração das Circunstâncias», *BMJ* 68 (1957), pp. 296 e ss.; GALVÃO TELLES, *Manual dos Contratos em Geral*, cit., pp. 337 e ss.; ANTUNES VARELA, *Das Obrigações em Geral*, Volume II, 7ª edição, Coimbra, 1999, pp. 281 e ss. e «Resolução ou modificação do contrato por alteração das circunstâncias», *CJ* VII, T. II, pp. 7 e ss.; VASCO LOBO XAVIER, «Alteração das circunstâncias e risco (artigos 437º e 796º do Código Civil)», *CJ* 1983, T V, pp. 17 e ss.

FORMAS DE CESSAÇÃO DO CONTRATO

II. Num âmbito diverso, pode igualmente aludir-se à resolução prevista em sede de insolvência, onde se confere ao administrador da insolvência a possibilidade de resolver contratos celebrados antes do início do processo de insolvência, se entender que são prejudiciais à massa (arts. 120º e ss. do CIRE). A mesma ideia vale na eventualidade de o administrador da insolvência recusar o cumprimento da prestação contratual (art. 102º, nº 1, do CIRE), caso em que o vínculo contratual se pode extinguir. Como resulta da lei, na maioria das situações, o administrador não tem de provar (nem invocar) que o cumprimento ou a subsistência do contrato é prejudicial à massa; se, no seu critério, entender que há prejuízo, pode resolver o contrato ou recusar o cumprimento.

Neste caso, admite-se a resolução, muitas das vezes sem necessidade de invocar qualquer justificação[151] – basta a demonstração do pressuposto: insolvência –, tendo em conta a tutela da massa insolvente e, consequentemente, dos respectivos credores[152].

No regime da insolvência distingue-se duas situações de resolução.

Poder-se-á estar perante a resolução de negócios jurídicos prejudiciais à massa celebrados nos quatro anos anteriores à data do início do processo de insolvência, desde que a contraparte tenha ajustado o contrato de má fé (art. 120º do CIRE).

Por outro lado, admite-se a resolução incondicional de contratos celebrados entre seis meses a dois anos antes do início do processo de insolvência, independentemente da má fé da contraparte, desde que se encontrem no elenco do nº 1 do art. 121º do CIRE. Assim, o administrador da massa insolvente pode resolver uma doação feita dois anos antes do início do processo de insolvência (alínea *b)* do nº 1 do art. 121º do CIRE), bem como um contrato de hipoteca ou de fiança ajustado nos seis meses anteriores à data de início

---

[151] Como refere MENEZES LEITÃO, *Código da Insolvência e da Recuperação de Empresas Anotado*, Coimbra, 7ª edição, 2013, anotação ao art. 121º, p. 152, na medida em que no citado Código «se aboliu a distinção entre resolução e impugnação (...), o legislador sentiu necessidade de criar uma "resolução incondicional"», dispensando o requisito da má fé. Num contexto muito específico e a propósito de consequências da falência previstas no art. 1200º do anterior CPC (já revogado), MENEZES CORDEIRO, «Insolvência: da Resolução da Fiança e do Aval em Benefício da Massa. O Interesse em Agir» Anotação ao Acórdão do Tribunal da Relação do Porto de 9 de Janeiro de 1990, *ROA*, 50 (1990) I, pp. 176, nota 4, refere que a referência à «resolubilidade» é de ordem histórica, pois falta na língua portuguesa uma expressão que traduza a «nulidade superveniente».

[152] MENEZES CORDEIRO, «Insolvência: da Resolução da Fiança e do Aval em Benefício da Massa. O Interesse em Agir», cit., p. 176, indica que, como no revogado art. 1200º do CPC se estabeleceu uma presunção *iuris et de iure* quanto à possibilidade de resolução de certos actos a favor da massa, «não cabe verificar se foram, ou não, urdidos para prejudicar a massa: a lei declara-os resolúveis *ad nutum*».

DA CESSAÇÃO DO CONTRATO

do processo de insolvência (alíneas *c*) e *d*) do nº 1 do art. 121º do CIRE); nestes casos, a resolução não depende da má fé do donatário ou do credor beneficiário da garantia e presume-se (presunção *iuris et de iure*) que tais negócios são prejudiciais à massa (art. 120º, nº 3, do CIRE).

III. Apesar de a resolução corresponder ao exercício livre de um direito, ainda que vinculado a um motivo (legal ou convencional), no art. 1º, nº 1, do Decreto-Lei nº 454/91, de 28 de Dezembro (Regime Jurídico do Cheque sem Provisão), impõe-se às instituições de crédito o dever de *rescindir* a convenção de cheque – por via da qual se permite ao cliente emitir cheques –, sempre que este tenha feito uma utilização indevida do cheque. Como resulta do nº 2 do preceito citado, a instituição bancária está obrigada a resolver a convenção de cheque se o cliente tiver passado um cheque relativamente ao qual se verificou a falta de cobertura. Diversamente do regime comum, a instituição bancária está vinculada a exercer o direito de resolução[153].

IV. Também se admite que o exercício do direito de resolução não careça de justificação, baseando-se em motivos subjectivos, desde que a situação se encontre prevista convencionalmente. Assim, na segunda modalidade de venda a contento (art. 924º do CC) ou na venda a retro (arts. 929º e ss. do CC) há uma previsão legal de resolução para a qual não é necessário invocar motivo; mas, em qualquer caso, não obstante a previsão legal, este tipo de resolução assenta no acordo das partes. Estar-se-á perante uma situação mista, de resolução legal fundada em convenção das partes, cujos efeitos, excluindo acordo em contrário, são os indicados na lei.

c) *Resolução convencional*

I. Por acordo das partes podem ajustar-se diferentes cláusulas de cessação do vínculo contratual, que, como se prevê no nº 1 do art. 432º do CC, constituirão o fundamento da resolução convencional.

A resolução convencional assenta na liberdade contratual, podendo apresentar-se com distintos conteúdos, sendo também os respectivos pressupostos livremente conformáveis pela vontade das partes[154]. Em suma, as cláusulas

---

[153] Sobre o *«dever de rescisão* da convenção de cheque» e as consequências da violação desse dever, veja-se MENEZES CORDEIRO, *Manual de Direito Bancário*, 4ª edição, Coimbra, 2010, pp. 591 e s.

[154] É evidente que, nos termos gerais, a cláusula de resolução não se funda no dogma da vontade (em crítica ao mencionado dogma, *vd.* BETTI, *Teoria Geral do Negócio Jurídico*, Volume I, Coimbra, 1969, pp. 107 e ss.), pelo que se deverá encontrar devidamente exteriorizada. Quanto à indicação e

FORMAS DE CESSAÇÃO DO CONTRATO

de resolução baseiam-se no princípio da autonomia privada, tanto quanto à inclusão da cláusula como à determinação do respectivo conteúdo, razão pela qual as partes poderão estabelecer diferentes acordos de resolução, com pressupostos e efeitos diversos[155]. Tendo em conta que a cláusula pode apresentar contornos distintos com consequências diversas, ter-se-á de recorrer às regras gerais de interpretação dos negócios jurídicos (arts. 236º e ss. do CC) para determinar o respectivo sentido[156].

Tal como da cláusula de resolução pode resultar uma mais fácil desvinculação, é possível que, ao invés, se limite ou mesmo se exclua a faculdade de resolver o contrato; tal cláusula, porém, terá de ser analisada à luz do disposto no art. 809º do CC, que considera nula a cláusula de renúncia antecipada de direitos estabelecidos para o credor em sede de não cumprimento das obrigações[157].

Não obstante o ajuste de uma cláusula de resolução e de outras acessórias se encontrar, normalmente, no âmbito da liberdade contratual, em determinadas circunstâncias há que atender aos limites resultantes do regime das Cláusulas Contratuais Gerais. Com base no princípio da liberdade contratual, é livre a inclusão de uma cláusula de resolução, sendo esta, contudo, limitada no âmbito de alguns contratos, como o contrato de trabalho; na falta de limitação legal, não obstante valer o princípio da liberdade contratual (art. 405º do CC), a inclusão de uma cláusula de resolução num contrato padronizado está sujeita à apreciação do regime das Cláusulas Contratuais Gerais, podendo ser nula nos termos dos arts. 15º e ss. da LCCG, nomeadamente se, num contrato com consumidor final, for admitida a resolução sem motivo justificado (art. 22º, nº 1, alínea *b*), da LCCG).

---

análise de diferentes cláusulas de resolução apreciadas pelos tribunais italianos, veja-se Palmieri, *La Risoluzione per Inadempimento nella Giurisprudenza*, Milão, 1994, pp. 381 e ss.

[155] De modo diverso, Di Meo, «Il Contenuto della Clausula Risolutiva Espressa», *in La Clausula Risolutiva Espressa*, org. Olga Barone, Pádua, 1994, pp. 1 e ss., entende que a cláusula resolutiva faculta somente a dissolução do vínculo em caso de incumprimento, evitando que se discuta em juízo a gravidade desse incumprimento, porque o autor contrapõe a cláusula resolutiva à condição resolutiva, em que subordina a subsistência do contrato a um qualquer evento.

[156] Cfr. Grondona, *La Clausola Risolutiva Espressa*, Milão 1998, pp. 24 e ss. e 153 e ss.

[157] Quanto à cláusula de limitação ou exclusão da resolução, *vd.* Bianca, *Dell'Inadempimento delle Obbligazioni. Artt. 1218-1229, Commmetario del Codice Civile*, Scialoja/Branca, Livro IV, 2ª edição, Bolonha e Roma, 1979, pp. 481 e ss. Relativamente à exclusão da responsabilidade em geral, consulte-se Pinto Monteiro, *Cláusulas Limitativas e de Exclusão de Responsabilidade Civil*, Coimbra, 1985, pp. 159 e ss.

DA CESSAÇÃO DO CONTRATO

II. No direito romano, a resolução convencional encontrava-se prevista por via da admissão de determinados pactos acessórios que se podiam inserir na compra e venda; a cláusula *in diem addictio* (se encontrar melhor comprador), o *pactum displicentiae* (venda com reserva de o objecto agradar ao comprador) e o *pactum de retroemendo* ou de *retrovendendo* (venda com reserva de recuperação, facultando ao vendedor a possibilidade de resgatar a *res* restituindo o *pretium*), bem como a *lex commissoria* (prevendo a hipótese de a cessação do vínculo ser consequência da falta de pagamento do preço, D. 18,3,2 e 18,3,4 pr.)[158].

III. Por via de regra, a resolução convencional consta de uma cláusula do contrato, aposta aquando da sua celebração, mas nada obsta a que a cláusula seja acrescentada posteriormente, mediante uma alteração ao negócio jurídico, ou que se inclua noutro documento, anexo ao contrato.

No que respeita às cláusulas de resolução, importa distinguir a previsão contratual de dissolução do vínculo, nomeadamente especificando as situações que poderão originar esta modalidade de cessação do contrato, o eventual acordo quanto ao modo de exercício do direito e certos efeitos da resolução. Tendo em conta a autonomia privada, as causas que permitem a uma das partes resolver o contrato poderão ser várias em função dos interesses em presença, apesar de normalmente se relacionarem com o incumprimento de prestações contratuais; do mesmo modo, o exercício do direito e os efeitos da resolução podem ser regulados pelas partes de forma diversa daquela que prescreve a lei.

Nada impede, inclusive, que o acordo respeitante aos efeitos da resolução se aplique a uma situação de resolução legal, *v. g.*, resolução por incumprimento, cujas consequências serão, assim, fixadas pelas partes.

IV. Com frequência, a cláusula resolutiva permite que uma das partes resolva o contrato sem necessidade de demonstrar a gravidade do incumprimento e independentemente da actuação culposa do inadimplente[159]. Indirectamente associada ao incumprimento, também surge, por vezes, a cláusula de resolução fixando um termo essencial para a realização de uma prestação,

---

[158] *Vd.* KASER, *Direito Privado Romano*, cit., pp. 248 e s. Consulte-se igualmente SANTOS JUSTO, *Direito Privado Romano* II *(Direito das Obrigações)*, cit., pp. 62 e s., autor que, quanto à *lex commissoria*, considera «(...) provável que (o *pactum*) inicialmente tenha sido considerado uma condição suspensiva e, depois, também resolutória».

[159] Cfr. CIRILLO, «Sindicato di Merito del Giudice sull'Inadempimento» *in La Clausula Risolutiva Espressa*, org. OLGA BARONE, Pádua, 1994, pp. 39 e 51. Sobre a cláusula resolutiva «de estilo», *vd.* GRONDONA, *La Clausola Risolutiva Espressa*, cit., pp. 24 e ss., indicando que, por via de regra, se relaciona com diferentes aspectos do incumprimento de prestações contratuais (pp. 29 e ss.).

FORMAS DE CESSAÇÃO DO CONTRATO

evitando as delongas de transformação da mora em incumprimento definitivo[160]. Ao abrigo da liberdade contratual, a cláusula de resolução pode também ser estabelecida atendendo à realização de objectivos, que, não sendo cumpridos, permitem a desvinculação.

A cláusula de resolução pode consubstanciar uma ameaça que constitui um incentivo ao cumprimento pontual[161], e, frequentemente, encontra-se associada à previsão de uma cláusula penal (arts. 810º e ss. do CC) ou mesmo ao ajuste de um sinal (art. 442º do CC). Não se pode, porém, qualificar como cláusula de resolução – resolução convencional – a mera fixação «por acordo do montante da indemnização exigível» (art. 810º, nº 1, do CC) para a eventualidade de incumprimento; em tal caso, uma das partes pode «arrepender--se» de ter celebrado o contrato e não executar a prestação devida, sabendo que se sujeita ao exercício do direito de resolução e ao pagamento do valor pré-fixado, mas não se confere a esta parte que se «arrepende» o direito de fazer cessar o contrato[162]. Nada obsta a que a cláusula de resolução esteja associada a uma cláusula penal de fixação antecipada da indemnização, conferindo, cumulativamente, dois direitos a uma das partes; a cláusula de resolução também pode conjugar-se com uma cláusula penal *stricto sensu*, cabendo ao credor exigir a resolução do contrato e o pagamento da pena ajustada. De modo diverso, a resolução pode ajustar-se em alternativa a uma cláusula penal compulsória, em que esta visa tão-só compelir o devedor ao cumprimento, restando a resolução como última *ratio*, porque o cumprimento não se realizou definitivamente.

Diferente da cláusula penal, e podendo consubstanciar uma cláusula de resolução, é o designado *ius poenitendi*, quando confira a uma das partes o direito de se desvincular pagando uma multa penitencial; do contrato pode decorrer que uma ou ambas as partes, a todo o tempo, o possam resolver, devendo aquela que invoca esse direito pagar uma quantia pecuniária à contraparte[163]. A parte que se «arrepende» não se considera que deixou de cum-

---

[160] Cfr. GRONDONA, *La Clausola Risolutiva Espressa*, cit., pp. 89 e ss.

[161] *Vd.* BASINI, *Risoluzione del Contratto e Sanzione dell'Inadempiente*, Milão, 2001, pp. 187 e ss.; CALVÃO DA SILVA, *Cumprimento e Sanção Pecuniária Compulsória*, 4.ª edição, Coimbra, 2007, pp. 325 e ss.

[162] Identificando as duas situações, veja-se LUÍS GONÇALVES, «Contrato-Promessa. Direito ao Arrependimento. Violação do Contrato. Indemnização», *RDES*, XXXVI (1994), n.ºs 1 a 3, pp. 113 e ss. Para uma distinção mais pormenorizada entre a cláusula penal e figuras afins, nomeadamente a cláusula de resolução, *vd.* PINTO MONTEIRO, *Cláusula Penal e Indemnização*, Coimbra, 1990, pp. 58 e ss.

[163] Quanto a esta distinção, veja-se ORLANDO GOMES, *Contratos* (actualizado por Humberto Theodoro Júnior), 24ª edição, Rio de Janeiro, 2001, p. 187; PINTO MONTEIRO, *Cláusula Penal e*

DA CESSAÇÃO DO CONTRATO

prir a prestação a que estava obrigada, pois, previamente, faz cessar o vínculo, pagando as arras penitenciais estipuladas. A multa penitencial, distingue-se da cláusula penal e corresponde às, por vezes, designadas «cláusulas de rescisão»163a. Neste caso estar-se-á perante uma cláusula de resolução onerosa, na medida em que aquele que a invoca tem de pagar um «preço» pelo exercício do direito; ora, por via de regra, a parte que resolve o contrato não tem de compensar a contraparte, pelo contrário, normalmente, será credora de uma indemnização devida por esta última.

§ 5. Rescisão

I. No Código Civil de 1867, aludia-se normalmente à acção de rescisão para situações de nulidade e de anulabilidade (arts. 687º e ss.); por exemplo, acção de rescisão por nulidade (art. 687º do CC1867), acção de rescisão por incapacidade (art. 688º do CC1867) e acção de rescisão por erro (art. 689º do CC1867)[164]. E a utilização do termo «rescisão» estava frequentemente associada à tradicional ausência de distinção entre causas de invalidade e de cessação do negócio jurídico[165/166]. Assentando nessa (aparente) similitude, do

---

Indemnização, ct., pp. 185 e s.; BRANDÃO PROENÇA, *Do Incumprimento do Contrato-Promessa Bilateral. A Dualidade Execução Específica – Resolução*, Coimbra, 1987, pp. 57 e ss.; VAZ SERRA, «Resolução do Contrato», *BMJ*, 68 (1957), pp. 258 e ss.

[163a] Sobre as «cláusulas de rescisão», muitas vezes apostas em contratos com desportistas profissionais, mormente futebolistas, consulte-se PINTO MONTEIRO, «Sobre as "Cláusulas de Rescisão" dos Jogadores de Futebol», *RLJ* 135 (2005), pp. 5 e ss., em especial pp. 21 e ss.

[164] *Vd.* CUNHA GONÇALVES, *Tratado de Direito Civil em Comentário ao Código Civil Português*, Volume IV, Coimbra, 1932, pp. 458 e ss.

[165] Por exemplo, CUNHA GONÇALVES, *Tratado de Direito Civil*, Volume IV, cit., pp. 542 e ss., alude indistintamente a rescisão e resolução, utilizando os dois termos com o mesmo sentido. Essa confusão ainda subsiste em autores recentes; assim, VASQUES, *Contrato de Seguro. Notas para uma Teoria Geral*, Coimbra, 1999, pp. 383 e ss., a propósito da extinção do contrato de seguro, sucessivamente, faz referência à nulidade por falta de participação de vícios nos oito dias imediatos ao conhecimento por parte do tomador do seguro, à rescisão do contrato por falência, à anulabilidade por agravamento (superveniente) do risco, à rescisão por incumprimento e à resolução por fraude. Na ordem jurídica espanhola, tendo em conta o disposto no art. 1291 do CCEsp., a rescisão reporta-se a situações de invalidade, cfr. LASARTE ÁLVAREZ, *Principios de Derecho Civil*, Tomo III, *Contratos*, 6ª edição, Madrid, 2001, pp. 210 e ss.
No sistema inglês, a «rescisão» também se encontra referenciada como uma das consequências da invalidade de um contrato, nomeadamente em razão de erro, *vd.* DOBSON, *Sale of Goods and Consumer Credit*, 5ª edição, Londres, 1995, pp. 95 e s.

[166] O termo «rescisão», por vezes, ainda surge confundido com impugnação. Assim, com base no disposto no art. 1291.3 do CCEsp., onde se permite a rescisão dos contratos celebrados para defraudar os credores, a doutrina faz referência à rescisão por fraude (cfr. CONCEPCIÓN RODRÍGUEZ, *Derecho de Contratos*, Barcelona, 2003, pp. 130 e ss.). A este propósito recorde-se que o Código da

FORMAS DE CESSAÇÃO DO CONTRATO

disposto no art. 697º do CC1867, que prescreve as consequências da rescisão do contrato, poder-se-ia concluir que não se deveriam distinguir os dois conceitos[167]. Importa referir que o termo não era empregado nas Ordenações, onde algumas hipóteses de invalidade, como a resultante do engano na compra e venda em mais de metade do preço, eram identificadas como possibilidade de «desfazer a venda» (cfr. Ordenações Afonsinas, Livro IV, Título XLV, Ordenações Manuelinas, Livro IV, Título XXX e Ordenações Filipinas, Livro IV, Título XIII).

O termo rescisão surgia também no sentido de impugnação pauliana (arts. 1030º e ss. do CC1867) e de caducidade por morte ou incapacidade de um dos contraentes (arts. 1403º e s. do CC1867).

A resolução, como forma de cessação do contrato, apesar de não ser usado o vocábulo, surgia no art. 709º do CC1867. Neste preceito – que corresponde ao art. 801º, nº 2, do CC – prescrevia-se que, em caso de incumprimento, «poderá o outro contraente ter-se igualmente por desobrigado»[168]. Com a alteração de 16 de Dezembro de 1930, acrescentou-se ao art. 709º do CC1867 um parágrafo único, de modo a admitir que a resolução também se justificaria em caso de impossibilidade de cumprimento. Assim, no Código de Seabra, a resolução por incumprimento era referenciada como meio de o contraente se ter por «desobrigado».

O termo rescisão, frequentemente utilizado como sinónimo de resolução legal, surge ainda em vários diplomas de direito privado, apesar de se encontrar em desuso[169].

Insolvência designa por resolução situações enquadráveis como impugnação (arts. 120º e ss. do CIRE), apesar de no Código Civil a resolução (arts. 432º e ss. do CC) se distinguir claramente da impugnação pauliana (arts. 610º e ss. do CC).

[167] Cfr. AVELINO DE FARIA, «Conceitos Jurídicos de Rescisão, Anulação e Revogação», *Revista dos Tribunais*, Ano 79 (1961), p. 163. Também SEABRA, «Da Nulidade e Rescisão dos Contratos e seus Efeitos», *Dir.*, 13º (1881), p. 401, emprega rescisão como sinónimo de resolução.

[168] Sobre o regime, vd. PAULO CUNHA, *Direito das Obrigações. O Objecto da Relação Obrigacional*, reedição, Lisboa, 1943, pp. 344 e ss., onde alude à *resolutiva tácita*, que, como afirma (p. 345), não carecerá de intervenção judicial.

[169] O termo *rescisão* era frequentemente usado no âmbito laboral, mas o Código do Trabalho aboliu-o, passando a fazer alusão às já mencionadas formas de cessação do contrato igualmente no âmbito laboral (*vd. infra*, II Parte, Capítulo VIII, § 4.). Esta evolução também se encontra, por exemplo, no regime do arrendamento rural, em que o primeiro diploma avulso (Decreto-Lei nº 201/75, de 15 de Abril, art. 4º), aludia à rescisão do contrato, tendo o Decreto-Lei nº 385/88, de 25 de Outubro (art. 4º) passado a fazer referência à denúncia ou resolução, do mesmp modo, dispõe o art. 15º do actual Regime do Arrendamento Rural (Decreto-Lei nº 294/2009, de 13 de Outubro).

Noutras ordens jurídicas, sem a mesma base legal, há autores que chegam igualmente à conclusão de que a rescisão é um tipo de resolução, com idênticos pressupostos básicos, não obstante a sua

DA CESSAÇÃO DO CONTRATO

No actual Código Civil, o legislador só alude à rescisão no art. 702º, nº 1, do CC, a propósito da hipoteca, onde se fala em «(...) rescindir o contrato [de seguro] (...)»[170]. Mas o termo surge, ainda recentemente, por exemplo, nos arts. 27º e 28º do Decreto-Lei nº 61/2011, de 6 de Maio (alterado pelos Decretos-Leis nº 199/2012, de 24 de Agosto, nº 26/2014, de 14 de Fevereiro, e nº 128/2014, de 29 de Agosto), relativo ao contrato de viagem organizada, ou no art. 1º do Decreto-Lei nº 454/91, de 28 de Dezembro (alterado pelos Decretos-Leis nº 316/97, de 19 de Novembro, e nº 83/2003, de 24 de Abril, e pela Lei nº 48/2005, de 29 de Agosto), a propósito da designada «rescisão da convenção de cheque». Por vezes, a utilização do termo «rescisão» parece resultar de uma revisão menos atenta de diplomas; assim, no recente Código da Insolvência, depois de se fazer sempre referência à resolução (arts. 102º e ss. do CIRE), na parte final, sobre normas de conflitos, alude-se à hipótese «de resolução ou de rescisão da venda» (art. 280º, nº 2, do CIRE).

II. De modo diverso, o termo «rescisão» é usualmente utilizado no direito administrativo, por exemplo, no contrato de empreitada de obras públicas (arts. 234º e ss. do REOP, entretanto revogado pelo Código dos Contratos Públicos, Decreto-Lei nº 18/2008, de 29 de Janeiro) ou nos contratos de concessão, onde ainda se alude à «rescisão do contrato de concessão, em casos de violação grave [...] das obrigações da concessionária» (p. ex., arts. 75º, nº 1, e 79º do Decreto-Lei nº 380/2007, de 13 de Novembro, que estabelece as bases da concessão à EP – Estradas de Portugal, S. A., da concessão do financiamento, concepção, projecto, construção, conservação, exploração, requalificação e alargamento da rede rodoviária nacional)[171/172].

---

consagração com regras particulares em alguns contratos, *vd.* ALBALADEJO, *Derecho Civil*, II, *Derecho de Obligaciones*, 12ª edição, Barcelona, 2004, pp. 477 e s. Mas, no ordenamento francês, «rescisão» é um termo antigo que designa determinado tipo de invalidade (BÉNABENT, *Droit Civil. Les Obligations*, 9ª edição, Paris, 2003, p. 145).

[170] A propósito de seguros, pese embora no actual regime jurídico se atender às tradicionais modalidades de cessação (arts. 12º e ss. da LCS), subsiste na Lei-Quadro (Decreto-Lei nº 94-B/98, de 17 de Abril), no art. 96º, nº 1, alínea *a), ii)*), a referência à rescisão individual da filiação em mútua de seguros.

[171] Apesar de os contratos de empreitada e de concessão serem dos mais relevantes, os contratos administrativos têm-se diversificado, podendo agrupar-se em diferentes classificações, *vd.* SÉRVULO CORREIA, *Legalidade e Autonomia Contratual nos Contratos Administrativos*, Coimbra, 1987, pp. 417 e ss.

[172] Para a subsistência do termo «rescisão» em direito administrativo poderá ter contribuído a posição assumida por MARCELO CAETANO, *Manual de Direito Administrativo*, Tomo I, *Introdução. Organização Administrativa. Actos e Contratos Administrativos*, 10ª edição, 3ª reimpressão, Coimbra, 1984, p. 635, quando, pretendendo adaptar a terminologia respeitante à extinção dos contratos

FORMAS DE CESSAÇÃO DO CONTRATO

Nas situações indicadas, apesar de não ser unívoco, o sentido de rescisão costuma estar associado ao de desvinculação por incumprimento de obrigações da contraparte[173]. É importante realçar, no que respeita à extinção dos contratos administrativos «a Administração Pública possui alguns poderes de autoridade», que podem alterar os parâmetros comuns de cessação dos contratos[174].

III. Mas além do termo «rescisão», que é usado em diferentes sentidos, surgem outras formulações legais.

O termo «distratar» aparece no art. 471º do CCom, significando que uma das partes (comprador) se pode desvincular em razão de a coisa adquirida, depois de examinada, não corresponder às suas expectativas.

No contrato de empreitada, contrariando a máxima *pacta sunt servanda*, «o dono da obra pode desistir da empreitada» (art. 1229º do CC), pelo que a cessação do contrato decorre da «desistência»[175].

---

administrativos ao Código Civil de 1966, começa por afirmar que «infelizmente o Código não apresenta nesta matéria um quadro muito definido» e depois acrescenta que, no Código Civil, surgem cinco modalidades de extinção (resolução, anulação, caducidade, denúncia e revogação), juntando motivos com causa originária e fundamento superveniente. Seguidamente, o autor não reputa «conveniente a adopção no Direito Administrativo da expressão *resolução dos contratos*, em vez de *rescisão*, por duas razões: porque as leis administrativas empregam o termo *rescisão*; e segundo, na medida em que, «embora tenha um significado técnico bem definido», sendo um termo pouco «corrente na linguagem jurídica portuguesa, dificilmente se integrará nela pelo que respeita à massa dos destinatários das normas em quem o legislador não pode deixar de pensar».

Refira-se que PAULO OTERO, *Lições de Introdução ao Estudo do Direito*, I Volume, 2º Tomo, Lisboa, 1999, pp. 236 e ss., identifica a resolução e a rescisão, considerando que são sinónimos.

[173] Por exemplo, MARCELO CAETANO, *Manual de Direito Administrativo*, Tomo I, cit., p. 637, apesar de indicar a denúncia como causa de extinção do contrato, na rescisão inclui a «*sanção* aplicável por inexecução das obrigações assumidas» e a «*faculdade* cujo exercício dependerá das conveniências do interesse público»; esta última hipótese de «rescisão por conveniência administrativa», constituindo «um poder discricionário», dever-se-ia qualificar como denúncia. Veja-se igualmente VERSOS, *Actos Administrativos Destacáveis na Fase de Execução Contratual: Contributo para a Análise da Natureza Jurídica da Rescisão Contratual*, Relatório de Mestrado, Lisboa, 2001, aludindo à rescisão por incumprimento (pp. 34 e ss. 39 e ss. e 44 e ss.), entendendo que também será rescisão a cessação por interesse público (pp. 32 e s.); o autor em *Das Decisões de Extinção dos Contratos Administrativos por Iniciativa da Administração*, Dissertação de Mestrado, Lisboa, 2002, desenvolve a matéria, distinguindo as rescisões fundadas em incumprimento (pp. 181 e ss. e 227 e ss.) das rescisões não fundadas em incumprimento (pp. 119 e ss.).

[174] Cfr. FREITAS DO AMARAL, *Curso de Direito Administrativo*, Volume II, com a colaboração de Lino Torgal, 2ª edição, Coimbra, 2011, p. 648. Veja-se, *infra*, o regime de cessação do contrato de empreitada de obras públicas (II Parte, Capítulo XII, § 5).

[175] *Vd. infra*, II. Parte, Capítulo XII, § 3, nº 2.

DA CESSAÇÃO DO CONTRATO

A possibilidade de o consumidor recorrer ao «direito de retractação do contrato» surge no art. 8º, nº 4, da Lei nº 24/96, de 31 de Julho (Lei de Defesa do Consumidor), no sentido de poder dissolver o contrato no prazo de sete dias, sempre que a informação acerca do bem ou serviço se mostre deficiente.

Em diversas situações jurídicas prevê-se um designado «resgate», por via do qual cessa o vínculo jurídico. Assim, alude-se com frequência ao resgate antecipado de títulos, em particular de títulos da dívida pública, certificados de aforro ou obrigações do tesouro, ou ao resgate de unidades de participação de fundos de investimento, que, em qualquer caso, pode determinar a extinção do vínculo creditício[176]. Em idêntico sentido, alude-se ao resgate do contrato de seguro de vida[177].

No regime do contrato de viagem organizada, em determinadas circunstâncias, permite-se que o cliente cancele a viagem antes de esta se iniciar (art. 25º do Decreto-Lei nº 61/2011), desvinculando-se do acordo.

Em alguns casos, o legislador, para ultrapassar dúvidas de qualificação, recorre a termos «neutros». Assim, no art. 112º, alínea a), do CSC, alude-se à extinção da sociedade em caso de fusão.

A terminologia é, portanto, variada, podendo, até, indiciar alguma ambiguidade e nem sempre as expressões usadas, do ponto de vista etimológico, se apresentam relacionadas com a desvinculação. Por exemplo, quando na Base 78º do Decreto-Lei nº 380/2007, de 13 de Novembro, sobre concessão do financiamento, concepção, projecto, construção, conservação, exploração, requalificação e alargamento da rede rodoviária nacional, ou no art. 421º do CCP se alude ao sequestro, dificilmente se relaciona o termo com a cessação do contrato, mas atendendo ao disposto nos preceitos citados concluir-se--á de modo diverso. No art. 30º do Decreto-Lei nº 380/2007 dispõe-se: «Em caso de incumprimento grave pela concessionária das obrigações emergentes do contrato de concessão, o concedente pode, mediante sequestro, que

---

[176] O termo «resgate» é empregado com frequência no direito administrativo, no sentido de fazer cessar uma concessão, identificável como uma denúncia justificada por conveniência de interesse público. Assim, no art. 7º, nº 1, do Código das Expropriações (Lei nº 168/99, de 18 de Setembro), no art. 422º do CCP e em diversos diplomas sobre concessão de serviços públicos de distribuição de energia eléctrica e gás ou de telecomunicações. Sobre o resgate, *vd.* FREITAS DO AMARAL, *Curso de Direito Administrativo,* Volume II, cit., pp. 657 e s.; PEDRO GONÇALVES, *O Contrato Administrativo. Uma Instituição do Direito Administrativo do nosso Tempo,* Coimbra, 2003, p. 134; VERSOS, *Das Decisões de Extinção dos Contratos Administrativos por Iniciativa da Administração,* cit., pp. 167 e ss.
[177] *Vd.* VASQUES, *Contrato de Seguro,* cit., p. 387. Também FRANCISCO RIBEIRO ALVES, *Direito dos Seguros. Cessação do contrato. Práticas comerciais,* 2ª edição, Coimbra, 2015, p. 126, considera o resgate como forma de resolução convencional, típica dos seguros do ramo Vida.

FORMAS DE CESSAÇÃO DO CONTRATO

pode incidir apenas sobre parte da concessão, tomar a seu cargo a realização de obras e o desenvolvimento das actividades nesta integradas, ou a exploração dos serviços desta, designadamente passando a cobrar e a receber o valor das taxas de portagem», pelo que o sequestro poderá ter implícita a rescisão do contrato de concessão.

IV. Como a rescisão não tem um sentido unívoco, quando o legislador ou as partes recorrem a esta terminologia ter-se-á de interpretar o respectivo significado. Na dúvida, entender-se-á que corresponde a uma resolução (legal ou convencional), pois é este o sentido em que amiúde o termo rescisão é empregado[178/179]. Idêntico raciocínio se terá de fazer em caso de outras formulações legais ou convencionais, sempre que da respectiva previsão não resultar qual o regime a aplicar.

---

[178] No Ac. Rel. Lx. de 21/1/1999, *BMJ* 483, p. 268, indica-se que os termos «rescisão» e «resolução» têm o mesmo sentido jurídico.

[179] Todavia, MARCELO CAETANO, *Manual de Direito Administrativo*, Tomo I, cit., p. 639, afirma que a rescisão por via de regra não tem efeitos retroactivos, pois a destruição *ex tunc* só ocorreria em caso de anulação. Esta afirmação não tem base legal e só se justifica porque o autor, quanto à extinção dos contratos administrativos, não distinguindo as causas originárias das supervenientes de cessação, atende à empreitada de obras públicas, que é um contrato de execução prolongada. É evidente que o citado professor (p. 640), correctamente, alerta para alguma dificuldade dos efeitos da resolução, em particular a restituição das prestações, dando o exemplo de uma empreitada de obras públicas em que não se pode entregar ao empreiteiro a estrada que ele executou; mas esta dificuldade, além de não ser específica da empreitada de obras públicas, não é generalizável a todos os contratos administrativos.

Capítulo II
Regime da cessação do contrato

Secção I
Aspectos comuns

§ 1. Tipos de cessação

I. Desde os trabalhos de GALVÃO TELLES, elaborados na vigência do Código Civil de 1867, têm sido apresentadas várias classificações das formas de cessação do contrato. O autor citado[180], reconhecendo que não corresponde à *nomenclatura legal*, entende que as causas de cessação, que designa de ineficácia superveniente, são três: revogação, rescisão e caducidade. A revogação consiste na destruição do negócio por acto discricionário, podendo ser bilateral ou unilateral. A rescisão determina a destruição do contrato por iniciativa de uma das partes com um fundamento objectivo; sendo, pois, um acto vinculado. Na caducidade os efeitos jurídicos desaparecem em consequência de um facto não voluntário. A esta trilogia, o autor acrescenta a resolução, que é a «denominação *genérica* ou *global*, compreensiva de todas as modalidades descritas»: o contrato resolve-se se os seus efeitos se extinguem por revogação, rescisão ou caducidade. Por fim, atendendo aos efeitos, classifica a cessação retroactiva (resolução) e não retroactiva (dissolução).

---

[180] GALVÃO TELLES, *Manual dos Contratos em Geral*, 4ª edição, Coimbra, 2002, pp. 379 e ss. Este esforço de clarificação terminológica tem sido revelado pelo autor desde a 1ª edição do *Manual*, em 1947, cfr. autor e ob. cit., p. 383, nota 357.

DA CESSAÇÃO DO CONTRATO

Por seu turno, DIAS MARQUES[181], na cessação, distingue a ineficácia, que opera *ipso iure* (caducidade), da extinção que advém de declaração de vontade (revogação), podendo a revogação ser unilateral ou plurilateral. Neste último caso estar-se-á perante o distrate e a revogação unilateral poderá ser resolutiva.

Sem ser exaustivo, refira-se ainda que CASTRO MENDES[182] contrapõe a cessação normal e anormal; no primeiro caso, o vínculo extingue-se, por exemplo, por cumprimento e, no segundo, por ineficácia superveniente; na ineficácia distingue a revogação, em sentido próprio (resolução arbitrária) e em sentido lato (rescisão), e a cessação *ipso facto* (caducidade).

II. De modo diverso, as formas de cessação do contrato indicadas no Capítulo precedente podem englobar-se em dois tipos: extinção *ipso iure*, resultante de um facto jurídico; e extinção *ex voluntate*, que advém de declarações de vontade de uma ou de ambas as partes.

A extinção do contrato em consequência da verificação de um facto jurídico *stricto sensu* corresponde à caducidade e opera *ipso facto*, ainda que a vontade das partes possa ter condicionado a cessação do vínculo; em qualquer caso, o contrato extingue-se em virtude de ocorrência de um facto jurídico (p. ex., decurso de um prazo ou perda do objecto). Pode, assim, dizer-se que a cessação do contrato *ipso iure*, apesar de dimanar necessariamente da ocorrência de um facto jurídico em sentido estrito, distingue-se consoante o motivo seja determinado por vontade das partes (p. ex., aposição de um termo ao contrato) ou resulte *ope legis* (v. g., perda do objecto ou morte de uma das partes).

A extinção voluntária, por seu turno, distingue-se em dois tipos: dissolução do vínculo por acordo (revogação consensual); e dissolvência do contrato por decisão de uma das partes (revogação unilateral, denúncia e resolução).

A revogação por acordo baseia-se no mútuo consenso; o vínculo cessa porque as partes, de comum acordo, pretendem extingui-lo.

Mais complexa é a extinção determinada por vontade de uma das partes, que se distingue em três modalidades: revogação unilateral, denúncia e resolução. Em qualquer caso, o contrato cessa por decisão de uma das partes, mas os pressupostos e as consequências são distintos.

---

[181] DIAS MARQUES, *Noções Elementares de Direito Civil*, 7ª edição, Lisboa, 1992, pp. 109 e ss.
[182] CASTRO MENDES, *Direito Civil. Teoria Geral*, Volume II, Lisboa, 1979, pp. 257 e ss.

§ 2. Legitimidade para dissolver o vínculo

I. A referência à legitimidade para fazer cessar o contrato não se coloca no âmbito da caducidade, excepto no que respeita à inclusão no contrato de causas que a determinam, por exemplo a fixação do prazo de vigência do vínculo.

Nas modalidades de cessação fundada directamente na vontade das partes – seja bilateral ou unilateral – importa discutir a legitimidade para emitir declarações negociais que determinam a cessação do contrato.

II. No caso de cessação por acordo – revogação –, além da legitimidade atribuída às partes, pode discutir-se em que medida terceiros – em nome de uma das partes – podem acordar com a contraparte a revogação do contrato. Em princípio, o acordo de revogação celebrado com terceiro sem poderes de representação não vincula, mas pode determinar a extinção do contrato se, *v. g.*, for ratificado.

Havendo uma pluralidade de sujeitos que compõem uma parte, as especificidades no que respeita à legitimidade em caso de revogação são comuns às que se analisarão de seguida relativamente às formas de cessação por declaração unilateral.

III. Se a cessação do vínculo resulta de declaração unilateral de uma das partes – revogação unilateral, denúncia e resolução – terá de se ver, primeiro, se relativamente a essa parte se verificam os pressupostos específicos deste meio de cessação do vínculo.

Tanto no caso de revogação unilateral como de denúncia, na falta de regras especiais, importa atender ao regime da resolução, podendo dizer-se, por via de regra, que o regime é comum nestas três modalidades.

Na resolução, perante o incumprimento culposo de uma das partes, cabe à contraparte resolver o contrato. Do mesmo modo, em caso de alteração das circunstâncias, é atribuído à parte lesada o direito de resolver o contrato. Por vezes, a lei identifica o titular do direito de desvinculação: estando em causa a defesa da designada parte mais fraca, *v. g.*, consumidor, cabe a esta fazer cessar o contrato (p. ex., venda a distância).

Nada obsta a que seja atribuído às duas partes num contrato o direito de revogar, denunciar ou resolver o vínculo, desde que os pressupostos da figura se verifiquem em relação a ambas, caso em que qualquer uma poderá exercer o seu direito.

DA CESSAÇÃO DO CONTRATO

IV. Tem legitimidade para exercer o direito de dissolução unilateral quem seja parte no contrato, ainda que o não tenha celebrado. Deste modo, pode, *v. g.*, resolver o contrato o cessionário em caso de cessão da posição contratual (art. 424º do CC) ou o herdeiro do contraente, mas não o cessionário de um crédito contratual.

Em caso de união de contratos, apesar de subsistir o mesmo princípio, surgem algumas questões de legitimidade, as quais se remetem para análise no respectivo capítulo (*infra* Capítulo IV).

V. Excepcionalmente, o direito de fazer cessar unilateralmente o contrato poderá ser exercido por terceiro em nome da parte a quem tinha sido conferida a faculdade de dissolver o vínculo.

Na eventualidade de uma das partes poder resolver o contrato, por incumprimento da contraparte, alteração das circunstâncias, etc., assim como denunciar ou revogar unilateralmente o vínculo, como se trata de um direito potestativo que depende da vontade do respectivo titular, em determinados casos admite-se que um terceiro se sobreponha à inércia do titular do direito. Por exemplo, um credor da parte a quem foi conferido o direito de resolver o contrato, tendo em conta a inactividade desta, mediante o instituto da sub--rogação do credor ao devedor (arts. 606º e ss. do CC), pode exercer contra a outra parte no contrato o direito de resolução[183].

A resolução exercida por terceiro encontra-se institucionalizada no âmbito da insolvência, onde se prescreve o direito de o administrador da insolvência resolver contratos que afectem a massa (arts. 120º e ss. do CIRE). Neste caso, o administrador não resolve o contrato em nome da parte insolvente, mas em razão das suas funções de administrador da massa[184].

VI. Havendo pluralidade de titulares, na falta de acordo entre eles, nomeadamente através da atribuição de poderes de representação, importa verificar, por um lado, se a relação contratual é divisível e, por outro, se há regras específicas quanto ao exercício de direitos[185].

---

[183] Com vários exemplos de legitimidade conferida a terceiro, *vd.* GHESTIN/JAMIN/BILLIAU, *Les Effets du Contrat*, cit., pp. 505 e ss., aludindo, nomeadamente ao subadquirente e ao consumidor que recorre ao crédito.

[184] Veja-se o Ac. Rel. Pt. de 10/4/2003, *CJ* XXVIII, T. II, p. 197, onde se admitiu que o liquidatário judicial pudesse revogar um contrato de mandato.

[185] Sobre a questão, veja-se VAZ SERRA, «Tempo da Prestação, Denúncia», *BMJ*, 50 (1955), p. 190, distinguindo entre obrigações indivisíveis e solidárias relativamente à denúncia, e «Resolução do Contrato», *BMJ*, 68 (1957), pp. 236 e ss., no que respeita à resolução.

REGIME DA CESSAÇÃO DO CONTRATO

Se, apesar da pluralidade de sujeitos que compõem uma parte, nada obstar à subsistência do vínculo só com alguns deles, a cessação por decisão unilateral pode ser feita valer individualmente[186]. Assim, se vários mandantes encarregam um mandatário de uma tarefa, pode ocorrer que a resolução por parte de um dos mandantes não obste à prossecução do mandato em relação aos restantes.

Em segundo lugar, ter-se-á de averiguar se há normas específicas aplicáveis. De entre estas, merece particular destaque o art. 11º do NRAU, que estabelece um regime próprio quanto às comunicações tendentes à cessação do contrato de arrendamento no caso de pluralidade de senhorios ou de arrendatários. Apesar de não se encontrarem previstas todas as hipóteses, porque se atende a uma perspectiva unilateral das comunicações dirigidas ao arrendatário, cabe distinguir a pluralidade activa da passiva. No que respeita à pluralidade activa, deste preceito resulta que, havendo vários senhorios, a comunicação destes ao arrendatário tem de ser subscrita por todos; sendo a pluralidade de arrendatários nada se prescreve quanto ao exercício dos direitos. Relativamente à pluralidade passiva, sendo vários os arrendatários, dependendo das circunstâncias, ou bem que a comunicação pode ser dirigida ao arrendatário que figurar em primeiro lugar no contrato de arrendamento, ou então tem de ser efectuada em relação a todos os arrendatários. Ainda no âmbito da pluralidade passiva, sendo vários os senhorios, a comunicação feita pelo arrendatário será feita ao senhorio que tiver sido designado para receber as declarações em nome dos demais.

Na falta de norma concreta, importa atender a regras particulares respeitantes à pluralidade, que se possam aplicar em sede de cessação do vínculo. Por exemplo, se os comproprietários de um prédio celebram um contrato de manutenção do edifício, a legitimidade para exercer o direito de denúncia ou de resolução do negócio determina-se segundo as regras de administração da coisa, constantes do art. 1407º do CC.

Sendo a relação contratual indivisível, e na falta de norma específica, poder-se-ia atender ao regime estabelecido para a hipótese de pluralidade de credores de prestações indivisíveis (art. 538º do CC), mas isso conduziria a uma

---

Não cabe atender, agora, às situações de pluralidade de partes, como na sociedade (*vd. infra*, II Parte, Capítulo III), mas à cessação do vínculo com pluralidade de sujeitos que compõem uma parte. Sobre este regime, a que alude o art. 1459 do CCIt., veja-se VILLA, *Inadempimento e Contratto Plurilaterale*, Milão, 1999, pp. 63 e ss.

[186] Como prescreve o art. 1459 do CCIt., em relação aos contratos plurilaterais, o incumprimento por parte de um dos contitulares não implica a possibilidade de resolução quanto aos demais, salvo se a prestação em falta se considerar essencial, cfr. CIAN/TRABUCCHI (ZACCARIA), *Commentario Breve al Codice Civile*, 6ª edição, Pádua, 2003, anotação art. 1459, p. 1634.

DA CESSAÇÃO DO CONTRATO

solução bizarra, primeiro porque a contraparte poderia exigir que a resolução ou a denúncia fosse judicial e, principalmente, na medida em que os outros credores, que eventualmente pretendessem a subsistência do vínculo, ver-se-iam, contra vontade, confrontados com a sua extinção[187].

Não obstante a dissolução por decisão unilateral corresponder ao exercício de um direito obrigacional, que pode não ter nenhuma base real, havendo pluralidade de sujeitos, trata-se de uma situação de contitularidade a que se devem aplicar as regras da compropriedade (art. 1404º do CC). Deste modo, qualificando-se a declaração de extinção (revogação unilateral, denúncia ou resolução) como um acto de administração, vale o disposto no art. 1407º do CC; mas se, pelo contrário, se tratar de um acto de disposição, o direito terá de ser exercido por todos os titulares (art. 1408º do CC). Por exemplo, o contrato de empreitada de limpeza de uma mata pode ser denunciado por um dos donos da obra – que tenha uma posição proeminente (*v. g.*, administração da propriedade) – nos termos estabelecidos no art. 1407º do CC, mas a resolução da compra e venda de um edifício, a exercer pelos vários profissionais que o adquiriram para lá instalarem os seus escritórios, é um acto de disposição que tem de ser exercido por todos[188].

Por último, refira-se que, caso a pluralidade se verifique relativamente à parte que se sujeita à extinção do vínculo, não sendo a relação contratual divisível nem existindo regras específicas, o direito tem de ser exercido contra todos os titulares nos termos prescritos no art. 535º do CC. Estar-se-á perante uma situação jurídica indivisível, em que o exercício do direito se identifica com o cumprimento da obrigação com pluralidade activa, regulado no citado preceito.

§ 3. Capacidade

A capacidade para emitir declarações negociais que determinam a cessação do contrato é aferida nos termos gerais. Tal como se exige capacidade dos contraentes para a formação do contrato, impõe-se que a parte (ou as partes) tenha capacidade quando emite uma declaração negocial que tem em vista fazer cessar o contrato[189].

---

[187] Analisando a aplicação do regime da solidariedade activa, nomeadamente a propósito do mandato colectivo, *vd.* VILLA, *Inadempimento e Contratto Plurilaterale*, cit., pp. 94 e ss.

[188] VAZ SERRA, «Resolução do Contrato», cit., pp. 237 e s., contesta esta ideia, preconizando, como regra, que a resolução tem de ser exercida por todos os credores, mas acrescenta que a «solução não se afigura em todos os casos razoável», podendo seguir-se a via judicial (nota 150 da p. 239).

[189] Sobre a capacidade das partes para celebrar o acordo de revogação, *vd.* FRANZONI, *Degli Effetti del Contratto*, Volume I, *Efficacia del Contratto e Recesso Unilaterale*, Milão, 1998, pp. 85 e ss.

REGIME DA CESSAÇÃO DO CONTRATO

Neste âmbito não está em causa a capacidade para cumprir ou receber uma prestação emergente do contrato (art. 764º do CC), mas a capacidade para emitir declarações negociais (arts. 122º e ss. do CC). Assim, sendo uma parte incapaz (por exemplo, menor) pode cumprir a prestação decorrente do negócio jurídico que corresponda a um acto de administração (art. 764º, nº 1, do CC), mas a declaração de denúncia ou de resolução do contrato é anulável (arts. 285º e ss. do CC).

§ 4. Forma

Na falta de previsão legal ou contratual, a declaração negocial de cessação – tanto no caso de acordo como na eventualidade de decisão unilateral – não carece de forma especial; de igual modo, a declaração negocial que condiciona a caducidade (p. ex., aposição de termo certo ao contrato) não depende da observância de forma especial (art. 219º do CC).

No caso de cessação determinada por vontade das partes, não raras vezes a declaração está implícita em certo comportamento de uma ou de ambas as partes. No caso de comportamento implícito estar-se-á perante uma declaração tácita, deduzindo-se de certos factos, com toda a probabilidade, que uma parte pretendia a extinção do vínculo (art. 217º, nº 1, do CC); eventualmente, poder-se-á estar perante comportamentos implícitos consensuais, deduzindo--se, então, da conduta de ambas as partes que elas queriam desvincular-se.

§ 5. Recurso alternativo

Verificados os pressupostos de mais do que um modo de cessação do contrato, cabe ao titular do direito optar pela solução que lhe pareça mais vantajosa. Deste modo, caso se encontrem preenchidos os pressupostos da resolução e da denúncia, a parte interessada pode optar por um dos dois caminhos, sabendo-se que, por qualquer das vias, se obtém o resultado pretendido: a dissolução do vínculo.

Por via de regra, a opção por uma das vias inviabiliza a outra. Assim, a parte que denunciou o contrato não poderá, depois, resolvê-lo, e vice-versa; da mesma forma, após se ter ajustado o acordo de revogação está vedado o caminho a qualquer das partes de resolver ou denunciar o vínculo contratual. Excepcionalmente, no regime do arrendamento urbano, tendo em conta que a resolução judicial pode ser morosa – principalmente quando se impõe a via judicial –, admite-se que se cumule este meio com a denúncia, permitindo--se que o senhorio intente a acção pedindo a resolução do contrato e, antes da decisão, denuncie o contrato, nomeadamente opondo-se à renovação, sem desistir da acção judicial de resolução (art. 1086º, nº 1, do CC).

DA CESSAÇÃO DO CONTRATO

§ 6. Dissolução do vínculo

I. Independentemente do tipo de cessação, extinguindo-se a relação contratual, deixa de ser exigível o cumprimento das prestações a que cada parte se vinculara. Por via de regra, a extinção implica tão-só que os contraentes deixam de estar, para o futuro, obrigados a realizar as prestações emergentes do contrato; eventualmente, caso a cessação tenha eficácia retroactiva, proceder-se-á à repristinação da situação anterior à celebração do contrato, sendo devolvidas as prestações efectuadas.

Todavia, a cessação só pressupõe a extinção do vínculo para o futuro, não afectando, por via de regra, as prestações vencidas anteriormente, que continuam a ser devidas. Por isso, na secção 2A-505.1) do UCC dispõe-se que, em caso de resolução, extinguem-se as obrigações das partes, mas subsistem as que resultam de cumprimento ou incumprimento anterior, mantendo o credor a acção para as cobrar.

Como a extinção com eficácia retroactiva é excepcional nos diferentes tipos de cessação do contrato, mas constitui a regra no caso de resolução, atender-se-á ao seu regime no respectivo parágrafo[190].

II. Em consequência da cessação do contrato, independentemente da eficácia *ex nunc* ou *ex tunc*, cada uma das partes deverá restituir o que recebeu em execução do negócio e pertença à contraparte. Esta solução, que constitui a regra, encontra-se concretizada no dever de restituir a coisa locada (art. 1043º do CC), de entregar ao mandante o que recebeu em execução do mandato (art. 1161º, alínea *e*), do CC) ou da agência (art. 36º do Decreto-Lei nº 178/86) e de devolver os instrumentos de trabalho (art. 342º do CT).

Mas há determinadas vantagens resultantes de um contrato que não podem ser restituídas após a cessação do vínculo. Sem atender a algumas manifestações de eficácia pós-contratual, que explicam a não restituição imediata de bens (p. ex., o depositário, depois de cessado o contrato, ficou temporariamente impedido de devolver a coisa depositada), pode a restituição ser inviável. A impossibilidade de restituição da prestação (*v. g.*, perda ocasional dos instrumentos de trabalho fornecidos pela contraparte), consoante as circunstâncias, segue o regime geral da impossibilidade sem culpa (arts. 790º e ss. do CC) ou com culpa (arts. 798º e ss. do CC). Mas a inviabilidade pode reportar-se à própria restituição, cuja obrigação não se poderia constituir; assim, os conhecimentos técnicos obtidos por uma das partes durante a execução do contrato, nomeadamente a formação recebida, não podem ser restituídos

---

[190] *Vd. infra*, neste Capítulo, Secção II, § 4, nº 8, alíneas *b*) e *c*).

REGIME DA CESSAÇÃO DO CONTRATO

com a cessação do vínculo[191]. Estas limitações justificam que se estabeleçam cláusulas de salvaguarda, como a proibição pós-contratual de concorrência.

§ 7. Cláusulas não afectadas pela dissolução

A cessação do vínculo pode, porém, não atingir todas as cláusulas do contrato, havendo cláusulas de um negócio jurídico cuja eficácia não é posta em causa após a cessação do vínculo. Diferentemente do que ocorre, por via de regra, em caso de invalidade, cessando o vínculo, nomeadamente por via da resolução, podem subsistir em vigor cláusulas do contrato extinto.

Sem atender à hipótese duvidosa da resolução parcial, a extinção (total) do contrato viabiliza a subsistência de certas cláusulas que têm um âmbito de aplicação pós-contratual. Assim, as cláusulas que impõem um pagamento em caso de cessação do contrato, ou que prescrevem uma obrigação de não concorrência pós-contratual, dever-se-ão aplicar, necessariamente, depois da extinção do vínculo; no art. 7.3.5.3 dos Princípios UNIDROIT, prescreve-se que «a resolução não produz efeitos em relação às cláusulas do contrato sobre o modo de dirimir os litígios nem em relação a qualquer outra cláusula destinada a produzir efeitos mesmo em caso de resolução». De igual modo, por exemplo, no nº 2 do art. 912º do CC prescreve-se a «validade das cláusulas» que fixam a obrigação de indemnizar o comprador apesar de o contrato de compra e venda ter sido extinto.

Dir-se-á, então, que a cessação do contrato determina a extinção das correspondentes prestações, excepto das obrigações relativas à própria cessação do vínculo[192].

Para aferir da eficácia de cláusulas que não são afectadas pela extinção do vínculo em que foram inseridas é necessário interpretar o negócio jurídico; só se pode concluir no sentido da subsistência de certas cláusulas após a dissolução do contrato se essa intenção das partes se depreende do contexto[193]. Eventualmente, a pós-eficácia de algumas cláusulas pode estar relacionada com determinado tipo de cessação, sendo questionável noutro modo de extinção; assim, no caso de pacto de não concorrência prescreve-se um regime

---

[191] Quanto à inviabilidade de restituir o saber-fazer (*know-how*) transmitido ao franquiado durante um contrato de franquia, cfr. FÁTIMA RIBEIRO, *O Contrato de Franquia (Franchising). Noção, Natureza Jurídica e Aspectos Fundamentais de Regime*, Coimbra, 2001, p. 253.

[192] *Vd.* GHESTIN/JAMIN/BILLIAU, *Les Effets du Contrat. Interprétation. Qualification. Durée. Inexécution. Effet Relatif. Opposabilité, in Traité de Droit Civil*, sob a coordenação de Jacques Ghestin, 3ª edição, Paris, 2001, pp. 547 e ss. Relativamente à resolução, veja-se *infra* Secção II, § 4, nº 8, alínea *a*), II.

[193] Veja-se o Ac. Rel. Pt. de 4/12/2001, *CJ* XXVI, T. V, p. 204, relativamente à cláusula que estipulava os valores a pagar em caso de resolução de um contrato de aluguer de longa duração.

DA CESSAÇÃO DO CONTRATO

diverso no caso de a relação jurídica cessar por motivo imputável ao beneficiário (cfr. art. 136º, nº 3, do CT)[194].

§ 8. Consequências fiscais

I. Cessando o contrato, além das consequências *inter partes* e da protecção de terceiros[195], importa atender às consequências fiscais; apesar de vulgarmente se entender que para os efeitos tributários não releva a vontade das partes[196], a cessação de um vínculo, resultante de declaração de uma ou de ambas as partes, pode ter implicações fiscais.

O Estado, na qualidade de credor de imposto, não se pode equiparar a terceiros que adquiriram direitos na pendência de execução do contrato que vem a ser dissolvido com eficácia retroactiva, pelo que a questão não pode ser analisada nos mesmos moldes.

Se o contrato se extinguir com eficácia retroactiva, o fundamento que justifica a tutela de direitos adquiridos por terceiros não encontra aplicação relativamente a quem se constitui credor por via de uma obrigação de imposto. Se o tributo tem a sua fonte na celebração do contrato, tendo este cessado com efeito *ex tunc* deixa de subsistir a causa do imposto, devendo o tributo ser devolvido[197].

---

[194] Cfr. JOANA VASCONCELOS, *in* ROMANO MARTINEZ/LUÍS MIGUEL MONTEIRO/JOANA VASCONCELOS/MADEIRA DE BRITO/GUILHERME DRAY/GONÇALVES DA SILVA, *Código do Trabalho Anotado*, 9ª edição, Coimbra, 2013, anotação II ao art. 136º, p. 351 e s.
No Ac. STJ de 13/7/2004, *CJ (STJ)* 2004, T. II, p. 145, entendeu-se que a cláusula que prescrevia não haver indemnização por benfeitorias com a cessação do contrato de locação de estabelecimento comercial, «deixou de ser vinculativa para a recorrente», porque o contrato foi «resolvido por facto imputável aos recorridos» (p. 150), mas não se explica, no contexto, a razão desta tomada de posição, na medida em que a resolução por incumprimento não determina, por si, a extinção de cláusulas que se destinam a vigorar após a cessação do vínculo.

[195] A protecção de terceiros tem particular relevância no caso de cessação do vínculo com eficácia retroactiva, razão pela qual se remete para a respectiva análise em sede de resolução; *vd. infra*, neste Capítulo, Secção II, § 4, nº 8, alínea *f*).

[196] *Vd.* ANTÓNIO LOBO XAVIER, «Efeitos de um Acordo Anulatório em Impostos Periódicos: O Caso do IRC», *RDES*, XXXIV (1992), nº 4, p. 275.

[197] No sentido de que o imposto não é devido (ou deverá ser devolvido) veja-se BÉNABENT, *Droit Civil. Les Contrats Spéciaux Civils et Commerciaux*, 5ª edição, Paris, 2001, p. 165; SÁ CARNEIRO, «Revogação, Distrate, Renúncia, Desistência de Doação Inter-Vivos», *Revista dos Tribunais*, Ano 51º, 1933, pp. 146 e s. Também AVELINO DE FARIA, «Do Distrate, Revogação e Rescisão dos Contratos e Quitação», *Revista de Notariado e Registo Predial*, Ano 22º (1949), pp. 19 e s., entende que não seria devido imposto, citando contra um Despacho do Sub-secretário das Finanças, de 16 de Julho de 1938, que obrigou ao pagamento de sisa em caso de revogação do contrato de compra e venda. Da necessidade de o Governo, por Despacho, impor o pagamento (ou a não restituição) resulta que, na falta de previsão concreta, o imposto não é devido.

REGIME DA CESSAÇÃO DO CONTRATO

Neste âmbito, importa distinguir o imposto que tem por fundamento a celebração do contrato – por exemplo, o Imposto Municipal sobre as Transmissões Onerosas de Imóveis (IMT, anterior Sisa), o Imposto Automóvel (IA) ou o Imposto sobre o Valor Acrescentado (IVA) – de impostos ou taxas relacionados com o documento que incorpora o contrato – *v. g.*, Imposto do Selo ou emolumentos notariais. As contribuições que encontram justificação no acto de celebração do contrato, como o Imposto do Selo, não terão de ser devolvidas em caso de resolução do vínculo, pois não se relacionam com a produção de efeitos do contrato. De modo diverso, os impostos cuja liquidação se fundamenta nos efeitos decorrentes do contrato, como o Imposto Municipal sobre as Transmissões Onerosas de Imóveis, deverão ser devolvidos em caso de resolução retroactiva do negócio jurídico. Idêntica solução se preconiza para os impostos associados ao cumprimento de prestações que são restituídas como consequência da resolução. Assim, o Imposto sobre o Valor Acrescentado (IVA) devido pelo pagamento de uma prestação contratual – por exemplo, preço – terá de ser devolvido se esta prestação vem a ser restituída como consequência da resolução (art. 78º, nº 2, do Código do IVA)[198]. Em certos casos, porém, sem concretizar, pretende-se salvaguardar a posição do credor de imposto, não impondo a restituição do tributo pago. Era o que ocorria explicitamente no regime do crédito ao consumo, onde se prescrevia que, caso o consumidor, durante o período de reflexão, revogasse o contrato, o vínculo seria destruído com eficácia retroactiva, salvaguardando-se os valores pagos ao Estado a título de imposto, que não seriam restituídos (art. 8º, nº 3, do Decreto-Lei nº 359/91, de 21 de Setembro); ainda que com uma formulação diversa, no art. 17º, nº 5, do Decreto-Lei nº 133/2009, de 2 de Junho, subsiste esta solução que, embora excepcional, justifica-se no contexto de uma desvinculação *ad nutum* com eficácia retroactiva[198a].

Resta esclarecer que a devolução do imposto só encontra justificação na eventualidade de a resolução ter eficácia retroactiva, porque no caso de o vínculo se extinguir com efeitos *ex nunc* a contribuição foi devidamente cobrada. Tendo a cessação eficácia retroactiva – como é regra no caso de resolução[199] –, a retroactividade implica a destruição do negócio jurídico e das consequências dele resultantes, abrangendo o imposto justificado pela celebração

---

[198] *Vd.* ANTÓNIO LOBO XAVIER, «Efeitos de um Acordo Anulatório em Impostos Periódicos: O Caso do IRC», cit., pp. 283 e s., explicando como se processa a restituição do IVA.

[198a] Veja-se a anotação de GRAVATO MORAIS ao art. 17º do regime do crédito ao consumo, *Crédito ao Consumo. Anotação ao Decreto-Lei nº 133/2009*, Coimbra, 2009, pp. 78 e ss.

[199] *Vd. infra* neste Capítulo, Secção II, § 4, nº 8, alínea *b*).

DA CESSAÇÃO DO CONTRATO

do contrato. De facto, a tributação inclui-se nos efeitos económicos do negócio jurídico que são retroactivamente destruídos, pelo que o imposto pago deverá ser devolvido[200].

II. Importa atender à previsão legal, aparentemente excepcional, constante do art. 2º, nº 5, alínea *a*), do Código de Imposto Municipal sobre as Transmissões Onerosas de Imóveis (Decreto-Lei nº 287/2003, de 12 de Novembro). Do citado preceito resulta que «são também sujeitas ao IMT (...) a resolução, invalidade ou extinção, por mútuo consenso, do contrato de compra e venda ou troca de bens imóveis (...)». Se o preceito fosse interpretado (literalmente) no sentido de a resolução ou a invalidade, não baseadas no mútuo consenso, implicarem *também* o pagamento do imposto, a solução seria aberrante, pois implicaria uma dupla tributação. Por exemplo, feita uma venda de imóvel com defeitos graves de construção, tendo o comprador resolvido o contrato, seria pago o mesmo imposto duas vezes: aquando da celebração do contrato e pela sua resolução. Atendendo à regra interpretativa que manda «reconstituir a partir dos textos o pensamento legislativo» (art. 9º, nº 1, do CC), para assegurar o espírito do sistema, o preceito deverá ser interpretado no sentido de o mútuo consenso respeitar a qualquer dos meios de extinção do contrato. Deste modo, estará, nomeadamente, em causa a resolução na venda a retro (arts. 927º e ss. do CC)[201], mas não a resolução por incumprimento. Poder-se-á afirmar que no preceito em análise se pretende obstar a uma eventual fuga ao pagamento de imposto e, sem atender à plenitude das consequências, consideram-se passíveis de imposto situações jurídicas em que não se justifica a respectiva tributação. Em suma, está em causa a tributação autónoma da resolução de um contrato, ficando por solucionar o problema da devolução em caso de destruição retroactiva do vínculo.

---

[200] ANTÓNIO LOBO XAVIER, «Efeitos de um Acordo Anulatório em Impostos Periódicos: O Caso do IRC», cit., pp. 288 e s., afirma que a destruição do negócio jurídico tem de «produzir o cancelamento das consequências tributárias» e que estas se incluem nos efeitos económicos abrangidos pela destruição retroactiva do contrato.

[201] Na venda a retro, percebe-se, ainda que seja criticável, que o mesmo imposto (Imposto Municipal sobre as Transmissões Onerosas de Imóveis) possa ser devido duas vezes: primeiro, com a venda do bem e, depois, com a resolução do contrato e respectiva reversão do bem. Esta concepção, porém, está mais de acordo com o sistema jurídico alemão, em que a venda a retro pressupõe a celebração de um segundo contrato de compra e venda; veja-se o anterior § 497 do BGB, hoje § 456 do BGB, onde se distingue a declaração do vendedor do contrato de retro venda, tendo este um preço que pode ser diferente do estabelecido no primeiro contrato (cfr. *Palandt Bürgerliches Gesetzbuch*, cit., p. 657).

REGIME DA CESSAÇÃO DO CONTRATO

Como se depreende da parte final do mencionado preceito, em que, no caso de contrato-promessa, o imposto só é devido «depois de passados dez anos sobre a tradição ou posse», o legislador pretende que não se defraude o credor de imposto e vem «ficcionar, como transmissões sujeitas a imposto, determinadas operações que, directa ou indirectamente, implicam a transmissão de bens imóveis e que se revestem de características económicas que justificam o seu enquadramento no âmbito da incidência»[202]. No fundo, será «também sujeita ao IMT» a resolução – ou outra forma de extinção do contrato – que tenha as características económicas de uma transacção; mas essa não é a consequência normal da cessação do contrato. Ainda atendendo à previsão da lei fiscal, justifica-se que, faltando o efeito retroactivo, a resolução – ou outra forma de extinção do contrato – não implicará a devolução do imposto devido pela celebração do negócio jurídico.

---

[202] Preâmbulo do Código do Imposto Municipal sobre as Transmissões Onerosas de Imóveis.

DA CESSAÇÃO DO CONTRATO

Secção II
Regime específico das diferentes formas de cessação

§ 1. Caducidade
1. Efectivação

A caducidade determina a extinção do vínculo *ipso facto*, operando de modo automático. Porém, em determinados casos, pode ser necessário dar a conhecer a situação justificativa da caducidade, caso em que uma das partes deverá prestar a correspondente informação à contraparte[203]. Ainda que a informação se imponha, não é a declaração onde ela se inclui que conduz à extinção do vínculo, pois a caducidade já operou. Assim, se o contrato de trabalho caduca por encerramento definitivo da empresa, apesar das formalidades exigidas, a caducidade verifica-se no momento do encerramento e não no momento em que se cumprem tais formalidades.

Diversamente, nos contratos em que, por lei ou convenção, vigora o regime de renovação automática, a caducidade opera *ipso facto*, mas carece de uma prévia denúncia para obstar à mencionada renovação automática. É isso que ocorre, nomeadamente, no domínio do arrendamento (art. 1054º do CC) e do contrato de trabalho (art. 149º do CT). Nestes casos, é a denúncia que desencadeia a caducidade, na medida em que esta não opera de *per si*[204].

2. Subsistência do vínculo

Não obstante a caducidade do contrato, em determinadas hipóteses podem as partes continuar a executar as respectivas prestações, resultando desse facto a subsistência do vínculo contratual ou a renovação do negócio jurídico[205]. A subsistência ou renovação do contrato não pode valer para todas as hipóteses de caducidade; em certos casos em que a extinção da relação contratual opera *ipso iure* não se justifica o seu renascimento. Assim, na eventualidade

---

[203] Em razão do caso concreto, pode ser exigida uma declaração «(...) que exterioriza o apuramento da situação conducente à caducidade (*v. g.*, declaração de encerramento da empresa a título definitivo ou uma declaração de invalidez definitiva do trabalhador). Cfr. BERNARDO XAVIER, «A Extinção do Contrato de Trabalho», *RDES* 1989, n.ᵒˢ 3/4, p. 415. Veja-se *infra* II Parte, Capítulo VIII, § 4, nº 2, alínea *a*), em particular nota 782.

[204] *Vd. infra,* II Parte, Capítulo IV, § 2, e Capítulo VIII, § 4, nº 2, alínea *c*), respectivamente quanto aos contratos de locação e de trabalho.

[205] Cfr. Ac. Rel. Lx. de 30/5/1996, *CJ* XXI, T. III, p. 105, relativo a renovação de um contrato de locação apesar de a caducidade ter operado.

REGIME DA CESSAÇÃO DO CONTRATO

de morte do trabalhador (art. 343º, alínea *b*), do CT) ou de perda da coisa locada (alínea *e*) do art. 1051º do CC) não faz sentido aludir-se à subsistência do vínculo contratual; a situação será idêntica no caso de um contrato de concessão de venda de um produto que, posteriormente, venha a ser proibido e retirado do mercado.

Mas ainda que a caducidade opere automaticamente – não havendo, pois, renovação do contrato -, o cumprimento espontâneo das prestações depois de o negócio jurídico ter caducado determina a sua subsistência. É isso que prescreve o art. 1056º do CC em sede de locação, o art. 27º, nº 2, do Decreto-Lei nº 178/86, a propósito da agência[206], e o art. 147º, nº 2, alínea *c*), do CT, quanto ao contrato de trabalho a termo incerto.

Nos casos mencionados (contrato de agência e contrato de trabalho a termo incerto) assim como noutros idênticos, do cumprimento das prestações do contrato caducado resulta uma vontade das partes no sentido da manutenção do vínculo. Estar-se-á, assim, perante uma hipótese de caducidade atípica, que, como já se indicou, além dos pressupostos comuns da caducidade, impõe que as partes não tenham continuado a executar as prestações da relação jurídica que deveria caducar. Noutros contratos, mesmo sem previsão contratual, chegar-se-á a idêntico resultado; ou seja, a caducidade pode não obstar à manutenção do vínculo se for essa a vontade das partes.

No fundo, parte-se do princípio de que, apesar da caducidade, as partes querem a subsistência do vínculo e por isso continuam a executar as respectivas prestações, razão pela qual o contrato caducado mantém-se inalterado ou renova-se.

3. Efeitos
a) Extinção do vínculo
I. A caducidade determina a extinção do contrato para o futuro; assim, se foi ajustado um contrato a termo final, no fim do prazo o vínculo extingue-se, não pondo em causa os efeitos até essa data produzidos.

Poder-se-á discutir, contudo, atendendo ao princípio de autonomia privada, se as partes podem determinar que a dissolução resultante da caducidade tenha eficácia retroactiva[207]. Esta convenção pode ser dificilmente

---

[206] *Vd.* PINTO MONTEIRO, *Contrato de Agência. Anotação*, 7ª edição, Coimbra, 2010, pp. 122 e s.

[207] MOTA PINTO, *Teoria Geral do Direito Civil*, cit., p. 630, parece não admitir esta hipótese, porque, depois de afirmar que a caducidade produz a cessação do negócio sem carácter retroactivo e de reiterar que as situações se extinguem para futuro, como traço específico da caducidade, indica que não tem carácter retroactivo. No mesmo sentido, veja-se CARVALHO FERNANDES, *Teoria Geral do*

DA CESSAÇÃO DO CONTRATO

exequível em determinados contratos de execução continuada (p. ex., locação) e é de duvidosa legalidade no âmbito laboral, atendendo aos limites impostos à autonomia privada no Código do Trabalho (em particular, a regra da imperatividade constante do art. 339º do CT), mas, excluindo determinadas situações, o princípio geral indicia a relevância da vontade, reiterada também em sede de caducidade (arts. 298º, nº 2, e 330º, nº 1, do CC). Deste modo, sendo a retroactividade viável do ponto de vista material e legal, será admissível que o efeito extintivo da caducidade seja *ex tunc*[208].

Além disso, excepcionalmente, tendo em conta a natureza da situação e a causa da caducidade, a extinção pode ter efeito retroactivo *ope legis*. Assim, se um contrato de execução instantânea caduca por impossibilidade superveniente de realizar uma das prestações, a dissolução do vínculo pode ter eficácia retroactiva[209].

II. À excepção da compensação, a que se fará referência na subsequente alínea *c)*, os efeitos da caducidade são comuns aos das restantes modalidades de cessação, remetendo-se para o regime geral enunciado na secção anterior. Importa, contudo, atender às particularidades em caso de caducidade resultante de impossibilidade superveniente de cumprimento de uma das prestações.

b) Restituição

Caducando o contrato por impossibilidade superveniente, valem as regras comuns de cessação do vínculo no que respeita à restituição das prestações efectuadas se a dissolução tiver efeito *ex tunc*. Contudo, em caso de caducidade por impossibilidade superveniente, como consequência da relação sinalagmática, deve ser restituída a contraprestação efectuada nos termos prescri-

---

Direito Civil, Volume II, *Fontes, Conteúdo e Garantia da Relação Jurídica*, cit., p. 433; BRANDÃO PROENÇA, *A Resolução do Contrato no Direito Civil. Do Enquadramento e do Regime*, Coimbra, 1996, p. 55. De modo diverso, OLIVEIRA ASCENSÃO, *Direito Civil. Teoria Geral*, Volume III, *Relações e Situações Jurídicas*, Coimbra, 2002 p. 334, depois de afirmar ser «(...) próprio da caducidade a extinção para o futuro (...)», considera «(...) concebível que a lei ou as partes estabeleçam uma caducidade retroactiva».

[208] A autonomia privada no que respeita à repartição do risco e, consequentemente, à caducidade resultante de impossibilidade, não estando excluída, suscita várias dificuldades, cfr. DELFINI, *Autonomia Privata e Rischio Contrattuale*, Milão, 1999, pp. 43 e ss. e pp. 53 e ss.

[209] GALVÃO TELLES, *Direito das Obrigações*, 7ª edição, Coimbra, 1997, p. 466, afirma que «A caducidade resultante da superveniente impossibilidade de uma das prestações *retroage* à data do contrato».

REGIME DA CESSAÇÃO DO CONTRATO

tos para o enriquecimento sem causa (art. 795º, nº 1, do CC)[210]. Do preceito resulta uma das manifestações da *condictio ob causam finitam*, por via da qual não se procede à simples restituição da prestação, devendo atender-se ao valor do enriquecimento sem causa[211].

c) *Compensação*

I. Sempre que o contrato caducar por impossibilidade superveniente importa averiguar se há ou não culpa de uma das partes.

Havendo culpa, o responsável terá de indemnizar a contraparte pelos danos ocasionados (art. 801º, nº 2, do CC). O contrato pode caducar como consequência da impossibilidade (p. ex., perda da coisa locada por falta de obras, art. 1051º, alínea *e*), do CC), mas sobre o faltoso impenderá uma obrigação de indemnizar a contraparte pelos prejuízos causados por incumprimento culposo que tenha desencadeado a caducidade.

Se a prestação se tornar impossível por causa imputável ao credor, a contraprestação é devida ou não será devolvida, devendo-se ponderar o benefício que o devedor retira da impossibilidade (art. 795º, nº 2, do CC)[212].

II. Na ausência de culpa de ambas as partes não haverá a obrigação de indemnizar, mas esta regra geral tem excepções. Por exemplo, no caso de caducidade do contrato de trabalho motivada por morte do empregador, extinção ou encerramento da empresa (art. 346º do CT) ou por inadaptação do trabalhador (arts. 373º e ss. do CT)[213], e na hipótese de arrendamento rural

---

[210] O art. 795º, nº 1, do CC foi decalcado do art. 1463 do CCIt., mesmo no que respeita à obrigação de restituir segundo as regras do enriquecimento sem causa, podendo-se remeter para a doutrina italiana sobre este preceito, cfr. CABELLA PISU, *Dell'Impossibilità Sopravvenuta. Artt. 1463 – 1466*, Bolonha, 2002, pp. 33 e ss.

[211] *Vd.* MENEZES LEITÃO, *O Enriquecimento sem Causa no Direito Civil*, Lisboa, 1996, pp. 510 e ss.

[212] Sobre o critério para determinar a imputação da impossibilidade ao credor, nomeadamente se se funda na culpa ou no risco, *vd.* ROLLI, *L'Impossibilità Sopravvenuta della Prestazione Imputabile al Creditore*, Pádua, 2000, pp. 133 e ss. A questão é também analisada por LURDES PEREIRA, *Conceito de Prestação e Destino da Contraprestação*, Coimbra, 2001, pp. 219 e ss.

[213] Refira-se que, em caso de caducidade fundada em invalidez do trabalhador (art. 343º, alínea *c*), do CT), apesar de não resultar directamente deste preceito o pagamento de uma indemnização, pode esta ser devida se estiverem preenchidos os pressupostos do regime dos acidentes de trabalho. Sobre a questão, *vd.* ROMANO MARTINEZ, «Caducidade do Contrato de Trabalho», *Estudos em Homenagem ao Prof. Doutor Raúl Ventura*, Volume II, Lisboa, 2003, p. 713; a solução não foi alterada com o Código do Trabalho, cfr. ROMANO MARTINEZ, anotação III ao art. 343º, *in* ROMANO MARTINEZ/LUÍS MIGUEL MONTEIRO/JOANA VASCONCELOS/MADEIRA DE BRITO/GUILHERME DRAY/GONÇALVES DA SILVA, *Código do Trabalho Anotado*, cit., p. 733.

DA CESSAÇÃO DO CONTRATO

e florestal, se houver extinção resultante de uma expropriação por utilidade pública (art. 18º, nº 3, do RAR)[214], prevê-se o pagamento de uma compensação. Nestes casos, a caducidade por causa não imputável determina a obrigação de compensar, respectivamente, o trabalhador e o arrendatário. Com alguma similitude, no regime do contrato de agência impõe-se a indemnização de clientela (art. 33º do Decreto-Lei nº 178/86) em determinadas hipóteses de caducidade. Trata-se, no fundo, de situações previstas na lei de responsabilidade por intervenções lícitas.

A isto acresce que a caducidade do contrato por impossibilidade da prestação pode implicar o pagamento de uma quantia atendendo à repartição do risco contratual, nos casos em que a impossibilidade se relaciona com a frustração do fim. Apesar de, da letra do art. 795º, nº 1, do CC, só resultar que o credor fica desobrigado da contraprestação ou tem direito à sua devolução nos termos prescritos para o enriquecimento sem causa, pode ocorrer que, além disso, haja o dever de pagar despesas ou encargos assumidos. Mesmo na ausência de culpa do credor (art. 795º, nº 2, do CC), encontrando-se a causa da impossibilidade na sua esfera de risco, justificar-se-á o dever de pagar despesas ao devedor; essa obrigação pode fundar-se numa aplicação adaptada do art. 468º do CC – a propósito da gestão de negócios –, do art. 1227º do CC – relativo à empreitada – ou do regime da mora do credor (arts. 813º e ss. do CC, concretamente o art. 815º, nº 2, do CC)[215]. No exemplo clássico em que o rebocador contratado para desencalhar o navio não prestou a actividade porque este se libertou aquando da subida da maré, o contrato caduca por impossibilidade (desnecessidade) de cumprimento da prestação de reboque, mas justifica-se o pagamento do trabalho executado e das despesas realizadas (art. 1227º do CC).

4. Natureza jurídica

Tendo em conta a natureza híbrida da caducidade não se afigura tarefa fácil proceder à explicação unitária da sua natureza jurídica. De facto, a caducidade tanto pode resultar do decurso do tempo como da inviabilidade de execução

---

[214] A solução também se impunha no âmbito do arrendamento urbano, nos termos do revogado art. 67º, nº 1, do RAU; sobre a questão, *vd.* ROMANO MARTINEZ, *Direito das Obrigações (Parte Especial). Contratos. Compra e Venda, Locação, Empreitada*, 2ª edição, Coimbra, 2001, p. 231.

[215] A questão tem sido discutida na doutrina portuguesa e estrangeira, veja-se nomeadamente, ANTUNES VARELA, *Direito das Obrigações*, Volume II, cit., p. 85 – preconizando a aplicação do art. 468º do CC – MENEZES LEITÃO, *Direito das Obrigações*, Volume II, cit., p. 120 – no sentido de prevalecer a regra do art. 1227º do CC – e LURDES PEREIRA, *Conceito de Prestação e Destino da Contraprestação*, cit., pp. 284 e ss. – entendendo que se deverá aplicar analogicamente o nº 2 do art. 815º do CC.

do contrato; mas, em qualquer caso, é um efeito legal que decorre de um facto jurídico *stricto sensu*. A autonomia das partes pode condicionar a verificação da caducidade (p. ex., estabelecendo um prazo de vigência do contrato) ou conformar certos aspectos do regime (art. 330º, nº 1, do CC), mas a cessação do vínculo por caducidade resulta de um facto jurídico, alheio à vontade (*v. g.*, decurso do prazo ou destruição do objecto).

§ 2. Revogação
1. Acordo
a) Legitimidade
A revogação assenta num acordo, cuja celebração decorre do encontro de uma proposta e de uma aceitação, nos termos gerais.

Têm legitimidade para revogar – isto é, para emitir as declarações negociais de proposta e aceitação – os sujeitos que são parte no contrato no momento em que a revogação é ajustada, no fundo, que se encontram vinculados pelo contrato aquando da revogação, independentemente de terem sido os outorgantes na celebração do negócio jurídico. Assim, tendo havido cessão da posição contratual, será o cessionário que tem legitimidade para revogar o contrato, apesar de o não ter negociado nem celebrado. Para que tal ocorra será necessário, contudo, que tenha havido transmissão da posição contratual, nos termos previstos nos arts. 424º e ss. do CC, pois, em caso de cessão de créditos (art. 577º do CC), não se transfere para o cessionário o direito de revogar o contrato.

Havendo pluralidade de sujeitos que integram a posição de parte, valem as regras gerais já enunciadas na Secção precedente, das quais resulta, em princípio, a necessidade de intervenção de todos. Todavia, sendo viável a extinção parcial, poder-se-á admitir que só intervenha na revogação um dos sujeitos que compõem a parte plural[216]; de igual modo, em determinados negócios de administração, como foi indicado, pode admitir-se a intervenção do contraente que assume tais funções.

b) Forma
I. Relativamente ao acordo de revogação vale a regra geral de liberdade de forma, constante do art. 219º do CC.

A revogação, pressupondo um acordo, por vezes formal, é usualmente emitida de modo expresso, mas pode ser tácita, estando implícita no com-

---

[216] Esta questão pode ter particular relevância no âmbito de contrato de trabalho com pluralidade de empregadores (art. 101º do CT).

DA CESSAÇÃO DO CONTRATO

portamento de uma das partes[217]. No fundo, como está em causa um acordo baseado na autonomia privada, aplicam-se as regras gerais da formação dos negócios, nomeadamente os preceitos respeitantes à declaração negocial (arts. 217º e ss. do CC); solução válida também no caso de revogação unilateral.

O negócio jurídico de revogação não está, sequer, sujeito à forma do contrato a que se pretende pôr termo, sendo inclusive válida a revogação implícita[218], estando prevista a revogação tácita no art. 1171º do CC.

II. Todavia, em determinadas circunstâncias, essencialmente para protecção de uma das partes no contrato, exige-se que a revogação seja feita por escrito (p. ex., art. 1082º, nº 2, do CC e art. 349º, nº 2, do CT) e até com reconhecimento notarial presencial das assinaturas (art. 350º, nº 4, do CT).

Em algumas situações de revogação unilateral, que, eventualmente, podem ser qualificadas como denúncia, ou mesmo como resolução, estabelecem-se certas exigências de forma: a *revogação* de contrato de crédito ao consumo deve ser feita pela forma prevista no próprio contrato (art. 12º, nº 3, alínea *h*), do Decreto-Lei nº 133/2009, de 2 de Junho) e a revogação da doação por ingratidão tem de ser feita valer em acção judicial (art. 976º, nº 1, do CC).

2. Efeitos

I. Tendo as partes revogado o contrato extingue-se o vínculo e as respectivas obrigações nos termos acordados.

Por via de regra, a revogação de um contrato não tem eficácia retroactiva, pelo que a extinção do vínculo só produz efeitos *ex nunc*, mas a autonomia privada permite que as partes acordem quanto ao efeito retroactivo da revogação. Na hipótese de distrate com eficácia retroactiva importa atender a direitos de terceiro constituídos ao abrigo da relação contratual cessante, pois justifica-se tomar em conta o disposto no art. 435º do CC[219].

Consoante a vontade das partes, o acordo de revogação pode produzir efeitos imediatamente após a sua celebração ou em momento ulterior. Se as partes nada disserem, o vínculo dissolve-se no exacto momento em que se

---

[217] Cfr. Ac. STJ de 19/1/2004, *CJ (STJ)* 2004, T. I, p. 27.

[218] Cfr. Ac. STJ de 29/4/1992, *RLJ* 125 (1992/93), p. 86, com anotação de HENRIQUE MESQUITA, *RLJ* 125 (1992/93), pp. 92 e ss. e Ac. STJ de 25/11/1999, *CJ (STJ)* 1999, T. III, p. 113. No mesmo sentido, relativamente à revogação de contrato-promessa formal, *vd.* D'ANGELO, «Forma dell'Accordo Risolutorio di Preliminare di Compravandita Inmobiliare», *Raccolta di Pareri Forensi*, Milão, 2001, pp. 90 e s. De modo diverso, no art. 472 do CCBr. prescreve-se que «O distrato faz-se pela forma prescrita para o contrato».

[219] *Vd. infra*, nesta Secção II, § 4, nº 8, alínea *f*).

REGIME DA CESSAÇÃO DO CONTRATO

ajusta o acordo de revogação, mas pode ter sido estipulado que o distrate só determina a extinção do contrato em data posterior; neste caso, o negócio jurídico mantém-se em vigor depois de celebrado o acordo de revogação, extinguindo-se na data acordada pelas partes. Esta hipótese assemelha-se à caducidade por decurso do prazo, mas há uma diferença estrutural: a caducidade é consequência do decurso do prazo de vigência do contrato e a revogação com data posterior tem por fonte um acordo de dissolução do vínculo. Não obstante a diferença estrutural, os efeitos são similares.

A revogação, atendendo à vontade das partes, implicando a cessação de um vínculo, pode determinar a constituição de outro contrato, sucedâneo do primeiro; por exemplo, extingue-se um contrato de comodato e, em seu lugar, as partes, no próprio acordo de revogação, ajustam um depósito, em que o comodatário passa a depositário[220]. Neste âmbito, cabe aludir à designada «revogação negociada», que pressupõe o pagamento de uma contrapartida; trata-se de uma revogação com cláusula compensatória, cujo incumprimento segue o regime geral. Caso em que se poderá estar perante uma novação, nos termos dos arts. 857º e ss. do CC. Deste modo, se foi negociada a revogação de um contrato, obrigando-se uma das partes a pagar à outra determinada quantia, a falta de cumprimento, em última análise, permitirá a resolução do acordo revogatório, repristinando o vínculo extinto[221].

Como a revogação, salvo acordo em contrário, não abrange as prestações já efectuadas, assemelha-se à resolução nos contratos de execução continuada, mas distingue-se desta porque pressupõe um acordo de dissolução, não sendo tomada por decisão unilateral.

Quanto aos demais efeitos da extinção do vínculo por revogação remete-se para o regime comum analisado na secção anterior, mas importa ter em conta, além de soluções especiais acordadas pelas partes, regras particulares constantes de alguns contratos, como o contrato de trabalho, que se analisarão na Parte II deste estudo.

II. Excepcionalmente, encontram-se previstas hipóteses de revogação unilateral, que produz efeitos por declaração de uma das partes. Em tais situações concede-se a um dos contraentes a possibilidade de, a todo o tempo, revogar o negócio jurídico, mediante comunicação a enviar ao interessado (*v. g.*, na

---

[220] *Vd.* CASTRO MENDES, *Direito Civil. Teoria Geral*, Volume II, Lisboa, 1979, p. 263, que alude a negócios jurídicos sucedâneos.
[221] Cfr. Ac. STJ de 18/11/1999, *CJ (STJ)* 1999, T. III, p. 90.

DA CESSAÇÃO DO CONTRATO

procuração [art. 265º, nº 2, do CC][222] e no mandato [art. 1170º, nº 1, do CC]) eventualmente com uma antecedência mínima (p. ex., no arrendamento com prazo certo igual ou superior a um ano, a antecedência para o arrendatário denunciar (designada revogação na versão anterior) o contrato é de cento e vinte dias, depois de decorrido um terço do prazo inicial do contrato, art. 1098º, nº 3, do CC). De igual modo, em sede de contrato a favor de terceiro, concede-se ao promissário o direito de revogar a promessa (art. 448º do CC), podendo daí resultar a extinção do vínculo com o promitente[223].

Nestes casos, pode questionar-se se a designada revogação não corresponderá, antes, a uma denúncia. Não obstante a qualificação legal – o legislador designa estas situações por *revogação* –, verifica-se que as hipóteses de dissolução indicadas se aproximam da denúncia, pois uma das partes pode desvincular-se, a todo o tempo. Como se afirmou anteriormente (Capítulo I, § 3, nº 2, alínea *a*)), na hipótese prevista no art. 1098º, nº 2, do CC estar-se-á perante uma denúncia, na medida em que o prazo do arrendamento de prazo certo (arts. 1095º e ss. do CC) se tem por estabelecido a favor do arrendatário (art. 779º do CC), pelo que este se pode desvincular antes do decurso do prazo de vigência, denunciando o contrato; mas, atendendo à designação legal, dir-se-á que se trata de uma revogação atípica[224]. Em certos casos, a qualificação como denúncia pode ser problemática, porque esta forma de cessação é específica dos contratos de execução continuada; assim, em caso de mandato para adquirir um bem não é admissível falar em denúncia, pelo que a terminologia legal (revogação unilateral) parece correcta.

Ainda como situação atípica é de referir a revogação do acordo revogatório, em que uma das partes (o trabalhador) põe termo à dissolução do vínculo, repristinando o contrato que havia cessado. No domínio da legislação precedente (art. 1º da Lei nº 38/96, de 31 de Agosto), ao prescrever-se que «o acordo de cessação do contrato de trabalho pode ser revogado por iniciativa do trabalhador (...)», admitia-se a *revogação* unilateral do acordo (bilateral) de revogação, o que correspondia a uma deficiente qualificação jurídica; do ponto de vista terminológico, a situação altera-se com o art. 350º do CT, onde se alude à cessação do acordo de revogação do contrato de trabalho por deci-

---

[222] FLUME, *El Negocio Jurídico. Parte General de Derecho Civil*, Tomo II, cit., afirma que a revogabilidade dos poderes de representação é um elemento estrutural essencial, sendo a irrevogabilidade uma situação jurídica especial (pp. 1014 e ss.).

[223] Sobre o regime da revogação da promessa, *vd.* LEITE DE CAMPOS, *Contrato a Favor de Terceiro*, 2ª edição, Coimbra, 1991, pp. 127 e ss.

[224] Refira-se que, no NRAU, a situação indicada passa a ser designada por denúncia (art. 1098º, nº 2, do CC).

112

são do trabalhador. A situação em análise não corresponde a uma revogação típica e segue o regime da resolução, na modalidade de arrependimento[225].

III. As hipóteses de revogação unilateral identificadas como «direito de arrependimento», relacionadas com a protecção do contraente débil, ainda que se possam designar «revogação», seguem o regime da resolução, pelo que se lhes fará referência nessa sede[226].

3. Natureza jurídica

I. A revogação é um negócio jurídico, estando a sua natureza dependente do tipo de acordo de cessação que as partes ajustaram.

Como resulta da exposição anterior, a revogação baseia-se num acordo celebrado pelas partes tendo em vista pôr fim ao contrato que as vincula. O acordo de cessação pressupõe o mútuo consenso quanto ao efeito extintivo do vínculo segundo as regras gerais dos negócios jurídicos. O acordo revogatório assenta no encontro de duas declarações de vontade, a que se aplica o disposto nos arts. 217º e ss. do CC, e qualifica-se como um negócio jurídico bilateral.

II. Diferentemente, no caso de revogação unilateral estar-se-á perante um acto jurídico unilateral receptício, que tem a natureza de direito potestativo.

§ 3. Denúncia
1. Exercício

I. A denúncia implica a cessação de um vínculo mediante uma decisão unilateral *ad libitum*.

Apesar de a denúncia ser em princípio livre, tendo em conta o princípio da boa fé, para se exercer deverá ser precedida de um aviso prévio; ou seja, a denúncia tem de ser comunicada com alguma antecedência relativamente à data em que a cessação produzirá efeitos (p. ex., no contrato de agência, art. 28º, nº 1, do Decreto-Lei nº 178/86) ou à data do termo do período de vigência do contrato, em que a renovação se verificaria (art. 1055º, nº 1, do CC e

---

[225] *Vd. supra*, Capítulo I, § 4, nº 3, alínea *b)*, subalínea *δ.* e *infra* Capítulo II, Secção II, § 4, nº 4, alínea *b)*.

[226] *Vd. supra*, Capítulo I, § 2, nº 2, alínea *c)* e *infra* neste Capítulo, Secção II, § 4, nº 4, alínea *b)*. Entendendo que corresponde a uma revogação, como o legislador a qualificou no novo regime do crédito ao consumo, veja-se GRAVATO MORAIS, anotação ao art. 17º do regime do crédito ao consumo, *Crédito ao Consumo. Anotação ao Decreto-Lei nº 133/2009*, cit., pp.78 e s.

DA CESSAÇÃO DO CONTRATO

art. 344º, nº 1, do CT)[227]. Ainda que do regime contratual não resulte directamente a necessidade de respeitar um prazo para a produção do efeito extintivo resultante da denúncia, o pré-aviso impõe-se porque a parte, no exercício do direito de denúncia, deve proceder de boa fé (art. 762º, nº 2, do CC)[228]. Excepcionalmente, pode haver casos em que não se justifique o aviso prévio, por não ser necessário comunicar à contraparte a extinção do vínculo[229]. A antecedência exigida para a denúncia serve para que a parte destinatária dessa declaração se possa precaver quanto ao facto de o vínculo contratual se extinguir em breve.

II. O prazo de antecedência para efectivar a denúncia pode ser estabelecido pelas partes ou fixado supletivamente; por via de regra, a lei estabelece prazos mínimos para se denunciar um contrato.

No arrendamento, o art. 1055º, nº 1, do CC, faz referência a diferentes prazos, relacionados com o período de duração do vínculo, que vão desde seis meses para os contratos que se destinavam a vigorar por prazo igual ou superior a seis anos (alínea *a*)) a um terço do prazo quando no contrato se estabeleceu uma vigência inferior a três meses (alínea *d*))[230]; a situação é similar no âmbito da agência, onde se impõem prazos de antecedência de um a três meses (art. 28º, nº 1, do Decreto-Lei nº 178/86); no contrato de trabalho, em relação ao empregador, prescreve-se uma antecedência mínima de quinze dias para obstar à renovação do contrato a termo, prazo que é reduzido para oito dias no caso de denúncia feita pelo trabalhador (art. 344º, nº 1, do CT)[231].

---

[227] Cabe reiterar que, no caso previsto no art. 344º, nº 1, do CT, a denúncia é a declaração de vontade necessária para que a caducidade opere, *vd.* supra, Capítulo II, Secção II, § 1, nº 1.

[228] Quanto à necessidade de respeitar um aviso prévio, independentemente de regra ou cláusula nesse sentido, *vd.* RAVERA, *Il Recesso*, Milão, 2004, pp. 145 e ss. É esse o sentido da jurisprudência (cfr. Ac. STJ de 10/5/2001, *CJ (STJ)* 2001, T. II, p. 62; Ac. Rel. Cb. de 16/1/1996, *CJ* XXI, T. I, p. 7; Ac. Rel. Cb. de 11/3/1997, *CJ* XXII, T. II, p. 19), entendendo, até, que é nula a cláusula que estabeleça um prazo insuficiente – no caso três dias –, por violar o art. 22º, nº 1, alínea *b*), da LCCG, cfr. Ac. STJ de 23/11/1999, *BMJ* 491, p. 241.

[229] JANUÁRIO DA COSTA GOMES, *Assunção Fidejussória de Dívida. Sobre o Sentido e o Âmbito da Vinculação como Fiador*, Coimbra, 2000, pp. 774 e s., entende que na fiança *omnibus* «pode não fazer sentido o pré-aviso», em especial relacionado com o facto de a fiança envolver um risco particular.

[230] Para maiores desenvolvimentos, veja-se *infra* II Parte, Capítulo IV, § 4.

[231] Sobre a figura, além das referências *infra* II Parte, Capítulo VIII, § 4, nº 2, alínea *c*), veja-se ROMANO MARTINEZ, anotações II e III ao art. 344º, *in* ROMANO MARTINEZ/LUÍS MIGUEL MONTEIRO/JOANA VASCONCELOS/MADEIRA DE BRITO/GUILHERME DRAY/GONÇALVES DA SILVA, *Código do Trabalho Anotado*, cit., pp. 734 e s.

REGIME DA CESSAÇÃO DO CONTRATO

Nem sempre a antecedência legal tem a mesma justificação, de preparar a contraparte para a extinção do vínculo; na denúncia do contrato de arrendamento de duração limitada (art. 1101º, alínea *c*), do CC), o prazo de dois anos de aviso prévio justifica-se por comparação com os contratos de duração determinada, cujo prazo supletivo é de dois anos (art. 1094º, nº 3, do CC).

Na falta de prazo estabelecido por lei ou convenção das partes, a antecedência deve ser razoável, tendo em conta o tipo de contrato e a respectiva duração. Na concretização do conceito indeterminado de *antecedência razoável* poder-se-á atender, em função da analogia das situações, aos períodos constantes do regime da locação e da agência.

III. O aviso prévio de denúncia não tem de corresponder a uma declaração expressa no sentido de fazer cessar o contrato no fim do prazo. Frequentemente, o efeito extintivo da denúncia depreende-se do contexto em que uma declaração negocial foi emitida ou até dos termos em que as negociações entre as partes decorreram.

Por vezes, a denúncia resulta de uma proposta de alteração do contrato; se uma das partes envia à outra uma declaração, afirmando que o contrato só pode manter-se se for alterado determinado aspecto, por exemplo o valor da contraprestação, a recusa do destinatário quanto a tal modificação leva a concluir que a proposta de alteração contratual vale como denúncia[232]. Do mesmo modo, se as partes estão a renegociar o contrato e há uma oposição inultrapassável, das circunstâncias concretas poderá deduzir-se que o contrato foi denunciado. Como hipóteses concretas de «modificação-denúncia» pode indicar-se o revogado regime de denúncia estabelecido nos arts. 89º-A e 89º-B do RAU em caso de transmissão *mortis causa* do contrato e, hoje, a denúncia do arrendatário em consequência da exigência de alteração da renda por parte do senhorio (art. 31º, nº 3, alínea *d*), do NRAU), bem como a solução constante do contrato de empreitada – tanto na empreitada de direito privado (arts. 1215º e 1216º do CC) como na de obras públicas (arts. 370º e 406º

---

[232] VAZ SERRA, «Tempo da Prestação, Denúncia», *BMJ*, 50 (1955), pp. 189, alude à denúncia condicional nos casos em que é proposta uma alteração ao contrato que, caso não seja aceite, implica a cessação do vínculo. Sobre a designada «denúncia-modificação», veja-se BAPTISTA MACHADO, «"Denúncia-Modificação" de um Contrato de Agência», *RLJ*, Ano 120 (1987/88), pp. 183 e ss., em especial pp. 187 e ss., afirmando na p. 188, que, se uma parte exige «incondicionalmente uma modificação do contrato, está a exercer o seu poder ou direito potestativo de denúncia». Esta matéria encontra-se desenvolvida em PINTO MONTEIRO, *Denúncia de um Contrato de Concessão Comercial*, Coimbra, 1998, pp. 57 e ss., distinguindo a denúncia da resolução-modificação, sendo também analisada em *Contratos de Distribuição Comercial*, Coimbra, 2003, pp. 141 e s.

DA CESSAÇÃO DO CONTRATO

do CCP) – na eventualidade de o dono da obra (ou o tribunal) impor certas alterações que excedam a capacidade do empreiteiro.

IV. Por via de regra, a denúncia, em qualquer das suas modalidades, não carece de justificação, podendo o direito exercer-se *ad libitum*; o que não obsta a que se tenha em conta as regras gerais, pelo que o direito de denúncia não pode ser exercido de modo abusivo, contrariando os parâmetros enunciados no art. 334º do CC, devendo o seu titular agir de boa fé como prescreve o art. 762º, nº 2, do CC[233].

Além da exigência de aviso prévio, ainda que o direito possa ser exercido de modo discricionário, há limites que o respectivo titular terá de respeitar. Por exemplo, não procede de boa fé no exercício do direito, em conformidade com o prescrito no nº 2 do art. 762º do CC, o contraente que denuncia um contrato de prestação de serviço, não por querer fazer cessar o vínculo, mas unicamente porque pretende causar um prejuízo à contraparte; não parece igualmente legítimo que um senhorio denuncie o contrato de arrendamento pelo simples facto de o direito ao arrendamento se ter transmitido para uma pessoa de raça negra, na medida em que tal atitude contraria o princípio da não discriminação (art. 13º da CRP), podendo corresponder a um abuso de direito[234]. Refira-se ainda que actua em abuso de direito a parte que denuncia o contrato depois de ter incentivado a contraparte a fazer investimentos que pressuporiam a subsistência do vínculo[235], ou, simplesmente, sabendo da efectiva realização desse investimento imprescindível para a prossecução do contrato. Esta hipótese encontra previsão alargada no Parágrafo único do art. 473 do CCBr., quando prescreve: «Se (...) uma das partes houver feito investimentos consideráveis para a (...) execução [do contrato], a denúncia unilateral só produzirá efeito depois de transcorrido prazo compatível com a natureza e o vulto dos investimentos».

Apesar de o exercício discricionário do direito, no caso a denúncia *ad nutum*, estar condicionado por princípios gerais, em particular relacionados com a boa fé, será normalmente difícil contestar tal exercício em razão da dificuldade de prova. Se um contraente denuncia o contrato simplesmente

---

[233] *Vd.* PIRES DE LIMA/ANTUNES VARELA, *Código Civil Anotado*, Volume II, cit., anotação 3 ao art. 1122º, pp. 731, a propósito da liberdade de denúncia do contrato de parceria pecuária, contrariando a crítica de que tal liberdade seria violenta e que deveria ser vivamente criticada.

[234] A questão da discricionariedade da desvinculação tem sido frequentemente analisada no âmbito bancário, em caso de ruptura na concessão de crédito, cfr. BUTHURIEUX, *Responsabilité du Banquier,* Paris, 1999, pp. 93 e ss.

[235] *Vd.* WHITE, *Denúncia e Abuso de Direito*, Relatório de Mestrado, Maputo, 2001, pp. 34 e ss.

porque quer causar um grave prejuízo à contraparte não será fácil que esta consiga fazer prova desse facto; mas podem detectar-se indícios da intenção malévola de uma parte que permitam ao julgador concluir no sentido do exercício do direito de modo contrário à boa fé.

V. Nada impede que a denúncia, verificados os respectivos pressupostos, seja exercida ainda que a parte pudesse recorrer à resolução do contrato[236], pois aquela é frequentemente de exercício mais fácil. De facto, não querendo a parte correr o risco de serem contestados os fundamentos que justificavam a resolução ou não pretendendo aguardar por uma decisão judicial, quando o recurso ao tribunal é necessário, pode optar por denunciar o contrato, prescindindo da eventual indemnização.

Esta hipótese encontra-se expressamente prevista em sede de contrato de arrendamento (art. 1086º do CC), mas nada obsta a que a solução se aplique genericamente, noutros contratos.

VI. Relativamente à legitimidade para denunciar o contrato, concretamente para emitir a declaração com o aviso prévio de denúncia, não há particularidades neste regime, pelo que se remete para as conclusões da secção anterior, sobre a legitimidade para fazer cessar o contrato.

VII. As partes podem, por acordo, alterar o regime legal da denúncia, tornando-o mais exigente, por exemplo alargando o prazo de aviso prévio, exigindo determinada forma para a declaração negocial ou impondo um valor a pagar pela parte que exerce o direito. De igual modo, do acordo pode resultar um menor rigor no que respeita à denúncia, desde que não colida com normas imperativas – *v. g.*, na agência os prazos de aviso prévio são mínimos (art. 28º, nº 1, do Decreto-Lei nº 178/86) – e não corresponda a uma violação do regime das cláusulas contratuais gerais – p. ex., art. 22º, nº 1, alíneas *a)* e *b)*, da LCCG[237].

2. Forma

I. Por via de regra, a denúncia não carece de forma, tal como acontece nas outras modalidades de extinção do contrato, nomeadamente na resolução e

---

[236] Cfr. FRANZONI, *Degli Effetti del Contratto*, Volume I, *Efficacia del Contratto e Recesso Unilateral*, cit., pp. 365 e ss.; GABRIELLI, *Vincolo Contrattuale e Recesso Unilaterale*, cit., pp. 37 e ss.

[237] Cfr. MARTINEK, *Moderne Vertragstypen*, Tomo I, *Leasing und Factoring*, Munique, 1991, pp. 203 e ss.

DA CESSAÇÃO DO CONTRATO

na revogação; e o aviso prévio corresponde à própria declaração negocial de denúncia, pelo que também não está dependente de forma especial.

A denúncia é uma declaração negocial recipienda sem forma especial estabelecida por lei (art. 219º do CC). Deste modo, por via de regra, basta uma comunicação informal, com a devida antecedência, onde uma das partes declara que pretende pôr termo ao vínculo. Contudo, tendo em conta uma designada «jurisprudência de cautelas» e atendendo ao regime de repartição do ónus da prova (art. 342º, nº 1, do CC), é usual que a denúncia seja exercida por declaração escrita.

II. Todavia, em determinadas circunstâncias, exige-se forma escrita. É isso que se verifica no art. 19º, nº 1, do RAR, em que, tanto o locador como o locatário, para denunciarem o contrato de arrendamento rural, têm de emitir uma declaração escrita[238], no art. 344º, nº 1, do CT, quando a denúncia do contrato de trabalho a termo certo é exercida pelo empregador, no art. 28º, nº 1, do Decreto-Lei nº 178/86, para a denúncia no contrato de agência, e no art. 1103º, nº 1, do CC, para a denúncia pelo senhorio do contrato de arrendamento urbano. Anteriormente, no arrendamento urbano, a lei exigia que a denúncia do senhorio fosse feita valer em acção judicial (art. 1103º, nº 1, do CC). Sendo extrajudicial, basta uma comunicação escrita, pois, regra geral, no arrendamento urbano, as declarações entre as partes para a cessação do contrato devem ser reduzidas a escrito, assinado pelo declarante, e enviado por carta registada com aviso de recepção (art. 9º, nº 1, da Lei nº 6/2006).

Além de previsões legais, a exigência de forma especial para a denúncia pode advir de cláusula contratual, como ocorre frequentemente nos contratos de seguro, prevendo-se que o regime legal de denúncia possa ser acordado de moldes diversos, de modo mais amplo para o tomador do seguro 8art. 112º, nº 3, da LCS).

3. Efeitos
a) *Extinção do vínculo*
I. Nos contratos de duração indeterminada, a cessação pode decorrer da denúncia e esta determina directamente a extinção do vínculo; porém, tratando-se de oposição à renovação, a denúncia, indirectamente, conduz à extinção do contrato por desencadear a caducidade. Em qualquer caso, por via da denúncia, o vínculo dissolve-se sem eficácia retroactiva e os efeitos da extinção assemelham-se aos das outras formas de cessação, pelo que se remete para a

---

[238] Cfr. Ac. Rel. Év. de 20/11/1997, *CJ* XXII, T. V, p. 260.

REGIME DA CESSAÇÃO DO CONTRATO

Secção I deste Capítulo; importa, porém, atender às especificidades decorrentes da eventual obrigação de pagamento de uma compensação.

II. Denunciado o contrato, este manter-se-á em vigor nos termos normais durante o período de aviso prévio; apesar da denúncia, as partes continuam vinculadas a cumprir as prestações contratuais nos mesmos moldes. Durante o período de aviso prévio, o contrato denunciado equipara-se a um contrato com termo certo[239]: as partes sabem que o mesmo cessa em determinada data, mas continuam adstritas a realizar as suas prestações de boa fé.

A declaração negocial de denúncia, depois de chegar ao poder do destinatário ou de ser dele conhecida, é irrevogável nos termos gerais (art. 230º do CC)[240], pelo que o contrato cessará inexoravelmente depois de decorrido o período de aviso prévio, ainda que contra a vontade posterior do declarante, salvo acordo em contrário.

III. Por via de regra, a declaração de denúncia determina a extinção total do vínculo[241], mas, dependendo da natureza do contrato e do teor da declaração de denúncia, pode ocorrer que se esteja perante uma cessação parcial; caso em que o contrato subsiste modificado, pois encontra-se expurgado de uma parte.

b) Compensação

I. A cessação do contrato em razão da denúncia não implica, em princípio, o pagamento de uma compensação ao destinatário da declaração. Se uma das partes pretende denunciar o contrato, impedindo que se protele indefinidamente ou obstando a que se prorrogue por um novo período, não tem de indemnizar a contraparte. A denúncia assenta num direito potestativo que assiste a qualquer dos contraentes, cujo exercício, mesmo que cause prejuízos à outra parte, não é fonte de responsabilidade civil.

Todavia, além de previsões legais em contrário, podem as partes acordar num montante compensatório em caso de denúncia.

Relativamente a previsões legais de compensação, pode indicar-se, a título exemplificativo, algumas situações. No arrendamento, prevê-se que o senhorio

---

[239] Cfr. SARACINI/TOFFOLETTO, *Il Contratto d'Agenzia. Artt. 1742-1753, in Schlesinger – Il Codice Civile Commentario*, 2ª edição, Milão, 1996, p. 446.

[240] Cfr. RAVERA, *Il Recesso*, cit., pp. 40 e ss.

[241] VAZ SERRA, «Tempo da Prestação, Denúncia», *BMJ*, 50 (1955), p. 192, afirma que a denúncia não pode ser parcial.

DA CESSAÇÃO DO CONTRATO

indemnize o arrendatário caso denuncie o contrato para demolição do locado ou para fazer obras de renovação (art. 1101º, alínea *b*), do CC); na agência impõe-se ao principal o dever de compensar o agente por via da indemnização de clientela (art. 33º do Decreto-Lei nº 178/86); e no contrato de trabalho a termo certo confere-se ao trabalhador uma indemnização em caso de cessação do vínculo em resultado de denúncia do empregador (art. 344º, nº 2, do CT).

Além disso, frequentemente, na medida em que se confere a uma das partes o direito de desistir do contrato antes do termo ajustado ou da conclusão do resultado acordado, impõe-se o dever de compensar a contraparte. No mandato de crédito admite-se que o autor do encargo possa *revogar* o *mandato* a todo o tempo, «sem prejuízo da responsabilidade pelos danos que haja causado» (art. 629º, nº 2, do CC); no mútuo oneroso, «o mutuário pode antecipar o pagamento, desde que satisfaça os juros por inteiro» (art. 1147º do CC); no mandato oneroso «por certo tempo ou para determinado assunto» o mandante pode *revogar* antecipadamente o contrato, e deverá indemnizar a outra parte do prejuízo sofrido (art. 1172º, alínea *c*), do CC); no depósito oneroso, o depositante pode exigir «a restituição da coisa antes de findar o prazo estipulado», devendo satisfazer por inteiro a retribuição do depositário (art. 1194º do CC); e «O dono da obra pode desistir da empreitada a todo o tempo (...) contanto que indemnize o empreiteiro» (art. 1229º do CC)[242]. Em qualquer caso, prevê-se uma obrigação de indemnizar por intervenção lícita – a desistência do contrato –, pelo que, como é regra no âmbito da responsabilidade objectiva, a compensação só é devida se estiver especialmente prevista.

As previsões legais exemplificadas podem distinguir-se em directas ou indirectas, tendo em conta que a compensação pode resultar automaticamente da denúncia ou ser consequência da dissolução do vínculo associada a outros factores. Assim, por exemplo, no contrato de trabalho, a compensação é sempre devida em caso de denúncia feita pelo empregador e o valor determina-se unicamente em função da duração do contrato; de modo diverso, *v. g.* no contrato de agência, a indemnização só será devida se o principal, além de ter denunciado o contrato, após a dissolução do vínculo beneficiar com a clientela angariada pelo agente.

---

[242] Sobre a unidade destas previsões, relacionando-as com os arts. 795º e 813º do CC, *vd.* LURDES PEREIRA, *Conceito de Prestação e Destino da Contraprestação*, Coimbra, 2001, pp. 237 e ss. A ideia de que a livre desistência de um contrato confere à contraparte o direito a receber o *quantum meruit* surge igualmente do direito inglês, cfr. STONE, *The Modern Law of Contract*, 5ª edição, reimpressão, Londres, 2003, p. 410.

REGIME DA CESSAÇÃO DO CONTRATO

Na medida em que a lei impõe uma compensação pela denúncia, como esta é lícita, trata-se de uma hipótese de responsabilidade civil por intervenções lícitas.

Noutros contratos, com base na autonomia privada, os contraentes podem estabelecer uma obrigação de compensar por parte de quem denuncia um contrato.

II. Diferente da compensação decorrente da denúncia de um contrato, pode surgir a indemnização devida pela falta de aviso prévio ou pela inobservância do respectivo prazo. Neste caso, estar-se-á perante uma hipótese de responsabilidade contratual, nos termos gerais, pois funda-se num comportamento ilícito e culposo de uma das partes.

4. Ilicitude

Se uma das partes denunciar o contrato fora do contexto em que esta forma de cessação é admitida, nomeadamente sem se encontrarem preenchidos os respectivos pressupostos, a sua actuação é ilícita. As consequências de tal ilicitude podem ser variadas, mas reconduzem-se a dois tipos: não produção, total ou parcial, dos efeitos da denúncia (p. ex., a denúncia pelo empregador de um contrato de trabalho a termo certo sem respeitar o aviso prévio constante do art. 344º, nº 1, do CT não faz cessar o vínculo); constituição da parte que actuou ilicitamente na obrigação de indemnizar os prejuízos causados à contraparte.

Apesar de, por via de regra, constituírem meios alternativos, os dois tipos de efeitos indicados não são necessariamente incompatíveis, podendo conjugar-se a não produção de efeitos com a indemnização pelos danos. Assim, se o principal denunciar o contrato sem respeitar o aviso prévio constante do art. 28º do Decreto-Lei nº 178/86, de 3 de Julho (regime do contrato de agência), o vínculo cessa antecipadamente, mas o agente deverá ser indemnizado pelo prejuízo sofrido[243]; de modo diverso, se for denunciado um contrato de arrendamento pelo senhorio em desrespeito do aviso prévio (p. ex., arts. 1097º e 1101º, alínea c), do CC), tendo em conta a especial relevância do conhecimento antecipado da situação, é de entender que o contrato subsista, podendo, cumulativamente, ser exigida uma indemnização por prejuízos causados.

---

[243] Como esclarece PINTO MONTEIRO, *Contratos de Distribuição Comercial,* Coimbra, 2003, pp. 139 e s., a indemnização determina-se em função dos «danos causados *pela falta – ou insuficiência – do pré-aviso* (...) e não os que provocam a cessação do contrato, em si mesma (...)».

Em suma, por via de regra, a denúncia, ainda que exercida de modo ilícito, produz de imediato o efeito extintivo, mas atendendo ao contexto (p. ex., denúncia pelo empregador de um contrato de trabalho) ou ao modo como se faz valer (*v. g.*, denúncia mediante declaração oral quando se exige carta registada) pode conduzir à subsistência do vínculo. Em qualquer caso, o acto ilícito de denúncia, verificados os pressupostos da responsabilidade civil, implica o pagamento da correspondente indemnização.

5. Natureza jurídica

A denúncia é uma declaração unilateral receptícia, identificada como acto jurídico unilateral (art. 295º do CC), que tem por finalidade fazer cessar um vínculo contratual. Trata-se de uma declaração unilateral que é emitida por uma das partes num contrato, tendo como destinatário o outro contraente, só se tornando eficaz depois de chegar ao poder ou ser conhecida deste (art. 224º, nº 1, do CC).

A extinção do contrato por denúncia corresponde ao exercício de um direito potestativo; estar-se-á, assim, perante a designada denúncia directa que determina a dissolução do vínculo. De modo diverso, em caso de denúncia indirecta, a declaração de vontade, correspondendo também ao exercício de um direito potestativo, implica a caducidade; sendo, assim, um meio mediato de extinção do vínculo.

Quanto ao fundamento, a denúncia assenta no pressuposto da liberdade de desvinculação, pelo que pode ser invocada sem se indicar um motivo. Como costuma referir-se, a denúncia é exercida *ad nutum*, de modo discricionário, mas não em abuso de direito.

§ 4. Resolução
1. Requisitos

I. Além dos pressupostos legais em função de cada tipo de resolução legal, de que se falará depois, ou das previsões contratuais no caso de resolução convencional, cabe, primeiro, atender a alguns aspectos comuns.

II. Por força do art. 432º, nº 2, do CC, a parte lesada não pode resolver o contrato se não estiver em condições de restituir o que houver recebido[244]. Porém, se a impossibilidade de devolução se ficou a dever a culpa de qualquer das partes, os inerentes prejuízos deverão ser suportados pelo responsável.

---

[244] Sobre a justificação deste regime, veja-se VAZ SERRA, «Resolução do Contrato», *BMJ*, 68 (1957), pp. 241 e ss.

REGIME DA CESSAÇÃO DO CONTRATO

A questão complica-se sempre que a impossibilidade de devolução não seja imputada a nenhuma das partes. Nos termos do já referido nº 2 do art. 432º do CC, parece poder deduzir-se que o risco corre por conta daquele que invoca a resolução.

A resolução não é, contudo, afastada se a perda do bem se tiver ficado a dever ao vício de que padecia. Contudo, com maior amplitude, no nº 4 do art. 4º do Decreto-Lei nº 67/2003, relativamente à venda de bens de consumo, admite-se que o comprador (consumidor) possa resolver o contrato pese embora a coisa tenha perecido por motivo que não lhe seja imputável.

Também não impede a resolução o facto de não se poder restituir o que se houver recebido nas mesmas condições. A deterioração devida ao uso normal em nada afecta o direito de o credor pôr termo ao contrato. E, mesmo no caso de deterioração para além do uso normal, ou de perda parcial da coisa, é de aceitar a resolução, desde que aquele que a invoca compense a contraparte do respectivo prejuízo.

III. A atitude do lesado pode funcionar como pressuposto negativo da resolução. Assim, se depois de ter tido conhecimento da causa do incumprimento a parte lesada continuar a actuar, dando a aparência de não querer invocar a resolução, esta seria entendida como um *venire contra factum proprium* e, nessa medida, ilícita[245].

IV. Depois da referência a aspectos comuns, atender-se-á nos números seguintes, a propósito da resolução legal e convencional, aos pressupostos exigíveis para algumas situações concretas de resolução.

2. Resolução por incumprimento
a) *Não cumprimento e responsabilidade contratual*
α. *Aspectos gerais*

I. O devedor tem de realizar a prestação a que está adstrito respeitando os três princípios que informam o cumprimento das obrigações.

No cumprimento da sua obrigação, o *solvens* terá de agir nos termos impostos pela boa fé (art. 762º, nº 2, do CC), por forma a que a sua actuação não venha a causar prejuízos ao credor. A prestação deverá ser cumprida pontualmente (arts. 406º, nº 1, e 762º, nº 1, do CC), no sentido de ter de se ajustar, em todos os aspectos, ao que era devido. Por último, salvo convenção, disposi-

---

[245] Para maiores desenvolvimentos, *vd. infra* ponto nº 7, relativo ao prazo de exercício do direito.

DA CESSAÇÃO DO CONTRATO

ção legal ou uso em contrário, a prestação deverá ser efectuada integralmente (art. 763º do CC) e não por partes.

No fundo, dir-se-á que o incumprimento corresponde à violação dos princípios *pacta sunt servanda*, segurança jurídica e boa fé[246].

Sempre que o devedor, pura e simplesmente, não cumpra a prestação ou a tenha realizado em desrespeito de qualquer dos princípios referidos, estar-se-á perante uma situação de não cumprimento do dever obrigacional. Por vezes, por influência alemã, o incumprimento em sentido amplo, abrangendo as diversas modalidades de violação de obrigações, é referenciado como «perturbação da prestação»[247].

II. As regras gerais relativas ao não cumprimento culposo constam dos arts. 798º e 799º do CC, de onde sobressai uma ideia de incumprimento em sentido amplo, abrangendo três modalidades (mora, cumprimento defeituoso e incumprimento definitivo); além disso, presume-se a culpa do devedor, culpa que é apreciada nos termos gerais (art. 799º do CC)[248].

III. Apesar de a resolução de um contrato se encontrar normalmente relacionada com os factos determinantes da responsabilidade contratual – o incumprimento culposo de prestações contratuais –, não integra o conteúdo deste instituto. Por via de regra, a resolução pressupõe o incumprimento, com

---

[246] Cfr. HUBER, *Leistungsstörungen*, I Volume, *Die Allgemeinen Grundlagen – Der Tatbestand des Schuldnerverzugs – Die vom Schulder zu Vertretenden Umstände*, Tubinga, 1999, pp. 25 e ss.

[247] A expressão *Leistungsstörungen*, ainda antes da Reforma de 2002, tinha-se generalizado na doutrina alemã, sendo disso exemplo as monografias de EMMERICH, *Das Recht der Leistungsstörungen*, 5ª edição, Munique, 2003, cuja 1ª edição data de 1978, e de HUBER, *Leistungsstörungen*, cit. Mas veja-se também BROX/WALKER, *Allgemeines Schuldrecht*, 29ª edição, Munique, 2003, pp. 200 e ss. e 283 e ss., que usam as expressões *Störung im Schuldverhältnis* e *Störung der Geschäftsgrudlage* (§ 313 do BGB). A moderna doutrina suíça também recorre à expressão *Leistungsstörungen*, como esclarecem GAUCH/SCHLUEP/SCHMID/REY, *Schweizerisches Obligationenrecht. Allgemeiner Teil ohne Ausservertragliches Haftpflicht*, Volume II, 8ª edição, Zurique, 2003, p. 75.

[248] Sobre o regime do não cumprimento culposo veja-se MENEZES CORDEIRO, *Direito das Obrigações*, Volume II, reimpressão, Lisboa, 1986, pp. 433 e ss.; ALMEIDA COSTA, *Direito das Obrigações*, 9ª edição, Coimbra, 2001, pp. 1037 e ss.; RIBEIRO DE FARIA, *Direito das Obrigações*, Volume II, Coimbra, 1990, pp. 390 e ss.; PESSOA JORGE, *Direito das Obrigações*, Volume I, Lisboa, 1975/76, pp. 447 e ss.; MENEZES LEITÃO, *Direito das Obrigações*, Volume II, *Transmissão e Extinção de Obrigações. Não Cumprimento e Garantias do Crédito*, 9ª edição, Coimbra, 2014, pp. 239 e s. ROMANO MARTINEZ, *Direito das Obrigações. Apontamentos*, 4ª edição, Lisboa, 2014, pp. 312 e ss.; GALVÃO TELLES, *Direito das Obrigações*, 7ª edição, Coimbra, 1997, pp. 299 e ss.; ANTUNES VARELA, *Das Obrigações em Geral*, Volume II, 7ª edição, Coimbra, 1999, pp. 91 e s. A matéria encontra-se especialmente desenvolvida na monografia de HUBER, *Leistungsstörungen*, cit., pp. 131 e ss.

REGIME DA CESSAÇÃO DO CONTRATO

culpa do devedor, de prestações contratuais, mas não se inclui na responsabilidade contratual, pois não visa reparar o prejuízo causado ao credor[249]. De facto, a resolução confere a uma das partes, no exercício de um direito potestativo, o poder de fazer cessar o contrato e funda-se, frequentemente, no incumprimento culposo, pelo que assenta nos pressupostos da responsabilidade civil. Daí que a resolução esteja muitas vezes associada à obrigação de indemnizar emergente da responsabilidade civil, mas corresponde ao exercício de um direito potestativo que se insere na estrutura complexa da obrigação. Contudo, a resolução – assim como a redução da contraprestação (art. 802º, nº 1, do CC) – não se integra na responsabilidade civil e não implica um meio subsidiário de realização da prestação[249a]. Pode ser consequência do incumprimento culposo – pressuposto da responsabilidade civil contratual –, mas não determina as consequências deste instituto, não se integrando nele. Apesar de poderem assentar na mesma causa – incumprimento culposo –, não se pode confundir a reparação de danos com a cessação do vínculo. A resolução, directamente, não visa sancionar a contraparte nem ressarcir danos.

Ainda que a resolução não se integre no instituto da responsabilidade civil – não correspondendo ao dever de indemnizar decorrente do incumprimento do dever de prestar –, tendo em conta a existência de pressupostos comuns, para determinar alguns aspectos de regime pode recorrer-se, por analogia, às regras da responsabilidade civil[249b].

Em caso de inexecução, independentemente da responsabilidade pelo prejuízo (art. 798º do CC), o credor pode optar pela realização coactiva da prestação, nomeadamente intentando uma acção de cumprimento (arts. 817º e ss. do CC) ou de execução específica (arts. 827º e ss. do CC), sempre que pretenda manter o contrato. Caso contrário, não tendo interesse na subsistência do vínculo, em vez de exigir a realização da prestação incumprida, o credor pode optar por resolver o contrato.

Em determinadas hipóteses, a opção pode estar inviabilizada; assim, se a prestação incumprida em falta se tornou impossível, o credor não pode exigir a sua realização coactiva, pelo que lhe resta a via da resolução.

Mas sendo exequível a realização coactiva da prestação incumprida, esta via não constitui um *prius* relativamente à resolução; o credor pode optar

---

[249] Sobre esta questão, veja-se o debate em torno do conceito e estrutura da obrigação, em que a indicação do problema e da bibliografia se pode consultar em ROMANO MARTINEZ, *Direito das Obrigações. Apontamentos*, cit., pp. 32 e ss.

[249a] Tal como a resolução, também a excepção de não cumprimento, podendo estar associada ao incumprimento culposo, não se integra no instituto da responsabilidade civil.

[249b] *Vd. infra*, neste número, alínea *b*), subalínea α.III., bem como nº 8; alínea *c*), IV.

DA CESSAÇÃO DO CONTRATO

pela dissolução do vínculo ainda que seja viável o cumprimento coactivo da prestação em falta. A resolução não é, pois, um meio subsidiário da realização coactiva da prestação[250]. Além disso, o recurso aos meios para realizar coactivamente a prestação, no caso de se frustrarem, não inviabilizam o subsequente pedido de resolução do contrato, razão pela qual o credor que não consegue obter judicialmente o cumprimento da prestação em falta, pode, depois, resolver o contrato[251]. Mas a inversa não é verdadeira, na medida em que a resolução, se produzir efeitos, determina a extinção do vínculo e, consequentemente, das respectivas obrigações, não poderá depois ser exigido o respectivo cumprimento coactivo.

β. Responsabilidade contratual subjectiva e objectiva
A responsabilidade obrigacional, tal como em geral a responsabilidade civil em que se insere, por via de regra, assenta num comportamento culposo, sendo portanto subjectiva (arts. 483º, nº 2, e 798º do CC). Nos arts. 798º e 799º do CC estabelece-se, por um lado, a responsabilidade (contratual) culposa do devedor pelo prejuízo causado ao credor e, por outro, a presunção e a apreciação da culpa do devedor.

Como resulta do art. 798º do CC, o devedor deverá ter faltado culposamente ao cumprimento da sua obrigação, pelo que a responsabilidade contratual será subjectiva[252]. Mas, nos casos especialmente previstos, a responsabilidade obrigacional, resultante do incumprimento de uma prestação, pode ser objectiva, sem culpa do devedor. O *solvens* responde objectivamente por actos de terceiros (art. 800º do CC), em determinados casos de risco especialmente previstos (p. ex., transporte aéreo) e nas situações ajustadas pelas partes (*v. g.*, art. 921º do CC).

---

[250] Cfr. LAITHIER, Étude Comparative des Sanctions de L'Inexécution du Contrat, Paris, 2004, pp. 76 e ss. e 297 e ss.

[251] Estabelecia-se solução diversa nas Ordenações Filipinas, Livro IV, Título V, nº 3, relativamente à compra e venda em que fora acordada «condição, que se lhe o comprador não pagar o preço della ao dia por elle assinado, a venda seja nenhuma (...) se o vendedor requerer ao comprador que pague o preço da cousa comprada (...) não poderá já desfazer a venda».

[252] Sobre a culpa, como justificação da resolução por incumprimento, *vd.* ALPA, «La Colpa nella Risoluzione per Inadempimento», *in Inadempimento, Adattamento, Arbitrato. Patologie dei Contratti e Remedi*, org. Ugo DRAETTA e Cesare VACCÀ, Milão, 1992, pp. 8 e ss., indicando critérios de imputação a pp. 29 e ss., nomeadamente atendendo à natureza do contrato (p. 34). Mas como indicam ALPA/DASSIO, «La Dissolution du Lien Contractuel dans le Code Civil Italien», *Les Sanctions de l'Inexécution des Obligations. Études de Droit Comparé*, org. Marcel FONTAINE e Geneviève VINEY, Bruxelas, 2001, pp. 880 e ss., a resolução por inexecução não se baseia necessariamente na culpa, pois o art. 1218 do CCIt. não faz nenhuma referência ao comportamento culposo do devedor.

b) *Incumprimento culposo*
α. *Aspectos comuns*

I. Por via de regra, distingue-se dois tipos de não cumprimento: a mora e o incumprimento definitivo.

O legislador português de 1966 não se afastou desta ideia e, na Secção II (Livro II, Título I, Capítulo VII do Código Civil), subordinada ao «Não cumprimento», só trata da falta de cumprimento e mora imputáveis ao devedor (arts. 798º e ss. do CC). Concretamente, o incumprimento definitivo vem regulado nos arts. 801º e ss. do CC, sob a epígrafe «Impossibilidade do cumprimento», e à mora foram dedicados os arts. 804º e ss. do CC.

Todavia, a *communis opinio* aponta no sentido da existência de três tipos distintos de perturbação da prestação. São eles o incumprimento definitivo, a mora e o cumprimento defeituoso[253].

II. Como se indicou no Capítulo precedente, a justificação comum para o exercício do direito de resolução encontra-se no incumprimento culposo de prestações contratuais; o incumprimento é um acto ilícito, baseado num comportamento culposo (arts. 483º, nº 2, e 798º do CC)[254], que determina a responsabilidade pelo prejuízo causado.

No caso de resolução fundada em incumprimento devem ter-se em conta requisitos específicos. Por via de regra, só o incumprimento definitivo e o cumprimento defeituoso atribuem à contraparte o direito de resolver o contrato, não ocorrendo o mesmo com a mora, em que se torna necessário recorrer à previsão do art. 808º do CC para se preencher o pressuposto do art. 801º do CC; isto é, só depois de a mora se transformar em incumprimento definitivo poderá o contrato ser resolvido.

---

[253] GIORGIANNI, *L'Inadempimento. Corso di Diritto Civile*, 3ª edição, Milão, 1975, pp. 36 e ss., correctamente, inverte a ordem e trata, sucessivamente, do cumprimento inexacto (pp. 39 e ss.), cumprimento retardado (pp. 87 e ss.) e incumprimento definitivo (pp. 178 e ss.). Neste ponto segue-se o que se escreveu em *Cumprimento Defeituoso, em especial na Compra e Venda e na Empreitada*, reimpressão, Coimbra, 2001, pp. 117 ss.

[254] Como já se afirmou para sustentar o princípio da responsabilidade subjectiva, «Tendo em conta o regime específico da responsabilidade civil e as suas consequências, a fonte da obrigação de indemnizar é exclusivamente legal, não cabendo à doutrina ou à jurisprudência criar situações de responsabilidade civil não previstas na lei. Razão pela qual não são de admitir "novidades" jurisprudenciais ou doutrinárias que levem a constituir situações de responsabilidade civil não previstas na lei ou com contornos diversos da previsão legal» (ROMANO MARTINEZ, *Direito das Obrigações. Apontamentos*, cit., p. 87).
Tendo em conta que a responsabilidade contratual assenta na culpa, GIORGIANNI, *L'Inadempimento. Corso di Diritto Civile*, cit., p. 323, distingue o ressarcimento com base em imputabilidade das situações justificadas como «garantia».

DA CESSAÇÃO DO CONTRATO

A possibilidade de resolução em caso de incumprimento definitivo ou de cumprimento defeituoso concretiza-se em diferentes contratos atendendo às respectivas particularidades; assim, no contrato de trabalho, o incumprimento definitivo que determina a resolução aprecia-se em função da justa causa, dita subjectiva (arts. 351º e 394º do CT)[255]. Cabe também aludir, exemplificativamente, a diferentes previsões legais de resolução que apresentam as suas particularidades: na compra e venda há regimes específicos no que respeita à resolução da venda de coisas sujeitas a contagem, pesagem ou medição (art. 891º do CC), da venda a contento (art. 924º do CC) ou da venda a retro (arts. 929º e ss. do CC); na locação cabe atender ao regime especial previsto no art. 1047º do CC e, em especial, no art. 1084º, nº 2, do CC[256]; na empreitada, cabe aludir à resolução estabelecida no art. 1222º do CC; na agência pode fazer-se referência ao disposto no art. 30º do Decreto-Lei nº 178/86, de 3 de Julho, e no contrato de seguro ao art. 61º, nº 2, da LCS. Importa, ainda, ter em conta outras situações particulares, nomeadamente a resolução do contrato-promessa, do contrato para pessoa a nomear ou da cessão da posição contratual.

Em caso de contrato-promessa, tendo em conta o disposto no art. 442º, nºs 2 e 3, do CC, admite-se que um dos contraentes possa recorrer ao regime do sinal ou da valorização da coisa – que em princípio determina a resolução do contrato – sem se verificarem os pressupostos do incumprimento definitivo; porém esta resolução será condicional, pois o outro contraente pode requerer a excepção de cumprimento do contrato incumprido[257].

Relativamente à cessão da posição contratual (arts. 424º e ss. do CC), importa distinguir a resolução do negócio que serve de base à cessão, que segue o regime próprio do respectivo tipo (p. ex., compra e venda ou doação), da resolução do contrato transmitido, em que o exercício do direito cabe ao

---

[255] *Vd. infra* Parte II, Capítulo VIII, § 4, nº 5, alínea *b)*, subalínea ß., ponto i.

[256] O regime resultante da Lei nº 6/2006, revogou a solução, mais drástica, que constava dos arts. 63º e s. do RAU, onde se impunha, sempre, o recurso judicial.

[257] MENEZES CORDEIRO, «O Novíssimo Regime do Contrato-Promessa», *Estudos de Direito Civil*, Volume I, Coimbra, 1987, p. 85, considera que não se trata de uma verdadeira resolução. Posição diversa é sustentada por BRANDÃO PROENÇA, *Do Incumprimento do Contrato-Promessa Bilateral. A Dualidade Execução Específica – Resolução*, Coimbra, 1987, pp. 153 e ss. A questão é amplamente discutida, e as várias posições doutrinárias vêm indicadas por SOUSA RIBEIRO, «O Campo de Aplicação do Regime Indemnizatório do Artigo 442º do Código Civil: Incumprimento Definitivo ou Mora?», *Boletim da Faculdade de Direito de Coimbra. Volume Comemorativo*, Coimbra, 2003, pp. 211 e ss.; o autor chega a uma solução de compromisso (pp. 229 e s.), entendendo que o contraente fiel que pede o valor do sinal ou o valor da coisa sem haver incumprimento definitivo sujeita-se à excepção de cumprimento, mas havendo incumprimento definitivo, ainda que pelo decurso do prazo admonitório, não se lhe pode opor a oferta de cumprimento.

cessionário[258]. Diferentemente, para o cessionário do crédito (art. 577º do CC) não se transmite o direito de resolver o contrato do qual aquele emerge[259].

III. A resolução legal por incumprimento só se pode efectivar nas hipóteses tipificadas na lei, mas trata-se de uma tipicidade aberta na qual se inclui uma multiplicidade de situações; em princípio, a violação de qualquer das obrigações emergentes de um contrato viabiliza que o lesado recorra à resolução do vínculo. Exige-se que o incumprimento seja definitivo ou cumprimento defeituoso e que haja adequação entre a gravidade do incumprimento e a pretensão de extinção do vínculo. A referida adequação encontra-se por vezes concretizada numa relação de proporcionalidade entre a falta e a sua consequência (p. ex., art. 1222º, nº 1, do CC), mas, mesmo na falta de tal indicação legal, a adequação tem de ser ponderada atendendo a regras de boa fé (art. 762º, nº 2, do CC) e à necessária relação causal, requisito da responsabilidade civil (art. 563º do CC)[259a].

Todavia, em determinadas circunstâncias e por motivos de protecção de uma das partes – concretamente dos arrendatários urbano e rural –, o legislador tipifica as situações de incumprimento que facultam à contraparte o recurso à resolução do contrato. Nestes termos, em caso de arrendamento rural só é possível recorrer à resolução nas situações de incumprimento que o legislador tipifica no art. 17º do RAR[260]. Em suma, no arrendamento rural (e anteriormente também no arrendamento urbano), por motivos de protecção do locatário, estabeleceu-se um *numerus clausus* quanto às situações de

---

[258] Sobre a transmissão para o cessionário do direito de resolver o contrato cedido, *vd.* AYNÈS, *La Cession de Contrat et les Opérations Juridiques à Trois Personnes*, Paris, 1984, pp. 140 e ss. BARTELS, *Der Vertragliche Schuldbeitrit im Gefüge Gegenseitiger Dauerschuldverhältinsse*, Tubinga, 2003, pp. 179 e ss.; MOTA PINTO, *Cessão da Posição Contratual*, cit., pp. 493 e ss. Como esclarece BARTELS (ob. cit., pp. 154 e ss.), a questão é complexa quando está em causa a invalidade do negócio, em que pode faltar ao cessionário legitimidade para a invocar; tratando-se de resolução, o autor, tendo em conta o arrendamento, distingue entre o exercício do direito e o destinatário da declaração, designando por resolução activa e passiva (ob. cit., pp. 179 e ss. e 185 e ss.) e, não atendendo ao incumprimento de deveres antes da cessão, cabe ao cessionário exercer o direito de resolução e sujeitar-se à cessação. BARTELS (ob. cit., pp. 277 e ss.) retoma a questão a propósito do mútuo.

[259] Cfr. CLEMENTE MEORO, *La Facultad de Resolver los Contratos por Incumplimiento*, Valência, 1998, p. 150.

[259a] Como foi indicado *supra* (nº 2, alínea *a*), subalínea *α*. III.), apesar de a resolução não integrar instituto da responsabilidade civil, na medida em que possa assentar num pressuposto comum (incumprimento culposo), pode justificar-se a aplicação analógica do regime deste instituto.

[260] Na legislação anterior (art. 64º do RAU) também se tipificavam as hipóteses de resolução do contrato; acerca da resolução do contrato de arrendamento urbano, *vd.* ROMANO MARTINEZ, *Direito das Obrigações (Parte Especial). Contratos*, cit., pp. 217 e ss. e pp. 267 e ss.

DA CESSAÇÃO DO CONTRATO

incumprimento que podem dar azo à resolução do contrato[261]. Mas, no plano laboral, tendo em conta a exemplificação constante do nº 2 do art. 351º do CT, não obstante a protecção do trabalhador, a tipificação das hipóteses de justa causa é aberta, não se tendo estabelecido um *numerus clausus* relativamente às situações de incumprimento que viabilizam o recurso ao despedimento.

IV. Por via de regra, a resolução baseia-se no incumprimento culposo, ainda que com culpa presumida, podendo, excepcionalmente, ser conferido a uma das partes o direito de resolver o contrato em caso de não cumprimento sem culpa de prestações contratuais[262].

V. Como se esclareceu, no que respeita à resolução do contrato, a mora não tem particular relevância, mas importa distingui-la das outras modalidades de incumprimento.

β. *Mora*

I. Se o devedor, por causa que lhe é imputável, não cumpriu a prestação na data do vencimento, podendo realizá-la mais tarde, desde que ainda seja possível (art. 804º, nº 2, do CC), e continue a satisfazer o interesse do credor, que subsiste, haverá uma situação de mora.

A mora é uma falta temporária de cumprimento e vem regulada nos arts. 804º e ss. do CC[263].

O cumprimento retardado enquadra-se entre os tipos de não cumprimento das obrigações, desde que o atraso da prestação advenha de facto, directa ou

---

[261] A enumeração era taxativa e imperativa, veja-se *infra,* nota 677.

[262] Entendendo que a resolução tem por base um incumprimento culposo, cfr. Ac. Rel. Gui. de 12/3/2003, *CJ* XXVIII, T. II, p. 269, onde se afirma que não há motivo para a resolução do contrato quando o não pagamento não é imputável ao segurado. No Ac. STJ de 4/11/1999, *CJ (STJ)* 1999, T. III, p. 71, ao admitir-se que a resolução poderia ser requerida sem uma actuação culposa do devedor estava em causa a actuação culposa dos trabalhadores da parte, pelo que se aplicava o disposto no art. 800º do CC. Por seu turno, no Ac. STJ de 29/4/2003, *CJ (STJ)* 2003, T. II, p. 29, quando se afirma que contrariamente ao «regime geral (em que a resolução) depende de incumprimento culposo (...) no contrato de *franchising* pode assentar em factos não culposos», está em causa a perda de confiança própria de relações duradouras (*vd. infra* I Parte, Capítulo III, § 3).

[263] Sobre a mora, veja-se MENEZES CORDEIRO, *Direito das Obrigações*, Volume II, cit., pp. 443 e ss.; ALMEIDA COSTA, *Direito das Obrigações*, cit., pp. 1048 e ss.; RIBEIRO DE FARIA, *Direito das Obrigações*, Volume II, cit., pp. 440 e ss.; MENEZES LEITÃO, *Direito das Obrigações*, Volume II, cit., pp. 221 e ss.; ROMANO MARTINEZ, *Direito das Obrigações. Apontamentos*, cit., pp. 324 e ss.; GALVÃO TELLES, *Direito das Obrigações*, cit., pp. 316 e ss.; ANTUNES VARELA, *Das Obrigações em Geral*, Volume II, cit., pp. 113 e ss.

REGIME DA CESSAÇÃO DO CONTRATO

indirectamente, imputável ao devedor. Se a causa do retardamento se ficar a dever a caso fortuito ou a acto do credor, não se poderá falar de *mora solvendi*. A mora tem início com o vencimento da prestação (art. 805º do CC), o qual pode advir: da interpelação feita ao devedor (arts. 777º, nº 1, e 805º, nº 1, do CC); do decurso do prazo certo estabelecido para se efectuar o cumprimento ou da interpelação (art. 805º, nº 2, alínea *a*), do CC)[264]; do facto de se tratar de obrigação proveniente de facto ilícito (art. 805º, nº 2, alínea *b*), do CC).

Enquanto o crédito for ilíquido, o devedor não se constitui em mora (art. 805º, nº 3, do CC), excepto no caso de falta de liquidez imputável ao devedor ou quando se trate de obrigação de indemnizar por facto ilícito ou pelo risco.

II. Como o resultado não é obtido a tempo, a mora pode ser entendida como um defeito temporal do cumprimento. A ideia não está, em si, errada, só que a referência ao termo «defeito» pode levar a que se estabeleça uma confusão entre mora e cumprimento defeituoso. Assim sendo, a mora deve ser qualificada como uma falta temporal do cumprimento.

A mora também não se confunde com o incumprimento definitivo parcial. Poderá haver retardamento de parte da prestação mas, enquanto existir mora, não haverá incumprimento definitivo total ou parcial. O incumprimento definitivo parcial pressupõe que aquela parcela da prestação jamais será realizada, pelo menos de modo voluntário, porquanto, em certos casos, se torna viável recorrer à execução específica.

Pode haver mora em relação à prestação principal ou às acessórias (p. ex., falta de entrega atempada do guia de instruções da máquina vendida), bem como relativamente a prestações subsequentes (*v. g.*, mora na eliminação dos defeitos ou na substituição da prestação).

III. A mora do devedor determina a subsistência do vínculo (*perpetuatio obligationis*) e tem como efeitos[265] o dever de aquele indemnizar o credor (*id quod interest*) e a consequente assunção do risco.

---

[264] As duas primeiras hipóteses – vencimento por interpelação do devedor ou por decurso de prazo certo – correspondem à clássica distinção entre mora *ex persona*, baseada na *interpellatio*, e mora *ex re*, que resulta da máxima *dies interpellat pro homine*. Cfr. Coing, *Derecho Privado Europeo*, Tomo I, *Derecho Común más Antiguo (1500-1800)*, Madrid, 1996, p. 552.

[265] A *perpetuatio obligationis*, que resulta da passagem do Digesto (45,1,91,3), valeria tanto para as situações de prestação incumprida, que pode ser realizada mais tarde, como em caso de impossibilidade da prestação (não entrega do escravo Estico) substituída por indemnização. Veja-se Santos Justo, *Direito Privado Romano* II *(Direito das Obrigações)*, cit., p. 206; Kaser, *Direito Privado*

DA CESSAÇÃO DO CONTRATO

O devedor em mora deve indemnizar o credor pelos danos causados, nos termos gerais (arts. 562º e ss. do CC) – tanto o *damnum emergens* como o *lucrum cessans*. O devedor, para além do dever de cumprir a prestação a que estava adstrito, tem a obrigação de indemnizar os prejuízos causados pelo atraso. Deste modo, em caso de mora, a indemnização não exclui o cumprimento, porque se cumula com este.

Além dos efeitos referidos, a mora confere ao credor a faculdade de recorrer à excepção de não cumprimento do contrato (arts. 428º e ss. do CC), mas não lhe permite resolver o vínculo jurídico[266]. No sistema jurídico português, por via de regra, a mora do devedor não faculta à contraparte o direito de resolver o contrato[267], pelo que a excepção de não cumprimento constitui um meio preferencial e, eventualmente, prévio à resolução[268].

Dos arts. 428º e ss. do CC resulta que uma das partes pode recusar a sua prestação se a contraparte não tiver cumprido[269]. A excepção não é um meio

---

Romano, cit., p. 220; VERA-CRUZ PINTO, «O Direito das Obrigações em Roma», *Revista Jurídica*, nºs 18/19 (1995/96), p. 93.

[266] Além de a excepção de não cumprimento não se integrar no instituto da responsabilidade civil, não pressupõe uma actuação culposa da outra parte.
A regra de que a mora não confere ao credor o direito de resolver o contrato é frequentemente omitida pelas partes; não raras vezes, um dos contraentes resolve o contrato em caso de mora da contraparte. Acompanhando a decisão judicial do Supremo Tribunal de Justiça que considerou ilícita a resolução em caso de mora, veja-se PINTO MONTEIRO, Anotação ao Acórdão do Supremo Tribunal de Justiça de 9 de Novembro de 1999, *RLJ*, 133 (2000-2001), pp. 239 e ss. A regra de que não é conferido ao credor, em caso de mora da contraparte, o direito de resolver o contrato surge, por vezes, contestada noutras ordens jurídicas, cfr. GRANELLI, «Risoluzione per Inadempimento e "Mora Debenti"», *I Contratti*, nº 6 (1993), pp. 715 e ss., e MACIOCE, *La Risoluzione del Contratto e Imputabilità dell'Inadempimento*, Nápoles, 1988, pp. 53 e ss.

[267] Apesar de a jurisprudência assentar neste pressuposto de que a mora não confere o direito de a parte lesada resolver o contrato (cfr. Ac. STJ de 14/10/1986, *BMJ* 360, p. 526; Ac. STJ de 26/2/1992, *BMJ* 414, p. 492; Ac. STJ de 27/11/1997, *BMJ* 471, p. 388; Ac. STJ de 10/12/1997, *CJ (STJ)* 1997, T. III, p. 164; Ac. Rel. Pt. de 13/3/1984, *CJ* IX, T. II, p. 210; Ac. Rel. Lx. de 28/11/1996, *CJ* XXI, T. V, p. 118), no caso de contrato-promessa, por vezes, admite-se a resolução fundada em simples mora (cfr. Ac. STJ de 10/2/1998, *CJ (STJ)* 1998, T. I, p. 63).

[268] Cfr. VERDERA SERVER, *Inadempimento e Risoluzione del Contratto*, Pádua, 1994, pp. 58 e s.

[269] Sobre a excepção de não cumprimento, veja-se JOSÉ JOÃO ABRANTES, *A Excepção de Não Cumprimento do Contrato no Direito Civil Português*, Coimbra, 1986, pp. 39 e ss.; MENEZES CORDEIRO, *Direito das Obrigações*, Volume II, cit., pp. 457 e ss.; ALMEIDA COSTA, *Direito das Obrigações*, cit., pp. 362 e ss.; RIBEIRO DE FARIA, *Direito das Obrigações*, Volume I, Coimbra, 1990, pp. 230 e ss. e 424 e ss.; PESSOA JORGE, *Direito das Obrigações*, Volume I, cit., pp. 626 e ss.; MENEZES LEITÃO, *Direito das Obrigações*, II, cit., pp. 248 e ss.; ROMANO MARTINEZ, *Direito das Obrigações. Apontamentos*, cit., pp. 321 e s.; GALVÃO TELLES, *Manual dos Contratos em Geral*, 4ª edição, Coimbra, 2002, pp. 487 e ss. / *Direito das Obrigações*, cit., pp. 450 e ss.; ANTUNES VARELA, *Das Obrigações em Geral*, Volume I, 10ª edição, Coimbra, 2000, pp. 398 e ss.

REGIME DA CESSAÇÃO DO CONTRATO

de reacção exclusivo da mora, pois em determinadas situações de cumprimento defeituoso pode recorrer-se à *exceptio non rite adimpleti contractus.*

A *exceptio non adimpleti contractus* surge por interpretação de algumas passagens do Digesto (D. 13,7,8,1; 19,1,13,8 a 25) feita por juristas e canonistas medievais e manteve-se até ao *Usus modernus*[270].

A excepção de não cumprimento do contrato pressupõe a subsistência de uma relação sinalagmática (p. ex., na compra e venda, o vendedor recusa a entrega da coisa enquanto o comprador não pagar o preço), e, além disso, que os prazos de cumprimento das prestações não a inviabilizem. A parte que cumpriu a prestação principal do contrato celebrado não pode, depois, invocar a *exceptio* (*v. g.*, ao mecânico que já reparou o veículo não cabe invocar a excepção do contrato não cumprido caso o dono da viatura recuse o pagamento do preço da reparação; será, por exemplo, ilícito retirar as peças novas que colocou na reparação)[271].

A excepção de não cumprimento e a resolução do contrato são, pois, institutos incompatíveis, podendo, até, corresponder a um agravamento das consequências do incumprimento. Assim, se o devedor não realizou a prestação, mas ainda o pretende fazer, a contraparte recorre à *exceptio*; inviabilizando-se a realização da prestação está aberto o caminho para a resolução. De igual modo, se uma das partes pode invocar a excepção de não cumprimento, não cabe à contraparte resolver o contrato[272].

IV. Excluindo o acordo das partes, a situação de mora extingue-se com a purgação (a *purgatio* ou *emendatio morae* corresponde ao cumprimento da prestação no modo devido com pagamento da indemnização moratória) ou mediante a transformação da mora em incumprimento definitivo. A modificação da mora, passando a incumprimento definitivo, pode verificar-se por via do decurso do prazo admonitório (art. 808º, nº 1, do CC), da perda do inte-

---

[270] *Vd.* COING, *Derecho Privado Europeo,* Tomo I, cit., p. 549.

[271] Importa, por isso, distinguir a excepção de não cumprimento do direito de retenção (art. 754º do CC); no caso indicado, o mecânico poderia recorrer ao direito de retenção, recusando a entrega da viatura reparada até ser efectuado o pagamento do serviço. Sobre a distinção entre as duas figuras, veja-se JOSÉ JOÃO ABRANTES, *A Excepção de Não Cumprimento do Contrato no Direito Civil Português,* cit., pp. 155 e ss.; ALMEIDA COSTA, *Direito das Obrigações,* cit., pp. 977 e s.

[272] De modo algo diverso, BIGLIAZZI GERI, *Della Risoluzione per Inadempimento,* Tomo II, Artt. 1460-1462, *Commentario del Codice Civile, Scialoja/Branca,* Livro IV, *Delle Obbligazioni,* Bolonha, 1988, pp. 45 e ss., entende que o recurso à excepção de não cumprimento inviabiliza que a contraparte possa resolver o contrato, mas acrescenta que «o exercício da *exceptio* não é incompatível com o pedido de resolução» (p. 45); contudo, sendo viável o recurso à *exceptio* não estarão preenchidos os pressupostos da resolução.

DA CESSAÇÃO DO CONTRATO

resse do credor (art. 808º, nº 1, do CC), da declaração do devedor de que não cumprirá ou da extinção da obrigação, nomeadamente por impossibilidade superveniente de cumprimento.

À transformação da situação de mora em incumprimento definitivo, por decurso do prazo admonitório, perda do interesse do credor ou declaração do devedor, far-se-á referência na alínea seguinte.

V. Além da mora do devedor (arts. 804º e ss. do CC), importa verificar se a mora do credor (arts. 813º e ss. do CC) pode conduzir à resolução do contrato. A resposta será, em princípio, negativa[273], mas ter-se-á de atender a três aspectos. Se a mora do credor se perpetua, nomeadamente no caso de a recusa de aceitação persistir depois de ter sido fixado um prazo razoável, pode entender-se que a situação se identifica com o incumprimento definitivo; em segundo lugar, é necessário que a mora do credor seja culposa, pois ela pode ser simplesmente injustificada, mas sem se identificar com um comportamento do credor ilícito e culposo; por último, o facto de o credor não ter aceitado a prestação que lhe foi oferecida ou não ter praticado os actos necessários ao cumprimento da obrigação só permitirá a resolução do contrato se esse comportamento do credor for suficientemente grave, de modo a afectar o sinalagma contratual[274]. Estes parâmetros encontram-se, por exemplo, no art. 406º, alínea *a)*, do CCP, onde se permite que o empreiteiro resolva o contrato se o dono da obra não consignar os trabalhos no prazo de seis meses contados da data da assinatura do contrato[275].

c) Incumprimento definitivo

α. *Pressupostos*

I. O não cumprimento definitivo enquadra-se numa situação de responsabilidade contratual do devedor[276]. E, como responsabilidade civil, baseia-se na

---

[273] *Vd.* Rita Lynce de Faria, *A Mora do Credor*, Lisboa, 2000, p. 48.

[274] De modo diverso, Rita Lynce de Faria, *A Mora do Credor*, cit., pp. 48 e s., entende que a resolução em caso de mora do credor só é admissível nos casos excepcionais em que o legislador a prevê, como no regime de empreitada de obras públicas.

[275] *Vd. infra*, II Parte, Capítulo XII, § 5, nº 5, alínea *b)*, II.

[276] Quanto à responsabilidade contratual resultante de incumprimento culposo, consulte-se Menezes Cordeiro, *Direito das Obrigações*, Volume II, cit., pp. 456 e ss.; Almeida Costa, *Direito das Obrigações*, cit., pp. 1037 e ss.; Ribeiro de Faria, *Direito das Obrigações*, Volume II, cit., pp. 390 e ss.; Pessoa Jorge, *Direito das Obrigações*, Volume I, cit., pp. 447 e ss.; Menezes Leitão, *Direito das Obrigações*, Volume II, cit., pp. 239 e s.; Baptista Machado, «Risco Contratual e Mora do Credor», *Obra Dispersa*, Volume I, Braga, 1991, pp. 257 e ss. e «A Resolução por Incumprimento e

REGIME DA CESSAÇÃO DO CONTRATO

culpa, apesar de presumida (art. 799º, nº 1, do CC). Se a prestação não foi definitivamente cumprida, parte-se do pressuposto de que o devedor actuou ilícita e culposamente (ainda que a culpa seja presumida) causando danos ao credor. Verificados os requisitos da responsabilidade civil, o devedor, além de se sujeitar à realização coactiva da prestação (arts. 817º e ss. do CC), terá de indemnizar o credor por não ter cumprido (definitivamente) a prestação a que se encontrava adstrito, pois, como prescreve o art. 798º do CC, o devedor «torna-se responsável pelo prejuízo que causa ao credor» com o incumprimento definitivo.

II. Estar-se-á perante uma hipótese de incumprimento definitivo sempre que a prestação não tenha sido realizada e já não possa vir a sê-lo posteriormente.

Segundo o Código Civil (art. 808º, nº 1), são duas as causas que podem estar na origem de tal situação: o credor perdeu objectivamente interesse no cumprimento da prestação ou decorreu o prazo suplementar (admonitório) de cumprimento estabelecido pelo *accipiens*[277].

Frequentemente, acrescenta-se ainda uma terceira causa, que consistiria na declaração expressa do devedor em não querer cumprir[278].

Tanto a impossibilidade física como a jurídica (p. ex., por confisco do bem) não permitem que a prestação venha a ser efectuada e, sendo imputáveis ao devedor, constituem causa de responsabilidade deste. No que respeita a consequências, nomeadamente quanto à viabilidade de resolver o contrato, o legislador equipara as situações de incumprimento definitivo e de impossibilidade

---

a Indemnização», *Obra Dispersa*, Volume I, Braga, 1991, pp. 195 e ss.; GALVÃO TELLES, *Direito das Obrigações*, cit., pp. 327 e ss.; ANTUNES VARELA, *Das Obrigações em Geral*, Volume II, cit., pp. 91 e ss.

[277] Solução similar, embora não coincidente, encontrava-se no § 326(1) do BGB. Deste preceito, entre outros aspectos, dimanava que, após o decurso do prazo admonitório, o credor poderia pedir a indemnização ou a resolução, mas estava excluída a pretensão de cumprimento. O citado inciso foi revogado com a *Modernisierung* de 2002, tendo surgido, em seu lugar, a regra constante do § 323(1) do BGB, da qual resulta que, tendo o credor fixado um prazo razoável, pode resolver o contrato depois de este expirar. Desta nova redacção da norma pode concluir-se que a solução anterior foi banida, não estando inviabilizada a pretensão de cumprimento, cfr. BROX/WALKER, *Allgemeines Schuldrecht*, cit., pp. 302 e ss.; EMMERICH, *Das Recht der Leistungsstörungen*, cit., pp. 166 e s.; *Palandt Bürgerliches Gesetzbuch*, cit., anotação § 323, pp. 528 e s.

[278] Sobre os efeitos da declaração do devedor de recusa de cumprimento, veja-se o estudo de FERREIRA DE ALMEIDA, «Recusa de Cumprimento Declarada antes do Vencimento (Estudo de Direito Comparado e de Direito Civil Português)», *Estudos em Memória do Professor Doutor João de Castro Mendes*, Lisboa, sd, pp. 293 e ss., em especial pp. 314 e ss. Consulte-se igualmente BIGLIAZZI GERI, *Della Risoluzione per Inadempimento*, cit., pp. 28 e ss.

DA CESSAÇÃO DO CONTRATO

culposa de cumprimento (art. 801º do CC). Podendo, assim, aludir-se a um incumprimento definitivo em sentido amplo onde se inclui a impossibilidade culposa de cumprimento[279].

Tornando-se impossível a prestação por causa imputável ao devedor, apesar de a obrigação não poder ser cumprida, o vínculo contratual não se extingue automaticamente; tornando-se a prestação impossível, o credor tem a faculdade de resolver o contrato (art. 801º, nº 2, do CC), mas, querendo, pode mantê-lo em vigor, exigindo a correspondente indemnização[279a].

Se o credor perder o interesse na prestação, não se justifica que o *solvens* a pretenda realizar, na medida em que, sendo a satisfação do interesse do *accipiens* o fim para o qual a obrigação foi constituída, se este fim não se pode obter por culpa do devedor, estar-se-á perante um caso de incumprimento definitivo[280]. A perda de interesse na prestação é apreciada objectivamente (art. 808º, nº 2, do CC) e pode advir de factores vários, tais como a mudança de estação relativamente a vestuário ou a perda de utilidade de realização (p. ex., em negócios sazonais[281]). É ao credor que incumbe a prova da perda de interesse (art. 342º, nº 2, do CC). Muitas vezes, a perda de interesse resulta da própria natureza da prestação assumida, que deixa de satisfazer o credor a partir de determinada data (p. ex., não haverá interesse do credor em receber o bolo de noiva no dia imediato ao do casamento), mas a perda de interesse pode advir do ajuste de um termo essencial (*v. g.*, as partes estabeleceram que

---

[279] Relativamente à impossibilidade imputável e ao incumprimento definitivo, além dos manuais já indicados, veja-se ENZO ROPPO, «L'Inadempimento e la Responsabilità», *Casi e Questioni di Diritto Privato*, Mario BESSONE (org.), 2ª edição, Milão, 1995, pp. 309 e ss. Refira-se que, no sistema italiano, o art. 1453 do CCIt. assenta na perspectiva oposta, estabelecendo como regra a resolução por incumprimento, a que se equipara a impossibilidade culposa, *vd.* CIAN/TRABUCCHI (ZACCARIA), *Commentario Breve al Codice Civile*, 6ª edição, Pádua, 2003, anotação art. 1453, pp. 1596 e s. Também nos sistemas jurídicos anglo-saxónicos, a impossibilidade de realização da prestação determina o incumprimento, com as normais consequências, nomeadamente a via da resolução do contrato, cfr. MCKENDRICK, *Force Majeure and Frustration of Contract*, 2ª edição, Londres, 1998, pp. 34 e ss.

[279a] Por vezes, discute-se se, em caso de impossibilidade de realização da prestação, a resolução do contrato será automática (cfr. SAN MIGUEL PRADERA, *Resolución del Contrato por Incumplimiento y Modalidades de su Ejercicio*, Madrid, 2004, pp. 77 e ss.), mas na ordem jurídica portuguesa a questão não se deve colocar. Veja-se, *infra* (Capítulo II, Secção II, § 4, nº 8, alínea *e*), subalínea *β*, III.), como crítica à indemnização pelo dano negativo, a opção do credor pela realização contraprestação em vez de resolver o contrato.

[280] Relativamente à perda de interesse do credor, veja-se BAPTISTA MACHADO, «Pressupostos da Resolução por Incumprimento», *Obra Dispersa*, Volume I, Braga, 1991, pp. 158 e ss.

[281] Entendendo que o interesse do credor objectivamente determinado foi posto em causa por frustração de planos e perda de oportunidades, veja-se Ac. Rel. Cb. de 11/5/1999, *BMJ* 487, p. 372.

REGIME DA CESSAÇÃO DO CONTRATO

a mercadoria tinha de ser impreterivelmente entregue em certa data, sob pena de não ser recebida em momento posterior)[282].

O credor pode estabelecer um prazo razoável para o devedor realizar a prestação após o seu vencimento, findo o qual esta se considera definitivamente incumprida; por isso se designa «prazo admonitório»[283]. De outra forma, o credor que não tivesse perdido o interesse na prestação ficaria indefinidamente adstrito à relação obrigacional que o ligava à contraparte e, principalmente em contratos sinalagmáticos, tal indeterminação poderia acarretar consequências nefastas para a parte adimplente. Na interpelação de prazo admonitório, além da consequência de se considerar a prestação definitivamente incumprida, por economia de meios, pode incluir-se a declaração condicional de resolução do contrato; caso em que, transformando-se a mora em incumprimento definitivo pelo decurso do prazo suplementar, preenche-se a condição suspensiva e o contrato resolve-se[284]. Em determinados casos, o prazo admonitório é legal, pelo que o credor não tem de estabelecer um prazo razoável de cumprimento; assim, na eventualidade de mora no pagamento de renda perpétua (art. 1235º do CC) ou no pagamento do preço da empreitada de obras públicas (art. 332º, nº 1, alínea c), do CCP), o legislador estabeleceu um prazo, respectivamente de dois anos e de seis meses, findo o qual o credor pode resolver o contrato. Nestes casos, pelo decurso do prazo legal, a mora transforma-se automaticamente em incumprimento definitivo.

Quando o devedor declara expressamente – de modo significativo[285] – não pretender cumprir a prestação a que está adstrito, não se torna necessário que

---

[282] A análise do acordo relativo ao termo essencial tem particular desenvolvimento em Itália, atendendo ao disposto no art. 1457 do CCIt.; veja-se, por exemplo, SMIROLDO, *Profili della Risoluzione per Inadempimento*, Milão, 1982, pp. 7 e ss. Veja-se igualmente a possibilidade de resolução por violação de prazo essencial no direito inglês em WILLMOTT/CHRISTENSEN/BUTLER, *Contract Law*, reimpressão, Oxford, 2002, pp. 629 e s.

[283] O regime é similar no direito inglês, onde, em caso de prazo não essencial, para resolver o contrato, o credor deve notificar o devedor dando-lhe um prazo razoável para realizar a prestação, cfr. WILLMOTT/CHRISTENSEN/BUTLER, *Contract Law*, cit., pp. 630 e s. Como resulta do disposto no art. 1454 do CCIt., o credor não deverá estabelecer um prazo admonitório inferior a quinze dias. Quanto a este regime e excepções, veja-se CAGNASSO/COTTINO, *Contratti Commerciali, in Trattato di Diritto Commerciale*, org. Cottino, Volume 9, Pádua, 2000, pp. 89 e s. A resolução do contrato posterior ao decurso do prazo suplementar também foi consagrada nos princípios UNIDROIT (7.1.5 e 7.1.3.3), cfr. SCHLECHTRIEM, «Termination of Contract under the Principles of International Commercial Contracts», *in Contratti Commerciali Internazionali e Principi Unidroit*, org. Michael Joachim BONELL e Franco BONELLI, Milão, 1997, pp. 264 e ss.

[284] Cfr. Ac. Rel. Pt. de 27/4/1995, *BMJ* 446, p. 352.

[285] Diferentemente do direito italiano, onde se prescreve que a declaração de incumprimento do devedor deve ser feita por escrito (art. 1219 do CCIt.), no sistema português não se exige forma

DA CESSAÇÃO DO CONTRATO

o credor lhe estabeleça um prazo suplementar para haver incumprimento definitivo. A declaração do devedor é suficiente, por exemplo no caso em que, sem fundamento, resolve o contrato ou afirma, de forma inequívoca, que não realizará a sua prestação[286]. Mas se o *solvens*, antes do vencimento, manifestou a sua intenção clara de não cumprir e não estão preenchidos os pressupostos da perda do benefício do prazo (art. 780º, nº 1, do CC), que permitem a exigibilidade antecipada, por via de regra, o não cumprimento definitivo só se verifica na data do vencimento se, na realidade, até esse momento o devedor não tiver realizado a sua prestação. Este princípio poderá, porém, ser alterado por força das regras da boa fé, sempre que se justifique tutelar o credor que confiou na declaração do devedor de incumprimento antecipado[287].

Nestes últimos dois casos – em que foi estabelecido um prazo admonitório ou que o devedor declarou não cumprir –, o regime do não cumprimento definitivo funciona em alternativa à realização coactiva da prestação. De modo diverso, se a prestação for impossível, ou se o credor perder o interesse, já não

---

especial; é necessário notar que a regra italiana tem que ver com a constituição em mora e não com o incumprimento definitivo. Sobre o mencionado regime, veja-se VISINTINI, *Inadempimento e Mora del Debitore, Artt. 1218 – 1222, in Schlesinger – Il Códice Civile Commentario*, Milão, 1987, pp. 445 e ss.

[286] Quanto à interpretação da declaração do devedor, *vd.* PAULO MOTA PINTO, *Declaração Tácita e Comportamento Concludente no Negócio Jurídico*, Coimbra, 1995, pp. 486 e ss., aludindo à avaliação objectiva da finalidade do agente, no caso o devedor. O exemplo da resolução injustificada funcionar como declaração de não cumprimento surge em CALVÃO DA SILVA, «A Declaração da Intenção de não Cumprir», *Estudos de Direito Civil e Processo Civil (Pareceres)*, Coimbra, 1996, pp. 137 e ss. Entendendo que a resolução injustificada do contrato constitui uma declaração terminante e definitiva de não cumprimento, cfr. GUICHARD/SOFIA PAIS, «Contrato-Promessa: Resolução Ilegítima e Recusa Terminante de Cumprir; Mora como Fundamento de Resolução; Perda do Interesse do Credor na Prestação; Possibilidade de Desvinculação com Fundamento em Justa Causa; "Concurso de Culpas" no Incumprimento; Redução da Indemnização pelo Sinal», *DJ*, XIV, 2000, 1, p. 316. Como esclarece MCKENDRICK, *Contract Law*, 5ª edição, Londres, 2003, pp. 393, o incumprimento pode resultar de uma expressa recusa de efectuar a prestação, mas igualmente de uma conduta da parte que evidencia esse comportamento; não determinando essa intenção as dificuldades, mormente económicas, de uma das partes. Relativamente à exteriorização da recusa de cumprimento, demarcando-a de outros actos do devedor, *vd.* BRANDÃO PROENÇA, «A Hipótese da Declaração (*Lato Sensu*) Antecipada de Incumprimento por Parte do Devedor», *Estudos Em Homenagem ao Professor Doutor Jorge Ribeiro de Faria*, Coimbra Editora, Coimbra, 2003, pp. 364 e ss.

[287] Com fundamentação diversa, FERREIRA DE ALMEIDA, «Recusa de Cumprimento Declarada antes do Vencimento (Estudo de Direito Comparado e de Direito Civil Português)», cit., pp. 314 e s., relacionando com a perda de interesse do credor. Diferentemente, BRANDÃO PROENÇA, «A Hipótese da Declaração (*Lato Sensu*) Antecipada de Incumprimento por Parte do Devedor», cit., pp. 378 e ss., em especial pp. 387 e ss., assume uma posição mais ampla, dando maior relevância a tais declarações do devedor, ainda que anteriores ao vencimento, concluindo (p. 389) que a recusa antecipada é uma conduta violadora que se integra no incumprimento.

REGIME DA CESSAÇÃO DO CONTRATO

se poderá recorrer à realização coactiva da prestação (arts. 817º e ss. do CC); mas, se o prazo razoável estabelecido pelo credor não for respeitado ou se o devedor declarar que não vai cumprir, o *accipiens* pode optar entre as regras do incumprimento definitivo (dever de indemnizar) e as da acção de cumprimento e de execução específica (dever de prestar)[288]. Tendo o credor optado pela acção de cumprimento, e frustrando-se o respectivo resultado, pode, depois, resolver o contrato, na medida em que o recurso àquela acção não implica, necessariamente, uma renúncia ao direito de resolver o contrato[289]. Ainda que verificados os pressupostos da resolução do contrato, a parte que dispõe deste direito potestativo pode optar pela realização coactiva da prestação (arts. 817º e ss. do CC), mas esta via não inviabiliza o direito de resolução[290]. Na realidade, a acção de cumprimento não obsta ao exercício posterior do direito de resolução, se aquela se revelar infrutífera; contudo, o recurso à realização coactiva pode levar a concluir que a parte lesada prescinde (renún-

---

[288] Com posição diversa, em especial justificada na redacção do correspondente § 326(1) do BGB, alguma doutrina em Portugal considera que o estabelecimento de um prazo suplementar (admonitório) determina extinção da prestação, pelo que ao credor só caberia resolver o contrato e exigir indemnização (cfr. BAPTISTA MACHADO, «Pressupostos da Resolução por Incumprimento», cit., pp. 165 e s.; BRANDÃO PROENÇA, *A Resolução do Contrato no Direito Civil*, cit., p. 120). Ao argumento de direito comparado, acrescenta-se que o estabelecimento do prazo admonitório corresponde a uma declaração de que, após o seu decurso, o credor já não pretende o cumprimento, não sendo lícito alterar o seu comportamento; a isto acresce que o devedor, estando simultaneamente sujeito a duas consequências – exigência de cumprimento ou resolução do contrato – ficaria numa situação de acentuado desequilíbrio (cfr. LURDES PEREIRA, *Conceito de Prestação e Destino da Contraprestação*, Coimbra, 2001, pp. 67 e ss.). Em crítica a estas posições, veja-se PINTO OLIVEIRA, «Contributo para a Interpretação do artigo 808º do Código Civil», *CDP*, nº 5 (2004), pp. 11 e ss.
Em Itália, a opção entre a resolução e a prestação de cumprimento tem expressa consagração legislativa (art. 1457 do CCIt.), cfr. SMIROLDO, *Profili della Risoluzione per Inadempimento*, cit., pp. 228 e ss.
[289] Cfr. DUTILLEUL/DELEBECQUE, *Contrats Civils et Commerciaux*, cit., p. 305. Veja-se, contudo, as referências feitas a propósito da venda a prestações (II Parte, Capítulo I, § 1, nº 2, alínea *b*), IV.).
[290] Como esclarecem TORRENTE/SCHLESINGER, *Manuale di Diritto Privato*, 15ª edição, Milão, 1997, p. 510, o facto de se ter previamente intentado a acção de cumprimento não inviabiliza a possibilidade de, posteriormente, a parte lesada mudar de ideia e exercer o direito de resolução do contrato. No mesmo sentido, TRABUCCHI, *Istituzioni di Diritto Civile*, 32ª edição, Pádua, 1991, p. 638, designa esta mudança por *ius variandi*. Cfr. também MALINVAUD, *Droit des Obligations*, 8ª edição, Paris, 2003, p. 354. Do que escreve GALVÃO TELLES, *Direito das Obrigações*, 7ª edição, Coimbra, 1997, p. 464 – «se pede em juízo a execução, não pode depois prevalecer-se da resolução» – poder-se-ia concluir que defende a opinião contrária à indicada no texto, mas o autor esclarece que alude à «execução», não como prestação em espécie (direito ao cumprimento), mas «sob forma de *sucedâneo*» (indemnização por incumprimento).
Tendo em conta o que vem referido *infra*, a propósito da venda a prestações (II Parte, Capítulo I, § 1., nº 2, alínea *b*), III.), poder-se-ia inferir uma posição diversa da que agora vem sustentada, trata-se, porém, de uma situação excepcional, assente na tutela da confiança.

DA CESSAÇÃO DO CONTRATO

cia) da resolução e, então, se vier a resolver depois o contrato haverá um *venire contra factum proprium*. Já a solução inversa não é viável, porque, depois de resolvido o contrato, extinguiu-se o vínculo e as correspondentes prestações, pelo que o cumprimento coactivo não mais poderá ser exigido[291].

Por último, em caso de impossibilidade culposa de realizar a prestação as consequências são similares às resultantes do incumprimento definitivo (arts. 801º e 802º do CC).

III. Por via de regra, o incumprimento definitivo verifica-se em data posterior à do vencimento da prestação, daí que a resolução constitui o mecanismo a que uma parte, principalmente em contratos de execução instantânea, pode recorrer depois de já se ter vencido e tornado definitivamente incumprida a prestação da outra parte. Contudo, nada obsta a que, excepcionalmente, em determinadas hipóteses, o incumprimento definitivo ocorra em data anterior à do vencimento da prestação; em particular no caso de o facto determinante da impossibilidade de cumprimento ou a declaração inequívoca do devedor de que não realizará a prestação se tenham verificado em momento anterior ao do vencimento da prestação. Estar-se-á perante situações de incumprimento definitivo antecipado que viabilizam o recurso à resolução do contrato; é este o sentido do art. 7.3.3 dos Princípios UNIDROIT, ao dispor que «uma parte pode resolver o contrato se, antes do vencimento, for manifesto que haverá incumprimento essencial pela outra parte». Nestes casos, o contrato pode ser resolvido antes da data em que a prestação da parte faltosa deveria ser realizada[292].

---

[291] Cfr. TORRENTE/SCHLESINGER, *Manuale di Diritto Privato*, cit., p. 510, com base no disposto no art. 1453.3 do CCIt., indicando que a máxima *electa una via non datur recursus ad alterum* só vale nesta hipótese. Por seu turno, LURDES PEREIRA, *Conceito de Prestação e Destino da Contraprestação*, cit., p. 69, nota 155, utiliza esta constatação para concluir, tendo em conta uma «semelhança valorativa», que depois do decurso do prazo admonitório já não poderá ser exigida a realização coactiva da prestação; mas não há que recorrer à analogia, porque falta a lacuna, e os efeitos das duas declarações negociais são claramente distintos.

[292] Sobre a resolução com base em incumprimento antecipado, que surge no direito inglês em meados do séc. XIX, veja-se LAITHIER, Étude Comparative des Sanctions de L'Inexécution du Contrat, cit. pp. 553 e ss. MCKENDRICK, *Contract Law*, pp. 402 e ss., citando decisões judiciais desde 1853, indica como exemplo típico a hipótese de uma parte, antes do vencimento da prestação contratual, informar a contraparte de que não efectuará a prestação, em que o incumprimento antecipado permite a imediata resolução do contrato. Veja-se ainda STONE, *The Modern Law of Contract*, 5ª edição, reimpressão, Londres, 2003, p. 424. Apesar da origem inglesa, a ideia surge também em ordens jurídicas de influência continental, cfr. SALVO VENOSA, *Direito Civil. Teoria Geral das Obrigações e Teoria Geral dos Contratos*, S. Paulo, 2001, pp. 446 e ss. Quanto à consagração

REGIME DA CESSAÇÃO DO CONTRATO

IV. A resolução, além de pressupor o incumprimento definitivo de uma prestação contratual, exige a gravidade da violação; no fundo, a resolução justifica-se porque, atendendo à relevância do incumprimento, não se permite a subsistência do vínculo. Não é, portanto, qualquer incumprimento, ainda que definitivo, que viabiliza a resolução; por isso, no art. 802º, nº 2, do CC se dispõe que o não cumprimento parcial de escassa importância não faculta ao lesado o direito de resolver o contrato[293].

A gravidade do incumprimento não é apreciada em função da culpa – negligência leve, grave ou dolo – do devedor, mas atendendo às consequências do incumprimento para o credor. A relevância do incumprimento para efeito de resolução do contrato tem de ser apreciada em função do caso concreto, sendo o conceito de gravidade distinto segundo o tipo contratual em questão e as particularidades do concreto negócio estipulado[294].

---

da regra do incumprimento antecipado nos princípios do UNIDROIT, cfr. SCHLECHTRIEM, «Termination of Contract under the Principles of International Commercial Contracts», cit., p. 264.

[293] Sobre a gravidade ou importância do inadimplemento como pressuposto da resolução, veja-se BAPTISTA MACHADO, «Pressupostos da Resolução por Incumprimento», cit., pp. 130 e ss.; BRANDÃO PROENÇA, A Resolução do Contrato no Direito Civil, cit., pp. 129 e ss., assim como o Ac. STJ de 25/11/1999, CJ (STJ) 1999, T. III, p. 124.

A gravidade do incumprimento consta expressamente como requisito da resolução no art. 1455 do CCIt. (cfr. CIAN/TRABUCCHI (ZACCARIA), Commentario Breve al Codice Civile, cit., anotação art. 1455, pp. 1617 e s.) e do Livro 6, art. 265, nº 1, do CCHol. (cfr. MAHÉ/HONDIUS, «Les Sanctions de L'Inexécution en Droit Néerlandais», Les Sanctions de l'Inexécution des Obligations. Études de Droit Comparé, org. Marcel FONTAINE e Geneviève VINEY, Bruxelas, 2001, pp. 852 e s.). Mesmo em caso de omissão legal, é usualmente mencionada como requisito da resolução, vd. ÁLVAREZ VIGARAY, La Resolución de los Contratos Bilaterales por Incumplimiento, 3ª edição, Granada, 2003, pp. 213 e ss. Exigência que também se encontra no sistema anglo-saxónico, onde se alude a material breach ou a fundamental non-performance, cfr. CALAMARI/PERILLO, The Law of Contracts, cit., pp. 413 e ss. Sobre a ideia de violação grave para efeitos de resolução no plano internacional, vd. LIMA PINHEIRO, «Cláusulas Típicas dos Contratos do Comércio Internacional», Estudos de Direito Comercial Internacional, Volume I, Coimbra, 2004, pp. 262 e s. Veja-se ainda DELACOLLETTE, Les Contrats de Commerce Internationaux, 3ª edição, Bruxelas, 1996, p. 36, quanto à noção de violação essencial, constante do art. 25 da Convenção de Viena sobre Contratos de Compra e Venda Internacional de Mercadorias. Como resulta do art. 49, nº 1, alínea a), assim como do art. 64, nº 1, alínea a), da sobredita Convenção, o comprador ou o vendedor pode resolver o contrato em caso de incumprimento essencial, cfr. os comentários de LÓPEZ LÓPEZ e de DÍEZ-PICAZO in La Compraventa Internacional de Mercaderías. Comentario de la Convención de Viena, org. DÍEZ-PICAZO, Madrid, 1997, pp. 437 e s. e p. 504. A mesma exigência de gravidade resulta dos princípios UNIDROIT, cfr. SCHLECHTRIEM, «Termination of Contract under the Principles of International Commercial Contracts», cit., pp. 255 e s. 257 e ss.

[294] COLLURA, Importanza dell'Inadempimento e Teoria del Contratto, Milão, 1992, pp. 37 e ss., alude à importância do incumprimento em diferentes tipos contratuais (compra e venda, empreitada, mútuo e locação) e, depois (pp. 75 e ss.), indica outras referências quanto à relevância do incum-

DA CESSAÇÃO DO CONTRATO

V. Refira-se ainda que, apesar de a resolução por incumprimento encontrar a sua base legal no n.º 2 do art. 801.º do CC, onde se alude a contratos sinalagmáticos, não se pode concluir que esteja excluída em contratos unilaterais, como o comodato[295/296]. Dificilmente num contrato não sinalagmático o incumprimento de deveres obrigacionais por parte daquele que não se encontra vinculado à realização de uma prestação justificará que a contraparte possa invocar o direito de desvinculação, mas essa via não estará excluída atento o fundamento da resolução por incumprimento, em particular nos contratos de execução continuada[296a]. Por outro lado, ainda que o sinalagma seja imperfeito, faltando a reciprocidade entre as prestações das partes, a falta de cumprimento de uma prestação pode justificar que a contraparte resolva o contrato[297].

---

primento em contratos atípicos. O autor (ob. cit., p. 36) explica que, em alguns contratos típicos, o legislador tenta delimitar a gravidade para efeito de se resolver o contrato. Veja-se ainda o estudo de VERDERA SERVER, *Inadempimento e Risoluzione del Contratto*, Pádua, 1994, pp. 207 e ss., 256 e ss. e 292 e ss.

[295] A regra de que a resolução se aplica no âmbito de contratos sinalagmáticos é normalmente indicado pela doutrina e jurisprudência, cfr. PALMIERI, *La Risoluzione per Inadempimento nella Giurisprudenza*, Milão, 1994, pp. 9 e ss.

[296] Manifestando dúvidas acerca da resolução de contratos unilaterais, *vd.* ÁLVAREZ VIGARAY, *La Resolución de los Contratos Bilaterales por Incumplimiento*, cit., pp. 408 e ss. Com uma apreciação crítica relativamente aos casos em que a lei admite a resolução de contratos unilaterais, veja-se BRANDÃO PROENÇA, *A Resolução do Contrato no Direito Civil*, cit., pp. 97 e ss. Quanto à possibilidade de resolver um contrato não sinalagmático, nomeadamente gratuito, *vd.* BIANCHI, *Rescissione e Risoluzione dei Contratti con Riferimenti al Diritto Civile del XXI Secolo*, Pádua, 2003, pp. 173 e ss. De facto, como afirma CABELLA PISU, *Dell'Impossibilità Sopravvenuta. Artt. 1463–1466*, Bolonha, 2002, pp. 30 e s., apesar de a resolução ser um efeito típico dos contratos sinalagmáticos, estando no Código Civil Italiano circunscrita aos contratos com prestações recíprocas, há certas manifestações deste meio de desvinculação em contratos unilaterais. A questão surge desenvolvida, admitindo a resolução, em MARUCCI, *Risoluzione per Inadempimento dei Contratti non Correspettivi*, Nápoles, 2000, pp. 121 e ss. No direito alemão, atendendo à relação entre os §§ 281 e 323 do BGB, admite-se que a resolução é específica dos contratos sinalagmáticos, cfr. EMMERICH, *Das Recht der Leistungsstörungen*, cit., p. 301. Por seu turno, a doutrina francesa entende normalmente que a resolução se aplica aos contratos sinalagmáticos e aos contratos reais *quoad constitutionem* (p. ex., mútuo. depósito), cfr. MALINVAUD, *Droit des Obligations*, cit., p. 355; STARCK/ROLAN/BOYER, *Droit Civil. Obligations. 2 Contrat*, 3ª edição, Paris, 1989, p. 649. Por seu turno, TERRÉ/LEQUETTE/SIMLER, *Droit Civil. Les Obligations*, 8ª edição, Paris, 2002, p. 625, preconizam que a resolução se aplica aos contratos unilaterais a título oneroso.

[296a] Veja-se nomeadamente *infra*, a propósito do comodato (II Parte, Capítulo VI, § 4.).

[297] *Vd.* VAZ SERRA, «Resolução do Contrato», *BMJ*, 68 (1957), pp. 169 e ss., aludindo em especial ao mútuo, mas fazendo referência também a outros contratos reais. Veja-se igualmente GHESTIN/ JAMIN/BILLIAU, *Les Effets du Contrat. Interprétation. Qualification. Durée. Inexécution. Effet Relatif.*

REGIME DA CESSAÇÃO DO CONTRATO

A referência legal a contratos bilaterais (art. 801º, nº 2, do CC) abrange os contratos sinalagmáticos genéticos e funcionais, mas não obsta à aplicação deste regime em caso de faltar a relação sinalagmática comutativa (p. ex., no contrato de sociedade[298])[299]. Por isso, a resolução pode ser requerida em contratos aleatórios, como o seguro (p. ex., arts. 116º a 118º da LCS) ou a renda vitalícia (art. 1242º do CC), desde que verificados os respectivos pressupostos[300].

β. Efeitos

I. Em caso de incumprimento definitivo, sem atender ao eventual recurso à realização coactiva da prestação, o credor terá direito a exigir dois tipos de prestações: as que se relacionam com efeitos contratuais e as que resultam da responsabilidade civil. No primeiro caso, como efeitos contratuais, o credor poderá exigir a redução da sua contraprestação e a resolução do contrato. Como decorrência da responsabilidade civil, o credor pode reclamar uma indemnização por danos e recorrer ao instituto do *commodum* de representação.

O credor não tem uma total liberdade de opção entre estas quatro soluções mas, na medida em que a lei lhe permita uma escolha, ela será, em princípio, definitiva. Apesar de os direitos que a lei confere ao credor para o caso de não cumprimento definitivo não serem de exercício alternativo, eles podem, em certa medida, cumular-se ou combinar-se; em particular o direito à indemnização conjuga-se com os restantes meios jurídicos, mormente com a resolução.

II. Assim, se o credor opta pelo *commodum* de representação (art. 803º, nº 1, do CC), exigindo, por exemplo, a entrega de uma coisa adquirida pelo devedor em substituição do objecto da prestação que este não efectuou ou sub-rogando-se directamente na titularidade de um direito que o *solvens* tenha adquirido contra terceiro, não pretenderá resolver o contrato. É evidente que qualquer das situações de *commodum* pode constituir o meio para efectivar o

---

Opposabilité, in Traité de Droit Civil, sob a coordenação de Jacques Ghestin, 3ª edição, Paris, 2001, pp. 494 e ss.

[298] Quanto às especificidades da resolução no âmbito do contrato de sociedade, veja-se *infra* II Parte, Capítulo III, § 2, n.os 3 e 4.

[299] Sobre as diferentes perspectivas do sinalagma, *vd.* BETTI, *Teoria Generale delle Obbligazioni*, Volume III, *Fonti e Vicende Dell'Obbligazione*, Milão, 1954, pp. 67 e ss., indicando que, por exemplo, falta aos contratos de associação o sinalagma comutativo (p. 71).

[300] Cfr. VAZ SERRA, «Resolução do Contrato», cit., p. 189. De modo diverso, TERRÉ/LEQUETTE/SIMLER, *Droit Civil. Les Obligations*, cit., pp. 626 e s., entendem, como princípio, que a resolução não se aplica a contratos aleatórios, exemplificando com o seguro, nos quais, segundo afirmam, a resolução foi substituída por um sistema de caducidades.

DA CESSAÇÃO DO CONTRATO

direito de indemnização, que será reduzido na medida correspondente (art. 803º, nº 2, do CC), e o pedido indemnizatório não exclui necessariamente o direito de resolução. Assim, se com o recurso ao *commodum* o credor pretende obter uma prestação substitutiva, afasta a resolução, mas se, pelo contrário, o *commodum* constitui um meio de ressarcimento de danos, pode cumular-se com a resolução (p. ex., se o comprador se sub-roga nos direitos do vendedor contra o fornecedor deste em razão dos defeitos da coisa adquirida pode querer ou não a subsistência do contrato).

De igual modo, se o credor opta por reduzir a sua contraprestação, não se quer desvincular, estando, pois, excluída a resolução. Quando, em consequência do incumprimento definitivo, normalmente parcial, o credor pretende reduzir a sua contraprestação, o contrato subsiste, ainda que modificado.

O credor que preferiu receber uma indemnização em lugar da prestação, com ou sem recurso ao *commodum*, ou que tenha reduzido a sua contraprestação não poderá, depois, perante a mesma realidade, resolver o contrato. Pela mesma razão, tendo o credor optado pela resolução do contrato, está-lhe vedado o caminho da contraprestação reduzida ou de uma indemnização substitutiva da prestação. São pedidos incompatíveis que, após terem produzido efeito, inviabilizam o recurso a solução diversa.

Mas os referidos efeitos não são necessariamente incompatíveis, podendo haver determinadas combinações. Por exemplo, a redução da contraprestação pode cumular-se com um pedido indemnizatório e, como se afirmou, nada obsta a que, num determinado contexto, a resolução se cumule com a indemnização (*vd. infra* nº 8, alínea *e*)).

d) Cumprimento defeituoso

I. Sempre que o devedor realiza a prestação a que estava adstrito em violação do princípio da pontualidade do cumprimento, há uma não conformidade; uma discrepância entre o «ser» e o «dever ser»[301]. Em rigor, nesses casos, nem sequer há cumprimento, porque o cumprimento é necessariamente pontual[302].

Em princípio, se o interesse do credor não fica satisfeito, o devedor não é liberado da sua prestação[303], mas isso não impede que se possa falar de cumprimento, só que, desconforme ou inexacto.

---

[301] Cfr. GILLIG, *Nichterfüllung und Sachmängelgewährleistung. Ein Beitrag zum System der Vertragshaftung*, Tubinga, 1984, p. 279.

[302] *Vd.* CUNHA DE SÁ, «Direito ao Cumprimento e Direito a Cumprir», *RDES*, XX (1973), p. 154.

[303] Neste sentido, cfr. BELTRÁN DE HEREDIA Y ONÍS, *El Incumplimiento de las Obligaciones*, Madrid, 1990, p. 58; FIKENTSCHER, *Schuldrecht*, 8ª edição, Berlim, 1992, p. 259; GONZÁLEZ GONZÁLEZ,

REGIME DA CESSAÇÃO DO CONTRATO

Em sentido amplo, o cumprimento defeituoso corresponde a uma desconformidade entre a prestação devida e a que foi realizada. É, portanto, sinónimo de cumprimento inexacto ou imperfeito[304]/[305]. Frequentemente, associa-se o cumprimento defeituoso a situações em que foi entregue coisa com vícios, mas esta modalidade de incumprimento abrange uma multiplicidade de hipóteses, como no caso de ser realizada uma prestação de facto desconforme, nomeadamente uma prestação de serviços defeituosa[306].

O cumprimento defeituoso depende do preenchimento de quatro condições. O devedor realizou a prestação violando o princípio da pontualidade; o credor procedeu à sua aceitação por desconhecer a desconformidade ou, conhecendo-a, após uma reserva; o defeito é relevante; e dele resultaram danos típicos[307].

Deste modo, as hipóteses que podem integrar a figura do cumprimento defeituoso são múltiplas.

II. Por vezes, no regime do cumprimento defeituoso, contrapõe-se a realização de prestações genéricas e específicas.

La Resolución como Efecto del Incumplimiento en las Obligaciones Bilaterales, Barcelona, 1987, p. 39; MESSINEO, *Manuale di Diritto Civile e Commerciale*, Volume III, 9ª edição, Milão, 1959, § 112.9, p. 292.

[304] Sobre a figura, consulte-se MENEZES CORDEIRO, *Direito das Obrigações*, Volume II, cit., pp. 440 e ss.; ALMEIDA COSTA, *Direito das Obrigações*, cit., pp. 1058 e ss.; RIBEIRO DE FARIA, *Direito das Obrigações*, Volume II, cit., pp. 459 e ss.; PESSOA JORGE, *Direito das Obrigações*, Volume I, cit., pp. 462 e ss.; MENEZES LEITÃO, *Direito das Obrigações*, Volume II, cit., pp. 259 e ss.; ROMANO MARTINEZ, *Cumprimento Defeituoso*, cit., pp. 163 ss.; GALVÃO TELLES, *Direito das Obrigações*, cit., pp. 336 e ss.; ANTUNES VARELA, *Das Obrigações em Geral*, Volume II, cit., pp. 126 e ss.

[305] Na doutrina alemã, o cumprimento defeituoso é, muitas vezes, designado por «mau cumprimento» (*Schlechterfüllung*). Todavia, LARENZ, *Lehrbuch des Schuldrechts*, Volume I, *Allgemeiner Teil*, 14ª edição, Munique, 1987, p. 364, nota 5, considera que é preferível falar em «má prestação» (*Schlechtleistung*), pelo que, a partir da 10ª edição da obra citada, decidiu abandonar a expressão «mau cumprimento», para não se confundir o conteúdo da prestação com o correspondente cumprimento. Apesar desta tomada de posição, o autor em causa, na 14ª edição, continua a usar o termo *Schlechterfüllung*, por exemplo, no início da p. 368 e a meio da p. 369.

De facto, a expressão «cumprimento defeituoso» (ou mau cumprimento) é mais ampla do que «prestação defeituosa», pelo que, sempre que se pretenda restringir a noção daquele, usar-se-á esta última expressão. Afora essas situações particulares, as duas locuções serão usadas em sinonímia.

[306] Relativamente ao incumprimento resultante de defeito de prestação de serviços, *vd.* VACCÀ, «La Responsabilità per Inadempimento del Prestatore di Servizi: Attuali Trati ed Evoluzione della Disciplina», *in Inadempimento, Adattamento, Arbitrato. Patologie dei Contratti e Remedi*, org. Ugo DRAETTA e Cesare VACCÀ, Milão, 1992, pp. 141 e ss.

[307] Para maiores desenvolvimentos, consulte-se ROMANO MARTINEZ, *Cumprimento Defeituoso*, cit., pp. 129 e ss.

DA CESSAÇÃO DO CONTRATO

Poder-se-ia admitir que o regime seria diverso, consoante a coisa a prestar estivesse ou não determinada à data do ajuste, pelo que o cumprimento defeituoso (geral) se circunscreveria às prestações genéricas, não podendo ser inexactamente cumprida uma prestação específica, pois a esta aplicar-se-ia o regime especial dos arts. 913º e ss. do CC).

Esta distinção tem particular acuidade no âmbito da compra e venda, onde se poderá considerar que, faltando a qualidade, o regime dos vícios redibitórios teria aplicação sendo a obrigação específica, mas não no caso de se tratar de venda de coisa genérica, pois, neste último caso, o problema seria de incumprimento do contrato[308]. Daqui resultaria a existência de dois regimes diversos aplicáveis, nomeadamente à compra e venda de coisa defeituosa consoante o bem fosse determinado (arts. 913º e ss. do CC) ou indeterminado (arts. 798º e ss. do CC); nesta última hipótese recorrer-se-ia ao regime regra do cumprimento defeituoso, sendo as regras específicas da compra e venda invocáveis apenas em caso de venda de coisa determinada.

A diferenciação poder-se-ia justificar no espaço jurídico alemão, com base no disposto no § 480 do BGB (anterior versão, já revogada), mas no sistema jurídico português tal distinção não pode ser aceite; e, mesmo no direito alemão após a reforma de 2002, a dualidade de soluções foi afastada, como resulta do § 433 do BGB[309].

Tanto no caso de a coisa ser determinada como indeterminada, os atributos de qualidade fazem parte da prestação devida.

---

[308] Cfr. MANUEL DE ANDRADE, *Teoria Geral da Relação Jurídica*, Volume II, Coimbra, 1966, pp. 231 e 232, nota 2; CARNEIRO DA FRADA, «Erro e Incumprimento na Não-Conformidade da Coisa com o Interesse do Comprador», *Dir.*, 121 (1989), III, pp. 478 e ss.; TEIXEIRA DE SOUSA, «O Cumprimento Defeituoso e a Venda de Coisas Defeituosas», *Ab Uno ad Omnes 75 Anos da Coimbra Editora*, Coimbra, 1998, pp. 567 e ss. Esta diferenciação de regimes, mesmo em sistemas onde não há (ou havia) uma justificação legal, como o alemão, surge na doutrina, veja-se por exemplo, FENOY PICÓN, *Falta de Conformidad y Incumplimiento en la Compraventa (Evolución del Ordenamiento Español)*, Madrid, 1996, pp. 79 e ss. e 177 e ss.

Em críticas às teses subjectivistas, que prescrevem soluções diversas de responsabilidade em caso de prestações genéricas e específicas, *vd.* GIORGIANNI, *L'Inadempimento. Corso di Diritto Civile*, cit., pp. 198 e ss.

[309] Veja-se CANARIS, «O Novo Direito das Obrigações na Alemanha», *Revista Brasileira de Direito Comparado*, nº 25 (2004), p. 21, explicando a vantagem que decorre da simplificação do novo regime. De igual modo, CANARIS, «Transposição da Directiva sobre Compra e Venda de Bens de Consumo para o Direito Alemão», *Estudos de Direito do Consumidor*, nº 3, Coimbra, 2001, pp. 53 e s., explica que a solução estabelecida no direito alemão vale para a compra e venda de coisa genérica e de coisa específica, colocando, assim, o sistema jurídico germânico em conformidade com a evolução internacional.

REGIME DA CESSAÇÃO DO CONTRATO

Por outro lado, a obrigação genérica transforma-se em específica com a concentração e esta, por via de regra, verifica-se aquando do cumprimento, mas nunca depois deste (art. 541º do CC). Assim sendo, não pode haver cumprimento defeituoso de obrigação genérica; o defeito da prestação só se pode reportar a uma coisa específica.

Como o defeito no cumprimento se determina na data em que a prestação é efectuada, mostra-se irrelevante que o acordo se reporte a uma coisa genérica ou específica, não havendo, por isso, que fazer tal distinção; o regime do cumprimento defeituoso será o mesmo independentemente de a prestação ajustada ser genérica ou específica[310].

III. Não obstante as variadas situações de cumprimento defeituoso, podem considerar-se as seguintes consequências da execução defeituosa, que, contudo, não têm de se verificar em todas as hipóteses.

O credor pode exigir que o cumprimento inexacto seja rectificado, entendida esta rectificação em sentido amplo, de forma a incluir, não só a eliminação do defeito de qualidade (p. ex., reparar a máquina), como também de outras inexactidões que se possam suprimir (*v. g.*, violação de certos deveres acessórios). Trata-se, no fundo, da realização subsequente da prestação devida, que foi cumprida de modo defeituoso.

Não sendo o defeito eliminável, o credor pode exigir que a prestação seja substituída. A substituição corresponde igualmente à realização subsequente da prestação devida (dever de prestar).

Enquanto o defeito não for eliminado, ou a prestação substituída, o credor pode recorrer à excepção de não cumprimento (arts. 428º e ss. do CC), recusando-se a efectuar a sua contraprestação.

Por outro lado, o credor poderá reduzir a sua contraprestação, sempre que o cumprimento inexacto implique uma perda de valor da prestação efectuada, de modo a reequilibrar a relação contratual.

É igualmente conferido ao credor o direito de resolver o contrato, quando se verifiquem os pressupostos dos arts. 801º e ss. do CC, em particular as previsões constantes do art. 808º do CC[311].

Para além disso, há o dever de indemnizar todos os danos que a prestação defeituosa tenha causado.

---

[310] Para maiores desenvolvimentos no âmbito da compra e venda, *vd.* ROMANO MARTINEZ, *Cumprimento Defeituoso,* cit., pp. 201 e ss. Veja-se igualmente PALMIERI, *La Risoluzione per Inadempimento nella Giurisprudenza,* cit., pp. 39 e ss.

[311] Quanto à resolução em caso de cumprimento defeituoso, cfr. BAPTISTA MACHADO, «Pressupostos da Resolução por Incumprimento», cit., pp. 168 e ss.

DA CESSAÇÃO DO CONTRATO

IV. Relacionado com a cessação do vínculo importa analisar estas duas últimas consequências.

Sendo o defeito da prestação suficientemente grave de molde a justificar a perda de interesse por parte do credor, este pode resolver o contrato[312]. De igual modo, não tendo o defeito sido eliminado ou a prestação substituída depois do decurso de um prazo admonitório, atendendo à gravidade do defeito, pode justificar-se que o credor resolva o contrato. Por último, tendo o devedor declarado que não realizará a prestação correctamente, pois não procederá à eliminação do defeito ou à substituição da prestação, independentemente de se ter estabelecido um prazo admonitório, o credor poderá resolver o contrato.

Como se afirmou *supra*, nas hipóteses de cumprimento defeituoso, é imperioso que o defeito seja relevante, pois neste âmbito a expressão *de minimis non curat praetor* tem particular relevância. Mas a importância da gravidade do defeito apresenta uma acuidade extrema no caso de resolução do contrato baseada no cumprimento defeituoso. De facto, ainda que a gravidade do defeito de cumprimento pudesse justificar a remoção do vício – e até a substituição da prestação – poderia não conferir ao credor o direito de resolver o contrato. O disposto no art. 1222º, nº 1, do CC evidencia bem o que se afirmou ao dispor que o cumprimento defeituoso só confere ao dono da obra o direito de resolver o contrato, «se os defeitos tornarem a obra inadequada ao fim a que se destina».

Cumulativamente com o exercício do direito de resolução, caberá ao credor que recebeu uma prestação defeituosa ser indemnizado dos prejuízos sofridos, podendo, portanto, a resolução cumular-se com um pedido indemnizatório (*vd. infra* nº 8, alínea *e*)).

e) Incumprimento não culposo

I. O princípio geral, resultante do disposto nos arts. 483º, nº 2, e 798º do CC, aponta no sentido de a responsabilidade contratual se basear na culpa do devedor; excepcionalmente, o incumprimento não culposo de uma prestação pode acarretar consequências similares às estabelecidas em sede de responsabilidade subjectiva[313]. Como resulta dos preceitos citados, a responsabilidade objectiva tem o seu campo de aplicação nos casos especialmente previstos.

---

[312] No direito inglês, como esclarece CRISCUOLI, *Il Contratto nel Diritto Inglese*, Pádua, 2001, p. 398, o *defective performance* (correspondente ao cumprimento defeituoso), por não ser sempre *fundamental*, não permite automaticamente a resolução do contrato.

[313] Quanto à responsabilidade objectiva e ao seu desenvolvimento, nomeadamente por influência do direito comunitário, veja-se ALPA/BESSONE, *La Responsabilità Civile*, I. *Prospettiva Storica, Colpa*

REGIME DA CESSAÇÃO DO CONTRATO

No que respeita à resolução fundada no incumprimento, apesar de não se incluir nas consequências da responsabilidade contratual, tem pressupostos comuns; todavia, em determinadas situações, a resolução pode não depender de uma actuação culposa do devedor[314]. Admite-se, então, que uma das partes resolva o contrato em caso de incumprimento não culposo da contraparte; não está em causa, nesta hipótese, a previsão de resolução por alteração das circunstâncias (art. 437º, nº 1, do CC), nem a extinção automática resultante de impossibilidade não culposa (art. 795º, nº 1, do CC)[315].

II. Em determinados casos, prevê-se que o devedor, sem culpa, seja responsabilizado pelo incumprimento da sua prestação. Assim, o *solvens* responde objectivamente por actos de terceiros, concretamente representantes legais e pessoas que utilize para o cumprimento da obrigação (art. 800º do CC): se os terceiros actuarem ilícita e culposamente, causando, por força dessa actuação, danos ao credor, responsabiliza-se o devedor «como se tais actos fossem praticados» por ele próprio. Deste modo, se o incumprimento se deve a acto de terceiro nas circunstâncias indicadas, apesar de o devedor não ter culpa, o credor pode resolver o contrato caso se verifiquem os restantes pressupostos da resolução, indicados a propósito do incumprimento culposo.

De igual modo, em algumas situações especialmente previstas, atendendo à repartição do risco, admite-se que uma das partes possa resolver o contrato perante um incumprimento não culposo de deveres contratuais. Assim, em caso de impossibilidade parcial, «o credor que não tiver, justificadamente, interesse no cumprimento parcial da obrigação pode resolver o negócio» (art. 793º, nº 2, do CC). Também no contrato de locação, cabendo ao locador assegurar o gozo da coisa para os fins a que se destina (art. 1031º, alínea *b*), do CC), se o locatário ficar privado dela ou sobrevier defeito no bem locado

---

Aquiliana, Illecito Contrattuale, II. *Responsabilità Oggettiva, Rischio D'impresa, Prevenzione del Danno*, 3ª edição actualizada por Pietro Maria PUTTI, Milão, 2001, pp. 331 e ss. e pp. 470 e ss.

[314] De modo diverso, como esclarece CANARIS, «O Novo Direito das Obrigações na Alemanha», cit., p. 16, o regime resultante da reforma do Código Civil Alemão determina que a resolução não depende da responsabilidade do devedor, concretamente não pressupõe que o incumprimento seja culposo (§ 323 do BGB).

[315] Por exemplo, BIANCA, *Dell'Inadempimento delle Obbligazioni*, cit., pp. 164 e s., assim como PALMIERI, *La Risoluzione per Inadempimento nella Giurisprudenza*, cit., pp. 48 e ss., aludem à resolução do contrato por incumprimento não culposo, no sentido de justificado em alteração das circunstâncias ou em impossibilidade não imputável ao devedor. Admitindo que a resolução não pressupõe sempre uma actuação culposa, *vd.* BAPTISTA MACHADO, «Pressupostos da Resolução por Incumprimento», cit., pp. 126 e s. e 129 e s.; CALVÃO DA SILVA, *Cumprimento e Sanção Pecuniária Compulsória*, cit., p. 293.

DA CESSAÇÃO DO CONTRATO

por causa não imputável às partes, o locatário pode resolver o contrato (art. 1050º do CC). Refira-se ainda, a título exemplificativo, que o dono da obra, em caso de impossibilidade parcial de execução da obra não imputável ao empreiteiro, pode resolver o contrato, indemnizando o empreiteiro pelo trabalho executado e despesas realizadas (art. 1227º do CC). Noutros diplomas, também se encontram algumas revisões legais de resolução não fundada em comportamento culposo da contraparte; assim, no contrato de agência (art. 30º, alínea *b*), do Decreto-Lei nº 178/86), admite-se que uma das partes possa recorrer à resolução se ocorrerem circunstâncias que prejudiquem a realização do fim contratual, e na venda de bens de consumo, a resolução por parte do consumidor não está na dependência de um comportamento culposo do comerciante (art. 4º do Decreto-Lei nº 67/2003).

Mesmo em situações ajustadas pelas partes, o incumprimento de obrigações sem culpa do devedor pode facultar ao credor o recurso à resolução do contrato. Por exemplo, no caso previsto no art. 921º do CC, admite-se que o comprador exija a substituição da coisa apesar de o vendedor não ter culpa, mas pode ajustar-se uma garantia nos termos da qual seja também atribuído ao adquirente o direito de resolver o contrato, apesar de o alienante não ter actuado com culpa[316].

Tais hipóteses são excepcionais, pelo que, na falta de previsão legal, não existindo culpa do devedor no incumprimento, estará vedado o recurso à resolução do contrato.

3. Resolução fundada em alteração das circunstâncias
a) Generalidades

Na alteração das circunstâncias estabelece-se um confronto entre a estabilidade e a segurança jurídica, por um lado, e a justiça comutativa, por outro; noutro plano, dir-se-á que existe uma contraposição entre a autonomia das partes e a boa fé.

De facto, em certos casos, admite-se a licitude do não cumprimento de certa prestação emergente de um contrato, porque as alterações entretanto surgidas tornam iníqua essa exigência. A questão não é recente, tendo suscitado polémica em torno de diversas teorias que podem justificar a não subsistência do contrato nos termos ajustados, desde a cláusula *rebus sic stantibus*,

---

[316] Noutros espaços jurídicos, a resolução da compra e venda com base em defeito da coisa não pressupõe culpa do vendedor, cfr. com base no art. 1493 do CCIt., BIANCA, *Dell'Inadempimento delle Obbligazioni*, cit., p. 64.

às teorias da pressuposição, da base do negócio e da imprevisão, até à consagração do instituto no art. 437º do CC[317].

b) Requisitos

I. Havendo alteração das circunstâncias, a parte lesada poderia resolver o contrato ou exigir a sua modificação segundo juízos de equidade (art. 437º, nº 1, do CC). Interessa, em particular, atender ao «direito à resolução do contrato», sendo imperioso verificar se os pressupostos do instituto se encontram preenchidos.

Em primeiro lugar, seria necessário averiguar quais as circunstâncias em que as partes fundaram a decisão de contratar. Concretamente, os factos que constituem a base em que os contraentes alicerçaram a decisão de negociar; ou seja, que não teriam contratado noutra conjuntura.

Como segundo pressuposto, é imprescindível que se tenha verificado uma alteração anormal das circunstâncias. A anormalidade, por vezes associada à imprevisibilidade, implicaria que não pudessem as partes contar com essa alteração; em suma, a alteração anormal das circunstâncias corresponde a uma modificação da base negocial fora do habitual.

Como terceiro requisito, alude-se à lesão para uma das partes. A manutenção do contrato, tendo em conta a alteração das circunstâncias, teria de envolver lesão (dano) para uma das partes. Deste modo, a subsistência do contrato implicaria uma perturbação do equilíbrio contratual inicialmente ajustado.

O quarto requisito respeita à perturbação grave dos princípios da boa fé. Teria de se verificar se a manutenção do contrato inalterado põe em causa os princípios da boa fé negocial (boa fé objectiva). Este requisito encontra-se, de algum modo, relacionado com o anterior, pois, para a sua verificação, teria de se apurar se a subsistência do vínculo contratual seria demasiado onerosa para a parte que invoca a alteração das circunstâncias a ponto de se aceitar a

---

[317] Relativamente à alteração das circunstâncias, no plano doutrinário, consulte-se os autores citados na nota 150 e, quanto à jurisprudência, admitindo a aplicação do instituto, veja-se o Ac. STJ de 15/4/1975 *BMJ* 246 (1975), p. 138, Ac. STJ de 11/3/1997, *CJ (STJ)* 1997, T. I, p. 150, e Ac. STJ de 10/10/2013 (Granja da Fonseca), www.dgsi.pt. A jurisprudência tem tido uma aplicação muito criteriosa deste instituto, cfr. p. ex., Ac. STJ de 18/6/2013 (Alves Velho), Ac. STJ de 23/1/2014 (Granja da Fonseca) e Ac. STJ de 10/4/2014 (Silva Gonçalves), todos disponíveis em www.dgsi.pt. O instituto da alteração das circunstâncias tem sido admitido em diversas ordens jurídicas, tanto por intervenção legislativa como jurisprudencial; veja-se os arts. 1467 e ss. do CCIt. (CASELLA, *La Risoluzione del Contratto per Eccessiva Onerosità Sopravvenuta*, Turim, 2001, pp. 51 e ss.) e recentemente surge no Código Civil Holandês, Livro 6, art. 258, nº 1, com alguma semelhança com o disposto no art. 437º, nº 1, do CC. Quanto às alterações introduzidas no BGB (§ 313), cfr. EMMERICH, *Das Recht der Leistungsstörungen*, cit., pp. 458 e ss.

DA CESSAÇÃO DO CONTRATO

quebra no princípio da estabilidade dos contratos. Não está em causa a impossibilidade de realizar a prestação – que pode conduzir à caducidade do vínculo –, mas a excessiva onerosidade.

Por último, do nº 1 do art. 437º do CC resulta ainda ser necessário que a situação não se encontre abrangida pelos riscos do próprio contrato. A alteração das circunstâncias não será tida em conta quando se inclui na álea do próprio contrato; ou seja, se as modificações operadas resultam de flutuações que se integram no risco negocial. A questão tem de ser ponderada na situação contratual em análise, mas, em qualquer caso, a quebra do equilíbrio não está condicionada pela natureza aleatória do contrato[318], sendo, porém, necessário que, não obstante a álea ajustada, tenha sido posta em causa a relação sinalagmática.

Acrescente-se, ainda, um sexto requisito, este negativo e previsto no art. 438º do CC, nos termos do qual não pode recorrer ao instituto a parte que se encontre em mora no momento da alteração das circunstâncias.

II. Os cinco requisitos previstos no nº 1 do art. 437º do CC são de verificação cumulativa, pelo que, faltando algum ou alguns deles, não se pode recorrer a este instituto. De igual modo, a mera verificação do pressuposto negativo do art. 438º do CC inviabiliza o recurso à alteração das circunstâncias.

Além da previsão do instituto da alteração das circunstâncias no art. 437º, nº 1, do CC, pode aludir-se igualmente ao art. 1215º do CC, relativo às alterações necessárias no contrato de empreitada ou à possibilidade de desvinculação caso haja agravamento do risco no contrato de seguro (art. 93º, nº 2, da LCS).

Refira-se que, por via de regra, as hipóteses de comportamento não culposo que faculta à contraparte o exercício do direito de resolução correspondem a concretizações do instituto da alteração das circunstâncias.

c) *Regime*

Verificados os pressupostos deste instituto, excluindo a possibilidade de se pedir a modificação do contrato, que não interessa ao estudo em análise, pode

---

[318] Entendendo que a resolução por alteração das circunstâncias não está inviabilizada no caso de o contrato ser aleatório, *vd.* BALESTRA, *Il Contratto Aleatorio e L'alea Normale*, Pádua, 2000, pp. 142 e ss. A questão tem particular relevância em Itália atento o disposto no art. 1469 do CCIt., cfr. CASELLA, *La Risoluzione del Contratto per Eccessiva Onerosità Sopravvenuta*, cit., pp. 117 e ss.
Como se indicou no texto, a resolução por alteração das circunstâncias distingue-se da caducidade por impossibilidade superveniente; para maiores desenvolvimentos, *vd.* CASELLA, *La Risoluzione del Contratto per Eccessiva Onerosità Sopravvenuta*, cit., pp. 14 e ss.

a parte lesada resolver o contrato segundo as regras gerais estabelecidas em sede de resolução dos contratos (art. 439º do CC)[319].

No fundo, os pressupostos são específicos e encontram-se enunciados nos arts. 437º e 438º do CC, mas o regime de resolução é comum. À resolução do contrato com base em alteração das circunstâncias aplicam-se as regras gerais da resolução do contrato, constantes dos arts. 432º e ss. do CC.

4. Resolução legal noutros casos
a) Enunciação

I. A resolução legal vem regulada em vários diplomas, justificando-se por motivos diversos; assim, por vezes, a faculdade de desvinculação surge a propósito do designado «direito de arrependimento»; além disso, prevêem-se situações de resolução relacionadas com determinadas ocorrências, como a insolvência.

Fez-se anteriormente alusão às situações de arrependimento a propósito da revogação unilateral[320], mas como seguem o regime da resolução, voltou a fazer-se-lhes referência sob a epígrafe «Casos especiais»[321], pois estão em causa hipóteses (limitadas) em que uma das partes pode fazer cessar o contrato sem necessidade de invocar um motivo; verificadas determinadas condições, um dos contraentes pode livremente extinguir o contrato. De igual modo, a desistência, mencionada como situação atípica de denúncia permite a desvinculação unilateral, sem necessidade de invocar o motivo[321a].

II. Além das hipóteses de «resolução» *ad libitum* (*v. g.*, arrependimento) há outros casos especiais de resolução, como os previstos em situação de insolvência. Importa, por fim, fazer referência à resolução injustificada que pode resultar do acordo das partes.

b) Arrependimento

I. Mediante o designado «direito de arrependimento» confere-se a uma das partes num negócio jurídico o direito de se «arrepender» de ter celebrado esse contrato, dissolvendo-o, por se entender que, nas circunstâncias concretas, nomeadamente por se tratar de um consumidor, aquele contraente carece

---

[319] Apesar de a solução não divergir quanto ao resultado, no sistema italiano não se remete para o regime geral da resolução, fazendo só alusão à tutela de terceiros (art. 1452 do CCIt.), cfr. CARPINO, *La Rescissione del Contratto. Il Codice Civile Commentario. Artt. 1447-1452*, org. Piero SCHLESINGER, Milão, 2000, pp. 115 e ss.

[320] *Vd. supra*, Capítulo I, § 2, nº 2, alínea *c*).

[321] *Vd. supra*, Capítulo I, § 4, nº 3, alínea *b*), subalínea δ.

[321a] *Vd. supra*, Capítulo I, § 3, nº 2, alínea *d*).

DA CESSAÇÃO DO CONTRATO

de uma especial protecção. Nas situações em que foi concedido o direito de arrependimento, a cessação do vínculo não carece de justificação, assentando num critério subjectivo; aquele a quem é conferido o direito pode fazer cessar o contrato nos termos prescritos (nomeadamente dentro do prazo curto estabelecido) sem invocar qualquer motivo ou indicando uma justificação que, por via de regra, seria insuficiente para resolver o contrato.

Tal como se referiu a propósito da denúncia, que se pode exercer *ad libitum* (Capítulo II, Secção II, § 3, nº 1, IV.), também na «resolução» *ad nutum*, apesar de não carecer de uma justificação, não pode o direito ser exercido em manifesto abuso, contrariando a directriz do art. 334º do CC, nem em violação da boa fé, como prescreve o nº 2 do art. 762º do CC[322].

As hipóteses apelidadas por «arrependimento», a que se alude nos pontos seguintes, poder-se-iam qualificar como casos em que a eficácia do negócio fica condicionada à vontade de uma das partes durante um curto prazo inicial. Deste modo, nos primeiros dias após a celebração do contrato, este ainda não seria eficaz e só depois do decurso do prazo conferido para o arrependimento é que o contrato se consolidaria. Não parece, contudo, ser essa a solução estabelecida no sistema jurídico português, pois o contrato produz os seus efeitos nos termos comuns desde a data da celebração, podendo executar-se desde logo, mas, durante o período de reflexão, pode cessar com eficácia retroactiva[322a].

II. No art. 8º, nº 4, da Lei de Defesa do Consumidor (Lei nº 24/96, de 31 de Julho), usando a terminologia «direito de retractação do contrato», consagra-se o direito de o consumidor extinguir o contrato no prazo de sete dias, sempre que a informação acerca do bem ou serviço se mostre deficiente. Poder-se-ia entender que, neste caso, se estaria perante uma comum hipótese de resolução por incumprimento, mas a previsão legal extravasa este contexto. Por um lado, a cessação prevista no preceito em análise não carece de

---

[322] Sobre o regime da revogação (*Widerruf*) estabelecido com a reforma do Código Civil Alemão (em especial no § 355 do BGB) tendo em conta a protecção conferida aos consumidores, veja-se MANKOWSKI, *Beseitigungrechte. Anfechtung, Widerruf und Verwandte Institute*, Tubinga, 2003, pp. 51 e ss. Como o autor indica (ob. cit., p. 51), discute-se se a eficácia é retroactiva ou *ex nunc*; questão que, na ordem jurídica portuguesa, se deve solucionar pela remissão para o regime da resolução. O novo regime da *Widerruf* é igualmente analisado por HELLWEGE, *Die Rückabwicklung gegenseitiger Verträge als einheitliches Problem*, Tubinga, 2004, pp. 60 e ss.

[322a] Sobre esta questão, veja-se, *supra*, I Parte, Capítulo I, § 2, nº 2, alínea *c)*, III., e, atendendo ao regime das vendas fora do estabelecimento, veja-se VALENTINO, *Recesso e Vendite Aggressive*, Nápoles, 1996, pp. 72 e ss.

REGIME DA CESSAÇÃO DO CONTRATO

um incumprimento definitivo do dever de prestar informações. Poder-se-ia contra-argumentar, considerando que a situação se subsume ao cumprimento defeituoso do dever de prestar informações, porque no preceito também se alude a «informação insuficiente, ilegível ou ambígua». Ainda assim, a resolução não estaria dependente do pressuposto da gravidade do defeito, pois basta que «comprometa a utilização adequada do bem ou do serviço». Importa, então, concluir que, na situação em apreço, a dissolução tem um motivo, mas este poderia não ser suficiente para, noutras condições, conferir a uma das partes o direito de resolver o contrato.

Quanto ao regime, o legislador limita-se a prescrever um prazo curto para o exercício do direito de retractação: «sete dias úteis a contar da data da recepção do bem ou da data da celebração do contrato de prestação de serviços». No demais recorrer-se-á ao regime regra da resolução dos contratos.

III. No art. 16º do regime do direito real de habitação periódica (Decreto-Lei nº 275/93, de 5 de Agosto, com a redacção dos Decretos-Leis nº 180/99, de 22 de Maio, nº 22/2002, de 31 de Janeiro, nº 76-A/2006, de 29 de Março, nº 116/2008, de 4 de Julho, e nº 37/2011, de 10 de Março) estabelece-se um prazo de 14 dias para o comprador resolver o contrato de compra e venda. No citado preceito, sob a epígrafe «Direito de resolução», confere-se ao «adquirente do direito real de habitação periódica (a possibilidade) de resolver o contrato de aquisição sem indicar o motivo (...), no prazo de 14 dias seguidos a contar (...) da data da celebração do contrato de transmissão do direito real de habitação periódica (ou) da data em que lhe é entregue o contrato de transmissão do direito real de habitação periódica, ou da data da entrega do formulário de resolução consoante a que for posterior, e caso esta data seja também posterior à data prevista na alínea anterior» (nº 1)[323].

O prazo para resolver o contrato é, pois, de 14 dias a contar da data da celebração do acordo ou do dia em que o adquirente tem em seu poder o contrato de transmissão[324]. Contudo, o referido prazo poderá ser alargado até 94 dias

---

[323] Sobre este regime consulte-se JANUÁRIO DA COSTA GOMES, «Sobre o "Direito de Arrependimento" do Adquirente do Direito Real de Habitação Periódica (*Time-Sharing*) e a sua Articulação com Direitos Similares noutros Contratos de Consumo», *Revista Portuguesa de Direito do Consumo*, nº 3, 1995, pp. 72 e ss. e, quanto à relação deste regime com situações de aquisição financiada com o preço garantido por fiança, *vd.*, do mesmo autor, *Assunção Fidejussória de Dívida. Sobre o Sentido e o Âmbito da Vinculação como Fiador*, Coimbra, 2000, pp. 753 e ss.

[324] Como se esclarece no Ac. Rel. Lx. de 28/10/1993, *CJ* XVIII, T. IV, p. 162, o prazo – na altura de sete dias – conta-se até à emissão da declaração receptícia e não da sua recepção pelo destinatário. Como a declaração é recipienda, o prazo devia contar-se desde a data da recepção, porém no nº 2 do

DA CESSAÇÃO DO CONTRATO

seguidos, a que poderão acrescer mais 14 dias, sempre que do documento que titula a transmissão (complementar ao certificado predial) não constarem determinadas especificações, indicadas no nº 2 do art. 11º do mencionado diploma, como as condições de exercício do direito, a referência a despesas e encargos, em particular o valor da prestação periódica, ou a informação acerca da entidade responsável pela exploração e administração do empreendimento.

Quanto à forma, de modo diverso do regime geral, prescreve o nº 2 do art. 16º do diploma em análise que «a declaração de resolução deve ser comunicada ao vendedor em papel ou noutro suporte duradouro, enviada até ao termo do prazo previsto no número anterior». Excluindo a exigência de forma, a declaração de resolução segue o regime comum; contudo, apesar de ser recipienda, a declaração pode ser válida ainda que chegue ao destinatário depois do decurso do prazo de 14 dias, pois este conta-se até à data de envio da declaração.

No que respeita aos efeitos, o disposto no art. 16º, nº 7, do Decreto-Lei nº 275/93, não constitui nenhuma excepção ao estipular que, resolvido o contrato, «o vendedor deve restituir ao adquirente todas as quantias recebidas até à data da resolução». No fundo, reitera-se a regra do efeito retroactivo da resolução (*vd. infra* nº 8, alínea *b*)).

IV. No caso de contratos celebrados à distância ou fora do estabelecimento, onde se incluem, entre outros, os contratos celebrados no domicílio ou no local de trabalho do consumidor, sob a epígrafe «Direito de livre resolução nos contratos celebrados à distância ou celebrados fora do estabelecimento», prescreve o art. 10º do Decreto-Lei nº 24/2014, de 14 de Fevereiro, que o consumidor – adquirente de bens ou serviços – tem o direito de resolver o contrato nos catorze dias subsequentes à entrega da mercadoria ou da celebração do contrato, caso se trate de prestação de serviços ou fornecimento de água, gás ou electricidade[325]. O referido prazo pode ser alargado até 12 meses sempre que o fornecedor não tiver confirmado as informações relativas ao bem ou serviço prescritas no art. art. 4º, nº 1, alínea *j*), do Decreto-Lei nº 24/2014.

Quanto à forma, dispõe-se no nº 2 do art. 11º que o direito de resolução pode ser exercido por carta, por contacto telefónico, pela devolução do bem ou por outro meio susceptível de prova, nos termos gerais, cabendo ao consu-

---

art. 16º do Decreto-Lei nº 275/93 prescreve-se que «A declaração de resolução deve ser comunicada ao vendedor (...) [e] enviada até ao termo do prazo previsto no número anterior», razão pela qual a declaração é válida ainda que recebida depois do decurso deste prazo.

[325] A mesma solução encontra-se noutras ordens jurídicas, porque o regime português resulta da transposição de uma directriz comunitária, *vd.* BACHINI, *Le Nuove Forme Speciali di Vendita ed il Franchising*, Pádua, 1999, pp. 122 e ss.

REGIME DA CESSAÇÃO DO CONTRATO

midor a prova de que exerceu o direito de livre resolução. No demais, a declaração de resolução segue o regime comum. Apesar de os prazos se contarem desde a data da recepção do bem ou do cumprimento de certas obrigações até à data da expedição da declaração (art. 11º, nº 3, do citado diploma), esta não deixa de ser recipienda, mas é válida mesmo que chegue ao poder do destinatário depois do decurso do prazo.

V. Relativamente a contratos de crédito ao consumo, estatui o art. 17º do Decreto-Lei nº 133/2009, de 2 de Junho, sob a epígrafe «Direito de livre revogação» – anteriormente designado «Período de reflexão», Decreto-Lei nº 359/91, de 21 de Setembro –, que o consumidor tem a possibilidade de revogar a sua declaração no prazo de catorze dias de calendário a contar da assinatura do contrato[326]. Na vigência do anterior diploma (Decreto-Lei nº 359/91), este regime excepcional não se aplicava no caso de contratos de crédito celebrados por documento autêntico (art. 15º) ou garantidos por hipoteca sobre imóveis (art. 16º), nem em relação aos contratos em que «o consumidor, em caso de entrega imediata do bem, (tenha renunciado), através de declaração separada e exclusiva para o efeito, ao exercício do direito de revogação» (nº 5 do art. 8º do diploma em análise)[327]. Com excepção desta última hipótese, em que se admitia a não revogabilidade por acordo, que foi banida no novo regime (art. 26º do Decreto-Lei nº 133/2009), o número de hipóteses a que não se aplica a livre revogação do contrato de crédito ao consumo aumentou substancialmente tendo em conta o disposto no art. 2º, sob a epígrafe de operações excluídas do citado diploma[327a].

---

[326] É diverso o entendimento de JOANA VASCONCELOS, «O Contrato de Emissão de Cartão de Crédito», *Estudos Dedicados ao Prof. Doutor Mário Júlio de Almeida Costa*, Lisboa, 2002, pp. 738, ao afirmar que «o preceito em questão subordina a produção de efeitos do contrato à condição suspensiva negativa de não ocorrer a revogação (...) e preenchida a condição legal – pela não revogação pelo titular – tem início a produção de efeitos do contrato». Mas do regime legal não parece poder concluir-se que o contrato só se torna eficaz depois de decorrido o período de reflexão (na terminologia anterior) ou prazo para revogação, até porque antes do termo desse prazo podem ser praticados actos de execução do negócio; dir-se-á, assim, que o contrato de crédito ao consumo segue o regime regra de outros negócios em que se confere um direito de arrependimento no início da execução do contrato (cfr. *supra*, Capítulo I, § 2, nº 2, alínea *c*)).

[327] Como o regime resultava da transposição de uma directriz comunitária, a possibilidade de «revogação» encontrava-se noutros espaços jurídicos, podendo consultar-se: MACARIO, «Il Credito al Consumo», *in Trattato di Diritto Privato Europeo*, Volume 4, *Singoli Contratti. La Responsabilità Civile. Le Forme di Tutela*, org. Nicolò LIPARI, 2ª edição, Pádua, 2003, pp. 93 e s.; MARÍN LÓPEZ, *La Compraventa Financiada de Bienes de Consumo*, Navarra, 2000, pp. 441 e ss.

[327a] Cfr. as anotações de GRAVATO MORAIS aos arts. 2º e 26º do regime do crédito ao consumo, *Crédito ao Consumo. Anotação ao Decreto-Lei nº 133/2009*, cit., pp. 13 e ss. e 115 e s.

DA CESSAÇÃO DO CONTRATO

A utilização do termo «revogação» suscita dúvidas, aproximando-se das já mencionadas situações atípicas, em que se estabelece uma revogação unilateral. Mas no caso em apreço, a «revogação unilateral» enquadra-se perfeitamente entre as situações de denúncia ou de resolução *ad nutum*, pelo que, independentemente do termo usado pelo legislador, se pode qualificar como uma dissolução *ad libitum*[327b].

No que respeita à forma, exige-se que a declaração seja feita «em papel ou noutro suporte duradouro» (art. 17º, nº 3). No nº 4 do art. 17º, estatui-se que «exercido o direito de revogação, o consumidor deve pagar ao credor o capital e os juros vencidos a contar da data de utilização do crédito até à data de pagamento do capital, sem atrasos indevidos, em prazo não superior a 30 dias após a expedição da comunicação»[328].

Também no art. 16º, nº 6, do Decreto-Lei nº 275/93, de 5 de Agosto, com a redacção dos Decretos-Leis nº 180/99, de 22 de Maio, nº 22/2002, de 31 de Janeiro, nº 76-A/2006, de 29 de Março, nº 116/2008, de 4 de Julho, e nº 37/2011, de 10 de Março (direito real de habitação periódica), se confere ao adquirente que tenha obtido um financiamento para a aquisição a possibilidade de resolver o contrato de aquisição com a consequente resolução do contrato de crédito, sem dever de indemnizar.

VI. No âmbito do seguro de vida ou de acidentes pessoais e de doença, no regime anterior (arts. 182º e ss. do Decreto-Lei nº 94-B/98, de 17 de Abril e art. 22º do Decreto-Lei nº 176/95, de 26 de Junho) previa-se o direito de «renúncia» por parte do tomador do seguro. Esclarecendo-se que «O exercício do direito de renúncia, determina a resolução do contrato, extinguindo todas as obrigações dele decorrentes, com efeitos a partir da celebração do mesmo (...)» (art. 183º, nº 1, do Decreto-Lei nº 94-B/98, e art. 22º, nº 3, do Decreto-Lei nº 176/95. Atendendo à estatuição legal, a mencionada «renúncia» pressupunha a resolução do contrato, aplicando-se-lhe os respectivos efeitos.

Actualmente, nos termos do disposto no art. 118º da LCS, sob a epígrafe «Livre resolução», admite-se a desvinculação do tomador do seguro, quando pessoa singular, sem invocar justa causa, em três situações: seguros de vida, de acidentes pessoais e de saúde com duração igual ou superior a seis meses; instrumentos de captação de aforro estruturados; seguros celebrados à dis-

---

[327b] Quanto à justificação do termo «revogação», *vd*. GRAVATO MORAIS, anotação ao art. 17º do regime do crédito ao consumo, *Crédito ao Consumo. Anotação ao Decreto-Lei nº 133/2009*, cit., pp. 78 e s.
[328] Sobre a salvaguarda dos valores pagos ao Estado a título de imposto, *vd. supra*, neste Capítulo, Secção I, § 7.

REGIME DA CESSAÇÃO DO CONTRATO

tância. A resolução tem de ser exercida por escrito, no prazo de trinta dias após a recepção da apólice nos dois primeiros casos (art. 118º, nº 1, alíneas *a)* e *b)*, e nº 6, da LCS), tendo eventualmente o segurador direito ao prémio calculado *pro rata temporis*, ao custo da apólice e outras despesas (art. 118º, nº 6, da LCS). Com respeito aos contratos de seguro celebrados à distância, o prazo de livre resolução é de catorze dias imediatos à data da recepção da apólice (art. 118º, nº 1, alínea *c)*, da LCS)[329].

VII. Tal como já se referiu a propósito da revogação, no domínio da legislação laboral precedente (art. 1º da Lei nº 38/96, de 31 de Agosto), admitia-se que o acordo de cessação do contrato de trabalho pudesse ser *revogado* por iniciativa do trabalhador, mas tratava-se de uma deficiente qualificação jurídica, que previa a *revogação* unilateral do acordo (bilateral) de revogação. Contudo, com o art. 395º do CT de 2003, a situação alterou-se do ponto de vista terminológico, passando a aludir-se à «cessação do acordo de revogação» do contrato de trabalho, por decisão do trabalhador; solução foi mantida no CT de 2009 (art. 350º). A situação em análise corresponde igualmente a uma desistência (do acordo de revogação), na modalidade de arrependimento. O trabalhador, nos sete dias imediatos à celebração do acordo de revogação, pode arrepender-se da decisão tomada, pretendendo que o contrato de trabalho subsista inalterado; nesse caso, sem necessidade de invocar um motivo, faz cessar o acordo de revogação, e as consequências são as que resultariam da resolução de tal acordo.

VIII. Por último, no regime do contrato de viagem organizada, tendo em conta o disposto no art. 26º do Decreto-Lei nº 61/2011, de 6 de Maio, alterado pelos Decretos-Leis nº 199/2012, de 24 de Agosto, nº 26/2014, de 14 de Fevereiro, e nº 128/2014, de 29 de Agosto, permite-se que o cliente da agência de viagens «rescinda» o contrato antes de iniciar a viagem, sem para tal invocar qualquer motivo[330].

---

[329] Como este regime resulta da transposição de uma directriz comunitária, encontram-se soluções similares noutros espaços jurídicos, veja-se BALZANO, «Il Contratto di Assicurazione», *in Trattato di Diritto Privato Europeo*, Volume 4, *Singoli Contratti. La Responsabilità Civile. Le Forme di Tutela*, 2ª edição, Pádua, 2003, pp. 168 e ss.

[330] Sobre este regime especial de «rescisão» conferido ao cliente da agência de viagens, cfr. SÁ MIRANDA, *O Contrato de Viagem Organizada*, Coimbra, 2000, pp. 194 e ss., que qualifica a figura, parcialmente como resolução e, em parte, como revogação unilateral (p. 199).

A solução é geralmente admitida noutros espaços jurídicos, pois resulta da transposição de uma directriz comunitária; veja-se por exemplo o § 651i do BGB (consulte-se BECHHOFER, *Reisever-*

DA CESSAÇÃO DO CONTRATO

Esta designada «rescisão» corresponde a uma dissolução *ad libitum*, que, não obstante ser lícita, pode acarretar o pagamento de determinadas importâncias. Trata-se de uma hipótese de responsabilidade objectiva por intervenções lícitas, em que o cliente da agência de viagens, apesar de poder licitamente resolver o contrato sem invocar motivo, terá de pagar os encargos justificados pelo início de cumprimento do negócio (p. ex., despesas de reservas) acrescidos de uma percentagem não superior a 15% do preço ajustado.

Afora esta particularidade, a extinção *ad nutum* do contrato de viagem organizada segue o regime regra da resolução dos contratos, nomeadamente quanto à forma e efeitos.

c) *Insolvência*

I. Num contexto diferente, alude-se à resolução legal sem necessidade de invocar um motivo justificativo no âmbito contratual no caso de dissolução prevista em sede de insolvência em benefício da massa, onde se confere ao administrador da insolvência a possibilidade de resolver contratos celebrados antes do início do processo de insolvência, se entender que são prejudiciais à massa (arts. 120º e ss. do CIRE)[331]. A dissolução pode igualmente resultar do facto de o administrador da insolvência recusar (definitivamente) o cumprimento da prestação contratual (art. 102º, nº 1, do CIRE), caso em que o vínculo contratual se pode extinguir. Nas situações indicadas no nº 1 do art. 121º do CIRE, o administrador não tem de provar (nem invocar) que o cumprimento ou a subsistência do contrato é prejudicial à massa insolvente; se, no seu critério, entender que há prejuízo, pode resolver o contrato ou recusar o cumprimento. Importa, porém, esclarecer que a insolvência não determina necessariamente a possibilidade de se resolver o contrato, pelo que, excluindo as situações indicadas em que se confere ao administrador o direito de dissolver o vínculo, o facto de uma das partes se encontrar insolvente não atribui à contraparte o direito de resolver o contrato[332].

---

tragsrecht. §§ 651a bis 651l Bürgerliches Gesetzbuch. Processuale Hinweise. Reisebürovertrag, Munique, 1995, pp. 127 e ss.) ou o art. 9 da Lei Italiana de 27 de Dezembro de 1997, nº 1084 (cfr. MOLFESE, *Il Contratto di Viaggio e le Agenzie Turistiche*, Pádua, 1999, pp. 179 e ss.).

[331] De facto, como salienta MENEZES LEITÃO, *Código da Insolvência e da Recuperação de Empresas Anotado*, 6ª edição, Coimbra, 2012, anotação ao art. 120º, p. 150, a «resolução» corresponde, antes, a uma hipótese de impugnação pauliana, no caso, colectiva.

[332] Excepcionalmente, encontram-se determinadas previsões legais em que se concede a uma das partes o direito de resolver o contrato em caso de insolvência da contraparte; *vd.* o art. 18º do Decreto-Lei nº 149/95, de 24 de Junho, relativo à locação financeira, onde se atribui ao locador financeiro o direito de resolver o contrato em caso de insolvência do locatário, cfr. PINTO DUARTE,

REGIME DA CESSAÇÃO DO CONTRATO

Conforme já se indicou, do regime estabelecido no Código da Insolvência constam duas situações distintas de resolução: a resolução justificada com base no prejuízo para a massa falida e na actuação de má fé da contraparte; e a resolução incondicional.

O administrador da insolvência pode resolver os negócios jurídicos que entenda serem prejudiciais à massa desde que celebrados nos quatro anos anteriores à data do início do processo de insolvência (art. 120º, nº 1, do CIRE)[333]. Para efeitos de resolução, consideram-se prejudiciais os negócios jurídicos que impliquem diminuição, frustração ou outra dificuldade de os credores da insolvência serem ressarcidos, desde que a contraparte tenha ajustado o contrato de má fé (art. 120º, nºs 2, 3 e 4, do CIRE). Porém, nos casos indicados no art. 121º do CIRE, a resolução não depende de qualquer requisito, não sendo, por isso, necessário provar o prejuízo para os credores ou a má fé da contraparte. Admite-se, assim, a resolução incondicional de contratos celebrados entre seis meses a dois anos antes do início do processo de insolvência, independentemente da má fé da contraparte, desde que se encontrem no elenco do nº 1 do art. 121º do CIRE. Por exemplo, o administrador da massa insolvente pode resolver uma doação feita dois anos antes do início do processo de insolvência (alínea *b*) do nº 1 do art. 121º do CIRE), bem como o contrato de hipoteca ou de fiança ajustado nos seis meses anteriores à data de início do processo de insolvência (alíneas *c*) e *d*) do nº 1 do art. 121º do CIRE). Nestes casos, a resolução não depende da má fé do donatário ou do credor beneficiário da garantia e presume-se (presunção *iuris et de iure*) que tais negócios são prejudiciais à massa (art. 120º, nº 3, do CIRE).

II. No que respeita aos prazos constantes deste regime é necessário distinguir aqueles que correspondem a pressupostos da existência do direito, que se contam até ao início do processo de insolvência (de seis meses, um ano, dois anos e quatro anos, arts. 120º, nº 1, e 121º do CIRE), dos prazos para fazer valer o direito de resolução. Estes últimos constam do art. 123º do CIRE

Escritos sobre Leasing e Factoring, Cascais, 2001, p. 198; PINTO MONTEIRO/CAROLINA CUNHA, «Sobre o Contrato de Cessão Financeira ou de "Factoring"», *Boletim da Faculdade de Direito de Coimbra. Volume Comemorativo*, Coimbra, 2003, p. 543. Veja-se ainda as referências de MARTINEK, *Moderne Vertragstypen*, Tomo I, *Leasing und Factoring*, Munique, 1991, pp. 214 e ss., relativamente à insolvência do locatário e do locador.

[333] No preceito citado aludia-se também a uma estranha hipótese de resolução de actos omitidos (*vd.*, em crítica, MENEZES LEITÃO, *Código da Insolvência*, Coimbra, 2004, anotação ao art. 120º, p. 121, assim como anotação ao art. 126º, p. 125), que não interessa no presente estudo. Esta previsão foi revogada pela Lei nº 16/2012, de 20 de Abril.

DA CESSAÇÃO DO CONTRATO ·

e são de seis meses até dois anos a contar do conhecimento da existência do negócio que se pretende resolver; contudo, não estando o negócio cumprido, a resolução pode ser declarada sem dependência de prazo.

III. A resolução deve ser efectuada pelo administrador da insolvência por carta registada com aviso de recepção (art. 123º, nº 1, do CIRE). O legislador afirma que «A resolução *pode* ser efectuada», mas não é necessário indicar-se tal *possibilidade* na lei: é sabido que valendo a regra da liberdade de forma pode optar-se por uma maior exigência, pelo que se poderá entender a formulação legal como um requisito de forma escrita com particularidades quanto ao envio.

Em suma, o «pode» parece significar, antes, que se confere ao administrador um poder discricionário de, verificados os pressupostos, exercer a resolução, não estando vinculado a fazer cessar o vínculo, pois pode considerar preferível a sua manutenção.

IV. Nos termos gerais, a resolução tem efeitos retroactivos, devendo reconstituir-se a situação que existiria se o contrato não tivesse sido celebrado (art. 126º do CIRE).

d) Acordo das partes

Sem ter por base o vulgarmente indicado «arrependimento», justificado pela protecção da parte mais fraca, também se admite a resolução injustificada, fundada em motivos subjectivos, desde que admitida convencionalmente. Nestes casos, a resolução, apesar de ter uma base *ex voluntate*, resulta de previsão legal.

Por exemplo, na segunda modalidade de venda a contento (art. 924º do CC), no caso de a coisa não agradar ao comprador, este pode resolver o contrato. O *contento* fica no critério subjectivo do comprador, pelo que a resolução se qualifica como incondicional, mas é necessário que as partes tenham ajustado uma venda com cláusula a contento. Do mesmo modo, na venda a retro (arts. 929º e ss. do CC) o vendedor tem a faculdade de resolver o contrato sem necessidade de invocar um motivo; não obstante a previsão legal, este tipo de resolução assenta no acordo das partes quanto à inclusão da cláusula a retro no contrato[334].

---

[334] Sobre a venda a contento e a retro, veja-se *infra* II Parte, Capítulo I, § 3, respectivamente n.ᵒˢ 2 e 4.

5. Resolução convencional

I. A resolução convencional baseia-se num acordo, normalmente ajustado aquando da celebração do negócio jurídico, nos termos do qual uma das partes pode pôr termo ao contrato por qualquer motivo que as partes tenham aceitado.

Com base no princípio da liberdade contratual, podem incluir-se diferentes cláusulas de cessação do vínculo contratual, que, como resulta do disposto no nº 1 do art. 432º do CC, constituirão o fundamento da resolução convencional. Dessas cláusulas podem resultar acordos de resolução com distintos conteúdos, nomeadamente no que respeita a pressupostos, meios de efectivação do direito e consequências da actuação lícita ou ilícita das partes. Por via de regra, da cláusula de resolução deriva que uma das partes pode resolver o contrato sem se discutir a gravidade do incumprimento[335] nem a culpa do faltoso, constituindo uma ameaça para o potencial infractor, que assim será compelido a cumprir pontualmente a prestação a que se encontra adstrito[336]/[337].

Não constitui uma verdadeira cláusula de resolução a remissão para um regime legal de resolução ou a mera referência de que se confere o direito de resolver o contrato nos termos gerais[338], excepto se as regras para as quais se remete, com soluções diversas das que resultam do regime supletivo legal, não se aplicassem àquela relação contratual.

II. Relativamente às cláusulas de resolução, além da licitude a apreciar nos termos gerais, como frequentemente constam de formulários previamente

---

[335] Quanto à cláusula de resolução que prescinde da verificação dos pressupostos do incumprimento definitivo, viabilizando a resolução em caso de mora, cfr. Ac. STJ de 19/4/1995, *CJ (STJ)* 1995, T. II, p. 39; Ac. STJ de 6/4/2000, *CJ (STJ)* 2000, T. II, p. 24 ; Ac. Rel. Pt. de 7/10/1999, *CJ* XXIV, T. IV, p. 212.

[336] Quanto à função compulsória da cláusula de resolução em razão da ameaça que representa, *vd.* BASINI, *Risoluzione del Contratto e Sanzione dell'Inadempiente*, Milão, 2001, pp. 187 e ss.; CALVÃO DA SILVA, *Cumprimento e Sanção Pecuniária Compulsória*, cit., pp. 325 e ss.

[337] A cláusula de resolução, ao estabelecer diversos paradigmas para a extinção do vínculo, pode implicar uma diferente repartição do risco contratual, devendo ser também analisada neste contexto, cfr. DELFINI, *Autonomia Privata e Rischio Contrattuale*, cit., pp. 11 e s.

[338] Cfr. Ac. STJ de 9/11/1999, *RLJ* 133 (2000-2001), p. 124 (p. 136). Estar-se-á perante as frequentes «cláusulas de estilo» que não prescrevem um regime especial, cfr. PINTO MONTEIRO, Anotação ao Acórdão do Supremo Tribunal de Justiça de 9 de Novembro de 1999, *RLJ*, 133 (2000-2001), p. 241. DE NOVA, *Il Contratto di Leasing*, 3ª edição, Milão, 1995, pp. 46 e s., alude à «cláusula de estilo» noutro sentido: entendendo que será nula quando se limita a considerar que todo o incumprimento respeita a prestações essenciais.
A Cláusula de resolução pode resultar indirectamente de um acordo quanto ao fim negocial, cfr. PINTO MONTEIRO, *Erro e Vinculação Negocial*, Coimbra, 2002, pp. 31 e s.

DA CESSAÇÃO DO CONTRATO

elaborados pelo disponente, importa averiguar se não contrariam o regime das cláusulas contratuais gerais, nomeadamente no que respeita às regras de incumprimento quando este constitua motivo de resolução do contrato (p. ex., art. 18º, alínea *c)*, art. 19º, alíneas *b)*, *c)* e *d)*, art. 21º, alínea *f)* ou art. 22º, nº 1, alíneas *b)* e *g)*, da LCCG)[339]/[340]. Como dimana da alínea *f)* do art. 18º da LCCG, são absolutamente proibidas as cláusulas contratuais que excluam a resolução por incumprimento.

III. Atendendo à mencionada liberdade contratual, os requisitos para uma parte resolver o contrato serão variados, podendo inclusive ajustar-se que o direito de resolver o negócio jurídico será exercido por qualquer das partes ou por uma delas sem necessidade de invocar nenhum motivo. Não raras vezes, a cláusula resolutiva não tem um conteúdo expresso, limitando-se a prever a possibilidade de as partes resolverem o contrato, caso em que – desnecessariamente – a cláusula funciona como mera remissão para o regime legal aplicável[341]. Refira-se ainda que a cláusula de resolução deve ser suficientemente explícita quanto à intenção das partes, não bastando uma mera referência genérica, por exemplo ao incumprimento de prestações[342].

Na dúvida com respeito aos pressupostos que as partes acordaram para a resolução ter-se-á de recorrer às regras comuns de interpretação dos negócios jurídicos (arts. 236º e ss. do CC); tendencialmente, na falta de outros dados resultantes do acordo, a interpretação de tal cláusula negocial apontará para soluções similares às da resolução legal. Assim, se da cláusula consta somente que as partes podem resolver o contrato caso se frustre o equilíbrio negocial, poder-se-á entender que se encontra prevista uma hipótese similar à da resolu-

---

[339] Na jurisprudência, a questão tem sido discutida, em especial, a propósito de contratos de locação financeira e de seguro, cfr. Ac. STJ de 6/10/1998, *BMJ* 480, p. 441; Ac. STJ de 20/1/1999, *CJ (STJ)* 1999, T. I, p. 41; Ac. Rel. de Lx. de 4/2/1999, *CJ* XXIV, T. I, p. 104.

[340] Sobre cláusulas de resolução que se podem enquadrar nas limitações resultantes do regime das cláusulas contratuais gerais, cfr. PISCIOTTA, *La Risoluzione per Inadempimento*, Milão, 2000, pp. 264 e ss.
JOANA VASCONCELOS, «O Contrato de Emissão de Cartão de Crédito», cit., p. 744, indica, citando vários acórdãos, que a jurisprudência considera proibidas pelo art. 22º, nº 1, alínea *b)*, da LCCG, cláusulas inseridas em Condições Gerais de Utilização de cartão de crédito, permitindo o livre cancelamento (resolução/denúncia) do cartão pelo emitente, a todo o tempo, sem necessidade de invocar qualquer justificação.

[341] Como esclarecem TOURNEAU/CADIET, *Droit de la Responsabilitè et des Contrats*, 4ª edição, Paris, 2002 /2003, pp. 343 e s., as cláusulas de resolução devem ser suficientemente precisas quanto à intenção das partes, pois a jurisprudência (francesa), na dúvida, aplica o regime geral.

[342] Cfr. CALVÃO DA SILVA, *Cumprimento e Sanção Pecuniária Compulsória*, cit., pp. 322 e s.

ção por alteração das circunstâncias[343]. Eventualmente, na cláusula de resolução pode estabelecer-se um regime mais rígido do que o legal, limitando o exercício desse direito; mas tanto a limitação como, particularmente, a exclusão do direito de resolução têm de ser analisadas à luz do disposto no art. 809º do CC[344].

Do mesmo modo, relativamente ao exercício do direito, as partes podem estabelecer diferentes exigências, mas se nada for dito vale a regra geral de liberdade de forma do art. 219º do CC e o regime comum de prazos.

Por último, os efeitos da resolução podem ser regulados pelas partes de forma diversa daquela que prescreve a lei, mas na falta de previsão convencional valem as regras gerais previstas para a resolução legal. Refira-se que, mesmo em relação a situações de resolução legal, as partes podem ajustar diferentes efeitos, estabelecendo um regime diverso do prescrito na lei; nesse caso, a resolução não deixa de ser legal (quanto à previsão), apesar de haver um regime convencional quanto aos efeitos.

IV. Como situação particular, cabe atender à condição resolutiva, em que as partes subordinam a extinção dos efeitos do negócio jurídico a uma cláusula acessória (art. 270º do CC). No caso de ter sido aposta uma condição resolutiva, o contrato cessa aquando da verificação do facto indicado pelas partes. Como se afirmou anteriormente[345], a condição resolutiva apresenta-se com uma formulação híbrida, pois determina a extinção do vínculo por caducidade, na medida em que a dissolução decorre da verificação de um facto jurídico *stricto sensu*, mas, quanto aos efeitos, remete-se para o regime da resolução dos contratos[346].

---

[343] Quanto à dificuldade de distinção entre certo tipo de condição resolutiva e a cláusula de resolução, além da referência *supra* (Capítulo I, § 1, nº 2, IV), *vd.* AMADIO, *La Condizione di Inadempimento. Contributo alla Teoria del Negozio Condizionato*, Pádua, 1996, pp. 310 e ss., que alude nomeadamente à diferente *ratio* da condição de incumprimento e da resolução por incumprimento.

[344] D'ANGELO, «Clausole Risolutiva Espressa e Tolleranza dell'Inadempimento», *Raccolta di Pareri Forensi*, Milão, 2001, pp. 106 e s., alude a um caso em que resultava de declarações de uma parte a renúncia (tácita) a invocar a cláusula de resolução, sendo, por isso, ilícito o recurso a esse mecanismo contratual. A renúncia ao direito de resolver o contrato em caso de incumprimento pode ser qualificada como uma modalidade de exclusão ou limitação da responsabilidade, *vd.* PINTO MONTEIRO, *Cláusulas Limitativas e de Exclusão de Responsabilidade Civil*, cit., pp. 107 e ss. Discutindo a possibilidade de derrogação do art. 1453 do CCIt (correspondente ao art. 801º, nº 2, do CC) e os limites a tal exclusão, veja-se DELFINI, *I Patti sulla Risoluzione per Inadempimento*, Milão, 1998, pp. 33 e ss. e pp. 76 e ss., que conclui considerando válida a cláusula quando, sem pôr em causa o sinalagma, tem em vista salvaguardar a subsistência do contrato.

[345] *Vd. supra*, Capítulo I, § 1, nº 2, IV.

[346] Quanto à aplicação das regras da resolução em caso de condição resolutiva, veja-se CARVALHO FERNANDES, *Teoria Geral do Direito Civil*, Volume II, cit., pp. 426 e s. Relativamente ao regime,

DA CESSAÇÃO DO CONTRATO

Dir-se-ia que esta forma de dissolução se aproxima da caducidade, porque o vínculo se extingue pela verificação de um facto, não dependendo de uma declaração de vontade; a isto acresce que há alguma similitude com o termo final (por vezes, dito resolutivo), que determina a caducidade do contrato[347]. Porém, além de o legislador ter expressamente indicado que na condição resolutiva as partes subordinam a um acontecimento futuro e incerto a resolução do negócio jurídico (art. 270º do CC), quanto aos efeitos, e diversamente do que se prescreve relativamente ao termo final (arts. 278º e s. do CC), a condição resolutiva identifica-se com o regime regra da resolução no que respeita à remissão para as regras da posse (art. 274º, nº 2, do CC), ao efeito retroactivo (art. 276º do CC) e à excepção de não retroactividade (art. 277º, nº 1, do CC). Em suma, verificada a condição resolutiva o contrato caduca, mas aplicam-se os efeitos da resolução dos contratos, pelo que a diferença respeita ao modo de exercício: na condição resolutiva a extinção do vínculo verifica-se em razão de um acordo desde que ocorra um facto; na resolução convencional, a extinção funda-se também num acordo e, além de um facto justificativo, pressupõe ainda a declaração de uma parte, manifestando vontade de resolver o contrato.

6. Prazo de exercício do direito
a) *Resolução do contrato*
I. O direito de resolução do contrato não tem, em regra, de ser exercido num prazo curto; ou seja, o princípio geral aponta no sentido de a resolução, como consequência por exemplo do incumprimento contratual, poder ser feita valer no prazo normal de prescrição[348].

Nada impede, porém, que exista um prazo acordado para a resolução do contrato e não sendo o direito exercido nesse período caducará. Mas na falta de tal prazo, «pode a outra parte fixar ao titular do direito de resolução um prazo razoável para que o exerça» (art. 436º, nº 2, do CC), a fim de que a situ-

---

veja-se AMARAL, *Direito Civil. Introdução*, cit., pp. 468 e ss. e DURVAL FERREIRA, *Negócio Jurídico Condicional*, Coimbra, 1998, pp. 196 e ss.

[347] A expressão «termo resolutivo» é frequentemente usada pela doutrina – cfr. MOTA PINTO, *Teoria Geral do Direito Civil*, cit., p. 577 – e também pelo legislador – por exemplo, art. 139º do CT. Sobre as consequências no âmbito da caducidade, *vd. supra*, Capítulo I, § 1, nº 2, II.

[348] De modo diverso, nos arts. 49, nº 2, alínea *b)*, e 64, nº 2, alínea *b)*, da Convenção de Viena sobre Compra e Venda Internacional de Mercadorias, determina-se que a resolução tem de ser requerida num prazo razoável, cfr. os comentários de LÓPEZ LÓPEZ e de DÍEZ-PICAZO *in La Compraventa Internacional de Mercaderias. Comentario de la Convención de Viena*, org. DÍEZ-PICAZO, Madrid, 1997, pp. 440 e s. e pp. 507 e s.

REGIME DA CESSAÇÃO DO CONTRATO

ação de incerteza quanto à eventual dissolução do vínculo não se prolongue. Tendo sido fixado um prazo pela parte que se encontra na sujeição de ver o contrato resolvido, o direito de resolução caduca se não tiver sido exercido até ao termo desse período.

II. Todavia, o decurso de período temporal inferior ao prazo de prescrição (regra geral) ou de caducidade (acordado ou imposto) pode, ainda assim, inviabilizar o recurso à resolução, se da inércia daquele que poderia exercer o direito se puder retirar uma ideia de confiança na prossecução da relação contratual. Quando a parte que pode resolver o contrato não exerce esse direito e a contraparte, legitimamente, confia na manutenção do vínculo, o exercício do direito de resolver o contrato pode integrar uma hipótese de *venire contra factum proprium*, sendo, então, ilícito por constituir abuso de direito[349].

Na eventualidade de se verificarem os pressupostos da resolução por incumprimento ou por alteração das circunstâncias, se a parte lesada continua a executar o contrato, não dando a entender que pretenderia desvincular-se, apesar de não ter decorrido o prazo de prescrição, estará inviabilizado o exercício do direito de resolução do contrato[350].

Não será, portanto, frequente que o direito de resolução se extinga por decurso do prazo regra de prescrição (vinte anos) ou mesmo de prazos curtos, por exemplo de cinco anos (art. 310º do CC). Ainda assim, importa determinar em que casos se aplicam os prazos curtos de prescrição para exercer o direito de resolução.

Por via de regra aplica-se o prazo ordinário de vinte anos (art. 309º do CC), mas estando em causa o incumprimento de prestações que prescrevem num prazo curto, a resolução justificada em tal incumprimento também tem de

---

[349] No que respeita ao *venire contra factum proprium* e às consequências de tal comportamento abusivo, sem aludir concretamente à situação em análise, veja-se MENEZES CORDEIRO, *Da Boa Fé no Direito Civil*, Coimbra, 1985, pp. 742 e ss., que, a p. 747, faz referência a casos decididos em tribunais alemães relacionados com a cessação de vínculos. De modo diverso, BRANDÃO PROENÇA, *A Resolução do Contrato no Direito Civil*, cit., p. 156, admite que, em tais casos, se possa estar perante uma renúncia tácita ao direito de resolver o contrato. De facto, a situação corresponde, nas palavras de MENEZES CORDEIRO (ob. cit., pp. 797 e ss.) à *suppressio* (*Verwirkung*) e, apesar de esta figura não ser por todos os autores reconduzida ao *venire* (pp. 808 e s.), é entendida como violação da boa fé. Entendendo que a *suppressio* «integra-se no tipo *venire contra factum proprium*», cfr. PAIS DE VASCONCELOS, *Teoria Geral do Direito Civil*, cit., p. 239 e s. Sobre a questão da renúncia tácita, veja-se também RANIERI, *Rinuncia Tacita e Verwirkung, Tutela dell'Affidamento e Decadenza da un Diritto*, Pádua, 1971, pp. 42 e ss.

[350] A este propósito, PISCIOTTA, *La Risoluzione per Inadempimento*, Milão, 2000, pp. 70 e ss., alude a uma tolerância que pode funcionar como renúncia ao direito de resolver o contrato.

DA CESSAÇÃO DO CONTRATO

ser exercida nesse prazo. Assim, se uma das partes não pagou uma prestação periodicamente renovável, que prescreve no prazo de cinco anos (art. 310º, alínea *g)*, do CC), a resolução do contrato com esse fundamento tem de ser exercida nesse prazo curto.

III. Excepcionalmente, a lei estabelece um prazo de caducidade para o exercício do direito de resolução de alguns contratos.

No arrendamento urbano fixou-se um prazo de caducidade de um ano, subsequente ao conhecimento do facto, para ser pedida a resolução do contrato pelo senhorio (art. 1085º, nº 1, do CC). Decorrido esse prazo de caducidade de um ano, não obstante a violação do contrato, já não pode ser pedida a sua resolução; porém, se o facto gerador de resolução for continuado ou duradouro, o prazo de caducidade só se conta a partir da data em que ele tiver cessado (art. 1085º, nº 2, do CC)[351].

A nível laboral, a resolução do contrato, sendo invocada pelo empregador – designado despedimento com justa causa –, tem de ser precedida de um procedimento disciplinar, sujeito aos prazos do art. 329º do CT, e, no caso de ser pedida pelo trabalhador, está sujeita ao prazo do art. 395º, nº 1, do CT[352].

No contrato de agência prescreve-se um prazo curto – um mês após o conhecimento dos factos –, para qualquer das partes resolver o contrato (art. 31º do Decreto-Lei nº 178/86).

Nos casos excepcionais em que a revogação unilateral segue o regime jurídico da resolução, prescrevem-se prazos curtos para ser exercida. De facto, nas designadas situações de «arrependimento», estabeleceram-se prazos entre sete e trinta dias para a parte beneficiária exercer o direito de *resolver* o contrato. De igual modo, na resolução requerida pelo administrador da insolvência fixou-se um prazo curto, de seis meses após o conhecimento da situação, sem exceder o prazo de dois anos seguintes à data da declaração de insolvência (art. 123º, nº 1, do CIRE); neste último caso, porém, a resolução pode ser decretada por via de excepção, sem dependência de prazo, se o negócio não tiver sido cumprido (art. 123º, nº 2, do CIRE).

Mesmo em hipóteses de origem convencional, o legislador pretende que a situação de incerteza não se prolongue por um período dilatado e, por exemplo, na venda a retro, fixaram-se prazos de resolução de dois a cinco anos (art. 929º do CC).

---

[351] *Vd. infra*, II Parte, Capítulo IV, § 5, nº 1, alínea *c)*.
[352] *Vd. infra*, II Parte, Capítulo VIII, § 4, nº 5, alínea *b)*, subalínea ß, ponto ii.2).

REGIME DA CESSAÇÃO DO CONTRATO

IV. Se no decurso do prazo se tiverem alterado os pressupostos legais para se exercer o direito de resolução, aplicar-se-á a lei nova[353]; de facto, se a situação que justifica a resolução (p. ex., incumprimento) é anterior à entrada em vigor da lei nova não deverá ser posta em causa por esta, mas esse fundamento será analisado à luz do novo regime. À alteração do prazo para o exercício do direito, constante de lei nova, ocorrida durante o decurso do período para resolver o contrato, aplica-se o disposto no art. 279º do CC.

b) *Impugnação da resolução*

Tendo o contrato sido resolvido extrajudicialmente, como é a regra (*vd.* nº seguinte), a contraparte, discordando de que tal direito assista a quem invocou a resolução, pode impugnar judicialmente a cessação do vínculo.

Afora a situação em que se prescrevem prazos curtos para ser impugnada a resolução do contrato – prazos de 60 dias, de seis meses e de um ano no contrato de trabalho para a eventualidade de despedimento (arts. 387º, nº 2, e 388º, nº 2, do CT, conjugados com o regime processual e com a regra da prescrição laboral) –, valem os prazos regra da prescrição. Contudo, tal como em relação ao exercício do direito de resolução, para a impugnação também se deverá ter em conta a confiança depositada, podendo a delonga inviabilizar o recurso judicial com base num *venire contra factum proprium*.

7. Forma

I. A questão de determinar como se efectiva a resolução do contrato não é problemática no sistema instituído pelo Código Civil. Não assim noutros espaços jurídicos em que se discute se o instituto opera *ope voluntatis* ou *ope iudicis*[354].

---

[353] Alves da Fonseca/José Luciano de Castro, «A Acção de Rescisão por Lesão com Relação aos Contratos Anteriores ao Código Civil pode Intentar-se depois da Publicação do mesmo Código», *Dir.*, 1º, 1869, pp. 321 e ss., concluem que o Código Civil de 1867, que limitava a rescisão por lesão dos contratos de compra e venda, não se aplicaria a contratos celebrados antes da sua entrada em vigor (p. 323).

[354] Em França, com base no art. 1184 do CCFr., a doutrina é pacífica, ainda que crítica, no sentido de a resolução ser de exercício judicial, cfr. Bénabent, *Droit Civil. Les Obligations*, 9ª edição, Paris, 2003, pp. 259 e s.; Carbonnier, *Droit Civil*, 4, *Les Obligations*, 22ª edição, Paris, 2000, pp. 340 e s., apesar de se admitirem excepções, por exemplo, no caso de tutela do consumidor, em que basta a notificação (cfr. Bénabent, *Les Obligations*, cit., p. 258). Por outro lado, há ainda excepções ao carácter judicial da resolução, além da resolução convencional, pois prevê-se a resolução extrajudicial, por exemplo em certo tipo de venda ou no âmbito dos seguros, *vd.* Flour/Aubert/Flour/Savaux, *Droit Civil. Les Obligations. 3 Le Rapport D'Obligation*, 2ª edição, Paris, 2001, pp. 165 e ss. Para uma justificação histórica, relacionada com a perturbação revolucionária que antecedeu o

DA CESSAÇÃO DO CONTRATO

Código Civil Francês, veja-se JAMIN, «Les Conditions de la Résolution du Contrat: Vers un Modèle Unique?», *Les Sanctions de l'Inexecution des Obligations*. Études de Droit Comparé, org. Marcel FONTAINE e Geneviève VINEY, Bruxelas, 2001, pp. 451 e s.

No sistema jurídico belga vale também a regra da resolução judicial tendo por base um preceito do respectivo Código Civil, que tem o mesmo número e redacção similar ao art. 1184 do CCFr., cfr. STIJNS, «La Résolution pour Enexécution en Droit Belge: Conditions et Mise en Ouvre», *Les Sanctions de l'Inexecution des Obligations. Études de Droit Comparé*, org. Marcel FONTAINE e Geneviève VINEY, Bruxelas, 2001, pp. 514 e s.

A exigência de recurso judicial é idêntica em Espanha, atendendo ao art. 1124 do CCEsp. (cfr. ÁLVAREZ VIGARAY, *La Resolución de los Contratos Bilaterales por Incumplimiento*, cit., pp. 284 e ss.), apesar de surgir contestada por alguma doutrina, que demonstra existir uma certa abertura judicial à resolução extrajudicial (*vd.* SAN MIGUEL PRADERA, *Resolución del Contrato por Incumplimiento y Modalidades de su Ejercicio*, cit., pp. 305 e ss.).

Em Itália, as opiniões encontram-se divididas. Há quem considere que, nos termos do art. 1454 do CCIt., a resolução funciona *ope voluntatis*, cfr. BIANCA, *La Vendita e la Permuta*, Turim, 1972, p. 708; COSTANZA, Comentário ao art. 1454 do Código Civil Italiano, LUMINOSO/CARNEVALI/COSTANZA, *Della Risoluzione per Inadempimento*, Bolonha, 1990, pp. 431 e 447. Outros, tomando por fonte o art. 1458 do CCIt., afirmam que a resolução é judicial, cfr. BIANCHI, *Rescissione e Risoluzione dei Contratti con Riferimenti al Diritto Civile del XXI Secolo*, Pádua, 2003, pp 179 e s. e p. 183; ROPPO, *O Contrato*, Coimbra, 1988, pp. 266 e 267; TORRENTE/SCHLESINGER, *Manuale di Diritto Privato*, 15ª edição, Milão, 1997, pp. 509 e ss. Segundo estes últimos autores (ob. cit., pp. 552 e ss.), há três excepções em que a resolução funciona *ipso iure*: se houver cláusula expressa nesse sentido (art. 1456 do CCIt.); se foi estabelecido um prazo suplementar (art. 1454.2 do CCIt.); se existia um termo essencial de cumprimento (art. 1457 do CCIt.). Com uma síntese das diversas opiniões, e seguindo a segunda posição, *vd.* CONSOLO, «Il Processo nella Risoluzione del Contratto per Inadempimento», *Le Ragioni del Diritto, Scritti in Onore di Luigi Mengoni*, Tomo I, *Diritto Civile*, Milão, 1995, pp. 427 e ss.; GALGANO, *Diritto Civile e Commerciale*, Volume 2º, *Le Obbligazioni e i Contratti*, Tomo 1º, *Obbligazioni in Generale, Contratti in Generale*, 3ª edição, Pádua, 1999, pp. 492 e ss.

No direito alemão, a regra constante do § 349 do BGB aponta no sentido de a resolução produzir efeito por simples declaração, cfr. BROX/WALKER, *Allgemeines Schuldrecht*, cit., p. 155; ESSER/SCHMIDT, *Schuldrecht*, Volume I, T. 1, 8ª edição, Heidelberga, 1995, p. 310. Veja-se, todavia, as dúvidas relacionadas com o anterior § 465 do BGB, a propósito da compra e venda, onde se admitia que o vendedor podia não aceitar a declaração, por força da qual o comprador pretendia efectivar a resolução, sendo, então, esta determinada por decisão judicial – cfr. FIKENTSCHER, *Schuldrecht*, cit., p. 436; LARENZ, *Lehrbuch des Schuldrecht*, Volume II/1, *Besonderer Teil*, 13ª edição, Munique, 1986, p. 56; REINICKE/TIEDTKE, *Kaufrecht*, Berlim, 1992, pp. 133 e 134 –, dúvida que foi superada com a reforma, na medida em que, agora, o § 440 do BGB, para a resolução da compra e venda em caso de defeito da coisa, remete para o regime geral.

Também no direito suíço, tendo em conta o art. 107.2 do CO, entende-se que a resolução é extrajudicial, cfr. GAUCH/SCHLUEP/SCHMID/REY, *Schweizerisches Obligationenrecht. Allgemeiner Teil ohne Ausservertragliches Haftpflicht*, Volume II, 8ª edição, Zurique, 2003, p. 179.

E a tendência recente sugere a redução de entraves, permitindo, por via de regra, a resolução extrajudicial, cfr. Livro 6, art. 267, 1, do CCHol., os arts. 49 e 64 da Convenção de Viena e os Princípios de Direito Europeu dos Contratos (art. 9.303, nº 1). Como excepção, veja-se, que o recente art. 474 do CCBr. determina que a cláusula resolutiva tácita depende de interpelação judicial.

REGIME DA CESSAÇÃO DO CONTRATO

No sistema jurídico português, a resolução pode fazer-se mediante declaração unilateral e não carece de recurso judicial (art. 436º, nº 1, do CC)[355]. Já era esta a solução no domínio do anterior Código Civil[356]. Por acordo pode estabelecer-se regra diversa quanto à forma da declaração que visa resolver o contrato.

A resolução dos contratos, nos termos gerais dos arts. 432º e ss. do CC, segue o regime da liberdade de forma, bastando a mera declaração de uma das partes à outra para produzir os seus efeitos (art. 436º, nº 1, do CC); e o regime comum de liberdade de forma não é posto em causa ainda que o negócio jurídico que se pretende dissolver seja formal[357]. Trata-se de uma declaração informal, mas receptícia, pois só se torna eficaz quando chega ao poder do destinatário ou é dele conhecida (art. 224º do CC). Ainda segundo o regime geral, a declaração mediante a qual uma das partes resolve o contrato será expressa ou tácita (art. 217º do CC) e, eventualmente, em casos limitados, o silêncio pode valer como declaração de resolução (art. 218º do CC). Refira-se, por último, que a declaração mediante a qual se pretende resolver o contrato produz efeitos depois de recebida pela contraparte e, a partir desse momento, é irrevogável (art. 230º, nº 1, do CC)[358].

Ainda que a resolução seja informal, nada obsta a que se recorra a tribunal para apreciar da sua licitude, mas importa distinguir. Se uma parte resolve o contrato, a contraparte pode impugnar judicialmente a resolução, e se a decisão judicial confirma a validade da declaração, o contrato cessou no momento em que esta chegou ao poder do destinatário e não mediante a intervenção judicial[359]. Diferentemente, se aquele a quem assiste o direito, duvidando da sua existência, em vez de emitir a declaração negocial, intenta uma acção judicial em que pede a apreciação do direito, o contrato cessa com a decisão judicial, se na acção, além da apreciação de direito, também se tiver feito o pedido de resolução do contrato.

---

[355] *Vd.* PESSOA JORGE, *Direito das Obrigações*, cit., p. 633; GALVÃO TELLES, *Direito das Obrigações*, cit., p. 460.

[356] *Vd.* PAULO CUNHA, *Direito das Obrigações. O Objecto da Relação Obrigacional*, reedição, Lisboa, 1943, pp. 347 e 348. Apesar de se afirmar que a rescisão que tinha de ser declarada judicialmente, nos termos dos arts. 687º e ss. do CC1867 (AVELINO DE FARIA, «Do Distrate, Revogação e Rescisão dos Contratos e Quitação», *Revista de Notariado e Registo Predial*, Ano 22º (1949), p. 17), é necessário recordar que a rescisão, neste caso, se reportava à invalidade.

[357] Como se refere no Ac. STJ de 9/5/1995, *CJ (STJ)* 1995, T. II, p. 66, estando o contrato-promessa sujeito à forma escrita, a resolução não carece de forma especial.

[358] Cfr. Ac. STJ de 17/11/1994, *BMJ* 441, p. 274 e Ac. Rel. Pt. de 5/12/1996, *CJ* XXI, T. V, p. 208.

[359] Sobre as consequências da ilicitude da resolução, *vd. infra*, neste § 4, nº 9.

DA CESSAÇÃO DO CONTRATO

II. O princípio geral da liberdade de forma tem algumas excepções, exigindo-se por vezes o respeito de determinada forma ou mesmo a intervenção judicial. Mas, como se trata de excepções ao princípio geral, terão de resultar claramente da lei; na dúvida, vale a regra da liberdade de forma do art. 436º, nº 1, do CC. Deste modo, por exemplo no caso de resolução por alteração das circunstâncias (art. 437º do CC), faltando a explícita exigência de recurso judicial, não se deverá entender que a expressão «requerida a resolução» (nº 2 do art. 437º do CC) impõe que a resolução seja decretada pelo tribunal[360], pois a exigência de forma especial, em particular a necessidade de recurso judicial, opondo-se à regra geral de liberdade de forma, terá de decorrer de expressa previsão legal.

III. Em várias situações em que não é necessária a intervenção judicial exige-se, contudo, a observância de uma declaração escrita, normalmente fundamentada (p. ex., art. 31º do Decreto-Lei nº 178/86, para a resolução do contrato de agência, e art. 357º, nº 5, do CT, para o despedimento com justa causa), comunicada em papel ou noutro suporte duradouro (*v. g.*, 16º, nº 2, do Decreto-Lei nº 275/93, regime do direito real de habitação periódica). Eventualmente, ainda parece surgir uma solução intermédia pela qual o legislador informa os destinatários de que podem recorrer à carta registada para efectuar as declarações de resolução, sem impor esse meio (p. ex., a resolução requerida pelo administrador da insolvência *pode* ser feita por carta registada com aviso de recepção, art. 123º, nº 1, do CIRE[360a], e no caso de resolução de contrato de crédito ao consumo, depois de se prescrever como meio a carta registada com aviso de recepção, admite-se que a comunicação possa ser feita por qualquer outro meio, art. 8º, nº 1, do Decreto-Lei nº 359/91).

---

[360] Considerando que em caso de alteração das circunstâncias vale o regime constante do art. 436º do CC, *vd.* VASCO LOBO XAVIER/RITA LOBO XAVIER, «Três Pareceres Jurídicos (Registo de Acções. Fraude à Lei; Resolução por Alteração das Circunstâncias; Incumprimento. Substituição de Empresa, art. 37º da LCT)», *RDES*, XXXVII (1995), nº 4, pp. 372 e s.; assim como VAZ SERRA, «Resolução ou Modificação do Contrato por Alteração das Circunstâncias», cit., pp. 368 e ss. e 381 e s., escrevendo nos trabalhos preparatórios do Código Civil. Veja-se ainda o Ac. STJ de 2/12/1998, *BMJ* 482, p. 150. Em sentido diverso, entendendo que, neste caso, a resolução é decretada pelo tribunal, cfr. ALMEIDA COSTA, *Direito das Obrigações*, cit., p. 348; JANUÁRIO DA COSTA GOMES, *Em Tema de Revogação do Mandato Civil*, Coimbra, 1989, p. 72, bem como o Ac. STJ de 18/5/1993, *CJ (STJ)* 1993, T. II, p. 109.

[360a] Neste caso, como se indicou anteriormente (neste § 4., nº 4, alínea *c*), III.), a *possibilidade* de efectuar a comunicação por carta registada é de interpretar no sentido de um dever: imposição legal de forma especial.

REGIME DA CESSAÇÃO DO CONTRATO

IV. De modo mais exigente, no contrato de locação prevê-se que a resolução, em certos casos, tem de ser decretada judicialmente (arts. 1047º e 1084º, nº 2, do CC), mediante a designada acção de despejo, prevista no art. 14º da Lei nº 6/2006 (cfr. também art. 35º do RAR)[361].

O regime excepcional de resolução decretada pelo tribunal, estabelecido em sede de locação, não encontra aplicação noutros casos em que, por motivos vários, se justifica conceder maior protecção a uma das partes no contrato. Por isso, na falta de regra idêntica à estabelecida a propósito da resolução do arrendamento, quanto ao despedimento do trabalhador, a resolução do contrato de trabalho, excluindo a situação de trabalhadoras grávidas puérperas ou lactantes, produz efeitos pela mera declaração do empregador ao trabalhador sem qualquer intervenção judicial (arts. 351º e ss. do CT)[362].

Noutro plano, exigindo a intervenção judicial mas não sendo o tribunal a decretá-la, cabe aludir à resolução da venda a retro, que tem de ser feita por notificação judicial, devendo ainda acrescentar-se que, em relação aos bens imóveis, após a notificação judicial, a resolução deverá ser reduzida a escritura pública (art. 930º do CC). A intervenção judicial também se exige no regime laboral, em que o despedimento de trabalhadora grávida, puérpera ou lactante carece de um parecer prévio (art. 63º, nº 1, do CT) ou ainda que, não obstante ser uma declaração livre de uma das partes, só pode ser emitida «(...) após decisão judicial (...)», se o parecer prévio for desfavorável à cessação do vínculo (art. 63º, nº 6, do CT).

A exigência de recurso judicial pode resultar indirectamente da lei, sempre que os pressupostos para efectivar a resolução tiverem de ser previamente apreciados pelo tribunal. Assim, nas obrigações puras, a que alude o nº 2 do art. 777º do CC, sendo necessário estabelecer um prazo natural, caso as partes não cheguem a consenso, «a fixação (do prazo) é deferida ao tribunal», pelo que o pressuposto de incumprimento definitivo pode passar pelo prévio recurso judicial (*vd. infra* nº 8, alínea *a*)).

Sendo imposta a intervenção judicial para decretar a resolução ou para notificar a contraparte, a eficácia deste meio de cessação está dependente do acto judicial – notificação ou decisão judicial. O contrato só cessa depois de

---

[361] Sobre este regime e perplexidades que suscita, *vd. infra* II Parte, Capítulo IV, § 5, nº 1, alínea *b*). Contudo, como já se indicou, o NRAU elimina estas especificidades, pois o contrato de arrendamento urbano poderá, então, ser resolvido extrajudicialmente, nos termos gerais (arts. 1047º e 1083º do CC).

[362] Veja-se, contudo, a resolução judicial de certos contratos de trabalho no sistema jurídico francês, cfr. PÉLISSIER/SUPIOT/JEAMMAUD, *Droit du Travail*, 20ª edição, Paris, 2000, p. 439.

DA CESSAÇÃO DO CONTRATO

praticado o acto judicial; ou seja, o vínculo extingue-se após ter sido feita a notificação judicial ou com o trânsito em julgado da decisão judicial, sendo esta constitutiva.

V. Como terceira excepção ao regime comum cabe atender à «resolução automática», que não carece, sequer, de uma declaração da parte interessada; nesse caso, a extinção do vínculo ocorre *ipso iure*, sendo, por vezes, designada «resolução de direito», similar à caducidade[363]. Verificados certos pressupostos, independentemente de declaração de uma das partes no sentido de resolver o contrato, este extingue-se automaticamente. É isso que ocorre no âmbito do contrato de seguro no caso de falta de pagamento do prémio; nos termos prescritos no art. 61º da LCS, estando o tomador do seguro em mora quanto ao pagamento do prémio, seja do prémio inicial ou fracções ou de anuidades subsequentes, dá-se a resolução automática do contrato de seguro[364].

As partes podem ajustar uma cláusula de resolução automática do contrato, em que este cessa, independentemente de uma declaração de vontade nesse sentido, desde que se verifiquem determinados pressupostos.

Estas situações, porém, podem ser qualificadas como caducidade do contrato, que se extingue automaticamente pela verificação de um facto jurídico *stricto sensu*. Assim sendo, não obstante a qualificação legal no exemplo indicado, onde se dispõe que «A falta de pagamento do prémio (...) determina a resolução automática do contrato» (art. 61º, nº 1, da LCS), pode entender-se que se trata, antes, de uma caducidade[365]. Do mesmo modo, como se referiu a propósito da condição resolutiva[366], o contrato extingue-se por caducidade, apesar de seguir o regime da resolução.

---

[363] Cfr. CRISCUOLI, *Il Contratto. Itinerari Normativi e Riscontri Giurisprudenziali*, Pádua, 1992, pp. 480 e s. O autor, contudo, admite a *resolução automática* num sentido mais amplo do que o constante do texto, pois entende que há *resolução de direito* no caso de incumprimento de uma prestação com data «essencial», como no caso de realização do vestido de noiva; situação que, no sistema português, confere ao credor o direito de resolver o contrato. Também nos Princípios de Direito Europeu dos Contratos (art. 9303.4) alude-se à resolução automática em caso de impossibilidade de realização de uma prestação, situação enquadrável, no sistema jurídico português, entre as hipóteses de caducidade.

[364] Quanto início do prazo, *vd.* Ac. Rel. Pt. de 6/4/2000, *BMJ* 496, p. 310.

[365] No art. 15 da Lei do Contrato de Seguro (Espanha), distingue-se a resolução por incumprimento do prémio, da extinção do contrato por falta de pagamento por período superior a seis meses. Sobre este regime, cfr. PONS GARRIGA, *La Rescisión del Contrato de Seguro*, Madrid, 1998, pp. 73 e ss.

[366] *Vd. supra*, Capítulo I, § 1, nº 2, IV.

REGIME DA CESSAÇÃO DO CONTRATO

VI. Independentemente da forma, a declaração mediante a qual se pretende resolver um contrato deve ser suficientemente precisa quanto aos motivos e à intenção. Não basta invocar que se resolve o contrato porque a contraparte incumpriu as obrigações a que estava adstrita, é necessário concretizar a situação de incumprimento[367]; pois, doutra forma, não se poderá verificar a situação de incumprimento e apreciar a sua gravidade. Em determinados casos, o legislador prescreve a obrigação de a parte que invoca a resolução especificar os factos que a justificam (cfr. art. 353º do CT, quanto à descrição dos factos na nota de culpa, e art. 357º do CT, relativamente à fundamentação do despedimento), mas sem as exigências pormenorizadas dos exemplos citados, na omissão da lei, impõe-se sempre a concretização indispensável para apreciar a validade do fundamento alegado.

8. Efeitos
a) Dissolução do vínculo
I. Com a resolução pretende-se extinguir o vínculo, fazendo cessar a relação contratual que existia entre as partes. Os contraentes deixam de estar obrigados a cumprir as prestações a que se vincularam, pelo que a cessação do contrato determina a extinção das respectivas prestações[368]. A resolução implica a destruição por decisão unilateral do vínculo contratual e, por via de regra, quando se funda na lei, assenta num poder vinculado que se encontra relacionado com um dano causado pelo incumprimento do contrato[369].

Frequentemente, a resolução, sendo total, determina a dissolução completa do vínculo, mas, dependendo das circunstâncias, a resolução pode ser parcial, caso em que o contrato subsiste, amputado de uma parte. Nesta hipótese sempre se poderá entender que, em vez de resolvido – ainda que parcialmente –, o contrato foi modificado, ficando reduzida a prestação e a contraprestação.

II. Como se indicou no número anterior, o efeito extintivo ocorre na data em que a declaração é eficaz, excepto quando se exige o recurso judicial, em que se atende à data da notificação ou da decisão do tribunal.

---

[367] Cfr. BAPTISTA MACHADO, «Pressupostos da Resolução por Incumprimento», cit., pp. 133 e s., nota 10; CALVÃO DA SILVA, «Pressupostos da Resolução por Incumprimento», *Estudos de Direito Civil e Processo Civil (Pareceres)*, Coimbra, 1996, pp. 154 e s.

[368] Como esclarece MEDICUS, *Schuldrecht*, Tomo I *Allgemeiner Teil*, 15ª edição, Munique, 2004, p. 257, a resolução só determina a extinção das «prestações primárias» – p. ex., na compra e venda, entrega da coisa e pagamento do preço – e não da sucedânea prestação indemnizatória, que pode subsistir. *Vd. infra* a alínea *e)* deste número.

[369] Cfr. ANTUNES VARELA, *Das Obrigações em Geral*, II Volume, cit., p. 276.

DA CESSAÇÃO DO CONTRATO

A cessação do contrato, além das consequências a que se aludirá nas alíneas seguintes, pode implicar a constituição de obrigações pós-contratuais, em razão da situação jurídica extinta e de regras da boa fé[370]; assim, a resolução do contrato não facultará a uma das partes a possibilidade de entrar em concorrência com a anterior contraparte com base em modelos ou dados obtidos aquando da celebração do negócio jurídico.

No que respeita aos efeitos da resolução, o art. 433º do CC remete para o regime da invalidade do negócio jurídico, admitindo, no entanto, excepções resultantes da lei e da vontade das partes.

Independentemente de a resolução ser legal ou convencional, os respectivos efeitos podem ser ajustados pelas partes. E neste âmbito vale o princípio da liberdade contratual, pelo que as partes podem estabelecer consequências diversas das prescritas na lei, sendo inclusive viável que os contraentes prevejam uma dissolução mitigada, em que subsistem determinadas obrigações de um vínculo extinto[371].

Na ausência de acordo, em qualquer hipótese de resolução, sem atender à respectiva fonte (legal ou convencional) ou fundamento (*v. g.*, incumprimento culposo) e inclusivé no caso de resolução incondicional, os efeitos da dissolução são os prescritos na lei: em princípio recorre-se às regras da invalidade (arts. 285º e ss. do CC), mas ter-se-á de atender às excepções constantes dos arts. 434º e ss. do CC. Mesmo na hipótese de condição resolutiva, os arts. 274º, nº 2, 276º e 277º do CC, no que respeita aos efeitos, remetem para idêntico regime da resolução legal.

III. A resolução determina a imediata cessação do vínculo, produzindo o efeito extintivo logo que a declaração de vontade chega ao poder do destinatário ou é dele conhecida (art. 224º, nº 1, do CC). Depois de recebida (ou de ser conhecida) a declaração negocial de resolução do vínculo não poderá ser revogada, admitindo-se, porém, que aquele que resolveu o contrato proponha ao destinatário da declaração (contraparte) a repristinação do negócio jurídico, sendo, então, necessário o consentimento deste[372]. Em suma, a resolução funda-se num direito potestativo, mas a sua revogação pressupõe o acordo.

---

[370] *Vd.* MENEZES CORDEIRO, «Da Pós-Eficácia das Obrigações», *Estudos de Direito Civil*, Coimbra, 1987, pp. 166 e ss. e pp. 184 e ss.

[371] Sobre a possibilidade de algumas cláusulas do contrato continuarem em vigor depois de este se extinguir, veja-se *supra*, neste Capítulo, Secção I, § 6, III, assim como o disposto no art. 912º, nº 2, do CC (*vd. infra*, II Parte, Capítulo I, § 2, nº 1).

[372] Cfr. NOVARA, *Il Recesso Volontario dal Rapporto di Lavoro*, Milão, 1961, pp. 147 e ss.

REGIME DA CESSAÇÃO DO CONTRATO

IV. Nos contratos em que a resolução depende de intervenção judicial, mormente quando é decretada pelo tribunal, importa determinar o momento em que a cessação do vínculo produz efeitos.

Mas é necessário distinguir a obrigatoriedade de a resolução ser decretada pelo tribunal, das situações em que a intervenção judicial é exigida para se preencherem os pressupostos da resolução. Neste último caso (*v. g.*, para despedimento de trabalhadora grávida), a necessidade de prévia intervenção judicial não condiciona a produção de efeitos da resolução, valendo as regras gerais; de facto, a resolução representa uma declaração de vontade que produz efeitos quando chegar ao poder do destinatário. De modo diverso, sendo a resolução decretada pelo tribunal (art. 1084º, nº 1, do CC), o efeito extintivo ocorre com o trânsito em julgado; apesar de a vontade de fazer cessar o contrato ter sido manifestada pelo senhorio em data anterior, pelo menos aquando da petição inicial, como a resolução é judicial, o negócio jurídico só cessa a partir da data em que a decisão judicial transitou em julgado e, tratando-se de um contrato de execução continuada, a resolução não tem eficácia retroactiva[373]. A solução oposta, defendida por alguma doutrina[374], atenua a «dureza» do regime da resolução judicial, mas contraria o pressuposto normal de as decisões judi-

---

[373] Cfr. Ac. STJ de 23/1/2001, *CJ (STJ)* 2001, T. I, p. 80; Ac. Rel Cb. de 7/7/1993, *CJ* XVIII, T. IV, p. 35. Também no Ac. STJ de 13/7/2004, *CJ (STJ)* 2004, T. II, p. 145, apesar de a questão não ser discutida, afirma-se: «sem prejuízo da respectiva eficácia retroactiva, a resolução só opera com a prolação da sentença»; mas não se pode retirar nenhuma conclusão, até porque estava em causa um contrato em que não se exigia a resolução judicial.

[374] PIRES DE LIMA/ANTUNES VARELA, *Código Civil Anotado*, Volume II, cit., anotação 3 ao art. 1047º e anotação 4 ao art. 50º do RAU, pp. 385 e 573, entendem que a resolução judicial no âmbito do arrendamento tem eficácia retroactiva à data em que se verificou a causa de resolução do contrato (p. ex., a falta de pagamento da renda). Seguindo a posição destes autores, entre a violação contratual e o trânsito em julgado subsiste uma relação contratual de facto entre arrendatário e senhorio. A solução é estranha, até porque a resolução não é automática, carecendo de uma declaração de vontade; mais curial, ainda que contestável, seria entender que a retroactividade se reportava à data da interposição da acção judicial (cfr. Ac. Rel. Cb. de 26/9/2000, *CJ* XXV, T. IV, p. 17, em que, como não houve outra declaração anterior, entendeu-se que a resolução produziu efeito com a citação da ré). Relativamente à resolução judicial na ocorrência de impossibilidade, SALVO VENOSA, *Direito Civil. Teoria Geral das Obrigações e Teoria Geral dos Contratos*, S. Paulo, 2001, p. 446, afirma que a «declaração judicial (...) retroagirá a esse momento (da impossibilidade)», mas a solução é contestável na ordem jurídica portuguesa, porque a resolução fundada em impossibilidade culposa, pressupõe uma declaração e não tem efeito retroactivo à data da impossibilidade. De modo mais amplo, DÍEZ-PICAZO/GULLÓN, *Sistema de Derecho Civil*, Volume II, *El Contrato en General. La Relación Obligatoria, Contratos en Especial, Cuasi Contratos, Enriquecimiento sin Causa, Responsabilidad Extracontractual*, 9ª edição, Madrid, 2001, p. 248, afirmam que a resolução judicial – que é regra no sistema espanhol – proclama simplesmente a procedência da extinção do vínculo já invocada por uma parte.

ciais não terem eficácia retroactiva. Solução diversa consta do art. 978º, nº 1, do CC, quando prescreve: «Os efeitos da revogação da doação retrotraem-se à data da proposição da acção»; mas não se pode entender que neste preceito se consagrou um princípio geral válido para outras hipóteses em que se exija a intervenção judicial; antes pelo contrário, esta regra justifica-se por se pretender estabelecer uma solução excepcional.

V. Como se indicou, no art. 433º do CC, quanto aos efeitos da resolução recorre-se ao regime da nulidade e da anulabilidade do negócio jurídico. Cabe salientar que o art. 433º do CC só remete para os efeitos da invalidade e não para todo o regime, pelo que se justifica fazer o confronto de soluções.

O instituto da resolução apresenta semelhanças com a anulabilidade, em particular atendendo à vontade para a produção do efeito extintivo. De modo diverso, a nulidade pode ser declarada oficiosamente pelo tribunal (art. 286º do CC). Apesar de os fundamentos se verificarem em momentos diferentes, a anulabilidade e a resolução prosseguem a mesma finalidade e têm idêntico regime, designadamente quanto à eficácia *ope voluntate* e à eliminação retroactiva dos efeitos do negócio. Mas divergem em quatro pontos: no que respeita à legitimidade e aos limites para o exercício do direito, quanto aos efeitos em relação a terceiros e em relação aos contratos de execução continuada ou periódica.

Primeiro, relativamente à legitimidade, dispõe o art. 287º, nº 1, do CC, que só podem «arguir a anulabilidade as pessoas em cujo interesse a lei a estabelece». Importa determinar quem é que a lei pretende proteger, ao conferir o direito de anular o contrato. De modo diverso, o direito de resolver o contrato é atribuído a uma das partes, relativamente à qual se verificam os respectivos pressupostos, podendo excepcionalmente ser exercido por terceiro em nome da parte titular do direito.

Em segundo lugar, quanto aos limites, a anulabilidade tem um prazo curto de exercício – um «ano subsequente à cessação do vício» –, enquanto, para a resolução, vale o prazo de prescrição aplicável, que pode ascender a vinte anos com os limites referidos. Ainda quanto aos limites, não tem a faculdade de invocar a resolução quem não se encontrar em condições de restituir o que houver recebido (art. 432º, nº 2, do CC), limitação que não é válida em sede de anulabilidade (art. 289º, nº 1, *in fine*, do CC).

Como terceira diferença, ter-se-á de atender aos efeitos em relação a terceiros, em que se estabelecem regimes de protecção diversos (arts. 289º e 291º do CC, por um lado, e art. 435º do CC, por outro).

REGIME DA CESSAÇÃO DO CONTRATO

Por último, na resolução de contratos de execução continuada ou periódica a eficácia é *ex nunc* (art. 434º, nº 2, do CC), e nos contratos anuláveis (ou nulos), ainda que de execução continuada ou periódica, por via de regra, a extinção tem efeito retroactivo; excepcionalmente, no caso de invalidade do contrato de trabalho atende-se aos efeitos produzidos (cfr., em especial, o art. 122º do CT).

Poder-se-ia acrescentar que a anulabilidade é de exercício judicial, enquanto a resolução opera mediante declaração extrajudicial (art. 436º, nº 1, do CC); porém, nos termos do art. 291º, nº 1, *in fine*, do CC, a anulabilidade pode ser acordada pelas partes, o que indicia não ser de exercício judicial[375]. Também no que respeita à nulidade, do disposto no art. 286º do CC não resulta que seja de exercício judicial, pois «é invocável a todo o tempo por qualquer interessado e *pode* ser declarada oficiosamente pelo tribunal»; o recurso judicial é uma alternativa, na medida em que a nulidade opera *ipso iure*. A este argumento baseado na letra do preceito pode acrescentar-se que o recurso judicial não é a regra para o exercício dos direitos; salvo hipótese de conflito, só se justifica o recurso a tribunal quando a lei assim o determina.

VI. Nas alíneas seguintes atende-se, primeiro, às consequências da cessação no próprio contrato resolvido, deixando para final a alusão aos efeitos em relação a terceiros.

b) Retroactividade; excepções

I. Por via de regra, a resolução tem eficácia retroactiva, levando à reconstituição do estado anterior à celebração do contrato, mas, como se trata de uma solução supletiva, em alguns casos só produz efeitos *ex nunc*, salvaguardando as situações jurídicas entretanto constituídas[376]. A destruição retroactiva do contrato, apesar de ser comum[377], não é regra noutros espaços jurídicos; por

---

[375] Sobre estas questões, em especial relativamente à compra e venda, cfr. CARNEIRO DA FRADA, «Erro e Incumprimento ou Não-conformidade da Coisa com o Interesse do Comprador», *Dir.* 121 (1989), III, pp. 461 e ss.; BAPTISTA MACHADO, «Acordo Negocial e Erro na Venda de Coisas Defeituosas», *BMJ* 215 (1972), pp. 5 e ss.; ROMANO MARTINEZ, *Cumprimento Defeituoso*, cit., pp. 291 e ss. Aludindo à possibilidade de acordo sobre a invalidade, veja-se HÖRSTER, *A Parte Geral do Código Civil Português. Teoria Geral do Direito Civil*, Coimbra, 1992, p. 589.

[376] Como indicam, PIRES DE LIMA/ANTUNES VARELA, *Código Civil Anotado*, Volume I, cit., anotação 1 ao art. 434º, p. 410, «A retroactividade da resolução *presume-se* querida pelos contraentes, mas não é imposta por lei».

[377] Cfr., em França, SERINET, «L'Effet Rétroactif de la Résolution pour Inexécution en Droit Français», em Itália, ALPA/DASSIO, «La Dissolution du Lien Contractuel dans le Code Civil Italien», ambos os estudos em *Les Sanctions de l'Inexécution des Obligations. Études de Droit Comparé*, org.

DA CESSAÇÃO DO CONTRATO

exemplo, no Livro 6, art. 269 do CCHol. dispõe-se que a resolução não tem efeito retroactivo, também nos Princípios do UNIDROIT se prescreve que a resolução não tem eficácia retroactiva (art. 7.3.5.1) e nos Princípios de Direito Europeu dos Contratos determina-se que a resolução não tem, em princípio, eficácia retroactiva (art. 9.305)[378].

II. Tendo a resolução eficácia retroactiva, importa atender a dois aspectos: por um lado, há uma ficção jurídica de que o contrato não existiu; por outro, e com maior relevância, dever-se-á de ter em conta as consequências económicas, sendo necessário restabelecer a situação anterior.

Apesar de a destruição retroactiva dos efeitos do contrato ser regra em caso de resolução (art. 434º, nº 1, do CC), pode discutir-se, *de iure condendo*, da sua justificação; de facto, a eficácia retroactiva nem sempre é admitida no plano internacional – veja-se, por exemplo, o art. 9.305 dos Princípios de Direito Europeu dos Contratos –, e, principalmente, os objectivos pretendidos com a resolução não dependem da sua eficácia retroactiva, desde que a extinção do contrato esteja associada com o correspondente dever de indemnizar.

III. A resolução, em qualquer das suas modalidades, tanto pode conduzir à extinção de contratos de execução instantânea (p. ex., compra e venda), como de execução continuada (*v. g.*, locação, contrato de trabalho). No contrato de execução instantânea, a resolução tem efeitos retroactivos, salvo se contrariar a vontade das partes ou a finalidade da própria resolução (art. 434º, nº 1, do CC), pelo que, por via de regra, como prescreve o art. 434º do CC, quanto aos efeitos, a resolução equipara-se à invalidade, não prejudicando os direitos entretanto adquiridos por terceiros (art. 435º do CC). Tendo em conta o efeito retroactivo, diferentemente da invalidade, a resolução só pode ser invocada pela parte que estiver em condições de restituir o que houver recebido (art. 432º, nº 2, do CC).

Como, no que respeita aos efeitos, a resolução é equiparada à invalidade (nulidade ou anulabilidade) dos negócios jurídicos (art. 433º do CC), ela tem

---

Marcel FONTAINE e Geneviève VINEY, Bruxelas, 2001, respectivamente pp. 589 e ss. e p. 880, e, na Suíça, GAUCH/SCHLUEP/SCHMID/REY, *Schweizerisches Obligationenrecht. Allgemeiner Teil ohne Ausservertragliches Haftpflicht*, Volume II, cit., pp. 179 e 262.

[378] Quanto às razões que levaram a tal tomada de posição, justificadas com exemplos de impossibilidade de restituição, veja-se LANDO/BEALE, *Principles of European Contract Law*, Partes I e II, Haia, 2000, p. 420. Também BEATSON, *Anson's Law of Contract*, 27ª edição, Oxford, 1998, pp. 550 e s., indica que, por via de regra, a dissolução do contrato não tem efeitos *ab initio*, sendo excepcional a hipótese contrária (retroactividade).

efeito retroactivo (arts. 289º, nº 1, e 434º, nº 1, do CC). As partes devem ficar na situação em que estariam se não tivessem celebrado o contrato[379]; pretende-se, pois, estabelecer o *status quo ante*.

IV. Relativamente às excepções ao princípio geral, cabe atender a quatro situações expressamente previstas, em que a resolução não tem efeitos *ex tunc*[380].

A cessação do vínculo não tem eficácia retroactiva se contrariar a vontade das partes (art. 434º, nº 1, 2ª parte, do CC). Esta excepção depende do contexto negocial e da vontade das partes, mas não se circunscreve às hipóteses de resolução convencional. Por acordo, podem as partes assentar no efeito *ex nunc* da resolução, ainda que esta seja de fonte legal; nada obsta, a que, para a eventualidade de resolução por incumprimento de um contrato de execução instantânea, os contraentes tenham estabelecido que a dissolução não tem eficácia retroactiva. A eficácia *ex nunc* pode resultar da vontade das partes no contexto negocial, não sendo exigível uma declaração expressa nesse sentido[381].

Como segunda hipótese, a retroactividade será excluída se contrariar a finalidade da resolução (art. 434º, nº 1, 2ª parte, do CC). Tanto em situações de resolução legal como convencional, do contexto negocial pode decorrer que a destruição retroactiva põe em causa o fundamento da resolução. Assim, se a dissolução se justifica porque, relativamente a determinadas prestações que se têm de cumprir no futuro, se quebrou o equilíbrio contratual, a eficácia retroactiva implicaria uma destruição infundada no que respeita às prestações já efectuadas; razão pela qual a dissolução deveria ter somente efeitos *ex nunc*.

---

[379] Apesar das excepções indicadas nas duas notas precedentes, a regra da eficácia retroactiva encontra-se generalizada, cfr. BERGERFURTH/MENARD, *Das Kaufrecht. Kaufvertrag, Haftung bei Rechts- und Sachmängeln, Besondere Arten des Kaufs*, 3ª edição, Freiburgo, 1984, nº 6.3.2, p. 209; BIHL, *Le Droit de la Vente*, Paris, 1986, pp. 228 e 229; CAPOZZI, *Dei Singoli Contratti*, Volume I, *Compravendita, Riporto, Permuta, Contratto Estimatorio, Somministrazione, Locazione*, Milão, 1988, p. 75; CARBONNIER, *Les Obligations*, cit., pp. 342 e s.; ESPINAR LAFUENTE, «Resolución e Indemnización en las Obligaciones Reciprocas», *Estudios Honor Castan Tobeñas*, Volume II, Pamplona, 1969, p. 151; PESSOA JORGE, *Direito das Obrigações*, cit., p. 633; POTHIER, *Traité du Contrat de Vente selon les Regles tant du For de la Conscience, que du For Extériuer*, Paris, 1772, p. 228. A mesma ideia vem claramente expressa no Ac. STJ de 25/2/1987, *BMJ* 364, p. 849.

[380] Importa salientar que no art. 126º do CIRE, depois de se estabelecer que a resolução tem efeitos retroactivos, não se atendeu às excepções legais, nomeadamente aos contratos de execução continuada (art. 434º, nº 2, do CC).

[381] FLOUR/AUBERT/FLOUR/SAVAUX, *Droit Civil. Les Obligations*, cit., p. 165, dão como exemplo um contrato em que, da vontade das partes, resulta a intenção de fraccionar as prestações, que naquele contexto não eram indivisíveis, pelo que a destruição poderia não afectar todo o vínculo jurídico.

DA CESSAÇÃO DO CONTRATO

Em terceiro lugar, quanto aos contratos de execução continuada, a resolução não abrange as prestações já efectuadas (art. 434º, nº 2, do CC); nos contratos de execução continuada, por via de regra, a resolução não afecta as prestações realizadas, só produzindo efeitos para o futuro[382]. As hipóteses em apreço exemplificam-se nos casos de contratos de locação ou de trabalho e também noutros negócios jurídicos de prestações de execução continuada, como uma empreitada de manutenção[383].

Por último, a resolução pode não ter eficácia retroactiva no que diz respeito aos direitos de terceiros (art. 435º, nº 1, do CC), a que se aludirá *infra* na alínea *f)* deste número.

V. A excepção prevista no nº 2 do art. 434º do CC, nos termos da qual «nos contratos de execução continuada ou periódica, a resolução não abrange as prestações já efectuadas», tendo, portanto, efeito *ex nunc*, é afastada na parte final do preceito. Trata-se de uma «excepção à excepção» que conduz à aplicação do regime regra.

Nos contratos de execução continuada ou periódica, a resolução tem eficácia retroactiva se a causa que justifica a dissolução do vínculo legitima a destruição do contrato com efeitos *ex tunc*. Trata-se de um fundamento idêntico ao que consta da parte final do nº 1 do art. 434º do CC, em que a retroactividade é afastada tendo em conta a finalidade da resolução; agora, ao inverso, a retroactividade é admitida em razão da finalidade da resolução. Apesar de o contrato (p. ex. de fornecimento) ser de execução continuada, o motivo justificativo da resolução pode afectar todo o vínculo, inclusive as prestações efectuadas, que deixam de satisfazer o interesse do credor, legitimando a dissolução com efeitos *ex tunc*[384].

c) *Restituição*

I. Dissolvido o vínculo contratual, cada uma das partes terá de restituir à contraparte tudo o que indevidamente mantenha em consequência da cessação. Neste ponto, cabe distinguir a extinção com eficácia retroactiva daquela

---

[382] Mas a não retroactividade não significa a subsistência do vínculo após a sua extinção; contudo no Ac. Rel. Lx. de 28/3/1996, *CJ* XXI, T. II, p. 91, entendeu-se que os alugueres seriam devidos no período que decorreu entre a cessação do vínculo e a entrega do automóvel

[383] Para maiores desenvolvimentos, *vd. infra*, Capítulo III, § 3, relativo aos pressupostos da resolução em contratos duradouros.

[384] *Vd.* Pires de Lima/Antunes Varela, *Código Civil Anotado*, Volume I, cit., anotação 1 ao art. 434º, p. 411.

REGIME DA CESSAÇÃO DO CONTRATO

que só produza efeitos *ex nunc*. No primeiro caso, que é a regra no âmbito da resolução, tem particular relevância a devolução das prestações efectuadas. Mas independentemente dos efeitos serem ou não retroactivos, poderá haver bens ou valores que uma parte tem de restituir em consequência da extinção do contrato.

II. A resolução com eficácia retroactiva pressupõe a constituição de uma nova relação jurídica, derivada da anterior, com obrigações de devolução recíprocas; as partes ficam mutuamente adstritas a devolver as prestações que hajam recebido em cumprimento do contrato. Discute-se, porém, se os deveres de restituição são sinalagmáticos[385] e se funcionam de forma idêntica, mas de sinal contrário, aos da relação precedente[386].

A resolução não dá origem a um novo contrato, pelo qual se pretende dissolver o anterior, mas cria uma relação legal que obriga as partes a devolverem o que receberam; trata-se, pois, de uma obrigação *ex lege* de reposição do *status quo ante*. Depois de, na parte final do nº 1 do art. 289º do CC, se prescrever que deve «ser restituído tudo o que tiver sido prestado», acrescenta-se no art. 290º do CC que «As obrigações recíprocas de restituição (...) devem ser cumpridas simultaneamente»[387]. De facto, as mencionadas obrigações de restituir não são totalmente independentes entre si, na medida em que advêm de uma fonte comum. Daí ser possível opor a excepção de não cumprimento ao dever de restituir (art. 290º, *in fine*, do CC), que tem particular relevância, não só no caso de insolvência de um dos contraentes, como em qualquer hipótese de risco de incumprimento da obrigação de restituir.

Sendo lícito recorrer à excepção de não cumprimento (arts. 428º e ss. do CC *ex vi* art. 290º do CC), desde que verificados os respectivos pressupostos, também será aceitável invocar o direito de retenção se estiverem preenchidos

---

[385] No sentido de que os deveres de devolução são independentes, *vd.* ESSER/SCHMIDT, *Schuldrecht*, cit., Volume I/1, pp. 314 e s.

[386] Em sentido afirmativo, cfr. RUPP/FLEISCHMANN, «Kostenerstattungsansprüche bei Wandelung», *NJW*, 1984, pp. 220 e 221. MOTA PINTO, *Cessão da Posição Contratual*, Coimbra, 1982, p. 418, pronuncia-se no sentido de que a relação subsequente à resolução não é a inversa à relação contratual, porque a primeira é uma relação legal.

[387] Idêntica regra de as obrigações de restituição deverem ser efectuadas em simultâneo encontra-se no art. 81.2 da Convenção de Viena e no § 348 do BGB. Quanto a este último, onde se prescreve a obrigação de devolver *zug um zug*, *vd.* BROX/WALKER, *Allgemeines Schuldrecht*, cit., p. 163; *Palandt Bürgerliches Gesetzbuch*, cit., anotações ao § 348, p. 554 e RANIERI, «Les Sanctions de L'Inexécution du Contrat en Droit Allemand», *Les Sanctions de l'Inexécution des Obligations*. Études de Droit Comparé, org. Marcel FONTAINE e Geneviève VINEY, Bruxelas, 2001, p. 827.

DA CESSAÇÃO DO CONTRATO

os pressupostos deste instituto (art. 754º do CC)[388]. A parte que, em consequência da cessação do vínculo, está obrigada a devolver uma coisa que pertence à contraparte poderá recusar a devolução se tiver um crédito nos termos prescritos no art. 754º do CC; mas é necessário que o crédito resulte «de despesas feitas por causa (da coisa a devolver) ou de danos por ela causados», não se relacionando necessariamente com o dever de restituir a contraprestação. Por faltarem estes pressupostos, o trabalhador não goza do direito de retenção no que respeita aos instrumentos de trabalho (art. 342º do CT)[389]. Todavia, ainda que faltem estes pressupostos, o direito de retenção pode resultar de expressa previsão legal: assim, o mandatário goza do direito de retenção sobre as coisas que lhe tiverem sido entregues para execução do mandato pelo crédito resultante da sua actividade (art. 755º, nº 1, alínea c), do CC); o depositário e o comodatário gozam do direito de retenção sobre as coisas que lhes tiverem sido entregadas em execução dos respectivos contratos pelos créditos deles resultantes (art. 755º, nº 1, alínea e), do CC); e o agente goza do direito de retenção sobre os objectos e valores que detém em virtude do contrato (art. 35º do Decreto-Lei nº 178/86).

III. A obrigação de restituir impende sobre as partes que tenham recebido prestações do contrato resolvido; excepcionalmente, admite-se que se possa exigir de terceiro o cumprimento desse dever.

Na eventualidade de uma das partes ter recebido uma prestação emergente do contrato resolvido, que veio a alienar gratuitamente a terceiro, e não podendo o contraente restituir o respectivo valor, cabe à contraparte exigir a restituição ao adquirente na medida do seu enriquecimento (art. 289º, nº 2, do CC); neste caso, tal como no nº 1 do art. 795º do CC, e diversamente de outras situações de extinção do vínculo, há uma remissão expressa para este instituto.

---

[388] Concordando com JÚLIO GOMES, *O Conceito de Enriquecimento, o Enriquecimento Forçado e os Vários Paradigmas do Enriquecimento sem Causa*, Porto, 1998, pp. 630 e ss., quando critica a tese da natureza real do dinheiro, pode a dificuldade apontada pelo autor relativamente à reivindicação (pp. 635 e ss.) ser superada pelo direito de retenção: de facto, o comprador não pode reivindicar o preço, mas ao vendedor que pretendesse reivindicar a coisa ser-lhe-ia oposto o direito de retenção.

[389] *Vd.* ROMANO MARTINEZ, anotação III ao art. 342º, *in* ROMANO MARTINEZ/LUÍS MIGUEL MONTEIRO/JOANA VASCONCELOS/MADEIRA DE BRITO/GUILHERME DRAY/GONÇALVES DA SILVA, *Código do Trabalho Anotado*, cit., p. 731.

REGIME DA CESSAÇÃO DO CONTRATO

IV. A parte que recebeu uma prestação constitui-se no dever de a restituir, assim como todos os direitos que dela tenha recebido[390].

O princípio geral aponta para a obrigação de restituir *in natura* (art. 562º do CC), mas não sendo possível restituir a prestação auferida em espécie, deve a parte entregar o valor correspondente (art. 289º, nº 1, *in fine*, do CC). Apesar de esta situação não corresponder a uma hipótese de responsabilidade civil, prescreve-se o mesmo princípio constante do art. 566º, nº 1, do CC, em que a indemnização só é fixada em dinheiro quando a reconstituição natural não for possível[391].

Mesmo quando possível, pode haver dificuldade de restituição da prestação feita, caso em que valem as regras gerais da determinação da impossibilidade e, em particular, a distinção entre esta figura e a *difficultas praestandi*[392]. No que respeita à restituição da prestação efectuada pode ter particular interesse a ineficiência de tal devolução. Se a prestação foi efectuada por meio informático (p. ex., estudo enviado por correio electrónico), a sua devolução, ainda que materialmente possível, é ineficiente; a parte que recebe a prestação com recurso à informática (mesmo que através de um CD), devolvendo a prestação recebida não fica privada do respectivo resultado, pelo que a pura restituição será ineficiente. Em tais casos, a devolução tem de ser acompanhada de meios que inviabilizem a subsistência da vantagem por parte do contraente obrigado à restituição e, não sendo isso exequível, dever-se-á recorrer ao regime estabelecido para a impossibilidade de devolver a prestação.

V. Como se referiu, a restituição não se circunscreve necessariamente à prestação em singelo, pois pode abranger também os direitos dela resultantes.

Poder-se-ia discutir se devem ser devolvidos todos os direitos adquiridos em resultado da prestação, ou só aqueles que tenham sido auferidos após a

---

[390] Cfr. BERGERFURTH/MENARD, *Das Kaufrecht,* cit., p. 210; SERINET, «L'Effet Rétroactif de la Résolution pour Inexécution en Droit Français», *Les Sanctions de l'Inexécution des Obligations.* Études de Droit Comparé, org. Marcel FONTAINE e Geneviève VINEY, Bruxelas, 2001, pp. 594 e ss.; CUNHA GONÇALVES, *Tratado de Direito Civil em Comentário ao Código Civil Português,* Volume VIII, Coimbra, 1934, p. 579.

[391] Neste sentido, sem a mesma explicação, cfr. GHESTIN/JAMIN/BILLIAU, *Les Effets du Contrat.,* cit., pp. 577 e ss.

[392] Distinguindo a impossibilidade da inexigibilidade, *vd.* CABELLA PISU, *Dell'Impossibilità Sopravvenuta. Artt. 1463 – 1466,* Bolonha, 2002, pp. 4 e ss.; a mesma autora retoma o tema («Impossibilità della Prestazione e Responsabilità del Debitore», *Raccolta di Pareri Forensi in Diritto Privato,* org. Giovanna VISINTINI, Milão, 2001, pp. 73 e ss.), onde estava em causa uma impossibilidade subjectiva.

DA CESSAÇÃO DO CONTRATO

declaração pela qual se resolveu o contrato[393]. No nº 3 do art. 289º do CC remete-se para as regras da posse (arts. 1269º e ss. do CC), mas importa verificar se não se deverá também atender ao regime do enriquecimento sem causa.

VI. Tendo em conta os efeitos da posse (arts. 1269º e ss. do CC), importa retirar algumas conclusões no que respeita à obrigação de restituir a prestação recebida em cumprimento de contrato, entretanto, resolvido.

A parte que está de boa fé não é responsável pela perda ou deterioração do objecto da prestação, excepto se tiver agido com culpa (art. 1269º do CC). Como resulta do nº 2 do art. 432º do CC, aquele que «não estiver em condições de restituir o que houver recebido não tem o direito de resolver o contrato»; mas se esta circunstância não inviabilizou a resolução (p. ex., o direito foi exercido pela contraparte) e não tendo a perda ou deterioração do objecto da prestação sido causada pelo contraente que a recebeu, se este se encontra de boa fé (v. g., não imaginava que o contrato ia ser resolvido e consequentemente a prestação devolvida) não responde pelo prejuízo. No fundo, reitera--se o princípio geral de que a responsabilidade assenta na culpa e de que o risco é suportado pelo titular do direito; por outro lado, tendo em conta a remissão para as regras constantes dos arts. 1269º e ss. do CC, afasta-se a aplicação do regime do enriquecimento sem causa[394]. De facto, atendendo à natureza subsidiária da obrigação de restituir com base no enriquecimento sem causa (art. 474º do CC), a dupla remissão feita do art. 433º do CC – para o regime da invalidade (em especial, art. 289º do CC) e deste para as regras respeitantes aos efeitos da posse (arts. 1269º e ss. do CC) – tem de ser entendida no sentido de estar excluído o recurso àquele instituto[395]. A isto acresce

---

[393] No sentido de só haver que restituir os frutos a partir da demanda, cfr. CIAN/TRABUCCHI (DE CRISTOFARO), Comentário ao art. 1493 do Código Civil Italiano, *Commentario Breve al Codice Civile*, 6ª edição, Pádua, 2003, p. 1715.
Com uma perspectiva diversa quanto à restituição, baseada no enriquecimento sem causa, *vd.* BURROWS, *The Law of Restitution*, 2ª edição Londres, 2002, pp. 175 e ss., que analisa a *restitutio* em caso de invalidade, nomeadamente por erro. Também JÚLIO GOMES, *O Conceito de Enriquecimento*, cit., pp. 608 e ss., entende que a restituição prevista no art. 289º do CC se funda no enriquecimento sem causa, não sendo, contudo, necessária uma acção autónoma de enriquecimento sem causa.
[394] *Vd.* MENEZES LEITÃO, *O Enriquecimento sem Causa no Direito Civil*, Lisboa, 1996, pp. 470 e ss.
[395] Como esclarece LEITE de CAMPOS, *A Subsidiariedade da Obrigação de Restituir o Enriquecimento*, Coimbra, 1974, p. 192, «o legislador português (...) terá especialmente tido em vista (...) o perigo que o enriquecimento sem causa poderia constituir para o ordenamento jurídico se continuasse a incorrer-se na tentação de o usar como correcção das *injustiças* daquele», indicando, de seguida, a hipótese da nulidade. O autor (ob. cit., p. 195) acrescenta que o Código Civil rejeitou a ideia, constante do projecto, «de pautar pelas normas do enriquecimento sem causa o regime do dever

que importa distinguir a obrigação de restituir as prestações executadas no contrato resolvido do dever de indemnizar os danos causados, pelo que na restituição, além do regime constante dos arts. 1270º e ss. do CC, que se analisa no ponto seguinte, não há que ponderar os prejuízos sofridos por uma das partes; estes poderão ser tidos em conta na obrigação de indemnizar[396].

VII. O art. 1270º, nº 1, do CC, estatui que o possuidor de boa fé faz seus os frutos percebidos, significando que o contraente de boa fé devolve a prestação, mas não os frutos desta. Se o obrigado à restituição tiver estado de boa fé, devolve a prestação em singelo, não incluindo os frutos naturais nem os frutos civis que tenha percebido antes de a cessação produzir efeitos. Assim, se no prédio rústico a devolver o contraente cultivou trigo e a colheita se verificou antes da resolução do contrato, o fruto colhido ou o respectivo valor não é devolvido; da mesma forma, os juros vencidos de uma prestação pecuniária que tem de ser restituída não integram a prestação a devolver. Esta regra contraria um princípio de retroactividade puro, em que as partes deveriam ficar exactamente na situação em que estariam se não tivessem celebrado o contrato, mas o legislador optou por uma retroactividade mitigada com a repartição do risco. Desta forma, se a coisa aumentou de valor, a parte que a recebe de volta beneficia com a situação e, se diminuiu, suporta o prejuízo; o facto de o objecto da prestação ter aumentado ou diminuído de valor não altera a obrigação de a devolver. Havendo culpa do obrigado à restituição este constitui-se no dever de reparar o prejuízo. Mas se a prestação, em vez de ter aumentado ou diminuído de valor, tiver produzido frutos, do art. 1270º do CC decorre que estes pertencem àquele que os tenha percebido se estava de boa fé. Os frutos pendentes à data da resolução pertencem ao credor, devendo ser devolvidos com a prestação, mas este deverá compensar a contraparte das correspondentes despesas até ao valor dos frutos (art. 1270º, nº 2, do CC).

---

de restituir decorrente da nulidade». Quanto à distinção entre nulidade e enriquecimento sem causa, veja-se autor e ob. cit., pp. 196 e ss.

[396] Por isso, no Ac. STJ de 11/3/1999, *CJ (STJ)*, 1999, T. I, p. 152, entendeu-se que a restituição do preço num contrato nulo, apesar de ocorrer vinte anos depois, seria feita em singelo, sem juros de mora, nem actualização monetária; no mesmo sentido, em caso de resolução, cfr. Ac. Rel. Cb. de 28/11/1995, *CJ* XX, T. V, p. 47. Criticando a primeira decisão, essencialmente com argumentos de justiça do caso concreto, *vd.* CLARA SOTTOMAYOR, «A Obrigação de Restituir o Preço e o Princípio do Nominalismo das Obrigações Pecuniárias», *Estudos em Homenagem ao Professor Doutor Jorge Ribeiro de Faria*, Coimbra, 2003, pp. 548 e ss. A autora (ob. cit., pp. 600 e ss.), pretende retroceder na evolução juscientífica operada no direito romano-germânico, congregando a obrigação de restituir com a indemnização; de modo diverso, no direito inglês, frequentemente, a restituição vem analisada a propósito da indemnização, cfr. STONE, *The Modern Law of Contract*, cit., pp. 431 e ss. e 436 e ss.

DA CESSAÇÃO DO CONTRATO

Diferentemente, se a parte obrigada à restituição se encontra de má fé terá de devolver a prestação e os frutos percebidos, respondendo ainda pelo valor dos frutos que um proprietário diligente teria obtido (art. 1271º do CC). A boa ou má fé da parte obrigada a devolver a prestação tem de ser analisada à luz do art. 1260º do CC: a posse presumir-se-á de boa fé por se encontrar titulada pelo contrato que será, posteriormente, resolvido (art. 1260º, nº 2, do CC), mas a presunção ilide-se sempre que se demonstre que o contraente sabia que estava a lesar direito da contraparte. Assim, se uma das partes celebra o contrato sabendo, desde logo, que não iria cumprir a sua prestação, viabilizando a resolução pela contraparte, pois pretendia auferir da vantagem do bem recebido, estará de má fé. Mas o afastamento da presunção de boa fé não se verifica só nestas situações limite, pois a actuação culposa de uma parte que, desse modo, viabiliza a resolução pela contraparte poderá igualmente permitir que, com facilidade, se conclua que aquele contraente actuou de má fé.

Na sequência do regime de repartição dos frutos, determina-se quem assume os inerentes encargos (art. 1272º do CC). A parte que devolve a prestação ficando com os frutos suporta os encargos da respectiva produção; mas se devolve a prestação com os frutos deverá receber os inerentes encargos. Neste último caso, tendo em conta o disposto na parte final do nº 2 do art. 1270º do CC, o credor da prestação a devolver juntamente com os frutos não deverá pagar quantia superior ao valor destes.

Ainda se levanta o problema de saber se o devedor tem de ressarcir a contraparte pelo valor correspondente à utilização que fez da coisa devolvida[397]. Tal solução, sendo equitativa, ajustar-se-ia à ideia de restabelecimento do *status quo ante*, mas o legislador não optou por um regime de retroactividade puro, pelo que o valor da utilização normal da prestação recebida não acresce à obrigação de devolução. Esta ideia resulta também do regime dos efeitos da posse: a parte obrigada à devolução não responde pela deterioração da

---

[397] Em sentido afirmativo, *vd.* CUNHA GONÇALVES, *Tratado de Direito Civil em Comentário ao Código Civil Português*, Volume VI, Coimbra, 1932, pp. 28 e 29; GUILHERME MOREIRA, *Instituições de Direito Civil Português*, Volume II, *Das Obrigações*, 2ª edição, Coimbra, 1925, p. 601; WALD, *Obrigações e Contratos*, 13ª edição, S. Paulo, 1998, p. 281.
Esta ideia é acentuada por POTHIER, *Traité du Contrat de Vente*, cit., p. 229, ao afirmar que não se pode exigir o pagamento da alimentação do animal rejeitado, porque essa despesa é compensada com o uso que dele se tenha feito, sendo a mesma opinião defendida na jurisprudência francesa – cfr. o aresto CssFr. de 22/11/1988, *Bull. Civ.*, 1988, I, nº 334, pp. 226 e s., em que, tendo sido aceite a resolução do contrato, o comprador foi, todavia, condenado a indemnizar a contraparte no valor correspondente aos 65.000 quilómetros percorridos com a viatura – e na doutrina (*vd.* HUET, *Les Principaux Contrats Spéciaux*, 2ª edição, Paris, 2001, p. 313). Também parece se esse o sentido que resulta do novo § 346(1) do BGB, veja-se *infra* nota 402.

REGIME DA CESSAÇÃO DO CONTRATO

coisa (art. 1269º do CC), não devendo do mesmo modo pagar o valor correspondente à utilização normal; por outro lado, se a parte obrigada a devolver a prestação faz seus os frutos naturais e civis (art. 1270º do CC), suportando os inerentes encargos (art. 1272º do CC), não se justifica que tenha de pagar o valor de uso normal. A solução será evidentemente diversa no caso de actuação de má fé, caso em que haverá o dever de pagar o valor de uso.

Por último, relativamente às benfeitorias realizadas no objecto a devolver, aplica-se o regime constante dos arts. 1273º e ss. do CC. A parte que está obrigada a devolver a prestação, independentemente de ter ou não actuado de boa fé, terá direito a ser indemnizada das benfeitorias necessárias que haja realizado no bem e a levantar as benfeitorias úteis ou a receber o valor destas segundo as regras do enriquecimento sem causa. Quanto às benfeitorias voluptuárias só as poderá levantar a parte que esteja de boa fé, desde que, desse levantamento, não resulte a deterioração do objecto a devolver.

VIII. Ainda que a resolução não tenha eficácia retroactiva, como consequência da cessação do contrato cada uma das partes tem a obrigação de restituir o que recebeu em execução do negócio e pertença à contraparte. Esta regra consta expressamente do regime de vários contratos, como o art. 1043º do CC, sobre a restituição da coisa locada, o art. 1161º, alínea e), do CC, para o mandatário, o art. 342º do CT, relativamente aos deveres do trabalhador, e o art. 36º do Decreto-Lei nº 178/86, para o contrato de agência.

Mesmo na falta de previsão específica, se o contrato cessa, como consequência da extinção do vínculo, cada parte terá de restituir o que pertence à contraparte. Não procedendo o obrigado voluntariamente à restituição da coisa, terá de ser intentada a competente acção judicial, normalmente uma acção de reivindicação, mas no caso de bem arrendado poderá ser uma acção de despejo[398].

IX. Um outro problema que importa discutir é o do lugar do cumprimento das obrigações de restituição. A estes deveres aplicar-se-ão, analogicamente, as regras gerais relativas ao lugar da prestação (arts. 772º e ss. do CC) ou as regras especiais vigentes para os correspondentes contratos que foram alvo de resolução. Assim, não havendo regime especial, aplicam-se as regras gerais; por exemplo, resolvido o contrato de mútuo com penhor, o credor pignoratício tem de devolver a coisa no lugar onde esta se encontrava ao tempo da resolução (art. 773º, nº 1, do CC) e o devedor deverá entregar a quantia mutuada no

---

[398] Cfr. Ac. Rel. Lx. de 19/1/1995, *BMJ* 443, p. 430; Ac. Rel. Pt. de 5/2/2001, *CJ* XXVI, T. I, p. 202.

DA CESSAÇÃO DO CONTRATO

domicílio do credor (art. 774º do CC). Contudo, existindo regras específicas ter-se-á de atender a estas; *v. g.*, o comprador tem de restituir a coisa no lugar onde esta se encontrava ao tempo em que for efectivada a resolução (art. 773º, nº 1, do CC), devendo o preço ser devolvido no mesmo local (art. 885º, nº 1, do CC), na medida em que estas obrigações se encontram inter-relacionadas.

Tanto o regime geral do local da realização da prestação como regras específicas que eventualmente tenham sido estabelecidas ter-se-ão de conjugar com a regra da restituição em simultâneo, prescrita nos arts. 289º e 290º do CC. Com efeito, a obrigação de restituir as prestações efectuadas – salvo algumas excepções, mormente em caso de impossibilidade – deverá ser cumprida simultaneamente; pelo que independentemente do momento e do local de realização inicial dessas prestações, ao serem devolvidas, a simultaneidade obriga à unidade de momento e local de cumprimento. Quanto ao local, nada tendo sido acordado aplica-se o disposto nos arts. 772º e ss. do CC.

X. Quanto às despesas de cumprimento da obrigação de restituir, a regra geral aponta no sentido de serem suportadas pelo respectivo devedor; quem está adstrito ao cumprimento de uma obrigação, nomeadamente o dever de restituir a prestação recebida ou coisa que pertence à contraparte, suporta as despesas necessárias para a sua realização. Em sentido diverso prescreve o art. 1196º do CC no que respeita às despesas da restituição da coisa depositada, que ficam a cargo do depositante (credor).

d) Risco

I. A propósito dos requisitos (§ 4, nº 1), afirmou-se que o risco, nos termos do art. 432º, nº 2, do CC, corre por conta daquele que resolve o contrato; mas importa distinguir o risco no que respeita ao exercício deste direito, do risco relativo ao objecto das prestações a devolver.

Se um dos contraentes, por circunstâncias não imputáveis a nenhuma das partes, não estiver em condições de restituir o que houver recebido, deixa de exercer o direito de resolução (art. 432º, nº 2, do CC), correndo, portanto, o risco de exercício do direito por conta de quem o pretende invocar (titular do direito). Se a prestação recebida se perdeu por causa não imputável às partes, o contraente que, de outro modo, podia resolver o contrato, perde tal direito. Assim, no caso de um bem adquirido a distância ter ficado destruído num incêndio ocasional antes do decurso do prazo de catorze dias para se efectuar a desvinculação *ad libitum*, como o comprador a partir do momento em que recebe a coisa suporta o risco, não pode resolver o contrato.

REGIME DA CESSAÇÃO DO CONTRATO

Importa em especial atender ao risco relacionado com a devolução das prestações efectuadas. Encontrando-se preenchidos os pressupostos para que uma das partes resolva o contrato, tendo o direito sido efectivamente exercido, a restrição constante do nº 2 do art. 432º do CC deixa de fazer sentido, valendo as regras gerais sobre a repartição do risco. Mas o regime geral, constante em especial do art. 796º, nº 1, do CC), no sentido de *res suo domino perit*, tem algumas particularidades neste contexto.

II. As regras de repartição do risco pressupõem que não esteja em causa a aplicação da responsabilidade civil e baseiam-se na ideia de que a prestação se ficciona cumprida no momento da transferência do risco. Deste modo, suportará o prejuízo da perda ou deterioração do bem objecto da prestação aquele que suporta o respectivo risco a partir da data da sua transferência.

Tendo em conta o disposto nos arts. 796º e 797º do CC, a regra básica dispõe que *res perit domino*; o risco transfere-se no momento da transmissão do direito real sobre a coisa (art. 796º, nº 1, do CC). Mas, em certos casos, o risco pode estar relacionado com a detenção material da coisa, sendo então relevante a data da entrega ou a do termo do fundamento para essa detenção (art. 796º, nºs 2 e 3, do CC). Do art. 797º do CC decorre que a transferência do risco em prestações que devam ser enviadas para lugar diferente do cumprimento poderá estar associada à operação de expedição. Há ainda consequências particulares no âmbito da assunção do risco relacionadas com comportamentos indevidos, como no caso de mora do devedor (art. 807º do CC) ou de mora do credor (art. 815º do CC), e também concatenados com situações de impossibilidade (arts. 790º e ss., em especial, art. 795º do CC)[399].

Nestes termos, sabendo que a resolução implica a destruição do vínculo, depois de o contrato ter sido resolvido, cada uma das partes fica na situação de depositário da coisa que recebeu, com a obrigação de a conservar e de a entregar. Segundo o regime geral, constituindo-se a obrigação de entregar uma coisa (prestação a devolver) o risco é suportado pelo respectivo credor se não estiver em causa nenhuma das excepções anteriormente indicadas. Deste modo, num contrato de compra e venda, em que A. entregou X a B. e este pagou Y, resolvido o contrato, B. tem de devolver X a A. e este terá devolver a quantia Y a B.; a partir do momento em que se constituíram as obrigações de devolver as prestações efectuadas, A., na qualidade de credor da prestação, suporta o risco da perda de X.

---

[399] Sobre a questão, veja-se LURDES PEREIRA, *Conceito de Prestação e Destino da Contraprestação*, cit., pp. 32 e ss. e 141 e ss.

DA CESSAÇÃO DO CONTRATO

III. Todavia, tendo a resolução efeito retroactivo, pretende-se colocar as partes na situação em que estariam se não tivessem celebrado o contrato. Cabendo perguntar se o risco relativo à prestação a devolver se assume a partir da resolução do contrato (data em que se constitui o dever de restituir as prestações) ou se se ficciona que esteve sempre na esfera jurídica do respectivo credor.

Retomando o exemplo da compra e venda, A. vendeu X a B. e este, depois da resolução, devolve o bem a A. O bem X era propriedade de A. e o direito real transferiu-se para B. com a celebração do negócio jurídico (art. 408º, nº 1, do CC), mas resolvido o contrato com eficácia retroactiva ficciona-se que o bem X nunca esteve na propriedade de B., tendo estado sempre na esfera jurídica da A. Daqui se concluiria que o risco da perda ou deterioração do bem X, ainda que a ocorrência se tivesse verificado antes da resolução, correria por conta de A. Esta solução tem, todavia, excepções.

A mencionada regra de que o risco é suportado desde sempre pelo credor da prestação a devolver funda-se nas regras gerais de repartição do risco (art. 796º do CC), associadas com a destruição retroactiva do vínculo, e no disposto no art. 1269º do CC, aplicável por uma dupla remissão (o art. 433º remete para o art. 289º e este para o art. 1269º todos do CC). Como resulta deste preceito, adaptado à situação em análise, a parte que se encontra obrigada a devolver a prestação em consequência da resolução do contrato «só responde pela perda ou deterioração da coisa se tiver procedido com culpa». Deste modo, se a coisa vendida se tiver deteriorado por motivo alheio à actuação das partes, o vendedor que resolva o contrato devolve o preço e recebe, a seu risco, a coisa deteriorada.

A regra de que o risco é assumido pelo credor da prestação a devolver tem excepções a que já se fez alusão na alínea anterior. Quem assume o risco suporta os prejuízos decorrentes da perda ou deterioração da coisa, mas também beneficia das vantagens fortuitas, por exemplo da valorização do bem antes da resolução. Contudo, como se indicou, algumas das vantagens, concretamente as relacionadas com frutos naturais ou civis e benfeitorias, têm um regime específico, constante dos arts. 1270º e ss. do CC.

e) *Indemnização*
α. *Determinação de danos*

I. Como resulta do nº 2 do art. 801º do CC, independentemente de exercer o direito de resolução do contrato, o credor pode exigir uma indemnização.

Frequentemente, relaciona-se a resolução do contrato, prevista no art. 801º, nº 2, do CC, com a extinção retroactiva do vínculo obrigacional, por via da retroactividade *in radicem*.

REGIME DA CESSAÇÃO DO CONTRATO

Como dispõe o nº 2 do art. 801º do CC, além do direito a resolver o contrato, a parte lesada pode pedir uma indemnização, mas discute-se como se determina o respectivo valor atendendo à referida destruição do vínculo *ex tunc*.

Importa esclarecer que, de modo diferente do disposto no art. 795º, nº 1, do CC, em que a extinção da contraprestação é automática[400], na hipótese prevista no art. 801º, nº 2, do CC – válida para as situações decorrentes de cumprimento defeituoso e de incumprimento definitivo, nomeadamente em razão de impossibilidade culposa –, a obrigação de efectuar a contraprestação não se extingue automaticamente, pelo que o credor, querendo, pode resolver o contrato; porém, se o *accipiens* tiver interesse em realizar a sua prestação, pode optar por este meio, sendo indemnizado pelos danos resultantes do incumprimento definitivo do devedor. Na hipótese de impossibilidade imputável ao *solvens*, o credor pode optar por duas vias: na primeira hipótese, o *accipiens* realiza a sua contraprestação e exige uma indemnização pelos danos derivados do incumprimento definitivo do devedor[401]; na segunda hipótese, o credor resolve o contrato, não efectuando a contraprestação ou exigindo a sua devolução, e pede uma indemnização.

II. A indemnização a que alude o art. 801º, nº 2, do CC, em caso de resolução, deve ser entendida como valor devido por uma das partes à outra em razão de o contrato ter sido dissolvido e que acresce à prestação devolvida. Neste sentido amplo, a indemnização abrange o prejuízo causado ao credor (art. 798º do CC), bem como as vantagens indevidamente percebidas pelo devedor.

III. Cabe, em primeiro lugar, verificar se o devedor, além de devolver a prestação recebida, ainda fica adstrito a entregar à contraparte as vantagens auferidas em decorrência da execução do contrato.

Tendo sido resolvido o contrato, a parte que recebeu uma prestação (p. ex., pecuniária) é obrigada a devolvê-la, mas perguntar-se-á se a devolução não deverá ser acrescida do valor de enriquecimento obtido (sem causa), que, no exemplo indicado, poderia corresponder aos respectivos juros[402]. Contudo,

---

[400] *Vd. supra*, Capítulo II, Secção II, § 1, nº 3, alínea *a*), relativo aos efeitos da caducidade.

[401] Esta via, pouco frequente, pode ter particular interesse quando a contraprestação do credor, não sendo pecuniária, tem um valor inferior ao da prestação. Por exemplo, num contrato de troca a prestação impossibilitada por culpa do devedor vale 100 e a contraprestação vale 80; o credor pode ter interesse em prestar, entregando o bem que vale 80, recebendo indemnização pelos danos emergentes do incumprimento da prestação avaliada em 100.

[402] No sentido afirmativo, de que acrescem os juros, a solução encontra-se estabelecida no art. 208.2 do CO e constava da anterior versão do § 347(3) do BGB. Sobre esta questão, cfr. BERGERFURTH/

DA CESSAÇÃO DO CONTRATO

como já se referiu, a lei estabelece somente o dever de restituir o que houver sido prestado (art. 289º, nº 1, do CC) e do nº 1 do art. 1270º do CC resulta que o devedor obrigado a devolver a prestação, estando de boa fé, faz seus os frutos (nomeadamente civis, juros) percebidos até à data da resolução.

Se, pelo contrário, o devedor obrigado a devolver a prestação recebida tiver estado de má fé, deverá igualmente entregar ao credor o valor dos frutos percebidos e nessa quantia dever-se-ão incluir os juros resultantes da vantagem obtida pela parte obrigada à restituição para assim se restabelecer o *status quo ante*. Como já se indicou (*supra*, alínea *c*)), a situação de má fé, à luz do art. 1260º do CC, resulta do facto de uma parte saber que estava a lesar direito da contraparte e a actuação culposa de um devedor que, desse modo, viabiliza a resolução do contrato poderá levar a concluir que este contraente actuou de má fé.

Além da prestação e do eventual enriquecimento sem causa obtido (nomeadamente juros) que têm de ser restituídos, a parte inadimplente está adstrita a pagar à contraparte as despesas contratuais, tais como transportes, seguros, etc.[403]. Ainda que estas despesas não estejam directamente previstas na frase «(...) devendo ser restituído tudo o que tiver sido prestado (...)» (art. 289º, nº 1, do CC), só se restabelece o *status quo ante*, na medida em que a parte lesada seja ressarcida destes prejuízos. Tal ressarcimento entra no campo da indemnização pelo interesse contratual negativo que o devedor, por ter actuado culposamente, deverá suportar.

IV. Na determinação do montante da indemnização valem as regras gerais da obrigação de indemnizar (art. 562º do CC): o devedor (parte faltosa) deve reparar o dano causado ao credor (contraparte), reconstituindo a situação que existiria se não se tivesse verificado o incumprimento que fundamentou a resolução do contrato.

MENARD, *Das Kaufrecht*, cit., p. 209; GUHL, *Das Schweizeriche Obligationenrecht mit Einschluss des Handels- und Wertpapierrechts*, 9ª edição, Zurique, 2000, p. 388; LARENZ, *Lehrbuch des Schuldrecht*, Volume II/1, *Besonderer Teil*, 13ª edição, Munique, 1986, p. 52. Da actual versão do § 346(1) do BGB, ao impor a devolução das prestações e do correspondente uso, pode concluir-se que há o dever de restituir as vantagens percebidas.

Apesar de não ter consagração legal, a mesma ideia tem sido defendida em França, cfr. BIHL, *La Vente*, cit., p. 256, até porque já era essa a opinião de POTHIER, *Traité du Contrat de Vente*, cit., p. 229. *Vd. supra* nota 397.

[403] Esta solução foi estabelecida, com respeito à compra e venda, no art. 1646 do CCFr. e no art. 208.2 do CO, constando também da anterior versão do § 467(2) do BGB. Cfr. BERGERFURTH/ MENARD, *Das Kaufrecht*, cit., p. 210; BIHL, *La Vente*, cit., p. 256; GUHL, *Das Schweizeriche Obligationenrecht*, cit., p. 388.

REGIME DA CESSAÇÃO DO CONTRATO

Além de pertinentes dúvidas que a doutrina analisa relativamente à mencionada reconstituição, mencionadas na subalínea seguinte, importa atender a uma limitação de danos que resulta de regras de boa fé.

Em caso de incumprimento, a parte lesada que resolve o contrato não pode ampliar os danos pela sua incúria. Se os danos se agravarem por facto culposo do contraente lesado, pode a indemnização ser reduzida ou excluída (art. 570º, nº 1, do CC) e as vantagens resultantes para a parte lesada do incumprimento ou da resolução serão descontadas na indemnização (art. 568º do CC)[404]; mas a boa fé no exercício de direitos correspondentes ao cumprimento da obrigação (art. 762º, nº 2, do CC), em que se inclui a resolução do contrato, impõe à parte lesada, que exerceu o direito de resolver o vínculo, o dever de minimizar os danos, evitando os prejuízos escusáveis[405]. Deste modo, se um prestador de serviços resolve o contrato com base em falta de pagamento da retribuição, a boa fé impõe-lhe que minore os lucros cessantes, procurando uma actividade alternativa. Na indemnização devida, não só se subtraem as vantagens obtidas pelo credor – *compensatio lucri cum damno* – como as importâncias que este teria obtido se não tivesse recusado injustificadamente a percepção de benefícios; como dispõe o § 254(2) do BGB, se o lesado (credor) não evitou ou mitigou o seu dano[406], ou o § 649 do BGB, se o empreiteiro de má fé não aplicou a sua capacidade de trabalho noutra tarefa. Caso o prestador de serviços, por exemplo empreiteiro ou trabalhador, não aceite uma oferta de trabalho compatível, será abusiva a pretensão de ser indemnizado por lucros cessantes que poderia ter evitado[407].

β. Indemnização cumulada com resolução

I. Relativamente à indemnização pelo prejuízo causado ao credor importa verificar em que medida se pode cumular com a resolução do contrato e, a

---

[404] *Vd. infra*, na subalínea seguinte, o ponto V.

[405] Neste sentido, entendendo que deverá haver uma moderação de danos, devendo o credor evitar prejuízos, cfr. LAITHIER, Étude Comparative des Sanctions de L'Inexécution du Contrat, cit., pp. 435 e ss. Com posição diversa, FERREIRA DE ALMEIDA, «Recusa de Cumprimento Declarada antes do Vencimento (Estudo de Direito Comparado e de Direito Civil Português)», cit., p. 315, considera que o credor não tem de restringir os prejuízos, pois não vale no direito português a figura da *mitigation of damage*.

[406] Sobre este regime, consulte-se *Palandt Bürgerliches Gesetzbuch*, cit., anotações 32 e ss. ao § 254, pp. 310 e ss. Quanto ao dever de o lesado pautar a sua actuação por uma certa sensatez e razoabilidade, veja-se BRANDÃO PROENÇA, *A Conduta do Lesado como Pressuposto e Critério de Imputação do Dano Extracontratual*, Porto, 1996, pp. 688 e ss.

[407] No âmbito do contrato de trabalho há uma previsão indirecta desta hipótese no art. 390º do CT, como se indica *infra* II Parte, Capítulo VIII, § 4, nº 5, alínea *b*), subalínea ζ., ponto iv., 2.2).

DA CESSAÇÃO DO CONTRATO

este propósito, discute-se se deverá ser computada pelo interesse contratual positivo ou pelo interesse contratual negativo.

II. No domínio da responsabilidade contratual, a indemnização pode prosseguir dois objectivos diversos: restabelecer a situação que existiria se a parte lesada não tivesse celebrado o contrato; ou colocar a parte lesada em circunstâncias idênticas às que se verificariam se o contrato houvesse sido pontualmente cumprido.

A prossecução desta primeira finalidade, vulgarmente designada por interesse contratual negativo, justificar-se-ia no caso de o credor resolver o contrato e estar adstrito a devolver a prestação recebida. A indemnização funcionaria, então, como uma forma complementar dos deveres de restituição, de molde a obter-se o efeito pretendido pela regra da eficácia retroactiva da resolução dos contratos. Com a indemnização pelo interesse negativo restitui-se a situação, como se a parte lesada não tivesse celebrado o contrato.

De modo diverso, a indemnização pelo interesse contratual positivo visa cobrir os prejuízos resultantes do incumprimento, colocando a parte lesada na situação em que estaria se o contrato tivesse sido pontualmente cumprido. Esta concepção tem também por base a ideia tradicional, já constante do direito romano, de que a indemnização implica *restituere* o credor na situação em que estaria se a prestação tivesse sido cumprida nos termos ajustados[408].

Tradicionalmente, tem-se defendido que a indemnização cumulada com a resolução do contrato, na hipótese prevista no nº 2 do art. 801º do CC, será pelo interesse contratual negativo do credor (parte lesada), visando somente ressarcir os danos emergentes e lucros cessantes sofridos com a celebração do contrato incumprido; ou seja, pretende-se indemnizar o credor pelos prejuízos sofridos, colocando-o na situação em que estaria se não tivesse negociado e ajustado o contrato que não foi cumprido pelo devedor[409].

---

[408] *Vd.* KASER, *Direito Privado Romano*, Lisboa, 1999, pp. 165, 205 e 224.

[409] Veja-se, nomeadamente, ALMEIDA COSTA, *Direito das Obrigações*, cit., pp. 1044 e ss.; ANTUNES VARELA, *Das Obrigações em Geral*, Volume I, cit., pp. 106 e ss. Esta posição é normalmente seguida nos tribunais, por todos veja-se o Ac. STJ de 13/7/2004, *CJ (STJ)* 2004, T. II, p. 145, em especial as referências p. 150.

Para uma explicação mais detalhada das diversas explicações apresentadas pelos defensores da teoria clássica, *vd.* RIBEIRO DE FARIA, «A Natureza do Direito de Indemnização Cumulável com o Direito de Resolução dos Arts. 801º e 802º do Código Civil», *Direito e Justiça*, Volume VIII (1994), Tomo 1, pp. 61 e ss. e 71 e s. A questão é discutida em moldes similares noutros espaços jurídicos, cfr. LUMINOSO, Comentário ao art. 1453 do Código Civil Italiano, LUMINOSO/CARNEVALI/COSTANZA, *Della Risoluzione per Inadempimento*, cit., pp. 199 e ss., e, com base no art. 109 do CO, veja-se GAUCH/SCHLUEP/SCHMID/REY, *Schweizerisches Obligationenrecht*, cit., p. 181.

REGIME DA CESSAÇÃO DO CONTRATO

Os defensores desta tese invocam a seu favor, principalmente, o facto de a resolução ter eficácia retroactiva (art. 434º, nº 1, do CC), pelo que, tendo o vínculo sido destruído *ab initio*, não se justificaria o pagamento de uma indemnização pelo interesse contratual positivo; tal solução seria uma *contraditio in terminis*[410].

III. Em crítica à posição tradicional há que ponderar vários aspectos.

Primeiro, a resolução pode não ter eficácia retroactiva, porque o contrato é de execução continuada ou periódica (art. 434º, nº 2, do CC) ou, simplesmente, mesmo num contrato de execução instantânea, na medida em que a retroactividade contrarie a vontade das partes ou a finalidade da resolução (art. 434º, nº 1, *in fine*, do CC). Não sendo a retroactividade consequência necessária da resolução, admite-se, até na lógica da teoria clássica, que a indemnização pelo interesse contratual positivo seja cumulada com a resolução. De facto, tendo a resolução eficácia *ex nunc*, não há uma total dissolução do vínculo, pelo que o efeito extintivo dá origem a uma relação de extinção[411].

Como segunda crítica, admite-se que, apesar de existir fundamento para resolver o contrato em razão do incumprimento do devedor, o credor opte, antes, por realizar a sua contraprestação exigindo a indemnização pelo interesse contratual positivo. Sendo a resolução o exercício de um direito potestativo, cabe à parte lesada optar por exercer o direito, desvinculando-se, ou manter o contrato, cumprindo a contraprestação; nesta segunda hipótese não poderia ser negada ao credor a indemnização pelo interesse contratual positivo. Esta via, por vezes designada por *Surrogationstheorie*, põe em causa a lógica argumentativa da doutrina clássica[412]; de facto, como resulta hoje do § 280(3) do BGB, o credor pode optar pela indemnização substitutiva da prestação incumprida[413].

---

[410] *Vd.* ROMANO MARTINEZ, *Cumprimento Defeituoso*, cit., pp. 312 e ss. e bibliografia aí citada. Justificando a inadmissibilidade da indemnização pelo dano positivo tendo em conta o efeito retroactivo, veja-se Ac. Rel. Cb. de 8/2/2000, *CJ* XXV; T. II, p. 5. A jurisprudência considera inclusive nula a cláusula contratual que permite a resolução cumulada com a indemnização pelo interesse contratual positivo, cfr. Ac. Rel. Lx. de 13/3/1990, *CJ* XV, T. II, p. 129; Ac. Rel. Lx. de 27/2/1992, *CJ* XVII, T. I, p. 172; Ac. Rel. Lx. de 8/11/2001, *CJ* XXVI, T. V, p. 81.

[411] Cfr. BAPTISTA MACHADO, «A Resolução por Incumprimento e a Indemnização», cit., pp. 210 e s., que tece considerações em torno da questão, sem se acantonar às relações duradouras.

[412] Sobre a teoria da sub-rogação, veja-se a explicação de LARENZ, *Lehrbuch des Schuldrechts*, I *Allgemeiner Teil*, 14ª edição, Munique, 1987, pp. 340 e s., assim como EMMERICH, *Das Recht der Leistungsstörungen*, cit., pp. 200 e ss. Em Portugal, consulte-se MENEZES LEITÃO, *Direito das Obrigações*, Volume II, cit., pp. 284 e ss.

[413] *Vd.* CANARIS, «O Novo Direito das Obrigações na Alemanha», *Revista Brasileira de Direito Comparado*, nº 25 (2004), p. 19, estabelecendo, neste caso, um paralelo com a resolução do contrato.

Por outro lado, do art. 802º, nº 1, do CC, a propósito da impossibilidade parcial imputável ao devedor, resulta que a resolução pode ser cumulada com a indemnização; e no citado preceito não se distingue o modo de cômputo da indemnização, que pode ser idêntico independentemente de o negócio ter sido resolvido ou da subsistência do vínculo, cumprindo-se, então, a parte possível com redução da contraprestação. No preceito lê-se: «em qualquer dos casos o credor mantém o direito à indemnização», e não se pode admitir que o credor, por ter resolvido o contrato, fique em pior situação do que aquele que exige a redução da contraprestação no que respeita ao ressarcimento dos danos. Recorrendo ao elemento sistemático da interpretação dos arts. 801º, nº 2, e 802º do CC, dir-se-á que, nas duas hipóteses, o credor será indemnizado pelos danos sofridos e o modo de fixar o valor da indemnização só indirectamente depende de ter ou não havido resolução do contrato[414].

Em quarto lugar, em caso de cumprimento defeituoso que viabilize a resolução do contrato, tendo a parte lesada optado por esta via, poder-lhe-ia ser vedada a indemnização pelos designados danos subsequentes (*Mangelfolge-schäden*) especialmente relacionados com os defeitos da prestação (p. ex., perda de clientes pelo facto de os defeitos da máquina recentemente instalada na fábrica terem levado a atrasos na entrega de mercadorias)[415]; ora, da resolução, ainda que com eficácia retroactiva, não pode resultar a inviabilidade de reparar os danos que advêm do motivo que a justifica: o incumprimento.

Por acordo, podem as partes ter admitido que a resolução do contrato se cumula com uma indemnização pelo dano positivo, porque não são duas pretensões estruturalmente incompatíveis[416].

Resta ainda aludir a uma sexta crítica à teoria clássica. A ideia de que, em caso de resolução do contrato, o credor seria indemnizado pelo interesse contratual negativo teve, em parte, por fonte o disposto no anterior § 325(1) do

---

[414] *Vd.* Baptista Machado, «Pressupostos da Resolução por Incumprimento», cit., pp. 175 e ss.; Ribeiro de Faria, «A Natureza do Direito de Indemnização Cumulável com o Direito de Resolução dos Arts. 801º e 802º do Código Civil», cit., pp. 81 e s. e «A Natureza da Indemnização no Caso de Resolução do Contrato. Novamente a Questão», *Estudos em Comemoração dos Cinco Anos (1995-2000) da Faculdade de Direito da Universidade do Porto*, Coimbra, 2001, pp. 40 e s.

[415] Sobre estes danos, apreciando em especial a sua aplicação no caso de empreitada e tendo em conta uma alteração jurisprudencial na Áustria relativamente à possibilidade de resolução com indemnização em vez da reparação, cfr. Welser/Welser, *Schadenersatz statt Gewährleistung*, Viena, 1994, pp. 8 e ss. e 40 e s. A viabilidade de resolver o contrato em caso de defeito da prestação, cumulando-se com a indemnização por danos, consta do § 932 do ABGB.

[416] Admitindo a validade do acordo que permite a resolução do contrato cumulada com uma indemnização pelo interesse contratual positivo, veja-se o Ac. Rel. Lx. de 12/6/2003, *CJ* XXVIII, T. III, p. 111. Contudo, em sentido diverso, consulte-se as decisões jurisprudenciais citadas na nota 410.

REGIME DA CESSAÇÃO DO CONTRATO

BGB. No mencionado preceito – alterado na reforma de 2002 – prescrevia-se que em caso de impossibilidade (total) «a outra parte pode exigir indemnização por incumprimento ou resolver o contrato»[417], repetindo-se a alternativa na hipótese de impossibilidade parcial na segunda parte do mesmo preceito. Como a indemnização era admitida em alternativa à resolução do contrato, entendia-se que a *Schadensersatz* seria pelo interesse contratual positivo, sendo lícito ao credor resolver o contrato e pedir uma indemnização (menor) pelo interesse contratual negativo. Esta ideia era explicada, nomeadamente com recurso à «teoria da sub-rogação», nos termos da qual, sendo a prestação impossível, o credor poderia exigir a indemnização pelo interesse contratual positivo se realizasse a contraprestação; caso contrário, tendo resolvido o contrato, só poderia exigir a indemnização pelo interesse contratual negativo, na medida em que esta estava fora do âmbito sinalagmático a que se reportava o preceito do Código Civil Alemão. Uma explicação diversa encontrava--se na designada teoria da diferença, que, atendendo à natureza das coisas, admitia a extinção do vínculo como consequência necessária e automática da impossibilidade da prestação, justificando que a indemnização pelo interesse positivo seria a única hipótese prevista no § 325 do BGB; a teoria da diferença, relacionada com a resolução / indemnização, surge no § 326 do BGB. A mencionada teoria da diferença encontra-se também, mas de forma atenuada, quando se distingue a indemnização (menor) com resolução e a indemnização (maior) sem resolução, devendo, no segundo caso, o credor efectuar a sua contraprestação[418].

Com a reforma do Código Civil Alemão de 1 de Janeiro de 2002, o § 325 do BGB passou simplesmente a dispor que, «Nos contratos sinalagmáticos, o

---

[417] O § 325(1) do BGB (versão anterior a 2002) dispunha: «(...) unmöglich, so kann der andere Teil Schadenersatz wegen Nichterfüllung verlangen oder von dem Vertrage zurücktreten.»

[418] Esta posição, muito difundida na Alemanha (veja-se as referências em ESSER/SCHMIDT, *Schuldrecht*, I *Allgemeiner Teil*, 1, 8ª edição, Heidelberga, 1995, pp. 115 e s, e LARENZ, *Lehrbuch des Schuldrechts*, Volume I, *Allgemeiner Teil*, cit., pp. 341 e s.), tem seguidores em Portugal: RIBEIRO DE FARIA, «A Natureza do Direito de Indemnização Cumulável com o Direito de Resolução dos Arts. 801º e 802º do Código Civil», cit., pp. 78 e ss. e «A Natureza da Indemnização no Caso de Resolução do Contrato. Novamente a Questão», cit., pp. 46 e ss.; MENEZES LEITÃO, *Direito das Obrigações*, Volume II, cit., pp. 254 e ss.; BAPTISTA MACHADO, «Pressupostos da Resolução por Incumprimento», cit., pp. 175 e ss. e «A Resolução por Incumprimento e a Indemnização», cit., pp. 195 e ss. Mesmo sem esta explicação doutrinária, a indemnização fundada na diferença surge em variadas situações; se, por exemplo, o vendedor resolve o contrato por falta de pagamento do preço e vem, posteriormente, a vender a mercadoria por preço inferior ao estipulado, tem direito a receber a diferença a título de indemnização cumulada com a resolução, cfr. FAJARDO FERNÁNDEZ, *La Compraventa con Precio Determinable*, Madrid, 2001, pp. 558 e s., citando decisões judiciais do Supremo Tribunal espanhol.

DA CESSAÇÃO DO CONTRATO

direito à indemnização não está excluído em caso de resolução»[419], podendo, por isso, dizer-se que a doutrina clássica deixou de ter apoio na mencionada norma desse diploma, perdendo também interesse as discussões em torno da anterior redacção do preceito.

De facto, com a *Modernisierung* de 2002, além da indemnização pelo interesse de confiança (§ 284 do BGB), a indemnização pelo interesse contratual positivo cumulada com a resolução do contrato poderá ser reduzida com base na teoria da diferença (*Differenztheorie*)[420], pretendendo-se, deste modo, adaptar o diploma alemão, nomeadamente à Convenção de Viena sobre Compra e Venda Internacional de Mercadorias, de 1981, aos Princípios relativos aos Contratos Comerciais Internacionais, publicados pelo Instituto UNIDROIT em 1994, e aos Princípios do Direito Europeu dos Contratos, da Comissão LANDO[421]. Na Convenção de Viena sobre Compra e Venda Internacional, nos arts. 74 e ss., permite-se que, não obstante a resolução por incumprimento (arts. 49 e 64), a parte fiel reclame o pagamento dos prejuízos sofridos[422]. De igual modo, dos Princípios UNIDROIT decorre que a «resolução do contrato não prejudica o direito à indemnização por incumprimento» (art. 7.3.5.2), podendo, além da «restituição do que houver recebido» (art. 7.3.6.1), exigir--se a «reparação dos danos (...) complementarmente a outros meios» (art.

---

[419] O § 325 do BGB dispõe: «Das Recht, bei einem gegenseitigen Vertrag Schadensersatz zu verlangen, wird durch den Rücktritt nicht ausgeschlossen».

[420] Sobre a teoria da diferença, consulte-se EMMERICH, *Das Recht der Leistungsstörungen*, cit., pp. 202 e ss.; LARENZ, *Lehrbuch des Schuldrechts*, Volume II/1, *Besonderer Teil*, 13ª edição, Munique, 1986, p. 341.
Refira-se que a *Differenztheorie* também encontra defensores noutros ordenamentos com diferentes previsões legais, cfr. ORLANDO GOMES, *Contratos* (actualizado por Humberto Theodoro Júnior), 24ª edição, Rio de Janeiro, 2001, p. 177 e, em especial, tendo em conta o disposto no § 921 do ABGB, veja-se RABL, *Schadenersatz wegen Nichterfüllung*, Viena, 1998, pp. 15 e ss.

[421] Sobre a adaptação do BGB, veja-se, nomeadamente, EMMERICH, *Das Recht der Leistungsstörungen*, cit., pp. 11 e ss. e a extensa bibliografia citada no início desse ponto. A Reforma do Código Civil Alemão também se encontra analisada noutros países, como em Itália (cfr. CANARIS/CRISTOFARO, *La Riforma del Diritto Tedesco delle Obbligazioni*, Pádua, 2003; DIURNI/KINDLER, *Il Codice Civile Tedesco «Modernizzato»*, Turim, 2004) e Portugal (cfr. MENEZES CORDEIRO, *Da Modernização do Direito Civil*, I Volume (*Aspectos Gerais*), Coimbra, 2004). Concretamente sobre a adaptação do regime da resolução prevista nos §§ 346 e ss. do BGB aos modelos internacionais, consulte-se SCHLECHTRIEM, *Schuldrecht. Allgemeiner Teil*, 5ª edição, Tubinga, 2003, p. 211.

[422] Cfr. DELACOLLETTE, *Les Contrats de Commerce Internationaux*, 3ª edição, Bruxelas, 1996, pp. 35 e s., assim como os comentários de PANTALEÓN PRIETO *in La Compraventa Internacional de Mercaderias. Comentario de la Convención de Viena*, org. DÍEZ-PICAZO, Madrid, 1997, pp. 580 e ss. e de HONNOLD, *Uniform Law for International Sales under the 1980 United Nations Convention*, cit., pp. 445 e ss.

REGIME DA CESSAÇÃO DO CONTRATO

7.4.1), sendo a «reparação integral do prejuízo sofrido em consequência do incumprimento» (art. 7.4.2.1); importa notar que a resolução não tem eficácia retroactiva (art. 7.3.5.1)[423]. Por fim, nos Princípios de Direito Europeu dos Contratos, a indemnização por perdas e danos (arts. 9501 e ss.) não se encontra condicionada pelo facto de ter sido exercido o direito de resolução do contrato (arts. 9301 e ss.)[424]; cabe esclarecer, contudo, que a resolução também não tem, em princípio, eficácia retroactiva (art. 9.305).

Refira-se, por último, que a possibilidade de cumular a indemnização pelo interesse contratual positivo com a resolução do contrato, além de encontrar apoio em alguma doutrina portuguesa[425], tem sido defendida no plano internacional nos já mencionados Convenção de Viena sobre Compra e Venda Internacional, Princípios do UNIDROIT e Princípios do Direito Europeu dos Contratos (da Comissão Lando)[426].

---

[423] Para consulta destes princípios, veja-se *Princípios Relativos aos Contratos Comerciais Internacionais*, Lisboa, 2000, edição do Ministério da Justiça.

[424] *Vd.* LANDO/BEALE, *Principles of European Contract Law*, Partes I e II, Haia, 2000, pp. 407 e ss. e 435 e ss. Como indicam DÍEZ-PICAZO/ROCA I TRIAS/MORALES MORENO, *Los Princípios de Derecho Europeo de los Contratos*, Madrid, 2002, p. 370, os Princípios abandonam a regra de que um contrato resolvido, ao perder eficácia, não permite a reclamação de danos contratuais.

[425] Veja-se, nomeadamente, BAPTISTA MACHADO, «Pressupostos da Resolução por Incumprimento», e «A Resolução por Incumprimento e a Indemnização», cit., respectivamente, pp. 175 e ss. e pp. 195 e ss.; RIBEIRO DE FARIA, «A Natureza do Direito de Indemnização Cumulável com o Direito de Resolução dos Arts. 801º e 802º do Código Civil», cit., pp. 82 e ss.; ANA PRATA, *Cláusulas de Exclusão e Limitação da Responsabilidade Contratual*, Coimbra, 1985, pp. 479 e ss.; VAZ SERRA, Anotação ao Acórdão do Supremo Tribunal de Justiça de 30 de Junho de 1970, *RLJ*, 104 (1971/1972), pp. 204 e ss.

[426] No plano internacional, nomeadamente por influência anglo-saxónica, o pagamento do *quantum meruit*, englobando todos os prejuízos, pode não suscitar tantas dificuldades, porque não vale o princípio da destruição retroactiva do contrato, cfr. BEATSON, *Anson's Law of Contract*, 27ª edição, Oxford, 1998, pp. 550 e s. e pp. 559 e ss. Veja-se igualmente em BROWN/CHANDLER, *Law of Contract*, 4ª edição, Oxford, 2003, a relação que estabelecem entre a violação do contrato (*frustration*) e os prejuízos daí emergentes (*damages*), pp. 194 e ss. e pp. 212 e ss., até porque a secção 2-720 do UCC dispõe que a resolução não implica renúncia à indemnização por incumprimento na venda e o mesmo ocorre na secção 2ª-505.3) do UCC, para o arrendamento.

Quanto à determinação do valor a pagar (*quantum meruit*) pelo prejuízo causado à contraparte, no sistema inglês, *vd.* CRISCUOLI, *Il Contratto nel Diritto Inglese*, Pádua, 2001, pp. 405 e ss. Refira-se ainda que a opção da *parte fiel* (innocent party) entre resolver o contrato com indemnização ou manter o contrato incumprido com indemnização é vulgarmente indicada no direito inglês, cfr. MCKENDRICK, *Contract Law*, cit., pp. 398 e s.

Com pressupostos diferentes, pois vale a regra da destruição retroactiva, a doutrina italiana admite a indemnização pelo incumprimento independentemente da resolução do contrato, cfr. BIANCHI, *Rescissione e Risoluzione dei Contratti con Riferimenti al Diritto Civile del XXI Secolo*, Pádua, 2003, pp. 301 e ss. e pp. 425 e ss.

DA CESSAÇÃO DO CONTRATO

IV. Na sua concretização, não raras vezes, a posição clássica tende a amenizar-se, aceitando como indemnizáveis determinados danos não obstante a resolução do contrato.

Como regra, a doutrina clássica não admite que a parte lesada possa pedir a resolução do contrato e pretender ser indemnizada de forma a restabelecer-se a situação que existiria se o contrato tivesse sido cumprido. Mas a resolução não impede que sejam pedidos lucros cessantes, só não permitindo o pagamento de uma indemnização correspondente às vantagens que se obteriam com a execução do contrato[427]. Assim, nada obstaria a que, com o pedido de resolução, o credor exigisse o ressarcimento dos benefícios que deixou de obter pelo facto de ter celebrado aquele negócio jurídico. Suponha-se que, para realizar o contrato, o credor teve de vender um prédio, cujas rendas eram superiores ao montante dos juros da quantia recebida[428].

Pode ainda acrescentar-se que a indemnização pelo interesse contratual negativo abrange, por um lado, as despesas contratuais do próprio acto (p. ex., as decorrentes de registos, custos notariais, impostos), bem como as acessórias (p. ex., transporte, pareceres, montagem e desmontagem do bem, custas processuais) e, por outro, os benefícios que o credor deixou de obter pelo facto de ter celebrado aquele negócio. Quanto a este último aspecto saliente-se que, como acontece em relação a qualquer obrigação de indemnizar, o lesado só será ressarcido se estiver preenchido o pressuposto do nexo causal[428a].

V. Ainda assim, contrariando a doutrina clássica, pode sustentar-se que, não obstante o credor ter resolvido o contrato, deverá ser indemnizado por todos

---

Veja-se ainda a doutrina austríaca que, com base nos §§ 920 e 921 do ABGB, entende que a resolução do contrato não inviabiliza a indemnização pelo interesse no cumprimento, cfr. R ABL, *Schadenersatz wegen Nichterfüllung*, cit., pp. 15 e ss. e 61 e ss.; KOZIOL/WELSER. *Grundriß des bürgerlichen Rechts*, I, *Allgemeiner Teil und Schuldrecht*, 10ª edição, Viena, 1995, pp. 234 e s.

[427] Cfr. MENEZES LEITÃO, *Direito das Obrigações*, Volume II, cit., p. 254.

[428] Sobre a indemnização por lucros cessantes em caso de resolução, *vd.* BIANCA, *Dell'Inadempimento delle Obbligazioni. Artt. 1218-1229, Commmetario del Codice Civile, Scialoja/Branca*, Livro IV, 2ª edição, Bolonha e Roma, 1979, pp. 278 e ss.

Esta tem sido igualmente a posição de alguma jurisprudência portuguesa. Já na Sentença do Tribunal de Arraiolos, de 20/12/1942, *SI*, II (1952), nº 6, p. 149, contrariando a doutrina maioritária da época que vem citada, admitiu-se que o vendedor, tendo resolvido o contrato, podia ser indemnizado pela diferença de preço (para menos) da venda da cortiça (2º contrato de venda), além do pagamento de um guarda (entre a data da primeira venda – resolvida – e a segunda alienação da cortiça).

[428a] A questão surge extensamente analisada em estudo de PAULO MOTA PINTO, *Interesse Contratual Negativo e Interesse Contratual Positivo*, Coimbra, 2008, especialmente, no volume I, pp. 469 e ss., e no II volume, pp. 849 e ss. e 1473 e ss.

os danos[429]. Importa distinguir, o dever de prestar – que se tornou impossível, tendo-se inviabilizado, por força da resolução, o dever de efectuar a contraprestação – do dever de indemnizar resultante dos danos causados por se ter impossibilitado a prestação.

O credor deverá ser indemnizado pelos danos resultantes do incumprimento definitivo; e, tendo em conta o disposto no art. 562º do CC, conclui-se que tais danos correspondem ao interesse contratual positivo. Mas daqui poderia resultar uma solução estranha (frequentemente referida pelos partidários da teoria clássica): o credor não efectua a sua contraprestação ou exige a respectiva devolução como consequência da resolução do contrato e vai ser indemnizado de modo a ser colocado na situação patrimonial em que estaria se o devedor tivesse cumprido a prestação que ficou impossibilitada.

Contudo, tendo em conta o princípio geral da obrigação de indemnizar (art. 562º do CC), nomeadamente a teoria da diferença consagrada no nº 2 do art. 566º do CC, ter-se-ia de concluir que a indemnização resultante da responsabilidade contratual não poderia constituir uma forma de enriquecer o credor, devendo-se descontar os proventos que teve relacionados com o facto gerador da responsabilidade, tendo em conta a *compensatio lucri cum damno*. Nos termos do disposto no art. 568º do CC, o valor da indemnização pode ser reduzido com base na *compensatio lucri cum damno*: as vantagens económicas obtidas pelo credor resultantes do não cumprimento da contraprestação serão descontadas no montante de uma eventual indemnização, sempre que essas vantagens decorram do evento danoso (impossibilidade culposa) que obriga à indemnização[430].

A limitação ao valor da indemnização deriva, assim, de uma diferença (subtracção) no valor do dano contratual, que importa analisar.

No âmbito de contratos sinalagmáticos, impossibilitando-se a prestação de uma das partes, a contraparte pode optar entre a subsistência do vínculo e a sua resolução. Qualquer das opções é uma manifestação do sinalagma[431]. Se

---

[429] A obrigação de indemnizar os danos, não só constitui a função primordial da responsabilidade civil, como representa o aspecto de maior identificação entre as designadas responsabilidade aquiliana e contratual (cfr. ALPA/BESSONE, *La Responsabilità Civile*, I. *Prospettiva Storica, Colpa Aquiliana, Illecito Contrattuale*, II. *Responsabilità Oggettiva, Rischio D'impresa, Prevenzion del Danno*, 3ª edição actualizada por Pietro Maria PUTTI, Milão, 2001, pp. 306 e ss.).

[430] Sobre a *compensatio lucri cum damno*, que permite descontar no valor a ressarcir o «lucro» do lesado, veja-se MENEZES CORDEIRO, *Direito das Obrigações*, Volume II, cit., pp. 405 e ss.

[431] Assentando na ideia de que a indemnização pelo interesse contratual positivo, cumulada com a resolução, se justifica com base num sinalagma «reconvertido», vd. RIBEIRO DE FARIA, «A Natureza do Direito de Indemnização Cumulável com o Direito de Resolução dos Arts. 801º e 802º

o contrato persiste, a parte fiel, apesar de não receber a prestação por impossibilidade, poderá optar por realizar a contraprestação, sendo indemnizada pelo dano resultante do incumprimento definitivo. Na outra opção, a parte lesada resolve o contrato, não tendo de cumprir a prestação ou, já o tendo feito, exigindo a sua devolução e será igualmente indemnizada pelo prejuízo decorrente do incumprimento definitivo, devendo, porém, descontar-se as vantagens que teve com a não realização da contraprestação.

Sendo a impossibilidade parcial, como prescreve o nº 1 do art. 802º do CC, tendo em conta o sinalagma contratual, o credor pode optar entre uma de três hipóteses: exigir o cumprimento da prestação possível, reduzindo a contraprestação e pedindo uma indemnização pelo dano resultante do incumprimento definitivo parcial; recusar a prestação possível, efectuando a contraprestação na totalidade, e exigir indemnização pelo incumprimento definitivo e total; resolver o contrato pedindo indemnização pelo dano decorrente do incumprimento definitivo e total. Na segunda e terceira hipóteses, a recusa da prestação parcialmente possível tem de ser aferida nos moldes prescritos no nº 2 do art. 793º do CC: é necessário que o credor não tenha justificadamente interesse no cumprimento parcial da prestação. Nas três situações referenciadas, o valor da indemnização poderá não ser idêntico, na medida em que nos danos se descontam as correlativas vantagens obtidas pelo credor.

f) Direitos de terceiro

I. Como resulta do disposto no nº 1 do art. 435º do CC, a resolução do contrato não prejudica os direitos adquiridos por terceiro. A solução diverge do disposto no art. 289º do CC, relativamente aos efeitos da invalidade do negócio jurídico, onde não se salvaguardam os direitos de terceiro.

Como excepção à regra de tutela de direitos de terceiro, no nº 2 do art. 435º do CC, no que respeita a imóveis ou móveis sujeitos a registo, admite-se a oponibilidade no caso de ter sido registada a acção de resolução antes de o terceiro ter registado o seu direito.

Também como excepção ao regime geral, no art. 126º do CIRE, depois de se estabelecer que a resolução tem efeitos retroactivos, não se atendeu às excepções legais, nomeadamente à tutela de terceiros (art. 435º do CC).

II. De acordo com o disposto no art. 435º do CC não releva o tipo de negócio jurídico com base no qual o terceiro adquiriu o direito – podendo tratar-se

---

do Código Civil», cit., p. 85 e «A Natureza da Indemnização no Caso de Resolução do Contrato. Novamente a Questão», cit., p. 44.

de negócio gratuito ou oneroso –, nem a boa ou má fé do terceiro. A solução é diversa no art. 291º do CC, onde se distingue a aquisição gratuita da onerosa, por um lado, e de boa ou má fé, por outro.

A questão não suscita dúvidas no que respeita à tutela da aquisição a título gratuito, pois corresponde a uma forma lícita de actuação, da qual não decorre necessariamente um prejuízo para o credor que resolve o contrato. E da diferença estabelecida, nomeadamente em sede de inoponibilidade da invalidade (art. 291º do CC) ou da impugnação pauliana (art. 612º do CC), não resulta um genérico menor valor dos negócios gratuitos.

Contudo, a irrelevância da actuação de má fé por parte do terceiro suscita alguma perplexidade. Pode afirmar-se «que não há, rigorosamente, na resolução, má fé de terceiros, (pois) estes, embora conheçam a possibilidade legal ou contratual do exercício do direito de resolver o negócio, não têm de agir em harmonia com o exercício ou não exercício de tal direito»[432]. É evidente que o terceiro não tem a certeza de que, ao adquirir um direito, vai lesar o direito de outrem, pois tal lesão dependerá, pelo menos, de dois factores: o credor venha a resolver o contrato; e a impossibilidade de o devedor devolver a prestação cause prejuízo ao credor. Ainda assim, parece estranha a tutela de terceiro de má fé, que contraria um princípio geral de não tutelar as actuações de má fé. Se, por exemplo, o comprador de uma jóia vendida com cláusula de resolução, estando com dificuldades financeiras para pagar o preço, e na iminência de o vendedor resolver o contrato, doar o bem a terceiro que conhece perfeitamente a situação, não parece defensável a tutela do direito adquirido por este terceiro.

As situações em que se pode questionar a tutela de direitos adquiridos por terceiro em razão da má fé deste serão raras, mas suscitam perplexidade.

III. A tutela dos direitos adquiridos por terceiros tem particular acuidade no caso de resolução com efeito retroactivo. A destruição *in radicem* do vínculo poderia pôr em causa direitos adquiridos por terceiro ao abrigo do contrato e pretende-se salvaguardar tais situações[433].

---

[432] PIRES DE LIMA/ANTUNES VARELA, *Código Civil Anotado*, Volume I, cit., anotação 1 ao art. 435º, p. 411. Veja-se ainda VAZ SERRA, «Resolução do Contrato», *BMJ*, 68 (1957), p. 199.

[433] Imagine-se que no período que mediou entre a celebração e a resolução de um contrato de compra e venda de um imóvel, o adquirente constituiu uma hipoteca a favor de terceiro; o art. 435º do CC tutela a posição deste credor hipotecário, cujo direito real sobre o bem subsiste apesar de a resolução da venda ter eficácia retroactiva. Cfr. FERNÁNDEZ GONZÁLEZ-REGUERAL, *La Resolución por Incumplimiento en las Obligaciones Bilaterales*, Madrid, 1998, pp. 177 e ss., tendo em conta o art. 1124 do CCEsp. e a Lei Hipotecária espanhola.

DA CESSAÇÃO DO CONTRATO

Não tendo a resolução efeito retroactivo, a tutela de direitos adquiridos por terceiros perde relevância e, independentemente da eficácia *ex tunc* ou *ex nunc* da dissolução, não se tutela expectativas de terceiros. Daí que, se o vínculo se extingue para o futuro, as vantagens que terceiros esperassem da execução do contrato não são tuteladas. Tendo isto em conta, a questão dos direitos adquiridos por terceiros relaciona-se com a resolução com eficácia retroactiva não sendo também relevante no âmbito das outras formas de cessação que produzem efeitos *ex nunc*. Porém, sempre que noutros meios de dissolução do contrato a eficácia seja retroactiva, vale a protecção de terceiros constante do art. 435º do CC.

IV. Ainda neste contexto, cabe atender ao facto de a resolução de um contrato poder acarretar consequências noutros negócios jurídicos (p. ex. em caso de união de contratos). De facto, a resolução de um contrato pode implicar a dissolução de outro vínculo contratual; por exemplo, resolvido o contrato de locação extingue-se a sublocação.

Ora, nomeadamente nas situações subcontratuais, importa atender à tutela de terceiros. Do art. 435º do CC resulta que são salvaguardados os direitos adquiridos por terceiro antes da resolução, mas não as expectativas futuras. Assim, se for resolvido um contrato de empreitada de construção de uma casa, extingue-se a relação de subempreitada, mas o subempreiteiro terá direito à parte do preço correspondente ao trabalho executado e despesas realizadas, não recebendo a expectativa de lucro. Mesmo não se tratando de relações subcontratuais, a resolução de um vínculo determina a cessação do contrato coligado; deste modo, sendo resolvido um contrato de venda financiada não é tutelada a expectativa do financiador no que respeita à percepção de juros remuneratórios[434].

V. Relacionada com a tutela de terceiros, importa aludir à resolução do contrato em caso de reserva de propriedade.

A cláusula de reserva de propriedade, como prescreve o nº 2 do art. 409º do CC, produz efeitos em relação a terceiros se for registada, no caso de o direito sobre o bem vendido se encontrar sujeito a registo.

No caso de insolvência do comprador, a cláusula de reserva de propriedade só será oponível à massa se tiver sido estipulada por escrito (art. 104º, nº 4, do CIRE), pelo que, nessa hipótese, para a aposição dessa cláusula – além do registo, quando requerido –, pode ser exigida maior formalidade do

---

[434] Sobre estas questões, *vd. infra* Capítulo IV, § 2.

que a respeitante ao contrato de onde ela consta. Tratando-se de insolvência do vendedor, mesmo que a coisa não tenha sido entregue, se a propriedade se transmitiu, o administrador da insolvência não se pode recusar a cumprir o contrato de compra e venda (art. 105º do CIRE) e tendo a coisa sido entregue, apesar de a propriedade ainda não se ter transmitido, o comprador pode exigir o cumprimento do contrato (art. 104º do mesmo diploma), ou seja, a transferência do direito.

Em relação à cláusula de reserva de propriedade acordada num contrato de transmissão de coisa móvel não sujeita a registo, a sua eficácia não é questionável *inter partes*, mas não pode ser oponível a terceiros de boa fé[435].

De facto, não havendo registo, apesar de não valer no sistema jurídico português a regra «posse vale título», diferentemente do que ocorre em outros ordenamentos jurídicos (p. ex., art. 2279 do CCFr.)[436], o legislador preocupa-se em tutelar a aparência das situações. É isso que ocorre, nomeadamente no caso de coisa comprada a comerciante (art. 1301º do CC) e no penhor (arts. 669º e ss. do CC). Este último, ao incidir sobre coisas móveis não registáveis, implica, à excepção de situações especiais de penhor mercantil, o desapossamento da coisa.

Por outro lado, vigora o princípio da relatividade dos contratos (art. 406º, nº 2, do CC), nos termos do qual a cláusula de reserva de propriedade, como cláusula contratual que é, por si (sem registo), não será oponível em relação a terceiros.

---

[435] Contra, ARMANDO BRAGA, *Contrato de Compra e Venda*, 3ª edição, Porto, 1994, p. 72 e RAÚL VENTURA, «O Contrato de Compra e Venda no Código Civil», *ROA*, 43 (1983), p. 608, fazendo uma interpretação *a contrario* do nº 2 do art. 409º do CC. Por sua vez, PIRES DE LIMA/ANTUNES VARELA, *Código Civil Anotado*, Volume I, 4ª edição, Coimbra, 1987, anotação 3 ao art. 409º, p. 376, consideram que existe oponibilidade em relação a terceiros, por não ter valor o princípio «posse vale título». No mesmo sentido, MENEZES LEITÃO, *Direito das Obrigações*, Volume I, cit., p. 177; ANA MARIA PERALTA, *A Posição Jurídica do Comprador na Compra e Venda com Reserva de Propriedade*, Coimbra, 1990, p. 49 e LIMA PINHEIRO, *A Cláusula de Reserva de Propriedade*, Coimbra, 1988, p. 73. Cfr. também Ac. Rel. Pt. de 12/1/1993, *CJ* XVIII, T. II, p. 175. Quanto a esta tomada de posição, em particular questionando a situação em que podem ficar os terceiros de boa fé, cfr. VAZ SERRA, «Efeitos dos Contratos (Princípios Gerais)», *BMJ* 74 (1958), pp. 358 e 368, pronunciando-se pela inoponibilidade da cláusula a terceiros de boa fé.

[436] Cfr. MENEZES CORDEIRO, *Da Boa Fé no Direito Civil*, Coimbra, 1985, pp. 443 e ss., 456 e ss. e 461 e ss.
Cabe referir que o correspondente preceito do Código Civil Italiano (art. 1524) tem uma solução diversa: relativamente a bens móveis não sujeitos a registo, distingue-se entre credores do comprador e terceiros adquirentes da coisa. Quanto aos primeiros, a reserva de propriedade é oponível se constar de escrito anterior à penhora; em relação aos segundos a oponibilidade relaciona-se com a possibilidade de aquisição do direito de boa fé (art. 1153 do CCIt.), cfr. GRECO/COTTINO, *Della Vendita. Art. 1470-1547*, 2ª edição, Bolonha, 1981, pp. 438 e s.

DA CESSAÇÃO DO CONTRATO

Além disso, não se entenderia que, no caso de contrato de alienação de coisa sujeita a registo, a falta do registo da cláusula implicasse a sua eficácia só *inter partes* (art. 409º, nº 2, do CC), e, sendo alienadas coisas móveis não sujeitas a registo, a oponibilidade da cláusula de reserva de propriedade fosse *erga omnes*[437]. Na realidade, a regra constante do art. 409º, nº 2, do CC determina que o regime da reserva de propriedade se afasta daquele que o legislador estabeleceu a propósito da condição, no art. 274º, nº 1, do CC; deste preceito conclui-se que o princípio geral é o da sujeição dos actos de disposição de bens ou direitos que constituem objecto de negócio condicional à própria condição, mas relativamente à reserva de propriedade, no que respeita à oponibilidade a terceiros, é necessária a publicidade (registo), razão pela qual, em relação a bens móveis não sujeitos a registo, não se pode aplicar o princípio da eficácia absoluta.

Acresce que, em caso de incumprimento, designadamente pela falta de pagamento do preço, cabe ao comprador resolver o contrato de compra e venda, mas a resolução, nos termos do art. 435º, nº 1, do CC, não prejudica os direitos adquiridos por terceiros, salvo se a cláusula de reserva de propriedade tiver sido registada[438].

Pode ainda dizer-se, não obstante se reconhecer um reduzido valor a este tipo de argumentos, que a eficácia *erga omnes* da cláusula de reserva de propriedade em relação a bens não registáveis facilita o ajuste de acordos fraudulentos em prejuízo de terceiros de boa fé[438a].

9. Ilicitude

I. Como, por via de regra, a resolução não é decretada judicialmente, bastando a mera declaração de uma das partes (*vd. supra* nº 7), pode ter sido invocada sem que se preencham os respectivos pressupostos. Estar-se-á, então, perante uma resolução ilícita[439].

---

[437] Relembre-se que, tal como é usual afirmar-se, «o registo não dá nem tira direitos», pelo que a falta de registo do direito, por exemplo de propriedade que se tenha adquirido, não obsta à oponibilidade do mesmo *erga omnes*. Sendo, portanto, de entender a regra do art. 409º, nº 2, do CC como uma limitação à oponibilidade dos direitos.

[438] Excepção idêntica ocorre no domínio da cláusula a retro, nos termos do art. 932º do CC. *Vd. infra*, II Parte, Capítulo I, § 3, nº 4, respeitante à venda a retro.

[438a] Para maiores desenvolvimentos, com outros argumentos no sentido da mera eficácia interpartes da cláusula de reserva de propriedade inserta em contratos de alienação de bens não sujeitos a registo, veja-se ROMANO MARTINEZ, *Direito das Obrigações. Apontamentos*, Lisboa, 2014, pp. 205 e ss.

[439] No Ac. STJ de 19/3/1985, *BMJ* 345, p. 403, designa-se por resolução ilegal. Por seu turno, GUICHARD/SOFIA PAIS, «Contrato-Promessa: Resolução Ilegítima e Recusa Terminante de Cumprir ...», cit., p. 316, aludem a uma «resolução ilegítima»; porém, à parte não faltará legitimidade para

Mas a declaração de resolução, ainda que fora dos parâmetros em que é admitida, não é inválida, pelo que, mesmo injustificada, produz efeitos; ou seja, determina a cessação do vínculo.

Admitindo que a resolução é um acto jurídico unilateral, aplicando-se-lhe as disposições sobre o negócio jurídico (art. 295º do CC), concluir-se-ia que a resolução contrária à lei seria nula (art. 280º, nº 1, do CC), inválida, portanto. Mas ainda que se entenda a resolução como um acto jurídico unilateral, ela integra-se na estrutura complexa do contrato a que pretende pôr fim, carecendo de autonomia; deste modo, os actos relacionados com a execução ou a inexecução do contrato – em que se inclui a resolução –, ainda que qualificáveis como actos jurídicos, têm de ser analisados como modos de cumprimento ou de incumprimento desse contrato. Por isso, a resolução ilícita não é inválida: representa o incumprimento do contrato.

Tal como se indicou a propósito da ilicitude da denúncia, a resolução exercida de modo ilícito, por via de regra, produz de imediato o efeito extintivo, mas pode haver razões justificadas por limitações ao exercício do direito (p. ex., tutela do trabalhador) ou ao modo de exteriorização (*v. g.*, carta registada) que inviabilizem a imediata cessação do contrato. De facto, a resolução de um contrato de trabalho feita pelo empregador fora do contexto em que a lei a admite é ineficaz; do mesmo modo, sendo exigida determinada forma (*v. g.*, carta registada), a resolução informal não determina a cessação do contrato.

II. Em caso de resolução ilícita, a contraparte pode contestar (judicialmente) os motivos da resolução, cabendo ao tribunal apreciar a justificação invocada. Sendo a resolução injustificada, e portanto ilícita, o autor da declaração responde pelo prejuízo causado à contraparte; como o princípio geral da obrigação de indemnizar determina que deve ser reconstituída a situação que existiria (art. 562º do CC), não se verificando nenhuma das hipóteses previstas no art. 566º, nº 1, do CC (p. ex., impossibilidade), com a declaração de ilicitude resulta a subsistência do vínculo, que, afinal, não cessou.

Nada impede que, havendo dúvidas quanto à licitude da resolução, não querendo as partes discutir a questão em tribunal, optem por aceitar o efeito extintivo com uma compensação para o lesado ou em fazer «renascer» o vínculo.

III. Se a relação contratual, cuja resolução foi declarada ilícita, ainda pode ser executada, não obstante esta declaração de vontade ter efeito extintivo,

---

resolver o contrato, mas pressupostos para o exercício do direito, pelo que parece mais adequado falar em ilicitude.

DA CESSAÇÃO DO CONTRATO

o vínculo obrigacional subsiste. A declaração de ilicitude e a consequente obrigação de reconstituir a situação que existiria implica a manutenção do contrato. Assim, se o vendedor resolveu ilicitamente o contrato, tendo o comprador contestado a licitude da cessação, o tribunal, ao considerar ilícita a resolução, pode condenar o vendedor a cumprir a sua prestação (p. ex., entregar a coisa), cabendo nomeadamente ao adquirente recorrer à realização coactiva da prestação, exigindo judicialmente o seu cumprimento (art. 817º do CC).

A subsistência do vínculo ilicitamente resolvido depende, pois, do preenchimento, cumulativo, de três pressupostos, que operam separadamente: o cumprimento das prestações contratuais ainda é possível; a parte lesada mantém interesse na execução do contrato; a execução do contrato não é excessivamente onerosa para aquele que o resolveu ilicitamente[440].

IV. De modo diverso, mesmo que a resolução do vínculo seja ilícita, da decisão judicial não pode resultar a subsistência do contrato verificada qualquer das situações indicadas.

Sendo impossível o cumprimento das prestações contratuais, ainda que a impossibilidade decorra da resolução ilícita, o vínculo contratual cessou e a resolução, apesar de ilícita, produziu o efeito extintivo.

Na eventualidade de a parte lesada perder interesse na execução do contrato, a declaração judicial de ilicitude da resolução não implica a subsistência do vínculo, que cessou por efeito da resolução, ainda que ilícita.

A terceira hipótese é talvez a que suscita maior dificuldade de aplicação. Se a posterior execução do contrato for excessivamente onerosa para aquele que o resolveu ilicitamente, mesmo que essa maior onerosidade possa indirectamente resultar da resolução, ponderando as circunstâncias, admitir-se-á que o contrato não subsista. Pelo facto de o contrato ter sido resolvido, a relação pessoal entre as partes pode ter ficado degradada e a subsistência do vínculo implicar uma solução inaceitável para aquele que agiu ilicitamente. Por exemplo, para a dona de casa que resolveu ilicitamente (despediu sem justa causa) o contrato com a empregada doméstica, o legislador considerou excessivamente oneroso impor-lhe a subsistência do vínculo (vd. art. 31º, nº 1, do Decreto-Lei nº 235/92, de 24 de Outubro); o mesmo se diga em outras relações contratuais de execução continuada, em particular no âmbito da prestação de serviços. A excessiva onerosidade da subsistência do vínculo tem de ser ponderada perante a situação concreta.

---

[440] Utilizam-se os parâmetros do art. 566º, nº 1, do CC, adaptados à situação em análise, para justificar a subsistência da relação contratual ilicitamente extinta.

REGIME DA CESSAÇÃO DO CONTRATO

V. Dependendo das circunstâncias, a declaração de resolução, sendo ilícita, pode converter-se em denúncia do vínculo, caso em que, apesar da ilicitude, a relação contratual cessou[441].

Atendendo à regra constante do art. 293º do CC, concluir-se-á que a resolução ilícita na qual se contenham os requisitos essenciais de substância e de forma da denúncia determinará a cessação do vínculo, pois a declaração de resolução converte-se em declaração de denúncia quando se apurar que a vontade do declarante era, de facto, a de extinguir a relação contratual.

VI. Em qualquer dos casos, independentemente da repristinação do vínculo, a resolução ilícita determina a obrigação de indemnizar os prejuízos causados à contraparte[442]. Esses prejuízos poderão ser superiores sempre que o vínculo contratual ilicitamente resolvido se extinga.

Ainda que a resolução ilícita do contrato determine a extinção irreversível da relação jurídica, constitui-se o direito de a parte lesada ser ressarcida dos prejuízos sofridos, sendo a indemnização por sucedâneo pecuniário.

10. Natureza jurídica

I. A resolução manifesta-se mediante uma declaração recipienda, identificada como acto jurídico (art. 295º do CC), que tem em vista extinguir o vínculo contratual.

Corresponde a uma declaração, emitida por uma das partes, tendo como destinatário o outro contraente, pelo que só se torna eficaz depois de chegar ao poder ou ser conhecida deste (art. 224º, nº 1, do CC).

A resolução não é um negócio jurídico bilateral porque não assenta no encontro de vontades, e também não se identifica como negócio jurídico unilateral. De facto, tendo por base o (discutível) «princípio do contrato» e o consequente *numerus clausus* vigente em sede de negócios unilaterais (art. 457º do CC)[443], a resolução estaria fora do elenco legal; por outro lado, mesmo admitindo que não vigora o princípio da tipicidade, não se podem qualificar como negócios unilaterais os actos relacionados com a execução de um contrato, porque lhes falta a necessária autonomia. Dito de outro modo, o negócio unilateral, ainda que relacionado com um vínculo precedente (p. ex.,

---

[441] Como se refere na Sentença do 17º Juízo Cível de Lisboa, de 10/2/1997, *CJ* XXII, T. II, p. 291, como faltava justa causa à resolução estar-se-á perante uma simples denúncia.

[442] Cfr. Ac. STJ de 18/11/1999, *BMJ* 491, p. 297.

[443] Acerca do discutível *numerus clausus* dos negócios unilaterais, veja-se PAIS DE VASCONCELOS, *Teoria Geral do Direito Civil*, cit., pp. 438 e ss. Com posição restritiva, ALARCÃO, *Direito das Obrigações*, Coimbra, 1983, pp. 169 e s.

DA CESSAÇÃO DO CONTRATO

reconhecimento de dívida, art. 458º, nº 1, do CC), tem autonomia, vale por si; diferentemente, a resolução, como outros actos de execução do contrato, integram-se no todo mais vasto, com total dependência. Não sendo a resolução um negócio jurídico, qualifica-se como acto jurídico, sendo-lhe, contudo, aplicáveis algumas das regras estabelecidas para os negócios jurídicos (art. 295º do CC); trata-se, porém, de um acto jurídico que se integra num complexo jurídico resultante de um contrato e, portanto sem autonomia.

Concluindo, a resolução é um acto jurídico com uma finalidade específica: dissolver um vínculo contratual, e corresponde ao exercício de um direito potestativo emergente do contrato.

II. Quanto ao fundamento, a resolução justifica-se em razão da quebra do sinalagma contratual; em caso de incumprimento ou perdendo-se o equilíbrio contratual pode ficar frustrada a relação sinalagmática, permitindo-se que o lesado resolva o contrato[444].

Não raras vezes, o direito de resolução surge justificado com base no incumprimento culposo de prestações contratuais. A resolução poderia, então, fundar-se na ideia de que tacitamente as partes teriam querido incluir uma cláusula de resolução para a eventualidade de uma das partes não cumprir culposamente a sua prestação ou de o equilíbrio sinalagmático ser posto em causa ou ainda que se deveria sancionar o contraente faltoso, reparando os prejuízos causados[445]. Contudo, a resolução pode ser consequência de um incumprimento sem culpa e a presunção de vontade dos contraentes é uma ficção injustificada; por outro lado, não se pode confundir a extinção do vínculo com a reparação dos danos, que têm pressupostos e finalidades distintos[446]. Resta

---

[444] Por vezes, relaciona-se o equilíbrio contratual com a função económica prosseguida pelo contrato (cfr. BORGHI, *La Risoluzione per Inadempimento dell'Affitto di Fonti Rustici*, Pádua, 1996, pp. 61 e ss.), que corresponde à realidade da maioria das situações, apesar de redundar numa visão economicista da situação jurídica contratual.

[445] Para maiores desenvolvimentos quanto às teorias que explicam o fundamento da resolução por incumprimento, *vd.* ÁLVAREZ VIGARAY, *La Resolución de los Contratos Bilaterales por Incumplimiento*, cit., pp. 73 e ss.; BASINI, *Risoluzione del Contratto e Sanzione dell'Inadempiente*, cit., pp. 132 e ss.; PISCIOTTA, *La Risoluzione per Inadempimento*, cit., pp. 14 e ss.; BRANDÃO PROENÇA, *A Resolução do Contrato no Direito Civil*, cit., pp. 65 e ss.; STIJNS, «La Résolution pour Inexécution en Droit Belge: Conditions et Mise en Ouvre», cit., pp. 518 e ss.; VERDERA SERVER, *Inadempimento e Risoluzione del Contratto*, cit., pp. 76 e ss.

[446] Cfr. CLEMENTE MEORO, *La Facultad de Resolver los Contratos por Incumplimiento*, cit., pp. 83 e ss. Como se esclareceu *supra* (Capítulo II, Secção II, § 4., nº 2, alínea *a)*, subalínea α., III.), a resolução, ainda que fundada em incumprimento culposo, não se integra no instituto da responsabilidade civil.

REGIME DA CESSAÇÃO DO CONTRATO

acrescentar que a resolução, tal como, em regra, a responsabilidade civil, não tem uma função sancionatória[447]. A resolução justifica-se em razão da quebra do sinalagma em que o contrato se alicerça[448]; no fundo, baseia-se na perturbação do equilíbrio contratual, tanto em resultado do incumprimento como de factores exteriores à relação jurídica que a afectam[449].

Com efeito, não parece aceitável explicar a resolução com base na hipotética «condição resolutiva tácita», porque a presunção de vontade dos contraentes é uma ficção injustificada. Por outro lado, excluindo o dever de restituição, a resolução não tem por finalidade o ressarcimento de danos, pois estes são reparados por via da indemnização quando esta for devida, e não corresponde a um meio subsidiário de realização da prestação; em suma, importa distinguir a extinção do vínculo da reparação dos danos, que, como indicado, assentam em pressupostos e têm finalidades distintos. Por último, a resolução não tem uma função sancionatória, pois não visa punir a contraparte – a função punitiva não é usualmente conferida em direito privado e, mesmo a responsabilidade civil, em cujo instituto a resolução não se integra, por via de regra só tem uma finalidade ressarcitória; é evidente que a resolução pode ter como consequência uma sanção para o infractor, mas não é esse o fundamento do instituto. Ainda que, na hipótese de incumprimento, a resolução possa constituir um meio (indirecto) de sancionar o inadimplente, esta função não é comum a todas as situações, nomeadamente no caso de quebra de equilíbrio.

A resolução justifica-se em razão da quebra do sinalagma em que o contrato se funda e a lei, frequentemente, relaciona o direito de resolução com a natureza sinalagmática do vínculo: assim, ocorre na situação paradigmática do art. 801º, nº 2, do CC, quando alude a contratos bilaterais.

---

[447] A função sancionatória da resolução surge frequentemente para explicar o fundamento deste direito, cfr. MALINVAUD, *Droit des Obligations*, 8ª edição, Paris, 2003, p. 355; o autor (ob. e loc. cit.) entende que a explicação com base na quebra do sinalagma é menos técnica. O fundamento da resolução (rescisão) com base na função sancionatória sobrevém por vezes no âmbito administrativo, veja-se FREITAS DO AMARAL, *Curso de Direito Administrativo*, Volume II, com a colaboração de Lino Torgal, Coimbra, 2ª edição, 2011, pp. 655 e s.

[448] É interessante ver a noção de contrato sinalagmático constante do Código Civil Holandês (Livro 6, art. 261, nº 1, do CCHol.), onde se admite, porém, que o regime estabelecido para os contratos bilaterais se possa aplicar, *mutatis mutandis*, a relações jurídicas com prestações de conteúdo similar (Livro 6, art. 261, nº 2, do CCHol.). Sobre a questão, *vd.* MAHÉ/HONDIUS, «Les Sanctions de L'Inexécution en Droit Néerlandais», cit., pp. 839 e ss.

[449] Cfr. HELLWEGE, *Die Rückabwicklung gegenseitiger Verträge als einheitliches Problem*, cit., pp. 522 e ss. Quanto à concepção unitária da resolução no modelo internacional, veja-se autor e obra citados, pp. 576 e ss.

DA CESSAÇÃO DO CONTRATO

Contudo, em determinadas circunstâncias, em particular no âmbito de contratos não sinalagmáticos, a resolução também pode encontrar fundamento em motivos extracontratuais, desde que relacionados com uma repercussão contratual; assim, num contrato oneroso não sinalagmático (p. ex., mútuo retribuído), a resolução por incumprimento pode fundar-se na repercussão dos interesses regulados pelo contrato, e num contrato gratuito pode haver resolução por violação de deveres acessórios relevantes. Este último aspecto é proeminente no caso de contratos de execução continuada, em que a falta de sinalagma não obsta à resolução se houver justa causa[450].

---

[450] *Vd. supra*, neste § 4, nº 2, alínea *b)* e *infra* nesta I Parte, Capítulo III, § 3.

Capítulo III
Particularidades no regime da extinção de relações duradouras

§ 1. Princípio da não vinculação perpétua

I. Do princípio geral *pacta sunt servanda* (art. 406º, nº 1, do CC) resulta que as partes não podem livremente desvincular-se dos contratos celebrados. O contrato deve ser pontualmente cumprido, pelo que qualquer das partes, sem motivo, não pode furtar-se à realização das suas prestações.

Como justificação para que uma das partes deixe de estar vinculada a cumprir as prestações a que se obrigou é de invocar, em especial, o incumprimento da contraparte, que permite o recurso à excepção de não cumprimento (art. 428º do CC) ou, inclusive, sendo o incumprimento definitivo, à resolução do contrato (art. 801º, nº 2, do CC). Além das situações de incumprimento, haverá outras razões que dão azo à dissolução do vínculo, a que se fez referência nos dois capítulos precedentes.

II. Mas nos contratos de execução duradoura, sem descurar a aplicação das regras gerais, é necessário atender a um princípio de não vinculação indefinida de modo compulsório, com excepção de alguns vínculos em que o legislador sentiu a necessidade de proteger especialmente uma das partes, como no contrato de arrendamento e no contrato de trabalho.

Tradicionalmente, contrapõem-se os contratos com prestações instantâneas ou de execução imediata, que pressupõem a sua realização num só momento com a consequente extinção (p. ex., compra e venda), aos contratos

DA CESSAÇÃO DO CONTRATO

com prestações permanentes ou duradouras[451], cuja execução se prolonga no tempo, de modo continuado ou reiterado.

Nas relações duradouras, que se protelam por tempo determinado ou indeterminado, importa atender a certas particularidades de regime, algumas já anteriormente salientadas.

Em primeiro lugar, a liberdade das partes não se coaduna com a perpetuidade dos vínculos contratuais, pelo que se aceita a desvinculação incondicional de uma das partes num contrato de execução continuada[452]. Daí serem absolutamente proibidas as cláusulas contratuais padronizadas que «estabeleçam obrigações duradouras perpétuas ou cujo tempo de vigência dependa apenas da vontade de quem as predisponha» (art. 18º, alínea *j*), da LCCG). Por outro lado, a denúncia, uma das formas de cessação do contrato a que se aludiu, é exclusiva dos contratos com prestações duradouras. Como terceiro aspecto, a apreciação do motivo que justifica a resolução (p. ex., o incumprimento da contraparte) tem de ser sopesada no contexto global e não somente perante a situação concreta[453]; daqui resulta que a cessação do vínculo pode resultar da quebra da relação de confiança. Por último, nos termos do art. 434º, nº 2, do CC, a resolução não afecta as prestações realizadas, pelo que o efeito extintivo só se produz para o futuro[454].

Quanto à não perpetuidade dos vínculos pode dizer-se que, por via de regra, as partes não podem ser obrigadas a permanecer indefinidamente adstritas à realização das prestações a que se vincularam em determinado momento. Mesmo na falta de uma alteração das circunstâncias que justificasse a resolução do contrato – para o que seria necessário verificar os pressupostos do nº 1 do art. 437º do CC –, contraria a liberdade uma vinculação indefinida com carácter obrigatório. Tendo em conta a dicotomia entre estabilidade contratual (art. 406º do CC) e inviabilidade de imposição de contratos perpétuos ou excessivamente duradouros, admitem-se mecanismos

---

[451] Também designadas por prestações permanentes, contínuas ou sucessivas, *vd.* MENEZES CORDEIRO, *Direito das Obrigações*, Volume I, Lisboa, 1986, p. 357.

[452] *Vd.* MOTA PINTO, *Teoria Geral do Direito Civil*, 4ª edição, Coimbra, 2005, pp. 631 e s. e *supra*, Capítulo I, § 3, nº 3.

[453] WIEACKER, *História do Direito Privado Moderno*, Lisboa, 1980, p. 598, indica que a «causa grave» para a dissolução da relação obrigacional duradoura resulta de inovação jurisprudencial.

[454] Como esclarece WIEACKER, *História do Direito Privado Moderno*, cit., p. 598, tendo em conta o direito alemão, nas relações duradouras, a alteração da destruição retroactiva do vínculo para a extinção com efeitos *ex nunc* deveu-se à jurisprudência, que teve um papel de relevante adaptação das relações obrigacionais previstas no BGB, no caso, justificando-se pelo progressivo respeito das realidades sociais da relação duradoura.

de flexibilidade, nomeadamente por via de regras de adequação negocial ou de renegociação obrigatória do acordo, de molde a evitar a cessação do vínculo[455].

As quatro especificidades indicadas podem englobar-se em dois pontos, concretamente na liberdade de denúncia e no regime da resolução, a que se fará referência nos parágrafos seguintes.

§ 2. Liberdade de denúncia

I. Tendo em conta o princípio da não vinculação indefinida, enunciado no parágrafo anterior, independentemente de uma superveniente alteração das circunstâncias que justificaria a modificação ou a resolução do contrato, não se admite que uma parte fique vinculada por um período indeterminado a cumprir certa prestação contratual, pelo que, nos contratos de execução continuada, se alude, frequentemente, à designada denúncia *ad nutum* ou imotivada. Deste modo, nada obsta a que as partes se vinculem indefinidamente a cumprir as prestações emergentes de um negócio jurídico, desde que qualquer delas possa livremente denunciá-lo[456].

Assim, se um contrato se protela sem limite temporal, *ad perpetuum,* qualquer das partes pode fazê-lo cessar, recorrendo à denúncia. De facto, como refere MOTA PINTO, «deve reconhecer-se, nos contratos de duração ou por tempo indeterminado, a existência de um poder de denúncia sem uma específica causa justificativa. O fundamento desta denunciabilidade "ad nutum" é a tutela da liberdade dos sujeitos que seria comprometida por um vínculo demasiadamente duradouro. Por isso, tal poder de denúncia existe mesmo na falta de norma jurídica ou cláusula contratual explícita. Cremos ser esta uma solução decorrente da impossibilidade de se admitirem vínculos contratuais ou obrigacionais de carácter perpétuo, eterno ou excessivamente duradouro. Uma tal vinculação ou "servidão" eterna ou excessivamente duradoura violaria a ordem pública, pelo que os negócios de duração indeterminada ou ilimitada só não serão nulos, por força do art. 280º, se estiverem sujeitos ao regime da livre denunciabilidade ou denunciabilidade *ad nutum*»[457]. Por seu

---

[455] Cfr. MACARIO, *Adeguamento e Rinegoziazione nei Contratti a Lungo Termine,* Nápoles, 1996, pp. 72 e ss. e 223 e ss.

[456] Quanto ao contrato de concessão comercial, vd. MARIA HELENA BRITO, *O Contrato de Concessão Comercial,* Coimbra, 1990, pp. 237 e s.

[457] MOTA PINTO, *Teoria Geral do Direito Civil,* cit., p. 631.
No mesmo sentido, veja-se CRISCUOLI, *Il Contratto. Itinerari Normativi e Riscontri Giurisprudenziali,* Pádua, 1992, pp. 465 e s., indicando que, no direito italiano, vale o princípio da liberdade de denúncia em contratos de duração indeterminada por força do disposto no art. 1373.2, do CCIt., con-

DA CESSAÇÃO DO CONTRATO

turno, MENEZES CORDEIRO afirma: «É, efectivamente, uma valoração geral do ordenamento: a de que não pode haver vinculações perpétuas»[458]. Mas a livre denunciabilidade não se encontra exclusivamente relacionada com a perpetuidade dos vínculos, pois basta a duração excessiva num dado contexto, justificando-se a desvinculação assente na tutela da liberdade das partes[459]; por isso, OETKER sustenta que a liberdade de denúncia é um direito fundamental alicerçado na liberdade das pessoas, que não podem, indefinidamente, hipotecar o futuro[460].

Na sequência da doutrina, também a jurisprudência entende que os contratos renováveis automaticamente ou celebrados por tempo indeterminado

---

cretizado em várias disposições. Em relação ao direito espanhol, DÍEZ-PICAZO/GULLÓN, *Sistema de Derecho Civil*, Volume II, *El Contrato en General. La Relación Obligatoria, Contratos en Especial, Cuasi Contratos, Enriquecimiento sin Causa, Responsabilidad Extracontractual*, 9ª edição, Madrid, 2001, p. 247, indica que a liberdade de denúncia tem base jurisprudencial; por seu turno, LASARTE ÁLVAREZ, *Principios de Derecho Civil*, Tomo III, *Contratos*, 6ª edição, Madrid, 2001, pp. 198 e ss., entende que a liberdade de desistência vale em determinado tipo de contratos, nomeadamente de distribuição comercial, mas não como princípio geral.

Todavia LIMA PINHEIRO, «Cláusulas Típicas dos Contratos do Comércio Internacional», *Estudos de Direito Comercial Internacional*, Volume I, Coimbra, 2004, p. 262, afirma, sem concretizar, «que há leis estrangeiras que só admitem a denúncia de certos contratos comerciais por tempo indeterminado com base em motivo justificado». De facto, por exemplo no direito inglês, a livre desvinculação em contratos de longa duração, ainda que admissível, é problemática, cfr. STONE, *The Modern Law of Contract*, 5ª edição, reimpressão, Londres, 2003, p. 422, mas CHESHIRE/FIFOOT/FURMSTON, *Law of Contract*, 14ª edição, Londres, 2001, pp. 612 e s., entendem que, mesmo sem previsão contratual, no ordenamento inglês, para os contratos de duração indefinida, vale a regra da liberdade de denúncia.

[458] MENEZES CORDEIRO, *Direito Comercial*, 3ª edição, Coimbra, 2012, p. 758. No mesmo sentido, veja-se BAPTISTA MACHADO, «Parecer sobre Denúncia e Direito de Resolução de Contrato de Locação de Estabelecimento Comercial», *Obra Dispersa*, Volume I, Braga, 1991, pp. 650 e ss. Por exemplo, FORIERS, *La Caducité des Obligations Contractuelles par Disparition d'un Élément Essentiel à leur Formation. De la Nature des Choses à l'Équité, de l'Impossibilité au Principe de l'Exécution de Bonne Foi*, Bruxelas, 1998, p. 149, afirma que, como a ordem jurídica proíbe acordos de duração indefinida, a liberdade de denúncia é uma regra de ordem pública.

[459] Cfr. VIDEIRA HENRIQUES, *A Desvinculação Unilateral Ad Nutum nos Contratos Civis de Sociedade e de Mandato*, Coimbra, 2001, pp. 213 e ss. Quanto à liberdade de denúncia no caso de profissões liberais, *vd.* HELLER, *Die Beendigung freiberuflicher Sozietätsverhältnisse*, Colónia, 2000, pp. 25 e ss., distinguindo vários tipos de profissionais liberais, advogados, consultores económicos e médicos, cujas relações contratuais podem ser livremente denunciadas, quando as actividades são exercidas conjuntamente, em regime societário.

[460] Cfr. OETKER, *Das Dauerschuldverhältniss und seine Beendigung. Bestandsaufnahme und Kritische Würdigung einer Tradierten Figur der Schuldrechtsdogmatik*, Tubinga, 1994, pp. 284 e ss. No mesmo sentido, veja-se GAUCH/SCHLUEP/SCHMID/REY, *Schweizerisches Obligationenrecht. Allgemeiner Teil ohne Ausservertragliches Haftpflicht*, Volume II, 8ª edição, Zurique, 2003, p. 262.

PARTICULARIDADES NO REGIME DA EXTINÇÃO DE RELAÇÕES DURADOURAS

são livremente denunciáveis por qualquer das partes, desde que não vigore nenhuma limitação legal a esse direito de denúncia[461].

II. Contudo, o regime de livre denúncia nos contratos de execução temporalmente indefinida, além de colidir com os princípios do *pacta sunt servanda* e da segurança jurídica, está sujeito a limites que decorrem tanto da natureza do vínculo assumido como da protecção que se pretende conferir a uma das partes.

Na relação entre a força vinculativa do contrato e a liberdade de denúncia importa estabelecer um equilíbrio: por via de regra, o critério encontra-se na indeterminabilidade da duração do acordo, mas pode relacionar-se também com a ponderação das circunstâncias[462].

Deste modo, não será admissível que o obrigado contratualmente ao pagamento de uma renda vitalícia (art. 567º, nº 1, do CC) possa denunciar o contrato para se furtar ao pagamento, pois a isso opor-se-ia a natureza do vínculo. Por outro lado, no domínio do arrendamento e do contrato de trabalho, atendendo à especial protecção conferida ao arrendatário e ao trabalhador, não se admite, respectivamente, que o senhorio e o empregador possam livremente denunciar o contrato. Porém, mesmo neste âmbito, como já se esclareceu, permite-se excepcionalmente que o senhorio e o empregador possam recorrer à denúncia discricionária, nomeadamente no caso de arrendamento com prazo certo (arts. 1097º e 1098º do CC), no período experimental do contrato de trabalho (art. 114º do CT) ou no contrato de trabalho em regime de comissão de serviço (art. 163º do CT). Refira-se ainda que as limitações à livre denúncia, para os arrendamentos celebrados após 2006, foram praticamente eliminadas com o novo regime do arrendamento.

Por acordo, a denúncia também pode ficar condicionada, desde que a limitação não seja exorbitante; nada impede, por exemplo, que se imponha o paga-

---

[461] A questão tem sido frequentemente analisada a propósito do contrato de cessão de exploração que, por se diferenciar do arrendamento, pode ser denunciado por qualquer das partes, cfr. Ac. STJ de 13/4/1994, *RLJ* 128(1995-1996), p. 373; Ac. Rel. Pt. de 29/9/1988, *CJ* XIII, T. IV, p. 178; Ac. Rel. Lx. de 26/4/1990, *CJ* XV, T. II, p. 158. Mas a apreciação dos tribunais não se circunscreve a este contrato, encontrando-se a previsão de denúncia noutros vínculos, normalmente inominados, cfr. Ac. STJ de 10/5/2001, *CJ (STJ)* 2001, T. II, p. 62; Ac. Rel. Cb. de 16/1/1996, *CJ* XXI, T. I, p. 7; Ac. Rel. Cb. de 11/3/1997, *CJ* XXII, T. II, p. 19.

[462] Quanto à relação entre a estabilidade contratual resultante da autonomia privada e a protecção da liberdade de desvinculação em contratos de duração indeterminada, *vd.* OETKER, *Das Dauerschuldverhältnis und seine Beendigung*, cit., pp. 451 e ss.

DA CESSAÇÃO DO CONTRATO

mento de uma quantia a pagar pela parte que venha a denunciar o contrato, que segue o regime da cláusula penal[463].

III. A regra da livre desvinculação encontra-se especialmente consagrada numa das formas de cessação do vínculo: a denúncia. Como se afirmou anteriormente[464], a denúncia é um modo de cessação de vínculos obrigacionais duradouros, aplicando-se exclusivamente a contratos cuja execução se protela no tempo. Deste modo, não se denuncia um contrato de compra e venda ou de doação, mas pode denunciar-se um contrato de locação ou de agência. E, como foi indicado, por via da denúncia pode impedir-se a prossecução de um contrato de vigência indeterminada (p. ex., agência), como obstar à prorrogação de um contrato de duração limitada, que se renove automaticamente (*v. g.*, arrendamento).

Em suma, a denúncia tem o seu campo de aplicação no âmbito dos contratos de execução continuada ou que se protelam no tempo de modo indefinido e, por via de regra, é de exercício discricionário, mas sujeita às regras da boa fé.

§ 3. Especificidades no regime da resolução

I. No outro plano, nas relações duradouras, em razão da sua continuidade, importa atender a especificidades no âmbito da resolução do contrato. Concretamente, ter-se-á de tomar em conta particularidades relacionadas com os requisitos da resolução por incumprimento ou por quebra de equilíbrio contratual.

II. A falta de cumprimento e as inerentes consequências são normalmente aferidas atendendo a prestações de execução instantânea, devendo tais regras ser adaptadas em caso de relações continuadas ou periódicas em que se verifique o cumprimento sucessivo de várias prestações. As disposições da parte geral do direito das obrigações relativas ao não cumprimento (arts. 798º e ss. do CC) foram concebidas tendo como paradigma relações de execução instantânea e só com algumas adaptações serão aplicáveis a vínculos com prestações continuadas ou periódicas[465].

---

[463] Relativamente à designada «multa contratual» por denúncia do contrato e aos limites à autonomia privada no que respeita às limitações de livre denúncia, *vd.* GABRIELLI, *Vincolo Contrattuale e Recesso Unilaterale*, Milão, 1985, pp. 102 e ss. e 107 e ss.

[464] *Vd. supra*, Capítulo I, § 3, nº 1. Recorde-se, contudo, que foram indicadas situações de denúncia atípica (Capítulo I, § 3, nº 2, alínea *d*)), normalmente relacionadas com a protecção do consumidor válidas em contratos de execução instantânea, só que seguem o regime da resolução.

[465] Isto leva a que, por exemplo, PIRES DE LIMA/ANTUNES VARELA, *Código Civil Anotado*, Volume II, cit., anotação 4 ao art. 1122º, p. 731, indiquem que a referência à resolução por incumprimento

A dificuldade nasce de, nos contratos de execução instantânea, o não cumprimento ser, com frequência, apenas um incumprimento relativo a um momento concreto (a prestação instantânea), enquanto nos negócios de execução continuada, não obstante o incumprimento de determinada obrigação, a relação contratual pode perdurar indefinidamente sem outras perturbações. Nestes casos, é inclusive difícil falar de incumprimento definitivo ou de impossibilidade de cumprimento e as eventuais situações de incumprimento definitivo ou de impossibilidade de cumprimento de uma prestação, sendo o contrato de execução continuada, podem não afectar a relação jurídica. As regras gerais necessitam, pois, de algumas adaptações.

A questão tem particular acuidade no que respeita à possibilidade de resolução em caso de não cumprimento. Ora, tendo em conta o nº 2 do art. 801º do CC, nota-se que o «contrato bilateral» referido, que o credor pode resolver, será tipicamente uma compra e venda, sendo necessário ajustar o regime ao contrato de execução duradoura.

III. Num contrato de execução continuada, só uma violação grave ou reiterada das respectivas obrigações poderá constituir fundamento para a resolução do vínculo. Nestes casos, o incumprimento tem de ser apreciado num contexto amplo; dever-se-á aferir se houve ou não uma quebra na relação de confiança estabelecida entre as partes. Existirá, então, o direito de resolver um contrato de execução duradoura sempre que a violação, pela sua gravidade ou reiteração, quebre a relação de confiança[466].

Assim, nos negócios duradouros, por via de regra, será a violação grave ou reiterada de deveres contratuais que permite à parte lesada invocar a resolução do contrato. A referida violação grave ou reiterada deverá ser ponderada atendendo a uma quebra na relação de confiança, pondo em causa a prossecução do vínculo entre as partes. Deste modo, a mora no pagamento de uma prestação pecuniária de vencimento periódico não constitui fundamento de resolução, mas a reiterada falta de pagamento pode justificar a quebra na relação de confiança, não sendo necessário que se transformem as várias situações de mora em incumprimento definitivo[467]. Veja-se, ainda por exemplo, o nº 1 do

---

feita no contrato de parceria pecuária não é «(...) uma repetição inútil da doutrina geral dos artigos 801º e seguintes, (pois) tem a vantagem de mostrar que a natureza especial do contrato (de execução continuada) não obsta à resolução».

[466] Cfr. BAPTISTA MACHADO, «Pressupostos da Resolução por Incumprimento», *Obra Dispersa*, Volume I, Braga, 1991, pp. 138 e ss.

[467] Entendendo que os sucessivos atrasos no cumprimento da remuneração pactuada num contrato de agência fundamenta o direito de resolver o contrato por parte do agente, cfr. LARA GONZÁ-

DA CESSAÇÃO DO CONTRATO

art. 351º do CT, onde se exige um «comportamento culposo (...) que pela sua gravidade e consequências, torne imediata e praticamente impossível a subsistência da relação de trabalho»[468]. Existe o direito de resolver sempre que a violação, pela sua gravidade ou reiteração, quebre essa relação de confiança[469].

A gravidade deverá ser ponderada tendo em conta um princípio de proporcionalidade entre a prestação incumprida e a cessação do vínculo; a infracção terá de ser suficientemente grave para impedir a normal prossecução do contrato[470]. A justa causa assenta num facto que, pela sua gravidade, põe em causa a subsistência do vínculo, mas esse facto pode não resultar sempre de um comportamento culposo: em determinadas circunstâncias, basta que seja suficientemente grave para afectar a relação de confiança[471].

Para aferir a gravidade é ainda necessário ter em conta que, como se trata de um vínculo de execução duradoura, quando resolvido, salvo raras excepções, a extinção não afecta as prestações realizadas, pelo que a mencionada «quebra na relação de confiança» se associa a um juízo de prognose quanto à viabilidade da subsistência do contrato: ter-se-á de verificar se, atendendo à gravidade do incumprimento ou à sua repetição, o credor perdeu a confiança na contraparte no que respeita à execução das prestações subsequentes. Em suma, o incumprimento deverá ser analisado no plano das consequências para a manutenção futura do contrato.

Importa ter igualmente em conta que, como se trata de um vínculo cuja execução se protela no tempo, a tomada de decisão quanto a resolver o contrato deverá ser célere, pois, caso contrário, pode criar-se na contraparte a

---

LEZ, *Las Causas de Extinción del Contrato de Agencia,* Madrid, 1998, em especial pp. 312 e ss. Veja-se também o Ac. Rel. Lx. de 11/7/2002, *CJ* XXVII, T. IV, p. 71.

[468] Por exemplo, BERNARDO XAVIER, *Da Justa Causa de Despedimento no Contrato de Trabalho,* Coimbra, 1965, pp. 14 e ss., acentua a durabilidade da relação e a confiança entre as partes para justificar a justa causa de cessação.

[469] Dando outros exemplos de justa causa em contratos de execução continuada, relacionados com a concessão comercial, veja-se MARIA HELENA BRITO, *O Contrato de Concessão Comercial,* cit., pp. 225 e s.

[470] Por isso no Ac. Rel. Lx. de 30/4/1998, *CJ* XXIII, T. II, p. 135, considerou-se que a alteração de cor na publicidade num veículo não constituia justa causa de denúncia (*rectius,* resolução) do contrato, pois seria necessário que o «facto, subjectivo ou objectivo, (pusesse) em crise a continuação do vínculo contratual, isto é, que (tornasse) inexigível a um dos contraentes a sua permanência na relação contratual. Veja-se também Ac. STJ de 18/6/1996, *CJ (STJ)* 1996, T. II, p. 151; Ac. Rel. Lx. de 28/4/1987, *CJ* XXII, T. II, p. 155.

[471] Por isso, no Ac. Rel. Lx. de 2/12/1999, *CJ* XXIV, T. V, p. 112, admitiu-se a resolução com justa causa de um contrato de distribuição, fundada no facto de o sócio principal e gerente da distribuidora ter cedido a sua quota e abandonado a gerência da sociedade.

confiança de que o contrato subsistirá não obstante o incumprimento[472]. De facto, como se indicou a propósito do prazo de exercício do direito de resolução, apesar de valer a regra geral de prescrição, da inércia do titular do direito pode inferir-se uma ideia de confiança na prossecução do vínculo; esta situação tem particular relevância em caso de contrato de execução continuada em que a parte que pode resolver o contrato permanece, durante um período longo, a executar as suas prestações, recebendo as contraprestações. Nesse caso, o subsequente exercício do direito de resolução pode constituir um *venire contra factum proprium*, sendo, portanto, ilícito.

IV. O juízo de prognose que se mencionou vale igualmente no campo da resolução por alteração das circunstâncias. Estando em causa um contrato de execução continuada, os requisitos da resolução por alteração das circunstâncias terão de ser analisados à luz das consequências futuras da manutenção do vínculo. Deste modo, nomeadamente os requisitos de haver lesão para uma das partes e de a subsistência do vínculo afectar gravemente os princípios da boa fé terão de ser aferidos tendo em conta a continuidade do contrato.

V. Com maior acuidade do que nos contratos de execução instantânea, o motivo que justifica a resolução de um contrato de execução continuada pode não se encontrar na dependência de uma actuação culposa da contraparte[473].

Não raras vezes, admite-se a resolução com base em justa causa objectiva, em que a cessação do vínculo pode decorrer de factores externos ou aspectos relacionados com a parte que invoca a resolução. Assim, quando se admite que o comodante resolva o contrato «se para isso tiver justa causa» (art. 1140º do CC), não se tem em conta um comportamento culposo do comodatário mas uma pluralidade de circunstâncias, nomeadamente relacionadas com a situação pessoal da parte a quem é conferido o direito de dissolver o vínculo. Do mesmo modo, quando num contrato de trabalho se permite que o empregador proceda a um despedimento por extinção do posto de trabalho (art. 367º do CT), terá de invocar justa causa relacionada com factores económicos, designadamente de mercado.

---

[472] Indicando que a «actualidade» é um requisito da justa causa de despedimento, *vd*. MUNHOZ/ VIDOTTI, «A Rescisão por Justa Causa do Contrato de Emprego no Direito do Trabalho Brasileiro», *Estudos do Instituto de Direito do Trabalho*, Volume II, *Justa Causa de Despedimento*, Coimbra, 2001, pp. 263 e s.; SÜSSEKIND/MARANHÃO/VIANNA/TEIXEIRA, *Instituições de Direito do Trabalho*, Volume I, 21ª edição, S. Paulo, 2003, p. 571.

[473] Neste sentido, quanto ao contrato de concessão comercial, veja-se MARIA HELENA BRITO, *O Contrato de Concessão Comercial*, cit., p. 226.

DA CESSAÇÃO DO CONTRATO

De facto, a justa causa serve de fundamento para a resolução de vários contratos de execução continuada. Nomeadamente, a justa causa pode constituir motivo para a revogação de cláusula do contrato de sociedade (art. 986º, nº 1, do CC) ou para a exclusão de um sócio (art. 1002º, nº 2, do CC), para resolver o comodato antes do prazo fixado (art. 1140º do CC), para que o mandante «revogue» o mandato conferido também no interesse do mandatário (art. 1170º, nº 2, do CC), para o depositante exigir a restituição da coisa sem pagamento da retribuição no caso de depósito oneroso (art. 1194º do CC) e o depositário devolver a coisa antes do prazo convencionado (art. 1201º do CC).

Exigindo-se justa causa, a desvinculação não pode ser invocada de modo discricionário, como na denúncia, mas os motivos determinantes, além de não dependerem de incumprimento (culposo ou não culposo) de uma das partes, podem extravasar o âmbito sinalagmático, dependendo do interesse da parte que invoca.

VI. Cabe, por fim, reiterar o princípio da não retroactividade, nos termos do qual, «nos contratos de execução continuada ou periódica, a resolução não abrange as prestações já efectuadas» (art. 434º, nº 2, do CC).

Diferentemente do regime geral, válido para a generalidade das hipóteses de resolução de contratos de execução instantânea (art. 434º, nº 1, do CC), por via de regra, a resolução de um contrato de execução continuada só produz efeitos para o futuro, não afectando as prestações realizadas antes de a declaração negocial de extinção do vínculo ser eficaz. Em tais contratos poderia ser complexa a restituição das prestações realizadas, principalmente quando a relação contratual perdurou por um período alargado e nos casos em que uma das prestações é de facto ou que implica o gozo de bens; em suma, a eficácia retroactiva contrariaria a finalidade extintiva da resolução de contrato de execução continuada[474]. Importa esclarecer que este regime vale tão-só para os contratos de execução continuada, não abrangendo todos os vínculos com prestações que se protelam no tempo; por exemplo, a venda a prestações, ainda que subsista durante um período alargado, eventualmente anos, não é um contrato de execução continuada ou periódica[475].

Como se indicou, a regra prevista no nº 2 do art. 434º do CC é afastada na parte final do preceito, constituindo uma excepção à excepção, de onde resulta a retroactividade do efeito extintivo (art. 434º, nº 1, do CC).

---

[474] *Vd.* Menezes Leitão, *Direito das Obrigações*, Volume II, cit., p. 98.
[475] *Vd.* Ac. STJ de 24/1/1985, *RLJ*, 122 (1989-1990), p. 314 e consulte-se Antunes Varela, em anotação ao referido Acórdão, *RLJ*, 122 (1989-1990), p. 320.

PARTICULARIDADES NO REGIME DA EXTINÇÃO DE RELAÇÕES DURADOURAS

Em suma, excepcionalmente, nos contratos de execução continuada ou periódica, a resolução terá eficácia retroactiva se a causa que justifica a dissolução do vínculo legitima a destruição do contrato com efeitos *ex tunc*[476].

§ 4. Situação especial dos contratos de execução prolongada

I. De modo diverso dos contratos de execução duradoura, cujas prestações se protelam no tempo de modo contínuo ou reiterado (p. ex. arrendamento, agência), nos contratos com prestações de execução prolongada, pelo menos, uma das prestações é realizada durante um lapso temporal, não sendo executada de modo instantâneo. Assim, num contrato de empreitada, por via de regra, a prestação do empreiteiro (realização da obra) executa-se durante um período, que pode ser longo[477]; de igual modo, num contrato de mediação imobiliária, o mediador pode ir executando a sua prestação durante bastante tempo. Mesmo contratos, cujo objecto, tradicionalmente, pressupõe a realização de prestações instantâneas, podem protelar-se no tempo; pense-se num contrato-promessa de compra e venda com tradição da coisa em que a execução do contrato definitivo está aprazada para daqui a alguns anos[478].

Tais situações não se qualificam como contratos de execução continuada, porque, ainda que o cumprimento de uma das prestações se prolongue no tempo, esta não se pode identificar como uma prestação contínua e muito menos como uma prestação reiterada.

Nos contratos de execução prolongada, atendendo ao facto de, pelo menos, uma das prestações se realizar durante um certo período e não de modo instantâneo, importa analisar algumas especificidades em caso de dissolução do vínculo. As referidas particularidades valem quanto aos contratos em que,

---

[476] *Vd. supra*, Capítulo II, Secção II, § 4, nº 8, alínea *b*),V.

[477] No Ac. STJ de 10/11/1987, *TJ* 37 (1988), p. 21, entendeu-se que, embora a empreitada não seja, em rigor, um contrato de execução continuada, é-lhe aplicável a regra do art. 434º, nº 2, do CC. A este propósito, CAGNASSO/COTTINO, *Contratti Commerciali, in Trattato di Diritto Commerciale*, org. Cottino, Volume 9, Pádua, 2000, p. 324, consideram que a empreitada não é um contrato duradouro, mas de execução diferida. É evidente que nada obsta a que se ajuste uma empreitada de execução continuada (p. ex., de reparação de elevadores), cfr. GSCHNITZER, Österreichisches Schuldrecht. Besonderer Teil und Schadenersatz, 2ª edição, Viena, 1988, p. 251, caso em que valem as regras gerais aplicáveis a este tipo de contratos.

[478] Admitindo que ao contrato-promessa que se protela no tempo se justifica aplicar o regime da justa causa de resolução, típica dos contratos de execução continuada, *vd.* GUICHARD/SOFIA PAIS, «Contrato-Promessa: Resolução Ilegítima e Recusa Terminante de Cumprir; Mora como Fundamento de Resolução; Perda do Interesse do Credor na Prestação; Possibilidade de Desvinculação com Fundamento em Justa Causa; "Concurso de Culpas" no Incumprimento; Redução da Indemnização pelo Sinal», *DJ*, XIV, 2000, 1, pp. 326 e s.

pelo menos, uma das prestações se execute de modo prolongado, mas não relativamente a negócios jurídicos com prestações fraccionadas ou divididas nem com prestações de cumprimento temporalmente desfasado. Por exemplo, numa venda a prestações, em que o preço se encontra fraccionado, vencendo--se cada prestação em momentos temporalmente distintos, aplica-se o regime dos contratos de execução instantânea; de igual modo, num mútuo, em que a restituição da quantia mutuada será efectuada tempo depois da entrega de tal quantia ao mutuário, não se está perante um contrato de execução prolongada. Dito de outro modo, a execução prolongada não tem que ver com o facto de o contrato vincular as partes durante um período longo, mas com a particularidade de uma das prestações se executar demoradamente.

No que respeita aos contratos de execução prolongada não parece que as especificidades de regime se identifiquem com as indicadas a propósito dos negócios jurídicos de execução continuada, mas haverá algumas semelhanças.

II. Afigura-se injustificado aludir ao princípio da liberdade de desvinculação das partes atendendo à perpetuidade do vínculo, porque a indefinição temporal, própria dos contratos de execução continuada, não se verifica nos negócios em análise, cuja prestação, ainda que se prolongue no tempo, está de antemão delimitada. Por exemplo, num contrato de empreitada, pode haver dúvidas quanto ao tempo que o empreiteiro tardará a executar a obra, mas a sua prestação está delimitada à realização da obra; diferentemente, num contrato de trabalho a actividade vai sendo executada e retribuída sem estar pré-determinada.

Mas nos contratos em que a execução da prestação se prolonga no tempo, em determinadas circunstâncias, pode justificar-se que as partes, ou pelo menos uma delas, se desvinculem legitimamente antes de a prestação se encontrar totalmente executada. Ter-se-á de verificar se há motivos que justifiquem a desvinculação incondicional. Por exemplo, no contrato de empreitada admite-se a desvinculação *ad libitum* do dono da obra, mediante a designada «desistência» (art. 1229º do CC), porque o credor pode perder interesse na prestação[479]; de igual modo, no mandato prescreve-se a livre desvinculação de ambas as partes por via da «revogabilidade» do contrato (art. 1170º do CC), solução válida para os contratos de prestação de serviços atípicos (art. 1156º do CC). Tal como na hipótese da desistência do dono da obra, pode o mandante ou o beneficiário do serviço perder interesse na prestação que está a ser executada, pelo que lhe é conferido o direito de se desvincular. Por seu turno, o

---

[479] Veja-se *infra* II Parte, Capítulo XII, § 3.

mandatário ou o prestador de serviços pode deixar de estar em condições de executar bem a tarefa de que foi incumbido, podendo também desvincular-se.

Todavia, de modo diverso do que ocorre na denúncia de contratos de execução continuada, a desvinculação de negócios cuja prestação se protela no tempo, ainda que podendo ser exercida *ad libitum*, é normalmente fonte de responsabilidade civil. Por via de regra, admitindo-se a possibilidade de uma das partes fazer extinguir o contrato de execução prolongada, impõe-se-lhe o dever de compensar a contraparte pelos prejuízos causados. Trata-se da designada responsabilidade civil por intervenções lícitas, em que do exercício legítimo de um direito – no caso a desvinculação do contrato – decorre o dever de indemnizar os prejuízos causados. A obrigação de compensar encontra-se tanto no art. 1229º como no art. 1172º do CC[480]. Porém, como a responsabilidade civil por intervenções lícitas é excepcional, só haverá o dever de indemnizar nos casos previstos na lei, razão pela qual, na falta de consagração legal, a compensação dos prejuízos não será devida.

III. Pelos motivos indicados, a denúncia não é a forma comum de fazer cessar um negócio jurídico de execução prolongada; primeiro, porque, como o contrato não se renova, não é necessário fazer oposição à renovação e, seguidamente, na medida em que a relação contratual, apesar de se prolongar no tempo, não foi ajustada por período indeterminado. O contrato tem sempre um fim à vista: a realização da prestação.

Apesar de a denúncia não se aplicar directamente nesta sede, pelos motivos indicados, admitem-se formas de desvinculação, como a desistência do dono da obra (art. 1229º do CC) ou o cancelamento da viagem organizada (art. 25º do Decreto-Lei nº 61/2011, alterado pelos Decretos-Leis nº 199/2012, de 24 de Agosto, nº 26/2014, de 14 de Fevereiro, e nº 128/2014, de 29 de Agosto), que se qualificam como hipóteses atípicas de denúncia[480a].

IV. Encontram-se ainda algumas similitudes no regime da resolução de contratos de execução prolongada e de negócios duradouros.

Em primeiro lugar, os pressupostos da resolução por incumprimento, sendo o contrato de execução prolongada, devem ser aferidos no contexto global. Assim, por exemplo, o incumprimento definitivo, incluindo a impossibilidade de cumprimento, tem de ser apreciado em relação à prestação no

---

[480] A obrigação de indemnizar, constante do art. 1172º do CC, é limitada como se verá adiante, II Parte, Capítulo X, § 3, nº 2.

[480a] *Vd. supra*, Capítulo I, § 3., nº 2, alínea *d*).

DA CESSAÇÃO DO CONTRATO

seu todo. Nesta perspectiva abrangente poderá haver alguma semelhança com a quebra da relação de confiança: não raras vezes, para se averiguar da existência de uma hipótese de incumprimento definitivo num contrato de execução prolongada, ter-se-á de, mediante um juízo de prognose, concluir, por exemplo, que a prestação não virá a ser cumprida de modo a satisfazer o interesse do credor. Associado ao juízo de prognose, ainda se terá de ponderar as consequências da dissolução, que acarretam normalmente sequelas mais drásticas num contrato em que, pelo menos, uma prestação se executou durante um período, eventualmente longo.

V. Por último, quanto ao efeito retroactivo da resolução, apesar de não se aplicar aos contratos de execução prolongada o disposto na 1ª parte do nº 2 do art. 434º do CC, pois o preceito tem como âmbito de aplicação os contratos de execução continuada ou periódica (duradouros), a eficácia *ex tunc* pode ser afastada por «contrariar (...) a finalidade da resolução» (art. 434º, nº 1, 2ª parte, do CC).

As mesmas razões, relacionadas com a realidade social, que levaram a excepcionar a eficácia retroactiva nas relações duradouras, podem valer em sede de alguns contratos cujas prestações se protelem no tempo[481]. Num contrato de execução prolongada, como a empreitada, nem sempre se justificará o afastamento da regra da eficácia retroactiva da resolução; mas, não raras vezes, a destruição *ex tunc* dos efeitos de um contrato contraria a finalidade da resolução e até a vontade das partes.

---

[481] Sobre as razões, relacionadas com o respeito pela realidade social, que levaram a jurisprudência a excepcionar a eficácia *ex tunc* da resolução nos contratos duradouros, veja-se WIEACKER, *História do Direito Privado Moderno*, cit., p. 598

Capítulo IV
Consequências da cessação do vínculo em contratos coligados

§ 1. Determinação da existência de coligação negocial

I. No âmbito das relações duradouras, apesar de não ser exclusivo desta modalidade contratual, têm particular relevância as consequências que a cessação de um contrato podem produzir noutro negócio coligado com o primeiro.

II. Na união ou coligação de contratos há uma interconexão negocial, não perdendo os contratos a sua individualidade[482].

A clássica tripartição da união de contratos de origem alemã continua a ter aceitação na doutrina portuguesa, contrapondo-se a união externa, – em que a união entre contratos é material (p. ex., vários contratos de compra e venda celebrados em dado momento por um cliente na mesma loja) – à união interna – onde há uma relação entre o ajuste de um contrato e a celebração

---

[482] Sobre a figura, consulte-se BRITO PEREIRA COELHO, «Coligação Negocial e Operações Negociais Complexas: Tendências Fundamentais da Doutrina e Necessidade de uma Reconstrução Unitária», *Boletim da Faculdade de Direito de Coimbra. Volume Comemorativo*, Coimbra, 2003, pp. 233 e ss.; MENEZES CORDEIRO, *Direito das Obrigações*, Volume I, cit., pp. 429 e ss.; ALMEIDA COSTA, *Direito das Obrigações*, cit., pp. 372 e ss.; MENEZES LEITÃO, *Direito das Obrigações*, Volume I, cit., pp. 190 e s.; ROMANO MARTINEZ, *O Subcontrato*, Coimbra, 1989, pp. 161 e ss. e pp. 193 e ss. / *Direito das Obrigações. Apontamentos*, cit., pp. 165 e ss.; GRAVATO MORAIS, *União de Contratos de Crédito e de Venda para o Consumo*, Coimbra, 2004, pp. 387 e ss.; VAZ SERRA, «União de Contratos. Contratos Mistos», *BMJ* 91 (1959), pp. 11 e ss.; GALVÃO TELLES, *Manual dos Contratos em Geral*, cit., pp. 475 e ss. / *Direito das Obrigações*, cit., pp. 87 e ss.; ANTUNES VARELA, *Das Obrigações em Geral*, Volume I, cit., pp. 281 e ss.

DA CESSAÇÃO DO CONTRATO

do outro (*v. g.*, mútuo feito aos trabalhadores de um banco com juro bonificado) – e à união alternativa – em que a celebração de um contrato afasta a celebração do outro (p. ex., arrenda a casa se for colocado interinamente, mas compra-a se a nomeação para aquela localidade for definitiva).

Na questão em análise (consequências da extinção de um contrato noutro negócio jurídico) tem particular acuidade a união interna ou com dependência. De facto, na união externa ou acidental, não há qualquer nexo de relevância jurídica entre os dois contratos pois, entre eles, existe uma mera ligação material. E, na união alternativa, não há uma coexistência dos dois contratos no que respeita à produção dos respectivos efeitos.

Diferentemente, na união interna ou com dependência existe uma coligação contratual em sentido técnico, com uma finalidade económica comum e uma subordinação entre os contratos coligados.

III. A subordinação entre os contratos implica que as vicissitudes de um negócio se repercutam no outro[483]. Esta subordinação pode ser recíproca ou unilateral. No primeiro caso, as alterações produzidas em um dos contratos reflectem-se no outro, e vice-versa; no segundo caso, um dos contratos tem predomínio sobre o outro e só as vicissitudes do primeiro se repercutem no segundo.

A coligação contratual, além de poder ser bilateral ou unilateral, também se pode apresentar como genética ou funcional e como voluntária ou necessária.

Na coligação genética, um dos contratos produz efeitos na fase formativa do outro, mas esses efeitos não persistem na fase de execução (p. ex., contrato tipo). Contrariamente, na coligação funcional, o destino de ambos os contratos está ligado, não só na sua formação, como também no desenvolvimento e funcionamento das respectivas relações.

Por último, a coligação voluntária é aquela que depende unicamente da vontade dos contraentes. Os sujeitos, no domínio do princípio da liberdade contratual, podem pretender que dois contratos, em que são partes, fiquem coligados entre si. Diferentemente, na coligação necessária, a relação entre os dois negócios jurídicos fica a dever-se, não a uma expressa vontade dos contraentes nesse sentido, mas à existência de uma relação natural entre os dois contratos, que pode ser económica ou teleológica[484].

---

[483] Sobre as modalidades de coligação, *vd.* LENER, *Profili del Collegamento Negoziale*, Milão, 1999, pp. 3 e ss., assim como RAPPAZZO, *I Contratti Collegati*, Milão, 1998, pp. 23 e ss.

[484] No âmbito de coligações negociais têm particular relevância as situações em que um contrato constitui o meio de financiamento de outro vínculo; por vezes, a coligação contratual, em que um

CONSEQUÊNCIAS DA CESSAÇÃO DO VÍNCULO EM CONTRATOS COLIGADOS

Para haver união de contratos não se torna necessária a identidade de sujeitos. Com efeito, para que dois contratos estejam coligados não é preciso que sejam os mesmos os sujeitos partes em ambos os contratos. Torna-se, todavia, imprescindível a existência de um sujeito comum aos dois negócios jurídicos, isto é, que seja parte em ambos os contratos.

§ 2. Repercussão do efeito extintivo nas relações contratuais coligadas

I. A particularidade da união (interna) de contratos respeita à repercussão das vicissitudes de um contrato no outro, *maxime* a extinção de um vínculo como consequência da cessação do outro.

Importa atender às características da coligação para analisar as consequências da dissolução de um vínculo em outro contrato, coligado com o primeiro.

II. Sendo a subordinação unilateral, a extinção do contrato subordinado não se repercute no outro (p. ex. a resolução de um contrato de subarrendamento não se repercute no contrato principal). Diferentemente, a dissolução do vínculo base levará naturalmente à extinção do contrato subordinado (*v. g.*, se o senhorio resolver o contrato de arrendamento o subarrendamento não pode subsistir, caducando nos termo do art. 1089º do CC[485]). Contudo, importa verificar se o vínculo subordinado tem autonomia, em particular se foi constituído também para subsistir em caso de cessação do contrato principal; assim, a fiança pode ter sido ajustada igualmente para garantir prestações resultantes da cessação do vínculo que garante, como a indemnização por incumprimento, caso em que a dissolução do contrato principal não determina a extinção da fiança, mas a possibilidade de se recorrer à garantia[486].

Na hipótese de a subordinação entre contratos ser recíproca (bilateral), as vicissitudes de um repercutem-se no outro e vice-versa. O nexo de coligação entre contratos permite que as vicissitudes de um negócio jurídico, em particular a resolução ou outra forma de extinção, se repercutam no outro[487]; por

---

negócio jurídico é o instrumento financeiro de outro vínculo, designa-se por «contrato derivado», cfr. GIRINO, *I Contratti Derivati*, Milão, 2001, pp. 167 e ss.

[485] Mesmo na hipótese prevista no art. 1090º do CC, o subarrendatário passa a arrendatário directo, cessando o contrato de subarrendamento.

[486] JANUÁRIO DA COSTA GOMES, *Assunção Fidejussória de Dívida. Sobre o Sentido e o Âmbito da Vinculação como Fiador*, Coimbra, 2000, pp. 615 e ss.

[487] Cfr. BRITO PEREIRA COELHO, «Coligação Negocial e Operações Negociais Complexas (...)», cit., p. 242, pp. 250 e s. e p. 261, assentando no brocardo *simul stabunt, simul cadent*. O autor, contudo, não contrapõe a inter-conexão recíproca à unilateral, pois assenta no critério unitário da operação contratual.

DA CESSAÇÃO DO CONTRATO

isso, a extinção de qualquer um dos contratos poderá conduzir à dissolução do outro vínculo. Deste modo, se o vendedor de um bem ajusta um contrato de mútuo com o comprador para financiar a aquisição, havendo reciprocidade na coligação, será normal que a resolução da compra e venda determine a dissolução do mútuo e vice-versa[488].

O exemplo indicado, alargado também às situações em que o contrato de crédito é celebrado como acessório do contrato de compra e venda, encontra previsão legal no regime da venda celebrada fora do estabelecimento (art. 16º do Decreto-Lei nº 24/2014, de 14 de Fevereiro); em tais casos, se o consumidor resolver o contrato de compra e venda (ou outro contrato de fornecimento de bens ou serviços), os contratos acessórios são automaticamente resolvidos, «sem direito a indemnização ou pagamento de quaisquer encargos». O mesmo ocorre no caso previsto no diploma sobre crédito ao consumo (Decreto-Lei nº 133/2009, de 2 de Junho), onde no art. 18º, nº 1, a propósito dos contratos de crédito coligados, se dispõe que, «a invalidade ou a ineficácia do contrato de crédito coligado repercute-se, na mesma medida, no contrato de compra e venda».

Na eventualidade de a coligação contratual implicar a prossecução de um resultado económico comum, a cessação de um dos vínculos – por denúncia ou resolução – pode inviabilizar o prosseguimento da finalidade pretendida, pelo que também cessam os outros contratos; neste caso ter-se-á de atender à realidade económica resultante da união de contratos[489].

Nesta sequência, pode igualmente ocorrer que o contrato caduque por inviabilidade superveniente de execução de um contrato coligado, tendo em conta a inutilidade de execução do primeiro perante a extinção do outro vínculo[490]. Por isso, na alínea *g)* do art. 1051º do CC prescreve-se que o contrato de locação caduca por terem terminado os serviços que determinaram a entrega da coisa locada.

III. A interconexão contratual não permite, contudo, que o contraente num dos contratos resolva o negócio jurídico em que não é parte. Assim, no caso de locação financeira, não obstante se conferir ao locatário a possibi-

---

[488] No Ac. STJ de 4/6/1996, *CJ (STJ)* 1996, T. II, p. 102, decidiu-se que, como havia uma união de contratos, a revogação da prestação de serviços determinava a extinção do subarrendamento. Veja-se ainda, quanto à repercussão da resolução de um contrato-promessa de compra e venda no contrato de empreitada, o Ac. STJ de 1/4/2000, *CJ (STJ)* 2000, T. II, p. 15.

[489] Veja-se RAPPAZZO, *I Contratti Collegati*, cit., pp. 63 e ss.

[490] Cfr. LENER, *Profili del Collegamento Negoziale*, cit., pp. 59 e ss.

CONSEQUÊNCIAS DA CESSAÇÃO DO VÍNCULO EM CONTRATOS COLIGADOS

lidade de reclamar junto do vendedor / empreiteiro (arts. 12º, 13º e 22º do Decreto-Lei nº 149/95, de 24 de Junho), não se permite que resolva o contrato de fornecimento[491]. Isto não impede, porém, que a resolução do contrato de fornecimento determine a extinção da locação financeira, tendo em conta a interdependência entre os dois vínculos[492].

De igual modo, a cessação de um contrato pode repercutir-se em situações jurídicas deles dependentes. A resolução de um contrato pode afectar a posição creditícia do cessionário: se uma das partes ceder um crédito emergente do contrato (p. ex., preço), tendo o contrato cessado (*v. g.*, por resolução), a contraparte – devedor cedido – pode opor ao cessionário a extinção do débito (art. 584º do CC). Poder-se-á questionar se o cessionário não deverá ser tutelado como terceiro com direitos adquiridos, nos termos previstos no art. 435º do CC. A solução será diversa consoante, por um lado, se trate de cessão de créditos vencidos ou de créditos futuros e, por outro, em razão da eficácia retroactiva ou *ex nunc* da cessação do vínculo: sendo a cessão de créditos vencidos e não tendo a resolução eficácia retroactiva não é posto em causa o crédito do cessionário, mas a parte cedida pode opor ao cessionário a extinção do débito no caso de a resolução ter eficácia retroactiva assim como em relação a créditos futuros, que não se chegaram a vencer pelo facto de o vínculo ter cessado.

Da interconexão negocial pode também resultar que o fundamento para se invocar a resolução de um contrato advenha do incumprimento do outro contrato; atendendo-se, assim, a uma justa causa no contexto da pluralidade de vínculos[493]. Por exemplo, o dono da obra resolve o contrato de empreitada porque o subempreiteiro realizou a sua prestação defeituosamente.

IV. As considerações tecidas no ponto anterior podem ser diversas atendendo a outros aspectos da coligação contratual.

Sendo a coligação genética, há um contrato principal (p. ex. contrato tipo) que se encontra na génese da formação de outros contratos, que assim surgem à sua sombra. Neste caso, a resolução do contrato tipo, que serviu de modelo aos negócios subsequentes, por via de regra, não determina a extinção dos restantes acordos. Diversamente, no caso de a coligação ser funcional, como

---

[491] *Vd.* Leite de Campos, *A Locação Financeira*, Lisboa, 2012, p. 80.

[492] Cfr. Capitant/Terré/Lequette, *Les Grands Arrêts de la Jurisprudence Civile*, Tomo 2, *Obligations, Contrats Spéciaux, Sûretés*, 11ª edição, Paris, 2000, pp. 582 e ss., citando um aresto de 23 de Novembro de 1990, que comentam, pp. 586 e ss.

[493] Cfr. Lener, *Profili del Collegamento Negoziale*, cit., p. 223.

DA CESSAÇÃO DO CONTRATO

o destino dos dois contratos se encontra inter-relacionado, não só na sua formação, mas também na fase da respectiva execução, a extinção de um pode determinar a dissolução do outro, nos termos antes enunciados para a coligação unilateral e recíproca.

A coligação pode ser simultaneamente genética e funcional, caso em que se terá de tomar em conta as consequências das duas situações. Assim, no caso de trabalho temporário (arts. 172º e ss. do CT), entre o contrato de utilização e o contrato de trabalho há uma coligação funcional e também genética – excepto no caso de situações de trabalho por tempo indeterminado –, mas, como se trata de uma subordinação unilateral, a cessação do contrato de utilização – por exemplo, em caso de resolução por incumprimento quanto ao pagamento do preço ajustado – determina a caducidade do contrato de trabalho por impossibilidade de execução[494]; na medida em que a subordinação é unilateral, a cessação do contrato de trabalho não implica a caducidade do contrato de utilização.

V. Por último, a vontade das partes pode condicionar os efeitos de um contrato no outro.

No caso de união necessária, a coligação entre contratos resulta da sua própria estrutura, nomeadamente por motivos de ordem económica ou teleológica. É isso que ocorre por exemplo no subarrendamento, que depende necessariamente do contrato de arrendamento ou da procuração relativamente ao negócio fundamental[495]. Nestes casos, em que a vontade das partes não condiciona as consequências da coligação, valem as considerações tecidas anteriormente a propósito da coligação unilateral e recíproca.

De forma diversa, sendo a união voluntária, a coligação assenta na vontade dos contraentes e a repercussão de efeitos de um contrato no outro ficará igualmente na dependência do acordo. Assim, mesmo que a coligação ajustada seja recíproca e funcional, podem as partes acordar no sentido de a extinção de um contrato não afectar a vigência do outro. Imagine-se um contrato de subempreitada em que o subempreiteiro se obriga a fazer um determinado

---

[494] JÚLIO GOMES, «Algumas Observações sobre o Contrato de Trabalho por Tempo Indeterminado para Cedência Temporária», QL, VIII (2001), nº 17, p. 83, coloca certas dúvidas quanto a esta solução – que admite ser lógica –, tendo em conta a tutela do trabalhador. Todavia, essa tutela do trabalhador circunscreve-se à indemnização por prejuízos sofridos, pelo que não será necessário afastar as soluções lógicas.

[495] Como refere PAIS DE VASCONCELOS, Teoria Geral do Direito Civil, cit., p. 304, a procuração extingue-se por cessação da relação fundamental, porque «não é um negócio abstracto e necessita de ser juridicamente suportada por uma relação fundamental que lhe constitui causa jurídica».

número de portas para a casa que o empreiteiro está a construir na sequência de um contrato de empreitada; em princípio, se o contrato de empreitada for resolvido, extingue-se o contrato de subempreitada, mas pode resultar do acordo com o subempreiteiro que, extinto o contrato base, subsista a relação derivada (já não como subempreitada), pois o empreiteiro irá aproveitar as portas noutra construção.

II Parte
Regimes particulares de cessação do vínculo contratual

Capítulo I
Compra e venda

§ 1. Regime geral
1. Requisitos para a resolução

I. Ao contrato de compra e venda, regulado nos arts. 874º e ss. do CC, aplicam-se as regras gerais da cessação, anteriormente analisadas, mas interessa aludir a algumas especificidades[496].

Nos termos do art. 886º do CC, contrariamente à regra geral do art. 801º do CC, não se faculta ao vendedor, salvo cláusula em contrário, a possibilidade de resolver o contrato de compra e venda por falta de pagamento do preço, mesmo que este não cumprimento seja definitivo, se já foi transmitido o direito sobre a coisa e feita a entrega desta[497]. No art. 886º do CC só se pre-

---

[496] Refira-se, contudo, que a resolução por incumprimento encontrou desde o direito romano um campo de análise e de regulamentação especialmente desenvolvido a propósito da compra e venda, cfr. ÁLVAREZ VIGARAY, *La Resolución de los Contratos Bilaterales por Incumplimiento*, 3ª edição, Granada, 2003, pp. 3 e ss. Sobre a compra e venda, *vd.* ROMANO MARTINEZ, *Direito das Obrigações (Parte Especial) Contratos. Compra e Venda, Locação, Empreitada*, 2ª edição, Coimbra, 2001, pp. 19 e ss.

[497] A solução constante do art. 886º do CC não se encontra generalizada, podendo, noutros sistemas jurídicos, como o francês (art. 1654 do CCFr.), o contrato de compra e venda ser normalmente resolvido por falta de pagamento do preço, cfr. DUTILLEUL/DELEBECQUE, *Contrats Civils et Commerciaux*, 6ª edição, Paris, 2002, p. 306.

No direito italiano, como resulta do art. 1517 do CCIt., a designada «resolução de direito» opera, em caso de venda de coisa móvel, com o decurso do prazo suplementar estabelecido ou com o incumprimento em vez da excepção de não cumprimento, e o vendedor pode exigir a devolução da coisa em caso de não pagamento do preço (art. 1519 do CCIt.), cfr. GRECO/COTTINO, *Della Vendita. Art. 1470-1547*, 2ª edição, Bolonha, 1981, pp. 395 e ss. e 407 e ss. Sobre a resolução do contrato de compra e venda por falta de pagamento do preço, nomeadamente em caso de falência do

DA CESSAÇÃO DO CONTRATO

tende limitar o direito de resolução do contrato que, nos termos gerais (art. 801º do CC), seria conferido ao vendedor; quanto ao comprador não existem limitações, daí que o adquirente possa resolver o contrato perante o incumprimento definitivo da obrigação do vendedor, em particular, no caso de este faltar ao dever de entrega da coisa.

O direito de resolver o contrato por parte do vendedor em caso de incumprimento da prestação do preço, depois de ter sido estabelecido um prazo admonitório (art. 808º do CC) ou de o comprador ter declarado que não pagaria[498], está ainda dependente da verificação de qualquer uma das seguintes situações: o direito não se ter transmitido, por exemplo, em razão de uma cláusula de reserva de propriedade; a coisa não ter sido entregue, nomeadamente em razão de um termo estabelecido a favor do alienante; ter sido ajustada uma cláusula de resolução.

II. Importa analisar as três situações que constituem requisitos alternativos para a resolução da compra e venda.

Apesar de, por via de regra, o direito se transmitir com a celebração do contrato de compra e venda (art. 408º, nº 1, do CC), a transmissão do direito pode ter sido relegada para momento posterior, atendendo ao tipo de prestação acordada (*v. g.*, obrigação genérica), como prescreve o nº 2 do art. 408º do CC, ou em razão de acordo entre as partes, nos termos do qual a transferência do direito ocorrerá em outro momento, posterior à celebração do contrato.

---

comprador, veja-se o estudo de ZANORONE, *La Risoluzione del Contratto nel Fallimento*, Milão, 1970, pp. 65 e ss., em especial, pp. 230 e ss.

No sistema espanhol também se tutela o comprador inadimplente; tendo em conta o art. 1504 do CCEsp., ainda que se tenha estipulado que a falta de pagamento do preço determina a resolução do contrato, o vendedor de imóvel só pode resolver o contrato por falta de pagamento do preço depois de requerimento judicial ou notarial (cfr. ALBALADEJO, *Derecho Civil*, II, *Derecho de Obligaciones*, 12ª edição, Barcelona, 2004, pp. 540 e ss.). Acerca deste regime especial de resolução na compra e venda, em particular, nas situações de falta de pagamento do preço, cfr. JORDANO FRAGA, *La Resolución por Incumplimiento en la Compraventa Inmobiliaria. Estudio Jurisprudencial del Articulo 1.504 del Codigo Civil*, Madrid, 1992, pp. 37 e ss.; MÉNDEZ TOMÁS/VILALTA NICUESA *La Resolución Contractual. Acción Resolutória en el Contrato de Compraventa*, Barcelona, 2002, pp. 20 e ss.; MOLL DE ALBA, *La Resolución por Impago de la Compraventa Inmobiliaria. La Figura del Pacto Comisorio*, Barcelona, 1999; pp. 47 e ss.; ROVIRA JAEN, *El Pacto Resolutorio en la Venta de Bienes Inmuebles (Su Razón Histórica)*, Madrid, 1996, em especial, pp. 180 e ss. e 234 e ss.

[498] Cabe relembrar que, estando em causa uma prestação de preço (pecuniária), não há que atender à impossibilidade de cumprimento nem à perda de interesse do credor, pelo que as hipóteses de incumprimento definitivo se circunscrevem às indicadas no texto. *Vd. supra,* I Parte, Capítulo II, Secção II, § 4, nº 2, alínea *c*), subalínea a.

COMPRA E VENDA

A hipótese mais frequente de acordo relativo à transferência do direito é a cláusula de reserva de propriedade, a que se fará referência no número seguinte.

Se a coisa ainda não foi entregue ao comprador, permite-se que o vendedor possa resolver o contrato por falta de pagamento do preço, nos termos gerais. Na hipótese de a coisa ter continuado em poder do alienante por se ter estabelecido um termo a seu favor, ainda que o direito se tenha transmitido (art. 408º, nº 1, do CC), não se transferiu o risco (art. 796º, nº 2, do CC) e o comprador sujeita-se à resolução em caso de falta de pagamento do preço.

Por último, as partes podem ter incluído no contrato de compra e venda uma cláusula de resolução convencional, nos termos da qual, ainda que o direito se tenha transmitido e a coisa haja sido entregue, cabe ao vendedor resolver o contrato por falta de pagamento do preço. Dessa cláusula pode inclusive constar que o direito de resolução não carece do preenchimento dos pressupostos legais, nomeadamente que a resolução será invocada em caso de mora no pagamento do preço[499].

2. Cláusula de reserva de propriedade
a) Regras gerais
I. A cláusula de reserva de propriedade, prevista no art. 409º do CC, apresenta-se, pelo menos em termos teóricos, como uma condição ou um termo suspensivos da transferência da propriedade ou de outro direito real. A qualificação da cláusula de reserva de propriedade como condição suspensiva é discutível, e tem-se admitido que se trata, antes, de uma condição resolutiva (principalmente no caso de compra e venda, atendendo ao disposto no art. 886º do CC); noutra perspectiva, considera-se que a cláusula corresponde a uma expectativa real de aquisição de um direito[500].

---

[499] Vd. supra, I Parte, Capítulo II, Secção II, § 4, nº 5.

[500] É evidentemente discutível que a cláusula de reserva de propriedade constitua uma condição ou um termo suspensivos, cfr. RAÚL VENTURA, «O Contrato de Compra e Venda no Código Civil», ROA, 43 (1983), pp. 615 e s. Em sentido afirmativo, considerando que se trata de uma condição suspensiva, cfr. HÖRSTER, A Parte Geral do Código Civil Português. Teoria Geral do Direito Civil, Coimbra, 1992, p. 493; RESCIGNO, Manuale di Diritto Privato Italiano, 7ª edição, reimpressão, Nápoles, 1987, pp. 788 e s.; ANTUNES VARELA, Anotação ao Acórdão do Supremo Tribunal de Justiça de 24 de Janeiro de 1985, RLJ, 122 (1989-1990), p. 369. Quanto à distinção entre negócio condicional e contrato com reserva de propriedade, estabelecendo uma determinada identificação entre as duas situações, vd. FLUME, El Negocio Jurídico. Parte General de Derecho Civil, Tomo II, Madrid, 1998, pp. 853 e ss.

Numa perspectiva menos conforme com os princípios, mas eventualmente mais adequada ao comum das situações reais, já foi defendido que o proprietário é o comprador, tendo-se estabelecido uma condição resolutiva (cfr. CUNHA GONÇALVES, Tratado de Direito Civil, Volume VIII, Coimbra,

DA CESSAÇÃO DO CONTRATO

Trata-se de uma cláusula frequentemente acordada, em especial no caso de contrato de compra e venda com espera de preço, por exemplo, na compra e venda a prestações, em que a propriedade não se transfere para o comprador enquanto o preço não for pago[501]. Nos termos do art. 409º, nº 1, do CC, a reserva de propriedade pode estar relacionada com o cumprimento das obrigações do comprador, *maxime* o pagamento do preço, ou com a verificação de qualquer outro evento, podendo a cláusula ser aposta na venda de coisas móveis (genéricas[502] ou específicas) ou imóveis[503].

II. O *pactum reservati dominii* é uma cláusula que se pode apor livremente num contrato de compra e venda, relativamente à qual valem as regras gerais

---

1934, p. 349 e, em particular, com desenvolvimento e referências à doutrina estrangeira no mesmo sentido, ANA MARIA PERALTA, *A Posição Jurídica do Comprador na Compra e Venda com Reserva de Propriedade*, Coimbra, 1990, pp. 24 e ss. e pp. 110 e ss.). Sobre esta questão, *vd.* também Ac. STJ de 24/6/1982, *BMJ* 318. Tal solução não é de aceitar atento o disposto na lei. Designadamente, não parece sustentável a tese de CAGNASSO/COTTINO, *Contratti Commerciali, in Trattato di Diritto Commerciale*, org. Cottino, Volume 9, Pádua, 2000, pp. 71 e s. e de LIMA PINHEIRO, *A Cláusula de Reserva de Propriedade*, Coimbra, 1988, pp. 23 e ss., pp. 108 e ss. e p. 120, no sentido de a reserva de propriedade corresponder a uma garantia ou mesmo a um direito de penhor sem posse por parte o vendedor, porque não há que confundir a finalidade prática, muitas vezes prosseguida pelas partes, com a estrutura conceitual de um instituto jurídico. É um facto que a reserva de propriedade funciona, frequentemente, como uma convenção de garantia acessória, mas essa é uma finalidade eventual, podendo não estar no espírito das partes. Mais curial parece ser a posição defendida por ANA MARIA PERALTA, *A Posição Jurídica*, cit., pp. 154 e ss., de qualificar a posição jurídica do comprador com reserva de propriedade como um direito real de aquisição. LIMA PINHEIRO, *A Cláusula de Reserva de Propriedade*, cit., pp. 54 e ss., admite a hipótese de reconhecer ao comprador na venda com reserva de propriedade uma expectativa jurídica real. Posição idêntica é sustentada por MENEZES LEITÃO, *Direito das Obrigações*, Volume I, cit., pp. 177 e ss., que, depois de contestar a qualificação desta cláusula como uma condição, afirma que consubstancia uma expectativa real de aquisição.

[501] Daí falar-se no *pactum reservati dominii donec pretium solvatur*. Como refere LARENZ, *Lehrbuch des Schuldrechts*, II/1 *Besonderer Teil*, 13ª edição, Munique, 1986, pp. 108 e 111e s., a cláusula de reserva de propriedade tem um significado relevante como meio de segurança nas vendas a crédito.
No Ac. STJ de 29/2/1996, *CJ (STJ)*, 1996, T. I, p. 108, entendeu-se que, nos termos do Decreto-Lei nº 98/88, de 5 de Maio, a venda de cortiça feita pelo Estado presume-se feita com reserva de propriedade.

[502] Nada obsta a que a cláusula de reserva de propriedade seja aposta em contratos mediante os quais o efeito real não é de produção imediata. Deste modo, se numa compra e venda de coisa genérica for ajustada a reserva de propriedade, a cláusula só produz efeitos após a concentração da prestação.

[503] Comparando o art. 409º, nº 1, do CC com idênticas disposições de diplomas de outros países, RAÚL VENTURA, «O Contrato de Compra e Venda no Código Civil», cit., p. 607, conclui que o preceito inserido no Código Civil Português é «muito mais liberal».

COMPRA E VENDA

de formação dos negócios jurídicos[504]. A cláusula em questão segue a forma do negócio jurídico onde foi inserida e produz efeitos em relação a terceiros se for registada, caso o direito sobre o bem objecto da venda esteja sujeito a registo (art. 409º, nº 2, do CC)[505].

Em relação à cláusula de reserva de propriedade acordada num contrato de alienação de coisa móvel não sujeita a registo, a sua eficácia não é questionável *inter partes*, mas não pode ser oponível a terceiros de boa fé[505a]. Atenta a natureza da figura, também não parece aceitável, a reserva de propriedade acordada a favor do financiador, pois está só em causa a reserva a favor do alienante[505b].

Independentemente de situações especiais, a cláusula reveste particular relevância por facultar a resolução do contrato em que é aposta, funcionando, indirectamente, como cláusula de resolução.

b) Situação particular da venda a prestações

I. No art. 934º do CC, na medida em que o direito não se transmite em razão da cláusula de reserva de propriedade, admite-se que a falta de pagamento do preço constitua causa de resolução do contrato. Assim sendo, a regra constante do art. 934º do CC representa uma concretização do regime especial do art. 886º do CC, só que, neste, a solução é supletiva e, naquele, imperativa. As limitações à resolução do contrato assim como as hipóteses especiais em que é admitida, estabelecidas no art. 934º do CC, valem tão-só em relação ao vendedor, não se aplicando ao comprador[506].

---

[504] Não obstante haver liberdade quanto ao ajuste da cláusula de reserva de propriedade, ela não pode ser aposta após a celebração do contrato, diferentemente do que ocorre com outras estipulações. De facto, como a propriedade se transmite por mero efeito do contrato, não pode, depois de celebrado o negócio jurídico, convencionar-se a reserva de propriedade, porque o direito já se transferiu. Tal só será possível com respeito a contratos que não impliquem a transferência imediata da propriedade (p. ex., compra e venda de coisa genérica). Cfr. RAÚL VENTURA, «O Contrato de Compra e Venda no Código Civil», cit., pp. 605 e s.
A solução é diversa no direito alemão, na medida em que, sendo o contrato de compra e venda meramente obrigacional, pode a cláusula de reserva de propriedade ser acordada até à entrega da coisa, cfr. REINICKE/TIEDTKE, *Kaufrecht*, Berlim, 1992, p. 349.
Relativamente às vantagens e desvantagens da cláusula de reserva de propriedade, indicando em que casos «prevalece» sobre as garantias e em que casos não se justifica, *vd.* CAGNASSO/COTTINO, *Contratti Commerciali*, cit., pp. 69 e s.
[505] Sobre a eficácia em relação a terceiro, veja-se *supra*, I Parte, Capítulo II, Secção II, § 4, nº 8, alínea *f*).
[505a] Sobre esta polémica, veja-se ROMANO MARTINEZ, *Direito das Obrigações. Apontamentos*, Lisboa, 2014, pp. 205 e ss.
[505b] Com posição diversa, ISABEL MENÉRES DE CAMPOS, *A Reserva de Propriedade do Vendedor ao Financiador*, Coimbra, 2013, pp. 346 e ss.
[506] Quanto às razões desta aplicação limitada, *vd.* ROMANO MARTINEZ, *Direito das Obrigações (Parte Especial) Contratos*, cit., pp. 86 e ss. Por isso, como bem se determinou no Ac. Rel. Év. de 23/4/1992,

DA CESSAÇÃO DO CONTRATO

II. No art. 934º do CC estabelece-se um regime especial relativamente ao disposto no já citado art. 886º do CC, ao mesmo tempo que se excepciona a regra constante do art. 781º do CC[507].

Discute-se se, no art. 934º do CC, foi consagrado um regime supletivo ou imperativo. Na parte final deste preceito consta «sem embargo de convenção em contrário», que pode ser entendido como «salvo acordo em contrário»[508]. Todavia, tem sido defendida a imperatividade desta norma por motivos de defesa do consumidor associados com a protecção da parte mais desfavorecida e menos esclarecida[509], com uma justificação histórica do preceito e por comparação com outros ordenamentos jurídicos[510].

III. A compra e venda a prestações pode ser ajustada com uma cláusula de reserva de propriedade (art. 409º do CC). Nesse caso, tendo sido entregue a coisa objecto do contrato, a falta de pagamento de uma prestação superior a um oitavo do preço faculta ao vendedor o recurso, em alternativa, a dois meios[511]:

CJ XVII, T. II, p. 291, a cláusula de reserva de propriedade aposta numa compra e venda a prestações «é uma cláusula de funcionamento a favor do vendedor» (p. 293), não conferindo ao comprador o direito de desistir do contrato, invocando que a propriedade não se transmitiu.

[507] Como o regime da exigibilidade não releva no que respeita à extinção do vínculo, omite-se a sua análise. Sobre a excepção relativamente ao disposto no art. 781º do CC, e a distinção entre exigibilidade antecipada e vencimento, veja-se ROMANO MARTINEZ, *Direito das Obrigações (Parte Especial). Contratos*, cit., pp. 88 e s.

[508] A expressão, literalmente, também poderia ser entendida como não sendo admitida convenção em contrário, interpretando-se o «sem embargo de ...» como «mesmo que haja ...» ou «apesar de ...», o que não parece, todavia, uma interpretação gramaticalmente muito correcta.

[509] Trata-se, contudo, de uma visão nem sempre rigorosa, pois não raras vezes o adquirente a prestações não é o contraente mais débil, com menor poder económico; pense-se, designadamente, nas grandes empresas que compram a prestações máquinas, automóveis, etc.

[510] Cfr. PIRES DE LIMA/ANTUNES VARELA, *Código Civil Anotado*, Volume II, cit., anotação 9 ao art. 934º, p. 230; PINTO MONTEIRO, «Sobre o Não Cumprimento na Venda a Prestações (Algumas Notas)», *Dir.* 122 (1990), pp. 558 e s.; VASCO LOBO XAVIER, «Venda a Prestações: Algumas Notas sobre os Artigos 934º e 935º do Código Civil», *RDES*, XXI (1974), nºs 1/4, pp. 230 e ss., em especial pp. 233 e ss.; TERESA ANSELMO VAZ, *Alguns Aspectos do Contrato de Venda a Prestações e Contratos Análogos*, Coimbra, 1995, pp. 7 e ss. e pp. 23 e 24. *Vd.* também Ac. Rel. Lx. de 3/12/1992, *CJ* XVII, T. V, p. 131, invocando em seu favor o regime das cláusulas contratuais gerais. Veja-se igualmente Ac. STJ de 5/2/1991, *BMJ* 404, p. 460; Ac. STJ de 29/9/1993, *CJ (STJ)*, 1993, T. III, p. 38; Ac. STJ de 2/3/1994, *CJ (STJ)*, 1994, T. I, p. 133; Ac. Rel. Lx. de 7/12/1995, *CJ* XX, T. V, p. 135. Com respeito a outros ordenamentos jurídicos em que a protecção conferida ao comprador de coisa a prestações é ainda mais acentuada, cfr. DÍEZ-PICAZO/GULLÓN, *Sistema de Derecho Civil*, Volume II, *El Contrato en General. La Relación Obligatoria, Contratos en Especial, Cuasi Contratos, Enriquecimiento sin Causa, Responsabilidad Extracontractual*, 9ª edição, Madrid, 2001, pp. 297 e ss.

[511] *Vd.* GALVÃO TELLES, *Direito das Obrigações*, 7ª edição, Coimbra, 1997, pp. 263 e ss.; ANTUNES VARELA, *Das Obrigações em Geral*, Volume II, 7ª edição, Coimbra, 1999, pp. 52 e ss.

COMPRA E VENDA

a resolução do contrato ou a exigibilidade antecipada das prestações vincendas, por via da perda do benefício do prazo.

O facto de se ter restringido o recurso à resolução do contrato para a hipótese de existência de reserva de propriedade é criticável *de iure condendo*, pois não haveria razões que obstassem a que se acordasse de modo diverso, permitindo-se, por via convencional, que a resolução do contrato fosse pedida sem ter sido estabelecida uma cláusula de reserva de propriedade[512].

Todavia, no intuito de se limitarem as situações vexatórias para o comprador, em que se lhe pudesse exigir a devolução da coisa comprada sendo ele proprietário, estabeleceu-se a obrigatoriedade do acordo quanto à reserva de propriedade[513]. Por outro lado, a solução oposta, não obstante a tutela conferida no art. 435º do CC, poderia acarretar menor protecção para terceiros que confiaram na titularidade do direito por parte do comprador.

Em segundo lugar, quando se alude a um oitavo do preço, no termo «preço» estão abrangidas todas as quantias pagas pelo comprador ao vendedor em razão da alienação da coisa, mesmo que não lhe tenham dado esse nome. Se ao preço propriamente dito acrescem impostos e outras despesas que o comprador tem de pagar ao vendedor, a oitava parte é determinada em relação ao todo. Já não quanto a despesas pagas a terceiro, como por exemplo, ao notário junto do qual foi celebrado o contrato.

Por último, a opção entre os pedidos de resolução do contrato e de exigibilidade antecipada com base na perda do benefício do prazo não é total. Esta conclusão apoia-se em dois fundamentos. Primeiro, a resolução só pode ser pedida nos termos gerais; isto é, depois de se estar perante uma situação de incumprimento definitivo total (art. 801º, nº 2, do CC) ou parcial, sendo grave (art. 802º do CC). Porém, a falta de pagamento de um oitavo do preço parece corresponder naturalmente a um incumprimento grave, pelo que, sendo definitivo, não terá de passar por outro crivo[514]. Segundo, nada obsta

---

[512] Até porque, sendo o art. 886º do CC uma norma supletiva, não estando em causa uma compra e venda a prestações, as partes podem acordar quanto à possibilidade de resolução do contrato, apesar de não ter sido estabelecida uma cláusula de reserva de propriedade e a coisa haver sido entregue.

[513] TERESA ANSELMO VAZ, *Alguns Aspectos do Contrato de Venda a Prestações*, cit., pp. 17 e 18, embora criticando a solução legal, considera que nos termos do art. 934º do CC, será válida a venda sem reserva de propriedade com cláusula de resolução. Mas não parece que tal solução seja lícita, pois, sendo o regime estabelecido no art. 934º do CC imperativo, não parece que possa ser ajustada uma compra e venda a prestações sem reserva de propriedade, mas com entrega da coisa, em que se acorde quanto à possibilidade de o vendedor resolver o contrato em caso de falta de pagamento.

[514] Cfr. VASCO LOBO XAVIER, «Venda a Prestações ...», cit., pp. 205 e ss. Em sentido diverso, considerando sempre a necessidade de averiguar da importância do não cumprimento à luz do art. 802º do CC, cfr. PINTO MONTEIRO, «Sobre o Não Cumprimento na Venda a Prestações ...», cit., p. 562.

DA CESSAÇÃO DO CONTRATO

a que o vendedor exija o pagamento das prestações vincendas com base na perda do benefício do prazo, depois de ter decorrido o prazo admonitório ou na sequência de declaração do comprador no sentido de não pagar o preço.

Faltando o comprador ao pagamento de uma prestação superior a um oitavo do preço, o vendedor pode interpelá-lo, exigindo o pagamento das prestações vincendas. A partir desse momento, o comprador entra em mora relativamente a todas as prestações não pagas, mora essa que se poderá transformar em incumprimento definitivo depois de decorrido o prazo admonitório do art. 808º, nº 1, do CC[515].

Verificada a situação de incumprimento definitivo poderá o vendedor pedir a resolução do contrato, em alternativa à exigência do preço em falta, acrescido dos juros de mora. Em princípio, depois de interposta a acção de condenação quanto ao pagamento do preço em dívida, não será lícito que o vendedor altere a sua pretensão e intente um pedido de resolução do contrato[516]. Na realidade, como se afirmou[517], o recurso à resolução do contrato pode ficar inviabilizado quando, tendo em conta a atitude do vendedor, a contraparte possa legitimamente confiar na manutenção do vínculo; em tal caso, o exercício do direito de resolução pode constituir um *venire contra factum proprium*. Todavia, verificando-se a improbabilidade da cobrança do crédito por via judicial, designadamente em caso de insuficiência do património do comprador, pode o vendedor resolver o contrato e fazer-se valer do seu direito de propriedade sobre o bem vendido[518].

Estando em dívida duas prestações, mesmo que de valor inferior a um oitavo do preço, parece dever entender-se que também se aplicam as soluções estabelecidas em alternativa para a hipótese de falta de uma prestação de valor superior a um oitavo[519], nomeadamente o recurso à resolução do contrato. De

---

[515] Cfr. Ac. STJ de 5/2/1991, *BMJ* 404, p. 460.

[516] Em sentido diferente, cfr. PIRES DE LIMA/ANTUNES VARELA, *Código Civil Anotado*, Volume II, cit., anotação 7 ao art. 934º, p. 230, considerando que o «vendedor pode, compreensivelmente preferir a manutenção à resolução do contrato, mas não querer, legitimamente, abrir mão do domínio da coisa sem o efectivo pagamento da totalidade do preço». Num sentido idêntico ao defendido no texto, *vd.* RAÚL VENTURA, «O Contrato de Compra e Venda ...», cit., p. 612 e VASCO LOBO XAVIER, «Venda a Prestações ...», cit., p. 210, apontando, este último autor, para a preclusão de uma via depois de o comprador ter eleito a outra de forma incompatível com a primeira (pp. 215 e s.).

[517] *Vd. supra*, I Parte, Capítulo II, Secção II, § 4, nº 2, alínea *c)*, subalínea *α.*, II. e nº 6.

[518] É diversa a posição sustentada por VASCO LOBO XAVIER, «Venda a Prestações ...», cit., pp. 216 e ss., ao admitir que o vendedor pode nomear à penhora o bem alienado com reserva de propriedade. Essa nomeação à penhora é possível se o contrato não for resolvido, entendendo-se que o vendedor renuncia à resolução do contrato de compra e venda (Ac. Rel. Lx. de 9/7/1998, *CJ* XXIII, T. IV, p. 101).

[519] Cfr. ARMANDO BRAGA, *Contrato de Compra e Venda*, 3ª edição, Porto, 1994, p. 149; PIRES DE LIMA/ANTUNES VARELA, *Código Civil Anotado*, Volume II, cit., anotação 1 ao art. 934º, p. 228;

COMPRA E VENDA

facto, tendo o comprador reiterado o incumprimento, a falta de confiança daí decorrente justifica a aplicação das mesmas regras, podendo estar criadas as condições para o vendedor fazer extinguir o vínculo.

IV. A compra e venda a prestações, apesar de não ser habitual, pode ter sido acordada com reserva de propriedade, mas sem entrega da coisa. Nesse caso, não previsto no art. 934º do CC, ao vendedor é atribuída, em alternativa, a faculdade de resolver o contrato nos termos gerais (art. 801º do CC)[520] – uma vez que, tendo sido acordada a reserva de propriedade e como a coisa não foi entregue, a resolução não estaria inviabilizada pelo art. 886º do CC – e a exigência das prestações vincendas, sendo discutível que este último direito se deva conformar nos parâmetros do art. 934º do CC.

V. Sendo acordada uma compra e venda a prestações sem reserva de propriedade, se a coisa não tiver sido entregue, ao vendedor cabe exigir as prestações vincendas; quanto a este direito, importa também apreciar se deve aplicar-se o regime geral ou o disposto no art. 934º do CC e, se for esta última a solução, atender-se-á à perda do benefício do prazo se faltar uma prestação superior a um oitavo do preço ou se estiverem em falta duas prestações[521]. Quanto à resolução do contrato, aplicam-se as regras gerais (art. 886º do CC), eventualmente conjugadas com o disposto no art. 934º do CC: tendo a coisa sido entregue, a resolução não pode ser requerida ainda que se encontre em falta o pagamento de uma prestação superior a um oitavo do preço ou de duas prestações; não tendo a coisa sido entregue ao comprador, o pedido de resolução do contrato depende somente do facto de se estar perante um incumprimento definitivo, nos termos gerais (arts. 801º e 808º do CC).

VI. Tendo a coisa sido entregue ao comprador, na eventualidade de o vendedor optar pela resolução do contrato, para além das regras gerais dos arts.

TERESA ANSELMO VAZ, *Alguns Aspectos do Contrato de Venda a Prestações*, cit., p. 19; VASCO LOBO XAVIER, «Venda a Prestações ...», cit., p. 245. Veja-se igualmente o Ac. Rel. Lx. de 7/12/1995, *CJ* XX, T. V, p. 135.

Segundo PIRES DE LIMA/ANTUNES VARELA (*ob. e loc. cit.*) é de manter a protecção do comprador que já faltou, por várias vezes, ao pagamento de prestações inferiores a um oitavo se os anteriores incumprimentos já foram purgados. No mesmo sentido, VASCO LOBO XAVIER, «Venda a Prestações ...», cit., pp. 248 e s.

[520] Cfr. VASCO LOBO XAVIER, «Venda a Prestações ...», cit., p. 241, esclarecendo que o disposto no art. 934º do CC só encontra justificação no caso de o comprador se encontrar na posse da coisa comprada.

[521] Cfr. VASCO LOBO XAVIER, «Venda a Prestações ...», cit., pp. 257 e s.

DA CESSAÇÃO DO CONTRATO

432º e ss. do CC, é preciso ter em conta que, frequentemente, terá havido um desgaste do bem, que deverá ser ponderado em termos indemnizatórios.

Assim sendo, requerida a resolução, procede-se à repristinação das prestações contratuais; ou seja, o vendedor recebe, de volta, a coisa vendida e devolve as prestações do preço recebidas. Todavia, como o uso que o comprador deu à coisa implica, naturalmente, a desvalorização da mesma, o vendedor, em determinadas circunstâncias, poderá exigir uma indemnização respeitante a essa perda de valor[522]. Não se trata, contudo, de um regime especial da compra e venda, pelo que estão em causa os efeitos comuns da resolução, nomeadamente as já enunciadas regras quanto à devolução das prestações, risco e indemnização[523].

§ 2. Anulabilidade (resolução) em caso de venda de bens onerados e de coisas defeituosas
1. Regime constante do Código Civil

I. No art. 905º do CC prescreve-se a anulabilidade do contrato fundada em erro ou dolo[524]. Esta referência, porém, não deve ser entendida como uma remissão para o regime geral do erro e do dolo, como vícios da vontade (arts. 247º e ss. do CC), e para as regras da anulabilidade (arts. 285º e ss. do CC).

---

[522] Sobre esta questão, admitindo que o direito a essa indemnização por perda do valor pode ser feito valer por via de compensação, não devolvendo o vendedor a parte do preço recebida que perfaça o montante dessa indemnização, cfr. Ac. Rel. Cb. de 26/1/1994, *CJ* XIX, T. I, p. 23.

[523] *Vd. supra*, I Parte, Capítulo II, Secção II, § 4, nº 8, alíneas *c)*, *d)* e *e)*.
De modo diverso, no sistema italiano estabeleceu-se um regime especial de resolução da compra e venda de coisas móveis (art. 1526 do CCIt.), que visa proteger o comprador, cfr. BOCCHINI, *La Vendita di Cose Mobili*, Milão, 1994, pp. 337 e ss., relacionado com a protecção do consumidor, a que se aludirá posteriormente (neste Capítulo, § 2, nº 2, alínea *b)*). Quanto ao regime comum, veja-se por exemplo CABELLA PISU, «Vendita di Casa Affetta da Vizi. Remedi», *Raccolta di Pareri Forensi in Diritto Privato*, org. Giovanna VISINTINI, Milão, 2001, p. 128.

[524] Quanto à distinção entre erro e cumprimento defeituoso, cfr. ROMANO MARTINEZ, *Cumprimento Defeituoso em especial na Compra e Venda e na Empreitada*, reimpressão, Coimbra, 2001, pp. 35 e ss. O erro respeita à formação da vontade e o cumprimento defeituoso à execução do contrato (p. 38), pelo que o regime do erro só se aplica às situações de *error in corpore* (p. ex., compra-se um cavalo julgando que foi o vencedor na prova de salto nas Olimpíadas de 2004, quando foi outro o cavalo vencedor dessa prova) e de *error in substantia* (p. ex., quando se julga comprar um anel de ouro, que afinal é de prata dourada); diferentemente, nos casos de *error in qualitate* (p. ex., o automóvel vendido tem um defeito no sistema de travagem), não há erro, mas cumprimento defeituoso, porque estão em causa as qualidades normais, próprias de coisas daquele tipo (autor e obra citada, pp. 41 e ss.). Ou seja, se o bem vendido não é aquele sobre que incidiu o negócio jurídico, há erro, mas se não há divergência quanto à coisa em si, só que ela não tem as qualidades próprias de um bem daquele tipo, há cumprimento defeituoso.

COMPRA E VENDA

Não obstante a remissão, parece que a situação deve, antes, ser enquadrada numa hipótese de resolução, pelas razões que se seguem[525].

O regime do erro e do dolo (arts. 247º e ss. do CC) não se aplica às restantes consequências previstas nesta Secção V do Código Civil; isto é, não vale no que respeita à expurgação de ónus ou limitações (art. 907º do CC), à redução do preço (art. 911º do CC) e ao pedido de indemnização (art. 909º do CC). Estas consequências estão na dependência do regime geral do incumprimento dos contratos e não das regras respeitantes aos vícios na formação dos negócios jurídicos, não se justificando que as várias consequências da Secção sobre compra e venda de bens onerados encontrassem fundamentos diversos.

Os deveres de eliminar os defeitos, de substituir a coisa, de reduzir o preço[526] e de indemnizar, previstos nas secções respeitantes ao cumprimento defeituoso, em sede de compra e venda, são estranhos ao regime do erro.

O regime do cumprimento defeituoso, estabelecido a propósito do contrato de compra e venda, tem como finalidade restabelecer o equilíbrio entre as prestações. Não sendo esse reequilíbrio possível, pode-se pôr termo ao contrato. Em caso de erro parte-se de um pressuposto inverso: o contrato é, em princípio, inválido, mas pode ser confirmado. Esta diversidade de pontos de vista não se coaduna com uma contemporização de regimes; não se pode, por conseguinte, perante o mesmo facto, recorrer em simultâneo às regras do erro e às do incumprimento.

Por outro lado, sempre que sobre o bem alienado impenda um ónus não declarado, o contrato não foi cumprido, mas não se está perante um problema de invalidade negocial. A invalidade dos contratos respeita à sua formação, e não a um deficiente cumprimento, como é o caso da venda de bens onerados.

Acresce que, nas situações de erro-vício, como os casos de erro e dolo, há uma falsa representação da realidade no momento da formação do negócio jurídico, mas tal hipótese não se harmoniza com a convalescença do contrato da iniciativa do vendedor (art. 906º do CC). Na realidade, encontra-se prevista a possibilidade de convalidação do negócio jurídico anulável, só que esse meio jurídico está na dependência da vontade do errante, que seria o comprador (art. 288º do CC), e não do que causou o erro – no caso o vendedor –, como ocorre na venda de bens onerados.

---

[525] No que respeita à diferença entre anulabilidade e resolução, veja-se *supra*, I Parte, Capítulo II, Secção II, § 4, nº 8, alínea *a)*.

[526] A acção estimatória não corresponde a uma especialidade do regime da redução dos negócios jurídicos (art. 292º do CC), pois, nos termos do art. 911º do CC, não há uma invalidade parcial do contrato. Trata-se tão-só de restabelecer o equilíbrio entre as prestações, cfr. Romano Martinez, *Cumprimento Defeituoso*, cit., p. 263 e pp. 362 e ss.

DA CESSAÇÃO DO CONTRATO

Cabe aditar que o regime do erro não se ajusta à solução de o comprador perder o direito de anular o contrato, sempre que, entre a celebração do contrato e o cumprimento da obrigação de entrega, o vício tenha sido sanado, nomeadamente pela expurgação do ónus feita pelo vendedor (arts. 906º e 907º do CC).

A estes argumentos, sobrevém ainda que, se a coisa vendida for genérica não há erro, só cumprimento defeituoso (art. 918º do CC) e nada parece justificar uma dualidade de regime na venda de coisa genérica e específica, em caso de vício de direito. De facto, como se esclareceu anteriormente, só há cumprimento defeituoso de prestação específica, pois com o cumprimento, ainda que defeituoso, a coisa genérica concentra-se[527]. E do art. 918º do CC não se pode retirar conclusão diversa, pois este preceito remete para o regime geral, mas, por via da falta de regulamentação na parte geral do cumprimento defeituoso, ter-se-á de recorrer à aplicação das regras comuns dos arts. 905º e ss. do CC.

Por último, é de referir que no art. 912º, nº 2, do CC, o legislador sentiu a necessidade de ressalvar efeitos da anulação, considerando válidas as cláusulas que derrogam o regime legal, apesar da invalidade do contrato em que se encontram inseridas. Ora, depois de o negócio ser anulado não subsistem cláusulas do mesmo; isto só é viável em sede de compra e venda de bens onerados, porque não se trata de uma verdadeira anulação.

A alusão, constante do art. 905º do CC, aos requisitos legais da anulabilidade, tem de ser interpretada em duas vertentes. Por um lado, no sentido de o comprador não poder pôr termo ao contrato com base em defeito de que tenha ou pudesse ter tido conhecimento no momento da celebração do negócio. Por outro, considerando que só se justifica a cessação do vínculo contratual caso a violação do dever obrigacional, por parte do vendedor, seja de tal forma grave que não permita a manutenção do negócio jurídico.

Em suma, esta «anulação» tem de ser sempre aferida tendo em conta os pressupostos do incumprimento dos contratos, em sentido idêntico ao que ocorre em caso de resolução[528].

II. Se for vendida uma coisa defeituosa, ao comprador é facultado o direito de resolução do contrato. A remissão que o art. 913º do CC faz para o art. 905º do CC levaria a considerar que não se estaria perante uma resolução,

---

[527] *Vd. supra*, I Parte, Capítulo II, Secção II, § 4, nº 2, alínea *d*).II.
[528] Cfr. ROMANO MARTINEZ, *Cumprimento Defeituoso*, cit., pp. 262 e ss.

COMPRA E VENDA

pois fala-se em anulabilidade do contrato[529]. Porém, pelas razões invocadas a propósito da compra e venda de coisas oneradas, relativamente ao art. 905º do CC, parece que também, quanto ao art. 913º do CC, deve entender-se que se trata de uma resolução do contrato.

Para além das razões invocadas no número anterior, a propósito da compra e venda de bens onerados, caso se estivesse perante uma hipótese de erro-vício, caberia perguntar porque não seriam de aplicar os prazos gerais (art. 287º do CC), não se justificando que, para determinadas consequências, no que respeita à venda de coisas defeituosas, tivessem sido estabelecidos prazos curtos (arts. 916º e 917º do CC). Admitindo-se que se trata de erro-vício poderia até concluir-se que, em caso de venda de coisas defeituosas, os prazos seriam diversos consoante a consequência que se pretendesse fazer valer – anulação, por um lado, e as restantes pretensões, por outro –, o que não faria sentido.

Quanto a este aspecto da compra e venda de coisas defeituosas, a posição da jurisprudência é praticamente unânime no sentido de aplicar o regime do incumprimento dos contratos e não o da anulabilidade[530].

---

[529] A situação era similar no art. 1582º do CC1867, onde se aludia à rescisão por vícios da cousa, sendo a rescisão também usada para a invalidade (*vd. supra*, I Parte, Capítulo I, § 5). Sobre a questão, veja-se LOPES PRAÇA, *Estudos sobre o Código Civil*, I, *Sobre a Rescisão do Contracto de Compra e Venda por Lesão e Vícios Redhibitorios, segundo o Art 1582 do Código Civil Portuguez*, Coimbra, 1870, pp. 17 e ss.

[530] Quanto à jurisprudência importa distinguir, em particular, duas posições: os arestos que, aludindo à anulação com base em erro, não retiram qualquer conclusão do regime do erro e aqueles que afirmam peremptoriamente não se tratar de erro, mas de incumprimento.

Com respeito à primeira tendência, *vd*. Ac. STJ de 26/7/1977, *BMJ* 269, p. 152; Ac. STJ de 25/10/1990, *BMJ* 400, p. 631; Ac. STJ de 25/2/1993, *CJ (STJ)*, 1993, T. I, p. 154; Ac. Rel. Lx. de 30/7/1981, *CJ* VI, T. IV, p. 92; Ac. Rel. Lx. de 27/5/1993, *CJ* XVIII, T. III, p. 116.

Na segunda tendência, afastando o regime do erro e aplicando as regras do incumprimento, são de indicar: Ac. STJ de 15/3/1957, *BMJ* 65, p. 454; Ac. STJ de 21/5/1981, *BMJ* 307, p. 250; Ac. STJ de 3/4/1990, *BMJ* 396, p. 376; Ac. STJ de 29/6/1995, *CJ* (STJ) 1995, T. II, p. 143; Ac. Rel. Lx. de 6/12/1988, *CJ* XIII, T. V, pp. 114; Ac. Rel. Cb. de 28/3/1989, *CJ* XIV, T. II, p. 47; Ac. Rel. Pt. de 13/5/1993, *CJ* XVIII, T. III, p. 201; Ac. Rel. Pt. de 5/5/1997, *CJ* XXII, T. III, p. 179.

Sobre esta matéria, cfr. ROMANO MARTINEZ, *Cumprimento Defeituoso*, cit., pp. 264 e ss.

Relativamente a este problema, em sede de compra e venda de coisas oneradas, a jurisprudência não se tem pronunciado, pois são pouco frequentes as questões de compra e venda de bens onerados discutidas em tribunal. O mesmo não se pode dizer em relação à compra e venda de coisas defeituosas, em que há uma abundante jurisprudência, disponível em www.dgsi.pt; tanto na identificação de coisa defeituoso [Ac. STJ de 15/1/1992 (Joaquim de Carvalho), Ac STJ de 1/10/1996 (Aragão Seia), Ac. STJ de 19/2/2004 (Salvador da Costa), Ac. STJ de 12/10/2006 (Oliveira Barros), Ac STJ de 14/6/2011 (Martins de Sousa) e Ac de STJ 20/3/2014 (Moreira Alves)], na determinação dos efeitos da garantia convencional [Ac. STJ de 21/5/2002 (Azevedo Ramos), Ac. STJ de 3/4/2003 (Quirino Soares) e Ac. STJ de 24/4/2012 (Gabriel Catarino)], como ainda relativamente a defeitos supervenientres e à relação com o cumprimento defeituoso [Ac. STJ de 15/5/1997 (Nascimento

DA CESSAÇÃO DO CONTRATO

III. Concluindo, dir-se-á que a extinção do contrato de compra e venda de bens onerados ou de coisas defeituosas está sujeita ao regime comum da resolução por incumprimento, com as particularidades decorrentes do facto de se tratar de uma situação de cumprimento defeituoso. Esta conclusão melhor se sustenta tendo em conta o regime da venda de coisas defeituosas constante da Convenção de Viena sobre Compra e Venda Internacional de Mercadorias (arts. 35 e ss. e arts. 45 e ss.) e dos diplomas que estabelecem soluções particulares para tutela do consumidor, a que se alude no número seguinte.

2. Regimes especiais
a) Convenção de Viena

Como decorre do disposto no art. 49, nº 1, da Convenção de Viena sobre Compra e Venda Internacional de Mercadorias, de 1980, o comprador pode resolver o contrato em caso de violação grave de deveres contratuais do vendedor, nomeadamente se não entregar a mercadoria no prazo suplementar concedido pelo comprador. Mas a resolução vale tanto para situações de incumprimento definitivo (p. ex., não entregar a mercadoria no prazo suplementar) como para as designadas hipóteses de falta de conformidade das mercadorias, a que aludem os arts. 35 e ss. da Convenção (v. g., mercadorias com qualidade diversa da prevista no contrato)[531].

Resulta deste regime que não se prescreve como consequência do cumprimento defeituoso da prestação do vendedor a solução da anulabilidade; todas as formas de incumprimento de obrigações do alienante, em que se inclui o cumprimento defeituoso, permitem a resolução do negócio se a violação contratual for grave[532/533].

Costa), Ac. STJ de 6/5/2003 (Silva Salazar), Ac. STJ de 13/11/2003 (Salvador da Costa), Ac. STJ de 7/11/2006 (Urbano Dias) e Ac. STJ de 9/3/2010 (Garcia Calejo)].

[531] Quanto à resolução do contrato de compra e venda internacional no âmbito da Convenção de Viena, quando invocada pelo vendedor, veja-se LURDES PEREIRA, «A Obrigação de Recepção das Mercadorias na Convenção de Viena sobre Compra e Venda Internacional de Mercadorias», *Homenagem Professora Doutora Isabel Magalhães Collaço*, Coimbra, 2002, pp. 354 e ss.

[532] Cfr. ROMANO MARTINEZ, *Cumprimento Defeituoso*, cit., pp. 119 e s. e bibliografia aí citada. Quanto à comparação entre o regime da Convenção e o da Directiva que visa proteger o consumidor, veja-se MOURA VICENTE, «Desconformidade e Garantias na Venda de Bens de Consumo: A Directiva 1999/44/CE e a Convenção de Viena de 1980», *Themis*, II, 2001, nº 4, pp. 133 e ss.

[533] É interessante verificar que, se dúvidas existissem no anterior regime da *Wandelung* (§ 462 do BGB), com a reforma de 2002, em caso de defeito da coisa o comprador pode resolver o contrato nos termos gerais (cfr. remissão do § 437 para o § 323 do BGB), *vd.* Canaris, «Transposição da Directiva sobre Compra e Venda de Bens de Consumo para o Direito Alemão», *Estudos de Direito*

COMPRA E VENDA

b) Tutela do consumidor

I. O art. 12º, nº 1, da Lei de Defesa do Consumidor (Lei nº 24/96, de 31 de Julho), na versão anterior à alteração introduzida em 2003, dispunha: «O consumidor a quem seja fornecida a coisa com defeito, salvo se dele tivesse sido previamente informado e esclarecido antes da celebração do contrato, pode exigir, independentemente de culpa do fornecedor do bem, a reparação da coisa, a sua substituição, a redução do preço ou a resolução do contrato». Actualmente, o mencionado preceito só alude à reparação de danos, deixando de fazer referência à resolução do contrato em caso de ter sido fornecida coisa com defeito. Mas a alteração introduzida pelo Decreto-Lei nº 67/2003, de 8 de Abril (alterado e republicado pelo Decreto-Lei nº 84/2008, de 21 de Maio), ainda que criticável sob vários aspectos[534], não modificou o regime neste aspecto, pois o consumidor continua a ter direito de resolver (e não de anular) o contrato em caso de venda de coisa defeituosa; apesar de na nova redacção do art. 12º da Lei de Defesa do Consumidor não se aludir à resolução do contrato, mantém-se a solução por via do disposto no diploma revogatório.

II. Por seu turno, no citado Decreto-Lei nº 67/2003, que transpôs para a ordem jurídica interna a Directiva nº 1999/44/CE, do Parlamento e do Conselho, de 25 de Maio, além de alterar a Lei de Defesa do Consumidor, introduziu um regime especial para a venda de bens de consumo[535]. Relativamente à

---

do Consumidor, nº 3, Coimbra, 2001, p 56; SCHLECHTRIEM, Schuldrecht. Besonderer Teil, 6ª edição, Tubinga, 2003, pp. 34 e s.

[534] Veja-se, nomeadamente PINTO MONTEIRO, «Garantias na Venda de Bens de Consumo. A Transposição da Directiva 1999/44/CE para o Direito Português», Estudos de Direito do Consumidor, nº 5, Coimbra, 2003, pp. 123 e ss. (p. 133) e CALVÃO DA SILVA, Venda de Bens de Consumo. Comentário, 2ª edição, Coimbra, 2004, pp. 31 e ss. Sobre a transposição da Directiva 1999/44/CE, antes do citado diploma, consulte-se PAULO MOTA PINTO, «Conformidade e Garantias na Venda de Bens de Consumo. A Directiva 1999/44/CE e o Direito Português», Estudos de Direito do Consumidor, nº 2, Coimbra, 2000, pp. 197 e ss., assim como «Reflexões sobre a Transposição da Directiva 1999/44/ CE para o Direito Português», Themis, II, nº 4, 2001, pp. 195 e ss.

[535] Quanto a este regime, além do estudo de CALVÃO DA SILVA, Venda de Bens de Consumo, cit., veja-se MENEZES LEITÃO, «Caveat Venditor? A Directiva 1999/44/CE do Conselho e do Parlamento Europeu sobre a Venda de Bens de Consumo e Garantias Associadas e suas Implicações no Regime Jurídico da Compra e Venda», Estudos em Homenagem ao Prof. Doutor Inocêncio Galvão Telles, Volume I, Direito Privado e Vária, Coimbra, 2002, pp. 275 e ss. e «O Novo Regime da Venda de Bens de Consumo», Estudos do Instituto de Direito do Consumo, Volume II, Coimbra, 2005, pp. 37 e ss., assim como ROMANO MARTINEZ, «Empreitada de Bens de Consumo», Estudos do Instituto de Direito do Consumo, Volume II, Coimbra, 2005, pp. 11 e ss.

DA CESSAÇÃO DO CONTRATO

questão em análise, o mencionado diploma só alude à resolução do contrato, não fazendo referência à sua anulação.

Em primeiro lugar, neste diploma sobre venda de bens de consumo não se distingue se a coisa alienada é genérica ou específica, estabelecendo, tal como se preconiza para o regime constante do Código Civil, solução idêntica para a venda de coisa genérica ou específica defeituosa; até porque, como se afirmou, só pode haver cumprimento defeituoso de coisa específica[536].

No que respeita à resolução do contrato, há uma diferença terminológica entre a Directiva e o Código Civil, na medida em que a mesma figura é denominada por rescisão na directriz comunitária e por resolução na lei e na doutrina civilística. O Decreto-Lei nº 67/2003, correctamente, na sequência da terminologia nacional, alude à resolução do contrato.

Além da diferença quanto à possibilidade de o vendedor inviabilizar a «rescisão» oferecendo «(...) uma solução num prazo razoável (...) sem grave inconveniente para o consumidor» (art. 3º, nº 5, da Directiva), hipótese não prevista no Código Civil nem no Decreto-Lei nº 67/2003, os pressupostos da resolução são idênticos.

Deste modo, independentemente da dúvida quanto a certos pressupostos da resolução que serão analisados a seguir, importa concluir que, no caso de venda de bens de consumo, o legislador não alude à anulação do negócio, admitindo unicamente como forma de extinção do contrato de compra e venda resultante da entrega de coisa defeituosa a resolução do vínculo.

Surge, porém, uma dúvida no que respeita aos requisitos da resolução em caso de falta de conformidade da coisa vendida a consumidor.

Na directriz comunitária, a «rescisão» encontra-se na dependência da inviabilidade da reparação do defeito e da substituição da obra (art. 3º, nº 5, da Directiva), por um lado, e da gravidade da falta de conformidade (art.

No plano internacional, veja-se por exemplo, DE CRISTOFARO, *Difetto di Conformità al Contratto e Diritti del Consumatore. L'Ordinamento Italiano e la Direttiva 99/44/CE sulla Vendita e le Garanzie dei Beni di Consumo*, Pádua, 2000, pp. 47 e ss., assim como os comentários de GAROFALO ao art. 1519-quater do CCIt., GAROFALO/MANNINO/MOSCATI/VECCHI, *Commentario alla Disciplina della Vendita dei Beni di Consumo. Artt. 1519-bis – 1519-nonies cod. civ. e art. 2 d. lgs. 2 febraio 2002 n. 24*, Pádua, 2003, pp. 412 e ss. Mesmo em países que não integram a União Europeia, a tutela do consumidor implicou alterações em diplomas fundamentais; veja-se na Suíça os arts. 226a e ss. do CO, cfr. GUHL, *Das Schweizeriche Obligationenrecht mit Einschluss des Handels- und Wertpapierrechts*, 9ª edição, Zurique, 2000, pp. 362 e ss.

[536] Apesar de CALVÃO DA SILVA, *Venda de Bens de Consumo*, cit., p. 86, defender que no âmbito do Código Civil se deve distinguir entre compra e venda de coisa específica ou genérica, entende que a obrigação de conformidade e as respectivas consequências se aplicam indistintamente «nas vendas de consumo de coisa específica ou genérica».

COMPRA E VENDA

3º, nº 6, da Directiva). A situação é similar no Código Civil, em que a resolução depende de não terem sido reparados os defeitos ou substituída a coisa (art. 914º do CC)[537]. Com formulações diversas, as soluções da Directiva e do Código Civil equiparam-se.

Diferentemente, no art. 4º do Decreto-Lei nº 67/2003, a resolução do contrato de compra e venda não se encontra na dependência do preenchimento de pressupostos, especialmente previstos. Poder-se-ia entender, na sequência de uma interpretação literal do art. 4º, nº 5, do Decreto-Lei nº 67/2003, que o consumidor «pode exercer qualquer dos direitos»; isto é, que pode livremente optar pela resolução do contrato. Esta interpretação não é razoável porque a resolução será sempre a última solução e, nos termos gerais, depende do preenchimento de pressupostos comuns (*v. g.*, não cumprimento definitivo, gravidade). Assim sendo, o disposto no nº 5 do art. 4º do Decreto-Lei nº 67/2003 tem de ser enquadrado nos termos gerais, pelo que a opção do consumidor pela resolução do contrato se encontra condicionada pelo preenchimento dos pressupostos comuns, devendo, para tal, atender-se ao regime constante dos arts. 432º e ss. do CC. Como se trata de uma resolução legal por incumprimento, mais concretamente por cumprimento defeituoso, ter-se-á ainda de ter em conta as regras enunciadas nos arts 801º, nº 2, 808º, nº 1, e 913º do CC.

§ 3. Situações particulares
1. Venda de coisas sujeitas a contagem, pesagem ou medição

I. A venda de coisas sujeitas a contagem, pesagem ou medição vem regulada nos arts. 887º a 891º do CC e art. 472º do CCom.[538]. Em caso de divergência entre o preço declarado e o valor que resulta da operação de contagem, pesagem ou medição atendendo a valores unitários, pode haver lugar à correcção do preço ou, eventualmente, à resolução do contrato.

No domínio deste tipo de vendas, a regra aponta no sentido de só ser concedida a possibilidade de exigir a correcção do preço sempre que, verificadas as contas, se determinar que esse preço não está correcto. Porém, o art. 891º do CC vem admitir, em determinadas circunstâncias, que, em vez da correcção do preço, seja pedida a resolução do contrato.

---

[537] No que respeita à sequência lógica entre as pretensões do comprador, em que a resolução representa a última *ratio*, veja-se ROMANO MARTINEZ, *Cumprimento Defeituoso*, cit., pp. 389 e ss.
[538] Sobre a matéria, veja-se ROMANO MARTINEZ, *Direito das Obrigações (Parte Especial). Contratos*, cit., pp. 67 e ss.

DA CESSAÇÃO DO CONTRATO

II. A resolução do contrato de compra e venda de coisas sujeitas a contagem, pesagem ou medição assenta em duas especificidades: o direito só foi conferido a uma das partes e está dependente de um requisito próprio, relacionado com a correcção do preço.

III. O direito de resolver o contrato foi atribuído tão-só ao comprador, porque o vendedor estará em melhores condições para apreciar o número, peso ou medida da coisa vendida; além disso, o comprador é que poderá encontrar-se numa situação de dificuldade quanto a pagar um excesso em relação ao preço convencionado[539].

IV. O comprador só poderá recorrer à resolução do contrato na medida em que a diferença entre o preço estabelecido e aquele que se determina pela regra da multiplicação, com base no que foi efectivamente fornecido, seja superior a um vigésimo[540]. Admite-se o recurso à resolução do contrato na hipótese de grandes diferenças entre o preço fixado e o que seria devido tendo em conta as quantidades prestadas; todavia, tal resolução só é viável na medida em que o vendedor exija o pagamento desse excesso (art. 891º, nº 1, do CC)[541]. A partir do momento em que o vendedor requeira, por escrito, o pagamento desse excesso de preço, ao comprador que não tenha actuado com dolo é conferido um prazo de três meses para exercer o direito à resolução do contrato (art. 891º, nº 2, do CC). Trata-se de um prazo de caducidade e não de prescrição.

A resolução depende, assim, do preenchimento de dois requisitos: tem de haver uma diferença significativa de preço em razão da divergência; e o vendedor exigiu a diferença de preço.

V. Na eventualidade de a quantidade ser inferior à declarada, a resolução do contrato não depende da aplicação deste regime (art. 891º do CC), mas das regras gerais (art. 801º do CC) ou pela via do cumprimento defeituoso (art. 913º do CC).

---

[539] Cfr. RAÚL VENTURA, «O Contrato de Compra e Venda no Código Civil», cit., p. 308.

[540] Para uma explicação pormenorizada do modo de determinação do vigésimo, cfr. RAÚL VENTURA, «O Contrato de Compra e Venda no Código Civil», cit., p. 307.

[541] Nos termos do art. 890º do CC, o vendedor tem um prazo de seis meses a um ano para exigir o pagamento desse excesso.

2. Venda a contento

I. A venda a contento vem prevista nos arts. 923º e 924º do CC, bem como no art. 470º do CCom. Trata-se de uma venda feita sob condição de a coisa agradar ao comprador, ou seja, ajustou-se que o negócio jurídico de compra e venda ficava dependente da aprovação do adquirente em relação à coisa vendida[542].

Esta condição (*ad gustum*) aposta na venda a contento corresponde a uma condição imprópria, potestativa, dependendo a sua verificação tão-só da vontade do comprador[543]. O adquirente terá de verificar se a coisa vendida lhe agrada numa perspectiva subjectiva, não sujeita a ser apreciada judicialmente. Neste caso, a condição potestativa é arbitrária (ou potestativa pura)[544].

Apesar de, na prática, a diferença ser difícil de determinar, a verificação do agrado do comprador não corresponde a um direito de arrependimento[545], como se estabelece por exemplo na venda do direito real de habitação periódica ou nas vendas ao domicílio; nestes casos, ainda que a coisa agrade ao

---

[542] Sobre a figura, *vd.* Romano Martinez, *Direito das Obrigações (Parte Especial). Contratos*, cit., pp. 75 e ss.

[543] A condição própria distingue-se da imprópria em função de, na primeira, se verificarem os três aspectos que caracterizam a figura (origem convencional, facto futuro e facto incerto), o que não ocorre na condição imprópria; e a condição será potestativa quando a verificação do evento fica condicionada pela vontade de uma das partes, que tem o direito potestativo de desencadear a eficácia do negócio (*vd.* Oliveira Ascensão, *Direito Civil. Teoria Geral*, Volume II, *Acções e Factos Jurídicos*, 2ª edição, Coimbra, 2003, pp. 290 e ss.; Menezes Cordeiro, *Tratado de Direito Civil Português*, II, *Parte Geral*, 4ª edição, Coimbra, 2014, pp. 641 e s.; Carvalho Fernandes, *Teoria Geral do Direito Civil*, Volume II, *Fontes, Conteúdo e Garantia da Relação Jurídica*, 3ª edição, Lisboa, 2001, pp. 414 e ss.; Mota Pinto, *Teoria Geral do Direito Civil*, 4ª edição, Coimbra, 2005, pp. 562 e ss.)

[544] Sobre a distinção das condições potestativas em arbitrárias e não arbitrárias e *a parte creditoris* e *a parte debitoris*, *vd.* Baptista Machado, «A Cláusula do Razoável», *João Baptista Machado. Obra Dispersa*, Braga, 1991, pp. 494 e ss.; Mota Pinto, *Teoria Geral do Direito Civil*, cit., p. 565 e s.. Apesar de no nosso ordenamento jurídico não se ter estabelecido uma proibição expressa das condições arbitrárias – estando a condição meramente potestativa *a parte debitoris* expressamente proibida em Espanha (art. 1115 do CCEsp.), em Itália (art. 1355 do CCIt.) e em França (art. 1174 do CCFr.) – «(...) a condição meramente arbitrária, traduzida num puro querer (*Wollensbedingung*), em que a eficácia do negócio fica dependente da aceitação posterior do mesmo por uma das partes, terá de haver-se por inadmissível» (Baptista Machado, «A Cláusula do Razoável», cit., p. 494); no mesmo sentido, veja-se Mota Pinto, *Teoria Geral do Direito Civil*, cit., p. 566. Todavia, na situação em apreço está em causa uma condição potestativa a inserir num contrato sinalagmático, que é válida.

[545] O direito de arrependimento, além das situações legais já referidas (*supra*, I Parte, Capítulo I, § 2, nº 2, alínea *c*) e Capítulo II, Secção II, § 4, nº 4, alínea *b*), pode ter igualmente natureza contratual, aludindo-se ao designado *pactum displicentiae*, que pode ter efeito bilateral, *vd.* Messineo, *Manuale di Diritto Civile e Commerciale*, Volume III, 9ª edição, Milão, 1959, p. 69. Todavia, há quem equipare a cláusula *ad gustum* ao *pactum displicentiae*, cfr. Silva Pereira, *Instituições de Direito Civil*, Volume III, 10ª edição, Rio de Janeiro, 1998, pp. 130 e ss. Quanto à origem romana deste acordo, *vd.* Vera-Cruz Pinto, «O Direito das Obrigações em Roma», *Revista Jurídica*, nº 21 (1997), pp. 153 e s.

DA CESSAÇÃO DO CONTRATO

comprador, este pode não querer o negócio jurídico ajustado, em razão, nomeadamente, das cláusulas nele insertas.

No caso de venda a contento comercial (art. 470º do CCom.), a condição vale por força da natureza do contrato e não por determinação das partes; este é o regime estabelecido para a compra e venda de coisas não à vista e cuja qualidade não seja conhecida no comércio[546]. Afora esta situação, a compra e venda comercial só será a contento se as partes assim acordarem.

É frequente o ajuste de uma venda a contento, especialmente nas vendas feitas por catálogos, em que são enviados ou disponibilizados catálogos aos interessados que pretendem adquirir o bem anunciado, se agradar. No caso de não agradar, a coisa será devolvida.

A lei prevê duas modalidades de venda a contento, a primeira estabelecida no art. 923º do CC e a segunda no art. 924º do CC.

II. A primeira modalidade de venda a contento não corresponde a um contrato de compra e venda, pois, como determina o art. 923º, nº 1, do CC, «A compra e venda (...) vale como proposta de venda». Apesar de no art. 923º do CC se falar de compra e venda, na realidade não se trata de uma verdadeira venda, porque não há contrato, motivo suficiente para que não seja relevante aludir à resolução.

III. Na segunda modalidade de venda a contento, prevista no art. 924º do CC, está-se perante um verdadeiro contrato de compra e venda, só que este se encontra sujeito a uma condição imprópria: a de aquele bem agradar ou não ao comprador. Trata-se de uma condição potestativa em relação ao comprador[547], ou melhor, de uma cláusula que confere ao comprador o poder de, caso a coisa não agrade, resolver o negócio. Ao comprador, de modo discricionário, é conferido o direito de fazer cessar os efeitos de um contrato de compra e venda.

---

[546] Cfr. Ac. Rel. Pt. de 4/7/1995, *CJ* XX, T. IV, p. 167.

[547] Segundo PEDRO NUNES DE CARVALHO, *Dos Contratos: Teoria Geral dos Contratos; Dos Contratos em Especial*, Lisboa, 1994, p. 144, como se está perante uma condição potestativa, o contrato não fica sujeito a uma verdadeira condição resolutiva, devendo antes qualificar-se como um contrato revogável unilateralmente pelo comprador. Não parece que se trate de uma verdadeira revogação, pois, além de ser unilateral, a extinção do vínculo contratual opera com eficácia retroactiva, mas veja-se as hipóteses de revogação unilateral, *supra*, I Parte, Capítulo I, § 2, nº 2, alínea *c*). Quanto à natureza potestativa da condição, com referência ao direito romano, Cfr. CALVO ANTÓN, *La Venta a Prueba*, Barcelona, 1995, p. 16. Sobre a condição potestativa aposta neste tipo de compra e venda, *vd.* LARENZ, *Lehrbuch des Schuldrecht*, II-1, cit., p. 144.

COMPRA E VENDA

À resolução do contrato de compra e venda a contento, nos termos do nº 1 do art. 924º do CC, aplicam-se os arts. 432º e ss. do CC. Assim sendo, a resolução, tendo eficácia retroactiva, implica a destruição do negócio jurídico desde o momento da sua celebração. O direito de resolução do contrato não é afastado pelo facto de o comprador ter recebido o bem (art. 924º, nº 2, do CC).

A resolução do contrato de compra e venda a contento corresponde a uma extinção do vínculo negocial, que assenta num pressuposto contratual: cláusula *ad gustum*, à qual se aplicam as regras gerais dos arts. 432º e ss. do CC, e que deverá ser feita dentro de um prazo acordado. Se, porém, as partes não acordaram quanto a um prazo para o exercício do direito de resolução, dispõe o art. 924º, nº 3, do CC que o prazo será determinado pelos usos. Esta é uma das remissões da lei, não muito frequentes, para os usos, que passam a ser atendíveis nos termos do art. 3º, nº 1, do CC. Na falta de usos, deverá o vendedor fixar um prazo razoável.

IV. Na venda a contento comercial, prevista no art. 470º do CCom., a lei estabeleceu um prazo para o exercício do direito de resolução no art. 471º do CCom. Assim, o direito potestativo do comprador deverá ser exercido no acto da entrega da coisa se a examinar nessa altura, ou, não a examinando, dentro de oito dias. O legislador comercial não designa esta modalidade como venda a contento, denominando-a «compras de cousas não à vista nem designáveis por padrão», mas ao admitir que, por se tratar de bens vendidos não à vista nem com qualidade conhecida no comércio, o comprador pode, examinando-as, distratar (resolver) o contrato, caso não lhe convenham, instituiu uma venda a contento na segunda modalidade (art. 924º do CC)[548].

V. Relacionado com a venda a contento pode aludir-se à venda a consignação, em que a coisa comprada (normalmente livros, revistas, artigos de artesanato ou géneros alimentares) pode ser devolvida se o comprador, num certo prazo, não a conseguir revender, com direito a reaver o preço pago ou, não tendo o pagamento sido efectuado, deixar de ser devida a prestação do preço[549]. Está implícita uma cláusula de resolução do contrato a favor do com-

---

[548] Cfr. Ac. Rel. Pt. de 4/7/1995, *CJ* XX, T. IV, p. 167, onde se conclui que, não servindo a coisa ao comprador, o contrato não produz efeitos e o risco da perda da coisa é suportado pelo vendedor.

[549] Sobre a figura, prevista no art. 1556 do CCIt. e designada por «contratto estimatorio», *vd.* MESSINEO, *Manuale di Diritto Civile e Commerciale*, cit., pp. 154 e ss. Quanto à denúncia e resolução do «contratto estimatorio», consulte-se ULANO, «Contrato Estimatorio», *in Recesso e Risoluzione nei Contratti*, org. Giorgio DE NOVA, Milão, 1994, pp. 331 e ss. e 346 e ss.

DA CESSAÇÃO DO CONTRATO

prador; a cláusula não é verdadeiramente potestativa, pois o seu exercício não está dependente de um puro contento do comprador, mas da não realização do fim, normalmente a revenda do bem num certo período de tempo.

Este tipo negocial suscita dúvidas, em particular no que respeita ao regime do risco da coisa e à transferência da propriedade em caso de insolvência de uma das partes[550]. Corresponde, todavia, a uma resolução convencional relacionada com o facto de a coisa não satisfazer os propósitos do comprador; isto é, de não ter sido possível revendê-la.

VI. A venda a contento, traduzindo-se num contrato de compra e venda com cláusula resolutiva, enquadra-se numa hipótese de resolução legal embora justificada no acordo das partes.

A resolução, não obstante a sua previsão legal, funda-se na convenção e os seus requisitos dependem do acordo; mas, salvo cláusula em contrário, o seu regime resulta das regras comuns (arts. 432º e ss. do CC), pelo que os efeitos advêm, nomeadamente do disposto nos arts. 433º e 434º do CC. Poder-se--ia questionar se o regime do risco relativamente à coisa a devolver não deveria ser diverso daquele que resulta das regras gerais[551], porquanto na venda a contento a destruição do vínculo está dependente de uma condição potestativa, que favorece o comprador, o qual deveria assumir o risco da destruição da coisa depois de esta lhe ser entregue. Nos termos gerais, o comprador suporta o risco da destruição total, pois não pode resolver o contrato se não estiver em condições de devolver a coisa recebida (art. 432º, nº 2, do CC), mas, depois de invocada a resolução, a deterioração da coisa, não imputável ao comprador, é um risco do vendedor, tendo em conta a já mencionada aplicação do art. 1269º do CC. Na venda a contento, a solução só será diversa se, da cláusula a contento, resultar directa ou indirectamente que as partes pretenderam alterar o regime da repartição do risco[552].

No direito brasileiro também se faz referência a este contrato, usando a terminologia italiana (cfr. art. 534 do CCBr.) e SILVA PEREIRA, *Instituições de Direito Civil*, cit., pp. 143 e ss., em especial p. 144, considera que se trata de uma obrigação alternativa, concluindo (p. 146) que nesta modalidade de compra e venda não se transfere a propriedade da coisa, mas só a disponibilidade. Veja-se igualmente BIHL, *La Vente*, cit., pp. 137 e ss.

Para um estudo desenvolvido do designado contrato estimatório, pode consultar-se a monografia de MARCELLA SARALE, *Il Contratto Estimatorio. Tra Vendita e Atipicità*, Milão, 1991.

[550] Sobre a questão, *vd.* MARCELLA SARALE, *Il Contratto Estimatorio*, cit., pp. 49 e ss. e pp. 119 e ss. Como refere GALGANO, *Diritto Privato*, 11ª edição, Pádua, 2001, p. 541, neste contrato está em causa uma regra de repartição do risco na distribuição de bens.

[551] *Vd. supra*, I Parte, Capítulo II, Secção II, § 4, nº 8, alínea d).

[552] *Vd.* DELFINI, *Autonomia Privata e Rischio Contrattuale*, Milão, 1999, pp. 195 e ss.

COMPRA E VENDA

3. Venda sujeita a prova

I. A venda sujeita a prova encontra a sua regulamentação no art. 925º do CC e no art. 469º do CCom.[553].

A venda sujeita a prova, contrariamente ao que é a regra – em que o negócio se encontra na dependência de uma condição suspensiva (art. 925º, nº 1, do CC) –, pode ficar subordinada a uma condição resolutiva (art. 925º, nº 1, parte final, do CC); em tal caso, o negócio jurídico deixa de produzir efeitos se a condição se verificar[554].

A venda a prova, tratando-se de um contrato sujeito a uma condição resolutiva, apresenta similitudes com a venda a contento. Contudo, nesta, a condição está dependente de uma causa potestativa (*pactum displicentiae*), ao passo que na venda sujeita a prova o critério é objectivo: para se saber se o contrato de venda pode ser resolvido importa demonstrar (p. ex., por inspecção, experiência ou laudo de perito, art. 925º, nº 2, do CC) que o bem entregue não corresponde à amostra ou ao padrão. Sendo um critério objectivo, ao contrário da condição potestativa, pode o mesmo ser alvo de apreciação judicial.

II. Neste caso, a resolução é legal, embora fundada no acordo relativo à prova, e segue o regime comum da resolução, tendo, porém, como requisito a verificação de que a coisa não corresponde à amostra ou padrão.

Não obstante seguir o regime comum, nomeadamente quanto aos efeitos da resolução, importa aludir à questão do risco relativamente à coisa vendida. A repartição do risco será diversa consoante o contrato tenha sido ajustado com condição suspensiva (regra geral) ou cláusula resolutiva; mas neste estudo só cabe atender às consequências neste último caso. Se o bem não corresponde à amostra ou ao padrão, e o comprador resolve o contrato, o risco da deterioração ocasional do bem é suportado pelo alienante, nos termos gerais[555]; o comprador, numa venda sujeita a prova, deve fazer um uso diligente da coisa, unicamente relacionado com a prova a efectuar, pelo que os danos causados no bem por negligência sua são-lhe imputados, mas o risco é suportado pelo vendedor. Todavia, no caso de a coisa ter ficado destruída, caberá perguntar

---

[553] Sobre a matéria, veja-se ROMANO MARTINEZ, *Direito das Obrigações (Parte Especial), Contratos*, cit., pp. 79 e ss.

[554] A solução é similar no direito italiano, tendo em conta o disposto no art. 1521 do CCIt., *vd.* CAGNASSO / COTTINO, *Contratti Commerciali*, cit., p. 93.; porém como indicam GRECO/COTTINO, *Della Vendita*, cit., pp. 414 e s., trata-de uma condição suspensiva, salvo se as partes ajustaram uma condição resolutiva. Estes último autores discutem ainda se corresponde a uma condição imprópria ou a uma *condicio in praeteritum relata* (pp. 415 e s.).

[555] *Vd. supra*, I Parte, Capítulo II, Secção II, § 4, nº 8, alínea *d*).

DA CESSAÇÃO DO CONTRATO

se o adquirente suporta o risco, tendo em conta a inviabilidade de resolver o contrato, constante do nº 2 do art. 432º do CC; no caso de venda a prova, sendo a condição suspensiva, o contrato não produz efeitos e o risco de destruição total será suportado pelo vendedor[556], mas tratando-se de um acordo em que as partes, diferentemente da regra comum, quiseram ajustar uma cláusula resolutiva, na falta de acordo em contrário, ter-se-á de concluir que pretendem aplicar o regime geral da resolução, sendo o risco da destruição total da coisa vendida suportado pelo comprador.

4. Venda a retro

I. A venda a retro, prevista nos arts. 927º e ss. do CC, corresponde a um contrato de compra e venda em que se confere ao vendedor a faculdade de, querendo, resolver o contrato[557]; trata-se de uma figura tradicionalmente admitida por via da qual o vendedor pode reaver o bem alienado[558]. A possibilidade de reversão do bem pode resultar de várias cláusulas, como o pacto de *retroemendo*, o *pactum displicentiae*, ou a venda com contrato-promessa de revenda[559].

---

[556] No sentido de, se a coisa ficar destruída por uma causa de força maior, o risco é suportado pelo alienante e o comprador nada terá de pagar, CALVO ANTÓN, *La Venta*, cit., p. 14 e pp. 149 e ss., invocando em seu favor o peso do direito romano.

[557] PEDRO NUNES DE CARVALHO, *Dos Contratos*, cit., pp. 145 e s. e nota 1 da mesma página, critica a terminologia legal (resolução), considerando tratar-se de uma revogação. Não é esse, porém, o sentido desta secção, em que se alude frequentemente à resolução (é o que ocorre em todos os artigos da secção VIII, à excepção do art. 932º do CC), com o consequente recurso ao regime geral dos arts. 432º e ss. do CC.

Em relação à natureza jurídica da venda a retro, considerando que não se trata de um negócio condicionado puro, mas de um contrato que foi atribuído ao vendedor o poder de resolução, cfr. CAPOZZI, *Dei Singoli Contratti*, Volume I, *Compravendita, Riporto, Permuta, Contratto Estimatorio, Somministrazione, Locazione*, Milão, 1988, pp. 145 e ss.; veja-se ainda LUMINOSO, *La vendita con Riscatto, Artt. 1500-1509, Commentario Codice Civile*, Milão, 1987, pp. 45 e ss.

[558] Segundo BADENES GASSET, *El Contrato de Compraventa*, Tomo II, 3ª edição, Barcelona, 1995, p. 850, a venda a retro tem a sua origem numa passagem da Bíblia (Levítico, 25 – Resgate de propriedades), onde se afirma: «Se o teu irmão, encontrando-se em dificuldades, vender uma parte da sua propriedade, o seu parente mais próximo terá direito de resgatar o que seu irmão vendeu. Se um homem não tiver ninguém que resgate a sua propriedade e recobrar meios suficientes para o resgate, calculará os anos da venda, entregará o excedente ao indivíduo a quem tenha vendido e recobrará a propriedade».

[559] A venda a retro é diferente da cláusula de revenda ao vendedor; sobre o *pactum de retrovendendo* no direito romano, *vd.* SANTOS JUSTO, *Direito Privado Romano* II *Direito das Obrigações)*, cit., p. 63; VERA-CRUZ PINTO, «O Direito das Obrigações em Roma», cit., p. 154. Quanto à distinção entre a venda a retro e figuras similares, veja-se VIVAS TESÓN, *La Compraventa con Pacto de Retro en el Código Civil*, Valência, 2000, pp. 65 e ss.

COMPRA E VENDA

Este tipo contratual serve, amiúde, para financiar o vendedor, o qual, sem recorrer a outros meios, designadamente ao crédito hipotecário, e sem perder a possibilidade de reaver a titularidade do bem, pode obter o dinheiro de que carece. Por exemplo, se alguém precisa de dinheiro, em vez de hipotecar um dos seus bens, ou em vez de o vender «definitivamente», vende-o a retro; deste modo, recebe o dinheiro da venda e se mais tarde quiser recuperar o bem, porque a sua fortuna mudou, resolve o contrato[560].

A venda a retro associa-se muitas vezes a uma modalidade negocial usurária, ao permitir que um proprietário em dificuldades económicas aliene a retro um bem por uma quantia relativamente baixa, estabelecendo-se que, em caso de resolução, teria de ser pago um valor muito superior (cfr. Ordenações Filipinas, Livro IV, Título IV, nºs 1 e 2); ou seja, para reaver o bem seria necessário pagar muito mais do que aquilo pelo qual ele fora vendido. Por outro lado, a compra e venda a retro poderia ser usada como forma de ultrapassar a proibição legal do pacto comissório (art. 694º do CC), estabelecida em relação à hipoteca e às outras garantias reais de origem convencional. De facto, diversamente do que se proíbe em sede de garantias convencionais, através da venda a retro o credor poderá fazer seu o bem do devedor se este não pagar a dívida. Tendo em conta estes aspectos, a venda a retro veio a ser proibida no Código Civil de 1867 (art. 1587º).

Não foi essa a posição do legislador de 1966; considerou-se que a venda a retro, não obstante os perigos que poderia acarretar, por facilitar a conclusão de negócios usurários, representava uma forma viável de resolver alguns problemas, designadamente o do recurso ao crédito[561]. Só que, para evitar determinados abusos por parte de credores sem escrúpulos, o legislador estabeleceu no art. 928º do CC que as vantagens patrimoniais para o comprador têm de estar delimitadas; mais propriamente proíbe que na venda a retro se estabeleçam vantagens patrimoniais para o comprador como contrapartida da resolução do contrato (art. 928º, nº 1, do CC), ou que se acorde quanto a uma devolução de preço superior ao fixado na venda (art. 928º, nº 2, do CC). Se se estabelecer que, na hipótese de resolução, o comprador, para devolver o bem, recebe um preço superior ao que pagou, estar-se-ia perante uma forma usurária, proibida pelo art. 928º do CC.

---

[560] Com respeito à compra e venda a retro como modo de constituir uma garantia de cumprimento, cfr. LUMINOSO, *La vendita con Riscatto*, cit., pp. 221 e ss.; ROMANO MARTINEZ/FUZETA DA PONTE, *Garantias de Cumprimento*, 5ª edição, Coimbra, 2006, pp. 244 e ss. Sobre as vantagens da figura, *vd.* GHESTIN/DESCHÉ, *Traité des Contrats. La Vente*, Paris, 1990, pp. 635 e ss. e LUMINOSO, *I Contratti Tipici e Atipici. Contratti di Alienazione, di Godimento, di Credito*, Milão, 1995, pp. 108 e ss.

[561] Neste sentido, cfr. GALVÃO TELLES, «Contratos Civis», *RFDUL*, Volume IX (1953), p. 136.

DA CESSAÇÃO DO CONTRATO

Não obstante a validade da figura, é necessário verificar se a venda a retro não consubstancia um outro negócio jurídico com uma solução não permitida por lei; assim, se as partes pretendem ajustar uma hipoteca com pacto comissório e, para evitar a proibição legal (art. 694º do CC), celebram uma venda a retro, esta via indirecta pode determinar uma actuação em contrariedade ao regime legal, eventualmente uma hipótese de fraude à lei[562].

II. A fim de evitar que a situação de indefinição proveniente da cláusula a retro se prolongue por muito tempo, o legislador estabeleceu prazos máximos para o exercício do direito de resolução de dois e de cinco anos a contar da data da celebração do contrato de compra e venda, consoante se trate de coisas móveis ou imóveis (art. 929º, nº 1, do CC)[563]. Estes prazos de caducidade são períodos máximos imperativos, sendo, portanto, improrrogáveis (art. 929º, nº 2, do CC).

Já se encontra no domínio da autonomia privada o estabelecimento de um prazo mínimo (igual ou inferior ao legal) antes do decurso do qual está vedado ao vendedor o recurso à resolução do contrato[564].

III. Na venda a retro é aposta uma cláusula resolutiva, a exercer pelo vendedor de modo potestativo, dando-lhe a possibilidade de reaver o bem alienado, mediante a devolução do preço recebido[565].

Relativamente à resolução do contrato de compra e venda com cláusula a retro há algumas particularidades relativamente às regras gerais de direito civil.

---

[562] Considerando discutível a validade de tais actos quando a função de retrovenda seja a de contornar a proibição de pacto comissório, cfr. ARNOLDO WALD, *Obrigações e Contratos*, 13ª edição, S. Paulo, 1998, p. 300. Quanto à admissibilidade de um negócio fiduciário que está na base da constituição de uma garantia indirecta, *vd.* ROMANO MARTINEZ/FUZETA DA PONTE, *Garantias de Cumprimento*, cit., pp. 64 e ss.

[563] A solução é idêntica no direito italiano, nos termos do disposto no art. 1501 CCIt., cfr. RESCIGNO, *Manuale di Diritto Privato Italiano*, cit., p. 789. Diferentemente, no direito alemão (anterior § 503 do BGB e actual § 462 do BGB) os prazos são, supletivamente, de trinta e de três anos. Cfr. LARENZ, *Lehrbuch des Schuldrecht*, II-1, cit., p. 146.

[564] Tal prazo pode justificar-se, como referem PIRES DE LIMA/ANTUNES VARELA, *Código Civil Anotado*, Volume II, 4ª edição, Coimbra, 1997, anotação 4 ao art. 929º, p. 224, «a fim de o comprador se assegurar do uso da coisa durante um período mínimo».

[565] Sobre as condições potestativas e as dúvidas quanto à sua validade, veja-se *supra*, as referências feitas a propósito da venda a contento. Quanto ao exercício do direito de resolução por parte do vendedor, analisando diversas consequências, *vd.* VIVAS TESÓN, *La Compraventa con Pacto de Retro en el Código Civil*, cit., pp. 311 e ss.

COMPRA E VENDA

Por um lado, a resolução tem de ser feita mediante notificação judicial avulsa, como vem previsto no art. 930º do CC; enquanto, nos termos gerais, a declaração de resolução não carece de forma (art. 436º, nº 1, do CC). Além disso, estando em causa a resolução de um contrato de compra e venda de coisa imóvel, ela terá de ser reduzida a escritura pública nos quinze dias seguintes à notificação judicial, mesmo sem a intervenção do comprador (art. 930º do CC).

Ainda quanto a particularidades relativamente ao disposto nos arts. 432º e ss. do CC, cabe aludir à regra constante do art. 931º do CC. Neste preceito foi imposto, de forma supletiva, a obrigação de o vendedor, nos quinze dias subsequentes à notificação judicial, entregar ao comprador aquilo que lhe seja devido, nomeadamente o preço e as despesas do contrato. Diferentemente do que ocorre em sede de resolução de contratos, onde se pode recorrer à excepção de não cumprimento, a obrigação de reembolso do preço, de despesas do contrato e outras acessórias não é sinalagmática com respeito ao dever de restituir a coisa[566], pois é de realização prévia.

Por último, no que respeita à produção de efeitos, à resolução da venda a retro aplica-se o disposto nos arts. 432º e ss. do CC, mas há a ter em conta que, contrariamente à regra constante do art. 435º do CC, nos termos do qual a resolução não prejudica os direitos adquiridos por terceiro, neste caso ela pode produzir efeitos relativamente a terceiros, desde que se trate de compra e venda de coisas sujeitas a registo e a cláusula a retro esteja registada (art. 932º do CC). À semelhança do que ocorre na compra e venda com reserva de propriedade, estar-se-ia aqui também perante um direito real de aquisição.

Deste modo, nos termos do art. 435º, nº 1, do CC, em caso de resolução do contrato, os direitos de terceiros não são prejudicados, só podendo ser postos em causa aqueles que forem registados depois do registo da acção de resolução (art. 435º, nº 2, do CC). Contudo, em caso de venda a retro, os direitos de terceiros constituídos antes da resolução do contrato podem ser lesados se, tratando-se de compra e venda de coisas sujeitas a registo (imóveis ou móveis sujeitos a registo), a cláusula a retro estava registada.

5. Venda celebrada fora do estabelecimento comercial
a) Identificação das situações jurídicas
I. A matéria relacionada com os contratos de compra e venda a distância, ao domicílio, automática, esporádica, em cadeia e forçada, tendo em vista a protecção do consumidor, tem uma actualidade que justificou várias interven-

---

[566] Cfr. PIRES DE LIMA/ANTUNES VARELA, *Código Civil Anotado*, Volume II, cit., anotação 3 ao art. 931º, pp. 225 e s.

DA CESSAÇÃO DO CONTRATO

ções legislativas, mediantes as quais foram transpostas para a ordem jurídica interna directrizes europeias. Primeiro, com uma terminologia algo diversa da actual, a regulamentação desses contratos constava do Decreto-Lei nº 272/87, de 3 de Julho (alterado pelo Decreto-Lei nº 243/95, de 13 de Setembro) e da Portaria nº 1300/95, de 31 de Outubro[567]. Estes diplomas foram revogados pelo Decreto-Lei nº 143/2001, de 26 de Abril, que, transpondo a Directiva nº 97/7/CE, do Parlamento Europeu e do Conselho, de 20 de Maio, regulamentou, entre outros, os contratos de compra e venda a distância, ao domicílio e equiparados, por meios automáticos e esporádicos, proibindo também determinadas modalidades de vendas.

Mais recentemente, o Decreto-Lei nº 24/2014, de 14 de Fevereiro, transpondo a Directiva nº 2011/83/UE, relativa aos direitos dos consumidores, contratos a distância, ao domicílio e equiparados e vendas automáticas e as vendas especiais esporádicas, revogou o Decreto-Lei nº 143/2001, passando a regular os contratos celebrados a distância e os contratos celebrados fora do estabelecimento comercial, onde se incluem os contratos celebrados no domicílio ou no local de trabalho do consumidor (arts. 2º e 3º do Decreto--Lei nº 24/2014).

Este regime, como se esclarece no preâmbulo do diploma, tem em vista a protecção do consumidor, de modo a evitar situações de erro dificilmente enquadráveis nas regras gerais de vícios da vontade dos arts. 247º e ss. do CC[568].

II. A compra e venda a distância é uma modalidade de distribuição comercial a retalho; só que, diferentemente da venda ao domicílio, a iniciativa negocial cabe ao comprador, pois foi o consumidor (comprador) que encomendou os bens ou serviços que se encontravam publicitados em catálogos, revistas,

---

[567] Idênticas intervenções legislativas ocorreram noutros espaços jurídicos, por exemplo, em França com a Lei de 22 de Dezembro de 1972 (cfr. BIHL, *La Vente*, cit., pp. 38 e ss.; GHESTIN/DESCHÉ, *La Vente*, cit., pp. 309 e ss.). Em relação ao sistema italiano, *vd.* ASTONE, «I Contratti Negoziati fuori dei Locali Commerciali», *in Trattato di Diritto Privato Europeo*, Volume 4, *Singoli Contratti. La Responsabilità Civile. Le Forme di Tutela*, org. Nicolò LIPARI, 2ª edição, Pádua, 2003, pp. 46 e ss.; BACHINI, *Le Nuove Forme Speciali di Vendita ed il Franchising*, Pádua, 1999, pp. 67 e ss. e pp. 122 e ss., assim como LUMINOSO, *I Contratti Tipici e Atipici*, cit., pp. 100 e s., com referência ao diploma de 15/1/1992.

[568] Nesta perspectiva protectora, além da Lei de Defesa do Consumidor, veja-se por exemplo o regime da compra e venda de géneros alimentícios misturados com brindes (Decreto-Lei nº 291/2001, de 20 de Novembro, alterado pelo Decreto-Lei nº 43/2011, de 24 de Março).
Sobre o regime da venda fora do domicílio, veja-se ROMANO MARTINEZ, *Direito das Obrigações (Parte Especial). Contratos*, cit., pp. 100 e ss.

COMPRA E VENDA

televisão[569], etc. (art. 3º do Decreto-Lei nº 24/2014). Enquanto as vendas ao domicílio se caracterizam por não ter havido uma prévia encomenda por parte do adquirente, na venda por correspondência é o consumidor que encomenda os produtos, com base na publicidade apresentada pelo distribuidor desses mesmos bens ou serviços. Para além da iniciativa negocial caber ao consumidor, o contrato de compra e venda a distância caracteriza-se igualmente pela utilização exclusiva de uma ou mais técnicas de comunicação a distância, tanto na negociação como na celebração do contrato (art. 3º, alínea *f*), do Decreto-Lei nº 24/2014), constituindo a comunicação a distância um qualquer meio que possibilite o ajuste de um contrato sem necessidade da presença física e simultânea do vendedor e comprador (art. 3º, alínea *m*), do Decreto-Lei nº 24/2014)[570].

III. A venda ao domicílio constitui uma modalidade de distribuição comercial a retalho, em que o contrato de compra e venda é concluído no domicílio do consumidor (comprador), sem que da parte deste tenha havido um pedido relativo ao fornecimento de bens (art. 3º, alínea *g*), do Decreto-Lei nº 24/2014). Corresponde, pois, às situações em que, sem se ter feito uma prévia encomenda, aparece um vendedor à porta do consumidor, propondo-lhe a aquisição de determinados bens.

IV. Consideram-se vendas especiais esporádicas as realizadas de forma ocasional fora dos estabelecimentos comerciais, em instalações ou espaços privados especialmente contratados ou disponibilizados para o efeito (art. 25º, nº 1, do Decreto-Lei nº 24/2014).

b) Venda a distância
I. O regime da compra e venda a distância, além de aspectos não relacionados com o presente estudo, confere ao adquirente o direito de livre resolução do contrato (arts. 10º a 13º do Decreto-Lei nº 24/2014).

Na venda a distância atribuiu-se ao comprador a faculdade de resolver o contrato nos catorze dias subsequentes à entrega da mercadoria, podendo o

---

[569] Sobre a televenda, veja-se os arts. 40º e seguintes da Lei da Televisão e dos Serviços Audiovisuais a Pedido (aprovada pela Lei nº 27/2007, de 30 de Julho, e republicada pela Lei nº 8/2011, de 11 de Abril) e relativamente às comunicações publicitárias em rede e *marketing* directo, consulte-se os arts. 20º e ss. do Decreto-Lei nº 7/2004, de 7 de Janeiro, sobre comércio electrónico.
[570] No que respeita à contratação electrónica, veja-se o disposto nos arts. 24º e ss. do Decreto-Lei nº 7/2004, de 7 de Janeiro, sobre comércio electrónico.

DA CESSAÇÃO DO CONTRATO

prazo para exercer o direito de resolução prolongar-se por 12 meses se o vendedor não cumprir as obrigações constantes do art. 4º, nº 1, al. *j)*, do Decreto-Lei nº 24/2014 (art. 10º deste diploma). O direito de livre resolução não é, porém, conferido ao comprador no caso de fornecimento de bens cujo preço dependa de flutuações de taxa de mercado financeiro que o vendedor não possa controlar, na venda de gravações áudio e vídeo, de discos e de programas informáticos de que o comprador tenha retirado o selo de garantia de inviolabilidade e nos contratos de compra e venda de jornais e revistas (art. 17º do Decreto-Lei nº 24/2014).

II. A possibilidade concedida a uma das partes, no caso ao comprador, de resolver o contrato dentro de certo prazo sem necessidade de invocar qualquer causa justificativa, nem pagamento de uma indemnização à contraparte, afasta-se dos princípios gerais em que assenta a resolução dos contratos[571].

Neste caso, tal como se afirmou[572], o direito de exercer a resolução do contrato assenta no intuito, comum a vários outros diplomas onde se estabelece um prazo curto para o comprador resolver o contrato, de proteger a parte mais fraca (consumidor), mediante o afastamento de regras gerais.

O designado «direito de arrependimento» confere a uma das partes num negócio jurídico o direito de se «arrepender» de ter celebrado o contrato, podendo pôr-lhe termo através da *resolução*.

III. No que respeita a particularidades de regime, cabe atender a três aspectos constantes do diploma em análise.

Em primeiro lugar, no que respeita ao tempo para exercício do direito, no art. 10º do Decreto-Lei nº 24/2014 estabeleceu-se um prazo de caducidade curto, de catorze dias a contar da data em que o contrato foi ajustado ou o bem recebido pelo consumidor. Sendo, contudo, de reprovar a discrepân-

---

[571] MALAURIE/AYNÈS, *Les Contrats Spéciaux*, 6ª edição, Paris, 1992, pp. 73 e ss., denominando este prazo de «cooling-off period», consideram que, durante este «arrefecimento», o contrato ainda não se concluiu, tornando-se definitivo só após o decurso do prazo legal (que no direito francês é de sete dias). Esta concepção não corresponde à solução estabelecida na lei portuguesa, em que se pressupõe a existência de um contrato validamente celebrado, mas resolúvel; por isso, é dificilmente perceptível o disposto no art. 20º, nº 2, do revogado Decreto-Lei nº 143/2001, que se poderia interpretar no sentido de, antes do decurso do prazo de resolução, o contrato ainda não se ter concluído (sobre esta questão, *vd. supra*, I Parte, Capítulo I, § 2, nº 2, alínea *c*), ponto III). Sobre o «arrependimento», que designa por «recesso» neste tipo de vendas, veja-se VALENTINO, *Recesso e Vendite Aggressive*, Nápoles, 1996, pp. 114 e ss. O novo Código do Consumo italiano alude ao recesso neste sentido nos arts. 64. 65 e 73.

[572] *Vd. supra*, I Parte, Capítulo I, § 4, nº 3, alínea *b)*, subalínea δ. e Capítulo II, Secção II, § 4, nº 4, alínea *b)*.

COMPRA E VENDA

cia legislativa no que respeita a prazos para exercer a faculdade de resolução do contrato: era de sete dias o prazo previsto no diploma revogado (art. 11º, nº 1, do Decreto-Lei nº 272/87), idêntico período de sete dias consta da Lei de Defesa do Consumidor (art. 8º, nº 4, da Lei nº 24/96), e o actual prazo de catorze dias (art. 10º do Decreto-Lei nº 24/2014) não se coaduna com aquele que está estabelecido no citado art. 8º, nº 4, da Lei de Defesa do Consumidor, na medida em que os dois diplomas podem aplicar-se aos mesmos contratos. Trata-se de um prazo mínimo de catorze dias, que pode ser alargado por acordo, não estando na autonomia das partes a faculdade de reduzir este período.

Para o exercício do direito de resolução previsto do art. 6º do Decreto-Lei nº 143/2001 (revogado pelo citado diploma de 2014) constava uma exigência de forma diversa da que decorre do disposto no Código Civil (art. 436º, nº 1), pois, como resultava do nº 5 do art. 6º do Decreto-Lei nº 143/2001, a resolução do contrato de compra e venda a distância tinha de ser feita por carta registada com aviso de recepção. Da redacção algo estranha deste último preceito, resultava que a declaração de resolução do contrato, contrariamente às regras gerais, produzia efeitos aquando da expedição, antes, pois, de ser recebida (ou conhecida) pelo destinatário; a declaração não deixa de ser recipienda, mas os seus efeitos retroagem à data da expedição, podendo ser recebida depois do decurso do prazo de catorze dias[572a].

Por último, resolvido o contrato, como é regra no caso de retroactividade (art. 434º, nº 1, do CC), devem as partes devolver as prestações que receberam em execução do negócio jurídico, mas, neste caso, determinou-se que o vendedor tem trinta dias para reembolsar o comprador do preço e despesas pagos, devendo o comprador conservar o bem para o restituir durante o prazo de 14 dias a contar da data da comunicação (art. 12º, nº 1 e 13º, nº 1, do Decreto-Lei nº 24/2014).

Cabe ainda referir, apesar de corresponder ao regime comum, que, havendo união de contratos entre a compra e venda a distância e o mútuo com vista a financiar o consumidor para este poder efectuar aquela aquisição, a resolução da compra e venda nos termos do art. 10º do Decreto-Lei nº 24/2014 determina a resolução do mútuo (art. 16º do Decreto-Lei nº 24/2014).

IV. No que respeita à natureza jurídica, poder-se-ia dizer que na compra e venda a distância estaria implícita uma cláusula a contento, pois se o consu-

---

[572a] *Vd. supra*, I Parte, Capítulo II, § 4., nº 4, alínea *b)*, pontos III. e IV., respectivamente para o direito real de habitação periódica e para a venda fora de estabelecimento, em que se estabelecem excepções à natureza receptícia da declaração.

midor, no prazo de catorze dias, achar que o bem fornecido não lhe agrada, poderia resolver o contrato. Mas há uma diferença entre a cláusula a contento e o direito de arrependimento, apesar de poderem conduzir a idênticos resultados. No art. 10º, nº 1, do Decreto-Lei nº 24/2014 incluiu-se uma cláusula resolutiva a favor do comprador, que lhe permite, caso o bem fornecido não seja do seu agrado, resolver o contrato; mas este direito assiste-lhe ainda que o bem lhe agrade, se concluir que determinada cláusula do contrato é desajustada ao seu interesse, pois não tem de invocar o motivo. Este último fundamento não se coaduna com a cláusula a contento.

Tendo em conta a possibilidade concedida ao comprador de resolver o contrato, deve concluir-se no sentido de a compra e venda a distância ser um negócio jurídico celebrado com cláusula resolutiva, em que a resolução tem uma base legal. O comprador poderá resolver o contrato desde que se preencha o respectivo pressuposto: a venda seja feita ao consumidor e a distância.

À excepção das especificidades indicadas, nomeadamente quanto ao prazo e à forma de exercício do direito, a resolução segue o regime comum, em particular no que respeita aos efeitos.

c) Venda ao domicílio

Tal como em relação à venda a distância, no contrato de compra e venda ao domicílio, em que o consumidor, sem ter solicitado, foi abordado pelo comerciante no seu domicílio ou lugar equiparado para adquirir determinado bem, dá-se a possibilidade ao comprador de resolver o contrato nos catorze dias subsequentes à sua celebração ou à entrega da mercadoria, se esta for feita posteriormente ao ajuste (art. 10º, nº 1, do Decreto-Lei nº 24/2014)[573].

A resolução do contrato na venda ao domicílio tem um fundamento idêntico ao da compra e venda a distância, e, quanto ao regime, segue a mesma forma de exercício com as consequências indicadas.

d) Venda esporádica

De igual modo, em caso de venda esporádica, celebrada em espaços esporadicamente disponibilizados para o efeito, fora, portanto, de um estabelecimento comercial, ao consumidor (comprador) é conferido o direito de resolver o contrato nos catorze dias imediatos à data da celebração do contrato ou da entrega do bem, nos termos estabelecidos para a venda ao domicílio (art. 25º, nº 2, do Decreto-Lei nº 24/2014), com um regime similar ao anteriormente analisado.

---

[573] Solução reiterada no art. 9º, nº 7, da Lei de Defesa do Consumidor (Lei nº 24/96, de 31 de Julho), com um prazo de sete dias.

Capítulo II
Doação

§ 1. Enunciação

Como dispõe o nº 1 do art. 940º do CC, a doação é um contrato (unilateral e gratuito) por via do qual o doador dispõe de uma coisa ou de um direito ou assume uma obrigação em benefício do donatário.

No que respeita à extinção do vínculo aplica-se o regime geral anteriormente analisado e, como regras especiais da doação, além da cláusula de reversão (arts. 960º e s. do CC) e da resolução (art. 966º do CC), importa atender ao disposto sobre a revogação das doações (arts. 969º e ss. do CC). Contudo, sem descurar as regras constantes da parte especial do direito das obrigações, ainda há que atender a algumas especificidades, como a caducidade das doações para casamento (art. 1760º do CC) e entre casados (art. 1766º do CC) ou as limitações à livre revogabilidade da doação no regime matrimonial (arts. 1758º e 1765º do CC).

§ 2. Cláusula de reversão

I. A cláusula de reversão é livremente estipulada (art. 960º, nº 1, do CC) e assenta no pressuposto de o doador sobreviver ao donatário; podendo ser mais exigente, impondo que o doador sobreviva ao donatário e aos seus descendentes (art. 960º, nº 2, 1ª parte, do CC). Em caso de dúvida, entende-se que a reversão só se verifica nesta última hipótese (art. 960º, nº 2, 2ª parte, do CC).

II. Quanto ao regime da reversão, nos arts. 960º e 961º do CC estipulam-se só dois aspectos: a necessidade de registo da cláusula e certos efeitos da extinção do vínculo. Questões que se encontram interligadas.

DA CESSAÇÃO DO CONTRATO

A reversão implica o retorno do bem doado ao património do doador livre de encargos constituídos entre a data da doação e da reversão (art. 961º do CC). A reversão determina a destruição do vínculo com eficácia retroactiva, sem pôr em causa a utilização do bem feita pelo donatário ou por terceiros. Do citado preceito resulta tão-só a ineficácia de encargos constituídos enquanto o bem doado estiver em poder do donatário ou de terceiros a quem tenha sido transmitido, mas, indirectamente, como a reversão corresponde a uma condição resolutiva, aplicam-se os efeitos antes enunciados para a resolução: a dissolução em princípio terá eficácia retroactiva, salvaguardando-se os efeitos nos termos prescritos nos arts. 1269º e ss. do CC.

Tendo em conta a ineficácia de encargos constituídos após a doação produzir efeitos, para a reversão que respeite a coisa imóvel ou móvel sujeita a registo exige-se o registo da cláusula (art. 960º, nº 3, do CC). A exigência legal respeita à cláusula de reversão, que tem de ser registada para ser eficaz em relação a terceiros; como o preceito citado dispõe tão-só que a cláusula carece de ser registada, atendendo ao regime geral do registo, que tem efeitos de publicidade, e comparando com o art. 687º do CC, onde se prescreve que a falta de registo da hipoteca determina a sua ineficácia mesmo em relação às partes, poder-se-ia concluir que a falta de registo da cláusula, ainda que esteja em causa a doação de um bem imóvel, não afectaria a sua eficácia *inter partes*. Contudo, a reversão, mesmo na primeira modalidade (premoriência do donatário), terá necessariamente de produzir efeitos em relação a terceiros, razão pela qual, sem registo, será totalmente ineficaz.

A reversão, apesar de ter um fundamento diverso, relacionado com o *intuitus personae* que o doador imprimiu à doação – não querendo que o bem doado, em sua vida, passe para terceiro – assemelha-se à resolução na venda a retro, mas não está sujeita aos limites temporais desta nem à forma da declaração negocial de extinção. A reversão pode ser feita valer sem limite de tempo, pressupondo tão-só que o doador sobreviva, produzindo efeitos automaticamente sem necessidade da emissão de uma declaração de vontade.

III. A reversão tem base convencional[574] e determina a extinção *ipso facto* do vínculo na hipótese de verificação de uma condição complexa, dependente do termo da vida de uma ou mais pessoas. É necessário que o doador continue

---

[574] Como esclarecem PIRES DE LIMA/ANTUNES VARELA, *Código Civil Anotado*, Volume II, 4ª edição, Coimbra, 1997, anotação 1 ao art. 960º, p. 265, a reversão é «um fenómeno de pura origem *convencional*, porque se não prevêem no Código casos de *reversão legal*, como os que admitia o direito romano (...)».

DOAÇÃO

vivo e, pelo contrário, o donatário e, eventualmente, os respectivos descendentes tenham falecido; não obstante se encontrar relacionada com a morte de uma ou mais pessoas, a reversão não corresponde a um termo incerto, mas a uma condição, porque tem de se verificar o decesso do donatário ou dos seus descendentes em momento anterior ao do falecimento do doador.

A cláusula de reversão qualifica-se, assim, como uma condição resolutiva, sujeita em regra ao regime da resolução, mas que determina a extinção automática do vínculo no momento da sua verificação.

§ 3. Resolução

I. A resolução do contrato de doação, prevista no art. 966º do CC, baseia-se nos parâmetros comuns. Trata-se de uma resolução que pode ser pedida em razão de o donatário (ou seu herdeiro) não cumprir o encargo; ou seja, confere-se ao doador a possibilidade de resolver o contrato em caso de incumprimento de deveres emergentes do contrato[575].

Não obstante corresponder a uma resolução legal por incumprimento, há que atender a duas particularidades. Em primeiro lugar, a resolução pode ser requerida pelos herdeiros do doador, aceitando-se a transmissão *mortis causa* de certos efeitos contratuais. Por outro lado, de modo similar, apesar de a resolução se fundar no incumprimento de deveres emergentes do contrato, a falta de cumprimento tanto pode ser da responsabilidade do donatário como dos seus herdeiros a quem o bem tenha sido transmitido.

Destas duas especificidades resulta que o regime da resolução, de forma diversa do que ocorre na resolução legal por incumprimento (art. 801º, nº 2, do CC), não se funda especificamente no sinalagma. Primeiro, porque a doação modal não é necessariamente um contrato sinalagmático, mas, em particular, tendo em conta que a resolução pode ser pedida pelos herdeiros do doador aos herdeiros do donatário em razão de um incumprimento ocorrido depois da morte do doador.

Resta referir que a resolução do contrato de doação, apesar de se fundar no não cumprimento de encargos e de ter previsão legal, aproximando-se da resolução legal por incumprimento, deverá estar estipulada, expressa

---

[575] Considerando que a doação pode ser «rescindida» pelo doador por falta de cumprimento do encargo imposto, *vd.* BARBOSA DE MAGALHÃES, «Rescisão das Doações Onerosas», *Gazeta da Relação de Lisboa*, Ano 22 (1909), p. 665. Consulte-se ainda MARIA DO ROSÁRIO PALMA RAMALHO, «Sobre a Doação Modal», *Dir.* 122º (1990), III/IV, pp. 700 e ss.
Noutro plano, atendendo a uma finalidade estipulada pelas partes – por exemplo, destino a dar ao bem –, *vd.* PINTO MONTEIRO, *Erro e Vinculação Negocial*, Coimbra, 2002, pp. 31 e s.

DA CESSAÇÃO DO CONTRATO

ou implicitamente, no contrato de doação[576]. Trata-se, pois, de uma resolução legal, porque prevista na lei, mas de base convencional; o modo funciona como uma condição resolutiva, sem que o efeito extintivo do vínculo opere de modo automático, pois carece de uma declaração de vontade. À imagem de outras situações, como a venda a retro, corresponde a uma resolução convencional prevista na lei.

II. Quanto ao modo de exercício, é por vezes afirmado que a resolução do contrato de doação tem de ser exercida por via judicial[576a], essencialmente por se tratar de um contrato fundado no *animus donandi* em que se incluiu uma cláusula modal, mas também tendo em conta a letra do preceito, onde se estipula que «podem pedir a resolução». Mas estes argumentos parecem ser insuficientes para afastar a regra geral do art. 436º do CC; salvo estipulação em contrário, «a resolução do contrato pode fazer-se mediante declaração à outra parte», sem necessidade de intervenção judicial[576b].

§ 4. Revogação

I. Não obstante outras previsões de cessação do vínculo enunciadas nos parágrafos anteriores, a revogação da doação é o meio de extinção do contrato com maior relevância, como resulta da previsão legislativa nos arts. 969º a 979º do CC[577].

Atender-se, em particular, à revogação unilateral, pois a revogação bilateral do contrato de doação segue as regras gerais, com algumas especificidades no direito da família; assim, há uma limitação à revogação por mútuo consentimento nas doações entre esposados (art. 1758º do CC), não extensível às doações entre casados (art. 1765º, nº 1, do CC).

A revogação (unilateral) da doação já se encontrava prevista no direito romano, tendo, desde o séc. III, sido conferido, em algumas doações, o direito

---

[576] Por isso, do sumário do Ac. Rel. Cb. de 17/6/1997, *BMJ* 468, p. 485 – não obstante algumas gralhas – parece poder concluir-se que se decidiu no sentido de a violação de cláusulas modais por parte do donatário só conferir a resolução do contrato se esta tivesse sido acordada, por não se aplicar o art. 801º, nº 2, do CC. Veja-se também o Ac. STJ de 9/2/1999, *BMJ* 484, p. 402. Maria do Rosário Palma Ramalho, «Sobre a Doação Modal», cit., p. 702, esclarece que não basta o *animus* do doador, sendo necessário o acordo das partes.

[576a] *Vd.* Pires de Lima/Antunes Varela, *Código Civil Anotado*, Volume II, cit., anotação 6 ao art. 966º, p. 273; Maria do Rosário Palma Ramalho, «Sobre a Doação Modal», cit., p. 703.

[576b] *Vd. supra,* I Parte, Capítulo II, Secção II, § 4., nº 7. II.

[577] Gibert, «La Donación Visigótica», *Boletim da Faculdade de Direito de Coimbra.* 58 (1982), Volume 2, p. 438, afirma que o tema central das doações é a sua revogação.

DOAÇÃO

de revogação por causa de ingratidão, direito esse estendido a todos os doadores por JUSTINIANO (C. 8,55,10)[578] – solução que subsistiu nas Ordenações Afonsinas (Livro IV, Título LXX), Manuelinas (Livro IV, Título LV) e Filipinas (Livro IV, Título LXIII). Razão pela qual a figura é geralmente consagrada nos diferentes ordenamentos jurídicos[579]. Com a revisão do Código Civil, operada em 1977, deixou de se admitir a tradicional revogação do contrato em caso de sobrevirem filhos ao doador; subsistindo, todavia, a redução por inoficiosidade (cfr. art. 2108º, nº 2, do CC), em que a liberalidade ofende a legítima dos herdeiros legitimários (art. 2168º do CC)[580]. Com finalidade idêntica à da redução por inoficiosidade cabe atender à colação, em que os bens doados são restituídos à massa da herança (art. 2104º do CC)[581].

---

[578] Vd. KASER, Direito Privado Romano, Lisboa, 1999, pp. 270 e s. Sobre a revogação das doações no Código de Eurico, prevista no Capítulo 308, cfr. GIBERT, «La Donación Visigótica», cit., pp. 438 e s.

[579] Para a análise do regime de revogação das doações em diferentes sistemas jurídicos, veja-se PINTO OLIVEIRA, «Revogação das Doações», SI, L (2001), nº 290, pp. 154 e ss. Consulte-se ainda, por exemplo, ALBALADEJO, Derecho Civil, II, Derecho de Obligaciones, 12ª edição, Barcelona, 2004, pp. 609 e ss. e LACRUZ BERDEJO et alii, Elementos de Derecho Civil, Tomo II, Derecho de Obligaciones, Volume 2, Contratos y Cuasicontratos. Delito e Cuasidelito, 2ª edição, Madrid, 2002, pp. 98 e ss., a propósito so art. 644 do CCEsp.
Diferente da revogação da doação, negócio jurídico bilateral, é a revogação do testamento, negócio unilateral; sobre esta figura, vd. JOÃO MENEZES LEITÃO, Da Revogação do Testamento e de Disposições Testamentárias, Dissertação de Mestrado, Lisboa, 1992, quanto à forma da revogação (pp. 114 e ss.) e relativamente à natureza (pp. 183 e ss.). A matéria da revogação do testamento, tendo em conta a evolução histórica desde o direito romano, pode consultar-se em HENRIQUES DA SILVA, Da Revogação no Direito Testamentário, Coimbra, 1884, pp. 1 e ss.; as referências ao Direito pátrio, incluindo o Código Civil de 1867, encontram-se a pp. 91 e ss., indicando que algumas destas regras valem em sede de doação (p. ex., pp. 176 e ss.).

[580] Sobre a figura, apesar de analisada antes do Código Civil de 1966, veja-se AROSO, «A Revogação ou Redução das Doações por Inoficiosidade», Boletim da Faculdade de Direito de Coimbra. Suplemento 10 (1952), pp. 150 e ss.; CUNHA GONÇALVES, Tratado de Direito Civil em Comentário ao Código Civil Português, Volumes VI e VIII, Coimbra, 1932 e 1934, pp. 729 e ss. e pp. 185 e ss.; de igual modo, CROFT DE MOURA, Causas Especiais de Rescisão das Doações, Dissertação para Licenciatura, Lisboa, 1946, sob a terminologia, «rescisão das doações», alude à revogação por superveniência de filhos (pp. 2 e ss.) e por ingratidão (pp. 172 e ss.), e em «Rescisão das Doações Inoficiosas», ROA, 8 (1948), nºs 3 e 4, explica a justificação do instituto (pp. 140 e ss.) e o seu fundamento (pp. 145 e ss.). No regime actual, veja-se MENEZES LEITÃO, Direito das Obrigações, Volume III, cit., pp. 219 e ss.
Refira-se que a revogação por sobrevirem filhos ao doador subsiste noutros sistemas jurídicos, não correspondendo a nenhuma discriminação, cfr. LACRUZ BERDEJO et alii, Elementos de Derecho Civil, cit., p. 99. Veja-se ainda PIRES DE LIMA/ANTUNES VARELA, Código Civil Anotado, Volume II, cit., anotação 1 e 2 ao art. 970º, pp. 276 e s., que explicam a razão da inserção da norma em 1966 e a justificação para a sua revogação em 1977.

[581] Veja-se MENEZES LEITÃO, Direito das Obrigações, Volume III, cit., pp. 215 e ss.

DA CESSAÇÃO DO CONTRATO

II. Importa distinguir a revogação da proposta de doação (art. 969º do CC) da revogação do contrato de doação (arts. 970º e ss. do CC). Só nesta segunda hipótese está em causa a dissolução de um vínculo, pois, no primeiro caso, o contrato não se chegou a formar.

III. O fundamento da revogação do contrato é a ingratidão do donatário (art. 970º do CC), que ocorre nos casos em que se admitisse a incapacidade para suceder por indignidade ou que justificassem a deserdação do donatário[582]. Assim, se, por exemplo, o donatário tiver sido condenado por prática de crime doloso contra a pessoa, bens ou honra do doador ou por denúncia caluniosa ou falso testemunho contra o doador, pode a doação ser revogada por ingratidão (arts. 2034º e 2166º *ex vi* art. 974º do CC)[583].

A revogação por ingratidão do donatário corresponde, pois, a uma hipótese equiparável à resolução do contrato, com um regime particular, nomeadamente quanto ao exercício do direito (art. 976º do CC) e aos efeitos extintivos (art. 978º, nº 1, do CC), e não se poderia enquadrar numa típica resolução por incumprimento, na medida em que a ingratidão dificilmente corresponderia à falta de realização de prestações contratuais por parte do donatário[583a], mas pode entender-se que se confere a uma das partes (doador) o direito de se desvincular invocando um motivo (ingratidão) que vem, posteriormente, a pôr em causa o equilíbrio contratual[584].

Apesar da ingratidão do donatário, o contrato de doação não é revogável nos casos previstos no art. 975º do CC, nomeadamente se a doação foi feita para casamento[585].

IV. Quanto ao regime, importa atender ao exercício do direito e aos efeitos da revogação.

---

[582] Com uma enumeração taxativa de casos de ingratidão, *vd.* CUNHA GONÇALVES, *Tratado de Direito Civil*, Volume VIII, cit., pp. 188 e ss., em comentário ao art. 1488 do CC1867. Relativamente ao regime vigente, veja-se MENEZES LEITÃO, *Direito das Obrigações*, Volume III, cit., pp. 213 e ss.

[583] Sobre as hipóteses de revogação por ingratidão, veja-se PINTO OLIVEIRA, «Revogação das Doações», cit., pp. 158 e ss.

[583a] MARIA DO ROSÁRIO PALMA RAMALHO, «Sobre a Doação Modal», cit., p. 704, alude à ingratidão derivada da ingratidão do donatário.

[584] Entendendo que se está perante uma situação em que a fronteira entre revogação e resolução se encontra diluída, cfr. BRANDÃO PROENÇA, *A Resolução do Contrato no Direito Civil. Do Enquadramento e do Regime*, Coimbra, 1996, p. 50.

[585] Quanto à exclusão da revogação a que alude o art. 975º do CC, consulte-se a enunciação das situações em PINTO OLIVEIRA, «Revogação das Doações», cit., pp. 162 e ss.

DOAÇÃO

No que respeita ao exercício do direito, contrariamente às regras gerais, a revogação é unilateral, e só pode ser exercida pelo doador. Por outro lado, não se pode antecipadamente renunciar ao direito de revogação (art. 977º do CC), estando somente na autonomia privada o seu exercício.

No que respeita ao prazo para exercer o direito, decorre do art. 976º do CC que o doador tem um ano a contar da data em que teve conhecimento do facto determinante da ingratidão para revogar o contrato, sob pena de caducidade do direito (nº 1). Por outro lado, a revogação terá de ser requerida pelo doador, caducando o direito com a sua morte, excepto se o donatário cometeu crime de homicídio contra o doador ou de qualquer modo o impediu de revogar a doação, caso em que cabe aos herdeiros deste revogar a doação no ano seguinte ao seu decesso (nºs 1 e 3). Por último, o direito de revogar a doação caduca com a morte do donatário (nº 1).

Em relação ao meio para fazer valer o direito, de modo diverso do regime comum da liberdade de forma, exige-se que a revogação seja requerida em acção judicial (art. 976º do CC). Atendendo ao regime comum de cessação dos vínculos, dir-se-á que o meio imposto é exorbitante, principalmente porque os interesses a acautelar raramente justificarão o recurso a tribunal, em particular quando a doação respeita a bens móveis não sujeitos a registo.

Por último, tendo em conta o disposto nos arts. 978º e 979º do CC, cabe distinguir os efeitos da revogação *inter partes* dos efeitos relativamente a terceiros.

Nos termos gerais, a revogação não tem eficácia retroactiva, levando à dissolução do vínculo para o futuro[586]. Porém, como a revogação tem de ser exercida por via de uma acção judicial, prescreve-se que o efeito extintivo se reporta à data em que a acção foi intentada (art. 978º, nº 1, do CC). Como a revogação só produz efeitos *ex nunc*, o bem doado será devolvido ao doador no estado em que se encontrar à data em que a acção for proposta, mas se, anteriormente, tiver sido alienado ou destruído por causa imputável ao donatário, será devolvido o respectivo valor (art. 978º, nºs 2 e 3, do CC)[587]. No caso de perda fortuita do bem doado, o risco corre por conta do doador[588].

Atendendo à eficácia *ex nunc* da revogação, a extinção do vínculo não afecta os direitos reais sobre o bem doado que terceiro haja adquirido antes de ser intentada a acção judicial (art. 979º do CC).

---

[586] Veja-se, contudo, BRANDÃO PROENÇA, *A Resolução do Contrato no Direito Civil*, cit., p. 51.

[587] Sobre este regime, *vd*. PINTO OLIVEIRA, «Revogação das Doações», cit., pp. 172 e ss.

[588] *Vd*. PIRES DE LIMA/ANTUNES VARELA, *Código Civil Anotado*, Volume II, cit., anotação 3 ao art. 978º, p. 283.

DA CESSAÇÃO DO CONTRATO

V. A revogação do contrato de doação por ingratidão do donatário distingue-se da resolução uma vez que não assenta no incumprimento de deveres contratuais, mas não corresponde à situação típica de revogação, porque é de exercício unilateral.

Trata-se de uma revogação unilateral admitida excepcionalmente em alguns contratos, e no caso justificada pelo facto de o contrato ser gratuito. A revogação das doações distingue-se também das regras gerais, pois fixou-se um regime próprio nos arts. 976º e ss. do CC.

§ 5. Caducidade

Entre as especificidades da extinção do contrato de doação, cabe igualmente atender à caducidade estabelecida em sede de direito da família, concretamente ao regime de caducidade das doações para casamento (art. 1760º do CC) e entre casados (art. 1766º do CC). As regras constantes destes preceitos justificam-se tendo em conta o fim do contrato; por isso, a invalidade do casamento ou cessação do casamento (p. ex., por divórcio) podem implicar a caducidade da doação. Estar-se-á perante uma manifestação dos efeitos de um contrato noutro, como na união de contratos[588a].

[588a] *Vd. supra*, I Parte, Capítulo IV, § 2.

Capítulo III
Sociedade

§ 1. Enunciação

No contrato de sociedade (arts. 980º e ss. do CC), atendendo à sua estrutura – tendencialmente plurilateral – e ao respectivo objecto – exercício em comum de certa actividade económica –, justifica que se tenham estabelecido certas particularidades relativas à cessação do vínculo. E importa distinguir a extinção que diz respeito a um dos sócios – morte, exoneração ou exclusão de sócio (arts. 1001º e ss. do CC) e a consequente liquidação da quota (art. 1021º do CC) – daquela que determina o fim do contrato – dissolução da sociedade (arts. 1007º e ss. do CC). Em caso de dissolução ter-se-á de ter em conta o regime de liquidação da sociedade (arts. 1010º e ss. do CC).

Como se indicou na Nota Preliminar, o estudo incide sobre a cessação dos contratos civis, mas em alguns casos, por força da respectiva conexão, faz--se referência às correspondentes regras em idênticos contratos comerciais. No caso, cabe aludir ao regime das sociedades comerciais que, neste âmbito, não difere substancialmente do regime civil[589]. No que respeita à extinção do vínculo em relação a um dos sócios, nas sociedades em nome colectivo e

---

[589] Poder-se-ia pensar que o regime do Código Civil teria um campo de aplicação muito limitado, pois as questões relativas ao afastamento de um sócio ou à dissolução da sociedade só têm relevância prática no âmbito comercial; contudo, tendo em conta as sociedades de profissionais liberais, as mencionadas questões assumem particular relevo, cfr. HELLER, *Die Beendigung freiberuflicher Sozietätsverhältnisse*, Colónia, 2000, pp. 55 e ss. Quanto à exoneração e exclusão de sócios e à dissolução de sociedades de advogados, veja-se os arts. 21º e ss. e 54º e ss. do Regime Jurídico das Sociedades de Advogados (Decreto-Lei nº 229/2004, de 10 de Dezembro).

DA CESSAÇÃO DO CONTRATO

por quotas, prevê-se igualmente o falecimento, a exoneração ou a exclusão de sócio, respectivamente, nos arts. 184º e ss. e nos arts. 240º e ss. do CSC[590], com a correspondente liquidação ou amortização da quota (arts. 184º e ss. e 232º e ss. do CSC), bem como a dissolução de qualquer tipo de sociedade, com a subsequente liquidação, nos arts. 141º e ss. do CSC, regras estas que encontram soluções particulares nas sociedades em nome colectivo (art. 195º do CSC), nas sociedades por quotas (art. 270º do CSC), nas sociedades anónimas (art. 464º do CSC) e nas sociedades em comandita (art. 473º do CSC).

Associada com a extinção do vínculo societário ainda se poderia aludir à cessação da situação jurídica de administração da sociedade[591], mas não é pacífico que a administração societária seja exercida com base num contrato[592] e, ainda que o fosse, a extinção do vínculo teria de ser analisada à luz do respectivo contrato (mandato, trabalho, etc.), pelo que a questão não deverá ser estudada nesta sede. Tratando-se de um vínculo não contratual, como foi indicado na Introdução, à respectiva cessação aplicar-se-ão, com as necessárias adaptações, as regras gerais da cessação dos contratos.

§ 2. Morte, exoneração ou exclusão de sócio
1. Aspectos comuns

I. Como resulta do disposto nos arts. 1001º e ss. do CC, a morte, a exoneração e a exclusão de um sócio não constituem necessariamente causa de dissolução da sociedade, mas determinam a cessação do vínculo entre a sociedade e o sócio. Dito de outro modo, não implicam a cessação do contrato de sociedade, que pode, ainda assim, subsistir, mas a extinção da relação entre aquele sócio e a sociedade; a exclusão de um sócio determinará aquilo que se pode designar por dissolução parcial, em confronto com a dissolução total, em que a sociedade se extingue[593].

---

[590] Há algumas situações previstas no Código das Sociedades Comerciais em que o direito de exoneração não se circunscreve às sociedades em nome colectivo e por quotas, como se indicará adiante.

[591] Sobre a cessação da situação jurídica da administração da sociedade, veja-se MENEZES CORDEIRO, *Da Responsabilidade Civil dos Administradores das Sociedades Comerciais*, Lisboa, 1996, pp. 375 e ss., que alude às tradicionais formas de cessação: caducidade, revogação, resolução e denúncia (p. 375).

[592] *Vd.* MENEZES CORDEIRO, *Da Responsabilidade Civil dos Administradores das Sociedades Comerciais*, cit., pp. 394 e ss.

[593] Quanto a esta distinção, frequente entre autores brasileiros, veja-se LUCIANO DE ALBUQUERQUE, *Dissolução Total e Parcial das Sociedades Civis e Comerciais*, Curitiba, 1999, pp. 163 e ss. De modo diverso, CAIAFA, *Società. Scioglimento e Liquidazione*, Pádua, 1987, pp. 65 e ss. e pp. 93 e ss., contrapõe a dissolução do vínculo social (limitado a um sócio) à dissolução da sociedade. No direito alemão, distingue-se a dissolução da sociedade (*Auflösung*), §§ 726 e ss. do BGB, da denúncia de um sócio

SOCIEDADE

Além de diferenças de regime justificadas pelas situações concretas, as três hipóteses de cessação do vínculo entre o sócio e a sociedade baseiam-se em distintos vectores: causas naturais (morte); decisão do sócio (exoneração); e deliberação da sociedade (exclusão)[594].

Em qualquer caso, a extinção do vínculo processa-se mediante a liquidação da quota (art. 1021º do CC).

II. O regime é muito semelhante no caso de sociedades em nome colectivo, em que os arts. 184º (Falecimento de um sócio), 185º (Exoneração de um sócio) e 186º (Exclusão de um sócio) do CSC dispõem de modo similar aos correspondentes preceitos do Código Civil, fazendo inclusive remissões para artigos deste diploma (p. ex., art. 184º, nº 7, do CSC, que remete para o art. 1021º do CC).

Nas sociedades por quotas, com uma solução algo diversa no que respeita à hipótese de morte do sócio, onde se estabelece o princípio geral da transmissão da quota (art. 225º, nº 1, do CSC) – admitindo-se também a via da sua amortização (art. 225º, nº 2, do CSC) –, consagra-se o direito de o sócio se exonerar (art. 240º do CSC), apesar de os fundamentos serem diversos dos que se prescreve quanto às sociedades civis, assim como se prevê a possibilidade de a sociedade excluir o sócio (art. 241º do CSC), situação que, por vezes, será de exercício judicial (art. 242º do CSC). Em consequência da extinção do vínculo, dever-se-á proceder à amortização da quota (arts. 232º e ss. do CSC).

2. Morte de um sócio

I. Falecendo um sócio, salvo acordo em contrário, a sociedade deve liquidar a sua quota em benefício dos herdeiros (art. 1001º, nº 1, 1ª parte, do CC)[595]. Em vez de liquidarem a quota, os sócios supérstites têm, todavia, a possibilidade de dissolver a sociedade ou, com o acordo dos herdeiros do sócio falecido, manter a sociedade com uma mera alteração subjectiva (art. 1001º, nº 1, 2ª parte, do CC). Deste modo, a morte do sócio pode não determinar a extinção do vínculo, mas a sua transmissão, como é a regra no âmbito das sociedades por quotas (art. 225º, nº 1, do CSC).

(*Kündigung*), §§ 723 e ss. do BGB, cfr. HELLER, *Die Beendigung freiberuflicher Sozietätsverhältnisse*, cit., pp. 13 e ss.

[594] A tripartição de causas de cessação do vínculo relativamente a um sócio, constante do regime português, é comum noutras ordens jurídicas, *vd.* CAIAFA, *Società. Scioglimento e Liquidazione*, cit., pp. 72 e ss.

[595] Sobre a extinção do vínculo social em caso de morte de um sócio, veja-se MENEZES LEITÃO, *Direito das Obrigações*, Volume III, cit., pp. 262 e ss.

DA CESSAÇÃO DO CONTRATO

Nos termos do art. 270º-A, nº 2, do CSC, a morte de um sócio pode levar à concentração na titularidade das quotas num único sócio, dando origem a uma sociedade unipessoal por quotas.

Para o vínculo se extinguir em consequência da morte de um sócio será, assim, necessário que os restantes sócios não optem pela transmissão da quota, procedendo a sociedade à respectiva liquidação, ou seja, pagando aos herdeiros o valor determinado nos termos do art. 1021º do CC.

II. Com uma redacção muito próxima do art. 1001º do CC, no art. 184º do CSC, para as sociedades em nome colectivo, estabelece-se igualmente a extinção do vínculo em caso de decesso de um sócio mediante a satisfação aos herdeiros do valor da parte social do falecido. A extinção não é obrigatória, pois a sociedade, assim querendo os interessados, pode continuar com os sócios sobrevivos e com os sucessores do falecido (art. 184º, nº 2, do CSC).

3. Exoneração de um sócio

I. A exoneração a que alude o art. 1002º do CC tem afinidade com a denúncia e com a resolução do contrato.

No citado preceito, distingue-se a exoneração *ad libitum* daquela que se funda em justa causa; em qualquer caso, estar-se-á perante uma declaração de vontade de um sócio fundada num direito potestativo de fazer cessar o vínculo que o liga à sociedade[596].

A exoneração não justificada – assimilável à denúncia – pode exercer-se em duas situações: se a duração da sociedade não tiver sido fixada no contrato, um sócio pode exonerar-se livremente (art. 1002º, nº 1, do CC); tendo sido fixado prazo de duração da sociedade, o direito de exoneração terá de ser exercido nas condições (nomeadamente temporais) previstas no contrato (art. 1002º, nº 2, do CC)[597]. No âmbito das sociedades por quotas, admite-se que

---

[596] Cfr. CAIAFA, *Società. Scioglimento e Liquidazione*, cit., p. 78. Sobre as várias manifestações da figura, entendendo que não se reconduzem a um paradigma comum, *vd.* MARIA AUGUSTA FRANÇA, «Direito à Exoneração», *Novas Perspectivas do Direito Comercial*, Coimbra, 1988, pp. 209 e ss. Relativamente às sociedades anónimas, a questão da exoneração dos accionistas é amplamente analisada por DANIELA BAPTISTA, *O Direito de Exoneração dos Accionistas. Das suas Causas*, Coimbra, 2005, pp. 161 e ss. No que respeita às sociedades por quotas, consulte-se CURA MARIANO, *O Direito de Exoneração dos Sócios nas Sociedades por Quotas*, Coimbra, 2005, pp. 36 e ss.

[597] Quanto ao poder de exoneração *ad nutum* de um sócio e ao respectivo fundamento, *vd.* VIDEIRA HENRIQUES, *A Desvinculação Unilateral Ad Nutum nos Contratos Civis de Sociedade e de Mandato*, Coimbra, 2001, pp. 37 e ss. e 42 e ss. O autor conclui que o poder discricionário de exoneração do sócio assenta na liberdade de iniciativa económica, no sentido negativo, de renúncia a uma actividade económica empreendida (p. 52). Por seu turno, CABELLA PISU, «Il Diritto di Recesso dell'Associato», *Raccolta di Pareri Forensi in Diritto Privato*, org. Giovanna VISINTINI, Milão, 2001,

SOCIEDADE

um sócio se exonere no caso de ter sido clausulada a proibição de cessão de quotas, mas depois de decorridos dez anos sobre o seu ingresso na sociedade (art. 229º, nº 1, do CSC); trata-se igualmente de uma situação de denúncia do vínculo, sujeita à verificação de determinados pressupostos[598].

Mesmo que tenha sido fixado prazo de duração da sociedade, o sócio pode exonerar-se antes do período previsto no contrato se invocar justa causa (art. 1002º, nº 2, do CC); esta hipótese corresponde à resolução do contrato[599]. No que respeita à justa causa, sem ser exaustivo, pode atender-se ao disposto nas duas alíneas do nº 1 do art. 240º do CSC, onde se alude, por exemplo, à deliberação societária relativamente à mudança do objecto social ou de transferência da sede para o estrangeiro contra o voto do interessado.

II. A exoneração de um sócio numa sociedade em nome colectivo tem contornos idênticos aos estabelecidos para a sociedade civil, como resulta do disposto no art. 185º do CSC. Mas, numa sociedade por quotas, é mais limitada a faculdade de recurso à exoneração de um sócio, tendo em conta o regime constante do art. 240º do CSC.

Refira-se, por fim, que o direito de exoneração não é exclusivo das sociedades em nome colectivo e por quotas. Assim, no art. 3º, nº 5, 2ª parte, do CSC, confere-se ao sócio que não tenha votado a deliberação de transferência da sede societária para outro país, o direito de se exonerar; como resulta do art. 45º, nº 1, do CSC, os vícios da vontade permitem que o sócio prejudicado, em vez de anular o negócio, se exonere; no art. 105º, nº 1, do CSC, estabelece-se o direito de exoneração de um sócio que tenha votado contra a deliberação de fusão; em terceiro lugar, o sócio que tenha votado desfavoravelmente a deliberação de transformação da sociedade pode exonerar-se (art. 137º, nº 1, do CSC); e no art. 161º, nº 5, do CSC, admite-se que, depois de iniciada a partilha de liquidação da sociedade, sendo deliberado o regresso à actividade, um sócio cuja posição fique prejudicada possa exonerar-se[600].

---

p. 21, justifica a liberdade de desvinculação do associado com base no princípio constitucional da liberdade de associação e GALLETTI, *Il Recesso nelle Società di Capitali*, Milão, 2000, pp. 62 e ss., fundamenta o direito de exoneração na autotutela do sócio.

[598] Como indica GALLETTI, *Il Recesso nelle Società di Capitali*, cit., pp. 99 e ss., a cessão de quotas constitui um modelo alternativo à exoneração, pelo que, estando vedado este meio, não querendo permanecer na sociedade, cabe ao sócio exonerar-se.

[599] Neste sentido, MENEZES LEITÃO, *Direito das Obrigações*, Volume III, cit., p. 265. Com posição diversa, por contestar a designada «teoria do contrato» no âmbito societário, *vd.* DANIELA BAPTISTA, *O Direito de Exoneração dos Accionistas. Das suas Causas*, cit., pp. 391 e ss.

[600] Para maiores desenvolvimentos quanto ao exercício do poder de exoneração, veja-se VIDEIRA HENRIQUES, *A Desvinculação Unilateral Ad Nutum*, cit., pp. 52 e ss. e 68 e ss.

DA CESSAÇÃO DO CONTRATO

4. Exclusão de um sócio

I. A sociedade pode deliberar a exclusão de um sócio, nos termos previstos nos arts. 1003º e ss. do CC, cessando, assim, o vínculo deste com aquela. Como se depreende do disposto nos arts. 1003º e 1004º do CC, a deliberação de exclusão de um sócio pode assentar numa causa legal ou convencional.

Os fundamentos legais indicados nos citados preceitos relacionam-se com o incumprimento de deveres por parte do sócio (violação grave das obrigações para com a sociedade, alínea *a)* do art. 1003º do CC) ou com a impossibilidade, ainda que não culposa, de cumprimento dos seus deveres (interdição ou inabilitação, impossibilidade de prestar os serviços à sociedade, perecimento da coisa que constitua entrada – alíneas *b)*, *c)* e *d)* do art. 1003º e art. 1004º do CC)[601]. Pode, por isso, identificar-se a exclusão do sócio, que tem base legal, com a resolução (legal) do contrato, apesar de aquela, nalguns casos, ser admissível sem ter havido um comportamento culposo do sócio[602]. Verificados determinados pressupostos, a sociedade tem o direito potestativo de fazer cessar a relação jurídica com um determinado sócio[603]. Na relação societária, sendo um contrato de fim comum, a resolução (exoneração) assenta numa particularidade do funcionamento do sinalagma contratual[604].

---

[601] Em análise das situações previstas no art. 1003º do CC, *vd*. AVELÃS NUNES, *O Direito de Exclusão de Sócios nas Sociedades Comerciais*, Coimbra, 2002, pp. 169 e ss.

[602] Cfr. MENEZES CORDEIRO, *Manual de Direito das Sociedades*, I Volume, *Das Sociedades em Geral*, Coimbra, 2004, p. 298; MENEZES LEITÃO, *Pressupostos da Exclusão de Sócio nas Sociedades Comerciais*, Lisboa, 1988, pp. 42 e ss.
Justificando o direito de exclusão de sócios na ideia de utilidade da empresa social e na necessidade de preservar quanto possível as sociedades comerciais, *vd*. AVELÃS NUNES, *O Direito de Exclusão de Sócios*, cit., pp. 47 e ss. Segundo este autor (p. 48), «o ordenamento jurídico não pode deixar de reflectir as razões de ordem económica que impõem a necessidade de evitar a extinção de organismos produtivos que são as empresas, facultando os meios jurídicos para as expurgar de todos os elementos perturbadores», e acrescenta (p. 52): «A sociedade poderá sempre excluir do seu seio o sócio que prejudica a realização do fim comum ou não contribui para a sua prossecução».

[603] *Vd*. CAROLINA CUNHA, «A Exclusão de Sócios», *Problemas do Direito das Sociedades*, Coimbra, 2002, p. 203.

[604] *Vd*. MENEZES LEITÃO, *Pressupostos da Exclusão de Sócio nas Sociedades Comerciais*, cit., pp. 42 e ss.; AVELÃS NUNES, *O Direito de Exclusão de Sócios*, cit., pp. 62 e ss.
De modo diverso, CAROLINA CUNHA, «A Exclusão de Sócios», cit., pp. 208 e ss., em especial pp. 215 e s., rejeita a ideia de a exclusão corresponder à resolução do contrato, essencialmente porque considera a resolução como uma forma de auto-desvinculação, sendo a exclusão um meio de «operar a desvinculação alheia», isto é a hetero-desvinculação. Trata-se, porém, de uma perspectiva demasiado formalista, assente numa explicação primordialmente linguística da realidade extintiva; por esta ordem de ideias, o empregador, titular da empresa, quando despede um trabalhador com justa causa, como o afasta da empresa, não estaria a resolver o contrato de trabalho, mas a proceder à hetero-desvinculação do trabalhador em relação à empresa.

SOCIEDADE

Tendo em conta o princípio da autonomia contratual, do contrato de sociedade pode constar uma cláusula com outros fundamentos para a exclusão de um sócio; estar-se-á, então, perante uma situação similar a uma resolução convencional[605].

II. O regime da exclusão de sócio nas sociedades em nome colectivo (art. 186º do CSC) é idêntico ao prescrito para as sociedades civis, destacando-se, porém, como causas específicas, nomeadamente a violação da proibição de concorrência e a destituição da gerência com justa causa (alínea *a*) do art. 186º do CSC); por seu turno, não fazem parte do elenco de situações justificativas da exclusão o perecimento superveniente de bem que constitua a entrada do sócio.

Nas sociedades por quotas distingue-se a exclusão extrajudicial da judicial[606]; no primeiro caso, como prescreve o art. 241º do CSC, o fundamento da exclusão pode encontrar-se no contrato de sociedade, na falta de pagamento da entrada (art. 204º, nº 2, do CSC) ou na utilização prejudicial para a sociedade de informações (art. 214º, nº 6, do CSC). O sócio será excluído por decisão judicial em razão do seu comportamento desleal ou perturbador que possa causar prejuízos relevantes à sociedade (art. 242º, nº 1, do CSC)[607].

5. Liquidação da quota

A liquidação da quota é um acto subsequente à extinção do vínculo, pelo que a relação jurídica termina antes, e independentemente de a quota ter sido liquidada. Como resulta do nº 3 do art. 1021º do CC, a liquidação dever-se-á fazer no prazo de seis meses subsequente à extinção do vínculo; neste período a relação contratual já não existe e, em seu lugar, constituiu-se um direito de crédito do antigo sócio (ou seus herdeiros) a perceber o valor a apurar nos termos prescritos nos nºs 1 e 2 do art. 1021º do CC[608].

---

[605] Quanto aos limites a tais cláusulas, *vd.* AVELÃS NUNES, *O Direito de Exclusão de Sócios*, cit., pp. 237 e ss.

[606] Nas sociedades civis e em nome colectivo, a exclusão é decretada por tribunal no caso de haver só dois sócios (art. 1005º, nº 3, do CC e art. 186º, nº 3, do CSC).

[607] Para maior desenvolvimento, veja-se CAROLINA CUNHA, «A Exclusão de Sócios», cit., pp. 203 e ss e 217 e ss. e MENEZES LEITÃO, *Pressupostos da Exclusão de Sócio nas Sociedades Comerciais*, cit., pp. 45 e ss.

[608] Consulte-se MENEZES CORDEIRO, *Manual de Direito das Sociedades*, I Volume, cit., p. 303; na nova edição, *Direito das Sociedades*, I Volume, 3ª edição, 2011, p. 1150, e VIDEIRA HENRIQUES, *A Desvinculação Unilateral Ad Nutum*, cit., pp. 85 e ss. Relativamente ao regime estabelecido nos §§ 738 e ss. do BGB, *vd.* HELLER, *Die Beendigung freiberuflicher Sozietätsverhältnisse*, cit., pp. 17 e ss.

DA CESSAÇÃO DO CONTRATO

Com algumas diferenças de regime, prescreve-se igualmente a liquidação da parte social nas sociedades em nome colectivo (arts. 184º, nº 7, 185º, nº 5, 186º, nº 4, 187º e 188º do CSC) ou a amortização da quota nas sociedades por quotas (arts. 232º e ss. do CSC) em consequência da extinção do vínculo com o sócio falecido, exonerado ou excluído.

6. Efeitos da dissolução

I. Como o contrato de sociedade é de execução continuada, independentemente de a extinção do vínculo com um sócio corresponder a uma hipótese de resolução ou de denúncia, a dissolução só produz efeitos para o futuro, não tendo, pois, eficácia retroactiva.

II. O vínculo extingue-se no momento em que produz efeitos a causa determinante da dissolução. Assim, morrendo o sócio, a extinção verificar-se-á na data do falecimento; apesar da omissão da lei civil, esta conclusão retira-se expressamente do nº 7 do art. 184º do CSC, quando dispõe «que a partir da data da morte do sócio se extinguem todos os direitos e obrigações inerentes à parte social». A solução será a mesma no caso de exoneração ou exclusão do sócio: o vínculo extingue-se no momento em que a exoneração ou a exclusão produzem efeitos.

III. Por via de regra, quando a exoneração é *ad nutum*, aproximando-se da denúncia, só produz efeitos no termo do ano social em que é feita a comunicação, desde que decorrido o aviso prévio de três meses (art. 1002º, nº 3, do CC e art. 185º, nº 4, do CSC)[609].

Mas na eventualidade de a exoneração ser exercida com justa causa, apesar de na lei civil (art. 1002º, nº 3, do CC) e no regime das sociedades em nome colectivo (art. 185º, nº 4, do CSC) não se distinguir, impondo sempre a comunicação prévia e a produção de efeitos no termo do ano social, nos restantes casos o vínculo extingue-se a partir do momento em que a declaração negocial de exoneração produz efeitos, isto é, com a sua recepção. Assim dispõe o nº 3 do art. 240º do CSC para as sociedades por quotas, e será este também o regime nas restantes hipóteses de exoneração, onde não se prescreveu regra especial para a produção de efeitos. Por exemplo, na exoneração prevista no art. 137º do CSC, em que o sócio se opôs à deliberação de transformação da

---

[609] Para uma explicação da regra de a exoneração só produzir o efeito extintivo no termo do exercício social, *vd.* GALLETTI, *Il Recesso nelle Società di Capitali*, Milão, 2000, pp. 443 e ss. Consulte-se igualmente VIDEIRA HENRIQUES, *A Desvinculação Unilateral Ad Nutum*, cit., pp. 77 e ss.

SOCIEDADE

sociedade, na versão inicial do regime, o vínculo só se extinguia na data da escritura de transformação (art. 137º, nº 4, do CSC); depois de revogado este nº 4, actualmente, no nº 2 do art. 137º do CSC remete-se para o art. 105º do mesmo diploma, no qual se prescreve que, para o cálculo do valor de aquisição, se deverá ter em conta a data da transformação. Resta ainda acrescentar que, por vezes, se estabelece um prazo de caducidade para o sócio exercer o seu direito de exoneração: assim, nos termos do art. 3º, nº 5, do CSC, a decisão tem de ser tomada no prazo de sessenta dias, e a exoneração prevista nos arts. 105º, nº 1, e 137º, nº 1, do CSC, deverá ser declarada por escrito no prazo de um mês.

IV. Tratando-se de exclusão extrajudicial de sócio, salvo previsão legal ou contratual diversa, o vínculo extingue-se trinta dias após a deliberação societária ter sido comunicada ao sócio excluído (art. 1005º, nº 2, do CC); mas na falta de norma idêntica no âmbito das sociedades comerciais, a extinção não fica dependente do decurso do prazo de trinta dias, valendo a regra geral da eficácia das declarações negociais.

Sendo a exclusão judicial, valerá a data da sentença, apesar de, nas sociedades por quotas, o valor da quota ser determinado à data da proposição da acção (art. 242º, nº 4, do CSC).

V. Independentemente da causa de dissolução (morte, exoneração ou exclusão), como a extinção só produz efeitos *ex nunc*, o vínculo com o sócio teve plena eficácia até essa data, subsistindo os direitos entretanto vencidos e ainda não cumpridos. Com a cessação do vínculo não surgem outros créditos emergentes da relação societária para além dos correspondentes à liquidação da quota.

Refira-se que a extinção relativamente a um sócio só determina a dissolução parcial do vínculo societário, cessando as relações jurídicas entre o sócio e a sociedade, sem pôr em causa a subsistência desta com os sócios remanescentes.

§ 3. Extinção da sociedade
1. Dissolução da sociedade
I. A sociedade dissolve-se verificada alguma das causas previstas na lei (art. 1007º do CC), por exemplo, acordo dos sócios (art. 1007º, alínea *a*), do CC), ou por qualquer outra causa prevista no contrato (art. 1007º, alínea *f*), do CC)[610].

---

[610] Veja-se MENEZES LEITÃO, *Direito das Obrigações*, Volume III, cit., pp. 267 e ss.

DA CESSAÇÃO DO CONTRATO

A possibilidade de a relação societária se extinguir pela vontade de todos ou de alguns dos sócios (renúncia) já se encontrava prevista no direito romano, com algumas limitações[611].

As causas de dissolução enunciadas no art. 1007º do CC englobam situações enquadráveis na revogação (acordo dos sócios, alínea *a*)) e hipóteses de caducidade (decurso do prazo, impossibilidade de realização do objecto social, alíneas *b*) e *c*)).

No âmbito das sociedades comerciais, a situação é similar, nos termos constantes do art. 141º do CSC, onde se alude também ao prazo fixado, à deliberação dos sócios, à realização ou ilicitude do objecto contratual e à insolvência da sociedade. Além destas causas de dissolução, designadas «automáticas» (art. 141º do CSC), cabe acrescentar as causas de dissolução administrativa ou por deliberação dos sócios (art. 142º do CSC)[612].

As sociedades comerciais não só se extinguem, nos termos gerais, por dissolução (arts. 141º e ss. do CSC)[613] como também se podem dissolver em caso de cisão (art. 118º, alínea *a*), do CSC) ou de fusão (art. 112º, alínea *a*), do CSC)[614].

II. A dissolução pode não determinar a imediata extinção do vínculo e da consequente personalidade, permitindo a subsistência da relação jurídica durante um período subsequente, onde se abrange a liquidação e actos subsequentes, como o registo[615]. De facto, no que respeita às sociedades comerciais, depois de se afirmar que, por via de regra, «entende-se que a dissolução

---

[611] Sobre a questão, veja-se SANTOS JUSTO, *Direito Privado Romano II (Direito das Obrigações)*, 4ª edição, Coimbra, 2011, p. 78; VERA-CRUZ PINTO, «O Direito das Obrigações em Roma», *Revista Jurídica*, nº 23 (1999), pp. 163 e ss. Com referência igualmente ao direito intermédio e moderno, nomeadamente às Ordenações e ao Código Comercial, *vd.* LUCIANO DE ALBUQUERQUE, *Dissolução Total e Parcial das Sociedades Civis e Comerciais*, cit., pp. 67 e ss.

[612] *Vd.* PUPO CORREIA, *Direito Comercial*, 12ª edição, Lisboa, 2011, pp. 299 e ss.

[613] *Vd.* RAÚL VENTURA, *Dissolução e Liquidação de Sociedades. Comentário ao Código das Sociedades Comerciais*, Coimbra, 1987, pp. 22 e ss. e pp. 38 e ss., distinguindo os casos de dissolução imediata (art. 141º do CSC) dos de dissolução por sentença (art. 142º do CSC), pp. 39 e ss. e pp. 79 e ss.

[614] Quanto à dissolução e liquidação das sociedades comerciais, veja-se PEREIRA DE ALMEIDA, *Sociedades Comerciais*, 2ª edição, Coimbra, 1999, pp. 347 e ss.; MENEZES CORDEIRO, *Direito das Sociedades*, I Volume, cit., pp. 1143 e ss.; MARIA DO ROSÁRIO PALMA RAMALHO, *Sobre a Dissolução das Sociedades Anónimas*, Lisboa, 1986, pp. 59 e ss.; RAÚL VENTURA, *Dissolução e Liquidação de Sociedades*, cit., pp. 40 e ss.

[615] Atendendo à sociedade desde o direito romano, *vd.* RAÚL VENTURA, *Dissolução e Liquidação de Sociedades*, cit., pp. 10 e ss., concluindo que há uma extinção gradual pela concatenação da dissolução com a liquidação (p. 12). Segundo o mesmo autor (ob. cit., p. 16), a dissolução da sociedade modifica a relação jurídica, que entra em fase de liquidação. Veja-se também MARIA DO ROSÁRIO PALMA RAMALHO, *Sobre a Dissolução das Sociedades Anónimas*, cit., pp. 10 e s., aludindo a um hiato

SOCIEDADE

não é imediata», dispõe o nº 2 do art. 160º do CSC, que a extinção, «mesmo entre os sócios (só se verifica) pelo registo do encerramento da liquidação». A mesma ideia de que a extinção é um dos efeitos do registo encontra-se no art. 112º do CSC.

Nas sociedades civis, na falta de norma idêntica e salvo cláusula em contrário, poder-se-ia entender que a dissolução produz o efeito extintivo imediato, e, assim, por exemplo, na data do acordo dos sócios, no termo do prazo ajustado ou no momento em que se torna impossível realizar o objecto social, o contrato de sociedade extinguir-se-ia. Porém, tendo em conta a possibilidade de regresso à actividade social antes de se ultimarem as partilhas, prevista no art. 1019º do CC, ter-se-á de concluir que a extinção do vínculo não é sempre automática, carecendo dos subsequentes actos de liquidação[616].

Assim, importa distinguir a causa de dissolução. Sendo uma causa imperativa (p. ex., impossibilidade de realização do objecto social) ou resultante do decurso do prazo não prorrogado, a extinção é automática; de forma diversa, nas outras hipóteses, a extinção do vínculo só se verifica depois de ultimados os actos de liquidação.

Não obstante a extinção se poder verificar antes da liquidação nos casos indicados, subsistem deveres dos sócios relacionados com a liquidação da sociedade.

2. Liquidação da sociedade

Dissolvida a sociedade por verificação de uma das causas previstas no art. 1007º do CC, procede-se à liquidação do seu património nos termos prescritos nos arts. 1011º e ss. do CC[617]. A liquidação pressupõe, nomeadamente que se ultimem os negócios pendentes, que se cobrem os créditos e paguem as

---

natural entre a dissolução e o termo da liquidação, concluindo (pp. 17 e ss.) no sentido de ser a «dissolução um facto extintivo de execução continuada».

Quanto à distinção entre dissolução e extinção da sociedade, *vd.* CAIAFA, *Società. Scioglimento e Liquidazione*, cit., pp. 93 e ss.

[616] De modo diverso, MENEZES CORDEIRO, *Manual de Direito das Sociedades*, I Volume, cit., entende que «a dissolução da sociedade equivale à cessação do respectivo contrato e ao termo das relações entre os sócios» (p. 299); admite, contudo, que «verificada a dissolução, a realidade social subjacente continua – ou pode continuar – a existir» (p. 300). Por seu turno, MENEZES LEITÃO, *Direito das Obrigações*, Volume III, cit., pp. 268 e 270, entende que a dissolução da sociedade não determina (nunca) a extinção da sociedade, pois só dá início ao processo que desencadeia a extinção.

[617] Quanto às sociedades comerciais, *vd.* RAÚL VENTURA, *Dissolução e Liquidação de Sociedades*, cit., pp. 209 e ss.

DA CESSAÇÃO DO CONTRATO

dívidas, eventualmente se vendam bens do património da sociedade e, por fim, que se proceda à partilha dos bens sociais entre os sócios[618].

Nas sociedades comerciais, como a extinção só se verifica após a liquidação, os actos de liquidação ainda se incluem no âmbito da execução contratual. De modo diverso, nas sociedades civis, na eventualidade de o contrato se extinguir com a dissolução, os actos de liquidação correspondem a efeitos pós-contratuais que, ainda assim, podem responsabilizar os sócios.

---

[618] *Vd.* MENEZES CORDEIRO, *Manual de Direito das Sociedades*, I Volume, cit., p. 301; *Direito das Sociedades*, I volume, cit., p. 1150. Sobre a natureza e o regime da liquidação, consulte-se igualmente CAIAFA, *Società. Scioglimento e Liquidazione*, cit., pp. 203 e ss.

Capítulo IV
Locação

§ 1. Questões prévias
1. Particular relevância da cessação do vínculo locatício

O contrato de locação é um negócio jurídico de execução continuada, com particularidades no que respeita à sua extinção, não só em razão da não retroactividade da dissolução, como em particular atendendo aos limites impostos à cessação da relação contratual. De facto, do contrato de locação constam certos limites à extinção do vínculo motivados por uma protecção do locatário, em especial dos arrendatários urbano e rural[619].

Nos termos gerais, a cessação do contrato de locação relaciona-se com as quatro formas analisadas na I Parte, mas em relação a cada uma delas constam certas particularidades, que importa analisar[620].

Tendo em conta a especial relevância do regime da cessação deste vínculo, a matéria tem sofrido muitas alterações legislativas. Depois de revogados os artigos do Código Civil pelo Regime do Arrendamento Urbano, em 1990, a disciplina retorna, e bem, ao Código Civil. A solução resultou, primeiro, de um projecto de Regime dos Novos Arrendamentos Urbanos, de 2004, a

---

[619] Quanto à evolução histórica da especial protecção conferida ao arrendatário, *vd.* ROMANO MARTINEZ, *Direito das Obrigações (Parte Especial). Contratos. Compra e Venda, Locação, Empreitada*, 2ª edição, Coimbra, 2001, pp. 233 e ss.

[620] O regime nacional apresenta neste âmbito muitas especificidades, não se comparando facilmente com as soluções encontradas noutras ordens jurídicas; por exemplo, no direito alemão, na cessação do contrato de locação, distingue-se a denúncia ordinária da extrordinária, cfr. BROX/ WALKER, *Besonderes Schuldrecht*, 29ª edição, Munique, 2004, pp. 167 e ss.

DA CESSAÇÃO DO CONTRATO

que se seguiu a proposta de Novo Regime do Arrendamento Urbano, 2005, e, por fim, da Lei n.º 6/2006, de 27 de Fevereiro (NRAU), alterado pela Lei n.º 31/2012, de 14 de Agosto, e pela Lei n.º 79/2014, de 19 de Dezembro[620a].

2. Tutela do locatário em caso de cessação do vínculo

I. Para protecção do locatário, concretamente do arrendatário urbano e rural, além de se ter limitado a liberdade de denúncia do locador e condicionado a resolução do contrato quando exercida pelo senhorio, do regime da locação constam diversas manifestações da particular tutela conferida ao arrendatário[621].

Trata-se, no fundo, de especificidades de regime que protegem o arrendatário, tendo em vista, em particular, a defesa do direito à habitação assim como a tutela da prossecução da actividade comercial, industrial ou agrícola, de molde a não pôr em causa nem a habitação nem o meio de vida de certas pessoas. É evidente que a tutela dos interesses dos arrendatários é feita à custa dos titulares de direitos reais sobre imóveis e pode implicar alguma injustiça; contudo, esta situação especial, que se tem vindo a desenvolver deste 1910, tem vindo a ser mitigada, aproximando-se do regime comum da locação, com a aprovação do Novo Regime do Arrendamento Urbano (NRAU), principalmente após a reforma de 2012. Depois de várias vicissitudes, os regimes transitórios de protecção do arrendatário – em especial, do arrendatário urbano – consolidaram-se no Código Civil (arts. 1083.º e ss.)[622] e, com o mesmo carác-

---

[620a] Sobre estes projectos, com análise de vários autores, veja-se respectivamente na Revista *O Direito*, Ano 136 (2004), Tomos II/III e Ano 137 (2005), Tomo II. Para o estudo da evolução do arrendamento e o sentido das alterações entretanto, nele, introduzidas é conveniente ler o preâmbulo do projecto de 2004 que, apesar de não ter sido aprovado, foi largamente aproveitado na reforma de 2006. No que respeita à cessação do contrato de arrendamento, à luz desta alteração, pode consultar-se PINTO MONTEIRO / VIDEIRA HENRIQUES, «A Cessação do Contrato no Regime dos Novos Arrendamentos Urbanos», *Dir.* Ano 136 (2004), Tomos II/III, pp. 289 e ss. e MENEZES LEITÃO, *Arrendamento Urbano*, 6ª edição, Coimbra, 2013, pp. 139 e ss.

[621] No âmbito agrário há certas especificidades que justificam alterações quanto ao regime comum, nem sempre fundamentando a limitação à cessação dos contratos, que tem sido menos acentuada do que no arrendamento urbano. Quanto a particularidades de regime no arrendamento rural, *vd.* BORGHI, *La Risoluzione per Inadempimento dell'Affitto di Fonti Rustici*, Pádua, 1996, pp. 68 e ss. e 191 e ss., assim como ARAGÃO SEIA/COSTA CALVÃO/CRISTINA ARAGÃO SEIA, *Arrendamento Rural*, 3ª edição, Coimbra, 2000, pp. 140 e ss.

[622] Para análise da evolução histórica em sede de arrendamento, veja-se a exposição de motivos que antecedia a proposta de NRAU, publicada na revista *O Direito*, Ano 137 (2005), II, pp. 229 e ss. Quanto ao regime constante do Código Civil (arts. 1083.º e ss.), revogado em 1990 pelo RAU, veja-se PAIS DE SOUSA, *Extinção do Arrendamento Urbano. Fundamentos. Meios Processuais*, 2ª edição, Coimbra, 1985, pp. 77 e ss.

LOCAÇÃO

ter definitivo, as regras passaram, depois, a constar do RAU; o novo regime pretende, ainda que de forma moderada, restabelecer a solução tradicional no âmbito do arrendamento[623/624]. Importa esclarecer que se estabeleceu um regime de arrendamento a duas velocidades, distinguindo os contratos antigos dos contratos novos; porém, como a maioria das regras agora constantes do Código Civil se aplicam a todos os contratos de arrendamento, independentemente da data da sua celebração, persistem regras de protecção do arrendatário menos compreensíveis por serem próprias de um regime vinculístico.

As particularidades do regime vigente são várias, mas podem indicar-se algumas de modo exemplificativo.

II. No arrendamento urbano, o regime estabelecido para a cessação do contrato tem natureza imperativa (art. 1080º do CC), não estando na autonomia das partes a faculdade de alterar o padrão fixado. Excluindo a revogação, que assenta no acordo das partes, não cabe aos contraentes conformar o regime das restantes formas de cessação do vínculo.

Como resulta do art. 1079º do CC, o contrato de arrendamento pode cessar por revogação – designado «acordo das partes» –, resolução, denúncia «ou outras causas previstas na lei». Far-se-á referência aos quatro tradicionais modos de cessação do contrato de arrendamento nas páginas seguintes, deixando as «outras causas» para o que foi enunciado na parte geral, pois estar-se-á perante situações comuns, como a cessação do vínculo por confusão ou em caso de insolvência de uma das partes.

III. De modo diverso do regime comum de liberdade de forma, para a extinção do contrato de arrendamento produzir efeito, por via de regra, carece de uma interpelação formal dirigida à contraparte (art. 9º, nº 1, do NRAU), de

---

[623] A alternância entre períodos de maior protecção ao inquilino ou de predominância da liberdade contratual tem sido constante. Como relata SANTOS JUSTO, «A Locação de Coisa (*Locatio-Conductio Rei*) no Direito Romano. Alguns Reflexos no Direito Português», *Lusíada*, nºs 1 e 2, 2001, pp. 626 e s., depois de vigorar a regra de que a resolução do contrato podia ser requerida em caso de incumprimento ou risco, no Baixo Império, tendo em conta a insegurança económica e preocupações sociais, uma *constitutio*, commumente atribuída a Caracala, limitou a expulsão do *inquilinus* e estabeleceu as causas de resolução a invocar pelo locador.

[624] A especial protecção conferida ao locatário urbano mediante um regime limitativo da cessação do contrato, com soluções menos drásticas do que na ordem jurídica portuguesa, também surge noutros espaços jurídicos, veja-se, por exemplo, em Itália GRASSELLI, *La Locazione di Immobili nel Codice Civile e nelle Leggi Speciali*, Cedam, Pádua, 1999, pp. 357 e ss., em especial pp. 403 e ss., em França, *vd.* HUET, *Les Principaux Contrats Spéciaux*, 2ª edição, Paris, 2001, pp. 810 e ss. e na Alemanha, BOTH, *Beendigung von Mietverhältnissen*, Berlim, 2003, pp. 21 e ss.

DA CESSAÇÃO DO CONTRATO

uma notificação judicial ou formal (art. 9º, nº 7, do NRAU) ou de uma sentença proferida em acção de despejo (arts. 1084º, nº 1, do CC e art. 14º do NRAU)[625].

IV. Como o regime base de protecção do arrendatário pode, por vezes, redundar em injustiça, é frequente estabelecerem-se excepções, nem sempre pacíficas[626].

Depois de se excluir a liberdade de denúncia do contrato de arrendamento por parte do senhorio (art. 1101º do CC), admitem-se excepções nesse mesmo preceito, em particular no caso de o locador necessitar do prédio para sua habitação ou dos seus descendentes[627].

V. Também relacionado com a cessação do contrato ou com condicionamentos ao gozo da coisa locada quando esta constitua casa de morada da família, pode atender-se às limitações constantes do art. 1682º-B do CC[628]. Nos termos deste preceito, a cessação do contrato por denúncia ou resolução invocada pelo arrendatário ou por revogação carece do consentimento de ambos os cônjuges. Do mesmo modo, não é possível a cessão da posição de arrendatário, o subarrendamento ou o comodato, ainda que parciais, sem o consentimento de ambos os cônjuges. Cabe acrescentar que a excepção constante da alínea *c)* do nº 2 do art. 1072º do CC, ao permitir a subsistência do arrendamento apesar da ausência do arrendatário, constitui igualmente um modo de protecção da casa de morada da família que continua a residir no prédio arrendado[629].

Introduz-se, assim, uma especificidade ao impor a intervenção em actos relacionados com o contrato de uma pessoa (o outro cônjuge) que não é parte no mesmo. A excepção justifica-se atendendo à protecção conferida à casa de morada da família.

---

[625] A situação é similar à que constava dos revogados arts. 52º, 53º, 55º e ss. e 64º do RAU.

[626] A liberdade de denúncia foi das questões mais polémicas na projectada modificação do regime do arrendamento urbano, de 2004, em que a cessação, nomeadamente a denúncia, se aproximava do regime comum, subsistindo poucas excepções (cfr. arts. 1090º e 1102º e ss. do RNAU).

[627] A questão foi polémica no âmbito da legislação anterior, em que o Tribunal Constitucional (Ac. TC, nº 55/99, *DR* de 12/2/1999) veio a declarar inconstitucional, com força obrigatória geral, a denúncia para habitação dos descendentes e o legislador, depois da Lei de Autorização Legislativa nº 16/2000, de 8 de Agosto, reiterou o direito de o senhorio denunciar o contrato de arrendamento quando necessite do prédio para habitação dos seus descendentes em 1º grau através do Decreto-Lei nº 329-B/2000, de 22 de Dezembro.

[628] *Vd.* SALTER CID, *A Protecção da Casa de Morada da Família no Direito Português*, Coimbra, 1996, pp. 192 e ss.

[629] Acerca deste regime, *vd.* SALTER CID, *A Protecção da Casa de Morada da Família*, cit., pp. 203 e ss.

LOCAÇÃO

Resta referir que, com formulação jurídica diversa, a regra da transmissibilidade do arrendamento em caso de divórcio (art. 1105º do CC) pretende igualmente, de algum modo, preservar a casa de morada da família.

VI. Como regime atípico pode igualmente aludir-se à revogação unilateral estabelecida em sede de contrato de arrendamento com prazo certo, em que o arrendatário, antes do decurso do prazo mínimo de cinco anos pelo qual o negócio foi ajustado, desde que decorrido um terço do prazo de duração inicial do contrato ou da sua renovação, pode desvincular-se com aviso prévio de cento e vinte ou sessenta dias do termo pretendido do contrato, consoante o prazo deste seja inferior ou igual ou superior a um ano (art. 1098º, nº 3, do CC). Esta forma de cessação tem semelhanças com a denúncia, mas distingue-se porque não corresponde nem a uma forma de oposição à renovação nem a uma dissolução de vínculo ajustado por tempo indeterminado. Trata-se de uma situação atípica de revogação unilateral ou de denúncia. No actual preceito, de modo diverso do que dispunha o precedente art. 100º, nº 4, do RAU, passa a designar-se esta figura por denúncia, o que parece mais correcto, apesar de não corresponder a uma hipótese típica de denúncia.

VII. Refira-se ainda que, contrariamente ao regime comum de efeito imediato da cessação, admite-se o diferimento da desocupação do prédio arrendado (art. 864º do CPC). Deste modo, cessando o contrato de arrendamento urbano, além da moratória para a desocupação – de um a seis meses (arts. 1053º e 1087º do CC) –, a desocupação do prédio pode ser diferida, tendo em conta a existência de razões sociais imperiosas ou simples motivos logísticos[630].

O diferimento pressupõe que, apesar de o contrato de arrendamento ter cessado, o efeito da extinção não se verifica, pois a desocupação do prédio não se realiza de imediato. Os fundamentos para protelar o despejo encontram-se no art. 864º, nº 2, do CPC, relacionados com razões sociais imperiosas. O adiamento da desocupação é decidido pelo prudente arbítrio do julgador (art. 864º, nº 2, do CPC)[631].

VIII. Por último, neste elenco exemplificativo de situações, cabe ainda fazer alusão a regimes especiais que existiam no arrendamento para comércio e indústria. Importa esclarecer que o novo regime (NRAU) passou a assentar

---

[630] Quanto ao diferimento da desocupação, constante dos revogados arts. 102º e ss. do RAU, cfr. Ac. Rel. Pt. de 9/12/1996, *CJ* XXI, T. V, p. 214.

[631] Cfr. Ac. STJ de 6/3/1997, *CJ (STJ)* 1997, T. I, p. 129; Ac. Rel. Lx. de 30/5/1996, *CJ XXI*, T. III, p. 107.

DA CESSAÇÃO DO CONTRATO

numa distinção entre arrendamento para habitação (arts. 1092º e ss. do CC) e arrendamento para fins não habitacionais (arts. 1108º e ss. do CC), revogando muitas das situações excepcionais (e injustificadas) que existiam no âmbito do arrendamento comercial e industrial, extensíveis ao arrendamento para exercício de profissões liberais.

A indemnização prevista no revogado art. 113º do RAU para a hipótese de cessação do contrato de arrendamento para actividade comercial ou industrial tinha por fundamento o facto de o gozo do imóvel ser essencial para a prossecução do meio de vida de determinadas pessoas; cessando o contrato de arrendamento, o arrendatário pode ter dificuldades em continuar a desenvolver a sua actividade, que constitui o seu meio de subsistência, ou seja, pode ficar dificultada a prossecução da actividade comercial ou industrial. Tem, por isso, sido defendida a existência de algumas particularidades no que respeita ao direito à indemnização em caso de cessação do vínculo contratual. Por outro lado, e este é um aspecto significativo para a determinação do valor da indemnização, o arrendatário, pela sua actuação, pode ter contribuído para aumentar o valor locativo do prédio, mormente se granjeou clientela ou se remodelou o espaço locado[632]; em termos gerais, há que aceitar o facto de o aviamento de um estabelecimento poder contribuir para um aumento do valor do prédio onde ele se encontra instalado. O montante da indemnização era fixado equitativamente pelo tribunal, não podendo exceder dez vezes a renda anual (art. 113º, nº 2, do RAU). No sistema actual, confere-se tão-só ao arrendatário direito a perceber uma indemnização pelas benfeitorias realizadas, nomeadamente obras lícitas por ele executadas (art. 29º do NRAU).

No art. 1087º do CC, na sequência da cessação do contrato, prevê-se que a desocupação do prédio seja diferida em um mês[633], como medida destinada a salvaguardar os interesses do locatário, em particular no que respeita a encontrar novo local[634]. Esta moratória é inferior à que se estabeleceu para o caso de caducidade, que é de seis meses (art. 1053º do CC).

---

[632] No caso de terem sido realizadas obras, o regime do art. 113º do RAU afastava o estabelecido na lei, a propósito das benfeitorias.

[633] A solução era mais complexa nos n.os 1 e 2 do art. 114º do RAU, onde se estabelecia que o prazo para a desocupação do prédio arrendado para fins comerciais ou industriais, cujo contrato tivesse durado mais de um ano ou de dez anos, era respectivamente de um ano ou dois anos. Os prazos estabelecidos no art. 114º do RAU contavam-se da data da cessação do contrato e não da data do trânsito em julgado da acção de despejo (Ac. STJ de 27/4/1999, CJ (STJ) 1999, T. II, p. 69).

[634] Ao estabelecer que o prazo de diferimento das desocupações podia atingir dois anos (art. 114º, nº 2, do RAU), o legislador acabava por tratar mais favoravelmente o arrendatário comercial ou industrial do que o inquilino habitacional (art. 104º, nº 1, do RAU). Além disso, diversamente

LOCAÇÃO

IX. No fundo, como se disse de início, a tutela da habitação ou do meio de subsistência do arrendatário tem justificado a intervenção legislativa que altera o regime regra da cessação dos contratos. Mas este regime excepcional, nem sempre com uma justificação coerente, tendo em conta algumas injustiças para que contribui, é sucessivamente alterado, estabelecendo-se excepções a excepções.

Muitas das soluções menos coerentes do RAU foram eliminadas com a reforma do regime do arrendamento urbano (NRAU), pese embora terem subsistido algumas regras típicas do vinculismo.

§ 2. Caducidade
1. Cessação do vínculo

I. A caducidade do contrato de locação implica, nos termos gerais, a cessação do vínculo em razão da ocorrência de um facto jurídico a que se confere o efeito extintivo. A caducidade do contrato de locação segue o regime geral com determinadas concretizações, mas, em sede de arrendamento, a cessação do contrato por caducidade apresenta especificidades decorrentes da especial protecção conferida ao arrendatário[635].

Em princípio, se o contrato for celebrado por um determinado prazo, decorrido esse período de tempo o negócio jurídico caduca (art. 1051º, alínea a), do CC). Todavia, no domínio do arrendamento, a regra aponta no sentido de, não obstante o contrato ser celebrado por um determinado prazo, se decorrer esse lapso temporal, haver uma renovação automática, e o contrato não caducar (art. 1054º do CC)[636]. Mas nada obsta a que se celebre um contrato de locação, mesmo de imóvel, por um prazo determinado não renovável[637]; nesse caso, decorrido o prazo, o contrato caducará.

---

do que ocorria no diferimento das desocupações em sede de arrendamento habitacional, que só existia em determinadas situações (art. 103º do RAU), no arrendamento comercial ou industrial, qualquer arrendatário, seja quais fossem as condições em que se encontrasse, tinha direito a que fosse protelado o despejo.

[635] As especificidades são anteriores ao Código Civil, veja-se ERIDANO DE ABREU, «Da Caducidade do Contrato de Arrendamento de Prédios Urbanos», *Dir.*, 92º (1960), pp. 306 e ss.; SÁ CARNEIRO, «Sobre a Caducidade de Arrendamentos», *Revista dos Tribunais*, 47º (1928-1929), pp. 322 e ss. e «Caducidade do Arrendamento por Morte do Arrendatário», *Revista dos Tribunais*, 50º (1932), pp. 98 e ss.; CASANOVA, «Caducidade de Arrendamentos», *RDES*, IV (1948), pp. 70 e ss.

[636] Refira-se que, apesar de o texto do art. 1054º do CC apontar para a sua aplicação só ao arrendamento, o artigo está inserido entre as regras gerais da locação, implicando uma deficiente sistematização.

[637] Em sentido contrário, PIRES DE LIMA/ANTUNES VARELA, *Código Civil Anotado*, Volume II, 4ª edição, Coimbra, 1997, anotação 5 ao art. 1054º, p. 398, consideram inválida a «cláusula pela qual

DA CESSAÇÃO DO CONTRATO

O mesmo acontece na hipótese em que tenha sido celebrado um contrato de locação, admitindo-se a eventualidade de, verificado certo facto, o contrato caducar. Nestas hipóteses, a caducidade de um contrato de locação não apresenta qualquer particularidade relativamente às regras gerais.

Como se afirmou na primeira parte deste estudo (I Parte, Capítulo I, § 1, nº 1), em sentido amplo, haverá caducidade quando desaparecem os pressupostos com base nos quais o contrato foi celebrado, apesar de tais hipóteses melhor se enquadrarem na impossibilidade superveniente ou, eventualmente, na alteração das circunstâncias. O contrato poderá cessar, por exemplo, se o prédio arrendado deixar de ser apto para o objecto ajustado ou quando alguém arrenda uma casa julgando que ia ser transferido para certa localidade, e ainda se, tendo uma casa arrendada junto da empresa na qual trabalhava, esta transferiu de local as instalações.

II. Na enumeração constante do art. 1051º do CC, relativamente aos casos de caducidade, encontram-se situações de caducidade do contrato de locação, propriamente dita, bem como hipóteses que não se enquadram verdadeiramente na figura da caducidade, mas que se poderão dela aproximar.

Assim, na alínea *a)* fala-se em prazo estipulado ou estabelecido na lei, o que corresponde a uma situação típica de caducidade, que é o decurso do prazo. Porém, como se afirmou, nos contratos de arrendamento, por força do art. 1054º do CC, decorrido o prazo, dá-se a renovação automática, prorrogando-se o vínculo, e esta solução, com respeito a determinados tipos de arrendamento, pode ser obrigatória em relação ao senhorio.

Também se está perante uma situação de caducidade, apesar de atípica[638], na previsão da alínea *b)*, em que se alude a uma condição a que as partes subordinaram o contrato, nos termos dos arts. 270º e ss. do CC; o contrato caducará pela superveniência desse facto futuro e incerto ou pela certeza da sua não verificação[639]. No arrendamento pode ser posta em causa a validade de algumas cláusulas que estabeleçam uma condição resolutiva, na medida em que elas constituam uma forma de facilitar a cessação do vínculo, não permitida por lei[640].

---

as partes convencionem a improrrogabilidade da locação, logo no momento da sua celebração»; veja-se contudo a crítica a esta posição *supra*, I Parte, Capítulo I, § 1, nº 2.II, e também nota 58.

[638] *Vd. supra*, I Parte, Capítulo I, § 1, nº 2, III, e Capítulo II, Secção II, § 4, nº 5, IV.

[639] Por exemplo, o contrato de arrendamento feito a um trabalhador do senhorio pode caducar no termo do contrato de trabalho (Ac. Rel. Pt. de 8/4/1997, *CJ* XXII, T. II, p. 207). Sobre a questão, *vd.* ROMANO MARTINEZ, *Direito do Trabalho*, 7ª edição, Coimbra, 2015, pp. 666 e s.

[640] Tais cláusulas encontram-se expressamente vedadas no arrendamento rural (art. 4º, alínea *f)*, do RAR), mas mesmo no arrendamento urbano, quando as causas de resolução eram taxativas (art.

LOCAÇÃO

No caso de condição resolutiva, apesar de os efeitos extintivos se determinarem pelo regime da resolução, como a locação é um contrato de execução continuada, a extinção não tem eficácia retroactiva por via da remissão do nº 1 do art. 277º para o nº 2 do art. 434º, ambos do CC.

Mas nem todas as alíneas do art. 1051º do CC correspondem a hipóteses de caducidade em sentido estrito, pois há casos que se podem qualificar como impossibilidade superveniente, integrados na caducidade em sentido amplo. De facto, nas situações em que o contrato cessa por morte do locatário ou extinção da pessoa colectiva (alínea *d*)), está em causa a impossibilidade relativamente a uma das partes no contrato, nos termos do art. 791º do CC[641]. No caso de perda da coisa locada (alínea *e*)) haverá uma impossibilidade superveniente quanto ao objecto do contrato[642]. E havendo expropriação por utilidade pública (alínea *f*)) o contrato também caduca. Todas as situações enunciadas enquadram-se na impossibilidade superveniente, que

---

64º do RAU), não podia, por via convencional, acrescentar-se outras situações; a situação altera-se com a actual cláusula geral de justa causa (art. 1083º, nº 2, do CC).

[641] Por isso, no Ac. STJ de 28/9/1998, *CJ (STJ)* 1998, T. III, p. 38, entendeu-se que caducava o contrato por o arrendatário se ter transformado em SGPS e a lei vedar a estas sociedades a possibilidade de arrendar bens.

A caducidade por morte do locatário encontra excepção no âmbito do arrendamento, admitindo-se a subsistência do contrato (p. ex., arts. 1106º e 1113º do CC e art. 20º do RAR). Sobre esta excepção, que já constava do art. 1619º do CC 1867, *vd.* JÚLIO AUGUSTO MARTINS, «Rescisão do Arrendamento por Óbito dum dos Contratantes», *Revista de Justiça*, 4 (1920), p. 321.

Quanto às consequências da morte do arrendatário, que podem ser a caducidade ou a transmissão do contrato, *vd.* JOÃO MENEZES LEITÃO, «Morte do Arrendatário Habitacional e Sorte do Contrato», *Estudos em Homenagem ao Prof. Doutor Inocêncio Galvão Telles*, Volume III, *Direito do Arrendamento Urbano*, Coimbra, 2002, pp. 296 e ss.

[642] Por exemplo, quando o prédio arrendado ficou destruído mercê de um incêndio, porque a reconstrução do edifício não faz reviver o arrendamento, cfr. Ac. Rel. Év. de 3/7/1980, *BMJ* 302, p. 327. Veja-se também Ac. STJ de 11/12/1992, *BMJ* 414, p. 455; Ac. Rel. Lx. de 9/11/1989, *CJ* XIV, T. V, p. 103; Ac. Rel. Lx. de 16/4/1996, *CJ* XXI, T. II, p. 92; Ac. Rel. Cb. de 18/5/1999, *CJ* XXIV, T. III, p. 20. Consulte-se ANÍBAL DE CASTRO, *A Caducidade na Doutrina, na Lei e na Jurisprudência*, 2ª edição, Lisboa, 1980, pp. 177 e ss.

É necessário que a perda seja total, pois não basta que a falta de obras obrigue o inquilino a desocupar o prédio (Ac. Rel. Lx. de 10/10/1996, *CJ* XXI, T. IV, p. 126) ou que o incêndio impossibilite o uso pleno do prédio, uma vez que o arrendatário o continua a usar (Ac. Rel. Lx. de 12/6/1997, *CJ* XXII, T. III, p. 104). Porém, se o estado de degradação torna inviável, técnica ou economicamente, a reparação do prédio, caduca o contrato de arrendamento (Ac. Rel. Pt. de 10/4/1997, *CJ* XXII, T. II, p. 210); do mesmo modo, se os danos causados no prédio o tornam inapto para o fim há perda total (Ac. STJ de 24/10/1996, *CJ (STJ)* 1996, T. III, p. 69). Estas dúvidas teriam ficado sanadas com a redacção da alínea *e*) do art. 1051º do CC, proposta no RNAU (2004), onde se referia também a destruição e o desaparecimento das qualidades da coisa; mas essa proposta não transitou para a Lei nº 6/2006 (NRAU).

DA CESSAÇÃO DO CONTRATO

determina a extinção do vínculo[643]. O mesmo se diga da situação prevista na alínea *c)*, onde se estipula que o contrato de locação caduca quando cessem os direitos ou findem os poderes legais de administração com base nos quais o contrato foi celebrado, situação que está também directamente relacionada com a impossibilidade superveniente, não obstante as especificidades desta hipótese de caducidade do contrato[644].

Apesar de ter previsão autónoma, a caducidade do contrato de subarrendamento advém da «extinção, por qualquer causa, do contrato de arrendamento» (art. 1089º do CC), e encontra a mesma justificação da hipótese prevista na alínea *c)* do art. 1051º do CC, pois cessa o direito (do arrendatário / locador) com base no qual o subarrendamento foi celebrado[645].

III. No art. 1052º do CC encontram-se três excepções ao disposto na alínea *c)* do art. 1051º do CC, admitindo-se que o contrato não caduque, apesar de terem cessado os direitos ou de terem findado os poderes legais de administração com base nos quais o contrato foi celebrado. Em face do disposto na alínea *a)*, como, não obstante a extinção do usufruto – direito com base no qual se deu a coisa em locação –, o locador adquiriu o direito de propriedade

---

O direito à reocupação do prédio (art. 168º, § 3, do RGEU) não vale em caso de demolição, mas só para a hipótese de obras de recuperação ou beneficiação (Ac. Rel. Cb. de 18/5/1999, *CJ* XXIV, T. III, p. 20).

[643] A estas hipóteses, o art. 1051º do CC (reforma do NRAU) acrescenta uma alínea *g)*, da qual resulta que o contrato caduca pela cessação dos serviços que determinaram a entrega da coisa locada.

[644] Cfr. Ac. Rel. Cb. de 19/3/1996, *CJ* XXI, T. II, p. 13, acerca da caducidade do arrendamento celebrado por cabeça-de-casal.

Sobre a caducidade prevista na alínea *c)*, relembre-se que o nº 2 do art. 1051º do CC foi revogado pelo RAU (art. 5º, nº 2, do diploma de aprovação). Nos termos desse nº 2, as situações previstas na alínea *a)* do nº 1 do art. 1051º do CC não implicavam caducidade do contrato se o arrendatário, no prazo de cento e oitenta dias, comunicasse que pretendia manter a sua posição contratual. O art. 22º, nº 2, do anterior RAR remetia para o nº 2 do art. 1051º do CC, mas tal remissão deveria considerar-se igualmente revogada. Do mesmo modo, a regra constante do art. 19º, nº 1, do revogado RAF, ao determinar que o contrato não caducaria se cessassem os direitos ou os poderes legais de administração, deveria ser interpretada em consonância com o novo regime geral da locação (art. 1051º, alínea *c)*, do CC). A solução oposta implicaria a manutenção em vigor de uma norma revogada, por se entender que a remissão tinha conteúdo material, mas em regra as remissões são formais. Em sentido diverso, *vd.* PIRES DE LIMA/ANTUNES VARELA, *Código Civil Anotado*, Volume II, cit., anotação 2 ao art. 22º do anterior RAR, p. 456.

[645] Considerando inconstitucional a caducidade do subarrendamento por extinção do arrendamento (contrato base), *vd.* PEDRO DE MAGALHÃES, «Extinção do Arrendamento por Denúncia do Locatário. A Caducidade do Subarrendamento e a Protecção Constitucional do Interesse de Habitação do Subarrendatário», *Portugal Judiciário*, III (1979), p. 91, e «O Subarrendatário Habitacional face à Extinção do Contrato de Arrendamento», *Portugal Judiciário*, V (1980), p. 17

LOCAÇÃO

sobre o bem locado, justifica-se que o contrato de arrendamento subsista. O disposto na alínea *b)* relaciona-se com o regime do usufruto, em particular com o disposto no art. 1444º do CC e com a regra *emptio non tollit locatum* (art. 1057º do CC)[646]. De facto, a alienação do usufruto não implica a sua extinção e o adquirente deste direito real menor fica investido nos mesmos direitos e obrigações do alienante.

Para além disso, considerou-se que a renúncia ao direito de usufruto por parte do beneficiário não deveria implicar a caducidade do contrato, para que a subsistência do negócio jurídico não ficasse na dependência da vontade do usufrutuário (locador)[647]. Por último, como se determina na alínea *c)*, o contrato não caduca se tiver sido ajustado pelo cônjuge administrador e tiverem findado os seus poderes de administração.

IV. Cabe igualmente referir as excepções à caducidade do contrato por morte do locatário (alínea *d)*). No arrendamento urbano para habitação estabeleceu-se uma regra especial (art. 1106º do CC)[648] nos termos da qual, em caso de morte do arrendatário, o contrato, em vez de caducar, pode transmitir-se; idêntica excepção vale relativamente ao arrendamento não habitacional (art. 1113º do CC), ao arrendamento rural (art. 20º do RAR)[649].

V. No regime anterior, no caso de caducidade do contrato de arrendamento para habitação com base na alínea *c)* do art. 1051º do CC, nos termos do art. 66º, nº 2, do RAU, o arrendatário tinha direito a um novo arrendamento[650]. O contrato, de facto, caducava, extinguindo-se a relação contratual, mas conferia-se ao arrendatário o direito a celebrar um novo contrato de arrendamento, nos termos do art. 90º do RAU[651]. A situação subsiste, associada agora com o direito de preferência, na alínea *b)* do nº 1 do art. 1091º do CC.

No caso de o arrendamento para habitação caducar por morte do arrendatário (art. 1051º, alínea *d)*, do CC), o direito a novo arrendamento era igual-

---

[646] No direito romano vigorava o princípio oposto: *emptio tollit locatum*, cfr. Santos Justo, «A Locação de Coisa (*Locatio-Conductio Rei*) no Direito Romano», cit., pp. 624 e s.

[647] Cfr. Pires de Lima/Antunes Varela, *Código Civil Anotado*, Volume II, cit., anotação 3 ao art. 1052º, p. 395.

[648] Idêntica solução constava do anterior art. 1111º do CC (cfr. Menezes Cordeiro, «O Dever de Comunicar a Morte do Arrendatário: O Artigo 1111º, nº 5, do Código Civil», *TJ*, 1989, 1, pp. 29 e ss.) e do art. 85º do RAU.

[649] *Vd.* Romano Martinez, *Direito das Obrigações (Parte Especial). Contratos*, cit., pp. 207 e ss.

[650] Cfr. Ac. STJ de 4/3/1997, *CJ (STJ)* 1997, T. I, p. 117; Ac. Rel. Lx. de 16/1/1997, *CJ* XXII, T. I, p. 95.

[651] Este regime especial deixa de subsistir com a entrada em vigor do NRAU para os contratos de arrendamento celebrados depois dessa data.

DA CESSAÇÃO DO CONTRATO

mente conferido às pessoas que convivessem com o inquilino em economia comum há mais de cinco anos e aos subarrendatários (art. 90º, nº 1, do RAU).

VI. Além das situações constantes do art. 1051º do CC, que não são taxativas – por haver outras previsões legais –, o contrato de locação também pode caducar por aplicação do disposto no art. 824º, nº 2, do CC[652], pois à venda de coisa locada em processo executivo não se aplica o princípio *emptio non tollit locatum* (art. 1051º do CC), pelo que o comprador em venda executiva adquire o bem livre de ónus e encargos, em que se incluem as limitações decorrentes de contratos de arrendamento. Mesmo entendendo que o arrendamento não se qualifica como direito real, a *ratio* do nº 2 do art. 824º do CC é a de os bens vendidos judicialmente serem transmitidos sem encargos, entre os quais se inclui a vinculação decorrente do arrendamento.

2. Compensação

I. Sempre que o contrato de locação caducar por impossibilidade superveniente, importa averiguar se houve ou não culpa do locador.

Havendo culpa do locador, cuja actuação, por exemplo, levou à perda da coisa locada – hipótese de caducidade prevista no art. 1051º, alínea *e)*, do CC –, ele será responsável, tendo de indemnizar o locatário por essa situação. Na realidade, o contrato caduca, mas sobre o locador impenderá uma obrigação de indemnizar a contraparte se tiver agido com culpa no que respeita à verificação do facto que desencadeou a caducidade.

Não havendo culpa do locador não existirá a obrigação de indemnizar. Assim, se a casa arrendada ruiu porque o locador não fez as obras necessárias de reparação, o contrato caduca e haverá o dever de indemnizar o loca-

---

[652] Neste sentido, Ac. STJ de 3/12/1998, *BMJ* 482, p. 219 e Ac. Rel. Cb. de 30/3/1993, *RDES* XL (1999), nº 1, p. 87. Veja-se igualmente OLIVEIRA ASCENSÃO, «Locação de Bens dados em Garantia. Natureza Jurídica da Locação», ROA 45 (1985), II, pp. 352 e ss.; LUÍS GONÇALVES, «Arrendamento de Prédio Hipotecado. Caducidade do Arrendamento», *RDES*, XL (1999), nº 1, pp. 95 e ss. e HENRIQUE MESQUITA, *Obrigações Reais e Ónus Reais*, Coimbra, 1990, nota 18, pp. 138 e ss. (p. 140). Com posição contrária CUNHA DE SÁ, *Caducidade do Contrato de Arrendamento*, Volume II, Lisboa, 1969, pp. 90 e s., que considera taxativo o art. 1051º do CC, bem como Ac. STJ de 25/2/1993, CJ (STJ), 1993, T. I, p. 147 e Ac. Rel. Lx. de 15/5/1997, CJ XXI, T. III, p. 87. Em estudo anterior («Venda Executiva», *Aspectos do Novo Processo Civil*, Lisboa, 1997, p. 334), também se afirmou que não se aplicava o art. 824º, nº 2, do CC, porque se entende que o arrendamento não é um direito real, mas, esclarecendo, dir-se-á que, não estando o arrendamento incluído entre os direitos reais indicados no citado preceito – porque não é direito real – dever-se-á aplicar a solução constante do inciso, na medida em que no seu espírito está presente a ideia de alienação livre de qualquer encargo.

LOCAÇÃO

tário, mas se a casa se desmoronasse na sequência de um tremor de terra ou por força de um incêndio fortuito, não há qualquer obrigação de indemnizar.

II. Este regime geral tem, todavia, excepções nos casos de arrendamento rural e florestal, se houver extinção motivada por expropriação por utilidade pública. Em tal caso, prevê-se a possibilidade de o senhorio indemnizar o arrendatário cuja posição jurídica é considerada como encargo autónomo (art. 18º, nº 3, do RAR); a mesma solução valia igualmente em sede de arrendamento urbano, nos termos do art. 67º, nº 1, do RAU. Deste modo, se o arrendamento se extinguiu nos termos previstos na alínea *f)* do art. 1051º do CC, o contrato de locação caduca, só que o proprietário do bem, em princípio o locador, vai ser indemnizado por essa expropriação, mas parte desta tem de reverter para o locatário. Nos termos do art. 18º, nº 3, do RAR, a indemnização devida pelo expropriante, na parte considerada encargo autónomo do arrendamento, não é paga ao expropriado com a obrigação de este a satisfazer ao locatário, mas efectuada directamente pelo primeiro a este último. Está-se perante uma hipótese de efeito externo do contrato, em que a posição da parte no negócio (arrendatário) é oponível a terceiro (expropriante).

Nas outras situações em que se extingue o contrato, mesmo que o locador receba indemnização, não está prevista a possibilidade de reverter para o locatário parte da mesma. Nestes termos, se, por exemplo, o locador for compensado pela sua seguradora em caso de incêndio fortuito no prédio locado, o locatário não tem direito a receber uma indemnização correspondente ao prejuízo decorrente da extinção do vínculo.

3. Restituição da coisa locada

I. À excepção da caducidade como consequência de ter findado o prazo estipulado ou estabelecido por lei (art. 1051º, alínea *a)*, do CC), em qualquer dos outros casos de caducidade previstos no art. 1051º do CC, tratando-se de arrendamento, o legislador estabeleceu uma moratória para a restituição do prédio que, em regra, será de seis meses, a contar do facto que determina esta causa de extinção do contrato (art. 1053º do CC). Justifica-se esta moratória porque, afora a hipótese da alínea *a)*, nos restantes casos de caducidade, o arrendatário poderia não estar prevenido e seria gravosa a obrigação de entrega imediata do bem locado.

A moratória, porém, apesar de a lei o não indicar, perde sentido no caso de perda da coisa locada.

DA CESSAÇÃO DO CONTRATO

A referida moratória é acrescida no caso de diferimento da desocupação (art. 864º do CPC), como já se referiu anteriormente.

II. Apesar de a caducidade operar *ipso iure* e de ter como consequência a obrigação de restituir a coisa, pode ser necessário que o senhorio intente uma acção de despejo. Se o arrendatário, depois de o contrato ter caducado, não restitui voluntariamente o bem locado, cabe ao locador recorrer ao meio processual indicado (por via de regra a acção de despejo) para reaver o prédio[653].

4. Subsistência do vínculo

Cabe ainda referir que, nos termos do art. 1056º do CC, não obstante a caducidade do contrato, se o locatário se mantiver no gozo da coisa pelo período de um ano, sem oposição do locador, o legislador estabeleceu uma ficção legal quanto à renovação do contrato[654]. Esta renovação do contrato, porém, não pode valer para todas as hipóteses de caducidade; nalgumas, a extinção da relação contratual opera *ipso iure*. Isso verifica-se no caso de perda da coisa locada (alínea *e)* do art. 1051º do CC) e de expropriação por utilidade pública (alínea *f)* do art. 1051º do CC). Além disso, nas situações previstas nas alíneas *c)* e *d)* do art. 1051º do CC, a renovação prevista no art. 1056º do CC só operará mediante uma transmissão da posição contratual[655]. Nos restantes casos assenta-se no pressuposto de que, em razão da inércia do locador, este pretenderia restabelecer a relação contratual.

O contrato de locação cessa por caducidade, porque esta opera automaticamente, mas mantém-se uma relação de facto continuada, pois ficciona-se que as partes ajustaram um negócio jurídico em termos idênticos àquele que foi dissolvido.

§ 3. Revogação

I. A revogação do contrato de locação corresponde a um acto bilateral, carecendo de assentimento do locador e do locatário. Como em qualquer outro contrato, por efeito da vontade das partes – locador e locatário – pode extin-

---

[653] Cfr. CUNHA DE SÁ, *Caducidade do Contrato de Arrendamento*, Volume II, cit., pp. 211 e ss.

[654] Cfr. Ac. Rel. Lx. de 30/5/1996, *CJ* XXI, T. III, p. 105. Para a explicação do regime e respectiva evolução, *vd.* CUNHA DE SÁ, *Caducidade do Contrato de Arrendamento*, Volume II, cit., pp. 61 e ss. A regra de que a utilização da coisa posteriormente à caducidade, sem oposição do locador, determinava a renovação tácita do contrato (*reconductio tacita*) já constava do direito romano, cfr. SANTOS JUSTO, «A Locação de Coisa (*Locatio-Conductio Rei*) no Direito Romano», cit., p. 625.

[655] Quanto à extinção do usufruto, *vd.* Ac. Rel. Év. de 23/5/1996, *CJ* XXI, T. III, p. 271.

LOCAÇÃO

guir-se o vínculo[656]. Com base no princípio de autonomia privada, as partes podem extinguir o vínculo, celebrando um acordo revogatório, que segue o regime comum.

Como situação especial de revogação no âmbito do vínculo locatício, podia indicar-se a hipótese prevista no revogado art. 89º-A, nº 3, do RAU, em que se presumia a aceitação de uma «denúncia» (que seria antes uma proposta) do senhorio com respeito à cessação do vínculo contratual[656a]. Neste caso, o senhorio emitia uma declaração de vontade de extinção do contrato – a que o legislador chamava *denúncia* (art. 89º-A, nº 1, do RAU) –, permitindo que o destinatário (arrendatário) se opusesse (art. 89º-B, nº 1, do RAU), podendo, então, o senhorio reiterar a sua intenção de pôr termo ao contrato, denunciando-o e reformulando a indemnização (art. 89º-B, nº 2, do RAU). Mas o inquilino podia aceitar a proposta de «denúncia» e presumia-se que a aceitava se nos sessenta dias imediatos à sua recepção não tivesse feito a respectiva oposição (art. 89º-A, nº 3, do RAU); independentemente de a aceitação ser expressa ou resultar do silêncio do arrendatário, o contrato cessava por revogação. Este complexo modo de cessação do contrato de arrendamento urbano foi alterado com a entrada em vigor do NRAU, onde inicialmente (2006) se conferia tão-só ao senhorio uma actualização da renda, podendo o arrendatário responder a essa exigência. Com a revisão do NRAU de 2012 (Lei nº 31/2012, de 14 de Agosto), relacionado com a actualização da renda (arts. 30º e ss. do NRAU), admite-se que o senhorio opte pela denúncia do contrato, podendo, em determinadas circunstâncias, o inquilino opor-se à cessação do vínculo (arts. 32º a 35º do NRAU)[656b].

II. Nos termos gerais, a revogação do contrato de locação não tem eficácia retroactiva, pelo que a extinção do vínculo obrigacional só produz efeitos *ex nunc*.

O negócio jurídico de revogação não está sujeito à forma do contrato a que se pretende pôr termo, sendo inclusive válida a revogação implícita, como se previa no nº 3 do art. 89º-A do RAU, aludindo-se a uma presunção de aceitação da proposta de extinção do vínculo.

---

[656] Cfr. Ac. STJ de 25/11/1997, *CJ (STJ)* 1997, T. III, p. 140.

[656a] A situação altera-se com o disposto no nº 4 do art. 37º do NRAU, pois, agora, «a falta de resposta do arrendatário vale como declaração de inexistência das circunstâncias (...)» que lhe permitiam obstar à alteração de renda.

[656b] Para maiores desenvolvimentos, veja-se MENEZES LEITÃO, *Arrendamento Urbano*, 6ª edição, Coimbra, 2013, pp. 196 e ss.

DA CESSAÇÃO DO CONTRATO

A revogação do contrato de locação não apresenta particularidades relativamente às regras gerais dos contratos, excepto no que respeita ao arrendamento urbano.

III. Nos termos do art. 1082º, nº 2, do CC, na hipótese de a revogação do contrato de arrendamento urbano não ser imediatamente executada ou na eventualidade de conter cláusulas compensatórias ou quaisquer outras cláusulas acessórias, exige-se que o referido acordo seja celebrado por escrito. Para esse acordo revogatório basta a forma escrita, independentemente de ser requerida forma mais exigente para o contrato de locação (art. 1069º do CC)[657]. Tratando-se de revogação imediatamente executada, isto é, com a entrega do prédio[658] e sem compensações, o acordo não carece de forma.

No domínio da legislação anterior, a compensação estabelecida no acordo revogatório estava sujeita às limitações constantes do art. 14º do diploma preambular do RAU, nos termos do qual cometia crime de especulação o inquilino que recebesse qualquer quantia que não fosse devida pela desocupação do local arrendado. Apesar de hoje prevalecer a liberdade contratual, as compensações poder-se-ão reportar ao pagamento de benfeitorias, de indemnizações, por exemplo por desocupação (arts. 1102º, nº 1, e 1103º, nº 6, do CC), ou de outras quantias devidas ao locatário que podem inclusive não se encontrar relacionadas com o contrato de arrendamento.

Por último, no âmbito do arrendamento urbano, encontrava-se prevista uma hipótese atípica, que o legislador designava por «revogação», em que se concedia ao arrendatário a possibilidade de, a todo o tempo, *revogar* o contrato, mediante comunicação escrita a enviar ao senhorio com a antecedência mínima de noventa dias (art. 100º, nº 4, do RAU)[659]. Apesar de a lei apelidar esta modalidade de extinção como «revogação», já então se questionava se não correspondia, antes, a um tipo de denúncia; não se pode qualificar como

---

[657] É, todavia, duvidoso que, após a simplificação introduzida pelo Decreto-Lei nº 64-A/2000, de 22 de Abril, ainda subsistisse a obrigação de celebrar certos contratos de arrendamento por forma mais exigente do que o escrito particular (*vd.* ROMANO MARTINEZ, *Direito das Obrigações (Parte Especial). Contratos*, cit., pp. 176 e s.), mas as partes podem optar por ajustar o contrato mediante escritura pública. A dúvida, se existisse, ficou resolvida com a revogação do art. 1029º do CC pelo NRAU.

[658] A que, vulgarmente, se chama «revogação real». Cfr. GALVÃO TELLES, «Contratos Civis», cit., p. 151. Veja-se igualmente Ac. Rel. Pt. de 23/5/1989, *CJ* XIV, T. III, p. 204; Ac. Rel. Év. de 17/9/1992, *CJ* XVII, T. IV, p. 302; Ac. Rel. Év. de 1/2/1996, *CJ* XXI, T. I, p. 281.

[659] Sobre a revogação unilateral, veja-se *supra*, I Parte, Capítulo I, § 2, nº 2, alínea *c)*, mas quanto à denúncia em contratos com prazo estabelecido a favor de uma das partes veja-se I Parte, Capítulo I, § 3, nº 2, alínea *a)*).

LOCAÇÃO

denúncia, no sentido de oposição à renovação, mas corresponde a uma denúncia (atípica) entendida como desvinculação antecipada de um contrato ajustado por tempo determinado. A situação subsiste e, hoje, tendo o contrato sido celebrado pelo prazo mínimo de cinco anos, o arrendatário pode desvincular-se antes do decurso desse período mediante comunicação escrita com antecedência mínima de cento e vinte ou sessenta dias, se o prazo do contrato for igual ou superior a um ano ou inferior, respectivamente desde que tenham decorrido um terço do prazo de duração inicial do contrato ou da sua renovação (art. 1098º, nº 3, do CC). Porém, o prazo (mínimo) de cinco anos – ou de três anos em caso de renovação – no arrendamento de duração limitada deve ter-se por estabelecido a favor do arrendatário (art. 779º do CC), razão pela qual esta forma de cessação poderá ser qualificada como uma denúncia feita pelo beneficiário do prazo, que faz cessar o contrato antes do seu termo. É esse o sentido do art. 1098º, nº 3, do CC, que passou a prescrever: «o arrendatário pode denunciá-lo a todo o tempo».

§ 4. Denúncia
1. Regime comum
I. Apesar de, na locação, poder haver denúncia no sentido de desvinculação *ad nutum* de um contrato de duração indeterminada, tem particular relevância a oposição à renovação.

A denúncia pode corresponder a uma declaração negocial por via da qual se obsta à renovação automática do contrato de locação (art. 1055º, nº 1, do CC)[660].

O contrato de locação, como negócio jurídico de execução continuada, pode ser celebrado por um determinado período e, tratando-se de arrendamento, se as partes nada disserem, o negócio jurídico renova-se automaticamente por um período idêntico (art. 1054º do CC); sempre que as partes não procedam à denúncia do contrato, haverá prorrogações automáticas do mesmo por prazo idêntico ao inicialmente ajustado, desde que não exceda

---

[660] Como se indicou *supra*, há quem considere ser a denúncia em sentido técnico uma forma de cessação de relações contratuais duradouras, estabelecidas por tempo indeterminado (cfr. MENEZES CORDEIRO, *Direito das Obrigações*, Volume II, reimpressão, Lisboa, 1986, p. 166; JANUÁRIO GOMES, *Em Tema de Revogação do Mandato Civil*, Coimbra, 1989, pp. 74 e ss.), pelo que a hipótese indicada não corresponderia a uma denúncia. Tendo por base esta discussão académica, nas alterações ao arrendamento urbano (Lei nº 6/2006), no art. 1055º do CC, como única alteração, substituiu-se o termo «denúncia» pela expressão «oposição à renovação» e, em subsequentes preceitos, propositadamente, evita-se o emprego de «denúncia», optando-se pela «oposição à renovação» (p. ex., arts. 1097º e 1098º do CC). Mas esta perspectiva restritiva já foi contestada, remetendo-se para essas considerações (I Parte, Capítulo I, § 3, nº 2).

DA CESSAÇÃO DO CONTRATO

um ano (art. 1054º, nº 2, do CC). Assim, quando uma das partes não pretende que a renovação automática opere, poderá recorrer à denúncia do contrato.

A renovação automática não corresponde a uma originalidade de regime, pois «os romanos já admitiam (...) a renovação tácita do contrato, designada com as expressões: *locationem renovare; locationem redintegrare;* ou *reconductio*»[661]; de facto, atendendo à *relocatio tacita* ou *reconductio*, o contrato de locação considerava-se tacitamente renovado se o locatário continuasse a utilizar a *res* sem oposição do locador[662].

II. Em princípio, a denúncia é livre, podendo qualquer das partes – locador ou locatário – denunciar o contrato, obstando a que ele se renove para um período seguinte; porém, em certos casos, a denúncia está condicionada[663].

2. Casos especiais de denúncia

I. No que respeita ao arrendamento estabeleceram-se limites ao exercício do direito de denúncia. Isto ocorre concretamente no domínio do arrendamento urbano (arts. 1097º e 1101º do CC) e do arrendamento rural (art. 19º do RAR).

Condicionou-se o exercício do direito de denúncia de forma a não ser completamente livre, só podendo ser usado dentro de determinados parâmetros. Tais limitações existem exclusivamente em relação ao locador e justificam-se como formas de protecção dos arrendatários urbanos e rurais, de modo a não serem facilmente despejados[664]. Comparando com o regime precedente, a situação alterou-se com a entrada em vigor do NRAU, onde a denúncia pelo senhorio, tanto em contratos com prazo certo como de duração indetermi-

---

[661] *Vd.* VERA-CRUZ PINTO, «O Direito das Obrigações em Roma», *Revista Jurídica*, nº 23 (1999), p. 23, a propósito da extinção da *locatio conductio rei*.

[662] *Vd.* SANTOS JUSTO, *Direito Privado Romano* II, (Direito das Obrigações), cit., p. 68.

[663] Este limite à liberdade das partes, concretamente do locador, é, por vezes, apelidado de «vinculismo» (PINTO FURTADO, *Manual do Arrendamento Urbano*, vol. I, 5ª edição, Coimbra, 2009, pp. 187 e ss. e *passim*). Quanto a uma explicação da designada «renovação forçada», no plano da evolução histórica recente e do direito comparado, *vd.* BRANDÃO PROENÇA, «Um Exemplo do Princípio do Melhor Tratamento do Arrendatário Habitacional: Termo Final do Arrendamento e "Renovação Forçada" (Uma Perspectiva Comparatística)», *Estudos em Homenagem ao Prof. Doutor J. J. Teixeira Ribeiro*, III, *Iuridica*, Coimbra, 1983, pp. 315 e ss.

[664] Preconizando a inconstitucionalidade da prorrogação forçada dos arrendamentos, por constituir uma expropriação indirecta, cfr. PINTO FURTADO, *Manual de Arrendamento Urbano*, vol. I, cit., pp. 265 e ss.. Sobre algumas dificuldades do exercício do direito de denúncia por parte do senhorio, cfr. JANUÁRIO DA COSTA GOMES, «O Exercício do Direito de Denúncia, pelo Senhorio, de Contrato Anterior à Constituição da Propriedade Horizontal», *ROA*, 44 (1984) I, pp. 153 e ss., em especial pp. 163 e ss.

LOCAÇÃO

nada, é facilitada; no primeiro caso, que se designa por oposição à renovação, basta a interpelação (denúncia) com uma antecedência entre um terço do prazo de duração e 240 dias, consoante a duração do contrato (art. 1097º do CC); sendo o contrato celebrado com duração indeterminada, o senhorio, além das hipóteses anteriormente admitidas, pode denunciar o contrato com dois anos de antecedência (art. 1101º, alínea *c*), do CC)[665].

No regime anterior (RAU), a denúncia pelo senhorio, como determinava o art. 69º, nº 1, do RAU, podia ser pedida em quatro casos: quando necessitasse do prédio para sua habitação ou dos seus descendentes em primeiro grau – é a chamada denúncia para habitação (arts. 69º, nº 1, alínea *a*) e 71º do RAU); sempre que carecesse do prédio para nele construir a sua residência ou dos seus descendentes em primeiro grau (art. 69º, nº 1, alínea *b*), do RAU); quando se propusesse ampliar o prédio ou construir novo edifício, por forma a aumentar o número de locais arrendáveis (arts. 69º, nº 1, alínea *c*) e 73º do RAU, remetendo-se para legislação especial[666]); sempre que, estando o prédio degradado, não se mostrasse aconselhável a sua reparação (art. 69º, nº 1, alínea *d*), do RAU). Em qualquer dos casos, o senhorio só podia denunciar o contrato para produzir efeitos no termo do prazo da sua prorrogação (art. 69º, nº 1, do RAU)[667]. A norma que permitia a denúncia para habitação de descendentes em primeiro grau do senhorio foi declarada inconstitucional, tendo então ficado restringida esta hipótese de denúncia à necessidade de habitação do próprio senhorio[668], mas na nova redacção do art. 69º, nº 1, do

---

[665] Também no direito alemão, tendo em conta a reforma do BGB, admite-se a denúncia (*Kündigund*), de contratos com prazo e sem prazo, podendo ser uma denúncia ordinária (§ 573 do BGB) ou extraordinária (§ 573d do BGB), cfr. BOTH, *Beendigung von Mietverhältnissen*, cit., pp. 22 e ss. e 35 e ss. Refira-se que, no sistema alemão, a denúncia extraordinária (*Außerordentliche Kündingung*) inclui situações de caducidade (§ 563 do BGB) e de resolução (§ 543 do BGB), cfr. BOTH, *Beendigung von Mietverhältnissen*, cit., pp. 36 e s. e 37 e ss.

[666] Legislação especial essa que continua a ser a Lei nº 2088, de 3 de Junho de 1957, ultimamente alterada pelo Decreto-Lei nº 329-B/2000, de 22 de Dezembro. Sobre a questão, veja-se o Ac. Rel. Lx. de 4/7/1996, *CJ* XXI, T. IV, p. 89 e, em especial o estudo de GONÇALVES DA SILVA, «Cessação do Contrato de Arrendamento para Aumento da Capacidade do Prédio», *Estudos em Homenagem Prof. Doutor Inocêncio Galvão Telles*, Volume III, *Direito do Arrendamento Urbano*, Coimbra, 2002, pp. 546 e ss.

[667] Sobre as situações de denúncia do senhorio, cfr. PINTO FURTADO, *Manual do Arrendamento Urbano*, vol. II, 5ª edição, Coimbra, 2011, pp. 949 e ss.; ARAGÃO SEIA, *Arrendamento Urbano*, 7ª edição, Coimbra, 2003, pp. 498 e ss.
A necessidade da casa por parte do senhorio, se demonstrada, não tem de ser ponderada com a necessidade por parte do inquilino (Ac. Rel. Lx. de 7/11/1996, CJ XXI, T. V, p. 81).

[668] Cfr. Ac. TC nº 127/98, de 5/2/1998, BMJ 474, p. 54 e Ac. TC nº 55/99, *DR* 12/2/99. No sentido da inconstitucionalidade, veja-se também Ac. STJ de 13/3/1997, *BMJ* 465, p. 561; Ac. Rel. Lx. de 30/5/1996, *CJ* XXI, T. III, p. 107; SEQUEIRA RIBEIRO, *Sobre a Denúncia do Contrato de Arrendamento*

DA CESSAÇÃO DO CONTRATO

RAU (Decreto-Lei nº 329-B/2000) reiterou-se a possibilidade de denúncia para habitação do descendente do locador em primeiro grau.

No regime precedente, os pressupostos da denúncia para habitação constavam do art. 71º do RAU[669], mas se tivessem sido intencionalmente criados era excluído o direito de denúncia (art. 109º do RAU), como consagração do princípio geral da boa fé. Apesar de o preceito ter sido eliminado pelo NRAU, a solução subsiste por corresponder à consagração de um princípio geral, mas, além disso, passou a prescrever-se que a denúncia justificada – necessidade de habitação e obras – não pode implicar que o contrato tenha uma duração inferior a cinco anos (art. 1103º, nº 7, do CC).

Anteriormente, o arrendatário podia obstar à denúncia para habitação nos casos previstos no art. 107º do RAU (p. ex., se o inquilino tiver pelo menos sessenta e cinco anos ou residir no prédio há, pelo menos, trinta anos, como locatário[670]), que correspondiam às chamadas limitações ao direito de denúncia. Limitações estas que não podiam ser opostas a senhorio emigrante (art. 108º do RAU)[671].

II. Nos revogados arts. 89º-A e 89º-B do RAU também se previa a possibilidade de o senhorio «denunciar» o contrato de arrendamento em caso de transmissão *mortis causa* por decesso do primitivo inquilino.

Urbano para Habitação, Lisboa, 1996, p. 84. Preconizando a constitucionalidade do preceito, cfr. Ac. Rel. Pt. de 7/10/1997, *CJ* XXII, T. IV, p. 214.

Como referem MENEZES CORDEIRO/CASTRO FRAGA, *Novo Regime do Arrendamento Urbano Anotado*, Coimbra, 1990, anotação ao art. 69º, p. 115, «este preceito contém uma inovação de grande significado (...)», mas a solução inovatória, como concluem os autores, é de aplaudir por ser de justiça, pois, no confronto entre o direito do inquilino em manter o prédio arrendado e o interesse do senhorio em conseguir uma casa para um filho, deve prevalecer este último. Refira-se que do revogado art. 1096º, nº 1, alínea *a)*, do CC não constava esta hipótese, tendo a inovação estado na base da declaração de inconstitucionalidade.

[669] Acerca destes pressupostos, cfr. CARLOS ALEGRE, *Regime do Arrendamento Urbano*, Coimbra, 1991, pp. 139 e s.; JANUÁRIO DA COSTA GOMES, *Arrendamentos Comerciais*, cit., pp. 286 e ss., com informação jurisprudencial a pp. 293 e ss. e *Arrendamentos para Habitação*, cit., pp. 280 e ss.; GALVÃO TELLES, «Denúncia do Arrendamento para Habitação Própria», *CJ* VIII, T. V, pp. 7 e ss. Quanto a um estudo desenvolvido sobre a matéria, cfr. SEQUEIRA RIBEIRO, *Sobre a Denúncia*, cit., em especial, pp. 62 e ss.

[670] Quanto à aplicação deste prazo, que alargou em dez anos o regime até então vigente, cfr. Ac. Rel. Pt. de 11/6/1996, *CJ* XXI, T. III, p. 212; Ac. Rel. Cb. de 18/11/1997, *CJ* XXII, T. IV, p. 15. Sobre a inconstitucionalidade deste preceito, quando interpretado de modo a abranger situações em que o prazo decorrera antes da entrada em vigor do RAU, cfr. Ac. TC nº 259/98, de 5/3/1998, *BMJ* 475, p. 119. A dúvida ficou sanada com a nova redacção da alínea *b)* do nº 1 do art. 107º do RAU dada pelo já citado Decreto-Lei nº 329-B/2000.

[671] Cfr. Ac. Rel. Lx. de 9/5/1996, *CJ* XXI, T. III, p. 89.

LOCAÇÃO

Tratava-se, como já se referiu (§ 3, I), de uma denúncia *sui generis*, pois passava por duas fases: primeiro, o senhorio propunha a cessação do contrato oferecendo uma determinada indemnização, que, sendo aceite, levava à revogação do contrato; segundo, o arrendatário opunha-se à cessação do vínculo propondo uma nova renda e o senhorio, não aceitando a modificação contratual, podia, então, denunciar o contrato, pagando uma indemnização calculada em função da renda proposta[671a].

III. Além das excepções já indicadas, também o administrador da insolvência pode livremente denunciar o contrato de locação se o locatário for insolvente (art. 108º do CIRE), mas sendo o locador insolvente a denúncia está dependente «dos casos de renovação obrigatória» (art. 109º, nº 1, do CIRE).

IV. No anterior regime do arrendamento florestal, como não havia renovação automática do contrato (art. 21º do RAF), só se previa a denúncia, a qualquer altura, por iniciativa do arrendatário por carta registada com aviso de recepção (art. 18º do RAF).

Contudo, nesta sede, já então se estabelecia uma denúncia *sui generis* no art. 18º do RAF, que a designava por cessação, mediante a qual se permitia que o vínculo contratual se extinguisse antes de decorrido o prazo de vigência se o arrendatário avisasse o senhorio com uma antecedência mínima de dois anos. No fundo, correspondia a uma denúncia com prazo de aviso prévio bastante longo (dois anos).

A propósito da denúncia *sui generis* é igualmente de referir a que vem prevista no art. 19º do RAR, onde se permite que o senhorio denuncie o contrato antes do decurso do prazo de vigência do mesmo, desde que estejam preenchidos os pressupostos estabelecidos no nº 4 do mencionado preceito; ou seja, o senhorio emigrante que tenha celebrado um contrato de arrendamento a agricultor autónomo, regressado a Portugal, pode denunciar o contrato para explorar directamente o prédio.

Também em sede de arrendamento urbano se encontram situações de denúncia *sui generis*. Concretamente, no art. 37º, nº 5, do NRAU dispõe-se que, se o arrendatário não concordar com a nova renda, pode denunciar o contrato nos quarenta dias seguintes àquele em que recebeu a declaração de aumento, caso em que a nova renda não se lhe aplica, e o contrato cessa antes do decurso do prazo de duração do acordado. Além disso, no art. 1098º, nº 3,

---

[671a] A situação assemelha-se à referida modificação-denúncia, a que se aludiu anteriormente (*vd.* I Parte, Capítulo II, Secção II, § 3., nº 1, III).

DA CESSAÇÃO DO CONTRATO

do CC, admite-se que o arrendatário denuncie o contrato antes do decurso do prazo convencionado.

3. Prazo de exercício do direito

Apesar de a denúncia ser, em princípio, livre, deverá respeitar um prazo de antecedência, ou seja tem de ser feita previamente em relação à data do termo do período de vigência do contrato, em que a renovação se verificaria (art. 1055º, nº 1, do CC). A antecedência exigida para a denúncia serve para que a parte destinatária dessa declaração se possa precaver para o facto de o vínculo contratual se extinguir em breve.

O prazo de antecedência para efectuar a denúncia pode ser estabelecido pelas partes; supletivamente, o art. 1055º, nº 1, do CC faz referência a diferentes prazos, relacionados com o período de duração do contrato, que vão desde 120 dias para os contratos que se destinavam a vigorar por prazo igual ou superior a seis anos (alínea *a*)) a um terço do prazo quando no contrato se estabeleceu uma vigência inferior a três meses (alínea *d*))[672].

Os prazos supletivos constantes do art. 1055º, nº 1, do CC não valem em matéria de arrendamento urbano, onde, nos arts. 1097º e 1098º do CC, se estabelecem prazos mínimos de antecedência de 240 dias – para o senhorio – e de cento e vinte dias – para o inquilino[673].

Com respeito ao arrendamento rural, de harmonia com o art. 19º do RAR, o prazo de antecedência mínima para proceder à denúncia é de um ano.

4. Forma

Nos termos gerais, a denúncia não carece de qualquer forma, tal como acontece com as outras modalidades de extinção do contrato, seja a resolução ou a revogação. A denúncia é uma declaração negocial recipienda sem forma especial estabelecida por lei (art. 219º do CC).

Todavia, em determinadas circunstâncias, exige-se forma escrita. É isso que se verifica no art. 19º, nº 1, do RAR, preceito por via do qua, tanto o locador como o locatário, para denunciarem o contrato de arrendamento rural, têm de o fazer por escrito[674]. No que respeita ao arrendamento urbano, a lei exige que a denúncia do senhorio seja feita valer «mediante comunicação ao arrendatário

---

[672] Quanto à sobreposição de prazos, optando por aplicar as alíneas na sequência exposta pelo legislador, isto é, dando precedência às situações em função da colocação no preceito, de modo a preferirem as situações precedentes às sucessivas, *vd.* Ac. Rel. Cb. de 26/6/1996, *CJ* XXI, T. III, p. 29.

[673] Quanto ao regime anterior, veja-se o disposto nos arts. 68º e ss. e art. 100º do RAU.

[674] Cfr. Ac. Rel. Év. de 20/11/1997, *CJ* XXII, T. V, p. 260.

LOCAÇÃO

com antecedência não inferior a seis meses sobre a data pretendida para a desocupação» (art. 1103º, nº 1, do CC), tendo deixado de ser necessário o recurso à via judicial; tratando-se de denúncia com aviso prévio de dois anos em arrendamento de duração indeterminada (art. 1101º, alínea *c*), do CC) ou de arrendamento urbano com prazo certo (art. 1097º do CC), a denúncia (oposição à renovação) deverá ser feita mediante notificação escrita dirigida ao inquilino por carta registada com aviso de recepção (art. 9º, nº 1, do NRAU).

5. Compensação

A denúncia do contrato, em princípio, não implica qualquer compensação para o destinatário da declaração. Se uma das partes pretende denunciar o contrato, obstando a que se renove por um novo período, não tem de indemnizar a contraparte. A denúncia é um direito que assiste a qualquer das partes, cujo exercício, mesmo que cause prejuízos à outra parte, não será fonte de responsabilidade civil. Contudo, relativamente ao contrato de locação admitem-se situações especiais em que a denúncia, sendo exercida pelo locador, constitui fonte de uma obrigação de indemnizar o locatário.

Trata-se de hipóteses previstas no domínio do arrendamento urbano. No art. 1102º, nº 1, do CC admite-se que o locador, exercendo o direito de denúncia do contrato por necessitar do prédio para habitação própria ou dos seus descendentes (art. 1101º, nº 1, alínea *a*), do CC), deva compensar o locatário, pagando-lhe uma indemnização equivalente a um ano de renda. Situação idêntica ocorre no domínio da denúncia para demolição ou realização de obras (art. 1103º, nº 6, do CC).

São hipóteses de responsabilidade objectiva por danos causados no exercício lícito de direitos. O locador tem o direito de denunciar o contrato, mas admite-se que, em determinadas circunstâncias, deva indemnizar; não há, por conseguinte, qualquer ilicitude, corresponde a uma das situações especiais de responsabilidade por factos lícitos.

Tal dever de indemnizar não vale, porém, no domínio dos contratos de arrendamento urbano com prazo certo, em que a denúncia (oposição à renovação) efectuada pelo senhorio não confere ao arrendatário o direito a uma indemnização.

§ 5. Resolução
1. Resolução por iniciativa do locador
a) Especificidades relativamente ao regime geral

I. A resolução pedida pelo locador funda-se no incumprimento definitivo do contrato por parte do locatário, nos termos gerais do art. 801º do CC. Sem-

DA CESSAÇÃO DO CONTRATO

pre que uma das partes não cumpre definitivamente a sua prestação, cabe à outra o direito de resolver o contrato.

Valem, nesta sede, as regras gerais que permitem ao locador, perante o incumprimento definitivo das obrigações por parte do locatário, resolver o contrato de locação; a solução é idêntica no caso de o incumprimento ser imputável ao locador.

Mas o regime da resolução do contrato de locação com base em incumprimento definitivo por parte do locatário apresenta excepções relativamente ao regime regra.

Primeiro, a resolução, em determinados casos, tem de ser decretada judicialmente (art. 1047º do CC e art. 1084, nº 2, do CC)[675]. Diferentemente, a resolução dos contratos, segundo o regime geral dos arts. 432º e ss. do CC, não carece de qualquer forma, bastando a mera declaração de uma das partes à outra para produzir os seus efeitos (art. 436º, nº 1, do CC). A acção de despejo é o meio processual para desencadear a resolução no arrendamento, anteriormente regulada no Código de Processo Civil (arts. 971º e ss.), depois nos arts. 55º e ss. do RAU e hoje prevista no art. 14º da Lei nº 6/2006 (cfr. também art. 35º do RAR). O regime especial de resolução judicial em sede de arrendamento foi recentemente alterado pela Lei nº 6/2006, restabelecendo a regra de a resolução do contrato não pressupor intervenção judicial; subsiste todavia, mas agora como excepção, a necessidade de nos casos indicados no nº 2 do art. 1083º do CC, a resolução ser de exercício judicial (art. 1084º nº 1, do CC). Não sendo de exercício judicial, a resolução tem de ser efectuada por notificação judicial avulsa ou mediante contacto pessoal de advogado ou solicitador (art. 9º, nº 7, do NRAU)[675a].

Segundo, o não pagamento da renda ou do aluguer pode não acarretar a resolução do contrato. A falta de pagamento da renda ou do aluguer, em princípio, faz incorrer o inadimplente em mora, mas poderá haver incumprimento definitivo se, entretanto, tiver decorrido o prazo admonitório do art. 808º do CC. Assim, se o locador – credor da renda ou aluguer -, perante a mora quanto

---

[675] Talvez seja justificável, em determinados casos, que a resolução do contrato de arrendamento seja decretada judicialmente, mas não tinha qualquer sentido exigir-se o recurso a tribunal para resolver um contrato de aluguer, como resultava do regime anterior, até porque, ao locatário, em caso algum, é requerido o recurso à via judicial. Exigindo a resolução judicial do contrato de aluguer, *vd.* Ac. Rel. Lx. de 2/7/1998, *CJ* XXIII, T. IV, p. 81. Diferentemente, no Ac. Rel. Lx. de 22/10/1998, *CJ* XXIII, T. IV, p. 128, entendeu-se que a intervenção obrigatória do tribunal para a resolução do contrato de aluguer de automóvel seria absurda, pelo que se considerou aplicável a regra geral do art. 436º do CC; no mesmo sentido o Ac. Rel. Lx. de 11/11/1998, *CJ* XXIII, T. V, p. 83.

[675a] Veja-se RUI PINTO, *Manual de Execução e Despejo*, Coimbra, 2013.

LOCAÇÃO

ao pagamento, estabelecer um prazo razoável para a posterior realização da prestação, nos termos do art. 808º do CC, e, tendo decorrido esse prazo, o cumprimento não for efectuado, haverá incumprimento definitivo. Por via de regra, o incumprimento definitivo atribui à contraparte o direito de resolver o contrato. Porém, a falta de pagamento da renda ou do aluguer, mesmo tratando-se de incumprimento definitivo, não implica necessariamente a resolução do contrato, pois estabeleceu-se no art. 1048º do CC que o direito de resolução do contrato de locação «caduca» se o locatário pagar as prestações em falta até à data da contestação. Nestes termos, se o locatário não pagar a renda ou aluguer na data do vencimento, não é necessário estabelecer um prazo admonitório para o cumprimento posterior da prestação; perante esse inadimplemento, o locador poderá pedir a resolução do contrato, só que essa resolução não produz efeitos se o locatário, até à data da contestação da acção que foi movida pelo locador com vista à resolução do contrato, pagar a renda ou o aluguer em falta[676]. Na alteração introduzida neste preceito (art. 1048º do CC), acrescentou-se um novo nº 2, no qual se limita a faculdade de o arrendatário, em fase judicial, impedir os efeitos da resolução a uma única vez, de molde a moralizar este regime excepcional. A solução do preceito suscita, contudo, alguma perplexidade, porquanto deixou de se exigir a intervenção judicial no caso de resolução do contrato de aluguer; apesar de a norma não ser aplicável ao aluguer, por analogia será de entender que se pode recorrer ao disposto no nº 3 do art. 1084º do CC.

Terceiro, em certos casos, a resolução só pode efectivar-se em hipóteses tipificadas na lei. Em determinadas circunstâncias e por motivos de protecção do locatário, concretamente dos arrendatários urbano e rural, o legislador tipificou as situações em que se pode recorrer à resolução do contrato. Nestes termos, em caso de arrendamento rural, só é possível recorrer à resolução nas situações de incumprimento tipificadas no art. 17º do RAR; a situação era idêntica no arrendamento urbano, tendo em conta o revogado art. 64º do RAU, mas hoje o regime constante do art. 1083º, nº 2, do CC, à imagem do que se prescreve em sede de contrato de trabalho (art. 351º do CT), aponta no sentido da verificação de uma cláusula geral – incumprimento grave que torne inexigível a prossecução do contrato –, preenchida por exemplificações.

O direito civil, atendendo ao princípio de autonomia privada, confere a possibilidade de, em situações de incumprimento, ser pedida a resolução do contrato, mas em caso de arrendamento urbano e rural, por motivos de

---

[676] Como consta do Ac. Rel. Gui. de 4/2/2004, *CJ* XXIX, T. I, p. 283, a resolução só não produz efeitos se o arrendatário pagar as rendas em falta acrescidas da respectiva indemnização.

DA CESSAÇÃO DO CONTRATO

protecção do locatário, tinha-se estabelecido um *numerus clausus* quanto às situações de incumprimento que podiam dar azo à resolução do contrato[677]. Contudo, actualmente, no art. 1083º, nº 2, do CC, seguindo uma solução mais equilibrada, estabeleceu-se uma cláusula geral para a resolução invocada pelo senhorio, fundada na justa causa; como decorre do preceito, a referida justa causa surge exemplificada em cinco alíneas, donde se depreende que estão em causa comportamentos culposos do arrendatário em violação das obrigações emergentes do contrato de arrendamento.

Quarto, por vezes, o pedido de resolução do contrato tem de ser exercido num determinado prazo; ou seja, enquanto a regra geral aponta no sentido de a resolução, como consequência do incumprimento contratual, poder ser feita valer no prazo normal de prescrição, a lei estabelece um prazo de caducidade para o exercício do direito de resolução do contrato de arrendamento. Isso verifica-se no domínio do arrendamento urbano em que se estabelece um prazo de um ano, subsequente ao conhecimento do facto, para ser pedida a resolução do contrato (art. 1085º, nº 1, do CC), prazo que é reduzido para três meses quando o fundamento da resolução seja *(i)* a mora do arrendatário no pagamento da renda, encargos ou despesas, por período igual ou superior a dois meses, *(ii)* a oposição deste à realização de obra ordenada por autoridade pública, ou *(iii)* a mora do arrendatário no pagamento da renda, superior a oito dias, por mais de quatro vezes, seguidas ou interpoladas, num período de 12 meses. Decorrido esse prazo de caducidade, não obstante a violação do contrato, já não pode ser pedida a sua resolução; porém, se o facto gerador de resolução for continuado ou duradouro, o prazo de caducidade só se conta a partir da data em que ele tiver cessado (art. 1085º, nº 3, do CC).

II. Cabe ainda referir que, sendo a locação um contrato de execução continuada, nos termos do art. 434º, nº 2, do CC, a resolução não produz efeitos retroactivamente. Resolvido o contrato de locação, os efeitos extintivos só se produzirão para o futuro, sendo válidos os verificados até à data em que a resolução se efectivou. Muitas das vezes, só após a decisão judicial proferida na acção de despejo é que se extingue o vínculo contratual, sem eficácia retroactiva, sendo válidos os efeitos até então verificados[677a].

---

[677] A enumeração era taxativa e imperativa, pelo que seriam nulas as cláusulas contratuais no sentido de o contrato de arrendamento se extinguir por causas diversas das previstas na lei, como por exemplo se o senhorio necessitar da casa. Sobre a taxatividade da enumeração, *vd.* CABOZ SANTANA, «A Resolução do Contrato de Arrendamento Urbano: Fundamentação Taxativa?», *Lusíada*, 1 (1991), pp. 245 e ss.

[677a] Sobre a questão, veja-se *supra*, I Parte, Secção II, Capítulo II, nº 8, alínea *a*), IV.

LOCAÇÃO

b) Casos de resolução

I. Quanto à cessação do contrato de arrendamento urbano, para além do facto de se estabelecer um regime imperativo (art. 1080º do CC), com várias excepções relativamente às regras gerais, exemplificam-se os casos de resolução do contrato quando esta é invocada pelo senhorio (art. 1083º, nº 2, do CC) e estabelecem-se preceitos específicos quanto ao meio processual para fazer cessar o contrato, mediante a designada acção de despejo (art. 14º do NRAU)[678].

II. Para a resolução do contrato de arrendamento da iniciativa do senhorio, introduziu-se uma diferença substancial e importa cotejar o anterior regime (art. 64º do RAU) com o actual (art. 1083º do CC).

No regime anterior, indicavam-se, de forma taxativa, os casos em que esta causa de extinção do vínculo podia ser invocada nas dez alíneas do nº 1 do art. 64º do RAU[679]. É interessante verificar que a maioria das situações indicadas neste preceito corresponde às causas de resolução já identificadas no direito romano[680].

De certa forma, há alguma correspondência entre as hipóteses previstas no nº 1 do art. 64º do RAU de resolução do contrato e as obrigações do locatário enumeradas no art. 1038º do CC; as situações previstas nas alíneas daquele preceito coincidem com violações do disposto nas alíneas deste artigo do Código Civil. No fundo, constitui causa de resolução do contrato de arrendamento por parte do senhorio a violação das obrigações do locatário indicadas no art. 1038º do CC[681].

---

[678] No regime anterior, atendendo ao disposto no art. 64º RAU, vigorava uma enumeração taxativa de causas de resolução, como se explicará adiante.

[679] Sendo as causas taxativas, não podem ser acrescentados outros motivos por cláusula contratual, nomeadamente por via de uma condição resolutiva, cfr. PEREIRA COELHO, Arrendamento, Direito Substantivo e Processual, Coimbra, 1988, pp. 94 e s.; JANUÁRIO DA COSTA GOMES, Arrendamentos Comerciais, cit., pp. 253 e s. Veja-se também Ac. STJ de 17/7/1986, BMJ 359, p. 680; Ac. Rel. Pt. de 21/5/1985, CJ X, T. III, p. 242.
A enumeração taxativa constava igualmente do art. 22º do RAR (anterior), cfr. Ac. Rel. Év. de 13/1/1994, BMJ 433, p. 639.

[680] Sobre o elenco de causas de dissolução da locatio conductio rei, veja-se VERA-CRUZ PINTO, «O Direito das Obrigações em Roma», cit., pp. 23 e s.

[681] Quanto a uma explicação das várias causas de resolução previstas no art. 64º, nº 1, do RAU, cfr. CARLOS ALEGRE, Arrendamento Urbano, cit., pp. 126 e ss.; PINTO FURTADO, Arrendamento Urbano, 2ª edição, Coimbra, 1999, pp. 725 ss.; JANUÁRIO DA COSTA GOMES, Arrendamentos Comerciais, cit., pp. 223 e ss., com ampla referência jurisprudencial e Arrendamento para Habitação, cit., pp. 233 e ss.; ARAGÃO SEIA, Arrendamento Urbano, cit., pp. 411 e ss.; PAIS DE SOUSA, Anotações ao Regime do Arrendamento Urbano, 6ª edição, Lisboa, 2001, pp. 195 e ss.

DA CESSAÇÃO DO CONTRATO

As violações do contrato de arrendamento perpetradas pelo inquilino e não incluídas no elenco do art. 64º, nº 1, do RAU só conferiam ao senhorio o direito a uma indemnização por responsabilidade contratual, nos termos gerais. E, tendo em conta o mencionado elenco taxativo, discutia-se se o contrato de arrendamento estava sujeito à resolução por alteração das circunstâncias, na medida em que esta hipótese, prevista no art. 437º do CC, não se encontrava no elenco do art. 64º, nº 1, do RAU[682].

De modo diverso, no art. 1083º, nº 2, do CC, o senhorio pode resolver o contrato sempre que o arrendatário tenha faltado ao cumprimento de deveres emergentes do contrato, que pela sua gravidade tornem inexigível a subsistência do contrato. Assenta-se, pois, numa cláusula geral de incumprimento, frequentemente identificada como justa causa. A actual similitude com o regime instituído no contrato de trabalho para o despedimento promovido pelo empregador é óbvia, pelo que as considerações tecidas nessa sede valem neste contexto[682a].

A cláusula geral, de justa causa subjectiva, vem completada com situações exemplificativas, em cinco alíneas.

Atendendo ao elenco legal, ter-se-á de aludir às previsões constantes das várias alíneas, tanto do revogado nº 1 do art. 64º do RAU como do nº 2 do art. 1083º do CC.

III. Em primeiro lugar, como fundamento de resolução do contrato, na alínea a) do nº 1 do art. 64º do RAU, surge a falta de pagamento pontual da renda, nos termos, já referidos, do art. 1048º do CC; solução reiterada no nº 3 do art. 1083º do CC, esclarecendo-se que a resolução pode ser exigida no caso de mora superior a dois meses.

Em suma, o pagamento da renda – como principal obrigação do arrendatário – sendo incumprida, considera-se que o comportamento é grave e a subsistência do vínculo insustentável, se a falta de cumprimento se protelar por dois meses (art. 1083º, nº 3, do CC), contudo, o arrendatário pode obstar à resolução se puser fim à mora no prazo de um mês (art. 1084º, nº 3, do CC). Apesar de o pagamento da renda ser o principal dever do arrendatário, este não só pode estar em mora durante seis meses, como lhe é facultado recorrer

---

[682] Entendendo que a taxatividade de causas de resolução obsta que se invoque a resolução por alteração das circunstâncias, veja-se o Ac. STJ de 25/5/1982, *RLJ* 119 (1986-1987), p. 78. A solução deste aresto é criticada por ANTUNES VARELA, em anotação na *RLJ* 119 (1986-1987), pp. 82 e ss., em concreto p. 86. Cfr. ainda Ac. STJ de 16/6/1987, *BMJ* 368, p. 528.

[682a] *Vd. infra*, Capítulo VIII, § 4, nº 5, alínea *b*), subalínea *β*., ponto *i*.

318

LOCAÇÃO

a este mecanismo múltiplas vezes, pois a limitação constante do nº 2 do art. 1048º do CC só vale em fase judicial.

IV. Segundo, como resultava da alínea *b)* do nº 1 do art. 64º do RAU, constitui causa de resolução a utilização, pelo arrendatário ou por interposta pessoa, do prédio para fim diverso daquele a que se destina (p. ex., se um prédio arrendado para habitação for usado para o exercício de profissão liberal)[683]. O fim a que se destina resulta do contrato, mas, ao lado da actividade (fim) principal, acessoriamente, podem desenvolver-se actividades conexas, que complementam aquela[684]. Dito de outro modo, além do fim expressamente ajustado, há que atender ao acordo implícito quanto ao exercício adicional de actividades não compreendidas directamente na letra das cláusulas do contrato, mas cuja autorização (tácita) decorre de regras de razoabilidade e do princípio da boa fé no cumprimento dos contratos (art. 762º, nº 2, do CC).

---

[683] No arrendamento para o comércio e indústria, as alterações de actividade têm de ser entendidas com alguma razoabilidade, cfr. Ac. Rel. Lx. de 15/1/1998, *CJ* XXIII, T. I, p. 77; Ac. Rel. Pt. de 19/3/1998, *CJ* XXIII, T. II, p. 211; mas em caso de violação do contrato, desrespeitando cláusula que determina ser o arrendamento para uma específica actividade, a alteração é causa de resolução (Ac. STJ de 14/10/1997, *CJ (STJ)* 1997, T. III, p. 71; Ac. STJ de 21/3/2000, *BMJ* 495, p. 292; Ac. Rel. Lx. de 19/10/1995, *BMJ* 450, p. 542). A autorização dada ao arrendatário para alterar o objecto vale para os trespassários (Ac. Rel. Lx. de 9/11/2000, *CJ* XXV, T. V, p. 90).
Como esclarece BAPTISTA MACHADO, «Resolução do Contrato de Arrendamento Comercial. Uso do Prédio para Ramo de Negócio Diferente», *CJ*, IX (1984), Tomo II, pp. 16 e s., basta a violação do contrato – utilização para fim diverso – independentemente de haver maior desgaste ou desvalorização do prédio locado.
[684] Cfr. ARAGÃO SEIA, *Arrendamento Urbano*, cit., pp. 419 e s., que cita um acórdão da Relação de Lisboa e uma opinião expressa na Revista dos Tribunais, considerando-se lícito o exercício de actividades conexas, acessórias e similares. Como afirma ARAGÃO SEIA (ob. cit., p. 420), na sequência do Acórdão da Relação do Porto de 1 de Fevereiro de 1979, no fim ou ramo do negócio ajustado compreendem-se «(...) actividades ligadas ao fim ou ao ramo de negócio expressamente autorizado no contrato, quer por acessoriedade (ou conexão), quer por instrumentalidade (necessária ou quase necessária), quer por habitualidade notória, do conhecimento geral, desde que o exercício destas não possa classificar-se como fim ou negócio diverso do contratado». Como esclarece JANUÁRIO DA COSTA GOMES, *Arrendamentos Comerciais*, cit., pp. 228 e s., o locatário não pode explorar qualquer actividade de modo acessório, considerando-se que não viola o contrato por continuar a exercer principalmente o ramo convencionado, mas, segundo o mesmo autor, nada impede que o arrendatário desenvolva actividades não enunciadas no contrato, desde que se encontrem numa relação de instrumentalidade necessária, sendo, por isso, indispensáveis, ou se, «segundo os usos comuns, acompanham a exploração de uma determinada modalidade de comércio». O autor indicado acaba por concluir que o exercício de actividades não compreendidas no texto das cláusulas contratuais não permite a resolução do contrato de arrendamento desde que, tendo em conta o princípio da boa fé, a actividade em questão esteja íntima e funcionalmente ligada à actividade clausulada.

DA CESSAÇÃO DO CONTRATO

A situação prevista nesta alínea *b)* é, todavia, excepcionada nos casos de indústrias domésticas (art. 1092º do CC).

Com uma formulação mais simples, a mesma hipótese encontra-se no exemplo constante da alínea *c)* do nº 2 do art. 1083º do CC, aludindo unicamente ao «uso do prédio para fim diverso daquele a que se destina».

V. O senhorio pode resolver o contrato se o arrendatário utilizar o prédio para práticas ilícitas, imorais ou desonestas com carácter reiterado ou habitual (art. 64º, nº 1, alínea *c)*, do RAU)[685]. O despejo, neste caso, não se relaciona, propriamente, com a alteração do objecto, mas com um determinado padrão de conduta exigido ao arrendatário atendendo ao prejuízo para o bom-nome do senhorio ou do seu prédio.

Na nova versão (art. 1083º, nº 2, alínea *b)*, do CC), como exemplo de justa causa de resolução subsiste a mesma situação, que deve ser entendida em idênticos moldes.

VI. No art. 64º, nº 1, alínea *d)*, do RAU, permitia-se a resolução em caso de utilização imprudente do prédio, não se admitindo que o inquilino alterasse ou causasse prejuízos no locado, para além dos limites constantes do art. 1043º do CC e art. 4º do RAU (hoje, art. 1073º, nº 1, do CC)[686]. Mas só a

---

[685] Sobre a aplicação desta alínea como causa de resolução do contrato de arrendamento, *vd.* Antunes Varela, anotação ao Ac. Rel. Cb. de 9/5/1989, *RLJ* 122, pp. 125 e ss. Acerca de práticas ilícitas, tem-se discutido se o excessivo ruído que o inquilino faz durante a noite ou a convivência no local arrendado com animais perigosos ou especialmente barulhentos pode constituir fundamento de despejo; sobre esta questão, *vd.* Vermelle, *Droit Civil. Les Contrats Spéciaux*, Paris, 1996, p. 92.

[686] Quanto à resolução do contrato de arrendamento por realização de obras não autorizadas pelo senhorio, cfr. Ac. Rel. Lx. de 18/3/1993, *Dir.* 125 (1993), III-IV, p. 321, onde se lê: «Apesar de o gozo temporário da coisa estar entregue ao arrendatário, o "monopólio" da faculdade de transformações permanece nas mãos do proprietário, que, normalmente, é o locador. Donde resulta que o fim visado pelo legislador foi impedir que o arrendatário se arrogasse poderes que cabem exclusivamente ao proprietário e que a lei não permite que sejam exercidos por outrem, sancionando a correspondente actuação com a resolução do contrato» (p. 324). Assim, «se o interior do prédio, em resultado das obras, possa apresentar, de modo perene, uma outra fisionomia, uma nova distribuição, uma diferente forma de ocupação do seu espaço, operou-se uma alteração substancial da disposição interna das suas divisões» (p. 325), que faculta a resolução do contrato, sendo irrelevante que as obras tenham ou não causado prejuízos ao locador e que sejam ou não reparáveis.
Sobre esta questão, cfr. Oliveira Ascensão, «Resolução do Contrato de Arrendamento» Anotação ao Ac. Rel. Lx de 18/3/1993, *Dir.* 125 (1993), III-IV, pp. 328 e ss.; Oliveira Ascensão/ Menezes Leitão, «Resolução do Arrendamento com Fundamento na Realização de Obras Não Autorizadas», *Dir.* 125 (1993), III-IV, pp. 417 e ss.; Menezes Cordeiro, «Acção de Despejo. Obras sem Autorização do Senhorio. Exercício do Direito de Resolução». Anotação ao Ac. Rel.

LOCAÇÃO

utilização imprudente nos termos prescritos naquela alínea *b)* conformava o direito à resolução do contrato; as obras que o arrendatário realizasse, não constituindo motivo de despejo, podiam ainda assim ser ilícitas, caso em que ao locador cabia tão-só exigir a sua demolição[687].

Tornava-se necessário, pois, que as obras, sendo no exterior, alterassem a estrutura do prédio, e, sendo internas, pusessem em causa a divisão existente; por outro lado, exigia-se que o arrendatário tivesse provocado deteriorações consideráveis no locado que extravasassem o desgaste da prudente utilização.

Esta hipótese, só parcialmente contemplada na alínea *a)* do nº 2 do art. 1083º do CC, deixou de constar do actual elenco (exemplificativo) de causas de resolução. Ainda assim, atendendo à cláusula geral do corpo do nº 2 do art. 1083º do CC dir-se-á que a solução não se altera: as deteriorações que excedam o paradigma do nº 1 do art. 1073º do CC e as obras ilícitas que pela sua gravidade afectem a estrutura do edifício ou ponham em causa a divisão interna facultam ao senhorio o exercício do direito de resolução do contrato.

VII. Em quinto lugar, na alínea *e)* do nº 1 do art. 64º do RAU regulava-se uma violação que se prendia, essencialmente, com o arrendamento para habitação, considerando-se fundamento de despejo o desrespeito no disposto no art. 76º do RAU (hoje, art. 1093º do CC); ou seja, a hospedagem não permitida na lei ou em cláusula contratual.

Este exemplo não consta do actual nº 2 do art. 1083º do CC, mas a solução é a mesma, atendendo à regra geral – justa causa de resolução – assim como à eventual violação de regras de higiene, sossego ou do regulamento do condomínio (alínea *a)*) e, especialmente, por o incumprimento do disposto no

---

Lx. de 19/11/1987, *Dir.* 120 (1988), I-II, pp. 217 e ss.; JANUÁRIO DA COSTA GOMES, «Resolução do Arrendamento em Consequência da Feitura de Obras que Alteram Substancialmente a Disposição Interna das Divisões do Prédio», *Dir.* 125 (1983), III-IV, pp. 439 e ss.; RIBEIRO MENDES, «Acção de Resolução de Arrendamento (art. 1093º, nº 1, al. d) do Código Civil): Construção de uma Dependência no Jardim Arrendado – Excepção de Caducidade da Acção, nos Termos do art. 1094º C. Civil e Excepção de Caducidade do Direito de Resolução por Cessação da Causa, nos termos do art. 18º, nº 2, do Dec.-Lei nº 293/77, de 20 de Julho – Adjectivação desta consoante se trate de Defesa Principal ou de Defesa Principal», *TJ*, nº 45, IV (1988), pp. 3 e ss.

Quanto a obras realizadas pelo arrendatário, veja-se ainda, em diversos sentidos, Ac. STJ de 12/11/1996, *BMJ* 461, p. 425; Ac. STJ de 14/1/1997, *BMJ* 463, p. 571; Ac. Rel. Cb. de 2/5/1996, *CJ* XXI, T. III, p. 79; Ac. Rel. Cb. de 28/2/1997, *CJ* XXII, T. II, p. 10; Ac. Rel. Pt. de 11/11/1997, *BMJ* 471, p. 454.

[687] Para esta demolição, o locador não tem de aguardar pelo termo do contrato, cfr. Ac. Rel. Cb. de 25/2/1997, *RLJ* 130 (1997-1998), p. 187, com anotação favorável de HENRIQUE MESQUITA a pp. 190 e ss.

DA CESSAÇÃO DO CONTRATO

art. 1093º do CC implicar o uso do prédio para fim diverso daquele a que se destina (alínea *c*)), pois a hospedagem em larga escala (o limite legal é de três hóspedes) não se coaduna com o arrendamento para habitação.

VIII. Nas alíneas *f*) e *g*) do nº 1 do art. 64º do RAU, como consequência da proibição de cedência não autorizada do prédio arrendado (art. 1038º, alíneas *f*) e *g*), do CC), considerava-se que o subarrendamento, o comodato[688] ou a cessão da posição contratual[689], bem como a cobrança de sub-renda superior à prevista no art. 1062º do CC, constituíam fundamento de despejo. A aplicação deste regime foi controversa no âmbito da cessão de exploração de estabelecimento (art. 111º do RAU); no art. 115º do RAU, com respeito ao trespasse, afirmava-se que ele era feito «sem dependência de autorização do senhorio», mas tal excepção não constava do disposto no art. 111º do RAU, pelo que valiam as regras gerais da locação, carecendo a cessão de exploração de estabelecimento de autorização e comunicação ao senhorio[690]. É evi-

---

[688] No Ac. STJ de 3/7/1997, *BMJ* 469, p. 486, não obstante o empréstimo parcial do local arrendado, considerou-se que não havia fundamento para a resolução do contrato por se entender que era de escassa importância a violação à luz do art. 802º, nº 2, do CC.

[689] Ainda que a transmissão da posição contratual seja lícita sem consentimento do senhorio, falta de comunicação faculta a resolução do contrato, cfr. Ac. Rel. Lx. de 1/7/2003, *CJ* XXVIII, T. IV, p. 73.

[690] Cfr. PIRES DE LIMA/ANTUNES VARELA, *Código Civil Anotado*, Volume II, cit., anotação 8 ao art. 111º do RAU, p. 704 e ROMANO MARTINEZ, *Direito das Obrigações. Contratos*, cit., pp. 294 e s. e, relativamente à jurisprudência, Ac. Rel. Év. de 31/1/1991, *CJ* XVI, T. I, p. 290; Ac. Rel. Év. de 6/10/1994, *CJ* XIX, T. IV, p. 267; Ac. Rel. Év. de 18/5/1995, *CJ* XX (1995), T. III, p. 279; Ac. Rel. Év. de 18/5/1996, *CJ* XXI, T. III, p. 265.

Em sentido contrário, admitindo só a necessidade de comunicação em similitude com o que ocorre no domínio do trespasse, cfr. COUTINHO DE ABREU, *Da Empresarialidade*, Coimbra, 1996, pp. 314 e s.; JANUÁRIO DA COSTA GOMES, *Arrendamentos Comerciais*, cit., p. 77; DIAS PEREIRA, «Da Resolução do Arrendamento Comercial», *CJ (STJ)* 1998, T. II, p. 15 e, quanto à jurisprudência, Ac. STJ de 20/10/1992, *BMJ* 420, p. 524; Ac. STJ de 6/5/1998, *BMJ* 477, p. 428 (com um voto de vencido no sentido preconizado no texto); Ac. Rel. Lx. de 14/11/1996, *CJ* XXI, T. V, p. 94; Ac. Rel. Pt. de 27/1/1997, *CJ* XXII, T. I, p. 214; Ac. Rel. Lx. de 15/1/1998, *CJ* XXIII, T. I, p. 77; Ac. Rel. Pt. de 8/1/1998, *CJ* XXIII, T. I, p. 184; Ac. Rel. Év. de 29/1/1998, *CJ* XXIII, T. I, p. 262; Ac. Rel. Lx. de 2/7/1998, *CJ* XXIII, T. IV, p. 84.

Considerando desnecessárias, tanto a autorização como a comunicação, cfr. CARVALHO MARTINS, *Sobre a Locação de Estabelecimento ou Cessão de Exploração*, Coimbra, 1989, em especial, pp. 13 e s.; ARAGÃO SEIA, *Arrendamento Urbano*, cit., pp. 647 e s. e, com respeito à jurisprudência, Ac. STJ de 2/6/1998, *CJ (STJ)* 1998, T. II, p. 107; Ac. Rel. Pt. de 18/1/1994, *CJ* XIX, T. I, p. 211; Ac. Rel. Cb. de 26/3/1996, *CJ* XXI, T. II, p. 31; Ac. Rel. Lx. de 20/6/1996, *CJ* XXI, T. III, p. 119; Ac. Rel. Cb. de 9/12/1997, *CJ* XXII, T. V, p. 32; Ac. Rel. Cb. de 20/3/2001, *CJ* XXVI, T. II, p. 29.

Para uma explicação sobre o conceito de estabelecimento e as questões relacionadas com a sua negociação, concluindo que, por não se aplicar a legislação sobre arrendamento, é desnecessária

LOCAÇÃO

dente que o problema reside na interpretação das alíneas *f)* e *g)* do art. 1038º do CC; atendendo ao sentido literal, a cessão de estabelecimento não está incluída na previsão daqueles preceitos, mas pode entender-se que se pretende atribuir ao locador um certo controlo sobre o espaço dado em locação, designadamente sabendo quem está a desfrutá-lo. A isto acresce que, nesta polémica, está em causa o confronto entre a tutela do direito de propriedade do locador – ou outro direito que lhe permita dar o bem de arrendamento – e o direito à tutela do estabelecimento, e esta contraposição só tem sentido porque o legislador consagrou um regime de especial protecção ao arrendatário urbano; ora, não se justifica dar uma prevalência à tutela do estabelecimento à custa da limitação do direito de propriedade, quando as restrições foram conferidas só para a protecção do arrendatário e não, mormente, para efeitos especulativos.

No que respeita à locação de estabelecimento, no NRAU resolveu-se a dúvida indicada, pois passou a exigir-se a comunicação ao senhorio no prazo de um mês, não carecendo de autorização (art. 1109º do CC).

No sistema actual, reiterando-se, agora como exemplo de resolução, a proibição de cessão (alínea *e)* do nº 2 do art. 1083º do CC), não se alude ao subarrendamento – que se distingue da cessão parcial –, mas a solução será a mesma, pois está em causa a proibição constante das alíneas *f)* e *g)* do art. 1038º do CC.

IX. É igualmente causa de resolução do contrato o desaproveitamento das vantagens resultantes do arrendamento.

Como obrigações não pecuniárias do arrendatário, no art. 1072º, nº 1, do CC, prescreve-se o dever de uso efectivo do locado.

No regime anterior, se o arrendatário de prédio destinado ao exercício do comércio, da indústria ou de profissão liberal (alínea *h)*) ou com fim habitacional (alínea *i)*) deixasse de usufruir as vantagens do prédio, por o manter encerrado ou desabitado, podia ser despejado[691]. Havia, evidentemente,

---

a autorização do senhorio, *vd.* PAULA PONCES CAMANHO, «Autorização do Senhorio e Locação do Estabelecimento», *DJ*, 1998, T. I, pp. 323 e ss., 344 e ss. e 350 e ss.

[691] Sobre esta questão, cfr. ALMEIDA COSTA/HENRIQUE MESQUITA, «Acção de Despejo. Falta de Residência Permanente», *CJ*, IX (1984), Tomo I, pp. 18 e ss.; GALVÃO TELLES, «Resolução do Contrato de Arrendamento. Residência Permanente, Residências Alternadas e Residência Ocasional», *CJ*, XIV (1989), T. II, pp. 31 e ss. A falta de residência é, possivelmente, um dos fundamentos mais discutidos na jurisprudência como causa do despejo, cfr. a indicação jurisprudencial referida em JANUÁRIO DA COSTA GOMES, *Arrendamentos para Habitação*, cit., pp. 668 ss.; ARAGÃO SEIA, *Arrendamento Urbano*, cit., pp. 443 e ss. e veja-se, nomeadamente, Ac. Rel. Év. de 5/12/1996, *CJ* XXI, T. V, p. 268; Ac. Rel. Cb. de 14/1/1997, *CJ* XXII, T. I, p. 11; Ac. Rel. Pt. de 2/12/1997, *CJ*

DA CESSAÇÃO DO CONTRATO

excepções, previstas na parte final da alínea *h)* e no nº 2 do art. 64º do RAU, em que o encerramento prolongado do prédio ou o facto de este se encontrar desabitado não constituíam causa de despejo[692].

Este chamado «dever de uso» do arrendatário não tem correspondência com os deveres constantes do art. 1038º do CC, pois decorre de uma formulação legal específica do vinculísmo arrendatício. Como se protege o arrendatário urbano, não permitindo a livre denúncia do contrato pelo senhorio, não se aceita que aquele deixe o prédio arrendado por utilizar[693]. Na realidade, sobre o locatário não impende o dever de usar a coisa locada; ele tem é o direito de a usar. Mas em sede de arrendamento vinculístico justifica-se a imposição do dever de usar o bem arrendado, pois, caso contrário, perderia sentido a protecção conferida ao arrendatário.

Esta solução, que decorria de regras gerais, passou, como se indicou, a constar expressamente do nº 1 do art. 1072º do CC, e as excepções, em que é lícito o não uso pelo arrendatário, foram incluídas no nº 2 do mesmo preceito. Nesta sequência, entre as situações exemplificativas de resolução com justa causa, indica-se na alínea *d)* do nº 2 do art. 1083º do CC «o não uso do locado por mais de um ano, salvo nos casos previstos no nº 2 do artigo 1072º». Como se indicou, esta é uma daquelas soluções que subsistem no regime actual fruto de manutenção de previsões típicas do vínculismo, porque o novo regime pretende aplicar-se indistintamente aos novos e aos antigos contratos de arrendamento.

X. Por último, no art. 64º, nº 1, alínea *j)*, do RAU, admitia-se que, estando o arrendamento funcionalizado a outro negócio jurídico (p. ex., a um contrato de trabalho), a cessação deste implicava a desocupação do prédio; deste modo, se o empregador arrendasse uma casa ao trabalhador para lhe facilitar a sua colocação em certa zona, a cessação do contrato de trabalho acarreta a

---

XXII, T. V, p. 217; Ac. Rel. Év. de 15/1/1998, *BMJ* 473, p. 581; Ac. Rel. Pt. de 3/2/1998, *BMJ* 474, p. 546.

A questão coloca-se igualmente como causa de resolução do contrato de arrendamento para o comércio ou indústria, em que a actividade cessa ou é reduzida, cfr. Ac. STJ de 25/6/1996, *BMJ* 458, p. 307; Ac. STJ de 5/2/1998, *BMJ* 474, p. 437.

[692] Relativamente à excepção constante da alínea *c)* do nº 2 do art. 64º do RAU, exige-se que o arrendatário, ainda que ausente, mantenha uma vida em comum com os familiares que permanecem no prédio locado (Ac. Rel. Cb. de 17/11/1998, *CJ* XXIII, T. V, p. 14), sob pena de se admitir um modo de transmissão *inter vivos* do arrendamento, sem acordo do senhorio.

[693] Quanto às várias teses sobre o dever de utilização do prédio, cfr. PINTO FURTADO, *Manual de Arrendamento Urbano*, vol. I, cit., pp. 555 e ss.

LOCAÇÃO

extinção do arrendamento[694]. Isto corresponde, no fundo, a uma das consequências da união de contratos[695].

Esta hipótese não consta entre os exemplos do nº 2 do art. 1083º do CC. De facto, não correspondia a uma verdadeira resolução, mas à extinção do vínculo locatício por caducidade. Assim sendo, o contrato de arrendamento poderá cessar pelas razões indicadas na revogada alínea *j)* do nº 1 do art. 64º do RAU desde que a hipótese em causa preencha uma das hipóteses de caducidade (p. ex., art. 1051º, alínea *g)*, do CC).

XI. Ainda que verificados os pressupostos da resolução do contrato, o senhorio pode optar, antes, por acordar com o arrendatário a revogação do contrato ou invocar a denúncia. Esta última hipótese terá nomeadamente a vantagem de evitar a apreciação do fundamento subjectivo da resolução, podendo abreviar a duração do vínculo.

Esta solução, que já era defendida ao abrigo do anterior regime, surge agora consagrada no art. 1086º do CC. Prevê-se que o senhorio, tendo optado pela denúncia, fazendo cessar mais cedo o contrato, possa manter a pretensão judicial de resolução. No citado preceito dispõe-se que «a resolução é cumulável com a denúncia ou com a oposição à renovação», mas, não obstante esta restrição literal, nada impede que o locador resolva o contrato depois de invocado um motivo de caducidade, nomeadamente para efeito de indemnização fundada em responsabilidade civil (art. 1086º, nº 2, do CC).

c) *Prazo de exercício do direito*
O pedido de resolução do contrato de arrendamento tem de ser exercido dentro do prazo de um ano a contar do conhecimento por parte do senhorio do facto que lhe dá azo (art. 1085º, nº 1, do CC), excepto no que respeita à falta de pagamento de renda, em que o prazo se reduz para três meses (art. 1085º, nº 2, do CC). Se o facto gerador da resolução for continuado ou duradouro, por exemplo hospedagem a mais de três hóspedes, o prazo conta-se a partir da data em que tiver cessado (art. 1085º, nº 3, do CC)[696]. Trata-se de uma situação de caducidade para o exercício de um direito.

---

[694] Relativamente às consequências da cessação do contrato de trabalho, *vd. infra* II Parte, Capítulo VIII, § 3, nº 4.

[695] Sobre a união de contratos e as consequências da cessação de um dos negócios jurídicos, veja-se *supra*, I Parte, Capítulo IV, § 2.

[696] No precedente art. 65º, nº 2, do RAU, o legislador veio a decidir em sentido diverso daquele que constava do assento do STJ de 3 de Maio de 1984, *BMJ* 337, p. 182, nos termos do qual, para efeitos do disposto no, hoje, revogado art. 1094º do CC, o prazo de caducidade se contaria a partir do

DA CESSAÇÃO DO CONTRATO

d) Acção de despejo

I. A acção de despejo, prevista nos art. 14º do NRAU, é, essencialmente, de índole processual, e, por isso, encontrava-se regulada no Código de Processo Civil (arts. 964º e ss., versão inicial), mas o legislador considerou que deveria ser incluída no diploma relativo ao arrendamento urbano[697]. No ponto 11 do Preâmbulo do Decreto-Lei que instituiu o regime do arrendamento urbano (RAU) explica-se que, estando em preparação um novo Código de Processo Civil, até à sua entrada em vigor dever-se-iam conservar, por via deste diploma, «algumas especificidades processuais úteis para a dinamização do mercado de arrendamento e que correspondem a necessidades reais e à tradição do País».

Parece, porém, que este regime constante dos revogados arts. 55º e ss. do RAU não era, como se poderia eventualmente inferir do Preâmbulo, transitório, pois, atendendo às últimas alterações ao Código de Processo Civil, a matéria respeitante à acção de despejo não consta deste diploma. No fundo, considerou-se que o regime da acção de despejo estabelecida no Código de Processo Civil não se adequava à dinamização do mercado de arrendamento e não correspondia às necessidades reais, sendo necessário substitui-lo. Contudo, como não seria conveniente aguardar pela aprovação de um novo Código de Processo Civil, incluíram-se num diploma de direito substantivo regras de direito adjectivo, possivelmente sem carácter transitório. Com o NRAU, a solução não se alterará, pois subsiste a acção de despejo, com a particularidade de se poder prescindir da acção declarativa no caso de falta de pagamento de renda. O novo regime processual resulta do retorno parcial desta

---

conhecimento inicial pelo senhorio. É de aplaudir a solução legislativa (na senda da Lei nº 24/89, de 1 de Agosto, que acrescentou o nº 2 ao art. 1094º do CC, idêntico ao nº 2 do art. 65º do RAU), afastando a doutrina daquele assento que, no dizer de PIRES DE LIMA/ANTUNES VARELA, *Código Civil Anotado*, Volume II, cit., anotação 4 ao art. 65º, p. 615, é «mais uma das muitas pedras negras (...) na edificação da ordem jurídica constituída». Sobre a questão, veja-se ainda CARLOS LIMA, «Arrendamento Urbano. Caducidade do Direito de Resolução», *ROA*, 62 (2002), I, pp. 71 e ss. e GALVÃO TELLES, «Acção de Despejo. Caducidade do Direito à Resolução Judicial do Arrendamento por Cessação da Causa», *CJ*, VII (1982), T I, pp. 15 e ss.
No Ac. Rel. Lx. de 6/5/1999, *CJ* XXIV, T. III, p. 91, quanto a violações continuadas, afirma-se que, em tais casos, «(...) o prazo de caducidade ainda não iniciou a sua contagem (...)» (p. 93).
[697] Quanto à acção de despejo, *vd*. TEIXEIRA DE SOUSA, *A Acção de Despejo*, 2ª edição, Lisboa, 1995. Antes do RAU (1990), o regime constava do Código de Processo Civil (arts. 964º e ss.), *vd*. MATOS, *A Acção de Despejo e os outros Meios de Cessação de Arrendamento no novo Código de Processo Civil*, Porto, s.d., pp. 11 e ss. Quanto a aspectos duvidosos de interpretação do regime da acção de despejo, consulte-se CARDONA FERREIRA, «Breves Apontamentos Acerca de Alguns Aspectos da Acção de Despejo Urbano», *Estudos em Homenagem Prof. Doutor Inocêncio Galvão Telles*, Volume III, *Direito do Arrendamento Urbano*, Coimbra, 2002, pp. 594 e ss.

LOCAÇÃO

matéria ao Código de Processo Civil, mediante a alteração de três preceitos e da inclusão de quatro novos preceitos no referido Código (arts. 930º-B a 930º-E, correspondentes aos arts. 863º a 865º do NCPC) e de regras processuais avulsas, constantes dos arts. 13º a 16º do NRAU[697a].

II. A acção de despejo é usada com vista a fazer cessar a relação jurídica de arrendamento e deverá ser intentada em duas circunstâncias: quando a lei impõe o recurso à via judicial para a cessação do contrato de arrendamento (p. ex., art. 1084º, nº 1, do CC) e sempre que o arrendatário não aceite ou não execute o despejo resultante de qualquer outra causa de cessação (art. 15º do NRAU)[698]. A acção de despejo segue os trâmites processuais comuns e os estabelecidos nas regras especiais do NRAU[699].

A acção de despejo admite sempre recurso, independentemente do valor da causa (art. 629º, nº 3, alínea *a*), do CPC), na pendência da acção, é devido o pagamento das rendas, nos termos gerais (art. 14º, nº 3, do NRAU) e o seu não cumprimento justifica que o senhorio requeira o despejo imediato do inquilino (art. 14º, nºs 4 e 5, do NRAU)[700]. O despejo pode ser sustado nos casos previstos nos arts. 863º e ss. do CPC[701], assim como na hipótese de o inquilino alegar que, na qualidade de trabalhador, o respectivo empregador se encontra na situação de mora quanto ao pagamento da retribuição (art. 323º do CT e art. 28º da LECT, que regulamenta aquele preceito do Código do Trabalho)[702].

[697a] Para maiores desenvolvimentos, veja.se RUI PINTO, *Manual da Execução e Despejo*, Coimbra, 2013.

[698] Cfr. TEIXEIRA DE SOUSA, *A Acção de Despejo*, cit., pp. 14 e ss. e 47 e ss. Consulte-se igualmente RUI PINTO, *Manual de Execução e Despejo*, Coimbra, 2013. Por isso, em caso de caducidade do contrato de arrendamento deverá ser intentada uma acção de reivindicação e não uma acção de despejo, cfr. Ac. Rel. Lx. de 24/2/2000, *CJ* XXV, T. I, p. 126.
Refira-se que, como resulta do NRAU (arts. 1084º, nº 2, e 1103º, nº 1, do CC), a acção de despejo subsiste em duas hipóteses: nas hipóteses de resolução que não se fundem em falta de pagamento da renda; e na denúncia para habitação e para demolição ou realização de obras.

[699] Cfr. TEIXEIRA DE SOUSA, *A Acção de Despejo*, cit., pp. 63 e ss. Quanto à acção de despejo, estando em causa a casa de morada de família, *vd.* SALTER CID, *A Protecção da Casa de Morada da Família*, cit., pp. 255 e ss.

[700] Cfr. Ac. STJ de 12/5/1998, *CJ (STJ)* 1998, T. II, p. 81. Como se determina no Ac. STJ de 18/2/1999, *BMJ* 484, p. 355, se o arrendatário não pagar a renda, ainda que prove a mora do credor, não pode obstar ao despejo.

[701] Cfr. Ac. Rel. Lx. de 30/11/1997, *CJ* XXII, T. I, p. 111.

[702] A situação era idêntica no âmbito do regime anterior no caso de o inquilino ser trabalhador com salários em atraso (art. 24º da LSA).

DA CESSAÇÃO DO CONTRATO

III. Não sendo legalmente imposto o recurso à via judicial, o arrendamento pode cessar mediante interpelação de uma parte à outra, interpelação essa que pode ser feita valer extrajudicialmente (art. 9º do NRAU)[703]. Não é necessário proceder-se à interpelação quando o arrendatário reconheceu o facto jurídico que produz a cessação do contrato, designadamente através da aposição de escritos nas janelas.

IV. Em relação a contratos que cessaram por caducidade, revogação, denúncia ou resolução por mera comunicação, nos termos do art. 15º do NRAU, foi instituído o procedimento especial de despejo, meio processual iniciado por requerimento em modelo próprio que se destina a efectivar a cessação do arrendamento quando o arrendatário não desocupe o locado na data prevista na lei ou na data fixada por convenção entre as partes, tramitado no Balcão Nacional do Arrendamento (art. 15º-A, do NRAU), deixando de ser necessário conferir aos documentos a qualidade de título executivo para efeito de recurso à acção de despejo[704].

2. Resolução exercida pelo locatário

I. Ao locatário também é conferido o direito de requerer a resolução do contrato, mas esta faculdade segue os parâmetros gerais dos arts. 432º e ss. do CC, não se tendo estabelecido nenhum regime especial.

Aplicando-se à resolução pedida pelo locatário as regras gerais, há que verificar se se está ou não perante um incumprimento definitivo de obrigações por parte do locador; em caso afirmativo, pode o locatário resolver o contrato. A resolução do contrato pedida pelo locatário segue, assim, o regime regra da resolução dos contratos estabelecido nos arts. 432º ss. do CC, com os pressupostos constantes do art. 801º, nº 2, do CC.

Para além de ao locatário ser lícito exercer o direito à resolução em caso de incumprimento definitivo culposo por parte do locador, nos termos do art. 801º, nº 2, do CC, admite-se também que a resolução seja requerida, tanto em caso de impossibilidade definitiva ou temporária como por defeito superveniente do locado, não imputáveis ao locador, como se depreende do disposto nos arts. 1032º, 1034º e 1050º do CC. Nestes casos, a resolução segue também o regime regra, bastando, designadamente, a mera declaração do locatário (art. 436º, nº 1, do CC).

---

[703] Cfr. Teixeira de Sousa, *A Acção de Despejo*, cit., pp. 19 e ss.
[704] Cfr. Teixeira de Sousa, *A Acção de Despejo*, cit., pp. 87 e ss.

LOCAÇÃO

II. Com respeito ao art. 1050º do CC, o problema reside em saber se a faculdade concedida ao locatário constitui verdadeiramente uma hipótese de resolução. De facto, no art. 1050º do CC fala-se em resolução, mas neste caso pressupõe-se a inexistência de culpa por parte do locador, enquanto a resolução estabelecida no art. 801º do CC tem por base um incumprimento culposo. Por isso, o que está em causa no art. 1050º do CC não se pode qualificar como uma resolução por incumprimento culposo, nos termos gerais do art. 801º, nº 2, do CC, mas antes uma das raras hipóteses de resolução por incumprimento sem culpa; no fundo, uma hipótese de resolução fundada em justa causa objectiva[705].

A resolução baseada em incumprimento culposo por parte do locador confere ao locatário a possibilidade de, cumulativamente, pedir uma indemnização, como dispõe o art. 801º do CC; se, pelo contrário, a extinção do vínculo se basear no art. 1050º do CC não é conferido ao locatário o direito de exigir uma indemnização. Tradicionalmente, o direito de resolver o contrato é reconhecido em função de actuações culposas de uma das partes, com o consequente direito de o lesado ser indemnizado; por conseguinte, a hipótese de extinção prevista no art. 1050º do CC corresponde a uma resolução *sui generis*, com efeitos idênticos, excepto no que respeita ao dever de indemnizar.

§ 6. Efeitos da cessação

I. Como, por via de regra, a extinção do contrato de locação não implica a destruição *in radicem* dos efeitos negociais, não é posta em causa a execução de prestações contratuais verificada anteriormente à dissolução do vínculo.

Cessando o contrato, o locatário deve restituir imediatamente a coisa locada (art. 1045º, nº 1, do CC). Sobre o locatário impende a obrigação de restituir a coisa locada no termo do contrato no estado em que a recebeu (arts. 1038º, alínea *i*), e 1043º, nº 1, do CC). Trata-se de uma obrigação do locatário que se vence com a extinção do vínculo, sendo, em princípio, um dever de execução pós-contratual.

Além da devolução da coisa, nos termos gerais, a cessação do vínculo, nomeadamente derivada de resolução, pode implicar o dever de indemnizar sempre que se preencham os respectivos pressupostos (cfr. art. 1086º, nº 2, do CC).

---

[705] Sobre a resolução fundada em incumprimento não culposo, *vd. supra*, I Parte, Capítulo II, Secção II, § 4, nº 2, alínea *e*).

DA CESSAÇÃO DO CONTRATO

II. O locatário tem a obrigação de devolver a coisa em bom estado de manutenção, mas admitem-se como válidas as deteriorações derivadas do uso normal da coisa, bem como do habitual desgaste dos bens, atendendo ao fim do contrato e à diligência do bom pai de família. Tais deteriorações não implicam uma violação do dever de restituir a coisa em bom estado de manutenção, prevista no art. 1043, nº 1, do CC. Além disso, as deteriorações não imputáveis ao locatário, como as que advêm de força maior ou de acto de terceiro – a quem o locatário não tenha facultado o uso da coisa -, ficam abrangidas no regime do risco (art. 1044º do CC), estando fora da previsão do art. 1043º do CC.

III. O vencimento da obrigação de entrega da coisa dá-se, de imediato, no momento em que termina o contrato. Mas se o locatário não restituir imediatamente a coisa locada, nos termos do art. 1045º, nº 1, do CC, deve continuar a pagar a renda ou aluguer ajustados. Deste modo, prevê-se que, extinto o vínculo, se o locatário não restituir a coisa locada, subsiste uma relação contratual de facto que lhe impõe o dever de continuar a pagar a renda ou o aluguer ajustado, como se o contrato continuasse em vigor[706]. Do incumprimento do dever de restituição da coisa não decorre uma obrigação de indemnizar o locador, mas tão-só de pagar o valor que havia sido ajustado para obstar ao enriquecimento do locatário.

Contudo, se o locador interpelar o locatário para este proceder à entrega da coisa, não a restituindo, entra em mora. Assim, o locatário, extinto o contrato de locação, deve restituir a coisa, mas o incumprimento deste dever não é culposo e só entra em mora, relativamente à obrigação de restituir a coisa, depois de ter sido interpelado para a entregar. Extinto o contrato, decorre da lei a obrigação de devolução da coisa, mas torna-se necessário que o locador interpele o locatário para este ser responsável pelo incumprimento; se, após a interpelação, o locatário não restituir a coisa entra em mora e tem de pagar o dobro da renda ou do aluguer devido contratualmente (art. 1045º, nº 2, do CC).

Trata-se de uma forma especial de indemnização para o caso de mora relativamente à restituição da coisa locada[707]; constituindo um exemplo de responsabilidade com função punitiva e não meramente ressarcitória.

---

[706] A referida relação contratual de facto só existe na medida em que o locatário, podendo devolver a coisa locada, o não fez (cfr. Ac. Rel. Lx. de 19/11/1996, *CJ* XXI, T. V, p. 103 e Ac. Rel. Lx. de 6/2/1997, *CJ* XXII, T. I, p. 119); de modo diverso, no Ac. Rel. Pt. de 30/6/1997, *CJ* XXII, T. III, p. 225, considerou-se que a obrigação de pagar a renda se funda no enriquecimento sem causa, mas em que não se aplicam as regras dos arts. 473º ss. do CC.

[707] Esta indemnização não exclui a responsabilidade por outros danos, nos termos gerais (Ac. Rel. Pt. de 30/6/1997, CJ XXII, T. III, p. 225).

LOCAÇÃO

Com a cessação do contrato dá-se o vencimento da obrigação de entrega do prédio, com os consequentes deveres acessórios, como a colocação de escritos e a obrigação de mostrar o local a quem estiver interessado em arrendá-lo (art 1081º do CC). Neste caso, cessando o contrato de arrendamento por interpelação – que segue os termos do art. 9º do NRAU –, o arrendatário constitui-se imediatamente em mora para o efeito do disposto no art. 1045º, nº 2, do CC.

Se o locatário se ofereceu para devolver a coisa, mas o locador não a recebeu, há mora do credor (art. 813º do CC) e o locatário não tem de continuar a pagar a renda ou o aluguer acordado. Terminado o contrato, o locatário tem um prazo de três a seis meses para devolver o bem e, em caso de mora do credor, cabe ao locatário recorrer à consignação em depósito da coisa locada[708].

IV. Relacionado com a restituição da coisa, determina-se no art. 1046º, nº 1, do CC que o locatário só tem direito a ser ressarcido das benfeitorias necessárias que tenha realizado, podendo levantar as benfeitorias úteis e, não sendo viável tal levantamento, será indemnizado nos termos do enriquecimento sem causa (art. 1273º do CC). Quanto às benfeitorias voluptuárias, o locatário não tem direito nem a ser indemnizado nem a levantá-las (art. 1275º, nº 2, do CC)[709]; mas a limitação quanto ao levantamento das benfeitorias não se aplicará se for reposta a situação anterior, isto é, se o locatário colocar a coisa no estado em que a recebeu.

---

[708] Sobre a consignação em depósito no caso de mora do locador, cfr. PEREIRA COELHO, *Arrendamento*, cit., p. 202.

[709] Cfr. Ac. Rel. Év. de 26/3/1998, *CJ* XXIII, T. II, p. 273.

Capítulo V
Parceria pecuária

§ 1. Enunciação

I. A parceria pecuária é um contrato de associação em que aquele que tem legitimidade para dispor sobre animais (parceiro proprietário) os entrega ao parceiro pensador para este os criar, pensar e vigiar, repartindo os lucros da exploração (art. 1121º do CC).

No que respeita à cessação do vínculo, sem descurar as regras gerais, cabe fazer referência à caducidade da parceria, prevista no art. 1123º do CC. De facto, o regime de cessação do contrato de parceria pecuária, não obstante as semelhanças com a locação, não está condicionado por motivos relacionados com a protecção de uma das partes, que no caso seria o tratador dos animais (parceiro pensador), razão pela qual valem as regras gerais. Diversamente, na parceria agrícola (arts. 31º e ss. do anterior RAR), muito similar à parceria pecuária, vigorava um regime de protecção, porque se mandava aplicar, «com as necessárias adaptações, tudo quanto respeita aos arrendamentos rurais» (art. 33º do anterior RAR). Actualmente, dispõe o art. 36º, nº 2, do novo RAR, que «os contratos de parceria e contratos mistos de arrendamento e parceria existentes à data da entrada em vigor do presente decreto-lei devem ser convertidos em contratos de arrendamento rural nos 30 dias que antecedem a sua renovação». Refira-se que a parceria pecuária também pode apresentar algum paralelo com a relação laboral, na medida em que alguém se obriga a criar, pensar e vigiar animais alheios, mas, ainda assim, não se estabeleceram regras protectoras do parceiro pensador no que respeita à extinção do vínculo.

DA CESSAÇÃO DO CONTRATO

II. Além de outras regras, nomeadamente as provenientes dos usos da terra (art. 1128º do CC), o vínculo cessa nos termos gerais, aludindo-se até à resolução por incumprimento no nº 2 do art. 1122º do CC. Como, porém, se estabelece um regime particular para a caducidade – e, eventualmente, para a denúncia associada à caducidade – do contrato de parceria (arts. 1122º, nº 1 e 1123º do CC), far-se-á tão-só referência a estas regras. No demais, a extinção do vínculo de parceria pecuária segue o regime geral.

§ 2. Caducidade

I. Na falta de acordo quanto ao prazo de vigência da parceria e na ausência de usos da terra, qualquer dos contraentes pode fazer caducar o contrato a todo o tempo (art. 1122º, nº 1, do CC).

Neste preceito prevêem-se duas modalidades de cessação do vínculo: a denúncia e a caducidade. De facto, se tiver sido acordado um prazo ou este resultar dos usos da terra, o contrato caduca no termo desse período. Porém, faltando tal prazo, o contrato de parceria pode cessar por denúncia, a exercer por qualquer das partes a todo o tempo.

Tendo em conta a primeira parte do preceito – contrato de parceria com convenção quanto ao prazo de duração ou uso da terra que determine um período de duração do contrato –, a forma de cessação corresponde à caducidade; na falta de prazo, o legislador alude a «fazer caducar a parceria» a todo o tempo, hipótese em que está em causa a denúncia. Trata-se de uma deficiente qualificação, mas que não acarreta problemas de regime.

II. Recorrendo à noção ampla de caducidade, e com alguma similitude com o que se prescreve em sede de locação (art. 1051º do CC), no art. 1123º do CC estipula-se que a parceria caduca em quatro situações: morte do parceiro pensador; perda dos animais; extinção do direito ou dos poderes legais de administração com base nos quais o contrato foi celebrado; ocorrência da condição resolutiva a que as partes subordinaram o contrato.

A estas quatro situações ter-se-á de acrescentar, além da caducidade decorrente de eventual prazo de duração do contrato estabelecido pelas partes ou resultante de usos (art. 1122º, nº 1, do CC), outros casos de caducidade, como a certeza da não verificação de uma condição suspensiva ou a proibição (por exemplo, de disposição comunitária) de certa forma de criação de animais em que as partes assentaram a parceria[710].

---

[710] Em apreciação a este regime, criticando interpretações amplas das causas de caducidade da parceria, que poderiam abranger a invalidez do parceiro pensador ou a morte do parceiro pro-

PARCERIA PECUÁRIA

Excluindo a hipótese de decurso do prazo de vigência ou de a condição resolutiva se verificar, as causas de caducidade previstas no art. 1123º do CC relacionam-se com a impossibilidade superveniente, física ou legal, de as partes cumprirem as prestações contratuais.

Ao prever a caducidade por morte do parceiro pensador – mas não do parceiro proprietário –, o contrato de parceria pecuária é (unilateralmente) ajustado *intuitu personae*, não subsistindo com os herdeiros do parceiro pensador, apesar de, em princípio, ser viável que este recorra a auxiliares na execução das suas tarefas (p. ex., de pensar os animais) e que os auxiliares possam ser os futuros herdeiros.

III. Como é regra na caducidade, ainda que fundada na impossibilidade superveniente, não havendo culpa das partes na verificação do seu pressuposto, a cessação do vínculo não determina o pagamento de uma quantia pecuniária. Verificados os casos previstos, o contrato de parceria cessa *ipso iure*, não sendo devida qualquer compensação.

§ 3. Denúncia

Não obstante a deficiente qualificação da 2ª parte do nº 1 do art. 1122º do CC, decorre que, neste contrato, se reitera o princípio geral de qualquer das partes se poder desvincular a todo o tempo, sempre que o negócio jurídico tenha sido ajustado sem limite temporal.

Se as partes não convencionaram um prazo e este não decorre dos usos da terra, o contrato de parceria considera-se celebrado por tempo indeterminado, razão pela qual se estatui a possibilidade de «qualquer dos contraentes (...) a todo o tempo, fazer caducar a parceria». No fundo, prescreve-se a faculdade de qualquer dos contraente, a todo o tempo, denunciar o contrato, porque este não tem prazo de vigência.

Neste ponto, dir-se-á que não se estabeleceu nenhuma particularidade, pelo que, além da livre desvinculação num contrato de execução continuada sem limite temporal – reiterada na 2ª parte do nº 1 do art. 1122º do CC – valem as regras gerais da denúncia analisadas na I Parte deste estudo.

§ 4. Resolução

A referência à faculdade de uma das partes resolver o contrato em caso de incumprimento das obrigações da contraparte (art. 1122º, nº 2, do CC) não

---

prietário, *vd.* PIRES DE LIMA/ANTUNES VARELA, *Código Civil Anotado*, Volume II, cit., anotações 4 e 5 ao art. 1123º, pp. 732 e s.

DA CESSAÇÃO DO CONTRATO

introduz nenhuma particularidade relativamente ao regime regra. Do mesmo modo, a alusão feita no citado preceito ao facto de a resolução poder ser exercida, independentemente de se ter ou não estipulado um prazo de vigência do contrato, também não constitui uma excepção às regras gerais[711].

No fundo, reitera-se a regra geral da resolução por incumprimento, necessariamente adaptada a um contrato de execução continuada, em que o incumprimento de deveres contratuais terá de ser grave, de molde a corresponder a uma quebra da relação de confiança que não permita a prossecução futura da relação contratual[712].

---

[711] PIRES DE LIMA/ANTUNES VARELA, *Código Civil Anotado*, Volume II, cit., anotação 4 ao art. 1122º, p. 731, explicam que não se trata de uma repetição inútil, pois, neste preceito, esclarece-se que o regime da resolução por incumprimento se aplica ao contrato de parceria, que é de execução continuada.

[712] *Vd. supra*, I Parte, Capítulo III, § 3.

Capítulo VI
Comodato

§ 1. Regras comuns

O comodato, tal como a locação, pressupõe a entrega de uma coisa para que o comodatário a utilize com a obrigação de a restituir (art. 1129º do CC). Contudo, o comodato difere da locação porque é um contrato gratuito e um negócio real *quoad constitutionem*.

No que respeita à cessação do vínculo, como no comodato, diferentemente da locação, não se justifica um regime de tutela de uma das partes, as especificidades existentes resultam da natureza do vínculo. Quanto à extinção do comodato tem particular relevância a caducidade prevista, indirectamente, no art. 1137º e, directamente, no art. 1141º, ambos do CC, assim como a resolução com justa causa, constante do art. 1140º do CC. Além disso, cabe ainda aludir à consequência da cessação do vínculo, prescrita no art. 1137º do CC, a propósito da obrigação de restituir.

§ 2. Caducidade

I. O contrato de comodato caduca se as partes tiverem convencionado um prazo certo de duração do vínculo. A solução resulta das regras gerais e, indirectamente, do disposto na 1ª parte do nº 1 do art. 1137º do CC. Como a restituição da coisa é uma obrigação do comodatário, findo o contrato (art. 1135º, alínea *h*), do CC), se as partes tiverem estabelecido um prazo certo para a restituição da coisa, fixaram também o termo do contrato por caducidade.

Como é usual nas obrigações de prazo certo, o vencimento não carece de interpelação (art. 805º, nº 2, alínea *a*), e art. 1137º, nº 1, do CC), sendo, pois, a caducidade automática.

DA CESSAÇÃO DO CONTRATO

II. No nº 1 do art. 1137º do CC, admite-se que o bem tenha sido emprestado para um uso determinado, caso em que a sua restituição deve ser feita logo que o uso termine. Sendo a restituição uma obrigação que surge quando o contrato cessa, findando o uso o contrato caduca. Esta hipótese, porém, pressupõe que as partes não tenham ajustado prazo de vigência, pois o termo do uso da coisa, como causa de caducidade, funciona como alternativa à primeira situação, em que se convencionou um prazo certo para a duração do contrato[713].

A caducidade é automática, não carecendo de declaração a enviar ao comodatário, como resulta da parte final do nº 1 do art. 1137º do CC.

III. Por último, no art. 1141º do CC prescreve-se que a morte do comodatário determina a caducidade do contrato.

Como o contrato de comodato é celebrado *intuitu personae* no que respeita à pessoa do comodatário, não se justifica a subsistência do vínculo em relação aos herdeiros deste. De modo diverso, a morte do comodante não acarreta a caducidade do contrato.

§ 3. Denúncia

Sem aludir ao termo «denúncia», no art. 1137º, nº 2, do CC prevê-se uma forma de cessação do vínculo, que consiste na exigência, feita pelo comodante ao comodatário, de restituir a coisa.

Não tendo sido estabelecido prazo de duração do contrato de comodato, nem resultando do acordo o uso determinado a que a coisa se destina, o contrato cessa com a interpelação feita ao comodatário para restituir o bem emprestado (art. 1137º, nº 2, do CC)[714]. A interpelação para restituir a coisa, num contrato de duração indeterminada, em que não se fixou um uso determinado (e temporal) para essa coisa, tem de ser entendida como uma hipótese de denúncia.

No citado preceito só se prevê a denúncia a ser exercida pelo comodante, que exige a restituição da coisa, mas, tendo em conta as regras gerais, não está excluída a denúncia requerida pelo comodatário. Não tendo o contrato de comodato prazo de duração nem fim (temporalmente determinado) para o uso da coisa, o comodatário pode desvincular-se a todo o tempo, denunciando o contrato. Ainda que haja sido ajustado um período fixo de vigência

---

[713] Cfr. PIRES DE LIMA/ANTUNES VARELA, *Código Civil Anotado*, Volume II, cit., anotação 2 ao art. 1137º, p. 756, contestando a ideia de que o contrato de comodato com prazo certo possa extinguir-se antes por termo do uso.

[714] Cfr. Ac. Rel. Év. de 14/10/1999, *BMJ* 490, p. 330.

COMODATO

do contrato, se o prazo se tem por estabelecido a favor do comodatário (art. 779º do CC) este pode denunciar o vínculo antecipadamente, restituindo a coisa antes do termo acordado[715].

§ 4. Resolução

I. Nos termos gerais, esclarece-se no art. 1140º do CC que o comodante pode resolver o contrato se para isso tiver justa causa.

Do citado preceito não resulta, *a contrario*, que ao comodatário seja negado o direito de resolver o contrato em caso de incumprimento da contraparte. Não se pretende afastar o regime geral de resolução do contrato fundada em incumprimento da contraparte (art. 801º, nº 2, do CC). A dúvida não é impertinente, porquanto deste preceito só consta a possibilidade de resolução por incumprimento de obrigação que tenha por fonte um «contrato bilateral» e o comodato poderá ser um contrato não sinalagmático[716]; será porventura raro que, num contrato não sinalagmático, o incumprimento de deveres obrigacionais por parte daquele que não se encontra vinculado à realização de uma prestação justifique a resolução a exercer pela contraparte, mas essa via não estará excluída, porque a resolução pode decorrer do incumprimento de prestações secundárias ou acessórias, desde que, por exemplo num contrato de execução continuada, seja quebrada a relação de confiança[717].

Do art. 1140º do CC resulta que, além da resolução justificada em comportamento culposo do comodatário, o comodante pode resolver o contrato se existir justa causa, que pode ser objectiva[718]. Justifica-se esta previsão atendendo ao facto de, neste vínculo, poderem ter particular relevância na sua extinção motivos objectivos, não relacionados com o incumprimento culposo da contraparte, como a necessidade por parte do comodante de uso da coisa.

---

[715] *Vd.* PIRES DE LIMA/ANTUNES VARELA, *Código Civil Anotado*, Volume II, cit., anotação 2 ao art. 1137º, p. 756, onde se lê: «O comodatário pode, em princípio, exonerar-se da obrigação, a todo o tempo, entregando a coisa emprestada, a não ser que se mostre que o prazo foi também estipulado a favor do comodante».
Sobre a denúncia antes do decurso do prazo, veja-se *supra*, I Parte, Capítulo I, § 3, nº 2, alínea *a)*.

[716] Quanto às dúvidas acerca da resolução de contratos unilaterais, *vd.* ÁLVAREZ VIGARAY, *La Resolución de los Contratos Bilaterales por Incumplimiento*, 3ª edição, Granada, 2003, pp. 408 e ss., assim como as referências constantes das anteriores notas 295 e 296 e as considerações tecidas *supra*, I Parte, Secção II, Capítulo II, nº 2, alínea *c)*, subalínea *α.*, V.

[717] *Vd. supra*, I Parte, Capítulo III, nº 3.

[718] MENEZES LEITÃO, *Direito das Obrigações*, Volume III, cit., p. 344, indica que pode tratar-se de uma necessidade superveniente de o comodante usar a coisa emprestada.

DA CESSAÇÃO DO CONTRATO

II. A possibilidade de resolver o contrato com fundamento em justa causa objectiva só encontra justificação na eventualidade de se ter acordado prazo, pois, caso contrário, o comodante poderá livremente denunciar o contrato.

III. A justa causa é referida no sentido comum, tendo em conta que se trata de um contrato de execução continuada e aceitando-se que possa ocorrer um facto, independente de actuação culposa das partes, que justifique a desvinculação, concretamente a obrigação de o comodatário devolver a coisa dada em comodato.

§ 5. Restituição

I. Como resulta da noção do contrato de comodato, constante do art. 1129º do CC, o comodatário tem a obrigação de restituir a coisa comodatada. A restituição da coisa findo o contrato é uma das obrigações do comodatário incluída no elenco do art. 1135º do CC (alínea *h*)).

II. Da cessação do contrato emerge a obrigação de restituir a coisa dada em comodato. O contrato de comodato pode cessar por diversas formas, nomeadamente em caso de caducidade (arts. 1137º, nº 1, e 1141º do CC), denúncia (art. 1137º, nº 2, do CC), revogação ou resolução (art. 1140º do CC). Independentemente da forma de cessação do comodato, mas como consequência da extinção do vínculo, o comodatário tem de restituir ao comodante a coisa comodatada; trata-se de uma obrigação que decorre da cessação do vínculo.

Verdadeiramente, a obrigação de restituir a coisa dada em comodato, como nasce da cessação do contrato, não careceria de interpelação para o seu vencimento, pelo que o disposto na parte final do nº 1 do art. 1137º do CC seria desnecessário. A referência justifica-se, porém, porque se pretendeu contrapor a caducidade automática pelo decurso do prazo ou pela verificação do fim do uso (nº 1 do art. 1137º, nº 1, do CC) à denúncia imotivada, que tem de ser declarada (art. 1137º, nº 2, do CC). Em qualquer caso, diferentemente do que se prescreve em sede de locação (art. 1045º do CC), o comodatário entra em mora se não restituir a coisa findo o contrato, ainda que, como ocorre nas situações de caducidade, não tenha recebido uma comunicação com base na qual fique ciente de que o vínculo cessa.

III. No que respeita à obrigação de restituir a coisa, por via da remissão constante do nº 3 do art. 1137º do CC, aplica-se o regime da locação. O comodatário está obrigado a restituir a coisa no estado em que a recebeu, ressalvadas as deteriorações decorrentes de um uso prudente (art. 1043º, nº 1, do CC)

Capítulo VII
Mútuo

§ 1. Enunciação

Por via do mútuo, o mutuante empresta ao mutuário uma quantia em dinheiro ou outra coisa fungível, ficando o segundo obrigado a restituir, realizando uma prestação do mesmo género e qualidade (art. 1142º do CC).

Relativamente à cessação do vínculo, sem descurar a aplicação das regras gerais, encontram-se referências a propósito da denúncia (art. 1148º, nº 2, do CC) e da resolução por falta de pagamento de juros (art. 1150º do CC), além de, indirectamente, se prever a caducidade do contrato (art. 1148º, nº 1, do CC). Conjugando com estas regras especiais, importa ter em conta que o mútuo é, por via de regra, um contrato com uma prestação de execução diferida – a restituição do *tantundem* será efectuada algum tempo depois da celebração do acordo –, pelo que o regime da cessação ter-se-á de ajustar ao carácter duradouro do vínculo[718a].

§ 2. Caducidade

Tendo sido fixado um prazo, o contrato de mútuo caduca no termo ajustado. Apesar de esta solução, que resulta do regime comum, não constar das regras estabelecidas em sede de contrato de mútuo, depreende-se, *a contrario*, do disposto no art. 1148º, nºs 1 e 2, do CC e advém da solução constante do nº 3 do mesmo preceito.

[718a] Sobre as particularidades da extinção de relações contratuais prolongadas, *vd. infra*, I Parte, Capítulo III., § 4.

Quanto ao carácter duradouro do mútuo, veja-se GAGGERO, *La Modificazione Unilaterale dei Contratti Bancari*, Pádua, 1999, pp. 171 e ss.

DA CESSAÇÃO DO CONTRATO

Não tendo sido fixado prazo, tratando-se de mútuo gratuito, a obrigação de o mutuário restituir o *tantundem* vence-se trinta dias após a interpelação, que pode ser feita a todo o tempo (arts. 1148º, nº 1, e 777º, nº 1, do CC); como não foi fixado prazo, o contrato não caduca, cessando trinta dias após a interpelação, por denúncia. A situação é similar na hipótese de mútuo oneroso em que não seja fixado prazo: o contrato não caduca e cessa trinta dias após a denúncia (art. 1148º, nº 2, do CC)[719].

De modo diverso, no caso de empréstimo de cereais ou de outros produtos agrícolas concedido a agricultor sem fixação de prazo, o contrato de mútuo, na falta de estipulação diversa, caduca na colheita seguinte dos produtos similares (art. 1148º, nº 3, do CC).

§ 3. Denúncia

I. O legislador só alude à denúncia na hipótese de mútuo oneroso em que não foi fixado prazo (art. 1148º, nº 2, do CC), mas a situação não é diversa no caso de mútuo gratuito sem prazo.

Na falta de estipulação de prazo, sendo o mútuo gratuito, o contrato cessa na data do vencimento da obrigação de restituir; ou seja, trinta dias após o mutuante interpelar o mutuário (art. 1148º, nº 1, do CC). A interpelação corresponde a uma denúncia que tem de ser feita por aviso prévio de, pelo menos, trinta dias. Esta exigência temporal não é imposta ao mutuário, que se pode desvincular a todo o tempo, denunciando o contrato por aplicação das regras gerais.

Sendo o mútuo oneroso sem prazo fixado, qualquer das partes pode fazer cessar o contrato, denunciando-o com um aviso prévio de trinta dias (art. 1148º, nº 2, do CC).

II. No que respeita à cessação do contrato de mútuo em que não tenha sido fixado prazo, independentemente de o negócio ser oneroso ou gratuito, e apesar da diferente formulação dos nºs 1 e 2 do art. 1148º do CC, a denúncia, quando exercida pelo mutuante, opera de modo idêntico. Em qualquer caso, o contrato extingue-se trinta dias após a denúncia feita pelo mutuante[720].

---

[719] Quanto à possibilidade de se exigir a entrega das quantias depositadas no depósito bancário, entendendo que se trata de um mútuo, *vd.* PAULA PONCES CAMANHO, *Contrato de Depósito Bancário*, Coimbra, 1998, pp. 125 e ss., distinguindo o depósito à ordem (pp. 125 e s.), o depósito a prazo (pp. 126 e s.) e o depósito com pré-aviso (p. 127). Neste âmbito, têm particular relevância os depósitos plurais, em especial solidários, sendo necessário verificar se a exigência de restituição pode ser exigida por um dos co-titulares (*vd.* autora e ob. cit., nota 391, pp. 131 e ss.).

[720] Como esclarecem PIRES DE LIMA/ANTUNES VARELA, *Código Civil Anotado*, Volume II, cit., anotação 3 ao art. 1148º, p. 774, o prazo de trinta dias pode ser alargado por acordo ou em razão da natureza da prestação, atendendo ao disposto no art. 777º do CC.

MÚTUO

Contudo, sendo a denúncia exercida pelo mutuário, importa distinguir a relação onerosa da gratuita. Se o mútuo for oneroso, o mutuário terá de denunciar o contrato com um aviso prévio mínimo de trinta dias, mas, no caso de se estar perante um mútuo gratuito, o vínculo cessa no momento em que a denúncia do mutuário produz efeitos, ou seja, quando chega ao poder ou ao conhecimento do mutuante (art. 224º do CC), não carecendo de aviso prévio.

III. Ainda que tenha sido estipulado um prazo de vigência, sendo o mútuo gratuito, por via de regra, entender-se-á que o prazo se encontra estabelecido a favor do mutuário (art. 779º do CC), razão pela qual a este cabe optar por restituir antecipadamente a quantia mutuada (art. 777º, nº 1, do CC), denunciando o contrato antes do decurso do período acordado.

No caso de mútuo oneroso, presume-se que o prazo se encontra estipulado a favor de ambas as partes (art. 1147º do CC), mas, sendo ilidida a presunção e concluindo-se que o mutuário é o beneficiário do prazo, a este cabe denunciar o contrato nos mesmos moldes. Ainda na hipótese comum, de prazo estabelecido a favor de ambas as partes, o mutuário pode denunciar antecipadamente o contrato, desde que restitua a quantia mutuada acrescida dos juros vincendos até ao termo do prazo[721].

§ 4. Resolução

I. À resolução do contrato de mútuo alude o art. 1150º do CC, mas, além da previsão constante deste preceito, encontram-se outras referências à resolução do vínculo, por exemplo no art. 16º do Decreto-Lei nº 24/2014, de 14 de Fevereiro, sobre contratos celebrados fora do estabelecimento, onde se prevê que «o exercício do direito de livre resolução (...) implica a resolução automática dos contratos acessórios ao contrato celebrado à distância ou do contrato celebrado fora do estabelecimento comercial sem direito a indemnização ou pagamento de quaisquer encargos». Assim, tendo havido um financiamento do consumidor para este poder efectuar determinada aquisição, a resolução deste vínculo (p. ex., compra e venda), nos termos do art. 10º do Decreto-Lei nº 24/2014, determina a resolução do mútuo. A questão é idêntica na even-

---

[721] Quanto à possibilidade de o mutuário antecipar o pagamento satisfazendo os juros por inteiro, *vd.* PIRES DE LIMA/ANTUNES VARELA, *Código Civil Anotado*, Volume II, cit., anotações 2 e 3 ao art. 1147º, p. 772.
A situação oposta, de o mutuante exigir antecipadamente o pagamento da quantia mutuada, suscita-se frequentemente no âmbito do contrato de depósito bancário, cfr. PAULA PONCES CAMANHO, *Contrato de Depósito Bancário*, cit., p. 127 e nota 379, assim como nota 396, pp. 136 e ss.

DA CESSAÇÃO DO CONTRATO

tualidade de contrato de mútuo coligado com a compra e venda em sede de crédito ao consumo, nos termos do disposto no art. 18º do Decreto-Lei nº 133/2009[722].

II. O art. 1150º do CC alude tão-só à possibilidade de o mutuante resolver o contrato se o mutuário não pagar os juros no seu vencimento. Por vezes, contrapõe-se o mútuo oneroso ao gratuito, considerando que só na primeira hipótese poderá o mutuante resolver o contrato[723]; sendo este o sentido do art. 1150º do CC, ao permitir a resolução se o mutuário não pagar os juros, sendo, portanto, o mútuo oneroso.

Mas, do disposto no citado preceito, não se conclui que esteja vedada a resolução do contrato a ser exercida pelo mutuário e que o mutuante não possa resolver o contrato com base em outros fundamentos.

No art. 1150º do CC, o legislador limitou-se a prever a hipótese mais usual de incumprimento grave de obrigações emergentes de um contrato de mútuo, relacionado até com o facto de, por via de regra, o mútuo ser um contrato unilateral, que só implica deveres para o mutuário (restituição do *tantundem* e, eventualmente, dos juros). Contudo, deste preceito não se pode concluir que esteja excluído o recurso às regras gerais, nomeadamente à resolução legal por incumprimento de outros deveres contratuais, nos termos do art. 801º, nº 2, do CC, ou à resolução convencional, nos moldes ajustados pelas partes[724]. Imagine-se que o mutuante, contrariando o que fora acordado, divulgou amplamente que concedera crédito ao mutuário; esta quebra de confiança poderá justificar a resolução do contrato por parte do mutuário.

Refira-se ainda que, com alguma frequência, como resulta da previsão do art. 16º, do Decreto-Lei nº 24/2014, incluindo-se o mútuo numa união de contratos, a resolução pode estar condicionada pelo incumprimento de deveres emergentes de outros contratos.

III. Mas do disposto no art. 1150º do CC resulta uma excepção ao regime regra. Enquanto a resolução do contrato fundada no art. 801º, nº 2, do CC pressupõe que haja incumprimento definitivo ou cumprimento defeituoso grave, admite-se, naquele preceito, que o mutuante resolva o contrato em caso de

---

[722] *Vd. supra,* as consequências da cessação do vínculo em contratos coligados (I Parte, Capítulo IV, § 2).

[723] *Vd.* CRISTOFARI, *Mutuo e Risoluzione del Contratto,* Milão, 2002, p. 213.

[724] Sobre as dificuldades da resolução de contratos não sinalagmáticos, *vd. supra,* II Parte, Capítulo VI, § 4., a propósito do comodato, assim como as referências genéricas à resolução de contratos não sinalagmáticos na I Parte, Secção II, Capítulo II, nº 2, alínea *c*), subalínea α., V.

MÚTUO

mora do mutuário no pagamento dos juros vencidos[725]. Esta excepção vale tão--só nos precisos termos em que se encontra formulada; daí que, se a restituição da quantia mutuada for feita por partes, a mora no cumprimento de uma parcela do que tiver sido emprestado não confere ao mutuante o direito de resolver o contrato[726]; nesse caso, a resolução depende dos pressupostos comuns: será necessário o incumprimento definitivo da obrigação de entregar a parcela, ou da totalidade da quantia mutuada por força do disposto no art. 781º do CC.

Assim, do disposto no art. 1150º do CC resulta que o mutuante, em caso de mora do mutuário no pagamento de juros, não precisa de estabelecer um prazo admonitório (art. 808º, nº 1, do CC), pois pode, de imediato, resolver o contrato[727]; nas outras hipóteses ter-se-á de atender ao regime geral.

§ 5. Restituição

I. Como dispõe o art. 1142º do CC, o mutuário fica obrigado «a restituir outro tanto do mesmo género e qualidade». Tal como em outros contratos, a obrigação de restituir é consequência da cessação do vínculo[728]; corresponde a um dever pós-contratual que decorre da extinção do negócio jurídico.

O contrato de mútuo pode extinguir-se por diversas formas (aplicando-se o regime comum com as particularidades indicadas nos parágrafos anteriores) e, com a cessação do vínculo, vence-se a obrigação de restituir o *tantundem*. Se o mutuário não restituir a prestação, eventualmente acrescida de juros compensatórios, estar-se-á perante uma hipótese de incumprimento da prestação que se vence com a cessação do contrato.

A impossibilidade ou a extrema dificuldade de restituição de coisa fungível (que não seja dinheiro) não imputável ao mutuário determina a obrigação de pagamento do valor correspondente à data da cessação do contrato (art. 1149º do CC).

II. O mútuo é um contrato cuja execução se protela no tempo, com as consequências daí decorrentes, nomeadamente que a extinção, ainda que resultante da resolução, não tem, por via de regra, efeito retroactivo.

---

[725] Solução similar consta do art. 1820 do CCIt., cfr. CRISTOFARI, *Mutuo e Risoluzione del Contratto*, cit., pp. 214 e ss.

[726] No sistema italiano também se prevê a resolução na hipótese de ter sido acordada a devolução rateada do *tantundem*, tendo o mutuário faltado ao pagamento de uma prestação (art. 1819 do CCIt.), cfr. CRISTOFARI, *Mutuo e Risoluzione del Contratto*, cit., pp. 223 e ss.

[727] Quanto aos efeitos da resolução, nomeadamente a irrectroactividade e a obrigação de restituir, *vd.* CRISTOFARI, *Mutuo e Risoluzione del Contratto*, cit., pp. 219 e ss.

[728] A situação é idêntica na locação (*vd. supra*, Capítulo IV, § 6) e no comodato (*vd. supra*, Capítulo VI, § 5).

Capítulo VIII
Contrato de trabalho

§ 1. Regime comum

I. O contrato de trabalho, como qualquer negócio jurídico, extingue-se nos termos comuns, aplicando-se as regras gerais de direito civil, em particular de direito das obrigações anteriormente analisadas[729]. Atendendo à actual terminologia usada em direito do trabalho, a cessação do vínculo laboral, além da caducidade, pode decorrer da revogação, da resolução ou da denúncia[730].

Importa recordar que, antes do Código do Trabalho, a legislação laboral recorria a outros termos, aludindo nomeadamente à rescisão e ao despedimento[731]. De facto, quanto ao regime geral da cessação do vínculo laboral (arts. 338º e ss. do CT), foram feitas algumas adaptações relativamente à precedente Lei da Cessação do Contrato de Trabalho. Além de se ter procedido ao enquadramento dogmático das formas de cessação, actualizou-se a terminologia à evolução dogmática já verificada no direito civil, fazendo-se referência a quatro modalidades de cessação do contrato de trabalho: caduci-

---

[729] Relativamente à aplicação do regime de direito civil ao contrato de trabalho, veja-se SÖLLNER/ WALTERMANN, *Grundriß des Arbeitsrechts*, 13ª edição, Munique, 2003, p. 263.

[730] Quanto à cessação do contrato de trabalho, além do estudo de RAÚL VENTURA, «Extinção das Relações Jurídicas de Trabalho», *ROA*, 1950, pp. 215 e ss., veja-se ROMANO MARTINEZ, «Cessação do Contrato de Trabalho; Aspectos Gerais», *Estudos do Instituto de Direito do Trabalho*, Volume III, Coimbra, 2002, pp. 179 e ss. e *Direito do Trabalho*, Coimbra, 2002, pp. 797 e ss., assim como bibliografia citada nestes estudos.

Sobre a segurança no emprego, paradigma em que se tem de fundar a discussão em torno da cessação do contrato de trabalho, ainda que decorrente da caducidade, consulte-se os mesmos estudos.

[731] Em crítica à anterior terminologia, consulte-se ROMANO MARTINEZ, *Direito do Trabalho*, cit., pp. 797 e ss.

DA CESSAÇÃO DO CONTRATO

dade, revogação, resolução e denúncia (art. 384º do CT2003)[732]; contudo, na revisão de 2009, com pouco apuro técnico, retomou-se o elenco de situações extintivas (art. 340º do CT2009). De facto, a indicação de modalidades de cessação, previstas no art. 340º do CT2009, comparando com o disposto no art. 384º do CT2003, corresponde a uma diferente técnica com as mesmas soluções; dito de outro modo, no preceito anterior identificavam-se as modalidades de cessação do vínculo (caducidade, revogação, resolução e denúncia) e agora indicam-se modalidades e modos de extinção do contrato de trabalho (caducidade, revogação, despedimento por facto imputável ao trabalhador, despedimento colectivo, despedimento por extinção do posto de trabalho, despedimento por inadaptação, resolução pelo trabalhador, denúncia pelo trabalhador). A técnica da indicação exaustiva, agora adoptada, tem o inconveniente da incompletude; e o legislador esqueceu-se da denúncia pelo empregador, que, embora excepcional, subsiste no Código do Trabalho.

Actualmente, a extinção do vínculo de emprego público é regulada pelos arts. 288º e ss. da Lei Geral do Trabalho em Funções Públicas, aprovada pela Lei nº 35/2014[733].

II. No art. 340º do CT, indicando-se as modalidades de cessação do contrato de trabalho, incluem-se oito alíneas.

A alínea a), faz referência à caducidade, depois desenvolvida na Secção II (arts. 343º e ss. do CT).

Na alínea b) alude-se somente à revogação, deixando de se fazer referência a «por acordo das partes» – como na LCT –, porque a revogação, por natureza, pressupõe acordo das partes, constando a matéria dos arts. 349º e ss. do CT (Secção III).

A resolução, dividida pelas alíneas c) a g), abrange várias modalidades. O despedimento por facto imputável ao trabalhador, que se refere a alínea c),

---

[732] No que respeita ao regime de cessação do vínculo laboral, veja-se ROMANO MARTINEZ, anotações aos arts. 338º e ss., in ROMANO MARTINEZ/LUÍS MIGUEL MONTEIRO/JOANA VASCONCELOS/MADEIRA DE BRITO/GUILHERME DRAY/GONÇALVES DA SILVA, Código do Trabalho Anotado, cit., pp. 723 e ss. Quanto a uma crítica nostálgica à nova terminologia, vd. LEAL AMADO, «Algumas Notas sobre o Regime do Despedimento Contra Legem no Código do Trabalho», VII Congresso Nacional de Direito do Trabalho, Coimbra, 2004, pp. 276 e ss.

[733] Quanto à cessação da relação de emprego público no anterior regime, vd. ANA NEVES, Relação Jurídica de Emprego Público, Coimbra, 1999, pp. 62 s., indicando diferenças relativamente à cessação do contrato de trabalho, considerando a relação de emprego público mais estável do que o vínculo laboral privado. Atendendo ao regime atuat, veja-se MIGUEL LUCAS PIRES, Lei Geral do Trabalho em Funções Públicas. Anotada e Comentada, Coimbra, 2014, em anotação aos arts. 288º e ss.
Sobre a caducidade do vínculo laboral na administração pública, DIANA, Prescrizioni, Decadenze e Nullità nel Diritto Amministrativo, Pádua, 2002, pp. 19 s.

regulado nos arts. 351º e ss. do CT. O despedimento coletivo, alínea *d)*, constante dos arts. 359º e ss. do CT. Segue-se, na alínea *e)* despedimento por extinção de posto de trabalho (art. 367º e ss. do CT). Por fim, o despedimento por inadaptação, na alínea *f)*, vem regulado nos arts. 373º e ss. do CT. A resolução pelo trabalhador (alínea *g)*) surge nos arts. 394º e ss. do CT. A terminar, quanto à denúncia, só se alude à que é invocada pelo trabalhador (alínea *h)*) – omitindo-se a denúncia pelo empregador, como se não existisse – que vem regulada nos arts. 400º e ss. do CT.

§ 2. Relevo da cessação do contrato no domínio laboral

I. A cessação do contrato de trabalho tem particular relevo no domínio laboral, essencialmente, por duas razões.

Em primeiro lugar, o direito do trabalho é particularmente sensível no que tange à protecção do trabalhador, e um dos aspectos em que a tutela do prestador da actividade se apresenta de considerável relevância é o da segurança no emprego, com previsão constitucional (art. 53º da CRP)[734]. Principalmente quando as estatísticas apresentam taxas elevadas de desemprego, por motivos de vária ordem, em particular de índole social, torna-se premente a defesa da manutenção do emprego. Mas a segurança no emprego tem de ser ponderada atendendo à prossecução da finalidade da empresa, designadamente à sua competitividade[735].

Em segundo lugar, com alguma frequência, as questões jurídicas relacionadas com a aplicação de normas laborais de diferentes institutos, como o dever de lealdade, o valor da retribuição ou o gozo das férias, surgem a propósito da cessação do contrato; como causa de cessação (p. ex., a violação do dever de lealdade) ou como problema lateral à cessação (*v. g.*, direito a férias em caso de cessação)[736].

---

[734] Como refere MONTEIRO FERNANDES, *Direito do Trabalho*, 17ª edição, Coimbra, 2014, p. 481, para o trabalhador, o vínculo laboral «é o suporte de um estatuto económico, social e profissional» ou na expressão elucidativa de BERNARDO XAVIER/FURTADO MARTINS/NUNES DE CARVALHO/ JOANA VASCONCELOS/TATIANA GUERRA DE ALMEIDA, *Manual de Direito do Trabalho*, 2ª edição, Lisboa, 2014, p. 719, «(...) a preservação de estabilidade de emprego é a garantia do sustento do trabalhador e de sua família, bem como uma garantia de segurança de existência».

[735] Cfr. BERNARDO XAVIER/FURTADO MARTINS/NUNES DE CARVALHO/JOANA VASCONCELOS/TATIANA GUERRA DE ALMEIDA, *Manual de Direito do Trabalho*, cit., pp. 719 e s. e ROMANO MARTINEZ, «A Constituição de 1976 e o Direito do Trabalho», *Nos 25 anos da Constituição da República Portuguesa de 1976. Evolução Constitucional e Perspectivas Futuras*, Lisboa, 2001, pp. 184 e ss.

[736] Sobre a questão, veja-se PALOMEQUE LÓPEZ/ÁLVAREZ DE LA ROSA, *Derecho del Trabajo*, 20ª edição, Madrid, 2012, pp. 749 e s.; FURTADO MARTINS, *Cessação do Contrato de Trabalho*, 3ª edição, Cascais, 2012, p. 12.

DA CESSAÇÃO DO CONTRATO

II. As razões indicadas justificam, por um lado, as restrições legais à cessação do contrato de trabalho da iniciativa do empregador e, por outro, a natureza imperativa do regime (art. 339º do CT), que constitui um entrave à autonomia contratual, em particular no domínio do contrato de trabalho, mas também em sede de contratação colectiva[737].

No âmbito laboral, a cessação do vínculo assume uma relevância extrema e, por isso, mais do que em qualquer outro contrato, além da extensão que lhe é dada pela lei (arts. 338º a 403º do CT), encontra-se um número muito elevado de decisões jurisprudenciais, em especial no que respeita ao despedimento[738] e a doutrina tem dado um tratamento desenvolvido à matéria da extinção do contrato de trabalho[739]. No fundo, o contrato de trabalho, aten-

---

[737] Sobre este regime imperativo, pode consultar-se ROMANO MARTINEZ, anotação ao art. 339º, *in* ROMANO MARTINEZ/LUÍS MIGUEL MONTEIRO/JOANA VASCONCELOS/MADEIRA DE BRITO/ GUILHERME DRAY/ GONÇALVES DA SILVA, *Código do Trabalho Anotado*, 9ª edição, Coimbra, 2013, pp. 727 e s.

[738] *Vd. infra* as citações em nota de acórdãos da Relação e do Supremo, em particular neste Capítulo, no § 4, nº 5, alínea *b*).

[739] Sobre o tema, a indicação bibliográfica é extensa. Quanto a obras nacionais, apesar de respeitarem ao regime revogado, sem ser exaustivo, veja-se JOSÉ JOÃO ABRANTES, «Segurança no Emprego e Justa Causa de Despedimento (Breves Considerações)», *TJ*, nº 6 (1990), pp. 9 a 29, «Despedimento Colectivo», *Direito do Trabalho. Ensaios*, Lisboa, 1995, pp. 197 a 202; LEAL AMADO, «Pornografia, Informática e Despedimento», cit., pp. 109 a 116 e «Despedimento Ilícito e Salários Intercalares: a Dedução do *Alliunde Perceptum*. Uma Boa Solução?», *QL* I (1994), nº 1, pp. 43 a 52, «Salários Intercalares e Subsídio de Desemprego», *QL*, nº 11 (1998), pp. 114 a 116; CARLOS ANTUNES/AMADEU GUERRA, *Despedimentos e Outras Formas de Cessação do Contrato de Trabalho*, Coimbra, 1984 pp. 59 a 227; HELENA TAPP BARROSO, «Justa Causa por Violação do Dever de Assiduidade; Faltas não Justificadas ao Trabalho e Falsas Declarações Relativas às Justificações das Faltas. Uma Abordagem do Caso das Falsas Declarações para Justificação de Faltas em Especial», *Estudos do Instituto de Direito do Trabalho*, Volume II, *Justa Causa de Despedimento*, Coimbra, 2001, pp. 179 a 193; SOFIA LEITE BORGES, «A Justa Causa de Despedimento por Lesão de Interesses Patrimoniais Sérios da Empresa e pela Prática de Actos Lesivos da Economia Nacional», *Estudos do Instituto de Direito do Trabalho*, Volume II, *Justa Causa de Despedimento*, Coimbra, 2001, pp. 165 a 178; ARMANDO BRAGA, *Lei dos Despedimentos e da Contratação a Termo Anotada*, 4ª edição, Porto, 1993; MADEIRA DE BRITO, «Justa Causa de Despedimento com Fundamento na Violação dos Deveres de Assiduidade, Zelo e Diligência», *Estudos do Instituto de Direito do Trabalho*, Volume II, *Justa Causa de Despedimento*, Coimbra, 2001, pp. 119 a 134; GOMES CANOTILHO/JORGE LEITE, «A Inconstitucionalidade da Lei dos Despedimentos», *Estudos em Homenagem ao Prof. Doutor Ferrer Correia*, III, Coimbra, 1991, pp. 501 e ss.; MENEZES CORDEIRO, *Manual de Direito do Trabalho*, cit., pp. 801 a 851, «Da Cessação do Contrato de Trabalho por Inadaptação do Trabalhador perante a Constituição da República», *RDES* XXXIII (1991), nº 3/4, pp. 369 a 421 e «Justas Causas de Despedimento», *Estudos do Instituto de Direito do Trabalho*, Volume II, *Justa Causa de Despedimento*, Coimbra, 2001, pp. 7 a 14; GUILHERME DRAY, «Justa Causa e Esfera Privada», *Estudos do Instituto de Direito do Trabalho*, Volume II, *Justa Causa de Despedimento*, Coimbra, 2001, pp. 35 a 91; MONTEIRO FERNANDES,

CONTRATO DE TRABALHO

Direito do Trabalho, cit., pp. 481 ss.; SEQUEIRA FERREIRA, «A Justa Causa de Despedimento no Contexto dos Grupos de Empresas», *Estudos do Instituto de Direito do Trabalho*, Volume II, *Justa Causa de Despedimento*, Coimbra, 2001, pp. 195 a 255; JORGE LEITE, «Inconstitucionalidade das Normas sobre Despedimentos Colectivos ou a História de um Processo Legislativo Atribulado», *QL*, nº 17 (2001), pp. 108 a 120; PAULA MEIRA LOURENÇO, «A Relevância dos Comportamentos da Vida Particular do Trabalhador para Efeitos de Preenchimento do Conceito de Justa Causa de Despedimento», *Revista Jurídica AAFDL*, nº 24 (2001), pp. 495 a 531; BAPTISTA MACHADO, «Constitucionalidade da Justa Causa Objectiva», *Obra Dispersa*, Volume II, Braga, 1993, pp. 547 a 552; ROMANO MARTINEZ, «A Justa Causa de Despedimento», *I Congresso Nacional de Direito do Trabalho. Memórias*, Coimbra, 1998, pp. 171 a 180 e «Incumprimento Contratual e Justa Causa de Despedimento», *Estudos do Instituto de Direito do Trabalho*, Volume II, *Justa Causa de Despedimento*, Coimbra, 2001, pp. 93 a 118; FURTADO MARTINS, *Despedimento Ilícito, Reintegração na Empresa e Dever de Ocupação Efectiva*, Lisboa, 1992, pp. 15 a 24 e 37 a 57, *Cessação do Contrato de Trabalho*, cit., pp. 149 ss., «Despedimento Ilícito e Reintegração do Trabalhador», *RDES* XXXI (1989), nº 3/4, pp. 483 a 520 e «Despedimento Ilícito. Revogação do Despedimento e Reatamento do Contrato de Trabalho», *RDES* XXXVI (1994), nº 1/3, pp. 203 a 208; BARBOSA DE MELO, «Reflexão sobre o Projecto de Diploma Relativo à Cessação do Contrato Individual de Trabalho», *RDES* XXXI (1989), nº 3/4, pp. 521 a 528; ANDRADE MESQUITA, «Tipificações Legais da Justa Causa. A "Lesão de Interesses Patrimoniais Sérios da Empresa" e a "Prática Intencional, no Âmbito da Empresa, de Actos Lesivos da Economia Nacional», *Estudos do Instituto de Direito do Trabalho*, Volume II, *Justa Causa de Despedimento*, Coimbra, 2001, pp. 135 a 163; JOSÉ ANTÓNIO MESQUITA, «Despedimento. Justa Causa. Infracção Disciplinar. Comportamentos da Vida Privada do Trabalhador», *TJ* 19 (1986), pp. 8 a 10; LUÍS MORAIS, *Dois Estudos: Justa Causa e Motivo Atendível de Despedimento. O Trabalho Temporário*, Lisboa, 1991, pp. 11 a 58; ISABEL RIBEIRO PARREIRA, «A Quebra de Confiança como Critério de Concretização da Justa Causa de Despedimento», *I Congresso Nacional de Direito do Trabalho. Memórias*, Coimbra, 1998, pp. 271 a 280; MÁRIO PINTO/ FURTADO MARTINS, «Despedimentos Colectivos: Liberdade de Empresa e Acção Administrativa», *RDES* XXXV (1993), nº 1/4, pp. 3 a 70; SOARES RIBEIRO, «Cessação do Contrato de Trabalho por Inadaptação do Trabalhador», *IV Congresso Nacional de Direito do Trabalho*, Coimbra, 2002, pp. 397 a 409; RUI SALINAS, «Algumas Questões sobre as Nulidades do Processo de Despedimento», *RDES* XXXIV (1992), nºs 1/3, pp. 19 a 66; MARIA MANUELA MAIA DA SILVA, «O Tempo no Processo Disciplinar», *I Congresso Nacional de Direito do Trabalho. Memórias*, Coimbra, 1998, pp. 199 a 222; JOANA VASCONCELOS, «Despedimento Ilícito, Salários Intercalares e Deduções», *RDES* XXXII (1990), pp. 157 a 223, «O Conceito de Justa Causa de Despedimento. Evolução Legislativa e Situação Actual», *Estudos do Instituto de Direito do Trabalho*, Volume II, *Justa Causa de Despedimento*, Coimbra, 2001, pp. 15 a 34 e «Concretização do Conceito de Justa Causa», *Estudos do Instituto de Direito do Trabalho*, Volume III, Coimbra, 2002, pp. 207 a 223; MOTTA VEIGA, *Lições de Direito do Trabalho*, 8ª edição, Lisboa, 2000, pp. 488 a 512; BERNARDO XAVIER, «A Extinção do Contrato de Trabalho», *RDES* XXXI (1989), pp. 427 a 478 e *O Despedimento Colectivo no Dimensionamento da Empresa*, Lisboa, 2000; BERNARDO XAVIER/FURTADO MARTINS/NUNES DE CARVALHO, «Cessação Factual da Relação de Trabalho e Aplicação do Regime Jurídico do Despedimento», *RDES* XL (1999), nº 1, pp. 41 a 49; BERNARDO XAVIER/FURTADO MARTINS/NUNES DE CARVALHO/JOANA VASCONCELOS/ TATIANA GUERRA DE ALMEIDA, *Manual*, cit., 717 a 730.

A importância da matéria justificou que tivesse, mais do que uma vez, sido escolhida como tema de Mestrado em Direito do Trabalho na Faculdade de Direito de Lisboa, permitindo a elaboração de vários relatórios abrangendo quase todos os aspetos relevantes da cessação do vínculo laboral,

DA CESSAÇÃO DO CONTRATO

dendo à especial protecção conferida ao trabalhador, assenta numa particular distribuição do risco – diferente da que existe noutros vínculos – em que o empregador, entre outros aspectos, assume o risco da subsistência do contrato quando não tem nisso interesse[740].

§ 3. Regime geral da cessação do contrato de trabalho
1. Segurança no emprego

No art. 53º da CRP, sob a epígrafe «Segurança no emprego», prescreve-se que são proibidos os despedimentos sem justa causa. Com base nesta disposição, desde logo encontra-se banida a denúncia discricionária, *ad nutum*, do contrato de trabalho por parte do empregador; o contrato de trabalho, não

---

também com perspetivas de Direito comparado; veja-se nomeadamente, CLÁUDIA PEREIRA DE ALMEIDA, *Rescisão do Contrato de Trabalho*, Lisboa, 2001; NUNO BASTOS, *Cessação da Situação Jurídica Laboral por Justa Causa Imputável ao Trabalhador: Génese do Regime Aprovado pelo Decreto-Lei nº 64-A/89, de 27 de Fevereiro*, Lisboa, 1994; TELMA CARVALHO, *A Caducidade do Contrato de Trabalho a Termo no Direito Português*, Lisboa, 2001; RENATO FARINHA, *Cessação do Contrato de Trabalho do Futebolista*, Lisboa, 2001; ADILSON FUNEZ, *A Rescisão com Justa Causa ou o "Despedimento Indirecto" do Trabalhador no Direito Comparado Brasileiro / Português*, Lisboa, 2001; FRANCISCA MARTINS, *Caducidade do Contrato de Trabalho em caso de Acidente de Trabalho. Direito Português / Direito Francês*, Lisboa, 2001; ANDRÉ MENDES, *Regime Geral da Cessação do Contrato de Trabalho*, Lisboa, 2001; ANA LÚCIA DE OLIVEIRA, *Grupos de Empresas e a Cessação do Contrato de Trabalho por parte do Empregador*, Lisboa, 2000; RAQUEL REI, *Esfera Privada e Cessação de Situação Jurídica Laboral*, Lisboa, 1994; CECÍLIA ROSA, *Os Direitos do Empregador em Caso de Cessação do Contrato de Trabalho*, Lisboa, 2001. No domínio do Código do Trabalho de 2003, pode consultar-se ROMANO MARTINEZ, anotações aos arts. 382º e ss., *in* ROMANO MARTINEZ/LUÍS MIGUEL MONTEIRO/JOANA VASCONCELOS/ MADEIRA DE BRITO/GUILHERME DRAY/GONÇALVES DA SILVA, *Código do Trabalho Anotado*, 6ª ed., Coimbra, 2008, pp. 703 e ss., assim como LEAL AMADO, «Despedimento Ilícito e Oposição Patronal à Reintegração», *Subjudice*, 27 (2004), pp. 7 e ss.; MENDES BAPTISTA, nos vários artigos publicados nos *Estudos sobre o Código do Trabalho*, Coimbra, 2004, pp. 13 e ss., 113 e ss., 143 e ss. e 153 e ss.; CATARINA DE OLIVEIRA CARVALHO, «Cessação do Contrato de Trabalho Promovida pelo Empregador com Justa Causa Objectiva no Contexto dos Grupos Empresariais», *Estudos de Direito do Trabalho em Homenagem ao Professor Manuel Alonso Olea*, Coimbra, 2004, pp. 205 e ss.; MORGADO DE CARVALHO, «Percurso pela Cessação do Contrato de Trabalho», *Subjudice*, 27 (2004), pp. 11 e ss.; MENEZES LEITÃO, *Código do Trabalho Anotado*, 2ª edição, Coimbra, 2004, anotações aos arts. 338º e ss., pp. 283 e ss.; FERREIRA PINTO, «Código do Trabalho. Cessação do Contrato de Trabalho por iniciativa do Empregador», *A Reforma do Código do Trabalho*, Coimbra, 2004, pp. 513 e ss. Por fim, já após as revisões de 2009 e 2012, veja-se o *Código do Trabalho Anotado*, 9ª ed., Coimbra, 2013, nas anotações aos arts. 338º e ss., pp. 723 e ss. e bibliografia aí citada, assim como LEAL AMADO, *Contrato de Trabalho*, 4ª edição, Coimbra, 2014, pp. 349 ss.

[740] Quanto a esta perspetiva da distribuição do risco, veja-se ICHINO, *Il Contratto di Lavoro*, I, cit., pp. 17 ss.

CONTRATO DE TRABALHO

obstante ser de execução continuada, só pode cessar por vontade da entidade patronal se existir um motivo atendível[741].

Apesar de a previsão constitucional de segurança no emprego constituir uma particularidade do regime português, a consagração do princípio generalizou-se nos países da Europa comunitária, sendo um postulado da OIT[742]. Mesmo noutros espaços jurídicos, com contornos algo distintos, é frequente a consagração do princípio de segurança no emprego[743].

A concretização do motivo atendível, ou, na expressão da lei, «justa causa», tem sido alvo de amplo debate, com tomadas de posição contraditórias por parte do Tribunal Constitucional[744]. A justa causa a que se alude no art. 53º da CRP não depende de um comportamento culposo do trabalhador, como se determina no art. 351º do CT, relacionando-se, antes, com o conceito de direito civil de justa causa como motivo atendível, que legitima a não prossecução de uma relação jurídica duradoura[745].

---

[741] Sobre o carácter garantístico do regime português de cessação do contrato de trabalho, veja-se MARIA DO ROSÁRIO PALMA RAMALHO, *Da Autonomia Dogmática do Direito do Trabalho*, Coimbra, 2000, pp. 666 e ss.

[742] Cfr. ROJOT, «Security of Employment and Employability», *in Comparative Labour Law and Industrial Relations in Industrialized Market Economies*, org. Roger BLANPAIN, 7ª edição, Haia, Londres e Boston, 2001, pp. 427 e ss.
No Reino Unido, a problemática da «termination of employment» tem tido um desenvolvimento relevante no moderno direito do trabalho, *vd.* BOWERS, *Employment Law*, 5ª edição, Londres, 2000, pp. 206 e ss. e DEAKIN/MORRIS, *Labour Law*, 3ª edição, Londres, 2001, pp. 381 e ss.; apesar de subsistir o princípio da «common law» da liberdade de despedimento, nota-se uma atenuação na sua aplicação (cfr. DEAKIN/MORRIS, *Labour Law*, cit., p. 392), que justifica o desenvolvimento dado ao despedimento ilícito (wrongful dismissal), cfr. BOWERS, *Employment Law*, cit., pp. 217 e ss. No sistema jurídico inglês distingue-se a *wrongful dismissal* da *unfair dismissal*, cfr. SELWYN, *Law of Employment*, 11ª edição, Londres, 2000, pp. 317 e ss. e 326 e ss., cuja distinção, como o autor indica, suscita diversas dúvidas de aplicação.

[743] No direito norte-americano, a teoria do «employment at-will» tem sido limitada, não só mediante cláusulas estruturais como também por via de princípios como a boa fé, *vd.* CANO GÁLAN, *El Despido Libre y sus Límites en el Derecho Norteamericano*, Madrid, 2000, pp. 71 e ss.
Em relação ao direito brasileiro, a propósito do art. 477 da CLT, *vd.* anotação de CARRION, *Comentários à Consolidação das Leis do Trabalho. Legislação Complementar. Jurisprudência*, 26ª edição, S. Paulo, 2001, pp. 340 e ss.; e esclarece TEIXEIRA MANUS, *Direito do Trabalho*, 6ª edição, S. Paulo, 2001, pp. 167 e ss., que, como no sistema brasileiro vale a dispensa sem motivo, a estabilidade, além de aspectos pontuais, baseia-se no Fundo de Garantia do tempo de Serviço.

[744] Quanto a esta polémica e às posições do Tribunal Constitucional tendo em conta o regime anterior (art. 9º da LCCT), *vd.* ROMANO MARTINEZ, *Direito do Trabalho*, 1ª edição,Coimbra, 2002, p. 806; FURTADO MARTINS, *Cessação do Contrato de Trabalho*, cit., pp. 78 e ss. Veja-se igualmente o Ac. TC nº 581/95, de 31/10/1995, *BMJ* 451 (Suplemento), p. 497.

[745] Cfr. ROMANO MARTINEZ, *Direito do Trabalho*, 7ª edição, Coimbra, 2015, p. 839; FURTADO MARTINS, *Cessação do Contrato de Trabalho*, cit., pp. 82 e s.

DA CESSAÇÃO DO CONTRATO

Assim sendo, por via de regra, o contrato de trabalho pode cessar por causas objectivas relacionadas com as partes ou com o objecto do negócio jurídico, por motivos subjectivos dependentes do comportamento do trabalhador ou do empregador e por vontade discricionária do trabalhador.

2. Evolução legislativa

O regime da cessação do contrato de trabalho consta dos arts. 338º e ss. do CT e corresponde a uma solução de compromisso entre o sistema tradicional da cessação do contrato de trabalho, assente nos princípios de direito civil com ligeiras correcções (arts. 98º e ss. da LCT) e a regra de protecção da estabilidade do emprego, constante do Decreto-Lei nº 372-A/75, de 16 de Junho e, principalmente, dos Decretos-Leis nº 84/76, de 28 de Janeiro, e nº 841-C/76, de 7 de Dezembro[746].

Anteriormente, no art. 98º, nº 2, da LCT admitia-se que o contrato de trabalho cessasse imediatamente por vontade de qualquer das partes (denúncia), sem se invocar justa causa, desde que se indemnizasse a contraparte nos termos fixados nos arts. 109º e 110º da LCT; além disso, a denúncia unilateral, respeitando a antecedência estabelecida nas alíneas do nº 1 do art. 107º da LCT, podia ser licitamente declarada por qualquer das partes, cabendo tão-só ao empregador a obrigação de compensar o trabalhador nos termos prescritos no art. 107º, nº 4, da LCT. Consagrava-se, pois, o regime da discricionariedade da denúncia com obrigação de compensar a contraparte, excepto quando a denúncia era invocada pelo trabalhador com aviso prévio, caso em que não era devida compensação.

Diferentemente, com a legislação de 1975 e de 1976, deixou de ser admissível a denúncia discricionária por parte do empregador, sendo unicamente válidos, por um lado, os despedimentos justificados com base num comportamento inadequado do trabalhador e, por outro, com causas objectivas, o despedimento colectivo.

Com o regime instituído em 1989/91 – Lei da Cessação do Contrato de Trabalho e Decreto-Lei nº 400/91, de 16 de Outubro –, assentando-se no princípio de não serem admitidos os despedimentos sem justa causa, flexibilizou-se a cessação do contrato por parte do empregador[747].

---

[746] A limitação à livre denúncia do contrato de trabalho por parte do empregador foi introduzida em Itália a partir de 1966, na Alemanha a partir de 1969 e em França depois de 1973. Em relação ao regime da cessação do contrato de trabalho introduzido pelos citados diplomas de 1975 e 1976, *vd.* MOURA AZEVEDO, *Cessação do Contrato de Trabalho. Regime Jurídico Anotado e Comentado*, Coimbra, 1976, com actualização de 1977, pp. 15 e ss.

[747] Nos sistemas em que se estabelecem limitações ao despedimento, estas condicionantes têm de ser conjugadas com a admissibilidade de emprego precário, pois, como refere MONTEIRO

CONTRATO DE TRABALHO

Actualmente, com o Código do Trabalho, na sequência do regime precedente, subsiste uma solução de compromisso. Estão proibidos os despedimentos sem justa causa (art. 338º do CT), mas, por um lado, a justa causa pode ser subjectiva, por facto imputável ao trabalhador (art. 351º do CT), ou objectiva (p. ex., despedimento colectivo, art. 359º do CT) e, por outro, admite-se a inclusão de termo resolutivo em situações que extravasam o sentido tradicional desta cláusula acessória.

3. Uniformidade e imperatividade do regime da cessação

I. As soluções constantes dos arts. 338º e ss. do CT aplicam-se aos contratos de trabalho de regime comum, em que predomina uma relação laboral no seio empresarial, assim como aos contratos de trabalho com regime especial, sempre que das respectivas regras não constem preceitos particulares que derroguem as regras gerais ou não exista incompatibilidade do regime geral com as especificidades de tais contratos (art. 9º do CT)[748].

Além do regime comum de cessação do contrato, subsistem regras especiais estabelecidas em determinados tipos negociais, como o art. 10º, nº 8, da Portaria nº 1497/2008 (contrato de aprendizagem), arts. 27º e ss. do Decreto-Lei nº 235/92 (contrato de serviço doméstico) e os arts. 26º e ss. da Lei nº 28/98 (contrato de praticante desportivo)[749].

O regime comum de cessação do contrato propende para uma uniformidade[750], pois, por via de regra, não se estabelecem diferenças em função do tipo de trabalhador ou do género de empresa, equiparando-se situações distintas. Quanto ao trabalhador, não obstante a substancial diferença introduzida pelo Código do Trabalho, a nível indemnizatório, o legislador não diferencia de modo relevante as situações culposas das isentas de culpa[751], e identi-

---

FERNANDES, *Direito do Trabalho*, cit., p. 521, no limite, se o despedimento for inteiramente livre, nenhum empresário verá vantagens em contratar trabalhadores a termo.

[748] A regra da imperatividade surge, por vezes, mais flexibilizada noutras ordens jurídicas; como refere PREIS, «Kündigungvereinbarungen», *Der Arbeitsvertrag. Handbuch der Vertragspraxis und –gestaltung*, Colónia, 2002, pp. 925 e s., apesar de limitados, encontram-se acordos quanto à denúncia (*Kündigung*) no contrato de trabalho, que podem ser válidos.

[749] Cfr. uma referência a regimes especiais em ROMANO MARTINEZ, *Direito do Trabalho*, 7ª edição, cit., pp. 645 e ss. e FURTADO MARTINS, *Cessação do Contrato de Trabalho*, cit., pp. 19 e s.

[750] Cfr. FURTADO MARTINS, *Cessação do Contrato de Trabalho*, cit., pp. 20 e ss. A tentativa uniformizadora não é específica deste regime, pois o Código do Trabalho, na sequência da precedente Lei do Contrato de Trabalho, segue idêntico trilho, *vd.* ROMANO MARTINEZ, *Direito do Trabalho*, cit., pp. 125 e ss.

[751] Na Lei da Cessação do Contrato de Trabalho, a indemnização constante do art. 13º, nº 3, da LCCT valia para o despedimento ilícito – em que havia uma atitude culposa do empregador –, para os despedimentos colectivo (art. 23º, nº 1, da LCCT), por extinção do posto de trabalho (art.

DA CESSAÇÃO DO CONTRATO

fica sob vários aspectos as diversas causas de cessação do contrato. De facto, quanto aos valores a pagar em caso de cessação do contrato, a indemnização por despedimento ilícito (art. 389º, nº 1, alínea *a*), do CT) pode ser inferior à compensação devida em caso de despedimento colectivo (art. 366º do CT), porque, neste, se atende à duração do contrato, o que pode não ocorrer na hipótese de despedimento ilícito; esta discrepância, é, porém, minimizada tendo em conta a previsão do art. 391º do CT, onde se confere ao trabalhador ilicitamente despedido o direito de optar por uma indemnização que substitui a reintegração. Também das alterações introduzidas em 2012 nos arts. 344º e 361º do CT decorre a ideia de uniformizar a compensação em caso de cessação do contrato com causas objectivas.

Além da diferença no plano da indemnização, importa aludir a algumas distinções relativas ao tipo de trabalhador ou de empresa, que contrariam a propensa uniformidade. Deste modo, por exemplo, a não reintegração vale relativamente ao trabalhador que ocupe cargo de administração ou de direcção (art. 392º, nº 1, do CT); por outro lado, estabeleceu-se um regime especial para as microempresas no que respeita ao procedimento de despedimento (art. 358º do CT) e à não reintegração (art. 392º do CT).

II. A natureza injuntiva do regime da cessação do contrato de trabalho consta do art. 339º do CT; situação que não é exclusiva do âmbito laboral, pois, no arrendamento urbano, o disposto sobre cessação do contrato também tem natureza imperativa (art. 1080º do CC).

A mencionada imperatividade admite, contudo, excepções. Não se permite que, por instrumento de regulamentação colectiva ou por contrato de trabalho, se estatua qualquer alteração ao regime da cessação do contrato, ainda que mais favorável ao trabalhador, mas há que atender a disposições legais que permitem a sua derrogação e à previsão constante dos n.ºs 2 e 3 do art. 339º do CT[752].

31º da LCCT) e por inadaptação (art. 7º do Decreto-Lei nº 400/91) – onde não havia culpa do empregador – e ainda para a rescisão com justa causa, havendo culpa do empregador (art. 36º da LCCT); além disso, a caducidade do contrato podia implicar que o trabalhador recebesse uma indemnização idêntica à que obteria em caso de despedimento ilícito (art. 6º, nº 2, da LCCT). Quanto a este último ponto, havia uma pequena diferença entre o disposto no art. 6º, nº 2, da LCCT e no art. 13º, nº 3, da LCCT; neste último caso, a indemnização não podia ser inferior a três meses, mas se o trabalhador tivesse mais de três anos de serviço receberia a mesma indemnização em qualquer das referidas hipóteses de cessação do contrato.

[752] Sobre a questão no âmbito do precedente art. 2º da LCCT, *vd.* FURTADO MARTINS, *Cessação do Contrato de Trabalho*, cit., pp. 28 e ss. Analisando a possibilidade de ser ajustada uma cláusula penal, veja-se JÚLIO GOMES, *Direito do Trabalho*, I, Coimbra, 2007, pp. 909 ss.

CONTRATO DE TRABALHO

De entre as normas que consubstanciam «disposição legal» (em contrário) importa atender aos diplomas sobre contratos de trabalho com regime especial, nomeadamente aos já citados arts. 10º, nº 8, da Portaria nº 1497/2008 (contrato de aprendizagem), arts. 27º e ss. do Decreto-Lei nº 235/92 (contrato de serviço doméstico) e arts. 26º e ss. da Lei nº 28/98 (contrato de praticante desportivo).

Das excepções constantes dos n.ᵒˢ 2 e 3 do art. 339º do CT resulta que a derrogação do regime pode unicamente constar de instrumento de regulamentação colectiva do trabalho[753].

Tendo por base o disposto no nº 2 conclui-se que podem ser regulados por instrumento de regulamentação colectiva de trabalho os critérios de definição de indemnizações, assim como os prazos de procedimento e de aviso prévio constantes do Capítulo da cessação do contrato[754]. Daqui se infere que a convenção colectiva não poderá, por exemplo, restringir ou alargar a noção de justa causa de despedimento ou modificar os fundamentos do despedimento colectivo. Mas já será admissível que, em instrumento de regulamentação colectiva, sejam regulados os valores das indemnizações devidas em caso de cessação do contrato de trabalho (art. 349º, nº 4, do CT)[755]/[756]. Cabe ainda referir que no art. 349º, nº 3, do CT se admite que as partes, ao revogarem o contrato de trabalho, acordem quanto a outros efeitos não previstos na lei.

---

[753] Quanto à especificidade interpretativa a nível laboral, constante do art. 3º, nº 5, do CT, em que a supletividade da lei respeita tão-só a regras de instrumento de regulamentação colectiva, não sendo, portanto, modificável por contrato de trabalho, solução que já se tinha defendido com base no art. 13º, nº 2, da LCT, *vd.* ROMANO MARTINEZ, *Direito do Trabalho*, 1ª edição, pp. 223 e s.

[754] De modo diverso do que resultava do art. 59º da LCCT, deixou de ser possível regular em instrumento de regulamentação colectiva os critérios de preferência na manutenção de emprego nos casos de despedimento colectivo. Quanto a esta alteração, *vd.* ROMANO MARTINEZ, anotação III ao art. 339º *in* ROMANO MARTINEZ/LUÍS MIGUEL MONTEIRO/JOANA VASCONCELOS/MADEIRA DE BRITO/GUILHERME DRAY/GONÇALVES DA SILVA, *Código do Trabalho Anotado*, cit., p. 728.

[755] Sobre o sentido deste preceito, veja-se ROMANO MARTINEZ, anotação III ao art. 339º *in* ROMANO MARTINEZ/LUÍS MIGUEL MONTEIRO/JOANA VASCONCELOS/MADEIRA DE BRITO/GUILHERME DRAY/GONÇALVES DA SILVA, *Código do Trabalho Anotado*, cit., pp. 727 s.

[756] No domínio da legislação precedente, podiam ser alterados por convenção colectiva ou contrato de trabalho os prazos de aviso prévio da comunicação de despedimento colectivo (art. 21º, nº 1, da LCCT) e de rescisão sem justa causa (art. 38º, nº 1, da LCCT), assim como a duração do período experimental (art. 55º, nº 3, da LCCT). Nos dois primeiros casos, entendia-se que a alteração só poderia ser no sentido de aumento dos prazos. O aumento dos prazos, principalmente no que diz respeito ao aviso prévio da rescisão, estava sujeito a limites de razoabilidade, relacionados com a sua justificação (veja-se, designadamente, o disposto no art. 36º, nº 3, da LCT). Na última hipótese (período experimental), a lei só admite a redução do período.

DA CESSAÇÃO DO CONTRATO

III. A imperatividade do regime tem que ver com o facto de, no âmbito laboral, ser problemática a garantia de uma vontade do trabalhador livre e esclarecida na celebração de acordos com o empregador. Coloca-se, portanto, a dúvida quanto à vontade livre e esclarecida das partes para efeitos de formação de diferentes acordos que alterem o regime especial de cessação do contrato.

De facto, o contrato de trabalho assenta numa estrutura de direcção-subordinação e o trabalhador exerce a sua actividade em regime de subordinação jurídica (e, eventualmente, económica), designada «heterodeterminação», enquanto ao empregador são conferidos os poderes de direcção e disciplinar. A relação jurídica emergente do contrato de trabalho é tendencialmente desequilibrada, quer no plano jurídico quer no plano económico[757].

No âmbito laboral, há alguns aspectos que podem indiciar uma posição de supremacia do empregador: a possibilidade de determinação ou de conformação da actividade por este exercida e, sobretudo, o exercício do poder disciplinar, que faculta ao empregador a aplicação de sanções disciplinares sem necessidade de recurso a intervenção judicial. No plano oposto, o trabalhador encontra-se numa posição passiva, em particular resultante da subordinação jurídica, de que resulta um dever de obediência em relação às ordens, regras ou orientações emanadas do respectivo empregador, dentro dos limites do contrato e das normas que o regem.

Por outro lado, frequentemente a relação laboral pressupõe a subordinação económica do trabalhador em dois sentidos: os rendimentos do trabalho constituem o seu principal meio de subsistência; e o processo produtivo para o qual o trabalhador contribui não é dominado pelo próprio, mas sim pelo empregador, detentor dos meios de produção e do poder de gestão da empresa.

Por isso, não raras vezes se afirma que a relação jurídica de trabalho é desequilibrada, pois assenta num desnível jurídico e económico, por força do qual o trabalhador, enquanto contraente mais débil, se coloca contratualmente numa situação de inferioridade em relação ao empregador[758].

Mas a imperatividade tem um âmbito mais alargado, pois também não confere aos instrumentos de regulamentação colectiva validade para intervirem nesta questão, salvas as excepções indicadas.

---

[757] Veja-se GUILHERME DRAY, *O Princípio da Igualdade no Direito do Trabalho. Sua Aplicabilidade no Domínio Específico de Contratos Individuais de Trabalho*, Coimbra, 1999, pp. 135 e ss. e 186 e ss.

[758] Cfr. GUILHERME DRAY, «O Ideal de Justiça Contratual e a Tutela do Contraente Mais Débil», *Estudos em Homenagem ao Professor Doutor Inocêncio Galvão Telles*, Volume I, *Direito Privado e Vária*, Coimbra, 2002, p. 84.

CONTRATO DE TRABALHO

4. Consequências da cessação

I. A cessação do vínculo extingue as obrigações das partes que respeitam ao cumprimento do contrato de trabalho, mas determina a constituição de certas prestações. Associado às questões formais resultantes da extinção, neste contrato, de modo mais premente do que em outros vínculos, atende-se frequentemente às consequências da extinção na pessoa do trabalhador, por vezes relacionando com a perda do meio de sustento[759]. Importa referir que estas condicionantes foram tidas em conta na previsão limitada de situações de cessação do contrato de trabalho, não devendo ser ponderadas duas vezes; por isso, na apreciação dos pressupostos das situações de cessação, ainda que esses dados pessoais possam estar subjacentes, não são relevantes, sob pena de se introduzirem mais elementos subjectivos na aplicação do direito do trabalho.

Importa ainda referir que, contrariamente ao que é preconizado por alguma doutrina[760], não há que distinguir a cessação do contrato de trabalho da extinção da relação laboral, porque o contrato é de execução continuada, não se podendo acantoná-lo ao mero acto de celebração.

II. Como dispõe o art. 341º do CT, tendo cessado o contrato de trabalho, o empregador é obrigado a entregar ao trabalhador um certificado de trabalho, do qual constarão as datas de admissão e de termo, bem como o cargo ou cargos desempenhados (nº 1, alínea a)), e outros documentos destinados a fins oficiais, nomeadamente para a Segurança Social, de modo a poder ser atribuído ao trabalhador subsídio de desemprego (nº 1, alínea b)).

III. Cessando o contrato de trabalho, impende sobre o trabalhador o dever de devolver imediatamente ao empregador os instrumentos de trabalho e quaisquer outros objectos que sejam pertença deste (art. 342º do CT). Consagra-se um princípio geral, que decorre das regras comuns, nomeadamente de direito das obrigações e de direitos reais. O incumprimento deste dever de devolução determina a aplicação das regras gerais de responsabilidade civil, concretamente dos arts. 483º e ss. e 798º e ss. do CC, por um lado, e dos 563º e ss. do CC, por outro.

---

[759] *Vd.* SUPPIEJ/DE CRISTOFARO/CESTER, *Diritto del Lavoro. Il Rapporto Individuale*, Pádua, 1998, pp. 354 e ss.

[760] Por exemplo, SPIELBÜCHER *in* FLORETTA/SPIELBÜCHER/STRASSER *Arbeitsrecht*, Volume I *Individualarbeitsrecht (Arbeitsvertragsrecht)*, 4ª edição, Viena, 1998, pp. 58 e ss.; SUPPIEJ/DE CRISTOFARO/CESTER, *Diritto del Lavoro. Il Rapporto Individuale*, cit, p. 355.

DA CESSAÇÃO DO CONTRATO

Do disposto no art. 342º do CT deduz-se que a falta do empregador (discutível ou mesmo por ele reconhecida) de pagamento de quaisquer quantias ao trabalhador, em princípio, não confere a este direito de retenção sobre os instrumentos de trabalho ou outros objectos que sejam pertença daquele. De facto, tendo em conta a previsão geral do art. 754º do CC, para haver direito de retenção será necessário que o crédito do trabalhador resulte de despesas feitas por causa desses objectos do empregador ou de danos por eles causados. Por via de regra, os montantes que o empregador tem a pagar ao trabalhador aquando da cessação do contrato não se relacionam com essas duas hipóteses. Acresce que entre as situações especiais de direito de retenção (art. 755º do CC) não se inclui o trabalhador no elenco de credores privilegiados.

IV. Por último, da cessação do contrato resulta a obrigação de acerto de contas, pelo que se podem constituir prestações específicas próprias da extinção.

Nesse acerto de contas, além de se atender a prestações vencidas (p. ex., retribuições não pagas), tem particular relevância aludir às obrigações que se vencem em virtude da cessação do vínculo. Neste sentido importa referir o disposto no art. 245º do CT relativo aos efeitos da cessação do contrato de trabalho no direito a férias e correspondente subsídio: o trabalhador tem direito a receber uma quantia proporcional ao tempo de serviço prestado no ano em que cessa o contrato e, não tendo ainda gozado as férias vencidas no dia 1 de Janeiro desse ano, tem direito a receber também a quantia referente a essas férias e ao correspondente subsídio. Do mesmo modo, como prescreve a alínea *b)* do nº 2 do art. 263º do CT, cessando o contrato, o trabalhador tem direito a receber o proporcional do subsídio de Natal correspondente ao tempo de serviço prestado nesse ano.

V. Qualquer das situações anteriormente indicadas corresponde a deveres de execução pós-contratual, que decorrem da cessação do vínculo; são, pois, consequências da liquidação, vencendo-se, por isso, com a extinção do contrato, pelo que tais obrigações serão cumpridas após a dissolução do contrato de trabalho. No fundo, como ocorre em outros contratos (*v. g.*, contrato de sociedade), estar-se-á no âmbito do que se pode designar por consequências da liquidação; a relação contratual extingue-se e tem de se proceder à respectiva liquidação.

CONTRATO DE TRABALHO

§ 4. Causas de cessação
1. Noção geral

I. Depois de se reiterar no art. 338º do CT a proibição de despedimento sem justa causa, mencionam-se no art. 340º do CT as modalidades de cessação do contrato de trabalho[761]. Neste preceito, como formas de cessação, indica-se: *a)* caducidade; *b)* revogação; *c)* despedimento por facto imputável ao trabalhador; *d)* despedimento colectivo; *e)* despedimento por extinção do posto de trabalho; *f)* despedimento por inadaptação; *g)* resolução pelo trabalhador; *h)* denúncia pelo trabalhador. Não se trata de um elenco de causas, a que se aludiu na I Parte deste estudo, mas da indicação de diversas modalidades de cessação, devendo proceder-se ao seu enquadramento dogmático nas tradicionais causas de cessação do vínculo contratual.

A evolução dogmática operada no direito do trabalho não se encontra noutros espaços jurídicos, onde, frequentemente, a cessação do contrato é estudada através do elenco (exaustivo) das várias causas de extinção – morte, reforma, incapacidade, decisão do trabalhador, despedimento (por causas subjectivas e objectivas), acordo, etc.[762] –, surgindo, porém, determinadas construções em que as formas de cessação se reconduzem a três tipos – despedimento com justa causa, acordo e despedimentos económicos[763]. Mas, em alguns manuais, a cessação do contrato de trabalho resume-se quase só ao despedimento, sendo feitas referências a outras causas de modo disperso depois

---

[761] Do art. 3º, nº 2, da LCCT constavam as seguintes causas de cessação do contrato de trabalho: *a)* caducidade; *b)* revogação por acordo das partes; *c)* despedimento promovido pela entidade empregadora; *d)* rescisão, com ou sem justa causa, por iniciativa do trabalhador; *e)* rescisão por qualquer das partes durante o período experimental; *f)* extinção de postos de trabalho por causas objectivas de ordem estrutural, tecnológica ou conjuntural relativas à empresa. Estas diferentes formas ou causas de cessação do contrato de trabalho, não obstante a sua imprecisão e falta de rigor terminológico, encontravam-se esquematizadas num quadro bastante elucidativo elaborado por FURTADO MARTINS, *Cessação do Contrato de Trabalho*, cit., p. 27.

[762] *Vd.* MONTOYA MELGAR, *Derecho del Trabajo*, 33ª edição, Madrid, 2012, pp. 455 e ss. e 463 e ss.; PERA, *Diritto del Lavoro*, 6ª edição, Pádua, 2000, pp. 527 e ss. Neste contexto, interessa atender às lições de SÖLLNER/WALTERMANN, *Grundriß des Arbeitsrechts*, cit., onde, depois de se aludir à perturbação da prestação (p. 292), nas pp. 321 e ss. apresentam um elenco de causas de cessação do contrato de trabalho – termo acordado, denúncia (ordinária e extraordinária), invalidade, decisão judicial, idade do trabalhador, morte do trabalhador e greve – a que acrescentam causas infundadas de cessação (p. ex., impossibilidade do empregador ou morte do empregador, p. 324).

[763] *Vd.* MAZEAUD, *Droit du Travail*, 7ª edição, Paris, 2010, pp. 434 e ss., 442 e ss. e 481 e ss. Também se encontra quem distinga dois tipos de cessação: por acordo e por decisão unilateral, diferenciando, neste último caso, a cessação por decisão do empregador e do trabalhador (PALOMEQUE LÓPEZ/ÁLVAREZ DE LA ROSA, *Derecho del Trabajo*, cit., p. 750).

DA CESSAÇÃO DO CONTRATO

de um tratamento exaustivo dos diferentes aspectos do despedimento[764]. E, tal como na legislação precedente (LCCT), também noutras ordens jurídicas, por vezes, a mesma forma de cessação do vínculo surge diversamente denominada, consoante seja exercida pelo trabalhador ou pelo empregador; assim, a resolução por incumprimento surgia na LCCT como rescisão ou despedimento com justa causa e, no direito italiano, como *dimissioni* (quando exercida pelo trabalhador) ou *licenziamento* (quando exercida pelo empregador)[765] e, no sistema francês, faz-se idêntica contraposição entre *démission* e *licenciement*[766]. Mais do que em outros contratos, a questão terminológica dos meios de cessação do vínculo assume particular relevo no âmbito laboral, até por motivos de ordem psicológica[767]; o Código do Trabalho de 2003 pretendeu evitar essa dispersão, mas a mesma retornou com a revisão de 2009.

II. O contrato de trabalho caduca nos termos gerais (arts. 343º e ss. do CT), pode ser revogado por acordo das partes (arts. 349º e ss. do CT) e, verificados determinados pressupostos, extingue-se por decisão unilateral de uma das partes. Quanto à decisão unilateral, importa distinguir três situações: a resolução, baseada no incumprimento da contraparte, a resolução por causas alheias à actuação das partes e a denúncia.

A resolução fundada na conduta indevida de uma das partes distingue-se, terminologicamente, consoante o incumprimento seja imputável ao trabalhador, designada por justa causa de despedimento (art. 351º do CT), ou ao empregador, por justa causa de resolução (art. 394º, nº 2, do CT).

A resolução por causas alheias à actuação das partes também se diferencia em moldes idênticos. Sendo a resolução da iniciativa do empregador designa-

---

[764] *Vd.* OLEA/CASAS BAAMONDE, *Derecho del Trabajo*, 19ª edição, Madrid, 2001, pp. 419 e ss., 479 e ss. e 495 e ss.

[765] *Vd.* MAZZOTTA, *Diritto del Lavoro. Il Rapporto di Lavoro*, 2ª edição, Milão, 2002, pp. 560 e ss. Nesta profusão terminológica, também se designa a denúncia como despedimento (*ad nutum*), quando é invocada pelo empregador, cfr. TATARELLI, *Il Licenziamento Individuale e Collettivo*, 2ª edição, Pádua, 2000, pp. 183 e ss.

[766] *Vd.* PÉLISSIER/SUPIOT/JEAMMAUD, *Droit du Travail*, 20ª edição, Paris, 2000, pp. 415 e ss. Sobre a terminologia, OLEA, «Un Problema cada vez mas Complejo: la Extinción del Contrato de Trabajo por Voluntad del Trabajador», *Boletim da Faculdade de Direito de Coimbra*. 62 (1986), pp. 215 e s., explica que a extinção por vontade do trabalhador não tem uma expressão única; a *dimisión* é pouco expressiva, utilizando-se o verbo «despedir» com diferentes sentidos: despediu-se ou foi despedido. Mas o autor (ob. cit., pp. 218 e ss.) chama resolução à denúncia com pré-aviso.

[767] Quanto a um elenco alargado de expressões utilizadas em várias ordens jurídicas, veja-se MUNHOZ/VIDOTTI, «A Rescisão por Justa Causa do Contrato de Emprego no Direito do Trabalho Brasileiro», *Estudos do Instituto de Direito do Trabalho*, Volume II, *Justa Causa de Despedimento*, Coimbra, 2001, pp. 260 e ss.

CONTRATO DE TRABALHO

-se despedimento e abrange três situações: despedimento colectivo (art. 359º do CT), despedimento por extinção de posto de trabalho (art. 367º do CT) e despedimento por inadaptação (art. 373º do CT); estas três hipóteses, por contraposição à justa causa de despedimento (subjectiva), são por vezes denominadas despedimento por justa causa objectiva. No caso de a resolução ser da iniciativa do trabalhador, contrapõe-se a justa causa subjectiva, em que há culpa do empregador (art. 394º, nº 2, do CT), à justa causa objectiva, sem culpa do empregador (art. 394º, nº 3, do CT).

Por último, a denúncia implica a cessação do contrato de trabalho por declaração unilateral de qualquer das partes, sem invocação do motivo. Na sequência do regime geral, o legislador alude a duas modalidades de denúncia: para obstar à renovação ou à conversão do contrato a termo certo (art. 344º do CT)[768]; ou como modo de impedir a prossecução de uma relação jurídica duradoura. Nesta segunda modalidade cabe fazer referência a três situações: denúncia durante o período experimental (art. 114º do CT); denúncia no regime de comissão de serviço (art. 163º do CT); denúncia com aviso prévio por parte do trabalhador (art. 400º do CT). Das três situações de denúncia, a última é exclusiva do trabalhador, sendo as duas outras hipóteses de denúncia invocáveis por ambas as partes.

III. Poder-se-ia questionar se há outras causas de cessação além das previstas no art. 340º do CT, ou se, pelo contrário, a indicação legal é taxativa. A lei não pode prever todos os modos de cessação de um vínculo contratual e encontram-se hipóteses de extinção do contrato de trabalho não incluídas directamente no elenco daquele preceito. Assim, se um trabalhador se torna «dono» da empresa em que trabalha porque adquiriu as participações sociais representativas da maioria do capital da sociedade empregadora, não se pode admitir que a relação laboral subsista; neste caso, a inevitável cessação do contrato de trabalho não se enquadra directamente em nenhuma das situações mencionadas no citado artigo do Código do Trabalho.

Contudo, assentando numa noção de caducidade em sentido amplo, como a que resulta do corpo do art. 343º do CT[769], pode concluir-se que as situações

---

[768] Neste caso, a denúncia não tem autonomia como modo de cessação do contrato, pois conduz à caducidade; ou seja, como se referiu anteriormente (*supra*, I Parte, Capítulo I, § 1, nº 2, e § 3, nº 2), a denúncia funciona como meio indirecto de cessação do contrato, porque constitui o modo de fazer valer a caducidade, que sem a denúncia não operaria.

[769] No art. 343º do CT lê-se que «o contrato de trabalho caduca nos termos gerais, nomeadamente:», a que se seguem três indicações exemplificativas.

DA CESSAÇÃO DO CONTRATO

atípicas de cessação do contrato de trabalho que não se reconduzem directamente às hipóteses previstas no art. 340º do CT se podem enquadrar numa noção ampla de caducidade, que abrange diferentes situações jurídicas, como a do exemplo referido no parágrafo anterior. De facto, recordando o que foi indicado na I Parte, Capítulo II, Secção II, § 1., pode concluir-se que a caducidade do contrato de trabalho também ocorrerá na multiplicidade de hipóteses em que se inviabiliza a execução das prestações contratuais; por outro lado, como se afirmou no § 1. da Introdução, os vínculos contratuais cessam igualmente em razão de causas de extinção das obrigações além do cumprimento; e, no caso, haveria que atender à confusão (art. 868º do CC).

IV. Deste elenco de causas de cessação do contrato de trabalho resulta, como melhor se verá na exposição subsequente, que não há paridade na posição das partes; dos mecanismos jurídicos conferidos ao empregador e ao trabalhador, com vista à cessação do contrato, só em relação àquele se estabeleceram condicionantes à liberdade de livre desvinculação.

V. No Código do Trabalho, não obstante o elenco incompleto do art. 340º do CT, as modalidades de cessação do contrato de trabalho reconduzem-se, assim, às quatro formas típicas de extinção das relações obrigacionais, para além daquela que decorre do próprio cumprimento das obrigações: a caducidade, a revogação, a resolução e a denúncia[770].

Nos termos gerais, já referidos na I Parte, a resolução e a denúncia resultam ambas de declaração de vontade unilateral de uma das partes, dirigida à contraparte, ainda que em termos não coincidentes: no primeiro caso, trata-se de uma declaração fundamentada, no sentido em que depende da invocação de um motivo legalmente atendível; no caso da denúncia, a declaração de vontade é imotivada (*ad nutum*). A revogação resulta de um ajuste contratual levado a efeito pelos contraentes com vista à cessação do contrato. A caducidade determina a extinção do contrato em função do decurso do tempo ou da ocorrência de um facto superveniente.

VI. A resolução do contrato de trabalho depende da existência de justa causa. Assim sucede com o despedimento por facto imputável ao trabalha-

---

[770] A propósito das aludidas quatro formas de extinção das relações obrigacionais, tendo em conta o anterior elenco constante do art. 3º, nº 2, da LCCT, veja-se ROMANO MARTINEZ, «Cessação do Contrato de Trabalho; Aspectos Gerais», in Estudos do Instituto de Direito do Trabalho, Volume III, Coimbra, 2002, pp. 181 e ss., bem como a bibliografia ali citada a propósito desta matéria.

CONTRATO DE TRABALHO

dor (art. 351º do CT) ou com base na designada «justa causa objectiva» (arts. 359º e ss. do CT)[771], bem como com a cessação unilateral da iniciativa do trabalhador decorrente de um comportamento culposo do empregador (art. 394º, nº 2, do CT).

VII. A denúncia consubstancia, também, uma forma de cessação unilateral do contrato de trabalho. Todavia, ao contrário da resolução, a denúncia é *ad libitum*, tendencialmente de exercício discricionário; de facto, para a denúncia não se exige a invocação de um motivo a tanto dirigido e pode, em regra, ser exercida de forma não condicionada.

No domínio laboral, a denúncia, além de discricionária, excepcionalmente pode não estar dependente de aviso prévio – é o que ocorre no caso da cessação durante o período experimental (art. 114º, nº 1, do CT); mas, por via de regra, na sequência do regime geral, a boa fé impõe que a cessação do vínculo por denúncia seja antecedida de um período de preparação, pelo que se exige aviso prévio. Assim, tendo o período experimental durado mais de sessenta dias, o empregador, para fazer cessar o contrato por denúncia, tem de dar um aviso prévio de sete dias (art. 114º, nº 2, do CT)[772]; no regime da comissão de serviço, o aviso prévio é de trinta ou de sessenta dias (art. 163º do CT) e, no caso da cessação do contrato de trabalho a termo certo, a comunicação tem de ser enviada quinze ou oito dias antes de o prazo expirar (art. 344º do CT).

VIII. A revogação, ou distrate, consubstancia um negócio jurídico bilateral destinado a fazer cessar um contrato de trabalho. Resulta da autonomia privada e representa o exercício da liberdade contratual, que se manifesta, neste caso, na celebração do contrato extintivo (art. 406º, nº 1, do CC)[773]. Está, pois, em causa, na revogação, a destruição voluntária da relação contratual pelos próprios autores do contrato[774], que se caracteriza por ser discricionária e por não ser, em princípio, retroactiva[775]: as partes não necessitam de invocar qualquer fundamento (revogação *ad nutum* ou *ad libitum*) e os efei-

---

[771] A propósito da «justa causa objectiva» veja-se, nomeadamente, BERNARDO XAVIER, *O Despedimento Colectivo no Dimensionamento da Empresa*, Lisboa, 2000, pp. 268 e ss. e 358 e s.

[772] Refira-se que, no domínio da legislação precedente (arts. 43º e 55º da LCCT) não era exigido aviso prévio para a denúncia durante o período experimental.

[773] Cfr. MENEZES LEITÃO, *Direito das Obrigações*, Volume I, cit., p. 22.

[774] Cfr. ANTUNES VARELA, *Das Obrigações em Geral*, Volume II, 7ª edição, 1999, pp. 279 e s.

[775] Cfr. MENEZES CORDEIRO, *Manual de Direito do Trabalho*, Coimbra, 1991, p. 797.

DA CESSAÇÃO DO CONTRATO

tos da revogação, em regra, apenas valem para o futuro (*ex nunc*)[776/777]. No âmbito laboral, a revogação do contrato consubstancia um negócio jurídico formal, no sentido em que a lei exige a observância da forma escrita e de um conjunto de formalidades destinadas a promover a protecção do trabalhador (arts. 349º e 350º do CT).

2. Caducidade
a) Noção e causas
I. Como o contrato de trabalho se extingue nos termos comuns, pode o vínculo laboral cessar, nomeadamente por caducidade.

Em caso de caducidade, o contrato cessa pela ocorrência de um facto jurídico *stricto sensu*, por exemplo, na hipótese de extinção do objecto ou pela verificação de qualquer facto ou evento superveniente a que se atribua efeito extintivo da relação contratual.

Assim, no domínio laboral, a caducidade implica a extinção do contrato de trabalho sempre que as prestações devam ser realizadas num determinado prazo, fixado por lei ou convenção das partes. Como exemplo típico desta situação cabe indicar o contrato ao qual foi aposto um termo resolutivo (art. 140º do CT). Por outro lado, também se estará perante uma hipótese de caducidade quando se esgota o objecto do contrato – *v. g.*, termina a obra para a qual o trabalhador foi contratado, cessa a concessão de exploração no local onde o trabalhador desenvolve a sua actividade – ou ocorre um evento a que se atribui efeito extintivo, como, por exemplo, a morte do trabalhador.

II. Tal como em outros contratos, a caducidade pode resultar da impossibilidade não imputável a uma das partes de efectuar a sua prestação; de facto, num vínculo sinalagmático como o contrato de trabalho, se uma das partes não pode realizar a sua prestação a contraparte fica desobrigada da contraprestação (art. 795º, nº 1, do CC). Esta extinção recíproca das prestações contratuais designa-se por caducidade no art. 343º do CT, que inclui, entre as causas de caducidade do contrato de trabalho, a impossibilidade superveniente de prestar ou de receber o trabalho. Não obstante se reconhe-

---

[776] Cfr. JOANA VASCONCELOS, «A Revogação do Contrato de Trabalho», *DJ*, XI (1997), Tomo 2, pp. 174 e, mais desenvolvidamente, da mesma autora, *A revogação do contrato de trabalho*, Coimbra, 2011, pp. 176 e ss.

[777] Em certos casos, porém, a revogação pode ter efeitos retroactivos, quando estes lhe sejam atribuídos por lei ou convenção das partes – cfr. *supra*, I Parte, Capítulo II, Secção II, § 2, nº 2 –, mas tal acordo será, em princípio, ilícito no âmbito laboral, por força do disposto no art. 339º do CT.

cer a distinção entre as duas situações[778], na sequência do que já foi feito na I Parte, incluir-se-á o estudo da impossibilidade superveniente a propósito da caducidade. Deste modo, aludir-se-á à caducidade em sentido amplo, como forma de cessação do contrato de trabalho que decorre de um facto a que a lei atribui o efeito extintivo. Até porque, em ambas as situações, a cessação do contrato advém de um facto jurídico *stricto sensu*, não dependente de uma declaração de vontade.

III. No contrato de trabalho, por via de regra, a caducidade também funciona automaticamente, não necessitando de ser invocada por qualquer das partes[779].

A caducidade opera pelo decurso do prazo para o qual o contrato foi celebrado ou, noutras hipóteses, pela ocorrência de um facto a que a lei atribui efeito extintivo[780]. Em regra, a caducidade actua automaticamente. Noutros casos, porém, quando vigore, por lei ou convenção, o regime de renovação automática do contrato, a caducidade depende de uma denúncia prévia do contraente interessado em obstar à renovação automática do contrato. É o que sucede no domínio laboral com a caducidade dos contratos de trabalho a termo certo: o contrato caduca se a parte interessada comunicar a intenção de não renovação do contrato à contraparte com a antecedência mínima de quinze ou de oito dias, sob pena de o contrato se renovar por período igual ao inicialmente estabelecido (arts. 149º, nº 2, e 344º do CT). O contrato de tra-

---

[778] Para uma contraposição entre a impossibilidade e a caducidade, *vd.* MENEZES CORDEIRO, *Manual de Direito do Trabalho*, cit., p. 779, autor que também inclui na caducidade em sentido amplo a impossibilidade (ob. cit., pp. 789 e s.)

[779] Em determinados casos, pode ser exigida uma declaração «(...) que exterioriza o apuramento da situação conducente à caducidade (*v. g.*, declaração de encerramento da empresa a título definitivo ou uma declaração de invalidez definitiva do trabalhador): tratar-se-á, contudo, de uma declaração que atesta ou comprova uma situação de facto e não uma declaração de vontade extintiva» (BERNARDO XAVIER, «A Extinção do Contrato de Trabalho», *RDES* XXXI (1989), nº 3/4, p. 415). Importa relembrar que, em princípio, no contrato de trabalho a termo certo, a caducidade não operava *ipso iure*, pois estabelecera-se a regra da renovação automática (art. 46º da LCCT) e da conversão (art. 47º da LCCT), situação que subsiste no Código do Trabalho (arts. 147º e 149º). De modo diverso, MONTEIRO FERNANDES, *Direito do Trabalho*, cit., p. 489, entende que o «automatismo» da caducidade é uma noção destituída de rigor, porque, para o contrato de trabalho caducar, é sempre necessária uma declaração ou manifestação de vontade. Mas esta concepção não vale nomeadamente nos contratos a termo incerto e na hipótese de impossibilidade de realizar ou de receber a prestação, em que, quando muito, pode haver lugar a uma declaração de ciência ou à prestação de uma informação, que não obsta ao efeito extintivo do contrato.

[780] A propósito da caducidade do contrato de trabalho e das suas causas veja-se, nomeadamente, FURTADO MARTINS, *Cessação do Contrato de Trabalho*, cit., pp. 29 e ss.

DA CESSAÇÃO DO CONTRATO

balho caduca também, nos termos da lei, em caso de impossibilidade superveniente, absoluta e definitiva de o trabalhador prestar o seu trabalho (art. 343º, alínea *b*), do CT), com a reforma do trabalhador por velhice ou invalidez (arts. 343º, alínea *c*), e 348º do CT) ou em caso de morte do empregador e extinção ou encerramento da empresa (art. 346º do CT).

Como já foi indicado, ainda que se admita, excepcionalmente, que, por acordo em contrário, a caducidade tenha eficácia retroactiva[781], esta convenção é, contudo, de duvidosa legalidade no âmbito laboral, atendendo aos limites impostos à autonomia privada no Código do Trabalho (em particular, a regra da imperatividade constante do art. 339º do CT).

IV. Em princípio, se o contrato for celebrado por um determinado prazo, decorrido esse período de tempo o negócio jurídico caduca. Todavia, no domínio laboral, a regra aponta no sentido de, não obstante o contrato ser celebrado por um determinado prazo, se decorrer esse lapso, ocorre a renovação automática e o contrato não caduca (art. 149º, nº 2, do CT)[782].

A renovação automática assenta no pressuposto de o contrato de trabalho ter sido ajustado por certo prazo, pelo que não vale em caso de termo incerto. Assim, na hipótese de ter sido celebrado um negócio jurídico admitindo-se a eventualidade de, ocorrendo determinado facto, o contrato caducar, a caducidade opera de modo automático.

Contudo, no domínio laboral, a aposição de uma condição está limitada, relacionando-se a sua admissibilidade com algumas situações em que é viável ajustar um contrato a termo incerto[783]. Apesar de se ter esclarecido que a verificação da condição resolutiva não determina a caducidade do contrato mas a sua resolução[784], em razão da imperatividade do regime laboral, as eventuais hipóteses de condição resolutiva admissíveis encontram-se previstas no regime do termo incerto.

No caso de termo incerto, o contrato produz os seus efeitos normais desde a data da celebração, mas os efeitos cessam, porém, no caso de se verificar o facto extintivo (p. ex. regresso do trabalhador doente). Sendo o contrato de trabalho ajustado a termo incerto (art. 140º, nº 3, do CT), a caducidade não

---

[781] *Vd. supra*, I Parte, Capítulo II, Secção II, § 1, nº 3, alínea *a*).

[782] *Vd. infra*, alínea *c*), I.

[783] Sobre a questão, veja-se LEAL AMADO, «Contrato de Trabalho e Condição Resolutiva (Breves Considerações a Propósito do Código do Trabalho)», *Estudos de Direito do Trabalho em Homenagem ao Professor Manuel Alonso Olea*, Coimbra, 2004, pp. 343 e ss.

[784] *Vd. supra*, I Parte, Capítulo I, § 1. nº 2, IV.

CONTRATO DE TRABALHO

se encontra na dependência da comunicação do empregador ao trabalhador (art. 345º, nº 1, do CT), pois o contrato caduca independentemente dessa informação. Mas a caducidade do contrato de trabalho a termo incerto é atípica, porque, apesar de verificados os seus pressupostos, permite a conversão da situação jurídica temporária num contrato de trabalho sem termo; o contrato de trabalho não caduca se o trabalhador, decorrido o prazo de aviso prévio ou depois de verificado o termo ou a condição resolutiva, continuar ao serviço (art. 147º, nº 2, alínea c), do CT). Dir-se-á, assim, que a caducidade do contrato é condicional, pois depende de o trabalhador abandonar o serviço; deste modo, além dos pressupostos comuns, a caducidade do contrato de trabalho a termo incerto está dependente da condição de a actividade não continuar a ser desenvolvida.

V. Em sentido amplo, a caducidade pode decorrer do desaparecimento de certos pressupostos que serviram de base para a celebração do contrato de trabalho. Como se afirmou[785], estas hipóteses em que deixam de existir os pressupostos nos quais as partes se basearam para a celebração do contrato melhor se enquadram na impossibilidade superveniente ou, eventualmente, na alteração das circunstâncias; podendo, neste caso, constituir uma hipótese de resolução com causa objectiva. É o que ocorre, por exemplo, se o trabalhador teve necessidade de cumprir obrigações legais incompatíveis com a continuação ao serviço ou quando se verifica uma legítima alteração substancial e duradoura das condições de trabalho (art. 394º, nº 3, alíneas a) e b), do CT).

Importa esclarecer que a caducidade se distingue da resolução com causas objectivas porque, nesta, a cessação do vínculo depende de uma declaração de vontade justificada, distinta, portanto, da denúncia (ad nutum) que gera caducidade.

VI. No regime geral, sempre que o contrato caducar por impossibilidade superveniente, importa averiguar se há ou não culpa de uma das partes. E, havendo culpa no que respeita à produção do facto que desencadeou a caducidade, o responsável terá de indemnizar a contraparte pelos danos decorrentes da cessação do vínculo. Mas esta contraposição não vale no âmbito laboral, em que a caducidade se baseia em postulados distintos.

O trabalhador não responde pela caducidade do contrato, ainda que tenha actuado culposamente. A responsabilidade pode advir, tão-só, do regime geral de neminen laedere (art. 483º, nº 1, do CC). Por exemplo, o trabalhador

---

[785] Vd. supra, I Parte, Capítulo I, § 1, nº 2 e § 4, nº 3, alínea b), subalínea γ.

DA CESSAÇÃO DO CONTRATO

que incendiou a fábrica, tendo o incêndio sido causa de caducidade do contrato de trabalho, só responde no plano extracontratual.

Por seu turno, o empregador, ainda que não tenha tido culpa no que respeita à causa da caducidade do contrato, pode ter de compensar o trabalhador nos casos previstos na lei. Assim, no caso de caducidade do contrato de trabalho por verificação do termo incerto (art. 345º, nº 4, do CT) ou motivada por morte do empregador e extinção ou encerramento da empresa (art. 346º, nº 5, do CT) é devida uma compensação ao trabalhador[786].

VII. Não obstante a caducidade do contrato, tal como noutras situações contratuais, a subsistência do vínculo contratual pode pressupor o seu renascimento, ou seja, a renovação do contrato[787]. Esta renovação do contrato, porém, por motivos lógicos, não pode valer para todas as hipóteses de caducidade do contrato de trabalho, pois em certos casos em que a extinção da relação contratual opera *ipso iure* não se justifica o seu renascimento. Assim, no caso de morte do trabalhador (art. 343º, alínea *b*), do CT) não faz sentido aludir-se à subsistência do vínculo contratual. Mas ainda que a caducidade opere automaticamente – não havendo, pois, renovação do contrato – o cumprimento das prestações depois de o negócio jurídico ter caducado determina a sua subsistência. É isso que prescreve o art. 147º, nº 1, do CT quanto ao contrato de trabalho a termo incerto. Em tais casos, do cumprimento das prestações do contrato caducado, durante mais de quinze dias após a ocorrência do termo, depreende-se que há uma vontade das partes no sentido da manutenção do vínculo.

b) *Regime específico; enunciação*

I. No art. 343º do CT, depois de se estabelecer que o contrato de trabalho caduca nos termos gerais, a título exemplificativo indicam-se três causas de caducidade: a verificação do termo (alínea *a*)); a impossibilidade superveniente (alínea *b*)); e a reforma do trabalhador (alínea *c*)). A estes três exemplos poderia acrescentar-se a perda do título profissional (art. 117º, nº 2, do CT) ou o cancelamento da autorização de permanência em Portugal de trabalhador

---

[786] Refira-se que, em caso de caducidade fundada em invalidez do trabalhador (art. 343º, alínea *c*), do CT), apesar de não resultar directamente o pagamento de uma indemnização, pode esta ser devida se estiverem preenchidos os pressupostos do regime dos acidentes de trabalho. Sobre a questão, *vd.* ROMANO MARTINEZ, *Direito do Trabalho*, 7ª edição, cit., pp. 771 e ss. De modo diverso, no caso de caducidade resultante de reforma por velhice, ficou esclarecido que não há a obrigação de pagar qualquer indemnização (art. 348º, nº 2, alínea *d*), do CT).

[787] Cfr. Ac. Rel. Lx. de 30/5/1996, *CJ* XXI, T. III, p. 105.

CONTRATO DE TRABALHO

estrangeiro, hipóteses que, todavia, se podem enquadrar na impossibilidade superveniente, bem como em situações atípicas de cessação do contrato, tais como no caso do trabalhador que, por ter adquirido uma percentagem significativa das participações sociais da sociedade empregadora, se «torna dono» da empresa em que trabalha[788].

Incluem-se, assim, na mesma figura (caducidade) situações bem diversas e com regimes distintos[789].

II. A caducidade, correspondendo a uma forma ampla de cessação do contrato de trabalho, abrange várias hipóteses que eventualmente poderiam ser integradas noutros modos de extinção do vínculo laboral.

Assim, a incapacidade do trabalhador para a execução da tarefa, dependendo das circunstâncias, tanto pode corresponder a uma impossibilidade superveniente, absoluta e definitiva de prestar o seu trabalho (art. 343º, alínea b), do CT), como a uma inadaptação do trabalhador, prevista no art. 373º do CT. Do mesmo modo, a proibição de exercício de uma actividade empresarial pode incluir-se na impossibilidade superveniente, absoluta e definitiva de o empregador receber a prestação de trabalho (art. 343º, alínea b), do CT), no encerramento total e definitivo da empresa (art. 346º, nº 3, do CT) ou no encerramento de uma secção por motivos de mercado (art. 359º do CT). Nesta sequência, refira-se ainda que, como se aludirá *infra* (alínea d), subalínea γ, ponto *iii*.), nem sempre é fácil delimitar o âmbito de aplicação da caducidade e do despedimento colectivo, porque a impossibilidade superveniente, absoluta e definitiva de a empresa receber a prestação de trabalho, muitas das vezes, encontra-se na dependência de uma decisão empresarial que pode justificar um despedimento colectivo (p. ex., tendo as instalações ficado destruídas num incêndio, para haver caducidade dos contratos de trabalho torna-se necessária uma decisão da empresa no sentido da inviabilidade da reconstrução, que também permitiria desencadear um processo de despedimento colectivo).

Em qualquer destas situações, não se pode concluir que a caducidade é a forma genérica e a inadaptação ou o despedimento colectivo os meios específicos de cessação do contrato de trabalho; e, em caso de conflito, preferem

---

[788] Rigorosamente, não há caducidade, pois a relação jurídica extingue-se por confusão (art. 868º do CC), mas caso se entenda que as causas de cessação do contrato de trabalho enunciadas no art. 340º do CT são taxativas, a caducidade passa a constituir a figura genérica onde se incluem as hipóteses não integráveis nas restantes causas de cessação.

[789] Por isso, MENEZES CORDEIRO, *Manual de Direito do Trabalho*, cit., p. 791, afirma que não faz sentido aludir à "caducidade" como figura geral, mas, não sendo feita uma revisão terminológica, «(...) melhor será falar em «caducidades», no plural».

DA CESSAÇÃO DO CONTRATO

estes àquela. Por outro lado, também não parece aceitável entender que se deve recorrer preferencialmente ao despedimento colectivo, à extinção de postos de trabalho ou à inadaptação porque conferem melhor protecção ao trabalhador do que a caducidade[790]. A decisão terá de ser tomada perante a situação concreta.

c) *Verificação do termo*

I. A primeira hipótese de caducidade (alínea *a*)) corresponde à situação típica de extinção do negócio jurídico sempre que as prestações devam ser realizadas num determinado prazo, fixado por lei ou convenção das partes, em que o exemplo normalmente apontado é o do contrato ao qual foi aposto um termo resolutivo, previsto no art. 278º do CC. Contudo, no contrato de trabalho, atendendo a uma limitação à liberdade contratual, o termo resolutivo só pode ser aposto desde que respeitadas as condicionantes estabelecidas nos arts. 140º e ss. do CT[791].

No contrato de trabalho a termo certo, diversamente do regime comum, a caducidade não opera *ipso iure*, pois estabeleceu-se a regra da renovação automática (art. 149º do CT) e da conversão (art. 147º do CT), havendo, por isso, a necessidade de ser invocada por qualquer das partes mediante denúncia[792]. Nada obsta, porém, a que se celebre um contrato de trabalho por um prazo determinado não renovável[793]; nesse caso, decorrido o prazo, o contrato

---

[790] Veja-se BERNARDO XAVIER, *O Despedimento Colectivo no Dimensionamento da Empresa*, cit., p. 419 e nota 140.

[791] Sobre esta questão, tendo em conta a legislação precedente (arts. 41º e ss. da LCCT), *vd.* ROMANO MARTINEZ, *Direito do Trabalho*, 1ª edição, cit., pp. 620 e ss.

[792] De modo diverso, ANTÓNIO MOREIRA, «Caducidade do Contrato de Trabalho a Termo», *IV Congresso Nacional de Direito do Trabalho*, Coimbra, 2002, p. 383, afirma que «(A) caducidade, para o trabalhador, opera *ipso iure*, pelo simples decurso do prazo, não existindo especificidades face ao regime civilístico». Apesar de essa opinião já ser contestada no âmbito da legislação precedente, hoje o disposto no art. 344º, nº 1, do CT é categórico no sentido de o trabalhador ter de denunciar o contrato com oito dias de antecedência.

[793] Para maiores desenvolvimentos, *vd.* ROMANO MARTINEZ, *Direito do Trabalho*, 7ª edição, cit., pp. 870 e s. As dúvidas, se as houvesse, quanto ao carácter supletivo da renovação do contrato de trabalho a termo, ficaram solucionadas com o disposto no nº 1 do art. 149º do CT. Tendo em conta o disposto no Código do Trabalho, em que a renovação do contrato decorre de uma norma supletiva, caducando o contrato no termo do prazo, *vd.* PAULA PONCES CAMANHO, «O Contrato de Trabalho a Termo», *A Reforma do Código do Trabalho*, Coimbra, 2004, p. 301; LUÍS MIGUEL MONTEIRO, anotação II ao art. 140º, *in* ROMANO MARTINEZ/LUÍS MIGUEL MONTEIRO/JOANA VASCONCELOS/MADEIRA DE BRITO/GUILHERME DRAY/GONÇALVES DA SILVA, *Código do Trabalho Anotado*, cit., p. 361; ROMANO MARTINEZ, *Apontamentos sobre a Cessação do Contrato de Trabalho à Luz do Código do Trabalho*, Lisboa, 2004, pp. 28 e 36.

CONTRATO DE TRABALHO

caducará *ipso facto*; ou seja, a caducidade opera, então, automaticamente, não carecendo de uma prévia denúncia, porque o negócio jurídico deixou de estar sujeito a renovação automática. De facto, ainda que a renovação automática decorra da lei, não se encontra inviabilizada a celebração de um contrato de trabalho por um prazo determinado não renovável; em tal hipótese, decorrido o período ajustado, o contrato caducará sem necessidade de uma prévia denúncia. Deste modo, mesmo quando a renovação automática é imposta legalmente, não se trata de norma imperativa, como resulta do nº 1 do art. 149º do CT, que pode, portanto, ser afastada por vontade das partes.

Do mesmo modo, no contrato de trabalho a termo incerto, a verificação do facto determina a automática extinção do vínculo contratual (art. 345º, nºs 1 e 3, do CT), pelo que a comunicação imposta neste preceito decorre da boa fé negocial e a sua falta não determina a manutenção do contrato, mas tão-só uma obrigação de indemnizar o trabalhador (art. 345º, nº 3, do CT). Contudo, a caducidade do contrato de trabalho a termo incerto, como se referiu *supra*, encontra-se na dependência da condição de o trabalhador não permanecer ao serviço após a data em que se produziria o efeito extintivo, ou seja, é uma caducidade atípica, pois exige um pressuposto adicional para a produção de efeitos.

II. A caducidade por verificação do termo, embora na alínea *a)* do art. 343º do CT não se distinga, segue um regime diverso consoante se trate de contrato a termo certo ou a termo incerto.

III. Se o empregador pretende fazer cessar o contrato a termo certo, deverá enviar ao trabalhador uma declaração de vontade demonstrando a intenção de não renovar o negócio jurídico; declaração essa que tem de ser feita por escrito e com a antecedência mínima de quinze dias em relação ao prazo de vigência do contrato (art. 344º, nº 1 do CT)[794]. Esta declaração consubstancia uma denúncia, pois obsta à renovação do contrato e, eventualmente, à sua conversão, pelo que a caducidade será uma consequência da denúncia.

Sendo o trabalhador que pretende pôr termo ao contrato, é necessário igualmente manifestar a sua vontade; só que, neste caso, na Lei da Cessação do Contrato de Trabalho não se lhe impunha expressamente qualquer aviso

---

[794] Era de oito dias o prazo de antecedência estabelecido no art. 46º, nº 1, da LCCT. Quanto ao contrato a termo e à respectiva caducidade, *vd.* PAULA PONCES CAMANHO, «Algumas Reflexões sobre o Contrato de Trabalho a Termo», *Juris et de Jure*, Porto, 1998, pp. 969 e ss. e ROMANO MARTINEZ, *Direito do Trabalho*, 1ª edição, cit., pp. 626 e ss.

DA CESSAÇÃO DO CONTRATO

prévio nem formalidade para proceder à denúncia. Todavia, a denúncia com pré-aviso já decorria das regras gerais e ficou consagrada no art. 344º, nº 1, do CT, impondo-se que seja feita por escrito com oito dias de antecedência. Neste caso, a caducidade também é uma consequência da denúncia.

Ainda quanto ao contrato de trabalho a termo certo, admitindo a validade de uma cláusula de não renovação – solução discutida no âmbito da legislação precedente, mas consagrada no nº 1 do art. 149º do CT –, a caducidade operará automaticamente com o decurso do prazo, não sendo necessário proceder-se à denúncia. Nesta hipótese a caducidade apresenta autonomia em relação à denúncia[795].

Não caducando no fim do prazo, o contrato renova-se, em princípio por igual período (art. 149º, nº 2, do CT), podendo converter-se em contrato sem termo (art. 147º, nº 2, do CT).

Porém, tratando-se de contrato de trabalho a termo certo no domínio do desporto profissional, o decurso do prazo determina a automática extinção do vínculo (arts. 8º, nº 1, e 26º, nº 1, alínea *a*), da Lei nº 28/98 de 26 de Junho), pois não vale a regra da renovação automática do contrato. Neste caso, aplicam-se as regras gerais de direito civil.

IV. O contrato de trabalho a termo incerto não se renova, caducando com a verificação do termo (*v. g.*, regresso do trabalhador substituído, conclusão da obra), mas o empregador deverá comunicar ao trabalhador que tal facto vai ocorrer com uma antecedência mínima de sete a sessenta dias (art. 345º, nº 1, do CT), sob pena de incorrer no dever de indemnizar (art. 345º, nº 3, do CT)[796].

Não obstante a caducidade ser automática, admite-se a conversão do contrato a termo incerto num contrato sem termo se o trabalhador permanecer no desempenho da sua actividade decorrido o prazo de comunicação ou, na falta desta, passados quinze dias sobre a data em que deveria cessar a relação laboral (art. 147º, nº 2, alínea *c*), do CT).

A possibilidade de conversão, principalmente no que respeita ao contrato de trabalho a termo incerto, confere à caducidade uma certa atipicidade, pois, nesse caso, a relação laboral caduca, mas não se extingue, transforma-se. A caducidade do contrato de trabalho a termo incerto é atípica porque, apesar de verificados os seus pressupostos, permite a conversão da situação jurídica temporária num contrato de trabalho sem termo; o contrato de trabalho não caduca se o trabalhador, decorrido o prazo de aviso prévio ou depois de veri-

---

[795] Veja-se, contudo, *supra*, ponto I. e nota 793, a controvérsia quanto à interpretação do citado preceito.

[796] *Vd.* ROMANO MARTINEZ, *Direito do Trabalho*, 7ª edição, cit., p. 743

CONTRATO DE TRABALHO

ficado o termo ou a condição resolutiva, continuar a desempenhar a sua actividade (art. 147º, nº 2, alínea c), do CT). Dir-se-á, então, que a caducidade do contrato é condicional, pois depende de o trabalhador abandonar o serviço; pelo que, além dos pressupostos comuns, a caducidade do contrato de trabalho a termo incerto está dependente da condição de a actividade não continuar a ser desenvolvida. No caso de contrato de trabalho a termo incerto (art. 140º, nº 3 e ss. do CT), a atipicidade resulta de a caducidade não se encontrar na dependência da comunicação que o empregador deve fazer ao trabalhador (art. 345º, nº 1, do CT), pois o contrato caduca independentemente desta comunicação. De facto, no contrato de trabalho a termo incerto, apesar de verificados os pressupostos necessários para a caducidade operar, permite-se a conversão da situação jurídica temporária num contrato de trabalho sem termo; o contrato de trabalho não caduca se o trabalhador, após a data da produção de efeitos da denúncia ou, na falta desta, decorridos quinze dias depois da verificação do facto a que se associa o termo incerto ou a condição resolutiva, continuar a prestar a sua actividade ao mesmo empregador (art. 147º, nº 2, alínea c), do CT). Dir-se-á, assim, que a caducidade do contrato é condicional, pois depende de o trabalhador abandonar o serviço; deste modo, além dos pressupostos comuns, a caducidade do contrato de trabalho a termo incerto está dependente da condição de a actividade não continuar a ser desenvolvida.

V. Caducando o contrato a termo certo por decisão do empregador, o trabalhador tem direito à compensação prevista no nº 2 do art. 344º do CT. Trata-se de uma situação excepcional resultante da precariedade do vínculo, pois, como se referiu, por via de regra, a caducidade do contrato não determina a obrigação de pagar uma compensação[797]. Com a revisão de 2012, a compensação prevista no nº 2 do art. 344º do CT deixou de ter um regime especial de cálculo, sendo fixada nos termos do despedimento colectivo, para cujo art. 366º do CT remete.

---

[797] Sobre esta questão, em particular quanto à polémica em torno da compensação no caso de a caducidade advir de uma denúncia do trabalhador, veja-se PAULA PONCES CAMANHO, «Algumas Reflexões ...», cit., pp. 984 e ss. e ROMANO MARTINEZ, *Direito do Trabalho*, cit., pp. 628 e s. O citado preceito do Código do Trabalho solucionou a controvérsia doutrinária e jurisprudencial no sentido preconizado por alguma doutrina, *vd.* PAULA PONCES CAMANHO, «O Contrato de Trabalho a Termo», *A Reforma do Código do Trabalho*, Coimbra, 2004, p. 302 e ROMANO MARTINEZ, anotação II ao art. 344º, *in* ROMANO MARTINEZ/LUÍS MIGUEL MONTEIRO/JOANA VASCONCELOS/MADEIRA DE BRITO/GUILHERME DRAY/GONÇALVES DA SILVA, *Código do Trabalho Anotado*, cit., pp. 734 e s. Em relação à hipótese de caducidade automática – contrato a termo não renovável –, importa determinar se há direito à compensação; veja-se PAULA PONCES CAMANHO, «O Contrato de Trabalho a Termo», cit., pp. 302 e s., nota 23.

DA CESSAÇÃO DO CONTRATO

A caducidade do contrato a termo incerto confere igualmente ao trabalhador o direito a perceber uma compensação, como dispõe o art. 345º, nº 4, do CT, fixada, agora, nos termos gerais da extinção do contrato de trabalho por causas objectivas, atenta a remissão para o art. 366º do CT.

d) Impossibilidade superveniente
α. *Características da impossibilidade*

I. Como se referiu anteriormente, a impossibilidade superveniente não constitui uma modalidade *stricto sensu* de caducidade, apesar de frequentemente ser incluída num sentido amplo desta figura.

II. Na alínea *b)* do art. 343º do CT estabeleceu-se a designada caducidade em sentido impróprio, como forma de extinção do contrato de trabalho em caso de impossibilidade, não imputável, de uma das partes efectuar a sua prestação ou de a outra receber a contraprestação. Esta extinção recíproca das prestações contratuais, nos termos do art. 795º do CC, designa-se por caducidade no preceito do Código do Trabalho em análise. Apesar da já mencionada distinção entre as duas situações, tendo em conta a estrutura do regime da cessação no Código do Trabalho, inclui-se a impossibilidade geradora da extinção de prestações contratuais no âmbito da caducidade em sentido amplo.

A impossibilidade a que alude a alínea *b)* do art. 343º do CT, até pela qualificação constante do preceito – «(...) impossibilidade superveniente, absoluta e definitiva (...)» –, tem de ser enquadrada nos parâmetros constantes dos arts. 790º e ss. do CC; ou seja, a impossibilidade de cumprimento de uma prestação emergente do contrato de trabalho deverá ser entendida nos mesmos moldes dos contratos em geral[798]. De facto, no art. 343º, alínea *b)*, do CT, para caracterizar este modo de cessação do contrato, alude-se a uma impossibilidade superveniente, absoluta e definitiva. Esta tríade de características da impossibilidade é normalmente referida a propósito do disposto nos arts. 790º e ss. do CC[799], devendo ser entendida no direito laboral em moldes idênticos[800].

---

[798] É este o sentido que resulta da exposição de Raúl Ventura, «Extinção das Relações Jurídicas de Trabalho», cit., p. 230, quando remete para o art. 705º do CC1867, então vigente, reiterando, na p. 241, que o caso fortuito e a força maior não apresentam especificidades no campo do trabalho.

[799] Cfr. Menezes Cordeiro, *Tratado de Direito Civil Português*, II, *Direito das Obrigações*, T. IV, Coimbra, 2010, pp. 179 ss.; Almeida Costa, *Direito das Obrigações*, 12ª edição, Coimbra, 2009, pp. 1074 e ss.

[800] Veja-se Romano Martinez, anotação III ao art. 343º, *in* Romano Martinez/Luís Miguel Monteiro/Joana Vasconcelos/Madeira de Brito/Guilherme Dray/Gonçalves da Silva, *Código do Trabalho Anotado*, cit., pp. 732 e s.

CONTRATO DE TRABALHO

III. A impossibilidade superveniente opõe-se à inicial, que gera a invalidade do contrato; para a impossibilidade ser superveniente pressupõe-se que o contrato de trabalho, aquando da sua celebração, podia ser cumprido, tendo surgido, posteriormente, um impedimento que obsta à realização da prestação laboral ou ao seu recebimento.

A impossibilidade absoluta pressupõe que a prestação laboral não pode, de todo, ser efectuada ou recebida, não bastando uma *difficultas praestandi*. Por isso, na hipótese de se verificar um agravamento ou uma excessiva onerosidade para o trabalhador efectuar a prestação, esta não se extingue, excepto quando se puder recorrer ao regime da alteração das circunstâncias (art. 437º do CC)[801]; do mesmo modo, a maior onerosidade para o empregador receber a prestação de trabalho não gera impossibilidade. A este propósito refira-se que, nos termos gerais, não há impossibilidade de realização de prestações pecuniárias, pelo que a dificuldade financeira do empregador de pagar a retribuição não gera caducidade do contrato, podendo tão-somente conduzir à insolvência, sendo esta o fundamento da caducidade (art. 347º do CT), ou permitir a dissolução do vínculo por despedimento colectivo.

Por último, exige-se que a impossibilidade seja definitiva, pois, sendo temporária, implica tão-só que a execução do contrato de trabalho se suspenda[802].

Depois de caracterizar a impossibilidade que pode gerar a extinção do contrato de trabalho, na mencionada alínea *b)* do art. 343º do CT distingue-se a impossibilidade de o trabalhador prestar o seu trabalho da impossibilidade de o empregador receber a prestação daquele.

β. Impossibilidade de o trabalhador prestar o seu trabalho
i. Aspectos comuns
I. Se o trabalhador, depois de celebrar o contrato, deixar totalmente de poder realizar a tarefa de que se incumbira, há uma impossibilidade que, nos termos

---

[801] Quanto à aplicação deste regime a nível laboral, *vd.* MENEZES CORDEIRO, «Da Cessação do Contrato de Trabalho por Inadaptação do Trabalhador perante a Constituição da República», *RDES* XXXIII (1991), nºs 3/4, p. 385 e *Manual de Direito do Trabalho*, cit., p. 788. Manifestando dúvidas quanto à aplicação deste instituto em sede de cessação do contrato de trabalho, *vd.* FURTADO MARTINS, *Cessação do Contrato de Trabalho*, cit., pp. 74 e s., nota 55.

[802] Por isso, normalmente, entende-se que a doença do trabalhador, ainda que prolongada, não determina a caducidade do contrato, porque a impossibilidade não é definitiva; contudo, como resulta do art. 792º, nº 2, do CC, a impossibilidade só se pode qualificar como temporária se, atendendo à finalidade da obrigação, se mantiver o interesse do credor (empregador). Sobre a questão, veja-se LEPKE *in* NEUMANN, *Kündigung bei Krankheit*, 8ª edição, Estugarda, 1991, que admite a denúncia do contrato apesar da doença do trabalhador (pp. 32 e ss.), podendo a denúncia ser ordinária, com pré-aviso (pp. 37 e ss.) ou, eventualmente, extraordinária (pp. 107 e ss.). O autor (ob. cit., pp. 126 e ss.) faz referência a diferentes doenças que podem justificar a denúncia.

do art. 343º, alínea *b)*, do CT, gera a caducidade do negócio jurídico. Relativamente ao trabalhador, como o negócio é celebrado *intuitu personae*, além da impossibilidade objectiva de realização da prestação (art. 790º do CC), também a impossibilidade subjectiva – relativa à pessoa do trabalhador – conduz à extinção do vínculo (art. 791º do CC).

Deste modo, o contrato de trabalho caduca se a actividade que o trabalhador desempenhava vem a ser proibida por lei (impossibilidade objectiva). Imagine-se que o Governo proíbe a extracção de areia num determinado rio e era essa a actividade desenvolvida por uma dada empresa; neste caso, há uma impossibilidade objectiva de prossecução da actividade, pelo que o contrato de trabalho se extingue[803]. Em princípio, a impossibilidade objectiva é bilateral, razão pela qual também haverá impossibilidade de o empregador receber a prestação de trabalho.

O art. 343º, alínea *b)*, do CT encontra-se especialmente vocacionado para as situações de impossibilidade subjectiva do trabalhador, que abrangem a incapacidade absoluta e definitiva de prestar trabalho e a morte do trabalhador[804]. Como o contrato de trabalho é celebrado *intuitu personae*[805], a morte ou a incapacidade absoluta e definitiva do trabalhador determina a extinção *ipso facto* da relação jurídica laboral[806].

II. As características da impossibilidade superveniente (absoluta e definitiva) não devem ser analisadas num sentido puramente naturalístico, pois há que atender ao conceito jurídico[807]. Deste modo, a impossibilidade absoluta pode decorrer da perda de interesse de uma prestação realizada de modo diverso; advindo a impossibilidade definitiva de uma incapacidade prolongada de o trabalhador prestar a sua actividade (*v. g.*, trabalhador que se encontra doente durante vários anos), tendo em conta o interesse do empregador, credor da prestação de trabalho.

---

[803] Por ter sido retirada a autorização para o exercício da actividade bancária à Caixa Económica Faialense, caducaram os contratos de trabalho que esta instituição bancária havia celebrado (Ac. Rel. Lx. de 10/5/1989, *CJ* XIV, T. III, p. 175).

[804] A caducidade do contrato por morte do trabalhador não obsta a que os sucessores demandem o empregador para cobrar salários não pagos (Ac. STJ de 26/11/1997, *CJ (STJ)* 1997, T. III, p. 286).

[805] Sobre a questão, veja-se ROMANO MARTINEZ, *Direito do Trabalho*, cit., pp. 285 e s.

[806] *Vd.* RAÚL VENTURA, «Extinção das Relações Jurídicas de Trabalho», cit., p. 224.

[807] Cfr. BERNARDO XAVIER, «A Extinção do Contrato de Trabalho», cit., p. 416. Sobre o Ac. STJ de 24/9/2008, www.dgsi.pt, que considerou a caducidade do contrato de trabalho de um cozinheiro que contraira uma doença, veja-se o comentário de M. MOREIRA DOS SANTOS, «A caducidade do contrato de trabalho por impossibilidade superveniente, absoluta e definitiva de o trabalhador prestar o seu trabalho», *Pront.* 90 (2001), pp. 145 e ss.

Considerando estas características da impossibilidade, a inadaptação do trabalhador (art. 373º do CT) não viabiliza a cessação do contrato por caducidade, permitindo, antes, o recurso à resolução. Na realidade, o trabalhador inadaptado não estará impossibilitado, definitiva e totalmente, de realizar a sua actividade, ainda que estes conceitos se relativizem.

ii. Falta de título profissional

Embora o critério seja jurídico, a impossibilidade de o trabalhador prestar o seu trabalho abrange os impedimentos de ordem material (p. ex., a incapacidade para o trabalho) e de ordem legal. Se para o exercício de uma determinada actividade passa a ser exigido um novo requisito, a impossibilidade de o preencher por parte de um trabalhador implica a caducidade do contrato. Do mesmo modo, se o trabalhador perder a habilitação que lhe permite desempenhar uma actividade, o contrato extingue-se. Em qualquer caso é necessário que a impossibilidade seja definitiva no sentido já enunciado.

Assim, se a lei passa a exigir determinada habilitação para o desempenho de uma actividade, em relação ao trabalhador que não possui tal habilitação e não quer ou não pode obtê-la, o contrato caduca. E se o trabalhador tem a habilitação necessária e a perder definitivamente o contrato também caduca.

Quanto a esta última hipótese prescreve o art. 117º, nº 2, do CT que o contrato caduca se for retirada ao trabalhador o título profissional por decisão que já não admita recurso. A situação é controversa na eventualidade de o trabalhador ter sido privado do título profissional por um determinado período (cassação temporária, p. ex., por seis meses) – não se verificando os pressupostos da suspensão do contrato, nomeadamente por o impedimento ser imputável ao trabalhador –, em que faltaria o carácter definitivo da impossibilidade[808]. Todavia, o carácter definitivo da impossibilidade apresenta uma certa relatividade, pelo que a mera eventualidade de o impedimento cessar não obsta à caducidade[809].

---

[808] O contrato também poderia cessar por despedimento com justa causa (art. 351º do CT) se a perda da carteira advier de um incumprimento contratual; só que, neste caso, a cessação estaria dependente de um procedimento disciplinar.

[809] Tendo sido determinada a incapacidade definitiva para o trabalho, que gerou caducidade do contrato, o posterior exame que considera o trabalhador apto não produz o renascimento do contrato (Ac. STJ de 2/11/1995, CJ (STJ) 1995, T. III, p. 289). Refira-se ainda, na esteira de BERNARDO XAVIER/FURTADO MARTINS/NUNES DE CARVALHO/JOANA VASCONCELOS/TATIANA GUERRA DE ALMEIDA, Manual de Direito do Trabalho, cit., pp. 655 s., que a impossibilidade será definitiva se vai durar tanto tempo que não é exigível ao empregador aguardar pelo eventual regresso.

DA CESSAÇÃO DO CONTRATO

A caducidade derivada da perda do título profissional (art. 117º, nº 2, do CT) vale igualmente para as situações em que o trabalhador é privado da habilitação que lhe permite exercer uma dada actividade.

iii. Cancelamento da autorização de permanência em Portugal de trabalhador estrangeiro
O trabalho a prestar por trabalhador estrangeiro, além das previsões constantes dos arts. 4º e ss. do CT, está condicionado pelo regime jurídico da entrada, permanência, saída e afastamento de estrangeiros do território nacional, regulado na Lei nº 23/2007, de 4 de Julho (alterada e republicada pela Lei nº 29/2012).

Ora, como as situações de caducidade indicadas no art. 343º do CT são exemplificativas, além das previsões legais, ainda que incluídas noutros preceitos (*v. g.*, art. 117º, nº 2, do CT), poder-se-á atender igualmente a hipóteses não previstas expressamente pelo legislador. Entre essas situações omissas pode indicar-se o cancelamento da autorização de permanência em Portugal de trabalhador estrangeiro. De facto, se o trabalhador não pode permanecer em Portugal e o local de trabalho se situa em território nacional, não pode subsistir o vínculo laboral, que caduca.

iv. Incapacidade parcial e modificação do objecto negocial
I. Não se encontrando o trabalhador incapacitado para a realização de todo e qualquer trabalho, poder-se-á questionar se, em tal caso, a impossibilidade é absoluta. Frequentemente, na sequência de um acidente de trabalho, o trabalhador fica com uma incapacidade parcial, que lhe permite desempenhar determinadas tarefas, mas não aquelas para as quais foi contratado. Assim, se o condutor de camiões perdeu uma perna em consequência de um acidente, poderá ter ficado com uma incapacidade absoluta para a realização da sua actividade, sendo, contudo, a incapacidade para o trabalho relativa, pois pode efectuar outras tarefas (p. ex., porteiro).

A jurisprudência tem interpretado a impossibilidade absoluta do precedente art. 4º, alínea *b*), da LCCT – que tem a mesma redacção da correspondente alínea do art. 343º do CT – no sentido de incapacidade absoluta para todo o tipo de trabalho, pelo que se o trabalhador se encontra tão-só incapacitado de desempenhar a sua actividade habitual, podendo prestar outras tarefas, o contrato não caduca[810]. É evidente que a diminuição de rendimento

---

[810] Cfr. Ac. STJ de 5/5/1993, *CJ (STJ)* 1993, T. II, p. 274; Ac. STJ de 28/6/1995, *CJ (STJ)* 1995, T. II, p. 310; Ac. STJ de 6/4/2000, *CJ (STJ)* 2000, T. II, p. 251; Ac. Rel. Cb. de 3/3/1998, *CJ* XXIII, T. II,

CONTRATO DE TRABALHO

ou a não obtenção de objectivos fixados não se enquadram na caducidade do contrato, viabilizando, quando muito, o recurso à resolução do contrato por inadaptação[811]. Contudo, tendo em conta que a impossibilidade prevista no art. 343º do CT deve ser analisada à luz do regime geral, concretamente das regras de impossibilidade do direito civil, e que no âmbito laboral prevalece também um princípio de autonomia das partes na conformação do objecto do contrato de trabalho (art. 115º, nº 1, do CT), dever-se-á entender o disposto na alínea *b)* do art. 343º do CT, no que respeita à «impossibilidade superveniente, absoluta e definitiva de o trabalhador prestar o seu trabalho», no sentido de estar em causa a actividade para que este foi contratado ou que desempenha ao abrigo da designada «categoria real».

II. Importa distinguir se as tarefas que o trabalhador, apesar de incapacitado, pode desempenhar se incluem ou não na sua categoria contratual.

Estando o trabalhador impedido de realizar parcialmente a sua actividade, continuará a prestar a que for possível (art. 793º, nº 1, do CC); e, em tal caso, tendo em conta que a impossibilidade deverá ser absoluta e não relativa (art. 343º, alínea *b)*, do CT), o empregador não pode resolver o contrato invocando perda de interesse (art. 793º, nº 2, do CC).

Do mesmo modo, se o trabalhador, em razão da incapacidade, passar a desempenhar a sua actividade com menor produtividade, não está preenchido o pressuposto da impossibilidade absoluta, pois a situação enquadrar-se-ia no agravamento ou na maior onerosidade da prestação (*difficultas praestandi*).

Diferentemente, na eventualidade de a incapacidade do trabalhador abranger todas as actividades compreendidas na sua categoria, a subsistência da relação laboral pressuporia uma alteração do objecto do contrato. Nada obsta a um acordo no sentido de se proceder a uma requalificação do trabalhador incapacitado, alterando-se o contrato de trabalho, de molde a permitir a

---

p. 68; Ac. Rel. Lx. de 29/9/1999, *CJ* XXIV, T. IV, p. 171. Esta posição da jurisprudência vem também relatada em MENEZES CORDEIRO, *Manual de Direito do Trabalho*, cit., p. 793, nota 15. Em crítica à solução jurisprudencial, *vd.* FURTADO MARTINS, *Cessação do Contrato de Trabalho*, cit., pp. 76 e ss., em particular pp. 77 e ss., cujos argumentos se acompanham. É necessário, porém, ter em conta que esta jurisprudência tem subjacente uma preocupação social, pois nos casos em apreço os trabalhadores encontravam-se fisicamente incapacitados e a caducidade dos contratos implicaria um desemprego irreversível; como refere MENEZES CORDEIRO, *Manual de Direito do Trabalho*, cit., p. 793, há nesta tendência dos tribunais «uma manifestação, pela positiva, do princípio da igualdade, que permite favorecer os mais fracos».

[811] Veja-se ROMANO MARTINEZ, *Direito do Trabalho*, 7ª edição, cit., pp. 943 e ss.

DA CESSAÇÃO DO CONTRATO

subsistência da relação laboral[812], mas sobre o empregador não impende o dever de modificar o objecto do contrato em função das limitações do trabalhador.

Como a impossibilidade absoluta se tem de reportar às actividades contratualmente devidas[813], caso o trabalhador não se encontre em condições de as executar, o contrato caduca, pois não há um dever genérico de o empregador modificar o objecto negocial em função das limitações do trabalhador[814].

γ. Impossibilidade de o empregador receber o trabalho
i. Aspectos comuns
Como o contrato de trabalho é sinalagmático e assenta numa relação obrigacional complexa, a caducidade advém, não só da eventualidade de o trabalhador não poder prestar a actividade, como da hipótese de o empregador não poder receber o trabalho (art. 387º, alínea *b*), do CT).

Quanto ao dever principal do empregador – pagamento da retribuição, pelo menos na parte em que é satisfeita em dinheiro –, não há impossibilidade de cumprimento, pois a liquidação de obrigações pecuniárias não se inviabiliza. Contudo, na panóplia de deveres secundários e acessórios a cargo do empregador encontram-se prestações em que se pode verificar uma impossibilidade de cumprimento, impedindo a prossecução do contrato; em particular, se a entidade patronal não puder cumprir o dever de ocupação efectiva, porque a empresa encerrou definitivamente, há uma impossibilidade de cumprimento que gera a caducidade do contrato.

ii. Morte ou extinção da pessoa colectiva
I. Como resulta do art. 346º, nºs 1 e 2, do CT, importa contrapor o empregador pessoa singular ao empregador pessoa colectiva.

A morte da pessoa singular empregador determina a caducidade do contrato de trabalho, salvo se os sucessores continuarem a actividade do falecido

---

[812] Por isso, admite-se que o contrato caduque se o trabalhador não aceitar a requalificação (Ac. STJ de 25/1/1995, *CJ (STJ)* 1995, T. I, p. 254) ou se a empresa não tem um posto de trabalho compatível com a incapacidade de que o trabalhador passou a padecer (Ac. STJ de 6/4/2000, *CJ (STJ)* 2000, T. II, p. 255).

[813] *Vd.* FURTADO MARTINS, *Cessação do Contrato de Trabalho*, cit., p. 78.

[814] Cfr. Ac. STJ de 27/1/1999, *CJ (STJ)* 1999, T. I, p. 268, onde se afirma que não há, em regra, nada que imponha a recolocação do trabalhador noutro posto de trabalho. Há excepções: em caso de acidentes de trabalho, estabeleceu-se um dever de ocupação de trabalhadores sinistrados com incapacidade temporária ou definitiva (arts. 155º da LAT). *Vd.* ROMANO MARTINEZ, *Direito do Trabalho*, 7ªedição, cit., pp. 833 e ss. Com perspetiva diversa, veja-se JÚLIO GOMES, *Direito do Trabalho*, I, cit., pp. 919 e ss.

CONTRATO DE TRABALHO

relacionada com a prestação de trabalho do trabalhador, ou se os sucessores transmitirem a empresa do *de cuius* (art. 346º, nº 1, do CT).

De modo similar, a extinção da pessoa colectiva empregadora acarreta a caducidade dos contratos de trabalho, excepto quando se verificar a transmissão da empresa ou estabelecimento (nº 2 do art. 346º do CT).

II. No art. 346º do CT, como hipóteses de caducidade, indica-se a morte do empregador, sendo pessoa singular, e a extinção da entidade empregadora, no caso de se tratar de pessoa colectiva. Mas, em qualquer destes casos, a caducidade relaciona-se com a extinção da empresa em consequência da morte ou extinção do empregador[815].

Se o empregador falecer e os seus sucessores continuarem a actividade para que o trabalhador foi contratado ou transmitirem o estabelecimento, o contrato de trabalho subsiste com uma modificação subjectiva: passa a haver um novo empregador, que será o sucessor do *de cuius* ou o transmissário do estabelecimento[816].

Na eventualidade de a pessoa colectiva empregadora se extinguir, o contrato de trabalho só caduca se não tiver havido prévia transmissão do estabelecimento[817].

iii. Encerramento da empresa

I. Tal como o impedimento relativamente à pessoa do empregador, o encerramento total e definitivo da empresa determina igualmente a impossibilidade de se receber o trabalho e, portanto, a caducidade do contrato (art. 346º, nº 3, do CT).

O encerramento pode advir de causas legais ou naturais. Assim, se o Governo extingue uma empresa ou uma Câmara Municipal impede que um estabelecimento continue a laborar, os contratos de trabalho caducam[818]. Por

---

[815] *Vd.* FURTADO MARTINS, *Cessação do Contrato de Trabalho*, cit., p. 86. No Ac. Rel. Lx. de 26/4/2001, *CJ* XXVI, T. II, p. 157, entendeu-se que não bastava a extinção da pessoa colectiva (fundação), porque a caducidade dos contratos só se verificava com a liquidação.
Como refere RAÚL VENTURA, «Extinção das Relações Jurídicas de Trabalho», cit., p. 225, a morte do empregador ou a extinção da pessoa colectiva empregadora não extingue a relação laboral por faltar em relação ao credor do trabalho o intuito pessoal.

[816] O contrato caduca com a morte do empregador, ainda que o trabalhador continue a laborar na empresa (oficina) durante algum tempo, se os herdeiros não mantêm a exploração do estabelecimento (Ac. Rel. Cb. de 27/11/1997, *CJ* XXII, T. V, p. 64).

[817] Sobre a questão, *vd.* SÁ E MELLO, «Extinção de Contratos de Trabalho por Dissolução da Pessoa Colectiva Empregadora», *RDES*, 1997, nº 4, pp. 369 e ss.

[818] Decretada a extinção da Companhia Portuguesa de Transportes Marítimos, EP, verifica-se a caducidade dos contratos de trabalho por impossibilidade absoluta e definitiva de a empresa

DA CESSAÇÃO DO CONTRATO

outro lado, se as instalações da empresa foram destruídas num incêndio ou em consequência de um sismo, o empregador fica impossibilitado de receber o trabalho e, sendo a impossibilidade definitiva e absoluta, o contrato caduca[819]. É importante reiterar que se deverá estar perante uma impossibilidade e não uma mera dificuldade de receber a prestação.

II. As situações de encerramento definitivo a que se tem vindo a fazer referência, e que conduzem à caducidade do contrato, nem sempre se distinguem facilmente de hipóteses que fundamentam o despedimento colectivo[820]. Assim, se o empregador considerar que, por motivos conjunturais, deve encerrar uma secção da empresa, terá de recorrer ao despedimento colectivo (art. 359º do CT); mas, se, em consequência de um incêndio que afectou a totalidade da empresa, entender não ser economicamente viável a reconstrução das instalações, haverá caducidade. Em qualquer dos casos, o encerramento é determinado por uma decisão do empregador, mas isso não obsta a que, no

---

receber o trabalho (Ac. STJ de 29/1/1997, *CJ (STJ)* 1997, T. I, p. 265). Sobre este tema há várias decisões judiciais, inclusive, do Tribunal Constitucional, podendo-se consultar algumas dessas referências em FURTADO MARTINS, *Cessação do Contrato de Trabalho*, cit., p. 51, nota 61. Veja-se também NUNES DE CARVALHO, «Extinção de Empresa Pública e Cessação dos Contratos de Trabalho», *RDES* XXXVII (1995), nº 1/3, pp. 189 e ss.

Em relação ao segundo exemplo, *vd.* Ac. Rel. Pt. de 14/4/1997, *CJ* XXII, T. II, p. 248, em que, apesar de ter havido uma intimação camarária que levou ao encerramento do posto de combustível, não se admitiu a caducidade do contrato de trabalho, porque o empregador tinha outro estabelecimento onde o trabalhador podia continuar a prestar serviço, e o Ac. Rel. Lx. de 1/4/1998, *CJ* XXIII, T. II, p. 179, que negou a caducidade do contrato não obstante o empregador ter de encerrar o único estabelecimento que possuía por não ter sido renovada a concessão, bem como o Ac. Rel. Lx. de 21/6/2000, *CJ* XXV, T. III, p. 173, em que o encerramento da empresa se devia ao facto de o empresário não querer candidatar-se ao concurso para nova concessão. A solução é criticável na medida em que, verdadeiramente, impõe a uma empresa que admita um trabalhador num estabelecimento contra a sua vontade ou que «arranje» actividade quando deixou de a ter; em suma, em qualquer dos casos, o tribunal imiscui-se na actividade empresarial. Já no Ac. STJ de 9/12/1999, *CJ (STJ)* 1999, T. III, p. 286, se decidiu que a perda de concessão da exploração para que a empresa foi criada determinava a caducidade dos contratos.

Justifica-se, contudo, a solução constante do Ac. Rel. Cb. de 5/2/1998, *CJ* XXIII, T. I, p. 63, em que a empresa, mantendo a existência jurídica, invocou a caducidade com base no facto de o estabelecimento ter sido vendido em execução fiscal, tendo o tribunal considerado que seria um despedimento ilícito.

[819] Cfr. Ac. Rel. Lx. de 2/12/1998, *CJ* XXIII, T. V, p. 167. Contudo, se o incêndio só destrói parte de uma secção, apesar de não haver máquinas no mercado para substituição das destruídas, os contratos não caducam (Ac. STJ de 27/10/1999, *CJ (STJ)* 1999, T. III, p. 268).

[820] *Vd.* MONTEIRO FERNANDES, *Direito do Trabalho*, cit., p. 563; FURTADO MARTINS, *Cessação do Contrato de Trabalho*, cit., pp. 90 e ss.

CONTRATO DE TRABALHO

segundo exemplo, exista uma situação de impossibilidade, sob pena de se considerar que as hipóteses previstas no art. 346º do CT não se integram na caducidade, pois dependem da decisão de querer continuar a actividade ou de transmitir o estabelecimento[821].

Diferentemente do disposto no regime anterior (LCCT), passou a admitir--se que o encerramento total e definitivo da empresa determina a caducidade do contrato (art. 346º, nº 3, do CT). Esta alteração tem por base a diferença entre caducidade e resolução do contrato com fundamento objectivo, que suscitara acesa controvérsia no confronto entre a caducidade do art. 6º da LCCT e o despedimento colectivo previsto no art. 16º da LCCT[822]. Apesar de a modificação em causa poder sufragar a diferença entre encerramento imprevisto e encerramento programado[823], não assenta exactamente nesta contraposição. Há uma diferença de redacção entre o preceito em análise e o art. 359º do CT à qual importa atender: no nº 3 do art. 346º do CT alude-se a «encerramento total e definitivo da empresa», enquanto no art. 359º, nº 1, do mesmo diploma, se fala em «encerramento de uma ou várias secções ou estrutura equivalente». Daqui resulta que o legislador, na difícil distinção entre a caducidade motivada por impossibilidade e a resolução justificada por causas objectivas, optou por um método formal: sendo o encerramento total e definitivo há caducidade e no caso de encerramento parcial pode recorrer-se à resolução com base em despedimento colectivo[824]. No caso de encerramento temporário, não previsto em nenhum dos preceitos citados, está excluída a caducidade, mas, dependendo das circunstâncias, pode justificar-se o despedimento colectivo.

---

[821] *Vd.* FURTADO MARTINS, *Cessação do Contrato de Trabalho*, cit., p. 92.

[822] Cfr. BERNARDO XAVIER, *O Despedimento Colectivo no Dimensionamento da Empresa*, cit., pp. 416 e ss.

[823] *Vd.* FURTADO MARTINS, *Cessação do Contrato de Trabalho*, cit., pp. 92 e ss.

[824] A propósito da difícil distinção, cabe referir que as figuras são frequentemente confundidas, a ponto de não se autonomizarem. Assim, por exemplo, a Directiva nº 98/59/CE, do Conselho, de 20 de Julho, sobre cessação do contrato, não distinguindo caducidade de despedimento colectivo, impõe a aplicação do regime do despedimento colectivo em situações qualificáveis como sendo de caducidade do contrato. Pretendendo também identificar as duas figuras, por achar que se sobrepõem, *vd.* SÍLVIA GALVÃO TELES, «Impossibilidade Superveniente, Absoluta e Definitiva de a Entidade Patronal receber a Prestação de Trabalho», *Estudos em Homenagem Prof. Doutor Inocêncio Galvão Telles*, Volume IV, *Novos Estudos de Direito Privado*, Coimbra, 2003, pp. 1092 e ss. Mesmo em ordens jurídicas similares à portuguesa, como a italiana, as duas situações encontram-se confundidas, *vd.* CACCAMO/MELECA, *Risoluzione del Rapporto di Lavoro*, Milão, 2001, pp. 59 e s. O mesmo se diga no sistema jurídico francês, onde se reconduzem ambas as situações ao *licenciement*, cfr. COUTURIER, *Droit du Travail 1, Les Relations Individuelles de Travail*, 3ª edição, Paris, 1996, pp. 202 e ss. e pp. 266 e ss.

DA CESSAÇÃO DO CONTRATO

Não obstante a diferente qualificação jurídica (caducidade e resolução por despedimento colectivo), no plano das consequências as divergências esbatem-se, pois, em caso de caducidade por encerramento total e definitivo da empresa, remete-se para o procedimento próprio do despedimento colectivo (art. 346º, nº 3, 2ª parte, do CT), excepto tratando-se de microempresa, em que o trabalhador tem de ser informado com sessenta dias de antecedência (art. 346º, nº 4, do CT *ex vi* art. 363º, nºs 1 e 2, do CT). Em qualquer caso, pretende-se que, não obstante a verificação dos pressupostos da caducidade, o trabalhador não seja confrontado de imediato com a cessação do vínculo.

III. Nas situações de extinção (morte ou extinção da pessoa colectiva) ou de encerramento total e definitivo da empresa, a caducidade pressupõe a não continuação da actividade empresarial por outra entidade. Verificando-se a caducidade, o trabalhador tem direito a ser compensado nos termos do art. 346º, nº 5, do CT[825], pelo que, neste aspecto, também há similitude com o despedimento colectivo, cuja compensação (art. 366º do CT) é fixada nos mesmos moldes.

Poder-se-á discutir se, além da mencionada compensação – que se enquadra no âmbito da responsabilidade objectiva –, pode ser exigida ao empregador uma indemnização fundada em responsabilidade subjectiva sempre que a causa determinante da caducidade lhe for imputável ou se não foi respeitado o procedimento exigido[826]. Na medida em que se encontrem preenchidos os pressupostos da responsabilidade civil pode ser reclamada a correspondente indemnização; assim, se o empregador praticou um facto ilícito e culposo que constitui causa adequada de um dano verificado na esfera jurídica do trabalhador, há o dever de indemnizar.

iv. Insolvência do empregador

I. A insolvência do empregador não acarreta a imediata extinção dos contratos de trabalho vigentes. Os contratos de trabalho que estiverem em vigor no momento em que a insolvência é decretada mantêm-se, como resulta do disposto no art. 111º do CIRE[827]. Deste modo, a insolvência do empregador

---

[825] Solução que não vale no âmbito do serviço doméstico (Ac. Rel. Lx. de 26/1/2000, *CJ* XXV, T. I, p. 68).

[826] Sobre a questão, *vd.* CONTE, *Cessazione dell'Impresa e Responsabilità del Datore di Lavoro*, Milão, 2003, pp. 123 e ss., em especial pp. 152 e ss.

[827] A situação era idêntica na vigência do art. 172º do Código dos Processos Especiais de Recuperação da Empresa e de Falência, que se limitava a remeter para o regime geral da cessação do contrato de trabalho, em particular para o art. 56º da LCCT, sem prejuízo de uma eventual transmissão

CONTRATO DE TRABALHO

não traz, imediatamente, como consequência a cessação do contrato de trabalho, por caducidade, como ocorre em determinados contratos de prestação de serviço (art. 110º do CIRE), nem sequer a suspensão do vínculo, que corresponde à regra geral (arts. 102º e ss. do CIRE); não obstante a declaração judicial de insolvência, o contrato de trabalho subsiste, continuando a ser executado, mas pode ser denunciado por qualquer das partes[828]. Após a declaração de insolvência, o administrador da insolvência pode denunciar o contrato com um pré-aviso de sessenta dias (art. 108º, nº 1, *ex vi* art. 111º, nº 1, do CIRE). A denúncia antecipada do contrato, efectuada pelo administrador da insolvência, determina o pagamento de uma compensação (nº 2 do art. 111º do CIRE), mas a sua forma de cálculo, constante do nº 3 do art. 108º do CIRE, pode ser de difícil aplicação no âmbito laboral.

O disposto nos citados preceitos do Código da Insolvência tem de ser conjugado com a correspondente norma do Código do Trabalho (art. 391º), até porque, como dispõe o art. 277º do CIRE, os efeitos da insolvência regem-se pela lei aplicável ao contrato de trabalho[829]; claro que, deste último preceito não resulta a inaplicabilidade do regime da insolvência, previsto no Código

---

do estabelecimento. Esta última parte do preceito foi acrescentada pela alteração introduzida no Código de Falência pelo Decreto-Lei nº 315/98, de 15 de Outubro, mas, como referem CARVALHO FERNANDES/JOÃO LABAREDA, *Código dos Processos Especiais de Recuperação da Empresa e de Falência Anotado*, 3ª edição, Lisboa, 1999, anotação 4 ao art. 172º, p. 440, a alteração não terá, em princípio, modificado a situação existente, pois, antes de 1998, o regime do art. 37º da LCT seria aplicável em caso de falência, se a empresa fosse transmitida.

Sobre a questão, consulte-se NUNES DE CARVALHO, «Reflexos Laborais do Código dos Processos Especiais de Recuperação da Empresa e da Falência», *RDES*, Ano XXXVII (1995), nº 4, pp. 319 e ss. e ROMANO MARTINEZ, «Repercussões da Falência nas Relações Laborais», *RFDUL*, XXXVI (1995), pp. 417 e ss., bem como CARVALHO FERNANDES, «Repercussões da Falência na Cessação do Contrato de Trabalho», *Estudos do Instituto de Direito do Trabalho*, Volume I, Coimbra, 2001, pp. 411 e ss., e, deste último autor, mas respeitante já ao regime do Código do Trabalho e do Código da Insolvência, «Efeitos da Declaração de Insolvência na Relação Laboral segundo o CIRE», *RDES* 2004, nºs 1/3, pp. 20 e ss. CARVALHO FERNANDES (última ob. cit., p. 20) contesta a aplicação do art. 111º do CIRE ao contrato de trabalho, por entender que o preceito não é adequado ao regime deste contrato.

[828] Refira-se que só a declaração de insolvência do empregador acarreta tal consequência no domínio laboral, pois como resulta do art. 113º, nº 1, do CIRE, «a declaração de insolvência do trabalhador não suspende o contrato de trabalho», e o cumprimento dos deveres contratuais só pode ser exigido pelo empregador ao trabalhador insolvente e não pelo administrador da insolvência (art. 113º, nº 2, do CIRE).

[829] CARVALHO FERNANDES, «Repercussões da Falência na Cessação do Contrato de Trabalho», cit., pp. 21 e s., entende que o preceito base em matéria laboral é o art. 277º do CIRE, que, segundo o autor, não se circunscreve à regras de direito internacional privado.

DA CESSAÇÃO DO CONTRATO

da Insolvência, às relações laborais[830]. Atendendo, contudo, a algumas divergências, importa conjugar os regimes deste Código e do Código do Trabalho (art. 347º do CT).

«A declaração judicial de insolvência do empregador não faz cessar os contratos de trabalho, devendo o administrador da insolvência continuar a satisfazer integralmente as obrigações que dos referidos contratos resultem para os trabalhadores (...)» (art. 347º, nº 1, do CT). Conjugando este preceito com nº 1 do art. 111º do CIRE, conclui-se que os contratos de trabalho não cessam nem se suspendem.

II. Mas a insolvência do empregador, indirectamente, pode implicar a cessação de contratos de trabalho.

III. Em determinadas circunstâncias, como consequência da insolvência do empregador, poderá o estabelecimento ser definitivamente encerrado (art. 347º, nº 1, *in fine,* do CT)[831].

Com o encerramento definitivo do estabelecimento cessam os contratos de trabalho. É o encerramento definitivo da empresa ou de um seu estabelecimento, derivado da declaração de insolvência, que constitui uma causa especial de cessação do contrato de trabalho. No fundo, se a insolvência implica o encerramento do estabelecimento, com o encerramento surge uma impossibilidade objectiva de manutenção da relação laboral, concretamente uma impossibilidade superveniente, absoluta e definitiva de o empregador receber o trabalho (art. 343º, alínea *b*), do CT). Conclui-se, assim, que o encerramento definitivo do estabelecimento em razão da declaração de insolvência do empregador determina a cessação do contrato de trabalho por caducidade.

---

[830] Em sentido diverso, CARVALHO FERNANDES, «Repercussões da Falência na Cessação do Contrato de Trabalho», cit., pp. 21 e s., entende que o preceito base em matéria laboral é o art. 277º do CIRE, que, segundo o autor, não se circunscreve à regras de direito internacional privado. A mesma ideia surge defendida por JOANA VASCONCELOS, «Insolvência do Empregador, Destino da Empresa e Destino dos Contratos de Trabalho», *VIII Congresso Nacional de Direito do Trabalho,* Coimbra, 2005, pp. 215 s., concluindo, com base no art. 277º do CIRE, que o Código da Insolvência não se aplica em sede laboral. Todavia, o mencionado art. 277º do CIRE limita-se a fixar a regra de DIP aplicável às relações laborais, prescrevendo solução idêntica – excluindo os critérios de delimitação – à constante do art. 6º da Convenção de Roma, pelo que deste preceito não se pode concluir pela inaplicabilidade do regime da insolvência do Código do Insolvência às relações laborais.

[831] Do regime anterior constava uma primazia da alienação do estabelecimento, pois antes de ser encerrado deveria verificar-se se poderia ser transmitido (art. 145º, nº 1, alínea *b*), do Código de Falência), e havendo transmissão aplicava-se o regime do art. 37º da LCT (hoje, art. 285º do CT). A referida primazia deixou de constar do actual regime da insolvência.

CONTRATO DE TRABALHO

Esta situação é idêntica à que se verifica aquando da cessação de contratos de trabalho fundada em resolução por causas objectivas, em especial no caso de despedimento colectivo (art. 359º do CT). Tendo em conta a similitude, e na sequência do que já se indicou a propósito do encerramento definitivo da empresa (art. 346º, nº 3, do CT), apesar de serem figuras distintas – caducidade e resolução –, remete-se para um regime procedimental idêntico: com excepção das microempresas, a cessação do contrato de trabalho decorrente do encerramento justificado pela insolvência do empregador tem de ser precedida do procedimento estabelecido para o despedimento colectivo (art. 347º, nº 3, do CT)[832].

Deste modo, diferentemente do que poderia resultar do art. 108º, nº 1, *ex vi* art. 111º, nº 1, do CIRE, a cessação do contrato de trabalho não depende tão-só de um aviso prévio de sessenta dias, mas também da instauração do procedimento previsto nos arts. 360º e ss. do CT, pois o art. 347º do CT constitui norma especial relativamente às normas do Código da Insolvência, diploma que não regula expressamente a questão da insolvência do empregador. Assim, no caso de microempresa, em que não se impõe a instauração de um procedimento idêntico ao estabelecido para o despedimento colectivo (art. 347º, nº 3, do CT), basta o aviso prévio de sessenta dias (art. 108º do CIRE); nas outras empresas, a este aviso prévio acresce o procedimento previsto nos arts. 360º e ss. do CT[833].

IV. Prevê-se igualmente, no nº 2 do art. 347º do CT, que, antes do encerramento definitivo do estabelecimento, o administrador da insolvência possa fazer cessar os contratos de trabalho em relação aos trabalhadores cuja colaboração não seja indispensável à manutenção do funcionamento da empresa. A atribuição ao administrador da insolvência do direito de fazer cessar os contratos em execução decorre, nomeadamente, dos arts. 108º e 111º do CIRE,

---

[832] A solução era diversa no regime anterior, em que não se sujeitava exactamente ao mesmo procedimento os dois modos de cessação do contrato, designadamente no que respeita às formalidades previstas nos arts. 17º e ss. da LCCT. Contudo, tendo em conta que no art. 24º, nº 3, da LCCT se considerava ilícita a cessação do contrato de trabalho com base em falência do empregador, no caso de desrespeito do disposto nas várias alíneas do nº 1 do art. 24º da LCCT, à excepção do requisito previsto na alínea *d)*, seria de admitir um regime equiparado. Cabe ainda referir que no art. 24º, nº 3, da LCCT, ao aludir-se ao art. 56º do mesmo diploma, não se distinguia entre as duas situações nele previstas, respectivamente nos n.os 1 e 2.

[833] Considerando que todas formalidades impostas nos arts. 360º e ss. do CT não se afiguram exigíveis no caso de encerramento definitivo da empresa, *vd.* CARVALHO FERNANDES, «Repercussões da Falência na Cessação do Contrato de Trabalho», cit., pp. 30 e s.

DA CESSAÇÃO DO CONTRATO

mas a previsão específica da insolvência do empregador consta somente do Código do Trabalho, não se aplicando, quanto aos pressupostos da cessação do contrato de trabalho, aquele diploma.

A cessação do contrato de trabalho requerida pelo administrador da insolvência, nos termos do n.º 2 do art. 347.º do CT, depende do preenchimento de pressupostos substanciais e formais.

Em primeiro lugar, é necessário que a colaboração dos trabalhadores cujos contratos cessam seja dispensável para a manutenção do funcionamento da empresa. Como a empresa não encerrou em consequência da insolvência, terá de se averiguar de que trabalhadores carece para continuar a funcionar; podendo admitir-se que continue a laborar normalmente, precisando de todos os trabalhadores, ou que tenha de reduzir a actividade, prescindindo de alguns colaboradores.

Por outro lado, para a caducidade dos contratos, tal como na hipótese de encerramento do estabelecimento, já analisada, remete-se para o regime procedimental estabelecido para o despedimento colectivo (arts. 360.º e ss. do CT): com excepção das microempresas, a cessação do contrato de trabalho requerida pelo administrador da insolvência, nos termos do n.º 2 do art. 347.º do CT, tem de ser antecedida de um procedimento (art. 347.º, n.º 3, do CT)[834].

V. Por conseguinte, a declaração de insolvência não constitui causa directa de cessação do contrato de trabalho. Contudo, dela derivam dois fundamentos de caducidade do vínculo laboral: a impossibilidade de manutenção do contrato por encerramento definitivo do estabelecimento; e a desnecessidade da colaboração dos trabalhadores. Independentemente do fundamento da caducidade, para a cessação do vínculo laboral, excepto nas microempresas, é necessário recorrer ao procedimento previsto para o despedimento colectivo.

Além disso, em qualquer dos casos, perante a cessação do contrato de trabalho, ao trabalhador cabe o direito à compensação estabelecida no art. 366.º do CT[835]; a dúvida ficou esclarecida com a inclusão de um n.º 5 no art. 347.º

---

[834] CARVALHO FERNANDES, «Repercussões da Falência na Cessação do Contrato de Trabalho», cit., pp. 25 e s., contesta que, neste caso, em relação aos designados trabalhadores *dispensáveis* haja caducidade do contrato, por não se tratar de uma impossibilidade absoluta de receber o trabalho, mas de uma desnecessidade.

[835] O regime anterior era similar, como prescrevia o art. 13.º, n.º 3, da LCCT, por remissão do art. 23.º, n.º 1, da LCCT, válido também em caso de encerramento de estabelecimento, como se depreendia do disposto no art. 24.º, n.º 3, da LCCT; porém, caso se entendesse que, na eventualidade de o contrato cessar por caducidade, se deveria aplicar o disposto no art. 6.º, n.º 2, da LCCT, a compensação seria fixada atendendo a um mês de remuneração de base por cada ano de antiguidade ou fracção, como

CONTRATO DE TRABALHO

do CT na revisão de 2012. Anteriormente, na falta de uma regra idêntica à do nº 5 do art. 346º do CT, poder-se-ia entender que a cessação do contrato resultante da insolvência do empregador não implicaria o pagamento de uma compensação. De facto, do art. 347º do CT não constava, directamente, tal obrigação, mas ela resultava da interpretação integrada dos arts. 346º e 347º do CT: as situações de cessação do contrato relacionadas com a insolvência assentam no pressuposto, efectivo ou previsível, de encerramento da empresa ou estabelecimento (art. 347º, nº 1, parte final, e nº 6, do CT) e a caducidade do contrato em caso de encerramento da empresa implica o pagamento ao trabalhador da compensação prevista no art. 366º do CT. A estes argumentos acresce que a denúncia antecipada de contratos pelo administrador da insolvência obriga ao pagamento de uma indemnização (art. 108º, nº 3, *ex vi* art. 111º, nº 2, do CIRE). Assim, mesmo antes da alteração introduzida aquando da revisão de 2012, o trabalhador tem direito à compensação comum às situações de cessação do contrato com causas objectivas.

VI. Não obstante a situação de insolvência – impossibilidade de cumprir obrigações vencidas (art. 3º, nº 1, do CIRE) –, poder-se-á recorrer à recuperação da empresa depois do início do processo de insolvência, na medida em que a actual alusão à «impossibilidade de cumprir obrigações vencidas (...) não implica a inviabilidade económica da empresa ou a irrecuperabilidade financeira postuladas pela [noção de falência]»[836].

Situação diversa é aquela que se verifica em relação a empresas em situação económica difícil. Em tais casos, nos termos dos arts. 3º e 4º do Decreto-Lei nº 353-H/77, de 29 de Agosto, podem os contratos de trabalho ser suspensos (art. 5º, nº 1, alínea *c*) do mesmo diploma). Para ser declarada uma empresa em situação económica difícil torna-se necessário que se verifiquem os pressupostos estabelecidos nos arts. 1º e 2º do mencionado Decreto-Lei.

e) Reforma do trabalhador

I. Por último, a reforma do trabalhador (alínea *c*) do art. 343º do CT) corresponde a uma situação de caducidade com uma qualificação híbrida. Em princípio, a reforma por velhice ou invalidez poderia ser entendida como uma hipótese de impossibilidade superveniente de o trabalhador prestar o

---

no art. 13º, nº 3, da LCCT, mas não se aplicaria o valor mínimo de compensação de três meses, a que aludia este último preceito. Esta dúvida já não se coloca no actual regime.

[836] *Vd.* ponto 7 do preâmbulo do Decreto-Lei nº 53/2004, de 18 de Março, que aprovou o Código da Insolvência e da Recuperação de Empresas.

DA CESSAÇÃO DO CONTRATO

seu trabalho nos termos da alínea *b)* do mesmo preceito, mas, do disposto no art. 348º do CT, a reforma por velhice não determina a automática caducidade do negócio jurídico, na medida em que se converte num contrato a termo certo, desde que não tenha sido denunciado, por qualquer dos contraentes, nos trinta dias imediatos ao conhecimento bilateral da situação de reforma. Não há, pois, uma caducidade automática, sendo a situação idêntica à prevista na alínea *a)* do art. 343º do CT em relação ao contrato de trabalho a termo certo. Não assim quanto à invalidez do trabalhador, que determine a impossibilidade absoluta e definitiva de prestar trabalho, da qual resulta a caducidade automática do contrato de trabalho.

II. Como causas de caducidade, alude-se a dois tipos de reforma: por velhice e por invalidez (art. 343º, alínea *c)*, do CT). Mas só se autonomizou a reforma por idade (designada por velhice) no art. 348º do CT, não se fazendo neste diploma outra referência à reforma por invalidez[837], pois esta, verdadeiramente, constitui uma impossibilidade superveniente, absoluta e definitiva de o trabalhador prestar o seu trabalho[838], situação analisada na alínea anterior.

III. A reforma por idade pressupõe uma situação atípica de caducidade, na medida em que não opera automaticamente. Por um lado, a situação de reforma depende de um requerimento do trabalhador à segurança social — em relação à qual o empregador é alheio; em segundo lugar, a extinção do vínculo só se verificará quando ambas as partes tomem conhecimento da situação e não no momento em que o trabalhador se reforma[839]; por outro lado, mesmo depois do conhecimento bilateral, a relação laboral pode prosseguir durante os trinta dias seguintes, até que qualquer das partes decida pôr termo ao vínculo, não cessando, portanto, imediatamente; por último, estando o trabalhador na situação de reforma, a relação laboral não se extingue *ipso iure*, pois se este permanecer ao serviço por mais de trinta dias após o mútuo conhecimento da situação, a relação jurídica converte-se num con-

---

[837] Indirectamente, a propósito dos acidentes de trabalho e das doenças profissionais (LAT) atende--se à reforma por invalidez, por exemplo nos arts. 59º e 61º da LAT.

[838] Por isso, MONTEIRO FERNANDES, *Direito do Trabalho*, cit., p. 494, considera que a referência na lei à reforma por velhice e por invalidez constitui «(...) uma imprecisão terminológica lamentável, porque desnecessária».

[839] Como se refere no Ac. STJ de 30/4/1997, *CJ* (STJ) 1997, T. II, p. 270, a caducidade do contrato de trabalho por reforma do trabalhador só opera na data em que ambas as partes tenham dela conhecimento; como a entidade patronal só soube quase dois anos depois, é nessa data que caduca o contrato.

CONTRATO DE TRABALHO

trato a termo certo[840]. Comparando a letra do actual preceito com o disposto no art. 5º da LCCT, verifica-se a existência de uma alteração que permite esclarecer a dúvida indicada na última nota: tal como anteriormente se preconizava, o contrato não caduca com a situação de reforma do trabalhador, sendo ajustado em seu lugar um novo contrato a termo certo; pelo contrário, a reforma do trabalhador determina a subsistência do anterior vínculo, o qual, não caducando por via de declaração de qualquer das partes, passa a conter, por força da lei, um termo certo[841].

No período – até trinta dias – que decorre entre o conhecimento mútuo da situação de reforma e a declaração de cessação do vínculo, o contrato de trabalho subsiste como relação contratual de facto. Esta situação, prolongando--se por mais de trinta dias, determina a conversão do vínculo existente num contrato a termo certo; isto é, o contrato subsiste sendo-lhe aposto, automaticamente, um termo resolutivo. Tendo em conta o automatismo da inclusão do termo, é dispensada a redução do contrato a escrito (alínea *a*) do nº 2 do art. 348º do CT).

O trabalhador pode requerer a reforma a partir dos sessenta e cinco anos de idade (art. 20º do Decreto-Lei nº 187/2007, de 10 de Maio), mas o facto de se encontrar reformado não obsta a que continue a trabalhar; impõe-se, em tal caso, que o vínculo laboral com a empresa, depois de o empregador saber que o trabalhador se encontra reformado, se converta num contrato a termo certo pelo prazo de seis meses, renovável sem limite (art. 348º, nº 2, alínea *b*), do CT).

---

[840] De modo diverso, MONTEIRO FERNANDES, *Direito do Trabalho*, cit., p. 496, considerando que a reforma foi entendida pelo legislador como causa desejável de cessação do contrato, apesar de se atender às conveniências momentâneas do trabalhador e do empregador, é de opinião que «(...) o contrato originário cessa e surge, no seu lugar, no mesmo momento um *contrato a termo* construído sobre a situação de facto que é "(...) a permanência do trabalhador ao serviço decorridos 30 dias (...)"». Contudo, a transformação do vínculo de estável em precário não pressupõe a extinção de um contrato e a celebração de outro, mas a transformação do vínculo existente, que nomeadamente não afecta o conteúdo e a antiguidade do trabalhador. Seria estranho que o trabalhador reformado antes dos 70 anos, continuando a trabalhar na mesma empresa, não garantisse a antiguidade e que, não tendo sido requerida a reforma, como o contrato se converte em contrato a termo quando o trabalhador perfaz 70 anos, o trabalhador mantivesse o direito à antiguidade (esta solução dual é preconizada por ANTÓNIO MOREIRA, «Caducidade do Contrato de Trabalho a Termo», cit., p. 392). As duas situações descritas não se devem distinguir, no que respeita à antiguidade, sob pena de criar uma desigualdade inaceitável.

[841] Não tendo em conta esta alteração legislativa, MONTEIRO FERNANDES, *Direito do Trabalho*, cit., p. 496, escrevendo já depois da entrada em vigor do Código do Trabalho, mantém a posição que sustentara face à lei revogada, cuja redacção era distinta.

DA CESSAÇÃO DO CONTRATO

Depois de perfazer setenta anos, independentemente de ter requerido a reforma, o trabalhador pode continuar a desempenhar a sua actividade na empresa empregadora, mas o contrato passa a estar sujeito a um termo certo de seis meses, renovável ilimitadamente (art. 348º, nº 3, do CT). A diferença relativamente à situação analisada antes resulta do facto de a aposição automática do termo não se encontrar na dependência do pedido de reforma do trabalhador e do conhecimento da situação de reforma por parte do empregador; a aposição automática do termo depende de um único pressuposto: o trabalhador ter atingido setenta anos de idade.

No direito privado, diferentemente do funcionalismo público[842], não há um limite de idade, a partir do qual não se possa continuar a prestar a actividade; enquanto as partes desejarem a prossecução da relação laboral esta manter-se-á[843]. Todavia, independentemente de o trabalhador se reformar, quando atinja setenta anos de idade, o vínculo laboral fica sujeito a um termo resolutivo, por um prazo de seis meses renovável sem limite (art. 348º, nº 2, alínea *b*), *ex vi*, nº 3, do CT)[844].

IV. Nas situações em análise, a caducidade depende da verificação do pressuposto de aplicação do instituto – reforma do trabalhador com conhecimento pelo empregador – associada a uma declaração da parte que pretende

---

[842] Os funcionários públicos são obrigatoriamente aposentados, regra geral, aos setenta anos, nos termos do art. 1º, nº 1, do Decreto nº 16563, de 2 de Março de 1929, pelo que o vínculo não pode subsistir depois dessa idade. Era já esta a regra nas Ordenações Afonsinas, Livro II, Título XLVIII, sob a epígrafe «De como pertence a El Rey soomente apousentar alguém per aver idade de setenta anos», prescrevia-se: «El Rey Dom Fernando hordenou (...) que non apousentassem alguu per grande hidade que ouvesse», mas que «se alguu quisesse seer apousentado per hidade» o seria no caso de «aver hidade de setenta anos (...)».

[843] É, por isso, de duvidosa legalidade a regra constante de algumas convenções colectivas no sentido de a reforma do trabalhador se atingir necessariamente aos sessenta e cinco anos, não podendo, a partir dessa idade, continuar ao serviço na empresa. Admitindo a validade de tal cláusula, *vd.* Ac. STJ de 3/5/1995, *CJ* (STJ) 1995, T. II, p. 275.

Refira-se, a propósito, que o regime de direito privado assenta no princípio da autonomia privada e seria descabido, salvo em determinadas actividades de risco, que o legislador estabelecesse limites etários máximos, nomeadamente para atender a problemas do mercado de trabalho; é conveniente que as limitações à liberdade das partes sejam esparsas e justificadas por valores mais altos do que a cobiça pelos postos de trabalho dos mais velhos. Com posição diversa, *vd.* ANTÓNIO MOREIRA, «Caducidade do Contrato de Trabalho a Termo», cit., p. 394, nota 32 e p. 395.

[844] Quanto à aplicação das regras do contrato a termo «com as necessárias adaptações», *vd.* FURTADO MARTINS, *Cessação do Contrato de Trabalho*, cit., pp. 55 e ss. e Ac. Rel. Cb. de 1/10/1998, *CJ* XXIII, T. IV, p. 69. Em sentido oposto, cfr. Ac. Rel. Lx. de 11/2/1998, *CJ* XXIII, T. I, p. 167 e Ac. Rel. Lx. de 28/4/1999, *CJ* XXIV, T. II, p. 167.

CONTRATO DE TRABALHO

pôr termo ao contrato. Como dispõe a alínea *c)* do nº 2 do art. 348º do CT, «a caducidade do contrato fica sujeita a aviso prévio de sessenta dias ou quinze dias, consoante a iniciativa pertença ao empregador ou ao trabalhador». Tal como no contrato a termo, a caducidade depende de denúncia de uma das partes, mas o aviso prévio é superior.

Não tendo o contrato caducado nos primeiros trinta dias após o mútuo conhecimento da situação de reforma, este converte-se em contrato a termo, cuja caducidade depende do regime regra analisado na anterior alínea *c)*, com as especificidades constantes das várias alíneas do nº 2 do art. 348º do CT: o aviso prévio é superior e não há o pagamento de uma compensação.

Na segunda hipótese – em que o trabalhador completou setenta anos de idade –, a solução é idêntica (art. 348º, nº 3, do CT), com um esclarecimento. O contrato não caduca no momento em que o trabalhador perfaz setenta anos, mas só depois de ser denunciado; a denúncia pode ser feita nos trinta dias imediatos à data em que o trabalhador completou setenta anos ou depois de decorrer o termo resolutivo de seis meses que lhe foi aposto, nos termos gerais do contrato a termo, com as especificidades indicadas no nº 2 do art. 348º do CT. A partir da data em que o trabalhador completa setenta anos, correm trinta dias para a denúncia, no termo dos quais o contrato se converte, passando a ser a termo por seis meses e, para o termo do primeiro período, qualquer das partes o pode denunciar.

V. A caducidade do contrato nas situações indicadas não determina o pagamento de qualquer compensação ao trabalhador (art. 348º, nº 2, alínea *d)*, do CT). Com esta alínea resolveu-se uma dúvida discutida no âmbito do regime anterior; a inclusão da alínea *d)* só se justifica em razão da mencionada dúvida, pois a compensação, em caso de exercício lícito de um direito carácter excepcional, e a falta da sua consagração determinaria que não seria devida.

Assim, diferentemente do que ocorre nos termos do art. 344º, nº 2, do CT, em que a caducidade resultante de denúncia do empregador confere ao trabalhador o direito a perceber uma compensação, neste caso, apesar de a cessação do vínculo advir do exercício lícito de um direito, não é devida qualquer quantia. É necessário relembrar que a compensação devida em caso de exercício lícito de um direito tem carácter excepcional e o legislador só a estabelece quando, no confronto dos interesses em análise, se justifica a sua admissão; ora, relativamente a um trabalhador reformado ou que já tenha completado setenta anos, a protecção da segurança no emprego e a compensação de instabilidade perdem relevância.

DA CESSAÇÃO DO CONTRATO

O não pagamento de compensação abrange as três situações referenciadas: o trabalhador reformou-se com conhecimento de ambas as partes, tendo
uma delas emitido o aviso prévio constante da alínea *c)* do nº 2 do art. 348º do
CT; o trabalhador atingiu setenta anos e uma das partes emitiu o aviso prévio
de caducidade (alínea *c)* do nº 2 do art. 348º do CT); o trabalhador reformou-
-se sem ter havido caducidade e o contrato passou a conter um termo resolutivo, pelo que uma das partes o denunciou, nos termos do nº 1 do art. 344º
do CT, com as especificidades constantes do art. 348º, nº 2, alínea *c)*, do CT.

3. Revogação
a) Noção

I. O princípio da liberdade contratual, válido no domínio do contrato de trabalho, confere aos sujeitos autonomia, não só para celebrar contratos, como
também para os fazer cessar por mútuo consenso[845]. O empregador e o trabalhador têm liberdade para celebrar o contrato de trabalho e igualmente para
lhe pôr termo mediante um acordo revogatório[846].

A revogação do contrato de trabalho segue o regime geral (art. 349º do
CT), excepto quanto à forma, em que se exige escrito com determinadas
menções (art. 349º, nºs 2 e 3, do CT). A isto acresce que se conferiu ao traba-

---

[845] Sobre a revogação, *vd.* LEAL AMADO, «Revogação do Contrato e Compensação Pecuniária
para o Trabalhador: Notas a um Acórdão do Supremo Tribunal de Justiça», *QL*, nº 3 (1994), pp.
167 a 172 e «Revogação do Contrato de Trabalho (Nótula sobre os arts. 349º a 395º do CT)», *Pront.*
69 (2004), pp. 53 e ss.; CARLOS ANTUNES/AMADEU GUERRA, *Despedimentos e outras Formas de
Cessação do Contrato de Trabalho*, cit., pp. 19 a 28; ALBINO MENDES BAPTISTA, «O Direito de Arrependimento», *Pront.*, nº 52, pp. 49 ss.; NUNES DE CARVALHO, «Contrato de Trabalho. Revogação
por Acordo. Compensação Pecuniária Global: Seu Valor», *RDES*, XXXVI (1994), n.ᵒˢ 1/3, pp. 220 a
224; MENEZES CORDEIRO, *Manual de Direito do Trabalho*, cit., pp. 797 a 800; MONTEIRO FERNAN-
DES, *Direito do Trabalho*, cit., pp. 484 a 489; JÚLIO GOMES, *Direito do Trabalho*, I, cit., pp. 940 e ss.;
JORGE LEITE, «Observatório Legislativo», *QL*, nº 8 (1996), pp. 216 a 218; ROMANO MARTINEZ,
Direito do Trabalho, cit., 887 ss. e anotação aos arts. 349º e ss., *Código do Trabalho Anotado*, cit., pp.
744 e ss.; FURTADO MARTINS, «Nulidade da Revogação do Contrato de Trabalho», *RDES* XXXIV
(1992), nº 4, pp. 370 a 377 e *Cessação do Contrato de Trabalho*, cit., pp. 127 a 148; ROSÁRIO PALMA
RAMALHO, *Tratado de Direito do Trabalho*, II, cit., pp. 939 e ss.; JOANA VASCONCELOS, «A Revogação
do Contrato de Trabalho», *Direito e Justiça* XI (1997), T. 2, pp. 173 a 193 e *A revogação do contrato de
trabalho*, Coimbra 2011; MOTTA VEIGA, *Lições*, cit., pp. 485 a 487; BERNARDO XAVIER/FURTADO
MARTINS/NUNES DE CARVALHO/JOANA VASCONCELOS/TATIANA GUERRA DE ALMEIDA,
Manual de Direito do Trabalho, cit., pp. 771 a 783.

[846] Esta liberdade pode apresentar algumas condicionantes na relação que se pode estabelecer
entre a revogação do contrato de trabalho e a reforma antecipada do trabalhador, cfr. BERNAR-
DO XAVIER/FURTADO MARTINS/NUNES DE CARVALHO/JOANA VASCONCELOS/TATIANA
GUERRA DE ALMEIDA, *Manual de Direito do Trabalho*, cit., pp. 779 e ss.

CONTRATO DE TRABALHO

lhador o direito de arrependimento, mediante o qual pode, unilateralmente, fazer cessar o acordo de revogação do contrato de trabalho até ao sétimo dia seguinte à data da respectiva celebração (art. 350º, nº 1, do CT)[847]; em determinadas circunstâncias, pode obstar-se ao exercício do direito de arrependimento se o acordo revogatório for celebrado com as assinaturas reconhecidas presencialmente perante notário (art. 350º, nº 4, do CT).

II. A revogação prevista nos arts. 349º e ss. do CT é um negócio jurídico bilateral, mediante o qual as partes acordam em fazer cessar um contrato de trabalho válido. O consenso que tem em vista a extinção do vínculo laboral é discricionário, pois as partes não precisam de invocar qualquer fundamento[848] e, em princípio, produz efeitos *ex nunc*, na medida em que só tem repercussões para o futuro. A revogação pode ser ajustada a todo o tempo, mesmo que, previamente, as partes tivessem acordado um prazo de duração mínima do contrato (*v. g.*, art. 137º do CT, sobre o pacto de permanência) e, consoante o acordo, produz efeitos imediatos ou em momento ulterior; pode ser acordado que o contrato cessa imediatamente ou que cessa no fim do mês ou do ano.

Sendo a revogação um acordo, aplica-se-lhe o regime geral dos negócios jurídicos, nomeadamente quanto à formação[849], com excepção das regras respeitantes à forma do negócio. Interessa, contudo, aludir a uma concretização dos princípios gerais, constante do art. 129º, alínea *f*), do CT, em que se veda o recurso à revogação do contrato de trabalho quando se pretende readmitir, de seguida, o trabalhador, pois estará em causa uma prática em fraude à lei.

III. Tendo em conta as dúvidas que, em determinados casos, se possam colocar quanto à liberdade do trabalhador, compreende-se que o legislador estabeleça um regime particular para a revogação do contrato de trabalho, impondo alguns limites à autonomia privada e excepções ao regime regra[850].

---

[847] No regime anterior, como resultava do art. 1º da Lei nº 38/96, de 31 de Agosto, a revogação (unilateral) do acordo de cessação podia ser feita até ao segundo dia útil após a produção dos seus efeitos.

[848] Quanto à indicação de motivos para efeitos de desemprego, cfr. FURTADO MARTINS, *Cessação do Contrato de Trabalho*, cit., pp. 128 e s.

[849] A revogação é anulável nos termos gerais (Ac. STJ de 26/5/1993, *CJ (STJ)* 1993 T. II, p. 287). Não há coacção moral se a ameaça que justificou a celebração do acordo revogatório não foi ilícita (Ac. STJ de 16/4/1997, *BMJ* 466, p. 343).

[850] A evolução histórica recente da revogação encontra-se em JOANA VASCONCELOS, *A revogação do contrato de trabalho*, Coimbra, 2011, pp. 37 e ss.

Tendo em conta os eventuais prejuízos para o trabalhador decorrentes do acordo, MAZEAUD, *Droit du Travail*, cit., p. 360, indica que a revogação é um «falso amigo».

DA CESSAÇÃO DO CONTRATO

Esta preocupação encontrava-se já na primeira LCT (Decreto-Lei nº 47032, de 27 de Maio de 1966), e, desde então, o regime da revogação do contrato de trabalho tem sido objecto de previsão normativa específica, destinada a garantir uma eficaz protecção do trabalhador.

Antes da Constituição de 1976, o regime de revogação do contrato de trabalho tinha em vista, no essencial, a promoção e salvaguarda da estabilidade do emprego, no sentido da protecção do trabalhador[851]; na sequência do disposto na Constituição, passou-se a tutelar o princípio constitucional da segurança no emprego[852]. Em qualquer caso, o regime da revogação do contrato pretende igualmente assegurar uma definição do acordo relativamente aos créditos emergentes do contrato de trabalho ou tornados exigíveis pela revogação do contrato[853].

IV. O regime da revogação do contrato de trabalho apresenta, consequentemente, particularidades em relação ao regime geral dos contratos de direito civil.

A particular tutela conferida ao trabalhador, a prevenção de eventuais fraudes e a necessidade de se contornarem dificuldades de prova do acordo revogatório estão na base das intervenções legislativas neste domínio.

Assim, para tutela do trabalhador e prevenção da fraude justifica-se o disposto no art. 21º, nº 1, alínea *h)*, da LCT (actual art. 129º, alínea *j)*, do CT), pelo qual se veda ao empregador «fazer cessar o contrato e readmitir o trabalhador, mesmo com o seu acordo, havendo o propósito de o prejudicar em direitos ou garantias decorrentes da antiguidade».

As dificuldades de prova do acordo revogatório, bem como a ponderação e a tutela da vontade livre e esclarecida do trabalhador, estiveram, por sua

---

Sobre a disponibilidade dos direitos dos trabalhadores em caso de acordo de cessação, *vd.* PERA, *Diritto del Lavoro*, cit., pp. 581 e ss. e, em especial, *Le Rinunce e le Transazioni del Lavoratore. Il Codice Civile Commentario*, org. Piero SCHLESINGER, Milão, 1990, em anotação ao art. 2113 do CCIt., pp. 29 e ss. e 47 e ss.

[851] A propósito da garantia da estabilidade do emprego durante a vigência da Constituição de 1933, veja-se BERNARDO XAVIER, «A Estabilidade no Direito do Trabalho Português», *ESC*, nº 31, Ano VIII (1970), pp. 35-37.

[852] Recorda-se, a este propósito, que o princípio constitucional da segurança no emprego não se esgota na proibição dos despedimentos sem justa causa, expressa no art. 53º da CRP. O sentido e o alcance deste princípio são mais vastos e têm em vista «todo o regime da cessação do contrato de trabalho (*v. g.*, cautelas formais na revogação, limites aos contratos a termo e regime relativamente rígido de caducidade)», cfr. BERNARDO XAVIER, «A Extinção do Contrato de Trabalho», cit., pp. 407 e s.

[853] Cfr. JOANA VASCONCELOS, «A Revogação do Contrato de Trabalho», cit., pp. 174 e s.

CONTRATO DE TRABALHO

vez, na base do art. 6º, nº 1, do Decreto-Lei nº 372-A/75, de 16 de Julho, no qual se exigiu expressamente que o acordo revogatório constasse de «documento escrito, assinado por ambas as partes, em duplicado, ficando cada parte com um exemplar», admitindo-se, por outro lado, o direito de o trabalhador «revogar» o acordo revogatório, no prazo de sete dias a contar da respectiva assinatura (art. 7º, nº 1), solução reiterada no art. 8º da LCCT e no art. 349º, nº 2, do CT.

Além da imposição de forma escrita, exige-se o cumprimento de certas formalidades, mais uma vez tendo em conta a necessidade de ponderação por parte do trabalhador associada com a facilidade de prova do acordo e, principalmente, a protecção da parta mais fraca e a estabilidade do vínculo laboral[854].

Por último, importa atender à solução extravagante de se conferir ao trabalhador o direito de fazer cessar o acordo revogatório[855]/[856].

V. A Lei da Cessação do Contrato de Trabalho manteve, no essencial, o aludido quadro de protecção. A exigência de forma escrita constava do art. 8º, nº 1, da LCCT e as formalidades foram reforçadas, na medida em que o acordo devia ser feito em duplicado e assinado por ambas as partes, ficando cada uma delas com um exemplar (art. 8º, nº 1, da LCCT), devendo o documento mencionar expressamente a data da celebração do acordo e a de início da produção dos respectivos efeitos (art. 8º, nº 2, da LCCT).

Os efeitos da violação da regra de forma ou das mencionadas formalidades mantinham-se inalterados: a falta de forma gerava a nulidade do acordo revogatório e a inobservância das formalidades poderia conduzir a idêntico resultado[857].

A Lei da Cessação do Contrato de Trabalho introduziu, todavia, uma alteração significativa: suprimiu o poder antes reconhecido ao trabalhador de revogar, num determinado prazo, o acordo revogatório, em decisão apoiada

---

[854] Cfr. FURTADO MARTINS, «Nulidade de Revogação do Contrato de Trabalho», *RDES*, Ano XXXIV (1992), nº 4, p. 371.

[855] A propósito do direito de revogação do acordo revogatório, anteriormente constante da Lei nº 38/99, de 31 de Agosto, enquanto mecanismo susceptível de obviar «revogações viciadas» pela situação de inferioridade negocial do trabalhador, veja-se MONTEIRO FERNANDES, *Direito do Trabalho*, cit., p. 488.

[856] Recorde-se, a este propósito, que a natureza deste «acordo revogatório» sempre levantou dúvidas. Considerando que «a revogação do acordo revogatório não é uma verdadeira revogação: trata-se duma hipótese de resolução, prevista por lei e, como tal, retroactiva», da qual resultava, consequentemente, a reposição do contrato originário, cfr. MENEZES CORDEIRO, *Manual de Direito do Trabalho*, cit., p. 799.

[857] Cfr., nomeadamente, ROMANO MARTINEZ, *Direito do Trabalho*, 1ª edição, cit., p. 834.

DA CESSAÇÃO DO CONTRATO

por alguma doutrina[858]. A solução foi justificada no próprio preâmbulo do diploma, em nome do reconhecimento da maturidade dos trabalhadores portugueses e da harmonia da ordem jurídica – a possibilidade de revogação, por parte do trabalhador, do acordo de cessação do contrato de trabalho consubstanciava, nas palavras do legislador, «um desvio injustificado a princípios da ordem jurídica».

Cerca de sete anos volvidos, a Lei nº 38/96, de 31 de Agosto, fez ressurgir a faculdade de desvinculação do acordo revogatório, ao conceder ao trabalhador o direito de revogar, unilateralmente, no prazo de dois dias úteis após a eficácia do acordo revogatório, o acordo extintivo do contrato de trabalho (art. 1º, nº 1), devendo para o efeito, concomitantemente, entregar ou pôr à disposição do empregador a totalidade do valor pago como compensação pecuniária ajustada no acordo revogatório (art. 1º, nº 3, da Lei nº 38/96). Esta intervenção legislativa tinha em vista impedir a ocorrência de situações de fraude, nomeadamente as hipóteses, aparentemente detectadas, em que o empregador impunha ao trabalhador, aquando da celebração do contrato de trabalho, a subscrição de um acordo revogatório, com a data em branco, em termos tais que o empregador a poderia preencher a seu bel-prazer e quando entendesse, tornando então eficaz o referido acordo[859].

O direito potestativo em causa é livre e discricionariamente exercido pelo trabalhador, independentemente do motivo que está na sua génese, e não apenas nas hipóteses (mais diminutas) de fraude do empregador[860].

A garantia da genuinidade e da actualidade da vontade do trabalhador no acordo de distrate da relação laboral é, portanto, um imperativo legal relacionado com o potencial desequilíbrio contratual subjacente ao contrato de trabalho[861].

---

[858] Cfr. MENEZES CORDEIRO, *Manual de Direito do Trabalho*, cit., p. 800.

[859] Recorda-se que nos termos da Lei nº 38/96, de 31 de Agosto, o direito à revogação do acordo revogatório não era atribuído ao trabalhador se, no acordo extintivo, as assinaturas fossem objecto de reconhecimento presencial no notário ou apostas no contrato na presença de um inspector do trabalho (art. 1º, nº 4) e os efeitos extintivos se produzissem num prazo não superior a um mês (art. 1º, nº 5).

[860] A propósito desta problemática – saber se está em causa um verdadeiro direito de arrependimento ou, apenas, um meio de combate à fraude do empregador – veja-se ROMANO MARTINEZ, *Direito do Trabalho*, 1ª edição, cit., pp. 839 e ss.

[861] Cfr., a este propósito, MONTEIRO FERNANDES, *Direito do Trabalho*, cit. p. 488; e BERNARDO XAVIER/FURTADO MARTINS/NUNES DE CARVALHO/JOANA VASCONCELOS/TATIANA GUERRA DE ALMEIDA, *Manual de Direito do Trabalho*, cit. p. 772.

b) Forma e formalidades

Tal como o contrato de trabalho é consensual, as regras gerais de direito civil apontariam para a consensualidade da revogação; todavia, pelas razões indicadas, a dificuldade de prova deste acordo e, principalmente, a prevenção de pressões e fraudes que, mais facilmente, prejudicariam o trabalhador, levaram a que se estabelecesse a exigência de forma escrita (art. 349º, nº 1, do CT)[862].

Além da forma escrita, prescrevem-se determinadas formalidades, relacionadas com os fundamentos indicados. O acordo tem de ser feito em duplicado (art. 349º, nº 1, do CT), devendo mencionar-se a data da sua celebração e o dia a partir do qual produz efeitos (art. 349º, nº 2, do CT).

Estando afastado o princípio do consensualismo para o distrate do contrato de trabalho, a inobservância da forma escrita gera a nulidade do acordo revogatório, nos termos gerais do art. 220º do CC. Sendo as formalidades do acordo revogatório *ad substantiam*[863], a sua falta poderia ter idêntica consequência[864]; contudo, é discutível que todas as formalidades sejam de natureza substancial e que, consequentemente, a sua falta implique necessariamente a nulidade do acordo[865].

Este regime de formalidades carece de ser completado com o disposto no art. 350º, nº 4, do CT, onde se impõe que as assinaturas apostas ao contrato sejam reconhecidas presencialmente no notário, para obstar a que o trabalhador revogue o acordo[866].

c) Efeitos

α. Cessação do vínculo

O acordo revogatório tem como efeito principal a cessação do vínculo laboral por mútuo consenso. Tal como há liberdade para celebrar o contrato de trabalho, do mesmo modo, havendo acordo, as partes podem, em qualquer momento, fazer cessar os efeitos do contrato que as vinculava.

O contrato de trabalho deixa de produzir efeitos a partir da data fixada no acordo, que pode ser a da sua celebração; neste caso, a produção de efeitos é

---

[862] Sobre a razão de ser da imposição de forma escrita, *vd.* Joana Vasconcelos, «A Revogação do Contrato de Trabalho», *DJ* XI (1997), T. 2, pp. 175 e ss.

[863] Cfr. Joana Vasconcelos, «A Revogação do Contrato de Trabalho», cit., p. 176.

[864] Veja-se, a este propósito, nomeadamente o Ac. Rel. Pt., de 12/3/1979, *CJ*, IV, T. II, p. 506; Ac. Rel. Pt. de 21/9/1992, *CJ*, XVII, T. IV, p. 287; Ac. Rel. Év., de 26/7/1979, *CJ*, IV, T. IV, p. 1342; Ac. Rel. Lx., de 1/7/1986, *CJ*, XI, T. IV, p. 129.

[865] Sobre as consequências da preterição de forma e de formalidades no âmbito laboral, veja-se Romano Martinez, *Direito do Trabalho*, 7ª edição, cit., pp. 451 e ss.

[866] Sobre esta questão, veja-se a seguinte alínea *c)*, subalínea *γ*, relativa à cessação do acordo de revogação.

DA CESSAÇÃO DO CONTRATO

imediata, mas pode ser diferida para o dia ajustado pelas partes. Em qualquer caso, no dia da celebração do acordo revogatório ou na data escolhida pelas partes, o contrato de trabalho deixa de produzir efeitos. É, todavia, discutível que a revogação, por vontade das partes, possa determinar a dissolução do vínculo contratual com eficácia retroactiva, porque, por um lado, o contrato de trabalho é de execução continuada, por outro, a protecção da posição jurídica do trabalhador pode colocar alguns entraves a uma destruição retroactiva do vínculo contratual, e, por último, a imperatividade do regime (art. 339º do CT) não viabiliza tais acordos[867].

β. Compensação

I. Associado ao efeito extintivo do contrato de trabalho, as partes podem acordar outras consequências (art. 349º, nº 4, do CT). Estes efeitos conexos com a cessação do contrato relacionam-se normalmente com compensações pecuniárias devidas por qualquer das partes, mas também podem depender de uma ponderação de consequências de negócios coligados com o contrato de trabalho.

Ao cessar o contrato de trabalho, há certas prestações que o empregador deve efectuar ao trabalhador; isto é que se vencem com a cessação, como o direito a férias e respectivo subsídio (art. 245º do CT). Por outro lado, se o empregador está em mora relativamente, por exemplo, a retribuições vencidas, estas prestações deverão ser efectuadas aquando da cessação do contrato (cfr., todavia, o art. 337º do CT). Em contrapartida, o trabalhador também pode ser devedor do empregador, nomeadamente em relação a adiantamentos por conta da retribuição. Em qualquer dessas hipóteses, ao ajustar-se um acordo revogatório é frequente que se «acertem as contas», estabelecendo outros efeitos para além da cessação do contrato.

Mas os efeitos associados à cessação não se resumem a uma compensação de prestações derivadas do contrato de trabalho, pois as partes podem ter-se vinculado a outros deveres, em contratos coligados com este. Assim, se o empregador arrendou uma casa ao trabalhador ou lhe emprestou dinheiro para adquirir um automóvel, ao revogar o contrato de trabalho as partes providenciarão as consequências da cessação nestes outros contratos, que poderão subsistir.

---

[867] Entendendo que em direito do trabalho só se pode admitir a revogação com efeito *ex nunc*, vd. RAÚL VENTURA, «Lições de Direito do Trabalho», *Estudos em Homenagem ao Prof. Doutor Raúl Ventura*, Volume II, *Direito Comercial, Direito do Trabalho e Vária*, Lisboa, 2003, p. 637.

CONTRATO DE TRABALHO

II. No acordo revogatório, atendendo à discricionariedade dos motivos, as partes podem ajustar outros efeitos, normalmente relacionados com o assentimento do trabalhador. De facto, com alguma frequência, apesar de a revogação não implicar o pagamento de qualquer indemnização, do acordo consta a obrigação de o empregador pagar uma quantia ao trabalhador, que leva a denominar este ajuste de «despedimento negociado»[868]; sempre que o empregador pretende fazer cessar o contrato, não tendo motivo, pode propor ao trabalhador a revogação do negócio jurídico mediante o pagamento de uma quantia, que será livremente negociada pelas partes.

A liberdade contratual, neste âmbito, é por vezes questionada atendendo à assimetria existente; contudo, nada permite que a questão seja analisada dentro dos estritos contornos do regime dos vícios da vontade, mormente o erro, a coacção e a usura (arts. 240º e ss. e art. 282º do CC)[869].

A autonomia privada permite que o pagamento seja diferido ou pago em prestações; e o incumprimento dessa obrigação não invalida o acordo revogatório (*vd.* solução diversa em caso de despedimento colectivo, art. 383º, alínea *c*), do CT, pelo que a falta de pagamento determina a ilicitude do despedimento), mas pode fundamentar a sua resolução nos termos do art. 801º do CC[870]. Caso o acordo revogatório se funde numa relação sinalagmática, tendo o assentimento do trabalhador sido obtido, ainda que parcialmente, em razão de um valor que lhe iria ser pago, a falta de cumprimento da quantia acordada, verificados os pressupostos do art. 808º do CC, em particular o decurso do prazo admonitório, confere ao credor (trabalhador) a possibilidade de resolver o contrato (art. 801º, nº 2, do CC); ou seja, o acordo revogatório.

---

[868] Cfr. FURTADO MARTINS, *Cessação do Contrato de Trabalho*, cit., pp. 133 e ss.; JOANA VASCONCELOS, «A Revogação do Contrato de Trabalho», cit., p. 181.
Sobre o «despedimento negociado» e os entraves legais, particularmente decorrentes do regime de atribuição do subsídio de desemprego (arts. 9º e 10º do Regime Jurídico de Protecção Social da Eventualidade de Desemprego dos Trabalhadores por Conta de Outrem, Decreto-Lei nº 220/2006, de 3 de Novembro, alterado e republicado pelo Decreto-Lei nº 72/2010, de 18 de Junho), veja-se ROMANO MARTINEZ, «Causas objectivas de despedimento e despedimento negociado», *Análise Contemporânea do Direito em Face da Globalização e da Crise Económica. 2º CID – Congresso Internacional de Direito Brasil Europa*, Coimbra, S. Paulo, 2010, pp. 157 e ss.
Sobre o «despedimento negociado», veja-se JOANA VASCONCELOS, *A revogação do contrato de trabalho*, cit., pp. 179 e ss.

[869] Com posição diversa, veja-se JOANA VASCONCELOS, *A revogação do contrato de trabalho*, cit., pp. 361 e ss.

[870] FURTADO MARTINS, *Cessação do Contrato de Trabalho*, cit., pp. 139 e s., sustenta que a falta de pagamento não condiciona nem a validade nem a eficácia do acordo revogatório. Acompanha-se o autor na primeira asserção, mas discorda-se quanto à inaplicabilidade do regime geral do incumprimento dos negócios jurídicos

DA CESSAÇÃO DO CONTRATO

III. A compensação pecuniária ajustada no acordo revogatório pode ter natureza global ou encontrar-se discriminada em função das diferentes prestações de que uma parte é devedora à outra. Nesta segunda hipótese, o montante total a pagar determina-se pela soma das várias parcelas – créditos vencidos (*v. g.*, retribuições em mora), créditos exigíveis em virtude da cessação (p. ex., direito a férias e respectivo subsídio) ou a compensação paga em virtude de o contrato de trabalho cessar –, pelo que, havendo um erro de cálculo, o mesmo deverá ser corrigido nos termos do art. 249º do CC.

De modo diverso, se a compensação pecuniária tiver natureza global[871], não se discriminando o valor dos diferentes créditos, pressupõe-se que nesse montante global as partes incluíram todas as prestações devidas (art. 349º, nº 4, do CT). Nada obsta inclusive a que, no acordo revogatório, ao fixar-se o valor da compensação, se tenha ajustado uma remissão total ou parcial de determinada dívida (arts. 863º e ss. do CC)[872]. Deste modo, o montante fixado pode incluir diferentes créditos e determinar a renúncia a outros direitos.

IV. A actual redacção do preceito resolve uma dúvida relativa à interpretação do anterior regime. O verbo «entender» (constante do art. 8º, nº 4, da LCCT) foi substituído por «presumir»; efectivamente, enquanto, na versão anterior, se lia: «(...) entende-se, na falta de estipulação em contrário, que (...)», hoje dispõe-se: «(...) presume-se que (...)». Esta alteração resolve, assim, uma dúvida de interpretação: tendo em conta a anterior redacção, poder-se-ia entender que o legislador recorrera a uma ficção jurídica ou estabelecera uma presunção *iuris et de iure*, a qual só poderia ser afastada por estipulação das partes em contrário. A redacção actual, seguindo outra interpretação da norma revogada, estabelece uma presunção *iuris tantum*, ilidível nos termos gerais (art. 350º, nº 2, do CC)[873].

---

[871] A natureza global da compensação não se presume, pelo que, na falta de tal indicação, entende-se que a quantia visa compensar o trabalhador pela cessação do contrato (Ac. STJ de 18/6/1997, *CJ (STJ)* 1997, T. II, p. 296).

[872] No acordo de cessação é lícita a remissão de dívidas, nos termos da qual o trabalhador renuncia, com a aquiescência do empregador, a todos os créditos, inclusive salariais, cfr. Ac. STJ de 6/7/1994, *BMJ* 439, p. 376; Ac. STJ de 16/4/1997, *BMJ* 466, p. 343; Ac. STJ de 18/3/1998, *CJ (STJ)* 1998, T. I, p. 284. Em sentido contrário LEAL AMADO, «A Protecção do Salário», *Boletim da Faculdade de Direito*, Volume XXXIX, Coimbra, 1994, pp. 198 e ss., em especial pp. 216 e ss., conclui pela total inadmissibilidade de renúncia ao salário, ainda que o vínculo laboral haja terminado. Parece que o legislador, no Código do Trabalho, tendo por base a redacção do nº 1 do art. 279º, resolve a polémica no sentido do texto, pois as garantias só são conferidas ao trabalhador na pendência do contrato de trabalho.

[873] Discutia-se se a presunção constante do art. 8º, nº 4, da LCCT, ao determinar que «entende-se», era inilidível (*iuris et de iure*) ou, nos termos gerais (art. 350º, nº 2, do CC), podia ser ilidida

CONTRATO DE TRABALHO

mediante prova em contrário (*iuris tantum*). Alguma doutrina e jurisprudência preconizavam que se tratava de uma presunção *iuris et de iure*, atendendo ao elemento literal do preceito, a uma preocupação de segurança jurídica e ao propósito de evitar subsequentes litígios após a celebração do acordo revogatório (*vd.* MONTEIRO FERNANDES, *Direito do Trabalho*, 11ª edição, Coimbra, 1999, p. 507. Quanto à jurisprudência, veja-se Ac. STJ de 26/5/1993, *CJ (STJ)* 1993, T. II, p. 287; Ac. STJ de 16/4/1997, *BMJ* 466, p. 343).

A jurisprudência nacional, impressionada pela letra da lei (segundo alguma jurisprudência, o elemento literal do preceito «vivamente sugere a natureza inilidível da presunção», cfr. Ac. STJ de 26/5/1993, *CJ (STJ)* 1993, T. II, p. 287, p. 289), pelo aparente recuo do legislador face à anterior redacção do art. 6º do Decreto-Lei nº 372-A/75, de 16 de Julho, e por uma suposta teleologia da lei que apontaria no sentido da prossecução (a todo o custo...) da certeza jurídica e da diminuição da litigiosidade laboral após a cessação do acordo revogatório (cfr. Ac. STJ de 26/5/1993, cit., p. 289), enveredou no essencial pela posição doutrinal minoritária, considerando que a presunção estabelecida no art. 8º, nº 4, da LCCT era inilidível, *iuris et de iure* (A este propósito veja-se, a título exemplificativo, os seguintes acórdãos do STJ de 21/4/1993, *BMJ* 426, p. 363; de 26/5/1993, *CJ (STJ)*, 1993, T. II, p. 287; de 16/4/1997, *BMJ* 466, p. 343; e de 18/5/1997, *CJ (STJ)*, 1997, p. 296; bem como os acórdãos da Relação do Porto de 10/7/1995, *CJ* XX, T. IV, p. 250, e da Relação de Lisboa de 14/7/1994, *in* http://www.dgsi.pt; de 18/10/1995, *CJ* XX, T. IV, p. 164; de 25/9/1996, *CJ* XXI, T. IV, p. 180; de 26/5/1999, *in* http://www.dgsi.pt; de 16/6/1999, *in* http://www.dgsi.pt; de 20/2/2002, *in* http://www.dgsi.pt). Relativamente ao Ac. STJ de 21/4/1993, citado, vejam-se os comentários de NUNES DE CARVALHO, «Contrato de Trabalho. Revogação Por Acordo. Compensação Pecuniária Global: seu Valor», cit., pp. 209 e ss., e LEAL AMADO, «Revogação do Contrato e Compensação Pecuniária para o Trabalhador», cit., pp. 167 e ss. Em ambos os casos, os autores discordam do sentido e da argumentação emergentes do citado aresto, advogando, ao arrepio da orientação do STJ, a adopção da tese que via no art. 8º, nº 4, da LCCT, uma presunção *iuris tantum*.

Importa rejeitar a tese que preconizava, na teleologia do preceito revogado, a busca, a todo o custo (nomeadamente à custa dos créditos trabalhador), dos propósitos de certeza e segurança jurídica e da diminuição da litigiosidade laboral, os quais se atingiriam através da consideração do acerto de contas levado a efeito no acordo revogatório como um ajuste necessariamente final, definitivo e irreversível (recorda-se que no citado Acórdão do STJ de 26/5/1993, se afirma, a dado passo, que «efectivamente, parece seguro que a solução adoptada no nº 4 do referido artigo 8º foi inspirada pela preocupação de certeza jurídica, pelo propósito de evitar litígios subsequentes ao acordo revogatório; teve-se em vista findar as contas entre as partes. Ora, aceitando-se a orientação doutrinal que qualifica a presunção como relativa, o objectivo do legislador sairia frustrado e a solução consagrada mostrar-se-ia incongruente, dado que apenas se reflectiria no domínio do ónus da prova, sem alcançar o desiderato legislativo»). Os propósitos enunciados são, sem dúvida, louváveis, não devendo ser desvalorizados, mas alcançam-se com o estabelecimento de uma presunção *iuris tantum*, que, por si só, ao sobrecarregar a prova a cargo do trabalhador, confere alguma estabilidade ao acerto final de contas ajustado. O objectivo de findar as contas das partes não é inconciliável com o propósito de assegurar que essas contas sejam bem feitas (cfr. NUNES DE CARVALHO, «Contrato de Trabalho. Revogação por Acordo. Compensação Pecuniária: Seu Valor», cit., p. 92) e não faz sentido admitir que a certeza e a segurança jurídicas sejam levados ao extremo, a ponto de sacrificar créditos do trabalhador decorrentes do contrato de trabalho ou da sua cessação.

DA CESSAÇÃO DO CONTRATO

Como já se havia afirmado ao abrigo da legislação anterior[874], nos termos do art. 350º, nº 2, do CC, para que uma presunção seja inilidível é necessário que a lei proíba a prova em contrário; na falta de tal proibição as presunções são ilidíveis. Ora, do revogado art. 8º, nº 4, da LCCT não constava uma proibição de prova em contrário, afirmava-se simplesmente que «entende-se», e desta expressão teria de concluir-se no sentido de se estar perante uma presunção *iuris tantum*, que admitia prova em contrário[875]. A actual redacção, na sequência desta interpretação, sanou a dúvida, estabelecendo, inequivocamente, uma presunção ilidível.

Tratando-se de uma norma interpretativa, que põe termo à discussão anterior, tendo em conta o disposto no nº 1 do art. 13º do CC, aplica-se retroactivamente.

A explicação enunciada, relacionada com a substituição do termo «entende-se» por «presume-se», parece tão óbvia que não justificaria maior explanação. Todavia, com a actual redacção do preceito em análise, surgiram algumas posições, no mínimo estranhas, dificilmente justificáveis tendo em conta a letra do preceito[876], pelo que importará desenvolver o sentido do preceito.

A expressão «entende-se (...) que», apesar de contestável, poderia legitimamente ser interpretada como implicando uma presunção *iuris et de iure* (absoluta, inilidível) ou, mesmo, como uma ficção jurídica[877]. A ficção pressupõe «uma assimilação fictícia de realidades factuais diferentes»[878], ficciona-se que é idêntico o desigual para se aplicar a mesma solução[879]. Como exemplos de ficção, os autores citados indicam os arts. 275º, nº 2, e 805º, nº 2, alínea c), do CC. As presunções respeitam ao regime do ónus da prova; mas nem sempre se torna fácil distinguir as presunções absolutas (*iuris et de iure*) das

---

[874] *Vd.* ROMANO MARTINEZ, *Direito do Trabalho*, 1ª edição, cit., pp. 837 e s.

[875] Neste sentido, *vd.* LEAL AMADO, «Revogação do Contrato e Compensação Pecuniária para o Trabalhador», cit., pp. 167 e ss.; NUNES DE CARVALHO, «Contrato de Trabalho. Revogação por Acordo. Compensação Pecuniária Global: Seu Valor», cit., pp. 222 e ss.; MENEZES CORDEIRO, *Manual de Direito do Trabalho*, cit., p. 799; FURTADO MARTINS, *Cessação do Contrato de Trabalho*, cit., p. 59; JOANA VASCONCELOS, «A Revogação do Contrato de Trabalho», cit., pp. 183 e s.

[876] MONTEIRO FERNANDES, *Direito do Trabalho*, 12ª edição, Coimbra, 2004, pp. 523 e s., que matém na 17ª edição, cit., pp. 486 e s.

[877] Sobre as ficções e as presunções absolutas, *iuris et de iure*, e as dificuldades de as destrinçar, consulte-se OLIVEIRA ASCENSÃO, *O Direito. Introdução e Teoria Geral. Uma Perspectiva Luso-Brasileira*, 11ª edição, Coimbra, 2001, pp. 503 e s. e BAPTISTA MACHADO, *Introdução ao Direito e ao Discurso Legitimador*, Coimbra, 1983, pp. 108 e ss.

[878] BAPTISTA MACHADO, *Introdução ao Direito*, cit., p. 108.

[879] OLIVEIRA ASCENSÃO, *O Direito*, cit., p. 503.

ficções[880]. Os autores citados dão como exemplos de presunção absoluta o art. 243º, nº 3, do CC, no qual se usa a seguinte expressão: «considera-se sempre (...)». Daqui se infere a possibilidade de alguma doutrina descortinar no art. 8º, nº 4, da LCCT uma presunção absoluta, apesar de neste preceito não se incluir o termo «*sempre*». *Mas atendendo aos exemplos que a doutrina nos dá de presunções iuris tantum*, que podem ser ilididas mediante prova em contrário (*v.g.*, arts. 68º, nº 2, 223º, nº 1, 370º, 441º, 451º, nº 1, 785º, nº 1, 1260º, nº 2, do CC), verifica-se que o legislador usa sempre o termo «presume-se». Ora, tendo o legislador recorrido a esse mesmo termo no preceito em anotação terá de se entender que a presunção não é absoluta, mas sim *iuris tantum*. Acresce que, com base no disposto no nº 2 do art. 350º do CC, entende-se normalmente que as presunções absolutas constituem a excepção[881], sendo, por via de regra, as presunções *iuris tantum*. «Na dúvida haverá de entender-se, pois, que a presunção legal é apenas *iuris tantum*»[882]. Do exposto não pode resultar qualquer dúvida de que, no nº 5 do art. 349º do CT, o legislador estabeleceu uma presunção ilidível (*iuris tantum*).

V. Acresce que a presunção ilidível corresponde aos princípios informadores da revogação do contrato de trabalho. Como se afirmou *supra*, na tutela da genuinidade e da actualidade da vontade do trabalhador importa garantir que, aquando da celebração do acordo revogatório, os créditos laborais do trabalhador vencidos ou tornados exigíveis pela revogação do contrato foram correctamente determinados.

As preocupações neste âmbito justificam-se em razão da potencial situação de desequilíbrio contratual, de modo a evitar que o empregador pressione o trabalhador no sentido de este renunciar, total ou parcialmente, a créditos já vencidos ou que decorram da cessação do contrato de trabalho. É evidente que sempre se poderia recorrer à anulabilidade, por usura, do distrate (art. 282º do CC), mas a prova da usura, que impenderia sobre o trabalhador, seria naturalmente difícil.

Importa, portanto, garantir a integralidade dos créditos laborais devidos ao trabalhador, tanto os vencidos – *v. g.*, a título de retribuição pelo trabalho prestado (arts. 258º e ss. do CT), de retribuição especial a título de isenção de horário de trabalho (art. 265º do CT), de trabalho suplementar (art. 268º do CT), ajudas de custo (art. 260º, nº 1, alínea *a*), do CT) ou prémios de produti-

---

[880] *Vd.* OLIVEIRA ASCENSÃO, *O Direito*, cit., p. 504 e BAPTISTA MACHADO, *Introdução ao Direito*, cit., p. 112.

[881] Por exemplo BAPTISTA MACHADO, *Introdução ao Direito*, cit., p. 112.

[882] BAPTISTA MACHADO, *Introdução ao Direito*, cit., p. 112.

DA CESSAÇÃO DO CONTRATO

vidade (art. 260º, nº 1, alínea *b*), do CT) –, como os que resultam directamente da cessação do contrato – p. ex., a título de férias já vencidas e não gozadas e correspondente subsídio (art. 264º do CT), de proporcionais de férias pelo trabalho prestado no ano da cessação e subsídio de férias (art. 245º do CT), e de proporcionais de subsídio de Natal (art. 263º, nº 2, alínea *b*), do CT) –, e ainda, eventualmente, aqueles que têm a sua causa no próprio acordo de revogação do contrato de trabalho. Não obstante a revogação do contrato de trabalho não acarretar, para o empregador, a obrigatoriedade de pagamento de qualquer indemnização ou compensação, na maioria dos casos, atendendo à rigidez do sistema quanto às formas de cessação do contrato de trabalho e ao princípio constitucional da segurança no emprego, o acordo de revogação assume-se como um «despedimento negociado». De facto, não raras vezes, o empregador, para efeitos de obtenção do acordo do trabalhador, ajusta o pagamento de uma compensação, de valor tendencialmente equivalente ou ligeiramente superior ao das importâncias indemnizatórias legalmente devidas em caso de despedimento ilícito ou por causas objectivas.

γ. Cessação do acordo de revogação

I. Em princípio, a revogação, como qualquer negócio jurídico, vincula as partes e, excluindo a hipótese de vícios da vontade, de incumprimento culposo ou de impossibilidade de cumprimento de uma das partes, a contraparte não se pode desvincular do acordo. Todavia, no art. 7º do Decreto-Lei nº 372-A/75, de 16 de Julho (diploma revogado pela Lei da Cessação do Contrato de Trabalho), permitia-se que o trabalhador revogasse (unilateralmente) o acordo revogatório no prazo de sete dias; estabelecendo-se um direito de arrependimento, nos termos do qual uma das partes (o trabalhador) podia repensar as vantagens do negócio ajustado num período em que deixaria de estar sujeito a pressões e condicionamentos derivados da relação de subordinação. No preâmbulo do Decreto-Lei nº 64-A/89, de 27 de Fevereiro, a propósito da revogação do acordo de cessação dispunha-se: «Essa possibilidade, constituindo um desvio injustificado a princípios fundamentais da nossa ordem jurídica, correspondia a uma concepção de imaturidade dos trabalhadores portugueses, que estes não merecem, e prestava-se a situações menos justas»; e, assim, a Lei da Cessação do Contrato de Trabalho não conferiu tal direito ao trabalhador.

Essencialmente para prevenir fraudes[883], reintroduziu-se o direito de revogação do acordo de cessação do contrato de trabalho através da Lei nº 38/96,

---

[883] Ter-se-á detectado que, em algumas empresas, se impunha a celebração de um acordo revogatório aquando da contratação do trabalhador, com a data em branco, permitindo que o empregador fizesse cessar o contrato de trabalho quando entendesse, bastando colocar uma data no acordo.

de 31 de Agosto (art. 1º). Deste modo, o trabalhador passou a poder revogar o acordo revogatório no prazo de dois dias úteis depois de a cessação do contrato produzir efeitos, mediante comunicação escrita enviada ao empregador (art. 1º, nº 1, da Lei nº 38/96).

II. No art. 350º do CT, com diferente terminologia, continua a conferir-se ao trabalhador o poder de fazer cessar o acordo de revogação. Este direito do trabalhador tem de ser exercido até ao sétimo dia seguinte à data da celebração do acordo revogatório (nº 1 do art. 350º do CT); o prazo de dois dias foi alargado para sete dias, mas a contagem desse prazo tem data de início diferente. Na legislação revogada, o prazo de dois dias úteis contava-se a partir da data da produção de efeitos do acordo de revogação, enquanto o actual prazo de sete dias se conta desde a data da celebração do acordo. Esta diferença é relevante porque altera, parcialmente, a finalidade da norma. No domínio da legislação anterior, na discussão em torno da *ratio legis* do preceito, admitiam-se dois fundamentos: permitir a ponderação posterior do trabalhador e combater fraudes no que respeita à celebração dos acordos de revogação[884]. Com a modificação introduzida, pode concluir-se que a norma só prossegue uma das finalidades do anterior preceito: confere-se ao trabalhador a possibilidade de reponderar o acordo de revogação ajustado[885]. Deixa de se poder combater eventuais fraudes, indirectamente, através do regime da desvinculação do acordo de revogação; cabendo, contudo, ao trabalhador o recurso aos meios comuns, nomeadamente com fundamento na falta e vícios da vontade, entre as quais a falta de consciência da declaração (art. 246º do CC), o erro na declaração (art. 247º do CC), o dolo (art. 253º do CC) ou a coacção moral (art. 255º do CC). A existência de vícios na formação ou na declaração da vontade pode determinar a invalidade do contrato (arts. 247º e ss. do CC)[886] e, tratando-se de um negócio (extintivo) usurário, admite-se a sua anulação ou modificação segundo juízos de equidade (arts. 282º e 283º do CC)[887].

III. Para que a cessação do acordo de revogação produza efeitos torna-se necessário que o trabalhador entregue ou ponha à disposição do empregador

---

[884] Cfr. ROMANO MARTINEZ, *Direito do Trabalho*, 1ª edição, cit., pp. 838 e ss.

[885] Por motivos idênticos, admite-se igualmente que o trabalhador revogue a declaração de resolução ou de denúncia do contrato de trabalho nos mesmos moldes (art. 402º do CT).

[886] Cfr., nomeadamente, Ac. Rel. Lx de 26/5/1999, *in* http://www.dgsi.pt.

[887] Quanto às dificuldades de prova dos pressupostos destes institutos, veja-se JOANA VASCONCELOS, *A revogação do contrato de trabalho*, cit., pp. 361 e ss. Mas esta dificuldade, comum a múltiplas outras situações jurídicas, não permite alterar o regime do ónus da prova.

DA CESSAÇÃO DO CONTRATO

a totalidade do valor que lhe foi pago como compensação pecuniária ajustada no acordo de revogação (art. 350º, nº 3, do CT).

Por outro lado, o direito a fazer cessar o acordo de revogação não é atribuído ao trabalhador se neste negócio jurídico, seguindo as exigências do art. 349º, nºs 3 e 4, do CT, as assinaturas forem objecto de reconhecimento presencial no notário (art. 350º, nº 4, do CT).

Resta acrescentar que a solução constante do art. 350º do CT é excepcional, não se justificando aplicar este regime a outras situações, salvo havendo específica previsão legal. Deste modo, o trabalhador não poderá fazer cessar o acordo de pré-reforma (arts. 318º e ss. do CT), porque se trata de uma situação para a qual o arrependimento não foi pensado e, principalmente, porque corresponde a um regime especial ao qual não se aplica a norma geral. Mas, diferentemente, por exemplo, a propósito do acordo para passar a trabalhar em regime de teletrabalho, prevê-se que possa cessar, por decisão de qualquer das partes, durante os primeiros trinta dias da sua execução (art. 167º, nº 2, do CT).

Concluindo, pode dizer-se que os pressupostos desta revogação atípica são quatro: em primeiro lugar, atendendo ao seu carácter excepcional, a cessação em causa só se aplica no estrito âmbito da revogação prevista nos arts. 349º e 350º do CT; segundo, é necessário que o acordo revogatório tenha sido celebrado sem reconhecimento presencial das assinaturas perante notário; terceiro, o direito tem de ser exercido mediante declaração escrita a enviar no prazo de sete dias a contar da data da celebração do acordo; quarto, o trabalhador, para exercer o seu direito, tem de devolver a compensação pecuniária recebida no momento em que faz cessar o acordo de revogação.

IV. Tendo em conta a atipicidade desta solução, importará discutir o fundamento do direito de fazer cessar unilateralmente o acordo revogatório. Parece indiscutível que se trata de um direito potestativo que tem em vista a protecção da parte mais fraca e a estabilidade do vínculo laboral. Juridicamente, o direito potestativo em causa enquadra-se numa condição resolutiva; isto é, a revogação do contrato de trabalho fica, por imperativo legal, sujeita a uma condição resolutiva, nos termos da qual o trabalhador, no exercício de um direito potestativo, pode destruir retroactivamente os efeitos extintivos ajustados relativamente a um contrato de trabalho, fazendo-o renascer. Mas discute-se se este direito potestativo conferido ao trabalhador tem só em vista combater atitudes fraudulentas dos empregadores ou se constitui um direito de arrependimento.

CONTRATO DE TRABALHO

Com base na exposição de motivos da proposta que esteve na origem da Lei nº 38/96, onde se indica o motivo de combate a fraudes, no facto de o prazo de sete dias do anterior diploma (art. 7º do Decreto-Lei nº 372-A/75, de 16 de Julho) ter sido encurtado para dois dias, assim como da inviabilidade de revogação no caso de acordo com assinaturas presenciais reconhecidas notarialmente ou efectuadas perante um inspector de trabalho, alguns autores consideravam que a solução legal não conferia verdadeiramente um direito de arrependimento, valendo antes como meio de combater a fraude do empregador[888].

Seria estranho que o legislador estabelecesse uma solução legal com uma carga negativa que abrangesse uma multiplicidade de operadores. Ainda que, na sua génese, se possa aceitar que as fraudes tivessem contribuído para fazer renascer a solução abandonada em 1989, parece inaceitável entender-se que o regime instituído pela Lei nº 38/96 só se aplicasse em caso de fraude do empregador. Se assim fosse, este regime não teria estabelecido uma «revogação» de declarações unilaterais pelo trabalhador, mas uma presunção de fraude dos empregadores, pois estes, nessa concepção, poderiam sempre provar que a declaração do trabalhador tinha sido livre, para impedir o efeito revogatório da cessação[889].

De iure constituendo poderá criticar-se a solução legal e advogar-se a sua abolição[890], mas não seria correcto interpretar a lei contra a sua letra, de modo a concluir que o direito de revogação de determinadas declarações negociais correspondia, antes, a uma presunção de fraude dos empregadores, que a poderiam ilidir, provando que o trabalhador não fora «pressionado» a pôr termo ao contrato de trabalho[891].

---

[888] Cfr. MENDES BAPTISTA, «O Direito de Arrependimento», cit., pp. 49 e ss. e JOANA VASCONCELOS, «A Revogação do Contrato de Trabalho», cit., pp. 186 e ss. Nesta sequência, poder-se-ia até entender que a solução consagrada na Lei nº 38/96 assentava no pressuposto, por um lado, de que os empregadores são naturalmente burlões, que tentam com negócios fraudulentos enganar os trabalhadores e, por outro, de que os mecanismos legais de combate a tais fraudes, nomeadamente o regime dos vícios da vontade, são inoperantes.

[889] Considerando que a Lei nº 38/96 reinstituiu o direito de arrependimento idêntico ao que vigorou até 1989, *vd.* JORGE LEITE, «Observatório Legislativo», *QL* Ano III, nº 8, pp. 216 e s. Em sentido diverso, contestando o «arrependimento», *vd.* JOANA VASCONCELOS, «A Revogação do Contrato de Trabalho», cit., pp. 173 e ss.

[890] Neste sentido, MOTTA VEIGA, *Lições de Direito do Trabalho*, cit., pp. 486 e s., critica a solução legal, considerando-a desajustada, sem concluir que a solução de 1996 difere do anterior direito de arrependimento; do texto e pela remissão para a crítica ao diploma de 1975, poder-se-á concluir que este autor, discordando da solução da Lei nº 38/96, a considera idêntica à que vigorou até 1989, isto é, que se trataria de um típico direito de arrependimento, o qual deveria ser abolido.

[891] Os argumentos invocados com base nos quais se considerava que a Lei nº 38/96 não restabeleceu o direito de arrependimento não parecem convincentes.

DA CESSAÇÃO DO CONTRATO

A dúvida parece estar sanada com o actual art. 350º do CT, pois, como se indicou (*supra* II.), por via da alteração introduzida quanto ao momento do início do prazo, pode concluir-se que a norma só prossegue uma das finalidades indicadas: confere-se ao trabalhador a possibilidade de reponderar o acordo de revogação ajustado, não estando em causa o combate a eventuais fraudes, indirectamente, através do regime da desvinculação do acordo de revogação. Em suma, está-se perante o designado direito de arrependimento.

V. A possibilidade conferida a uma das partes de fazer cessar um acordo, apesar de excepcional, não é específica do domínio laboral. Além da revoga-

---

A exposição de motivos que antecedeu a proposta de lei, onde se faz alusão à mencionada fraude praticada em algumas empresas, não foi minimamente contemplada na letra dos preceitos da Lei nº 38/96, pelo que se pode daí concluir que esse terá sido um motivo que impulsionou o legislador, mas este legislou em sentido mais amplo. Acresce que, segundo as regras interpretativas, não prevalece o sentido subjectivo e não pode ser considerado pelo intérprete o pensamento legislativo que não tenha na letra da lei um mínimo de correspondência verbal, ainda que imperfeitamente expresso (art. 9º, nº 2, do CC). O entendimento de que a solução estabelecida na Lei nº 38/96 só se aplica às hipóteses de fraude do empregador não tem um mínimo de correspondência na letra dos preceitos do diploma.

O encurtamento do prazo, de sete para dois dias, não parece relevante, pois estava em causa uma redução do período de incerteza para o empregador. Do mesmo modo, da diminuição do prazo de catorze para dez dias, ocorrida pela alteração de 1999 ao art. 16º do regime do direito real de habitação periódica, não se pode concluir que deixou de haver um direito de arrependimento, só podendo tal direito ser exercido em caso de fraude dos vendedores de direitos reais de habitação periódica.

Por último, a inviabilidade de revogação, no caso de acordo com assinaturas presenciais reconhecidas notarialmente ou efectuadas perante um inspector de trabalho ou de revogação da resolução se nesta declaração a assinatura for reconhecida presencialmente, consiste numa limitação que poderia ser entendida no sentido de averiguar da inexistência de fraude. Mas esta conclusão parece precipitada, pois, como resulta do art. 1º, nº 5, da Lei nº 38/96, ainda que o acordo fosse assinado na presença do notário ou do inspector do trabalho, podia ser revogado se tivesse sido aposto um termo suspensivo que ultrapassasse um mês sobre a data da assinatura. Deste modo, não sendo de execução imediata, isto é, se a extinção do vínculo só se verificasse mais de trinta dias após a decisão que visava pôr termo ao contrato de trabalho, ainda que a liberdade do trabalhador fosse certificada por notário ou inspector de trabalho, era lícita a revogação da declaração negocial.

Em conclusão, da Lei nº 38/96 resultava que a declaração negocial do trabalhador que visava pôr termo ao contrato de trabalho devia ser, não só livre — isenta de coacção moral ou de outros vícios da vontade —, como também actual. Neste sentido, afirmando, a propósito da Lei nº 38/96, que «(...) as declarações de vontade do trabalhador no sentido do distrate sejam actuais e livres (...)», cfr. BERNARDO XAVIER, *Curso de Direito do Trabalho*, cit., aditamento de actualização de 1996, p. 566. No mesmo sentido, MONTEIRO FERNANDES, *Direito do Trabalho*, cit., p. 488, esclarece que «o objectivo do legislador consiste, manifestamente, em garantir a genuinidade do acordo de cessação do contrato de trabalho, em particular no que respeita à sua *actualidade*, ou, por outras palavras, à coincidência entre a data da assinatura do trabalhador e aquela em que se pretende fazer valer o acordo».

ção (unilateral) do mandato (art. 1170º, nº 2, do CC), o «direito de arrependimento» tem sido admitido em diversas situações em que se justifica proteger uma parte mais fraca, como o trabalhador ou o consumidor[892].

O legislador consagrou o direito de arrependimento em outros contratos quando está em causa uma justificada tutela do contraente débil, conferindo a possibilidade de essa parte, tradicionalmente desprotegida, poder, como se diz em linguagem popular, «dar o dito por não dito». Assim, o trabalhador, arrependendo-se de ter ajustado um acordo de revogação do contrato de trabalho, poderá, nos sete dias imediatos ao ajuste, sem necessitar de justificar a sua decisão, resolver tal acordo.

VI. Resta acrescentar que a discussão em torno da eventual inconstitucionalidade dos preceitos que admitem a cessação, por vontade de uma das partes (trabalhador), do acordo de revogação – bem como da resolução e denúncia do contrato de trabalho por iniciativa do trabalhador (art. 402º do CT) –, com base na violação do princípio da liberdade de iniciativa privada (art. 61º da CRP), não apresenta qualquer particularidade, pois a questão coloca-se nos mesmos termos a propósito do direito de arrependimento previsto noutros domínios, como nos exemplos indicados. De facto, as empresas que vendem bens a distância ou ao domicílio, que se dedicam à comercialização de direitos reais de habitação periódica, ou que concedem crédito ao consumo, vêem coarctada a sua liberdade de iniciativa privada no que respeita a determinados negócios jurídicos que celebrem.

No confronto de interesses entre a segurança contratual e a justiça resultante da especial protecção conferida a um dos contraentes, em razão da sua maior debilidade, deu-se prevalência a este segundo factor. E as regras jurídicas, ainda que com previsão constitucional, não são de aplicação absoluta, admitindo excepções, como no caso.

4. Denúncia
a) Regime geral
I. O contrato de trabalho, sendo um vínculo de execução continuada e, normalmente, de duração indeterminada, pode cessar por via da denúncia *ad libitum*[893].

---

[892] *Vd. supra*, I Parte, Capítulo I, § 4, nº 3, alínea *b)*, subalínea δ.

[893] Quanto à denúncia *ad nutum* no contrato de trabalho, SELWYN, *Law of Employment*, cit., pp. 307 e ss., alude à necessidade de aviso prévio, que resulta de jurisprudência consolidada, aceitando-se, porém, um pagamento em substituição do aviso. Veja-se também NICOLINI, *Manuale*

DA CESSAÇÃO DO CONTRATO

O princípio da denúncia livre do contrato mantém, na relação laboral, plena aplicação quando a iniciativa cabe ao trabalhador[894]. O contrato de trabalho, sendo uma relação duradoura, não implica uma vinculação perpétua do trabalhador, que a todo o tempo se pode desvincular[895]. Neste caso estar-se-á perante a denúncia com aviso prévio (art. 400º do CT).

A vinculação indefinida contraria a liberdade, nomeadamente económica, mas, da ponderação entre a liberdade de desvinculação e a segurança no emprego (art. 53º da CRP), só se concedeu a denúncia livre ao trabalhador.

O trabalhador que pretenda pôr termo ao contrato pode recorrer à denúncia *ad nutum* e não tem de indemnizar a contraparte se comunicar por escrito essa sua intenção com a antecedência estabelecida no art. 400º, nº 1, do CT.

A denúncia do contrato de trabalho pode ser revogada pelo trabalhador até ao sétimo dia seguinte à data em que chega ao poder ou ao conhecimento do empregador (art. 402º, nº 1, do CT). Trata-se de uma excepção à regra geral da irrevogabilidade das declarações negociais (art. 230º do CC), pois admite-se que o trabalhador, num prazo limitado, revogue a declaração negocial de denúncia do contrato de trabalho.

---

di Diritto del Lavoro, 3ª edição, Milão, 2000, pp. 532 e ss., relativamente à denúncia prevista no art. 2118 do CCIt., preceito cujo sentido tem sido alvo de uma interpretação restritiva por parte da jurisprudência.

[894] Sobre a matéria, veja-se LEAL AMADO, «Falta de Pagamento da Retribuição e Rescisão do Contrato pelo Trabalhador: Um Direito Virtual?», *QL* (1998), nº 11, pp. 117 a 120; CARLOS ANTUNES/AMADEU GUERRA, *Despedimentos e outras Formas de Cessação,* cit., pp. 229 a 247; MENEZES CORDEIRO, *Manual de Direito do Trabalho,* cit., pp. 853 a 857; MONTEIRO FERNANDES, *Direito do Trabalho,* cit., pp. 603 a 610; JÚLIO GOMES, «Da Rescisão do Contrato de Trabalho por Iniciativa do Trabalhador», *V Congresso Nacional de Direito do Trabalho. Memórias,* Coimbra, 2003, pp. 133 e ss.; ROMANO MARTINEZ, *Direito do Trabalho,* 7ª edição, cit., pp. 910 e ss.; FURTADO MARTINS, «Rescisão pelo Trabalhador. Comunicação Escrita», *RDES XXXV* (1993), nºs 1/4, pp. 343 a 347 e *Cessação do Contrato de Trabalho,* cit., pp. 161 a 174; BERNARDO XAVIER, *Curso de Direito do Trabalho,* cit., pp. 533 e 534.

[895] Há, todavia, excepções, como a que decorre do regime do contrato de trabalho dos desportistas profissionais (*vd.* LEAL AMADO, *O Processo de Constituição e Extinção da Relação Laboral do Praticante Desportivo,* Coimbra, 2002, pp. 203 e ss. e ROMANO MARTINEZ, *Direito do Trabalho,* 7ª edição, cit., pp. 675 e s.). Quanto à liberdade de desvinculação, veja-se ainda RODRÍGUEZ-PIÑERO Y BRAVO FERRER/FERNÁNDEZ LÓPEZ, *La Voluntad del Trabajador en la Extinción del Contrato de Trabajo,* Madrid, 1998, pp. 21 e ss. e 49 e ss. e relativamente aos fundamentos, em que o regime comum tem de ser contemporizado com a protecção do trabalhador, consulte-se FROMM, *Die Arbeitnehmerbedingten Kündigungsgründe,* Berlim, 1995, pp. 202 e ss. e 317 e ss., em especial, de modo mais consensual, pp. 620 e ss.

CONTRATO DE TRABALHO

II. De modo diverso, por via de regra, o empregador não pode recorrer à denúncia como modo de fazer cessar o vínculo contratual[896]. Contudo, em situações pontuais, expressamente previstas, confere-se ao empregador a faculdade de denunciar o contrato de trabalho; assim, durante o período experimental (art. 114º do CT), numa relação contratual em comissão de serviço (art. 163º do CT) ou num contrato a termo certo (art. 344º do CT), o empregador pode denunciar o contrato, fazendo cessar a relação laboral[897].

III. Relativamente ao trabalhador, não obstante a previsão genérica de denúncia imotivada do art. 400º do CT, e além das situações indicadas, em que a denúncia é conferida a ambas as partes (arts. 114º, 163º e 344º do CT), o legislador ainda alude à faculdade de denunciar o contrato de trabalho no art. 365º do CT, em caso de despedimento por causas objectivas[898].

b) Período experimental

Como prescreve supletivamente o art. 114º, nº 1, do CT, durante o período experimental qualquer das partes pode denunciar o contrato de trabalho.

---

[896] Não assim noutros ordenamentos, como no brasileiro, em que a denúncia livre por parte do empregador se encontra admitida como regra, no art. 487 da CLT, com um aviso prévio de trinta dias, cfr. CARRION, *Comentários à Consolidação das Leis do Trabalho*, cit., anotação ao art. 487, pp. 373 e ss. Quanto ao direito alemão, apesar de a extinção do vínculo laboral assentar na dicotomia entre denúncia ordinária e extraordinária (*ordentliche Kündigng* e *außerordentlichen Kündigung*), estabelecida nos §§ 622 e ss. do BGB, em que, no primeiro caso, qualquer das partes pode fazer cessar o contrato *ad nutum* com uma antecedência de quatro semanas, tendo em conta várias excepções estabelecidas para protecção da estabilidade laboral (nomeadamente no § 622(2) do BGB e em convenções colectivas, § 622(4) do BGB, assim como na lei de protecção do despedimento), a liberdade de denúncia para o empregador está normalmente bastante limitada, cfr. RÖHSLER, Comentário ao § 622 do BGB, *Das Arbeitsrecht im BGB*, Volume 2, Berlim, 1997, pp. 30 e ss.; SCHAUB/KOCH/LINCK, *Arbeitsrechts-Handbuch*, 11ª edição, Munique, 2004, §§ 124 e 125, pp. 1308 e ss. e 1316 e ss.; ZÖLLNER/LORITZ, *Arbeitsrecht*, 5ª edição, Munique, 1998, pp. 274 e ss. e 289 e ss. A situação é similar no direito austríaco (§§ 862 e ss. ABGB), cfr. SPIELBÜCHER *in* FLORETTA/SPIELBÜCHER/STRASSER, *Arbeitsrecht*, Volume I *Individualarbeitsrecht (Arbeitsvertragsrecht)*, 4ª edição, Viena, 1998, pp. 365 e ss.
Por vezes, pode parecer que subsiste o princípio de liberdade de denúncia por parte do empregador, como resulta do art. 2118 do CCIt., mas esse direito encontra-se coarctado; quanto a esta dicotomia do sistema italiano, veja-se PAPALEONI, «Il Rapporto di Lavoro» *in Manuale di Diritto del Lavoro*, org. Giuliano MAZZONI, Volume I, Milão, 1988, pp. 788 e ss.

[897] Contrariando a tese de que a denúncia, quando exercida pelo empregador, deve encontrar um fundamento de natureza empresarial, *vd.* NOVARA, *Il Recesso Volontario dal Rapporto di Lavoro*, Milão, 1961, pp. 51 e ss.

[898] *Vd. infra* neste Capítulo, § 4, nº 5, alínea *b*), subalínea *γ*, ponto *iv*.

DA CESSAÇÃO DO CONTRATO

Trata-se de uma denúncia *ad nutum*, pois não é necessária a invocação de justa causa. Por outro lado, contrariamente à regra geral, admite-se que a denúncia possa ser feita valer sem aviso prévio; contudo, se o período experimental tiver durado mais de sessenta dias, o empregador tem de dar um aviso prévio de sete dias (art. 114º, nº 2, do CT).

Resta referir que a denúncia, correspondendo ao exercício lícito de um direito, não pressupõe o pagamento de uma indemnização; a parte que invoca a denúncia não tem de compensar os prejuízos causados à contraparte pela cessação do vínculo.

c) Comissão de serviço

Apesar de no art. 163º do CT se aludir tão-só, primeiro, à «cessação da comissão de serviço» e, depois, à possibilidade de «pôr termo à prestação de trabalho», sem qualificar o modo de extinção, poderá entender-se que se trata de uma denúncia.

De facto, qualquer das partes, enviando uma declaração com um aviso prévio de trinta ou sessenta dias, pode fazer cessar a relação laboral em regime de comissão de serviço.

A denúncia da comissão de serviço que implique a cessação do contrato de trabalho, sendo requerida pelo empregador, apesar de lícita, implica o pagamento de uma compensação ao trabalhador, nos termos prescritos na alínea c) do nº 1 do art. 164º do CT.

d) Denúncia com aviso prévio

I. Atendendo ao já mencionado princípio da livre denúncia dos contratos duradouros, a lei confere ao trabalhador o direito de se desvincular a todo o tempo, desde que comunique essa intenção ao empregador com trinta ou sessenta dias de antecedência, conforme a sua antiguidade seja inferior ou igual a dois anos ou superior a dois anos (art. 400º, nº 1, do CT). Estes prazos podem ser alargados até seis meses por instrumento de regulamentação colectiva ou contrato de trabalho, em relação a trabalhadores que ocupem cargos de administração ou de direcção ou que desempenhem funções de representação ou de responsabilidade (art. 400º, nº 2, do CT). A denúncia – a exercer só pelo trabalhador – pode ser feita valer inclusive no caso de contrato a termo certo, em que o trabalhador pretende fazer cessar o vínculo *ante tempus*, caso em que o aviso prévio será de quinze ou trinta dias (art. 400º, nº 3, do CT).

A declaração de denúncia com aviso prévio tem de ser feita por escrito e endereçada ao empregador com a antecedência indicada[899], mas a exigência

---

[899] Veja-se, contudo, FURTADO MARTINS, *Cessação do Contrato de Trabalho*, cit., p. 546.

CONTRATO DE TRABALHO

de forma tem em vista a protecção do declarante, pois não foi estabelecida para garantia da entidade patronal. Por isso se admite a possibilidade de ser revogada a declaração de denúncia até ao sétimo dia seguinte à data em que chega ao poder do empregador, se o documento escrito não tiver a assinatura do trabalhador com reconhecimento presencial (art. 402º, nº 1, do CT). A fim de impor ao trabalhador a necessária ponderação e de obstar à revogação da denúncia, o empregador pode exigir que a declaração de denúncia tenha a assinatura do emitente com reconhecimento notarial presencial (art. 402º, nº 1, do CT).

II. Além do regime comum de denúncia *ad libitum* a exercer pelo trabalhador, há que atender a uma previsão específica em que se lhe confere também o direito de denunciar o contrato. No art. 365º do CT conferiu-se ao trabalhador a faculdade de denunciar o contrato de trabalho em caso de despedimento por causas objectivas.

III. Pelas razões já invocadas, relacionadas com a segurança no emprego, a denúncia *ad libitum* só é conferida ao trabalhador, não podendo o empregador, fora das situações especialmente previstas e já mencionadas, denunciar o contrato de trabalho com aviso prévio.

IV. A denúncia com aviso prévio invocada pelo trabalhador, correspondendo à efectivação de um direito, não determina o pagamento de uma compensação[900].

Contudo, no caso de o menor ter denunciado o contrato de trabalho durante a formação, que lhe deve ser assegurada pelo empregador (art. 67º do CT), ou num período imediatamente subsequente de duração igual àquela, deve compensar o empregador em valor correspondente ao custo da formação (art. 71º, nº 1, do CT).

c) Falta de aviso prévio; o abandono do trabalho
I. Se o trabalhador quiser fazer cessar imediatamente o contrato de trabalho sem justa causa – não preenchendo, portanto, os pressupostos da resolução – nem aviso prévio, em violação do disposto no nº 1 do art. 400º do CT, a extinção do vínculo ocorre, sendo, todavia, responsabilizado pelo facto. Como

---

[900] Sobre as cláusulas que impõem o pagamento de um montante, em caso de denúncia pelo trabalhador (desportista profissional), veja-se MENDES BAPTISTA, «Breve Apontamento sobre as Cláusulas de Rescisão», *Revista do Ministério Público*, Ano 23 (2002), nº 91, pp. 144 e ss.

DA CESSAÇÃO DO CONTRATO

dispõe o art. 401º do CT, em tal caso, o trabalhador fica obrigado a pagar ao empregador uma indemnização pelos prejuízos causados, que não será inferior ao valor total da retribuição base e das diuturnidades correspondentes ao período de antecedência em falta.

Em suma, não sendo respeitado o prazo de aviso prévio, o contrato cessa, mas o trabalhador terá de indemnizar o empregador nos termos previstos no art. 401º do CT: sem prejuízo da responsabilidade decorrente da violação de outros preceitos, em particular o art. 137º, nº 1, do CT, o trabalhador fica obrigado a pagar uma indemnização correspondente ao valor da retribuição base e das diuturnidades correspondentes ao período de antecedência (trinta a sessenta dias) em falta[901].

II. Como hipótese específica de denúncia sem aviso prévio, o legislador prevê a figura do abandono do trabalho (art. 403º, nº 3, do CT). Se o trabalhador se ausentar, deixando de comparecer na empresa, é necessário verificar se há indícios de que, com toda a probabilidade, não pretende regressar ao serviço (art. 403º, nº 1, do CT); assim, o trabalhador que faltou ao serviço porque foi trabalhar para outra empresa, revela que, com toda a probabilidade, não quer regressar às suas anteriores funções. A lei estabelece uma presunção de abandono do trabalho sempre que a ausência se prolongue, pelo menos, por dez dias úteis seguidos (art. 403º, nº 2, do CT)[902]; presunção essa que pode ser ilidida mediante prova de motivo de força maior impeditivo da comunicação da ausência (art. 403º, nº 4, do CT). Por isso, o trabalhador que, em razão de um acidente, esteve em coma durante mais de dez dias pode ilidir a presunção de abandono do trabalho[903].

O abandono do trabalho constitui uma denúncia ilícita que importa responsabilidade para o trabalhador, nos mesmos termos estabelecidos para a denúncia sem aviso prévio (art. 403º, nº 3, do CT). Neste caso, a denúncia manifesta-se mediante um comportamento concludente: a ausência do trabalhador ao serviço. Está-se perante uma denúncia tácita resultante da falta de comparência ao serviço.

---

[901] Não é usual que as empresas exijam o pagamento desta indemnização (veja-se, porém, Ac. Rel. Év. de 13/1/1998, *CJ* XXIII, T. I, p. 286), pois, por via de regra, só fazem valer esse direito em compensação de créditos do trabalhador.

[902] Estão, evidentemente, em causa situações de ausência não justificada; pois se, por exemplo, se estiver perante faltas justificadas ou suspensão do contrato não há abandono do trabalho.

[903] Não há abandono se o empregador sabia que o trabalhador ausente se encontrava de baixa (Ac. STJ de 13/12/1995, *CJ (STJ)* 1995, T. III, p. 306) ou que era doente do foro psiquiátrico (Ac. Rel. Lx. de 23/5/2001, *CJ* XXVI, T. III, p. 173).

CONTRATO DE TRABALHO

Refira-se, por último, que, afastando-se dos parâmetros gerais, a cessação do contrato por abandono do trabalho tem de ser declarada pelo empregador, mediante carta registada com aviso de recepção a enviar para a última morada conhecida do trabalhador (art. 403º, nº 3, do CT). De facto, tratando-se de denúncia, ainda que tácita e resultante de um comportamento concludente do trabalhador, bastaria essa declaração para produzir o efeito extintivo; porém, por uma razão de segurança do emprego, exige-se esta formalidade suplementar (carta registada do empregador). Apesar de não resultar expressamente da norma, o contrato de trabalho cessa a partir da data do início do abandono, pelo que a declaração do empregador é uma confirmação (imprescindível), com eficácia retroactiva, da extinção do vínculo.

5. Resolução
a) Tipos
A resolução determina a cessação do contrato, mas importa averiguar a quem coube a iniciativa, pois estabeleceu-se um regime diverso consoante a resolução seja invocada pelo empregador, designada despedimento (arts. 351º e ss. do CT), ou pelo trabalhador (arts 394º e ss. do CT).

b) Resolução invocada pelo empregador
α. Noções comuns
i. Despedimento
I. O despedimento é uma forma de cessação unilateral do contrato de trabalho em que a iniciativa cabe ao empregador. Exige-se uma declaração de vontade da entidade empregadora nos termos da qual se comunica ao trabalhador que o contrato cessa para o futuro, sem eficácia retroactiva[904]. Esta declaração de vontade é receptícia (art. 224º do CC), pelo que o efeito extintivo do contrato só se verifica depois de a mesma ser recebida pelo trabalhador[905] e,

---

[904] Por isso, sendo despedido um trabalhador, independentemente da causa, terão de lhe ser pagos todos os créditos vencidos até à data em que o contrato de trabalho cessa. SCHAUB/KOCH/LINCK, *Arbeitsrechts-Handbuch*, cit., § 121.III, p. 1246, afirma que o empregador não pode resolver o contrato em caso de incumprimento culposo por parte do trabalhador, mas tão-só denunciar o vínculo; trata-se da «denúncia extraordinária». No fundo, o autor pretende esclarecer que a destruição do vínculo não tem eficácia retroactiva. A *außerordentliche Kündigung* (*vd.* SCHAUB/KOCH/LINCK, *Arbeitsrechts-Handbuch*, cit., § 125, pp. 1316 e ss.) corresponde à resolução no direito português.
[905] Tal como dispõe o art. 224º, nº 2, do CC, o acto vale a partir do momento em que foi recebido ou devia ter sido recebido pelo destinatário, sem culpa deste, pelo que se o trabalhador se recusa a receber a carta registada onde é enviada a nota de despedimento, este produz efeitos nessa altura (Ac. STJ de 18/1/1995, *BMJ* 443, p. 205).

DA CESSAÇÃO DO CONTRATO

a partir desse momento, como qualquer declaração negocial, é irrevogável (art. 230º do CC)[906].

Utiliza-se o termo «despedimento», como modalidade de resolução (arts. 351º e ss. do CT), num sentido amplo, em que se incluem várias figuras[907]. Abrange a resolução do contrato por facto imputável ao trabalhador (art. 351º do CT), a resolução do contrato por alteração das circunstâncias (p. ex., despedimento colectivo, art. 359º do CT) e a resolução por impossibilidade (relativa) de realizar a prestação (p. ex., despedimento por inadaptação, art. 373º do CT)[908]. Estas várias situações têm de comum que o contrato de trabalho cessa por iniciativa do empregador.

II. O despedimento é necessariamente vinculado, não só por via do regime geral da resolução dos contratos (art. 432º, nº 1, do CC), mas, em particular, atendendo ao princípio da segurança no emprego (art. 53º da CRP). Por isso, o despedimento não tem a função de denúncia do contrato, que seria discricionária[909]. Independentemente de o despedimento corresponder a uma resolução por incumprimento ou por alteração das circunstâncias ou fundar-se na impossibilidade (relativa) de cumprimento é sempre necessário determinar um motivo que o justifique; sem fundamento, o despedimento é ilícito.

A declaração de vontade emitida pelo empregador no sentido de pôr termo ao contrato de trabalho, não só é receptícia, produzindo o efeito extintivo logo que chega ao poder do trabalhador ou é dele conhecida (art. 224º, nº 1, do CC), como é constitutiva[910]. Tal como a resolução do contrato opera por mera declaração à outra parte (art. 436º, nº 1, do CC), o despedimento acarreta a cessação do contrato de trabalho sem necessidade de recurso ao tribunal; o efeito extintivo produz-se no momento em que o trabalhador recebe a declaração de despedimento[911]. Atendendo ao efeito constitutivo, a decla-

---

[906] Veja-se, contudo, TATARELLI, *Il Licenziamento Individuale e Collettivo*, cit., pp. 100 e ss.

[907] Apesar de na linguagem corrente também se utilizar este vocábulo como sinónimo de resolução da iniciativa do trabalhador, na lei, o despedimento designa tão-só a resolução do contrato decidida pelo empregador.

[908] Com uma formulação diversa, *vd.* FURTADO MARTINS, *Despedimento Ilícito, Reintegração na Empresa e Dever de Ocupação Efectiva*, Lisboa, 1992, pp. 54 e ss. De igual modo, NICOLINI, *Manuale di Diritto del Lavoro*, cit., p. 529, entende que, por força das peculiaridades do direito do trabalho, ao contrato de trabalho não se aplica o regime da resolução previsto no Código Civil (italiano).

[909] Quanto à denúncia *ad libitum*, ainda que invocada pelo empregador, veja-se o regime da comissão de serviço (arts. 163º e 164º do CT).

[910] *Vd.* FURTADO MARTINS, *Cessação do Contrato de Trabalho*, cit., pp. 149 e s.

[911] Todavia, sendo ilícito o despedimento e tendo sido impugnado, a relação laboral pode subsistir se o trabalhador tiver direito à reintegração na empresa (art. 438º do CT), podendo cessar o

CONTRATO DE TRABALHO

ração de despedimento não pode ser revogada pelo empregador depois de ter sido recebida pelo trabalhador ou de ser dele conhecida (art. 230º, nº 1, do CC)[912]. Na medida em que a relação laboral é de execução continuada, o despedimento implica a cessação do vínculo com eficácia *ex nunc*, não tendo, pois, efeito retroactivo (art. 434º, nº 2, do CC).

ii. Espécies de despedimento

Como foi referido, o termo «despedimento» engloba várias situações jurídicas qualificáveis como resolução, em que o contrato cessa por iniciativa do empregador.

Em primeiro lugar, cabe aludir ao despedimento por facto imputável ao trabalhador, designado justa causa de despedimento (art. 351º do CT); nesta hipótese, a cessação do contrato abrange um só trabalhador, designando-se por despedimento individual, e baseia-se num comportamento culposo. Dir-se-á, então, que a justa causa é subjectiva, pois assenta no incumprimento culposo do contrato por parte do trabalhador, sendo o despedimento uma sanção disciplinar (art. 328º, alínea *f*), do CT).

Como segundo modo de cessação do contrato da iniciativa do empregador, a lei fala no despedimento colectivo (art. 359º do CT). É um despedimento que abrange vários trabalhadores e que se funda em motivos de mercado, estruturais ou tecnológicos da empresa; dir-se-á, por isso, que a justa causa é objectiva.

Em terceiro lugar, cabe referir o despedimento por extinção de posto de trabalho (art. 367º do CT). Corresponde igualmente a um despedimento, pois o vínculo laboral resolve-se por iniciativa do empregador; é um despedimento individual, na medida em que abrange um trabalhador por cada posto de trabalho[913]; tem uma justa causa objectiva, relacionada com motivos de mercado, estruturais ou económicos da empresa.

---

vínculo, se o trabalhador assim o quiser, na data da sentença (Ac. Rel. Pt. de 18/9/2000, *CJ* XXV, T. IV, p. 240).

[912] No que respeita à irrevogabilidade do despedimento, com indicações jurisprudenciais, *vd.* FURTADO MARTINS, *Cessação do Contrato de Trabalho*, cit., pp. 66 e s. No Ac. STJ de 11/6/1996, *CJ (STJ)* 1996, T. II, p. 274, admite-se que o despedimento seja revogado havendo uma proposta inequívoca do empregador e uma aceitação sem reserva do trabalhador; mas tal hipótese não consubstancia uma revogação do despedimento, pois trata-se de um negócio jurídico bilateral de efeito contrário ao do despedimento (cfr. Ac. Rel. Év. de 10/7/2001, *CJ* XXVI, T. IV, p. 292). Se o trabalhador não aceita essa proposta de reintegração não pode depois exigir o pagamento das retribuições vincendas, por tal atitude constituir abuso de direito (Ac. Rel. Pt. de 2/2/1998, *CJ* XXIII, T. I, p. 245).

[913] Ainda que a tarefa seja partilhada por vários trabalhadores (p. ex., em regime de trabalho parcial ou por turnos) cada um ocupa um posto diferente.

DA CESSAÇÃO DO CONTRATO

Por último, importa referir o despedimento por inadaptação (art. 373º do CT), mediante o qual o empregador pode fazer cessar o contrato de trabalho com fundamento em inadaptação do trabalhador ao posto de trabalho. O despedimento é individual e funda-se numa justa causa objectiva: a impossibilidade relativa de o trabalhador realizar a prestação.

iii. Justa causa subjectiva e objectiva

Sabendo-se que o despedimento tem de se fundar numa justa causa (art. 53º da CRP), das modalidades de cessação do contrato de trabalho da iniciativa do empregador deduz-se que é necessário distinguir dois tipos de justa causa: a justa causa subjectiva, que se funda num comportamento culposo do trabalhador; e a justa causa objectiva, dependente de motivos relacionados com a empresa, que inviabilizam a prossecução da relação laboral[914].

β. Despedimento por facto imputável ao trabalhador
i. Noção de justa causa (subjectiva)
1) Comportamento culposo; ilicitude

I. O despedimento por facto imputável ao trabalhador (art. 351º do CT) corresponde a uma resolução do contrato (arts. 432º e ss. do CC) fundada na lei (art. 432º, nº 1, do CC), devendo ser apreciada com base na justa causa[915].

---

[914] Quanto à discussão em torno da existência de uma justa causa objectiva no art. 53º da CRP, para além das referências feitas, *vd.* o Ac. TC nº 107/88, de 31/5/1988, com os comentários de MENDES BAPTISTA, *Jurisprudência do Trabalho Anotada*, 3ª edição, Lisboa, 1999, pp. 590 e ss. e 637 e ss., assim como MONTEIRO FERNANDES, *Direito do Trabalho*, cit., pp. 510 e ss.; FURTADO MARTINS, *Cessação do Contrato de Trabalho*, cit., pp. 161 e ss. Com uma posição crítica, considerando que a LCCT procedeu a um alargamento inconstitucional do conceito de justa causa, veja-se CANOTILHO/LEITE, «A Inconstitucionalidade da Lei dos Despedimentos», *Estudos em Homenagem ao Prof. Doutor Ferrer Correia*, III, Coimbra, 1991, pp. 531 e ss.

Sobre a justa causa objectiva, *vd.* igualmente AMOROSO/DI CERBO/MARESCA, *Il Diritto del Lavoro*, Volume II, *Statuto dei Lavoratori e Disciplina dei Licenziamenti*, Milão, 2001, pp. 1038 e ss. e BRIONES GONZÁLEZ, *La Extinción del Contrato de Trabajo por Causas Objetivas*, Madrid, 1995, pp. 34 e ss.

[915] *Vd. supra*, I Parte, Capítulo III, § 3, sobre as especificidades da resolução de contratos de execução continuada.

Sobre o conceito de «justa causa subjectiva» de despedimento, que não foi alterado com o Código do Trabalho, veja-se, nomeadamente, os estudos de HELENA TAPP BARROSO, «Justa Causa por Violação do Dever de Assiduidade; Faltas não Justificadas ao Trabalho e Falsas Declarações Relativas às Justificações das Faltas. Uma Abordagem do Caso das Falsas Declarações para Justificação de Faltas em Especial»; SOFIA LEITE BORGES, «A Justa Causa de Despedimento por Lesão de Interesses Patrimoniais Sérios da Empresa e pela Prática de Actos Lesivos da Economia Nacional»; MADEIRA DE BRITO, «Justa Causa de Despedimento com Fundamento na Violação dos Deveres de Assiduidade, Zelo e Diligência»; MENEZES CORDEIRO, «Justas Causas de Despedimento»;

CONTRATO DE TRABALHO

O despedimento com justa causa (subjectiva) constitui um poder vinculado conferido ao empregador no sentido de extinguir o contrato de trabalho fundado no incumprimento de deveres obrigacionais por parte do trabalhador. A eficácia retroactiva da resolução (art. 434º, nº 1, do CC) não se verifica no domínio do despedimento, atendendo ao facto de o contrato de trabalho ser de execução continuada, caso em que se mantêm as prestações efectuadas até à data em que a resolução produz efeitos (art. 434º, nº 2, do CC).

A resolução efectuada por via do despedimento é, como na maioria das situações, extrajudicial, pois opera mediante declaração do empregador ao trabalhador (art. 436º, nº 1, do CC).

Apesar de o não cumprimento do contrato constituir fundamento legal de resolução, não se concede ao lesado o direito de unilateralmente extinguir o contrato se o dano causado pelo incumprimento for de escassa importância (cfr. art. 802º, nº 2, do CC); por outro lado, para além da hipótese de estabelecimento de um prazo admonitório, a resolução do contrato pressupõe a perda de interesse apreciada objectivamente (art. 808º do CC). É isso que ocorre no domínio da cessação do contrato de trabalho, em que a lei só confere ao empregador o poder de despedir o trabalhador perante um incumprimento grave dos deveres obrigacionais, que torne praticamente impossível a subsistência da relação laboral (cfr. art. 351º, nº 1, do CT).

No art. 351º do CT, o legislador atendeu à justa causa de despedimento, fazendo depender a resolução do contrato promovida pelo empregador da existência de justa causa. Importa apreciar este conceito indeterminado à luz do direito das obrigações, relacionando-o, em particular, com os pressupostos do incumprimento contratual.

GUILHERME DRAY, «Justa Causa e Esfera Privada»; SEQUEIRA FERREIRA, «A Justa Causa de Despedimento no Contexto dos Grupos de Empresas»; ROMANO MARTINEZ, «Incumprimento Contratual e Justa Causa de Despedimento»; ANDRADE MESQUITA, «Tipificações Legais da Justa Causa. A "Lesão de Interesses Patrimoniais Sérios da Empresa" e a "Prática Intencional, no Âmbito da Empresa, de Actos Lesivos da Economia Nacional"»; JOANA VASCONCELOS, «O Conceito de Justa Causa de Despedimento. Evolução Legislativa e Situação Actual», publicados nos Estudos do Instituto de Direito do Trabalho, Volume II, Justa Causa de Despedimento, Coimbra, 2001. Relativamente a regimes anteriores à LCCT, consulte-se MONTEIRO FERNANDES, «Justa Causa de Rescisão», ESC, V, 1966, nº 20, pp. 51 e ss., e BERNARDO XAVIER, Da Justa Causa de Despedimento no Contrato de Trabalho, Coimbra, 1965, pp. 72 e ss., analisando o critério legal de justa causa da LCT de 1966. Tendo em conta o regime da Lei nº 1952 (arts. 11º e 12º), consulte-se RAÚL VENTURA, «Lições de Direito do Trabalho», cit., pp. 647 e ss. A situação não se altera substancialmente com o actual art. 351º do CT, veja-se ROMANO MARTINEZ, anotação II ao art. 396º, in ROMANO MARTINEZ/LUÍS MIGUEL MONTEIRO/JOANA VASCONCELOS/MADEIRA DE BRITO/GUILHERME DRAY/GONÇALVES DA SILVA, Código do Trabalho Anotado, cit., p. 750.

DA CESSAÇÃO DO CONTRATO

II. A justa causa não é um conceito específico de direito do trabalho[916], pois serve de fundamento para a resolução de vários contratos de execução continuada[917]. A justa causa constitui, nomeadamente, fundamento para resolver o comodato antes do prazo fixado (art. 1140º do CC), para o depositante exigir a restituição da coisa sem pagamento da retribuição no caso de depósito oneroso (art. 1194º do CC), o depositário devolver a coisa antes do prazo convencionado (art. 1201º do CC) e resolver o contrato de seguro (art. 116º da Lei do Contrato de Seguro).

Não obstante os contornos variarem, o conceito de justa causa é o mesmo na hipótese de resolução do contrato de trabalho ou dos contratos de comodato, de mandato ou de depósito. Em qualquer dos casos, a justa causa baseia-se no incumprimento culposo ou em causas de força maior.

Acontece, porém, que no art. 351º do CT restringe-se a justa causa às situações que se relacionam com o comportamento culposo do trabalhador, enquadrando a força maior nas chamadas causas objectivas, que permitem o despedimento colectivo (art. 359º do CT), a extinção do posto de trabalho (arts. 367º do CT) e o despedimento por inadaptação (art. 373º do CT). Cabe, todavia, salientar que esta noção restrita de justa causa é específica da legislação laboral, sem correspondência (directa) no art. 53º da CRP[918], nem nos anteriores regimes da resolução do contrato de trabalho, constantes, em particular, do Código Civil de 1867 (art. 1381º) e da Lei nº 1952, de 10 de Março de 1937 (art. 11º).

A justa causa, como pressuposto do despedimento no contrato de trabalho, desde o Código Civil de 1867 (art. 1381º), tem evoluído no sentido de uma restrição do conceito, de molde a afastar as causas objectivas. De facto, enquanto no art. 1381º do Código Civil de 1867 e no art. 11º, § único da Lei nº 1952, para além de situações de incumprimento, se indicava como justa causa de despedimento a doença do trabalhador e a falta de recursos do empregador, os revogados arts. 101º e 102º da LCT, de forma indicativa, relacionavam a justa causa de despedimento com a falta de cumprimento de deveres contratuais.

Esta tendência acentuou-se com a Lei dos Despedimentos (Decreto-Lei nº 372-A/75, de 16 de Julho), na medida em que estabeleceu uma ligação entre a justa causa e o comportamento culposo do trabalhador, derivado de infracção disciplinar (art. 10º), ao mesmo tempo que tinha em consideração o motivo

---

[916] Cfr. MENEZES CORDEIRO, *Manual de Direito do Trabalho*, cit., pp. 801 e ss. e BERNARDO XAVIER, *Da Justa Causa de Despedimento no Contrato de Trabalho*, Coimbra, 1965, pp. 54 e ss.

[917] *Vd. supra*, I, Parte, Capítulo III, § 3.

[918] Cfr. Ac. TC nº 64/91, de 4 de Abril, *DR* de 11 de Abril de 1991.

CONTRATO DE TRABALHO

atendível (art. 14º). Este motivo atendível como causa de cessação do contrato de trabalho desapareceu com a legislação de 1976 (Decreto-Lei nº 84/76, de 28 de Janeiro), passando a justa causa a assentar num comportamento culposo do trabalhador, sem referência à infracção disciplinar (Decreto-Lei nº 841-C/76, de 7 de Dezembro).

Nesta sequência, o art. 9º, nº 1, da LCCT continuou a relacionar a justa causa com o comportamento culposo do trabalhador, expurgando deste conceito indeterminado as causas objectivas[919].

A situação não se alterou com o disposto no art. 351º do CT, que manteve substancialmente o regime anterior.

Mas ao lado da justa causa (subjectiva), sem fazer referência a esta expressão, continua a subsistir uma justa causa (objectiva) que permite o despedimento por motivos não relacionados com o comportamento culposo do trabalhador, p. ex. no despedimento colectivo.

III. Posto isto, cabe indicar alguns vectores que possam facilitar a tarefa de concretização do conceito indeterminado de justa causa (subjectiva) de despedimento[920].

Ao entender-se que a justa causa pressupõe um «comportamento culposo do trabalhador que, pela sua gravidade e consequências, torne imediata e praticamente impossível a subsistência da relação de trabalho», está a identificar-se a justa causa com o incumprimento contratual.

De facto, a noção legal assenta, em primeiro lugar, num comportamento culposo do trabalhador. A culpa, no plano da responsabilidade civil, não se

---

[919] A resolução justificada com base no incumprimento culposo do trabalhador (justa causa subjectiva) tem consagração legislativa generalizada – p. ex., art. 2106 do CCIt. e § 626 do BGB – e desenvolvimento doutrinário. Além dos estudos portugueses indicados na anterior nota 741, vd. AMOROSO/DI CERBO/MARESCA, Il Diritto del Lavoro, cit., pp. 934 e ss.; ARDAU, La Risoluzione per Inadempimento del Contratto di Lavoro, Milão, 1954, pp. 186 e ss.; BALLESTRERO, «Giusta Causa e Giustificato Motivo Soggetivo di Licenziamenti», in La Disciplina dei Licenziamenti Dopo le Leggi 108/1990 e 223/1991, Volume I, Nápoles, 1991, org. Franco CARINCI, pp. 97 e ss., assim como ZÖLLNER/LORITZ, Arbeitsrecht, cit., pp. 282 e ss.

[920] Quanto a esta questão há uma extensa bibliografia e pode consultar-se, em especial, AAVV, Estudos do Instituto de Direito do Trabalho, Volume II, Justa Causa de Despedimento, Coimbra, 2001; MENEZES CORDEIRO, Manual de Direito do Trabalho, cit., pp. 818 e ss.; BERNARDO XAVIER, Da Justa Causa de Despedimento no Contrato de Trabalho, cit., pp. 72 e ss. e «Justa Causa de Despedimento: Conceito e Ónus da Prova», RDES, XXX (1988), nº 1, pp. 1 e ss. Assentando num diploma anterior, veja-se RAÚL VENTURA, «Extinção das Relações Jurídicas de Trabalho», ROA, 1950, pp. 304 e ss. Sobre o, por vezes, designado despedimento disciplinar, pode ainda consultar-se a obra organizada por GÁRATE CASTRO, Cuestiones Actuales sobre el Despido Disciplinario, Santiago de Compostela, 1997, e TULLINI, Contributo alla Teoria del Licenziamento per Giusta Causa, Milão, 1994.

DA CESSAÇÃO DO CONTRATO

pode dissociar da ilicitude, em particular no domínio da responsabilidade contratual (arts. 798º e ss. do CC), onde a falta culposa de cumprimento é usada em sentido amplo, de molde a abranger a ilicitude e a culpa[921]. Assim sendo, o «comportamento culposo» pressupõe um acto ilícito e censurável do trabalhador. Esse acto ilícito culposo, que pode assentar em acção ou omissão do prestador de trabalho, será necessariamente derivado da violação de deveres legais ou obrigacionais; todavia, o incumprimento baseado no comportamento ilícito e culposo do trabalhador tanto pode proceder do desrespeito de deveres principais – como seja a realização do trabalho com zelo e diligência (art. 128º, nº 1, alínea c), do CT[922]) –, como de deveres secundários – por exemplo, velar pela conservação e boa utilização dos bens relacionados com o seu trabalho (art. 128º, nº 1, alínea g), do CT[923]) – ou de deveres acessórios de conduta, derivados da boa fé no cumprimento do contrato (designadamente, tratar com urbanidade e probidade o empregador (art. 128º, nº 1, alínea a), do CT[924]) e não divulgar informações referentes à organização empresarial (art. 128º, nº 1, alínea f), do CT) –, nos termos estabelecidos no art. 762º, nº 2, do CC[925].

O comportamento culposo do trabalhador pode corresponder a qualquer das três modalidades de incumprimento das obrigações: não cumprimento definitivo, mora e cumprimento defeituoso[926].

A culpa é apreciada, em cada caso, por um critério objectivo: segundo a diligência média exigível a um trabalhador daquele tipo, nos termos em que se desenvolve a relação laboral e atendendo às circunstâncias do caso (art. 487º, nº 2, do CC).

Assentando no princípio de a justa causa corresponder a um incumprimento grave de deveres contratuais (principais, secundários ou acessórios)

---

[921] Cfr. MENEZES CORDEIRO, Da Responsabilidade Civil dos Administradores das Sociedades Comerciais, Lisboa, 1996, pp. 464 e ss.

[922] A violação deste dever corresponde a uma das previsões exemplificativas de justa causa (art. 351º, nº 2, alínea d), do CT).

[923] A violação deste dever só constituirá justa causa de despedimento se implicar uma lesão séria de interesses patrimoniais da empresa (art. 352º, nº 2, alínea e), do CT).

[924] Sobre o dever de urbanidade, veja-se que o facto de uma trabalhadora de serviço doméstico não cumprimentar os patrões e amigos destes foi considerado justa causa de despedimento, vd. Ac. Rel. Cb. de 2/12/1999, CJ XXIV, T. V, p. 66.

[925] O princípio da boa fé no cumprimento tem uma importância acrescida na relação laboral e encontra-se reiterado no princípio geral constante do art. 126º do CT. A situação era similar com base no princípio da mútua colaboração estabelecido no art. 18º LCT (cfr. Ac. STJ de 12/1/1990, BMJ 393, p. 432).

[926] Quanto a esta tripartição do não cumprimento, cfr. ROMANO MARTINEZ, Cumprimento Defeituoso, em especial na Compra e Venda e na Empreitada, reimpressão, Coimbra, 2001, pp. 117 e ss.

CONTRATO DE TRABALHO

por parte do trabalhador, importa enquadrar o conceito indeterminado de justa causa nos parâmetros da responsabilidade contratual.

Deste modo, o comportamento do trabalhador terá de ser ilícito, por violar deveres legais ou contratuais. Porém, esse comportamento, principalmente nos casos de cumprimento defeituoso, pode advir da violação de deveres acessórios e nem sempre se enquadrar, pelo menos directamente, no elenco de causas do nº 2 do art. 351º do CT[927].

2) Insubsistência da relação de trabalho

Para além do comportamento culposo (e ilícito), a justa causa depende de uma consequência grave: que «torne imediata e praticamente impossível a subsistência da relação de trabalho». Trata-se de uma limitação ao exercício do direito de resolução do contrato de trabalho na sequência do princípio, constante do art. 808º do CC, de a resolução de qualquer contrato depender da perda de interesse por parte do lesado (no caso o empregador), determinada objectivamente; princípio esse reiterado, nomeadamente, em sede de empreitada ou de arrendamento. Em sentido mais genérico, como regra de proporcionalidade, o mesmo princípio encontra consagração no art. 330º do CT.

Perante o comportamento culposo do trabalhador impõe-se uma ponderação de interesses; é necessário que, objectivamente, não seja razoável exigir do empregador a subsistência da relação contratual[928]. Em particular, estará em causa a quebra da relação de confiança motivada pelo comportamento culposo[929].

Como o comportamento culposo do trabalhador tanto pode advir da violação de deveres principais como de deveres acessórios, importa, em qualquer caso,

---

[927] Acerca das hipóteses tipo de justa causa do nº 2 do art. 351º do CT, com correspondência no precedente art. 9º, nº 2, da LCCT, vejam-se as soluções doutrinárias e jurisprudenciais *in Estudos do Instituto de Direito do Trabalho*, citados na nota 915, bem como JOSÉ JOÃO ABRANTES, «Segurança no Emprego e Justa Causa de Despedimento (Breves Considerações)», *TJ*, nº 6 (1990), pp. 25 e s.; PEDRO CRUZ, *A Justa Causa de Despedimento na Jurisprudência*, Coimbra, 1990, pp. 63 e ss.; SOUSA MACEDO, *Poder Disciplinar Laboral*, Coimbra, 1990, pp. 83 e ss.; FURTADO MARTINS, *Cessação do Contrato de Trabalho*, cit., pp. 168 e ss.

[928] A este propósito, BERNARDO XAVIER, *Curso de Direito do Trabalho*, cit., p. 493, indica, como pontos de referência: «situação insustentável», «relações intoleráveis», «perigo para o futuro contrato» ou «comportamento que vulnera o pressuposto fiduciário do contrato»; o mesmo autor (ob. cit., p. 496) alude a um juízo de prognose sobre a viabilidade da relação de trabalho Veja-se também MONTEIRO FERNANDES, *Direito do Trabalho*, cit., pp. 480 e ss., onde faz referência a uma valoração, no sentido de, naquele caso, não ser exigível que a entidade patronal se limite a aplicar ao trabalhador outra sanção disciplinar, porque a violação perpetrada inviabiliza a permanência do vínculo.

[929] Acentuando o importante papel do princípio da confiança, com alusão a várias decisões jurisprudenciais, *vd.* MENEZES CORDEIRO, *Manual de Direito do Trabalho*, cit., pp. 826 e ss.

DA CESSAÇÃO DO CONTRATO

apreciar a gravidade do incumprimento, ponderando a viabilidade de a relação laboral poder subsistir. É neste parâmetro que deve ser avaliado o despedimento pelas chamadas causas externas ou condutas extralaborais; o comportamento do trabalhador, mesmo quando externo à empresa, pode consubstanciar uma violação de deveres acessórios, que lhe eram impostos fora do período normal e do local de trabalho. Daí que viole um dever acessório de conduta o trabalhador que agride um colega fora do local de trabalho[930], o piloto de aviação civil que, horas antes do voo, permanece num bar a ingerir bebidas alcoólicas, provocando depois escândalo no hotel, em vez de se encontrar a repousar[931], o guarda de um museu que era receptador de objectos furtados em outros locais que não naquele museu[932] ou o comandante do avião comercial que transportara pedras preciosas cometendo infracção fiscal aduaneira[933].

Por vezes, contesta-se a possibilidade de se invocarem causas externas à relação laboral considerando que a justa causa pressupõe a prática de uma infracção disciplinar; contudo esta figura não tem um significado preciso e, num sentido amplo, a infracção disciplinar resulta da violação de quaisquer deveres contratuais, seja deveres principais, secundários ou acessórios de conduta[934/935].

---

[930] Ac. Rel. Pt. de 22/1/1990, *CJ* XV, T. I, p. 274.

[931] Ac. STJ de 11/5/1994, *BMJ* 437, p. 335; Ac. STJ de 7/12/1994, *CJ (STJ)* 1994, T. III, p. 303. Sobre esta questão, veja-se ainda CISCART BEÀ, *El Despido por Embriaguez y Toxicomanía*, Barcelona, 1998, pp. 37 e ss., quanto à embriaguez habitual e toxicodependência como elementos de incumprimento sancionável. Sem referir a toxicodependência, por ser uma situação com menor peso histórico, veja-se as causas de despedimento constantes do art. 482 da CLT, cfr. SÜSSEKIND/MARANHÃO/VIANNA/TEIXEIRA, *Instituições de Direito do Trabalho*, Volume I, cit., pp. 580 e s.

[932] Ac. Rel. Év. de 12/6/1991, *CJ* XVI, T. III, p. 315.

[933] Ac. Rel. Lx. de 15/12/1999, *CJ* XXIV, T. V, p. 169.

Veja-se ainda o caso do perito da companhia de seguros envolvido numa rede de tráfico de droga (Ac. Rel. Pt. de 16/12/1985, *BMJ*, 352, p. 429 e Ac. STJ de 31/10/1986, *BMJ*, 360, p. 468), assim como o caso do trabalhador que cuidava e regava duas plantas de liamba num terreno junto às instalações da empresa, em que o despedimento foi considerado ilícito, porque os actos da vida privada só constituem justa causa se tiverem repercussões na vida da empresa (Ac. Rel. Lx. de 6/6/2001, *CJ* XXVI, T. III, p. 173). Sobre a questão, consulte-se MACHADO DRAY, «Justa Causa e Esfera Privada», *Estudos do Instituto de Direito do Trabalho*, Volume II, *Justa Causa de Despedimento*, Coimbra, 2001, pp. 35 e ss. e PAULA MEIRA LOURENÇO, «A Relevância dos Comportamentos da Vida Particular do Trabalhador para Efeitos de Preenchimento do Conceito de Justa Causa de Despedimento», *Revista Jurídica AAFDL*, nº 24 (2001), pp. 504 e ss.

[934] É evidente que, como esclarecem ZÖLLNER/LORITZ, *Arbeitsrecht*, cit., p. 277, a resolução (*außerordentliche Kündigung*) carece de um fundamento importante, e pode ocorrer que a violação de deveres acessórios não revista a necessária gravidade, caso em que só justificará uma indemnização.

[935] Como esclarece DÉLIO MARANHÃO, SÜSSEKIND/MARANHÃO/VIANNA/TEIXEIRA, *Instituições de Direito do Trabalho*, Volume I, cit., p. 570, nem sempre os factos externos se podem considerar

CONTRATO DE TRABALHO

Neste sentido amplo, que parece correcto, a mencionada controvérsia perde sentido.

A violação de deveres contratuais, ainda que acessórios, só poderá conduzir à cessação do contrato de trabalho se se ponderar, para além da impossibilidade de subsistência da relação laboral, as consequências jurídicas do despedimento.

3) Exemplificação legal de comportamentos que possam constituir justa causa
I. Depois de enunciado o critério geral para determinação da justa causa, como meio auxiliar do intérprete da lei, indica-se, de modo exemplificativo, comportamentos do trabalhador que podem constituir justa causa de despedimento (art. 351º, nº 2, do CT). São meros exemplos tendo a justa causa de ser sempre apreciada à luz do critério geral constante do nº 1 do art. 351º do CT[936]. Deste modo, não basta, por exemplo, que tenha havido unicamente uma lesão de interesses patrimoniais sérios da empresa (art. 351º, nº 2, alínea *e*), do CT); importa que essa lesão se tenha ficado a dever a um comportamento culposo do trabalhador e que, como consequência do facto (comportamento do trabalhador) e do dano (lesão de interesses patrimoniais sérios), se torne impossível a subsistência da relação laboral[937/938].

---

estranhos à relação de trabalho, porque o «ambiente de trabalho (...) não termina *ex abrupto* uma vez transposto o portão da fábrica».

[936] De modo diverso, noutros espaços jurídicos, por uma razão de segurança jurídica do trabalhador, entende-se que o rol legal de comportamentos que constituem justa causa é taxativo. Veja-se, em relação ao art. 482 da CLT, CARRION, *Comentários à Consolidação das Leis do Trabalho*, cit., anotação ao art. 482, pp. 358 e ss.; GIGLIO, *Justa Causa*, S. Paulo, 2000, p. 13, que, depois, a pp. 53 e ss. explica cada uma das situações enunciadas na lei. Não obstante o carácter taxativo do citado art. 482 da CLT, há outras previsões, incluindo na própria Consolidação, mas especialmente em legislação avulsa, que igualmente pressupõem justa causa de despedimento, cfr. PINTO MARTINS, *Direito do Trabalho*, 14ª edição, S. Paulo, 2001, pp. 320 e 333. Entendendo igualmente que o elenco é exemplificativo, *vd.* MUNHOZ/VIDOTTI, «A Rescisão por Justa Causa do Contrato de Emprego no Direito do Trabalho Brasileiro», cit., pp. 264 e ss.

[937] Sobre as hipóteses previstas no citado preceito, apesar de referenciadas ao artigo correspondente da legislação revogada, veja-se os vários artigos publicados nos *Estudos do Instituto de Direito do Trabalho*, Volume II, *Justa Causa de Despedimento*, Coimbra, 2001, já citados na nota 915. Pode até dizer-se que há uma certa continuidade legislativa nesta indicação, cfr., quanto à designada «Lei dos Despedimentos», ERNESTO DE OLIVEIRA, *Despedimentos e outros Casos de Cessação do Contrato de Trabalho*, 2ª edição, Lisboa, 1977, pp. 98 e ss.

[938] O critério do julgador, nalguns casos, é menos exigente, pelo que pequenos furtos, de valor insignificante, que não são causa de lesão de interesses patrimoniais sérios da empresa, constituem justa causa de despedimento, cfr. Ac. Rel. Pt. de 20/4/1998, *CJ*, XXIII, T. II, p. 267, relativamente a um trabalhador que furtara um par de sapatos.

DA CESSAÇÃO DO CONTRATO

A «lesão de interesses patrimoniais sérios da empresa» é uma das situações que, exemplificativamente, pode integrar o conceito de justa causa de despedimento, como se prevê na alínea *e)* do nº 2 do art. 351º do CT)[938a].

Os interesses patrimoniais da empresa afectados pelo acto culposo do trabalhador não têm de ser avultados, pois o que releva é a quebra na confiança. Daí que sendo os danos patrimoniais irrisórios, como o furto de uma pequena soma de dinheiro, pode haver justa causa de despedimento[938b]; por outro lado, ainda que o trabalhador, confrontado com a lesão causada, tenha ressarcido totalmente os danos sofridos pela empresa, não exclui a justa causa[938c]. A gravidade dos danos pode relevar para se inferir da impossibilidade de subsistência da relação laboral, mas não é um factor decisivo; ainda que os prejuízos da empresa sejam pouco avultados ou tenham sido ressarcidos – por exemplo, por via de um seguro – não obsta à existência de justa causa. De facto, diversamente do plano penal, em que o valor irrisório do dano ou a reposição da situação anterior pode constituir atenuante especial da pena, no âmbito laboral, o montante do dano é um mero elemento de ponderação da quebra de confiança[938d].

A lesão de interesses patrimoniais sérios pode até ser meramente potencial, como se tem decidido, em especial, com respeito às situações de violação do dever de não concorrência[938e].

Refira-se ainda que na concretização do conceito de justa causa, o acto lesivo de interesses da empresa pode ser isolado. A negligência do trabalhador, para determinar quebra de confiança, não pressupõe que o acto seja reite-

---

[938a] Sobre a lesão de interesses patrimoniais sérios como tipificação legal da justa causa de despedimento, veja-se ANDRADE MESQUITA, «Tipificações legais da justa causa. A "lesão de interesses patrimoniais sérios da empresa" e a "prática intencional, no âmbito da empresa, de actos lesivos da economia nacional"», *Estudos do Instituto de Direito do Trabalho*, Volume II, *Justa Causa de Despedimento*, Coimbra, 2001, pp. 135 e ss., em especial pp. 141 e ss., assim como, SOFIA LEITE BORGES, «A justa causa de despedimento por lesão de interesses patrimoniais sérios da empresa e pela prática de actos lesivos da economia nacional», *Estudos do Instituto de Direito do Trabalho*, Volume II, *Justa Causa de Despedimento*, Coimbra, 2001, pp. 165 e ss., em especial pp. 169 e ss., cujas posições se acompanham no texto.

[938b] Cfr. Ac. STJ de 1/4/1998, *Acórdão Doutrinários do STA*, XXXVII, nº 442, p. 1343.

[938c] Cfr. Ac. STJ de 17/1/1996, *CJ (STJ)*, IV, T. I, p. 247.

[938d] *Vd.* ANDRADE MESQUITA, «Tipificações legais da justa causa. A "lesão de interesses patrimoniais sérios da empresa" e a "prática intencional, no âmbito da empresa, de actos lesivos da economia nacional"», cit., p. 143.

[938e] *Vd.* doutrina e jurisprudência indicadas por SOFIA LEITE BORGES, «A justa causa de despedimento por lesão de interesses patrimoniais sérios da empresa e pela prática de actos lesivos da economia nacional», cit., p. 171.

CONTRATO DE TRABALHO

rado, «basta que a intensidade da violação, pelas consequências ou pela perda de confiança, sejam susceptíveis de comprometer a relação de trabalho»[938f].

II. Os exemplos de comportamentos do trabalhador que podem constituir justa causa de despedimento (art. 351º, nº 2, do CT), apesar de terem de ser apreciados com base na cláusula geral do nº 1 do art. 351º do CT, exigem uma diferente ponderação. Deste modo, tomando como exemplo o disposto na alínea *g*) do nº 2 do art. 351º do CT, verifica-se que uma falta injustificada, quando determine um risco grave para a empresa, pode tornar impossível a subsistência da relação laboral, e considera-se que cinco faltas injustificadas seguidas ou dez interpoladas num ano civil causem um prejuízo grave à empresa, estando facilitada a demonstração da insubsistência do vínculo laboral[939]. Na revisão de 2009, ao ser acrescentada a frase «independentemente de prejuízo ou risco» no que respeita às faltas injustificadas, pode entender-se que ficou resolvida a dúvida. As faltas não justificadas no número indicado na alínea *g*), mesmo que não causem prejuízo ao empregador, representam a suficiente gravidade para constituírem justa causa de despedimento.

Como as situações indicadas no nº 2 do art. 351º do CT constituem justa causa de despedimento, a prova da sua existência indicia a verificação do pressuposto geral (nº 1); mas ao trabalhador é facultada a prova negativa. Assim, tendo o empregador feito a prova de que foram dadas cinco faltas seguidas, cabe ao trabalhador provar que não se tornou impossível a subsistência da relação de trabalho; prova esta, no caso, de extrema dificuldade.

4) Violação de outros deveres contratuais
Das doze alíneas do nº 2 do art. 351º do CT constam exemplos de situações em que, com alguma probabilidade, pode haver justa causa de resolução; ou seja, que, em princípio, constituem justa causa de despedimento. Mas haverá

[938f] MADEIRA DE BRITO, «Justa causa de despedimento com fundamento na violação dos deveres de assiduidade, zelo e diligência», *Estudos do Instituto de Direito do Trabalho*, Volume II, *Justa Causa de Despedimento*, Almedina, Coimbra, 2001, p. 133. Neste sentido, veja-se o caso do mecânico que apertou mal a roda de uma viatura, tendo o pneu saltado sem ter causado nenhum acidente; o tribunal entendeu que havia justa causa de despedimento por quebra da confiança (Ac. Rel. Lisboa de 30/11/1994, *CJ* 1994, T. V, p. 190).

[939] Neste sentido, considerando que a hipótese prevista na alínea *g*) não afasta o preenchimento do requisito do nº 1 do mesmo preceito, desvalorizando simplesmente o requisito da gravidade do prejuízo, cfr. MONTEIRO FERNANDES, *Direito do Trabalho*, cit., p. 499 e Ac. Rel. Lx. de 12/12/1996, *CJ* XXI, T. V, p. 181. Sobre as faltas injustificadas que constituem justa causa de despedimento, veja-se MENEZES CORDEIRO, *Manual de Direito do Trabalho*, cit., pp. 833 e ss.

DA CESSAÇÃO DO CONTRATO

outras hipóteses, não previstas neste nº 2, que também podem consubstanciar justa causa de despedimento; para além das já mencionadas causas externas, a título de exemplo, cabe indicar a violação do dever de não concorrência (art. 128º, nº 1, alínea *f*), do CT)[940] ou o aproveitamento da justificação da falta para fins diversos dos declarados[941], que, em qualquer caso, não tenha implicado uma lesão patrimonial ao empregador.

Tendo o trabalhador violado qualquer dever contratual, mesmo que acessório, se o comportamento for culposo e grave a ponto de inviabilizar a prossecução do vínculo contratual, estar-se-á perante uma justa causa de despedimento, ainda que a situação factual não possa ser subsumida em nenhuma das alíneas do nº 2 do art. 351º do CT.

ii. Procedimento disciplinar
1) Identificação
I. Na legislação anterior (nomeadamente LCT e LCCT) usava-se a expressão «processo disciplinar», substituída no Código do Trabalho por «procedimento disciplinar». De facto, as alterações terminológicas introduzidas pelo Código do Trabalho não resultam só de adaptação de termos resultante da evolução científica operada no direito das obrigações (p. ex., resolução em vez de rescisão), como igualmente da utilização de expressões frequentes no direito administrativo, como o termo «procedimento». Neste caso, para distinguir de *processo* («sequência de actos destinados à justa composição de um litígio, mediante intervenção de um órgão imparcial de autoridade, o tribunal»[942]), o Código do Trabalho recorreu ao termo *procedimento*; palavra que tem o mesmo étimo latino *procedere* e que se empregam em contextos diversos: *processo judicial* e *procedimento interno* (no seio da empresa).

II. Como resulta do disposto na alínea *f*) do nº 1 do art. 328º do CT, o despedimento sem indemnização ou compensação é a sanção disciplinar máxima que o empregador pode aplicar. Toda a sanção disciplinar tem de ser aplicada após um procedimento (art. 329º do CT).

III. O poder disciplinar, para ser exercido, requer um determinado procedimento, conduzido directamente pelo empregador ou pelos superiores hie-

---

[940] *Vd.* MENEZES CORDEIRO, «Concorrência Laboral e Justa Causa de Despedimento», *ROA* 1986, pp. 498 e ss.
[941] Foi considerada justa causa de despedimento o uso da dispensa de aleitação para outros fins (Ac. Rel. Cb. de 19/3/1998, *CJ* XXIII, T. II, p. 71).
[942] CASTRO MENDES, *Direito Processual Civil*, Volume I, Lisboa, 1978/79, p. 34.

CONTRATO DE TRABALHO

rárquicos do trabalhador (art. 329º, nº 4, do CT)[943]. Nada impede inclusive que o procedimento seja conduzido por pessoa estranha à empresa – instrutor nomeado (art. 336º, nº 1, do CT) –, por exemplo um advogado mandatado pela empresa, desde que a decisão de despedimento seja tomada pelo empregador ou por superior hierárquico do trabalhador[944].

2) Funcionamento

I. O procedimento disciplinar deverá ter início nos sessenta dias subsequentes àquele em que o empregador teve conhecimento da infracção (art. 329º, nº 2, do CT) e da identidade do infractor[945]. Mas sendo o facto ilícito continuado, este prazo só se inicia quando termina a infracção[946]. Independentemente do conhecimento, a infracção disciplinar prescreve decorrido um ano a contar do momento da prática do facto ilícito, salvo se os factos constituírem igualmente crime, caso em que são aplicáveis os prazos de prescrição da lei penal (art. 329º, nº 1, do CT)[947]. Há que atender, pois, a dois prazos distintos: um

---

[943] Sem procedimento, por muito grave que seja a infracção praticada pelo trabalhador, p. ex., crime de furto na empresa pelo qual tenha sido condenado em processo crime, o despedimento é ilícito (Ac. STJ de 4/12/1991, *BMJ* 412, p. 313).

[944] Quanto à justificação do procedimento, *vd.* BERNARDO XAVIER, «O Exercício da Rescisão por Justa Causa», *ESC*, VI, 1967, nº 23, pp. 11 e ss. e pp. 19 e ss. e, relativamente ao regime constante do Código do Trabalho, veja-se MARIA ADELAIDE DOMINGOS, «Poder e Procedimento Disciplinar no Código do Trabalho», *A Reforma do Código do Trabalho*, Coimbra, 2004, pp. 475 e ss.

A necessidade de fazer preceder o despedimento de um procedimento encontra-se também noutros ordenamentos, p. ex., em Itália, cfr. MAZZIOTTI, «Forma e Procedura dei Licenziamenti» *in La Disciplina dei Licenziamenti Dopo le Leggi 108/1990 e 223/1991*, Volume I, Nápoles, 1991, org. Franco CARINCI, pp. 71 e ss.

[945] Neste sentido, *vd.* FURTADO MARTINS, *Cessação do Contrato de Trabalho*, cit., p. 188.

[946] Cfr. Ac. STJ de 25/9/1996, *CJ (STJ)* 1996, T. III, p. 228, em que o trabalhador, durante vários meses, se recusou a desempenhar a sua actividade. Mas a infracção disciplinar não é continuada se os factos são diversos, porque falta a homogeneidade (Ac. STJ de 14/5/1997, *CJ (STJ)* 1997, T. II, p. 280).

[947] O prazo de um ano desde a prática da infracção é independente do conhecimento (Ac. Rel. Pt. de 9/12/1997, *CJ* XXII, T. V, p. 249) e de processo penal que decorra contra o trabalhador (Ac. Rel. Lx. de 22/1/1997, *CJ* XXII, T. I, p. 178). Tendo por base o anterior art. 31º, nº 1, da LCT, afirmava-se no Ac. Rel. Lx. de 18/12/1997, *CJ* XXII, T. V, p. 172, que a condenação crime do trabalhador, por furto na empresa, não altera os prazos do processo disciplinar, pelo que os sessenta dias se contam do mesmo modo e não a partir da condenação. Instaurado o processo disciplinar interrompe-se o prazo de prescrição da infracção disciplinar, pelo que entre a data em que é entregue ao trabalhador a nota de culpa e a da decisão sancionatória pode decorrer mais de um ano (Ac. STJ de 25/2/1993, *CJ (STJ)* 1993, T. I, p. 260).

Com uma interpretação diferente quanto ao prazo de prescrição de um ano do citado artigo da LCT, BERNARDO XAVIER, «Prescrição de Infracção Disciplinar», *RDES* XXXII (1990), pp. 235 e ss., atendendo a situações em que a infracção é detectada depois do decurso de tal prazo, quando

DA CESSAÇÃO DO CONTRATO

de sessenta dias e outro de um ano[948]. Os mencionados prazos interrompem-se com a comunicação da nota de culpa (art. 353º, nº 3, do CT) e com a instauração do procedimento prévio de inquérito (art. 352º do CT)[949]. Como o prazo se interrompe (arts. 323º e ss. do CC) e não se suspende (arts. 318º e ss. do CC), verificada a interrupção, mediante a comunicação da nota de culpa ou a instauração do procedimento prévio, inutiliza-se todo o tempo decorrido anteriormente (art. 326º do CC). O prazo mantém-se interrompido – não corre – durante o período a que se refere o art. 327º do CC.

Instaurado o procedimento disciplinar, não há um prazo para ser proferida a decisão — excepção feita aos prazos a que se aludirá em seguida —, pelo que, não fora os princípios de celeridade e de boa fé, daqui resultaria a possibilidade de eternizar a acção disciplinar com vista ao despedimento[950]; todavia, como decorre do nº 3 do art. 329º do CT, o procedimento disciplinar não pode perdurar por mais de um ano – entre as datas em que é instaurado e a que o trabalhador é notificado da decisão final – sob pena de prescrever.

Desse procedimento, depois de uma fase de instrução, constará a acusação seguida da defesa[951].

Na fase de instrução, que, salvo na hipótese de haver um procedimento prévio de inquérito (art. 352º do CT), não pode exceder sessenta dias (art. 329º, nº 2, do CT), o empregador averigua os factos indiciadores da ilicitude.

---

se toma em conta a data da prática do facto ilícito; solução que veio a ser consagrada no Código do Trabalho. Veja-se igualmente FURTADO MARTINS, *Cessação do Contrato de Trabalho*, cit., pp. 188 e s.

[948] Quanto aos dois prazos, *vd.* Ac. STJ de 28/1/1998, *CJ (STJ)* 1998, T. I, p. 258. Sobre os prazos no procedimento disciplinar, *vd.* INÊS ALBUQUERQUE E CASTRO, «A Repercussão do Tempo no Procedimento Disciplinar», *Estudos do Instituto de Direito do Trabalho*, Volume III, Coimbra, 2002, pp. 473 e ss.; MANUELA MAIA DA SILVA, «O Tempo no Processo Disciplinar», *I Congresso Nacional de Direito do Trabalho*, Coimbra, 1998, pp. 201 e ss.

[949] Poder-se-ia pensar que a solução se afasta dos padrões tradicionais, por um lado, pelo facto de os prazos de caducidade, em princípio, não se suspenderem (art. 328º do CC), podendo haver causas impeditivas (art. 331º do CC) e, por outro, pela circunstância de o direito se exercer com a instauração do procedimento (art. 298º, nº 2, do CC), isto é, com a comunicação da nota de culpa. Pretendeu-se, contudo, uniformizar as soluções para os dois prazos e, como indica ROMANO MARTINEZ na anotação VIII ao art. 329º *in* ROMANO MARTINEZ/LUÍS MIGUEL MONTEIRO/JOANA VASCONCELOS/MADEIRA DE BRITO/GUILHERME DRAY/GONÇALVES DA SILVA, *Código do Trabalho Anotado*, cit., pp. 699 e s, pode entender-se, não obstante a falta de qualificação expressa pelo legislador, que o prazo de sessenta dias constante do nº 2 do art. 329º do CT é também um prazo de prescrição e não de caducidade. Quanto aos prazos do procedimento disciplinar, consulte-se SOUSA MACEDO, *Poder Disciplinar Patronal*, cit., pp. 111 e ss., autor que considera que os prazos disciplinares devem ser sempre de prescrição (p. 116).

[950] Sobre esta questão, *vd.* MONTEIRO FERNANDES, *Direito do Trabalho*, cit., p. 233.

[951] Quanto às fases deste processo, cfr. SOUSA MACEDO, *Poder Disciplinar Patronal*, cit., pp. 127 e ss.

CONTRATO DE TRABALHO

Com base nos factos investigados, o empregador acusa o trabalhador da prática de uma infracção disciplinar. A acusação é uma declaração escrita, receptícia, a que se aplica o disposto no art. 224º do CC[952], e dela deve constar a intenção de se proceder ao despedimento (art. 353º, nº 1, do CT). Juntamente com a acusação deve ser entregue ao trabalhador uma nota de culpa por escrito[953], onde se descrevem circunstanciadamente os factos imputados ao trabalhador (art. 353º, nº 1, do CT)[954]; a nota de culpa deve, assim, corresponder à fundamentação da acusação.

No art. 353º, nº 2, do CT estabelecem-se outras formalidades específicas do procedimento de despedimento, que respeitam às comunicações à comissão de trabalhadores e ao sindicato. O procedimento é, contudo, simplificado com respeito a microempresas (art. 358º do CT).

Recebida a acusação, o trabalhador tem de ser ouvido para apresentar a sua defesa (art. 329º, nº 6, do CT), que deverá ser deduzida no prazo de dez dias úteis, podendo, nesse período, consultar o processo (art. 355º, nº 1, do CT).

A instrução do procedimento disciplinar passou a ser facultativa após a revisão de 2009, pelo que, tendo por base a acusação e a defesa, o empregador poderia, desde logo, decidir[954a]. Antes da revisão de 2009, numa sequência tradicional com três dezenas de anos, era imposta a instrução do procedimento.

---

[952] Assim, se o trabalhador muda de residência e não informa o empregador, tendo a nota de culpa sido enviada para a antiga morada e não sendo devolvida, considera-se que foi recebida (Ac. STJ de 1/4/1998, *CJ (STJ)* 1998, T. II, p. 259).

[953] A nota de culpa deve ser escrita, sendo dado o direito de defesa ao trabalhador, que pode apresentar a defesa por escrito (Ac. STJ de 15/6/1994, *BMJ* 438, p. 308 e *CJ (STJ)* 1994, T. III, p. 281).

[954] Não obstante a falta de descrição circunstanciada dos factos, não há invalidade do procedimento se se demonstrar que o trabalhador compreendeu o teor da acusação (Ac. STJ de 25/9/1996, *CJ (STJ)* 1996, T. III, p. 228). Admite-se ainda que o empregador envie uma adenda à nota de culpa em que se precise, pormenorize, explicite e desenvolvam os factos e circunstâncias constantes da nota de culpa (Ac. STJ de 2/11/1995, *CJ (STJ)* 1995, T. III, p. 292). Veja-se também SOUSA MACEDO, *Poder Disciplinar Patronal*, cit., p. 130.

[954a] Na revisão de 2009, justificando que o procedimento disciplinar era muito complexo e que as diligências feitas pelo empregador não eram atendidas pelos tribunais excepto para invocar a nulidade do despedimento em caso de omissão, optou-se por torná-lo facultativo. Como passou a ser facultativo e as invalidades foram substancialmente reduzidas, deixou de se justificar a anterior hipótese de reabertura do procedimento disciplinar (art. 436º, nº 1, do CT2003), que foi suprimida a partir de Janeiro de 2010. Tendo esta solução, da revisão de 2009, sido declarada inconstitucional, retomou-se o regime tradicional.
O art. 356º, nº 1, do CT2009, que representava uma das «bandeiras» da revisão de 2009, foi declarado inconstitucional (Ac. TC nº 338/2010, de 22/9/2010), pelo que a instrução deixou de ser facultativa. Consulte-se LIBERAL FERNANDES, «O acórdão nº 338/10 do Tribunal Constitucional: a instrução em processo disciplinar laboral e a adaptabilidade grupal», *QL*, 38 (2011), pp. 211 ss. Sobre as alterações de 2012 introduzidas na sequência da declaração de inconstitucionalidade,

DA CESSAÇÃO DO CONTRATO

Depois da declaração de inconstitucionalidade do preceito e, hoje, com a nova redacção do art. 356º do CT (decorrente da revisão de 2012) o empregador procede às diligências probatórias para a averiguação dos factos alegados na acusação e na defesa. Não foi estabelecido prazo para estas diligências, que, contudo, só se poderão prolongar durante um período justificável, atendendo a um parâmetro de boa fé e ao princípio da celeridade processual e dentro do limite do ano, estatuído no nº 3 do art. 329º do CT.

Terminadas as diligências probatórias, o processo deve ser apresentado à comissão de trabalhadores e ao sindicato respectivo, que, no prazo de cinco dias úteis, podem juntar pareceres fundamentados (art. 356º, nº 5, do CT).

No que respeita ao despedimento de trabalhadora grávida, puérpera ou lactante ou de trabalhador no gozo de licença parental, além da instrução comum a qualquer procedimento disciplinar, terá de ser solicitado parecer à entidade que tenha competência na área da igualdade de oportunidades entre homens e mulheres, concretamente à CITE (Comissão para a Igualdade no Trabalho e no Emprego), como dispõe o art. 63º, nº 1, do CT. Este parecer não é vinculativo, porém, sendo desfavorável, a trabalhadora só pode ser despedida após decisão judicial que reconheça a existência de motivo justificativo (art. 63º, nº 6, do CT); neste caso, diferentemente do que ocorre em sede de arrendamento, a resolução do contrato não é decretada judicialmente, continua a ser um acto unilateral de uma das partes (empregador), precedido de uma decisão judicial[955].

Após a conclusão das diligências probatórias e de recebidos os pareceres ou de decorridos os cinco dias úteis referidos no nº 5 do art. 356º do CT, o empregador dispõe de trinta dias para proferir uma decisão absolutória ou condenatória (art. 357º, nº 1, do CT)[956]. Em qualquer caso, o empregador tem de ponderar as circunstâncias de facto, a gravidade da infracção e a culpa do trabalhador, assim como a lesão de interesses da empresa (arts. 330º, nº 1,

---

veja-se JOANA VASCONCELOS, «Procedimento para despedimento por facto imputável ao trabalhador», *RDES* 2012, nº 1/2, pp. 163 ss.

[955] Quanto à discussão em torno do parecer da CITE, situação que foi alterada com a modificação à Lei de Proteção da Maternidade e da Paternidade de 1999, *vd.* FURTADO MARTINS, *Cessação do Contrato de Trabalho*, cit., pp. 228 e s. A exigência de parecer da CITE é uma formalidade, não só do despedimento disciplinar, como dos meios de despedimento por causas objetivas.

[956] No Ac. Rel. Lx. de 18/1/1998, *CJ* XXIII, T. I, p. 175, com base na legislação anterior, decidiu-se que o prazo de trinta dias para o empregador proferir a decisão não é de caducidade e o excesso de tal prazo só releva para aferir da justa causa. Solução dificilmente ajustável a um princípio de celeridade e de certeza processual. Na parte final do nº 1 do art. 357º do CT, resolveu-se a dúvida, determinando que o prazo de trinta dias é de caducidade.

CONTRATO DE TRABALHO

351º, nº 3, e 357º, nº 4, do CT); a decisão de despedimento deve ser tomada ponderando os factos provados que conduzem à ilicitude da conduta do trabalhador, o seu grau de culpa e o nexo causal entre esses factos e a impossibilidade de subsistência da relação laboral.

A decisão tem de ser comunicada por escrito e deve ser fundamentada atendendo aos factos alegados na acusação e na defesa que se considerem provados (art. 357º, nº 5, do CT). A sanção disciplinar de despedimento deverá ser motivada; impõe-se sempre o esclarecimento das razões que justificaram a sua aplicação, para efeito de uma eventual impugnação do despedimento.

II. O procedimento disciplinar, tanto na legislação anterior como no Código do Trabalho (2003) era excessivamente complexo, por motivos relacionados com a segurança do trabalhador, em particular no que se refere à segurança no emprego. A complexidade do procedimento disciplinar não tem paralelo na maior parte dos ordenamentos jurídicos e nem sempre os empregadores, em particular no caso de pequenas empresas, se encontram suficientemente assessorados por juristas conhecedores da realidade jurídica ou dispondo da experiência necessária para efectuarem correctamente um procedimento disciplinar. A mencionada complexidade procedimental, associada à impossibilidade de permanente assessoria jurídica adequada determinava a frequente declaração de invalidade do despedimento, mesmo que possa existir justa causa.

Tal como fora anunciado na exposição de motivos e decorria do texto do Livro Branco na revisão de 2009, houve uma preocupação em reduzir os procedimentos em matéria de despedimento, tendo em conta que as actuais exigências são demasiado penosas para as empresas e as diligências feitas não são tidas em conta nos tribunais. Assim sendo, no despedimento com base em justa causa por facto imputável ao trabalhador, o procedimento disciplinar (arts. 352º e ss. do CT) podia ficar circunscrito à nota de culpa e resposta, sendo facultativa a instrução. Se o empregador não quisesse fazer a instrução do processo, com base na nota de culpa e na respectiva resposta poderia proferir a decisão fundamentada de despedimento.

O regime de 2009 assentava na facilitação formal – que não substancial – do despedimento, tornando facultativa a instrução[956a]. Com a declaração de inconstitucionalidade retomou-se o regime tradicional com as vantagens e inconvenientes que lhes estão associadas.

[956a] Recorde-se que em razão da inconstitucionalidade da norma (nº 1 do art. 356º do CT – versão de 2009) a instrução não é facultativa, daí a nova versão do preceito ditada pela Lei nº 23/2012.

3) Ónus da prova

Nos termos do disposto no art. 342º do CC, pretendendo o empregador despedir o trabalhador, no procedimento disciplinar deverá fazer a prova dos factos que integram a justa causa; isto é, cabe ao empregador a prova dos factos constitutivos do despedimento. Por isso, não há qualquer presunção de justa causa no despedimento; daí que as referências legais a uma presunção de que o despedimento se fez sem justa causa (arts. 63º, nº 2, e 410º, nº 3, do CT) só poderão ter algum sentido para se verificar se o motivo invocado não encobre um fundamento persecutório.

Não se faz a prova da justa causa, que é um conceito indeterminado; o empregador tem de provar a conduta ilícita do trabalhador, indicando o dever obrigacional por este violado.

Feita a prova da conduta ilícita do trabalhador, presume-se que a sua actuação foi culposa, nos termos do art. 799º do CC. Sendo o trabalhador devedor de uma prestação, que não cumpriu, violando um dever principal, secundário ou acessório da relação laboral, cabe-lhe «provar que a falta de cumprimento ou o cumprimento defeituoso da obrigação não procede de culpa sua» (art. 799º, nº 1, do CC). O empregador fica dispensado de provar a culpa do trabalhador se demonstrou que este praticou um facto ilícito; o trabalhador pode defender-se provando que não praticou o facto ilícito de que é acusado ou que não teve culpa na actuação. Importa, todavia, notar que a presunção legal é simplesmente de culpa, no sentido de negligência, não se presumindo a culpa grave e muito menos o dolo; a culpa grave ou o dolo do trabalhador têm de ser provados pelo empregador, nos termos gerais (art. 342º do CC). Mas para a justa causa de despedimento, excepcionalmente, pode bastar a mera negligência do trabalhador, que se presume; contudo, atendendo à letra do nº 1 do art. 351º do CT, resulta que o comportamento culposo do trabalhador, por via de regra, deverá ser aferido em razão da sua gravidade, e esta não se presume.

Depois de provado o comportamento ilícito do trabalhador e verificada a gravidade da sua culpa, o empregador terá de fazer a prova do nexo causal entre a conduta do trabalhador e a impossibilidade de subsistência da relação de trabalho. Com base num critério de normalidade, atendendo às circunstâncias concretas do comportamento do trabalhador, cabe ao empregador demonstrar que tais factos (conduta ilícita e culposa) conduzem à impossibilidade de manutenção do contrato de trabalho. Esta causalidade tem de ser apreciada de harmonia com os parâmetros do art. 563º do CC, atendendo a um critério de probabilidade normal.

CONTRATO DE TRABALHO

4) *Suspensão preventiva do trabalhador*

Tendo em conta que o procedimento disciplinar conducente ao despedimento do trabalhador pode ser moroso, com a acusação, o empregador pode suspender o trabalhador enquanto decorre a acção disciplinar, sempre que a sua presença se mostrar inconveniente, continuando a pagar-lhe a retribuição (arts. 329º, nº 5, e 354º do CT)[957].

γ. Despedimento colectivo
i. Noção

O despedimento colectivo determina a cessação de contratos de trabalho de, pelo menos, dois ou cinco trabalhadores, consoante a empresa tenha menos ou mais de cinquenta trabalhadores (art. 359º, nº 1, do CT)[958]. Além do aspecto quantitativo, o despedimento colectivo afere-se em função do motivo, que pode ser de mercado, estrutural ou tecnológico, justificativo do encerramento de uma ou várias secções ou estrutura equivalente ou à redução do pessoal (art. 359º, nº 1, do CT).

O despedimento colectivo, por oposição à cessação por extinção de posto de trabalho (art. 367º do CT), implica que seja abrangida uma pluralidade de trabalhadores[959], não obstante ser necessariamente emitida uma declaração a cada trabalhador cujo contrato cessa; há, contudo, um motivo comum que determina a extinção individual de vários vínculos laborais[960].

---

[957] Não obstante a letra da lei («Com a notificação da nota de culpa (...)», art. 11º, nº 1, da LCCT), já se admitia que a suspensão pudesse anteceder a nota de culpa, desde que esta fosse entregue ao trabalhador num prazo curto (Ac. STJ de 4/12/1997, *CJ (STJ)* 1997, T. III, p. 296). De facto, logo após uma infracção grave perpetrada pelo trabalhador pode não ser possível elaborar logo a nota de culpa e, nalguns casos, justificar-se-á que o trabalhador seja, de imediato, afastado da empresa. A alteração legislativa acompanhou esta tomada de posição e, no nº 2, esclarece-se que a suspensão pode ser determinada trinta dias antes da notificação da nota de culpa.

[958] Como dispõe o art. 100º, nº 1, do CT, a pequena empresa tem menos de cinquenta trabalhadores e a média empresa tem entre cinquenta e duzentos e quarenta e nove trabalhadores.
Quanto à influência do direito europeu em sede de despedimento coletivo, veja-se JÚLIO GOMES, *Direito do Trabalho*, I, cit., pp. 976 e ss. Ainda que a base seja a mesma, há algumas diferenças de regime no plano internacional, veja-se por exemplo NELSON MANNRICH, *Dispensa coletica. Da liberdade contratual à responsabilidade social*, S. Paulo, 2000, pp. 21 e ss., com uma comparação de várias soluções.

[959] Como esclarece FURTADO MARTINS, *Cessação do Contrato de Trabalho*, cit., p. 262, o requisito da pluralidade de trabalhadores só se tem de verificar no início do procedimento de despedimento colectivo, pois, no decurso do processo, é frequente que vários contratos cessem, normalmente por revogação. Veja-se também Ac. STJ de 6/11/1996, *CJ (STJ)* 1996, T. III, p. 248.

[960] Sobre o despedimento colectivo, veja-se MÁRIO PINTO/FURTADO MARTINS, «Despedimentos Colectivos: Liberdade de Empresa e Acção Administrativa», *RDES* 1993, nº 1/4, pp. 3 e ss. e, em

DA CESSAÇÃO DO CONTRATO

ii. Apreciação dos fundamentos

I. Os motivos são económicos, mas o legislador identifica-os com factores de mercado, estruturais ou tecnológicos, que têm de ser apreciados em função da empresa, no contexto actual ou futuro da sua actuação. Daí a referência legal à previsibilidade dos motivos, bastando um juízo de prognose puramente empresarial, assente na liberdade de gestão da empresa.

Pelo art. 359º, nº 2, do CT, o legislador pretende auxiliar o intérprete dando uma noção de motivos de mercado (alínea *a*)), estruturais (alínea *b*)) e tecnológicos (alínea *c*)); trata-se, todavia, de uma indicação exemplificativa de aspectos integrantes dos referidos motivos, que se reconduzem a um fundamento económico, pois mesmo os motivos tecnológicos hão-de ter uma base económica. A questão poderia ser discutível no âmbito da legislação anterior (arts. 16º e 26º, nº 2, da LCCT), mas actualmente não há dúvida de que a indicação legal é exemplificativa, podendo haver outros motivos justificativos do despedimento.

II. O recurso ao despedimento colectivo com base em motivos de mercado, estruturais ou tecnológicos não será só admitido em situações limite, como no caso de risco iminente de insolvência da empresa[961]. Importará salientar que se está perante uma decisão de gestão empresarial[962]; é o empresário que decide se, por exemplo, quer automatizar o equipamento com a consequente redução de pessoal ou pretende encerrar uma secção, ainda que economicamente viável, quando tem interesse em restringir as suas actividades[963]. Não

---

especial, o desenvolvido estudo de BERNARDO XAVIER, *O Despedimento Colectivo no Dimensionamento da Empresa*, cit., pp. 353 e ss.

No regime anterior (art. 16º da LCCT) não era absolutamente conforme com a Diretiva comunitária; face ao Acórdão proferido pelo Tribunal de Justiça, em 12 de Outubro de 2004, no âmbito de um processo (C-55/02) que opôs a Comissão das Comunidades Europeias ao Estado português, o Tribunal decidiu que «1) Ao restringir a noção de despedimentos coletivos a despedimentos por razões estruturais, tecnológicas ou conjunturais e ao não alargar esta noção a despedimentos por todas as razões não inerentes à pessoa dos trabalhadores, a República Portuguesa não cumpriu as obrigações que lhe incumbem por força dos artigos 1.º e 6.º da Diretiva 98/59/CE do Conselho, de 20 de Julho de 1998, relativa à aproximação das legislações dos Estados-Membros respeitantes aos despedimentos colectivos».

Quanto ao regime atual, veja-se JÚLIO GOMES, *Direito do Trabalho*, I, cit., pp. 976 e ss. e ROSÁRIO PALMA RAMALHO, *Tratado de Direito do Trabalho*, II, cit., pp. 1021 e ss.

[961] Neste sentido, cfr. FURTADO MARTINS, *Cessação do Contrato de Trabalho*, cit., p. 115.

[962] Cfr. BERNARDO XAVIER, *Curso*, cit., p. 529 e *O Despedimento Colectivo*, cit., pp. 557 e ss. Veja-se igualmente o Ac. Rel. Pt. de 5/5/1997, *CJ* XXII, T. III, p. 243.

[963] Nomeadamente, dever-se-á entender que está preenchido o requisito para recorrer ao despedimento colectivo se a embarcação onde os trabalhadores exerciam a sua actividade cessou defini-

CONTRATO DE TRABALHO

cabe ao tribunal apreciar o mérito de tais decisões, porque o empresário é livre de empreender um caminho ruinoso; o tribunal só tem de verificar se o empregador não está a agir em abuso de direito ou se o motivo não foi ficticiamente criado[964]/[965]. No fundo, como se trata de uma resolução com causa objectiva, o despedimento não é discricionário, tem de ser fundamentado, e a motivação deve ser encontrada nos factores de mercado, estruturais ou tecnológicos.

Para reiterar a posição assumida, importa atender ao facto de o Código do Trabalho (tanto na versão de 2003, art. 397º do CT2003, como após a revisão de 2009, art. 359º, nº 2, do CT2009), comparado com o precedente art. 26º, nº 2, da LCCT, em relação aos motivos omitiu o adjectivo «comprovada» e acrescentou a previsibilidade da sua ocorrência. Estas alterações modificam substancialmente a apreciação dos motivos.

Acresce ainda que a intromissão do juiz na apreciação dos fundamentos que justificaram a decisão de gestão empresarial é inconstitucional, por violar o art. 61º, nº 1, da CRP, contrariando o direito fundamental de propriedade privada, na sua vertente de liberdade empresarial; de facto, a liberdade de iniciativa empresarial, a que foi conferida tutela constitucional (arts. 61º, nº 1, e 62º, nº 1, da CRP), seria posta em causa se os critérios de gestão empresarial fossem ponderados pelo julgador[966].

iii. Procedimento

Depois de, internamente, o empregador, ponderadas as circunstâncias, ter decidido recorrer ao despedimento colectivo, determinando que sectores ou trabalhadores vão ser abrangidos, deverá proceder-se às comunicações previstas no art. 360º do CT[967]. Feitas as comunicações, segue-se a fase negocial

---

tivamente a faina, por não estar em condições de pescar e o armador não pretende reconvertê-la. Quanto à concessão de benefícios daí advenientes, veja-se a Portaria nº 1261/2001, de 31 de Outubro.

[964] Cfr. Ac. STJ de 13/1/1993, *CJ (STJ)* 1993, T. I, p. 222; Ac. STJ de 21/9/2000, *CJ* (STJ) 2000, T. III, p. 259.

[965] Quanto ao direito espanhol, com uma crítica sobre a figura do juiz empresário, veja-se CECA MAGÁN, *La Extinción del Contrato de Trabajo por Causas Objetivas (Reforma Laboral de 1997)*, Valência, 1999, pp. 63 e ss. e pp. 103 e ss.

[966] Sobre a compatibilidade entre a segurança no emprego (art. 53º da CRP) e a liberdade de iniciativa empresarial (arts. 61º, nº 1, e 62º, nº 1, da CRP), veja-se ROMANO MARTINEZ, «Trabalho e Direitos Fundamentais. Compatibilização entre a segurança no emprego e a liberdade empresarial», *Estudos em Homenagem ao Prof. Doutor Sérvulo Correia*, Coimbra, 2010, pp. 157 e ss.

[967] Sobre o procedimento, *vd.* BERNARDO XAVIER, *O Despedimento Colectivo*, cit., p. 433 e ss. e «O Regime dos Despedimentos Colectivos e as Modificações Introduzidas pela Lei nº 32/99, de 18.5», *Estudos do Instituto de Direito do Trabalho*, Volume I, Coimbra, 2001, pp. 403 e ss.

DA CESSAÇÃO DO CONTRATO

(art. 361º do CT), em que se prestam informações, negociando o empregador com a estrutura representativa dos trabalhadores a obtenção de um acordo tendo em vista minorar o âmbito do despedimento colectivo, nomeadamente por via de uma redução do trabalho ou de uma reconversão profissional. Os serviços do Ministério do Trabalho intervêm neste processo negocial para assegurar a regularidade da sua instrução substantiva e procedimental, assim como para promover a conciliação dos interesses do empregador e dos trabalhadores (art. 362º do CT).

Terminada a fase negocial, cabe a decisão ao empregador (art. 369º do CT); optando pelo despedimento, deverá comunicar por escrito a cada trabalhador abrangido a decisão, indicando o motivo e a data da cessação do contrato (art. 363º, nº 1, do CT). O despedimento só produzirá o efeito extintivo do vínculo laboral decorrido o prazo de aviso prévio, que vai de quinze a setenta e cinco dias sobre a comunicação s sessenta dias sobre a comunicação (art. 360º, nº 1, do CT), admitindo-se, contudo, que, não sendo observado este aviso prévio, o trabalhador tenha direito à retribuição correspondente ao período em falta (art. 363º, nº 4, do CT).

A decisão deve ser tomada atendendo aos critérios que servem de base para a selecção dos trabalhadores a despedir, que o empregador deverá indicar na comunicação (art. 360º, nº 2, alínea *c*), do CT)[968].

iv. Direitos dos trabalhadores abrangidos pelo despedimento
I. Nos arts. 364º a 366º do CT enunciam-se os direitos dos trabalhadores abrangidos pelo despedimento colectivo. Estes direitos são atribuídos somente aos trabalhadores despedidos e não àqueles que, no decurso do processo negocial, tenham celebrado um acordo de revogação.

Durante os sessenta dias de aviso prévio, o trabalhador tem direito a um crédito de horas, até dois dias de trabalho por semana, para procurar nova ocupação (art. 399º do CT).

Nesse mesmo período de 15 a 75 dias consoante os casos é conferido ao trabalhador o direito de denunciar o contrato com um aviso prévio de três dias úteis, sem perda do direito à compensação (art. 365º do CT).

---

[968] Na legislação precedente, os critérios enunciados pelo empregador tinham de ser conjugados com a excepção constante do art. 23º, nº 4, da LCCT, nos termos da qual os representantes sindicais e os membros das comissões de trabalhadores tinham preferência na manutenção do emprego. Esta excepção era contestável, pois o procedimento de despedimento colectivo, em princípio, inviabiliza atitudes persecutórias em relação a esses trabalhadores, não se justificando, portanto, esse tratamento privilegiado, razão pela qual foi eliminado no Código do Trabalho.

CONTRATO DE TRABALHO

Por último, a cessação do contrato implica o pagamento de uma compensação, determinada pela multiplicação do valor da retribuição base mensal e diuturnidades pelo número de anos de antiguidade, calculados proporcionalmente no caso de fracção de ano, não podendo ser inferior a três meses (art. 401º, nºs 1 a 3, do CT). Esta indemnização e os créditos vencidos têm de ser pagos até à data do termo do aviso prévio (art. 431º, nº 1, alínea *c*), do CT), excepto na hipótese de insolvência ou recuperação e reestruturação económica da empresa (art. 431º, nº 2, do CT).

II. Tradicionalmente, a cessação do contrato implicava o pagamento de uma compensação, determinada pela multiplicação do valor da retribuição base mensal e diuturnidades pelo número de anos de antiguidade, calculados proporcionalmente no caso de fracção de ano, não podendo ser inferior a três meses. No âmbito das compensações devidas pelo empregador em caso de cessação do contrato de trabalho por causas objectivas, na revisão de 2012 procedeu-se a uma redefinição de valores tal como se dispunha no Memorandum e na Lei nº 53/2011, de 14 de Outubro, iniciou-se esse processo de redução da compensação. Na sequência do Memorandum, impunha-se a redução de compensações, mas justificava-se pôr termo à diferença estabelecida entre trabalhadores cujos contratos tivessem sido celebrados antes ou depois de 1 de Novembro de 2011, como prescrevia a Lei nº 53/2011[969].

Do regime de 2012 (art. 366º do CT) decorre um novo cálculo da compensação devida em caso de cessação do contrato de trabalho por motivos objectivos, em vez do tradicional método de fixar a compensação em um mês por cada ano de antiguidade, passa a calcular-se o valor com base em 20 dias por cada ano de antiguidade, aplicável a todos os trabalhadores cujos contratos cessem depois da entrada em vigor deste regime. Posteriormente, com a Lei

---

[969] A justificação para ser reduzida a compensação é recorrente: crescimento económico, aumento da competitividade das empresas e redução do desemprego. Mas subjacente a esta explicação está a situação de vexame decorrente do designado "Memorando de Entendimento", de 17/5/2011, do qual interessa agora a parte respeitante às Condições de Política Económica, concretamente o ponto 4, Mercado de trabalho e educação. E aí se lê que as compensações por cessação do contrato de trabalho deverão sofrer reduções progressivas (ponto 4.4.I e II) terminando com a injunção imposta ao Governo de, antes do final de 2012, «apresentar uma proposta com o objectivo de: Alinhar o nível de compensações por cessação do contrato de trabalho com o nível médio da UE (...)». Sobre esta questão, atenta a alteração introduzida em 2012, veja-se BERNARDO XAVIER, «Compensação por despedimento», *RDES* 2012, nº 1/2, pp. 65 e ss.; LUÍSA ANDIAS GONÇALVES, «Compensação por extinção do contrato de trabalho», *QL* 43 (2013), pp. 251 ss.; e MARIA IRENE GOMES, «Compensação a três tempos ou ... talvez não», *QL* 43 (2013), pp. 233 ss., com uma explicação muito detalhada sobre a aplicação concreta dos vários regimes.

DA CESSAÇÃO DO CONTRATO

nº 69/2013, a compensação prevista no art. 366º do CT foi reduzida para 12 dias por cada ano de antiguidade. Contudo, no que respeita a situações transitórias, o novo regime assenta num mecanismo complexo com base numa, menos corretã, ponderação de direitos adquiridos (art. 6º da Lei nº 23/2012 e art. 5º da Lei nº 69/2013)[970]. Manteve-se a dicotomia entre trabalhadores contratados antes ou depois de 1 de Novembro de 2011 (Lei nº 53/2011 e art. 5º, nº 3, da Lei nº 69/2013); em relação aos trabalhadores com contratos antigos aplicam-se três regimes de compensação: até 31 de Outubro de 2012, a compensação é calculada com base no mês por ano de antiguidade; entre 1 de Novembro de 2012 e 30 de Setembro de 2013 pondera-se no cálculo o valor de 20 dias por cada ano de antiguidade; a partir de 1 de Outubro de 2013 há que atender a duas valorações: 18 dias de retribuição nos três primeiros anos de duração do contrato e 12 dias de retribuição nos demais anos (art. 5º, nº 1, da Lei nº 69/2013). Complexidade similar surge com respeito aos novos contratos de trabalho, ajustados depois de 1 de Novembro de 2011. Este regime, indiscutivelmente muito intrincado, que obriga a uma aturada análise contabilística, eventualmente ultrapassada por um programa informático, não surte efeitos práticos visíveis nos próximos anos.

Esta compensação e os créditos vencidos têm de ser pagos até à data do termo do aviso prévio (art. 383º, nº 1, alínea c), do CT), tendo deixado de se aludir à excepção para a hipótese de insolvência ou recuperação e reestruturação económica da empresa (art. 431º, nº 2, do CT2003).

Pese embora a redução operada desde 2011 pelos diplomas citados, tendo em vista a dificuldade económica de alguns empregadores de arcar com o valor da compensação, principalmente na hipótese de estarem em causa vários despedimentos, instituíram-se dois fundos: o Fundo de Compensação do Trabalho e o Fundo de Garantia de Compensação do Trabalho (cfr. Lei nº 70/2013 e o Regulamento de gestão dos fundos, Regulamentos nº 390-A/2013 e nº 390-B/2013, de 14 de Outubro)[971].

III. Relativamente à compensação, o Código do Trabalho, no nº 4 do art. 366º, repristina a norma constante do nº 3 do art. 23º da LCCT, constante da versão inicial deste diploma e revogada pela Lei nº 32/99, de 18 de Maio[972],

---

[970] *Vd. supra* § 10.4.a.3) e a.5).

[971] *Vd.* ANDRÉ DE OLIVEIRA CORREIA, «Algumas notas sobre o novo regime dos fundos de compensação de trabalho e o seu financiamento», *QL* 43 (2013), pp. 279 ss.

[972] O processo de despedimento colectivo constante da LCCT sofreu várias alterações com a Lei nº 32/99, de 18 de Maio, em particular deixou de se considerar que valia como aceitação do des-

CONTRATO DE TRABALHO

passando a presumir-se que o trabalhador aceitou o despedimento se recebeu a compensação correspondente; há, todavia, uma diferença entre a actual versão e a que constava do nº 3 do art. 23º LCCT, na medida em que a expressão «vale como» foi substituída por «presume-se», para superar as dúvidas de interpretação suscitadas. A presunção constante do nº 4, do art. 366º do CT, sendo *iuris Tatum*, pode ser ilidida por prova em contrário (art. 350º, nº 2, do CC).

A compensação é devida em razão de o empregador, no exercício do seu direito, fazer cessar o contrato; concretamente, por recorrer à resolução do contrato com fundamento em motivos objectivos. Trata-se, pois, de compensação resultante de uma responsabilidade civil por intervenções lícitas.

δ. Despedimento por extinção de posto de trabalho
i. Noção
O despedimento por extinção de posto de trabalho[973] equipara-se ao despedimento colectivo, com a particularidade de ter natureza individual. Dito de outro modo, os requisitos para o recurso a estas duas formas de despedimento coincidem, excepto no que respeita ao número de trabalhadores a abranger pela cessação do contrato[974]. A extinção de posto de trabalho determina um despedimento individual fundado em motivos objectivos relacionados com a empresa.

ii. Apreciação dos motivos
I. Os motivos para a extinção do posto de trabalho coincidem com os fixados para o despedimento colectivo; são motivos de mercado, estruturais ou tecnológicos (art. 367º do CT); no fundo, motivos económicos relacionados com a empresa.

---

pedimento o recebimento da compensação prevista no nº 1 do art. 23º da LCCT, pois foi revogado o anterior art. 23º, nº 3, da LCCT, que dispunha nesse sentido.

[973] Na legislação anterior, o legislador designava o despedimento por extinção de posto de trabalho simplesmente por cessação do contrato, para evitar o uso do termo «despedimento». Situação a que MONTEIRO FERNANDES, *Direito do Trabalho*, cit., p. 507, chama de «formulação perifrásica». Quanto às razões a que se ficou a dever esta denominação, cfr. FURTADO MARTINS, *Cessação do Contrato de Trabalho*, cit., pp. 255 e s.

[974] Tendo por base esta coincidência, no art. 368º, nº 1, alínea *d)*, do CT determina-se que uma das condições para se poder recorrer à extinção de postos de trabalho é a não aplicação do regime previsto para o despedimento colectivo; ou seja, se forem vários os trabalhadores a despedir, deve recorrer-se ao despedimento colectivo.

DA CESSAÇÃO DO CONTRATO

II. Associados a estes motivos há que atender aos requisitos para o recurso a esta figura (art. 368º do CT).

Em primeiro lugar, como resulta da alínea *a)* do nº 1 do art. 368º do CT, não será lícito proceder à extinção do posto de trabalho quando a situação se subsuma ao despedimento por justa causa em razão de um comportamento culposo do trabalhador; assim, o despedimento por extinção de posto de trabalho é também subsidiário relativamente ao despedimento por facto imputável ao trabalhador. Do mesmo modo, a culpa do empregador inviabiliza este despedimento. Quanto a este último aspecto, cabe esclarecer que está em causa uma negligência na ponderação dos motivos, e não no seu surgimento; por isso, não obsta ao despedimento por extinção de posto de trabalho a gestão desastrosa que tenha levado a uma redução da actividade da empresa.

Em face da alínea *b)* do nº 1 do preceito em análise, impõe-se que o motivo justificativo do despedimento implique a insubsistência da relação de trabalho, no sentido de ser necessariamente grave. A impossibilidade de subsistência da relação de trabalho (alínea *b)*) não se identifica com um dos elementos da justa causa subjectiva (art. 351º, nº 1, do CT), pois encontra-se objectivada no nº 4 do art. 368º do CT. Antes da revisão de 2012, associava-se com a gravidade e com o facto de não haver outra actividade compatível com a categoria do trabalhador, mas este facto objectivo deixou de ser requerido, passando a ser um critério empresarial não discriminatório (nº 4 do art. 368º do CT).

Em terceiro lugar, não se pode extinguir um posto de trabalho quando a tarefa correspondente passou a ser exercida por trabalhadores contratados a termo (alínea *c)* do nº 1), com vista a evitar situações fraudulentas.

Por último, com o mesmo intuito de evitar fraudes, não será despedido o trabalhador cujo posto de trabalho tenha sido extinto, se o ocupava há menos de três meses por via de uma transferência; nesse caso, ele tem direito a reocupar o antigo posto de trabalho, excepto se também este foi extinto, caso em que será despedido (art. 368º, nº 3, do CT)[975].

III. Na eventualidade de haver uma pluralidade de postos de trabalho com um conteúdo funcional idêntico, estabelecia-se um critério de preferência, em que era preterido o trabalhador com menor antiguidade; todavia, com a revisão de 2012, a escolha passou a ser feita com base num critério empresarial, devendo o empregador definir critérios relevantes e não discriminatórios

---

[975] Os diferentes pressupostos, que se cumulam, têm de ser provados pelo empregador (Ac. Rel. Lx. de 14/1/1998, *CJ* XXIII, T. I, p. 159).

CONTRATO DE TRABALHO

(art. 368º, nº 2, do CT)[976]. Todavia, a solução consagrada foi ferida de inconstitucionalidade (Ac. TC nº 602/2013), essencialmente por falta de um critério objectivo. Nessa sequência surgiu a Lei nº 27/2014, dando nova redacção ao art. 368º do CT; no nº 2 do preceito passou a constar um elenco de critérios, desde o desempenho e habilitações do trabalhador até à antiguidade, que orientam e justificam a decisão do empregador.

IV. Em suma, com a revisão de 2012, e no seguimento do que se dispunha no Memorando, eliminaram-se alguns dos pressupostos deste regime, concretamente relacionados com a selecção do posto de trabalho a extinguir, definição do trabalhador atingido pela extinção do posto de trabalho e a verificação de existência de posto de trabalho compatível. Particularmente a eliminação deste último requisito da colocação do trabalhador abrangido pela extinção do posto de trabalho noutro posto compatível evitaria muitas impugnações desta modalidade de despedimento, tornando a extinção do posto de trabalho menos exigente. Contudo, também a eliminação deste requisito foi considerada inconstitucional. Ainda que a justificação da inconstitucionalidade assente em premissas questionáveis, com a Lei nº 27/2014 reintroduziu-se no art. 368º do CT o requisito da inexistência de posto compatível (nº 4).

iii. Procedimento
Como é comum às várias formas de despedimento, o empregador tem de organizar um processo com vista à extinção do posto de trabalho, o qual é similar ao estabelecido a propósito do despedimento colectivo.

O procedimento inicia-se com uma comunicação à estrutura representativa dos trabalhadores e ao trabalhador a despedir (art. 369º do CT), podendo tanto a estrutura representativa como o trabalhador deduzir uma oposição, através de parecer fundamentado, e solicitar a intervenção dos serviços

---

[976] Como refere BERNARDO XAVIER/FURTADO MARTINS/NUNES DE CARVALHO/JOANA VASCONCELOS/TATIANA GUERRA DE ALMEIDA, *Manual de Direito do Trabalho*, cit., p. 833, o legislador receava que, sob a capa da extinção de postos de trabalho, o empregador pretendesse atingir concretamente um determinado trabalhador. Sobre o novo regime decorrente das alterações de 2012, veja-se LEAL AMADO, «O despedimento e a revisão do Código do Trabalho: primeiras notas sobre a Lei nº 23/2012, de 25 de Julho», *RLJ* 141 (2012), pp. 297 ss.; FURTADO MARTINS, «Alterações ao regime do despedimento por extinção do posto de trabalho», *RDES* 2012, nº 1/2, pp. 173 ss. Quanto à inconstitucionalidade, *vd.* RAQUEL CARVALHO, «Os efeitos da declaração de inconstitucionalidade proferida no Acórdão do Tribunal Constitucional nº 602/2013 e o despedimento por extinção do posto de trabalho», *QL* 43 (2013), pp. 179 ss.; BRUNO MESTRE, «A "saga" do despedimento por extinção do posto de trabalho e as repercussões do Acórdão do Tribunal Constitucional nº 602/2013», *QL* 43 (2013), pp. 197 ss.

DA CESSAÇÃO DO CONTRATO

competentes do Ministério do Trabalho (art. 370º do CT). Cinco dias após a emissão do parecer, o empregador, querendo recorrer à extinção do posto de trabalho, proferirá decisão fundamentada por escrito (art. 371º do CT).

O contrato de trabalho cessa decorridos quinze a setenta e cinco dias após a comunicação recebida pelo trabalhador no sentido do despedimento por extinção do posto de trabalho (art. 371º, nº 3, do CT).

iv. Direitos dos trabalhadores abrangidos pelo despedimento
Os trabalhadores abrangidos pelo despedimento individual por extinção de posto de trabalho têm os mesmos direitos que a lei atribuiu àqueles que forem objecto de um despedimento colectivo (art. 372º LCCT); conferiu-se-lhes, por isso, o crédito de horas, o direito a denunciar antecipadamente o contrato e o direito à compensação fixada no art. 366º do CT, que deve ser satisfeita até ao termo do prazo de aviso prévio (arts. 371º, nº 4, e 384º, alínea *d*), do CT).

ε. Despedimento por inadaptação
i. Noção
I. O despedimento por inadaptação do trabalhador foi reintroduzido na ordem jurídica portuguesa pelo Decreto-Lei nº 400/91, de 16 de Outubro[977], mantendo-se nos arts. 373º e ss. do CT. Através do despedimento por inadaptação permite-se que o empregador faça cessar o contrato de trabalho sempre que se determine a incapacidade do trabalhador para o exercício das suas funções, tornando praticamente impossível a subsistência da relação de trabalho. A inadaptação assenta numa impossibilidade relativa de o trabalhador realizar a sua prestação, pois, sendo a incapacidade absoluta e definitiva, o contrato de trabalho caduca[978].

No art. 374º do CT concretiza-se a inadaptação, determinando-se que esta se verifica no caso de redução continuada e reiterada de produtividade ou de qualidade[979], de avarias reiteradas nos meios afectos ao posto de trabalho e de riscos para a segurança e a saúde do próprio trabalhador, dos restantes trabalhadores ou de terceiros. No que respeita a trabalhadores que ocupam cargos de complexidade técnica ou de direcção, a inadaptação pode ser deter-

---

[977] *Vd.* Menezes Cordeiro, «Da Cessação do Contrato de Trabalho por Inadaptação do Trabalhador perante a Constituição da República», cit., pp. 369 e ss., em especial pp. 383 e ss.

[978] *Vd. supra*, neste Capítulo, § 4, nº 2, alínea *d*), subalínea *β*, ponto *i*.

[979] Sobre a diminuição de rendimento como fundamento de cessação do contrato por inadaptação, *vd.* Briones González, *La Extinción del Contrato de Trabajo por Causas Objetivas*, Madrid, 1995, pp. 50 e ss.

CONTRATO DE TRABALHO

minada em função de objectivos previamente fixados e formalmente aceites (art. 374º, nº 2, do CT)[980].

Em qualquer dos casos, o despedimento funda-se numa impossibilidade superveniente e relativa de boa execução da prestação. Porém, na segunda hipótese, essa impossibilidade é determinada por uma condição aposta ao contrato; condição que não é, por si, resolutiva, mas que funciona como requisito da inadaptação[981].

II. Após a revisão de 2012, passa a haver dois tipos de inadaptação: a situação tradicional, em que a inadaptação decorre de terem sido introduzidas modificações no posto de trabalho; e a nova inadaptação, em que há uma modificação substancial da prestação do trabalhador, nomeadamente uma redução continuada da produtividade ou da qualidade, independentemente de terem sido introduzidas alterações do posto de trabalho.

III. Relativamente à situação tradicional e para a generalidade dos trabalhadores (excluindo cargos de complexidade técnica ou de direcção), o despedimento por inadaptação depende dos requisitos enunciados no art. 375º, nº 1, do CT, concretamente nas alíneas a) a c). A este propósito, mesmo quanto ao regime tradicional de inadaptação e à imagem do prescrito em sede de despedimento por extinção do posto de trabalho, deixou de se exigir, como requisito, a inexistência na empresa de posto de trabalho compatível bem como a ausência de culpa do empregador na falta de condições de segurança e saúde no trabalho, tendo sido revogadas as alíneas d) e e) do nº 1 do art. 375º do CT.

Para esta modalidade de inadaptação (dita tradicional) seria necessário que, nos seis meses anteriores, tenham sido introduzidas modificações no posto de trabalho resultantes de alterações nos processos de fabrico, de novas

---

[980] Sobre a figura, *vd.* LIBERAL FERNANDES, «Do Contrato a Termo e do Despedimento por Inadaptação», *Boletim da Faculdade de Direito de Coimbra.* 68 (1992), pp. 143 e ss., com uma posição restritiva relativamente às consequências deste «acordo de rendimento» (pp. 152 e ss.), concluindo que se trata de uma caducidade (p. 164).

Sobre o novo regime decorrente das alterações de 2012, veja-se LEAL AMADO, «O despedimento e a revisão do Código do Trabalho: primeiras notas sobre a Lei nº 23/2012, de 25 de Julho», cit., pp. 297 ss.; FURTADO MARTINS, «Alterações ao regime do despedimento por extinção do posto de trabalho», *RDES* 2012, nº 1/2, pp. 173 ss.

[981] Esclarecendo porque não é uma condição resolutiva, JÚLIO GOMES, *Direito do Trabalho*, I, cit., p. 998.

DA CESSAÇÃO DO CONTRATO

tecnologias ou de equipamentos baseados em diferente ou mais complexa tecnologia (alínea *a*))[982].

Em segundo lugar, exige-se que tenha sido ministrada ao trabalhador acção de formação profissional adequada às modificações introduzidas no posto de trabalho (alínea *b*)).

Depois de ministrada a formação, tem de ser facultado ao trabalhador um período de adaptação não inferior a trinta dias (alínea *c*)).

Apesar de eliminado na revisão de 2012, na sequência da declaração de inconstitucionalidade (Ac. TC nº 602/2013), com a Lei nº 27/2014 repristinou-se o requisito da inexistência de posto compatível com a categoria do trabalhador (alínea *d*)).

Os mencionados requisitos para a determinação da inadaptação do trabalhador, em razão da sua especial exigência, têm levado as empresas a não recorrerem a esta forma de despedimento.

Por último, se o trabalhador inadaptado tiver sido colocado há menos de três meses num novo posto de trabalho no qual se verifique a inadaptação, não pode ser despedido, tendo direito a reocupar o anterior posto de trabalho, salvo se este tiver sido extinto ou definitivamente ocupado por outrem (nº 6 do art. 375º do CT).

IV. Na segunda modalidade de inadaptação (introduzida pela revisão de 2012) não se exige que tenha havido modificações no posto de trabalho (art. 375º, nº 2, do CT). Basta que se verifiquem os pressupostos indicados nas alíneas deste número, concretamente que tenha havido uma modificação substancial da prestação laboral da qual resulte uma «redução continuada de produtividade ou de qualidade, avarias repetidas nos meios afectos ao posto de trabalho ou riscos para a segurança e saúde do trabalhador de outros trabalhadores ou de terceiros» com carácter definitivo, devendo seguir-se um procedimento complexo no apuramento desta factualidade. Os pressupostos constantes das alíneas *b*) e *c*) do nº 1 – formação profissional e adaptação – são comuns às duas modalidades de inadaptação.

V. Quanto aos trabalhadores que desempenham cargos de complexidade técnica ou de direcção, se tiverem sido formalmente fixados os objectivos a atingir, para haver despedimento por inadaptação tornava-se também neces-

---

[982] Como resulta da lição de BRIONES GONZÁLEZ, *La Extinción del Contrato de Trabajo por Causas Objetivas*, cit., pp. 45 e ss. e 129 e ss., não se deve confundir a diminuição de rendimento com a inadaptação do trabalhador a novas técnicas, porque aquela pode não depender desta.

CONTRATO DE TRABALHO

sário, por um lado, que tivessem sido introduzidos novos processos de fabrico, novas tecnologias ou equipamentos baseados em diferente ou mais complexa tecnologia, que implicassem modificação das funções relativas ao posto de trabalho que ocupem, e, por outro, que a inadaptação não derivasse de falta de condições de segurança e saúde no trabalho imputável ao empregador. Este regime veio a ser alterado na revisão de 2012 e, atento o disposto no nº 3 do art. 375º do CT, tal como na segunda modalidade de inadaptação, não é necessário que tenha havido introdução de alterações de fabrico, tecnológicas, etc., é suficiente que o objectivo não tenha sido atingido e essa factualidade se apure por via procedimental.

Apesar de não constituir verdadeiramente uma novidade de 2012, no que respeita à inadaptação de trabalhadores em cargos de complexidade técnica ou de direcção cabe atender à inadaptação por incumprimento de objectivos previamente acordados, que passa a ter maior relevo, pois deixa de estar dependente da introdução de modificações no posto de trabalho.

Por último, tal como nas duas modalidades de despedimento por inadaptação, exige-se que seja colocada à disposição do trabalhador a compensação devida (nº 7 do art. 375º do CT).

ii. Procedimento

I. Relativamente ao procedimento, importa distinguir as duas modalidades de despedimento por inadaptação, pese embora haver um regime comum constante dos arts. 376º a 378º do CT.

À imagem do que ocorre a nível do despedimento colectivo e do despedimento individual por extinção de posto de trabalho, o despedimento por inadaptação carece de um procedimento que se inicia com a comunicação por escrito ao trabalhador inadaptado e à estrutura representativa dos trabalhadores (art. 376º do CT). No prazo de dez dias a contar da comunicação, o trabalhador pode opor-se à pretensão de despedimento por inadaptação, e a estrutura representativa dos trabalhadores deve emitir, sobre o caso, parecer fundamentado (art. 377º do CT). Recebidos os pareceres ou terminado o prazo referido, o empregador tem 30 dias para proferir, por escrito, decisão fundamentada de despedimento, com as indicações constantes das alíneas do nº 1 do art. 378º do CT.

Na nova modalidade de despedimento por inadaptação – em que não tenha havido modificações do posto de trabalho –, antes de ser manifestada a intenção de proceder ao despedimento tem de ser comunicada ao trabalhador a descrição circunstanciada de factos demonstrativos da redução continuada de produtividade ou de qualidade, de avarias, riscos, etc. (art. 375º, nº 2, alínea *b*),

DA CESSAÇÃO DO CONTRATO

do CT); tendo o trabalhador direito a pronunciar-se por escrito, no prazo de 5 dias, quanto a tais factos. Seguidamente, o empregador deverá dar ordens adequadas tendo em vista a correcção das apontadas deficiências da prestação laboral (art. 375º, nº 2, alínea c), do CT). Só depois deste procedimento prévio e provando-se a factualidade indicada pelo empregador é que se segue o procedimento comum, constante dos arts. 376º e ss. do CT.

II. O contrato cessa decorridos quinze a setenta e cinco dias sobre a data em que a decisão de despedimento foi comunicada ao trabalhador (art. 378º, nº 2, do CT), devendo, até ao momento da cessação, ser-lhe paga a compensação prevista no art. 366º *ex vi* art. 379º do CT.

Cessando o contrato por inadaptação, no prazo de noventa dias, a empresa deve assegurar a manutenção do nível de emprego, nomeadamente pela contratação de outro trabalhador (art. 380º do CT).

iii. Direitos dos trabalhadores abrangidos pelo despedimento
O trabalhador despedido por inadaptação tem os mesmos direitos de um trabalhador que tenha sido abrangido por um despedimento colectivo (art. 379º do CT). É-lhe atribuído o crédito de horas para procura de outro emprego, pode denunciar antecipadamente o contrato sem perda da compensação e tem direito a perceber o montante determinado nos termos do art. 366º do CT.

Na segunda modalidade de despedimento por inadaptação, admite-se que o trabalhador denuncie o contrato logo após ter recebido a comunicação da qual consta a descrição circunstanciada de factos demonstrativos da redução continuada de produtividade ou de qualidade, de avarias, riscos, etc. (art. 379º, nº 2, *ex vi* art. 375º, nº 2, alínea b), do CT).

ζ. Despedimento ilícito
i. Aspectos gerais
Os quatro tipos de despedimento referidos serão ilícitos, para além de hipóteses específicas, em três casos: se o despedimento não tiver sido precedido de um procedimento ou este for nulo; se o despedimento se fundar em motivos políticos, ideológicos, étnicos ou religiosos; se forem declarados improcedentes os motivos de justificação invocados para o despedimento (art. 381º, alínea b), do CT).

A estas três situações comuns importa acrescentar as causas de ilicitude específicas dos diferentes tipos de despedimento.

O despedimento por facto imputável ao trabalhador é ainda ilícito em duas situações indicadas no art. 382º, nº 1, do CT: se tiverem decorrido os prazos

CONTRATO DE TRABALHO

de prescrição previstos no art. 329º, nºs 1 e 2, do CT, concretamente o prazo de sessenta dias e de um ano[983]; ou se o procedimento disciplinar for inválido, sendo a invalidade determinada nos termos constantes das alíneas do nº 2 do art. 382º do CT. De facto, as invalidades processuais vêm taxativamente mencionadas, pois nem todas as falhas geram a invalidade do procedimento; assim, prescrevem-se, como causas de invalidade, a elaboração desajustada da nota de culpa, o desrespeito do princípio do contraditório e a falta de decisão escrita e fundamentada de despedimento.

Nas modalidades de despedimento por motivos objectivos – despedimento colectivo, por extinção de posto de trabalho e por inadaptação – a ilicitude pode igualmente advir da verificação de qualquer uma das seguintes duas situações: não terem sido feitas as comunicações (arts. 383º, alínea a), 384º, alínea c), e 385º, alínea b), do CT); ou não ter sido disponibilizada a quantia devida como compensação (arts. 383º, alínea c), 384º, alínea d), e 385º, alínea c), do CT).

Por outro lado, no despedimento colectivo constitui uma causa específica de ilicitude o facto de o empregador não ter promovido a negociação prevista no nº 1 do art. 361º do CT (art. 383º, alínea a), 2ª parte, do CT); e nos despedimentos por extinção de posto de trabalho e por inadaptação constitui ilicitude o desrespeito dos respectivos requisitos (arts. 384º, alínea a), e 385º, alínea a), do CT). Por último, falta referir a situação de ilicitude específica do despedimento por extinção de posto de trabalho derivada de não terem sido respeitados os critérios de determinação do posto de trabalho a extinguir (art. 384º, alínea b), do CT); é claro que este requisito, após a revisão de 2012, tem um relevo diminuto, porquanto os critérios são empresariais, definidos pelo empregador, não podendo ser discriminatórios.

ii. Suspensão preventiva

Sabendo-se que a acção de impugnação do despedimento pode tardar alguns meses, ou até anos, a ser decidida, e não pretendendo o trabalhador permanecer durante esse lapso privado da retribuição, pode intentar uma providência cautelar de suspensão do despedimento (arts. 386º do CT). Sendo uma providência cautelar, a decisão, ainda que provisória, será naturalmente célere.

O trabalhador terá de requerer a suspensão do despedimento no prazo de cinco dias úteis a contar da data em que lhe foi comunicado o despedimento (arts. 386º do CT).

---

[983] Não se percebe porque se exclui o prazo de um ano para concluir o procedimento, previsto no nº 3 do art. 329º do CT.

DA CESSAÇÃO DO CONTRATO

Nos termos dos arts. 39º e ss. do CPT, a suspensão do despedimento será decretada se o empregador não tiver organizado o respectivo procedimento, se este padecer de falhas que o invalidem e ainda quando o processo não for apresentado no prazo fixado; além disso, a suspensão também será decretada no caso de o empregador faltar injustificadamente à audiência e na medida em que o tribunal conclua pela probabilidade séria de inexistência de justa causa[984].

Como qualquer providência cautelar, a suspensão do despedimento caduca se não for intentada a acção de impugnação do despedimento no prazo de trinta dias (art. 373º, nº 1, alínea *a*), do CPC).

Tendo sido decretada a suspensão do despedimento, entre a data que medeia a decisão da providência cautelar e a sentença judicial, o contrato de trabalho subsiste, sendo devida a retribuição ao trabalhador[985].

iii. *Impugnação judicial*

I. A ilicitude do despedimento só pode ser declarada pelo tribunal em acção intentada pelo trabalhador (arts. 387º, nº 1, do CT), entendendo-se que esta matéria terá necessariamente de ser dirimida em tribunal judicial e não, por exemplo, por via arbitral, com excepção da relação laboral desportiva.

II. Se o despedimento for impugnado com base em invalidade do procedimento, o tribunal tem somente de verificar se foi instaurado o procedimento e, em caso afirmativo, se o empregador respeitou os trâmites essenciais a que a lei alude no nº 2 do art. 382º do CT. A preterição de outras formalidades gera o dever de pagar uma indemnização correspondente a metade do valor que seria devido (art. 389º, nº 2, do CT); ou seja, essas outras irregularidades procedimentais não geram a invalidade do despedimento, mas só o direito de o trabalhador ser indemnizado.

III. No caso de o despedimento ser impugnado com base na improcedência do motivo justificativo invocado, importa distinguir se a cessação se funda em justa causa subjectiva ou num motivo objectivo.

---

[984] Sendo o trabalhador despedido representante sindical, membro de comissão de trabalhadores ou de conselho europeu de empresa a suspensão deve ser decretada, excepto se o tribunal concluir pela probabilidade séria de existência de justa causa (art. 410º, nº 4, do CT). A situação é similar no que respeita ao despedimento de trabalhadora grávida, puérpera ou lactante (art. 63º, nº 7, do CT).

[985] *Vd.* ROMANO MARTINEZ, *Direito do Trabalho*, cit. p. 430, na hipótese de a sentença ter considerado o despedimento lícito, em que se estará perante uma relação contratual de facto. Veja-se também o Ac. STJ de 23/1/1996, *CJ (STJ)* 1996, T. I, p. 252.

454

CONTRATO DE TRABALHO

Em caso de impugnação judicial do despedimento com justa causa (subjectiva), cabe ao tribunal valorar os factos provados pelo empregador e determinar se, no caso concreto, a conduta do trabalhador é ilícita, culposa, e não permitindo a manutenção do contrato de trabalho. Esta valoração, em termos jurídicos, não é diversa daquela que o tribunal tem de fazer quando uma das partes, num qualquer contrato, impugna judicialmente a resolução requerida pela contraparte.

Relativamente às causas objectivas, o tribunal tem de verificar da sua existência e se o motivo não é abusivo ou fraudulentamente invocado, sem tomar partido quanto à bondade da gestão empresarial.

IV. Só o trabalhador tem legitimidade para impugnar o despedimento, invocando a ilicitude. Mesmo no caso de despedimento colectivo, a impugnação é individual – não estando excluído o litisconsórcio – e, apesar de os fundamentos poderem ser comuns a vários trabalhadores, a decisão judicial de ilicitude do despedimento só aproveita ao trabalhador que tenha intentado a acção de impugnação.

Para contrariar as consequências da cessação do contrato por iniciativa do empregador, é necessário que o trabalhador impugne judicialmente o despedimento, ainda que este se fundamente em causas objectivas, não se tendo admitido a possibilidade de as controvérsias neste âmbito serem dirimidas por via arbitral (art. 387º, nº 1, do CT); quanto ao fundamento do despedimento, não em relação às consequências, mormente indemnizatórias, em que a arbitrabilidade não se encontra vedada. Refira-se ainda que o direito de acção é conferido individualmente ao trabalhador atingido e não às estruturas representativas dos trabalhadores (art. 387º, nº 2, do CT).

Por outro lado, tendo o trabalhador impugnado o despedimento, para justificar a cessação do vínculo, o empregador apenas pode invocar factos e fundamentos constantes da decisão de despedimento comunicada ao trabalhador (art. 387º, nº 3, do CT).

V. À excepção da impugnação de despedimento colectivo, em que se estabelece um prazo de seis meses para ser intentada a respectiva acção (art. 388º, nº 2, do CT)[986], consagrou-se um prazo regra de sessenta dias a contar da data da cessação do contrato para o trabalhador impugnar o despedimento (art. 387º, nº 2, do CT)[987]. Diferentemente do prazo de prescrição estabelecido

---

[986] Era de noventa dias o prazo constante da legislação revogada (art. 25º, nº 2, da LCCT).

[987] Na falta de norma idêntica, no domínio da LCCT, só se estabelecendo prazo para intentar a ação a propósito do despedimento coletivo, discutia-se se, nas restantes modalidades de despedimento,

DA CESSAÇÃO DO CONTRATO

no art. 337º do CT, os prazos de impugnação do despedimento (arts. 387º, nº 2, e 388º, nº 2, do CT), na falta da respectiva qualificação, conclui-se que são prazos de caducidade (art. 298º, nº 2, do CC). Coloca-se, porém, a dúvida de saber se, além destes dois prazos, para determinados tipos de despedimento, mormente do despedimento verbal, se não continua a valer o regime anterior (art. 435º do CT2003) nos termos do qual o prazo seria de um ano[987a]. Além da alteração do prazo, há uma diferença, pois no art. 387º, nº 1, do CT2009 alude-se à licitude do despedimento, enquanto no art. 435º do CT2003 se atendia à ilicitude do despedimento. No art. 388º do CT2009 continua a fazer--se menção à ilicitude do despedimento. A diferença entre *licitude* e *ilicitude* do despedimento não é puramente terminológica.

Quanto aos prazos de impugnação do despedimento serem de caducidade, a questão não carecia de mais esclarecimentos não fora as dúvidas suscitadas em várias decisões judiciais, que vieram a ser resolvidas no sentido correcto pelo Acórdão do STJ de 7 de Fevereiro de 2007[987b]. O Código do Trabalho, no art. 337º – correspondente ao anterior art. 381º do CT2003 e art. 38º da LCT – continua a prescrever um prazo de prescrição nos termos que eram pacificamente aceites pela jurisprudência, mas limitou-se o âmbito de aplicação deste preceito. Diferentemente do que poderia ser defensável no domínio da legislação revogada – concretamente, do art. 38º da LCT –, a prescrição prevista no art. 337º do CT não se aplica à impugnação do despedimento, pois para esta dispõe (agora) uma norma especial: os arts. 337º, nº 2, e 338º, nº 2,

---

devia prevalecer o prazo de um ano fixado no art. 38º da LCT, de onde constava o regime regra de prescrição dos créditos emergentes do contrato de trabalho, ou se, pelo contrário, a omissão legal devia ser preenchida com recurso ao prazo de anulabilidade dos negócios jurídicos, estabelecido no art. 287º, nº 1, do CC, que também prescreve o prazo de um ano. O despedimento ilícito é inválido, podendo concluir-se que se está perante uma hipótese de anulabilidade, pois esta invalidade é sanável pelo decurso do tempo, terá de ser invocada pela pessoa em cujo interesse a lei a estabelece e não pode ser declarada oficiosamente pelo tribunal. Ora, em relação aos atos anuláveis, na falta de disposição concreta no domínio laboral, deve recorrer-se às regras do Código Civil, nomeadamente no que respeita ao prazo para arguir a anulabilidade (neste sentido, ROMANO MARTINEZ, *Direito do Trabalho*, 1ª edição, cit., pp. 873 e s.; FURTADO MARTINS, *Cessação do Contrato de Trabalho*, cit., p. 433). A dúvida ficou sanada com o disposto no art. 435º, nº 2, do CT2003.

[987a] Para maior desenvolvimento, ROMANO MARTINEZ, *Direito do Trabalho*, 7ª edição, cit., pp. 1211 e 1215 ss.

[987b] Ac. STJ de 7/2/2007 (Fernandes Cadilha), www.dgsi.pt., publicado na *Trabalho & Segurança Social*, Março/2007, pp. 16 e ss. Como se indicou, o acórdão segue a solução acertada, mas é veementemente criticado por MENDES BAPTISTA, «Prazo de Impugnação Judicial do Despedimento. A Propósito do Acórdão do Supremo Tribunal de Justiça, de 7 de Fevereiro de 2007», *Estudos Homenagem ao Professor Galvão Telles: 90 Anos*, Coimbra, 2007, pp. 39 e ss.

CONTRATO DE TRABALHO

do CT. Mas subsiste a dúvida quanto a saber se estes dois preceitos abarcam todas as situações de impugnação do despedimento.

Na versão de 2003, os dois preceitos do Código do Trabalho (arts. 381º e 435º do CT2003) tinham âmbitos diversos de aplicação. Ambos prescreviam um prazo de um ano, mas o art. 381º, nº 1, do CT2003, respeitava à prescrição dos créditos resultantes do contrato de trabalho e da sua violação ou cessação, enquanto o art. 435º, nº 2, do CT2003, tinha que ver com a caducidade da acção de impugnação do despedimento[987c].

O art. 435º, nº 2, do CT2003, tal como o actual nº 2 do art. 387º do CT2009, ao estabelecer um prazo de caducidade para intentar a acção de impugnação do despedimento, é uma norma especial relativamente à regra geral de prescrição dos créditos laborais (art. 337º, nº 1, do CT). De facto, no citado preceito, mantendo o princípio de que os direitos devem ser exercidos num prazo curto de um ano, adapta-se a solução a uma situação especial – a impugnação do despedimento – determinando um regime especial de contagem do prazo.

Sendo o nº 2 do art. 387º do CT (assim como o art. 388º, nº 2, do CT) uma norma especial em relação ao disposto no art. 337º do CT, prevalece no âmbito específico de aplicação. Assim, a norma geral (art. 337º do CT) aplica-se às diferentes situações de créditos resultantes do contrato de trabalho e da sua violação ou cessação, excepto quando estes respeitarem à impugnação do despedimento, em que prevalece a norma especial. No concurso entre regra geral (art. 337º, nº 1, do CT) e regra especial (arts. 387º, nº 2, e 388º, nº 2, do CT) tem de se concluir que, em caso de impugnação do despedimento e no que respeita às pretensões relacionadas com a sobredita impugnação, só encontram aplicação estes últimos preceitos.

Mas na medida em que o nº 2 do art. 337º do CT alude a créditos resultantes da cessação do contrato, estaria abrangido o despedimento ilícito não incluído nos arts. 387º e 388º do CT. Assim, o art. 337º, nº 1, do CT, mantém a sua aplicação em casos de créditos resultantes da cessação do contrato de trabalho; por exemplo, a retribuição de férias e respectivo subsídio, bem como os proporcionais, podem ser consequência da cessação do contrato de trabalho (art. 245º do CT), o mesmo se passa quanto ao subsídio de Natal (art. 263º, nº 2, alínea b), do CT) e ainda nos casos de impugnação do despedimento não abrangidos nas previsões dos arts. 387º e 388º do CT. Esta dicotomia implica

---

[987c] Neste sentido, veja-se LEAL AMADO, «A Prescrição dos Créditos Laborais (Nótula sobre o art. 337º do Código do Trabalho)», *Prontuário de Direito do Trabalho*, Centro de Estudos Judiciários, nº 71 (2005), p. 72, nota 11.

DA CESSAÇÃO DO CONTRATO

diferenças substanciais, pois os prazos são de sessenta dias a um ano com início na mesma data.

Poder-se-á entender que o prazo de um ano constante do art. 337º, nº 1, do CT é demasiado longo, pondo em causa a celeridade que se impõe na vida hodierna[987d], mas para determinado tipo de despedimento – como resulta até do preâmbulo à revisão do Código do Processo do Trabalho, Decreto-Lei nº 359/2009 – acaba por ser a solução mais consentânea.

VI. À complexidade (com redução) de prazos para impugnação do despedimento, na revisão de 2009 instituiu-se um regime substancialmente diverso[987e].

O trabalhador que impugna o despedimento, com excepção do despedimento colectivo[987f], limita-se a apresentar um formulário (art. 98º-D do CPT) em que contesta o despedimento de que foi alvo. Com base nesse formulário, o tribunal convoca a audiência de partes (art. 98º-F do CPT) e, sendo esta infrutífera, cabe ao empregador apresentar o primeiro articulado (art. 98º-J do CPT), que será depois contestado pelo trabalhador (art. 98º-L do CPT). Inverte-se, pois, a ordem normal de intervenção processual, com dificuldades acrescidas de funcionamento deste «novo» processo[987g].

iv. Efeitos da ilicitude
1) Aspectos gerais

I. O despedimento ilícito não é inválido, pelo que, mesmo injustificado, produz efeitos; ou seja, determina a imediata cessação do contrato de trabalho, podendo, contudo, em determinados casos, restabelecer-se retroactivamente o vínculo.

Poder-se-ia entender que o despedimento ilícito, por ser contrário à lei, seria nulo (art. 280º, nº 1, do CC), inválido, portanto. Mas o despedimento, ainda que ilícito, integra-se na estrutura complexa do contrato a que pretende pôr fim, carecendo de autonomia; deste modo, os actos relacionados com a execução ou a inexecução do contrato de trabalho – em que se inclui o des-

---

[987d] Cfr. MENDES BAPTISTA, «Prazo de Impugnação Judicial do Despedimento», cit., pp. 62 e s.

[987e] Vd. ROMANO MARTINEZ, *Direito do Trabalho*, 7ª edição, cit., pp. 1215 ss. e doutrina aí citada.

[987f] Apesar de ser uma norma substantiva, resulta do art. 98º-C, nº 1, do CPT que o novo regime também se aplica ao despedimento por extinção do posto de trabalho ou por inadaptação; o que é estranho que a causas objetivas de cessação do contrato de aplique regime distinto.

[987g] Vd. ROMANO MARTINEZ, *Direito do Trabalho*, 7ª edição, cit., pp. 1215 ss. Consulte-se também JOSÉ EUSÉBIO DE ALMEIDA, «A nova acção de impugnação judicial da regularidade e ilicitude do despedimento», *Pront.* 85 (2010), pp. 97 e ss.

CONTRATO DE TRABALHO

pedimento –, ainda que qualificáveis como actos jurídicos, têm de ser analisados como modos de cumprimento ou de incumprimento desse contrato. Por isso, o despedimento ilícito não é inválido: representa o incumprimento do contrato de trabalho por parte do empregador. Razão pela qual no nº 2 do art. 382º do CT se alude à invalidade do procedimento, não do despedimento.

II. Em caso de despedimento ilícito, o trabalhador pode contestar (judicialmente) os motivos da resolução, cabendo ao tribunal apreciar a justificação invocada. Sendo o despedimento injustificado, e portanto ilícito, o empregador responde pelo prejuízo causado ao trabalhador; como o princípio geral da obrigação de indemnizar determina que deve ser reconstituída a situação que existiria (art. 562º do CC), não se verificando nenhuma das hipóteses previstas no art. 566º, nº 1, do CC (p. ex., impossibilidade da prestação de trabalho), sendo declarado ilícito o despedimento o contrato de trabalho subsiste. A declaração de ilicitude do despedimento e a consequente obrigação de reconstituir a situação que existiria implica a manutenção do contrato de trabalho.

Nos termos anteriormente referidos para os contratos em geral[988], a subsistência do vínculo laboral ilicitamente resolvido pelo empregador depende do preenchimento, alternativo, de três pressupostos: o cumprimento das prestações contratuais ainda ser possível; o trabalhador manter interesse na execução do contrato; a execução do contrato não ser excessivamente onerosa para o empregador.

Sendo impossível a realização da prestação laboral ou o seu recebimento, ainda que a impossibilidade decorra do despedimento ilícito, o contrato de trabalho cessou e a resolução, apesar de ilícita, produziu o efeito extintivo.

Na eventualidade de o trabalhador perder interesse na execução do contrato, a declaração judicial de ilicitude do despedimento não implica a subsistência do vínculo, que cessou por efeito da resolução, ainda que ilícita.

Por fim, se a posterior execução do contrato de trabalho for excessivamente onerosa para o empregador, mesmo que essa maior onerosidade possa indirectamente resultar do despedimento ilícito, ponderando as circunstâncias, admitir-se-á que o contrato não subsista. Pelo facto de o contrato ter sido resolvido, a relação pessoal entre empregador e trabalhador pode ter ficado degradada e a subsistência do vínculo implicar uma solução inaceitável para o empregador. A questão será retomada a propósito da oposição à reintegração, prevista no nº 2 do art. 392º do CT.

---

[988] *Vd. supra*, I Parte, Capítulo II, Secção II, § 4, nº 9.

DA CESSAÇÃO DO CONTRATO

III. Como a resolução é um acto jurídico unilateral e receptício, o efeito extintivo verificou-se no momento em que foi comunicada à contraparte, e, se esta não reagir judicialmente no prazo que a lei lhe confere, a cessação do vínculo, ainda que ilícita, consolida-se. Por isso, o despedimento ilícito não impugnado determina a cessação irreversível do contrato de trabalho.

Contudo, se o trabalhador impugnar o despedimento e o tribunal se pronunciar pela ilicitude da resolução importa salvaguardar os efeitos do contrato. Poder-se-ia entender que este renasceria com a sentença; mas, de facto, a decisão judicial declara a ilicitude do despedimento e, sendo requerida, a consequente restauração natural (art. 562º do CC). Deste modo, da ilicitude do despedimento pode resultar que o contrato não cessou, tendo continuado em vigor, apesar de, durante um certo lapso, não ter sido cumprido[989].

Assim, o despedimento ilícito, não sendo impugnado no prazo de um ano, determina a extinção do vínculo laboral desde a data em que a declaração do empregador produziu efeitos. Todavia, se, na sequência da impugnação feita pelo trabalhador, o tribunal se pronunciar pela ilicitude do despedimento, o efeito extintivo pode não se verificar, pelo que o contrato, apesar de não ter sido executado, se mantém em vigor.

V. Não tendo o contrato cessado com a resolução (despedimento ilícito), pode extinguir-se por outro meio, por exemplo a caducidade (*v. g.*, morte do trabalhador ocorrida depois do despedimento) ou a denúncia feita pelo trabalhador. Às situações tradicionais importa acrescentar a cessação do contrato resultante da opção do trabalhador pela indemnização substitutiva da reintegração (art. 391º do CT).

2) Indemnização
2.1) Danos patrimoniais

O trabalhador ilicitamente despedido tem direito a receber uma indemnização, tendo em vista ressarcir todos os prejuízos sofridos, como prescreve a alínea *a)* do nº 1 do art. 389º do CT. Esta solução resulta do regime geral da obrigação de indemnizar, constante dos arts. 562º e ss. do CC.

Na legislação precedente só se previa a indemnização relativamente a dois tipos de danos patrimoniais: perda de salários intercalares (art. 13º, nº 1, alínea *a)*, da LCCT) e substituição da reintegração (art. 13º, nº 3, da LCCT). Não

---

[989] Como se refere no Ac. STJ de 11/10/1994, *BMJ* 440, p. 232, a invalidade do despedimento tem efeito retroactivo.

CONTRATO DE TRABALHO

havia razão para que os restantes danos patrimoniais sofridos pelo trabalhador ilicitamente despedido não fossem indemnizados[990].

Nos termos gerais, cabe ao lesado (trabalhador) provar os prejuízos sofridos e o nexo causal destes com o facto ilícito praticado pelo lesante. Provada a ilicitude do despedimento – que pressupõe a prática de um facto ilícito e culposo por parte do empregador –, nem sempre será fácil para o trabalhador fazer a prova dos restantes dois pressupostos da responsabilidade civil: a existência de danos e o nexo causal entre o facto (despedimento) e o prejuízo sofrido.

Tendo em conta esta dificuldade, entende-se que a perda de retribuições (a que se alude no ponto seguinte) resulta necessariamente do despedimento ilícito; são lucros cessantes, pelo que o correspondente dano e o nexo de causalidade não têm de ser provados.

Os demais prejuízos sofridos pelo trabalhador, desde que ele consiga demonstrar a sua existência e o nexo causal relativamente ao despedimento ilícito, serão indemnizados pelo empregador, nos termos gerais (art. 389º, nº 1, alínea *a*), do CT).

Sendo o despedimento um acto ilícito e culposo praticado pelo empregador[991], que determina o não cumprimento do contrato de trabalho, o trabalhador tem direito a que lhe seja pago o prejuízo derivado desse incumprimento (art. 798º do CC). Por isso, além dos salários intercalares (*vd.* ponto seguinte), vencidos entre a data do despedimento e a da sentença, que se encontravam em mora, são devidos juros (art. 806º do CC), cabendo igualmente ao empregador a obrigação de pagar uma indemnização por outros prejuízos decorrentes do incumprimento, nomeadamente rendimentos que o trabalhador deixou de auferir por ter sido despedido[992]. Poder-se-ia discutir, atento o disposto na alínea *a*) do nº 1 do art. 13º da LCCT, onde se aludia somente ao valor das retribuições intercalares, se não estaria posto em causa o dever de indemnizar todo o prejuízo que advém do regime geral de incumprimento dos contratos; da redacção do nº 1 do art. 390º do CT, ao remeter para a alínea *a*) do nº 1 do art. 389º do CT, infere-se que a dúvida foi solucionada no

---

[990] A tomada de posição do regime legal anterior tinha sido por nós julgada objectável (ROMANO MARTINEZ, *Direito do Trabalho*, 1ª edição, cit., p. 878), afirmando-se: «Apesar de contestável *de iure condendo*, parece que o legislador fixou para esta indemnização um montante certo, independentemente dos prejuízos, pelo que este valor é devido ainda que os danos sejam de valor superior ou inferior. Mas esta ponderação vale tão-só para os danos patrimoniais sofridos pelo trabalhador».

[991] Importa reiterar que a culpa se presume no domínio do incumprimento contratual (art. 799º, nº 1, do CC).

[992] No Ac. STJ de 23/1/1996, *CJ (STJ)* 1996, T. I, p. 249, condenou-se o empregador a pagar ao trabalhador as gorjetas que teria recebido durante o período em que esteve ilicitamente despedido.

DA CESSAÇÃO DO CONTRATO

sentido preconizado: a indemnização abrange não só os salários intercalares como igualmente todos os prejuízos causados.

2.2) Salários intercalares

I. No caso de despedimento ilícito, se o efeito extintivo não se verificar (vd. supra ponto 1) desta subalínea), o contrato de trabalho manteve-se em vigor e não foi cumprido por culpa do empregador, em princípio desde o momento em que o despedimento foi comunicado ao trabalhador até à data da sentença que determina a ilicitude do acto[993]. Assim sendo, a entidade empregadora será condenada a pagar ao trabalhador «as retribuições que deixar de auferir desde o despedimento até ao trânsito em julgado da decisão do tribunal» (art. 390º, nº 1, do CT), que se podem designar por salários intercalares ou de tramitação[994].

Com as alterações introduzidas no Código de Processo do Trabalho em 2009, pode ser limitado para o empregador o pagamento de salários intercalares. Do preceito do Código do Trabalho decorreria que o empregador suportaria tal valor desde o despedimento até, porventura, ao acórdão do Supremo Tribunal de Justiça proferido vários anos após a impugnação do despedimento. Na medida em que o processo judicial se protele por mais de doze meses a contar da impugnação do despedimento, o pagamento das retribuições intercalares é assumido, no restante período, pelo Estado (art. 98º-N do CPT).

II. Há, todavia, duas excepções ao princípio do pagamento integral das retribuições perdidas pelo trabalhador entre a data do despedimento e a da decisão do tribunal.

Em primeiro lugar, se o trabalhador tardar mais de trinta dias a intentar a acção judicial de impugnação do despedimento, não lhe são devidas as retri-

---

[993] Diferentemente, FURTADO MARTINS, Cessação do Contrato de Trabalho, cit., p. 437, justifica o incumprimento com base no regime risco, por entender que se está perante uma situação de impossibilidade. Não parece que o problema se reconduza à impossibilidade; o contrato não foi cumprido em razão de um acto ilícito e culposo praticado pelo empregador (despedimento), pelo que está em causa o regime do não cumprimento imputável a uma das partes (arts. 798º e ss. do CC) e não o do risco (art. 795º do CC). Por isso, não se poderia acompanhar a solução preconizada por alguma jurisprudência, com base na letra da lei anterior, de entender que os salários intercalares só se contam até à data da sentença, independentemente de ter havido recurso (Ac. STJ de 31/5/2001, CJ (STJ) 2001, T. II, p. 286). A questão ficou solucionada no sentido preceituado no art. 390º, nº 1, do CT, estabelecendo que as retribuições serão pagas «até ao trânsito em julgado da decisão do tribunal».

[994] Sobre esta questão, utilizando a segunda expressão, vd. MONTEIRO FERNANDES, Direito do Trabalho, cit. p. 526.

CONTRATO DE TRABALHO

buições vencidas entre a data do despedimento e trinta dias antes da proposição da acção (art. 390º, nº 2, alínea *b*), do CT). Esta regra, que funciona como estímulo ao recurso célere à via judicial, constitui uma limitação à integral reparação do prejuízo, de modo a punir a inércia do trabalhador. A regra, contudo, justificava-se quando o prazo de impugnação do despedimento era normalmente de um ano (art. 435º do CT2003), perdendo sentido quando, agora, vale o prazo regra de sessenta dias (art. 287º, nº 2, do CT2009). Ainda que com menor justificação, mantém-se a solução.

Por outro lado, se o trabalhador, em consequência de ter sido ilicitamente despedido, passar a auferir determinada importância, nomeadamente o subsídio de desemprego, esse valor deduz-se ao montante dos salários intercalares (art. 390º, nº 2, alíneas *a*) e *b*), do CT). Assim, se o trabalhador por ter sido despedido (ilicitamente) iniciar outra actividade remunerada, ser-lhe-á descontado no valor das retribuições intercalares o montante auferido no exercício dessa outra actividade.

III. A dedução do *aliunde perceptum*, que já constava da alínea *b*) do nº 2 do art. 13º da LCCT, tem sido contestada pelo facto de ser injusta, pois estar-se-ia a punir o trabalhador diligente que, em vez de aguardar pelo resultado da sentença na ociosidade, vai procurar outro meio de rendimento; até porque a decisão judicial pode tardar meses ou anos e, não sendo concedida a suspensão do despedimento (art. 386º do CT), o trabalhador ficaria privado da sua fonte de rendimento durante um largo período.

Além disso, ainda se tem acrescentado que não se justificaria o benefício concedido ao empregador – pagando uma indemnização inferior – no caso de o trabalhador ter iniciado outra actividade remunerada, pois daqui não resulta uma justificação para atenuar a responsabilidade da entidade patronal[995].

Como terceiro argumento, ainda se poderia aduzir que o despedimento é um acto ilícito e culposo não subsumível ao regime do risco; ou seja, não se

---

[995] FURTADO MARTINS, *Cessação do Contrato de Trabalho*, cit., p. 437, justifica a solução legal, entendendo que corresponde a uma concretização do art. 795º, nº 2, do CC; veja-se também LEAL AMADO, «Despedimento Ilícito e Salários Intercalares: a Dedução do *Alliunde Perceptum*. Uma Boa Solução?», *QL* nº 1 (1994), p. 46, autor que, apesar da justificação, critica o regime em apreço (pp. 46 e ss.) e JOANA VASCONCELOS, «Despedimento Ilícito, Salários Intercalares e Deduções», *RDES* XXXII (1990), pp. 190 e ss.

Quanto a esta discussão em Itália, *vd*. NAPOLI, «La Tutela Reale contro i Licenziamenti» *in La Disciplina dei Licenziamenti Dopo le Leggi 108/1990 e 223/1991*, Volume I, Nápoles, 1991, org. Franco CARINCI, pp. 137 e ss., bem como GALANTINO, *Diritto del Lavoro*, 11ª edição, Turim, 2001, pp. 459 e s. e TATARELLI, *Il Licenziamento Individuale e Collettivo*, cit., pp. 83 e ss.

DA CESSAÇÃO DO CONTRATO

aplicaria o regime constante do art. 795º, nº 2, do CC, na medida em que o benefício a que alude este preceito tem de resultar do vínculo sinalagmático, não podendo ser uma consequência externa à qual a contraparte é alheia[996]. Acresce que, se houvesse impossibilidade, o vínculo cessaria por caducidade (art. 343º, alínea *b*), do CT), pelo que não seriam devidos os salários intercalares; mas nem sequer há impossibilidade, trata-se da falta de realização da actividade por acto do credor (empregador).

De facto, estabelece-se claramente a relação causal entre o recebimento de determinadas importâncias por parte do trabalhador e a cessação do vínculo; a dedução só se verifica na eventualidade de se concluir que o montante a deduzir não teria sido recebido pelo trabalhador se tivesse continuado a cumprir o contrato de trabalho.

Contudo, a solução legal explica-se pela contraposição entre o dever de indemnizar e a obrigação de cumprir pontualmente o contrato. O empregador que despediu ilicitamente um trabalhador deve indemnizá-lo de todos os prejuízos causados (art. 389º, nº 1, alínea *a*), do CT) e, cumulativamente, tem de cumprir a prestação compensando o trabalhador de proventos que obteria se o contrato tivesse sido pontualmente cumprido. Mas a realização tardia da prestação (cumulada com a indemnização) não pode colocar o lesado (trabalhador) numa situação mais vantajosa do que aquela em que estaria se o contrato de trabalho tivesse sido atempadamente executado; a mesma ideia, com as necessárias adaptações – porque, como já se esclareceu, não há impossibilidade da prestação de trabalho –, resulta do nº 2 do art. 795º do CC. O trabalhador ilicitamente despedido que recebe a indemnização pelos danos sofridos, caso tenha desempenhado outra actividade remunerada retira algum benefício com a exoneração, pelo que, se recebesse integralmente os salários intercalares, obteria um ganho superior ao que lhe era devido caso não tivesse havido despedimento; importa esclarecer que a indemnização – como o próprio nome indica – não é um instituto que confira ao beneficiário a possibilidade de enriquecer, visando antes eliminar os danos. Dito de outro modo, a solução legal pode ser explicada com recurso à figura da *compensatio lucri cum damno*[997]; desde que verificada a devida relação causal – enunciada na parte final do nº 2 do art. 390º do CC («e que não receberia se não fosse») – o lesado (trabalhador ilicitamente despedido) não pode lucrar com o dano. No fundo,

---

[996] Este argumento tem em vista contestar a tese de FURTADO MARTINS, *Cessação do Contrato de Trabalho*, cit., p. 437, que justifica a solução constante da alínea *b*) do nº 2 do art. 13º da LCCT, entendendo que corresponde a uma concretização do art. 795º, nº 2, do CC.

[997] Cfr. JOANA VASCONCELOS, «Despedimento Ilícito», cit., p. 190.

CONTRATO DE TRABALHO

está-se perante o instituto da responsabilidade civil, que tem em vista ressarcir danos e não punir condutas.

Concluindo, dir-se-á que a solução não é injusta, pois conduz ao integral ressarcimento do dano sem conceder benefícios injustificados ao lesado; em segundo lugar, não se premeia a ociosidade, porque o subsídio de desemprego também é descontado; por último, ainda que o lesante (empregador) beneficie da diligência do lesado, a responsabilidade civil tem em vista primordialmente ressarcir danos, pelo que o lesado (trabalhador) não tem direito a receber uma quantia que exceda o seu prejuízo.

Por motivo de justiça, e tendo em conta a razão de ser do disposto na alínea *a)* do nº 2 do art. 390º do CT, dever-se-á entender que a mesma dedução será devida sempre que o trabalhador não tenha auferido tais importâncias em virtude de uma recusa manifestamente injustificada – não aceitou uma oferta de emprego compatível ou não se inscreveu para receber o subsídio de desemprego –; perante tal recusa manifestamente injustificada, a pretensão de perceber o valor total das retribuições que deixou de auferir integra a figura do abuso de direito (art. 334º do CC). A situação indicada corresponde a uma hipótese de culpa do lesado, constante do art. 570º, nº 1, do CC, pois há um agravamento do dano derivado de facto culposo do trabalhador ilicitamente despedido, que viabiliza a redução da indemnização[997a].

2.3) *Danos não patrimoniais*

I. A indemnização por danos não patrimoniais decorrentes do despedimento ilícito era controversa no domínio da legislação anterior. Tendo em conta a polémica, escrevera-se[998]: «Provando-se a existência de danos não patrimoniais aplicar-se-iam as regras gerais da responsabilidade civil[999]. Por isso,

---

[997a] Considerando «extremamente perigoso» admitir que há abuso de direito na recusa de contratar – não com respeito ao subsídio de desemprego –, porque não há o dever de procurar outro emprego, JÚLIO GOMES, *Direito do Trabalho*, I, cit., p. 1025.

[998] ROMANO MARTINEZ, *Direito do Trabalho*, 1ª edição, cit., p. 878 e ss.

[999] Neste sentido, MENEZES CORDEIRO, *Manual de Direito do Trabalho*, cit., pp. 845 e s., propugnando uma revisão da restritiva tendência jurisprudencial que não atribui indemnização por danos morais ao trabalhador ilicitamente despedido (cfr., p. ex., Ac. STJ de 5/3/1992, *BMJ* 415, p. 380). Veja-se ainda MARIA PINTO MATOS, «Indemnização por Danos "Morais" na Responsabilidade Contratual Laboral», *Pront.*, nº 41 (1992), pp. 19 e ss. Justificando que o direito do trabalho necessita de recorrer à responsabilidade civil, nomeadamente para se obter a reparação integral do dano, consulte-se RADÉ, *Droit du Travail et Responsabilité Civile*, Paris, 1997, pp. 63 e ss. e PALADINI, *La Responsabilità Civile da Licenziamento Ingiurioso*, Pádua, 2000, pp. 151 e ss. Para uma explicação das dificuldades anteriormente referidas nos tribunais do trabalho brasileiros, que hoje aceitam pacificamente a atribuição de indemnização por danos morais, *vd.* GOMES NETO, «A Jurisdição

DA CESSAÇÃO DO CONTRATO

importa verificar se os danos não patrimoniais sofridos pelo trabalhador em consequência do despedimento ilícito são suficientemente graves para merecerem a tutela do direito (art. 496º, nº 1, do CC)[1000].

Tendencialmente, a jurisprudência dos tribunais do trabalho não arbitra indemnizações por danos não patrimoniais em caso de despedimento ilícito do trabalhador, por duas razões[1001].

Em primeiro lugar, tendo em conta que a previsão de indemnização por danos morais constante do revogado art. 106º da LCT[1002], foi omitida nos diplomas de 1975 e de 1989, que passaram a regular o regime de cessação do contrato de trabalho. Desta alteração poder-se-ia concluir que os danos morais deixaram de ser indemnizáveis em caso de cessação do contrato de trabalho.

Por outro lado, atendendo ao facto de a previsão de danos não patrimoniais se encontrar numa subsecção do Código Civil onde se regula a responsabilidade por factos ilícitos (arts. 483º e ss. do CC), na sequência de alguma doutrina[1003], defendeu-se que a indemnização por danos morais não era extensível à responsabilidade contratual, prevista nos arts. 798º e ss. do CC. Ora, sendo a indemnização derivada da cessação ilícita do contrato integrada na responsabilidade contratual não se lhe aplicaria a previsão de danos não patrimoniais.

Os dois argumentos são refutáveis e trata-se, como se referiu, de uma tendência não generalizada, sendo vários os acórdãos em que os tribunais de trabalho se pronunciam pela admissibilidade de o trabalhador ser indemnizado por danos não patrimoniais em caso de cessação do contrato[1004].

Trabalhista e o Dano Moral», *Os Novos Paradigmas do Direito do Trabalho (Homenagem a Valentin Carrion)*, S. Paulo, 2001, pp. 501 e ss.

[1000] Ainda que subsumível ao regime do direito civil, a fixação de danos não patrimoniais emergentes de relação de trabalho deve ser apreciada pelos tribunais de trabalho, como se concluiu no Ac. STJ de 3/3/1999, *CJ (STJ)* VII (1999), T. I, p. 296.

[1001] No sentido de não serem indemnizáveis danos morais de um trabalhador ilicitamente despedido, veja-se, por exemplo, Ac. STJ de 20/2/1991, *BMJ* 341, p. 378; Ac. STJ de 5/3/1992, *BMJ* 415, p. 380; Ac. STJ de 19/2/1997, sumário na Internet; Ac. STJ de 25/6/1997, sumário na Internet; Ac. Rel. Pt. de 11/1/1995, *CJ* XX (1995), T. I, p. 169; Ac. Rel. Pt. de 22/5/2000, sumário na Internet.

[1002] No art. 106º da LCT, depois de no nº 2 se fixar a indemnização por remissão para os arts. 109º e 110º do mesmo diploma, no nº 3 do citado preceito determinava-se que «os outros danos serão indemnizados nos termos gerais de direito».

[1003] *Vd.* Pires de Lima/Antunes Varela, *Código Civil Anotado*, Volume I, 4ª edição, Coimbra, 1987, anotação 8 ao art. 496, pp. 501 s. e Antunes Varela, *Das Obrigações em Geral*, Volume I, 10ª edição, Coimbra, 2000, p. 605, criticando posições contrárias na nota 3 da mesma página.

[1004] Cfr., por exemplo, Ac. STJ de 26/6/1996, *CJ (STJ)* 1996, T. II, p. 285; Ac. STJ de 9/10/1996, sumário na Internet; Ac. STJ de 2/12/1998, *CJ (STJ)* 1998, T. III, p. 285; Ac. STJ de 26/4/1999, sumário na Internet; Ac. Rel. Lx. de 13/11/1996, *CJ* XXI, T. V, p. 168. E a propósito da violação do dever de

CONTRATO DE TRABALHO

O facto de não haver uma remissão expressa para a lei geral não inviabiliza que as regras de direito civil se apliquem no foro laboral, porque no direito do trabalho, como direito privado, valem subsidiariamente as regras de direito civil[1005].

O segundo argumento foi amplamente rejeitado pela doutrina e jurisprudência, por motivos vários, nomeadamente atendendo à unidade da responsabilidade civil, extracontratual e contratual, no que respeita à admissibilidade de danos morais[1006]».

II. A dúvida foi claramente solucionada em 2003 no sentido preconizado, estabelecendo a alínea *a)* do nº 1 do art. 389º do CT que o trabalhador será indemnizado por todos os danos não patrimoniais causados pelo despedimento ilícito. Pois, com respeito à cessação do contrato de trabalho, nada justifica um tratamento diferenciado relativamente aos demais contratos, devendo atender-se igualmente a prejuízos não patrimoniais sofridos pelo trabalhador que, pela sua gravidade, mereçam a tutela do direito, como prescreve o art. 496º, nº 1, do CC.

III. O dano não patrimonial, além de ser qualificado como grave para merecer a tutela do direito, está sujeito ao regime geral de prova. Deste modo, cabe ao trabalhador o ónus da prova da sua existência, assim como da relação causal com o despedimento ilícito.

3) Reintegração

I. Como se afirmou *supra* (ponto 1) desta subalínea), o contrato de trabalho cessa de modo irreversível, não obstante o despedimento ser ilícito, se o trabalhador não reagir judicialmente no prazo que a lei lhe confere. Por isso, o despedimento

---

ocupação efectiva, é frequente recorrer-se a uma indemnização por danos não patrimoniais, cfr. Ac. STJ de 16/12/1993, *CJ (STJ)* 1993, T. III, p. 131; Ac. Rel. Lx. de 29/9/1999, *CJ* XXIV, T. IV, p. 166.

[1005] *Vd.* ROMANO MARTINEZ, *Direito do Trabalho. Relatório*, Separata da *RFDUL*, Lisboa, 1999, pp. 31 e ss.

[1006] Quanto à doutrina que admite a indemnização por danos não patrimoniais no âmbito da responsabilidade contratual, veja-se, designadamente, ALMEIDA COSTA, *Direito das Obrigações*, cit., pp. 599 e ss.; PINTO MONTEIRO, *Cláusula Penal e Indemnização*, Coimbra, 1990, p. 31, nota 77; VAZ SERRA, «Reparação do Dano não Patrimonial», *BMJ* 83, pp. 102 e ss.; GALVÃO TELLES, *Direito das Obrigações*, 7ª edição, Coimbra, 1997, pp. 385 e ss.

A jurisprudência dominante também se pronuncia nesse sentido, cfr., por exemplo, Ac. STJ de 17/1/1993, *CJ (STJ)* 1993, T. I, p. 61; Ac. STJ de 25/11/1997, *CJ (STJ)* 1997, T. III, p. 140; Ac. STJ de 17/11/1998, *CJ (STJ)* 1998, T. III, p. 124; Ac. Rel. Lx. de 17/6/1993, *CJ* XVIII, T. III, p. 129; Ac. Rel. Lx. de 26/4/1994, *CJ* XIX, T. III, p. 101; Ac. Rel. Pt. de 18/1/1999, *CJ* XXIV, T. I, p. 186

DA CESSAÇÃO DO CONTRATO

ilícito não impugnado determina a cessação incontroversa do contrato de trabalho. Mas se o trabalhador impugnar o despedimento e o tribunal se pronunciar pela ilicitude da resolução, importa salvaguardar os efeitos do contrato. Assim sendo, tendo o tribunal concluído no sentido da ilicitude do despedimento, a cessação do contrato não produz efeitos e, atendendo ao efeito retroactivo, o vínculo, apesar de não ter sido executado, subsistiu em vigor.

A subsistência do contrato não é, portanto, uma consequência da ilicitude do despedimento, pois decorre do princípio geral da obrigação de indemnizar (art. 562º do CC). Esta obrigação de indemnizar funda-se na responsabilidade civil justificada pelo despedimento ilícito. Dito de outro modo, a manutenção em vigor do contrato não é uma consequência directa da ilicitude do despedimento, mas sim da obrigação de indemnizar, reconstituindo a situação que existiria, baseada na responsabilidade civil decorrente do despedimento ilícito.

Assim se justifica a «opção» constante da alínea *b)* do nº 1 do art. 389º e do nº 1 do art. 391º, ambos do CT, nos termos da qual o trabalhador pode optar pela reintegração na empresa ou pela indemnização em substituição da reintegração. Da redacção de 2009 resulta que, caso o trabalhador se limite a pedir que o tribunal declare a ilicitude do despedimento, a solução será a restauração natural (reintegração), sendo a indemnização sucedânea (em substituição da reintegração) a alternativa que o lesado terá de pedir (art. 391º, nº 1, do CT). Este pedido indemnizatório, em alternativa, pode ser formulado até ao termo de discussão em audiência final de julgamento (art. 391º, nº 1, 1ª parte, do CT). No fundo, a declaração de ilicitude do despedimento corresponde a um pedido de reintegração, sendo a indemnização a alternativa, apesar de ambos advirem de um pedido de condenação.

Também por haver esta alternativa do trabalhador, se percebe o direito de oposição à reintegração atribuído ao empregador (art. 392º do CT).

II. Na alínea *b)* do nº 1 do art. 389º do CT confere-se ao trabalhador o direito à reintegração na empresa, sem prejuízo da sua categoria e antiguidade. Anteriormente, no art. 436º, nº 1, do CT2003, era atribuído o direito de o trabalhador ser reintegrado no «posto de trabalho», aludindo-se, agora, à reintegração no «mesmo estabelecimento da empresa»; a nova solução, que resultou de uma das várias alterações sub-reptícias ao texto do Código do Trabalho, operada em 2009, dá maior amplitude ao empregador no cumprimento da reintegração em que for condenado. Por outro lado, determina-se que a reintegração é «sem prejuízo da sua categoria e antiguidade», pois, mantendo-se o contrato de trabalho em vigor, o trabalhador ilicitamente despe-

CONTRATO DE TRABALHO

dido tem direito à reintegração na sua categoria e, no período em que esteve afastado da empresa, não perdeu a antiguidade[1007]; assim resulta do que foi anteriormente afirmado quanto ao significado da reintegração na empresa, que é uma forma de realizar a obrigação de indemnizar, reconstituindo a situação que existiria se não tivesse havido despedimento ilícito. Por isso, o direito à reintegração tem efeito retroactivo e cumula-se com o pagamento dos designados salários intercalares.

III. Tal como referido, independentemente da expressão «sem prejuízo da sua categoria e antiguidade», o direito à reintegração determina o regresso do trabalhador à empresa, mantendo-se a respectiva categoria. O retorno à categoria não implica retomar as mesmas tarefas que desenvolvia, mas voltar à empresa para desempenhar actividades compatíveis. Está em causa tanto a designada categoria real, correspondente ao conjunto de actividades que, de facto, o trabalhador desenvolve na empresa, quanto a categoria definida como posição hierárquica que o trabalhador ocupa na empresa, no por vezes chamado «organigrama da empresa».

IV. Não tendo o empregador, depois da sentença que declara o despedimento ilícito e o condena a reintegrar o trabalhador, cumprido as obrigações decorrentes do contrato de trabalho, em particular o dever de ocupar o trabalhador na sua categoria, estar-se-á perante uma violação do dever de ocupação efectiva (art. 129º, nº 1, alínea *b*), do CT). Além das consequências normais do incumprimento (art. 323º do CT), nomeadamente a mora quanto ao pagamento da retribuição (art. 323º, nº 2, do CT), a recusa de integração do trabalhador na empresa consubstancia uma situação de falta de cumprimento de deveres contratuais, permitindo ao trabalhador intentar uma acção com o pedido de sanção pecuniária compulsória (art. 829º-A do CC)[1008].

V. Principalmente em microempresas ou em casos de especiais relações de confiança, a reintegração de um trabalhador ilicitamente despedido pode tornar-se difícil, razão pela qual, no art. 392º do CT, se prevê a possibilidade de o empregador se opor à reintegração[1009].

[1007] Mas o trabalhador reintegrado pode ser colocado noutro lugar, desde que a atividade, no seu núcleo essencial, se mantenha (Ac. STJ de 12/5/1999, *CJ (STJ)* 1999, T. II, p. 275).

[1008] Sobre a questão, veja-se CALVÃO DA SILVA, *Cumprimento e Sanção Pecuniária Compulsória*, Coimbra, 1987, pp. 488 e ss.

[1009] Conforme refere MENEZES CORDEIRO, *Manual de Direito do Trabalho*, cit., p. 844, em pequenas empresas de tipo familiar, as relações humanas podem ter ficado definitivamente degradadas.

DA CESSAÇÃO DO CONTRATO

A recusa de reintegração de um trabalhador ilicitamente despedido, além de limitada quanto aos pressupostos, não depende da vontade do empregador, pois assenta numa decisão do tribunal; há uma certa similitude com o despedimento por facto imputável a trabalhadora grávida, puérpera ou lactante ou no gozo de licença parental contra o parecer da CITE, em que a resolução do contrato por parte do empregador está condicionada por uma prévia decisão judicial (art. 63º, nº 6, do CT).

Como resulta do art. 392º do CT, o juiz só pode decidir a não reintegração de um trabalhador ilicitamente despedido se, cumulativamente, se verificarem os seguintes pressupostos:

i) tratar-se de trabalhador de microempresa (menos de dez trabalhadores) ou que desempenhe cargo de administração ou de direcção (nº 1, 1ª parte);

ii) o despedimento não tiver por fundamento um acto discriminatório, nomeadamente relacionado com a discriminação em função do sexo ou da origem étnica (nº 2);

iii) tendo em conta as manifestações da figura do abuso de direito, o empregador não tiver culposamente criado o fundamento justificativo de tal direito (nº 2, 2ª parte);

iv) a reintegração, segundo o juízo do julgador, for inconveniente para a prossecução da actividade empresarial (nº 1, 2ª parte)[1009a].

Veja-se igualmente JÚLIO GOMES, *Direito do Trabalho*, I, cit., p. 1032. Com uma explicação do regime vigente, consulte-se ACÁCIO PITA NEGRÃO, «A reintegração como consequência da ilicitude do despedimento», *RDES*, 2013, nº 1/3, pp. 177 ss.

Quanto à não reintegração, em Itália, de dirigentes e em pequenas empresas, nas quais o empregador pode optar pela indemnização em vez da reintegração, *vd.* AMOROSO/DI CERBO/MARESCA, *Il Diritto del Lavoro*, cit., pp. 1592 e ss. e pp. 1629 e ss.; CACCAMO/MELECA, *Risoluzione del Rapporto di Lavoro*, cit., pp. 57 e s. Como a não reintegração opera por mera vontade do empregador, suscitam-se em Itália várias dúvidas de qualificação, cfr. PAPALEONI, «Il Rapporto di Lavoro» cit., pp. 928 e ss. Em Espanha, a recusa de reintegração por parte do empregador é sempre viável e só determina o pagamento de uma indemnização, *vd.* OLEA/CASAS BAAMONDE, *Derecho del Trabajo*, cit., p. 626. Sobre a hipótese limitada de reintegração no sistema britânico, *vd.* DEAKIN/MORRIS, *Labour Law*, cit., pp. 397 e ss.

No Brasil, onde a desvinculação por parte do empregador é, em princípio, livre, a não reintegração pode ser livremente invocada, mas, relativamente a trabalhadores com vínculo de estabilidade, a não reintegração pode ser «desaconselhada», como prevê o art. 496 da CLT, cfr. CARRION, *Comentários à Consolidação das Leis do Trabalho*, cit., anotação ao art. 496, pp. 387 e ss.; relativamente a certas garantias de estabilidade no emprego, nomeadamente conferida a dirigentes sindicais, *vd.* PINTO MARTINS, *Direito do Trabalho*, cit., pp. 362 e ss.

[1009a] Como afirma JÚLIO GOMES, *Direito do Trabalho*, I, cit., p. 1031, não se trata de uma «mera inconveniência», mas de uma perturbação grave; como se dispõe no preceito, tem de ser «gravemente prejudicial e perturbador do funcionamento da empresa».

CONTRATO DE TRABALHO

Acresce que a figura da não reintegração não se aplica a trabalhadora grávida, puérpera ou lactante ou no gozo de licença parental (art. 63º, nº 8, do CT); apesar de esta excepção não constar do artigo em análise, parece necessário, ao apreciar o regime, interpretar a eventualidade de não reintegração no plano global do Código do Trabalho.

Tendo o juiz considerado que, naquele caso, o trabalhador não deve ser reintegrado, arbitrará uma indemnização, entre trinta e sessenta dias por cada ano de antiguidade; assim, em caso de oposição à reintegração do trabalhador ilicitamente despedido que o tribunal considere procedente, a indemnização substitutiva da reintegração é elevada, nos termos previstos no nº 3 do art. 392º do CT.

Importa esclarecer que a obrigatoriedade plena de reintegração dos trabalhadores ilicitamente despedidos só existe em Portugal, pois, mesmo nos países latinos, como Espanha e França, o empregador pode opor-se à reintegração; e, em Itália, não há direito de reintegração nas pequenas empresas nem relativamente a dirigentes.

VI. No que respeita aos requisitos para o exercício deste direito, importa distinguir os pressupostos positivos dos negativos, que correspondem, respectivamente, a elementos constitutivos e impeditivos da oposição à reintegração[1009b].

Em qualquer caso, os pressupostos, como resulta do disposto no nº 1 do art. 392º do CT, têm de ser apreciados pelo tribunal, cabendo ao julgador decidir se a oposição à reintegração encontra fundamento. Cabe esclarecer que o juiz não procede ao despedimento do trabalhador; caso considere justificada a oposição à reintegração valida a decisão empresarial de cessação do vínculo laboral.

Os pressupostos positivos constantes do nº 1 do art. 392º do CT são dois.

A oposição à reintegração só pode ser feita valer em relação a trabalhador de microempresa (menos de dez trabalhadores) ou que desempenhe cargo de administração ou de direcção (nº 1, 1ª parte).

Por outro lado, será necessário que a reintegração, segundo o juízo do julgador, seja gravemente prejudicial e perturbador para a prossecução da actividade empresarial (nº 1, 2ª parte).

Como pressupostos negativos, resultantes do nº 2 do art. 392º, assim como do nº 8 do art. 63º, ambos do CT, importa atender a três.

[1009b] Para maiores desenvolvimentos, veja-se ROMANO MARTINEZ, «Do Direito de o Empregador se opor à Reintegração de um Trabalhador Ilicitamente Despedido», *Estudos Jurídicos em Homenagem ao Prof. Doutor António da Motta Veiga*, Coimbra, 2007, pp. 267 e ss.

DA CESSAÇÃO DO CONTRATO

Em primeiro lugar, será necessário que o despedimento, apesar de ilícito, não tenha por fundamento um acto persecutório, nomeadamente relacionado com a discriminação em função de motivos políticos, ideológicos, étnicos ou religiosos (n.º 2, 1ª parte).

Tendo em conta a proibição geral de abuso de direito, não pode opor-se à reintegração o empregador que tiver culposamente criado o fundamento justificativo de tal direito (n.º 2, 2ª parte).

Por último, a oposição à reintegração está excluída relativamente a trabalhadora grávida, puérpera ou lactante ou em gozo de licença parental (art. 63.º, n.º 8, do CT). Apesar de esta excepção não constar do artigo em análise (art. 392.º do CT), parece necessário, ao apreciar o regime, interpretar a eventualidade de não reintegração no plano global do Código do Trabalho[1009c].

No que respeita ao primeiro requisito (art. 392.º, n.º 1, 1ª parte, do CT), estão em causa dados objectivos quanto à aplicação do instituto: ter-se-á de verificar se a empresa que efectuou um despedimento ilícito é uma microempresa ou se, independentemente da dimensão da empresa, o trabalhador afectado pelo despedimento ilícito ocupa um cargo de administração ou de direcção.

Para determinar se a empresa se enquadra na noção de microempresa basta verificar se emprega menos de dez trabalhadores (art. 100.º, n.º 1, alínea *a*), do CT). Este valor é aferido pela média anual de trabalhadores contratados na empresa, sendo necessário que, em média, não se tenha excedido o valor máximo (dez trabalhadores) para se estar perante uma microempresa[1009d].

O segundo elemento – ocupar o trabalhador despedido um «cargo de administração ou de direcção» – é igualmente um dado objectivo e corresponde a uma situação perfeitamente justificável. De facto, a oposição à reintegração tem o seu campo natural de aplicação no que respeita a trabalhadores que ocupam cargos de administração ou direcção[1010]. É relativamente a estes

---

[1009c] Ainda que possa ser questionada a natureza taxativa destes pressupostos, parece dificilmente sustentável a tese de que, ao lado da trabalhadora grávida, puérpera ou lactante, se deva colocar o trabalhador representante de outros trabalhadores (membro de comissão de trabalhadores ou de conselho de empresa europeu ou representante sindical) no elenco das limitações à oposição à reintegração – como sustenta LEAL AMADO, «Os Efeitos do Despedimento Ilícito (Sobre os Artigos 436.º a 440.º do Código do Trabalho)», cit., p. 35) –, pois não há qualquer similitude quanto à justificação de protecção de tais trabalhadores e do respectivo regime (arts. 456.º e ss. do CT) não consta esta limitação.

[1009d] Cfr. LUÍS MIGUEL MONTEIRO, anotação ao art. 100.º *in* ROMANO MARTINEZ / LUÍS MIGUEL MONTEIRO / JOANA VASCONCELOS / MADEIRA DE BRITO / GUILHERME DRAY / GONÇALVES DA SILVA, *Código do Trabalho Anotado*, cit., pp. 277 e ss.

[1010] Claro que o conceito de cargos de administração e de direcção não é unívoco, devendo esta indeterminação ser preenchida tendo em conta a realidade (em particular a concreta organização empresarial), relacionando com a especial confiança que este tipo de cargos pressupõe.

CONTRATO DE TRABALHO

que tem particular relevo prático a quebra na relação de confiança, que inviabiliza a reintegração. Cabe reiterar, que no plano internacional, na família romano-germânica – onde habitualmente se confere maior tutela ao trabalhador –, mesmo em países latinos, como Espanha e Itália, não há o dever de reintegrar trabalhadores que ocupam cargos de direcção ou de administração, ainda que o despedimento seja ilícito.

No que respeita a este pressuposto não é imprescindível que o trabalhador em questão tenha nominalmente um cargo de administração ou de direcção, basta que o cargo por ele desempenhado – independentemente do *nomen* usado na empresa – corresponda a funções de administração ou de direcção.

A demonstração de que o regresso do trabalhador é gravemente prejudicial e perturbador para a prossecução da actividade empresarial (art. 392º, nº 1, 2ª parte, do CT) carece de uma análise dos factos justificativos deste pressuposto.

No plano teórico, importa referir que essa perturbação grave tanto pode advir de factos ocorridos antes do despedimento, como resultar de comportamentos do trabalhador perpetrados depois da cessação do vínculo. Em qualquer caso, serão factos que não terão estado na base da decisão de despedimento, sendo independentes deste.

Refira-se ainda que os factos justificativos da oposição podem ter sido praticados pelo trabalhador sem culpa ou, até, não resultarem de um comportamento deste. Não é pressuposto deste instituto que o trabalhador tenha agido culposamente; exige-se unicamente que o regresso do trabalhador seja «gravemente prejudicial e perturbador para a prossecução da actividade empresarial». Este prejuízo para a empresa pode decorrer de circunstâncias externas: imagine-se que o trabalhador não fez a formação profissional imprescindível para regressar à empresa ou que o seu cargo de direcção foi extinto. Inclusive a dificuldade prática de reintegração pode constituir mais um indício de perturbação grave da prossecução da actividade empresarial.

A perturbação grave da actividade empresarial é o pressuposto central do instituto, para cuja concretização cabe fazer uma análise exemplificativa.

O prejuízo grave e perturbação da actividade empresarial, ainda que com contornos diversos, pode ser entendido em sentido similar à justa causa (subjectiva), prevista no nº 1 do art. 351º do CT. É necessário que os factos invocados pelo empregador indiciem a existência de um prejuízo grave e perturbador da actividade empresarial, caso o trabalhador seja reintegrado. Porém, diferentemente do que ocorre na justa causa de despedimento, os factos não têm de corresponder a comportamentos culposos do trabalhador, basta que deles resulte a insustentabilidade de manter a relação contratual. Também de modo diverso do que prescreve o nº 1 do art. 351º do CT, não se impõe a impossibili-

473

DA CESSAÇÃO DO CONTRATO

dade de subsistência da relação de trabalho, sendo suficiente o prejuízo grave e perturbação da actividade empresarial. Em suma, assentando numa base similar – de quebra de relação de confiança –, dir-se-á que os termos prescritos no nº 1 do art. 392º do CT são francamente menos exigentes do que os constantes da justa causa de despedimento (art. 351º, nº 1, do CT).

Passando à análise exemplificativa, dependendo do contexto, podem considerar-se factos justificativos do prejuízo grave e perturbação da actividade laboral, a crítica pública à actividade empresarial, tanto no que respeita à política económica, como à gestão de pessoal ou de clientes, bem como a divulgação de ocorrências internas, nomeadamente da vida pessoal de superiores hierárquicos ou relacionadas com segredos de fabrico ou listas de clientes. Em suma, qualquer facto perpetrado pelo trabalhador que, pela sua gravidade, comprometa a relação de confiança, inviabilizando a sã prossecução da actividade empresarial pode justificar o preenchimento deste pressuposto.

Como resulta do que se afirmou, trata-se de um conceito indeterminado, que tem de ser preenchido perante o caso concreto. Ainda assim, sempre se dirá que o prejuízo grave associado com a perturbação da actividade empresarial ao ponto de justificar a oposição à reintegração será relativamente fácil de ocorrer no que respeita a trabalhadores que ocupam cargos de administração ou de direcção, porque, quanto a estes, verifica-se amiúde a perda total da relação de confiança que perturba a prossecução da actividade.

O primeiro dos requisitos negativos determina que não será admissível a oposição à reintegração sempre que a ilicitude do despedimento se fundar em motivos políticos, ideológicos, étnicos ou religiosos (art. 392º, nº 2, 1ª parte, do CT). Este requisito (negativo) remete para o princípio geral da ilicitude do despedimento, constante da alínea *b)* do art. 381º do CT.

Apesar de não estar indicado explicitamente no preceito, dever-se-á entender que outras formas perversas de discriminação, constantes do art. 25º do CT, como a sexual, em determinados condicionalismos, também podem inviabilizar a oposição à reintegração.

No fundo, importa determinar se o despedimento se fundou em motivos políticos, ideológicos, étnicos e religiosos, ou em qualquer forma inadmissível de discriminação. Perante uma ilicitude gravíssima (discriminação por motivos políticos, ideológicos, etc.) não se admite a oposição à reintegração.

Os factos que justificam a oposição à reintegração, dos quais resulta que o regresso do trabalhador é gravemente prejudicial e perturbador para a prossecução da actividade empresarial podem ter sido praticados pelo trabalhador ou resultar de circunstâncias alheias à sua actuação. Em qualquer caso, os motivos da oposição à reintegração não podem ter sido culposamente criados pelo empregador.

De facto, estar-se-ia perante uma hipótese de abuso de direito, na modalidade de *tu quoque*, se o empregador invocasse a oposição à reintegração tendo ele próprio criado as condições de prejuízo grave para a prossecução da actividade empresarial. Importará, todavia, esclarecer que a culpa do empregador na criação do fundamento justificativo da oposição à reintegração (parte final do nº 2) não se confunde com a culpa do empregador no despedimento ilícito, que é irrelevante nesta sede. Por outro lado, ainda que tenha sido perturbada a prossecução da actividade empresarial por causa do despedimento ilícito, imputável ao empregador, se este não criou o motivo justificativo da oposição à reintegração, a opção do trabalhador pode ser negada.

O terceiro e último requisito negativo do instituto da oposição à reintegração determina a inaplicabilidade da figura no caso de se tratar de uma trabalhadora grávida, puérpera ou lactante ou em gozo de licença parental (art. 63º, nº 8. do CT).

Além da protecção especial conferida às trabalhadoras grávidas puérperas e lactantes ou em gozo de licença parental no que respeita à protecção no despedimento (art. 63º do CT) – e como corolário natural dessa protecção –, prescreve-se que o empregador não se pode opor à reintegração de trabalhadora que se encontre numa dessas três situações. A justificação é óbvia e relaciona-se com a particular tutela conferida às trabalhadoras grávidas puérperas e lactantes[1011].

VII. O Ac. TC nº 306/2003, de 25 de Junho de 2003[1012], não se pronunciou pela inconstitucionalidade da norma constante do art. 438º do CT2003 (correspondente ao art. 392º do CT2009), com seis votos de vencido[1013].

A invocada inconstitucionalidade da medida não era de aceitar por quatro ordens de razões.

i) A não reintegração está dependente de um conjunto apertado de requisitos e a sua decisão cabe ao juiz que aprecia a questão, não sendo um direito potestativo do empregador.

[1011] Cfr. GUILHERME DRAY, anotação ao art. 63º *in* ROMANO MARTINEZ / LUÍS MIGUEL MONTEIRO / JOANA VASCONCELOS / MADEIRA DE BRITO / GUILHERME DRAY / GONÇALVES DA SILVA, *Código do Trabalho Anotado*, cit., pp. 224 e ss.

[1012] *DR* I, de 18 de Julho de 2003 e *Prontuário de Direito do Trabalho*, nº 65 (2003).

[1013] Veja-se, contudo, JOSÉ JOÃO ABRANTES, «O Código do Trabalho e a Constituição», *QL* X (2003), nº 22, pp. 145 e ss.; JÚLIO GOMES/RAQUEL CARVALHO, «Código do Trabalho – a (in)constitucionalidade das normas relativas à repetição do procedimento disciplinar e à reintegração», *QL* X (2003), nº 22, pp. 217 e ss.

DA CESSAÇÃO DO CONTRATO

ii) A situação em causa não poderá integrar uma hipótese de abuso de direito, na modalidade de *tu quoque,* porquanto, como resulta da parte final do nº 2, ao juiz estará vedado decidir pela não reintegração do trabalhador sempre que possa concluir no sentido de que o fundamento justificativo da oposição à reintegração foi culposamente criado pelo empregador.

Não se pode, por isso, dizer, tal como se afirmou no Ac. TC nº 107/88, de 31 de Maio de 1988, que para a não reintegração basta o empregador criar, mesmo que artificialmente, as condições objectivas conducentes à cessação do contrato de trabalho. Se o empregador criar essas condições objectivas, ainda que verdadeiras, poder-se-ia invocar o *tu quoque;* a culpa do empregador na criação da causa de justificação para não reintegrar o trabalhador faz decair a pretensão daquele. Está, deste modo, afastado o argumento que permitiu a declaração de inconstitucionalidade em 1988.

Importará, todavia, esclarecer que a culpa do empregador na criação do fundamento justificativo da oposição à reintegração (parte final do nº 2) não se confunde com a culpa do empregador no despedimento ilícito, que é irrelevante nesta sede. Por outro lado, ainda que tenha sido perturbada a prossecução da actividade empresarial por causa do despedimento ilícito, imputável ao empregador, se este não criou o motivo justificativo da oposição à reintegração, a opção do trabalhador pode ser negada.

iii) Admitindo-se, como tem sido normalmente aceite, que a justa causa objectiva pressupõe uma forma (constitucional) de fazer cessar o contrato de trabalho, valem as mesmas razões para a não reintegração.

Assim, tal como o contrato de trabalho pode cessar licitamente por extinção do posto de trabalho, por inadaptação do trabalhador, por despedimento colectivo ou por extinção da comissão de serviço, estando em causa um valor relacionado com a prossecução da actividade da empresa, também será lícito, não violando a Constituição, que o contrato cesse quando se demonstre que o regresso do trabalhador é gravemente prejudicial e perturbador para a prossecução da actividade empresarial[1014].

[1014] Quanto à posição do Tribunal Constitucional no sentido da admissibilidade das causas objectivas de cessação do contrato de trabalho, veja-se a resenha de jurisprudência constante do Ac. TC nº 306/2003, de 25 de Junho de 2003, ponto nº 16.

CONTRATO DE TRABALHO

O princípio da segurança no emprego (art. 53º da CRP) não é absoluto, comportando várias excepções, nomeadamente tendo em vista a salvaguarda da empresa (despedimento colectivo, extinção do posto de trabalho, etc.); ora, a não reintegração contextua-se entre essas excepções, sendo mais um motivo objectivo de cessação do contrato de trabalho relacionado com a prossecução da actividade empresarial.

Nesta sequência será importante referir que os argumentos invocados pelo Tribunal Constitucional aquando da declaração de conformidade com a Constituição, emitida em apreciação da cessação do contrato de trabalho em regime de comissão de serviço (Ac. TC nº 64/91, de 4 de Abril de 1991), valem nesta sede, em particular no que respeita a trabalhadores que ocupem cargos de administração ou de direcção.

iv) A estas três razões acresce uma quarta, pelo recurso a lugares paralelos. A não reintegração tem sido pacificamente admitida noutras situações idênticas à prevista no Código do Trabalho, que não têm suscitado dúvidas de constitucionalidade, como no serviço doméstico (art. 31º do Decreto-Lei nº 235/92, de 24 de Outubro).

Concluindo, refira-se que a hipótese de não reintegração prevista no art. 392º do CT tem contornos bem mais limitados do que noutros casos em que se admite a não reintegração, cuja constitucionalidade, repita-se, não tem sido questionada.

VIII. Assentando-se no pressuposto de que a solução não contraria o art. 53º da CRP, resta verificar se a não reintegração de determinados trabalhadores – que trabalhem em microempresas ou desempenhem cargos de administração ou de direcção – viola o princípio da igualdade.

As empresas com menos de dez trabalhadores correspondem a 80 % do tecido empresarial português, empregando aproximadamente 30 % dos trabalhadores; quanto aos trabalhadores que ocupam cargos de administração ou de direcção, é difícil determinar o valor percentual, mas será necessariamente uma percentagem diminuta em relação aos, aproximadamente, três milhões de trabalhadores subordinados.

A distinção entre pequenas e grandes empresas é realista e razoável, não pondo, por isso, em causa o princípio da igualdade. Esta ideia, que se encontra também nos Acs. TC nº 64/91 e nº 581/95, foi reiterada pelo Ac. TC nº 306/2003, de 25 de Junho de 2003, ponto nº 18, parte final. De facto, a igualdade de tratamento determina apenas que não haja diferenciações discriminatórias; não porá em causa a licitude de estatutos distintos com justificação objectiva.

DA CESSAÇÃO DO CONTRATO

No caso concreto, a distinção entre trabalhadores de pequenas, médias ou grandes empresas e trabalhadores de microempresas ou que ocupem cargos de administração ou de direcção justifica-se tendo em conta a confiança e proximidade relevantes na subsistência da relação de trabalho. Como se esclarece no citado Ac. TC nº 306/2003, «cuida-se que nas microempresas é, por maioria de razão, mais "dramática" a intensidade que conduz à razoabilidade do esquema, proposto no Código, quanto à tutela reintegratória e à tutela indemnizatória».

4) Indemnização em substituição da reintegração

I. Não pretendendo o trabalhador ser reintegrado, poderá optar pela indemnização prevista no art. 391º do CT. Nesta indemnização, diferentemente do que ocorre quanto às retribuições a que alude o nº 1 do art. 390º do CT, só se atende à retribuição base e às diuturnidades (excluindo, portanto, nomeadamente os subsídios e outros complementos salariais, cfr. art. 262º, nº 2, alínea *a)*, do CT); por outro lado, importa ainda ter em conta a antiguidade do trabalhador e o grau de ilicitude da conduta do empregador[1015].

II. O art. 13º, nº 3, da LCCT referia-se a «ano de antiguidade ou fracção», levando a que a doutrina e a jurisprudência entendessem que um dia de trabalho equivaleria a um ano. De tal modo, recebia a mesma indemnização o trabalhador que tivesse uma antiguidade de quatro anos ou de três anos e um dia; solução que não era, evidentemente, equitativa. Tendo isso em conta, propugnava-se uma interpretação correctiva do preceito[1016], no sentido de a fracção ser contada em termos proporcionais; assim, se o trabalhador tivesse uma antiguidade de três anos e seis meses e uma retribuição base de mil euros a indemnização deveria ser de três mil e quinhentos euros e não de quatro mil euros. Esta interpretação foi expressamente seguida no Código do Trabalho, nomeadamente nos arts. 164º, nº 1, alínea *c)*, 344º, nº 3, 366º, nº 2, e 396º, nº 2, não se lhe fazendo alusão no art. 391º do CT. A falta de tomada de posição explícita neste preceito não permite uma interpretação contrária, porquanto se pode concluir que a regra é a de atender à fracção de ano proporcional-

---

[1015] Refira-se que, diversamente do regime compensatório constante do art. 366º do CT, neste caso a base de cálculo contínua a ser o mês de retribuição.

[1016] *Vd.* ROMANO MARTINEZ, *Direito do Trabalho*, 1ª edição, cit., p. 877. Quanto à interpretação correctiva, consulte-se OLIVEIRA ASCENSÃO, *O Direito. Introdução e Teoria Geral*, cit., pp. 411 e ss., que a admite, restritivamente, em hipóteses em que a lei tem um sentido nocivo, contrário a interesses preponderantes; a segurança jurídica só deve ser afastada quando esteja em causa a negação de princípios fundamentais. No caso em apreço não se tinha em conta o princípio da igualdade.

478

CONTRATO DE TRABALHO

mente e, por outro lado, a omissão justifica-se na medida em que o legislador optou por fixar uma moldura para a indemnização, em vez de um valor fixo.

De modo diverso, no sistema anterior, esta indemnização, dita por antiguidade, encontrava-se fixada de modo certo, para evitar as frequentes dificuldades de determinação do montante, pelo que a discussão da fracção de ano tinha uma relevância significativa.

III. Ainda quanto à contagem da antiguidade, por via do nº 2 do art. 391º do CT esclareceu-se outra dúvida. Na legislação revogada determinava-se que se contava «(...) o tempo decorrido até à data da sentença», não se indicando se era a decisão em primeira instância ou a decisão judicial com trânsito em julgado. Da actual redacção não resultam dúvidas; conta-se «(...) todo o tempo decorrido desde a data do despedimento até ao trânsito em julgado da decisão judicial». Contrapondo com a interpretação da norma revogada normalmente seguida pelos tribunais, resulta um agravamento da indemnização no caso de haver recurso. Daqui advém, porém, uma dificuldade (ou contratempo) na aplicação do direito, pois, havendo recurso, a indemnização só pode ser quantificada a final, pelo que, como o crédito é ilíquido, não vencerá juros de mora (art. 805º, nº 3, do CC).

IV. Como resulta do disposto na 2ª parte do nº 1 do art. 391º do CT, na determinação do valor da indemnização o juiz deverá atender a três aspectos: ao valor da retribuição base e das diuturnidades auferidas pelo trabalhador à data do despedimento; à antiguidade do trabalhador; e ao tipo de ilicitude do despedimento.

Quanto à ilicitude, remete-se (desnecessariamente) para as situações previstas nas três alíneas do art. 381º do CT, sem que daí resulte qualquer hierarquia de ilicitudes. Contudo, por via de regra, será mais grave um despedimento fundado em motivos políticos ou étnicos, do que por falta de procedimento disciplinar; nesta ponderação dever-se-á ainda atender ao grau de culpa do empregador, nomeadamente na apreciação do motivo justificativo invocado.

Com base nestes três elementos, o juiz, em vez de proceder a uma simples operação aritmética, como ocorria no âmbito do nº 3 do art. 13º da LCCT, fixará a indemnização segundo uma moldura: entre quinze e quarenta e cinco dias de retribuição base e diuturnidades. Deste modo, se, por exemplo, o trabalhador auferir uma retribuição base elevada e tiver vários anos de antiguidade, tendo sido invocado um motivo de justa causa cuja interpretação seja duvidosa, torna-se viável que a indemnização se fixe em quinze dias de retribuição base e de diuturnidades multiplicadas pela antiguidade; diferente-

DA CESSAÇÃO DO CONTRATO

mente, um trabalhador despedido por motivos religiosos, com uma retribuição base diminuta, poderá ver a indemnização fixada em quarenta e cinco dias.

V. A indemnização não pode, porém, ser inferior a três meses de retribuição base e de diuturnidades (art. 391º, nº 3, do CT). Mantendo-se, por isso, a regra de uma indemnização por valor mínimo, sempre que a antiguidade não perfizer três anos.

VI. A indemnização será agravada como contrapartida da oposição à reintegração do trabalhador julgada procedente (art. 392º, nº 3, do CT).
Seguindo os mesmos critérios enunciados nos n.ᵒˢ 1 e 2 do citado preceito, a moldura de quinze a quarenta e cinco dias é elevada para trinta a sessenta dias. Deste modo, no exemplo anteriormente indicado, em que o trabalhador auferia uma retribuição base alta e tinha vários anos de antiguidade, invocando-se um motivo de justa causa de interpretação duvidosa, perante a oposição à reintegração bem sucedida, a indemnização não pode ser fixada em menos de trinta dias de retribuição base e de diuturnidades multiplicadas pela antiguidade do trabalhador.
Acresce que, no caso de oposição à reintegração julgada procedente, o valor mínimo não poderá ser inferior a seis meses, colocando em pé de igualdade os trabalhadores que tenham antiguidade até seis anos (art. 392º, nº 3, do CT).

c) *Resolução invocada pelo trabalhador*
α. *Noção*
I. O trabalhador tanto pode recorrer à resolução do contrato como reacção a um incumprimento culposo do empregador – resolução com justa causa subjectiva (art. 394º, nº 2, do CT) –, como na hipótese de alteração das circunstâncias ou de actuações não culposas do empregador – resolução com justa causa objectiva (art. 394º, nº 3, do CT)[1017].

[1017] Sobre este regime, considerando que tem uma perspectiva diversa da resolução invocada pelo empregador, escrevendo com base na legislação revogada, cfr. JÚLIO GOMES, «Da Rescisão do Contrato de Trabalho por Iniciativa do Trabalhador», cit., pp. 131 e ss. e 148 e ss. Tendo em conta as soluções constantes do Código do Trabalho, veja-se MENDES BAPTISTA, «Notas sobre a Cessação do Contrato de Trabalho por Iniciativa do Trabalhador no Novo Código do Trabalho», e JOSÉ EUSÉBIO ALMEIDA, «A Cessação do Contrato de Trabalho por Iniciativa do Trabalhador. Notas e Dúvidas ao Novo Regime», *A Reforma do Código do Trabalho*, Coimbra, 2004, respectivamente, pp. 537 e ss. e pp. 551 e ss.

CONTRATO DE TRABALHO

II. A resolução determina a cessação do vínculo contratual, podendo a extinção dos efeitos do contrato ser imediata ou diferida. A cessação do contrato é imediata no caso de se estar perante uma resolução com justa causa (art. 394º, nº 1, do CT)[1018]; pelo contrário, a dissolução do vínculo poderá ser diferida na eventualidade de o trabalhador antever a verificação de determinadas situações, por exemplo da necessidade previsível de cumprimento de obrigações legais (art. 394º, nº 3, alínea *a*), do CT).

III. O trabalhador que pretende fazer cessar o contrato de trabalho tem de emitir uma declaração nos termos prescritos no art. 395º, nº 1, do CT. Quanto ao prazo, a declaração de resolução do contrato de trabalho deverá ser prestada nos trinta dias subsequentes ao conhecimento dos factos que integram a justa causa[1019]. Em relação à forma, exige-se que a declaração seja escrita com indicação sucinta dos factos que a justificam[1020].

A declaração de resolução é recipienda fazendo cessar o contrato de trabalho aquando da sua recepção (art. 224º do CC)[1021].

Como é regra nas relações duradouras, o efeito extinto só se verifica em relação ao futuro; a resolução não tem eficácia retroactiva, só produzindo efeitos *ex nunc*.

IV. Contrariamente às regras gerais, a declaração de resolução do contrato pode ser revogável. Não sendo a resolução feita por escrito, com a assinatura

---

[1018] Mesmo havendo justa causa, as circunstâncias podem determinar que a cessação não opere de imediato; por exemplo, no contrato de trabalho a bordo, a resolução pode ficar na dependência do fim da viagem (Ac. Rel. Pt. de 15/11/1999, *CJ*, XXIV, T. V, p. 243).

[1019] O prazo de quinze dias – era o prazo constante do art. 34º, nº 2, da LCCT – é de caducidade (Ac. STJ de 11/6/1996, *CJ (STJ)* 1996, T. II, p. 273; Ac. STJ de 12/3/1997, *CJ (STJ)* 1997, T. I, p. 293), pelo que a baixa médica, por doença, não impede o decurso do prazo (Ac. Rel. Pt. de 22/10/2001, *CJ* XXVI, T. IV, p. 253), mas sendo um facto continuado, em particular a falta de pagamento da retribuição, o prazo de quinze dias só se deve iniciar quando o incumprimento assume uma gravidade que justifique o recurso à rescisão (Ac. STJ de 9/7/1998, *CJ (STJ)* 1998, T. III, p. 299). No Ac. STJ de 23/5/2001, *CJ (STJ)* 2001, T. II, p. 283, relativamente à retirada do automóvel, que era retribuição, entendeu que não havia caducidade do direito de rescindir o contrato. Sobre a contagem do prazo, *vd.* MENDES BAPTISTA, «Prazo para o Exercício do Direito de Rescisão do Contrato de Trabalho por Iniciativa do Trabalhador», *QL*, IX, 2002, nº 19, pp. 61 e ss.

[1020] Como se refere no Ac. Rel. Lx. de 19/2/1997, *CJ* XXII, T. I, p. 186 e no Ac. Rel. Pt. de 12/2/2001, *CJ* XXVI, T. I, p. 248, não basta uma indicação vaga de um comportamento ilícito, pois é necessário especificar os factos. Todavia, a exigência de especificação não se equipara ao estabelecido para a nota de culpa a que alude o art. 353º do CT.

[1021] Como qualquer declaração negocial, pode ser invalidada com base em vício da vontade (Ac. Rel. Lx. de 5/3/1997, *CJ* XXII, T. II; p. 160).

DA CESSAÇÃO DO CONTRATO

do trabalhador reconhecida notarialmente, permite-se que este a revogue até ao sétimo dia seguinte à data em que chegue ao poder do empregador (art. 397º, nº 1, do CT). Tal como em relação à revogação do contrato de trabalho[1022], essencialmente para permitir a ponderação do trabalhador, impõe-se esta formalidade na declaração de resolução do contrato. Trata-se de uma excepção à regra geral do art. 230º do CC, que prescreve a irrevogabilidade da declaração negocial; de facto, do nº 1 do art. 397º do CT resulta a livre revogabilidade da declaração negocial de resolução do contrato.

A fim de impor ao trabalhador a necessária reflexão e de obstar à revogação da declaração de resolução do contrato, o empregador pode exigir que o documento tenha a assinatura do emitente com reconhecimento notarial presencial (art. 395º, nº 4, do CT).

No âmbito da legislação anterior (nº 1 do art. 2º da Lei nº 38/96), discutia-se se este direito só seria conferido em caso de denúncia (rescisão com aviso prévio), mas tal limitação não resultava do texto do preceito citado; por outro lado, este atípico direito de revogação não era somente atribuído ao trabalhador em caso de fraude do empregador, pelo que se deveria entender no sentido que veio a ser consagrado no arts. 397º e 402º do CT: a revogação pode ser invocada tanto em caso de resolução como no de denúncia invocadas pelo trabalhador.

β. Resolução com justa causa
i. Comportamento ilícito do empregador
I. Sempre que o empregador falta culposamente ao cumprimento dos deveres emergentes do contrato estar-se-á perante uma situação de responsabilidade contratual; e, sendo grave a actuação do empregador, confere-se ao trabalhador o direito de resolver o contrato[1023]. O trabalhador só pode resolver o contrato se do comportamento do empregador resultar uma justa causa de desvinculação. Deste modo, nem toda a violação de obrigações contratuais por parte do empregador confere ao trabalhador o direito de resolver o contrato; é necessário que o comportamento seja ilícito, culposo e que, em

---

[1022] *Vd. supra*, neste Capítulo, § 4, nº 3, alínea *c*), subalínea *γ*.

[1023] A jurisprudência alude frequentemente à necessidade de o comportamento ser grave e de gerar a impossibilidade de manter o vínculo, cfr. Ac. STJ de 13/1/1993, *CJ (STJ)* 1993, T. I, p. 290; Ac. STJ de 13/4/1994, *CJ (STJ)* 1994, T. I, p. 295; Ac. STJ de 23/11/1994, *CJ (STJ)* 1994, T. III, p. 297; Ac. STJ de 11/12/1996, *CJ (STJ)* 1996, T. III, p. 265; Ac. STJ de 11/3/1999, *CJ (STJ)* 1999, T. I, p. 299. Por isso, a falta de pagamento de salários durante dez anos não confere o direito a rescindir com justa causa, atenta a passividade e a confiança criada na empresa (Ac. STJ de 26/5/1999, *CJ (STJ)* 1999, T. II, p. 291).

CONTRATO DE TRABALHO

razão da sua gravidade, implique a insubsistência da relação laboral. Dito de outro modo, a justa causa a que alude o art. 394º, nº 1, do CT deve ser entendida nos termos da idêntica locução constante do art. 351º, nº 1, do CT, até porque, como determina o art. 394º, nº 4, do CT, a justa causa imputável ao empregador é apreciada nos moldes estabelecidos para o despedimento por facto imputável ao trabalhador[1024].

II. A lei indica os comportamentos que constituem justa causa nas várias alíneas do nº 2 do art. 394º do CT, explicitando que a enumeração é exemplificativa. Atendendo ao disposto no nº 1 do art. 35º da LCCT havia quem apontasse para o carácter taxativo da indicação[1025], mas já então se preconizava o carácter exemplificativo da disposição, entendendo-se que o elenco legal não era redutor e, consequentemente podendo outras violações do contrato ou o desrespeito da lei consubstanciar justa causa de rescisão[1026]. Foi esta a interpretação que vingou na redacção do corpo do nº 2 do art. 394º do CT, ao incluir-se o termo «nomeadamente».

De entre as previsões legais de situações que constituem justa causa importa aludir à falta culposa de pagamento pontual da retribuição na forma devida (alínea a)). Esta previsão tem de ser conjugada com o disposto no art. 323º, nº 2, do CT, relativo à mora no cumprimento de obrigações pecuniárias[1027]. Nas restantes alíneas do nº 2 do art. 394º do CT faz-se referência a

---

[1024] Sobre esta equiparação de entendimento, que na ordem jurídica portuguesa não suscita dúvidas em razão da remissão constante do art. 394º, nº 4, do CT, veja-se SILVA PÔRTO, «A Terminação do Contrato de Emprego», *Fundamentos do Direito do Trabalho. Estudos em Homenagem ao Ministro Milton de Moura França*, S. Paulo, 2000, pp. 531 e ss.

[1025] *Vd.* MONTEIRO FERNANDES, *Direito do Trabalho*, 11ª edição, Coimbra, 1999, p. 585; mas o autor, em *Direito do Trabalho*, 17ª edição, Coimbra, 2014, p. 577, escrevendo já com base no Código do Trabalho, sem atender à alteração legislativa, continua a afirmar que «o art. 394º (...) inclui uma enumeração que tende a ser taxativa das situações susceptíveis de tal relevância».

[1026] *Vd.* ROMANO MARTINEZ, *Direito do Trabalho*, 1ª edição, cit., p. 887. Por exemplo, haverá justa causa de resolução do contrato de trabalho se o empregador inscreve tardiamente o trabalhador na Segurança Social (Ac. Rel. Lx. de 15/12/1999, *CJ* XXIV, T. V, p. 167), independentemente de esse atraso ter causado a lesão de interesses patrimoniais sérios do trabalhador.

[1027] Sobre a questão, veja-se ROMANO MARTINEZ, anotação V ao art. 323º, *in* ROMANO MARTINEZ/LUÍS MIGUEL MONTEIRO/JOANA VASCONCELOS/MADEIRA DE BRITO/GUILHERME DRAY/GONÇALVES DA SILVA, *Código do Trabalho Anotado*, cit., p. 685 e s. Com posição diversa, JÚLIO GOMES, *Direito do Trabalho*, I, cit., p. 1050.

Quanto à harmonização do disposto no art. 35º da LCCT com o regime especial dos salários em atraso, que não pressuponha culpa do empregador, podendo constituir uma causa objectiva de resolução do contrato, cfr. Ac. STJ de 23/1/1996, *BMJ* 453, p. 276; Ac. STJ de 8/1/1997, *BMJ* 463, p. 395; Ac. STJ de 22/1/1997, *CJ (STJ)* 1997, T. I, p. 260. O referido regime dos salários em atraso estava

DA CESSAÇÃO DO CONTRATO

várias situações relacionadas com os deveres do empregador (art. 127º do CT), apesar de não haver coincidência, pois deste último elenco constam obrigações do empregador cuja violação não está prevista naquele preceito. Contudo, tendo em conta que o elenco do art. 394º, nº 2, do CT é exemplificativo concluir-se-á no sentido de que o desrespeito de deveres do empregador não indicados neste preceito também pode consubstanciar motivo de justa causa da resolução do contrato.

III. Cumulativamente com o direito de resolver o contrato, ao trabalhador é conferida uma indemnização determinada nos termos do art. 396º do CT.

Segundo as regras gerais, a indemnização abrangeria todos os danos patrimoniais e não patrimoniais resultantes para o trabalhador da actuação ilícita perpetrada pelo empregador, contudo, no art. 396º, nº 1, do CT, não obstante o princípio geral, surge uma limitação dificilmente enquadrável nos parâmetros gerais[1028]; prescreve-se que a indemnização se deve «fixar entre quinze e quarenta e cinco dias de retribuição base e diuturnidades por cada ano completo de antiguidade». Esta regra, paralela com o disposto no nº 1 do art. 391º do CT para a indemnização em substituição da reintegração, perde sentido neste âmbito e contraria o princípio geral em sede de indemnização.

Em sentido idêntico ao que se prescreve no nº 3 do art. 391º do CT, para a indemnização em substituição da reintegração, sendo a resolução requerida pelo trabalhador, a indemnização, independentemente dos danos sofridos e da antiguidade, não poderá ser inferior a três meses de retribuição base e de diuturnidades (art. 396º, nº 1, 2ª parte, do CT). Mais uma vez, a solução não é consentânea com os princípios gerais em sede indemnizatória, pois não se atende aos danos sofridos para fixar o valor da indemnização.

ii. Causas objectivas
I. As hipóteses de resolução com base em justa causa objectiva vêm previstas nas três alíneas do nº 3 do art. 394º do CT, devendo entender-se que o elenco

---

sujeito a regras próprias, mormente no que respeitava ao modo de determinação da indemnização. No Ac. STJ de 10/7/1996, *CJ (STJ)* 1996, T. II, p. 293, com um voto de vencido, admitiu-se que o montante indemnizatório estabelecido na Lei dos Salários em Atraso, diferentemente do disposto no art. 13º, nº 3, da LCCT, por remissão do art. 36º da LCCT, abrangia todas as prestações regulares e periódicas e não só a retribuição de base. A solução é criticável, pois estabelece desigualdades com base num argumento literal.

[1028] Em crítica à solução consagrada no preceito, veja-se MENDES BAPTISTA, «Considerações em Torno do Artigo 443º do novo Código do Trabalho», *Estudos sobre o Código do Trabalho*, Coimbra, 2004, pp. 153 e ss.

CONTRATO DE TRABALHO

é taxativo. De facto, tendo em conta que no nº 2 o legislador resolveu a dúvida, indicando que o elenco é exemplificativo, não fazendo qualquer referência neste nº 3, será de entender, tendo em conta o elemento literal, que as causas de resolução são taxativas. Assim, quanto às causas objectivas, tal como ocorre relativamente à responsabilidade objectiva (arts. 483º, nº 2, e 798º do CC), prevalece um princípio de *numerus clausus*; esta regra de tipicidade é patente no que concerne ao despedimento por causas objectivas e deve valer igualmente nesta hipótese de resolução.

II. O trabalhador pode resolver o contrato sempre que o cumprimento de obrigações legais não lhe permita continuar ao serviço (alínea *a*)), desde que não opte pela suspensão do contrato.

Por outro lado, quando o empregador, no exercício do seu direito, altere substancialmente e de modo duradouro as condições de trabalho (p. ex., mudança de local de trabalho nos termos do art. 194º, nº 1, do CT, alteração do horário de trabalho nos termos do art. 217º do CT ou transmissão da empresa, prevista no art. 285º do CT) confere-se ao trabalhador o direito de resolver o contrato[1029]. Convirá esclarecer que nos exemplos referidos, com excepção da mudança de local de trabalho, que tem uma previsão legal concreta, a resolução do contrato não depende só da situação factual (alteração de horário, transmissão da empresa), mas, em especial, da verificação de um requisito específico: alteração substancial (e duradoura) das condições de trabalho. A modificação do horário de trabalho ou a transmissão da empresa não implicam necessariamente uma alteração substancial (e duradoura) das condições de trabalho.

Por último, a falta de pagamento pontual da retribuição, quando não seja imputável ao empregador[1030], permite que o trabalhador resolva o contrato; o princípio geral de boa fé impõe que, nesta hipótese, o montante em dívida seja de algum modo relevante, pois se o empregador não tiver pago um sub-

---

[1029] Relativamente à alteração substancial das condições de trabalho, além da anotação de JOANA VASCONCELOS ao art. 394º *in* ROMANO MARTINEZ/LUÍS MIGUEL MONTEIRO/JOANA VASCONCELOS/MADEIRA DE BRITO/GUILHERME DRAY/GONÇALVES DA SILVA, *Código do Trabalho Anotado*, cit., pp. 829 e ss., *vd.* BEJARANO HERNÁNDEZ, *Extinción Indemnizada del Contrato por Causa de Modificaciones Sustanciales de las Condiciones de Trabajo*, Valência, 2000, pp. 12 e ss.; SAN MARTÍN MAZZUCCONI, *El Régimen Jurídico de la Modificación Sustancial de las Condiciones de Trabajo*, Pamplona, 1999, pp. 51 e ss.

[1030] Importa reiterar que há uma presunção de culpa do devedor (empregador) que falta ao cumprimento da obrigação (pagamento do salário), nos termos do art. 799º, nº 1, do CC, pelo que estas hipóteses serão residuais.

DA CESSAÇÃO DO CONTRATO

sídio por via de uma deficiente programação informática, não será lícito que o trabalhador possa resolver o contrato.

III. Por via de regra, a resolução com base em justa causa objectiva não confere ao trabalhador o direito a perceber uma compensação (art. 396º, nº 1, do CT *a contrario*). Todavia, no caso de a resolução se fundar na mudança de local de trabalho (art. 194º, nº 5, do CT) a indemnização é devida, apesar de a justa causa ser objectiva.

iii. Ausência de justa causa

Na eventualidade de, em tribunal, se concluir pela inexistência do motivo invocado pelo trabalhador para resolver o contrato, mantém-se a cessação do vínculo nos mesmos termos, mas o trabalhador deverá ressarcir os danos causados ao empregador, como se estabelece no art. 399º do CT. A falta de justa causa de resolução, contrariamente ao que pode ocorrer em caso de despedimento, não invalida a cessação do vínculo, mas, como é ilícita, determina a responsabilização do trabalhador[1031].

A indemnização corresponde a trinta ou sessenta dias de retribuição base e de diuturnidades, consoante o contrato tenha durado até dois anos ou mais de dois anos (art. 401º *ex vi* art. 399º do CT).

Contudo, para conferir ao trabalhador um tratamento idêntico ao que era estabelecido no nº 2 do art. 436º do CT2003, em que se previa a possibilidade de o empregador reabrir o procedimento disciplinar, no art. 398º, nº 4, do CT2009 continua a permitir-se que, sendo a resolução ilícita por desrespeito do procedimento exigido no art. 395º do CT (p. ex., declaração de resolução do contrato feita oralmente), permite-se que o trabalhador corrija o vício até ao termo do prazo para contestar. O disposto no art. 398º, nº 4, do CT não encontra fundamento nas dificuldades procedimentais do despedimento movido pelo empregador e já não tem paralelo em direitos do empregador. Por outro lado, este regime não é facilmente explicável no plano conceptual.

[1031] Estranhamente, com base numa interpretação literal do art. 37º da LCCT (preceito correspondente ao actual art. 399º do CT), admitiu-se que, no caso de o trabalhador ter resolvido o contrato depois de caducar o direito à resolução ou de ter resolvido oralmente o contrato, não havia direito à indemnização por não estar declarada a inexistência de justa causa (Ac. Rel. Lx. de 1/4/1998, *CJ* XXIII, T. II, p. 175 e Ac. Rel. Cb. de 10/5/2001, *CJ* XXVI, T. III, p. 162).

Capítulo IX
Prestação de serviço

§ 1. Qualificação

O legislador ocupa-se do contrato de prestação de serviço nos arts. 1154º e ss. do CC, sem traçar o respectivo regime.

A propósito deste contrato surgem duas questões relevantes, indirectamente relacionadas com a cessação do vínculo.

Em primeiro lugar, importa determinar os contornos desta figura, para a distinguir de situações jurídicas próximas, em particular do contrato de trabalho[1032]. Na realidade, correspondendo o contrato de prestação de serviço a uma figura ampla, que engloba uma multiplicidade de distintas situações jurídicas, torna-se extremamente relevante fixar as respectivas fronteiras, surgindo frequentes dúvidas na destrinça do contrato de trabalho.

Por outro lado, o legislador, no art. 1155º do CC, identifica três modalidades de contrato de prestação de serviço – mandato, depósito e empreitada –, e a estas três modalidades importa acrescentar o contrato de prestação de serviço atípico (não regulado especialmente), que abrange uma multiplicidade de vínculos jurídicos, desde os vários contratos de prestação de serviços

---

[1032] Para a distinção entre o contrato de prestação de serviço (art. 1154º do CC) e o contrato de trabalho (art. 1152º do CC), veja-se ROMANO MARTINEZ, *Direito do Trabalho*, 7ª edição, Coimbra, 2015, pp. 310 e ss. É interessante referir que, em razão da interligação entre os dois vínculos, por vezes o contrato de prestação de serviço é analisado no âmbito do direito do trabalho, como um negócio laboral, veja-se ANDERS/GEHLE, Comentário ao § 611 do BGB, e SCHLIMANN, Comentário ao § 611 do BGB, *in Das Arbeitsrecht im BGB*, Volume I, Berlim, 1997, respectivamente, pp. 4 e ss. e pp. 190 e ss. De facto, como esclarecem SÖLLNER/WALTERMANN, *Grundriß des Arbeitsrechts*, 13ª edição, Munique, 2003, p. 263, o contrato de trabalho é um contrato especial de prestação de serviços.

DA CESSAÇÃO DO CONTRATO

realizados por profissionais liberais (p. ex., médicos, advogados, arquitectos), a prestações de serviços de limpeza, de cedência de mão-de-obra ou de angariação e mediação de negócios. Nestes casos, como resulta do disposto no art. 1156º do CC, ao contrato de prestação de serviço atípico, não regulado especialmente pela lei, são extensíveis as disposições sobre o mandato. Todavia, tendo em conta que o mandato tem em vista a prática de actos jurídicos (art. 1157º do CC), nem sempre o regime deste contrato se ajusta bem às situações jurídicas decorrentes da prestação de serviço que tenham em conta a prática de actos materiais[1033].

§ 2. Remissão

I. A remissão constante do art. 1156º do CC para as disposições sobre o mandato pressupõe uma aplicação criteriosa deste regime, pois implica que se façam as necessárias adaptações.

Assim sendo, o contrato de prestação de serviço atípico seguirá o regime do mandato, em particular no que respeita à cessação do vínculo, se, nomeadamente, o disposto nos arts. 1170º e ss. do CC não carecer de adaptações relacionadas com o vínculo contratual em concreto[1034]. Dito de outro modo, a remissão constitui tão-só uma pista, que deverá ser analisada quando se pretenda apreciar a cessação de um contrato de prestação de serviço atípico[1035].

II. Além das dificuldades enunciadas, a remissão do art. 1156º do CC pode suscitar algumas dúvidas em relação a determinados contratos de prestação de serviço que apresentem poucas afinidades com o mandato, nomeadamente por não implicarem a prática de actos jurídicos, mas antes prestações de coisas ou de factos materiais. Assim, por exemplo num contrato de pres-

---

[1033] Sobre a questão, veja-se ROMANO MARTINEZ, *Direito das Obrigações (Parte Especial). Contratos. Compra e Venda, Locação, Empreitada*, 2ª edição, Coimbra, 2001, pp. 358 e s. e 391 e s.

[1034] Tendo em conta a remissão para o mandato, por vezes alude-se à revogação unilateral do contrato de prestação de serviços, no sentido de livre denúncia (cfr. Ac. STJ de 4/6/1996, *CJ (STJ)* 1996, T. II, p. 102; Ac. Rel. Év. de 12/7/1994, *CJ* XIX, T. IV, p. 261; Ac. Rel. Lx. de 29/2/2000, *CJ* XXV, T. I, p. 131; Ac. Rel. Cb. de 8/5/2001, *CJ* XXVI, T. III, p. 5), assim como à revogação com justa causa com o significado de resolução (cfr. Ac. STJ de 8/11/1983, *BMJ* 331, p. 515).

[1035] Quanto à liberdade de denúncia – mediante o que se designa por «desistência» – do contrato de prestação de serviço, *vd.* DÍAZ REGAÑON-ALCALÁ, *La Resolución Unilateral del Contrato de Servicios*, Granada, 2000, pp. 21 e ss. O autor (ob. cit., pp. 72 e ss.) justifica a liberdade de desvinculação com base no factor temporal – duração indefinida –, valendo as regras gerais, nomeadamente a necessidade de aviso prévio (pp. 82 e ss.).

PRESTAÇÃO DE SERVIÇO

tação de serviços de execução continuada justifica-se a denúncia *ad libitum*, nos termos gerais[1036].

Por outro lado, não se circunscrevendo os contratos de prestação de serviço ao âmbito civil, frequentemente, tratando-se de contratos comerciais, pode haver razão para atender a regras de extinção de vínculos estabelecidas em determinados regimes contratuais. De entre essas previsões, tem particular relevância o regime do contrato de agência, atendendo ao desenvolvimento e aperfeiçoamento científico dado à matéria da cessação do vínculo. As regras do contrato de agência adaptam-se melhor aos contratos de prestação de serviço que respeitem à distribuição de bens do que os preceitos específicos do contrato de mandato[1037]. Há, todavia, particularidades do contrato de agência que não permitem a respectiva extrapolação para outros contratos de prestação de serviço – como a indemnização de clientela –, assim como especificidades de contratos atípicos de prestação de serviço que não encontram resposta no pormenorizado regime da agência[1037a].

Pelas razões indicadas, justificar-se-á a análise do regime da cessação do contrato de agência.

[1036] Quanto à liberdade de denúncia nos contratos de prestação de serviços (atípicos), *vd*. SCHNEIDER, *Die Kündigung freier Dienstverträge. Tendenzen und Schranken Gegründundsfreier Vertragsauflösung im Dienstleistungsbereich am Beispiel insbesondere von Unterrichts- und Partenerschaftsvermitlungsverträgen*, Frankfurt, 1987, pp. 61 e ss. e, em especial, pp. 141 e ss.
A jurisprudência, admitindo a regra da liberdade de denúncia do contrato de prestação de serviço, na sequência do regime comum, impõe que a revogação unilateral, não sendo com justa causa (resolução), seja exercida com aviso prévio (cfr. Ac. STJ de 18/6/1996, *CJ (STJ)* 1996, T. II, p. 151; Ac. STJ de 28/2/2002, *CJ (STJ)* 2002, T. I, p. 119; Ac. Rel. Cb. de 8/5/2001, *CJ* XXVI, T. III, p. 5.

[1037] Quanto à aplicação, por analogia, do regime da cessação do contrato de agência «a outros contratos, como os de concessão e de franquia», *vd*. PINTO MONTEIRO, *Contrato de Agência*. Anotação, 7ª edição, Coimbra, 2010, anotação 2 ao art. 24º, pp. 119 e s. e *Contratos de Distribuição Comercial*, Coimbra, 2003, pp. 129 e s. Veja-se também Ac. Rel. Pt. de 27/6/1995, *CJ* XX, T. III, p. 243; Ac. Rel. Cb. 26/11/1996, *CJ* XXI, T. V, p. 31; Ac. Rel. Pt. de 13/3/1997, *CJ* XXII, T. II, p. 196; Ac. Rel. Cb. de 28/10/1997, *CJ* XXII, T. IV, p. 43.
Por exemplo, aplicando exactamente o regime da cessação do contrato de agência ao contrato de franquia, veja-se PESTANA DE VASCONCELOS, *O Contrato de Franquia (Franchising)*, 2ª edição, Coimbra, 2010, pp. 105 e ss. Relativamente à cessação ordinária (denúncia) e extraordinária (resolução) do contrato de franquia no direito alemão, *vd*. FLOHR, *Franchise-Vertrag*, Munique, 1998, pp. 165 e ss. e 168 e ss., assim como MARTINEK, *Moderne Vertragstypen*, Tomo II, *Franchising, Know-how-Verträge, Management- und Consultingverträge*, Munique, 1992, pp. 117 e ss., que explica a necessidade de protecção a conceder ao franquiado.

[1037a] Veja-se, por exemplo as particularidades no que respeita ao escoamento de *stock*, não prevista em sede de agência, cfr. PINTO MONTEIRO, *Contratos de Distribuição Comercial*, cit., p. 129.

DA CESSAÇÃO DO CONTRATO

§ 3. Regime especial constante do contrato de agência
1. Identificação e conteúdo

I. O contrato de agência, tendo em conta a sua frequente utilização[1038], veio a ser regulado no Decreto-Lei nº 178/86, de 3 de Julho, alterado pelo Decreto-Lei nº 118/93, de 13 de Abril. Por via do contrato de agência pretende-se obter uma distribuição mais eficaz dos produtos, superando o método tradicional de colocação directa dos bens no mercado. Por outro lado, o contrato de agência apresenta-se como uma relação jurídica mais flexível e dinâmica do que a resultante do contrato de trabalho[1039].

II. No contrato de agência são partes o principal[1040] e o agente; o principal é, em princípio, uma empresa que pretende comercializar produtos[1041] ou prestar serviços, e o agente aquele que promove a celebração dos contratos, angariando clientes, por via de regra, numa determinada zona, através de publicidade por ele desenvolvida, de informações sobre a mercadoria, etc.[1042].

O contrato de agência pode ter uma multiplicidade de objectos, desde a promoção de vendas de produtos comercializados pelo principal – situação mais comum –, à angariação de clientes em variados sectores, como sejam as actividades seguradora, de viagens ou de publicidade[1043].

[1038] Cfr. Preâmbulo do Decreto-Lei nº 178/86, de 3 de Julho.

[1039] Cfr. ROMANO MARTINEZ, *Direito do Trabalho*, cit., p. 348 e ss. Sobre a figura, veja-se ROMANO MARTINEZ, *Contratos Comerciais. Apontamentos*, Cascais, 2001, pp. 13 e ss., assim como bibliografia indicada nas pp. 18 e ss.
A autonomia do agente, por contraposição à subordinação jurídica do trabalhador, que distingue os dois contratos (cfr. também LACERDA BARATA, *Anotações ao Novo Regime do Contrato de Agência*, Lisboa, 1994, p. 19), como elemento diferenciador, tem de ser preenchido com auxílio a aspectos coadjuvantes para solucionar os casos de fronteira. Sobre esta questão, *vd.* igualmente RUBIN/ZEPOS/CROCKER, «Struturing Alternatives for International Technology Transfers», *in International Technology Transfers*, org. por HARRY RUBIN, Londres, Boston, 1995, p. 73.

[1040] Quanto à questão terminológica, cfr. LACERDA BARATA, *Anotações*, cit., pp. 17 e s.; MARIA HELENA BRITO, «O Contrato de Agência», *Novas Perspectivas do Direito Comercial*, Coimbra, 1988, p. 114, nota 13. Veja-se ainda FERREIRA PINTO, *Contratos de Distribuição. Da tutela do distribuidor integrado em face da cessação do vínculo*, Lisboa, 2013, pp. 17 e ss.

[1041] A comercialização é feita, em regra, por via da celebração de contratos de compra e venda, mas pode consubstanciar-se em outros negócios jurídicos, como a locação, cfr. LACERDA BARATA, *Anotações*, cit., p. 13.

[1042] Cfr. LACERDA BARATA, *Anotações, cit.*, p. 13; PINTO MONTEIRO, *Contrato de Agência. Anotação*, cit., pp. 50 ss.

[1043] Quando se fala em agência relacionado com estes exemplos é preciso distinguir, por exemplo, as agências de viagens ou de publicidade, de contratos de agência que estas entidades, na qualidade de principal, tenham realizado com alguém (agente), para este promover a realização de contratos a celebrar por aquelas «agências». Sobre esta questão, cfr. MARZORATI, *Sistemas*

III. O agente obriga-se à realização de uma prestação de facto material, que consiste na promoção comercial do principal através, por exemplo, da publicidade realizada a produtos, do fornecimento de catálogos, de amostras e de listas de preços ou da oferta de assistência pós-venda aos clientes. Com base nesta actuação, o agente angaria clientes para os produtos comercializados pelo principal.

Os contratos não são, em princípio, celebrados pelo agente em nome ou por conta do principal, como ocorreria no mandato, pois o agente promove a celebração do contrato e, depois, o potencial cliente envia uma proposta contratual ao principal, cabendo a este aceitá-la. O contrato também poderá ser celebrado mediante uma proposta negocial enviada pelo principal ao potencial cliente, com base em lista de pessoas contactadas fornecida pelo agente, cliente esse que poderá vir a aceitar a proposta. Pode, deste modo, concluir-se que o agente prepara o contrato, mas não o celebra.

2. Particularidades relativas à cessação do contrato
a) *Enunciação*
No Capítulo IV do diploma em análise, sob o título «Cessação do contrato», prescreve-se, no art. 24º do Decreto-Lei nº 178/86, que o contrato de agência pode cessar por quatro formas: acordo das partes, caducidade, denúncia e resolução[1044].

O acordo das partes, também designado por mútuo acordo (art. 25º do Decreto-Lei nº 178/86) corresponde à revogação, pelo que do elenco indicado constam as quatro modalidades de extinção dos vínculos contratuais a que se tem vindo a fazer referência. Alterando a ordem das alíneas do preceito citado, alude-se às quatro formas de cessação na sequência que se adoptou.

---

de Distribución Comercial. Agencia. Distribución. Concesión. Franquicia Comercial, 2ª edição, Buenos Aires, 1995, pp. 36 e ss.

[1044] Tendo em conta a previsão legal, encontram-se alguns estudos sobre a cessação do contrato de agência, normalmente integrados em obras gerais sobre este negócio jurídico – *vd.* os citados estudos de PINTO MONTEIRO e LACERDA BARATA. Mas com especial desenvolvimento dada à cessação e seus efeitos, cabe citar FERREIRA PINTO, *Contratos de Distribuição*, cit., pp. 291 e ss. Contudo, também surgem estudos com um tratamento delimitado da cessação do contrato de agência, como o de LARA GONZÁLEZ, *Las Causas de Extinción del Contrato de Agencia*, Madrid, 1998, em especial pp. 95 e ss. e SAMUSSONE, *Formas de Cessação do Contrato de Agência*, Relatório de Mestrado, Maputo, 2000, pp. 7 e ss., tendo em vista a regulamentação do contrato em Moçambique, assim como obras que respeitam a aspectos delimitados da cessação do vínculo, *vd.* CAROLINA CUNHA, *A Indemnização de Clientela do Agente Comercial*, Coimbra, 2003, pp. 27 e ss.

DA CESSAÇÃO DO CONTRATO

b) Caducidade

I. O contrato de agência pode ser celebrado por prazo certo, renovável ou não por igual período, ou por tempo indeterminado (art. 27º do Decreto--Lei nº 178/86).

Sendo o contrato ajustado por prazo certo não renovável, caduca no fim do período estipulado (art. 26º, alínea *a*), do Decreto-Lei nº 178/86).

Além desta causa usual de caducidade, no citado art. 26º incluem-se outras duas situações de caducidade: verificação da condição resolutiva ou certeza de que não se verificará a condição suspensiva (alínea *b*)); morte do agente ou extinção da pessoa colectiva que assume a função de agente (alínea *c*))[1045]. O elenco legal não é taxativo, pelo que as causas gerais de caducidade, com as necessárias adaptações, valem neste âmbito[1046].

Sendo a condição resolutiva, como se afirmou[1047], verificado o facto futuro e incerto, o contrato de agência cessa por caducidade, apesar de o efeito extintivo ser determinado pelo regime da resolução. Tratando-se, porém, de um contrato de agência de execução continuada, que será a regra, dada a característica da estabilidade[1048], por via da remissão feita do nº 1 do art. 277º para o nº 2 do art. 434º do CC, a resolução não terá efeito retroactivo.

Na eventualidade de se ter ajustado uma condição suspensiva, que não se poderá verificar, o vínculo extingue-se por caducidade, não suscitando questões no que respeita aos efeitos em razão da sua ineficácia.

[1045] PINTO MONTEIRO, *Contrato de Agência*, cit., anotação 2 ao art. 26º, p. 121, indica que há um manifesto paralelismo com o disposto no art. 1051º do CC. É interessante notar que a evolução dogmática operada no direito português, identificando a caducidade como modo de cessação do contrato, não se verifica noutras ordens jurídicas, onde estas hipóteses surgem estudadas de modo casuístico, cfr. LARA GONZÁLEZ, *Las Causas de Extinción del Contrato de Agencia*, cit., que, em capítulos sucessivos, trata da extinção do contrato ajustado por tempo determinado (pp. 95 e ss.), por tempo indefinido (pp. 155 e ss.) e, depois, na parte II, alude a outras hipóteses de extinção, onde indica a morte, a incapacidade e a transmissão da empresa (pp. 373 e ss.).

[1046] O contrato de agência pode, por exemplo, caducar em caso de insolvência do agente ou do principal, cfr. PINTO MONTEIRO, *Contrato de Agência. Anotação*, anotação 1 ao art. 26º, p. 121, com base na legislação precedente. Todavia, nos termos do actual art. 110º do CIRE, poder-se-á defender a mesma solução, mas, no caso do principal, a solução de caducidade decorre directamente do preceito, enquanto, em relação ao agente, a caducidade resulta indirectamente da norma, na medida em que o *intuitus personae* do mandato, em relação ao mandatário, a justifique.
LACERDA BARATA, *Sobre o Contrato de Agência*, Coimbra, 1991, pp. 84 e s. acrescenta a interdição do agente como causa de caducidade do contrato.
Sobre a caducidade do contrato, veja-se FERREIRA PINTO, *Contratos de Distribuição*, cit., pp. 315 e ss.

[1047] *Vd. supra*, I Parte, Capítulo I, § 1, nº 2, IV. e Capítulo II, Secção II, § 4, nº 5.

[1048] Como refere PINTO MONTEIRO, *Contrato de Agência*, cit., anotação 2.d) ao art. 1º, p. 57, a estabilidade do vínculo «funda uma relação contratual duradoura que não se extingue por um acto de cumprimento».

PRESTAÇÃO DE SERVIÇO

Por último, como o contrato de agência é *intuitu personae*, por via de regra não se admite a transmissão *mortis causa* da posição contratual; o contrato cessa, assim, com a morte do agente. Ainda que o agente seja uma pessoa colectiva, subsiste a relação pessoal que não permite a manutenção do vínculo após a extinção da entidade jurídica.

II. Na eventualidade de o contrato de agência ter sido celebrado por prazo certo renovável automaticamente, apesar de a hipótese não estar prevista no diploma, a caducidade no termo do prazo, evitando a renovação sucessiva, exige uma prévia denúncia (*vd. infra* alínea *d*)).

III. A terminar, refira-se que, como se salientou em relação ao regime geral[1049], no contrato de agência encontra-se uma das previsões excepcionais de subsistência de um vínculo extinto por caducidade. Como dispõe o nº 2 do art. 27º do Decreto-Lei nº 178/86, se o contrato foi celebrado por prazo determinado e continua a ser executado depois dessa data, ficciona-se que a vontade das partes aponta no sentido da subsistência do vínculo, que passará a vigorar por tempo indeterminado.

O contrato caduca no termo certo indicado, mas subsiste factualmente tendo em conta o seu cumprimento continuado, renovando-se – ou transformando-se, como se afirma no preceito – por tempo indeterminado[1050]. A eventual renovação (ou prorrogação) do contrato distingue-se de actos de liquidação subsequentes à cessação do vínculo.

c) Revogação

O contrato de agência, nos termos gerais (art. 406º, nº 1, do CC), pode ser revogado por mútuo acordo; exige-se, tão-somente, como excepção à regra geral, que o acordo de revogação seja reduzido a escrito (art. 25º do Decreto-Lei nº 178/86).

No demais, a revogação do contrato de agência segue os termos comuns, anteriormente enunciados.

[1049] *Vd. supra*, I Parte, Capítulo II, Secção II, § 1, nº 2.

[1050] Sobre a questão, consulte-se PINTO MONTEIRO, *Contrato de Agência*, cit., anotação 1 ao art. 27º pp. 122 e s. e *Contratos de Distribuição Comercial*, cit., pp. 133 e s. Relativamente ao ordenamento italiano, veja-se BORTOLOTTI/BONDANINI, *Il Contratto di Agenzia Commerciale. La Nuova Disciplina Collettiva. L'Indennità di Cessazione ed il suo Calcolo. La Giurisprudenza Aggiornata sull'Indennità*, Pádua, 2003, pp. 208 e ss.

DA CESSAÇÃO DO CONTRATO

d) Denúncia

I. Sendo o contrato celebrado por tempo indeterminado, que é a regra supletiva (art. 27º, nº 1, do Decreto-Lei nº 178/86), qualquer das partes pode livremente denunciá-lo (art. 28º do Decreto-Lei nº 178/86), desde que se respeitem os prazos mínimos de antecedência do citado art. 28º (um a três meses)[1051]. Estes prazos podem ser demasiado curtos, em particular quando a execução do vínculo pressupôs a realização de avultados investimentos por parte do agente, situação que costuma apresentar maior acuidade em contratos como a concessão ou a franquia[1051a].

Na falta de aviso prévio, o contrato cessa, mas como o direito de denúncia foi ilicitamente exercido, o faltoso terá de indemnizar a contraparte (art. 29º do Decreto-Lei nº 178/86)[1052].

II. Na eventualidade de o contrato de agência ter sido celebrado por tempo determinado com renovações automáticas por igual ou diferente período, qualquer das partes pode opor-se a uma futura renovação, denunciando o contrato[1052a]. Neste caso, o vínculo extingue-se no termo do período ajustado, não se prorrogando.

O legislador não atende a esta hipótese e circunscreve a denúncia aos «contratos celebrados por tempo indeterminado» (art. 28º, nº 1, do Decreto-Lei nº 178/86)[1053]. Todavia, se o contrato de agência se renova por novos períodos

---

[1051] Como refere MENEZES CORDEIRO, *Direito Comercial,* 3ª edição, Coimbra, 2012, p. 758, os prazos são supletivos – aplicam-se caso as partes nada digam –, mas vale uma imperatividade mínima, pois não podem ser encurtados.
O regime jurídico, contrapondo a denúncia à oposição à prorrogação surge desenvolvido em FERREIRA PINTO, *Contratos de Distribuição,* cit., pp.338 e ss.
A solução é comum noutros espaços jurídicos, divergindo tão-só no que respeita à determinação do período de aviso prévio, veja-se BALDASSARI, *Il Contratto di Agenzia,* Milão, 1992, pp. 416 e ss.; SARACINI/TOFFOLETTO, *Il Contratto d'Agenzia. Artt. 1742-1753, in Schlesinger – Il Codice Civile Commentario,* 2ª edição, Milão, 1996, pp. 447 e ss.

[1051a] Cfr. PINTO MONTEIRO, *Contratos de Distribuição Comercial,* cit., p. 138. Sobre a questão, veja-se *supra,* I Parte, Capítulo II, Secção II, § 3., nº 1, IV.

[1052] A falta de pré-aviso faz incorrer o faltoso em responsabilidade (art. 29º do Decreto-Lei nº 178/86), cfr. Ac. STJ de 27/10/1994, *CJ (STJ)* 1994, T. III, p. 101; Ac. STJ de 21/2/1995, *CJ (STJ)* 1995, T. I, p. 95. Veja-se também MENEZES CORDEIRO, *Direito Comercial,* cit., p. 759. Mesmo antes da entrada em vigor do diploma que regula o contrato de agência, a jurisprudência entendia, no seguimento do regime comum, que a denúncia tinha de ser feita valer com aviso prévio, cfr. Ac. STJ de 17/4/1986, *BMJ* 356, p. 342.

[1052a] PINTO MONTEIRO, *Contrato de Agência,* cit., anotação 4 ao art. 27º, p. 116, entende que o contrato que se renova automaticamente se aproxima daquele que é celebrado por tempo indeterminado.

[1053] Veja-se PINTO MONTEIRO, *Contrato de Agência,* cit., anotação 3 ao art. 28º, pp. 129 e s. e *Contratos de Distribuição Comercial,* cit., pp. 134 e s.

de tempo, nos termos gerais, cabe a qualquer das partes obstar a essa prorrogação[1054], denunciando-o com o mesmo prazo de aviso prévio estabelecido para os contratos que não se renovam[1054a]. No contrato de agência, a declaração de não renovação do vínculo não se chamaria denúncia, tendo em conta a tomada de posição no nº 1 do citado art. 28º, mas como noutros diplomas, nomeadamente no Código Civil, se recorre ao termo «denúncia» para qualificar a oposição à renovação do contrato, e no regime da agência esta hipótese de cessação do contrato não encontra consagração, também neste contexto se poderá usar a mesma terminologia. Como se afirmou na parte geral, nesta hipótese, a denúncia é o meio para a caducidade operar.

A denúncia do contrato de agência não apresenta excepções com respeito ao regime regra da denúncia a que se fez referência anteriormente.

e) Resolução

I. A resolução, como prescreve o art. 30º do Decreto-Lei nº 178/86, advém do incumprimento (alínea *a*)) ou da impossibilidade (alínea *b*)).

A primeira hipótese corresponde à situação típica de resolução legal por incumprimento, assente no não cumprimento definitivo da prestação ou no seu cumprimento defeituoso por uma das partes[1055]. Como o contrato de agência é de duração continuada, a justa causa de resolução tem de ser entendida no sentido de prognose da inviabilidade de prossecução do vínculo[1056].

Diferentemente da primeira hipótese, onde se consagra a designada justa causa subjectiva, na alínea *b*), aludindo à impossibilidade ou prejuízo grave, recorre-se à justa causa objectiva. Quebrado o equilíbrio contratual, em razão da impossibilidade de cumprimento de uma prestação ou do seu agravamento, justifica-se que a parte lesada possa resolver o contrato, invocando justa causa (objectiva)[1057/1057a].

[1054] Neste sentido, quanto a um contrato de concessão comercial, aludindo expressamente à denúncia para impedir a renovação do contrato, veja-se o Ac. STJ de 4/2/2003, *CJ (STJ)* 2003, T. I, p. 79.

[1054a] *Vd.* PINTO MONTEIRO, *Contrato de Agência*, cit., anotação 4 ao art. 27º, p. 117.

[1055] *Vd. supra*, I Parte, Capítulo I, § 4, nº 3, alínea *b*), subalínea *β*, e Capítulo II, Secção II, § 4, nº 2, alíneas *b*), *c*) e *d*).

[1056] *Vd. supra*, I Parte, Capítulo III, § 3.

[1057] Quanto ao regime geral, *vd. supra*, I Parte, Capítulo I, § 4, nº 3, alínea *b*), subalínea *γ*. Sobre as especificidades da agência, consulte-se LACERDA BARATA, *Sobre o Contrato de Agência*, cit., pp. 88 e ss. e PINTO MONTEIRO, *Contrato de Agência*, cit., anotação 3 ao art. 30º, pp. 135 e s. Relativamente ao regime italiano, veja-se BORTOLOTTI/BONDANINI, *Il Contratto di Agenzia Commerciale*, cit., pp. 218 e ss.

[1057a] PINTO MONTEIRO, *Contrato de Agência*, cit., anotação 3 ao art. 30º, p. 126, no caso de resolução com justa causa objectiva impõe um prazo de antecedência, mas, se assim fosse, este tipo de resolução não se distinguia da denúncia.

DA CESSAÇÃO DO CONTRATO

II. A declaração de resolução tem de ser escrita, fundamentada e emitida no prazo de um mês após o conhecimento dos factos que a justificam (art. 31º do Decreto-Lei nº 178/86). Afora as duas especificidades (forma escrita e prazo curto de exercício), o direito de resolução do contrato de agência exerce-se segundo as regras gerais. No que respeita ao prazo curto, atendendo à analogia com a locação, sendo o facto ilícito continuado, só se deve iniciar após o seu termo.

f) Efeitos da cessação

I. Extinguindo-se o vínculo por qualquer das modalidades indicadas, cessam os efeitos do contrato de agência, em princípio com eficácia *ex nunc*. Ainda que se trate de resolução, como o contrato de agência será normalmente de execução continuada, a extinção não abrange as prestações já efectuadas (art. 434º, nº 2, do CC).

Como consequência da cessação, cada uma das partes tem a obrigação de restituir o que recebeu em execução do contrato e pertença à contraparte (art. 36º do Decreto-Lei nº 178/86).

II. Nos termos gerais do art. 801º, nº 2, do CC, a resolução não afecta o direito à indemnização pelos danos resultantes do não cumprimento (art. 32º, nº 1, do Decreto-Lei nº 178/86). Consagra-se, pois, o princípio geral vigente nesta matéria, a que se aludiu na parte geral deste estudo[1058].

De modo diverso, no nº 2 do citado art. 32º, em caso de resolução com base em justa causa objectiva, confere-se ao lesado o direito a ser indemnizado segundo a equidade. Por via de regra, a resolução por motivos objectivos, na medida em que falta a actuação culposa de uma parte, não confere ao lesado direito a ser indemnizado; porém, excepcionalmente, como ocorre no âmbito do contrato de trabalho, admite-se que o exercício lícito de um direito – no caso a resolução do contrato – determine a obrigação de compensar o lesado. Nestes casos, porém, é frequente que o valor da indemnização não seja aferido exactamente pelos danos sofridos (p. ex., art. 366º do CT), donde a referência à equidade no preceito em análise.

III. A propósito do direito à indemnização, cabe referir que, no art. 33º do Decreto-Lei nº 178/86, se estabelece a favor do agente um direito de indem-

---

[1058] *Vd. supra*, I Parte, Capítulo II, Secção II, § 4, nº 8, alínea *e*).
Com especial desenvolvimento, consulte-se FERREIRA PINTO, *Contratos de Distribuição*, cit., pp. 425 e ss.

PRESTAÇÃO DE SERVIÇO

nização de clientela após a cessação do contrato[1059]. A indemnização prevista neste preceito não se relaciona com a resolução, pois será devida ainda que o contrato de agência tenha cessado por caducidade, revogação ou denúncia, e não corresponde a um obstáculo à cessação invocada pelo principal, na medida em que a mencionada indemnização será devida ao agente mesmo que a cessação do contrato tenha sido da sua iniciativa[1060]. Não corresponde a uma verdadeira indemnização, pois não visa ressarcir danos, mas compensar equitativamente uma parte (agente) atendendo aos potenciais benefícios que a outra (principal) obtém com a cessação do vínculo.

Nas alíneas do nº 1 deste preceito indicam-se os requisitos cumulativos que justificam o direito à indemnização de clientela, cujo cálculo é fixado segundo regras de equidade (art. 34º do Decreto-Lei nº 178/86).

[1059] Para maiores desenvolvimentos, *vd.* LACERDA BARATA, *Anotações*, cit., pp. 81 ss.; MARIA HELENA BRITO, «O Contrato de Agência», cit., pp. 131 e s.; CAROLINA CUNHA, *Indemnização de Clientela*, cit., pp. 261 e ss.; PINTO DUARTE, «A Jurisprudência Portuguesa sobre a Aplicação da Indemnização de Clientela ao Contrato de Concessão Comercial. Algumas Observações», *Themis*, II (2001), nº 3, pp. 315 e ss.; MENEZES LEITÃO, *A Indemnização de Clientela no Contrato de Agência*, Coimbra, 2006; PINTO MONTEIRO, *Contrato de Agência*, cit., anotação ao art. 33º, pp. 142 e ss. e *Contratos de Distribuição Comercial*, cit., pp. 149 e ss.; JOANA VASCONCELOS, «Cessação do Contrato de Agência e Indemnização de Clientela. Algumas Questões Suscitadas pela Jurisprudência relativa ao DL nº 178/86», *DJ*, XVI (2002), Tomo 1, pp. 243 e ss. Veja-se ainda Ac. Rel. Cb. de 14/12/1993, *CJ* XVIII, T. V, p. 46.
A indemnização de clientela é comummente admitida noutros espaços jurídicos, *vd.* BALDI, *Il Contratto di Agenzia. La Concessione di Vendita. Il Franchising*, 7ª edição, Milão, pp. 252 e ss.; MARTÍNEZ SANZ, *La Indemnización por Clientela en los Contratos de Agencia y Concesión*, 2ª edição, Madrid, 1998, pp. 97 e ss. Com particular desenvolvimento, veja-se BORTOLOTTI/BONDANINI, *Il Contratto di Agenzia Commerciale*, cit., pp. 237 e ss.
Apesar de o regime da agência se poder aplicar em relação a outros contratos, mormente atípicos, é discutível que essa extensão abranja a indemnização de clientela, cfr. PINTO MONTEIRO, *Contratos de Distribuição Comercial*, cit., p. 129.
[1060] A ressalva consta do nº 3 do art. 33º do Decreto-Lei nº 178/86. Sobre a questão, veja-se PINTO MONTEIRO, *Contrato de Agência*, cit., anotação 5 ao art. 33º, pp. 146 e s.

Capítulo X
Mandato

§ 1. Enunciação

O mandato é um contrato de prestação de serviço nos termos do qual o mandatário se obriga a praticar um ou mais actos jurídicos por conta do mandante (art. 1157º do CC).

Para além das regras gerais (realização da actividade ajustada; impossibilidade de prestar a actividade acordada; acordo das partes; incumprimento culposo das prestações de um dos contraentes), o contrato de mandato cessa por revogação de qualquer das partes (arts. 1170º e ss. do CC). Tradicionalmente, distinguia-se a revogação do mandante da renúncia do mandatário, mas o Código Civil uniformizou a terminologia aludindo só à revogação. A liberdade de renúncia do mandatário já constava de um texto de PAULO (D. 17,1,22,11), onde se estabelecia como limite a preservação do direito do mandante a prosseguir a acção, por si ou por intermédio de terceiro, e fazia-se-lhe alusão nas Instituições de Justiniano (3,26,11)[1061].

A esta particularidade de o mandato se extinguir por revogação unilateral, cabe ainda acrescentar a cessação do vínculo por caducidade (arts. 1174º e ss. do CC), nomeadamente no caso de morte de qualquer das partes[1062].

[1061] Sobre a questão, veja-se VERA-CRUZ PINTO, «O Direito das Obrigações em Roma», *Revista Jurídica*, nº 23 (1999), pp. 152 e s. SANTOS JUSTO, *Direito Privado Romano* II, *(Direito das Obrigações)*, 4ª edição, Coimbra, 2011, p. 83, também indica, entre as causas de extinção do *mandatum*, a revogação do mandante (D. 17,1,15) e a renúncia do mandatário.

[1062] Relativamente ao mandato *post mortem*, a ser executado depois da morte do mandante, consulte-se SANTOS JUSTO, *Direito Privado Romano* II *(Direito das Obrigações)*, cit., p. 83 e VERA-CRUZ PINTO, «O Direito das Obrigações em Roma», cit., p. 23.

DA CESSAÇÃO DO CONTRATO

§ 2. Caducidade

I. O contrato de mandato caduca nos termos gerais, tendo o legislador concretizado, no art. 1174º do CC, dois casos de caducidade relacionados com os sujeitos[1063].

Assim, além do decurso do prazo, extinção do objecto, etc., como se prescreve no art. 1174º do CC, o mandato caduca em caso de morte ou interdição de qualquer uma das partes (alínea *a*)), bem como verificando-se a inabilitação do mandante (alínea *b*)). Contudo, a morte do mandante pode não determinar a caducidade do contrato, se o vínculo foi ajustado para ser executado depois do seu decesso[1064].

As situações de caducidade do mandato não se circunscrevem aos casos indicados nos arts. 1174º e ss. do CC, pois valem as regras gerais. Deste modo, por exemplo, o contrato caduca pelo decurso do prazo fixado, pela extinção do objecto ou, eventualmente, pela declaração de insolvência do mandante (art. 110º, nº 1, do CIRE).

Além do regime comum, importa ainda atender a previsões específicas. Como resulta do disposto no art. 110º, nº 1, do CIRE, por via de regra, o contrato de mandato caduca com a declaração de insolvência do mandante, ainda que o mandato tenha igualmente sido conferido no interesse do mandatário ou de terceiro.

Cabe, todavia, atender, em particular, às duas situações previstas no art. 1174º do CC, por se afastarem do regime regra.

II. A morte ou interdição tanto do mandante como do mandatário determina a caducidade do vínculo, porque o *intuitus personae* neste contrato é bilateral[1065]. Apesar de uma aparente igualdade das partes, do confronto com os arts. 1175º e 1176º do CC verifica-se que a morte ou a incapacidade superveniente, em princípio, só conduzem à caducidade do mandato se afectarem o mandatário, o mesmo não sucedendo se respeitarem ao mandante.

Como se dispõe no art. 1175º do CC, importa distinguir se o mandato foi conferido exclusivamente no interesse do mandante ou, pelo contrário, se foi também conferido no interesse do mandatário ou de terceiro.

[1063] Como refere JANUÁRIO DA COSTA GOMES, *Em Tema de Revogação do Mandato Civil*, Coimbra, 1989, p. 24, o legislador recorre neste preceito à noção de caducidade em sentido amplo.

[1064] Cfr. JANUÁRIO DA COSTA GOMES, *Em Tema de Revogação do Mandato Civil*, cit., p. 37, a propósito do *mandatum post mortem exequendum*.

[1065] Relacionando com o interesse, veja-se JANUÁRIO DA COSTA GOMES, *Em Tema de Revogação do Mandato Civil*, cit., pp. 31 e ss.

MANDATO

No primeiro caso, como o carácter unilateral dos interesses prosseguidos justifica a tutela exclusiva do mandante, a sua morte, interdição ou inabilitação faz caducar o contrato em duas circunstâncias. O contrato só caduca a partir do momento em que a situação de morte, interdição ou inabilitação do mandante passou a ser conhecida do mandatário; em tal caso, tutela-se a actuação do mandatário que desconhece a ocorrência (morte, interdição ou inabilitação do mandante) e continua a executar o mandato. Da segunda parte do art. 1175º do CC também resulta a caducidade do contrato sempre que da prossecução do mandato não resultem prejuízos para o mandante ou seus herdeiros; de facto, como só está em causa o interesse do mandante, torna-se necessário verificar se a extinção do vínculo não será prejudicial para este ou para os seus herdeiros[1066].

De modo diverso, se o mandato foi também conferido no interesse do mandatário ou de terceiro, ter-se-ão de tutelar igualmente os interesses destes, razão pela qual na primeira parte do preceito se estabelece a regra da subsistência do vínculo. No fundo, tal como na revogação (*vd. infra* § 3), devendo-se tutelar também o interesse do mandatário ou de terceiro, a extinção do vínculo depende da existência de justa causa.

A regra constante do art. 1175º do CC tem de ser conjugada com a da alínea *b)* do artigo precedente, nos termos do qual a inabilitação do mandante só determina a caducidade do contrato se o mandato tiver por objecto a prática de actos que carecessem da intervenção do curador (art. 1174º, alínea *b)*, do CC); assim, sendo necessária a autorização do curador para os actos de disposição *inter vivos* (art. 153º do CC), o contrato de mandato que implique a prática de tais actos caduca nas hipóteses previstas no art. 1175º do CC. O *intuitus personae*, relativamente ao mandante, é, portanto, limitado.

III. A situação é diversa no que respeita à morte ou interdição do mandatário, que conduz normalmente à caducidade do contrato (art. 1176º do CC), ainda que haja pluralidade de mandatários e a causa de caducidade respeite apenas a um deles (art. 1177º do CC).

Diferentemente da morte ou interdição, a inabilitação do mandatário não implica a caducidade do mandato, porque esta modalidade de incapacidade só afecta a gestão do património do inabilitado e não a prática de actos por conta de outrem (arts. 152º e 154º do CC)[1067].

[1066] PIRES DE LIMA/ANTUNES VARELA, *Código Civil Anotado*, Volume II, 4ª edição, Coimbra, 1997, anotação 5 ao art. 1175º, p. 819, dá o exemplo de um mandato para aquisição de um bem em que mandatário já pagou o sinal, pelo que se não prosseguir o encargo, o mandante perde o sinal.
[1067] *Vd.* PIRES DE LIMA/ANTUNES VARELA, *Código Civil Anotado*, Volume II, cit., anotação 3 ao art. 1174º, p. 817.

DA CESSAÇÃO DO CONTRATO

De igual modo, a incapacidade natural superveniente do mandatário também não determina a caducidade do contrato, apesar de impor às pessoas que com ele convivam a obrigação de comunicar ao mandante o sucedido e de tomarem as providências adequadas (art. 1176º, nº 2, do CC).

No caso de morte ou interdição do mandatário, da extinção do contrato decorrem obrigações para terceiros (herdeiros), concretamente a de prevenir o mandante e de tomar providências adequadas (art. 1176º, nº 1, do CC)[1068].

IV. Relativamente à caducidade do mandato refira-se, por último, duas excepções à produção do efeito extintivo, em que há uma eficácia pós-contratual depois de o contrato ter cessado[1069].

Por via de regra, com a verificação dos pressupostos (p. ex. morte do mandante) o contrato caduca automaticamente, deixando de produzir efeitos *ex nunc*. Porém, no caso de mandato conferido no interesse exclusivo do mandante, a sua morte ou a incapacidade superveniente podem não determinar a caducidade automática do vínculo, na medida em que se estabelecem duas condições (art. 1175º, 2ª parte, do CC): a causa determinante da caducidade seja conhecida do mandatário; e da cessação de efeitos não resultem prejuízos para o mandante ou para os seus herdeiros.

De facto, enquanto o mandatário não tem conhecimento da verificação da causa que gera a caducidade, tutelando a sua boa fé, permite-se que continue legitimamente a agir por conta do mandante. Em vez de se salvaguardarem os efeitos produzidos entre a data da verificação da causa de caducidade (p. ex., morte do mandante) e a do conhecimento por parte do mandatário, mediante uma hipótese de relação contratual de facto, prescreve-se a subsistência do vínculo até ao conhecimento.

A segunda excepção tem a ver com a tutela dos interesses do mandante incapaz ou dos herdeiros do mandante falecido, que poderiam ser prejudica-

---

[1068] MENEZES CORDEIRO, «Da Pós-Eficácia das Obrigações», *Estudos de Direito Civil*, Volume I, Coimbra, 1987, p. 157, entende que o vínculo cessou, subsistindo uma situação de pós-eficácia das obrigações decorrentes do contrato.

[1069] Cfr. JANUÁRIO DA COSTA GOMES, *Em Tema de Revogação do Mandato Civil*, cit., p. 36. MALTA DA SILVEIRA, *Obrigações de Natureza Legal Resultantes da Extinção de Contrato de Mandato por Caducidade. A Ultraactividade*, Relatório de Mestrado, Lisboa, 1994, pp. 26 e ss., tal como JANUÁRIO DA COSTA GOMES, designa esta eficácia pós-contratual por «ultraactividade», concluindo (pp. 39 e s.) que corresponde a uma manifestação da gestão de negócios. Por seu turno, ADELAIDE MENEZES LEITÃO, «"Revogação Unilateral" do Mandato. Pós-Eficácia e Responsabilidade pela Confiança», *Estudos em Homenagem ao Prof. Doutor Inocêncio Galvão Telles*, Volume I, *Direito Privado e Vária*, Coimbra, 2002, pp. 327 e ss. relaciona a situação com a pós-eficácia de obrigações.

MANDATO

dos com a imediata cessação do vínculo; permite-se que o mandatário, depois de conhecer a situação que gera a caducidade, continue, ainda assim, a praticar actos por conta do mandante (ou seus herdeiros), executando o contrato. O vínculo cessa quando da suspensão de actuação do mandatário não possam resultar prejuízos para o mandante ou para os seus herdeiros.

Nos dois casos enunciados, o efeito extintivo é diferido para tutela dos interesses em jogo, quer do mandatário quer do mandante e dos seus herdeiros.

§ 3. Revogação
1. Modalidades

I. Nos termos dos arts. 1170º e ss. do CC, a revogação do mandato pode revestir três modalidades. Poder-se-á estar perante a tradicional revogação de um contrato, que corresponde ao mútuo consenso no sentido de pôr termo ao vínculo (art. 1170º, nº 2, do CC). Noutra perspectiva, constituindo excepção ao regime regra, prevê-se a revogação unilateral *ad libitum* (art. 1170º, nº 1, do CC). Por último, admite-se ainda a revogação unilateral ocorrendo justa causa (art. 1170º, nº 2, do CC).

II. A revogação bilateral, em que o mandante revoga o contrato de mandato com acordo do mandatário não apresenta particularidades relativamente às regras gerais e justifica-se, como prescreve o nº 2 do art. 1170º do CC, atendendo ao facto de o mandato ter sido também conferido no interesse do mandatário.

Contudo, no mesmo preceito, prevê-se que, na eventualidade de o mandato ter sido conferido também no interesse de terceiro, a revogação do mandante careça do acordo desse terceiro. Estar-se-á, então, perante uma situação atípica, em que o acordo de revogação é ajustado entre o mandante e o terceiro, sem intervenção da outra parte (mandatário).

III. A revogação unilateral do contrato de mandato afasta-se do regime comum, como resulta do disposto nos arts. 1170º e ss. do CC[1070], mas, além do peso da tradição, que remonta ao direito romano (D. 17,1,12,16) – *extinctum est mandatum finita voluntate* – e do panorama internacional – encontra consagração idêntico regime em diversas ordens jurídicas, *v. g.*, art. 2004 do CCFr.[1071],

---

[1070] Esta solução já resultava do art. 1364º do CC1867, admitindo a revogação «quando e como lhe aprouver», cfr. CUNHA GONÇALVES, *Tratado de Direito Civil em Comentário ao Código Civil Português*, Volume VII, Coimbra, 1934, pp. 517 e ss.

[1071] *Vd.* ANTONMATTEI/RAYNARD, *Droit Civil. Contrats Spéciaux*, 3ª edição, Paris, 2002, pp. 426 e ss. ; BÉNABENT, *Droit Civil. Les Contrats Spéciaux Civils et Commerciaux*, 5ª edição, Paris, 2001, pp. 431 e ss.

art. 1733 do CCEsp.[1072], § 671 do BGB[1073] e art. 1723 do CCIt.[1074] –, justifica-se tal regime tendo em conta a natureza do vínculo assumido, assente numa base fiduciária, na prossecução predominante do interesse do mandante[1075].

Admite-se que a revogação seja unilateral, podendo qualquer das partes livremente revogar o mandato. Tanto o mandante como o mandatário têm a faculdade de revogar o mandato por declaração unilateral, sem necessidade de invocarem um motivo justificativo (art. 1170º, nº 1, do CC)[1076]/[1077].

A revogação unilateral do mandato, segundo os conceitos comuns, aproxima-se da denúncia, pois confere-se a ambas as partes a faculdade de, por declaração unilateral e sem necessidade de invocar um motivo justificativo, fazer cessar o contrato[1078]. Contudo, enquanto a denúncia é exclusiva de contratos com duração indeterminada ou de prazo certo com renovação automática, a revogação unilateral pode ser exercida em relação a mandato com termo fixo (antes do decurso do prazo) ou de execução instantânea e, por outro lado, de forma diversa da denúncia, em que impera a autonomia das partes, a revogação do mandato tem natureza imperativa, embora limitada, não podendo ser totalmente excluída por convenção em contrário ou renúncia ao direito (art. 1170º, nº 1, do CC)[1079].

IV. A livre revogabilidade unilateral pode estar condicionada por vários factores relacionados com o acordo das partes.

[1072] Vd. CASTAN TOBEÑAS, Derecho Civil Español, Comum y Foral, Tomo IV, Derecho de Obligaciones, Las Particulares Relaciones Obligatorias, 15ª edição, Reus, Madrid, 1993, pp. 558 e ss.

[1073] Vd. Palandt Bürgerliches Gesetzbuch, 63ª edição, Munique, 2004, anotação § 671, p. 1031.

[1074] Vd. CIAN/TRABUCCHI (MANACHE), Commentario Breve al Codice Civile, 6ª edição, Pádua, 2003, anotação art. 1723, pp. 2022 e ss.; NANNI, La Revoca del Mandato, Pádua, 1992, pp. 1 e s.

[1075] Sobre o fundamento da revogação discricionária do mandante, vd. JANUÁRIO DA COSTA GOMES, Em Tema de Revogação do Mandato Civil, cit., pp. 83 e ss.; VIDEIRA HENRIQUES, A Desvinculação Unilateral Ad Nutum nos Contratos Civis de Sociedade e de Mandato, Coimbra, 2001, pp. 109 e ss.; ADELAIDE MENEZES LEITÃO, «"Revogação Unilateral" do Mandato. Pós-Eficácia e Responsabilidade pela Confiança», cit., pp. 310 e ss.; NANNI, La Revoca del Mandato, cit., pp. 22 e ss.

[1076] A situação assemelha-se a outros tipos de desvinculações, fundadas na vontade do interessado, como a renúncia a cargos administrativos, políticos, etc.; sobre a questão, veja-se PAULO OTERO, A Renúncia do Presidente da República na Constituição Portuguesa, Coimbra, 2004, pp. 51 e ss.

[1077] Quanto ao fundamento da livre revogabilidade por parte do mandatário, vd. JANUÁRIO DA COSTA GOMES, Em Tema de Revogação do Mandato Civil, cit., pp. 98 e ss., que a associa com a ideia de renúncia do procurador. Consulte-se ainda VIDEIRA HENRIQUES, A Desvinculação Unilateral Ad Nutum, cit., pp. 166 e ss.

[1078] Quanto a esta discussão, veja-se também NANNI, La Revoca del Mandato, cit., pp. 16 e ss.

[1079] Sobre a excepcionalidade do carácter irrevogável da outorga de poderes de representação, vd. FLUME, El Negocio Jurídico. Parte General de Derecho Civil, Tomo II, Madrid, 1998, pp. 1014 e ss.

MANDATO

Por convenção em contrário podem as partes ter pretendido afastar a liberdade de revogação unilateral do contrato (art. 1170º, nº 1, do CC), pretendendo estabelecer-lhe limites temporais, pressupostos para o exercício do direito ou simplesmente banir tal direito da esfera de uma ou de ambas as partes[1080].

Do mesmo modo, no próprio contrato ou em momento posterior, qualquer das partes pode ter renunciado ao direito de livremente revogar o contrato (art. 1170º, nº 1, do CC).

Tanto na hipótese de ter sido afastada a liberdade de revogação unilateral, como no caso de uma das partes ter renunciado ao direito de livremente revogar o contrato, atendendo à imperatividade limitada já referida, pode, ainda assim, o vínculo cessar por decisão unilateral, devendo a parte que revogar o contrato de mandato indemnizar a contraparte pelos danos causados (art. 1172º, alínea *b*), do CC).

Sendo o mandato oneroso, a revogação unilateral, quando invocada pelo mandante, pode estar condicionada pelo prazo estabelecido no contrato, pela ultimação do assunto a tratar ou por uma necessidade de aviso prévio, pelo que, sendo exercida, responsabiliza o mandante pelos prejuízos causados ao mandatário (art. 1172º, alínea *c*), do CC).

Por último, tendo o mandato sido conferido também no interesse do mandatário ou de terceiro, o mandante só pode revogar o contrato com o acordo do interessado (art. 1170º, nº 2, do CC).

V. Além da situação atípica da revogação unilateral sem motivo (art. 1170º, nº 1, do CC), prevê-se a possibilidade de o mandante revogar o contrato com justa causa se o mandato foi conferido também no interesse do mandatário ou de terceiro (art. 1170º, nº 2, do CC).

[1080] *Vd.* JANUÁRIO DA COSTA GOMES, *Em Tema de Revogação do Mandato Civil*, cit., pp. 203 e ss. Veja-se, a propósito do art. 1363º do CC1867, JOSÉ ALBERTO DOS REIS, Revogação do Mandato Comercial e Indemnização (Acórdão de «Amôr de Pai»), *A Vida Judiciária*, Ano 1º (1939), pp. 312 e ss., considerando que as limitações impostas no contrato (escritura pública) à livre revogação do mandato comercial não podiam inviabilizar a revogação perante uma alteração das circunstâncias (casamento da mandante).
A questão da irrevogabilidade, apesar de relacionada com a procuração, foi analisada por LEITÃO PAIS DE VASCONCELOS, *A Procuração Irrevogável*, Coimbra, 2002, distinguindo a irrevogabilidade da procuração de interesse comum (pp. 86 e ss.), no interesse exclusivo do procurador (pp. 97 e ss.) e no interesse de terceiro (pp. 116 e ss.). Sobre a extinção da procuração irrevogável, veja-se autor e ob. cit., pp. 193 e ss.

DA CESSAÇÃO DO CONTRATO

Esta revogação (motivada) inclui-se entre as hipóteses de resolução fundada em justa causa de vínculos de execução prolongada ou continuada[1081]. A justa causa, como noutras situações a que já se fez referência (p. ex., no contrato de trabalho), tanto pode ser subjectiva, relacionada com o incumprimento de deveres contratuais, como objectiva, relativamente à qual se terão em conta factores vários não imputáveis às partes[1082].

A revogação unilateral com motivo justificado (renúncia ao patrocínio) constitui a única hipótese de desvinculação do mandatário judicial, pois o Estatuto da Ordem dos Advogados (art. 95º, nº 1, alínea e)) exclui a revogação unilateral *ad libitum*; apesar de o «motivo justificado» referido no preceito não pressupor necessariamente uma hipótese de justa causa (subjectiva) de resolução, podendo corresponder a um mero desentendimento estratégico de actuação (justa causa objectiva)[1083]. Ainda que com motivo justificado, para a cessação do patrocínio, o advogado deve dar um aviso prévio, de molde a permitir que o cliente obtenha assistência de outro advogado (art. 95º, nº 2, do Estatuto). Atendendo às especificidades do mandato judicial, do disposto no art. 47º, nº 1, do CPC, cabe distinguir a revogação bilateral e a revogação unilateral, cabendo esta última ao mandante, da *renúncia* (unilateral) a ser exercida pelo mandatário; em qualquer caso, a produção de efeitos está limitada pelo regime processual, pelo que o vínculo só se extingue depois da notificação (art. 47º, nº 2, do CPC)[1084].

2. Exercício

I. Nos termos gerais, a declaração de revogação corresponde ao exercício de um direito potestativo que pode ser feito valer sem observância de forma

---

[1081] Neste sentido, RAQUEL REI, *A Justa Causa para a Revogação do Mandato*, Relatório de Mestrado, Lisboa, 1994, p. 41. A autora (ob. cit.), relativamente à justa causa de revogação do mandato, faz alusão aos negócios jurídicos em geral (pp. 15 e ss.), concretizando no mandato (pp. 37 e ss.).

[1082] Como se lê no Ac. Rel. Cb. de 20/11/2001, *CJ* XXVI, T. V, p. 24, a justa causa de revogação de procuração irrevogável pode assentar em «qualquer circunstância, facto ou situação em face da qual, e segundo a boa fé, não seja exigível a uma das partes a continuação da relação contratual».

[1083] Cfr. VASCONCELOS ABREU, «O Estatuto da Ordem dos Advogados e a Relação entre Mandante e Mandatário Judicial», *ROA*, Ano 62 (2002), I, pp. 263 e ss., que, depois de afirmar que se aplica o regime de direito civil (p. 264), explica a excepção à liberdade de desvinculação (pp. 294 e s.). O autor escreve com base no art. 83º, nº 1, alínea j), do precedente Estatuto, revogado pela Lei nº 15/2005, de 26 de Janeiro, que não alterou o regime.

[1084] Sobre a questão, veja-se o Ac. STJ de 16/4/2002, *CDP*, nº 2 (2003), p. 64 e a respectiva anotação de VASCONCELOS ABREU «Efeitos da Renúncia ao Mandato Judicial», *CDP*, nº 2 (2003), pp. 66 e s.

MANDATO

especial (art. 219º do CC)[1085], sendo a declaração negocial recipienda (art. 224º do CC).

Como se prescreve no art. 1171º do CC, na sequência do disposto no art. 217º do CC, a revogação pode ser tácita, nomeadamente no caso de o mandante designar um segundo mandatário para a prática dos actos de que incumbira o primeiro mandatário[1086]. Como a revogação unilateral, ainda que tácita, tal como a denúncia, é normalmente uma declaração negocial receptícia, o efeito extintivo fica na dependência do conhecimento por parte do mandatário.

A revogação do mandato também pode resultar indirectamente de outros efeitos extintivos que se repercutem neste contrato. Como prescreve o art. 1179º do CC, a revogação e a *renúncia* da procuração implicam a consequente revogação do mandato; está em causa a consequência da cessação de vínculos em relações jurídicas coligadas[1087].

II. Na eventualidade de serem vários os mandantes (mandato colectivo), recorrendo ao regime das obrigações plurais indivisíveis (arts. 535º, nº 1, e 538º, nº 1, 2ª parte, do CC), prescreve-se que a revogação tenha de ser realizada por todos os mandantes (art. 1173º do CC)[1088].

III. Não obstante a liberdade de revogação, o mandatário deve avisar com antecedência a contraparte da sua intenção de fazer cessar o vínculo, sob pena de indemnizar o mandante pelos prejuízos causados (art. 1172º, alínea *d*), do CC).

3. Consequências

I. A revogação, seja unilateral e imotivada ou com justa causa, assim como na eventualidade de depender de acordo do interessado, determina a cessação do vínculo contratual a partir da data em que a declaração unilateral ou o acordo produzem efeito. Por via de regra, a revogação não tem eficácia retroactiva, pelo que a extinção do vínculo nem afecta a validade dos actos praticados pelo mandatário antes da cessação do vínculo, nem põe em causa os direitos do mandatário vencidos em momento anterior a essa data.

[1085] Cfr. JANUÁRIO DA COSTA GOMES, *Em Tema de Revogação do Mandato Civil*, cit., p. 257, que esclarece ser a liberdade de forma a regra, mesmo quando o mandato seja formal.

[1086] Sobre a revogação tácita e expressa do mandato, veja-se NANNI, *La Revoca del Mandato*, cit., pp. 28 e ss.

[1087] *Vd. supra*, I Parte, Capítulo III, § 2.

[1088] *Vd. supra*, I Parte, Capítulo I, Secção I, § 2. Quanto ao regime similar constante do art. 1726 do CCIt., *vd.* NANNI, *Dell'Estinzione del Mandato. Artt. 1722-1730*, Bolonha, 1994, pp. 164 e ss.

DA CESSAÇÃO DO CONTRATO

Por via da eficácia *ex nunc* da revogação, tutelam-se igualmente os direitos adquiridos por terceiro antes da cessação do mandato. Mas, em relação a terceiros, por via do estatuído no art. 266º, nº 1, do CC (aplicável *ex vi* art. 1178º, nº 1, do CC), a tutela é alargada, pois exige-se que lhes seja comunicada a revogação por meios idóneos. Não tendo os terceiros conhecimento da revogação do mandato, a cessação do vínculo não lhes é oponível.

Atendendo à não retroactividade dos efeitos da revogação, não raras vezes, a cessação do vínculo perde sentido útil relativamente a um mandato já executado. Por exemplo, em relação ao contrato de transporte marítimo, seguindo-se a lógica do mandato, permite-se que o carregador, depois de ter entregado ao transportador a mercadoria para embarque, revogue o contrato, desde que pague o frete e despesas do transportador (art. 15º, nº 2, do Decreto-Lei nº 352/86, de 21 de Outubro), mas depois de efectuado o transporte já não faz sentido revogar o contrato[1089]. Se o vínculo já se extinguiu em razão de terem sido totalmente executadas as respectivas prestações está obviamente inviabilizada a revogação do contrato, mas mesmo antes da extinção por via do cumprimento, nem sempre se justificará a revogação do mandato quando a prestação do mandatário se encontra em execução; no exemplo indicado, estando o navio carregado com cem contentores já em alto mar não parece viável que o carregador de um contentor possa revogar o contrato de transporte, obrigando o navio a regressar ao porto de carga.

II. Associado ao efeito extintivo pode estar o dever de indemnizar, previsto no art. 1172º do CC[1090]. A obrigação de indemnizar em consequência da extinção do vínculo tanto pode resultar do acordo das partes (art. 1172º, alínea *a)*, do CC), como do incumprimento de deveres contratuais por parte daquele que revoga o contrato (art. 1172º, alíneas *b)* a *d)*, do CC)[1091]. Mas trata-se de um incumprimento tolerado, que não é, portanto, ilícito, pois não se pode

---

[1089] De modo diverso, no Ac. STJ de 20/1/1994, *BMJ* 433, p. 573 (p. 580), admitiu-se que o carregador pudesse revogar um contrato de transporte de armas para o Irão, efectuado oito anos antes. Como esclarecem ALMEIDA COSTA/EVARISTO MENDES, «Transporte Marítimo. Conhecimento de Carga», *DJ* IX (1995), Tomo 1, pp. 205 e ss., comentando o referido acórdão, admitindo-se a possibilidade de recorrer ao mecanismo excepcional da revogação do vínculo, tal permissão legal terminaria com a extinção dos efeitos do contrato, *maxime* com a entrega das mercadorias transportadas ao destinatário.

[1090] Veja-se ADELAIDE MENEZES LEITÃO, «"Revogação Unilateral" do Mandato. Pós-Eficácia e Responsabilidade pela Confiança», cit., pp. 330 e ss.

[1091] Para maiores desenvolvimentos, consulte-se JANUÁRIO DA COSTA GOMES, *Em Tema de Revogação do Mandato Civil*, cit., pp. 270 e ss.

MANDATO

pôr em causa o direito de livre revogabilidade do mandato; no fundo, não é exigível o cumprimento dos deveres contratuais «violados», pelo que o seu desrespeito constitui unicamente fonte da obrigação de indemnizar. A situação enquadra-se na responsabilidade objectiva por intervenções lícitas[1092], que, sendo excepcional, só se aplica nos casos expressamente previstos. Concretamente, torna-se necessário que se esteja no âmbito da revogação unilateral sem motivo justificativo, devendo estar preenchida uma das hipóteses previstas nas alíneas do art. 1172º do CC.

III. Excepcionalmente, em determinadas situações de caducidade do mandato a que se aludiu *supra* (§ 2, IV.), por força do disposto no art. 1175º do CC, podem subsistir obrigações e direitos após a cessação do contrato, numa manifestação de eficácia pós-contratual[1093].

[1092] *Vd.* PIRES DE LIMA/ANTUNES VARELA, *Código Civil Anotado*, Volume II, cit., anotação 1 ao art. 1172º, p. 813.

[1093] A designada «ultraactividade» no mandato, cfr. MALTA DA SILVEIRA, *Obrigações de Natureza Legal Resultantes da Extinção de Contrato de Mandato por Caducidade*, cit., pp. 26 e ss.

Capítulo XI
Depósito

§ 1. Enunciação

O contrato de depósito pressupõe a entrega de uma coisa ao depositário para que este a guarde e restitua mais tarde ao depositante (art. 1185º do CC).

Do regime estabelecido no Código Civil resultam algumas especificidades relativamente à impossibilidade (p. ex., art. 1188º do CC) e ao incumprimento (*v. g.*, art. 1192º do CC), mas, em concreto, quanto à cessação do vínculo cabe referir o regime da restituição da coisa, previsto nos arts. 1192º, 1193º, 1194º, 1195º, 1196º e 1201º do CC. O facto de se ter estabelecido um regime particular para a restituição não obsta a que, em várias expressões, se considerem as diferentes formas de cessação.

§ 2. Formas de cessação
1. Indicação; revogação

O contrato de depósito extingue-se nos termos gerais e dos preceitos correspondentes (arts. 1185º e ss. do CC) depara-se com referências, ainda que indirectas, à caducidade, à denúncia e à resolução do vínculo.

Apesar da omissão ao acordo revogatório, a desvinculação por mútuo consentimento de depositante e de depositário é viável, segundo as regras gerais, com a particularidade decorrente do art. 1193º do CC: sendo um contrato a favor de terceiro, que aderiu à promessa com conhecimento do depositário, o acordo de revogação carece do consentimento do terceiro. Não se trata de uma verdadeira excepção, porque se consagra o regime regra do contrato a favor de terceiro (art. 448º do CC), a que se fez alusão[1094].

[1094] *Vd. supra*, I Parte, Capítulo I, § 2, nº 2, alínea *c*).

DA CESSAÇÃO DO CONTRATO

2. Caducidade

A referência indirecta à caducidade encontra-se no art. 1194º do CC, sob a epígrafe «Prazo de restituição» e no art. 1201º do CC, onde também se alude à convenção de prazo para a restituição da coisa. O contrato de depósito pode ter sido ajustado por certo prazo, findo o qual o vínculo se extingue automaticamente por caducidade. A caducidade do depósito não apresenta particularidades relativamente ao regime comum, para o qual se remete. Contudo, apesar de o contrato caducar no termo do prazo certo estabelecido, pode ocorrer que o depositante não se apresente para receber a coisa, subsistindo um dever pós-contratual do depositário de guardar e entregar a coisa, podendo recorrer à consignação em depósito e, eventualmente, à venda judicial para se cobrar de despesas relacionadas com a mora do credor (art. 816º do CC)[1095].

3. Denúncia

Do mesmo art. 1194º do CC deriva que, antes do decurso do prazo, o depositante se pode desvincular livremente[1096]. Está em causa uma modalidade de extinção do contrato, assimilável à denúncia, na modalidade de desistência, com contornos diferentes, consoante se trate do depósito gratuito ou oneroso.

Quanto ao depósito gratuito, de modo diverso da regra do benefício do prazo do art. 779º do CC, prescreve-se que «o prazo (...) tem-se por estabelecido a favor do depositante (...)», pelo que, antes de ter decorrido o período ajustado, o depositante pode exigir que o depositário lhe restitua a coisa depositada, com a consequente extinção do vínculo.

Sendo o depósito oneroso, mantém-se o princípio de livre desvinculação antecipada por parte do depositante, que deverá, contudo, satisfazer «por inteiro a retribuição do depositário». Em ambos os casos, a exigência de restituição antecipada corresponde a uma denúncia (atípica) do contrato, pois confere a uma das partes a faculdade de se desvincular, não obstante o negócio ter sido celebrado por prazo certo.

Este regime especial só é conferido ao depositante, razão pela qual não cabe ao depositário desvincular-se antes do decurso do prazo pactuado (art. 1201º do CC).

[1095] Sobre as consequências de o depositante não se apresentar para receber a coisa no termo do contrato, *vd.* MAINGUY, *Contrats Spéciaux*, 3ª edição, Paris, 2002, p. 353.

[1096] Corresponde à solução usual neste tipo do contrato; veja-se por exemplo o art. 1775.1 do CCEsp., cfr. LACRUZ BERDEJO *et alii*, *Elementos de Derecho Civil*, Tomo II, *Derecho de Obligaciones*, Volume 2, *Contratos y Cuasicontratos. Delito e Cuasidelito*, 2ª edição, Madrid, 2002, p. 248.

DEPÓSITO

A regra especial do art. 1194º do CC não obsta à denúncia do contrato de depósito sempre que este tenha sido ajustado sem limitação de tempo; nesse caso, como resulta do regime geral – concretizado no art. 1201º, 2ª parte, do CC em relação ao depositário –, qualquer das partes pode livremente desvincular-se.

Estando no âmbito de obrigações puras, sem prazo, qualquer das partes as pode exigir ou exonerar-se a todo o tempo (art. 777º, nº 1, do CC); assim, na falta de prazo de vigência do negócio, tratando-se de um contrato de execução prolongada, é lícito a uma das partes livremente desvincular-se, denunciando o contrato.

Do citado preceito poder-se-ia concluir que o depositante, na falta de prazo de vigência do contrato, não poderia exigir a restituição da coisa a todo o tempo, fazendo cessar o vínculo. Mas a solução é a inversa, como resulta do regime comum e, *a contrario*, do art. 1194º do CC. De facto, num contrato de execução prolongada, como o depósito, na falta de acordo quanto ao prazo de vigência, nenhuma das partes deve ficar indefinidamente vinculada, podendo denunciar o contrato com aviso prévio. Por outro lado, do disposto no art. 1194º do CC resulta que, mesmo havendo prazo para a restituição da coisa e, portanto, de vigência do contrato, o depositante pode, antecipadamente, fazer cessar o contrato pagando a retribuição; por maioria de razão, na falta de prazo, o depositante poderá também, a todo o tempo, exigir a restituição da coisa, com a consequente cessação do vínculo.

A livre desvinculação nos termos enunciados estará eventualmente condicionada pelo interesse de terceiro; sendo o contrato de depósito ajustado com cláusula a favor de terceiro, que tenha aderido à promessa, será necessário atender ao consentimento deste (arts. 448º e 1193º do CC).

Ainda que o legislador não faça referência à necessidade de um aviso prévio para a restituição da coisa, decorre das regras gerais, em particular do princípio da boa fé, que a exigência de restituição não poderá ser imediata, caso se depreenda que o depositante não está a proceder de boa fé (art. 762º, nº 2, do CC). Não obstante, em determinados casos, em razão de parâmetros de boa fé, ser defensável que a exigência de restituição da coisa seja precedida de um aviso prévio, atendendo ao regime comum do contrato de depósito não será usual que tal informação seja requerida. E do disposto nos arts. 1194º e 1201º do CC poderá concluir-se que, em princípio, a denúncia – por via da exigência do depositante da restituição da coisa ou em caso de o depositário a restituir – não carece de ser antecedida de um aviso prévio, podendo ser imediata. Mas ter-se-á sempre de conjugar com a obrigação de proceder de boa fé.

4. Resolução

A resolução com justa causa vem igualmente prevista nos arts. 1194º e 1201º do CC; admitindo-se, primeiro, que o depositante possa exigir a restituição da coisa no depósito oneroso sem pagar a retribuição ao depositário «se para isso tiver justa causa» (art. 1194º do CC) e, seguidamente, que o depositário possa restituir a coisa antes do decurso do prazo convencionado «havendo justa causa» (art. 1201º do CC).

A justa causa referenciada no art. 1194º do CC não se limita à actuação culposa do depositário (justa causa subjectiva), pois pode haver razões objectivas que permitam a livre desvinculação do depositante sem pagamento da retribuição do depositário. Assim, cabe ao depositante resolver o contrato invocando, como motivo, a justa causa de desvinculação, que pode respeitar ao incumprimento de deveres por parte do depositário ou a causas objectivas, relacionadas com uma multiplicidade de situações, como a perda de confiança no depositário ou a mudança acidental de vida do depositante.

De igual modo, a justa causa do depositário (art. 1201º do CC) tanto pode estar relacionada com o comportamento culposo do depositante, como com aspectos da esfera do depositário (justa causa objectiva); tal como se indicou em relação ao depositante, a justa causa de resolução por parte do depositário poderá ser um motivo relacionado com o incumprimento contratual, por aplicação da regra geral do art. 801º, nº 2, do CC, ou um fundamento objectivo baseado em diversos factores, nomeadamente resultantes de aspectos relacionados com a pessoa do depositário[1097].

A justa causa indicada nos dois citados preceitos abrange a resolução por incumprimento culposo (tanto incumprimento definitivo como cumprimento defeituoso), por incumprimento não culposo, por alteração das circunstâncias e ainda outros motivos nomeadamente relacionados com a esfera pessoal da parte que invoca o direito.

A justa causa de resolução, inserindo-se num contrato de execução duradoura, deve ser apreciada nos termos indicados, como prognose de inviabilidade de subsistência da relação[1098].

[1097] Cfr. CASTAN TOBEÑAS, *Derecho Civil Español, Comum y Foral,* Tomo IV, *Derecho de Obligaciones, Las Particulares Relaciones Obligatorias,* 15ª edição, Madrid, 1993, pp. 702 e s., a propósito do art. 1776 do CCEsp., indica que têm de ser motivos reais e sérios, como a necessidade de o depositário se ausentar ou o perigo de perda da coisa.

[1098] *Vd. supra,* I Parte, Capítulo III, § 3.

DEPÓSITO

§ 3. Restituição da coisa

I. O depositário obriga-se a restituir a coisa guardada quando for exigida pelo depositante (art. 1185º do CC). Tal como noutros contratos a que já se fez referência, como o comodato e o mútuo, a restituição da coisa é uma obrigação que emerge da cessação do vínculo[1099]. Quando a restituição é exigida, o contrato de depósito cessa e vence-se a obrigação de entrega da coisa depositada ao depositante[1100].

O depositário deve restituir a coisa com os seus frutos (art. 1187º, alínea *c)*, do CC) e importa distinguir se foi ou não ajustado prazo de vigência do contrato.

II. Tendo sido estabelecido o prazo de vigência do contrato e a consequente data de restituição da coisa, o contrato caducará nessa data e vence-se, no mesmo momento, a obrigação de o depositário restituir a coisa.

Não tendo sido convencionado prazo de vigência do contrato e, consequentemente, na falta de data ajustada para a restituição da coisa, o vencimento desta obrigação resulta do modo de cessação do contrato. Tendo o contrato cessado por acordo, denúncia ou resolução, no momento em que o acordo ou a declaração unilateral produziram o efeito extintivo vence-se a obrigação de restituir a coisa depositada.

III. À obrigação de restituir aplicam-se as regras gerais[1101], mas importa atender às particularidades constantes deste regime.

Em primeiro lugar, do art. 1192º do CC depreende-se que a relação contratual não fica na dependência de direitos de terceiro, não cabendo ao depositário discutir a legitimidade do depositante em relação à coisa depositada; por isso, o depositário é obrigado a restituir a coisa ao depositante ainda que este não seja o seu proprietário – ou titular de outro direito sobre a coisa – (nº 1). Esta regra sofre excepções em caso de ter sido intentada acção de reivindicação contra o depositário ou de este ter conhecimento de «que a coisa provém de crime» (nºs 2 e 3). Nestas hipóteses, em que o depositário deve recusar a restituição da coisa ao depositante o contrato não subsiste. O contrato ter-

---

[1099] Eventualmente, poder-se-á estar perante um depósito de várias coisas, caso em que a exigência de restituição de uma delas não implica a cessação do vínculo; nesse caso, o contrato de depósito só se extingue com a exigência de restituição da última coisa depositada. Enquanto forem realizadas entregas parciais, o contrato modificou-se mas não cessou.

[1100] Como afirmam ANTONMATTEI/RAYNARD, *Droit Civil. Contrats Spéciaux*, 3ª edição, Paris, 2002, p. 447, a restituição constitui o modo natural de extinção do contrato de depósito.

[1101] *Vd. supra*, I Parte, Capítulo II, Secção II, § 4, nº 8, alínea *c)*.

515

DA CESSAÇÃO DO CONTRATO

-se-á extinto por uma das modalidades indicadas, mas o depositário poderá recusar o cumprimento da obrigação de restituir a coisa que se venceu com a cessação do vínculo, cabendo-lhe o recurso à consignação em depósito. De igual modo, caso o depositante se recuse a receber a coisa depositada, pode o depositário recorrer à consignação em depósito (arts. 841º e ss. do CC), mas a relação contratual extingue-se, podendo subsistir deveres pós-contratuais[1102].

IV. Quanto ao lugar de cumprimento da obrigação de restituição, o art. 1195º do CC – afastando-se da regra geral constante do art. 773º, nº 1, do CC, para a entrega do coisa móvel – prescreve que o depositário deve restituir a coisa móvel depositada no lugar onde a tinha guardada nos termos contratuais.

V. Como última excepção, no art. 1196º do CC estabelece-se que as despesas de cumprimento da obrigação de restituir ficam a cargo do credor (depositante); a regra geral aponta no sentido de que as despesas de cumprimento, nomeadamente da obrigação de restituir, são suportadas pelo respectivo devedor.

[1102] *Vd.* Díez-Picazo/Gullón, *Sistema de Derecho Civil*, Volume II, *El Contrato en General. La Relación Obligatoria, Contratos en Especial, Cuasi Contratos, Enriquecimiento sin Causa, Responsabilidad Extracontractual*, 9ª edição, Madrid, 2001, pp. 415 e s.

Capítulo XII
Empreitada

§ 1. Regras gerais

Como prescreve o art. 1207º do CC, mediante o contrato de empreitada, o empreiteiro obriga-se a realizar uma obra para a contraparte (dono da obra).

No que respeita à cessação do contrato de empreitada importa atender às situações de caducidade, resultantes da impossibilidade, da morte ou da incapacidade do empreiteiro, à denúncia, com particular incidência para a desistência conferida ao dono da obra, e à resolução do contrato, em caso de cumprimento defeituoso. Além disso, atendendo às respectivas especificidades, dedica-se o último parágrafo ao regime de extinção do contrato de empreitada de obras públicas.

§ 2. Caducidade
1. Impossibilidade de cumprimento; risco
a) Impossibilidade originária

A impossibilidade originária da prestação produz a nulidade do negócio jurídico (art. 401º, nº 1, do CC); e, sendo o contrato de empreitada nulo, não há que discutir a questão do seu incumprimento. Mas a fronteira entre as duas figuras, como se indicou na Introdução, nem sempre é clara[1103]. Imagine-se que um empreiteiro se obriga a construir uma casa num local arenoso, onde a consistência do terreno não permite a sustentação de uma obra com a envergadura que se pretenderá possuísse.

[1103] *Vd. supra*, Introdução, § 2, nº 2. Quanto à distinção entre impossibilidade originária e superveniente com respeito ao cumprimento defeituoso, *vd*. ROMANO MARTINEZ, *Cumprimento Defeituoso em especial na Compra e Venda e na Empreitada*, reimpressão, Coimbra, 2001, pp. 31 e ss. e 123 e ss.

DA CESSAÇÃO DO CONTRATO

A impossibilidade da prestação relativamente à pessoa do empreiteiro não acarreta a nulidade do contrato de empreitada (art. 401º, nº 3, do CC); pelo que, no exemplo referido, se aquele empreiteiro não tinha os meios técnicos adequados para erguer a obra no local indicado, sendo, porém, com meios sofisticados, viável a construção de tal casa, não há impossibilidade originária, mas incumprimento.

Também não é nulo o negócio que as partes celebraram na expectativa de a prestação vir a ser possível (art. 401º, nº 2, do CC). Sendo, portanto, válido o contrato pelo qual o empreiteiro se obrigava a construir a casa no local arenoso, se as partes tiveram em conta que, num futuro próximo, o desenvolvimento tecnológico permitiria tal construção.

A nulidade só existe, assim, no caso de a obra ser originária e objectivamente impossível, não tendo as partes admitido a eventualidade de ela se tornar possível. Mas para melhor precisar a noção de impossibilidade originária e objectiva da obra, importa recorrer aos requisitos do objecto negocial (art. 280º do CC); destes se infere que aquela noção está relacionada com a inviabilidade física ou legal do objecto, com a contrariedade à lei e com a indeterminabilidade.

Os pontos de contacto entre o incumprimento da empreitada e a sua impossibilidade originária relacionam-se com a inviabilidade física do objecto. Esta diz respeito a aspectos materiais derivados da natureza das coisas, mormente a inexistência. Assim, se o empreiteiro se obrigou a reparar o telhado de uma casa que, dias antes da celebração do contrato, ficara destruída num incêndio, a execução da obra é originária e objectivamente impossível. Porém, não é qualquer impossibilidade física que pode implicar a nulidade do contrato de empreitada; a impossibilidade terá de ser absoluta no sentido de abranger todos os aspectos da prestação. Desta forma, se a obra prometida só puder ser realizada com defeitos, o contrato não é nulo; a impossibilidade da prestação verificar-se-á, unicamente, no caso de a obra não ser, de todo, realizável, em razão do actual estado da técnica.

Só se pode falar em impossibilidade originária quando a obra, em abstracto, for insusceptível de ser efectuada. Mas como a impossibilidade originária gera a nulidade do contrato, para análise do regime da cessação do contrato só importará atender à impossibilidade superveniente.

b) *Impossibilidade superveniente*

I. Com respeito à impossibilidade superveniente de execução da obra há que distinguir a impossibilidade imputável ao empreiteiro da não imputável ao executante da obra.

518

EMPREITADA

Sendo a impossibilidade imputável ao empreiteiro, por força do disposto no art. 801º, nº 1, do CC, equipara-se ao não cumprimento. Trata-se de uma correspondência de regimes por força da qual tanto a impossibilidade imputável como a falta de cumprimento acarretam a responsabilidade do empreiteiro. Assim, no que respeita a este tipo de impossibilidade, remete-se para as regras da responsabilidade civil contratual. De igual modo, a impossibilidade de execução da obra imputável ao comitente responsabiliza o dono da obra pelos danos causados ao empreiteiro.

Se, pelo contrário, a impossibilidade superveniente de execução da obra não for imputável ao empreiteiro nem ao comitente, a obrigação do primeiro extingue-se (art. 790º do CC) e o segundo fica desobrigado do pagamento do preço (art. 795º do CC), exceptuadas as regras especiais do art. 1227º do CC.

Em caso de impossibilidade superveniente de execução da obra, o contrato de empreitada extingue-se por caducidade; e a caducidade opera automaticamente, no momento em que se verifica a impossibilidade.

II. Nos termos gerais, a impossibilidade superveniente de execução da obra tem de ser efectiva, absoluta e definitiva, e pode ser total ou parcial. E, como essa impossibilidade tem de ser absoluta e efectiva, não abrange o agravamento da prestação, que envolve apenas uma mera *difficultas praestandi* relativamente à execução da obra. Se a prestação do empreiteiro se torna mais onerosa, designadamente por aumento imprevisível dos salários ou do preço dos materiais, não se está perante um caso de impossibilidade, podendo, quando muito, recorrer-se ao instituto da alteração das circunstâncias (arts. 437º e ss. do CC). Da mesma forma, a denúncia prevista no nº 2 do art. 1215º do CC não se enquadra necessariamente numa situação de impossibilidade (*vd. infra* § 3, nº 1). A prestação será impossível se se verificar uma inviabilidade total de realização da obra, nos termos de um padrão geral de conduta[1104].

A impossibilidade é absoluta se a obra não puder ser realizada pelo empreiteiro, nem por terceiro. Todavia, se a prestação do empreiteiro for infungível, na medida em que o dono da obra, ao celebrar o contrato, teve em especial atenção as aptidões daquele, já a impossibilidade relativa se apresentará como essencial (art. 791º do CC).

[1104] Indicando várias situações que geraram impossibilidade de execução da obra, frequentemente relacionadas com intervenções administrativas, apreciadas pela jurisprudência italiana, *vd.* RUBINO-SAMMARTANO, *Appalti di Opere e Contratti di Servizi (in Diritto Privato)*, Pádua, 1996, pp. 552 e ss.

DA CESSAÇÃO DO CONTRATO

A impossibilidade terá de ser definitiva, no sentido de a obra não poder ser realizada mais tarde. Assim, se, por exemplo, a obra não foi concluída porque os trabalhadores entraram em greve, por causa não imputável ao empregador, ou porque as condições climatéricas atrasaram a execução dos trabalhos, ou ainda porque os materiais estiveram esgotados durante algum tempo, há apenas um atraso no cumprimento. Se a obra não foi entregue no prazo acordado, mas ainda puder vir a sê-lo mais tarde (art. 792º do CC), não há verdadeira impossibilidade.

Por último, a impossibilidade pode ser total ou parcial. A impossibilidade total não tem qualquer especificidade; as dúvidas podem suscitar-se a propósito da impossibilidade parcial, e é quanto a este ponto que o regime da empreitada apresenta especificidades. Tendo o empreiteiro realizado parte da obra, tornando-se impossível terminá-la, ele exonera-se entregando a obra parcialmente efectuada, devendo o preço ser reduzido na proporção do que foi executado (art. 793º, nº 1, do CC). Neste caso, a contraprestação do dono da obra será determinada tendo em conta o valor do trabalho realizado, dos materiais fornecidos pelo empreiteiro e do lucro deste, proporcionalmente reduzido.

Porém, nos termos do nº 2 do art. 793º CC, o dono da obra pode resolver o contrato se não tiver, justificadamente, interesse no cumprimento parcial da obrigação. Só que, nesta hipótese, o empreiteiro tem direito a ser indemnizado pelo trabalho executado e pelas despesas realizadas (art. 1227º, 2ª parte, do CC). Além disso, tratando-se de um contrato de execução prolongada, a resolução motivada por impossibilidade não tem efeito retroactivo.

III. De facto, nos termos do art. 795º, nº 1, do CC, o contrato de empreitada caduca porque a prestação de realização da obra se extinguiu por impossibilidade não imputável a nenhum dos contraentes; e, em contrapartida, o dono da obra fica desobrigado de pagar o preço. Mas, tendo havido começo de execução, o comitente é obrigado a indemnizar o empreiteiro do trabalho executado e das despesas realizadas (art. 1227º, 2ª parte, do CC). Era já esta a solução estabelecida no § único do art. 1403º do CC1867 e no mesmo sentido dispõem o art. 1595 CCEsp. e o art. 1672 CCIt. Todavia, nos termos destes dois preceitos, o dono da obra só é obrigado a indemnizar na medida da utilidade que retirar da obra parcialmente executada[1105].

No direito português, a obrigação de compensar o empreiteiro decorrente do art. 1227º, 2ª parte, do CC mantém-se mesmo na hipótese de o dono da

---

[1105] Com respeito ao direito italiano, cfr. RESCIGNO, *Manuale del Diritto Privato Italiano*, 7ª edição, Nápoles, 1987, nº 229, pp. 814 e 815.

EMPREITADA

obra não retirar dela qualquer utilidade no estado em que ficou. Mas o empreiteiro também não lucrará com a indemnização, posto que o montante desta só cobre os trabalhos executados e as despesas realizadas.

No fundo, na 2ª parte do art. 1227º do CC consagra-se uma regra de repartição do risco. Tal solução tem especial acuidade nas empreitadas de construção de coisas móveis em que os materiais sejam, no todo ou na sua maior parte, fornecidos pelo dono da obra, e nas empreitadas de construção de bens imóveis sendo o solo ou a superfície pertença do dono da obra[1106]. De outra forma, nestes casos, o comitente continuaria a ser proprietário da obra e nada teria de pagar ao empreiteiro[1107]. Mas a opção legislativa por esta forma equitativa de repartição dos prejuízos poderá impor a obrigação de pagamento ao empreiteiro, apesar de o dono de obra não retirar nenhuma vantagem da obra inacabada.

c) Risco

I. O contrato de empreitada caduca em caso de impossibilidade de execução da obra e, apesar de não se poderem dissociar, importa distinguir a repartição do risco por impossibilidade de execução da prestação (art. 1227º, 2ª parte, do CC) do risco de perda da coisa (art. 1228º, nº 1, do CC).

II. Conforme se referiu, em caso de impossibilidade de conclusão da obra já iniciada, o contrato de empreitada extingue-se por caducidade; e o empreiteiro corre o risco da remuneração assim como o dono da obra suporta o risco do trabalho e das despesas realizadas; isto é, o empreiteiro perde o proveito que poderia tirar da obra e o comitente tem de desembolsar o respeitante ao trabalho e às despesas efectuadas, mesmo que não retire vantagem da obra inacabada.

Quanto ao risco da perda da coisa, foi consagrada a regra *res suo domino perit* (art. 1228º, nº 1, do CC). Terá, pois, de se verificar quem é o proprietário da obra. O princípio de que o risco corre por conta do proprietário aplica-se não apenas à obra mas também aos materiais que se iriam nela incorporar[1108].

[1106] Nas empreitadas de construção de coisa móvel em que os materiais sejam fornecidos, no todo ou na sua maior parte, pelo empreiteiro, e nas empreitadas de construção de coisa imóvel em que o solo ou a superfície pertença ao empreiteiro, a obra inacabada continua a ser propriedade deste (art. 1212º do CC).

[1107] É de notar que, em última análise, sempre se poderia recorrer ao instituto do enriquecimento sem causa (arts. 473º e ss. do CC), como ocorre no lugar paralelo constante do art. 795º, nº 1, do CC.

[1108] O proprietário corre o risco da perda da coisa e também pode ser responsável, independentemente de culpa, por danos que a obra cause a terceiros, no caso de abrir minas ou poços, bem como se fizer escavações no seu prédio (art. 1348º, nº 2, do CC).

DA CESSAÇÃO DO CONTRATO

Relacionando os dois preceitos (arts. 1227º e 1228º do CC) poderá então concluir-se que o empreiteiro corre o risco da remuneração e o dono da obra o risco do trabalho e despesas; quanto à obra e aos materiais caberá determinar quem seja o respectivo proprietário[1109].

O disposto no nº 1 do art. 1228º do CC sofre uma aparente excepção no caso de a obra ser propriedade do empreiteiro e o dono estar em mora quanto à verificação ou aceitação da coisa; o risco corre então por conta do dono da obra (art. 1228º, nº 2, do CC)[1110]. A solução estabelecida no nº 2 do art. 1228º do CC não assenta no princípio *res suo domino perit*, na medida em que, por um lado, nos termos do art. 1218º, nº 5 CC, se o comitente estiver simplesmente em mora quanto à verificação ou à aceitação da obra, não se dá uma aceitação ficcionada por lei, com a consequente transferência do direito de propriedade, nos termos do art. 1212º do CC; exige-se a «falta da verificação ou da comunicação», não bastando um mero atraso. No caso de simples mora, o risco não corre por conta do proprietário da obra e estabelece-se uma sanção que visa punir a inércia do comitente, também estatuída no art. 815º do CC.

A mora de uma das partes inverte a regra do risco, sempre que o proprietário da obra for a parte fiel.

2. Morte ou incapacidade do empreiteiro
I. O art. 1230º, nº 1, do CC estabelece a regra segundo a qual o vínculo obrigacional existente entre o dono da obra e o empreiteiro não se extingue por morte ou incapacidade dos seus titulares. É uma solução que se depreenderia dos princípios gerais, e talvez não fosse necessário que a lei a reafirmasse; mas a inclusão desta norma, em sede de contrato de empreitada, deve-se ao facto de disposição similar já constar do art. 1404º do CC1867[1111]. Por outro lado,

---

[1109] Relativamente ao risco da perda da obra, distinguindo se a coisa é móvel ou imóvel, quem forneceu os materiais e a quem pertence o solo, *vd.* ROMANO MARTINEZ, *Direito das Obrigações (parte Especial) Contratos, Compra e Venda, Locação, Empreitada*, 2ª edição, Coimbra, 2001, pp. 452 e ss. No que respeita às situações de defeito da obra derivado do risco, *vd.* ROMANO MARTINEZ, *Cumprimento Defeituoso*, cit., pp. 326 e ss.

[1110] Com base neste preceito e no disposto no art. 807º do CC, no Ac. STJ de 4/10/1994, *RLJ* 128, p. 154, concluiu-se que o risco seria suportado pelo empreiteiro sempre que este se encontrasse em mora, apesar de a obra ser propriedade do dono da obra, solução corroborada por HENRIQUE MESQUITA em anotação ao citado acórdão, *RLJ* 128, p. 187.

[1111] *Vd.* VAZ SERRA, «Empreitada», *BMJ*, 146 (1965), p. 182. Todavia, a consagração do princípio geral da não cessação do vínculo, prevendo as respectivas excepções, tem particular relevância, porquanto, no direito romano, a morte do *conductor* constituía causa de dissolução do contrato de *locatio conductio operis*, cfr. VERA-CRUZ PINTO, «O Direito das Obrigações em Roma», *Revista Jurídica*, nº 23 (1999), p. 23. Todavia, SANTOS JUSTO, *Direito Privado Romano* II, *(Direito*

EMPREITADA

encontra-se uma disposição idêntica no art. 1674 CCIt.; diversa foi a solução do art. 1595 CCEsp. e do art. 1795 CCFr., na medida em que os respectivos legisladores partiram do princípio de que o contrato de empreitada era celebrado *intuitu personae*[1112].

II. Da 2ª parte do nº 1 do art. 1230º do CC pode concluir-se que o contrato de empreitada não é, por via de regra, estabelecido *intuitu personae*. Só na hipótese de o dono da obra, aquando da celebração do contrato, ter tido em conta as qualidades pessoais do empreiteiro é que a prestação deste último será infungível.

A prova de que o contrato foi celebrado tendo em conta os dotes pessoais do empreiteiro cabe ao dono da obra[1113], pois o carácter pessoal não se presume.

Se o contrato de empreitada foi concluído *intuitu personae*, por morte ou incapacidade do empreiteiro, considera-se o negócio jurídico extinto por impossibilidade de execução da obra não imputável às partes (art. 1230º, nº 2, do CC)[1114]. Nesse caso, o contrato de empreitada caducou por impossibilidade de execução da obra e o dono da obra terá de pagar aos herdeiros do empreiteiro ou ao empreiteiro incapacitado o trabalho executado e as despesas realizadas (art. 1227º do CC).

III. Ainda que o contrato não caduque por morte ou incapacidade do empreiteiro, o dono da obra pode resolvê-lo se os herdeiros daquele não derem garantias de boa execução da obra[1115]. Por outro lado, aos herdeiros que não

---

das Obrigações), 4ª edição, Coimbra, 2011, p. 71, só a propósito da *locatio-conductio operarum* é que afirma constituir causa de extinção «(...) a morte do *locator* e não do *conductor*: (pois) aquele podia prestar os seus serviços aos herdeiros deste que, portanto, substituí-lo-iam na obrigação de pagar a *merces*», citando D. 19, 2,19,9; na *locatio-conductio operis*, segundo o autor citado (ob. cit., p. 71 e nota 64), a morte do *conductor* só determina a extinção do contrato caso este «(...) tenha sido feito em atenção às suas qualidades técnicas».

[1112] Em relação ao direito italiano, *vd.* RUBINO, *L'Appalto*, 4ª edição, Turim, 1980, pp. 860 e ss. Quanto aos sistemas jurídicos espanhol e francês, veja-se, respectivamente, DÍEZ-PICAZO/GULLÓN, *Sistema de Derecho Civil*, Volume II, *El Contrato en General. La Relación Obligatoria, Contratos en Especial, Cuasi Contratos, Enriquecimiento sin Causa, Responsabilidad Extracontractual*, 9ª edição, Madrid, 2001, p. 386 e MALAURIE/AYNÈS, *Droit Civil. Les Contrats Spéciaux*, 6ª edição, Paris, 1992, p. 422. No que respeita à caducidade dos alvarás em caso de morte, interdição e falência dos empreiteiros, *vd.* art. 28º do Decreto-Lei nº 12/2004, de 9 de Janeiro.

[1113] *Vd.* VAZ SERRA, «Empreitada», *BMJ*, 146 (1965), p. 177.

[1114] Não assim na hipótese de suicídio em que, pelo menos teoricamente, há responsabilidade do empreiteiro pelo incumprimento do contrato, cfr. TETTENBORN, *An Introduction to the Law of Obligations*, Londres, 1984, p. 185.

[1115] *Vd.* VAZ SERRA, «Empreitada», *BMJ*, 146 (1965), p. 176.

DA CESSAÇÃO DO CONTRATO

estejam em condições de cumprir o contrato não se lhes pode exigir a realização da obra[1116], pelo que, não se encontrando realmente os herdeiros do empreiteiro em condições de executar a obra, assiste-lhes o direito de se desvincularem, não aceitando a transmissão *mortis causa* do encargo, caso em que o contrato caduca com a morte do empreiteiro.

IV. Em caso de insolvência do empreiteiro, o contrato de empreitada – diferentemente do mandato – não caduca, podendo ser ou não cumprido, consoante o que o administrador da insolvência julgue mais conveniente para a massa falida (art. 111º, nº 1, do CIRE)[1117]. Contudo, o dono da obra não terá de aceitar a execução do administrador se a actuação deste não lhe der garantias de boa execução, podendo também desvincular-se (art. 111º, nº 1, do CIRE). Em qualquer caso, a extinção do vínculo não resulta de caducidade, mas de denúncia, pelo que se fará referência à figura no próximo parágrafo.

§ 3. Denúncia
1. Alterações necessárias
I. Como se indicou, a denúncia prevista no nº 2 do art. 1215º do CC não se enquadra numa situação de impossibilidade, pois não se verifica uma inviabilidade total de realização da obra. O tribunal determinou que se procedesse a alterações necessárias, mas, como o preço se elevou em mais de vinte por cento, o empreiteiro pode denunciar o contrato.

Apesar de neste preceito não estar abrangida a matéria respeitante à alteração das circunstâncias (art. 437º do CC)[1118], em certos aspectos pode haver pontos de contacto. Assim, se o legislador estabelecer que os prédios novos com mais de dez andares, incluindo os que estejam em construção, têm de possuir aquecimento central, pode haver alterações necessárias a efectuar que se prendam com o instituto da alteração das circunstâncias.

Por outro lado, também não está prevista no art. 1215º do CC a hipótese de impossibilidade superveniente não imputável às partes, regulada no art.

[1116] *Vd.* VAZ SERRA, «Empreitada», *BMJ*, 146 (1965), p. 177.

[1117] A solução já seria idêntica em face do regime precedente. De facto, por interpretação extensiva dos arts. 161º, 162º, 163º e 167º do Código dos Processos Especiais de Recuperação de Empresas e de Falência, tal como anteriormente dispunham os arts. 1197º e 1135º do anterior CPC, já se poderia concluir que a falência do empreiteiro não determinava a caducidade do contrato. O art. 111º do CIRE é uma disposição nova, sem correspondência directa na anterior legislação, que faculta ao administrador da insolvência e ao dono da obra a possibilidade de denunciarem o contrato, pelo que se aludirá a esta questão no parágrafo seguinte.

[1118] *Vd.* VAZ SERRA, «Empreitada», *BMJ*, 145 (1965), p. 104.

EMPREITADA

1227º do CC[1119]; mas, para determinar quem suporta os prejuízos da alteração, dever-se-á ter em conta as regras da repartição do risco da obra (art. 1228º do CC) e da impossibilidade superveniente não imputável às partes[1120].

II. Verificando-se a necessidade de alteração da obra, não tendo as partes chegado a acordo, compete ao tribunal determinar quais as alterações que, por necessárias, devem ser introduzidas no plano convencionado, e fixar as correspondentes modificações quanto ao preço e ao prazo de execução (art. 1215º, nº 1, 2ª parte, do CC).

Mas se o tribunal determinar uma alteração que implique correspondente elevação do preço em mais de vinte por cento, é concedido ao empreiteiro o direito de denunciar o contrato e exigir uma indemnização equitativa (art. 1215º, nº 2, do CC). Quando, no decurso da execução da obra, se verificar mais de uma alteração que, de *per si*, não perfaça uma elevação do preço em mais de vinte por cento, poder-se-ão somar todas até atingir essa quantia[1121]. Justifica-se que, neste caso, se conceda ao empreiteiro o direito de denunciar o contrato, pois ele pode não estar em condições de executar uma obra de valor muito superior[1122], por inadequação técnica, económica, ou de outra ordem.

Apesar de no preceito só se ter considerado um aumento substancial do preço, também é de admitir que o empreiteiro venha a denunciar o contrato se as alterações impostas pelo tribunal implicarem uma modificação na natureza da obra, pois o empreiteiro pode não ter a preparação técnica necessária para realizar uma obra de tipo diferente.

A denúncia do contrato não será de aceitar sempre que o empreiteiro tenha dado início aos trabalhos de alteração da obra[1123], pois tal atitude integraria um *venire contra factum proprium*.

III. Diferentemente do regime comum, o empreiteiro que denuncia o contrato tem direito a ser indemnizado. Esta solução justifica-se relacionando com o regime da impossibilidade superveniente, do qual se tratou no parágrafo anterior.

A indemnização equitativa a que o empreiteiro tem direito (art. 1215º, nº 2, do CC) deverá ser ponderada tendo em conta critérios idênticos aos que

---

[1119] *Vd.* PEREIRA DE ALMEIDA, *Direito Privado*, II *(Contrato de Empreitada)*, Lisboa, 1983, p. 58.

[1120] *Vd. supra*, § 2, nº 1, alíneas *b)* e *c)*.

[1121] *Vd.* RUBINO, *L'Appalto*, cit., p. 462.

[1122] *Vd.* PIRES DE LIMA/ANTUNES VARELA, *Código Civil Anotado*, Volume II, 4ª edição, Coimbra, 1997, Coment. 3 ao art. 1215º, p. 885.

[1123] *Vd.* RUBINO, *L'Appalto*, cit., p. 461.

DA CESSAÇÃO DO CONTRATO

presidem à aplicação do art. 1227º do CC. De forma diversa, VAZ SERRA[1124] considera que esta indemnização deve ser fixada com base nas despesas efectuadas e na utilidade que o dono da obra dela vier a retirar por força dessas alterações[1125]. Porém, tendo o Código Civil seguido um regime especial no que respeita à impossibilidade, e havendo alguma similitude entre as alterações necessárias e a impossibilidade superveniente de execução da obra – ambas podem ter por base factos não imputáveis às partes –, parece que a indemnização prevista no art. 1215º, nº 2, do CC se deve pautar pelos mesmos critérios do art. 1227º do CC.

A não ser assim, se a obra não puder ser executada com as dimensões projectadas sem uma substancial elevação do preço (p. ex., a garagem não podia ter as dimensões pretendidas ao lado da casa, salvo se fosse construída subterraneamente, sob pena de colidir com o direito de propriedade do vizinho), o empreiteiro que tivesse iniciado a execução da obra, da qual não advinha qualquer utilidade para o comitente, nada receberia nos termos do art. 1215º do CC. Tal solução não se justificaria no confronto com o disposto no art. 1227º do CC. Supondo que a dita garagem não foi construída por a obra ter sido embargada, por causa não imputável às partes, apesar de o comitente não retirar dela qualquer utilidade, o empreiteiro seria ressarcido pelo trabalho executado e pelas despesas realizadas.

IV. O direito de denúncia não foi estabelecido com carácter de reciprocidade[1126], na medida em que, mesmo perante alterações de notável importância, ao dono da obra não foi concedido tal direito. Cabe-lhe, todavia, a faculdade de desistir da empreitada (art. 1229º do CC), mas, neste caso, a indemnização a que ficará adstrito será superior à devida nos termos do nº 2 do art. 1215º do CC.

V. Poder-se-á discutir se a qualificação legal, que confere ao empreiteiro a possibilidade de «denunciar o contrato» (art. 1215º, nº 2, do CC), estará correcta ou se, pelo contrário, se atribuiu um direito de resolução do vínculo.

[1124] «Empreitada», *BMJ*, 145 (1965), pp. 108 e ss.

[1125] A mesma solução aparece defendida no direito italiano, cfr. a opinião sustentada por RUBINO, *L'Appalto*, cit., pp. 462 e ss., mas aí justifica-se, na medida em que a indemnização devida ao empreiteiro em caso de impossibilidade, nos termos do art. 1672 do CCIt., se pauta por esses critérios.

[1126] Em sentido diverso, veja-se o disposto no art. 1660.3 do CCIt., bem como o art. 6º, nº 4, do anteprojecto respeitante ao contrato de empreitada da autoria de VAZ SERRA (*BMJ*, 146 (1965), p. 219), preceito que, todavia, não passou para o articulado final.

EMPREITADA

A desvinculação do empreiteiro não é totalmente discricionária, pois assenta no pressuposto de que o tribunal determinou alterações substanciais a executar na obra. Daqui resulta alguma semelhança com a alteração das circunstâncias, que confere à parte lesada o direito de resolver o contrato (art. 437º, nº 1, do CC). Contudo, pode entender-se que a qualificação legal está correcta, pois esta forma de extinção do contrato é concedida ao empreiteiro como reacção a uma modificação contratual que lhe é imposta. De facto, encontra-se alguma similitude com a declaração de modificação contratual que vale como denúncia[1127]. No caso previsto no art. 1215º do CC, como o empreiteiro está adstrito a realizar uma obra com custos mais elevados, a denúncia funciona como reacção a essa modificação contratual. Corresponde, assim, a uma «modificação-denúncia», em que a alteração do contrato é imposta pelo tribunal e a denúncia é concedida como forma de o empreiteiro, que tem de realizar uma obra mais dispendiosa, não aceitar a modificação.

2. Desistência do dono da obra

I. O dono da obra pode desistir da empreitada a todo o tempo (art. 1229º do CC). Trata-se de uma excepção à regra estabelecida no art. 406º, nº 1, do CC, segundo a qual os contratos se extinguem por mútuo consentimento dos contraentes.

Do citado preceito, parece que nada obsta a uma desistência depois de a obra estar concluída, mas antes de aceite[1128]; só que, em tal caso, se a obra não padecer de defeitos, a indemnização devida corresponde ao preço total da obra.

Se, do ponto de vista material, não houver impedimentos, a desistência poderá ser parcial. Mas, nesta hipótese, levantar-se-ão dificuldades de delimitação entre a figura em causa e as alterações exigidas pelo dono da obra de que resulte uma diminuição do trabalho (art. 1216º, nº 3, do CC)[1129].

A *ratio legis* do disposto no art. 1229º do CC é perfeitamente justificável, motivo pelo qual disposições análogas constam de outros diplomas de direito civil, designadamente, art. 623 do CCBr., art. 1594 do CCEsp., art. 1794 do

---

[1127] *Vd. supra*, I Parte, Capítulo II, Secção II, § 3, nº 1, II.

[1128] Diversa é a posição sustentada, com base no disposto no art. 377 do CO, por GAUCH, *Der Werkvertrag*, 3ª edição, Zurique, 1985, pp. 109 e ss.

[1129] Em princípio, o recurso a um ou outro dos preceitos conduz ao mesmo resultado, mas, em certos casos, as soluções podem ser diversas, na medida em que o art. 1216º, nº 3, do CC recorre a um método negativo (por subtracção) de determinação do preço (*vd.* ROMANO MARTINEZ, *Direito das Obrigações (Parte Especial), Contratos*, cit., p. 433) e o art. 1229º do CC a um método positivo (por soma); *vd. infra* neste número.

DA CESSAÇÃO DO CONTRATO

CCFr., art. 1671 do CCIt. e § 649 do BGB, assim como do art. 334º do CCP. Também era idêntica a solução prevista no art. 1402º do CC1867[1130]. De facto, mediante um contrato de empreitada pretende-se que o dono da obra obtenha um determinado resultado, que é a própria realização da obra. Ora pode acontecer que o comitente perca o interesse na obtenção desse resultado – por alteração da sua vida, da sua situação económica, etc. – e então não se justifica que ele continue vinculado àquele negócio jurídico. Por outro lado, o comitente pode pretender que a obra seja realizada por outro empreiteiro, porque, por exemplo, perdeu a confiança no primeiro, ou querer realizar a obra por outra forma, *v. g.*, por administração directa[1131].

II. A desistência por parte do dono da obra é uma faculdade discricionária, não carece de fundamento, apresenta-se como insusceptível de apreciação judicial[1132] e não carece de qualquer pré-aviso[1133], nem de forma especial.

A extinção do contrato de empreitada em caso de desistência do dono da obra tem eficácia *ex nunc*[1134].

III. Havendo razões plausíveis para se consagrar uma excepção à regra *pacta sunt servanda*, seria injusto que não se tivessem tido em conta os direitos do empreiteiro. Assim, admite-se que o comitente possa desistir da realização da obra, contanto que indemnize o empreiteiro das despesas e dos trabalhos realizados, bem como do proveito que este poderia retirar da obra (art. 1229º do CC). A desistência da obra é lícita, mas determina a obrigação de indemnizar; trata-se, por conseguinte, de um dos exemplos de responsabilidade por intervenções lícitas.

[1130] Segundo COELHO DA ROCHA, *Instituições de Direito Civil Portuguez*, T. II, 8ª edição, Coimbra, 1917, p. 579, no direito anterior ao Código de Seabra, o dono da obra podia igualmente desistir da empreitada.

A mesma solução vigora no direito inglês, mediante o recurso ao chamado «*set-off*», cfr. BURROWS, *Remedies for Torts and Breach of Contract*, Londres, 1987, pp. 132 e 133; CHESHIRE/FIFOOT/FURMSTON, *Law of Contract*, 14ª edição, Londres, 2001, pp. 612 e s.

[1131] *Vd.* CUNHA GONÇALVES, *Tratado de Direito Civil em Comentário ao Código Civil Português*, Volume VII, Coimbra, 1934, p. 644; PIRES DE LIMA/ANTUNES VARELA, Comentário 2 ao art. 1229º, *Código Civil Anotado*, Volume II, cit., p. 908; VAZ SERRA, «Empreitada», *BMJ*, 146 (1965), p. 132.

[1132] *Vd.* FERRER CORREIA/HENRIQUE MESQUITA, «Empreitada. Objecto. Produção de Filmes. Resolução do Contrato e seus Efeitos», Anotação ao Ac. STJ de 03/11/1983, *ROA*, 45 (1985), I, pp. 148 e 149, que designam a desistência por «um verdadeiro direito de *resolução unilateral* do negócio». Por isso, uma resolução infundada pode entender-se como desistência (Ac. STJ de 21/10/1997, *CJ (STJ)*, 1997, T. III, p. 88).

[1133] *Vd.* RUBINO, *L'Appalto*, cit., p. 830.

[1134] *Vd.* VAZ SERRA, «Empreitada», *BMJ*, 146 (1965), p. 131.

EMPREITADA

A mesma solução se depara nos arts. 623 do CCBr., 1594 do CCEsp., 1794 do CCFr. e 1671 do CCIt., que mandam indemnizar o empreiteiro por despesas feitas, trabalhos executados e proveito perdido.

Diferentemente, nos termos do § 649 do BGB – assim como no art. 34º do anteprojecto referente ao contrato de empreitada[1135] – a indemnização deve ser determinada tendo em conta o preço total da empreitada, deduzido do que o empreiteiro poupou em despesas, ou adquiriu mediante a aplicação da sua força de trabalho, ou deixou de má vontade de adquirir[1136].

Por via de regra, a aplicação do critério positivo (Códigos Civis Brasileiro, Espanhol, Francês e Italiano) ou do critério negativo (Código Civil Alemão) conduz ao mesmo resultado. Com a ressalva de que o critério negativo, de fácil aplicação nas empreitadas em que o preço foi fixado à forfait, se torna mais difícil nas empreitadas cuja remuneração tenha sido determinada de outra forma. E, por outro lado, segundo a regra do BGB, a prestação a que o dono fica adstrito pode ser superior àquela que se determinaria pela aplicação de um critério positivo, no caso de o empreiteiro, sem culpa, não poder aplicar a sua força de trabalho noutra actividade. Esta diferença melhor se explica recorrendo a um exemplo. Admitindo que o preço total da obra ascende a 25000, sendo os materiais a empregar no valor de 15000, o trabalho a efectuar por 9000 e o lucro a retirar de 1000, estando realizados dois terços da obra, chegar-se-á às seguintes conclusões. Critério negativo (ex. 1): [25000 – 5000 – 3000 = 17000], ou seja, preço total deduzido de um terço dos materiais e do trabalho. Critério negativo (ex. 2): [25000 – 5000 = 20000]. No exemplo indicado, ao preço total só se deduz um terço dos materiais poupados, porque não foi possível aplicar a força de trabalho do empreiteiro noutra actividade[1137]. Critério positivo: [10000 + 6000 + 1000 = 17000], ou seja, somam-se os dois terços do valor dos materiais e da mão-de-obra utilizados com o lucro total que o empreiteiro obteria.

No Código Civil de 1966, no seguimento do art. 1402º do CC1867, adoptou-se um critério positivo para determinar o montante da indemnização a atribuir ao empreiteiro. Deste modo, o dono da obra, caso desista da empreitada, terá de pagar ao empreiteiro a soma das despesas com a aquisição dos materiais[1138], transporte, etc., acrescida do valor do trabalho incorporado na

---

[1135] *BMJ*, 146 (1965), pp. 241 e 242.

[1136] Sobre esta questão, *vd.* ENNECCERUS/LEHMANN, *Derecho de Obligaciones*, Volumes II, 1ª Parte, 3ª edição, Barcelona, 1966, p. 550.

[1137] As situações em que o empreiteiro não pode aplicar a sua força de trabalho noutra actividade poderão ser frequentes em períodos de recessão económica.

[1138] Se os materiais ainda não tiverem sido incorporados na obra e o empreiteiro estiver interessado em ficar com eles, o seu custo não é computado na indemnização, cfr. Ac. STJ de 25/06/1987, *TJ*, 38 (1988), p. 19.

DA CESSAÇÃO DO CONTRATO

obra, em que se inclui o trabalho do empreiteiro e o daqueles que trabalharam para ele (empregados, subempreiteiros, etc.). Às despesas e ao trabalho será aduzido o proveito que o empreiteiro poderia retirar com a execução da obra; entenda-se da obra completa e não daquela que efectivamente se realizou. Este proveito não é visto no sentido amplo de *lucrum cessans*, mas no de benefício económico que o empreiteiro auferiria daquele negócio.

Assim, o proveito será determinado pela subtracção, ao preço total fixado (que nas empreitadas em que o preço não foi acordado de forma global pode ser difícil de estabelecer), do custo total da obra[1139].

O empreiteiro é, pois, indemnizado pelo interesse contratual positivo[1140]. Trata-se de uma obrigação de indemnizar pelo *quantum meruit*, como consequência de uma responsabilidade por factos lícitos danosos[1141].

IV. O art. 1229º do CC, talvez propositadamente, utiliza um termo sem conotação jurídica: «desistência». Com pouco apuro terminológico, no (revogado) art. 234º do REOP usava-se a expressão «rescisão». Caberá perguntar se o direito que é conferido ao dono da obra deverá ser entendido como uma resolução, uma revogação ou uma denúncia do contrato.

A desistência não se pode enquadrar na figura da resolução, porque esta é vinculada (há que alegar um fundamento) e poderia implicar a destruição retroactiva do vínculo; em contrapartida, a desistência é discricionária e tem eficácia *ex nunc*.

Mais difícil se apresenta a distinção com respeito à revogação, que também é discricionária e não retroactiva. Porém, a revogação do contrato tem origem bilateral e a desistência é unilateral; daí que se assemelha à revogação unilateral.

Por último, a denúncia, além de discricionária e não retroactiva, também se apresenta como unilateral; mas a denúncia é específica dos contratos de duração indeterminada e o contrato de empreitada, apesar de poderem constar dele prestações que se protelam no tempo, não é, por via de regra, de

---

[1139] *Vd.* Pires de Lima/Antunes Varela, Comentário 6 ao art. 1229º, *Código Civil Anotado*, Volume II. cit., p. 909. Veja-se também Ac. STJ de 14/05/1957, *BMJ*, 67, p. 427; Ac. STJ de 30/06/1970, *BMJ*, 198, p. 132; Ac. STJ de 17/07/1986, *BMJ* 356, p. 342, Ac. Rel. Lx. de 15/12/1994, *CJ* XIX, T. V, p. 137.

[1140] *Vd.* Vaz Serra, Anotação ao Ac. STJ de 30/06/1970, *RLJ*, 104 (1971/72), pp. 207 s.

[1141] Em sentido contrário, Enneccerus/Lehmann, *Obligaciones*, cit., p. 550, consideram que não se trata de uma indemnização, mas da própria retribuição, porque não há que pagar outros prejuízos.

EMPREITADA

execução continuada, tendo um objectivo determinado, ainda que temporalmente indefinido.

A desistência do contrato é, assim, uma situação *sui generis*[1142], *enquadrável numa das modalidades de denúncia atípica (cfr. supra*, I Parte, Capítulo I, § 3, nº 2, alínea *d*)).

3. Insolvência

Em caso de insolvência do empreiteiro, prescreve o art. 111º, nº 1, do CIRE que o contrato não caduca, mas pode ser denunciado pelo administrador da insolvência ou pelo dono da obra. De igual modo, sendo declarada a insolvência do dono da obra, cabe ao administrador da insolvência ou ao empreiteiro denunciar o contrato de empreitada (art. 111º, nº 1, do CIRE).

Deste regime resulta que, nos termos comuns, a denúncia precisa de ser declarada com antecedência (art. 111º, nº 2, do CIRE), correspondendo à já mencionada manifestação de boa fé nesta modalidade de extinção do contrato[1143].

Quanto ao cálculo da indemnização devida pelo exercício do direito de denúncia, atendendo à remissão que o nº 2 do art. 111º do CIRE faz para o nº 3 do art. 108º do mesmo diploma, verifica-se que o legislador teve em conta o critério negativo do BGB, abandonando o critério positivo adoptado no Código Civil (*vd. supra* nº 2., III.). Daqui decorre que a indemnização devida em caso de desistência do dono da obra pode ser diversa da que resulta da denúncia requerida também pelo dono da obra (veja-se exemplo referido no anterior nº 2., III.); e cabe perguntar se, sendo as soluções diversas, poderá o comitente optar por um regime ou outro.

No citado preceito do Código da Insolvência estabeleceu-se ainda uma solução que se afasta das regras comuns. De facto, o regime do contrato de empreitada, em particular no que respeita à sua cessação, tem essencialmente em vista a tutela do dono da obra, pelo que não se admite a liberdade de denúncia do empreiteiro, excepto havendo grandes alterações na obra (art. 1215º, nº 2, do CC). Daí que a faculdade concedida ao empreiteiro de denunciar o contrato em caso de insolvência do dono da obra pareça estranha. Se o dono da obra, por se encontrar insolvente, deixasse de pagar o preço, caberia ao empreiteiro recorrer à excepção de não cumprimento e, em última análise,

---

[1142] *Vd.* Pereira de Almeida, *Direito Privado,* cit., p. 104; Pires de Lima/Antunes Varela, Comentário 2 ao art. 1229º, *Código Civil Anotado,* Volume II, cit., p. 908.
[1143] Criticando a exigência de aviso prévio, *vd.* Menezes Leitão, *Código da Insolvência e da Recuperação de Empresas. Anotado,* 7ª edição, Coimbra, 2013, anotação 2 ao art. 111º, p. 144.

DA CESSAÇÃO DO CONTRATO

à resolução do contrato; mas admitir que, por haver risco de incumprimento, o empreiteiro pode denunciar livremente o contrato põe em causa a estabilidade contratual. Mais estranha ainda é a possibilidade conferida ao empreiteiro de, em tal caso, ser indemnizado nos termos do art. 108º, nº 3, do CIRE; tratar-se-á de um convite à denúncia, pois o empreiteiro não executa a obra e recebe o valor devido pela execução da obra, descontando os ganhos obtidos com a desvinculação antecipada. Esta solução deverá de ser corrigida, tendo em conta que o legislador, ao remeter para o art. 108º, nº 3, do CIRE, determina que se faça «com as necessárias adaptações» (art. 111º, nº 2, do CIRE).

§ 4. Resolução
1. Resolução por incumprimento; regime comum
Em caso de incumprimento das prestações contratuais, por remissão para regras gerais, qualquer das partes pode resolver o contrato de empreitada.

Neste plano, o regime da empreitada é omisso, valendo as considerações tecidas na I Parte a propósito da resolução dos contratos. Assim, em caso de incumprimento definitivo por parte do empreiteiro, no que respeita à execução da obra, cabe ao comitente resolver o contrato[1144]; de igual modo, se houver incumprimento definitivo da prestação de preço – nomeadamente depois do decurso do prazo admonitório –, o empreiteiro poderá resolver o contrato.

Em sede de empreitada regulou-se, contudo, a resolução do contrato havendo cumprimento defeituoso da prestação do empreiteiro, ou seja, na eventualidade de defeito da obra.

2. Resolução em caso de obra defeituosa
a) Aspectos gerais
I. O dono da obra só poderá exigir a resolução do contrato se, para além de não terem sido eliminados os defeitos ou realizada de novo a obra – como acontece para a exigência de redução do preço –, tais defeitos tornarem a obra inadequada para o fim a que se destina (art. 1222º, nº 1, 2ª parte, do CC). Ter-

---

[1144] A simples mora do empreiteiro na execução da obra não concede ao comitente o direito de resolver o contrato, conquanto não tenha perdido o interesse, cfr. Ac. STJ de 12/05/1983, *BMJ*, 327, p. 643 e Ac. Rel. Pt. de 13/11/1990, *CJ*, XV, T. V, p. 193. Em sentido algo diferente, no Ac. Rel. Lx. de 16/01/1990, *CJ*, XV, T. I, p. 138, considerou-se que, como a empreitada constitui uma relação contratual duradoura, a resolução do negócio jurídico não depende do mecanismo do art. 808º do CC (p. 140). Ajuizando como precipitado o pedido de resolução do contrato de empreitada, *vd*. Ac. Rel. Pt. de 25/11/1996, *CJ* XXI, T. V, p. 197. No Ac. Rel. de Cb. de 30/5/1995, *BMJ* 447, p. 581, entendeu-se que o abandono da obra por parte do empreiteiro constitui justa causa para a resolução do contrato.

EMPREITADA

-se-ão de preencher três requisitos: por culpa do empreiteiro a obra encontra-se realizada com defeito; os defeitos não foram eliminados nem realizada uma obra substitutiva; a obra, com os defeitos que apresenta, torna-se inadequada para o fim a que se destina[1144a]. Se, por exemplo, o armário de cozinha encomendado tem mais cinco centímetros de comprimento e, por isso, não encaixa no lugar pretendido, não tendo sido reparado ou substituído, a obra é inapta para o fim a que se destina[1145]. Mas, um pequeno defeito, como o apresentado no exemplo referido, pode, em determinadas circunstâncias, ser causa de resolução do contrato. A gravidade como requisito da resolução é entendida como inadequação da obra ao fim a que se destina[1146].

II. No citado preceito é dada ao dono da obra a opção entre exigir a redução do preço ou a resolução do contrato; assim, ele poderá escolher entre a manutenção do vínculo ou a sua extinção.

A referida opção, para além da diferença legal – para ser resolvido o contrato é necessário que a obra seja imprópria para o uso normal ou o previsto no contrato –, está no critério do dono da obra. É o interesse do credor que justifica a existência da obrigação (arts. 398º, nº 2, e 808º do CC), pelo que, se o dono da obra, como consequência dos defeitos, tiver perdido o interesse na prestação – que é apreciado objectivamente (art. 808º, nº 2, do CC) –, pode resolver o contrato; como noutras hipóteses de justa causa, ter-se-á de atender a um juízo de prognose. Mas se, pelo contrário, a obra defeituosa, apesar de não ser adequada ao fim a que se destina, for querida pelo comitente, a este somente caberá o direito de exigir a redução do preço.

[1144a] Esta sequência lógica é, por vezes, contestada no âmbito da empreitada de consumo, tendo em vista a redacção do art. 4º do Decreto-Lei nº 67/2003.

[1145] No direito alemão, com base na anterior versão do § 634(3) do BGB, admitia-se que os pequenos defeitos não dariam lugar ao pedido de resolução do contrato, cfr. ENNECCERUS/LEHMANN, *Obligaciones*, cit., p. 522; ESSER/WEYERS, *Schuldrecht*, II, *Besonderer Teil*, 7ª edição, Heidelberga, 1991, p. 264; LARENZ, *Lehrbuch des Schuldrechts*, II-1, *Besonderer Teil*, 13ª edição, Munique, 1986, p. 348; MEDICUS, *Schuldrecht*, II, *Besonderer Teil*, 12ª edição, Munique, 2004, p. 171. Hoje, atendendo à remissão do § 634 para o § 323 do BGB, para a resolução da empreitada por defeitos valem as regras gerais, nomeadamente a exigência de gravidade, cfr. SCHLECHTRIEM, *Schuldrecht. Besonderer Teil*, 6ª edição, Tubinga, 2003, pp. 176 e s.
Atendendo a exigências similares às estabelecidas na ordem jurídica portuguesa, com base no disposto no Código Civil Italiano, MUSOLINO, *La Responsabilità Civile nell'Appalto*, 2ª edição, Pádua, 2003, p. 247, refere, citando várias decisões judiciais, que a resolução da empreitada é considerada como uma medida de carácter excepcional.

[1146] Sobre o requisito da absoluta inadequação da obra ao seu fim, constante do art. 1668.2 do CCIt., *vd.* MUSOLINO, *La Responsabilità Civile nell'Appalto*, cit., pp. 250 e ss.

DA CESSAÇÃO DO CONTRATO

III. Os efeitos da resolução do contrato de empreitada regulam-se pelas regras gerais (arts. 432º e ss. do CC)[1147]. Resolvido o contrato, o dono da obra fica exonerado da obrigação de pagar o preço, e, se já o tinha pago, pode exigir a sua restituição por inteiro (art. 289º do CC)[1148]. Contudo, atendendo ao frequente carácter duradouro da relação contratual, por via de regra, a eficácia *ex tunc* contraria a finalidade da resolução, pelo que só produz efeitos para o futuro[1148a]. Apesar da regra geral do efeito retroactivo (art. 434º, nº 1, 1ª parte, do CC), nos contratos de execução prolongada, como ocorre frequentemente na empreitada, o efeito *ex tunc* pode contrariar a finalidade da resolução (art. 434º, nº 1, 2ª parte, do CC), razão pela qual no art. 234º, nº 4, do REOP se prescrevia que a resolução não tem eficácia retroactiva[1148b].

Além dos efeitos comuns da resolução[1149], importará atender a algumas especificidades de regime.

Nas empreitadas de construção de coisa móvel em que os materiais tenham sido fornecidos pelo empreiteiro, o comitente que recebeu a obra só pode pedir a resolução do contrato, se estiver em condições de a restituir (art. 432º, nº 2, do CC). Sendo requerida a resolução, a propriedade da obra, se já se transmitira para o comitente, reverte para o empreiteiro. Nestes casos, se parte dos materiais foram fornecidos pelo dono da obra, tem este, cumulativamente com o pedido de resolução do contrato, o direito de exigir a entrega de materiais do mesmo género, qualidade e quantidade ou, na falta destes, do seu valor.

Nas empreitadas de construção de coisa móvel em que os materiais são fornecidos pelo comitente, depois da resolução do contrato, a obra continua na propriedade deste e ele poderá exigir do empreiteiro que a derribe e devolva os materiais utilizados ou materiais do mesmo género, qualidade e quantidade ou, na falta destes, do seu valor.

Nas empreitadas de construção de coisa imóvel em terreno do dono da obra, com materiais fornecidos pelo empreiteiro, o comitente poderá, conjuntamente com o pedido de resolução do contrato, exigir a demolição da obra à custa do empreiteiro. Se o dono da obra forneceu materiais poderá, além disso, exigir a devolução dos mesmos ou de outros de idêntico género, qualidade e quantidade ou, na falta deles, do seu valor.

[1147] No Ac. STJ de 10/11/1987, *TJ* 37 (1988), p. 21, entendeu-se que, embora a empreitada não seja, em rigor, um contrato de execução continuada, é-lhe aplicável a regra do art. 434º, nº 2, do CC. Sobre a questão, *vd. supra*, I Parte, Capítulo III, § 4.

[1148] Cfr. Ac. Rel. Lx. de 23/5/2000, *CJ* XXV, T. III, p. 96.

[1148a] *Vd. supra*, I Parte, Capítulo III, § 4, V.

[1148b] Esta solução não passou para o Código dos Contratos Públicos.

[1149] *Vd. supra*, I Parte, Capítulo II, Secção II, § 4, nº 8.

EMPREITADA

Nestes dois últimos casos, se o empreiteiro não proceder à derribada da obra, como ela continua propriedade do comitente, este pode ser obrigado a compensar o primeiro. Esta restituição não se deve basear nas regras do enriquecimento sem causa, porquanto, se assim fosse, por via de regra, o empreiteiro ficaria em situação pior daquela em que estaria se não tivesse celebrado o contrato; o recurso ao referido instituto contrariaria o princípio da retroactividade (art. 289º, nº 1, *ex vi* art. 433º do CC)[1150]; a isto acresce que a remissão para as regras da posse (art. 289º, nº 3, do CC) conduz à não aplicação das regras do instituto do enriquecimento sem causa[1151]. A eventual compensação deve ter por base o princípio da restituição integral, com efeito retroactivo, do que tiver sido prestado[1152].

Contrariamente, se a coisa imóvel for construída em terreno do empreiteiro, caso tenha sido requerida a resolução do contrato, a propriedade da obra reverte para aquele (ou não se chega a transferir para o dono); e se o comitente tiver fornecido materiais, poderá exigir a sua devolução ou, sendo isso impossível, a entrega de outros materiais do mesmo género, qualidade e quantidade e, na falta destes, do seu valor.

Por último, nas empreitadas de manutenção, cujas prestações são de execução continuada ou periódica, não estão abrangidas pelos efeitos da resolução do contrato as obrigações que já tenham sido efectuadas (art. 434º, nº 2, do CC).

b) *Indemnização*

Mesmo que o contrato tenha sido resolvido, poderão não ter ficado reparados todos os danos causados ao dono da obra[1153]. Se assim acontecer, o comitente tem direito a exigir uma indemnização nos termos gerais (art. 1223º do CC).

[1150] Neste sentido, cfr. ESSER/WEYERS, *Schuldrecht*, cit., p. 264. No Ac. STJ de 25/2/1987, *TJ*, 29 (1987), p. 24, considerou-se igualmente que ao empreiteiro deveria ser satisfeito o valor correspondente aos materiais e à mão-de-obra incorporados num edifício, não sendo possível a sua restituição em espécie, porque a resolução da empreitada tem eficácia retroactiva.
Diferentemente, MOITINHO DE ALMEIDA, «A Responsabilidade Civil do Projectista e o seu Seguro», *BMJ*, 228 (1973), p. 18 e GIANNATTASIO, *L'Appalto*, 2ª edição, Milão, 1977, p. 221, sustentam que a restituição ora em apreço se deve fazer com base no instituto do enriquecimento sem causa. Porém, como indica MENEZES LEITÃO, *O Enriquecimento sem Causa no Direito Civil*, Lisboa, 1996, pp. 470 e ss., em caso de resolução não se recorre a este instituto.
[1151] *Vd. supra*, I Parte, Capítulo II, Secção II, § 4, nº 8, alínea *c*), V.
[1152] *Vd.* ROMANO MARTINEZ, *Cumprimento Defeituoso*, cit., p. 306.
[1153] *Vd.* exemplos em DIAS JOSÉ, *Responsabilidade Civil do Construtor e do Vendedor pelos Defeitos*, Lisboa, 1984, p. 69.

DA CESSAÇÃO DO CONTRATO

Por força do art. 801º, nº 2, do CC, com a resolução do contrato pode cumular-se um pedido de indemnização; e também, no que respeita à empreitada, a indemnização pode ser pedida cumulativamente com a resolução do contrato[1154]. A indemnização a arbitrar, nos termos do art. 1223º do CC, tanto pode ser pelo interesse contratual negativo como igualmente pelo interesse contratual positivo do dono da obra[1155] e aplicam-se as regras gerais da obrigação de indemnizar (arts. 562º e ss. do CC)[1156].

c) Relação entre os diversos meios jurídicos

Nos arts. 1221º e ss. do CC atribui-se ao dono da obra, em caso de cumprimento defeituoso do empreiteiro, além da indemnização, o direito de exigir a eliminação dos defeitos, a realização de nova obra, a redução do preço e a resolução do contrato de empreitada, importando atender à relação entre os diversos meios[1157].

De entre os cinco meios jurídicos que a lei concedeu ao dono da obra em caso de cumprimento defeituoso, importa distinguir três grupos. No primeiro, encontram-se as pretensões de eliminação dos defeitos e de realização de nova obra; no segundo, integram-se as pretensões de resolução do contrato e redução do preço; e, no terceiro, o direito a ser indemnizado.

A não satisfação das pretensões de eliminação dos defeitos e de realização de nova obra (art. 1221º do CC) constitui requisito da resolução; ou seja, só

[1154] Vd. Ac. STJ de 13/07/1976, BMJ, 259, p. 212; Ac. STJ de 20/07/1982, BMJ, 319, p. 278; Ac. STJ de 15/06/1988, TJ, 45 (1988), p. 38.
De modo diverso do que anteriormente dispunha o § 635 do BGB, pelo qual a indemnização deveria ser pedida alternativamente, em relação aos outros direitos conferidos ao dono da obra (cfr. ENNECCERUS/LEHMANN, Obligaciones, cit., p. 523; ESSER/WEYERS, Schuldrecht, cit., pp. 262 e 266 e ss.; LARENZ, Lehrbuch des Schuldrechts, II-1, cit., p. 348), hoje, dos §§ 634 e 636 do BGB, resulta a possibilidade de cúmulo, cfr. BROX/WALKER, Besonderes Schuldrecht, 29ª edição, Munique, 2004, pp. 273 e ss.

[1155] Regra geral, a jurisprudência entende que a resolução do contrato de empreitada só pode ser cumulada com a indemnização pelo interesse contratual negativo (cfr. Ac. Rel. Lx. de 20/5/1999, BMJ 487, p. 354). Contudo, no Ac. STJ de 4/3/1997, CJ (STJ), 1997, T. I, p. 127, BMJ 465, p. 527, admitiu-se que, resolvido o contrato, o dono da obra, com base no art. 1223º do CC, podia pedir o valor dos defeitos da obra executada. Esta solução compreende-se, porque a resolução não destrói todos os efeitos do contrato, pois salvaguardam-se as consequências negociais relacionadas com a parte da obra executada. Vd. supra, neste número, alínea a), III.

[1156] No que respeita à discussão em torno do valor da indemnização cumulada com a resolução do contrato, vd. supra, I Parte, Capítulo II, Secção II, § 4, nº 9, alínea e).

[1157] Para maiores desenvolvimentos, vd. ROMANO MARTINEZ, Cumprimento Defeituoso, cit., pp. 389 e ss.

EMPREITADA

se pode resolver o contrato no caso de não terem sido eliminados os defeitos ou construída de novo a obra.

Em relação ao segundo grupo (art. 1222º do CC), estando preenchidos os respectivos pressupostos, o dono da obra tem a possibilidade de optar entre exigir a redução do preço ou a resolução do contrato[1158]. Na realidade, como estão preenchidos os pressupostos, quer da resolução do contrato quer da redução do preço, o interesse em ficar com a obra pode ser determinado por parâmetros subjectivos.

No sistema jurídico português pode, então, dizer-se que, nos termos do art. 1222º do CC, há uma espécie de sequência lógica. Em primeiro lugar, o empreiteiro está adstrito a eliminar os defeitos ou a realizar nova obra, mas, frustrando-se esta pretensão, poderá ser exigida a redução do preço ou a resolução do contrato[1159].

Resta fazer referência ao direito à indemnização, o qual foi incluído num terceiro grupo de pretensões. Nos termos gerais, como solução reiterada em sede de cumprimento defeituoso do contrato de empreitada, vigora o princípio de que a indemnização por sucedâneo pecuniário se cumula com o pedido de resolução do contrato, tendo, pois, função complementar deste meio jurídico[1160].

[1158] Estes pedidos não podem ser cumulados, cfr. Ac. Rel. Lx. de 23/02/1995, *CJ* XX, p. 143, em especial, p. 145.

[1159] *Vd.* ROMANO MARTINEZ, *Cumprimento Defeituoso*, cit., p. 392. Quanto à jurisprudência, cfr. Ac. STJ de 13/07/1976, *BMJ*, 259, p. 220; Ac. Rel. Lx. de 21/04/1988, *CJ*, XIII, T. II, p. 268; Ac. Rel. Pt. de 11/04/1989, *CJ*, XIV, T. II, p. 219; Ac. Rel. Pt. de 14/01/1992, *CJ*, XVII, T. I, p. 224; Ac. Rel. Pt. de 25/05/1992, *CJ*, XVII, T. III, p. 292, Ac. Rel. Cb. de 12/10/1993, *BMJ* 430, p. 525; Ac. Rel. Év. de 19/1/1995, *CJ*, XX, T. I, p. 274; Ac. Rel. Cb. de 10/12/1996, *RLJ*, 131 (1998-1999), p. 113; Ac. Rel. Év. de 23/4/1998, *BMJ* 476, p. 507; Ac. Rel. Lx. de 18/05/1999, *CJ*, XXIV, T. III, p. 102.
No que respeita à empreitada de consumo, veja-se ROMANO MARTINEZ, «Empreitada de Bens de Consumo. A Transposição da Directiva nº 199/44/CE pelo Decreto-Lei nº 67/2003», *Estudos do Instituto de Direito do Consumo*, Volume II, Coimbra, 2005, p. 33, onde, por vezes se contesta a mencionada sequência lógica numa interpretação literal do art. 4º do Decreto-Lei nº 67/2003.

[1160] Para maiores desenvolvimentos, *vd.* ROMANO MARTINEZ, *Cumprimento Defeituoso*, cit., pp. 310, 316 e 394 e ss. Quanto à jurisprudência, cfr. os arestos citados na nota anterior, bem como o Ac. STJ de 15/06/1988, *TJ*, 45/46 (1988), p. 38; Ac. STJ de 11/05/1993, *CJ (STJ)*, 1993, T. II, p. 98; Ac. Rel. Év. de 21/02/1991, *CJ*, XVI, T. I, p. 302; Ac. Rel. Lx. de 21/03/1991, *CJ*, XVI, T. II, p. 159; Ac. Rel. Pt. de 9/05/1996, *CJ* XXI, T. III, p. 185.

DA CESSAÇÃO DO CONTRATO

§ 5. Empreitada de obras públicas
1. Aspectos comuns

I. Enquanto negócio jurídico bilateral, o contrato de empreitada de obras públicas segue o regime comum dos contratos: forma-se, executa-se e extingue-se nos termos gerais[1161].

Sendo um contrato típico, na medida em que o respectivo regime jurídico resulta directamente da lei[1162] inserindo-se na figura dos contratos administrativos de colaboração subordinada[1163], compreende-se que as aludidas fases de formação, de execução e de cessação contratual obedeçam a um regime apertado e pouco flexível, sendo frequente a necessária observância de normas imperativas, que não admitem estatuição em contrário.

Trata-se de um contrato administrativo que tem por escopo a execução de uma obra pública e visa, por conseguinte, porventura de forma indirecta, a prossecução do interesse público, extravasando o interesse das partes contratantes. Por outro lado, sendo um contrato administrativo, a entidade adjudicante, por via de regra uma pessoa colectiva pública (Estado, Institutos Públicos, Regiões Autónomas, Autarquias Locais, etc., *vd.* art. 2º, nº 1, do CCP), actua segundo regras de competência e de autoridade – só podendo agir na medida em que a lei o permita, tornando-se mesmo lícito exercer poderes de autoridade sobre o prestador do serviço, nomeadamente para efeitos de cessação do contrato.

II. O regime da cessação do contrato de empreitada de obras públicas consta dos artigos 405º e 406º do CCP[1164].

Apesar de no Código dos Contratos Públicos não se ter incluído o elenco de modalidades de cessação contratual, pela conjugação dos preceitos que o integram, é possível descortinar quatro hipóteses de cessação do contrato de

---

[1161] A propósito do contrato de empreitada de obras públicas, veja-se, nomeadamente, LICÍNIO LOPES MARTINS, *Empreitada de Obras Públicas. O modelo normativo do regime do contrato administrativo e do contrato público*, Coimbra, 2014, pp. 264 e ss.

[1162] Trata-se do Código dos Contratos Públicos, aprovado pelo Decreto-Lei nº 18/2008, de 29 de janeiro. Antes da aprovação deste código, a empreitada de obras públicas surgia regulada no Decreto-Lei nº 59/99, de 2 de Março, designado por Regime Jurídico das Empreitadas de Obras Públicas, que abreviadamente se menciona por REOP.

[1163] Sobre os contratos administrativos de colaboração subordinada, veja-se FREITAS DO AMARAL/ LINO TORGAL, *Estudos Sobre Concessões e outros Actos da Administração*, Coimbra, 2002, pp. 33 e ss.

[1164] Sobre a resolução do contrato de empreitada de obras públicas, consulte-se o estudo de GARCÍA-TREVIJANO GARNICA, *La Resolución del Contrato Administrativo de Obra*, Madrid, 1996, em especial, pp. 111 e ss.

EMPREITADA

empreitada[1165], sendo que, não obstante a diversidade terminológica, a primeira qualifica-se como denúncia, a segunda e a terceira hipóteses correspondem à resolução do contrato, e a quarta integra a figura da revogação do vínculo.

De facto, atendendo ao disposto nos arts. 330º e ss. do CCP e na sequência destes preceitos, verifica-se que:

a) o contrato de empreitada de obras públicas pode cessar por iniciativa do dono da obra por razões de interesse público (art. 334º, nº 1, do CCP) – apesar de o legislador (agora) apelidar esta modalidade de *resolução* e, anteriormente, de *rescisão*, trata-se da habitualmente denominada desistência do dono da obra (art. 1229º do CC)[1166], com similitudes relativamente à denúncia;

b) como segunda hipótese, no mesmo art. 332º, nº 1, do CCP, alude-se (agora) à *resolução* por iniciativa do empreiteiro (anteriormente, *rescisão*), nos casos em que a lei a admite, que integra várias situações de resolução dos contratos;

c) em terceiro lugar, a cessação do contrato pode ser da iniciativa do dono da obra como consequência do incumprimento, por parte do empreiteiro, dos respectivos deveres legais e contratuais (art. 333º, do CCP)[1167], que corresponde à tradicional resolução por incumprimento;

d) por último, no art. 331º do CCP alude-se à *revogação do contrato* (anteriormente denominada *resolução convencional*), em que a cessação do vínculo decorre de acordo das partes.

III. O elenco legal das situações de cessação do vínculo não é exaustivo, podendo o contrato de empreitada de obras públicas extinguir-se por outras formas, nomeadamente, por caducidade, se tinha sido estabelecido um prazo de vigência ou se veio a ser proibida a sua execução, pois, nas omissões deste diploma, recorrer-se-á, em última instância, ao «direito civil» (art. 280º, nº 3, do CCP).

[1165] A propósito das modalidades de cessação contratual no domínio do contrato de empreitada de obras públicas, *vd.* MARCELO CAETANO, *Manual de Direito Administrativo*, Tomo I, *Introdução. Organização Administrativa. Actos e Contratos Administrativos*, 10ª edição, 3ª reimpressão, Coimbra, 1984, p. 635; veja-se ainda, com referência ao Decreto-Lei nº 405/93, de 10 de Dezembro, ROMANO MARTINEZ/MARÇAL PUJOL, *Empreitada de Obras Públicas*, Coimbra, 1995, anotação ao art. 215º, pp. 321 e 322.

[1166] Cfr. ROMANO MARTINEZ, *Direito das Obrigações (Parte Especial). Contratos*, cit. pp. 454 e ss.

[1167] O Regime Jurídico das Empreitadas de Obras Públicas enuncia, em várias passagens, a título meramente exemplificativo, situações que legitimam a resolução do contrato de empreitada por parte do dono da obra, com base em incumprimento do empreiteiro. *Vd. infra* nota 1174.

DA CESSAÇÃO DO CONTRATO

Pode discutir-se se a «rescisão» estabelecida nesta sede, afastando-se do regime comum, corresponde a uma particularidade do direito administrativo, estando em causa um acto de autoridade, como especial manifestação de autotutela da Administração[1168]. Não obstante algumas manifestações de autoridade e autotutela da Administração, assim como determinadas especificidades de regime que se indicam nos parágrafos seguintes, a cessação do contrato de empreitada de obras públicas segue o regime geral, enunciado na I Parte deste estudo[1169].

2. Caducidade

Nos termos do disposto no revogado nº 1 do art. 147º do REOP, o contrato caduca se «o empreiteiro falecer ou, por sentença judicial, for interdito, inabilitado ou declarado em estado de falência»[1170]. Apesar de o preceito ser omisso, parece que a extinção da sociedade empreiteira também conduz à caducidade do contrato; por outro lado, poderá questionar-se se a inabilitação constitui causa de caducidade, nomeadamente se for determinada por prodigalidade do empreiteiro (art. 152º do CC).

Nas empreitadas de obras públicas presume-se que o contrato foi celebrado *intuitu personae*, o que justifica a caducidade nas situações indicadas no citado nº 1 do art. 147º do REOP; e pese embora a falta de norma idêntica no Código dos Contratos Públicos – que alude à caducidade sem esta menção, arts. 336º

[1168] Quanto a esta discussão, além das explicações já indicadas (*supra,* I Parte, Capítulo I, § 5) de MARCELO CAETANO, *Manual de Direito Administrativo*, Tomo I, cit., p. 635, veja-se ANCORA, *La "Rescissione" del Contratto di Appalto di Oppere Pubbliche. Autotutela e Potere Negoziale della Pubblica Amministrazione*, Milão, 1993, pp. 26 e ss. e pp. 56 e ss. e SÉRVULO CORREIA, *Legalidade e Autonomia Contratual nos Contratos Administrativos*, Coimbra, 1987, pp. 363 e ss., em especial, p. 370.

[1169] Como esclarece MARIA JOÃO ESTORNINHO, *Requiem pelo Contrato Administrativo*, Coimbra, 1990, pp. 71 e ss. e 138 e ss., a «rescisão» dos contratos administrativos não resulta de nenhuma prerrogativa exorbitante da Administração. A autora (ob. cit., pp. 140 e ss.) procede à «desmistificação» da natureza exorbitante dos poderes da Administração, nomeadamente no que respeita à «rescisão» dos contratos, entendendo que há uma uniformização com o regime privado. Relativamente ao contrato de empreitada de obras públicas, MARIA JOÃO ESTORNINHO, «Para uma Comparação entre a Empreitada civil e as Empreitadas celebradas por Entidades Públicas», *DJ,* 1996, pp. 9 e ss., reitera a ideia de que já se ultrapassou o mito da natureza «exorbitante» deste contrato no que respeita à respectiva extinção.

[1170] MARCELO CAETANO, *Manual de Direito Administrativo*, Tomo I, cit., p. 636, a propósito da caducidade do contrato «quando chegue o seu termo», alude igualmente ao «prazo para a conclusão das obras»; trata-se, contudo, de questões diversas, pois a ultrapassagem deste prazo não determina a cessação do vínculo, mas o incumprimento do contrato.

EMPREITADA

e 337º do CCP –, a solução subsiste[1170a]. O dono da obra poderá todavia aceitar que os herdeiros do empreiteiro falecido tomem sobre si o encargo do cumprimento, desde que se habilitem para o efeito nos termos legais, como se previa no art. 147º, nº 2, alínea *a)*, do REOP, tendo igualmente a opção de manter o contrato com a «sociedade formada» pelos credores, quando seja requerida a continuação da execução da obra e esta não tenha sofrido, entretanto, interrupção (art. 147º, nº 2, alínea *b)*, do REOP). Apesar de a alínea *a)* do citado preceito só prever a manutenção do contrato em caso de morte do empreiteiro, parece que nada obstaria a que a continuação dos trabalhos fosse assegurada por familiares do empreiteiro interdito ou inabilitado, em particular pelo respectivo tutor ou curador.

3. Revogação
Do art. 331º do CCP decorre que a cessação do vínculo resulta de acordo das partes – anteriormente designada «resolução convencional do contrato» –, consubstanciando uma hipótese de revogação, prevendo o legislador que as partes «podem, por acordo, revogar o contrato em qualquer momento» (art. 331º nº 1, do CCP)[1171].

A revogação do contrato de empreitada de obras públicas segue o regime geral, tendo o legislador remetido para a autonomia privada (art. 331º, nº 2, do CCP).

4. Cessação por iniciativa do dono da obra
I. Relativamente ao dono da obra, alude-se a dois tipos de resolução como meio de se desvincular (antes denominada *rescisão*): a resolução por razões de interesse público (art. 334º, nº 1, do CCP); e a resolução sancionatória (art. 333º, nº 3, do CCP). No primeiro caso, a rescisão identifica-se com uma modalidade de denúncia atípica, enquanto a segunda hipótese consubstancia uma resolução do contrato por incumprimento.

[1170a] O *intuitos personae*, no Código dos Contratos Públicos, infere-se, nomeadamente da proibição de cessão da posição contratual e de subcontratação e do facto de se conferir ao dono de obra o direito de resolver o contrato em caso de insolvência (art. 333º do CCP).

[1171] Em crítica ao anterior preceito do Regime Jurídico das Empreitadas de Obras Públicas de 1993, que se encontrava literalmente transcrito no artigo 240º do REOP, veja-se ROMANO MARTINEZ/MARÇAL PUJOL, *Empreitada de Obras Públicas*, cit., anotação ao art. 221º, p. 331. A expressão «resolução convencional» no sentido de revogação por acordo é recebida de modo acrítico por alguns cultores do direito administrativo, *vd.* PEDRO GONÇALVES, *O Contrato Administrativo. Uma Instituição do Direito Administrativo do nosso Tempo*, Coimbra, 2003, p. 132.

DA CESSAÇÃO DO CONTRATO

II. Na «resolução por razões de interesse público», à imagem do disposto no art. 1229º do CC, admite-se que o dono da obra desista da empreitada, sem necessidade de fundamentar tal decisão. A *ratio legis* é a mesma da empreitada de direito privado, remetendo-se para o que se afirmou anteriormente (§ 3., nº 2), mas as consequências diferem no que respeita à indemnização (*vd. infra* nº 6)[1172].

III. A resolução sancionatória (art. 333º do CCP) corresponde à resolução legal por incumprimento, pela qual o dono da obra, tendo em conta situações de falta de cumprimento imputáveis ao empreiteiro, pode resolver o contrato[1173]. Assim, nos termos do art. 405º, nº 1, alínea *e*), do CCP, o dono da obra tem o direito de resolver o contrato «se houver suspensão da execução dos trabalhos pelo dono da obra por facto imputável ao empreiteiro ou se este suspender a execução dos trabalhos sem fundamento e fora dos casos previstos no nº 1 do artigo 366º». Mas as situações de resolução com justa causa, apesar de legais, não se circunscrevem às hipóteses consagradas no art. 333º do CCP[1174], pois, nos termos gerais, há que atender igualmente ao incumprimento definitivo ou ao cumprimento defeituoso grave de outros deveres contratuais do empreiteiro (cfr. as causas de resolução elencadas no art. 333º, nº 1, do CCP); no caso, porém, ter-se-á de ter em conta as especificidades do regime da resolução por incumprimento de relações duradouras[1175].

[1172] Sobre a designada «rescisão por motivos de interesse público», *vd*. PEDRO GONÇALVES, *O Contrato Administrativo*, cit., pp. 132 e s.
Como resulta do Ac. STA de 18/5/1999, *ADSTA* 456, p. 1540, as regras da rescisão por conveniência aplicam-se em caso de revogação da adjudicação da obra.

[1173] Apesar de, como se esclareceu a propósito da natureza jurídica (*supra*, I Parte, Capítulo II, Secção II, § 4., nº 10), a resolução não ter uma função sancionatória, no direito administrativo a cessação por incumprimento é frequentemente identificada como meio sancionatório, cfr. PEDRO GONÇALVES, *O Contrato Administrativo*, cit., pp. 134 e ss.

[1174] No Regime Jurídico das Empreitadas de Obras Públicas fazia-se referência a sete situações que facultavam ao dono da obra o exercício do direito de resolver o contrato: o empreiteiro cedeu a sua posição contratual sem autorização do dono da obra (art. 148º, nº 3, do REOP); o empreiteiro não compareceu injustificadamente no dia indicado para a consignação da obra (art. 152º, nº 2, do REOP); o empreiteiro atrasou-se no cumprimento do plano de trabalhos nos termos prescritos no art. 161º do REOP; o empreiteiro não deu início aos trabalhos na data fixada (art. 162º, nº 3, do REOP); o empreiteiro faltou ao cumprimento de ordem nos termos previstos no art. 184º do REOP; o empreiteiro suspendeu os trabalhos sem justificação por prazo longo (art. 189º, nº 1, do REOP); e o empreiteiro não concluiu a obra no prazo contratual acrescido das prorrogações (art. 201º, nº 1, do REOP).

[1175] *Vd. supra*, I Parte, Capítulo III, § 3.

EMPREITADA

O dono de obra que pretenda resolver o contrato em caso de incumprimento do empreiteiro – a designada resolução sancionatória – deverá notificá-lo para este contestar os fundamentos invocados nos termos gerais de um procedimento administrativo (art. 345º do CCP)[1176]. Recebida a contestação do empreiteiro ou na ausência de tomada de posição deste, o dono da obra decide se há-de proceder à resolução do contrato[1177].

5. Cessação por iniciativa do empreiteiro
a) Denúncia
I. Na medida em que se concede ao comitente um poder amplo de alterar a obra, exigindo do empreiteiro a realização de trabalhos a mais (art. 371º, nº 1, do CCP), permite-se que este «opte por exercer o direito de resolução» (art. 371º, nº 2, do CCP). O mencionado direito de resolução também pode ser exercido se, depois de trabalhos a mais e a menos, de rectificação de erros, etc., se verificar que ocorreu «uma redução superior a 20 % do preço contratual» (art. 406º, alínea c), do CCP) ou se da alteração imposta pelo dono da obra resultar substituição de trabalhos incluídos no contrato por outros de espécie diferente ou a executar em condições diversas (art. 371º, nº 2, do CCP).

Esta possibilidade conferida ao empreiteiro de se desvincular corresponde à denúncia prevista no nº 2 do art. 1215º do CC. Diferentemente da declaração de modificação contratual que vale como denúncia[1178], neste caso, como o empreiteiro está adstrito a realizar os trabalhos a mais, a denúncia pode ser feita pelo destinatário da declaração; de facto, este regime de trabalhos a mais – tal como as alterações da iniciativa do dono da obra (art. 1216º do CC) – corresponde a uma excepção ao *pacta sunt servanda* (art. 406º, nº 1, do CC), pelo que a «modificação-denúncia» é exercida separadamente pelas duas partes.

Contudo, poder-se-á entender que este direito de desvinculação conferido ao empreiteiro se identifica com uma resolução, na medida em que é condicionado e não de exercício discricionário. Tratar-se-ia, contudo, de uma resolução atípica, pois funciona como reacção ao exercício lícito de um direito do dono da obra. Na sequência do disposto no Código Civil (art. 1215º, nº 2),

---

[1176] Como esclarece ANCORA, *La "Rescissione" del Contratto di Appalto di Oppere Pubbliche*, cit., pp. 89 e ss., o dono da obra não está vinculado a resolver o contrato em caso de incumprimento do empreiteiro.

[1177] Quanto ao modo de exercício do (anterior) direito de rescisão por parte do dono da obra, cfr. MARIA JOÃO ESTORNINHO, «Para uma Comparação entre a Empreitada civil e as Empreitadas celebradas por Entidades Públicas», cit., pp. 11 e ss.

[1178] *Vd. supra,* I Parte, Capítulo II, Secção II, § 3, nº 1, III.

DA CESSAÇÃO DO CONTRATO

dir-se-ia que este meio de extinção do contrato corresponde a uma denúncia, embora apresente particularidades.

II. Esta *resolução* (denúncia) deverá ser exercida num prazo curto e nas condições impostas no art. 372º do CCP: o empreiteiro que pretenda desvincular-se envia ao dono da obra uma reclamação fundamentada[1178a].

b) Resolução

I. A resolução do contrato por iniciativa do empreiteiro encontra-se condicionada, pois tem de ser motivada, no sentido em que só é lícita na medida em que a lei o admita; por outro lado, diversamente do regime comum, o direito de resolução é exercido por via judicial ou mediante recurso a arbitragem (art. 332º, nº 3, do CCP).

II. Do disposto no art. 332º, nº 1, do CCP, conclui-se que as hipóteses de resolução do contrato por parte do empreiteiro não são típicas. Com efeito, salvaguarda-se a generalidade das «situações de grave violação das obrigações assumidas pelo contraente público especialmente previstas no contrato e independentemente do direito de indemnização», que deverão ser devidamente garantidas pelo direito à resolução.

Há várias previsões legais que conferem ao empreiteiro o direito de resolver o contrato em determinadas circunstâncias. Se o dono da obra, sem concordância do empreiteiro, retirar da empreitada quaisquer trabalhos ou parte da obra, para os fazer executar por outrem, cabe ao empreiteiro o direito de rescindir o contrato (art. 324º do CCP). É lícita a desvinculação (resolução) por parte do empreiteiro caso o dono da obra não proceda à consignação dos trabalhos no prazo de seis meses dias contados da data da assinatura do contrato (art. 406º, alínea *a*), do CCP) ou atrase consignações parciais por forma a acarretar suspensão dos trabalhos por período superior a 120 dias (art. 406º, alínea *b*), do CCP). O empreiteiro pode desvincular-se (resolver o contrato) sempre que a suspensão dos trabalhos se prolongue por período superior a um décimo do prazo contratado para a execução da obra e a suspensão não se deva a caso de força maior nem a facto do empreiteiro ou por um quinto do prazo se for devido a caso de força maior (art. 406º, alínea *d*), do CCP). Na

---

[1178a] No regime anterior, constante do art. 24º do REOP, determinava-se que o empreiteiro que pretendesse desvincular-se da obrigação de realização dos trabalhos a mais deveria apresentar ao dono da obra requerimento com a estimativa dos trabalhos em causa e da determinação dos preços unitários.

EMPREITADA

eventualidade de alteração do equilíbrio contratual da obra, que implique onerosidade acrescida para o empreiteiro, se os danos por este sofridos excederem 20% do valor da empreitada, cabe-lhe o direito de rescindir o contrato (art. 406º, alínea *e*), do CCP). Por último, a mora no pagamento por parte do dono da obra, caso se prolongue por mais de seis meses ou quando o montante em dívida exceda 25 % do preço contratual, permite que o empreiteiro resolva o contrato (art. 332º, alínea *c*), do CCP).

Podendo haver outras situações de incumprimento grave por parte do dono da obra além das indicadas no diploma, e atendendo ao facto de no nº 1 do art. 332º do CCP se afirmar que «o co-contratante tem o direito de resolver o contrato», sem circunscrever esse direito aos casos previstos no diploma, expressamente acautelando «outras situações de grave violação das obrigações assumidas pelo contraente público especialmente previstas no contrato», poder-se-á concluir que, como é regra, as causas de resolução indicadas não são taxativas. Imagine-se que o dono de obra, para evitar pagar o prémio de conclusão antecipada da obra, atrasa consignações parciais subsequentes, de modo a implicar suspensão de trabalhos por período inferior a 120 dias e entra, sucessivamente, em mora nos pagamentos parciais por períodos inferiores a seis meses dias. Tal comportamento, que não integra as previsões legais, consubstancia justa causa de resolução do contrato por parte do empreiteiro.

III. Ainda que se entenda não serem taxativas as causas de resolução do contrato, cabe analisar as concretizações legais, constantes dos arts. 332º, 333º, 405º e 406º do CCP.

Apesar de não prevista no Código dos Contratos Públicos, pode atender-se à situação de o dono da obra, «sem a concordância do empreiteiro, retirar da empreitada quaisquer trabalhos ou parte da obra para os fazer executar por outrem», pois está a violar gravemente o contrato, pondo em causa o plano de execução do empreiteiro, razão pela qual este se previa a desvinculação (art. 148º, nº 4, do REOP). A situação apresenta alguma similitude com a revogação tácita do mandato, que ocorre quando o mandante designa outra pessoa para a prática dos actos de que incumbira o mandatário (art. 1171º do CC), mas na empreitada de obras públicas não se conferiu ao dono da obra a possibilidade de proceder à revogação unilateral do contrato; razão pela qual, a actuação enunciada faculta ao empreiteiro a via da resolução do contrato, nos termos gerais.

Sempre que o dono da obra não tenha procedido à consignação dos trabalhos no prazo de seis meses dias, contados da data da assinatura do contrato, há uma situação de mora prolongada que, por força da lei, se transforma em

DA CESSAÇÃO DO CONTRATO

incumprimento definitivo, permitindo a resolução do contrato (art. 406º, alínea *a*), do CCP). Neste caso, não será necessário que o empreiteiro recorra ao estabelecimento de um prazo admonitório (art. 808º, nº 1, do CC), pois a mora na consignação dos trabalhos que se prolongue por mais de seis meses, automaticamente se transforma em incumprimento definitivo, viabilizando a resolução do contrato. A situação é idêntica no caso de atraso em consignações parciais que impliquem interrupção dos trabalhos por mais de 120 dias (art. 406º alínea *b*), do CCP), só que, em tal caso, os 120 dias não correspondem à mora na consignação, antes à sua consequência na execução da obra. Dir-se-á que a gravidade da mora, de molde a transformá-la em incumprimento definitivo, será aferida em função da consequência no tempo de uma paralisação da obra.

Quando a suspensão dos trabalhos se prolongar por um período alargado, em consequência de ordem do dono da obra, o empreiteiro pode resolver o contrato (art. 406º, alínea *d*), do CCP), na medida em que se presume que tal suspensão lhe acarretará prejuízos, pois fica limitado na sua actuação livre no mercado.

A alteração do equilíbrio contratual, que acarrete uma onerosidade acrescida para uma das partes, nos termos gerais, confere ao lesado o direito de resolver o contrato, razão pela qual os arts. 354º e 406º, alínea *e*), do CCP, se limitam a concretizar os parâmetros do regime de alteração das circunstâncias (art. 437º, nº 1, do CC).

Por último, o empreiteiro só pode resolver o contrato se a mora no pagamento das parcelas do preço ajustado se prolongar por mais seis meses ou quando o montante em dívida exceda 25 % do preço contratual de 132 dias (art. 332º, alínea *c*), do CCP). Em regra, só o incumprimento definitivo atribui à contraparte o direito de resolver o contrato, não a mora, sendo necessário recorrer à previsão do art. 808º do CC, para se preencher o pressuposto do art. 801º do CC; mas no art. 332º, alínea *c*), do CCP, estabeleceu-se um prazo admonitório (legal) de seis meses.

IV. Relativamente à forma, como resulta do art. 332º, nº 3, do CCP, «o direito de resolução é exercido por via judicial ou mediante recurso a arbitragem».

No entanto, no caso de resolução por incumprimento de obrigações pecuniárias do dono da obra, o direito de resolução pode ser exercido mediante declaração ao contraente público, produzindo efeitos 30 dias após a recepção dessa declaração, salvo se o contraente público cumprir as obrigações em atraso nesse prazo, acrescidas dos juros de mora a que houver lugar.

EMPREITADA

O empreiteiro que pretenda resolver o contrato, diversamente do regime tradicional e do direito comum, terá de recorrer à via judicial ou à arbitragem (art. 332º, nº 3, do CCP), excepto no caso de falta de pagamento do preço, em que a resolução pode efectivar-se por declaração enviada ao dono de obra, que, todavia, pode impedir o efeito extintivo do contrato caso pague a prestação em dívida acrescida de juros de mora (art. 332º, nº 4, do CCP).

Salvas situações excepcionais a resolução do contrato, por iniciativa do empreiteiro, depende de decisão judicial ou sentença arbitral; contrariamente ao regime geral, a resolução requerida pelo empreiteiro só produz efeitos mediante a intervenção de terceiro (tribunal judicial ou arbitral)[1179]. Pode entender-se que esta excepção decorre da natureza do contrato de empreitada de obras públicas, que é um contrato administrativo, tendo subjacente a prossecução do interesse público, razão pela qual não se faculta ao empreiteiro, mesmo em caso de violação grave por parte do dono da obra das respectivas obrigações, o direito de resolver extrajudicialmente o vínculo, salvo no caso de falta de pagamento do preço[1180].

Em suma, a resolução requerida pelo empreiteiro pressupõe decisão judicial ou arbitral, salvo se fundada em falta grave de pagamento do preço, que, ainda assim, pode ser impedida pelo dono da obra.

6. Efeitos da cessação

I. No Código dos Contratos Públicos, sem afastamento das regras gerais, alude-se a vários aspectos relacionados com os efeitos da cessação do vínculo.

Em primeiro lugar, conforme prescrevia no art. 234º, nº 4, do REOP, «a rescisão não produz, em regra, efeito retroactivo», pelo que a extinção do vínculo só tem eficácia *ex nunc*. Sendo a empreitada um contrato cuja execução se protela no tempo, como foi indicado a propósito das particularidades no âmbito das relações duradouras, mais concretamente dos contratos de execução prolongada[1181], a extinção do vínculo, mesmo na hipótese de resolução a qual tem, por via de regra, eficácia retroactiva, não afectará normalmente as prestações efectuadas.

[1179] Cfr., quanto ao regime anterior, mais flexível, ROMANO MARTINEZ/MARÇAL PUJOL, *Empreitada de Obras Públicas*, cit., anotação ao art. 219º, p. 329.

[1180] Cfr. Sentença da Auditoria Administrativa do Porto, de 15/5/1984, processo nº 2527, ANDRADE DA SILVA, *Regime Jurídico das Empreitadas de Obras Públicas*, 9ª edição, Coimbra, 2004, anotação 9 ao art. 238º, p. 671. No mesmo sentido, veja-se ROMANO MARTINEZ, *Direito das Obrigações (Parte Especial). Contratos*, cit., p. 322.

[1181] *Vd. supra*, I Parte, Capítulo III, § 4.

DA CESSAÇÃO DO CONTRATO

A regra da eficácia *ex nunc* vale igualmente para a caducidade e para a revogação, nos termos gerais.

II. Como particularidade importará atender ao diferimento da restituição de bens do empreiteiro. Em consequência da cessação, cada uma das partes deverá restituir tudo o que tenha em seu poder em consequência do contrato e que seja pertença da contraparte; contudo, se o dono da obra optar pela execução das prestações por terceiro (art. 325º, nº 3, do CCP), pode prosseguir a obra com bens do empreiteiro. De modo mais explícito, prescrevia-se no art. 237º, nº 1, do REOP – na sequência do regime da posse administrativa conferida ao dono da obra em caso de extinção do vínculo –, que o dono da obra, tendo tomado posse dos trabalhos após a cessação do vínculo, continuaria a utilizar «as máquinas, materiais, ferramentas, utensílios, edificações, estaleiros e veículos» do empreiteiro, pagando um «preço acordado ou fixado em arbitragem ou judicialmente». Mais uma vez, a prossecução do interesse público justifica o estabelecimento de uma excepção ao regime regra[1182].

III. Como a caducidade só determina a extinção do contrato com efeitos *ex nunc*, cessando o contrato por morte, interdição, inabilitação ou insolvência do empreiteiro, este, seus herdeiros ou credores têm direito a receber o valor devido pela cessação do vínculo, nomeadamente o valor dos trabalhos efectuados.

IV. No caso de «resolução por razões de interesse público», o empreiteiro terá direito a uma «justa indemnização» (art. 334º, nº 1, do CCP), correspondente «aos danos emergentes e aos lucros cessantes, devendo, quanto a estes, ser deduzido o benefício que resulte da antecipação dos ganhos previstos» (art. 334º, nº 2, do CCP); a formulação desta norma suscita dúvidas.

[1182] ANDRADE DA SILVA, *Regime Jurídico das Empreitadas de Obras Públicas*, cit., anotação 5 ao art. 237º, p. 668, entende que a retenção não serve exclusivamente para a prossecução dos trabalhos, mas também como garantia (direito de retenção) relativamente a créditos sobre o empreiteiro. Sobre os poderes excepcionais do dono da obra, justificados no âmbito da autoridade e interesse público, *vd.* ANCORA, *La "Rescissione" del Contratto di Appalto di Oppere Pubbliche*, cit., pp. 51 e ss. De modo diverso, MARIA JOÃO ESTORNINHO, «Para uma Comparação entre a Empreitada civil e as Empreitadas celebradas por Entidades Públicas», cit., p. 12, considera que se trata de uma excepção às regras gerais, que subsiste neste âmbito, até porque, como refere em *Contratos da Administração Pública (Esboço de Autonomização Curricular)*, Coimbra, 1999, pp. 135 e s., o art. 187º do Código de Procedimento Administrativo deu «a machadada final na natureza exorbitante» dos poderes da Administração Pública.

EMPREITADA

De facto, prescreve-se no nº 1 do art. 334º do CCP que o dono da obra deve indemnizar o empreiteiro, pagando a «justa indemnização». Não fora a concretização do nº 2 do mesmo preceito, e poderia deduzir-se que a indemnização abrangeria todos os danos. No nº 2 do citado art. 334º do CCP especifica-se que: «A indemnização a que o co-contratante tem direito corresponde aos danos emergentes e aos lucros cessantes, devendo, quanto a estes, ser deduzido o benefício que resulte da antecipação dos ganhos previstos». Daqui resulta que estão em causa danos emergentes e lucros cessantes, excluindo outros danos como perda de oportunidade, danos futuros ou danos difusos. Apesar de a formulação legal não ser tão explícita como o art. 1229º do CC, pode concluir-se que se segue o critério positivo de apuramento do valor da indemnização, somando-se várias parcelas correspondentes ao dano emergente (trabalhos realizados, materiais adquiridos, etc.). Quanto ao lucro cessante, no transcrito nº 2 do art. 334º do CCP manda-se deduzir «(...) o benefício que resulte da antecipação dos ganhos previstos».

No fundo, determina-se que o empreiteiro tem direito aos danos emergentes (sem os especificar) e ao lucro cessante com uma dedução. Todavia, além de os danos emergentes não se encontrarem especificados, recorrendo-se às regras gerais de Direito Civil, também quanto aos lucros cessantes não se estabeleceu critério de aferição, indicando-se unicamente que será feita uma dedução.

Apesar de os danos emergentes não se encontrarem especificados no art. 334º do CCP, tendo em conta o paralelo constante do art. 1229º do CC e, em especial, o regime regra da obrigação de indemnizar (arts. 562º ss. do CC), nomeadamente a teoria da diferença, salvo situações problemáticas, não será complexa a operação de apuramento de tais danos. Diferentemente, o apuramento dos lucros cessantes, atendendo unicamente ao disposto na parte final do nº 2 do art. 334º do CCP, revela-se de extrema dificuldade. Por um lado, indica-se que o dono de obra tem de indemnizar o empreiteiro por lucros cessantes; e com esta referência genérica incluir-se-ão todos os lucros cessantes – de modo mais amplo do que no Direito Privado – com a dificuldade do seu apuramento. De facto, recorrendo ao disposto no art. 564º do CC, o lucro cessante abarca todos os benefícios que o empreiteiro deixou de obter em consequência da resolução do contrato. Mas a acrescer a esta dificuldade da amplitude do lucro cessante consagrado no art. 334º do CCP, inclui-se a dedução do benefício que resulte da antecipação dos ganhos previstos. Pode entender-se que esta dedução respeita a pagamentos efectuados nos quais se incluam ganhos do empreiteiro; no fundo, um modo de *compensatio lucri cum damno*. Além de este sentido da norma em questão não ser unívoco, apurar

DA CESSAÇÃO DO CONTRATO

lucros cessantes (em sentido amplo) e, simultaneamente, proceder à compensação com antecipações de pagamentos que parcialmente incluíam lucros cessantes é de uma dificuldade extrema[1182a]. É certo que, como prevê no nº 3 do art. 566º do CC, quando não pode ser apurado o valor exacto dos danos, a indemnização é fixada em termos equitativos. Contudo, há lugares paralelos, cujos regimes facilitam o apuramento dos lucros cessantes. Como indicado, em sede de empreitada de Direito Privado, dispõe o art. 1229º do CC que os lucros cessantes são fixados pelo valor do proveito perdido pelo empreiteiro. Esta delimitação dos lucros cessantes, ainda que não prescrita em sede de empreitada de obras públicas, pode ser tida em conta na interpretação do art. 334º do CCP. Além disso, no art. 381º do CCP, a propósito da indemnização por supressão de trabalhos, determina-se, no nº 1, que: «Quando, por virtude da ordem de supressão de trabalhos ou de outros actos ou factos imputáveis ao dono da obra, os trabalhos executados pelo empreiteiro tenham um valor inferior em mais de 20 % ao preço contratual, este tem direito a uma indemnização correspondente a 10 % do valor da diferença verificada». Com efeito, no art. 381º do CCP – com alguma similitude com a solução prevista no art. 1229º do CC –, recorre-se a um método fácil de apuramento de danos, concretamente de lucros cessantes[1182b]. Ora, esta solução simples de apuramento do dano (lucro cessante) é compatível com o disposto no art. 334º do CCP. Pode até dizer-se que o regime previsto no art. 381º do CCP completa, no que respeita ao modo de cálculo, o apuramento do lucro cessante previsto no art. 334º do CCP. Em suma, para determinar o valor do lucro cessante previsto no nº 2 do art. 334º do CCP, além da dedução a que se faz menção neste preceito, no demais, atendendo à amplitude da referência a lucro cessante e à consequente dificuldade de fixar o seu valor, ter-se-á de recorrer ao regime previsto no art. 381º do CCP.

Em suma, sendo a formulação legal bastante ampla, pela referência a «danos emergentes e lucros cessantes» sofridos pelo empreiteiro em consequência da *resolução por razões de interesse público*, na sua concretização dever-se-á atender ao disposto no art. 1229º do CC (*vd.* art. 280º do CCP), podendo, assim, concluir-se que o legislador optou por um critério positivo, segundo

---

[1182a] A este propósito refira-se que no revogado Regime de Empreitada de Obras Públicas – art. 234º do REOP que previa a rescisão por conveniência do dono da obra – de modo a evitar delongas e dificuldades no apuramento e liquidação da indemnização, permitia-se que a mesma fosse determinada por uma percentagem (nº 2 do preceito mencionado).

[1182b] Idêntico modo simplificado de apuramento do valor da indemnização constava do art. 234º, nº 2, do REOP, em caso de rescisão por conveniência do dono da obra, mas essa parte da norma não transitou para o art. 234º do CCP.

EMPREITADA

o qual há a pagar ao empreiteiro os gastos, em material, mão-de-obra, etc., acrescidos do proveito que poderia tirar da obra concluída. Nos termos gerais, em particular relativamente a este último aspecto (lucros cessantes), deverão ter-se em conta as regras gerais da determinação da obrigação de indemnizar, nomeadamente o nexo de causalidade (art. 563º do CC).

V. Resolvido o contrato pelo dono da obra como sanção aplicável ao empreiteiro, aquele tem direito de ser indemnizado pelos prejuízos que lhe foram causados (art. 333º, nº 2, do CCP), sendo a indemnização calculada nos termos gerais com a liquidação final. Fixado o valor da indemnização devida ao dono de obra, este pode proceder à compensação, deduzindo depósitos do empreiteiro e garantias por este prestadas, assim como o valor dos trabalhos executados (art. 400º, alínea *a*), do CCP). Esta disposição prevê que, da conta final da empreitada, consta «uma conta corrente à qual são levados, por verbas globais, os valores de todas as medições e revisões ou acertos decorrentes de reclamações decididas, o prémio por cumprimento antecipado do contrato e as sanções contratuais aplicadas».

VI. Sendo a cessação da iniciativa do empreiteiro, para efeito da fixação do montante indemnizatório importará distinguir se a resolução é justificada por facto imputável ao dono da obra ou fundada em causas objectivas.

Nas situações em que o empreiteiro resolve o contrato porque o dono da obra incumpriu deveres contratuais (p. ex., atrasou a consignação dos trabalhos), a indemnização abrange os danos emergentes e os lucros cessantes, sem limitações; diversamente, sendo a resolução fundada em causas objectivas, poder-se-á atender à limitação dos lucros cessantes, em moldes idênticos aos mencionados nas reflexões constantes do anterior ponto IV deste número.

Capítulo XIII
Renda perpétua

§ 1. Enunciação

Pelo contrato de renda perpétua o credor aliena a favor do devedor uma coisa ou um direito ou entrega-lhe uma quantia em dinheiro, e o *solvens* obriga--se, sem limite de tempo, a pagar ao *accipiens*, periodicamente, como renda, determinada quantia em dinheiro ou outra coisa fungível (art. 1231º do CC).

Apesar de a figura apresentar similitudes com o contrato de seguro, não está sujeita às limitações deste regime, tais como as condicionantes ao exercício da actividade seguradora, à supervisão a cargo do Instituto de Seguros de Portugal (agora denominado Autoridade de Supervisão de Seguros e Fundos de Pensões) e à regulamentação particular do contrato de seguro. Nomeadamente, não serão de ter em conta as regras especiais quanto à cessação do vínculo de seguro, *v. g.* a cessação automática por falta de pagamento do prémio (art. 61º, n.ᵒˢ 1 e 2, da LCS).

Pelo que respeita à cessação do contrato de renda perpétua, sem descurar a aplicação de regras gerais, importa atender às particularidades da denúncia, constantes do regime de remição da renda (art. 1236º do CC), e à regra da resolução enunciada no art. 1235º do CC.

§ 2. Remição

I. O contrato de renda perpétua é, como a própria designação indica, de duração continuada, mas, ainda assim, no seguimento das regras gerais, poderá antecipar-se a desvinculação.

Contudo, a possibilidade de denúncia, por via da remição, só é conferida ao devedor da renda, nos termos prescritos no art. 1236º do CC. Poder-se--ia questionar se, atendendo ao regime comum e perante a omissão dos arts.

DA CESSAÇÃO DO CONTRATO

1231º e ss. do CC, a liberdade de denúncia não seria conferida ao beneficiário da renda. A solução não parece defensável, tendo em conta a estrutura negocial da renda perpétua; a sua natureza assenta no pressuposto da perpetuidade do vínculo, contrapondo-se ao princípio da livre desvinculação. Acresce ainda que, sendo o beneficiário credor das rendas, não poderá remitir a dívida sem o consentimento do devedor, porque a remissão tem natureza contratual (art. 863º, nº 1, do CC).

II. Na falta de estipulação em contrário, o devedor poderá a todo o tempo remir a renda, pagando o montante correspondente à capitalização da soma de dinheiro recebida ou do valor da coisa ou direito adquirido aquando da celebração do contrato (art. 1236º, nº 1, do CC). A remição aqui prevista tem semelhanças com o resgate consagrado para certos contratos de seguro, como o seguro de vida. A capitalização, na falta de acordo em contrário, é feita à taxa legal de juros, actualmente de 4% ao ano (art. 559º do CC e Portaria nº 291/2003, de 8 de Abril).

Como resulta do princípio da liberdade contratual, caberá às partes ajustar limitações e regras para a remição. Mas o direito de remição é imperativo, não sendo lícita a renúncia a esse direito por parte do devedor da renda (art. 1236º, nº 2, 1ª parte, do CC).

Relativamente a tais limitações, no nº 2 do art. 1236º do CC prevê-se a possibilidade de se estabelecer um período imperativo de vigência do contrato, durante o qual o devedor da renda não a pode remir. O período máximo de vigência, sem possibilidade de remição, não excederá, no entanto, a vida do primeiro beneficiário ou um período de vinte anos.

§ 3. Resolução

Ao beneficiário da renda, não sendo lícito denunciar o contrato, é permitido resolver o negócio jurídico em caso de incumprimento da contraparte. Todavia, tendo em conta que o dever principal do devedor é o pagamento atempado da renda, o art. 1235º do CC prescreve que a mora prolongada, por um período de dois anos, sem necessidade de estabelecer um prazo admonitório (art. 808º, nº 1, do CC), confere ao credor o direito de resolver o contrato. Do disposto no art. 1235º do CC decorre que a mora prolongada, por período correspondente a dois anos, se converte automaticamente em incumprimento definitivo, funcionando o período de dois anos como um prazo admonitório legal[1183].

[1183] Solução diversa decorre do direito espanhol, determinando o art. 1805 do CCEsp. que, salvo acordo em contrário, a falta de pagamento da renda não faculta ao beneficiário o direito de resol-

Além da mora prolongada, também constitui fundamento de resolução a ocorrência de qualquer das situações de perda do benefício do prazo, a que se refere o art. 780º do CC. Assim, se o devedor da renda se tornar insolvente ou, por causa que lhe seja imputável, diminuírem as garantias do crédito ou não forem prestadas as garantias prometidas, o beneficiário da renda pode resolver o contrato.

O regime especial constante do art. 1235º do CC, à excepção das situações nele previstas, não afasta a aplicação das regras gerais de resolução do contrato, nomeadamente por incumprimento (art. 801º, nº 2, do CC) ou, na resolução convencional, em função de cláusula acordada.

Na aplicação do regime geral, importa ponderar o efeito retroactivo. O contrato de renda perpétua destina-se a vigorar por um período dilatado, consubstanciando um vínculo de execução continuada; apesar de a regra constante do nº 2 do art. 434º do CC apontar para a resolução ter efeito *ex nunc*, pode admitir-se que este contrato se inclui na excepção constante da parte final do preceito, tendo, em princípio, a resolução eficácia retroactiva.

---

ver o contrato, cfr. ALBALADEJO, *Derecho Civil*, II, *Derecho de Obligaciones*, 12ª edição, Barcelona, 2004, pp. 841 e ss.

Esta limitação tem por base a ideia, que não se pode acompanhar, segundo a qual a resolução por incumprimento se encontra excluída nos contratos aleatórios (*vd.* ÁLVAREZ VIGARAY, *La Resolución de los Contratos Bilaterales por Incumplimiento*, 3ª edição, Granada, 2003, pp. 380 e ss., com abundantes citações de autores italianos e franceses), pois não se pode confundir a alea contratual – em que uma das partes assume um determinado risco – com o incumprimento grave de prestações que inviabilizem a prossecução da finalidade contratual, independentemente do risco subjacente.

Capítulo XIV
Renda vitalícia

§ 1. Enunciação

O contrato de renda vitalícia distingue-se do de renda perpétua pela circunstância de a sua vigência estar fixada atendendo à duração da vida do credor, seja o alienante ou um terceiro beneficiário da renda (art. 1238º do CC). Deste modo, na renda vitalícia, o devedor obriga-se a pagar ao credor, periodicamente, como renda, determinada quantia em dinheiro ou outra coisa fungível, em razão de este lhe ter alienado uma coisa ou direito ou de lhe ter entregado uma quantia em dinheiro. O contrato de renda vitalícia pode ser ajustado a favor de terceiro, caso em que o credor da renda não é parte no negócio jurídico. Nesta hipótese, o alienante entregou coisa, direito ou dinheiro ao devedor, ficando este obrigado a pagar uma renda a terceiro, que será o credor. Em qualquer caso, a obrigação de pagar a renda subsiste durante a vida do credor, seja este parte no contrato ou terceiro beneficiário. Tal como a renda perpétua, o contrato de renda vitalícia encontra similitudes com o contrato de seguro.

Quanto à cessação do vínculo, além da caducidade decorrente da própria duração do contrato, que pode ser convencionado por uma ou duas vidas (art. 1240º do CC), as particularidades respeitam igualmente à resolução do contrato (art. 1242º do CC) e à remição da renda (art. 1243º do CC).

§ 2. Caducidade

Sendo o contrato de renda vitalícia convencionado por uma ou duas vidas (art. 1240º do CC), caduca com a morte do primeiro ou do segundo beneficiário.

DA CESSAÇÃO DO CONTRATO

Não obstante se tratar de prazo incerto, a morte do beneficiário (eventualmente a morte do segundo beneficiário, se foi ajustada a transmissão) determina a cessação automática do contrato por caducidade.

A caducidade, neste caso, não advém do *intuitu personae* do contrato, mas da natureza temporária do vínculo, associada à duração da vida de uma ou de duas pessoas[1184].

§ 3. Remição

De modo diverso do que se estatui em sede de renda perpétua, como se trata de um contrato temporalmente limitado, ainda que sujeito a termo incerto, o devedor só pode remir a renda se tal direito tiver sido convencionado (art. 1243º do CC)[1185]. Por outro lado, a remição prevista neste preceito não opera por via da capitalização, como na renda perpétua (art. 1236º, nº 1, do CC), mas pelo pagamento integral do que tiver sido recebido não descontando as prestações efectuadas. O devedor que pretenda remir a renda, estando essa possibilidade convencionada, deverá devolver a coisa, direito ou dinheiro recebido e não pode exigir a devolução das rendas pagas. Se o devedor recebeu coisa ou direito, não podendo proceder à respectiva devolução – *v. g.*, porque alienou a coisa a terceiro – à imagem do que prescreve o nº 2 do art. 432º do CC para a resolução, dever-se-á entender que não pode exercer o direito de remição.

Tendo em conta que se trata de um negócio de duração limitada (uma ou duas vidas), nenhuma das partes tem o direito de livremente denunciar o contrato.

§ 4. Resolução

No art. 1242º do CC admite-se que o beneficiário da renda vitalícia resolva o contrato nos mesmos termos em que se conferiu tal direito ao beneficiário da renda perpétua (art. 1235º do CC), pelo que se remete para o que foi indicado no § 3 do anterior Capítulo[1186].

[1184] Trata-se do que Zurita Martín, *Contratos Vitalicios*, Madrid, 2001, pp. 283 e ss., designa por extinção da renda vitalícia por causa natural.

[1185] De facto, como indica, Zurita Martín, *Contratos Vitalicios*, cit., pp. 285 e s., não é, em princípio, possível remir a renda vitalícia em razão do carácter aleatório do negócio. A proibição de remir salvo acordo em contrário consta igualmente do art. 1979 do CCFr. e do art. 1879 do CCIt.

[1186] O direito de resolver o contrato de renda vitalícia está excluído no art. 1978 do CCFr., assim como no 1805 do CCEsp. (cfr. Clemente Meoro, *La Facultad de Resolver los Contratos por Incumplimiento*, Valência, 1998, pp. 102 e s.), não obstante a admissibilidade do acordo quanto a uma cláusula resolutiva (cfr. Zurita Martín, *Contratos Vitalicios*, cit., pp. 199 e ss.). Também Trabucchi, *Istituzioni di Diritto Civile*, 32ª edição, Pádua, 1991, p. 736, explica que, nos termos do art. 1878 do

RENDA VITALÍCIA

A previsão legal de resolução do contrato de renda vitalícia por falta de pagamento de rendas de dois anos – constante do art. 1242º por remissão para o art. 1235º, ambos do CC –, além de corresponder a uma solução mais equilibrada do que a constante de outros ordenamentos, não inviabiliza o recurso à resolução nos termos comuns, em especial por incumprimento de deveres contratuais (art. 801º nº 2, do CC)[1187]. Por exemplo, se o beneficiário da renda alienou ao devedor um imóvel com defeito, este poderá resolver o contrato por aplicação do disposto no art. 913º do CC. Por outro lado, se o devedor da renda se obrigou a manter o imóvel adquirido com certa função social, não respeitando o acordo, cabe ao beneficiário resolver o contrato[1188].

Além da resolução fundada em incumprimento, desde que verificados os respectivos pressupostos, poderá haver resolução do contrato de renda vitalícia por alteração das circunstâncias[1189].

CCIt., a renda vitalícia não está sujeita à resolução por falta de pagamento de rendas, porque não é um contrato com prestações correspectivas.

[1187] Neste sentido, ZURITA MARTÍN, *Contratos Vitalicios*, cit., pp. 240 e ss. No Ac. STJ de 19/6/1997, *CJ (STJ)* 1997, T. II, p. 135, admitiu-se a resolução, mas entendeu-se que o contrato não era de renda vitalícia, mas atípico.

[1188] Veja-se PINTO MONTEIRO, *Erro e Vinculação Negocial*, Coimbra, 2002, pp. 31 e s. e p. 46.

[1189] Cfr. ZURITA MARTÍN, *Contratos Vitalicios*, cit., pp. 289 e ss.

Capítulo XV
Jogo e aposta

Relativamente aos contratos de jogo e de aposta, previstos nos art. 1245º e ss. do CC, o legislador não estabeleceu nenhum regime especial quanto à cessação, valendo as regras gerais. Como dispõe o art. 1247º do CC, da legislação especial sobre a matéria poderiam constar particularidades que respeitassem à cessação do vínculo.

Contudo, dessa legislação, além da frequente referência à rescisão da concessão de jogo (p. ex., art. 119º do Decreto-Lei nº 422/89, de 2 de Dezembro, alterado pelo Decreto-Lei nº 10/95, de 19 de Janeiro, pela Lei nº 28/2004, de 16 de Julho, pelo Decreto-Lei nº 40/2005, de 17 de Fevereiro, pela Lei nº 64-A/2008, de 31 de Dezembro, pelo Decreto-Lei nº 114/2011, de 30 de Novembro e pelo Decreto-Lei nº 64/2015, de 29 de Abril), não se prescreve um regime especial de extinção dos contratos de jogo e de aposta. No citado diploma que disciplina o jogo é conferido um particular relevo à concessão de jogo (arts. 9º e ss.) e ao funcionamento dos casinos (arts. 27º e ss.), nomeadamente das respectivas salas de jogo (arts. 32º e ss.), mas as regras sobre a prática do jogo (arts. 53º a 68º) são omissas quanto à hipótese de extinção do vínculo. Valem, assim, as regras gerais de cessação do contrato.

Assim, tendo sido feito o preenchimento do totoloto, com determinada chave, durante cinco semanas, o contrato caduca no termo do período indicado. Se alguém apostou numa corrida num cavalo que acabou por não participar, o contrato pode ser destruído por resolução.

Capítulo XVI
Transacção

I. Tal como noutros contratos, na transacção (arts. 1248º e ss. do CC), em que as partes previnem ou fazem cessar um litígio, mediante recíprocas concessões, não se estabelecem regras especiais em matéria de cessação, valendo o regime geral.

Porém, quando a transacção implica a celebração de outro contrato, através do qual se façam as recíprocas concessões, as regras de cessação deste negócio jurídico podem repercutir-se na transacção, nos termos anteriormente analisados a propósito da união de contratos[1190].

II. Relativamente à transacção, a extinção do vínculo oferece uma dificuldade acrescida, pois o objecto do contrato é uma *res litigiosa*, com a consequente incerteza (*res dubia*), que se pretende eliminar por via de concessões mútuas[1191]. Refira-se que as «recíprocas concessões» não têm de ser equivalentes, podendo, na transacção, uma das partes «transigir» mais do que a outra.

A extinção do vínculo de transacção, sendo esta judicial, permite a reabertura da lide a que se pôs termo[1192]. Será questionável a possibilidade de

---

[1190] *Vd. supra*, I Parte, Capítulo IV, § 2.

[1191] Cfr. GALGANO, *Diritto Civile e Commerciale*, Volume 2º, *Le Obbligazioni e i Contratti*, Tomo 2º, *I Singoli Contratti, gli Atti Unilaterali e i Titoli di Credito, i Fatti Illeciti e gli altri Fatti Fonte di Obbligazione, la Tutela del Credito*, 3ª edição, Pádua, 1999, pp. 227 e ss. Discutindo se a transacção inside sobre uma *res dubia* ou *res litigiosa*, *vd.* LÓPEZ BARBA, *El Contrato de Transacción. Su Resolución por Incumplimiento*, Múrcia, 2001, pp. 31 e ss.

[1192] Sobre a resolução da transacção, prevista no art. 1976 do CCIt., que permite a reabertura do processo judicial, *vd.* GALGANO, *Diritto Civile e Commerciale*, Volume 2º, cit., pp. 230 e s.; MORETTI,

DA CESSAÇÃO DO CONTRATO

as partes, por acordo (revogação), ou uma delas, por decisão unilateral (por exemplo, resolução), extinguirem os efeitos de uma transacção judicial, mas esta não se confunde com a decisão do tribunal que ponha termo à lide. Ainda que certos efeitos sejam idênticos – em particular no que respeita ao termo de uma contenda judicial – não se deverá equiparar a transacção à decisão judicial, porquanto a transacção, ainda que judicial, não perde a sua natureza contratual[1193]. Ora, o contrato pode cessar nos termos gerais. Assim, se uma das partes não cumprir a prestação a que se tenha obrigado pela transacção faculta-se à contraparte o direito de resolver o contrato. Por outro lado, a autonomia privada não fica coarctada pela transacção, sendo viável que as partes, posteriormente, por alteração da respectiva vontade, decidam revogar o contrato de transacção, desvinculando-se. A isto acresce que, podendo a transacção ser judicial ou extrajudicial, também designada «preventiva» (art. 1250º do CC), não haveria que estabelecer regras diferentes quanto aos respectivos modos de cessação, pelo que extinção do vínculo, em ambas as hipóteses, ficará sujeita a idêntico regime[1194].

«Lo Scioglimento della transazione», *in Recesso e Risoluzione nei Contratti*, org. Giorgio DE NOVA, Milão, 1994, pp. 934 e ss.; TRABUCCHI, *Istituzioni di Diritto Civile*, 32ª edição, Pádua, 1991, p. 760, nota 2. Sem a mesma base legal, a resolução por incumprimento do contrato de transacção surge defendida e explicada em LÓPEZ BARBA, *El Contrato de Transacción*, cit., pp. 121 e ss. e é admitida por BRANDÃO PROENÇA, *A Resolução do Contrato no Direito Civil. Do Enquadramento e do Regime*, Coimbra, 1996, p. 96, nota 251.

[1193] Cfr. LACRUZ BERDEJO *et alii*, *Elementos de Derecho Civil*, Tomo II, *Derecho de Obligaciones*, Volume 2, *Contratos y Cuasicontratos. Delito e Cuasidelito*, 2ª edição, Madrid, 2002, p. 368.

[1194] Veja-se, contudo, LÓPEZ BARBA, *El Contrato de Transacción*, cit., pp. 124 e ss. e 163 e ss., indicando diferenças, em especial relacionadas com aspectos processuais.

CONCLUSÕES

O contrato forma-se, executa-se e extingue-se, e a cessação do vínculo não corresponde necessariamente à sua patologia. Com frequência, a extinção do vínculo representa a consequência normal, na medida em que, por princípio, os contratos não se celebram para se executarem indefinidamente.

De modo diverso do que sucede quanto à formação, o estudo da cessação do contrato só é feito perfunctoriamente pela doutrina – apesar de serem em número significativo as decisões jurisprudenciais sobre a matéria –, justificando-se a análise conjunta das diversas modalidades de extinção dos vínculos.

Para além de outras causas de extinção de um negócio jurídico, como a invalidade ou o cumprimento das respectivas prestações, as formas de cessação do contrato reconduzem-se usualmente a quatro modalidades: caducidade, revogação, denúncia e resolução. Todavia, não raras vezes, surgem, tanto na legislação como na doutrina e na jurisprudência, outras expressões, como rescisão, com sentidos variados. Apesar de se poder reconduzir os diferentes tipos de extinção à dissolução *ipso facto* e à cessação *ex voluntate*, como, em particular nesta última modalidade, se incluem situações distintas, justifica-se a respectiva análise em separado.

Mesmo as quatro tradicionais formas de cessação do contrato compreendem, frequentemente, diversos modos de extinção do vínculo, que dificultam uma visão unitária. Por outro lado, as mencionadas modalidades de extinção do contrato nem sempre se distinguem facilmente, sendo usual uma qualificação díspar para situações jurídicas similares (p. ex., o arrependimento surge qualificado como resolução na venda a distância, como revogação na denúncia do trabalhador e como retractação na lei de defesa do consumidor). Aliás, nas quatro formas de cessação encontram-se várias situações híbridas,

DA CESSAÇÃO DO CONTRATO

apresentando pontos de contacto com diferentes tipos de extinção (*v. g.*, a denúncia pode corresponder a uma declaração que determina a caducidade do contrato, a impossibilidade pode gerar a caducidade ou facultar o exercício do direito de resolução do contrato e a condição resolutiva determina a caducidade do vínculo segundo o regime da resolução). Acresce que o direito de dissolver o contrato tem, por vezes, uma qualificação que não corresponde ao respectivo regime (p. ex., o direito de arrependimento, que se pode qualificar como revogação do contrato, segue o regime da resolução). Refira-se ainda que as formas de cessação também surgem encapotadas (p. ex., mediante a designada «modificação-denúncia», a cessação do vínculo decorre da recusa de uma proposta de modificação do contrato).

Não obstante a mencionada diversidade, o regime das diferentes formas de dissolução tem vários aspectos comuns, alguns dos quais se encontram nas regras da resolução – única forma de extinção regulada autonomamente no Código Civil (arts. 432º a 436º) –, constituindo esta, por isso, o regime paradigmático da cessação do contrato.

A mencionada interconexão entre as formas de extinção do contrato, assente em referências comuns, permite que, por vezes, a uma modalidade de cessação se aplique, primordialmente, o regime de outra modalidade (*v. g.*, em caso de condição resolutiva, que gera a caducidade do contrato, a lei remete para o regime da resolução).

Há, pois, indícios de uma tendencial uniformidade das formas e regimes de cessação nos diferentes vínculos contratuais, podendo concluir-se no sentido de ser mais relevante a determinação do regime jurídico aplicável do que a questão terminológica atinente aos diversos modos de dissolução do contrato.

Importa, portanto, evitar o conceptualismo, não se podendo assentar na ideia de que a um determinado *nomen iuris* corresponda um regime unitário; não raras vezes, o mesmo termo identifica modos de cessação do vínculo com regras diferenciadas. De facto, não obstante o trabalho de sistematização operado pelo Código Civil e a tentativa de utilização de conceitos com sentido preciso, as formas de cessação têm um peso histórico que inviabilizou a uniformização terminológica e de regime e, na evolução subsequente, plasmada em diversos diplomas avulso, não se seguiu uma delimitação estanque. Principalmente quanto ao regime, em que a resolução constitui a figura paradigmática, encontram-se múltiplos pontos de contacto e de dissemelhança, sendo indispensável a análise concreta de cada situação jurídica.

Não se deverá, contudo, concluir no sentido de que o regime da cessação do contrato, atendendo às variadas particularidades de cada situação contratual, se afasta da tradicional base conceptual do direito romano-germânico,

CONCLUSÕES

aproximando-se da perspectiva casuística do sistema anglo-saxónico. Antes pelo contrário, não obstante as especificidades registadas, neste trabalho procurou-se sublinhar que as diversas formas de cessação do contrato estão sujeitas a regras gerais aplicáveis às múltiplas situações concretas, sempre que destas não resulte o contrário; ou seja, as soluções enunciadas na Parte Geral aplicam-se aos contratos em especial (II Parte), na medida em que não tenham sido afastadas em preceitos que as contemplem em termos de especialidade ou de excepção; e, não raras vezes, as regras especiais estabelecem somente uma diferente terminologia sem pôr em causa o regime comum.

Por último, nas mencionadas regras gerais, apesar de uma base diversa, pode concluir-se que há uma significativa confluência de soluções entre as diversas modalidades de cessação do contrato.

BIBLIOGRAFIA

A

AAVV – *Das Arbeitsrecht im BGB*, Volumes 1 e 2, Gruyter, Berlim e Nova Iorque, 1997

AAVV – *Palandt Bürgerliches Gesetzbuch*, 63ª edição, Beck, Munique, 2004

AAVV, org. Olga Rosselle BARONE – *La Clausula Risolutiva Espressa*, Cedam, Pádua, 1994

AAVV, org. Roger BLANPAIN – *Comparative Labour Law and Industrial Relations in Industrialized Market Economies*, 7ª edição, Kluwer, Haia, Londres e Boston, 2001

AAVV, org. Cesare Massimo BIANCA – *Convenzione di Vienna sui Contratti di Vendita Internazionale di Beni Mobile*, Cedam, Pádua, 1992

AAVV, org. Franco CARINCI – *La Disciplina dei Licenziamenti Dopo le Leggi 108/1990 e 223/1991*, Volume I, Jovene, Nápoles, 1991

AAVV, org. Luis DíEZ-PICAZO Y PONCE DE LEÓN – *La Compraventa Internacional de Mercaderias. Comentario de la Convención de Viena*, Civitas, Madrid, 1997

AAVV, org. Ugo DRAETTA e Cesare VACCÀ – *Inadempimento, adattamento, arbitrato. Patologie dei contratti e remedi*, EGEA, Milão, 1992

AAVV, org. Marcel FONTAINE e Geneviève VINEY – *Les Sanctions de L'Inexécution des Obligations Contractuelles. Études de Droit Comparé*, Bruylant / LGDJ, Bruxelas / Paris, 2001

AAVV, org. Javier GÁRATE CASTRO – *Cuestiones Actuales sobre el Despido Disciplinario*, Universidad de Santiago de Compostela, 1997

AAVV, org. Agustín JAUSÀS – *Agency and Distribution Agreements*, Graham & Trotman, Londres, 1994

AAVV, org. Ole LANDO e Hugh BEALE – *Principles of European Contract Law*, Partes I e II, Kluwer, Haia, Londres, Boston, 2000

AAVV, org. Nicolò LIPARI – *Trattato di Diritto Privato Europeo*, Volume 3, *L'Attività e il Contratto*, 2ª edição, Cedam, Pádua, 2003

— *Trattato di Diritto Privato Europeo*, Volume 4, *Singoli Contratti. La Responsabilità Civile. Le Forme di Tutela*, 2ª edição, Cedam, Pádua, 2003

AAVV, org. ROMANO MARTINEZ – *Estudos do Instituto de Direito do Trabalho*, Volume I e Volume II, *Justa Causa de Despedimento*, Almedina, Coimbra, 2001 e 2002

AAVV, org. Giuliano MAZZONI – *Manuale di Diritto del Lavoro*, Volume I, Giuffrè, Milão, 1988

AAVV, org. Giorgio DE NOVA – *Recesso e Risoluzione nei Contratti*, Giuffrè, Milão, 1994

AAVV, org. Ulrich Preis – *Der Arbeitsvertrag. Handbuch der Vertragspraxis und –gestaltung,* O. Schmidt, Colónia, 2002

AAVV, org. Harry Rubin – *International Technology Transfers,* Londres, Boston, 1995

AAVV, org. Giuseppe Vettori – *Materiali e Commenti sul Nuovo Diritto dei Contratti,* Cedam, Pádua, 1999

AAVV, org. Giovanna Visintini – *Raccolta di Pareri Forensi in Diritto Privato,* Giuffrè, Milão, 2001

Abrantes, José João – *A Excepção de Não Cumprimento do Contrato no Direito Civil Português. Conceito e Fundamento,* Almedina, Coimbra, 1986

— «Segurança no Emprego e Justa Causa de Despedimento (Breves Considerações)», *Tribuna da Justiça,* nº 6 (1990), pp. 9 a 29

— «Despedimento Colectivo», *Direito do Trabalho. Ensaios,* Cosmos, Lisboa, 1995, pp. 197 a 202

— «O Código do Trabalho e a Constituição», *Questões Laborais,* Ano X (2002), nº 22, pp. 123 a 154

Abreu, Eridano de – «Da Caducidade do Contrato de Arrendamento de Prédios Urbanos», *O Direito,* Ano 92º (1960), pp. 306 a 319

Abreu, Jorge Manuel Coutinho de – *Da Empresarialidade (As Empresas no Direito),* Almedina, Coimbra, 1996

Abreu, Luís Vasconcelos – «O Estatuto da Ordem dos Advogados e a Relação entre Mandante e Mandatário Judicial», *Revista da Ordem dos Advogados,* Ano 62 (2002), Tomo I, pp. 263 a 302

— «Efeitos da Renúncia ao Mandato Judicial (Acórdão do Supremo Tribunal de Justiça de 16.4.2002, Rec. 942), *Cadernos de Direito Privado,* nº 2 (2003), pp. 64 a 67

Alarcão, Rui de (com a colaboração de J. S. Ribeiro, J. S. Monteiro, A. de Sá e

J. C. Proença) – *Direito das Obrigações,* Coimbra, 1983

Albaladejo, Manuel – *Derecho Civil,* II, *Derecho de Obligaciones,* 12ª edição, Bosch, Barcelona, 2004

Albuquerque, Luciano Campos de – *Dissolução Total e Parcial das Sociedades Civis e Comerciais,* JM Editora, Curitiba, 1999

Alegre, Carlos – *Regime do Arrendamento Urbano,* Almedina, Coimbra, 1991

Almeida, António Pereira de – *Direito Privado II (Contrato de Empreitada),* AAFDL, Lisboa, 1983

— *Sociedades Comerciais,* 2ª edição, Coimbra Editora, Coimbra, 1999

Almeida, Carlos Ferreira de – *Contratos,* I, *Conceito, Fontes, Formação,* 2ª edição, Almedina, Coimbra, 2003

— «Recusa de Cumprimento Declarada antes do Vencimento (Estudo de Direito Comparado e de Direito Civil Português)», *Estudos em Memória do Professor Doutor João de Castro Mendes,* Lex, Lisboa, sd, pp. 291 a 317

Almeida, Cláudia Pereira de – *Rescisão do Contrato de Trabalho,* Relatório de Mestrado, Lisboa, 2001

Almeida, José Carlos Moitinho de – *O Contrato de Seguro no Direito Português e Comparado,* Lisboa, 1971

— «A Responsabilidade Civil do Projectista e o seu Seguro», *Boletim do Ministério da Justiça,* nº 228 (1973), pp. 5 a 59

Almeida, José Eusébio – «A Cessação do Contrato de Trabalho por Iniciativa do Trabalhador. Notas e Dúvidas ao Novo Regime», *A Reforma do Código do Trabalho,* Coimbra Editora, Coimbra, 2004, pp. 551 a 570

Alpa, Guido – «La Colpa nella Risoluzione per Inadempimento», *in Inadempimento, adattamento, arbitrato. Patologie dei contratti e remedi,* org. Ugo Draetta e Cesare Vaccà, EGEA, Milão, 1992, pp. 7 a 62

BIBLIOGRAFIA

— «I "Principles of European Contract Law" Predisposti dalle Comissione Lando», *Um Código Civil para a Europa*, *Boletim da Faculdade de Direito de Coimbra*, Coimbra Editora, 2002, pp. 333 a 347

ALPA, Guido e Mario BESSONE – *La Responsabilità Civile*, I. *Prospettiva Storica, Colpa Aquiliana, Illecito Contrattuale*, II. *Responsabilità Oggettiva, Rischio D'impresa, Prevenzione del Danno*, 3ª edição actualizada por Pietro Maria PUTTI, Giuffrè, Milão, 2001

ALPA, Guido e Michele DASSIO – «La Dissolution du Lien Contractuel dans le Code Civil Italien», *Les Sanctions de l'Inexécution des Obligations. Études de Droit Comparé*, org. Marcel FONTAINE e Geneviève VINEY, Bruylant, Bruxelas, 2001, pp. 871 a 889

ÁLVAREZ DE LA ROSA, Manuel – *Vd.* PALOMEQUE LÓPEZ, Manuel Carlos

ÁLVAREZ VIGARAY, Rafael – *La Resolución de los Contratos Bilaterales por Incumplimiento*, 3ª edição, Comares, Granada, 2003

ÁLVAREZ VIGARAY, Rafael e Regina de AYMERICH DE RENTERIA – *La Rescisión por Lesión en el Derecho Civil Español Común y Foral*, Comares, Granada, 1989

AMADIO, Giuseppe – *La Condizione di Inadempimento. Contributo alla Teoria del Negozio Condizionato*, Cedam, Pádua, 1996

AMADO, João LEAL – *O Processo de Constituição e Extinção da Relação Laboral do Praticante Desportivo*, Coimbra Editora, Coimbra, 2002

— «A Protecção do Salário», *Boletim da Faculdade de Direito*, Volume XXXIX, Coimbra, 1994

— «Revogação do Contrato e Compensação Pecuniária para o Trabalhador. Notas a um Acórdão do Supremo Tribunal de Justiça», *Questões Laborais*, nº 3 (1994), pp. 167 a 172

— «Despedimento Ilícito e Salários Intercalares: a Dedução do *Alliunde Perceptum*. Uma Boa Solução?», *Questões Laborais*, nº 1 (1994), pp. 43 a 52

— «Salários Intercalares e Subsídio de Desemprego», *Questões Laborais*, nº 11 (1998), pp. 114 a 116

— «Falta de Pagamento da Retribuição e Rescisão do Contrato pelo Trabalhador: Um Direito Virtual?», *Questões Laborais*, nº 11 (1998), pp. 117 a 120

— «Contrato de Trabalho e Condição Resolutiva (Breves Considerações a Propósito do Código do Trabalho)», *Estudos de Direito do Trabalho em Homenagem ao Professor Manuel Alonso Olea*, Coimbra, 2004, pp. 343 a 356

— «Despedimento Ilícito e Oposição Patronal à Reintegração», *Subjudice*, 27 (2004), pp. 7 a 9

— «Algumas Notas sobre o Regime do Despedimento *Contra Legem* no Código do Trabalho», *VII Congresso Nacional de Direito do Trabalho*, Almedina, Coimbra, 2004, pp. 275 a 295

AMARAL, Diogo FREITAS do – *Curso de Direito Administrativo*, Volume II, com a colaboração de Lino Torgal, 2ª edição, Almedina, Coimbra, 2011

AMARAL, Diogo FREITAS DO e Lino TORGAL – *Estudos Sobre Concessões e outros Actos da Administração*, Almedina, Coimbra, 2002

AMARAL, Francisco – *Direito Civil. Introdução*, Renovar, Rio de Janeiro, S. Paulo, 2000

AMOROSO, Giovanni, Vincenzo DI CERBO e Arturo MARESCA – *Il Diritto del Lavoro*, Volume II, *Statuto dei Lavoratori e Disciplina dei Licenziamenti*, Giuffrè, Milão, 2001

ANCORA, Felice – *La "Rescissione" del Contratto di Appalto di Oppere Pubbliche. Autotutela e Potere Negoziale della Pubblica Amministrazione*, Giuffrè, Milão, 1993

ANDERS, Monika e Burkhard GEHLE – Comentário ao § 611 do BGB, *Das Arbeitsrecht im BGB*, Volume 1, Gruyter, Berlim e Nova Iorque, 1997, pp. 3 a 188

ANDRADE, Manuel A. Domingues de – *Teoria Geral da Relação Jurídica. Facto Jurídico, em Especial, Negócio Jurídico*, Volume 2º, reimpressão, Almedina, Coimbra, 1983

ANTONMATTEI, Paul Henri e Jacques RAYNARD – *Droit Civil. Contrats Spéciaux*, 3ª edição, Litec, Paris, 2002

ANTUNES, Carlos e Amadeu GUERRA – *Despedimento e outras Formas de Cessação do Contrato de Trabalho*, Coimbra, 1984

ARDAU, Giorgio – *La Risoluzione per Inadempimento del Contratto di Lavoro*, Giuffrè, Milão, 1954

AROSO, Joaquim Costa – «A Revogação ou Redução das Doações por Inoficiosidade», *Boletim da Faculdade de Direito de Coimbra*. Suplemento 10 (1952), pp. 150 a 293

ASCENSÃO, José de OLIVEIRA – *O Direito. Introdução e Teoria Geral. Uma Perspectiva Luso-Brasileira*, 11ª edição, Almedina, Coimbra, 2001

— *Direito Civil. Teoria Geral*, Volume II, *Acções e Factos Jurídicos*, 2ª edição, Coimbra Editora, Coimbra, 2003

— *Direito Civil. Teoria Geral*, Volume III, *Relações e Situações Jurídicas*, Coimbra Editora, Coimbra, 2002

— «Locação de Bens dados em Garantia. Natureza Jurídica da Locação», *Revista da Ordem dos Advogados*, Ano 45 (1985), II, pp. 345 a 390

— «Resolução do Contrato de Arrendamento», *O Direito*, Ano 125 (1993) III-IV, pp. 321 a 330

ASCENSÃO, José de OLIVEIRA e Luís MENEZES LEITÃO – «Resolução do Arrendamento com Fundamento na Realização de Obras não Autorizadas», *O Direito*, Ano 125 (1993) III-IV, pp. 417 a 438

ASTONE, Francesco – «I Contratti Negoziati fuori dei Locali Commerciali», *in Trattato di Diritto Privato Europeo*, Volume 4, *Singoli Contratti. La Responsabilità Civile. Le Forme di Tutela*, org. Nicolò LIPARI, 2ª edição, Cedam, Pádua, 2003, pp. 30 a 73

AUBERT, Jean-Luc – *Vd.* FLOUR, Jacques

AYMERICH DE RENTERIA, Regina – *Vd.* ÁLVAREZ VIGARAY, Rafael

AYNÈS, Laurent – *La Cession de Contrat et les Opérations Juridiques à Trois Personnes*, Economica, Paris, 1984

AZEVEDO, Rui MOURA – *Cessação do Contrato de Trabalho. Regime Jurídico Anotado e Comentado*, Coimbra Editora, Coimbra, 1976, com actualização de 1977

B

BACHINI, Francesco – *Le Nuove Forme Speciali di Vendita ed il Franchising*, Cedam, Pádua, 1999

BADENES GASSET, Ramon – *El Contrato de Compraventa*, Tomo II, 3ª edição, Bosch, Barcelona, 1995

BALDASSARI, Augusto – *Il Contratto di Agenzia*, Giuffrè, Milão, 1992

BALDI, Roberto – *Il Contratto di Agenzia. La Concessione di Vendita. Il Franchising*, 6ª edição, Giuffrè, Milão, 1997

BALESTRA, Luigi – *Il Contratto Aleatorio e L'alea Normale*, Cedam, Pádua, 2000

BALLESTRERO, Maria Vittoria – «Giusta Causa e Giustificato Motivo Soggetivo di Licenziamenti», *in La Disciplina dei Licenziamenti Dopo le Leggi 108/1990 e 223/1991*, Volume I, Jovene, Nápoles, 1991, org. Franco CARINCI, pp. 97 a 126

BAPTISTA, Albino MENDES – *Jurisprudência do Trabalho Anotada*, 3ª edição, Quid Iuris, Lisboa, 1999

— *Estudos sobre o Código do Trabalho*, Coimbra Editora, Coimbra, 2004

— «O Direito de Arrependimento», *Prontuário de Direito do Trabalho*, Actualização nº 52, pp. 49 a 51

— «Breve Apontamento sobre as Cláusulas de Rescisão», *Revista do Ministério Público*, Ano 23 (2002), nº 91, pp. 141 a 147

— «Prazo para o Exercício do Direito de Rescisão do Contrato de Trabalho por Iniciativa do Trabalhador», *Questões Laborais*, Ano IX, 2002, nº 19, pp. 61 a 65

— «Considerações em Torno do art. 443º do Novo Código do Trabalho», *Estudos sobre o Código do Trabalho*, Coimbra Editora, 2004, pp. 153 a 160

— «Notas sobre a Cessação do Contrato de Trabalho por Iniciativa do Trabalhador no Novo Código do Trabalho», *A Reforma do Código do Trabalho*, Coimbra Editora, Coimbra, 2004, pp. 537 a 549

BAPTISTA, Daniela Farto – *O Direito de Exoneração dos Accionistas. Das suas Causas*, Coimbra Editora, Coimbra, 2005

BALZANO, Angelo – «Il Contratto di Assicurazione», *in Trattato di Diritto Privato Europeo*, Volume 4, *Singoli Contratti. La Responsabilità Civile. Le Forme di Tutela*, org. Nicolò LIPARI, 2ª edição, Cedam, Pádua, 2003, pp. 99 a 254

BARATA, Carlos LACERDA – *Sobre o Contrato de Agência*, Almedina, Coimbra, 1991

— *Anotações ao Novo Regime do Contrato de Agência*, Lex, Lisboa, 1994

BARONE, Olga Rosselle (org.) – *La Clausula Risolutiva Espressa*, Cedam, Pádua, 1994

BARROSO, Helena Tapp – «Justa Causa por Violação do Dever de Assiduidade; Faltas não Justificadas ao Trabalho e Falsas Declarações Relativas às Justificações das Faltas. Uma Abordagem do Caso das Falsas Declarações para Justificação de Faltas em Especial», *Estudos do Instituto de Direito do Trabalho*, Volume II, *Justa Causa de Despedimento*, Almedina, Coimbra, 2001, pp. 179 a 193

BART, Jean – *Histoire du Droit Privé de la Chute de L'Empire Romain au XIXᵉ Siècle*, Montchrestien, Paris, 1998

BARTELS, Klaus – *Der Vertragliche Schuldbeitrit im Gefüge Gegenseitiger Dauerschuldverhältinsse*, Mohr, Tubinga, 2003

BASINI, Giovanni Francesco – *Risoluzione del Contratto e Sanzione dell'Inadempiente*, Giuffrè, Milão, 2001

BASTOS, Nuno LIMA – *Cessação da Situação Jurídica Laboral por Justa Causa Imputável ao Trabalhador: Génese do Regime Aprovado pelo Decreto-Lei nº 64-A/89, de 27 de Fevereiro*, Relatório de Mestrado, Lisboa, 1994

BEALE, Hugh – *Vd.* LANDO, Ole

BEATSON, J. – *Anson's Law of Contract*, 27ª edição, Oxford University Press, Oxford e Nova Iorque, 1998

BECHHOFER, Jack – *Reisevertragsrecht. §§ 651a bis 651l Bürgerliches Gesetzbuch. Processuale Hinweise. Reisebürovertrag*, Beck, Munique, 1995

BEJARANO HERNÁNDEZ, Andrés – *Extinción Indemnizada del Contrato por Causa de Modificaciones Sustanciales de las Condiciones de Trabajo*, Tirant lo Blanch, Valência, 2000

BELTRÁN ALANDETE, Teresa – *Vd.* CHULIÁ VICENT, Eduardo

BELTRÁN DE HEREDIA Y ONIS, Pablo – *El Incumplimiento de las Obligaciones*, Revista de Derecho Privado, Madrid, 1990

BÉNABENT, Alain – *Droit Civil. Les Obligations*, 9ª edição, Montchrestien, Paris, 2003

— *Droit Civil. Les Contrats Spéciaux*, 5ª edição, Montchrestien, Paris, 2001

BERGERFURTH, Bruno e Lutz MENARD – *Das Kaufrecht. Kaufvertrag, Haftung bei Rechts- und Sachmängeln, Besondere Arten des Kaufs*, 3ª edição, Haufe, Freiburgo, 1984

BESSONE, Mario (org.) – *Casi e Questioni di Diritto Privato*, 2ª edição, Giuffrè, Milão, 1995

— *vd.* ALPA, Guido

BETTI, Emílio – *Teoria General del Negozio Giuridico*, 2ª edição, tradução portuguesa de Fernando de Miranda sob o título *Teoria Geral do Negócio Jurídico*, Volume I, Coimbra Editora, Coimbra, 1969

— *Teoria Generale delle Obbligazioni*, Volume III, *Fonti e Vicende Dell'Obbligazione*, Giuffrè, Milão, 1954

BEVILAQUIA, Clóvis – *Direito das Obrigações*, 3ª edição, Freitas Bastos, Rio de Janeiro, 1931

BIANCA, Cesare Massimo – *Diritto Civile*, Volume 3, *Il Contratto*, Giuffrè, Milão, 1998

— *La Vendita e la Permuta, Trattato di Diritto Civile Italiano*, org. Filipo Vassalli, Volume VII, Tomo 1, UTET, Turim, 1972

— *Dell'Inadempimento delle Obbligazioni. Artt. 1218-1229, Commmetario del Codice Civile, Scialoja / Branca*, Livro IV, 2ª edição, Zanichelli e Foro Italiano, Bolonha e Roma, 1979

— «Il Processo di Unificazione dei Principi di Diritto Contrattuale nell'ambito dell'Unione Europea», *Materiali e Commenti sul Nuovo Diritto dei Contratti*, org. Giuseppe VETTORI, Cedam, Pádua, 1999, pp. 849 a 853

— org. – *Convenzione di Vienna sui Contratti di Vendita Internazionale di Beni Mobile*, Cedam, Pádua, 1992

BIANCHI, Giorgio – *Nullità e Annullabilità del Contratto*, Cedam, Pádua, 2002

— *Rescissione e Risoluzione dei Contratti con Riferimenti al Diritto Civile del XXI Secolo*, Cedam, Pádua, 2003

BIGLIAZZI GERI, Lina – *Della Risoluzione per Inadempimento*, Tomo II, Artt. 1460-1462, *Commentario del Codice Civile, Scialoja / Branca*, Livro IV, *Delle Obbligazioni*, Zanichelli e Foro Italiano, Bolonha e Roma, 1988

BIHL, Luc – *Le Droit de la Vente*, Dalloz, Paris, 1986

BILLIAU, Marc – *Vd.* GHESTIN, Jacques e Christophe JAMIN

BLANPAIN, Roger (org.) – *Comparative Labour Law and Industrial Relations in Industrialized Market Economies*, 7ª edição, Kluwer, Haia, Londres e Boston, 2001

BOCCHINI, Fernando – *La Vendita di Cose Mobili, in Il Codice Civile. Commentario*, org. Piero SCHLESINGER, Giuffrè, Milão, 1994

BONDANINI, Giampiero – *Vd.* BORTOLOTTI, Fabio

BONELL, Michael Joachim – «I Principi Unidroit. Un Approccio Moderno al Diritto dei Contratti», *Materiali e Commenti sul Nuovo Diritto dei Contratti*, org. Giuseppe VETTORI, Cedam, Pádua, 1999, pp. 935 a 955

BONELL, Michael Joachim e Franco BONELLI (org.) – *Contratti Commerciali Internazionali e Principi Unidroit*, Giuffrè, Milão, 1997

BONELLI, Franco – *Vd.* BONELL, Michael Joachim

BORGES, Sofia Leite – «A Justa Causa de Despedimento por Lesão de Interesses Patrimoniais Sérios da Empresa e pela Prática de Actos Lesivos da Economia Nacional», *Estudos do Instituto de Direito do Trabalho*, Volume II, *Justa Causa de Despedimento*, Almedina, Coimbra, 2001, pp. 165 a 178

BORGHI, Paolo – *La Risoluzione per Inadempimento dell'Affitto di Fonti Rustici*, Cedam, Pádua, 1996

BORTOLOTTI, Fabio e Giampiero BONDANINI – *Il Contratto di Agenzia Commerciale. La Nuova Disciplina Collettiva. L'Indennità di Cessazione ed il suo Calcolo. La Giurisprudenza Aggiornata sull'Indennità*, Cedam, Pádua, 2003

BOTH, Dirk – *Beendigung von Mietverhältnissen*, Haus & Grund, Berlim, 2003

BOWERS, John – *Employment Law*, 5ª edição, Blackstone, Londres, 2000

BOYER, Laurent – *Vd.* STARCK, Boris e Henri ROLAN

BRAGA, Armando – *Lei dos Despedimentos e da Contratação a Termo Anotada*, 4ª edição, Porto Editora, Porto, 1993

— *Contrato de Compra e Venda*, 3ª edição, Porto Editora, Porto, 1994

BRIONES GONZÁLEZ, Carmen – *La Extinción del Contrato de Trabajo por Causas Objectivas*, Ministério de Trabajo y Seguridad Social, Madrid, 1995

BRITO, Maria Helena – *O Contrato de Concessão Comercial*, Almedina, Coimbra, 1990

— «O Contrato de Agência», *Novas Perspectivas do Direito Comercial*, Almedina, Coimbra, 1988, pp. 105 a 135

BRITO, Pedro MADEIRA DE – «Justa Causa de Despedimento com Fundamento na Violação dos Deveres de Assiduidade, Zelo e Diligência», *Estudos do Instituto de Direito do Trabalho*, Volume II, *Justa Causa de Despedimento*, Almedina, Coimbra, 2001, pp. 119 a 134

— *vd.* MARTINEZ, Pedro Romano

— *vd.* RAMALHO, Maria do Rosário Palma

BROWN, Ian e Adrian CHANDLER – *Law of Contract*, 4ª edição, Oxford University Press, Oxford e Nova Iorque, 2003

BROX, Hans e Wolf-Dietrich WALKER – *Allgemeines Schuldrecht*, 29ª edição, Beck, Munique, 2003

— *Besonderes Schuldrecht*, 29ª edição, Beck, Munique, 2004

BURROWS, Andrew – *Remedies for Torts and Breach of Contract*, Butterworths, Londres, 1987

— *The Law of Restitution*, 2ª edição, Butterworths, Londres, 2002

BÜBER, Janko – *Das Widerrufsrecht des Verbrauchers. Das Verbraucherschützende Vertragslösungsrecht im Europäischen Vertragsrecht*, Lang, Frankfurt am Main, 2001

BUTHURIEUX, André – *Responsabilité du Banquier*, Litec, Paris, 1999

BUTLER, Des – *Vd.* WILLMOTT, Lindy e Sharon CHRISTENSEN

C

CABELLA PISU, Luciana – *Dell'Impossibilità Sopravvenuta. Artt. 1463 – 1466, in Commentario del Codice Civile Scialoja – Branca*, Livro IV, *Delle Obbligazioni*, Zanichelli e Foro Italiano, Bolonha e Roma, 2002

— «Impossibilita Sopravvenuta della Prestazione, Inadempimento dell'Obbligazione, Risoluzione del Contratto. Spunti Sistematici», *Studi in Memaria di Gino Gorla*. Tomo III, *Contratto, Responsabiità, Proprietà, Impresa e Società, Processo, Amministrazione Pubblica*, Giuffré, Milão, 1994, pp. 1781 a 1803

— «Il Diritto di Recesso dell'Associato», *Raccolta di Pareri Forensi in Diritto Privato*, org. Giovanna VISINTINI, Giuffrè, Milão, 2001, pp. 19 a 23

— «Impossibilità della Prestazione e Responsabilità del Debitore», *Raccolta di Pareri Forensi in Diritto Privato*, org. Giovanna VISINTINI, Giuffrè, Milão, 2001, pp. 73 a 77

— «Risoluzione per Eccessiva Onerosità Sopravvenuta», *Raccolta di Pareri Forensi in Diritto Privato*, org. Giovanna VISINTINI, Giuffrè, Milão, 2001, pp. 119 a 124

— «Vendita di Casa Affetta da Vizi. Remedi», *Raccolta di Pareri Forensi in Diritto Privato*, org. Giovanna VISINTINI, Giuffrè, Milão, 2001, pp. 125 a 129

CACCAMO, Antonio e Vincenzo MELECA – *Risoluzione del Rapporto di Lavoro*, IPSOA, Milão, 2001

CADIET, Loïc – *Vd.* TOURNEAU, Philippe Le

CAETANO, Marcelo – *Manual de Direito Administrativo*, Tomo I, *Introdução. Organização Administrativa. Actos e Contratos Administrativos*, 10ª edição, 3ª reimpressão, Almedina, Coimbra, 1984

CALVÃO, Manuel da Costa – *Vd.* SEIA, Jorge Aragão e Cristina Aragão SEIA

CAGNASSO, Oreste e Gastone COTTINO – *Contratti Commerciali, in Trattato di Diritto Commerciale*, org. Gastone COTTINO, Volume 9, Cedam, Pádua, 2000

CAIAFA, Antonio – *Società. Scioglimento e Liquidazione*, Cedam, Pádua, 1987

CALAMARI, John D. e Joseph M. PERILLO – *The Law of Contracts*, 4ª edição, West Group, St. Paul, Minnesota, 1998

CALVO ANTÓN, Manuela – *La Venta a Prueba*, Bosch, Barcelona, 1995

CAMANHO, Paula Ponces – *Contrato de Depósito Bancário*, Almedina, Coimbra, 1998 ;

— «Autorização do Senhorio e Locação do Estabelecimento», *Direito e Justiça*, 1998, Tomo I, pp. 323 a 360

— «Algumas Reflexões sobre o Regime Jurídico do Contrato a Termo», *Juris et de Jure. Nos 20 Anos da Faculdade de Direito da UCP – Porto*, Porto, 1998, pp. 969 a 986

— «O Contrato de Trabalho a Termo», *A Reforma do Código do Trabalho*, Coimbra Editora, Coimbra, 2004, pp. 293 a 306

CAMPOS, Diogo LEITE de – *A Subsidiariedade da Obrigação de Restituir o Enriquecimento*, Almedina, Coimbra, 1974

— *Contrato a Favor de Terceiro*, 2ª edição, Almedina, Coimbra, 1991

— *A Locação Financeira*, Lex, Lisboa, 1994

CAMPOS, Isabel MENÉRES DE – *A Reserva de Propriedade do Vendedor ao Financiador*, Almedina, Coimbra, 2013

CANARIS, Claus-Wilhelm – «Transposição da Directiva sobre Compra e Venda de Bens de Consumo para o Direito Alemão», *Estudos de Direito do Consumidor*, nº 3, Centro de Direito do Consumo, Coimbra, 2001, pp. 49 a 67

— «O Novo Direito das Obrigações na Alemanha», *Revista Brasileira de Direito Comparado*, nº 25 (2004), pp. 3 a 26

CANARIS, Claus-Wilhelm e Giovanni De CRISTOFARO – *La Riforma del Diritto Tedesco delle Obbligazioni*, Cedam, Pádua, 2003

CANO GÁLAN, Yolanda – *El Despido Libre y sus Limites en el Derecho Norteamericano*, Consejo Economico y Social, Madrid, 2000

CANOTILHO, José Joaquim e Jorge LEITE – «A Inconstitucionalidade da Lei dos Despedimentos», *Estudos em Homenagem ao Prof. Doutor Ferrer Correia*, III, Coimbra, 1991, pp. 501 a 580

CAPITANT, Henri, François TERRÉ e Ives LEQUETTE – *Les Grands Arrêts de la Jurisprudence Civile*, Tomo 2, *Obligations, Contrats Spéciaux, Sûretés*, 11ª edição, Dalloz, Paris, 2000

CAPOZZI, Guido – *Dei Singoli Contratti*, Volume I, *Compravendita, Riporto, Permuta, Contratto Estimatorio, Somministrazione, Locazione*, Giuffrè, Milão, 1988

CARBONNIER, Jean – *Droit Civil*. Tomo 4, *Les Obligations*, 22ª edição, PUF, Paris, 2000

CARINCI, Franco (org.) – *La Disciplina dei Licenziamenti Dopo le Leggi 108/1990 e 223/1991*, Volume I, Jovene, Nápoles, 1991

CARNEIRO, José Gualberto de SÁ – «Sobre a Caducidade de Arrendamentos», *Revista dos Tribunais*, Ano 47º, 1928-1929, pp. 322 e 323, 338 e 339 e 354 a 356

— «Caducidade do Arrendamento por Morte do Arrendatário», *Revista dos Tribunais*, Ano 50º, 1932, pp. 98 a 100 e Ano 52º, 1934, pp. 226 e 227

— «Revogação, Distrate, Renúncia, Desistência de Doação Inter-Vivos», *Revista dos Tribunais*, Ano 51º, 1933, pp. 146 e 147

CARNEVALI, Ugo – *Vd.* LUMINOSO, Ângelo e Maria COSTANZA

CARPINO, Brunetto – *La Rescissione del Contratto. Il Codice Civile Commentario. Artt.*

1447-1452, org. Piero SCHLESINGER, Giuffrè, Milão, 2000

CARRION, Valentin – *Comentários à Consolidação das Leis do Trabalho. Legislação Complementar. Jurisprudência*, 26ª edição, Saraiva, S. Paulo, 2001

CARVALHO, António NUNES DE – «Contrato de Trabalho. Revogação por Acordo. Compensação Pecuniária Global: Seu Valor», *Revista de Direito e de Estudos Sociais*, Ano XXXVI (1994), nºs 1 a 3, pp. 209 a 224

— «Reflexos Laborais do Código dos Processos Especiais de Recuperação da Empresa e da Falência», *Revista de Direito e de Estudos Sociais*, Ano XXXVII (1995), nºs 1 a 3 e 4, pp. 55 a 88 e 319 a 350

— «Extinção de Empresa Pública e Cessação dos Contratos de Trabalho», *Revista de Direito e de Estudos Sociais*, Ano XXXVII (1995), nºs 1 a 3, pp. 189 a 215

— *Vd.* PINTO, Mário

— *Vd.* XAVIER, Bernardo Lobo

CARVALHO, Catarina de Oliveira – «Cessação do Contrato de Trabalho Promovida pelo Empregador com Justa Causa Objectiva no Contexto dos Grupos Empresariais», *Estudos de Direito do Trabalho em Homenagem ao Professor Manuel Alonso Olea*, Almedina, Coimbra, 2004, pp. 205 a 239

CARVALHO, Paulo Morgado de – «Percurso pela Cessação do Contrato de Trabalho», *Subjudice*, nº 27 (2004), pp. 11 a 39

CARVALHO, Pedro NUNES DE – *Dos Contratos: Teoria Geral dos Contratos; Dos Contratos em Especial*, SPB, Lisboa, 1994

CARVALHO, Raquel – *Vd.* GOMES, Júlio

CARVALHO, Telma Silva – *A Caducidade do Contrato de Trabalho a Termo no Direito Português*, Relatório de Mestrado, Lisboa, 2001

CASANOVA, Manuel – «Caducidade de Arrendamentos», *Revista de Direito e de Estudos Sociais*, Ano IV (1948), pp. 70 a 73

CASAS BAAMONDE, Maria Emilia – *Vd.* OLEA, Manuel Alonso

CASELLA, Giovanni – *La Risoluzione del Contratto per Eccessiva Onerosità Sopravvenuta*, UTET, Turim, 2001

CASTAN TOBEÑAS, José – *Derecho Civil Español, Comum y Foral*, Tomo III, *Derecho de Obligaciones, La Obligación y el Contrato en General*, 16ª edição, Reus, Madrid, 1992

— *Derecho Civil Español, Comum y Foral*, Tomo IV, *Derecho de Obligaciones, Las Particulares Relaciones Obligatorias*, 15ª edição, Reus, Madrid, 1993

CASTRO, Aníbal de – *A Caducidade na Doutrina, na Lei e na Jurisprudência*, 2ª edição, Petrony, Lisboa, 1980

CASTRO, Inês Albuquerque e – «A Repercussão do Tempo no Procedimento Disciplinar», *Estudos do Instituto de Direito do Trabalho*, Volume III, Almedina, Coimbra, 2002, pp. 473 a 534

CASTRO, José Luciano de – «O Arrendamento de Prédio Urbano por Certo Número de Anos Caduca quando a Propriedade seja Destruída totalmente», *O Direito*, Ano 29º (1897), pp. 177 e 178

— *Vd.* FONSECA, António Alves da

CAVALCANTI, José Paulo – *Da Renúncia no Direito Civil*, Forense, Rio de Janeiro, 1958

CECA MAGÁN, Esteban – *La Extinción del Contrato por Causas Objetivas (Reforma Laboral de 1997)*, Revista General de Derecho, Valência, 1999

CERBO, Vincenzo DI – *Vd.* AMOROSO, Giovanni

CESTER, Carlo – *Vd.* SUPPIEJ, Giuseppe e Marcello DE CRISTOFARO

CHANDLER, Adrian – *Vd.* BROWN, Ian

CHESHIRE, Geoffrey C., Cecil H. S. FIFOOT e Michael P. FURMSTON –

Law of Contract, 14ª edição, Butterworths, Londres, 2001

CHRISTENSEN, Sharon – *Vd.* WILLMOTT, Lindy e Des BUTLER

CHULIÁ VICENT, Eduardo e Teresa BELTRÁN ALANDETE – *Aspectos Jurídicos de los Contratos Atípicos*, II, *Los Incoterms, Contrato de Concessión Comercial, Contrato de Agencia, Contratos Publicitarios*, Bosch, Barcelona, 1995

CIAN, Giorgio e Alberto TRABUCCHI – *Commentario Breve al Codice Civile*, 6ª edição, Cedam, Pádua, 2003

CID, Nuno Salter – *A Protecção da Casa de Morada de Família no Direito Português*, Almedina, Coimbra, 1996

CIMMINO, Nelson Alberto – *Il Recesso Unilaterale dal Contratto*, Cedam, Pádua, 2000

CIRILLO, Giorgio – «Sindicato di Merito del Giudice sull'Inadempimento» *in La Clausula Risolutiva Espressa*, org. Olga BARONE, Cedam, Pádua, 1994, pp. 39 a 53

CLEMENTE MEORO, Mário E. – *La Facultad de Resolver los Contratos por Incumplimiento*, Tirant lo Blanch, Valência, 1998

COELHO, Francisco M. PEREIRA – *Arrendamento. Direito Substantivo e Processual*, João Abrantes, Coimbra, 1988

COELHO, Francisco BRITO PEREIRA – *A Renúncia Abdicativa no Direito Civil (Algumas Notas Tendentes à Definição do seu Regime)*, Universidade de Coimbra – Coimbra Editora, Coimbra, 1995

— «Coligação Negocial e Operações Negociais Complexas: Tendências Fundamentais da Doutrina e Necessidade de uma Reconstrução Unitária», *Boletim da Faculdade de Direito de Coimbra. Volume Comemorativo*, Coimbra, 2003, pp. 233 a 268

COING, Helmut – *Europäisches Privatrecht*. I, *Älteres Gemeines Recht (1500 bis 1800)*, Munique, 1985, tradução espanhola de Pérez Martín, sob o título *Derecho Privado Europeu*, Tomo I, *Derecho Común más Antiguo (1500-1800)* e Tomo II, *El Siglo XX*, Fundación Cultural del Notariado, Madrid, 1996

COLLURA, Giorgio – *Importanza dell'Inadempimento e Teoria del Contratto*, Giuffrè, Milão, 1992

CONCEPCIÓN RODRÍGUEZ, José Luis – *Derecho de Contratos*, Bosch, Barcelona, 2003

CONSOLO, Claudio – «Il Processo nella Risoluzione del Contratto per Inadempimento», *Le Ragioni del Diritto, Scritti in Onore di Luigi Mengoni*, Tomo I, *Diritto Civile*, Giuffrè, Milão, 1995, pp. 427 a 485

CONTE, Maurizio del – *Cessazione dell'Impresa e Responsabilità del Datore di Lavoro*, Giuffrè, Milão, 2003

CORDEIRO, António MENEZES – *Da Boa Fé no Direito Civil*, Almedina, Coimbra, 1985

— *Direito das Obrigações*, Volumes I e II, reimpressão, AAFDL, Lisboa, 1986

— *Manual de Direito do Trabalho*, Almedina, Coimbra, 1991

— *Tratado de Direito Civil Português*, I, *Parte Geral*, Tomo I, 2ª edição, Almedina, Coimbra, 2000

— *Tratado de Direito Civil Português*, II, *Parte Geral. Negócio Jurídico*, 4ª edição, Almedina, Coimbra, 2014

— *Tratado de Direito Civil Português*, IX, Almedina, Coimbra, 2014

— *Manual de Direito Bancário*, 4ª edição, Almedina, Coimbra, 2010

— *Direito Comercial*, 3ª edição, Almedina, Coimbra, 2012

— *Direito das Sociedades*, I Volume, *Das Sociedades em Geral*, Almedina, 3ª edição, Coimbra, 2011

— *Da Modernização do Direito Civil*, I Volume *(Aspectos Gerais)*, Almedina, Coimbra, 2004

BIBLIOGRAFIA

— «Da Pós-Eficácia das Obrigações», *Estudos de Direito Civil*, Volume I, Almedina, Coimbra, 1987, pp. 143 a 197

— «O Novíssimo Regime do Contrato-Promessa», *Estudos de Direito Civil*, Volume I, Almedina, Coimbra, 1987, pp. 59 a 94

— «Acção de Despejo. Obras sem Autorização do Senhorio. Exercício do Direito de Resolução». Anotação ao Acórdão do Tribunal da Relação de Lisboa de 19 de Novembro de 1987», *O Direito*, Ano 120 (1988), I-II, pp. 214 a 241

— «O Dever de Comunicar a Morte do Arrendatário: O Artigo 1111º, nº 5, do Código Civil», *Tribuna da Justiça*, 1989, 1, pp. 29 a 38

— «Insolvência: da Resolução da Fiança e do Aval em Benefício da Massa; o Interesse em Agir» Anotação ao Acórdão do Tribunal da Relação do Porto de 9 de Janeiro de 1990, *Revista da Ordem dos Advogados*, Ano 50 (1990), I, pp. 171 a 180

— «Da Cessação do Contrato de Trabalho por Inadaptação do Trabalhador perante a Constituição da República», *Revista de Direito e de Estudos Sociais*, Ano XXXIII (1991), nºs 3 e 4, pp. 369 a 421

— «Justas Causas de Despedimento», *Estudos do Instituto de Direito do Trabalho*, Volume II, *Justa Causa de Despedimento*, Almedina, Coimbra, 2001, pp. 7 a 14

CORDEIRO, António MENEZES e Francisco de CASTRO FRAGA – *Novo Regime do Arrendamento Urbano Anotado*, Almedina, Coimbra, 1990

CORREIA, António FERRER e Manuel HENRIQUE MESQUITA – «Empreitada. Objecto. Produção de Filmes. Resolução do Contrato e seus Efeitos», Anotação ao Acórdão do Supremo Tribunal de Justiça de 3 de Novembro de 1983, *Revista da Ordem dos Advogados*, Ano 45 (1985), I, pp. 113 e 158

CORREIA, José Manuel SÉRVULO – *Legalidade e Autonomia Contratual nos Contratos Administrativos*, Almedina, Coimbra, 1987

CORREIA, Miguel J. A. PUPO – *Direito Comercial*, 8ª edição, Ediforum, Lisboa, 2003

COSSU, Cipriano – «Il Recesso», *Il Contratto in Genere*, III, *I Requisiti del Contratto*, organizado por Guido Alpa e Mário Bessone, Utet, Turim, 1991, pp. 441 a 453

COSTA, Mário Júlio de ALMEIDA – *Direito das Obrigações*, 12ª edição, Almedina, Coimbra, 2009

— *Contrato-Promessa. Uma Síntese do Regime Vigente*, 8ª edição, Almedina, Coimbra, 2004

COSTA, Mário Júlio de ALMEIDA e Evaristo MENDES – «Transporte Marítimo. Conhecimento de Carga», *Direito e Justiça*, Ano IX (1995), Tomo 1, pp. 171 a 207

COSTA, Mário Júlio de ALMEIDA e Manuel HENRIQUE MESQUITA – «Acção de Despejo. Falta de Residência Permanente», *Colectânea de Jurisprudência*, Ano IX (1984), Tomo I, pp. 15 a 26

COSTANZA, Maria – *Vd.* LUMINOSO, Angelo e Ugo CARNEVALI

COTTINO, Gastone – *Vd.* CAGNASSO, Oreste

COUTURIER, Gérard – *Droit du Travail 1, Les Relations Individuelles de Travail*, 3ª edição, PUF, Paris, 1996

CRISCUOLI, Giovanni – *Il Contratto. Itinerari Normativi e Riscontri Giurisprudenziali*, Cedam, Pádua, 1992

— *Il Contratto nel Diritto Inglese*, Cedam, Pádua, 2001

CRISTÓBAL MONTES, Angel – *La Mora del Deudor en los Contratos Bilaterales*, Civitas, Madrid, 1984

— *El Incumplimiento de las Obligaciones*, Tecnos, Madrid, 1989

CRISTOFARI, Riccardo – *Mutuo e Risoluzione del Contratto*, Giuffrè, Milão, 2002

CRISTOFARO, Giovanni De – *Difetto di Conformità al Contratto e Diritti del Consuma-*

DA CESSAÇÃO DO CONTRATO

tore. *L'Ordinamento Italiano e la Direttiva 99/44/CE sulla Vendita e le Garanzie dei Beni di Consumo*, Cedam, Pádua, 2000
— Anotação ao art. 1493 do Código Civil Italiano, *in Commentario Breve al Codice Civile*, org. Giorgio CIAN e Alberto TRABUCCHI, 6ª edição, Cedam, Pádua, 2003, pp. 1715 e 1716

CRISTOFARO, Marcello DE – *Vd.* SUPPIEJ, Giuseppe e Carlo CESTER

CRUZ, Pedro – *A Justa Causa de Despedimento na Jurisprudência*, Almedina, Coimbra, 1990

CRUZ, Sebastião – *Da "Solutio". Terminologia, Conceito e Características, e Análise de vários Institutos Afins*, I, *Época Arcaica e Clássica*, Coimbra, 1962

CUENA BOY, Francisco – *Estúdios sobre la Imposibilidad de la Prestación. La Imposibilidad Jurídica*, Universidad de Valladolid, 1992

CUNHA, Carolina – *A Indemnização de Clientela do Agente Comercial*, Boletim da Faculdade de Direito, Coimbra, 2003
— «A Exclusão de Sócios», *Problemas do Direito das Sociedades*, Almedina, Coimbra, 2002, pp. 201 a 233
— *Vd.* MONTEIRO, António PINTO

CUNHA, Paulo (segundo Lições de Paulo Cunha em Apontamentos de Orlando Courrège) – *Direito das Obrigações. O Objecto da Relação Obrigacional*, reedição, Livraria Morais, Lisboa, 1943

D

D'ANGELO, Andrea – «Forma dell'Accordo Risolutorio di Preliminare di Compravandita Inmobiliare», *Raccolta di Pareri Forensi*, Giuffrè, Milão, 2001, pp. 89 a 92
— «Clausole Risolutiva Espressa e Tolleranza dell'Inadempimento», *Raccolta di Pareri Forensi*, Giuffrè, Milão, 2001, pp. 105 a 108

DASSIO, Michele – *Vd.* ALPA, Guido

DEAKIN, Simon e Gillian S. MORRIS – *Labour Law*, 3ª edição, Butterworths, Londres, 2001

DELACOLLETTE, Jean – *Les Contrats de Commerce Internationaux*, 3ª edição, De Boeck, Bruxelas, 1996

DELEBECQUE, Philippe – *Vd.* DUTILLEUL, François Collart

DELFINI, Francesco – *I Patti sulla Risoluzione per Inadempimento*, Kluwer/IPSOA, Milão, 1998
— *Autonomia Privata e Rischio Contrattuale*, Giuffrè, Milão, 1999
— *Dell'Impossibilità Sopravvenuta, Il Codice Civile Commentario*, org. SCHLESINGER / BUSNELLI, Giuffrè, Milão, 2003

DELGADO ECHEVERRÍA, Jesús – *Vd.* LACRUZ BERDEJO, José Luis

DELL'UTRI, Marco – «Patto di Opzione, Risoluzione del Contratto e Responsabilità Precontrattuale», *Studi in Onore di Pietro Rescigno*, III, *Diritto Privato*, 2, *Obbligazioni e Contratti*, Giuffrè, Milão, 1998, pp. 207 a 255 (=) *Rivista di Diritto Civile* 1997, I, pp. 279 a 769.

DESCHÉ, Bernard – *Vd.* GHESTIN, Jacques

DIANA, António Gerardo – *Prescrizioni, Decadenze e Nullità nel Diritto Amministrativo*, Cedam, Pádua, 2002
— *La Nullità Parziale del Contratto*, Giuffrè, Milão, 2004

DÍAZ REGAÑON-ALCALÁ, Calixto – *La Resolución Unilateral del Contrato de Servicios*, Comares, Granada, 2000

DÍEZ-PICAZO Y PONCE DE LEÓN, Luis – *Fundamentos de Derecho Civil Patrimonial*, Volume I, *Introcucción. Teoria del Contrato. Las Relaciones Obligatorias*, 2ª edição, reimpressão, Tecnos, Madrid, 1979
— org. – *La Compraventa Internacional de Mercaderias. Comentario de la Convención de Viena*, Civitas, Madrid, 1997

DÍEZ-PICAZO, Luis e Antonio GULLÓN – *Sistema de Derecho Civil*, Volume II, *El*

Contrato en General. La Relación Obligato-ria, Contratos en Especial, Cuasi Contratos, Enriquecimiento sin Causa, Responsabilidad Extracontractual, 9ª edição, Tecnos, Madrid, 2001

DÍEZ-PICAZO, Luis, E. ROCA TRIAS e A. M. MORALES MORENO – *Los Princípios de Derecho Europeo de los Contratos,* Dykinson, Madrid, 2002

Digesto (El Digesto de Justiniano), Tomos I, II e III, Aranzadi, Pamplona, 1968, 1972 e 1975

DIURNI, Amalia e Peter KINDLER – *Il Codice Civile Tedesco «Modernizzato»,* Giappichelli, Turim, 2004

DOBSON, Paul – *Sale of Goods and Consumer Credit,* 5ª edição, Sweet & Maxwell, Londres, 1995

DOMINGOS, Maria Adelaide – «Poder e Procedimento Disciplinar no Código do Trabalho», *A Reforma do Código do Trabalho,* Coimbra Editora, Coimbra, 2004, pp. 475 a 493

DRAETTA, Ugo e Cesare VACCÀ (org.) – *Inadempimento, adattamento, arbitrato. Patologie dei contratti e remedi,* EGEA, Milão, 1992

DRAY, Guilherme MACHADO – *A Aplicação do Princípio da Igualdade no Direito do Trabalho. Sua Aplicabilidade no Domínio Específico de Contratos Individuais de Trabalho,* Almedina, Coimbra, 1999

— «Justa Causa e Esfera Privada», *Estudos do Instituto de Direito do Trabalho,* Volume II, *Justa Causa de Despedimento,* Almedina, Coimbra, 2001, pp. 35 a 91

— «Breves Notas Sobre o Ideal de Justiça Contratual e a Tutela do Contraente Mais Débil», *Estudos em Homenagem ao Prof. Doutor Inocêncio Galvão Telles,* I Volume, *Direito Privado e Vária,* Almedina, Coimbra, 2002, pp. 75 a 105

— *Vd.* MARTINEZ, Pedro Romano

DUARTE, Rui PINTO – *Escritos sobre Leasing e Factoring,* Principia, Cascais, 2001

— «A Jurisprudência Portuguesa sobre a Aplicação da Indemnização de Clientela ao Contrato de Concessão Comercial. Algumas Observações», *Themis,* Ano II (2001), nº 3, pp. 315 a 321

DUTILLEUL, François Collart e Philippe DELEBECQUE – *Contrats Civils et Commerciaux,* 3ª edição, Dalloz, Paris, 1996

E

EMMERICH, Volker – *Das Recht der Leistungsstörungen,* 5ª edição, Beck, Munique, 2003

ENNECCERUS, Ludwig e Heinrich LEHMANN – *Recht der Schuldverhältnisse,* 15ª edição, *Lehrbuch des Bürgerlichen Rechts,* organizado por Enneccerus, Kipp e Wolf, Volume II, tradução espanhola de Blás Pérez González e José Alguer, sob o título *Derecho de Obligaciones,* Volumes I e II, 1ª Parte, 2ª e 3ª edições, Bosch, Barcelona, 1954 e 1966

ESPINAR LAFUENTE, Francisco – «Resolución e Indemnización en las Obligaciones Reciprocas», *Estudios de Derecho Civil en Honor del Prof. Castan Tobeñas,* Volume II, Ediciones Universidad de Navarra, Pamplona, 1969, pp. 111 a 163

ESSER, Josef e Eike SCHMIDT – *Schuldrecht,* I *Allgemeiner Teil,* 1, 8ª edição, Müller, Heidelberga, 1995

ESSER, Josef e Hans-Leo WEYERS – *Schuldrecht,* II *Besonderer Teil,* 7ª edição, Müller, Heidelberga, 1991

ESTORNINHO, Maria João – *Requiem pelo Contrato Administrativo,* Almedina, Coimbra, 1990

— «Para uma Comparação entre a Empreitada civil e as Empreitadas celebradas por Entidades Públicas», *Direito e Justiça,* 1996

— *Contratos da Administração Pública (Esboço de Autonomização Curricular),* Almedina, Coimbra, 1999

DA CESSAÇÃO DO CONTRATO

F

FAJARDO FERNÁNDEZ, Javier – *La Compraventa con Precio Determinable*, Edijus, Madrid, 2001

FALCO, Francesco – «Il Credito al Consumo», *Materiali e Commenti sul Nuovo Diritto dei Contratti*, org. Giuseppe VETTORI, Cedam, Pádua, 1999, pp. 610 a 646

FARIA, Avelino de – «Do Distrate, Revogação e Rescisão dos Contratos e Quitação», *Revista de Notariado e Registo Predial*, Ano 22º (1949), pp. 17 a 20

— «Conceitos Jurídicos de Rescisão, Anulação e Revogação», *Revista dos Tribunais*, Ano 79 (1961), pp. 162 e 163

FARIA, Jorge RIBEIRO DE – *Direito das Obrigações*, Volumes I e II, Almedina, Coimbra, 1990

— «A Natureza do Direito de Indemnização Cumulável com o Direito de Resolução dos Arts. 801º e 802º do Código Civil», *Direito e Justiça*, Volume VIII (1994), Tomo 1, pp. 57 a 89

— «A Natureza da Indemnização no Caso de Resolução do Contrato. Novamente a Questão», *Estudos em Comemoração dos Cinco Anos (1995-2000) da Faculdade de Direito da Universidade do Porto*, Coimbra Editora, Coimbra, 2001, pp. 11 a 62

FARIA, Rita Lynce de – *A Mora do Credor*, Lex, Lisboa, 2000

FARINHA, Renato J. – *Cessação do Contrato de Trabalho do Futebolista*, Relatório de Mestrado, Lisboa, 2001

FENOY PICÓN, Nieves – *Falta de Conformidad y Incumplimiento en la Compraventa (Evolución del Ordenamiento Español)*, Centro de Estúdios Registrales, Madrid, 1996

FERNANDES, António MONTEIRO – *Direito do Trabalho*, 11ª edição, Almedina, Coimbra, 1999

— *Direito do Trabalho*, 12ª edição, Almedina, Coimbra, 2004

— *Direito do Trabalho*, 17ª edição, Almedina, Coimbra, 2014

— «Justa Causa de Rescisão», *Estudos Sociais e Corporativos*, V, 1966, nº 20, pp. 36 a 60

FERNANDES, Francisco LIBERAL – «Do Contrato a Termo e do Despedimento por Inadaptação», *Boletim da Faculdade de Direito de Coimbra*. Ano 68 (1992), pp. 133 a 164

FERNANDES, Luís CARVALHO – *Teoria Geral do Direito Civil*, Volume II *Fontes, Conteúdo e Garantia da Relação Jurídica*, 3ª edição, Universidade Católica Editora, Lisboa, 2001

— «Repercussões da Falência na Cessação do Contrato de Trabalho», *Estudos do Instituto de Direito do Trabalho*, Volume I, Almedina, Coimbra, 2001, pp. 411 a 440

— «Efeitos da Declaração de Insolvência na Relação Laboral segundo o CIRE», *Revista de Direito e de Estudos Sociais*, Ano XLV (2004), nºs 1 a 3, pp. 5 a 40

FERNANDES Luís CARVALHO e João LABAREDA – *Código dos Processos Especiais de Recuperação da Empresa e de Falência Anotado*, 3ª edição, Quid Iuris, Lisboa, 1999

FERNÁNDEZ GONZÁLEZ-REGUERAL, María Angeles – *La Resolución por Incumplimiento en las Obligaciones Bilaterales*, La Ley-Actualidad, Madrid, 1998

FERNÁNDEZ LÓPEZ, Maria Fernanda – *Vd.* RODRÍGUEZ-PIÑERO Y BRAVO FERRER, Miguel

FERREIRA, Abel Sequeira – «A Justa Causa de Despedimento no Contexto dos Grupos de Empresas», *Estudos do Instituto de Direito do Trabalho*, Volume II, *Justa Causa de Despedimento*, Almedina, Coimbra, 2001, pp. 195 a 255

FERREIRA, Durval – *Negócio Jurídico Condicional*, Almedina, Coimbra, 1998

FERREIRA, Paulo Marrecas – «Da Natureza Civil e do Carácter Normativo dos Fundamentos de Rescisão do Contrato

Individual de Trabalho?», Ab Uno ad Omnes, 75 Anos da Coimbra Editora, 1920-1995, Coimbra Editora, Coimbra, 1998, pp. 1181 a 1223

FERREIRA, J. O. Cardona – «Breves Apontamentos Acerca de Alguns Aspectos da Acção de Despejo Urbano», *Estudos em Homenagem Prof. Doutor Inocêncio Galvão Telles*, Volume III, *Direito do Arrendamento Urbano*, Almedina, Coimbra, 2002, pp. 593 a 611

FIFOOT, Cecil H. S. – *Vd.* CHESHIRE, Geoffrey C.

FIKENTSCHER, Wolfgang – *Schuldrecht*, 8ª edição, Walter de Gruyter, Berlim, 1992

FLEISCHMANN, Guntram – *Vd.* RUPP, Wolfgang

FLOHR, Eckhard – *Franchise-Vertrag*, Beck, Munique, 1998

FLORETTA, Hans, Karl SPIELBÜCHER e Rudol STRASSER – *Arbeitsrecht*, Volume I *Individualarbeitsrecht (Arbeitsvertragsrecht)*, por Karl SPIELBÜCHER e Konrad GRILLBERG, 4ª edição, Manz, Viena, 1998

FLOUR, Jacques, Jean-Luc AUBERT, Yvonne FLOUR e Éric SAVAUX – *Droit Civil. Les Obligations. 3 Le Rapport D'Obligation*, 2ª edição, Armand Colin – Dalloz, Paris, 2001

FLOUR, Yvonne – *Vd.* FLOUR, Jacques

FLUME, Werner – *Allgemeiner Teil des Bürgerlichen Rechts*, II Parte, *Das Rechtsgeschäft*, 4ª edição, Berlim, 1992, tradução espanhola de Miguel González e Gómez Calle, sob o título *El Negocio Jurídico. Parte General de Derecho Civil*, Tomo II, Consejo General del Notariado, Madrid, 1998

FONTAINE, Marcel e Geneviève VINEY (org.) – *Les Sanctions de l'Inexécution des Obligations. Études de Droit Comparé*, Bruylant, Bruxelas, 2001

FONSECA, António Alves da e José Luciano de CASTRO – «A Acção de Rescisão por Lesão com Relação aos Contratos Anteriores ao Código Civil pode Intentar-se depois da Publicação do mesmo Código», *O Direito*, 1º, 1869, pp. 321 a 323

FORIERS, Paul Alain – *La Caducité des Obligations Contractuelles par Disparition d'un Élément Essentiel à leur Formation. De la Nature des Choses à l'Équité, de l'Impossibilité au Principe de l'Exécution de Bonne Foi*, Bruylant, Bruxelas, 1998

FRADA, Manuel CARNEIRO DA – «Erro e Incumprimento na Não-Conformidade da Coisa com o Interesse do Comprador», *O Direito*, Ano 121 (1989), III, pp. 461 a 484

FRANÇA, Maria Augusta – «Direito à Exoneração», *Novas Perspectivas do Direito Comercial*, Almedina, Coimbra, 1988, pp. 205 a 227

FRANZONI, Massimo – *Degli Effetti del Contratto*, Volume I, *Efficacia del Contratto e Recesso Unilateral*, Giuffrè, Milão, 1998

FROMM, Erwin – *Die Arbeitnehmerbedingten Kündigungsgründe*, Duncker & Humblot, Berlim, 1995

FUNEZ, Adilson Luis – *A Rescisão com Justa Causa ou o "Despedimento Indirecto" do Trabalhador no Direito Comparado Brasileiro / Português*, Relatório de Mestrado, Lisboa, 2001

FURMSTON, Michael P. – *Vd.* CHESHIRE, Geoffrey C.

FURTADO, Jorge Pinto – *Manual do Arrendamento Urbano*, 2ª edição, Almedina, Coimbra, 1999

— *Manual do Arrendamento Urbano*, I e II, 5ª edição, Almedina, Coimbra, 2009 e 2011

G

GABRIELLI, Giovanni – *Vincolo Contrattuale e Recesso Unilaterale*, Giuffrè, Milão, 1985

GAGGERO, Paolo – *La Modificazione Unilaterale dei Contratti Bancari*, Cedam, Pádua, 1999

GALANTINO, Luisa – *Diritto del Lavoro*, 11ª edição, Giappichelli, Turim, 2001

GALGANO, Francesco – *Diritto Civile e Commerciale*, Volume 2º, *Le Obbligazioni e i Contratti*, Tomo 1º, *Obbligazioni in Generale, Contratti in Generale*, 3ª edição, Cedam, Pádua, 1999

— *Diritto Civile e Commerciale*, Volume 2º, *Le Obbligazioni e i Contratti*, Tomo 2º, *I Singoli Contratti, gli Atti Unilaterali e i Titoli di Credito, i Fatti Illeciti e gli altri Fatti Fonte di Obbligazione, la Tutela del Credito*, 3ª edição, Cedam, Pádua, 1999

— *Diritto Privato*, 11ª edição, Cedam, Pádua, 2001

GALLETTI, Danilo – *Il Recesso nelle Società di Capitali*, Giuffrè, Milão, 2000

GÁRATE CASTRO, Javier (org.) – *Cuestiones Actuales sobre el Despido Disciplinario*, Universidad de Santiago de Compostela, 1997

GARCIA AMIGO, Manuel – *Teoria General de las Obligaciones y Contratos*, McGraw-Hill, Madrid, 1995

GARCÍA-TREVIJANO GARNICA, Ernesto – *La Resolución del Contrato Administrativo de Obra*, Editorial Montecorvo, Madrid, 1996

GAROFALO, Luigi – *Studi sull'Azione Redibitoria*, Cedam, Pádua, 2000

GAROFALO, Luigi, Vincenzo MANNINO, Enrico MOSCATI e Paolo Maria VECCHI – *Commentario alla Disciplina della Vendita dei Beni di Consumo. Artt. 1519-bis – 1519-nonies cod. civ. e art. 2 d. lgs. 2 febraio 2002 n. 24*, Cedam, Pádua, 2003

GAUCH, Peter – *Der Werkvertrag. Ein Systematischer Grundriss*, 3ª edição, Schulthess, Zurique, 1985

GAUCH, Peter, Walter R. SCHLUEP, Jörg SCHMID e Heinz REY – *Schweizerisches Obligationenrecht. Allgemeiner Teil ohne Ausservertragliches Haftpflicht*, Volume II, 8ª edição, Schulthess, Zurique, 2003

GENTILI, Aurelio – *La Risoluzione Parziale*, Jovene, Nápoles, 1990

GHESTIN, Jacques e Bernard DESCHÉ – *Traité des Contrats. La Vente, in Traité des Contrats*, coordenação de Jacques GHESTIN, LGDJ, Paris, 1990

GHESTIN, Jacques, Christophe JAMIN e Marc BILLIAU – *Les Effets du Contrat. Interprétation. Qualification. Durée. Inexécution. Effet Relatif. Opposabilité, in Traité de Droit Civil*, coordenação de Jacques GHESTIN, 3ª edição, LGDJ, Paris, 2001

GIANNATTASIO, Carlo – *L'Appalto in Tratatto di Diritto Civile e Commerciale*, organizado por Cicu e Messineo, Volume XXIV, Tomo 2, 2ª edição, Giuffrè, Milão, 1977

GIBERT, Rafael – «La Donación Visigótica», *Boletim da Faculdade de Direito de Coimbra*, Ano 58, Volume 2 (1982), pp. 433 a 449

GIGLIO, Wagner D. – *Justa Causa*, 7ª edição, Saraiva, S. Paulo, 2000

GILLIG, Franz Peter – *Nichterfüllung und Sachmängelgewährleistung. Ein Beitrag zum System der Vertragshaftung*, Mohr, Tubinga, 1984

GIORGIANNI, Michele – *L'Inadempimento. Corso di Diritto Civile*, 3ª edição, Giuffrè, Milão, 1975

GIRINO, Emilio – *I Contratti Derivati*, Giuffrè, Milão, 2001

GOMES, Júlio – *O Conceito de Enriquecimento, o Enriquecimento Forçado e os Vários Paradigmas do Enriquecimento sem Causa*, Universidade Católica, Porto, 1998

— «Algumas Observações sobre o Contrato de Trabalho por Tempo Indeterminado para Cedência Temporária», *Questões Laborais*, Ano VIII (2001), nº 17, pp. 41 a 86

— «Da Rescisão do Contrato de Trabalho por Iniciativa do Trabalhador», *V Congresso Nacional de Direito do Trabalho*.

Memórias, Almedina, Coimbra, 2003, pp. 129 a 166

GOMES, Júlio e Raquel CARVALHO – «Código do Trabalho – a (in)constitucionalidade das normas relativas à repetição do procedimento disciplinar e à reintegração», *Questões Laborais*, Ano X (2003), nº 22, pp. 212 a 223

GOMES, Manuel Januário da Costa – *Em Tema de Revogação do Mandato Civil*, Almedina, Coimbra, 1989

— *Em Tema de Contrato-Promessa*, AAFDL, Lisboa, 1990

— *Arrendamentos Comerciais*, 2ª edição, Almedina, Coimbra, 1993

— *Arrendamentos para Habitação*, 2ª edição, Almedina, Coimbra, 1996

— *Assunção Fidejussória de Dívida. Sobre o Sentido e o Âmbito da Vinculação como Fiador*, Almedina, Coimbra, 2000

— «O Exercício do Direito de Denúncia, pelo Senhorio, de Contrato Anterior à Constituição da Propriedade Horizontal», *Revista da Ordem dos Advogados*, Ano 44 (1984) I, pp. 153 a 170

— «Resolução do Contrato de Arrendamento em Consequência da Feitura de Obras que Alteram Substancialmente a Disposição Interna das Disposições do Prédio», *O Direito*, Ano 125 (1993), III-IV, pp. 439 a 478

— «Sobre o "Direito de Arrependimento" do Adquirente do Direito Real de Habitação Periódica (*Time-Sharing*) e a sua Articulação com Direitos Similares noutros Contratos de Consumo», *Revista Portuguesa de Direito do Consumo*, nº 3, 1995, pp. 70 a 86

GOMES, Orlando – *Contratos* (actualizado por Humberto Theodoro Júnior), 24ª edição, Forense, Rio de Janeiro, 2001

GONÇALVES, A. Luís – «Contrato-Promessa. Direito ao Arrependimento. Violação do Contrato. Indemnização»,

Revista de Direito e de Estudos Sociais, Ano XXXVI (1994), nºs 1 a 3, pp. 113 a 121

— «Arrendamento de Prédio Hipotecado. Caducidade do Arrendamento», *Revista de Direito e de Estudos Sociais*, Ano XL (1999), nº 1, pp. 95 a 101

GONÇALVES, Luiz da CUNHA – *Tratado de Direito Civil em Comentário ao Código Civil Português*, Volume IV, Coimbra Editora, Coimbra, 1932

— *Tratado de Direito Civil em Comentário ao Código Civil Português*, Volume VI, Coimbra Editora, Coimbra, 1932

— *Tratado de Direito Civil em Comentário ao Código Civil Português*, Volume VII, Coimbra Editora, Coimbra, 1934

— *Tratado de Direito Civil em Comentário ao Código Civil Português*, Volume VIII, Coimbra Editora, Coimbra, 1934

GONÇALVES, Pedro – *O Contrato Administrativo. Uma Instituição do Direito Administrativo do nosso Tempo*, Almedina, Coimbra, 2003

GONZÁLEZ GONZÁLEZ, Aurora – *La Resolución como Efecto del Incumplimiento en las Obligaciones Bilaterales*, Bosch, Barcelona, 1987

GORLA, Gino – «Azione Redibitoria», *Enciclopedia del Diritto*, Volume IV, pp. 875 a 883

GRANELLI, Carlo – «Risoluzione per Inadempimento e "Mora Debenti"», *I Contratti*, nº 6 (1993), pp. 715 a 717

GRASSELLI, Giorgio – *La Locazione di Immobili nel Codice Civile e nelle Leggi Speciali*, Cedam, Pádua, 1999

GRECO, Paolo e Gastone COTTINO – *Della Vendita. Art. 1470-1547, in Commentario del Codice Civile*, organizado por Antonio Scialoja e Giuseppe Branca, Livro IV, *Delle Obbligazioni*, 2ª edição, Zanichelli / Foro Italiano, Bolonha / Roma, 1981

GRILLBERG, Konrad – *Vd.* SPIELBÜCHER, Karl

GRONDONA, Mauro – *La Clausola Risolutiva Espressa*, Giuffrè, Milão 1998

GSCHNITZER, Franz – *Österreichisches Schuldrecht. Besonderer Teil und Schadenersatz*, 2ª edição, actualizada por Christoph FAISTENBERGER, Heinz BARTA e Bernhard ECCHER, Springer, Viena e Nova Iorque, 1988

GUICHARD, Raúl e Sofia PAIS – «Contrato-Promessa: Resolução Ilegítima e Recusa Terminante de Cumprir; Mora como Fundamento de Resolução; Perda do Interesse do Credor na Prestação; Possibilidade de Desvinculação com Fundamento em Justa Causa; "Concurso de Culpas" no Incumprimento; Redução da Indemnização pelo Sinal», *Direito e Justiça*, Volume XIV, 2000, Tomo 1, pp. 313 a 333

GUHL, Theo – *Das Schweizeriche Obligationenrecht mit Einschluss des Handels- und Wertpapierrechts*, 9ª edição actualizada por Alfred KOLLER, Anton SCHNYDER e Jean Nicolas DRUEY, Schulthess, Zurique, 2000

GULLÓN, Antonio – *Vd.* DÍEZ-PICAZO, Luis

H

HELLER, Matthess – *Die Beendigung freiberuflicher Sozietätsverhältnisse*, Otto Schmidt, Colónia, 2000

HELLWEGE, Phillip – *Die Rückabwicklung gegenseitiger Verträge als einheitliches Problem. Deutsches, englisches und schottisches Recht in historisch-vergleichender Perspektive*, Mohr, Tubinga, 2004

HENRIQUES, Paulo Alberto Videira – *A Desvinculação Unilateral Ad Nutum nos Contratos Civis de Sociedade e de Mandato*, Coimbra Editora, Coimbra, 2001
— *Vd.* MONTEIRO, António Pinto

HONDIUS, Edwoud – *Vd.* MAHÉ, Chantal B. P.

HONNOLD, John – *Uniform Law for International Sales under the 1980 United Nations Convention*, 2ª edição, Kluwer, Boston, 1991

HÖRSTER, Heinrich Ewald – *A Parte Geral do Código Civil Português. Teoria Geral do Direito Civil*, Almedina, Coimbra, 1992

HUBER, Ulrich – *Leistungsstörungen*, I Volume, *Die Allgemeinen Grundlagen – Der Tatbestand des Schuldnerverzugs – Die vom Schulder zu Vertretenden Umstände*, Mohr, Tubinga, 1999

HUET, Jérôme – *Les Principaux Contrats Spéciaux, in Traité de Droit Civil*, org. Jacques GHESTIN, 2ª edição, LGDJ, Paris, 2001

I

ICHINO, Pietro – *Il Contratto di Lavoro*, I, *Trattato di Diritto Civile e Commerciale, Cicu / Messineo*, Giuffrè, Milão, 2000

J

JAMIN, Christophe – «Les Conditions de la Résolution du Contrat: Vers un Modèle Unique?», *Les Sanctions de l'Inexécution des Obligations. Études de Droit Comparé*, org. Marcel FONTAINE e Geneviève VINEY, Bruylant, Bruxelas, 2001, pp. 451 a 512
— *Vd.* GHESTIN, Jacques e Marc BILLIAU

JAUSÀS, Agustín (org.) – *Agency and Distribution Agreements*, Graham & Trotman, Londres, 1994

JEAMMAUD, Antoine – *Vd.* PÉLISSIER, Jean e Alain SUPIOT

JORDANO FRAGA, Francisco – *La Resolución por Incumplimiento en la Compraventa Inmobiliaria. Estudio Jurisprudencial del Articulo 1.504 del Codigo Civil*, Civitas, Madrid, 1992

JORGE, Fernando PESSOA – *Direito das Obrigações*, Volume I, AAFDL, Lisboa, 1975/76

JOSÉ, Rosendo DIAS – *Responsabilidade Civil do Construtor e do Vendedor pelos Defeitos*, Petrony, Lisboa, 1984

JUSTO, A. Santos – *Direito Privado Romano* II *(Direito das Obrigações)*, Boletim da Faculdade da Universidade de Coimbra, 4ª edição, Coimbra Editora, 2011
— «A Locação de Coisa (*Locatio-Conductio Rei*) no Direito Romano. Alguns Reflexos no Direito Português», *Lusíada*, nºs 1 e 2, 2001, pp. 611 a 631

K

KASER, Max – *Römisches Privatrecht*, Munique, 1992, tradução portuguesa de Samuel Rodrigues e Ferdinand Hämmerle, sob o título *Direito Privado Romano*, Fundação Calouste Gulbenkian, Lisboa, 1999
KOZIOL, Helmut e Rudolf WELSER – *Grundriß des bürgerlichen Rechts*, I, *Allgemeiner Teil und Schuldrecht*, 10ª edição, Manz, Viena, 1995

L

LABAREDA, João – *Vd.* FERNANDES Luís Carvalho
LACRUZ BERDEJO, José Luis, Francisco de Asís SANCHO REBULLIDA, Agustín LUNA SERRANO, Jesús DELGADO ECHEVERRÍA, Francisco RIVERO HERNÁNDEZ e Joaquín RAMS ALBESA – *Elementos de Derecho Civil*, Tomo II, *Derecho de Obligaciones*, Volume 2, *Contratos y Cuasicontratos. Delito e Cuasidelito*, 2ª edição, Dykinson, Madrid, 2002
LAITHIER, Ives-Marie – *Étude Comparative des Sanctions de L'Inexécution du Contrat*, LGDJ, Paris, 2004
LAMICELA, Mariella – *Lo "ius superveniens" e la Nullità Sopravvenuta di Clausole Negoziali. Il Contratto tra Controllo Genetico e Controllo Funzionale*, Cedam, Pádua, 2003
LANDO, Ole – «L'Unificazione dei Diritto Privato Europeo in Materia di Contratto: Sviluppo Graduale o Codificazione»,

Materiali e Commenti sul Nuovo Diritto dei Contratti, org. Giuseppe VETTORI, Cedam, Pádua, 1999, pp. 873 a 889
LANDO, Ole e Hugh BEALE (org.) – *Principles of European Contract Law*, Partes I e II, Kluwer, Haia, Londres, Boston, 2000
LARA GONZÁLEZ, Rafael – *Las Causas de Extinción del Contrato de Agencia*, Civitas, Madrid, 1998
LARENZ, Karl – *Lehrbuch des Schuldrechts*, I *Allgemeiner Teil*, 14ª edição, Beck, Munique, 1987
— *Lehrbuch des Schuldrechts*, II/1 *Besonderer Teil*, 13ª edição, Beck, Munique, 1986
LASARTE ÁLVAREZ, Carlos – *Principios de Derecho Civil*, Tomo III, *Contratos*, 6ª edição, Alájar, Madrid, 2001
LEHMANN, Heinrich – *Vd.* ENNECCERUS, Ludwig
LEITÃO, João MENEZES – *Da Revogação do Testamento e de Disposições Testamentárias*, Dissertação de Mestrado, Lisboa, 1992
— «Morte do Arrendatário Habitacional e Sorte do Contrato», *Estudos em Homenagem ao Prof. Doutor Inocêncio Galvão Telles*, Volume III, *Direito do Arrendamento Urbano*, Almedina, Coimbra, 2002, pp. 275 a 371
LEITÃO, Luís MENEZES – *Pressupostos da Exclusão de Sócio nas Sociedades Comerciais*, AAFDL, Lisboa, 1988
— *O Enriquecimento sem Causa no Direito Civil*, Centro de Estudos Fiscais, Lisboa, 1996
— *Direito das Obrigações*, Volume I, *Introdução. Da Constituição das Obrigações*, 10ª edição, Coimbra, 2013
— *Direito das Obrigações*, Volume II, *Transmissão e Extinção das Obrigações. Não Cumprimento e Garantias do Crédito*, 8ª edição, Almedina, Coimbra, 2011
— *Direito das Obrigações*, Volume III, *Contratos em Especial. Dos Contratos de Alienação. Do Contrato de Sociedade. Dos Contratos de*

Concessão de Gozo e de Crédito, 9ª edição, Almedina, Coimbra, 2014

— *Código do Trabalho Anotado*, 2ª edição, Almedina, Coimbra, 2004

— *Código da Insolvência e da Recuperação de Empresas Anotado*, Almedina, 6ª edição, Coimbra, 2012

— *A Indemnização de Clientela no Contrato de Agência*, Almedina, Coimbra, 2006

— *Arrendamento Urbano*, 6ª edição, Almedina, Coimbra, 2013

— «Caveat Venditor? A Directiva 1999/44/CE do Conselho e do Parlamento Europeu sobre a Venda de Bens de Consumo e Garantias Associadas e suas Implicações no Regime Jurídico da Compra e Venda», *Estudos em Homenagem ao Prof. Doutor Inocêncio Galvão Telles*, Volume I, *Direito Privado e Vária*, Almedina, Coimbra, 2002, pp. 263 a 303

— *Vd.* ASCENSÃO, José de Oliveira

LEITÃO, Maria Adelaide MENEZES – «"Revogação Unilateral" do Mandato. Pós-Eficácia e Responsabilidade pela Confiança», *Estudos em Homenagem ao Prof. Doutor Inocêncio Galvão Telles*, Volume I, *Direito Privado e Vária*, Almedina, Coimbra, 2002, pp. 305 a 346

LEITE, Jorge – Observatório Legislativo, *Questões Laborais*, nº 8 (1996), pp. 216 a 218

— «Inconstitucionalidade das Normas sobre Despedimentos Colectivos ou a História de um Processo Legislativo Atribulado», *Questões Laborais*, nº 17 (2001), pp. 108 a 120

— *Vd.* CANOTILHO, José Joaquim

LENER, Giorgio – *Profili del Collegamento Negoziale*, Giuffrè, Milão, 1999

LEPKE, Achim – *Kündigung bei Krankheit*, de Dirk NEUMANN, 8ª edição, Schäffer, Estugarda, 1991

LEQUETTE, Ives – *Vd.* CAPITANT, Henri

— *Vd.* TERRÉ, François e Philippe SIMLER

LIMA, Carlos – «Arrendamento Urbano. Caducidade do Direito de Resolução»,

Revista da Ordem dos Advogados, Ano 62 (2002), I, pp. 71 a 89

LIMA, Fernando PIRES DE e João ANTUNES VARELA – *Código Civil Anotado*, Volume I, 4ª edição, Coimbra Editora, Coimbra, 1987

— *Código Civil Anotado*, Volume II, 4ª edição, Coimbra Editora, Coimbra, 1997

LIPARI, Nicolò (org.) – *Trattato di Diritto Privato Europeo*, Volume 3, *L'Attività e il Contratto*, 2ª edição, Cedam, Pádua, 2003

— *Trattato di Diritto Privato Europeo*, Volume 4, *Singoli Contratti. La Responsabilità Civile. Le Forme di Tutela*, 2ª edição, Cedam, Pádua, 2003

LÓPEZ BARBA, Elena María – *El Contrato de Transacción. Su Resolución por Incumplimiento*, Laborum, Múrcia, 2001

LORITZ, Karl-Georg – *Vd.* ZÖLLNER, Wofgang

LOURENÇO, Paula Meira – «A Relevância dos Comportamentos da Vida Particular do Trabalhador para Efeitos de Preenchimento do Conceito de Justa Causa de Despedimento», *Revista Jurídica AAFDL*, nº 24 (2001), pp. 495 a 531

LUMINOSO, Angelo – *La Vendita con Riscatto, Artt. 1500-1509, Commentario Codice Civile*, Giuffrè, Milão, 1987

— *I Contratti Tipici e Atipici. Contratti di Alienazione, di Godimento, di Credito*, Giuffrè, Milão, 1995

LUMINOSO, Ângelo, Ugo CARNEVALI e Maria COSTANZA – *Risoluzione per Inadempimento*, Tomo I-1, *Commetario Codice Civile Scialoja / Branca*, Zanichelli e Foro Italiano, Bolonha e Roma, 1990

LUNA SERRANO, Agustín – *Vd.* LACRUZ BERDEJO, José Luis

M

MACARIO, Francesco – *Adeguamento e Rinegoziazione nei Contratti a Lungo Termine*, Jovene, Nápoles, 1996

BIBLIOGRAFIA

— «Il Credito al Consumo», *in Trattato di Diritto Privato Europeo*, Volume 4, *Singoli Contratti. La Responsabilità Civile. Le Forme di Tutela*, org. Nicolò LIPARI, 2ª edição, Cedam, Pádua, 2003, pp. 74 a 98

MACEDO, Pedro de SOUSA – *Poder Disciplinar Laboral*, Almedina, Coimbra, 1990

MACHADO, João BAPTISTA – *Introdução ao Direito e ao Discurso Legitimador*, Almedina, Coimbra, 1983

— «Resolução do Contrato de Arrendamento. Prazo para a Propositura da Acção», *Obra Dispersa*, Volume I, Scientia Iuridica, Braga, 1991, pp. 3 a 30

— «A Cláusula do Razoável», *João Baptista Machado. Obra Dispersa*, Volume I, Scientia Iuridica, Braga, 1991, pp. 457 a 621

— «Acordo Negocial e Erro na Venda de Coisas Defeituosas», *Obra Dispersa*, Volume I, Scientia Iuridica, Braga, 1991, pp. 31 a 124

— «Pressupostos da Resolução por Incumprimento», *Obra Dispersa*, Volume I, Scientia Iuridica, Braga, 1991, pp. 125 a 193

— «A Resolução por Incumprimento e a Indemnização», *Obra Dispersa*, Volume I, Scientia Iuridica, Braga, 1991, pp. 195 a 213

— «Risco Contratual e Mora do Credor», *Obra Dispersa*, Volume I, Scientia Iuridica, Braga, 1991, pp. 257 a 343

— «Parecer sobre Denúncia e Direito de Resolução de Contrato de Locação de Estabelecimento Comercial», *Obra Dispersa*, Volume I, Scientia Iuridica, Braga, 1991, pp. 647 a 681

— «Constitucionalidade da Justa Causa Objectiva», *Obra Dispersa*, Volume II, Scientia Iuridica, Braga, 1993, pp. 547 a 552

— «"Denúncia-Modificação" de um Contrato de Agência», *Revista de Legislação e de Jurisprudência*, Ano 120º (1987/88), pp. 183 a 192

— «Resolução do Contrato de Arrendamento Comercial. Uso do Prédio para Ramo de Negócio Diferente», *Colectânea de Jurisprudência*, Ano IX (1984), Tomo II, pp. 13 a 22

MACIOCE, Francesco – *La Risoluzione del Contratto e Imputabilità dell'Inadempimento*, Edizioni Scientifiche Italiane, Nápoles, 1988

— *Il Negozio di Rinuncia nel Diritto Privato*, I Parte Generale, Edizioni Scientifiche Italiane, Nápoles, 1992

MAFFEIS, Daniele – «La Risoluzione e il Recesso nei Contratti di Finanziamento al Consumo», *in Recesso e Risoluzione nei Contratti*, org. Giorgio DE NOVA, Giuffrè, Milão, 1994, pp. 789 a 827

MAGALHÃES, J. M. Barbosa de – «Rescisão das Doações Onerosas», *Gazeta da Relação de Lisboa*, Ano 22 (1909), pp. 665 e 666

MAGALHÃES, Pedro de – «Extinção do Arrendamento por Denúncia do Locatário. A Caducidade do Subarrendamento e a Protecção Constitucional do Interesse de Habitação do Subarrendatário», *Portugal Judiciário*, Ano III (1979), pp. 73 a 75, 91, 100 e 104 a 105

— «O Subarrendatário Habitacional face à Extinção do Contrato de Arrendamento», *Portugal Judiciário*, Ano V (1980), pp. 17 e 18

MAHÉ, Chantal B. P. e Edwoud HONDIUS – «Les Sanctions de L'Inexécution en Droit Néerlandais», *Les Sanctions de l'Inexécution des Obligations. Études de Droit Comparé*, org. Marcel FONTAINE e Geneviève VINEY, Bruylant, Bruxelas, 2001, pp. 837 a 869

MAINGUY, Daniel – *Contrats Spéciaux*, Dalloz, Paris, 1998

MAJO, Adolfo Di – *Obbligazioni e Contratti. L'Adempimento dell'Obbligazione*, reimpressão, Zanichelli, Bolonha, 1998

MALAURIE, Phlilippe e Laurent AYNÈS – *Cours de Droit Civil. Les Contrats Spéciaux Civils et Commerciaux*, 6ª edição, Cujas, Paris, 1992

MALINVAUD, Philippe – *Droit des Obligations*, 8ª edição, Litec, Paris, 2003

MANACHE, S. Delle – Anotação ao art. 1723 do Código Civil Italiano, *in Commentario Breve al Codice Civile*, org. Giorgio CIAN e Alberto TRABUCCHI, 6ª edição, Cedam, Pádua, 2003, pp. 2022 a 2025

MANNINO, Vincenzo – *Vd.* GAROFALO, Luigi, Enrico MOSCATI e Paolo Maria VECCHI

MANKOWSKI, Peter – *Beseitigungrechte. Anfechtung, Widerruf und Verwandte Institute*, Mohr, Tubinga, 2003

MANUS, Pedro Paulo Teixeira – *Direito do Trabalho*, 6ª edição, Atlas, S. Paulo, 2001

MARANHÃO, Délio – *Vd.* SÜSSEKIND, Arnaldo e Segadas VIANNA

MARESCA, Arturo – *Vd.* AMOROSO, Giovanni

MARIANO, João CURA – *O Direito de Exoneração dos Sócios nas Sociedades por Quotas*, Almedina, Coimbra, 2005

MARÍN LÓPEZ, Manuel Jesús – *La Compraventa Financiada de Bienes de Consumo*, Aranzadi, Navarra, 2000

MARQUES, José Dias – *Teoria Geral da Caducidade*, Lisboa, 1953

— *Teoria Geral do Direito Civil*, Volume II, Coimbra Editora, Coimbra, 1959

— *Noções Elementares de Direito Civil*, 7ª edição, Lisboa, 1992

— «Índice dos Vocábulos no Código Civil Português», *Revista da Faculdade de Direito da Universidade de Lisboa*, Volume XXVII (1986) e Volume XXVIII (1987), rspectivamente, pp. 327 a 390 e pp. 203 a 321

MARTINEK, Michael – *Moderne Vertragstypen*, Tomo I, *Leasing und Factoring*, Beck, Munique, 1991

— *Moderne Vertragstypen*, Tomo II, *Franchising, Know-how-Verträge, Management-und Consultingverträge*, Beck, Munique, 1992

MARTINEZ, Pedro ROMANO – *O Subcontrato*, Almedina, Coimbra, 1989

— *Cumprimento Defeituoso em especial na Compra e Venda e na Empreitada*, reimpressão, Almedina, Coimbra, 2001

— *Direito das Obrigações (Parte Especial). Contratos. Compra e Venda. Locação. Empreitada*, 2ª edição, Almedina, Coimbra, 2001

— *Contratos Comerciais. Apontamentos*, Principia, Cascais, 2001

— *Direito do Trabalho*, Almedina, 7ª edição, Coimbra, 2015

— *Direito das Obrigações. Apontamentos*, 5ª edição, AAFDL, Lisboa, 2014

— *Apontamentos sobre a Cessação do Contrato de Trabalho à Luz do Código do Trabalho*, AAFDL, Lisboa, 2004

— «Repercussões da Falência nas Relações Laborais», *Revista da Faculdade de Direito da Universidade de Lisboa*, Volume XXXVI (1995), pp. 417 a 424

— «A Justa Causa de Despedimento», *I Congresso Nacional de Direito do Trabalho. Memórias*, Almedina, Coimbra, 1998, pp. 171 a 180

— «A Constituição de 1976 e o Direito do Trabalho», *Nos 25 anos da Constituição da República Portuguesa de 1976. Evolução Constitucional e Perspectivas Futuras*, AAFDL, Lisboa, 2001, pp. 149 a 187

— «Empreitada de Consumo», *Revista Themis*, Ano II, nº 4, 2001, pp. 153 a 169

— «Incumprimento Contratual e Justa Causa de Despedimento», *Estudos do Instituto de Direito do Trabalho*, Volume II, *Justa Causa de Despedimento*, Almedina, Coimbra, 2001, pp. 93 a 118

— «Cessação do Contrato de Trabalho; Aspectos Gerais», *Estudos do Instituto de Direito do Trabalho*, Volume III, Almedina, Coimbra, 2002, pp. 179 a 206

— «Caducidade do Contrato de Trabalho», *Estudos em Homenagem ao Prof. Doutor Raúl Ventura*, Volume II, *Direito Comercial, Direito do Trabalho, Vária*, Faculdade de Direito da Universidade de Lisboa, 2003, pp. 695 a 715

— «Vício na Formação do Contrato, Interpretação do Negócio Jurídico, Condição Resolutiva e Incumprimento Contratual» (em co-autoria), *Revista de Direito e de Estudos Sociais*, 2003, nºs 1 e 2, pp. 159 a 273

— «Empreitada de Bens de Consumo. A Transposição da Directiva nº 199/44/CE pelo Decreto-Lei nº 67/2003», *Estudos do Instituto de Direito do Consumo*, Volume II, Coimbra, 2005, pp. 11 a 35

— (org) – *Estudos do Instituto de Direito do Trabalho*, Volume I, Volume II, *Justa Causa de Despedimento*, Volume III e Volume IV, Almedina, Coimbra, 2001, 2002 e 2003

MARTINEZ, Pedro ROMANO, Luís Miguel MONTEIRO, Joana VASCONCELOS, Pedro MADEIRA DE BRITO, Guilherme DRAY e Luís GONÇALVES DA SILVA – *Código do Trabalho Anotado*, 9ª edição, Almedina, Coimbra, 2013

MARTINEZ, Pedro ROMANO e Pedro FUZETA DA PONTE – *Garantias de Cumprimento*, 5ª edição, Almedina, Coimbra, 2006

MARTINEZ, Pedro ROMANO e José MARÇAL PUJOL – *Empreitada de Obras Públicas. Comentário ao Decreto-Lei nº 405/93, de 10 de Dezembro*, Almedina, Coimbra, 1995

MARTÍNEZ SANZ, Fernando – *La Indemnización por Clientela en los Contratos de Agencia y Concesión*, 2ª edição, Civitas, Madrid, 1998

MARTINS, António CARVALHO – *Sobre a Locação de Estabelecimento ou Cessão de Exploração (Um Problema da Empresa como Objecto de Negócios)*, Coimbra Editora, Coimbra, 1989

MARTINS, Francisca – *Caducidade do Contrato de Trabalho em caso de Acidente de Trabalho. Direito Português / Direito Francês*, Relatório de Mestrado, Lisboa, 2001

MARTINS, Júlio Augusto – «Rescisão de Arrendamento por Óbito dum dos Contratantes», *Revista de Justiça*, Ano 4 (1920), pp. 321 e 322

MARTINS, Licínio LOPES – *Empreitada de Obras Públicas. O modelo normativo do regime do contrato administrativo e do contrato público*, Almedina, Coimbra, 2014

MARTINS, Pedro FURTADO – *Despedimento Ilícito. Reintegração na Empresa e dever de Ocupação Efectiva*, Universidade Católica, Lisboa, 1992

— *Cessação do Contrato de Trabalho*, 3ª edição, Principia, Cascais, 2012

— «Despedimento Ilícito e Reintegração do Trabalhador», *Revista de Direito e de Estudos Sociais*, Ano XXXI (1989), nºs 3/4, pp. 483 s 519

— «Abuso de Direito. Nulidade do Despedimento. Cessação do Contrato de Trabalho. Caducidade. Prescrição da Infracção», *Revista de Direito e de Estudos Sociais*, Ano XXXIV (1992), nºs 1/3, pp. 119 a 123

— «Nulidade de Revogação do Contrato de Trabalho» *Revista de Direito e de Estudos Sociais*, Ano XXXIV (1992), nº 4, pp. 370 a 377

— «Rescisão pelo Trabalhador. Comunicação Escrita», *Revista de Direito e de Estudos Sociais*, Ano XXXV (1993), nºs 1/3, pp. 337 a 347

— «Despedimento Ilícito. Revogação do Despedimento e Reatamento do Contrato de Trabalho», *Revista de Direito e de Estudos Sociais*, Ano XXXVI (1994), nºs 1/3, pp. 199 a 208

— *Vd.* PINTO, Mário

— *Vd.* XAVIER, Bernardo

DA CESSAÇÃO DO CONTRATO

MARTINS, Sérgio Pinto – *Direito do Trabalho*, 14ª edição, Atlas, S. Paulo, 2001

MARUCCI, Barbara – *Risoluzione per Inadempimento dei Contratti non Correspettivi*, Edizioni Scientifiche Italiane, Nápoles, 2000

MARZIO, Fabrizio Di – *La Nulità del Contratto*, Cedam, Pádua, 1999

MARZORATI, Osvaldo J. – *Sistemas de Distribución Comercial. Agencia. Distribución. Concesión. Franquicia Comercial*, 2ª edição, Astrea, Buenos Aires, 1995

MATOS, João de – *A Acção de Despejo e os outros Meios de Cessação de Arrendamento no novo Código de Processo Civil*, Porto, s.d.

MATOS, Maria João Pinto de – «Indemnização por Danos "Morais" na Responsabilidade Contratual Laboral», *Prontuário da Legislação do Trabalho (Centro de Estudos Judiciários)*, Actualização nº 41 (1992), pp. 19 e 20

MAZEAUD, Antoine – *Droit du Travail*, 3ª edição, Montchrestien, Paris, 2002

MAZZIOTTI, Fabio – «Forma e Procedura dei Licenziamenti» in *La Disciplina dei Licenziamenti Dopo le Leggi 108/1990 e 223/1991*, Volume I, Jovene, Nápoles, 1991, org. Franco CARINCI, pp. 71 a 94

MAZZONI, Giuliano (org.) – *Manuale di Diritto del Lavoro*, Volume I, Giuffrè, Milão, 1988

MAZZOTTA, Oronzo – *Diritto del Lavoro. Il Rapporto di Lavoro*, 2ª edição, Giuffrè, Milão, 2002

MCKENDRICK, Ewan – *Contract Law*, 5ª edição, Polgrave Macmillan, Londres e Nova Iorque, 2003

— *Force Majeure and Frustration of Contract*, 2ª edição, Lloyd's, Londres, 1998

MEDICUS, Dieter – *Schuldrecht*, Tomo I *Allgemeiner Teil*, 15ª edição, Beck, Munique, 2004

— *Schuldrecht*, Tomo II *Besonderer Teil*, 12ª edição, Beck, Munique, 2004

MELECA, Vincenzo – *Vd.* CACCAMO, Antonio

MELO, António Barbosa de – «Reflexão sobre o Projecto de Diploma relativo à Cessação do Contrato Individual de Trabalho», *Revista de Direito e de Estudos Sociais*, Ano XXXI (1989), nº 3/4, pp. 521 a 528

MELLO, Alberto de SÁ e – «Extinção de Contratos de Trabalho por Dissolução da Pessoa Colectiva Empregadora», *Revista de Direito e de Estudos Sociais*, Ano XXXIX (1997), nº 4, pp. 369 a 400

MENARD, Lutz – *Vd.* BERGERFURTH, Bruno

MENDES, André Heleno – *Regime Geral da Cessação do Contrato de Trabalho*, Relatório de Mestrado, Lisboa, 2001

MENDES, Armindo RIBEIRO – «Acção de Resolução de Arrendamento (art. 1093º, nº 1, al. d) do Código Civil): Construção de uma Dependência no Jardim Arrendado – Excepção de Caducidade da Acção, nos Termos do art. 1094º C. Civil e Excepção de Caducidade do Direito de Resolução por Cessação da Causa, nos termos do art. 18º, nº 2, do Dec.-Lei nº 293/77, de 20 de Julho – Adjectivação desta consoante se trate de Defesa Principal ou de Defesa Principal», *Tribuna da Justiça*, nº 45, Ano IV (1988), pp. 1 a 12

MENDES, Evaristo – *Vd.* COSTA, Mário Júlio de Almeida

MENDES, João de CASTRO – *Direito Civil. Teoria Geral*, Volume II, AAFDL, Lisboa, 1979, edição revista em 1985

— *Direito Processual Civil*, Volume I, AAFDL, Lisboa, 1978/79

MÉNDEZ TOMÁS, Rosa M. e Aura Esther VILALTA NICUESA – *La Resolución Contractual. Acción Resolutória en el Contrato de Compraventa*, Bosch, Barcelona, 2002

MEO, Massimo DI – «Il Contenuto della Clausula Risolutiva Espressa», *in La*

Clausula Risolutiva Espressa, org. Olga
Barone, Cedam, Pádua, 1994, pp. 1 a 18
Mesquita, José Andrade – «Tipificações
Legais da Justa Causa. A "Lesão de Interesses Patrimoniais Sérios da Empresa"
e a "Prática Intencional, no Âmbito da
Empresa, de Actos Lesivos da Economia
Nacional"», *Estudos do Instituto de Direito
do Trabalho*, Volume II, *Justa Causa de Despedimento*, Almedina, Coimbra, 2001, pp.
135 a 163
Mesquita, José António – «Despedimento. Justa Causa. Infracção Disciplinar. Comportamentos da Vida Privada
do Trabalhador», *Tribuna da Justiça*, nº 19
(1986), pp. 8 a 10
Mesquita, Manuel Henrique – *Obrigações
Reais e Ónus Reais*, Almedina, Coimbra,
1990
— Anotação ao Acórdão do Supremo Tribunal de Justiça de 29 de Abril de 1992,
Revista de Legislação e de Jurisprudência,
Ano 125 (1992/1993), pp. 92 a 96, 100
a 103 e 158 a 160
— Anotação ao Acórdão do Supremo Tribunal de Justiça de 4 de Outubro de
1994, *Revista de Legislação e de Jurispru-
dência*, Ano 128 (1995/1996), pp. 158 a
160 e 186 a 192
— Anotação ao Acórdão da Relação de
Coimbra de 25 de Fevereiro de1997,
Revista de Legislação e de Jurisprudência, Ano
130 (1997/1998), pp. 190 a 192 e 221 a 224
— *Vd.* Correia, António Ferrer
— *Vd.* Costa, Mário Júlio de Almeida
Merz, Sandro e Paolo Sguotti – *Manuale Pratico delle Invalidità, Nullità, Inesis-
tenza, Annulabilità, Rescindibilità*, Cedam,
Pádua, 2002
Messineo, Francesco – *Manuale di Diritto
Civile e Commerciale*, Volume III, 9ª edi-
ção, Giuffrè, Milão, 1959
Miranda, José Miguel de Sá – *O Contrato
de Viagem Organizada*, Almedina, Coim-
bra, 2000

Molfese, Francisco – *Il Contratto di Viag-
gio e le Agenzie Turistiche*, Cedam, Pádua,
1999
Moll de Alba, Chantal – *La Resolución
por Impago de la Compraventa Inmobilia-
ria. La Figura del Pacto Comisorio*, Cedecs,
Barcelona, 1999
Monteiro, António Pinto – *Cláusulas
Limitativas e de Exclusão de Responsabi-
lidade Civil*, Universidade de Coimbra,
1985
— *Cláusula Penal e Indemnização*, Almedina,
Coimbra, 1990
— *Denúncia de um Contrato de Concessão
Comercial*, Coimbra Editora, Coimbra,
1998
— *Contrato de Agência. Anotação*, 7ª edição,
Almedina, Coimbra, 2010
— *Erro e Vinculação Negocial (A Propósito da
Aplicação do Bem a Fim Diferente do Decla-
rado)*, Almedina, Coimbra, 2002
— *Contratos de Distribuição Comercial*, Alme-
dina, Coimbra, 2003
— «Sobre o Não Cumprimento na Venda a
Prestações (Algumas Notas)», *O Direito*
122 (1990), III-IV, pp. 555 a 569
— Anotação ao Acórdão do Supremo Tri-
bunal de Justiça de 9 de Novembro de
1999, *Revista de Legislação e de Jurisprudên-
cia*, Ano 133 (2000-2001), pp. 140 e 141,
171 a 188, 231 a 243 e 273 a 276
— «Garantias na Venda de Bens de Con-
sumo. A Transposição da Directiva
1999/44/CE para o Direito Português»,
Estudos de Direito do Consumidor, nº 5,
Centro de Direito do Consumo, Coim-
bra, 2003, pp. 123 a 137
— «Sobre as "Cláusulas de Rescisão" dos
Jogadores de Futebol», *Revita de Legislação e de Jurisprudência*, Ano 135 (2005),
pp. 5 a 26
Monteiro, António Pinto e Carolina
Cunha – «Sobre o Contrato de Cessão
Financeira ou de "Factoring"», *Boletim*

da Faculdade de Direito de Coimbra. Volume Comemorativo, Coimbra, 2003, pp. 509 a 554

MONTEIRO, António PINTO e Paulo VIDEIRA HENRIQUES, «A Cessação do Contrato no Regime dos Novos Arrendamentos Urbanos», *O Direito* Ano 136 (2004), Tomos II/III, pp. 289 a 313

MONTEIRO, Luís Miguel – *Vd*. MARTINEZ, Pedro Romano

MONTOYA MELGAR, Alfredo – *Derecho del Trabajo*, 22ª edição, Tecnos, Madrid, 2001

MORAIS, Fernando de GRAVATO – *União de Contratos de Crédito e de Venda para o Consumo*, Almedina, Coimbra, 2004

— *Crédito aos Consumidores. Anotação ao Decreto-Lei nº 133/2009*, Almedina, Coimbra, 2009

MORAIS, Luís – *Dois Estudos: Justa Causa e Motivo Atendível de Despedimento. O Trabalho Temporário*, Cosmos, Lisboa, 1991

MORALES MORENO, A. M. – *Vd*. DÍEZ-PICAZO, Luis

MOREIRA, António – «Caducidade do Contrato de Trabalho a Termo», *IV Congresso Nacional de Direito do Trabalho*, Almedina, Coimbra, 2002, pp. 381 a 395

MOREIRA, Guilherme Alves – *Instituições de Direito Civil Português*, Volume II, *Das Obrigações*, Coimbra, 1911

MORETTI, Mimma – «Lo Scioglimento della Transazione», *in Recesso e Risoluzione nei Contratti*, org. Giorgio DE NOVA, Giuffrè, Milão, 1994, pp. 933 a 965

MORRIS, Gillian S. – *Vd*. DEAKIN, Simon

MOSCATI, Enrico – *Vd*. GAROFALO, Luigi, Vincenzo MANNINO e Paolo Maria VECCHI

MOURA, Pedro CROFT DE – *Causas Especiais de Rescisão das Doações*, Dissertação para Licenciatura, Lisboa, 1946

— «Rescisão das Doações Inoficiosas», *Revista da Ordem dos Advogados*, Ano 8 (1948), nºs 3 e 4, pp. 135 a 164

MUNHOZ, José Lúcio e Tárcio José VIDOTTI – «A Rescisão por Justa Causa do Contrato de Emprego no Direito do Trabalho Brasileiro», *Estudos do Instituto de Direito do Trabalho*, Volume II, *Justa Causa de Despedimento*, Almedina, Coimbra, 2001, pp. 257 a 281

MUSOLINO, Giuseppe – *La Responsabilità Civile nell'Appalto*, 2ª edição, Cedam, Pádua, 2003

N

NANNI, Luca – *La Revoca del Mandato*, Cedam, Pádua, 1992

— *Dell'Estinzione del Mandato. Artt. 1722-1730, Commentario del Codice Civile Scialoja/Branca*, Zanichelli e Foro Italiano, Bolonha e Roma, 1994

NAPOLI, Mario – «La Tutela Reale contro i Licenziamenti» *in La Disciplina dei Licenziamenti Dopo le Leggi 108/1990 e 223/1991*, Volume I, Jovene, Nápoles, 1991, org. Franco CARINCI, pp. 129 a 167

NETO, Indalécio Gomes – «A Jurisdição Trabalhista e o Dano Moral», *Os Novos Paradigmas do Direito do Trabalho (Homenagem a Valentin Carrion)*, org. Rita SILVESTRE e Amauri NASCIMENTO, Saraiva, S. Paulo, 2001, pp. 501 a 516

NEUMANN, Dirk – *Kündigung bei Krankheit*, 8ª edição, por Achim LEPKE, Schäffer, Estugarda, 1991

NEVES, Ana Fernanda – *Relação Jurídica de Emprego Público*, Coimbra Editora, Coimbra, 1999

NICOLINI, Giovanni – *Manuale di Diritto del Lavoro*, 3ª edição, Giuffrè, Milão, 2000

NOVA, Giorgio De – *Il Contratto di Leasing*, 3ª edição, Giuffrè, Milão, 1995

— «Recesso e Risoluzione nei Contratti. Appunti da una Ricerca», *in Recesso e Risoluzione nei Contratti*, org. Giorgio DE NOVA, Giuffrè, Milão, 1994, pp. 1 a 13

— (org.) – *Recesso e Risoluzione nei Contratti*, Giuffrè, Milão, 1994

NOVARA, Giampaolo – *Il Recesso Volontario dal Rapporto di Lavoro*, Giuffrè, Milão, 1961

NUNES, António José AVELÃS – *O Direito de Exclusão de Sócios nas Sociedades Comerciais*, reimpressão, Almedina, Coimbra, 2002

O

Ordenações Afonsinas, Livro IV, Fundação Calouste Gulbenkian, Lisboa,

Ordenações Manuelinas, Livro IV, Fundação Calouste Gulbenkian, Lisboa

Ordenações Filipinas, Livro IV, Fundação Calouste Gulbenkian, Lisboa

OETKER, Hartmut – *Das Dauerschuldverhältniss und seine Beendigung. Bestandsaufnahme und Kritische Würdigung einer Tradierten Figur der Schuldrechtsdogmatik*, Mohr, Tubinga, 1994

OLEA, Manuel Alonso – «Un Problema cada vez mas Complejo: la Extinción del Contrato de Trabajo por Voluntad del Trabajador», *Boletim da Faculdade de Direito de Coimbra*. Ano 62 (1986), pp. 215 a 239

OLEA, Manuel Alonso e Maria Emilia CASÁS BAAMONDE – *Derecho del Trabajo*, 19ª edição, Civitas, Madrid, 2001

OLIVEIRA, Ana Lúcia de – *Grupos de Empresas e a Cessação do Contrato de Trabalho por parte do Empregador*, Relatório de Mestrado, Lisboa, 2000

OLIVEIRA, Ernesto de – *Despedimentos e outros Casos de Cessação do Contrato de Trabalho*, 2ª edição, Lisboa, 1977

OLIVEIRA, Nuno Pinto – «Revogação das Doações», *Scientia Iuridica*, Tomo L (2001), nº 290, pp. 149 a 180

— «Contributo para a Interpretação do artigo 808º do Código Civil», *Cadernos de Direito Privado*, nº 5 (2004), pp. 10 a 16

ORRÙ, Silvia – *La Rescissione del Contratto*, Cedam, Pádua, 1997

OTERO, Paulo – *Lições de Introdução ao Estudo do Direito*, I Volume, 2º Tomo, Pedro Ferreira, Lisboa, 1999

— *A Renúncia do Presidente da República na Constituição Portuguesa*, Almedina, Coimbra, 2004

P

PAIS, Sofia – *Vd.* GUICHARD, Raúl

PALADINI, Mauro – *La Responsabilità Civile da Licenziamento Ingiurioso*, Cedam, Pádua, 2000

PALMIERI, Davide – *La Risoluzione per Inadempimento nella Giurisprudenza*, Giuffrè, Milão, 1994

PALOMEQUE LÓPEZ, Manuel Carlos e Manuel ÁLVAREZ DE LA ROSA – *Derecho del Trabajo*, 9ª edição, Centro de Estudios Ramón Areces, Madrid, 2001

PAPALEONI, Marco – «Il Rapporto di Lavoro» in *Manuale di Diritto del Lavoro*, org. Giuliano MAZZONI, Volume I, Giuffrè, Milão, 1988, pp. 223 a 1142

PARREIRA, Isabel Ribeiro – «A Quebra de Confiança como Critério de Concretização da Justa Causa de Despedimento», *I Congresso Nacional de Direito do Trabalho. Memórias*, Almedina, Coimbra, 1998, pp. 271 a 280

PÉLISSIER, Jean, Alain SUPIOT e Antoine JEAMMAUD – *Droit du Travail*, 20ª edição, Dalloz, Paris, 2000

PERA, Giuseppe – *Diritto del Lavoro*, 6ª edição, Cedam, Pádua, 2000

— *Le Rinunce e le Transazioni del Lavoratore. Il Codice Civile Commentario*, org. Piero SCHLESINGER, Giuffrè, Milão, 1990

PERALTA, Ana Maria – *A Posição Jurídica do Comprador na Compra e Venda com Reserva de Propriedade*, Almedina, Coimbra, 1990

PEREIRA, Alexandre Libório DIAS – «Da Resolução de Arrendamento Comercial», *Colectânea de Jurisprudência, Acórdãos do Supremo Tribunal de Justiça*, Ano VI (1998), Tomo II, pp. 13 a 16

PEREIRA, Caio Mário da SILVA – *Instituições de Direito Civil*, Volume III, 10ª edição, Forense, Rio de Janeiro, 1998

PEREIRA, Maria de Lurdes – *Conceito de Prestação e Destino da Contraprestação*, Almedina, Coimbra, 2001

— «A Obrigação de Recepção das Mercadorias na Convenção de Viena sobre Compra e Venda Internacional de Mercadorias», *Homenagem Professora Doutora Isabel Magalhães Collaço*, Almedina, Coimbra, 2002, pp. 339 a 392

PERILLO, Joseph – *Vd.* CALAMARI, John

PINHEIRO, Luís Lima – *A Cláusula de Reserva de Propriedade*, Almedina, Coimbra, 1988

— «Cláusulas Típicas dos Contratos do Comércio Internacional», *Estudos de Direito Comercial Internacional*, Volume I, Almedina, Coimbra, 2004, pp. 239 a 269

PINTO, Carlos MOTA – *Teoria Geral do Direito Civil*, 4ª edição, (actualizada por António Pinto Monteiro e Paulo Mota Pinto), Coimbra Editora, Coimbra, 2005

— *Cessão da Posição Contratual*, Almedina, Coimbra, 1982

PINTO, Eduardo VERA-CRUZ – «O Direito das Obrigações em Roma», *Revista Jurídica*, nºs 18/19 (1995/96), 20 (1996), 21 (1997), 22 (1998) e 23 (1999), pp. 19 a 125, pp. 139 a 159, pp. 85 a 156, pp. 197 a 201 e pp. 139 a 167

PINTO, Fernando FERREIRA – *Contratos de Distribuição. Da tutela do distribuidor integrado em face da cessação do vínculo*, Universidade Católica Editora, Lisboa, 2013

PINTO, João Fernando FERREIRA – «Código do Trabalho. Cessação do Contrato de Trabalho por iniciativa do Empregador», *A Reforma do Código do Trabalho*, Coimbra Editora, Coimbra, 2004, pp. 513 a 536

PINTO, Mário, Pedro FURTADO MARTINS e António NUNES DE CARVALHO –

Comentário às Leis do Trabalho, Volume I, Lex, Lisboa, 1994

PINTO, Paulo MOTA – *Declaração Tácita e Comportamento Concludente no Negócio Jurídico*, Almedina, Coimbra, 1995

— *Interesse Contratual Negativo e Interesse Contratual Positivo*, Coimbra, 2008

— «Conformidade e Garantias na Venda de Bens de Consumo. A Directiva 1999/44/CE e o Direito Português», *Estudos de Direito do Consumidor*, nº 2, Coimbra, 2000, pp. 197 a 316

— «Reflexões sobre a Transposição da Directiva 1999/44/CE para o Direito Português», *Themis*, II, nº 4, 2001, pp. 195 a 218

— «Contrato de *swap* de taxas de juro, jogo e aposta e alteração das circunstâncias que fundaram a decisão de contratar», *RLJ* 143 (2014), pp. 391 e ss., e 144 (2014), pp. 14 e ss.

PINTO, Rui – *Manual de Execução e Despejo*, Coimbra Editora, Coimbra, 2013

PISCIOTTA, Giuseppina – *La Risoluzione per Inadempimento*, Giuffrè, Milão, 2000

PONS GARRIGA, Antonio – *La Rescisión del Contrato de Seguro*, Dykinson, Madrid, 1998

PONTE, Pedro FUZETA DA – *Vd.* MARTINEZ, Pedro ROMANO

PÔRTO, Marcos da Silva – «A Terminação do Contrato de Emprego», *Fundamentos do Direito do Trabalho. Estudos em Homenagem ao Ministro Milton de Moura França*, LTR, S. Paulo, 2000, pp. 509 a 553

POTHIER, Robert-Joseph – *Traité du Contrat de Vente selon les Regles tant du For de la Conscience, que du For Extériuer*, Paris, 1772

PRAÇA, José Joaquim LOPES – *Estudos sobre o Código Civil, I, Sobre Rescisão do Contracto de Compra e Venda por Lesão e Vícios Redhibitorios, segundo o Art 1582 do Código Civil Portuguez*, Coimbra, 1870

PRATA, Ana – *Cláusulas de Exclusão e Limitação da Responsabilidade Contratual*, Almedina, Coimbra, 1985

BIBLIOGRAFIA

PREIS, Ulrich – «Kündigungvereinbarungen», *Der Arbeitsvertrag. Handbuch der Vertragspraxis und –gestaltung*, O. Schmidt, Colónia, 2002, pp. 925 a 953
— org. – *Der Arbeitsvertrag. Handbuch der Vertragspraxis und –gestaltung*, O. Schmidt, Colónia, 2002
Princípios Relativos aos Contratos Comerciais Internacionais, Ministério da Justiça, Lisboa, 2000
PROENÇA, José Carlos BRANDÃO – *A Resolução do Contrato no Direito Civil. Do Enquadramento e do Regime*, Coimbra Editora, Coimbra, 1996
— *A Conduta do Lesado como Pressuposto e Critério de Imputação do Dano Extracontratual*, Universidade Católica Editora, Porto, 1996
— «Um Exemplo do Princípio do Melhor Tratamento do Arrendatário Habitacional: Termo Final do Arrendamento e "Renovação Forçada" (Uma Perspectiva Comparatística)», *Estudos em Homenagem ao Prof. Doutor J. J. Teixeira Ribeiro*, III, *Iuridica*, Coimbra, 1983, pp. 315 a 349
— *Do Incumprimento do Contrato-Promessa Bilateral. A Dualidade Execução Específica – Resolução*, Universidade de Coimbra, 1987 (Separata dos *Estudos em Homenagem ao Prof. Doutor A. Ferrer Correia*, Volume II, Universidade de Coimbra, 1989, pp. 153 a 312)
— «A Hipótese da Declaração (*Lato Sensu*) Antecipada de Incumprimento por Parte do Devedor», *Estudos Em Homenagem ao Professor Doutor Jorge Ribeiro de Faria*, Coimbra Editora, Coimbra, 2003, pp. 359 a 401
PUJOL, José MARÇAL – *Vd.* MARTINEZ, Pedro ROMANO
PUTTI, Pietro Maria – «L'Invalidità nei Contratti del Consumatore», *in Trattato di Diritto Privato Europeo*, Volume 3, *L'Attività e il Contratto*, org. Nicolò LIPARI, 2ª edição, Cedam, Pádua, 2003, pp. 452 a 634

R

RABL, Christian – *Schadenersatz wegen Nichterfüllung*, Manz, Viena, 1998
RADÉ, Christophe – *Droit du Travail et Responsabilité Civile*, LGDJ, Paris, 1997
RAMALHO, Maria do Rosário PALMA – *Sobre a Dissolução das Sociedades Anónimas*, AAFDL, Lisboa, 1986
— *Da Autonomia Dogmática do Direito do Trabalho*, Almedina, Coimbra, 2000
— *Tratado de Direito do Trabalho*, I e II Volumes, 3ª e 5ª edição, Almedina, Coimbra, 2012 e 2014
— «Sobre a Doação Modal», *O Direito*, Ano 122º (1990), III/IV, pp. 673 a 744
RAMALHO, Maria do Rosário PALMA e Pedro MADEIRA DE BRITO – *Contrato de Trabalho na Administração Pública. Anotação ao Regime Jurídico Aprovado pela Lei nº 23/2004, de 22 de Junho*, Almedina, Coimbra, 2004
RAMS ALBESA, Joaquín – *Vd.* LACRUZ BERDEJO, José Luis
RANIERI, Filippo – *Rinuncia Tacita e Verwirkung, Tutela dell'Affidamento e Decadenza da un Diritto*, Cedam, Pádua, 1971
— «Les Sanctions de L'Inexécution du Contrat en Droit Allemand», *Les Sanctions de l'Inexécution des Obligations. Études de Droit Comparé*, org. Marcel FONTAINE e Geneviève VINEY, Bruylant, Bruxelas, 2001, pp. 811 a 835
RAPPAZZO, António – *I Contratti Collegati*, Giuffrè, Milão, 1998
RAVERA, Enrico – *Il Recesso*, Giuffrè, Milão, 2004
RAYNARD, Jacques – *Vd.* ANTONMATTEI, Paul Henri
REI, Maria Raquel Antunes – *A Justa Causa para a Revogação do Mandato*, Relatório de Mestrado, Lisboa, 1994
— *Esfera Privada e Cessação de Situação Jurídica Laboral*, Relatório de Mestrado, Lisboa, 1994

REINICKE, Dietrich e Klaus TIEDTKE – *Kaufrecht*, Luchterhand, Berlim, 1992

REIS, José Alberto dos – Revogação do Mandato Comercial e Indemnização (Acórdão de «Amôr de Pai»), *A Vida Judiciária*, Ano 1º (1939), pp. 312 a 320

REY, Heinz – *Vd.* GAUCH, Peter, Walter R. SCHLUEP e Jörg SCHMID

RESCIGNO, Pietro – *Manuale di Diritto Privato Italiano*, 7ª edição, reimpressão, Jovene, Nápoles, 1987

RIBEIRO, António Sequeira – *Sobre a Denúncia no Contrato de Arrendamento Urbano para Habitação*, Lex, Lisboa, 1996

RIBEIRO, Joaquim de Sousa – «O Campo de Aplicação do Regime Indemnizatório do Artigo 442º do Código Civil: Incumprimento Definitivo ou Mora?», *Boletim da Faculdade de Direito de Coimbra. Volume Comemorativo*, Coimbra, 2003, pp. 209 a 232

RIBEIRO, Maria de Fátima – *O Contrato de Franquia (Franchising). Noção, Natureza Jurídica e Aspectos Fundamentais de Regime*, Almedina, Coimbra, 2001

RIVERO HERNÁNDEZ, Francisco – *Vd.* LACRUZ BERDEJO, José Luis

ROCA TRIAS, E. – *Vd.* DÍEZ-PICAZO, Luis

ROCHA, Manuel António COELHO DA – *Instituições de Direito Civil Portuguez*, Tomos I e II, 8ª edição, Livraria Clássica, Lisboa, 1917

RODRÍGUEZ-PIÑERO Y BRAVO FERRER, Miguel e Maria Fernanda FERNÁNDEZ LÓPEZ – *La Voluntad del Trabajador en la Extinción del Contrato de Trabajo*, La Ley-Actualidad, Madrid, 1998

RÖHSLER, Waldemar – Comentário ao § 622 do BGB, *Das Arbeitsrecht im BGB*, Volume 2, Gruyter, Berlim e Nova Iorque, 1997, pp. 19 a 76

ROJOT, J. – «Security of Employment and Employability», *in Comparative Labour Law and Industrial Relations in Indus-* *trialized Market Economies*, org. Roger BLANPAIN, 7ª edição, Kluwer, Haia, Londres e Boston, 2001, pp. 427 a 443

ROLAN, Henri – *Vd.* STARCK, Boris e Laurent BOYER

ROLLI, Rita – *L'Impossibilità Sopravvenuta della Prestazione Imputabile al Creditore*, Cedam, Pádua, 2000

ROPPO, Enzo – *O Contrato*, Almedina, Coimbra, 1988

— «L'Inadempimento e la Responsabilità», *Casi e Questioni di Diritto Privato*, Mario BESSONE (org.), 2ª edição, Giuffrè, Milão, 1995, pp. 309 a 316

ROSA, Cecília Morais – *Os Direitos do Empregador em Caso de Cessação do Contrato de Trabalho*, Relatório de Mestrado, Lisboa, 2001

ROVIRA JAEN, Francisco Javier – *El Pacto Resolutorio en la Venta de Bienes Inmuebles (Su Razón Histórica)*, Civitas, Madrid, 1996

RUBIN, Harry, Constantine J. ZEPOS e Thomas E. CROCKER – «Struturing Alternatives for International Technology Transfers», *in International Technology Transfers*, org. Harry RUBIN, Graham & Trotman, Londres, Boston, 1995, pp. 69 a 152

RUBINO, Domenico – *L'Appalto*, 4ª edição, UTET, Turim, 1980

RUBINO-SAMMARTANO, Mauro – *Appalti di Opere e Contratti di Servizi (in Diritto Privato)*, Cedam, Pádua, 1996

RUPP, Wolfgang e Guntram FLEISCHMANN – «Kostenerstattungsansprüche bei Wandelung», *Neue Juristische Wochenschrift*, 1984, pp. 219 a 221

S

SÁ, Fernando Augusto CUNHA DE – *Caducidade do Contrato de Arrendamento*, Volume I, *Cadernos de Ciência e Técnica Fiscal*, Lisboa, 1968

— *Caducidade do Contrato de Arrendamento,* Volume II, *Cadernos de Ciência e Técnica Fiscal,* Lisboa, 1969

— «Direito ao Cumprimento e Direito a Cumprir», *Revista de Direito e de Estudos Sociais,* XX (1973), pp. 149 a 249

— «Modos de Extinção das Obrigações», *Estudos em Homenagem ao Prof. Doutor Inocêncio Galvão Telles,* I Volume, *Direito Privado e Vária,* Almedina, Coimbra, 2002, pp. 171 a 262

SALINAS, Rui – Algumas Questões sobre as Nulidades do Processo de Despedimento», *Revista de Direito e de Estudos Sociais,* Ano XXXIV (1992), nº 1/3, pp. 19 a 66

SAMUSSONE, Anselmo Ricardo Augusto – *Formas de Cessação do Contrato de Agência,* Relatório de Mestrado, Maputo, 2000

SANCHO REBULLIDA, Francisco de Asís – *Vd.* LACRUZ BERDEJO, José Luis

SAN MARTÍN MAZZUCCONI, Carolina – *El Régimen Jurídico de la Modificación Sustancial de las Condiciones de Trabajo. Estudio del Artículo 41 del Estatuto de los Trabajadores,* Aranzadi, Pamplona, 1999

SAN MIGUEL PRADERA, Lis Paula – *Resolución del Contrato por Incumplimiento y Modalidades de su Ejercicio,* Centro de Estudios, Madrid, 2004

SANTANA, João Carlos CABOZ – «A Resolução do Contrato de Arrendamento Urbano: Fundamentação Taxativa?», *Lusíada,* 1 (1991), pp. 245 a 261

SARACINI, Eugénio e Franco TOFFOLETTO – *Il Contratto d'Agenzia. Artt. 1742-1753, in Schlesinger – Il Codice Civile Commentario,* 2ª edição, Giuffrè, Milão, 1996

SARALE, Marcela – *Il Contratto Estimatorio. Tra Vendita e Atipicità,* Giuffrè, Milão, 1991

SAVAUX, Éric – *Vd.* FLOUR, Jacques

SCHAUB, Günter, Ulrich KOCH e Rüdiger LINCK – *Arbeitsrechts-Handbuch,* 11ª edição, Beck, Munique, 2004

SCHERNER, Karl Otto – *Rücktrittsrecht wegen Nichterfüllung. Untersuchungen zur Deutschen Privatrechtslehre der Neuzeit,* Steiner, Wiesbaden, 1965

SCHLECHTRIEM, Peter – *Schuldrecht. Allgemeiner Teil,* 5ª edição, Mohr, Tubinga, 2003

— *Schuldrecht. Besonderer Teil,* 6ª edição, Mohr, Tubinga, 2003

— «Termination of Contract under the Principles of International Commercial Contracts», *in Contratti Commerciali Internazionali e Principi Unidroit,* org. Michael Joachim BONELL e Franco BONELLI, Giuffrè, Milão, 1997, pp. 247 a 269

SCHLESINGER, Piero – *Vd.* TORRENTE, Andrea

SCHLIMANN, Harold – Comentário ao § 611 do BGB, *Das Arbeitsrecht im BGB,* Volume 1, Gruyter, Berlim e Nova Iorque, 1997, pp. 190 a 538

SCHLUEP, Walter R. – *Vd.* GAUCH, Peter, Jörg SCHMID e Heinz REY

SCHMID, Jörg – *Vd.* GAUCH, Peter, Walter R. SCHLUEP e Heinz REY

SCHMIDT, Eike – *Vd.* ESSER, Josef

SCHNEIDER, Klaus – *Die Kündigung freier Dienstverträge. Tendenzen und Schranken Gegründundsfreier Vertragsauflösung im Dienstleistungsbereich am Beispiel insbesondere von Unterrichts- und Partenerschaftsvermitlungsverträgen,* Peter Lang, Frankfurt, 1987

SEABRA, Alexandre de – «Da Nullidade e Rescisão dos Contractos e seus Effeitos», *O Direito,* Ano 13º (1881), pp. 401 e 402

SEIA, Jorge Aragão – *Arrendamento Urbano. Anotado e Comentado,* 7ª edição, reimpressão, Almedina, Coimbra, 2004

SEIA, Cristina Aragão – *Vd.* SEIA, Jorge Aragão e Manuel da Costa CALVÃO

SEIA, Jorge Aragão, Manuel da Costa CALVÃO e Cristina Aragão SEIA – *Arren-*

DA CESSAÇÃO DO CONTRATO

damento Rural, 3ª edição, Almedina, Coimbra, 2000

SELWYN, Norman – *Law of Employment*, 11ª edição, Butterworths, Londres, 2000

SERINET, Yves-Marie – «L'Effet Rétroactif de la Résolution pour Inexécution en Droit Français», *Les Sanctions de l'Inexécution des Obligations. Études de Droit Comparé*, org. Marcel FONTAINE e Geneviève VINEY, Bruylant, Bruxelas, 2001, pp. 589 a 668

SERRA, Adriano VAZ – «Tempo da Prestação, Denúncia», *Boletim do Ministério da Justiça*, nº 50 (1955), pp. 49 a 211

— «Resolução do Contrato», *Boletim do Ministério da Justiça*, nº 68 (1957), pp. 153 a 289

— «Resolução ou Modificação do Contrato por Alteração das Circunstâncias», *Boletim do Ministério da Justiça*, nº 68 (1957), pp. 293 a 384

— «Efeitos dos Contratos (Princípios Gerais)», *Boletim do Ministério da Justiça*, nº 74 (1958), pp. 333 a 368

— «Reparação do Dano não Patrimonial», *Boletim do Ministério da Justiça*, nº 83 (1959), pp. 69 a 109

— «União de Contratos. Contratos Mistos», *Boletim do Ministério da Justiça*, nº 91 (1959), pp. 11 a 144

— «Empreitada», *Boletim do Ministério da Justiça*, nºs 145 e 146 (1965), pp. 19 a 190 e pp. 33 a 247

— Anotação ao Acórdão do Supremo Tribunal de Justiça de 30 de Junho de 1970, *Revista de Legislação e de Jurisprudência*, Ano 104 (1971/1972), pp. 201 a 208

SGUOTTI, Paolo – *Vd.* MERZ, Sandro

SILVA, António Henriques da – *Da Revogação no Direito Testamentário*, Coimbra, 1884

SILVA, João CALVÃO DA – *Cumprimento e Sanção Pecuniária Compulsória*, Separata do Boletim da Faculdade de Direito de Coimbra, Coimbra, 1987

— *Sinal e Contrato-Promessa*, 10ª edição, Almedina, Coimbra, 2004

— *Venda de Bens de Consumo. Decreto-Lei nº 67/2003, de 8 de Abril. Directiva 1999/44/ CE. Comentário*, 2ª edição, Almedina, Coimbra, 2004

— «A Declaração da Intenção de não Cumprir», *Estudos de Direito Civil e Processo Civil (Pareceres)*, Almedina, Coimbra, 1996, pp. 121 a 142

— «Pressupostos da Resolução por Incumprimento», *Estudos de Direito Civil e Processo Civil (Pareceres)*, Almedina, Coimbra, 1996, pp. 143 a 162

SILVA, Jorge ANDRADE DA – *Regime Jurídico das Empreitadas de Obras Públicas*, 9ª edição, Almedina, Coimbra, 2004

SILVA, Luís GONÇALVES DA – «Cessação do Contrato de Arrendamento para Aumento da Capacidade do Prédio», *Estudos em Homenagem Prof. Doutor Inocêncio Galvão Telles*, Volume III, *Direito do Arrendamento Urbano*, Almedina, Coimbra, 2002, pp. 537 a 571

— *Vd.* MARTINEZ, Pedro Romano

SILVA, Manuel GOMES DA – *O Dever de Prestar e o Dever de Indemnizar*, Volume I, Lisboa, 1944

SILVA, Manuela Maia da – «O Tempo no Processo Disciplinar. Alguns Aspectos Críticos», *I Congresso Nacional de Direito do Trabalho*, Almedina, Coimbra, 1998, pp. 201 a 222

SILVA, Paula COSTA E – «Irrelevância da Ilegitimidade Superveniente de um dos Comproprietários na Constituição de Arrendamento por Decisão Judicial Proferida em Acção de Execução Específica. Anotação ao Acórdão do Supremo Tribunal de Justiça de 15 de Abril de 1993», *Revista da Ordem dos Advogados*, Ano 54 II (1994), pp. 665 a 680

SILVEIRA, Pedro MALTA DA – *Obrigações de Natureza Legal Resultantes da Extinção* de Contrato de Mandato por Caducidade. A Ultraactividade, Relatório de Mestrado, Lisboa, 1994

SIMLER, Philippe – *Vd.* TERRÉ, François e Yves LEQUETTE

SIMPSON, A. W. B. – *Vd.* FURMSTON, Michael P.

SMIROLDO, Antonio – *Profili della Risoluzione per Inadempimento*, Giuffrè, Milão, 1982

SOLAZZI, Siro – *L'Estinzione dell'Obbligazione nel Diritto Romano*, Volume I, 2ª edição, Jovene, Nápoles, 1935

SÖLLNER, Alfred e Raimund WALTERMANN – *Grundriß des Arbeitsrechts*, 13ª edição, Vahlen, Munique, 2003

SOTTOMAYOR, Maria Clara – «A Obrigação de Restituir o Preço e o Princípio do Nominalismo das Obrigações Pecuniárias», *Estudos em Homenagem ao Professor Doutor Jorge Ribeiro de Faria*, Coimbra Editora, Coimbra, 2003, pp. 547 a 606

SOUSA, António PAIS DE – *Extinção do Arrendamento Urbano. Fundamentos. Meios Processuais*, 2ª edição, Almedina, Coimbra, 1985

— *Anotações ao Regime do Arrendamento Urbano (R.A.U.)*, 6ª edição, Rei dos Livros, Lisboa, 2001

SOUSA, Miguel TEIXEIRA DE – *A Acção de Despejo*, 2ª edição, Lex, Lisboa, 1995

— «O Cumprimento Defeituoso e a Venda de Coisas Defeituosas», *Ab Uno ad Omnes 75 Anos da Coimbra Editora*, Coimbra Editora, Coimbra, 1998, pp. 567 a 585

SPIEBÜCHER, Karl e Konrad GRILLBERG – *Arbeitsrecht*, I *Individualarbeitsrecht (Arbeitsvertragsrecht)*, 4ª edição, Manz, Viena, 1998

STARCK, Boris, Henri ROLAN e Laurent BOYER – *Droit Civil. Obligations. 2 Contrat*, 3ª edição, Litec, Paris, 1989

STIJNS, Sophie – «La Résolution pour Inexécution en Droit Belge: Condi-

tions et Mise en Ouvre», *Les Sanctions de l'Inexécution des Obligations. Études de Droit Comparé*, org. Marcel FONTAINE e Geneviève VINEY, Bruylant, Bruxelas, 2001, pp. 513 a 587

STONE, Richard – *The Modern Law of Contract*, 5ª edição, reimpressão, Gavendish, Londres e Sydney, 2003

SUPIOT, Alain – *Vd.* PÉLISSIER, Jean e Antoine JEAMMAUD

SUPPIEJ, Giuseppe, Marcello DE CRISTOFARO e Carlo CESTER – *Diritto del Lavoro. Il Rapporto Individuale*, Cedam, Pádua, 1998

SÜSSEKIND, Arnaldo, Délio MARANHÃO e Segadas VIANNA – *Instituições de Direito do Trabalho*, Volume I, 13ª edição, LTR. S. Paulo, 1993

T

TATARELLI, Maurizio – *Il Licenziamento Individuale e Collettivo*, 2ª edição, Cedam, Pádua, 2000

TELES, Sílvia Galvão – «Impossibilidade Superveniente, Absoluta e Definitiva de a Entidade Patronal receber a Prestação de Trabalho», *Estudos em Homenagem Prof. Doutor Inocêncio Galvão Telles*, Volume IV, *Novos Estudos de Direito Privado*, Almedina, Coimbra, 2003, pp. 1079 a 1115

TELLES, Inocêncio GALVÃO – *Manual dos Contratos em Geral*, 4ª edição, Coimbra Editora, Coimbra, 2002

— *Direito das Obrigações*, 6ª edição, Coimbra Editora, Coimbra, 1989

— *Direito das Obrigações*, 7ª edição, Coimbra Editora, Coimbra, 1997

— «Contratos Civis», *Revista da Faculdade de Direito da Universidade de Lisboa*, Volumes IX e X (1953 e 1954), pp. 144 a 221 e pp. 161 a 245

— «Acção de Despejo. Caducidade do Direito à Resolução Judicial do Arren-

DA CESSAÇÃO DO CONTRATO

damento por Cessação da Causa», *Colectânea de Jurisprudência*, 1982, Tomo I, pp. 15 a 23

— «Denúncia do Arrendamento para Habitação Própria», *Colectânea de Jurisprudência*, Ano VIII (1983), T. V, pp. 7 a 14

— «Contrato Duradouro com Termo Final: Denúncia», *Colectânea de Jurisprudência*, Ano XI (1986), Tomo II, pp. 19 a 26

— «Resolução do Contrato de Arrendamento. Residência Permanente, Residências Alternadas e Residência Ocasional», *Colectânea de Jurisprudência*, Ano XIV (1989), T. II, pp. 31 a 35

TERRÉ, François, Yves LEQUETTE e Philippe SIMLER – *Droit Civil. Les Obligations*, 8ª edição, Dalloz, Paris, 2002

TERRÉ, François – *Vd.* CAPITANT, Henri

TERRUGGIA, Isabella – *La Rescissione del Contratto nella Giurisprudenza*, Giuffrè, Milão, 1994

TETTENBORN, A. M. – *An Introduction to the Law of Obligations*, Butterworths, Londres, 1984

TIEDTKE, Klaus – *Vd.* REINICKE, Dietrich

TOFFOLETTO, Franco – *Vd.* SARACINI, Eugénio

TORGAL, Lino – *Vd.* AMARAL, Diogo Freitas

TORRENTE, Andrea e Piero SCHLESINGER – *Manuale di Diritto Privato*, 15ª edição, Giuffrè, Milão, 1997

TOURNEAU, Philippe Le e Loïc CADIET – *Droit de la Responsabilitè et des Contrats*, 4ª edição, Dalloz, Paris, 2002/2003

TRABUCCHI, Alberto – *Istituzione di Diritto Civile*, 32ª edição, Cedam, Pádua, 1991

— *Vd.* CIAN, Giorgio

TRIMARCHI, Pietro – *Istituzioni di Diritto Privato*, 13ª edição, Giuffrè, Milão, 2000

TULLINI, Patrizia – *Contributo alla Teoria del Licenziamento per Giusta Causa*, Giuffrè, Milão, 1994

U

ULANO, Paula – «Contratto Estimatorio», *in Recesso e Risoluzione nei Contratti*, org. Giorgio DE NOVA, Giuffrè, Milão, 1994, pp. 331 a 370

V

VACCÀ, Cesare – «La Responsabilità per Inadempimento del Prestatore di Servizi: Attuali Trati ed Evoluzione della Disciplina, *in Inadempimento, Adattamento, Arbitrato. Patologie dei Contratti e Remedi*, org. Ugo DRAETTA e Cesare VACCÀ, EGEA, Milão, 1992, pp. 135 a 160

— *Vd.* DRAETTA, Ugo

VALENTINO, Daniela – *Recesso e Vendite Aggressive*, Edizioni Scientifiche Italiane, Nápoles, 1996

VARELA, João Antunes – *Das Obrigações em Geral*, Volume I, 10ª edição, Almedina, Coimbra, 2000

— *Das Obrigações em Geral*, Volume II, 7ª edição reimpressão, Almedina, Coimbra, 1999

— Anotação ao Acórdão do Supremo Tribunal de Justiça de 25 de Maio de 1982, *Revista de Legislação e de Jurisprudência*, Ano 119 (1986-1987), pp. 78 a 91

— Anotação ao Acórdão do Supremo Tribunal de Justiça de 24 de Janeiro de 1985, *Revista de Legislação e de Jurisprudência*, Ano 122 (1989-1990), pp. 316 a 320 e pp. 367 a 369

— Anotação ao Acórdão da Relação de Coimbra de 9 de Maio de 1989, *Revista de Legislação e de Jurisprudência*. Ano 122 (1989-1990), pp. 125 a 128 e 143 a 160

— *Vd.* LIMA, Fernando Pires de

VASCONCELOS, Joana – *A Revogação do Contrato de Trabalho*, Almedina, Coimbra 2011

— «Despedimento Ilícito, Salários Intercalares e Deduções (Art. 13º-2 do DL

64A/89)», *Revista de Direito e de Estudos Sociais*, Ano XXXII (1990), n°s 1 a 4, pp. 157 a 223

— «A Revogação do Contrato de Trabalho», *Direito e Justiça*, Volume XI, 1997, Tomo 2, pp. 173 a 193

— «O Conceito de Justa Causa de Despedimento. Evolução Legislativa e Situação Actual», *Estudos do Instituto de Direito do Trabalho*, Volume II, Almedina, Coimbra, 2001, pp. 15 a 34

— «Concretização do Conceito de Justa Causa», *Estudos do Instituto de Direito do Trabalho*, Volume III, Almedina, Coimbra, 2002, pp. 207 a 223

— «Cessação do Contrato de Agência e Indemnização de Clientela. Algumas Questões Suscitadas pela Jurisprudência relativa ao DL nº 178/86», *Direito e Justiça*, Volume XVI, 2002, Tomo 1, pp. 243 a 263

— «O Contrato de Emissão de Cartão de Crédito», *Estudos Dedicados ao Prof. Doutor Mário Júlio de Almeida Costa*, Universidade Católica Editora, Lisboa, 2002, pp. 723 a 752

— *Vd.* MARTINEZ, Pedro Romano

VASCONCELOS, Luís Miguel Pestana de – *O Contrato de Franquia (Franchising)*, Almedina, Coimbra, 2000

VASCONCELOS, Pedro Pais de – *Teoria Geral do Direito Civil*, 7ª edição, Almedina, Coimbra, 2012

VASCONCELOS, Pedro Leitão Pais de – *A Procuração Irrevogável*, Almedina, Coimbra, 2002

VASQUES, José – *Contrato de Seguro. Notas para uma Teoria Geral*, Coimbra Editora, Coimbra, 1999

VAZ, Teresa Anselmo – *Alguns Aspectos do Contrato de Venda a Prestações e Contratos Análogos*, Almedina, Coimbra, 1995

VECCHI, Paolo Maria – *Vd.* GAROFALO, Luigi, MOSCATI, Enrico e Vincenzo MANNINO

VEIGA, António Motta – *Lições de Direito do Trabalho*, 8ª edição, Universidade Lusíada, Lisboa, 2000

VENOSA, Sílvio de Salvo – *Direito Civil. Teoria Geral das Obrigações e Teoria Geral dos Contratos*, Atlas, S. Paulo, 2001

VENOSTA, Francesco – *Le Nullità Contrattuali nell'Evoluzione del Sistema*, Volume I, *Nullità e Inesistenza del Contratto*, Giuffrè, Milão, 2004

VENTURA, Raúl – *Dissolução e Liquidação de Sociedades. Comentário ao Código das Sociedades Comerciais*, Almedina, Coimbra, 1987

— «Lições de Direito do Trabalho», *Estudos em Homenagem ao Prof. Doutor Raúl Ventura*, Volume II, *Direito Comercial, Direito do Trabalho e Vária*, Faculdade de Direito de Lisboa, 2003, pp. 551 a 668

— «Extinção das Relações Jurídicas de Trabalho», *Revista da Ordem dos Advogados*, 1950, pp. 215 a 364

— «O Contrato de Compra e Venda no Código Civil», *Revista da Ordem dos Advogados*, Ano 43 (1983), pp. 587 a 643

VERDERA SERVER, Rafael – *Inadempimento e Risoluzione del Contratto*, Cedam, Pádua, 1994

VERMELLE, Georges – *Droit Civil. Les Contrats Spéciaux*, Dalloz, Paris, 1996

VERSOS, Rodrigo Simeão – *Actos Administrativos Destacáveis na Fase de Execução Contratual: Contributo para a Análise da Natureza Jurídica da Rescisão Contratual*, Relatório de Mestrado, Lisboa, 2001

— *Das Decisões de Extinção dos Contratos Administrativos por Iniciativa da Administração*, Dissertação de Mestrado, Lisboa, 2002

VETTORI, Giuseppe (org.) – *Materiali e Commenti sul Nuovo Diritto dei Contratti*, Cedam, Pádua, 1999

VIANNA, Segadas – *Vd.* SÜSSEKIND, Arnaldo e Délio MARANHÃO

VICENTE, Dário MOURA – «Desconformidade e Garantias na Venda de Bens de Consumo: A Directiva 1999/44/CE e a Convenção de Viena de 1980», *Themis*, Ano II, 2001, nº 4, pp. 121 a 144

VIDOTTI, Tárcio José – *Vd.* MUNHOZ, José Lúcio

VILALTA NICUESA, Aura Esther – *Vd.* MÉNDEZ TOMÁS, Rosa M.

VILLA, Gianroberto – *Inadempimento e Contratto Plurilaterale*, Giuffrè, Milão, 1999

VINEY, Geneviève – *Vd.* FONTAINE, Marcel

VISINTINI, Giovana – *Inadempimento e Mora del Debitore, Artt. 1218 – 1222, in Schlesinger – Il Códice Civile Commentario*, Giuffrè, Milão, 1987

VIVAS TESÓN, Inmaculada – *La Compraventa con Pacto de Retro en el Código Civil*, Tirant lo Blanch, Valência, 2000

W

WALD, Arnoldo – *Obrigações e Contratos*, 13ª edição, Revista dos Tribunais, S. Paulo, 1998

WALKER, Wolf-Dietrich – *Vd.* BROX, Hans

WELSER, Irene – *Vd.* WELSER, Rudolf

WELSER, Rudolf – *Vd.* KOZIOL, Helmut

WELSER, Rudolf e Irene WELSER – *Schadenersatz statt Gewährleistung*, Manz, Viena, 1994

WESSNER, Pierre – «Les Sanctions de L'Inexécution des Contrats: Questions Choisies», *Les Sanctions de l'Inexécution des Obligations. Études de Droit Comparé*, org. Marcel FONTAINE e Geneviève VINEY, Bruylant, Bruxelas, 2001, pp. 892 a 957

WEYERS, Hans-Leo – *Vd.* ESSER, Josef

WHITE, Rosa – *Denúncia e Abuso de Direito*, Relatório de Mestrado, Maputo, 2001 (v)

WIEACKER, Franz – *Privatrechtsgeschichte der Neuzeit unter Besonderer Berücksichtigung der Deutschen Entwicklung*, 2ª edição, Göttingen, 1967, tradução portuguesa de António Hespanha, sob o título *His-*

tória do Direito Privado Moderno, Fundação Calouste Gulbenkian, Lisboa, 1980

WILLMOTT, Lindy, Sharon CHRISTENSEN e Des BUTLER – *Contract Law*, reimpressão, Oxford University Press, Oxford e Nova Iorque, 2002

X

XAVIER, António da Gama LOBO – «Efeitos de um Acordo Anulatório em Impostos Periódicos: O Caso do IRC», *Revista de Direito e de Estudos Sociais*, Ano XXXIV (1992), nº 4, pp. 275 a 304

XAVIER, Bernardo LOBO – *Da Justa Causa de Despedimento no Contrato de Trabalho*, Coimbra, 1965

— Curso de Direito do Trabalho, 2ª edição, Verbo, Lisboa, 1993

— *O Despedimento Colectivo no Dimensionamento da Empresa*, Verbo, Lisboa, 2000

— «O Exercício da Rescisão por Justa Causa», *Estudos Sociais e Corporativos*, VI, 1967, nº 23, pp. 11 a 60

— «A Estabilidade no Direito do Trabalho Português», *Estudos Sociais e Corporativos*, nº 31, Ano VIII (1969), pp. 35 a 68

— «Justa Causa de Despedimento: Conceito e Ónus da Prova», *Revista de Direito e de Estudos Sociais*, Ano XXX (1988), nº 1, pp. 1 a 68

— «A Extinção do Contrato de Trabalho», *Revista de Direito e de Estudos Sociais*, Ano XXXI (1989), nºs 3 e 4, pp. 399 a 482

— «Prescrição de Infracção Disciplinar (art. 27º, 3º da LCT», *Revista de Direito e de Estudos Sociais*, Ano XXXII (1990), pp. 235 a 267

XAVIER, Bernardo LOBO, Pedro FURTADO MARTINS e António NUNES DE CARVALHO – «Cessação Factual da Relação de Trabalho e Aplicação do Regime Jurídico do Despedimento», *Revista de Direito e de Estudos Sociais*, Ano XL (1999), nº 1, pp. 41 a 49

XAVIER, Bernardo LOBO, Pedro FURTADO MARTINS, António NUNES DE CARVALHO, JOANA VASCONCELOS, Tatiana GUERRA DE ALMEIDA, *Manual de Direito do Trabalho*, 2ª edição, Verbo, Lisboa, 2014

XAVIER, Rita LOBO – *Vd.* XAVIER, Vasco LOBO

XAVIER, Vasco LOBO – «Venda a Prestações: Algumas Notas sobre os Artigos 934º e 935º do Código Civil», *Revista de Direito e de Estudos Sociais*, Ano XXI (1974), nºs 1/4, pp. 199 a 266

XAVIER, Vasco LOBO e Rita LOBO XAVIER – «Três Pareceres Jurídicos (Registo de Acções. Fraude à Lei; Resolução por Alteração das Circunstâncias; Incumprimento. Substituição de Empresa,

art. 37º da LCT)», *Revista de Direito e de Estudos Sociais*, Ano XXXVII (1995), nº 4, pp. 351 a 407

Z

ZACCARIA, Alessio – Comentários aos artigos 1453, 1455, 1459, 1493 e 1722 do Código Civil Italiano, *Commentario Breve al Codice Civile*, organizado por CIAN e TRABUCCHI, 5ª edição, Cedam, Pádua, 1997

ZANORONE, Giuseppe – *La Risoluzione del Contratto nel Fallimento*, Giuffrè, Milão, 1970

ZÖLLNER, Wofgang e Karl-Georg LORITZ – *Arbeitsrecht*, 5ª edição, Beck, Munique, 1998

ZURITA MARTÍN, Isabel – *Contratos Vitalicios*, Marcial Pons, Madrid, 2001

ÍNDICE IDEOGRÁFICO
(os números remetem para as páginas)

Acção de despejo – 173, 177, 189, 296 s., 304, 314, 316 ss., 323, 326 ss.

Alteração das circunstâncias – 31 s., 68, 71, 75, 149, 150 ss., 165 ss., 172, 216 ss., 223, 298, 318, 369, 377, 420, 480, 505, 514, 519, 524, 527, 546, 569

Arrendamento urbano – 97, 108, 292 s., 297 s., 301 ss., 326, 356

Arrependimento (Direito de) – 57 s., 62, 65, 67, 71 s., 75, 113, 153 ss., 257 s., 270, 397, 408 s., 565 s.

Caducidade
   noção – 45 ss.
   regime – 91 ss., 105 s.

Cessação
   vd. caducidade, denúncia, resolução e revogação
   efeitos – 97 ss., 175 ss.
   vd. compensação
   consequências fiscais – 100 ss., 158
   vd. restituição
   ilicitude – 121 s., 208 ss., 452 ss.

Cláusulas contratuais gerais – 81, 117, 164, 286

Compensatio lucri cum damno – 195, 203, 464, 539

Compensação por cessação – 107 ss., 111, 119, 193 ss., 302 s., 313, 375, 401 ss., 440 ss., 495

Condição resolutiva – 49 s., 76, 81, 165 s., 176 ss., 241, 258, 261, 272 ss., 298 s., 317, 334 s., 368 s., 375, 410, 449, 492, 566

Contrato de –
   agência – 40, 47, 69 s., 78, 105 ss., 113 s., 120 s., 150, 168, 172, 189, 221 s., 489 ss.
   comodato – 62, 112, 147, 238, 318, 349, 365 ss.
   compra e venda – 27, 58, 99 ss., 155, 191, 205 ss., 220, 232, 239 ss.
   execução continuada – 177, 216, 221 ss., 299, 316, 335 ss., 534
   depósito – 342 s., 511 ss.
   doação – 2783 ss.
   empreitada – 18, 29, 78, 86 s., 96, 115, 152, 206, 225 232 ss., 517 ss.
   jogo e aposta – 561 ss.
   locação – 18, 72, 100, 104, 149, 173, 206, 218, 220, 232, 291 ss.
   mandato – 94, 489, 555 ss.
   mútuo – 189, 232, 391 ss.
   parceria pecuária – 116, 221, 323 ss.
   prestação de serviços – 116, 155, 487 ss., 499
   renda perpétua – 553 ss.
   renda vitalícia – 557 ss.
   seguro – 58 s., 64, 72 s., 78, 84, 88, 128, 152, 174, 424, 537, 553
   sociedade – 143, 224, 279 ss., 360

DA CESSAÇÃO DO CONTRATO

trabalho – 35, 41, 47 ss., 61, 64 ss., 78, 81, 104 ss., 111 ss., 118 ss., 128, 159, 169, 173, 179 s., 200, 215, 219, 223, 226, 234, 315, 318, 324, 347 ss., 487 ss.
transacção – 103, 563 s.
transporte – 126, 194, 202, 508, 529
Crédito ao consumo – 101, 157 s., 172, 232, 344, 413

Denúncia
noção – 60 ss.
regime – 113 ss.
Direito de retenção – 184, 360
Direito real de habitação periódica – 57 s., 78 s., 155, 168, 172, 257
Direitos de terceiro – 182, 201 ss.

Empreitada de obras públicas – 78, 86, 115, 137, 517 ss.
Enriquecimento sem causa – 37, 76, 107 ss., 186 ss., 194, 381, 535
Excepção de não cumprimento – 132 s., 147, 166, 183, 215, 265, 531

Impossibilidade
originária – 30 ss., 525 ss.
superveniente – 30 ss., 185, 191, 299, 367 s., 376 ss., 518 ss.
Indemnização
vd. compensação
determinação do montante – 193 ss.
cumulada com resolução – 154, 195 ss.
Insolvência – 46, 79 s., 86, 94, 153, 160 ss., 168, 172, 183, 206 s., 260, 288, 293, 311, 377, 386 ss., 440, 444, 492, 500, 521, 531, 518
Invalidade do negócio jurídico – 30 ss., 69 s., 84 ss., 101, 178 ss.

Não cumprimento – 123 ss.

Posse – 165 s., 186 ss., 535

Renúncia – 28 s.
Rescisão – 24 ss.
Reserva de propriedade – 206 s., 240, 241 ss.
Resolução
noção – 67 ss.
regime – 123 ss.
Restituição – 93 ss., 182 ss.
Retroactividade – 179 ss.
Revogação
noção – 53 ss.
regime – 108 ss.
unilateral – 56 ss.
Risco – 107 s., 123, 127, 169, 184, 187, 190 ss., 352, 521 s.

Tutela do consumidor – 87 s., 94, 156, 253 ss.
Tutela do locatário – 129, 219, 315 ss.
Tutela do trabalhador – 130, 219, 369 ss.

União de contratos – 96, 206, 229 ss., 269, 278, 325, 344, 402

Venda a consignação – 259
Venda a contento – 80, 128, 162, 257 ss.
Venda a distância – 58, 78, 93, 232, 265 ss., 565
Venda a prestações – 239, 241, 259 ss.
Venda a retro – 80, 102, 128, 162, 168, 173, 262 ss., 272, 274
Venire contra factum proprium – 123, 140, 167, 169, 223, 246, 525
Viagem organizada – 86, 88, 159 s., 227

ÍNDICE DE JURISPRUDÊNCIA

(Depois da identificação do Acórdão, local de publicação e página, os números entre parêntesis remetem para as notas)

a) Tribunal Constitucional

TC n.º 107/88, de 31/5/1988 (914)
TC n.º 64/91, de 4/4/1991 (918)
TC n.º 581/95, de 31/10/1995 (746)
TC n.º 127/98, de 5/2/1998 (668)
TC n.º 259/98, de 5/3/1998 (670)
TC n.º 55/99, *DR* de 12/2/1999 (627, 668)
TC n.º 306/2003, de 25/6/2003 (1012)
TC n.º 338/2010, de 22/9/2010 (954a)
TC n.º 602/2013 (976)

b) Supremo Tribunal de Justiça
Assentos:
3/05/1984, *BMJ* 337, p. 182 (696)
13/02/1996, *BMJ* 454, p. 195 (105)

Acórdãos:
15/03/1957, *BMJ* 65, p. 454 (530)
14/05/1957, *BMJ,* 67, p. 427 (1139)
30/06/1970, *BMJ,* 198, p. 132 (1139)
15/4/1975, *BMJ,* 246, p. 138 (317)
13/07/1976, *BMJ,* 259, p. 212 (1154)
13/07/1976, *BMJ,* 259, p. 220 (1159)
26/07/1977, *BMJ* 269, p. 152 (530)
21/05/1981, *BMJ* 307, p. 250 (530)
25/05/1982, *RLJ* 119 (1986/87), p. 78 (682)
24/06/1982, *BMJ* 318, p. 349 (500)

20/07/1982, *BMJ,* 319, p. 278 (1154)
12/05/1983, *BMJ,* 327, p. 643 (1144)
08/11/1983, *BMJ* 331, p. 515 (1034)
24/01/1985, *RLJ,* 122 (1989-1990), p. 314 (475)
19/03/1985, *BMJ* 345, p. 403 (439)
17/04/1986, *BMJ* 356, p. 342 (1052)
17/07/1986, *BMJ* 359, p. 680 (679, 1139)
14/10/1986, *BMJ* 360, p. 526 (267)
31/10/1986, *BMJ,* 360, p. 468 (933)
25/02/1987, *BMJ,* 364 (1987), p. 849 (379)
25/02/1987, TJ, 29 (1987), p. 24 (1150)
16/06/1987, *BMJ* 368, p. 528 (682)
25/06/1987, *TJ,* 38 (1988), p. 19 (1138)
10/11/1987, *TJ* 37 (1988), p. 21 (477, 1147)
15/06/1988, *TJ,* 45 (1988), p. 38 (1154)
15/06/1988, TJ, 45/46 (1988), p. 38 (1160)
12/01/1990, *BMJ* 393, p. 432 (925)
03/04/1990, *BMJ* 396, p. 376 (530)
25/10/1990, *BMJ* 400, p. 631 (530)
05/02/1991, *BMJ* 404, p. 460 (510, 515)
20/02/1991, *BMJ* 341, p. 378 (1001)
04/12/1991, *BMJ* 412, p. 313 (943)
15/1/1992, *www.dgsi* (530)
26/2/1992, *BMJ* 414, p. 492 (267)
05/03/1992, *BMJ* 415, p. 380 (999, 1001)
29/04/1992, *RLJ* 125 (1992/93), p. 86 (218)
20/10/1992, *BMJ* 420, p. 524 (690)
11/12/1992, *BMJ* 414, p. 455 (642)

DA CESSAÇÃO DO CONTRATO

13/01/1993, *CJ (STJ)* 1993, T. I, p. 222 (970)

13/01/1993, *CJ (STJ)* 1993, T. I, p. 290 (1023)

17/01/1993, *CJ (STJ)* 1993, T. I, p. 61 (1006)

25/02/1993, *CJ (STJ)* 1993, T. I, p. 260 (947)

25/02/1993, *CJ (STJ)*, 1993, T. I, p. 154 (530)

25/2/1993, CJ (STJ), 1993, T. I, p. 147 (652)

21/4/1993, BMJ 426, p. 363 (874)

05/05/1993, *CJ (STJ)* 1993, T. II, p. 274 (813)

11/05/1993, *CJ (STJ)*, 1993, T. II, p. 98 (1160)

18/05/1993, *CJ (STJ)* 1993, T. II, p. 109 (360)

26/05/1993, *CJ (STJ)* 1993 T. II, p. 287 (851, 874)

26/05/1993, *CJ (STJ)* 1993, T. II, p. 287 (874)

29/09/1993, *CJ (STJ)*, 1993, T. III, p. 38 (510)

16/12/1993, *CJ (STJ)* 1993, T. III, p. 131 (1004)

20/01/1994, *BMJ* 433, p. 573 (1089)

02/03/1994, *CJ (STJ)*, 1994, T. I, p. 133 (510)

13/04/1994, *CJ (STJ)* 1994, T. I, p. 295 (1023)

13/04/1994, *RLJ* 128 (1995-1996), p. 373 (461)

11/05/1994, *BMJ* 437, p. 335 (931)

15/06/1994, *BMJ* 438, p. 308 (953)

06/07/1994, *BMJ* 439, p. 376 (873)

04/10/1994, *RLJ* 128, p. 154 (1110)

11/10/1994, *BMJ* 440, p. 232 (989)

27/10/1994, *CJ (STJ)* 1994, T. III, p. 101 (1052)

17/11/1994, *BMJ* 441, p. 274 (358)

23/11/1994, *CJ (STJ)* 1994, T. III, p. 297 (1023)

07/12/1994, *CJ (STJ)* 1994, T. III, p. 303 (931)

18/01/1995, *BMJ* 443, p. 205 (905)

25/01/1995, *CJ (STJ)* 1995, T. I, p. 254 (815)

21/02/1995, *CJ (STJ)* 1995, T. I, p. 95 (1052)

19/04/1995, *CJ (STJ)* 1995, T. II, p. 39 (335)

03/05/1995, *CJ* (STJ) 1995, T. II, p. 275 (845)

09/05/1995, *CJ (STJ)* 1995, T. II, p. 66 (357)

28/06/1995, *CJ (STJ)* 1995, T. II, p. 310 (813)

29/06/1995, *CJ* (STJ) 1995, T. II, p. 143 (530)

02/11/1995, *CJ (STJ)* 1995, T. III, p. 289 (812)

02/11/1995, *CJ (STJ)* 1995, T. III, p. 292 (954)

13/12/1995, *CJ (STJ)* 1995, T. III, p. 306 (903)

23/01/1996, *BMJ* 453, p. 276 (1027)

23/01/1996, *CJ (STJ)* 1996, T. I, p. 249 (992)

23/01/1996, *CJ (STJ)* 1996, T. I, p. 252 (985)

29/02/1996, *CJ (STJ)* 1996, T. I, p. 108 (501)

04/06/1996, *CJ (STJ)* 1996, T. II, p. 102 (488, 1034)

11/06/1996, *CJ (STJ)* 1996, T. II, p. 273 (1019)

11/06/1996, *CJ (STJ)* 1996, T. II, p. 274 (912)

18/06/1996, *CJ (STJ)* 1996, T. II, p. 151 (470, 1036)

25/06/1996, *BMJ* 458, p. 307 (691)

26/06/1996, *CJ (STJ)* 1996, T. II, p. 285 (1004)

10/07/1996, *CJ (STJ)* 1996, T. II, p. 293 (1027)

25/09/1996, *CJ (STJ)* 1996, T. III, p. 228 (946, 954)

1/10/1996, www.dgsi, (530)

09/10/1996, sumário na Internet (1004)

24/10/1996, *CJ (STJ)* 1996, T. III, p. 69 (642)

06/11/1996, *CJ (STJ)* 1996, T. III, p. 248 (965)

12/11/1996, BMJ 461, p. 425 (686)

11/12/1996, *CJ (STJ)* 1996, T. III, p. 265 (1023)

08/01/1997, *BMJ* 463, p. 395 (1027)

14/01/1997, BMJ 463, p. 571 (686)

22/01/1997, *CJ (STJ)* 1997, T. I, p. 260 (1027)

ÍNDICE DE JURISPRUDÊNCIA

29/01/1997, *CJ (STJ)* 1997, T. I, p. 265 (821)

19/02/1997, sumário na Internet (1001)

04/03/1997, *CJ (STJ)* 1997, T. I, p. 117 (650)

04/03/1997, *BMJ* 465, p. 527 (1155)

06/03/1997, *CJ (STJ)* 1997, T. I, p. 129 (631)

11/03/1997, *CJ (STJ)* 1997, T. I, p. 150 (317)

12/03/1997, *CJ (STJ)* 1997, T. I, p. 293 (1019)

13/03/1997, *BMJ* 465, p. 561 (668)

16/04/1997, *BMJ* 466, p. 343 (851, 873, 874)

30/04/1997, *CJ* (STJ) 1997, T. II, p. 270 (841)

14/05/1997, *CJ* (STJ) 1997, T. II, p. 280 (946)

15/05/1997, www.dgsi, (530)

05/06/1997, *BMJ* 468, p. 428 (106)

18/06/1997, *CJ (STJ)* 1997, T. II, p. 296 (872)

19/6/1997, *CJ (STJ)* 1997, T. II, p. 135 (1187)

25/06/1997, sumário na Internet (1001)

03/07/1997, BMJ 469, p. 486 (688)

14/10/1997, *CJ (STJ)* 1997, T. III, p. 71 (683)

21/10/1997, *CJ (STJ)*, 1997, T. III, p. 88 (1132)

25/11/1997, *CJ (STJ)* 1997, T. III, p. 140 (78, 656, 1006)

26/11/1997, *CJ (STJ)* 1997, T. III, p. 286 (807)

27/11/1997, *BMJ* 471, p. 388 (267)

04/12/1997, *CJ (STJ)* 1997, T. III, p. 296 (957)

10/12/1997, *CJ (STJ)* 1997, T. III, p. 164 (267)

28/01/1998, *CJ (STJ)* 1998, T. I, p. 258 (948)

05/02/1998, *BMJ* 474, p. 437 (691)

10/02/1998, *CJ (STJ)* 1998, T. I, p. 63 (267)

18/03/1998, *CJ (STJ)* 1998, T. I, p. 284 (873)

01/04/1998, *CJ (STJ)* 1998, T. II, p. 259 (952)

06/05/1998, *BMJ* 477, p. 428 (690)

12/05/1998, *CJ (STJ)* 1998, T. II, p. 81 (700)

02/06/1998, *CJ (STJ)* 1998, T. II, p. 107 (690)

09/07/1998, *CJ (STJ)* 1998, T. III, p. 299 (1019)

28/09/1998, *CJ (STJ)* 1998, T. III, p. 38 (641)

06/10/1998, *BMJ* 480, p. 441 (339)

17/11/1998, *CJ (STJ)* 1998, T. III, p. 124 (1006)

02/12/1998, *CJ (STJ)* 1998, T. III, p. 285 (1004)

02/12/1998, *BMJ* 482, p. 150 (360)

03/12/1998, *BMJ* 482, p. 219 (652)

20/01/1999, *CJ (STJ)* 1999, T. I, p. 41 (339)

27/01/1999, *CJ (STJ)* 1999, T. I, p. 268 (817)

09/02/1999, *BMJ* 484, p. 402 (576)

18/02/1999, *BMJ* 484, p. 355 (700)

03/03/1999, *CJ (STJ)* 1999, T. I, p. 296 (1000)

11/03/1999, *CJ (STJ)* 1999, T. I, p. 299 (1023)

11/03/1999, *CJ (STJ)* 1999, T. I, p. 152 (396)

26/04/1999, sumário na Internet (1004)

27/04/1999, CJ (STJ) 1999, T. II, p. 69 (633)

12/05/1999, *CJ (STJ)* 1999, T. II, p. 275 (1007)

26/05/1999, *CJ (STJ)* 1999, T. II, p. 291 (1023)

27/10/1999, *CJ (STJ)* 1999, T. III, p. 268 (822)

04/11/1999, *CJ (STJ)* 1999, T. III, p. 71 (262)

09/11/1999, RLJ 133 (2000-2001), p. 124 (338)

18/11/1999, *CJ (STJ)* 1999, T. III, p. 90 (221)

18/11/1999, *BMJ* 491, p. 297 (442)

23/11/1999, *BMJ* 491, p. 241 (229)

25/11/1999, *CJ (STJ)* 1999, T. III, p. 113 (218)

25/11/1999, *CJ (STJ)* 1999, T. III, p. 124 (293)

09/12/1999, *CJ (STJ)* 1999, T. III, p. 286 (821)

21/03/2000, *BMJ* 495, p. 292 (683)

01/04/2000, *CJ (STJ)* 2000, T. II, p. 15 (488)

06/04/2000, *CJ (STJ)* 2000, T. II, p. 251 (813)

06/04/2000, *CJ (STJ)* 2000, T. II, p. 255 (815)

06/04/2000, *CJ (STJ)* 2000, T. II, p. 24 (335)

DA CESSAÇÃO DO CONTRATO

21/09/2000, *CJ* (STJ) 2000, T. III, p. 259 (970)

23/01/2001, *CJ (STJ)* 2001, T. I, p. 80 (373)

10/05/2001, *CJ (STJ)* 2001, T. II, p. 62 (229, 461)

23/05/2001, *CJ (STJ)* 2001, T. II, p. 283 (1019)

31/05/2001, *CJ (STJ)* 2001, T. II, p. 286 (993)

28/02/2002, *CJ (STJ)* 2002, T. I, p. 119 (1036)

16/04/2002, *CDP*, n.º 2 (2003), p. 64 (1084)

21/05/2002, www.dgsi (530)

04/02/2003, *CJ (STJ)* 2003, T. I, p. 79 (1054)

29/04/2003, *CJ (STJ)* 2003, T. II, p. 29 (262)

06/05/2003, www.dgsi (530)

13/11/2003, www.dgsi (530)

19/01/2004, *CJ (STJ)* 2004, T. I, p. 27 (217)

19/02/2004, www.dgsi (530)

13/07/2004, *CJ (STJ)* 2004, T. II, p. 145 (194, 373, 409)

14/10/2006, www.dgsi (530)

07/11/2006, www.dgsi (530)

24/09/2008, www.dgsi (807)

09/03/2010, www.dgsi (530)

10/10/2013, www.dgsi (317)

18/06/2013, www.dgsi (317)

23/01/2014, www.dgsi (317)

20/03/2014, www.dgsi (530)

10/04/2014, www.dgsi (317)

c) **Supremo Tribunal Administrativo**

18/5/1999, *ADSTA* 456, p. 1540 (1172)

d) **Tribunais da Relação**

Porto, 12/3/1979, *CJ*, IV, T. II, p. 506 (866)

Évora, 26/7/1979, *CJ*, IV, T. IV, p. 1342 (866)

Évora, 3/7/1980, *BMJ* 302, p. 327 (642)

Lisboa, 30/7/1981, *CJ* VI, T. IV, p. 92 (530)

Porto, 13/3/1984, *CJ* IX, T. II, p. 210 (267)

Lisboa, 4/5/1984, *CJ* IX, T. III, p. 125 (106)

Porto, 21/5/1985, *CJ* X, T. III, p. 242 (679)

Porto, 16/12/1985, BMJ, 352, p. 429 (933)

Lisboa, 1/7/1986, *CJ*, XI, T. IV, p. 129 (866)

Lisboa, 28/4/1987, *CJ* XXII, T. II, p. 155 (470)

Lisboa, 21/04/1988, *CJ*, XIII, T. II, p. 268 (1159)

Porto, 29/9/1988, *CJ* XIII, T. IV, p. 178 (461)

Lisboa, 6/12/1988, *CJ* XIII, T. V, pp. 114 (530)

Coimbra, 28/3/1989, *CJ* XIV, T. II, p. 47 (530)

Porto, 11/04/1989, *CJ*, XIV, T. II, p. 219 (1159)

Lisboa, 10/5/1989, *CJ* XIV, T. III, p. 175 (806)

Porto, 23/5/1989, *CJ* XIV, T. III, p. 204 (658)

Lisboa, 9/11/1989, *CJ* XIV, T. V, p. 103 (642)

Lisboa, 16/01/1990, *CJ*, XV, T. I, p. 138 (1144)

Porto, 22/1/1990, *CJ* XV, T. I, p. 274 (930)

Lisboa, 13/3/1990, *CJ* XV, T. II, p. 129 (410)

Lisboa, 26/4/1990, *CJ* XV, T. II, p. 158 (461)

Porto, 13/11/1990, *CJ*, XV, T. V, p. 193 (1144)

Évora, 31/1/1991, *CJ* XVI, T. I, p. 290 (690)

Évora, 21/02/1991, *CJ*, XVI, T. I, p. 302 (1160)

Lisboa, 21/03/1991, *CJ*, XVI, T. II, p. 159 (1160)

Évora, 12/6/1991, CJ XVI, T. III, p. 315 (932)

Porto, 14/01/1992, *CJ*, XVII, T. I, p. 224 (1159)

Lisboa, 27/2/1992, *CJ* XVII, T. I, p. 172 (410)

Évora, 23/4/1992, *CJ* XVII, T. II, p. 291 (506)

Porto, 25/05/1992, *CJ*, XVII, T. III, p. 292 (1159)

Évora, 17/9/1992, *CJ* XVII, T. IV, p. 302 (658)

Porto, 21/9/1992, *CJ*, XVII, T. IV, p. 287 (866)

Lisboa, 3/12/1992, *CJ* XVII, T. V, p. 131 (510)

Porto, 12/1/1993, *CJ* XVIII, T. II, p. 175 (435)

Porto, 09/12/1993, *CJ* XVIII, T. I, p. 223 (24)

Lisboa, 18/3/1993, *Dir.* 125 (1993), III-IV, p. 321 (686)

Coimbra, 30/3/1993, *RDES* XL (1999), n.º 1, p. 87 (652)

Porto, 13/5/1993, *CJ* XVIII, T. III, p. 201 (530)

Lisboa, 27/5/1993, *CJ* XVIII, T. III, p. 116 (530)

Lisboa, 17/6/1993, *CJ* XVIII, T. III, p. 129 (1006)

Coimbra, 7/7/1993, *CJ* XVIII, T. IV, p. 35 (373)

Coimbra, 12/10/1993, *BMJ* 430, p. 525 (1159)

Lisboa, 28/10/1993, *CJ* XVIII, T. IV, p. 162 (324)

Coimbra, 14/12/1993, *CJ* XVIII, T. V, p. 46 (1059)

Évora, 13/1/1994, *BMJ* 433, p. 639 (679)

Porto, 18/1/1994, *CJ* XIX, T. I, p. 211 (690)

Coimbra, 26/1/1994, *CJ* XIX, T. I, p. 23 (522)

Lisboa, 26/4/1994, *CJ* XIX, T. III, p. 101 (1006)

Évora, 12/7/1994, *CJ* XIX, T. IV, p. 261 (1034)

Évora, 6/10/1994, *CJ* XIX, T. IV, p. 267 (690)

Lisboa, 15/12/1994, *CJ* XIX, T. V, p. 137 (1139)

Porto, 11/1/1995, *CJ* XX, T. I, p. 169 (1001)

Lisboa, 19/1/1995, *BMJ* 443, p. 430 (398)

Évora, 19/1/1995, *CJ*, XX, T. I, p. 274 (1159)

Lisboa, 23/02/1995, *CJ* XX, p. 143 (1158)

Porto, 27/4/1995, *BMJ* 446, p. 352 (284)

Évora, 18/5/1995, *CJ* XX, T. III, p. 279 (690)

Coimbra, 30/5/1995, *BMJ* 447, p. 581 (1144)

Porto, 27/6/1995, *CJ* XX, T. III, p. 243 (1037)

Porto, 4/7/1995, *CJ* XX, T. IV, p. 167 (546, 548)

Lisboa, 19/10/1995, *BMJ* 450, p. 542 (683)

Coimbra, 28/11/1995, *CJ* XX, T. V, p. 47 (396)

Lisboa, 7/12/1995, *CJ* XX, T. V, p. 135 (510, 519)

Coimbra, 16/1/1996, *CJ* XXI, T. I, p. 7 (229, 461)

Évora, 1/2/1996, *CJ* XXI, T. I, p. 281 (658)

Coimbra, 19/3/1996, *CJ* XXI, T. II, p. 13 (644)

Coimbra, 26/3/1996, *CJ* XXI, T. II, p. 31 (690)

Lisboa, 28/3/1996, *CJ* XXI, T. II, p. 91 (382)

Lisboa, 16/4/1996, *CJ* XXI, T. II, p. 92 (642)

Coimbra, 2/5/1996, *CJ* XXI, T. III, p. 79 (686)

Lisboa, 9/5/1996, *CJ* XXI, T. III, p. 89 (671)

Porto, 9/05/1996, *CJ* XXI, T. III, p. 185 (1160)

Évora, 18/5/1996, *CJ* XXI, T. III, p. 265 (690)

Évora, 23/5/1996, *CJ* XXI, T. III, p. 271 (655)

Lisboa, 30/5/1996, *CJ* XXI, T. III, p. 105 (205, 654, 790)

Lisboa, 30/5/1996, *CJ* XXI, T. III, p. 107 (631, 668)

Porto, 11/6/1996, *CJ* XXI, T. III, p. 212 (670)

Lisboa, 20/6/1996, *CJ* XXI, T. III, p. 119 (690)

Coimbra, 26/6/1996, *CJ* XXI, T. III, p. 29 (672)

Lisboa, 4/7/1996, *CJ* XXI, T. IV, p. 89 (666)

Lisboa, 10/10/1996, *CJ* XXI, T. IV, p. 126 (642)

Lisboa, 7/11/1996, *CJ* XXI, T. V, p. 81 (667)

Lisboa, 13/11/1996, *CJ* XXI, T. V, p. 168 (1004)

Lisboa, 14/11/1996, *CJ* XXI, T. V, p. 94 (690)

Lisboa, 19/11/1996, *CJ* XXI, T. V, p. 103 (706)

Porto, 25/11/1996, *CJ* XXI, T. V, p. 197 (1144)

DA CESSAÇÃO DO CONTRATO

Coimbra. 26/11/1996, *CJ* XXI, T. V, p. 31 (1037)

Lisboa, 28/11/1996, *CJ* XXI, T. V, p. 118 (267)

Porto, 5/12/1996, *CJ* XXI, T. V, p. 208 (358)

Évora, 5/12/1996, *CJ* XXI, T. V, p. 268 (691)

Porto, 9/12/1996, *CJ* XXI, T. V, p. 214 (630)

Coimbra, 10/12/1996, *RLJ*, 131, p. 113 (1159)

Lisboa, 12/12/1996, *CJ* XXI, T. V, p. 181 (939)

Coimbra, 14/1/1997, CJ XXII, T. I, p. 11 (691)

Lisboa, 16/1/1997, *CJ* XXII, T. I, p. 95 (650)

Lisboa, 22/1/1997, *CJ* XXII, T. I, p. 178 (947)

Lisboa, 27/1/1997, *CJ* XXII, T. I, p. 214 (690)

Lisboa, 6/2/1997, *CJ* XXII, T. I, p. 119 (706)

Lisboa, 19/2/1997, *CJ* XXII, T. I, p. 186 (1020)

Coimbra, 25/2/1997, *RLJ* 130, p. 187 (687)

Coimbra, 28/2/1997, CJ XXII, T. II, p. 10 (686)

Lisboa, 5/3/1997, *CJ* XXII, T. II; p. 160 (1021)

Coimbra, 11/3/1997, *CJ* XXII, T. II, p. 19 (229, 461)

Porto, 13/3/1997, *CJ* XXII, T. II, p. 196 (1037)

Porto, 8/4/1997, *CJ* XXII, T. II, p. 207 (66, 639)

Porto, 10/4/1997, *CJ* XXII, T. II, p. 210 (642)

Porto, 14/4/1997, *CJ* XXII, T. II, p. 248 (821)

Porto, 5/5/1997, *CJ* XXII, T. III, p. 179 (530)

Porto, 5/5/1997, *CJ* XXII, T. III, p. 243 (968)

Lisboa, 15/5/1997, CJ XXI, T. III, p. 87 (652)

Lisboa, 12/6/1997, *CJ* XXII, T. III, p. 104 (642)

Coimbra, 17/6/1997, *BMJ* 468, p. 485 (576)

Porto, 30/6/1997, *CJ* XXII, T. III, p. 225 (706, 707)

Porto, 7/10/1997, *CJ* XXII, T. IV, p. 214 (668)

Coimbra, 28/10/1997, *CJ* XXII, T. IV, p. 43 (1037)

Porto, 11/11/1997, *BMJ* 471, p. 454 (686)

Coimbra, 18/11/1997, *CJ* XXII, T. IV, p. 15 (670)

Évora, 20/11/1997, *CJ* XXII, T. V, p. 260 (238, 674)

Coimbra, 27/11/1997, *CJ* XXII, T. V, p. 64 (819)

Lisboa, 30/11/1997, *CJ* XXII, T. I, p. 111 (701)

Porto, 2/12/1997, CJ XXII, T. V, p. 217 (691)

Coimbra, 9/12/1997, *CJ* XXII, T. V, p. 32 (690)

Porto, 9/12/1997, *CJ* XXII, T. V, p. 249 (947)

Lisboa, 18/12/1997, *CJ* XXII, T. V, p. 172 (947)

Porto, 8/1/1998, *CJ* XXIII, T. I, p. 184 (690)

Évora, 13/1/1998, *CJ* XXIII, T. I, p. 286 (901)

Lisboa, 14/1/1998, *CJ* XXIII, T. I, p. 159 (977)

Évora, 15/1/1998, *BMJ* 473, p. 581 (691)

Lisboa, 15/1/1998, *CJ* XXIII, T. I, p. 77 (683, 690)

Lisboa, 18/1/1998, *CJ* XXIII, T. I, p. 175 (956)

Évora, 29/1/1998, *CJ* XXIII, T. I, p. 262 (690)

Porto, 2/2/1998, *CJ* XXIII, T. I, p. 245 (912)

Porto, 3/2/1998, *BMJ* 474, p. 546 (691)

Coimbra, 5/2/1998, *CJ* XXIII, T. I, p. 63 (821)

Lisboa, 11/2/1998, *CJ* XXIII, T. I, p. 167 (846)

Coimbra, 3/3/1998, *CJ* XXIII, T. II, p. 68 (813)

Coimbra, 19/3/1998, *CJ* XXIII, T. II, p. 71 (941)

Porto, 19/3/1998, *CJ* XXIII, T. II, p. 211 (683)

Évora, 26/3/1998, *CJ* XXIII, T. II, p. 273 (709)

Lisboa, 1/4/1998, *CJ* XXIII, T. II, p. 175 (1031)

Lisboa, 1/4/1998, *CJ* XXIII, T. II, p. 179 (821)

Porto, 20/4/1998, *CJ*, XXIII, T. II, p. 267 (938)

ÍNDICE DE JURISPRUDÊNCIA

Évora, 23/4/1998, *BMJ* 476, p. 507 (1159)

Lisboa, 30/4/1998, *CJ* XXIII, T. II, p. 135 (470)

Lisboa, 2/7/1998, *CJ* XXIII, T. IV, p. 81 (675)

Lisboa, 2/7/1998, *CJ* XXIII, T. IV, p. 84 (690)

Lisboa, 9/7/1998, *CJ* XXIII, T. IV, p. 101 (518)

Coimbra, 1/10/1998, *CJ* XXIII, T. IV, p. 69 (846)

Lisboa, 22/10/1998, *CJ* XXIII, T. IV, p. 128 (675)

Lisboa, 11/11/1998, *CJ* XXIII, T. V, p. 83 (675)

Coimbra, 17/11/1998, *CJ* XXIII, T. V, p. 14 (692)

Lisboa, 2/12/1998, *CJ* XXIII, T. V, p. 167 (822)

Porto, 18/1/1999, *CJ* XXIV, T. I, p. 186 (1006)

Lisboa, 21/1/1999, *BMJ* 483, p. 268 (178)

Lisboa, 4/2/1999, *CJ* XXIV, T. I, p. 104 (339)

Lisboa, 28/4/1999, *CJ* XXIV, T. II, p. 167 (846)

Lisboa, 6/5/1999, *CJ* XXIV, T. III, p. 91 (696)

Coimbra, 11/5/1999, *BMJ* 487, p. 372 (281)

Coimbra, 18/5/1999, *CJ* XXIV, T. III, p. 20 (642)

Lisboa, 18/05/1999, *CJ*, XXIV, T. III, p. 102 (1159)

Lisboa, 20/5/1999, *BMJ* 487, p. 354 (1155)

Lisboa, 26/5/1999, *in* www.dgsi.pt (887)

Lisboa, 29/9/1999, *CJ* XXIV, T. IV, p. 166 (1004)

Lisboa, 29/9/1999, *CJ* XXIV, T. IV, p. 171 (813)

Porto, 7/10/1999, *CJ* XXIV, T. IV, p. 212 (335)

Évora, 14/10/1999, *BMJ* 490, p. 330 (714)

Porto, 15/11/1999, *CJ*, XXIV, T. V, p. 243 (1018)

Lisboa, 2/12/1999, *CJ* XXIV, T. V, p. 112 (471)

Coimbra, 2/12/1999, *CJ* XXIV, T. V, p. 66 (924)

Lisboa, 15/12/1999, *CJ* XXIV, T. V, p. 167 (1026)

Lisboa, 15/12/1999, CJ XXIV, T. V, p. 169 (933)

Lisboa, 26/1/2000, *CJ* XXV, T. I, p. 68 (828)

Coimbra, 8/2/2000, *CJ* XXV; T. II, p. 5 (410)

Lisboa, 24/2/2000, *CJ* XXV, T. I, p. 126 (698)

Lisboa, 29/2/2000, *CJ* XXV, T. I, p. 131 (1034)

Porto, 6/4/2000, *BMJ* 496, p. 310 (364)

Porto, 22/5/2000, sumário na Internet (1001)

Lisboa, 23/5/2000, *CJ* XXV, T. III, p. 96 (1148)

Lisboa, 21/6/2000, *CJ* XXV, T. III, p. 173 (821)

Porto, 18/9/2000, *CJ* XXV, T. IV, p. 240 (911)

Coimbra, 26/9/2000, *CJ* XXV, T. IV, p. 17 (374)

Lisboa, 9/11/2000, *CJ* XXV, T. V, p. 90 (683)

Porto, 5/2/2001, *CJ* XXVI, T. I, p. 202 (398)

Porto, 12/2/2001, *CJ* XXVI, T. I, p. 248 (1020)

Coimbra, 20/3/2001, *CJ* XXVI, T. II, p. 29 (690)

Lisboa, 26/4/2001, *CJ* XXVI, T. II, p. 157 (818)

Coimbra, 8/5/2001, *CJ* XXVI, T. III, p. 5 (1034, 1036)

Coimbra, 10/5/2001, *CJ* XXVI, T. III, p. 162 (1031)

Lisboa, 23/5/2001, *CJ* XXVI, T. III, p. 173 (903)

Lisboa, 6/6/2001, CJ XXVI, T. III, p. 173 (933)

Évora, 10/7/2001, *CJ* XXVI, T. IV, p. 292 (912)

Porto, 22/10/2001, *CJ* XXVI, T. IV, p. 253 (1019)

DA CESSAÇÃO DO CONTRATO

Lisboa, 8/11/2001, *CJ* XXVI, T. V, p. 81 (410)

Coimbra, 20/11/2001, *CJ* XXVI, T. V, p. 24 (1082)

Porto, 4/12/2001, *CJ* XXVI, T. V, p. 204 (193)

Lisboa, 11/7/2002, *CJ* XXVII, T. IV, p. 71 (467)

Guimarães, 12/3/2003, *CJ* XXVIII, T. II, p. 269 (262)

Porto, 10/4/2003, *CJ* XXVIII, T. II, p. 197 (184)

Lisboa, 12/6/2003, *CJ* XXVIII, T. III, p. 111 (416)

Lisboa, 1/7/2003, *CJ* XXVIII, T. IV, p. 73 (689)

Guimarães, 4/2/2004, *CJ* XXIX, T. I, p. 283 (676)

ÍNDICE DE AUTORES
(Os números remetem para as notas)

A

ABRANTES, José João – 269, 271, 741, 927, 1011

ABREU, Eridano – 635

ABREU, Jorge Manuel Coutinho de – 690

ABREU, Luís Vasconcelos – 1083, 1084

ALARCÃO, Rui de – 443

ALBALADEJO, Manuel – 45, 169, 497, 579, 1183

ALBUQUERQUE, Luciano Campos de – 593, 611

ALEGRE, Carlos – 669, 681

ALMEIDA, António Pereira de – 614, 1119, 1142

ALMEIDA, Carlos Ferreira de – 1, 278, 287, 405

ALMEIDA, Cláudia Pereira de – 741

ALMEIDA, José Carlos Moitinho de – 60, 1150

ALMEIDA, José Eusébio – 1017

ALPA, Guido – 29, 252

ALPA, Guido e Mario BESSONE – 313, 429

ALPA, Guido e Michele DASSIO – 252, 377

ÁLVAREZ VIGARAY, Rafael – 46, 125, 293, 296, 354, 445, 496, 716, 1183

ÁLVAREZ VIGARAY, Rafael e Regina de AYMERICH DE RENTERIA – 123

AMADIO, Giuseppe – 71, 343

AMADO, João Leal – 732, 741, 786, 847, 873, 874, 876, 894, 895, 995

AMARAL, Diogo Freitas do – 174, 176, 447

AMARAL, Diogo Freitas do e Lino TORGAL – 1163

AMARAL, Francisco – 10, 346

AMOROSO, Giovanni, Vincenzo DI CERBO e Arturo MARESCA – 914, 919, 1009

ANCORA, Felice – 1168, 1176, 1182

ANDERS, Monika e Burkhard GEHLE – 1032

ANDRADE, Manuel A. Domingues de – 63, 308

ANTONMATTEI, Paul Henri e Jacques RAYNARD – 1071, 1100

ANTUNES, Carlos e Amadeu GUERRA – 741, 847, 894

ARDAU, Giorgio – 919

AROSO, Joaquim Costa – 580

ASCENSÃO, José de Oliveira – 53, 68, 207, 543, 652, 686, 878, 880, 881, 1016

ASCENSÃO, José de Oliveira e Luís Menezes LEITÃO – 686

ASTONE, Francesco – 567

AYNÈS, Laurent – 258

AZEVEDO, Rui Moura – 748

B

BACHINI, Francesco – 325, 567

BADENES GASSET, Ramon – 558

BALDASSARI, Augusto – 109, 1051

BALDI, Roberto – 1059
BALESTRA, Luigi – 318
BALLESTRERO, Maria Vittoria – 919
BAPTISTA, Albino Mendes – 741, 847, 888, 900, 914, 1017, 1019, 1028
BAPTISTA, Daniela Farto – 596, 599
BALZANO, Angelo – 329
BARATA, Carlos Lacerda – 1039, 1040, 1041, 1042, 1044, 1046, 1057, 1059
BARROSO, Helena Tapp – 741, 915
BART, Jean – 129
BARTELS, Klaus – 258
BASINI, Giovanni Francesco – 161, 337, 445
BASTOS, Nuno Lima – 741
BEATSON, J. – 47, 378, 426
BECHHOFER, Jack – 330
BEJARANO HERNÁNDEZ, Andrés – 1029
BELTRÁN DE HEREDIA Y ONIS, Pablo – 303
BÉNABENT, Alain – 25, 169, 197, 354, 1071
BERGERFURTH, Bruno e Lutz MENARD – 379, 390, 402, 403
BETTI, Emílio – 126, 154, 299
BEVILAQUIA, Clóvis –80
BIANCA, Cesare Massimo –5, 26, 29, 79, 95, 157, 315, 316, 354, 428
BIANCHI, Giorgio – 40, 296, 354, 426
BIGLIAZZI GERI, Lina – 272, 278
BIHL, Luc – 379, 402, 403, 549, 567
BOCCHINI, Fernando – 523
BONELL, Michael Joachim – 27
BORGES, Sofia Leite – 741, 915
BORGHI, Paolo – 19, 46, 48, 444, 621
BORTOLOTTI, Fabio e Giampiero BONDA-NINI – 1050, 1057, 1059
BOTH, Dirk – 624, 665
BOWERS, John – 744
BRAGA, Armando – 435, 519, 741
BRIONES GONZÁLEZ, Carmen – 914, 981, 983
BRITO, Maria Helena – 456, 469, 473, 1040, 1059
BRITO, Pedro Madeira de – 741, 915
BROWN, Ian e Adrian CHANDLER – 426
BROX, Hans e Wolf-Dietrich WALKER – 31, 90, 247, 277, 354, 387, 620, 1154

BURROWS, Andrew – 393, 1130
BÜBER, Janko – 87, 90, 91
BUTHURIEUX, André – 234

C

CABELLA PISU, Luciana – 25, 74, 149, 210, 296, 392, 523, 597
CACCAMO, Antonio e Vincenzo MELECA – 827, 1009
CAETANO, Marcelo – 172, 173, 179, 1165, 1168, 1170
CAGNASSO, Oreste e Gastone COTTINO – 283, 477, 500, 504, 554
CAIAFA, Antonio – 593, 594, 596, 615, 618
CALAMARI, John D. e Joseph M. PERILLO – 25, 47, 70, 293
CALVO ANTÓN, Manuela – 547, 556
CAMANHO, Paula Ponces – 690, 719, 721, 796, 797, 800
CAMPOS, Diogo Leite de – 83, 223, 395, 491
CAMPOS, Isabel MENÉRES DE – 505b
CANARIS, Claus-Wilhelm – 31, 32, 76, 309, 314, 413
CANARIS, Claus-Wilhelm e Giovanni De CRISTOFARO – 421
CANO GÁLAN, Yolanda – 745
CANOTILHO, José Joaquim e Jorge LEITE – 741, 914
CAPITANT, Henri, François TERRÉ e Ives LEQUETTE – 129, 492
CAPOZZI, Guido – 379, 557
CARBONNIER, Jean – 354, 379
CARNEIRO, José Gualberto de Sá – 197, 375, 635
CARPINO, Brunetto – 148, 319
CARRION, Valentin – 745, 896, 936, 1009
CARVALHO, António Nunes de – 821, 830, 847, 874, 876
CARVALHO, Catarina de Oliveira – 741
CARVALHO, Paulo Morgado de – 741
CARVALHO, Pedro Nunes de – 547, 557
CARVALHO, Telma Silva – 741
CASANOVA, Manuel – 635
CASELLA, Giovanni – 327

ÍNDICE DE AUTORES

CASTAN TOBEÑAS, José – 124, 133, 1072, 1097

CASTRO, Aníbal de – 50, 72, 73, 642

CASTRO, Inês Albuquerque e – 948

CAVALCANTI, José Paulo – 10

CECA MAGÁN, Esteban – 971

CHESHIRE, Geoffrey C., Cecil H. S. FIFOOT e Michael P. FURMSTON – 457, 1030

CHULIÁ VICENT, Eduardo e Teresa BELTRÁN ALANDETE – 112

CIAN, Giorgio e Alberto TRABUCCHI – 186, 279, 293, 393, 1074

CID, Nuno Salter – 628, 629, 699

CIMMINO, Nelson Alberto – 86, 102

CIRILLO, Giorgio – 159

CLEMENTE MEORO, Mário E. – 129, 259, 446, 1186

COELHO, Francisco M. Pereira – 679, 708,

COELHO, Francisco Brito Pereira – 10, 11, 13, 482, 487

COING, Helmut – 75, 119, 120, 123, 130, 132, 264, 270

COLLURA, Giorgio – 294

CONCEPCIÓN RODRÍGUEZ, José Luis – 166

CONSOLO, Claudio – 354

CONTE, Maurizio del – 829

CORDEIRO, AntónioMenezes – 1, 2, 10, 14, 22, 23, 31, 33, 56, 64, 67, 70, 90, 106, 111, 117, 140, 150, 151, 152, 153, 248, 257, 263, 269, 276, 304, 349, 370, 421, 430, 436, 451, 458, 482, 543, 591, 592, 602, 608, 614, 616, 618, 648, 660, 668, 686, 741, 778, 781, 792, 802, 804, 813, 847, 858, 860, 876, 894, 915, 916, 920, 921, 929, 939, 940, 979, 999, 1009, 1051, 1052, 1068

CORDEIRO, António Menezes e Castro FRAGA – 668

CORREIA, António Ferrer e Manuel Henrique MESQUITA – 1132

CORREIA, José Manuel Sérvulo – 171, 1168

CORREIA, Miguel J. A. Pupo – 612

COSTA, Mário Júlio de Almeida – 2, 4, 14, 106, 147, 150, 248, 263, 269, 271, 276, 304, 326, 360, 409, 482, 802, 1006

COSTA, Mário Júlio de Almeida e Evaristo MENDES – 1089

COSTA, Mário Júlio de Almeida e Manuel Henrique MESQUITA – 691

COUTURIER, Gérard – 827

CRISCUOLI, Giovanni – 6, 16, 81, 312, 363, 426, 457

CRISTÓBAL MONTES, Angel – 25, 125, 129

CRISTOFARI, Riccardo – 723, 725, 726, 727

CRISTOFARO, Giovanni De – 393, 535

CRUZ, Pedro – 927

CRUZ, Sebastião – 9

CUENA BOY, Francisco – 20, 21

CUNHA, Carolina – 603, 604, 607, 1044, 1059

CUNHA, Paulo – 168, 356

D

D'ANGELO, Andrea – 218, 344

DEAKIN, Simon e Gillian S. MORRIS – 744, 1009

DELACOLLETTE, Jean – 293, 422

DELFINI, Francesco – 23, 42, 74, 145, 208, 337, 344, 552

DIANA, António Gerardo – 142, 734

DÍAZ REGAÑON-ALCALÁ, Calixto – 1035

DÍEZ-PICAZO Y PONCE DE LEÓN, Luis – 26, 125, 129, 293, 348, 422

DÍEZ-PICAZO, Luis e Antonio GULLÓN – 374, 457, 510, 1102, 1112

DÍEZ-PICAZO, Luis, E. ROCA TRIAS e A. M. MORALES MORENO – 28, 30, 424

DIURNI, Amália e Peter KINDLER – 421

DOBSON, Paul – 135, 165

DOMINGOS, Maria Adelaide – 944

DRAY, Guilherme Machado – 96, 741, 759, 760, 915, 933

DUARTE, Rui Pinto – 332, 1059

DUTILLEUL, François Collart e Philippe DELEBECQUE – 7, 289, 497

DA CESSAÇÃO DO CONTRATO

E

EMMERICH, Volker – 247, 277, 296, 317, 412, 420, 421

ENNECCERUS, Ludwig e Heinrich LEHMANN – 1136, 1141, 1145, 1154

ESPINAR LAFUENTE, Francisco – 379

ESSER, Josef e Eike SCHMIDT – 354, 385, 418

ESSER, Josef e Hans-Leo WEYERS – 1145, 1150, 1154

ESTORNINHO, Maria João – 1169, 1177, 1182

F

FAJARDO FERNÁNDEZ, Javier – 418

FALCO, Francesco – 135

FARIA, Avelino de – 80, 167, 197, 356

FARIA, Jorge Ribeiro de – 248, 263, 269, 276, 304, 409, 414, 418, 425, 431

FARIA, Rita Lynce de – 273, 274

FARINHA, Renato J. – 741

FENOY PICÓN, Nieves – 308

FERNANDES, António Monteiro – 736, 741, 749, 782, 823, 840, 842, 843, 847, 857, 863, 874, 877, 891, 894, 914, 915, 928, 939, 950, 975, 994, 1025

FERNANDES, Francisco Liberal – 982

FERNANDES, Luís Carvalho – 52, 64, 67, 68, 69, 70, 150, 207, 346, 543, 830, 832, 835, 836

FERNANDES Luís Carvalho e João LABAREDA – 830

FERNÁNDEZ GONZÁLEZ-REGUERAL, María Angeles – 433

FERREIRA, Abel Sequeira – 741, 915

FERREIRA, Durval – 346

FERREIRA, J. O. Cardona – 697

FIKENTSCHER, Wolfgang – 303, 354

FLOHR, Eckhard – 1037

FLORETTA, Hans, Karl SPIELBÜCHER e Rudol STRASSER – 762, 896

FLOUR, Jacques, Jean-Luc AUBERT, Yvonne FLOUR e Éric SAVAUX – 354, 381

FLUME, Werner – 65, 66, 69a, 79, 222, 500, 1079

FONSECA, António Alves da e José Luciano de CASTRO – 353

FORIERS, Paul Alain – 458

FRADA, Manuel Carneiro da – 308, 375

FRANÇA, Maria Augusta – 596

FRANZONI, Massimo – 82, 102, 189, 236

FROMM, Erwin – 895

FUNEZ, Adilson Luis – 741

FURTADO, Jorge Pinto – 663, 664, 667, 681, 693

G

GABRIELLI, Giovanni – 82, 86, 236, 463

GAGGERO, Paolo – 718a

GALANTINO, Luisa – 995

GALGANO, Francesco – 57, 145, 354, 550, 1191, 1192

GALLETTI, Danilo – 597, 598, 609

GARCIA AMIGO, Manuel – 57

GARCÍA-TREVIJANO GARNICA, Ernesto – 1164

GAROFALO, Luigi – 134, 535

GAROFALO, Luigi, Vincenzo MANNINO, Enrico MOSCATI e Paolo Maria VECCHI – 535

GAUCH, Peter – 1128

GAUCH, Peter, Walter R. SCHLUEP, Jörg SCHMID e Heinz REY – 25, 47, 247, 354, 377, 409, 460

GENTILI, Aurelio – 142

GHESTIN, Jacques e Bernard DESCHÉ – 560, 567

GHESTIN, Jacques, Christophe JAMIN e Marc BILLIAU – 142, 183, 192, 297, 391

GIANNATTASIO, Carlo – 1150

GIBERT, Rafael – 577, 578

GIGLIO, Wagner D. – 936

GILLIG, Franz Peter – 301

GIORGIANNI, Michele – 253, 254, 308

GIRINO, Emilio – 484

GOMES, Júlio – 388, 393, 494, 894, 1017

GOMES, Júlio e Raquel CARVALHO – 960, 1011

GOMES, Manuel Januário da Costa – 4, 88, 89, 92, 106, 228, 323, 360, 486, 664, 669,

ÍNDICE DE AUTORES

679, 681, 684, 686, 690, 691, 1063, 1064, 1065, 1069, 1075, 1077, 1080, 1085, 1091
GOMES, Orlando – 3, 147, 163, 420
GONÇALVES, A. Luís – 162, 652
GONÇALVES, Luiz da Cunha – 164, 165, 390, 397, 500, 580, 582, 1070, 1131
GONÇALVES, Pedro – 176, 1171, 1172, 1173
GONZÁLEZ GONZÁLEZ, Aurora – 303
GORLA, Gino – 123
GRANELLI, Carlo – 266
GRASSELLI, Giorgio – 624
GRECO, Paolo e Gastone COTTINO – 436, 497, 554
GRONDONA, Mauro – 156, 159, 160
GSCHNITZER, Franz – 477
GUICHARD, Raúl e Sofia PAIS – 286, 439, 478
GUHL, Theo – 402, 403, 535

H

HELLER, Mathess – 459, 589, 593, 608
HENRIQUES, Paulo Alberto Videira – 459, 597, 600, 608, 609, 1075, 1077
HONNOLD, John – 26, 422
HÖRSTER, Heinrich Ewald – 375, 500
HUBER, Ulrich – 246, 247, 248
HUET, Jérôme – 397, 624

I

ICHINO, Pietro – 742

J

JAMIN, Christophe – 354
JORDANO FRAGA, Francisco – 497
JORGE, Fernando Pessoa – 2, 14, 248, 269, 276, 304, 355, 379
JOSÉ, Rosendo Dias – 1153
JUSTO, A. Santos – 9, 121, 126, 158, 265, 559, 611, 623, 646, 654, 662, 1061, 1062, 1111

K

KASER, Max – 9, 121, 158, 265, 408, 578
KOZIOL, Helmut e Rudolf WELSER – 99, 426

L

LACRUZ BERDEJO, José Luis, Francisco de Asís SANCHO REBULLIDA, Agustín LUNA SERRANO, Jesús DELGADO ECHEVERRÍA, Francisco RIVERO HERNÁNDEZ e Joaquín RAMS ALBESA – 579, 580, 1096, 1193
LAITHIER, Ives-Marie – 250, 292, 405
LAMICELA, Mariella – 38, 39
LANDO, Ole – 28, 29
LANDO, Ole e Hugh BEALE – 28, 30, 378, 424
LARA GONZÁLEZ, Rafael – 467, 1044, 1045
LARENZ, Karl – 305, 354, 402, 412, 418, 420, 501, 547, 563, 1145, 1154
LASARTE ÁLVAREZ, Carlos – 165, 457
LEITÃO, João Menezes – 94, 579, 641
LEITÃO, Luís Menezes – 2, 34, 36, 42, 78, 106, 150, 151, 211, 215, 248, 263, 269, 276, 304, 331, 333, 394, 412, 418, 427, 435, 474, 482, 500, 535, 580, 581, 582, 595, 599, 602, 604, 607, 610, 616, 620a, 656b, 718, 741, 776, 963, 1143, 1150
LEITÃO, Maria Adelaide Menezes – 1069, 1075, 1090
LEITE, Jorge – 741, 847, 889
LENER, Giorgio – 483, 490, 493
LEPKE, Achim – 805
LIMA, Carlos – 696
LIMA, Fernando Pires de e João Antunes VARELA – 58, 233, 374, 376, 384, 432, 435, 465, 510, 516, 519, 564, 566, 574, 576a, 580, 588, 637, 644, 647, 690, 696, 710, 711, 713, 715, 720, 721, 1003, 1066, 1067, 1092, 1122, 1131, 1139, 1142
LÓPEZ BARBA, Elena María – 1191, 1192, 1194
LOURENÇO, Paula Meira – 741, 933
LUMINOSO, Angelo – 409, 557, 560, 567
LUMINOSO, Ângelo, Ugo CARNEVALI e Maria COSTANZA – 354, 409

M

MACARIO, Francesco – 327, 455
MACEDO, Pedro de Sousa – 927

MACHADO, João Baptista – 232, 276, 280, 288, 293, 311, 315, 367, 375, 411, 414, 418, 425, 458, 466, 544, 683, 741, 878, 879, 881, 882, 883

MACIOCE, Francesco – 10, 266

MAFFEIS, Daniele – 135

MAGALHÃES, J. M. Barbosa de – 575

MAGALHÃES, Pedro de – 645

MAHÉ, Chantal B. P. e Edwoud HONDIUS – 293, 448

MAINGUY, Daniel – 1095

MAJO, Adolfo Di – 5

MALAURIE, Philippe e Laurent AYNÈS – 571, 1112

MALINVAUD, Philippe – 290, 296, 447

MANACHE, S. Delle – 1074

MANKOWSKI, Peter – 90, 91, 104, 322

MANUS, Pedro Paulo Teixeira – 745

MARIANO, João Cura – 596

MARÍN LÓPEZ, Manuel Jesús – 135, 327

MARQUES, José Dias – 50, 51, 80, 181

MARTINEK, Michael – 237, 332, 1037

MARTINEZ, Pedro Romano – 4, 8, 21, 24, 34, 35, 59, 66, 97, 134, 142, 213, 214, 231, 248, 249, 254, 260, 263, 269, 304, 307, 310, 375, 389, 410, 482, 496, 506, 507, 524, 526, 528, 530, 532, 535, 537, 538, 542, 553, 568, 619, 639, 649, 657, 690, 730, 731, 732, 735, 737, 739, 741, 746, 747, 751, 752, 755, 756, 757, 773, 789, 794, 796, 797, 799, 800, 803, 808, 814, 817, 830, 859, 862, 867, 875, 885, 895, 915, 926, 949, 961,962, 985, 987, 990, 998, 1005, 1016, 1026, 1027, 1032, 1033, 1039, 1103, 1109,1129, 1152, 1157, 1159, 1160, 1161, 1166, 1180

MARTINEZ, Pedro Romano, Luís Miguel MONTEIRO, Joana VASCONCELOS, Pedro Madeira de BRITO, Guilherme DRAY e Luís Gonçalves da SILVA – 194, 213, 231, 389, 732, 735, 739, 741, 756, 757, 796, 800, 803, 915, 949, 1027, 1029

MARTINEZ, Pedro Romano e Pedro Fuzeta da PONTE – 560, 562

MARTINEZ, Pedro Romano e José Marçal PUJOL – 1165, 1171, 1179

MARTÍNEZ SANZ, Fernando – 1059

MARTINS, António Carvalho – 690

MARTINS, Francisca – 741

MARTINS, Júlio Augusto – 641

MARTINS, Licínio Lopes – 1161

MARTINS, Pedro Furtado – 738, 741, 746, 747, 751, 752, 754, 765, 783, 804, 813, 816, 818, 821, 823, 824, 826, 846, 847, 850, 856, 870, 871, 876, 894, 899, 908, 910, 912, 914, 927, 945, 947, 955, 965, 967, 975, 987, 993, 995, 996

MARTINS, Sérgio Pinto – 936, 1009

MARUCCI, Barbara – 296

MARZIO, Fabrizio Di – 18

MARZORATI, Osvaldo J. – 1043

MATOS, João de – 697

MATOS, Maria João Pinto de – 999

MAZEAUD, Antoine – 765, 852

MAZZIOTTI, Fabio – 944

MAZZOTTA, Oronzo – 767

MCKENDRICK, Ewan – 279, 286, 292, 426

MEDICUS, Dieter – 47, 90, 107, 368, 1145

MELO, António Barbosa de – 741

MELLO, Alberto de Sá e – 820

MENDES, André Heleno – 741

MENDES, Armindo Ribeiro – 686

MENDES, João de Castro – 25, 54, 182, 220, 942

MÉNDEZ TOMÁS, Rosa M. e Aura Esther VILALTA NICUESA – 497

MEO, Massimo Di – 155

MESQUITA, José Andrade – 741, 915

MESQUITA, José António – 741

MESQUITA, Manuel Henrique – 218, 652, 687, 1110

MERZ, Sandro e Paolo SGUOTTI – 25

MESSINEO, Francesco – 303, 545, 549

MIRANDA, José Miguel de Sá – 330

MOLFESE, Francisco – 330

MOLL DE ALBA, Chantal – 497

MONTEIRO, António Pinto – 24, 38, 106, 157, 162, 163, 163a, 206, 232, 243, 266,

ÍNDICE DE AUTORES

338, 344, 510, 514, 534, 575, 1006, 1037, 1042, 1044, 1045, 1046, 1048, 1050, 1051a, 1052a, 1053, 1054a, 1057, 1059, 1060, 1188

MONTEIRO, António Pinto e Carolina CUNHA – 332

MONTEIRO, António Pinto e Paulo Videira HENRIQUES – 620a

MONTOYA MELGAR, Alfredo – 764

MORAIS, Fernando de Gravato – 135, 198a, 226, 327a, 327b, 482

MORAIS, Luís – 741

MOREIRA, António – 795, 842, 845

MOREIRA, Guilherme Alves – 397

MORETTI, Mimma – 1192

MOURA, Pedro Croft de –580

MUNHOZ, José Lúcio e Tárcio José VIDOTTI – 472, 769, 936

MUSOLINO, Giuseppe – 1145, 1146

N

NANNI, Luca – 1074, 1075, 1078, 1086, 1088

NAPOLI, Mario – 995

NETO, Indalécio Gomes – 999

NEUMANN, Dirk – 805

NEVES, Ana Fernanda – 734

NICOLINI, Giovanni – 893, 908

NOVA, Giorgio De – 86, 100, 135, 338, 549, 1191

NOVARA, Giampaolo – 372, 897

NUNES, António José Avelãs – 601, 602, 604, 605

O

OETKER, Hartmut – 101, 107, 460, 462

OLEA, Manuel Alonso – 768

OLEA, Manuel Alonso e Maria Emilia CASAS BAAMONDE – 766, 958, 1009

OLIVEIRA, Ana Lúcia de – 741

OLIVEIRA, Ernesto de – 937

OLIVEIRA, Nuno Pinto – 288, 579, 583, 585, 587

ORRÙ, Silvia – 25

OTERO, Paulo – 10, 77, 103, 172, 1076

P

PALADINI, Mauro – 999

PALMIERI, Davide – 154, 295, 310, 315

PALOMEQUE LÓPEZ, Manuel Carlos e Manuel ÁLVAREZ DE LA ROSA – 738, 765

PAPALEONI, Marco – 896, 1099

PARREIRA, Isabel Ribeiro – 741

PÉLISSIER, Jean, Alain SUPIOT e Antoine JEAMMAUD – 362, 768

PERA, Giuseppe – 764, 852

PERALTA, Ana Maria – 435, 500

PEREIRA, Alexandre Libório Dias – 690

PEREIRA, Caio Mário da Silva – 125, 147, 545, 549

PEREIRA, Maria de Lurdes – 74, 76, 149, 212, 215, 242, 288, 291, 399, 531

PINHEIRO, Luís Lima – 293, 435, 457, 500

PINTO, Carlos Mota – 54, 111, 207, 258, 347, 386, 452, 457, 534, 543, 544

PINTO, Eduardo Vera-Cruz – 265, 545, 559, 611, 661, 680, 1061, 1062, 1111

PINTO, Fernando Ferreira – 1040, 1044, 1046, 1051, 1058

PINTO, João Fernando Ferreira – 741

PINTO, Mário, Pedro Furtado MARTINS e António Nunes de CARVALHO – 741, 966

PINTO, Paulo Mota – 139, 150, 286, 428[a]

PINTO, Rui – 675a, 698

PISCIOTTA, Giuseppina – 340, 350, 445

PONS GARRIGA, Antonio – 365

PÔRTO, Marcos da Silva – 1024

POTHIER, Robert-Joseph – 379, 397, 402

PRAÇA, José Joaquim Lopes – 529

PRATA, Ana – 425

PREIS, Ulrich – 750

PROENÇA, José Carlos Brandão – 2, 163, 207, 257, 286, 287, 288, 293, 296, 349, 406, 445, 584, 586, 663, 1192

PUTTI, Pietro Maria – 29, 313, 429

R

RABL, Christian – 420, 426

RADÉ, Christophe – 999

DA CESSAÇÃO DO CONTRATO

RAMALHO, Maria do Rosário Palma – 575, 576, 576a, 583a, 614, 615, 743
RAMALHO, Maria do Rosário Palma e Pedro Madeira de BRITO – 733
RANIERI, Filippo – 349, 387
RAPPAZZO, António – 483, 489
RAVERA, Enrico – 86, 229, 240
REI, Maria Raquel Antunes – 741, 1081
REINICKE, Dietrich e Klaus TIEDTKE – 354, 504
REIS, José Alberto dos – 1080
RESCIGNO, Pietro – 500, 563, 1105
RIBEIRO, António Sequeira – 668, 669
RIBEIRO, Joaquim de Sousa – 257
RIBEIRO, Maria de Fátima – 191
ROCHA, Manuel António Coelho da – 2, 1130
RODRÍGUEZ-PIÑERO Y BRAVO FERRER, Miguel e Maria Fernanda FERNÁNDEZ LÓPEZ-895
RÖHSLER, Waldemar – 896
ROJOT, J. – 744
ROLLI, Rita – 212
ROPPO, Enzo – 279, 354
ROSA, Cecília Morais – 741
ROVIRA JAEN, Francisco Javier – 497
RUBIN, Harry, Constantine J. ZEPOS e Thomas E. CROCKER – 1039
RUBINO, Domenico – 1112, 1121, 1123, 1125, 1133
RUBINO-SAMMARTANO, Mauro – 1104
RUPP, Wolfgang e Guntram FLEISCHMANN – 386

S

SÁ, Fernando Augusto Cunha de – 8, 51, 302, 652, 653, 654
SALINAS, Rui – 741
SAMUSSONE, Anselmo Ricardo Augusto – 1044
SAN MARTÍN MAZZUCCONI, Carolina – 1029
SAN MIGUEL PRADERA, Lis Paula – 147, 279a, 354

SANTANA, João Carlos Caboz – 677
SARACINI, Eugénio e Franco TOFFOLETTO – 239, 1051
SARALE, Marcella – 549, 550
SCHAUB, Günter, Ulrich KOCH e Rüdiger LINCK – 896, 904
SCHERNER, Karl Otto – 131
SCHLECHTRIEM, Peter – 47, 84, 283, 292, 293, 421, 533, 1145
SCHLIMANN, Harold – 1032
SCHNEIDER, Klaus – 1036
SEABRA, Alexandre de – 167
SEIA, Jorge Aragão – 667, 681, 684, 690, 691
SEIA, Jorge Aragão, Manuel da Costa CALVÃO e Cristina Aragão SEIA – 621
SELWYN, Norman – 744, 893
SERINET, Yves-Marie – 377, 390
SERRA, Adriano Vaz – 98, 163, 185, 188, 232, 241, 244, 297, 300, 360, 425, 432, 435, 482, 1006, 1111, 1113, 1115, 1116, 1118, 1126, 1131, 1134, 1140
SILVA, António Henriques da – 579
SILVA, João Calvão da – 4, 161, 286, 315, 336, 342, 367, 534, 535, 536, 1008
SILVA, Jorge Andrade da – 1180, 1182
SILVA, Luís Gonçalves da – 666
SILVA, Manuel Gomes da – 25
SILVA, Manuela Maia da – 741, 948
SILVA, Paula Costa e – 4
SILVEIRA, Pedro Malta da – 1069, 1093
SMIROLDO, Antonio – 282, 288
SOLAZZI, Siro – 9
SÖLLNER, Alfred e Raimund WALTERMANN – 729, 764, 1032
SOTTOMAYOR, Maria Clara – 396
SOUSA, António Pais de – 622, 681
SOUSA, Miguel Teixeira de – 308, 697, 698, 699, 703, 704
SPIELBÜCHER, Karl e Konrad GRILLBERG – 762, 896
STARCK, Boris, Henri ROLAN e Laurent BOYER – 296
STIJNS, Sophie – 354, 445
STONE, Richard – 242, 292, 396, 457

ÍNDICE DE AUTORES

SUPPIEJ, Giuseppe, Marcello DE CRISTO-FARO e Carlo CESTER – 761, 762

SÜSSEKIND, Arnaldo, Délio MARANHÃO e Segadas VIANNA – 472, 931, 935

T

TATARELLI, Maurizio – 767, 906, 995

TELES, Sílvia Galvão – 827

TELLES, Inocêncio Galvão – 2, 14, 49, 50, 55, 106, 147, 150, 180, 209, 248, 263, 269, 276, 290, 304, 355, 482, 511, 561, 658, 669, 691, 696, 1006

TERRÉ, François, Yves LEQUETTE e Philippe SIMLER – 129, 296, 300, 492

TERRUGGIA, Isabella – 25

TETTENBORN, A. M. – 1114

TORRENTE, Andrea e Piero SCHLESINGER – 290, 291, 354

TOURNEAU, Philippe Le e Loïc CADIET – 341

TRABUCCHI, Alberto – 290, 1186, 1192

TRIMARCHI, Pietro – 144

TULLINI, Patrizia – 920

U

ULANO, Paula – 549

V

VACCÀ, Cesare – 252, 306

VALENTINO, Daniela – 322a

VARELA, João Antunes – 2, 14, 150, 215, 248, 263, 269, 276, 304, 369, 409, 475, 482, 500, 511, 682, 685, 777, 1003

VASCONCELOS, Joana – 326, 340, 741, 779, 847, 855, 864, 865, 870, 876, 888, 889, 915, 995, 997, 1029, 1059

VASCONCELOS, Luís Miguel Pestana de – 1037

VASCONCELOS, Pedro Pais de – 93, 349, 443, 495

VASCONCELOS, Pedro Leitão Pais de – 1080

VASQUES, José – 165, 177

VAZ, Teresa Anselmo – 510, 513, 519

VEIGA, António Motta – 741, 847, 890

VENOSA, Sílvio de Salvo – 292, 374

VENOSTA, Francesco – 17, 37

VENTURA, Raúl – 66, 435, 500, 503, 504, 516, 539, 540, 613, 614, 615, 617, 730, 801, 809, 818, 869, 915, 920

VERDERA SERVER, Rafael – 268, 294, 445

VERMELLE, Georges – 685

VERSOS, Rodrigo Simeão – 173, 176

VICENTE, Dário Moura – 532

VILLA, Gianroberto – 185, 187

VISINTINI, Giovana – 149, 285, 392, 523, 597

VIVAS TESÓN, Inmaculada – 559, 565

W

WALD, Arnoldo – 397, 562

WELSER, Rudolf e Irene WELSER – 415

WESSNER, Pierre – 74

WHITE, Rosa – 235

WIEACKER, Franz – 9, 453, 454, 481

WILLMOTT, Lindy, Sharon CHRISTENSEN e Des BUTLER – 15, 51, 282, 283

X

XAVIER, António da Gama Lobo – 196, 198, 200

XAVIER, Bernardo Lobo – 203, 468, 736, 737, 741, 774, 782, 793, 810, 812, 825, 847, 848, 853, 854, 863, 891, 894, 915, 916, 920, 928, 944, 947, 966, 968, 972, 978

XAVIER, Bernardo Lobo, Pedro Furtado MARTINS e António Nunes de CARVALHO –741

XAVIER, Vasco Lobo – 510, 514, 516, 518, 519, 520, 521

XAVIER, Vasco Lobo e Rita Lobo XAVIER – 360

Z

ZACCARIA, Alessio – 186, 279, 293

ZANORONE, Giuseppe – 122, 141, 497

ZÖLLNER, Wofgang e Karl-Georg LORITZ – 896, 919, 934

ZURITA MARTÍN, Isabel – 1184, 1185, 1186, 1187, 1189

ÍNDICE DE DISPOSIÇÕES LEGAIS
(Os números remetem para as páginas)

1. Legislação nacional

a) Código Comercial (CCom.)
art. 446º – 78
art. 467º – 35
art. 469º – 251
art. 470º – 257, 258, 259
art. 471º – 87, 259
art. 472º – 255

b) Código Civil (CC)
art. 3º – 259
art. 9º – 102, 412
art. 13º – 406
art. 68º – 407
art. 122º – 97
art. 152º – 501, 540
art. 153º – 501
art. 154º – 501
art. 217º – 25, 60, 73, 97, 110, 113, 171, 507
art. 218º – 74, 171
art. 219º – 97, 109, 118, 165, 312, 507
art. 220º – 401
art. 223º – 407
art. 224º – 122, 171, 176, 211, 343, 419, 420, 435, 481, 507
art. 227º – 37
art. 230º – 119, 171, 414, 420, 421, 482
art. 236º – 81, 164

art. 243º – 407
art. 246º – 409
art. 247º – 248, 249, 266, 409
art. 249º – 406
art. 252º – 32
art. 253º – 409
art. 255º – 409
art. 265º – 112
art. 266º – 508
art. 268º – 55
art. 270º – 49, 50, 51, 165, 166, 298
art. 274º – 51, 166, 176, 208
art. 275º – 406
art. 276º – 51, 166, 176
art. 277º – 51, 166, 176, 299, 492
art. 278º – 48, 49, 166, 372
art. 279º – 169
art. 280º – 32, 33, 37, 209, 217, 458, 518
art. 282º – 403, 407, 409
art. 283º – 409
art. 285º – 30, 97, 176, 248
art. 286º – 32, 37, 178, 179
art. 287º – 178, 251, 456
art. 288º – 249
art. 289º – 32, 36, 37, 178, 181, 183, 185, 186, 190, 192, 194, 204, 534, 535
art. 290º – 183, 190
art. 291º – 37, 178, 179, 205
art. 292º – 37, 74, 249

DA CESSAÇÃO DO CONTRATO

art. 293º – 211
art. 295º – 122, 209, 211, 212
art. 296º – 46
art. 298º – 45, 106, 434, 456
art. 309º – 167
art. 310º – 167, 168
art. 318º – 434
art. 323º – 434
art. 326º – 434
art. 327º – 434
art. 328º – 45, 434
art. 330º – 106, 109
art. 331º – 434
art. 333º – 45
art. 334º – 116, 154, 465
art. 342º – 118, 136, 438
art. 350º – 404, 406, 407, 445
art. 370º – 407
art. 398º – 533
art. 401º – 33, 36, 37, 517, 518
art. 405º – 59, 60, 81
art. 406º – 53, 56, 60, 65, 77, 123, 207, 215,
   216, 365, 493, 527, 543
art. 408º – 192, 240, 241
art. 409º – 206, 207, 208, 241, 242, 243, 244
art. 424º – 94, 109, 128
art. 428º – 132, 147, 183, 215
art. 432º – 61, 67, 68, 80, 85, 122, 123, 153,
   163, 171, 178, 180, 186, 190, 191, 248, 255,
   259, 260, 262, 265, 314, 328, 420, 422,
   534, 558, 566
art. 433º – 38, 176, 178, 180, 186, 192, 260,
   535
art. 434º – 176, 179, 180, 181, 182, 197, 216,
   224, 225, 228, 260, 269, 299, 316, 421,
   423, 492, 496, 534, 535, 555
art. 435º – 110, 178, 180, 182, 204, 205, 206,
   208, 233, 245, 265
art. 436º – 67, 72, 166, 171, 172, 179, 265,
   269, 274, 314, 328, 420, 423, 566
art. 437º – 32, 52, 71, 77, 78, 149, 151, 152, 153,
   172, 216, 318, 377, 519, 524, 527, 546
art. 438º – 152, 153
art. 439º – 153

art. 441º – 407
art. 442º – 73, 83, 128
art. 448º – 55, 112, 511, 513
art. 451º – 407
art. 457º – 211
art. 458º – 212
art. 459º – 59
art. 460º – 54, 59
art. 461º – 59
art. 463º – 59
art. 468º – 108
art. 471º – 55
art. 473º – 330, 521
art. 474º – 186
art. 483º – 126, 127, 148, 359, 369, 466, 485
art. 487º – 426
art. 496º – 466, 467
art. 535º – 96, 507
art. 538º – 95, 507
art. 541º – 147
art. 559º – 554
art. 562º – 132, 185, 194, 203, 209, 459, 460,
   468, 536, 549
art. 563º – 129, 359, 438, 551
art. 566º – 185, 203, 209, 210, 459, 550
art. 567º – 219
art. 568º – 195, 203
art. 570º – 195, 465
art. 577º – 109, 129
art. 584º – 233
art. 596º – 54
art. 606º – 94
art. 610º – 85
art. 612º – 205
art. 629º – 120
art. 694º – 263, 264
art. 702º – 86
art. 754º – 133, 184, 360
art. 755º – 184, 360
art. 762º – 28, 114, 116, 123, 129, 154, 195,
   319, 426, 513
art. 763º – 124
art. 764º – 97
art. 772º – 189

ÍNDICE DE DISPOSIÇÕES LEGAIS

art. 773º – 189, 190, 516
art. 774º – 190
art. 777º – 131, 173, 342, 343, 513
art. 779º – 63, 112, 307, 339, 343, 512
art. 780º – 138, 555
art. 781º – 244, 345
art. 785º – 407
art. 790º – 36, 37, 52, 98, 191, 376, 378, 519
art. 791º – 299, 378, 519
art. 792º – 37, 377, 520
art. 793º – 37, 74, 76, 149, 204, 381, 520
art. 795º – 38, 47, 52, 75, 76, 77, 107, 108,
    120, 149, 184, 191, 193, 366, 376, 462,
    463, 464, 519, 520, 521
art. 796º – 36, 78, 191, 192, 241
art. 797º – 191
art. 798º – 98, 124, 125, 126, 127, 135, 146,
    148, 193, 220, 359, 426, 461, 462, 466,
    485
art. 799º – 37, 124, 126, 135, 438, 461, 485
art. 800º – 126, 130, 149
art. 801º – 29, 32, 38, 50, 75, 76, 85, 107,
    127, 136, 139, 142, 143, 147, 165, 192, 193,
    196, 198, 199, 201, 203, 213, 215, 221, 239,
    240, 245, 247, 255, 256, 273, 274, 313,
    328, 329, 339, 344, 403, 496, 514, 519,
    536, 546, 555, 559
art. 802º – 74, 125, 140, 141, 198, 204, 245,
    322, 423
art. 803º – 143, 144
art. 804º – 127, 130, 134
art. 805º – 60, 131, 337, 406, 479
art. 806º – 461
art. 807º – 191, 522
art. 808º – 127, 133, 134, 135, 136, 148, 240,
    246, 247, 255, 314, 315, 345, 403, 423,
    427, 532, 533, 546, 554
art. 809º – 29, 81, 165
art. 810º – 83
art. 813º – 108, 120, 133, 331
art. 815º – 108, 191, 522
art. 816º – 512
art. 817º – 125, 135, 139, 210
art. 824º – 302

art. 827º – 125
art. 829º-A – 469
art. 830º – 26
art. 837º – 27
art. 841º – 27, 516
art. 863º – 404, 554
art. 868º – 27, 364, 371
art. 874º – 40, 239
art. 881º – 35
art. 885º – 190
art. 886º – 239, 241, 243, 244, 245, 247
art. 887º – 255
art. 890º – 256
art. 891º – 128, 255, 256
art. 892º – 35
art. 905º – 35, 248, 250, 251
art. 906º – 249, 250
art. 907º – 249, 250
art. 909º – 249
art. 911º – 249
art. 912º – 99, 176, 250
art. 913º – 35, 146, 250, 251, 255, 256, 559
art. 914º – 255
art. 916º – 60, 251
art. 917º – 251
art. 918º – 250
art. 921º – 126, 150
art. 923º – 257, 258
art. 924º – 80, 128, 162, 257, 258, 259
art. 925º – 261
art. 927º – 162, 262
art. 928º – 263
art. 929º – 80, 128, 162, 168, 264
art. 930º – 173, 265
art. 932º – 208, 262, 265
art. 934º – 243, 244, 245, 246, 247
art. 938º – 35
art. 960º – 271, 272
art. 966º – 271, 273, 274
art. 969º – 271, 274, 276
art. 970º – 275, 276
art. 974º – 276
art. 975º – 276
art. 976º – 110, 276, 277, 278

DA CESSAÇÃO DO CONTRATO

art. 977º – 29, 277
art. 978º – 178, 276, 277
art. 979º – 274, 277
art. 980º – 279
art. 986º – 224
art. 1001º – 279, 280, 281, 282
art. 1002º – 224, 282, 283, 286
art. 1003º – 284
art. 1004º – 284
art. 1005º – 285, 287
art. 1007º – 279, 287, 289
art. 1010º – 279
art. 1011º – 289
art. 1019º – 389
art. 1021º – 279, 281, 282, 285
art. 1029º – 306
art. 1031º – 149
art. 1032º – 328
art. 1034º – 328
art. 1038º – 317, 322, 323, 324, 329
art. 1043º – 98, 189, 320, 329, 336, 340
art. 1044º – 330
art. 1045º – 329, 330, 331, 340
art. 1046º – 331
art. 1047º – 72, 73, 128, 173, 177, 314
art. 1048º – 315, 318, 319
art. 1050º – 328, 329
art. 1051º – 29, 46, 47, 105, 107, 232, 297, 298, 299, 300, 301, 302, 303, 304, 325, 334, 492
art. 1052º – 29, 300, 301
art. 1053º – 295, 296, 303
art. 1054º – 48, 66, 104, 297, 298, 307, 308
art. 1055º – 64, 113, 114, 307, 342
art. 1056º – 105, 304
art. 1057º – 301
art. 1062º – 322
art. 1069º – 306
art. 1072º – 294, 323, 324
art. 1073º – 320, 321
art. 1079º – 293
art. 1080º – 293, 317, 356
art. 1081º – 331
art. 1082º – 110, 306

art. 1083º – 173, 292, 299, 314, 315, 316, 317, 318, 320, 321, 323, 324, 325
art. 1084º – 72, 128, 173, 177, 294, 314, 315, 318, 327
art. 1085º – 167, 316, 325
art. 1086º – 97, 117, 325, 329
art. 1087º – 295, 296
art. 1089º – 300
art. 1090º – 72, 231
art. 1091º – 27, 301
art. 1092º – 296, 320
art. 1093º – 321, 322
art. 1094º – 115, 321, 325, 326
art. 1095º – 61, 112
art. 1096º – 310
art. 1097º – 121, 219, 307, 308, 309, 312, 313
art. 1098º – 56, 63, 112, 219, 295, 307, 311, 312
art. 1100º – 61
art. 1101º – 61, 115, 120, 121, 294, 308, 309, 313
art. 1102º – 306, 313
art. 1103º – 118, 306, 310, 313, 327
art. 1105º – 26, 295
art. 1106º – 299, 301
art. 1108º – 296
art. 1109º – 323
art. 1111º – 301
art. 1113º – 299, 301
art. 1121º – 333
art. 1122º – 66, 116, 220, 334, 335, 336
art. 1123º – 333, 334, 335
art. 1128º – 334
art. 1129º – 337, 340
art. 1135º – 337, 340
art. 1137º – 337, 338, 339, 340
art. 1140º – 223, 224, 337, 339, 340, 424
art. 1141º – 337, 338, 340
art. 1142º – 341, 345
art. 1147º – 120, 393
art. 1148º – 341, 342
art. 1149º – 345
art. 1150º – 341, 343, 344, 345
art. 1152º – 487

ÍNDICE DE DISPOSIÇÕES LEGAIS

art. 1154º – 487
art. 1155º – 487
art. 1156º – 226, 488
art. 1157º – 488, 499
art. 1161º – 98, 189
art. 1170º – 55, 112, 224, 226, 413, 488, 499, 503, 504, 505
art. 1171º – 110, 507, 545
art. 1172º – 120, 227, 505, 507, 508, 509
art. 1173º – 507
art. 1174º – 499, 500, 501
art. 1175º – 500, 501, 502, 509
art. 1176º – 500, 501, 502
art. 1177º – 501
art. 1178º – 508
art. 1179º – 507
art. 1185º – 511, 515
art. 1187º – 515
art. 1192º – 511, 515
art. 1193º – 511, 513
art. 1194º – 66, 120, 224, 424, 511, 512, 513, 514
art. 1195º – 511, 516
art. 1196º – 290, 511, 516
art. 1201º – 224, 424, 511, 512, 513, 514
art. 1207º – 517
art. 1212º – 521, 522
art. 1215º – 78, 115, 152, 519, 524, 525, 526, 527, 531, 543
art. 1216º – 115, 527, 543
art. 1218º – 522
art. 1220º – 60
art. 1221º – 536
art. 1222º – 128, 129, 148, 532, 537
art. 1223º – 535, 536
art. 1227º – 108, 150, 519, 520, 521, 522, 523, 525, 526
art. 1228º – 521, 522, 525
art. 1229º – 66, 67, 87, 120, 226, 227, 526, 527, 528, 530, 531, 539, 542, 549, 550
art. 1230º – 522, 523
art. 1231º – 553, 554
art. 1235º – 137, 553, 554, 555, 558, 559
art. 1236º – 553, 554, 558

art. 1238º – 557
art. 1240º – 557
art. 1242º – 143, 557, 558
art. 1243º – 557, 558
art. 1245º – 561
art. 1247º – 561
art. 1248º – 563
art. 1250º – 564
art. 1260º – 188, 194, 407
art. 1269º – 186, 189, 192, 260, 272
art. 1270º – 187, 188, 189, 192, 194
art. 1271º – 188
art. 1272º – 188
art. 1273º – 189, 331
art. 1275º – 331
art. 1282º – 46
art. 1348º – 521
art. 1404º – 96
art. 1407º – 95, 96
art. 1408º – 96
art. 1410º – 54
art. 1444º – 301
art. 1682º-B – 294
art. 1758º – 271, 274
art. 1760º – 271, 278
art. 1765º – 271, 274
art. 1766º – 271, 278
art. 2034º – 276
art. 2104º – 275
art. 2108º – 275
art. 2166º – 276
art. 2168º – 275

c) Constituição da República Portuguesa (CRP)

art. 13º – 116
art. 53º – 349, 352, 353, 398, 414, 420, 422, 424, 441, 477
art. 61º – 413

d) Código das Sociedades Comerciais (CSC)

art. 3º – 283, 287
art. 45º – 283

DA CESSAÇÃO DO CONTRATO

art. 105º – 283, 287
art. 112º – 88, 288, 289
art. 118º – 288
art. 137º – 283, 286, 287
art. 141º – 280, 288
art. 142º – 288
art. 160º – 289
art. 161º – 283
art. 184º – 280, 281, 282, 285
art. 185º – 286, 281, 283
art. 186º – 281, 285, 286
art. 187º – 286
art. 188º – 286
art. 195º – 280
art. 204º – 285
art. 214º – 285
.art. 225º – 281
art. 229º – 283
art. 232º – 286, 280, 281
art. 240º – 280, 281, 283, 286
art. 241º – 281, 285
art. 242º – 281, 285, 287
art. 270º – 280
art. 270º-A – 282
art. 464º – 280
art. 473º – 280

e) Decreto-Lei nº 178/86, de 3 de Julho
(contrato de agência)
art. 24º – 66, 489, 491
art. 25º – 491, 493
art. 26º – 47, 492
art. 27º – 105, 492, 493, 494, 495
art. 28º – 66, 113, 114, 117, 118, 121, 494, 495
art. 29º – 494
art. 30º – 78, 128, 150, 495
art. 31º – 168, 172, 496
art. 32º – 496
art. 33º – 108, 120, 496, 497
art. 34º – 497
art. 35º – 184
art. 36º – 98, 189, 496

f) Decreto-Lei nº 133/2009, de 2 de Junho
(crédito ao consumo)
art. 17º – 58, 101, 118, 157, 158
art. 18º – 72, 232
art. 26º – 157

g) Decreto-Lei nº 275/93, de 5 de Agosto
(Direito real de habitação periódica)
art. 11º – 158
art. 16º – 58, 155, 156, 158, 172

h) Lei nº 24/96, de 31 de Julho (Lei de
Defesa do Consumidor)
art. 8º – 58, 71, 88, 154, 269
art. 9º – 270
art. 12º – 253

i) Código dos Contratos Públicos (CCP)
art. 280º – 539, 550
art. 312º – 78
art. 324º – 544
art. 330º – 539
art. 331º – 539, 541
art. 332º – 137, 539, 544, 545, 546, 547
art. 333º – 539, 541, 542, 545, 551
art. 334º – 528, 539, 541, 548, 549, 550
art. 354º – 546
art. 366º – 542
art. 370º – 115
art. 371º – 543
art. 372º – 544
art. 400º – 551
art. 405º – 538, 542, 545
art. 406º – 115, 134, 533, 543, 544, 545, 546
art. 421º – 88
art. 422º – 88

j) Decreto-Lei nº 72/2008, de 16 de Abril
(regime jurídico do contrato de seguro,
LCS)
art. 41º – 49
art 59º – 73
art. 61º – 72, 73, 128, 174, 553
art. 93º – 152

ÍNDICE DE DISPOSIÇÕES LEGAIS

art. 112º – 118
art. 116º – 143
art. 118º – 58, 143, 158, 159

l) Decreto-Lei nº 24/2014, de 14 de Fevereiro (protecção dos consumidores em matéria de contratos celebrados a distância)
art. 2º – 266
art. 3º – 266, 267
art. 4º – 156, 268
art. 10º – 58, 156, 267, 268, 269, 270, 343
art. 11º – 156, 157
art. 12º – 269
art. 13º – 267, 269
art. 16º – 232, 269, 343, 344
art. 17º – 268
art. 25º – 267, 270

m) Decreto-Lei nº 67/2003, de 8 de Abril
art. 4º – 123, 150, 255, 533, 537

n) Código do Trabalho (CT)
art. 3º – 357
art. 4º – 380
art. 9º – 355
art. 25º – 474
art. 63º – 173, 436, 438, 454, 470, 471, 472, 475
art. 67º – 417
art. 71º – 417
art. 100º – 439, 472
art. 101º – 109
art. 114º – 61, 65, 219, 363, 365, 415, 416
art. 115º – 381
art. 117º – 370, 379, 380
art. 122º – 35, 179
art. 126º – 426
art. 127º – 484
art. 128º – 426, 432
art. 129º – 397, 398, 469
art. 136º – 100
art. 137º – 397, 418
art. 139º – 166
art. 140º – 49, 366, 368, 372, 375

art. 147º – 105, 367, 369, 370, 372, 374, 375
art. 149º – 48, 104, 367, 368, 372, 373, 374
art. 163º – 61, 219, 363, 365, 415, 416, 420
art. 164º – 416, 420, 478
art. 167º – 410
art. 194º – 485, 486
art. 217º – 485
art. 245º – 360, 402, 408, 457
art. 258º – 407
art. 260º – 407, 408
art. 262º – 478
art. 263º – 360, 408, 457
art. 264º – 408
art. 265º – 407
art. 285º – 388, 485
art. 287 – 463
art. 318º – 410
art. 323º – 327, 469, 483
art. 328º – 421, 432
art. 329º – 168, 432, 433, 434, 435, 436, 439, 453
art. 330º – 427, 436
art. 336º – 433
art. 337º – 402, 456, 457, 458, 541
art. 338º – 347, 348, 350, 352, 354, 355, 361, 456
art. 339º – 106, 350, 356, 357, 366, 368, 402
art. 340º – 348, 361, 363, 364, 371
art. 341º – 359
art. 342º – 98, 184, 189, 359, 360
art. 343º – 47, 105, 107, 348, 362, 363, 366, 368, 370, 371, 373, 376, 377, 378, 380, 381, 388, 391, 392, 464
art. 344º – 64, 114, 118, 120, 121, 356, 363, 365, 367, 372, 373, 374, 375, 395, 396, 415, 478
art. 345º – 49, 369, 370, 373, 374, 375, 376, 543
art. 346º – 107, 368, 370, 371, 382, 383, 385, 386, 389, 391
art. 347º – 377, 388, 389, 390, 391
art. 348º – 368, 370, 392, 393, 394, 395, 396
art. 349º – 110, 348, 357, 362, 366, 396, 397, 399, 401, 402, 404, 407, 410

DA CESSAÇÃO DO CONTRATO

art. 350º – 110, 112, 159, 366, 397, 401, 409, 410, 412
art. 351º – 128, 130, 173, 222, 315, 349, 353, 355, 362, 365, 379, 419, 420, 421, 422, 423, 424, 425, 426, 427, 429, 430, 431, 432, 437, 438, 446, 473, 474, 483
art. 352º – 426, 434, 437
art. 353º – 175, 434, 435, 481
art. 354º – 439
art. 355º – 435, 436, 437
art. 356º – 435, 436, 437
art. 357º – 172, 175, 436, 437
art. 358º – 356, 435
art. 359º – 78, 349, 355, 363, 365, 371, 384, 385, 389, 420, 421, 424, 439, 440, 441
art. 360º – 389, 390, 441, 442
art. 361º – 356, 442, 453
art. 362º – 442
art. 363º – 385, 442
art. 364º – 442
art. 365º – 442, 415, 417
art. 366º – 356, 375, 376, 386, 390, 391, 442, 443, 444, 445, 448, 452, 478, 496
art. 367º – 223, 349, 363, 421, 424, 439, 445
art. 368º – 445, 446, 447
art. 369º – 442, 447
art. 370º – 448
art. 371º – 448
art. 373º – 107, 349, 363, 371, 379, 420, 422, 424, 448
art. 374º – 448, 449
art. 375º – 449, 450, 451, 452
art. 376º – 451, 452
art. 377º – 451
art. 378º – 451, 452
art. 379º – 452
art. 380º – 452
art. 381º – 452, 474, 479
art. 382º – 352, 452, 453, 454, 459
art. 383º – 403, 444, 453
art. 384º – 448, 453
art. 385º – 453
art. 386º – 453, 463
art. 387º – 169, 382, 454, 455, 456, 457

art. 388º – 169, 455, 456, 457
art. 389º – 356, 454, 460, 461, 464, 467, 468
art. 390º – 195, 461, 462, 463, 465, 478
art. 391º – 356, 387, 460, 468, 478, 479, 480, 484
art. 392º – 356, 459, 468, 469, 470, 471, 472, 473, 474, 475, 477, 480
art. 394º – 51, 128, 349, 362, 363, 365, 369, 419, 480, 481, 483, 484, 485
art. 395º – 159, 168, 396, 481, 482, 486
art. 396º – 423, 478, 484, 486
art. 397º – 482
art. 398º – 486
art. 399º – 486, 492
art. 400º – 349, 363, 414, 415, 416, 417
art. 401º – 418, 443, 486
art. 402º – 409, 413, 414, 417, 482
art. 403º – 350, 418, 419
art. 410º – 438, 454
art. 431º – 443
art. 438º – 420
art. 456º – 472

o) Código da Insolvência e da Recuperação de Empresas (CIRE)
art. 3º – 391
art. 102º – 79, 86, 160, 387
art. 104º – 206, 207
art. 105º – 207
art. 108º – 311, 387, 389, 391, 531, 532
art. 109º – 311
art. 110º – 46, 387, 492, 500
art. 111º – 386, 387, 388, 389, 391, 524, 531, 532
art. 113º – 387
art. 120º – 79, 80, 85, 94, 160, 161
art. 121º – 79, 80, 160, 161
art. 123º – 161, 162, 168, 172
art. 126º – 161, 162, 181, 204
art. 277º – 387, 388
art. 280º – 86

2 Legislação estrangeira

a) Código Civil Francês (CCFr.)
art. 1174 – 257
art. 1183 – 67, 70
art. 1184 – 67, 76, 169
art. 1646 – 194
art. 1794 – 527, 529
art. 1795 – 523
art. 1978 – 558
art. 1979 – 558
art. 2004 – 503
art. 2279 – 207

b) Código Civil Austríaco (ABGB)
§ 862 – 415
§ 920 – 202
§ 921 – 200, 202
§ 932 – 198
§ 1411 – 61
§ 1449 – 61

c) Código Civil Espanhol (CCEsp.)
art. 664 – 275
art. 1115 – 257
art. 1124 – 70, 76, 170, 205
art. 1291 – 84
art. 1504 – 240
art. 1594 – 527, 529
art. 1595 – 520, 523
art. 1733 – 504
art. 1775 – 512
art. 1776 – 514
art. 1805 – 554, 558

d) Código Civil Alemão (BGB)
§ 65 – 159
§ 124 – 415
§ 125 – 415
§ 254 – 195
§ 275 – 31, 34, 52
§ 280 – 34, 35, 197
§ 281 – 142
§ 283 – 34

§ 284 – 200
§ 311 – 34, 35
§ 312 – 57
§ 313 – 124, 151
§ 314 – 39
§ 323 – 135, 142, 149, 252, 533
§ 325 – 198, 199, 200
§ 326 – 34, 135, 139, 199
§ 346 – 67, 70, 188, 194, 200
§ 347 – 67, 193
§ 348 – 67, 183
§ 349 – 67, 170
§ 355 – 57, 151
§ 433 – 146
§ 437 – 252
§ 440 – 170
§ 456 – 102
§ 462 – 252, 264
§ 465 – 170
§ 467 – 194
§ 480 – 146
§ 497 – 102
§ 503 – 269
§ 543 – 309
§ 563 – 309
§ 573 – 309
§ 611 – 487
§ 622 – 415
§ 626 – 425
§ 634 – 533, 536
§ 635 – 536
§ 636 – 536
§ 649 – 65, 195, 528, 529
§ 671 – 56, 504
§ 723 – 281
§ 726 – 280
§ 738 – 285

e) Código das Obrigações Suíço (CO)
art. 47 – 32
art. 107 – 170
art. 109 – 196
art. 119 – 52
art. 208 – 193

DA CESSAÇÃO DO CONTRATO

art. 226 – 254
art. 377 – 527

f) Código Civil Italiano (CCIt.)
art. 1153 – 207
art. 1218 – 126
art. 1219 – 137
art. 1355 – 257
art. 1373 – 62, 217
art. 1418 – 32
art. 1425 – 32
art. 1447 – 32, 77
art. 1452 – 32, 153
art. 1453 – 32, 67, 77, 136, 140, 165, 207
art. 1454 – 137, 170
art. 1455 – 141
art. 1456 – 176
art. 1457 – 137, 139, 170
art. 1458 – 170
art. 1459 – 95
art. 1463 – 37, 52, 107
art. 1467 – 151
art. 1469 – 152
art. 1493 – 150, 186
art. 1501 – 264
art. 1517 – 239
art. 1519 – 239, 254
art. 1521 – 261
art. 1524 – 207
art. 1526 – 248
art. 1556 – 259

art. 1660 – 526
art. 1668 – 533
art. 1671 – 528, 529
art. 1672 – 520, 526
art. 1674 – 523
art. 1723 – 504
art. 1726 – 507
art. 1819 – 345
art. 1820 – 345
art. 1878 – 558
art. 1879 – 558
art. 1976 – 563
art. 2106 – 425
art. 2113 – 398
art. 2118 – 414, 415

g) Código Civil Holandês (CCHol.), Livro 6
art. 258 – 151
art. 261 – 213
art. 265 – 141
art. 267 – 170
art. 269 – 180
art. 270 – 74

h) Código Civil Brasileiro (CCBr.)
art. 472 – 54
art. 473 – 116
art. 474 – 76, 170
art. 534 – 260
art. 623 – 527, 529

ÍNDICE GERAL

TRABALHOS DO AUTOR	7
NOTA PRELIMINAR	17
INDICAÇÕES PRÉVIAS	19
LISTA DE ABREVIATURAS	21

INTRODUÇÃO	25
§ 1. Considerações prévias	25
§ 2. Modos de extinção do vínculo obrigacional	27
1. Enunciação	27
2. Cessação por causas originárias e supervenientes	30
§ 3. Cessação do vínculo obrigacional em especial	38
§ 4. Plano de exposição	40

I PARTE

REGIME COMUM DE EXTINÇÃO DOS VÍNCULOS CONTRATUAIS

CAPÍTULO I – FORMAS DE CESSAÇÃO DO CONTRATO	45
§ 1. Caducidade	45
1. Noção	45
2. Modalidades	47
3. Fundamento	52
§ 2. Revogação	53
1. Noção	53
2. Modalidades	54
a) Enunciação	54
b) Mútuo consenso	54
c) Revogação unilateral de negócios bilaterais	55
d) Revogação de negócios unilaterais	59
3. Liberdade negocial	59

DA CESSAÇÃO DO CONTRATO

§ 3. Denúncia	60
1. Noção	60
2. Modalidades	61
a) Enunciação	61
b) Cessação de relações estabelecidas por tempo indeterminado	63
c) Oposição à renovação	64
d) Desistência	65
3. Fundamento	66
§ 4. Resolução	67
1. Noção	67
2. Modalidades	71
3. Fonte legal e convencional	74
a) Distinção	74
b) Resolução legal	75
α. *Causas subjectivas e objectivas*	75
β. *Incumprimento*	76
γ. *Falta de equilíbrio*	77
δ. *Casos especiais*	78
c) Resolução convencional	80
§ 5. Rescisão	84

CAPÍTULO II – REGIME DA CESSAÇÃO DO CONTRATO — 91

SECÇÃO I – ASPECTOS COMUNS	91
§ 1. Tipos de cessação	91
§ 2. Legitimidade para dissolver o vínculo	93
§ 3. Capacidade	96
§ 4. Forma	97
§ 5. Recurso alternativo	97
§ 6. Dissolução do vínculo	98
§ 7. Cláusulas não afectadas pela dissolução	99
§ 8. Consequências fiscais	100
SECÇÃO II – REGIME ESPECÍFICO DAS DIFERENTES FORMAS DE CESSAÇÃO	104
§ 1. Caducidade	104
1. Efectivação	104
2. Subsistência do vínculo	104
3. Efeitos	105
a) Extinção do vínculo	105
b) Restituição	106
c) Compensação	107
4. Natureza jurídica	108
§ 2. Revogação	109
1. Acordo	109
a) Legitimidade	109
b) Forma	109

ÍNDICE GERAL

2.	Efeitos	110
3.	Natureza jurídica	113
§ 3.	Denúncia	113
1.	Exercício	113
2.	Forma	117
3.	Efeitos	118
	a) Extinção do vínculo	118
	b) Compensação	119
4.	Ilicitude	121
5.	Natureza jurídica	122
§ 4.	Resolução	122
1.	Requisitos	122
2.	Resolução por incumprimento	123
	a) Não cumprimento e responsabilidade contratual	123
	α. Aspectos gerais	123
	β. Responsabilidade contratual subjectiva e objectiva	126
	b) Incumprimento culposo	127
	α. Aspectos comuns	127
	β. Mora	130
	c) Incumprimento definitivo	134
	α. Pressupostos	134
	β. Efeitos	143
	d) Cumprimento defeituoso	144
	e) Incumprimento não culposo	148
3.	Resolução fundada em alteração das circunstâncias	150
	a) Generalidades	150
	b) Requisitos	151
	c) Regime	152
4.	Resolução legal noutros casos	153
	a) Enunciação	153
	b) Arrependimento	153
	c) Insolvência	160
	d) Acordo das partes	162
5.	Resolução convencional	163
6.	Prazo de exercício do direito	166
	a) Resolução do contrato	166
	b) Impugnação da resolução	169
7.	Forma	169
8.	Efeitos	175
	a) Dissolução do vínculo	175
	b) Retroactividade; excepções	179
	c) Restituição	182
	d) Risco	190
	e) Indemnização	192

DA CESSAÇÃO DO CONTRATO

α. *Determinação de danos*	192
β. *Indemnização cumulada com resolução*	195
f) Direitos de terceiro	204
9. Ilicitude	208
10. Natureza jurídica	211

CAPÍTULO III – PARTICULARIDADES NO REGIME DA EXTINÇÃO DE RELAÇÕES DURADOURAS — 215

§ 1. Princípio da não vinculação perpétua	215
§ 2. Liberdade de denúncia	217
§ 3. Especificidades no regime da resolução	220
§ 4. Situação especial dos contratos de execução prolongada	225

CAPÍTULO IV – CONSEQUÊNCIAS DA CESSAÇÃO DO VÍNCULO EM CONTRATOS COLIGADOS — 229

§ 1. Determinação da existência de coligação negocial	229
§ 2. Repercussão do efeito extintivo nas relações contratuais coligadas	231

II PARTE

REGIMES PARTICULARES DE CESSAÇÃO DO VÍNCULO CONTRATUAL

CAPÍTULO I – COMPRA E VENDA — 239

§ 1. Regime geral	239
1. Requisitos para a resolução	239
2. Cláusula de reserva de propriedade	241
a) Regras gerais	241
b) Situação particular da venda a prestações	243
§ 2. Anulabilidade (resolução) em caso de venda de bens onerados e de coisas defeituosas	248
1. Regime constante do Código Civil	248
2. Regimes especiais	252
a) Convenção de Viena	252
b) Tutela do consumidor	253
§ 3. Situações particulares	255
1. Venda de coisas sujeitas a contagem, pesagem ou medição	255
2. Venda a contento	257
3. Venda sujeita a prova	261
4. Venda a retro	262
5. Venda celebrada fora do estabelecimento comercial	265
a) Identificação das situações jurídicas	265
b) Venda a distância	267
c) Venda ao domicílio	270
d) Venda esporádica	270

ÍNDICE GERAL

CAPÍTULO II – DOAÇÃO	271
§ 1. Enunciação	271
§ 2. Cláusula de reversão	271
§ 3. Resolução	273
§ 4. Revogação	274
§ 5. Caducidade	278
CAPÍTULO III – SOCIEDADE	279
§ 1. Enunciação	279
§ 2. Morte, exoneração ou exclusão de sócio	280
1. Aspectos comuns	280
2. Morte de um sócio	281
3. Exoneração de um sócio	282
4. Exclusão de um sócio	284
5. Liquidação da quota	285
6. Efeitos da dissolução	286
§ 3. Extinção da sociedade	287
1. Dissolução da sociedade	287
2. Liquidação da sociedade	289
CAPÍTULO IV – LOCAÇÃO	291
§ 1. Questões prévias	291
1. Particular relevância da cessação do vínculo locatício	291
2. Tutela do locatário em caso de cessação do vínculo	292
§ 2. Caducidade	297
1. Cessação do vínculo	297
2. Compensação	302
3. Restituição da coisa locada	303
4. Subsistência do vínculo	304
§ 3. Revogação	304
§ 4. Denúncia	307
1. Regime comum	307
2. Casos especiais de denúncia	308
3. Prazo de exercício do direito	312
4. Forma	312
5. Compensação	313
§ 5. Resolução	313
1. Resolução por iniciativa do locador	313
a) Especificidades relativamente ao regime geral	313
b) Casos de resolução	317
c) Prazo de exercício do direito	325
d) Acção de despejo	326
2. Resolução exercida pelo locatário	328
§ 6. Efeitos da cessação	329

DA CESSAÇÃO DO CONTRATO

CAPÍTULO V – PARCERIA PECUÁRIA 333
§ 1. Enunciação 333
§ 2. Caducidade 334
§ 3. Denúncia 335
§ 4. Resolução 335

CAPÍTULO VI – COMODATO 337
§ 1. Regras comuns 337
§ 2. Caducidade 337
§ 3. Denúncia 338
§ 4. Resolução 339
§ 5. Restituição 340

CAPÍTULO VII – MÚTUO 341
§ 1. Enunciação 341
§ 2. Caducidade 341
§ 3. Denúncia 342
§ 4. Resolução 343
§ 5. Restituição 345

CAPÍTULO VIII – CONTRATO DE TRABALHO 347
§ 1. Regime comum 347
§ 2. Relevo da cessação do contrato no domínio laboral 349
§ 3. Regime geral da cessação do contrato de trabalho 352
 1. Segurança no emprego 352
 2. Evolução legislativa 354
 3. Uniformidade e imperatividade do regime da cessação 355
 4. Consequências da cessação 359
§ 4. Causas de cessação 361
 1. Noção geral 361
 2. Caducidade 366
  a) Noção e causas 366
  b) Regime específico; enunciação 370
  c) Verificação do termo 372
  d) Impossibilidade superveniente 376
   α. *Características da impossibilidade* 376
   β. *Impossibilidade de o trabalhador prestar o seu trabalho* 377
    i. *Aspectos comuns* 377
    ii. *Falta de título profissional* 379
    iii. *Cancelamento da autorização de permanência em Portugal de trabalhador estrangeiro* 380
    iv. *Incapacidade parcial e modificação do objecto negocial* 380
   γ. *Impossibilidade de o empregador receber o trabalho* 382
    i. *Aspectos comuns* 382

ÍNDICE GERAL

	ii. Morte ou extinção da pessoa colectiva	382
	iii. Encerramento da empresa	383
	iv. Insolvência do empregador	386
e)	Reforma do trabalhador	391
3.	Revogação	396
a)	Noção	396
b)	Forma e formalidades	401
c)	Efeitos	401
	α. Cessação do vínculo	401
	β. Compensação	402
	γ. Cessação do acordo de revogação	408
4.	Denúncia	413
a)	Regime geral	413
b)	Período experimental	415
c)	Comissão de serviço	416
d)	Denúncia com aviso prévio	416
c)	Falta de aviso prévio; o abandono do trabalho	417
5.	Resolução	419
a)	Tipos	419
b)	Resolução invocada pelo empregador	419
	α. Noções comuns	419
	i. Despedimento	419
	ii. Espécies de despedimento	421
	iii. Justa causa subjectiva e objectiva	422
	β. Despedimento por facto imputável ao trabalhador	422
	i. Noção de justa causa (subjectiva)	422
	1) Comportamento culposo; ilicitude	422
	2) Insubsistência da relação de trabalho	427
	3) Exemplificação legal de comportamentos que possam constituir justa causa	429
	4) Violação de outros deveres contratuais	431
	ii. Procedimento disciplinar	432
	1) Identificação	432
	2) Funcionamento	433
	3) Ónus da prova	438
	4) Suspensão preventiva do trabalhador	439
	γ. Despedimento colectivo	439
	i. Noção	439
	ii. Apreciação dos fundamentos	440
	iii. Procedimento	441
	iv. Direitos dos trabalhadores abrangidos pelo despedimento	442
	δ. Despedimento por extinção de posto de trabalho	445
	i. Noção	445
	ii. Apreciação dos motivos	445

DA CESSAÇÃO DO CONTRATO

iii. Procedimento	447
iv. Direitos dos trabalhadores abrangidos pelo despedimento	448
ε. *Despedimento por inadaptação*	448
i. Noção	448
ii. Procedimento	451
iii. Direitos dos trabalhadores abrangidos pelo despedimento	452
ζ. *Despedimento ilícito*	452
i. Aspectos gerais	452
ii. Suspensão preventiva	453
iii. Impugnação judicial	454
iv. Efeitos da ilicitude	458
1) Aspectos gerais	458
2) Indemnização	460
2.1) Danos patrimoniais	460
2.2) Salários intercalares	462
2.3) Danos não patrimoniais	465
3) Reintegração	467
4) Indemnização em substituição da reintegração	478
c) Resolução invocada pelo trabalhador	480
α. *Noção*	480
β. *Resolução com justa causa*	482
i. Comportamento ilícito do empregador	482
ii. Causas objectivas	484
iii. Ausência de justa causa	486

CAPÍTULO IX – PRESTAÇÃO DE SERVIÇO

§ 1. Qualificação	487
§ 2. Remissão	488
§ 3. Regime especial constante do contrato de agência	490
1. Identificação e conteúdo	490
2. Particularidades relativas à cessação do contrato	491
a) Enunciação	491
b) Caducidade	492
c) Revogação	493
d) Denúncia	494
e) Resolução	495
f) Efeitos da cessação	496

CAPÍTULO X – MANDATO

§ 1. Enunciação	499
§ 2. Caducidade	500
§ 3. Revogação	503
1. Modalidades	503
2. Exercício	506
3. Consequências	507

CAPÍTULO XI – DEPÓSITO 511

§ 1. Enunciação 511
§ 2. Formas de cessação 511
   1. Indicação; revogação 511
   2. Caducidade 512
   3. Denúncia 512
   4. Resolução 514
§ 3. Restituição da coisa 515

CAPÍTULO XII – EMPREITADA 517

§ 1. Regras gerais 517
§ 2. Caducidade 517
   1. Impossibilidade de cumprimento; risco 517
     a) Impossibilidade originária 517
     b) Impossibilidade superveniente 518
     c) Risco 521
   2. Morte ou incapacidade do empreiteiro 522
§ 3. Denúncia 524
   1. Alterações necessárias 524
   2. Desistência do dono da obra 527
   3. Insolvência 531
§ 4. Resolução 532
   1. Resolução por incumprimento; regime comum 532
   2. Resolução em caso de obra defeituosa 532
     a) Aspectos gerais 532
     b) Indemnização 535
     c) Relação entre os diversos meios jurídicos 536
§ 5. Empreitada de obras públicas 538
   1. Aspectos comuns 538
   2. Caducidade 540
   3. Revogação 541
   4. Cessação por iniciativa do dono da obra 541
   5. Cessação por iniciativa do empreiteiro 543
     a) Denúncia 543
     b) Resolução 544
  6. Efeitos da cessação 547

CAPÍTULO XIII – RENDA PERPÉTUA 553

§ 1. Enunciação 553
§ 2. Remição 553
§ 3. Resolução 554

DA CESSAÇÃO DO CONTRATO

CAPÍTULO XIV – RENDA VITALÍCIA — 557
§ 1. Enunciação — 557
§ 2. Caducidade — 557
§ 3. Remição — 558
§ 4. Resolução — 558

CAPÍTULO XV – JOGO E APOSTA — 561

CAPÍTULO XVI – TRANSACÇÃO — 563

CONCLUSÕES — 565

BIBLIOGRAFIA — 569
ÍNDICE IDEOGRÁFICO — 607
ÍNDICE DE JURISPRUDÊNCIA — 609
ÍNDICE DE AUTORES — 617
ÍNDICE DE DISPOSIÇÕES LEGAIS — 627
    1. Legislação nacional — 627
    2. Legislação estrangeira — 635